Die Eule der Minerva beginnt erst mit
der einbrechenden Dämmerung ihren Flug

外国法学名著

Droit civil, Les obligations

法国债法：契约篇

[法] 弗朗索瓦·泰雷等 / 著
罗结珍 / 译

中国法制出版社
CHINA LEGAL PUBLISHING HOUSE

本书根据法国 Dalloz 出版社 2013 年第 11 版翻译

本书出版得到法国外交部资助

注释中的缩写语

Af fam	家庭法时讯
AJDA	行政法时讯
Ass. plén	最高法院全体庭
BOI	税务官方简报
Bull. civ	最高法院民事庭判决简报
Bull. crim	最高法院刑事庭判决简报
C. civ	民法典
C. com	商法典
C. fam	家庭与社会救助法典
C. mon et fin	货币与金融法典
C. pén	刑法典
C. pr. civ	民事诉讼法典
Cass. ch，mixte	最高法院混合庭
CCC	合同、竞争与消费杂志
CCE	通讯与电子商务
CE	最高行政法院
CEDH	欧洲人权法院
CGI	税收总法典
Chron	法学专刊
Civ	最高法院民事庭
CJA	行政法院

CJCE	欧洲共同体法院
COJ	司法组织法典
Cons. conc	竞争委员会
Cons. const	宪法委员会
CPI	知识产权法典
Crim	最高法院刑事庭
CSP	公共卫生法典
CSS	社会保险法典
D. Aff	Dalloz 商法
D.	Dalloz 法律评论汇编
DA	Dalloz 评述
DC	Dalloz 评论
Defrénois	公证实务一览
DH	Dalloz 周刊
DP	Dalloz 期刊
Dr. fam	家庭法（亲属法）
Dr. société	公司法
GAJA	重大行政判决汇编
Gaz. Pal	最高法院院报
Grands arrêts	民事重大判决汇编
IR	信息快报
J-CL. civil	法律活页期刊（民法版）
JCPE	法律活页期刊（企业版）
JCPG	法律活页期刊（综合版）
JCPN	法律活页期刊（公证人版）
JCP	法律活页期刊
JDI	国际法学报

JO	官方公报
Juris-Data	法律资料库
Lebon	最高行政法院判例汇编
LPA	小公告
LPF	税务程序手册
RCA	民事责任与保险
RDbanc. et fin	银行金融法杂志
RD rur	农村法杂志
RDC	合同法杂志
RDSS	社会卫生法杂志
Req	最高法院诉状审理庭
Rev. crit. DIP	国际私法评论
Rev. société	公司法杂志
TGAT	陆上保险总汇
RHD	法律史学杂志
RID comp	比较法国际杂志
RJ com	商事判例杂志
RJ env	环境法杂志
RHDA	商法判例杂志
RJPF	人法与亲属法杂志
RLDC	Lamy 民法杂志
RRJ	法学研究杂志
RSC	刑事科学杂志
RTDciv	民法学季刊
RTDcom	商法学季刊
S	Sirey 评论汇编
Soc	最高法院社会庭

Somm	目录
T. civ	民事法院
T. confl	管辖权限冲突法庭
T. corr	轻罪法院 矫正法院
T. pol	治安法院
TGI	大审法院
TI	初审法院

目　录

导　言[1]

1. 道德义务（devoir moral）与法律义务（obligation juridique）[2]

每一个人都要承受各种各样的约束：道德范畴的约束，宗教范畴的约束，社会范畴或者政治范畴的约束，乃至理性逻辑的约束……此等约束，作为对神明、对自己、对他人应尽的义务，压在每一个人的肩上。显而易见，并非所有的义务都属于法的范畴。凡法律者，与规范紧紧相关，但并非所有的规范都体现为法律规则。

即使仅就法律范畴而言，[3]“obligation”一词也并非仅有一个涵义。总的来说，“obligation”是指法律秩序要求一个人应尽的全部义务。但是，此一人被动承担的所有义务，并不必然与另一人享有的某种权利相对应，例如，直至不久前，每一个具备法定条件的法国人都有服兵役的义务；[4] 每一个开车上路的人都有靠右行驶的义务……此等义务并不对应于某一个人的权利。

---

[1]本书是法国 Dalloz 出版社“Précis”丛书“Droit civil, les obligations”的第一部分。——译者注

[2]这里的“道德义务”与“法律义务”中的“义务”一词法文分别为“devoir”与“obligation”，两者为同义词，都可以翻译为“义务”、“职责”、“必须”等，“obligation”还用指民法上的“债”，或者仅指“债务”，更多体现的是“约束力”与“强制性”，而“devoir”侧重于“应尽的本分”或“当尽的责任或义务”。——译者注

[3]关于法的标准，参见 F·泰雷：《法学概论》，Dalloz 出版社 2009 年版，第 7 节（F·Terré, introduction générale au droit, Dalloz. 2009. N°7）。

[4]1997 年 10 月 28 日关于改革国民兵役的第 97-1019 号法律规定，1979 年 1 月 1 日以后出生的所有男青年，1982 年 12 月 31 日以后出生的所有女青年均适用新的服役规定，而该日之前出生的青年免于应征适龄青年普查登记。——译者注

社会生活形成一个链锁机制，而这一链锁机制体现为各种各样的义务约束：我们不仅在社会整体范围内感触到它们的存在，而且在个别团体内部，例如，在家庭内部，同样可以感触到它们的存在。一个团体内部的协调一致，需要以各种法律性质的义务为基础，这些法律性质的义务往往与主动地承认他人享有的权力（pouvoir）或权威（autorité）相辅相成，并行不悖。

2. 债的定义

然而，我们不能如此宽泛地有效理解“obligation”这一概念，当我们用“obligation”这一术语来表述民法上的债时，通常运用的是它的狭义的定义。债是一种法律约束或法律链接（un lien de droit），是两个人之间的法律约束或法律链接：基于此种法律约束，作为债权人的人，可以要求作为债务人的人进行某种给付，或者要求债务人不作为或放弃作为。债不是人与物之间的法律链接，例如，不是人与所有权之间的法律链接。

照此意义理解，债是债权人和债务人之间的一种整体关系（rapport tout entier），一种具有强制力的关系（rapport obligatoire）。债权人与债务人分别是这一强制性整体关系的主动一方和被动一方。

如果我们从这一术语的最广意义走向一般狭义，法语“obligation”一词往往用指“仅从债务（dette）[1] 的角度来考虑的债的关系”（rapport d'obligation）。这时，我们面对的便是这一术语的技术含义：债仅仅是指对人权（droit personnel）或者债权（droit de créance）的被动层面，是一人或数人据此对另一人或另数人负担某

---

[1]本书指出了法语“obligation”一词的3层意思：（1）通指义务；（2）民法上的债：“obligation”表示债的整体关系，包含债权与债务，即债的关系的主动层面与被动层面；（3）仅指债务人应当履行的义务，特别在日常用语中，仅指债务（dette，debitum）。——译者注

种给付义务（作为或不作为）的法律约束（lien de droit，vinculum juris）。[1] 前者称为债务人，后者称为债权人。

例如，一人借入一笔金钱并承诺向出借人归还其所借款项，该人便成为出借人（贷与人）的债务人，出借人（贷与人）对债务人取得债权人的地位；又例如，买受人可以根据买卖合同要求出卖人向其交付出卖之物，而出卖人可以要求买受人支付价金，双方当事人由此互为债权人与债务人；再例如，受害人由于受到他人造成的不法损害，作为债权人，可以要求加害人给予损害赔偿，加害人即是债务人。

对债的概念的传统分析都是以其两个组成要素为基础：一方面是债务（dette），也就是应当通过行为或不行为来履行或完成的义务，另一方面是义务承诺或义务约束（engagement），也就是债权人对债务人的人身或债务人的财产的制约（maitrise）；换句话说，第一个要素强调的是债所代表的价值，第二个要素强调的是债所产生的法律关系（rapport de droit）具有的强制性；前者将债看成是一种财产（un bien），后者将债看成是一种关系约束（un lien）。

即使并不将债的两个组成要素相互分离开来，对于承认自然之债来说，同样适用上述区分，至少在债法的传统理论分析中是如此。自然之债（obligation naturelle）之不同于民事债（obligation

[1]法国民法上的债的概念源于罗马法，法文“obligation”一词与拉丁语“obligatio”为同源同义词。按照罗马法，债（obligatio）是指“法上之拘束力”。

本书作者在“lien de droit”之后用括号注有“vinculum juirs”，这表明两者为同义语。拉丁语“vinculum juirs”一语中文通译为“法锁”。优士丁尼《法学阶梯》称债的本质是依国法使他人负担给付义务之法锁；债乃法律上之锁链也。不过，这一术语有不同的中文译文，例如，法律约束、法律拘束、法律联结 、法锁等。法国学者常常使用“lien de droit”来表述债的整体关系，其中“lien”一词有联系、联结、连接、关系等意思。学者将其解释为：依据法律行为或法律事实将两人或数人联结起来的法律关系，因此，“lien de droit”也译为“法律关系”，但应当区分的是：法语中“法律关系”也表述为“rapport juridique”，两者含义有所不同。——译者注

civile)，是因为前者不能强制履行，但是，如果自然之债的债务人在完全知情的条件下自愿履行债务，他就被认为是履行一种得到制定法承认的义务。自然之债是一种法律义务（obligation juridique）。[1]

3. 对人权（债权）与对物权

当我们谈到债权（droit d'obligation）时，按照习惯上赋予该词的意义，"obligation"是指某人持有的"对人权或债权的反面"——当然，并非任何情况下都是如此，因为，还存在各种法定的义务（des obligations légales）（参见第1节）；这样一来，即使主要从被动方的角度（从债务人的角度）来把握"les obligations"的意义，债，作为一种对人权，也属于财产权（droit des biens）的范畴。

因此，我们在这里仅仅是再次提示：如果说物权是"赋予人对物（une chose）以某种直接权力"[2] 的权利（jus in re，对物权），例如，赋予某人对其居住的房屋以所有权人的权利，那么，债权或者对人权则是被称为债权人的人所享有的、要求另一人为特定给付的权利。这样，债权或者对人权也就包括3个组成要素：权利的积极主体——债权人，权利的被动主体——债务人，以及作为权利标的（objet）的给付（prestation）。

将债权与物权加以比较，可以揭示两者之间存在以下3大差别。

物权是直接对物行使的权利，是绝对权，权利人据此可以对其

[1] G·科尔钦：《法律词典》（债），亨利·卡比唐协会出版（G·Cornu, Vocabulaire juridique, Asso. Henri Capitant. obligation, 2）。

[2] 此处两个用语分别为"pouvoir"（权力）和"droit"（权利）。F·泰雷：《财产法》，Dalloz出版社，2006年第7版，第47节（F·Terré, les biens, 7e éd. Dalloz. 2006. N°47；罗结珍译：《法国财产法》，中国法制出版社2006年版）。

他任何人主张物权；对人权是相对权，也就是说，对人权仅仅是确立债权人与债务人之间的关系；债权人只能向债务人要求作为权利标的的给付。

物权包含着一种追及权，[1] 不论属于权利人的物转入何人之手，物权持有人均可追及要求归还，权利人是所有权人时，更是如此；对人权（债权）不具有追及权。债权人对其债务人的概括财产仅仅享有一般担保权（un droit de gage général），[2] 而对债务人的这一或那一特定财产并不享有任何特别权利，因此，债权人如果没有对债务人的（特定）财产实施扣押，便不能变卖债务人的任何财产。普通债权人对债务人的财产不享有任何追及权，故其不能在已经取得债务人财产的某个买受人（第三人）手中实施扣押。由于债权不享有追及权，必然会影响到与"物的使用相关的债"的履行，例如，某人虽然原已答应将汽车借给你使用，但如果他已将汽车卖掉，你就不能再要求购买该汽车的新的所有权人仍然履行出借该汽车的义务，因为，这部汽车的买受人从未对你承诺过这项义务，只有原来的出借人才负有出借车辆的义务。

对人权（债权）不享有优先权（droit de préférence）；物权则不同：当物权的持有人与债权的持有人之间因物而发生（权利）冲突时，假定债权持有人对物权持有人不享有任何权利，那么，相对于债权持有人而言，物权持有人必然占据优势地位，因为他所享有的权利是一种绝对权，是对任何人均具有对抗力的绝对权。例如，某人将某物寄托于某个商人之手，即使受寄托人在尚未返还该物之前

---

[1] 并非所有的物权都具有追及权（droit de suite）。不动产、营业资产的所有权人享有追及权。按照法国商法理论，营业资产是一种无形动产，而一般动产则不能赋予权利人以追及权。"对于动产，占有即等于所有权证书"。这是法国《民法典》第 2276 条（原第 2279 条）宣告的原则。——译者注

[2]《民法典》第 2285 条（原第 2093 条）规定："债务人的全部财产是对其债权人的共同担保。"——译者注

已经成为无支付能力的人，仍然不影响物权持有人的权利，物权持有人可以排除其他任何人对其寄托之物提出的权利主张；而受寄托人的任何债权人均不能扣押这项并不属于他们自己的债务人的财产。这就是“所有的人均应当承担的否定性义务”（obligation négative）所带来的结果。所谓否定性义务是指，任何人都不得侵害物权持有人的权利。[1]

4. 债与概括财产

人们并不总是孤立地考虑主观权利（les droits subjectifs）。我们可以将一个人的主观权利看成是一个整体（une université），而各项主观权利则是这个整体的组成部分；这个整体的存在可以引起如下法律后果：一方面，这些权利，因其同属一个整体，相互之间必然产生特定的联系；另一方面，这个权利集合体本身所适用的规则显然不同于孤立考虑的这些权利所适用的规则。

因此，法国民法上的概括财产（le patrimoine）[2] 是指：

一个人作为积极主体与消极主体而持有的、可以用金钱评价的、作为一个法律整体（une universalité juridique）看待的全部权利

[1]关于区分这两类权利的意义以及两类权利的相近之处，参见 F·泰雷：《财产法》，Dalloz 出版社，2006 年第 7 版，第 48 节（F·Terré, les biens, 7e éd. Dalloz. 2006. N° 48）。另见罗结珍译：《法国财产法》，中国法制出版社 2006 年版。

[2]在法国传统民法学说里，概括财产是一个非常重要的概念，法语称为“le patrimoine”，与罗马法的“patrimonium, de pater”属于同源词，本义是指家父的财产，因此也译为祖传财产、世袭财产、家产、祖业、遗产等，诸如人类的共同遗产、非物质遗产、世界文化遗产等都使用这一术语；日常用语中，“le patrimoine”也指一个人的全部财富。该术语目前尚无公认的中文翻译术语，译者所见，至少有以下不同译法：概括财产、包括财产（日本学者也采用这一概念）、全部财产、整体财产，也有人称其为广义财产。参见《法国商法典》第 625 页至第 631 页译者概述，北京大学出版社 2015 年版，罗结珍译。

关系（rapport de droits）。[1] 在概括财产内部，从债务人角度所指的财产性债务（obligations patrimoniales）与从债权人角度所指的财产性权利（droits patimoniaux）是相互对应的。

无论是从积极主体还是消极主体的角度来观察问题，即使我们所考虑的权利并不具有财产性质，同样存在类似的对应关系。因此，广而言之，除以上所述的财产权利之外，还存在各种各样的非财产性质的权利义务关系，但这些权利义务关系的目的不是满足债权人的经济利益与金钱利益，[2] 例如，在家庭关系范围内，存在夫妻之间的权利义务关系，父母、子女、姻亲之间的权利义务关系；[3] 还例如，人格权，也与非财产性质的权利义务关系（obligations extrapatimoniales）并行不悖。[4]

如果我们抛开权利的财产性质与非财产性质之间的对立不谈，债法还可以揭示这两类权利之间存在的种种交互情形，因此，不要以为非财产性权利（droits extrapatimoniaux）就必然不会产生金钱性质的后果；例如，在涉及最终以损害赔偿的方式来体现的那些权能时，非财产性权利就会产生金钱性质的后果。

正因为如此，法院判例承认在（民事）责任——合同责任或者侵权责任——的框架内对精神损害的赔偿（例如，对侵害名誉权、侵害情感等行为造成的损害给予赔偿）；而法院对于这种性质的债务最常见的制裁是判处债务人支付一笔或多或少具有补偿性质

---

[1] 罗结珍译：《法国财产法》，第16节，中国法制出版社2006年版；谢汉琪等译《法国民法总论》，法律出版社2004年版。

[2] 参见《民法总论》，第235节（introduction générale au droit. N°235）。

[3] F·泰雷：《人、家庭、无能力》，Dalloz出版社，2005年第7版（les personnes，la famille，les incapacités，7e éd. Dalloz. 2005. N°302）。

[4] F·泰雷：《人、家庭、无能力》，Dalloz出版社，2005年第7版，第50节（les personnes，la famille，les incapacités，7e éd. Dalloz. 2005. N°50）。也就是说，人格权属于非财产权。——译者注

（compensatrice）的金钱，并且在债务人不履行赔偿义务的情况下，受害人可以请求扣押债务人的财产。于此情形，精神方面的考虑占有重要的地位，远远大于金钱方面的考虑。因此，旨在请求精神损害赔偿的诉讼，只能由受害人本人提起，例如，因遭到诽谤、受到损害而请求赔偿，因亲人死亡、引起痛苦而请求赔偿，就不能由（权利人的）债权人通过行使代位诉权的方式来提起诉讼。

5. 债、法律行为、法律事实

在一个人生而自由、始终自由并且权利平等的社会里（1789年“人权宣言”第1条），特别是在日常生活范围内，有可能将这一些人与另一些人联结起来的债，看来应当与人们承担义务的两个基本根据（source fondamentale）紧紧联系在一起。这里所说的承担义务的这两个基本根据是指允诺（promesse）与过错（faute）。[1] 我们从形成各种社会义务的源头都可以看到这两个如此基本乃至如此自然的根据，无论是涉及合同还是人们在社会整体自然与公正的和谐中必然的共存，概莫能外。进言之，我们还可以进一步刨根问底，从法的最初因子追寻债的最遥远起源；如果想要知道是先有合同还是先有“私犯”（délit），甚至可以探寻到历史的尽头。

人为什么要做出允诺？为什么要遵守允诺？是因为他原已答应要遵守所做的允诺吗？为什么允诺在先？如此追问下去，可能有点钻牛角尖，甚至近乎疯魔！有鉴于此，我们是否应当解释一下笛卡尔（Descartes）之所以持谨慎态度的原因？笛卡尔（1596—1650）在其《方法论》一书（第三部分）中写道：“我尤其要说的是，所

[1] 罗马法将合同与私犯视为债的两种主要发生根据。本节说法律行为与法律事实是债的发生根据，换言之，“允诺”（promesse）与“过错”（faute）是债的两个基本根据。两种表述是相互对应的：法律行为或允诺，法律事实或过错，分别是合同之债与侵权之债的发生根据。——译者注

有的允诺，只要它使人丧失某些自由，[1] 我都将其归入过分之列。这倒不是因为我不赞成法律——当人们有着某种善良意图时，或者甚至为了交易安全，法律可以让人们发出誓愿或者订立强制其坚守允诺的合同，以防止那些变化不定的人任意改变主意——我之所以说凡是使人丧失某些自由的允诺均属过分，是因为我不认为在这个世界上有任何东西会始终处于一成不变的相同状态，是因为对于我个人而言，我要承诺更加完善我的判断而不是使其越发糟糕：当某件好事已经不再是好事，或者当我不再认为它是好事时，如果仅仅因为我曾经对它表示过赞同，因而不得不受强制在此之后始终都必须将其看成是好事，那我可就违心地犯下了一大错误。”

在欧洲，由基督教宣誓并传承的信仰（la foi），从远古至今都占有着无可估量的重要地位，整个欧洲的法律传统深深扎根其中；然而，尽管有这样一套法律传统，“信守既出之言”的道德要求，“法律允诺”的强制力量，仍然引发着种种保留。这不仅仅是由于各种政治原因以及被打乱的情势或者可能发生的特殊事件会使各方当事人原来的预计完全落空，[2] 并由此将引起债务消灭，[3] 而且还因为在义务承诺的核心，自然状态所固有的自由可以使已经承担的义务变得非常脆弱、短暂易逝。

[1]这里的法语原文为“on retranche quelque chose de sa liberté”，直接翻译是“从其自由中截掉某些东西”。译者理解：笛卡尔的这一段话的中心意思是说：允诺也是可以变更的，如果一个人原本是自由地做出允诺，其后就没有变更的自由，无异于使其丧失了某些自由，无异于将人的自由“切掉了”某些部分。下文引述的斯宾诺莎的话也表达了相同的思想。按照这里引述的笛卡尔与斯宾诺莎的观点，所谓契约自由便不仅仅是订约自由，而且也有变更契约的自由。——译者注

[2]笛卡尔：《方法论》，第 3 部分，E·吉尔森述评，第 4 版，第 25 页（Discours de la méthode，troisième partie. texte et comm par E·Gilson. Vrin. 4e éd. p. 25）。

[3]M·特里果：《允诺与将来之物的取得》，载《法与未来》，法国“法哲学协会”研讨会文集，1983 年，巴黎二大出版社，1985 年，第 63 页（M·Trigeaud，promesse et appropriation du future，in le droit et le future. coll. Association française de philosophie du droit，1983. éd. Trav. Univ. ParisII. 1985. p. 63）。

诚然，在法哲学里，也像在其他领域一样，没有任何一个词汇如同“自然”（nature）一词那样有着如此丰富的语义。在这一点上，我们只需引用斯宾诺莎（Spinoza，1632—1677）在《政治权威论》[1] 一书中所写的一段话即可说明问题：“让我们承认：当一个人原已在口头上允诺完成这样或那样的行为时，从行使个人权利的角度来看，他也可以放弃践行此项诺言，或者，与此相反，当一个人许下诺言，放弃某种行为时，他也可以完成此项行为。既出之言，只有在做出此诺言的人自己不变卦的情况下才会仍然有效。实际上，由于做出承诺的人掌握着收回其诺言的权力，因为他丝毫没有让渡他的权利，而仅仅是做出了言辞承诺，因此，只要该人依据自然性质的权利仍然是其行为的唯一决断人，那么，他就完全可以考虑其做出的诺言是利大于弊还是弊大于利，至于他作出的这种评判是对是错，则无关紧要，因为，有血有肉的人都有可能犯错误；就他自身来说，如果他认为应当收回自己此前给出的诺言，他当然有将其收回的完全的自然权利。”[2]

我们当然不能从以上这段引文就推导认为，人们在制定法上不应当遵守自己做出的允诺。因为，虽然说，在斯宾诺莎看来，人的欲念从根本上驱动和指导着人的自然行为，但是，这丝毫不影响人的理智驾驭或疏导此种贪欲。由此，自然法（droit naturel）也就得以过渡到制定法（droit positif）。继笛卡尔与斯宾诺莎之后，在康德

---

[1] B·奥佩梯：《负债与法》，载《A·布雷顿与F·德里达论文集》，1991年，第295页（B·Oppetit，L'endettement et le droit，Mélanges A·Breton et F·Derrida. 1991. p. 295）。

[2]《政治权威论》，发表于1677年，《遗著》，载法文版《斯宾诺莎全集》，七星诗社出版（Traité de l ‘autorité politique，publié en 1677 dans les Opera posthuma，trad. Fran：in Spinoza，oeuvres complètes. éd. La Pléiade）。

这里所说的斯宾诺莎的《政治权威论》法文书名为“traité de l'autorité politique”，另见：《神学政治论》（Tractatus Théologico-Politicus）。“les Opéra posthuma”，在国内《哲学史教程》一书中译为《遗著》，然而其中“opéra”一语似乎有溢美之义，谓“身后之绝唱”。——译者注

(Immanuel Kant，1724—1804）和其他人的影响下，接下来的时代更加倡扬意思自治（l'autonomie de la volonté)，并将其作为契约义务的基础依据（参见第 20 节)；在此之后，人们也将法国《民法典》最著名的条文之一与意思自治的思想潮流紧紧地联系起来，它就是法典（原）第 1134 条："依法成立的合同，对于缔结合同的人具有相当于法律的效力。"这一条文，不论受到多少冲击，至今仍然屹立不倒。

需要指出的是，不论人们如何看待债法，允诺并不是产生债的唯一法律根据。在法国《民法典》里，除第 1134 条之外，还有另一个同样著名的条文，那就是第 1382 条。自 1804 年以来，这一条文也始终没有修改过。该条规定"人的任何行为给他人造成损害的，致该行为发生之人应当赔偿损害"。每一个人均应对其过错承担责任，这一原则表达了自然约束的恒久存在。这种自然约束既是正义之必要性所固有，也是良心之强制要求所固有。在人类社会历史上，债的这一发生根据尽管受到各种各样的批评，但却持久存在，因为它既是人之自由的条件，又是人之自由的后果。所有这些，如同这一不成文的但却是自然的法则，是如此众多的法律秩序的共同基础。按照这一法则：任何人均不得不正当地获得利益而损害他人的利益。

由此可见，债法的主体构架就建立在区分法律行为与法律事实的基础之上。法律行为与法律事实是债的两种发生根源（参见附目第 1100 条)。

所谓法律行为（acte juridique)，是指为产生法律效力而做出的意思表示，例如，两个人之间为了产生债务而订立合同：买卖合同、租赁合同、借贷合同；再例如，订立遗嘱，是一人据以处分其死后留下的财产的一种单方的法律行为。

所谓法律事实（fait juridique)，是指由某项法律规则赋予其法律效力的任何事件（des événements quelconques），尽管利益关系人并没有特别地、直接地希望其发生此种法律效力；但这并不意味着任何法律事实都必然是非故意的事件（un événement involontaire），只要与行为相关联的法律效果并不是行为人所愿意的，那么，即使是故意的所作所为（un comportement volontaire），仍然构成法律事实，[1] 例如，故意给他人造成损害的行为即是一种法律事实。故意损害他人的权益并对其行为应当承担责任的人，原本没有通过支付金钱赔偿来修补损失的意图，在这种情况下，是法律强制其进行赔偿，受害人因此成为债权人，他是因某种法律事实而产生的赔偿性债权的持有人。

6. 按照债的标的进行的分类

现在，我们来介绍债的 3 种区分或分类方法，[2] 这种区分方法出现于不同的时代：

（1）来自古老传统的分类方法：债分为给与之债、作为之债与不作为之债。法国《民法典》在“合同或约定之债的一般规则”的编章中接过了这种传统分类方法。实际上，这种区分超越了那些仅仅由法律行为产生的债的范围。[3]

所谓给与之债（obligation de donner）[4] 是指，债务人承担义务，向债权人转移对属其所有的某物的某项物权，例如，凡是在不

[1]反过来，并非所有的故意（volontaire）行为都是法律行为。——译者注

[2]《民法典》有关债的分类的规定始终占主导地位，其次是法院判例。学者们在遵循这些分类方法的同时，也提出了各种各样的见解。由于采用的标准或观察角度不同，债的名称似乎五花八门、众说纷纭，但是，债的概念和名称并不等同于债的分类。——译者注

[3]由法律行为产生的债实际上就是契约之债，但给与之债、作为之债与不作为之债的区分类型，并非仅限于合同之债。——译者注

[4]此处对给与之债的解释并不限于转移所有权。参见第 267 节译者注。

仅仅因交换同意意思而引起所有权转移——或者设定权利——的情况下，出卖人或赠与人承担的债务，都属给付之债。

所谓作为之债（obligation de faire）是指，债务人承担义务完成某种给付（prestation），例如，画家承担义务绘制一幅油画，建筑设计师负担义务绘制房屋的设计图纸，造成事故的责任人承担义务赔偿其造成的损害，都属于作为之债。

所谓不作为之债（obligation de ne pas faire）是指，债务人承担不行为（放弃行为）的义务，例如，营业资产的出卖人向买受人做出承诺，不在同一城市开设与其转让的营业机构相类似的机构；商人承诺义务，不开展不公平竞争。

（2）20 世纪初期由理论界提出的，后来得到法院判例的采纳的分类方法：债分为方法之债（obligation de moyen）与结果之债（obligation de résultat）。它是就合同之债设计的一种分类方法。

如其字面意义所示，结果之债是以取得某种“确定的结果”为目标的债。例如，在供货市场交易中，供货方承担义务，在确定的日期交付特定的商品，而购买人承担支付价金的义务；又例如，在交通运输合同中，承运人承担义务，将交付其运输之物或者将其运送的乘客安全送达目的地，只有达到这一结果，债务人才属履行了债务。这种达到确定结果的具体要求，对于认定债的不履行以及确定此种不履行在责任方面的后果而言，是至关重要的。

所谓方法之债，是指债务人仅仅是承诺在完成其负担的任务时采取所有的恰当方法，勤勉谨慎，尽其所能而为之，这样做就有可能使债权人获得其追求的结果；但是，虽然说债务人有义务尽其全力追求达到某种结果，但并不负有必须达到此种结果的义务，例如，医生仅仅承担义务，按照现有的科学知识，为病人提供细致周到、谨慎认真的治疗，但并不承担保证疾病完全治愈的结果，医生同意增加其义务的特定情况除外。

对于以上介绍的按照传统模式的债的分类，我们仍然需要进行多方面的细微调整，尤其是因为这些分类方法在实践中的意义主要体现在证据领域。我们大体上可以这样说：不履行结果之债，推定债务人有过错，而方法之债的不履行，债权人应负举证责任，经证明债务人有过错时，债务人才承担责任（参见第 577 节）。

在债务人是否有过错的证据问题上，有人提议将仅就合同之债而设计的这种区分方法扩张适用于其他所有的债，因此，他们主张用“确定之债”（obligations déterminées）来替代结果之债，与之相对应，则是“一般的勤勉谨慎之债”（obligations générales de prudence et de diligence）[1] 来替代方法之债。这些人认为确定之债这一概念比结果之债更加具有强制性。尽管这些术语并未得到（立法和判例的）确认，但人们还是可以注意到，与这种区分方法相联系的证明机制（mécanisme probatoire，证据制度）已经超越了合同责任与侵权责任的区分，而且我们还可以具体地观察到，这两种责任在证明机制方面有所拉近，这种拉近是能够说明问题的。

（3）货币的波动与震荡，就如同这个世界一样，自古有之，不过到了 20 世纪，这种波动与震荡更加习以为常，[2] 卡尔波尼耶（J·Carbonnier）学长提出的一种债的分类方法之所以非常重要，原因就在于此。卡尔波尼耶认为，债可以分为“实物债”（obligation en nature. 实物给付之债，也称“现实债”或“现实履

[1] H·马佐：《简论债的分类》，载《民法学季刊》1936 年第 1 期（H·Mazeaud，Essai d’une classification des obligations，RTD civ. 1936. 1）。

[2] 关于货币，参见《法国财产法》第 12 节，中国法制出版社 2006 年版，罗结珍译。

行之债”)[1] 与货币债(obligation monétaire)。实物债对货币的变动不太敏感，而在货币债里，最为典型的当属“钱款之债”(obligation de somme d’argent)。[2]

凡是需要完成某种给付的债，例如，(为债权人) 绘制一幅油

[1]所谓“实物债”，法文为“obligation en nature ”，是“货币债”的对称，统指货币债以外的、以特定物或种类物为标的的债，以及所有的作为之债和不作为之债，实际上，就是“非货币债”或“非金钱债”。日本学者将“obligation en nature ”译为“现物债”或“现实履行之债”。

“实物债”这一概念与我们通常所说的“实物税”是相类似的表述。“en nature”的意思是“用实物”、“用现物”、“用原物”等，例如，“payer en nature”(实物清偿)、“la restitution en nature”(实物返还或原物返还)、“réparation en nature (实物赔偿或现实的赔偿)、“exécution en nature”(实物履行或用原物或者按原定事务现实履行)。

按照法国民法，债务人原则上应当按照约定的标的履行债务，不能用他物来代替履行，即使发生了某种履行困难，只要合同仍然有可能用原来规定的标的履行，即使只能提供其中之一部分实物，仍然不得用他物来代替这一部分原标的物，或者，在涉及作为之债和不作为之债时，原则上，应当按照合同的约定实际或现实的履行，而不是用其他的物或金钱来替代履行。法国《民法典》第1142条规定：“一切作为之债或不作为之债，在债务人不履行的情况下，均引起损害赔偿。”

实物履行是实物债的重要特征，是强调“实物履行”，就是原则上“拒绝撤销合同”，在真正不能“实物履行”的情况下，则采取等值履行，等值履行所采用的形式称为“损害赔偿”。等值赔偿是金钱赔偿。本书第594节所阐述的“实物赔偿”的适用范围与实物债有着紧密的联系。

张民安《法国民法》一书将“obligation en nature”称为“代物债”。译者认为，法国民法原则上似乎没有规定债务人可以用他种给付来代替合同约定的给付。法文所说实物债、实物履行、实物赔偿等，似乎与我们通常所说的“代物”、“代物清偿”或“代物履行”的意思恰恰相反。法国《民法典》第1144条虽然对“替代履行”作出了规定：“在债务人不履行债务的情况下，债权人也可请求允许其自行让人履行之，费用由债务人负担。债务人得受判处预先支付因此种履行所必要的款项。”这种权利称为“faculté de remplacement”(替换权)(参见第659节)。最高法院社会庭1953年6月5日的判决还认定：“在债务人不履行债务的情况下，债权人让他人履行该债务并由债务人负担费用时，这样做的条件是，应当得到法院准许。”法院判例认为，(对于作为之债) 法官有理由依职权判决债务人用金钱赔偿来替代原告仅仅请求的实物履行。总之，这些规则都排斥代物债的概念。参见第268节其后。——译者注

[2]J·卡尔波尼耶：《民法》，第4卷，“债编”，第9节 (J·Carbonnier, Droit civil. t. 4. les obligations. N°9)；C·布鲁诺：《货币债与实物债的区分》，载《ronéot 论文集》，《巴黎二大学位论文》，1974年 (C·Bruneau, la distinction entre les obligations monétaires et les obligations en nature. thèse ronéot. ParisII. 1974)。

画，建造一幢房屋，制作一套家具，均属于实物之债；而支付买卖价金的债或者偿还有息贷款（借贷）等金钱款项的债，都属于货币债。毫无疑问，正如历史经常表明的那样，国家通过运用货币手段，可以在债法框架之内施加重大影响，不仅在合同领域是如此，在非合同领域也是如此，例如，在确定某一事故的肇事人应当给予的损害赔偿数额时，货币的影响就会很大，因为，在确定旨在保障受害人得到的补偿或者赔偿时，往往要运用货币来确定相应的等值；此外，我们还应当注意到，债所表现出来的货币性质，（在不同场合）程度或多或少有所不同：有时，债自其产生之时就是用货币来表示的，因此必然具有货币性质，而有些时候，债与货币的关系一开始并不非常显现，只有在需要用金钱数额来表示时，也就是说，只有在需要对债的（当前）价值（时值）作出评价时，这种关系才需要用货币单位来具体体现，通过给予补偿性赔偿金对造成的实物损害进行赔偿，即是这种情况。[1]

[1]P·海诺：《法国法上的时值之债》，载《Brèthe de la Cressaye 论文集》，1968 年，第 611 页（P · Raynaud, les dettes de valeur en droit français. Mélanges Brèthe de la Cressaye, 1968. p. 611）；G·皮埃尔-弗朗索瓦："民法上的时值债的概念"，巴黎二大学位论文，1975 年（G · Pierre-François, la notion de dette de valeur en droit civil. thèse ParisII. 1975）。（所谓"时值债务"，法语原文为"dette de valeur"，其中"dette"一词仅仅指负债或债务，不包括权利，因此不能将其看成是等同于"obligation de valeur"。"dette de valeur"的实际意义仅仅是指：为了避免受到货币波动的影响，债务人负担的债务，在按照金钱计算时，不是事先确定的不变数额，而是按照清偿、财产评估或者财产分割之当时的价值来进行计算并最终确定债务的数额，例如，在遗产继承关系中，此前因被继承人实施的赠与行为获得超过其应继份额的继承人，在进行遗产分割时，应当按照此时的财产评估价值，而不是按照当初赠与时的价值，将多取的份额返还至遗产之内。"dette de valeur"（时值债务）关注的仅仅是按照哪一时间点及何种价格来评价债务的金钱数额。这并不是一种债的分类方法。——译者注）

7. 至法国大革命之前，债法的演变

至法国大革命之前，债法的演变历史非常清晰[1]，其涉及的主要问题是，债之链锁的起源，合同关系形成过程中其强制性的发生，在债的强制性链锁关系中未来因素的加入及其作用。这也是整个“信用法”（le droit du crédit）的起源，虽然它没有占据应有的地位。

（1）我们说，一开始，罗马法仅仅将债视为债权人与债务人之间的人身约束（lien personnel），这种人身约束有可能引起对债务人的人身控制（mainmise sur la personne），而不包含在合同不履行的情况下对债务人财产的诉讼权利（pouvoir d’action，诉权），至少不直接与立即包含对债务人财产的诉讼权利。基于债所具有的人身性质，罗马法当初承认债权与债务的不可转移性（intransmissibilité）：当人们想要改变债的某一主体——债权人或债务人时，必须消灭（原）债，才能再对另一人设立新债。一开始，债权与债务的不可转移性甚至适用于继承人：一个人死亡，即告消灭其债权与债务，此种债权债务不转移至死者的继承人。对于信贷（信用）而言，债权与债务不能向继承人转移，有百害而无一利，因此（债的不可转移性）被抛弃，但是，罗马法始终保留着在人生前债的不可转移性的原则，当然，对这一原则也做出了种种缓和处理，但始终没有将其废除。到后来，债法演变的主要倾向是“缓和债权人与债务人之间债的约束力的人身性质”，并且逐步形成了这样一种思想：债虽然是两个人之间的义务约束，但它也包含着对债务人财产的某种权利，因为债的目的在于履行往往具有某种价值的给付。

这就是说，早在罗马法时代，债的理论就已经发生深刻演变。

[1]J-L·加赞梯加：《债法史引论》，法国大学出版社，1992年（J-L·Gazantiga, l’introduction historique au droit des obligations. PUF. éd. 1992）。

在老旧的民法里仅存在要物合同（les contrats réels，实践合同）或者形式合同（contrats formels，要式合同），单纯的简约（le simple pacte conventionnel）不能带来诉权。后来，大法官法以及罗马帝国之基本法减缓了这种制度的狭隘性。这主要得益于无名合同理论（la théorie des contrats innommés）与简约理论（la théorie des pactes），但是，至此时为止，人们始终没有完全承认合同可以纯粹为诺成性质（purement consensuel）。

在由于给他人造成损害而产生的债的强制关系中，对这种强制关系给予的保护同样相当狭窄。罗马法里始终没有规定一条像法国《民法典》第1382条所表述的一般原则——“人的任何行为给他人造成损害时，致该行为发生之人应当赔偿损害”——尽管这是一个简单明了而且正确的原则。在罗马法里，可以引起责任的私犯（délit）的数目也是很有限的，除法律规定的情况之外，拒绝受害人享有诉权。当然，在某个特定时期，确实有一项适用范围相当广泛的法律文件，例如“阿克利安法”（la loi Aquilia，也译为“阿奎利亚法”）。由于大法官的判决逐步扩展了这一法律文件的适用范围，最后，因毁损财物（objet du patrimoine）而造成的各种损害差不多都适用这项法律。尽管如此，“责任的一般原则”始终没有得到承认。

在债的履行方面，罗马法的演变发展同样缓慢而不全面。仅仅是逐步地、部分地用对（债务人）财产的执行来替代对债务人人身的执行。罗马法始终没有承认债权人对其债务人的财产享有一般担保权。

（2）法国旧法（法国大革命以前的法律）时代，一开始，占据主导地位的是来自日耳曼习惯法的债的理论。这一理论差别极大。由于合同非常注重形式（主义），因而大大地缩小了（当事人）意思的作用。在很长时间里，民事责任与私人复仇（vengeance privée）以及刑事责任混而不分。

10 世纪与 11 世纪以后，由于罗马法研究的复兴，罗马皇帝的立法重新得到阐释：看来，罗马立法确实要比当时实行的（其他）规则略胜一筹。人们从罗马法中得到启迪，因为罗马皇帝的立法代表着“成文的理性”（ratio scripta），除此之外，还要加上教会与教规学者们的影响：教规学者（教会法学者）提出了“必须遵守既出之言”（允诺必须遵守）的道德原则，[1] 为 16 世纪期间形成的“在没有任何交换同意意思的庄严形式之外的合意（convention）具有强制力”这一规则做了充分的（思想）准备。让·多玛（J·Domat）在 17 世纪提出的一项原则之所以得到发展，也正是有教规学者们所提供的帮助。这一原则后来得到法国《民法典》的采纳：任何造成损害之过错，均产生赔偿损失之义务（债务）。

至法国旧法末期，合同方面的个人意思自治，始终遇到了那个时代在宗教、政治、社会组织等方面树起的一道道障碍，例如，贵族不得订立商业合同；修道士们，本着安贫乐道的誓愿，也受到各种各样的“无缔约能力”的限制；社会经济受到国家相当严密的统制；国王，作为至高无上的绝对君主，负责正义与繁荣，关注的是对其臣民的经济活动的统领，确定国家货币及币值，为商业与工业定规立则并确定价格；此外，在行会范围内，由行会的成员相互之间或者与他们的顾客订立的合同则适用非常严格的规则。

8. 中间时期的法律与（法国）《民法典》

法国大革命对债法产生的影响深刻而持久。这种影响主要体现在合同方面，由此，个人自由的进步特别在合同法领域得到体

---

[1] 与我们通常所说的“一言既出，驷马难追”的思想完全吻合，这就是对诚信原则的倡扬与坚守。——译者注

现，为财富的流通创造了有利条件，与此同时，人们对法人以及对受到领主永久管业权制约的财产（bien de mainmorte，即所谓“死产”）表现出某种不信任。旨在发展抵押信贷的制度开始形成（抵押权与不动产转让的公示制度）；商业自由与契约自由得到宣示。就形式要求而言，主要体现为对诺成主义的认可，而在实质性强制要求方面，则主要体现为契约自由逐渐占取的地位，与此相对应，以下3个方面的变化深刻地标示着这一时期契约之债法（droit des obligations contractuelles，由契约产生的债法）的特点：排除来自宗教性质的障碍、对一切行业组织与国家在经济领域的各种干预的敌视。

在债法领域，《民法典》忠实于此种运动。《民法典》第1134条第1款规定：“依法成立的契约，对于缔结契约的人具有相当于法律之效力。”契约被视为债的主要发生根据（la source essentielle）。所有的个人均可自由缔结契约。只有在为确保与保护契约自由时，国家与法律才应当进行干预。源于教会的影响而产生的所有限制，例如，禁止有息借贷，修道士没有缔约能力等，源于社会阶级、国家对经济领域的干预，以及源于各种职业的行会组织的种种限制，也告消失。交易自由成为一种信条（dogme）。法律之所以要对契约和债进行规范，只不过是为了对个人的意思给以指导；法律的规则原则上是对个人意思作出解释。[1] 很少有法律条文具有强制性，每一个人的自由仅仅受到一种限制，那就是：禁止侵害他人的自由。

土地的解放更加促进并增大了契约的作用。一些类型的物权随之消失（例如，封建领主租地，土地年金等）；让他人经营土地的正常方式是订立（土地租赁）契约，由这种租赁契约产生的债务是

[1]关于意思表示的补充性法则，参见谢汉琪等译《法国民法总论》，第490节与第492节，法律出版社2004年版；另见C·贝雷斯杜尔杜：《论补充性规则》，《巴黎一大学位论文》，2004年（C·Pérès-Dourdou，la règle supplétive，thèse Paris，éd. 2004）。

普通债务（不再产生人身性质的依附关系）。

当然，也有很多的债不是产生于任何契约，或者准确地说，也有很多的债，它们的强制力不是来自某种法律行为。在这些“非因合同而发生的债”（obligations extra-contractuelle，非契约之债）里，首先是由侵权行为和准侵权行为产生的债。由此，民事责任与刑事责任被清楚地区分开来。《民法典》第 1382 条与第 1383 条以一般方式强制“有故意过错”（民事侵权）或“非故意过错”（民事准侵权）的行为人进行赔偿。《民法典》第 1382 条规定：“人的任何行为给他人造成损害时，因其过错致该行为发生之人有义务赔偿损害”；第 1383 条规定：“任何人不仅对其行为造成的损害负赔偿责任（responsable du dommage），而且对因其懈怠（négligence）或疏忽大意（imprudence）造成的损害负赔偿责任。”[1] 因此，责任被认为建立在一种令人满意的平衡基础之上。这种令人满意的平衡就是：由相同的条文规定，采取相同的技术，通过某种赔偿形式，在广泛程度上成功地将对责任人的处罚与对受害人的补偿相互吻合起来。

9.《民法典》制定以来的情况

长期以来，由《民法典》的制定者所接受与采纳的债的制度是令人满意的，它符合时代的需要，也与自由主义的胜利相契合——经济自由主义的胜利以及随后的政治自由主义的胜利。《民法典》

[1] 法国法学理论认为，侵权行为由侵权过错（faute délictuelle）引起。侵权过错与合同过错（faute contractuelle）都是引起民事责任的原因与条件。无论是合同过错还是侵权过错，都包括故意与过失，但法国法学理论上通常将这两者分别表述为“故意过错”（faute intentionnelle）与“非故意过错”（faute non intentionnelle），除无过错责任之外，故意过错是侵权行为的发生依据，非故意过错是准侵权行为的发生依据。这一区分具体规定在《民法典》第 1382 条与第 1383 条。另见罗结珍：《法国〈民法典〉规定的准侵权行为辨析》，载《法学杂志》2012 年第 1 期。——译者注

确立的债的制度的成功，适逢其时地标志着与过去制度的决裂：在过去，债的产生及其内容，主要不是出自个人的意思与个人的责任——即使借助于法律的帮助，亦是如此。自从《民法典》诞生以后，人们不再受到行会组织乃至统制性组织的过分困扰，自由被看成是拯救一切弊病的良药。这种精神浸透着整个债法。人们可以相互缔结义务、受契约拘束，因为他们是自由的；正因为人是自由的——至少在法律看来是如此，那么，对其过错当然应当承担责任，并且应当赔偿因其过错造成的损害后果。

19 世纪大部分时间里，都体现了自由的主导地位。社会上出现的各种思想潮流甚至更加强化了主导债法的自由主义。个人意志的权力（pouvoir de la volonté individuelle）得到放大。在《民法典》诞生之前，国家采取的某些限制措施仍然延续了对法人的敌视态度，这也是中间时期的法律所引起的不信任态度的持续体现。《民法典》诞生之后，取消了设立公司要求得到批准的做法，随后，1867 年 7 月 24 日颁布了一项有关公司的大法。这一切都有利于商务活动的发展，有利于现代资本主义的兴起；订立契约的意思，摆脱了各种残存的障碍，得到了自由发挥，但是，这也并非没有带来任何相反结果：人们通过公司契约（contrat de société）（自由）创立的这些实体，由于其国内团体甚至国际性团体的过分膨胀，往往（反过来）成为对抗个人自由的力量——须知，自由确实往往就是忘恩负义。

由于商业、工业、国际资本主义所带来的变革，相互对立的意识形态日益增大的影响，民间的或军事的冲突与战争的破坏、国家内部以及世界性战争和冲突，与此相联系的思想意识、道德风尚和需求也发生了改变，由此引发的各种各样的看法与思考，越来越动摇了《民法典》的制定者们建立起来的大厦，《民法典》经常修改：在法律义务天地的两极——“允诺”与“过错”——都需要经常修改。

在合同法方面，我们看到的是，合同得到了很大发展：合同，这种法律活动的主要表现，在过去并不属于它的那些领域里也逐步确立了自己的地位（参见第48节）；但是，由于某种抵销效应，合同在适用范围上虽然有所取得、有所扩张，但其实际意义和作用却或多或少有所丧失。社会为了帮助弱势群体，或者为了应付带有危机性质的经济状况，甚至完全是为了应付诸如物资短缺的经济不平衡状况，或者相反，为了应对生产过剩等不平衡状况，对契约自由的炽烈热情往往要施加很大的限制。

我们还应当注意到，就债的发生依据而言，原先承认契约相对于债的非契约发生依据所占据的主导地位已经有所下降。不当得利（l'enrichissement sans cause），总体来说，被作为债的发生依据而得到确认；尤其是在侵权行为与准侵权行为方面，在以往，过错——侵权过错或准侵权过错——几乎占据着排他性的主导地位，而如今，这种主导地位已告终结。之所以有这样的变化，是由于科学技术的令人目眩的发展，随之引起财产事故与人身事故的频繁发生。这些事故的影响范围巨大，有时甚至是灾难性影响，完全改变了人们思考问题的视野，迫使人们在面对这些新的灾难时，不仅要从个人责任的角度，而且要在更加广泛的保险、赔偿、社会保障制度的范围内，乃至在国家互济制度的范围内加以应对。

今天，如果我们将上面提及的两个方面的演变加以对比，就会揭示出一种使人产生总体平衡印象的两种相反方向的运动：从契约之债方面来看，我们注意到，债务人比过去受到更好的对待，特别是当债务人是消费者时，往往享有越来越多的优待，债务人甚至可以收回其既出之言，对其已经做出的允诺进行反悔，这样一来，人们给予更多保护的弱势者就是债务人；与此相反，从侵权行为或准侵权行为方面，我们观察到的却是对传统视野的颠倒：从带有揭示意义的发展趋势来看，人们越来越关注的是侵权行为或准侵权行为的受害人，这样一来，受到更多保护的弱势者便是债权人。对于这种发展趋势，目前还很难说它是一种进步还是倒退。

但是，这种螺旋式的发展演变并未就此止步。[1] 在债法领域，没有历史的终点。如果我们是想更加准确地把握用于指导我们所作的解释的某种运动，那么，我们看到的是，这种运动更多地表现为朝着“超越合同与非合同之区分”的方向；当今时代的主要倾向似乎是：排除各种基本区分，由此实现某种平衡中的平衡。

10. 债法的渊源，国内法渊源

在制定《民法典》的那个时代，债法的主要渊源在于法律。就契约而言，总的来说，法典的制定者留给当事人很大的法律行为自由，大多数调整合同的法律都表现为对个人意思的某种补充性质；调整非合同之债的相应条文规定在《民法典》中也占有一席之地，这就是说，调整非合同之债的规定在法律中也有其位置。

现在，在国内法上，就债法的渊源而言，1958 年 10 月 4 日宪法的实施，对立法所占的主导地位进行了两方面的限制，其一是相对于宪法本身受到的限制，其二是相对于行政法规受到的限制。[2]

(1) 首先，(在债法领域) 立法者不能损害由 1958 年宪法序言

---

[1]法国《民法典》诞生之后的 200 年里，法国社会，如同整个世界一样，发生了翻天覆地的变化，债法因此也受到深刻的影响，在意思自治、契约自由、合同与侵权行为这两种债的发生依据各自的地位等方面都发生了不同程度的改变。这也是本书的作者突出强调的内容，在其提出的法国“合同法改革”方案中也充分体现了这种思想。——译者注

[2]在当今时代，债法渊源，除立法渊源之外，还有“宪法渊源”与“行政法渊源”以及本书第 12 节阐述的“债法的国际渊源”。如今，仅仅局限于从民法的角度研究债法显然是不够的。——译者注

重申的、受到法国人民珍视的具有宪法价值的特定原则，那就是1789年人权宣言确定的人权及国家主权原则。1789年人权宣言得到1946年宪法序言的确认与补充。因此，这里所指的就是（立法者在债法领域不能损害法兰西）“共和国法律承认的各项基本原则”。[1]

按照这一制度，宪法委员会可以撤销那些有损于结社自由（la liberté d'association）的立法规定，[2] 并且可以就此重申，“有必要将结社自由归入到共和国法律承认的基本原则之列。结社自由之原则是1901年有关结社（社团）契约的法律的各项规定的基础。根据这项原则，所有社团（协会）均可自由成立，并且仅仅需要通过事先提交简单申报的形式，即可向社会进行公示；除了对于特殊类型的结社可能需要采取的特定措施之外，成立协会，即使看来有无效事由或者即使标的可能非法，就其有效性而言，仍然可以不需要经过行政机关或者甚至司法机关的事先干预”。[3]

宪法委员会曾经撤销过一项立法文件，因其损害调整有关非契约责任法（le droit de la responsabilté extra-contractuelle，契约外责任法）的特定原则；[4] 与此相反，宪法委员会从一开始就多次作出裁决认为：“没有任何一项宪法价值的规范保证契约自由”，[5] 可见，宪法委员会的裁决与某一位“得到准许的宪法学者”所持的观

[1] N·莫勒菲希：《债法的宪法渊源》，载《亨利·卡比唐协会研讨会论文汇编》，里尔，Litec出版社，1997年，第65页（N·Molfessis, les sources constitutionnelles du droit des obligations. journées Ass. H·Capitant. Lille. 1997. litec. p. 65）。

[2] 宪法委员会，1971年7月16日。载L·菲力普：《宪法委员会重大裁决汇编》，第15版，第13节（L·Philip, les grandes décisions du Conseil constitutionnel, 15e éd. N°13）。

[3] 前引宪法委员会1971年7月16日裁决。经济领域的结社自由主要涉及设立公司、基金会等财团法人。——译者注

[4] 宪法委员会，1982年10月22日（D. 1982. 189）。F·Luchaire述评，载《最高法院简报》（Gaz Pal）1983年第1期；F·Chabas述评。

[5] 宪法委员会，1994年8月3日。载《法律活页期刊》1995年（JCP1995. II. 22. 404）。

点是相对立的。[1] 很多学者都提出了证明宪法委员会所作裁决的正确理由，他们认为，“不能把一项容忍如此众多的例外情形的（契约自由）原则提升到具有宪法价值的规范之列”，[2] 因为具有宪法价值的规范是不能触犯的规范（而契约自由原则并非如此）。在这之后，宪法委员会仍然没有在这一方向上停止步伐，不过，它也宣告：“立法者不能对依法（合法）订立的协议与合同的经济造成严重损害，甚至达到明显无视 1789 年人权与公民权利宣言第 4 条所规定的自由的程度。”[3] 但是，宪法委员会始终没有赋予契约自由以宪法价值。[4]

（2）按照 1958 年宪法第 34 条的规定，只有民、商事债的制度的基本原则是属于立法范畴的规范，由法律作出规定，其余规则均由条例做出规定（属于行政法规的范畴）。宪法委员会在若干裁决中对这一表述做出了解释，得到其认定的民商事债的制度的基本原则有：意思自治、契约自由与协议的恒定性（immutabilité des con-

[1] F·吕舍尔：《论民法的宪法基础》，载《民法季刊》，1982 年，第 245 页（F·Luchaire：les fondement constitutionnels du droit civil. RTD civ. 1982. p. 245）；《论契约自由的宪法价值》，载《培塞尔论文集》，1995 年，第 473 页（sur la valeur constitiu-tionnelle de la liberté contractuelle. Mélanges Peiser. 1995. P. 473）。

[2] B·奥佩梯：《面对竞争法考验的契约自由》，载《政治伦理学杂志》，1995 年，第 241 与第 249 页（B·Oppetit：la liberté contractuelle à l'épreuve du droit de concurrence. Revue des sciences morales et politiques. 1995. p. 241. p. 249）。

[3] 宪法委员会，1998 年 6 月 10 日，载《政府公报》1998 年 7 月 14 日，第 9093 页；《民法季刊》，1998 年，796（RTD civ. 1998. 796）；N·莫勒菲希前引文：《债法的宪法渊源》。在“债法渊源的更新”（第 76 页）一节中作者提出，有些契约自由的表示可以在从业自由的基础上受到宪法保护。另见 Y·加杜恩：《宪法委员会的裁决中的契约自由探析》，2008 年（Y·Gahdoun，la liberté contractuelle dans la jurisprudence du Conseil constitutionnel. 2008）。参见本书第 479 节关于中断不定期合同的自由问题。

[4] 也就是说，法国法始终没有将契约自由提升到具有宪法价值的高度。——译者注

ventions)。[1] 宪法委员会还进一步明确宣告：这些原则在适用时应当保留 1958 年之前的立法实践已经对其做出的各种灵活处理。[2]

11. 债法的构成（内容）日益多元化

《民法典》的制定者不可能无视其他法律渊源在债法领域所占据的重要地位，因此，法典并没有忽视（当时社会）在契约方面存在的多种多样的习惯与风俗。例如，法典的条文就明确提到，在对(当事人订立的）合同进行补充或解释时应当参照习惯（第 1135 条、第 1159 条、第 1160 条）。这些习惯，也称为“缔约习惯”(usages conventionnels)，实践中往往属于某一行业或者某一地区流行的某些特定的做法，并且为本行业或当地个人在订立合同时所广泛采用。一开始，这类条款始终属于在特定类型的合同中订立的条款，到后来，只要双方当事人没有排除这类条款，便视他们默示参照这种习惯，[3] 最后，也就无须在合同条文中写明这些习惯。商法方面，人们在订立合同时始终为行业习惯（source professionnelle)保留着重要的地位，特别是为行会性质的组织制定的规范保留了重要地位。

在如何让各种规则能够适应合同实践的需要方面，法院判例也起着重要作用。法院判例对合同法的大量立法规定作出了司法解释，释明其意义，恢复其活力，甚至毫不犹豫地对其中某些规定作

---

[1]宪法委员会，1959 年 11 月 27 日（D. 1960. 555，L·哈蒙述评)；宪法委员会，1961 年 9 月 8 日（D. 1963. 381，L·哈蒙述评)；宪法委员会，1973 年 11 月 28 日(D. 1974. 269)；宪法委员会，1984 年 6 月 4 日。关于这个问题，参见 F·吕舍尔：《论民法的宪法基础》，载《民法学季刊》，1982 年，第 245 页（F·Luchaire，les fondements constitutionnels du droit civil. RTD civ. 1982. p. 245)。

[2]关于这一问题，参见 M·弗郎基：《宪法与私法，个人权利与经济权利》，1992 年，第 164 节与第 184 节（M·Frangi，Constitution et droit privé，les droits individuels et les droits économiques. 1992. N°164. 184)。

[3]《法国民法总论》，第 379 节（introduction générale au droit. N°379)。

出了非常自由的解释，例如，为了避免相关规定可能产生的有害后果，法院判例对《民法典》第 1121 条关于为他人利益订立合同的规定所作的解释，就是一个例子（参见第 516 节）。不过，法院判例所起的重要作用主要还是体现在非合同责任方面，大法官在对法律条文进行解释时，赋予自己有创见的处理以很大的自由，例如，大法官们以《民法典》第 1384 条第 1 款的规定为出发点，创立了“因无生命物引起的一般责任”，后来又创立了“因他人行为引起的一般责任”。[1]

除传统上认为的债的发生依据——法律、判例、习惯——之外，在“滥用权利条款全国委员会”、“竞争委员会”、“证券交易所业务委员会”、“金融市场委员会”等“独立的行政机关”[2] 的

[1]这两个概念在法语中分别表述为“une responsabilité générale du fait des choses inanimées”与“une responsabilité du fait d'autrui”，在《民法典》的立法条文中并未使用这样的表述，而是由法院判例，也就是大法官创造发明的概念。——译者注

[2]法国的“独立的行政机关”是一种比较特别的组织机构，它既独立于政府机构之外，但又不是“协会”、“理事会”、“咨询委员会”等非行政机关。目前，法国共设有 40 几个“独立的行政机关”，统称为“autorités administratives indépendantes”（AAI），但名称并不完全相同，有的称“l'Autorité”，如“l'Autorité de sûreté nucléaire”（核安全委员会），有的称“conseil”，如“le Conseil supérieur de l'audiovisuel”（CSA）（视听事务高级委员会），有的称“commission”，如“la Commission nationale de l'informatique et des libertés（CNIL）”（信息与自由委员会），或者称“comité”，如“le Comité des établissements de crédit et des entreprises d'investissement”（CECEI）（信贷机构与投资性企业委员会），还有其他名称，习惯上将这些法文名称统一翻译为“委员会”。

独立的行政机关并不能始终保持对政治权力的独立性，仍然属于国家机构，但从法国行政法传统来看，属于一种新的法律类别的机构。这些机关的主要职责是，在国家需要避免过分直接干预的那些部门，以国家的名义保障相关事务的规范化。从上下级别的角度，独立的行政机关并不直接隶属于政府部长的管辖，而是设在传统的行政权力结构之外，因此，公共权力机关不能对独立的行政机关发出命令、指令，甚至简单建议。

法国的独立行政机关大体上可分为两大类型：一类是负责规范经济活动的机关，一类是负责保护公民权利的机关。每一个独立行政机关的法律地位均由创设该机构的法令作出具体规定，具有法人资格，由相关方面的代表人士组成，所有的独立行政机关均实行合议制（collégialité），也就是说，设立一个集体审议班子（un collège），共同作出审议决定。 （转下页）

不断施压下，债法领域的新的规范层出不穷。这些规范名称也各不相同，例如，指令、建议、通知等，这些规范使债的发生依据的总体面貌变得模糊起来，使人们对债法的必要理解更加困难，而对债法的了解本身却是个人自由的条件（之一）。

12. 国际（法）渊源

在制定法国《民法典》的那个时代，还不存在（债法的）国际（法）渊源，而如今，债法的国际渊源（les sources internationales），以及后来的欧洲（法）渊源的重要地位则有了极大的提高。

一开始，体现债法国际渊源的主要形式是（国家间）订立的国际协议、协定或公约。这些公约、协定或协议所确定的规则往往都是以带有国际性质的特定类型的合同为调整对象，例如，1980 年 4 月 11 日在维也纳订立的关于国际货物买卖的公约即是如此。由于这一公约的规定仅限于针对与国际合同有关的具体问题，将其纳入法国债法的范畴并无很大困难。

但是，随着欧盟地位的强势上升，我们目前面对的情况是，共

（接上页）独立行政机关享有法令赋予的特定权力，是一种权力机关（autorité），从这个意义上说，是一种准行政机关。这种权力体现在：可以直接作出具有执行力的特定决定，因此有别于各种可以提出相关意见（avis）的（咨询性）委员会（conseil），虽然有些独立的行政机关也可以向公共权力机关、企业、甚至向个人提出意见（avis）；另一方面，独立的行政机关还可以享有强制权，可以要求、指示或者责令自然人或法人提交所要求的文件或材料、停止某种违规状态，并对违法行为实行制裁。制裁大致分为：精神方面的处罚，如警告、训诫，撤销或者暂时吊销批准决定，行政罚款。这种行政机关之所以称其为“独立的”（机构），是因为它实行的是合议制（集体领导制度），一般情况下，其成员并不是由同一个机关任命，而是由不同的组织推荐有代表性的人士。有些独立的行政机关里还必须有国民议会指定的一名议员或非议员作为成员。

为了保持这种行政机关的独立性，对其成员规定了特定的不能任职的条件。一般情况下，独立的行政机关的成员任职可以连任，此外，机关的经费来源于接受其服务的人交纳的税款（taxe），也具有某种独立形式。——译者注

同体法（droit communautaire）对（法国）债法的渐进式包围，[1] 由此也就提出了完全属于另一种性质的问题。

一方面，共同体指令层出不穷、越来越多。这些指令在转用于法国法之后，法国债法中源于共同体法的规定也在不断增加，而这些规定的精神并不一定与法国法所固有的精神完全契合。最近一个时期以来，这方面的例子非常多：1985 年 7 月 25 日关于有缺陷的产品责任的指令，1993 年 4 月 5 日关于滥权条款的指令，1999 年 5 月 25 日关于消费品的销售与担保的若干问题的指令，2000 年 6 月 8 日关于电子商务的指令（参见第 72 节、第 172-1 节）等。对于法国立法者来说，这种情况带来的困难在于：他们只能利用为其留出的很狭小的操作余地或空间，在进行改革的同时又要保持法国法自身制度的整体协调。我们至少可以说，在这一点上，最近几年的实践并没有取得令人完全满意的结果。[2]

另一方面，而且表现得更加彻底，有人甚至认为，应当用“一种欧洲渊源的统一债法”（un droit des obigations unifié）来取代欧盟各成员国的自有债法。这股潮流，首先是从欧洲议会作出的若干决定开始的，欧洲委员会也随之跟进。[3] 一股关于制定《欧洲合同法典》，乃至《欧洲债法典》的思想潮流正在逐步成型。不过，在这里，我们仍然需要提出这样的问题：这种做法，或者说，这样的

---

[1] J·胡耶：《论法国合同法的欧洲共同体法的渊源》（J·Huet，les sources communautaires du droit des contrats）；P·茹尔丹：《法国民事责任法的共同体渊源》，载《债法渊源的更新》，1997 年，第 11 页，第 29 页（P·Jourdain，les sources communautaire du droit français de la responsabilité civile. 1997. in le renouvellement des sources du droit des obligation，p. 11 et p. 29）。

[2] Y·勒格特：《民法典的重新编纂与国际渊源的多样化，“民法典”200 周年（1804—2004）》，第 171 页（Y·Lequette，recodification civile et prolifération des sources internationales，le Code civil. 1804—2004. p. 171）。

[3]《欧洲委员会向欧洲理事会与欧洲议会提交的关于欧洲合同法的文件》，载《欧洲共同体官方公报》，2001 年 9 月（communication de la Commission au conseil et au parlement concernant le droit européen des contrats. JOCE. 2001. 9. 13）。

事业，所依据的基础是不是有点“过分相信统一债法可能带来的好处”？是不是“对统一债法的实现可能性怀着过分的信心”？（参见第46节）

最后，还有必要指出的是欧洲保护人权公约以及斯特拉斯堡法院（欧洲人权法院）的判例日益增大的影响，尽管它们在债法领域的效力还不像在民法的其他分支里那样明显。[1] 因为，（人们应当享有的）基本权利也逐步在债法方面占据了自己的地盘，在合同法领域更是如此。基本权利在债法领域占据地位，如同在其他私法领域一样，同样表现出纵向与横向两个方面的效果。纵向效果体现为：国家在制定债法规则时，应当关注尊重人们所享有的各项基本权利，因为欧洲（法院的）法官，也如同法国宪法法院的法官一样，要对债法是否符合人们享有的基本权利实行监督。横向效果的体现表现为，合同，作为产生规范的活动，也应当尊重人的基本权利。当合同的某种条款违反这些基本权利时，欧洲（法院的）法官，也如同法国最高法院的法官一样，可以将此种条款视为“没有订立”。换句话说，在人们享有的基本权利的名义之下，法官既是合同法的法官，也是合同的法官。两者产生的实际后果有所不同。在纵向效果方面，考虑人们的基本权利，更加有利于契约的自由，因为考虑人们的基本权利，就可以排除那些有损于契约自由的强制性条文；而在横向效果方面，考虑人的基本权利，则是对契约自由给予某种限制，因为它可以将当事人之间规定的某些条款从合同中涤除出去。就在有些学者津津乐道地强调法国宪法委员会所持的“谨慎态度”之时，另一些学者则在强调欧洲人权公约，认为该

[1] P·马尔格努：《欧洲人权公约对法国债法的影响》，载《债法渊源的更新》，1997年，第45页（P · Marguenaud, l'influence de la CEDH sur le droit français des obligations. 1997. in le renouvellement des sources du droit des obligation）；《欧洲人权公约以导向性判决的形式对合同法领域的占领》，载《民法学季刊》，2006年，第719页，2008年，第641页（La CEDH à la conquête du droit des contrats au moyen des arrêts pilotes. RTDciv. p. 719. 2008. p. 641）。

公约，如同斯特拉斯堡法院所解释的那样，已经成为一个可以用来作出各种反向分析的“满载各种工具的百宝箱”。

13. 债法的特征

由1804年《民法典》表述的（法国）债法在过去200年里经受了时间的考验，至今为止，法典中有关债的大部分条文均未修改过，以至于一位不抱任何成见的学者认为，只需要读一读这些条文，便可以得出这样的结论：《民法典》有关债的这些规定不会受到时代变动的影响，而与此相反，在现代，法典中有关亲属法（家庭法）的规定已经发生了非常深刻的改变。越是看到这种情况，有些人更加坚定地相信上述学者们的看法。

与其他方面的全部规则相比，法国《民法典》有关债法的规定确实经久耐用，其之所以如此，也要归功于法院判例做出的贡献。因为，每当有必要对法典的某些条文的规定做出“适应性处理”时，法院判例都起到了很大的作用。但是，我们也不能局限于这样的观察与看法：在《民法典》这座大厦的主体表面上仍然保持着它的牢固性的同时，连续袭击而来的浪涛也导致其发生了很大的改变。在这些浪潮的冲击下，组成《民法典》大厦的一块块构件常常被冲走，[1] 有时，被冲走的甚至是某一整体部件。

况且，自1804年起，就已经出现了一个含糊不清的问题。这一年《商法典》尚未问世，《民法典》的制定者虽然没有忽视市场与集市这块天地，但却在第1107条中采取了一种不屑一顾的、居高临下的方式表达了如下处理意见：“合同，无论是否有特定名称，均受本编（即专门规定合同的编章）所定之一般规则约束。特定合同的特别规则，由该合同有关的编章确定；商事交易的特别规

[1]例如，有关不动产扣押程序的条文规定已经从《民法典》中脱离出来，归入了2011年12月19日颁布的《民事执行程序法典》，这样《民法典》这一部分的条文暂为空缺条文。——译者注

则，由有关商事的法律确立之。”

我们知道自从《商法典》诞生之后有关商事的法律所发生的情况：商事法（droit des affaires）有了重大发展，民事生活与商事生活相互渗透、农村与城市相互渗透，尽管如此，法国并没有像有些国家那样制定一部与《民法典》分开的“债法典”，如《瑞士债法典》。

正因为如此，我们看到，对于法国《民法典》中一直得到保留的全部条文，却可以从外部并且隔着一定距离评判其发生的演变，而正是在这一点上，自 19 世纪初开始，有些经济机制与经济工具的作用和使用也必然会对债法产生影响：早在 20 世纪发生货币波动之前，在法国曾经一度当作货币使用的一种证券发生的危机就充分表明货币在何等程度上处于债法的核心。《民法典》的制定对此也是非常清楚的。

让我们再来看一看《民法典》第 1107 条的规定，其中提到“特定合同的特别规则，由与该合同有关的编章确定”。[1] 然而，随着时间的推移，这类特别规则引起了诸多的专门法律分支的很大发展，例如，劳动法、交通运输法等。尽管在《民法典》中仍然可以看到这些专门的法律分支留下的残迹（有些专门规定尚未废止，例如，第 1780 条与第 1782 条），[2] 但是，在这些领域，或者

[1] 在当今时代对债法的研究显然不能局限于《民法典》的规定，其他特别法对债法产生了深刻影响，而这样的法律、法规越来越多。——译者注

[2]《民法典》第 1780 条：“任何人，仅得就一定的时间或确定的事务，对他人承担提供劳务之义务。——（1890 年 12 月 27 日法律）雇工，未确定雇佣时间的，得始终依缔结合同的当事人之一的意愿随时终止。——但是，由缔结合同的一方当事人单方意愿而解除合同时，得产生损害赔偿。——为确定应当给予的赔偿金的数额，在相应情况下，应考虑习惯、约定的劳务的性质、已提供劳务的时间、依据退休金的规定扣取的款项以及已经进行的支付，总的来说，应当考虑能够证明损害之存在以及确定所造成的损害范围的各种情形。——各方当事人不得预先抛弃依据以上规定可能请求损害赔偿的权利。——执行前数款的规定有可能引起的争议，在其提交民事法院与上诉法院受理时，得作为简易案件并紧急审理之。”

《民法典》第 1782 条：“水陆运输者对交付其托运保管与照管之物，负有与旅店经营者相同的义务。此种义务依‘寄托与争讼物之寄托’编之规定。”——译者注

在其他领域，已经出现了完整的新的法律规则，并由此诞生了许多新的专门法典，例如，《劳动法典》、《保险法典》等，[1] 而在《民法典》里并没有为这些新的法律规则提供依托，相反，这些新法典的规定甚至需要突破在《民法典》里包含的各种障碍。在非合同之债方面，同样出现了此种运动：有很多（专门）法律规定，对造成损害的特定行为适用的是特别规则（而不是仅仅适用《民法典》的规定），由此就出现了以下情况：不论是涉及合同还是涉及侵权行为，（《民法典》所规定的）普通法的领域在不断缩小，与此同时，在买卖、租赁、借贷等专门合同方面，则出现了“调整这些主要合同的法律分支的整体”（参见第36节）。

特别制度越来越多，引起了普通法的后退并让出某些位置，但是，这丝毫不意味着普通法已经消失，其中一定的比例在长时间里仍将得到保留，但是，今后能否始终如此？对此问题，完全可以持怀疑态度。这是因为，几十年来，我们已经看到《民法典》中包含的债的普通法正在被逐渐分解、拆毁。出现这种潮流的基础是，（社会生活中）存在一种并非始于昨天的实际需要：对于越来越多的重要部门，人们期待的是，不再将合同关系首先作为一种个人之间的关系来考虑，而应当将其看成是集体之间对立关系的表现，例如，薪金雇员（集体）与老板（集体）之间，保险人与被保险人之间，承租人与出租人之间、非行业人员与职业者之间、消费者与非消费者等集体之间对立关系的表现。

这样，债法的平衡就被打破，因为，人们正在试图让那些在精神上与字面上，实质上与形式上相互并不协调的规则共存共处。（面对这种局面）债法还能够取胜吗？对此疑问，很难做出肯定回答。因为，我们正处在一个发生如此深刻变动的时代。不过，毋庸

[1]法国目前有正式名称的法典已达70余部。——译者注

置疑的是，专门法领域的学者们为此感到欢欣鼓舞，而普通法学者也感到自我安慰，因为他们看到，债法，依然如同历史留传给我们的那样，作为一种引导法律思想的无可替代的方法的体现，处在法律的核心，它是一种有利于人们认识和了解法律的无可替代的方法。

目前，债的普通法主要受到两个方面的冲击：首先是来自消费法的冲击，而消费法将其主轴优先集中于保护消费者。消费法，作为涉及多部门和多学科的法律分支，从侧面摘取了不同部门法的众多的法律规则，但是，这并没有妨碍法国制定出一部统一的《消费法典》（参见第 74 节）。[1] 债法受到的第二个冲击来自竞争法。竞争法同样带来了很多新概念，带来了本义上属于经济性质、难以归入法律类型的内容——哪怕是新的法律类型。最后，我们不要忘记国际法与共同体法对法国债法的影响。[2] 在这方面，我们并不奢望能够提出一份非常全面的清单：对现代债法产生影响的还有销售法、通讯法、信息法……，如此等等。

所有这些新的法律分支都是在《民法典》之外发展起来的，[3] 它们更多的是使《民法典》发生扭曲，而不是完全掏空《民法典》内容。从这样的尺度来看，并没有什么“去法典化”问题；[4] 然而，与其他所有领域相比，在债法领域，我们倒是应当追问一下：长此以往，各种过分病态的规则是否会将债法扼杀？[5]

[1] J·卡莱-奥洛亚与斯泰梅茨：《消费法》，Dalloz 出版社第 7 版，2006 年（J · Calais-Auloy et Steinmetz, droit de consommation, Dalloz. 7e éd. 2006）。

[2] 参见《民法总论》，第 288 节（Introduction générale au droit, N°288）。

[3] 但是，关于有缺陷的产品引起的责任的问题则有所不同（au sujet de la responsabilité des produits défectueux）。

[4] 参见《民法总论》，第 342 节（Introduction générale au droit, N° 342）。

[5] J·梅斯特尔：《关于契约的一般理论部分重修法典的种种困难》，载《法国民法典 200 周年纪念文集》，第 231 页（J · Mestre, les difficultés de la recodification pour la théorie générale du contrat, in le Code civil, Livre du bicentenaire. p. 231）。

14. 本书的内容安排

人们用“les obligations”这一术语来表述债的关系，《民法典》的制定者将这一表述所涉及的相关规则安排在法典的第三卷，卷名为“取得财产的各种方法”。这些规则共分为三编，其中第三编（第1101条至第1369条）的标题为“合同或合意之债的一般规定”，所占篇幅最大。我们从中可以看到，按照优士丁尼《法律阶梯》（les Institutes）以及大多数古代法法学家所遵循的顺序，在这一编里不仅规定了作为债的发生根据的合同自身规则的条文，而且还有独立于债的发生依据的关于“债的一般规定”。法典第三卷第四编的篇幅——第1370条至第1386条——则要短得多，其编名为“非因合意发生的债”（des engagements qui se forment sans covention，没有合意而成立的义务），我们也将其称为“非合同之债”（des obligations extra-contractuelles）。不过自从1998年5月19日关于有缺陷的产品责任的法律颁布之后，《民法典》里增加了一个副编——“第四编（二）”（第1386-1条至第1386-18条），其内容是对有缺陷的产品引起的责任作出的专门规定。

《民法典》当初的制定者出于非常实际的考虑并以此为指导，对法典的卷编所做的上述安排是完全有道理的——合同乃是债的主要发生根据。到如今，这样的编排就不是很合理了。因此，我们认为，更加符合逻辑、更加正常的安排是先后探讨以下问题：

作为债法的第一部分，在本书中讨论的是债的发生根据之一，也就是可以产生债的法律行为——合同；其次，作为债法的第二部分，我们将另行讨论债的一般制度。

15. 《民法典》列举的债的发生根据

如果说《民法典》第三卷第三编是专门关于“合同或合意之债的一般规定”，与其对应的是一个“单一的一般类型的债”（契约之债)，但是该卷的第四编则是另一回事，这一编规定的是“非因合意发生的债”，其中第1370条所作的列举从整体上看是更为混杂的（有关债的发生根据的）规则。该条的条文表述如下：“某些义务（engagement）或债务，无论是承担义务或债务的人方面，还是对其承担义务或债务的人方面，均可以在没有任何合意的情况下成立。

——此种义务或债务，有些唯一是依法律的权威效力（autorité de la loi）而发生，有些则是因负担义务或债务的人本人的行为而发生。

——因法律的权威效力而发生的义务或债务是并非依自己的意愿而成立的义务或债务，诸如相邻的所有权人之间的义务、监护人或其他管理人不得拒绝法律规定其应当履行之职责的义务或债务。

——由于负担债务的人本人的行为而产生的债务是指，因准合同、侵权行为或准侵权行为而发生的债务。本章所规定者，即属此种债务。”[1]

这一条文将许多由不同根据产生的债集合在一起。对于这种奇特的整合，我们需要从历史的角度来进行解释。最初，罗马法仅承认债的两种发生根据：作为合法行为的合同，作为非法行为的私犯(délit)；[2] 后来，人们承认存在某些既不是由合同产生也不是由私犯产生的债，例如，一人在没有受到他人委托或委派的情况

[1]1998年5月19日关于有缺陷的产品责任的法律特别在《民法典》有关侵权与准侵权行为的条文之后增加了一个“副编”。该法本身受到欧洲共同体的指令指导，它对有缺陷的产品引起的责任作出了特别规定，现在归入《民法典》第1386-1条至第1386-18条。——译者注

[2]法国《民法典》规定的“侵权行为”与“准侵权行为”分别为“délit”与“quasi-délit”，这两个术语与罗马法使用的拉丁语词汇“delictum”与“quasi-delictum”为同源词。——译者注

下，自动为他人的利益完成某种行为，主动为他人修缮有倒塌危险的房屋即是一例；某人受领其本来无权受领的清偿或支付，或者因不属于法律有限列举的民事私犯或大法官认定属于私犯的行为给他人造成损害，由此产生的债。罗马法学家们并没有为这些债的发生根据定出一个名称，他们只是说这些债是由“既不构成合同、也不构成侵权行为的各种各样的行为与事实”所引起（ex variis causarum figuri）；对于因这些行为与事实所产生的债，人们有时将其视同由合同产生的债，有时则将其视同因私犯产生的债。这样的区分主要是根据引起债的发生的行为与事实是否合法，所以将它们分别称为“quasi ex contractu”与“quasi ex delicto”（准合同与准私犯），以此证明法律之所以承认它们具有强制性的正当理由。这样一来，除合同和私犯之外，人们进而承认了另外两类可以引起债的产生的新的行为或事实（这就是后来法国法律中的“quasi-contrat”与“quasi-délit”——准契约与准侵权行为）。

在 18 世纪，波迪耶（Pothier，1699—1772）重新采用了这种分类方法，同时又增加了第 5 种债的发生依据，那就是法律。“以法律为发生依据的债”是指在没有人的任何行为——合同、准合同、侵权行为与准侵权行为的条件下，由法律直接创设的债。例如，相邻所有权人之间的义务，或者，监护人或其他管理人不得拒绝按照（法律）规定应当由其履行的职责的义务。[1]

《民法典》（1804 年）的制定者之所以承认合同在债的各种发生依据中占有主导地位，原因在于他们奉行的哲学思想。不过，往后的时间却表明（参见第 9 节），随着机器时代的到来，因机械化和工业社会带来的其他各种变化，引发的事故越来越多，在合同与侵权行为（或准侵权行为）两者之间也就出现了某种相对的再平衡

[1]波迪耶：《债法》，第 113—116 节（Pothier，Obligations. N°113—N°116）。

（也就是说，合同的地位不像此前那样处于主导地位）。这也给有些人提供了口实，他们针对《民法典》的编排提出了种种批评，然而《民法典》的整体编排却始终得到保持。

不过，可能最有争议的倒是我们能否继续坚持像上述第 1370 条所作的列举性规定：实际上，在这一条文考虑的范围内，由波迪耶设计并且随后得到采纳的第 5 种债的发生根据（法律）并没有多少道理。我们可以说，所有的债，只有当其恰恰属于法律的意志范围之内时，才能产生约束力，才能使人承担义务——就侵权行为、准侵权行为与准合同而言，总之，就非契约之债而言，这种看法是毋庸置疑的——因此，在已有的债的发生根据的清单之上，再增加一种“以法律为发生依据的”债，反而使人以为这或多或少只是一种剩余的根据；就契约之债而言，这种看法也曾引起过争论。但是，在我们看来，所有的债只有当其符合法律的意志时，才能使人承担义务，这同样适用于合同之债，因为，按照《民法典》第 1134 条规定：“依法成立的合同，对于缔结合同的人，具有相当于法律之效力。此种合同，只有经各当事人相互同意或者依法律允许的原因才能取消。”（参见第 28 节）。

16. 法律行为与法律事实，合法与非法，内容安排

在债的所有发生根据中，有一种保持着它的统一性的根据，那就是契约。这种统一性在于它与某一法律行为的存在紧紧联系在一起（所有的契约都是一项法律行为）。但是，“非因合同而引起义务承担”（engagement）则不同，其中有一些属于违法性质，而在《民法典》的制定者的思想上，这种义务的非法性质源于某种行为具有的过错性质，例如，行为人有损害（他人利益的）意图，或者

因行为人有懈怠（négligence）或疏忽大意（imprudence）[1] 之过错（faute），这两种情况分别是指民事侵权行为与准侵权行为；除此之外，在债的发生根据中还要加上由准合同构成的“故意的合法事实”（fait volontaire licite）。[2]

不过，我们还必须看到，特别是在当今时代，有些领域已经出现了各种相互接近的情形，这就导致在特定的责任问题上超越了合同行为与侵权行为之间的区分。

债法先后探讨的内容是：合同，侵权行为与准侵权行为，责任的特别制度以及准合同。本书为债法的契约篇，仅讨论契约之债的方方面面的问题。

---

[1] 我国法学界在论及民事责任的归则原则时，一说过错责任原则，过错包括故意与过失；一说过失责任原则，过失包括故意与过失，在这里，过错与过失同义，但表述上并不统一。正因为如此，对于法国民法中的“faute”一词，也就有了“过错”与“过失”两种翻译。李浩培先生等翻译的《拿破仑法典》（商务印书馆 1979 年版）将其中第 1382 条里的“faute”一词译为“过失”，同时将第 1383 条中的“négligence”也译为“过失”。史尚宽《债法总论》第 115 页称“faute”为“广义之过失”，“包含故意及狭义的过失”。

译者认为，法国《民法典》关于准侵权行为的第 1383 条原文使用的“négligence”一词也不完全等于“过失”，因为，这一条文在表述因过失引起的侵权行为时，同时使用了“négligence”与“imprudence”这样两个词汇，而且两者之间使用了“或者”，这就是说，两者都是“过失”的表现形式。这两个词分别有懈怠、粗心大意、漫不经心、疏忽大意、轻率、冒失等意思。法院判例与学者将这两者归纳为“faute non intentionnelle”（非故意过错），这也是对“过失”概念的另一种表述。关于这方面的问题，主要属于侵权行为法的范畴。——译者注

[2] 法国《民法典》“准合同”一章（第 1371 条至第 1381 条）是有关无因管理和不当得利的规定，但不当得利是否为合法事实，可能存在不同见解。——译者注

序章　合同法导论

17. 本书内容安排

即使不是法学家也可以看到，合同是社会生活的一个根本环节，除完全实行自给自足的社会状态之外，每一个人的日常生活均是由各种合同编制而成：一个人，要想吃饭、穿衣、有住房、获得收入、获得资讯，要想休闲、出行或者治病，在间隔或长或短的时间内，总需订立这样那样的合同，仅以最常见的合同为例，就有买卖合同、租赁合同、劳动合同、承包合同、运输合同、赌博合同、医疗合同等；如果我们考察一下企业的运作，也会看到类似情况：企业本身往往就产生于一项合同——公司契约（contrat de société，公司合同），[1] 对于公司来说，不论是其日常运作还是购置设备、获得原材料或者经销产品，都需要订立合同；委托、借贷、债权代理、销售或经销代理以及特许经营等，也都需要订立合同。

我们在本书中所做的探讨，目的并不是要研究每一种合同的特别规则，因为，对每一种合同所适用的特别规则的研究属于合同特别法的范围，[2] 或者属于那些相对于《民法典》而言已取得独立

---

[1]所谓“公司契约”（contrat de société，公司合同）是指，为设立公司而制定并经公司成员签署的文件，通常就是公司章程，但不限于公司章程，也就是说，设立公司需要其现有的或将来成员签署一项合同，所有的成员都应当有“在平等基础上参加公司、参与公司事务的意愿”（affectio societatits，拉丁语译文为“合伙意愿”）。——译者注

[2]F·科拉尔-杜梯勒尔与 Ph·德勒贝克：《民事合同与商事合同》，法国大学出版社，“Précis”丛书，2007 年，第 8 版（F·Collart Dutileul et Ph·Delebecque，contrats civils et commerciaux，Précis Dalloz. 8e éd. 2007）。

地位的专门学科的范围。[1] 本书探讨的范围是适用于各种合同的共同规则，[2] 是将合同作为旨在产生或创设债的合意（accord de volontés）来进行研究。为此，我们将按照传统的做法，依次研究合同的成立与合同的效力，不过，我们在此之前专门安排了一个序章，作为合同法的导论，然后再研究合同的依据及其演变、合同的概念以及合同的主要分类。

第一节 合同法的基础及其演变

18. 概述

人们常常将合同看成是从罗马法继承而来的一个恒久不变的工具，实际上，合同与在特定时代里占据主导地位的哲学思想和经济思想有着紧密的依存关系：一种优先倡扬自由与责任的政治，可以为合同的兴旺发展提供极为有利的环境，而某种社会性政策与统制经济则可以对合同加上种种桎梏，剥夺合同本应具有的大部分特性。大体上说，法国合同法的演变与发展为以下两种看法提供了明显的突出例证：经过《民法典》的制定者与 19 世纪理论学说的推

[1] 例如，劳动合同、保险合同、不动产开发合同、海商法上的租船合同等，参见里昂-卡恩与佩里西耶：《劳动法》，第 116 节，关于劳动合同（Lyon-Caen et Pelissier，droit du travail. N°116.）；Y · 朗贝尔-范维尔与勒维诺：《保险法》，第 164 节，关于保险合同（Y · Lambert-Faivre et Leveneur，droit des assurances. N° 164.）；Ph · 马林沃，Ph. 杰斯塔兹，P · 茹尔丹与O · 图尔纳封：《不动产开发法》，第 54 节，关于建筑合同（Ph · Malinvaud. Ph. Jestaz. P · Jourdain. et O · Tournafond，droit de la promotion immobilière. N°54.）；R · 罗迪耶与 E · 迪蓬梯维斯：《海商法》，第 286 节，关于租船合同、海运合同与拖船合同（R · Rodière et E · du Pontivice，droit maritimes. N°286.）；Ph · 梅尔勒：《商法》，第 45 节，关于公司契约（Ph · Merle，droit commercial. N° 45.）。

[2] 关于合同一般理论，参见 E · 莎沃所做的出色研究：《合同一般理论，神话还是现实》，《巴黎一大学位论文》，1997 年版（E · Savaux，la théorie générale du contrat，mythe ou réalité，thèse Paris I，éd. 1997）。

动，合同被赋予首要的地位（一），后来，在20世纪一段相当长的时间里，社会化思潮（courants socialisant）渗透着法国社会，受此影响，合同被卡进了日趋狭窄的桎梏当中。实际经验与教训告诉我们，（在合同领域）需要在毫无制约的过分自由化与紧卡不放的统制主义两者之间找到一个平衡点（二）。

一、《民法典》

19. 一种有些细微差别的立场

有人通常都是这样告诉我们，《民法典》的制定者们在合同方面确认了意思自治理论。实际上，这一论断出自19世纪末、20世纪初的理论界部分人士，是他们在批评传统观念时提出的看法。[1]显然，在将传统论点作为批判靶子的时候，越是对其进行丑化、越是将其说得滑稽可笑，批驳起来当然越发容易！但是，只要我们尽力地更准确地把握实际情况，就会看到，1804年《民法典》的制定者所持的态度似乎与人们习惯上的看法有着很大的差异。不可否认，《民法典》确实受到意思自治理论的影响，这是不能排除的，但是这并不是其受到的唯一影响。因此，我们在这里有必要重温一下这一理论的主要观点（一），然后再将其与《民法典》的契约模式加以对比（二），并探寻曾经影响过《民法典》的制定者的其他因素（三）。

[1]E·古诺：《论私法中的意思自治原则，对法律个人主义的批判性探讨》，1912年（E·Gounot，le principe d'autonomie de la volonté en droit pirvé，contribution à l'étude critique de l'individualisme juridique，1912）；关于这个问题，参见V·拉努伊：《意思自治，一个概念的诞生与演变》，《巴黎二大学位论文》，1980年（V·Ranouil，l'autonomie de la volonté：naissance et évolution d'un concept. Trav. ParisII. 1980）；另见G·胡赛特：《合同的强制力》，载《今日之合同，英国法与法国法的比较研究文集》，LGDJ出版社，1987年（G·Rouchette，la force obligatoire du contrat，in le contrat aujourd'hui，Comparaison franco-anglaise，LGDJ. 1987）。

（一）意思自治理论

20. 大体的表述

意思自治理论（la théorie de l'autonomie de la volonté）直接来自18世纪末期风靡一时的个人主义哲学（la philosophie individualiste）与经济自由主义（le libéralisme économique）；这一理论围绕着以下几大原则对合同法律制度进行了规整。

21. （1）个人主义哲学

启蒙时代[1]的哲学竭力主张每一个人从根本上是自由的。既然如此，怎么又承认这一些个人可以对另一些个人处于服从地位呢？例如，怎么又承认一些人是债权人而另一些人是债务人呢？然而，社会生活似乎就是这样的公设与要求。对这一问题的回答很简单：人的意思（volonté，意愿）是产生这种状态的根本依据。人之所以负担义务（负担债务），唯一的原因是出于其愿意：在个人自愿的范围内负担义务，同样也是尊重个人自由。由此也就产生了以下两个命题：其一，每一个人均不得负担其并未同意的义务，因为未经个人同意即要其负担义务，就可能是专横地强加于人；其二，每一个人均应当遵守其自由同意的所有义务。

这就是说，按照这一观念，合同成了权利的产生根据或渊源，而且本质上是权利的最佳发生根据。人的意思可以赋予其自身以特有的法则，合同从当事人的意思合致（recontre des volontés）

[1]启蒙时代（Siècle des Lumières），指18世纪初至1789年法国大革命时期不断涌现新思维的时代，与理性主义等一起构成一个较长的文化运动时期。启蒙主义思想覆盖了当时欧洲社会的各个领域，自然科学、哲学、伦理学、政治学、经济学、史学、文学、教育学等。启蒙主义运动为法国大革命做了充分的理论准备，提供了理论先导。——译者注

中获得强制力量。为了对这种理论分析给出一个特指的名称，到19世纪末期，人们正是在此基础上开始使用“意思自治”这一表述。正如其词源学的意义所示，[1]“意思自治”所要表明的是：个人可以通过自己的意思表示为自己创设他自己的法律（sa propre loi）。

启蒙时代的法哲学遵循着上述分析进一步往前走，将合同看成是可以解释整个法律制度的工具。社会同样产生于一项契约，即社会契约（contrat social）。按照让-雅克·卢梭（J·J·Rousseau）[2]的说法，契约“乃是人与人之间一切权威的基础”。因此，人们尽力用契约，或者说，至少是用“人的意思”（volonté，人的意愿或意志）来解释大多数的法律状态，例如，法定的夫妻财产制，并不是由某项法律规定产生的结果，而是源于夫妻双方的一种默示协议并由此协议所决定：双方放弃（另行）订立婚姻财产契约并参照法律的规定来处理他们的财产。法定继承只不过是表达了死者默示的遗嘱本来想要表达的处分事项；一个人的国籍，也是由公民与国家之间的一项契约产生的结果。

22.（2）经济自由主义

契约，从尊重个人自由的角度来说，是产生权利的最佳根据；

---

[1]法语“autonomie”一词是“autonome”的派生词；后者源于希腊语“autonomos”，与拉丁语中的“lex”词义相吻合，在法语中为“loi”（法律），意为：“依自己的法律自我约束之权利。”

[2]让-雅克·卢梭（Jean-Jacques Rousseau），生于1712年6月28日，1778年7月2日逝世，死后安放在巴黎市中心区的宏伟纪念性建筑法国杰出名人墓——“先贤祠”（Panthéon，也称为“万圣殿”）。法国伟大启蒙思想家、哲学家、教育家、文学家，启蒙运动最卓越的代表人物之一，是法国大革命的思想先驱。主要著作有《论人类不平等的起源和基础》、《社会契约论》、《爱弥儿》、《忏悔录》、《新爱洛漪丝》、《植物学通信》等。——译者注

契约，就其可以在个人之间建立起最为公正、对社会最为有用的关系而言，同样是权利的最佳渊源。在这里，人们所承认的是经济自由主义的各种论点。

首先，让个人意思自由地发挥作用，必定会实现公正；每一个缔结合同的当事人，都被看成是受到可靠理智的单纯意志的指导，[1] 都被看成是自己利益的最佳评判人，是自己利益的最佳法官，因此也是自己利益的最佳立法者。由此，我们可以推定，每一个合同当事人的利益都会得到其自由缔结的义务的完全尊重。如果说强加于人的义务可能是不公正的，那么，（个人自由）同意接受的义务则不会如此。合同，不言而喻包含着相互利益的对立，而这种利益的对立，归根到底，是保障合同产生的各项义务能够遵守某种平衡的最佳保证。因为，合同产生的这些义务满足了每一方当事人的需要；如果是相反情况，处于不利的一方当事人就不会同意缔结义务，用傅立叶的话来说："说到合同，就意味着公道。"[2]

其次，个人意思自由发挥作用，可以确保（社会）经济平衡与总体繁荣。市场法则可以根据需要来调整生产，因此，应当让经济规律自主运行，也就是说，要让市场那只著名的"看不见的手"自主地发挥作用，广而言之，每一个人追求自己的利益，只会使总体利益随之得到满足——总体利益被看成是所有的个体利益的总和。

23. （3）法律后果

将意思自治理论运用于合同法律制度，产生并宣告了以下 3 个

---

[1]正如 D·泰雷-佛尔玛西亚里在《论意思自治》一文中指出的那样："在启蒙思想家看来，由于人的意思源于人的理智，因此它可以创造法律。"载《政治伦理学刊》，1995 年，255，第 264 页（D·Terré-Fornaciari，l'autonomie de la volonté，rev. sc. morales et politiques. 1995. 255. p. 264）。

[2]关于这一表述的实际意义，参见 C·加明：《合同有何新危机》，载《论合同的新危机》，2003 年，第 12 页（C·Jamin，la nouvelle crise du contrat. 2003. p. 12. note19）。

相互紧密联系的原则：

——意思自治的定义本身表明，每一个当事人均有缔结或者不缔结契约的自由。这就是契约自由（A）；

——但是，当人们决定建立相互约束的关系时，就有义务遵守各自的义务承诺。这就是契约的强制力（B）；

——最后，只有同意建立相互约束关系的人才负有义务。这就是契约的相对效力（C）。

24.（A）契约自由

契约自由包含两个范畴：实质范畴与形式范畴。就实质范畴而言，契约自由是通过3个方面的任意性选择权利（triple faculté）来体现的：缔结契约或者不缔结契约的权利，自由选择缔约相对人的权利以及自由决定契约内容的权利。

并不存在（强制）缔结契约的法律义务：任何人均不受强制与他人建立契约关系；每一个人均有权拒绝转让属于自己的财产，均有权拒绝其不愿意接受的人来提供服务。拒绝缔结契约，只不过是自由的一种表现。

应当由缔结契约的各当事人经过自由讨论，具体确定他们各自承担什么义务。当然，可能有许多（法律）条文对这样或那样的传统契约活动的内容进行了规范，但是，这些规定被推定为仅仅是对当事人意思的补充：只有在当事人没有做出相反意思表示的情况下才能发挥作用，因而被看成是表达了契约当事人并未明确表达的默示的意思。当事人的契约自由可能遇到唯一的障碍是法律确定的那些强制性规则（les règles impératives），然而，这些强制性规则属于例外情形，因为立法者只有在保护他人自由所必要的限度内才能对契约当事人的意愿（意思）设置障碍。

就形式范畴而言，契约自由的公认规则是诺成主义（consensualisme）规则：只要当事人交换同意意思，便足以缔结合同，至于他们之间的合同采取什么样的形式为见证、确认，在所不问。如果当事人的意思表示必须遵照特定的形式主义（formalisme）才能有效，那么，意思表示便不再具有完全的自主性。

25.（B）契约的强制力

没有任何东西强制各方当事人订立契约，但是，只要当事人已经订立契约，就有义务遵守他们做出的义务承诺。当事人约定的各事项，对他们具有强制力，而无须再借助于任何其他规范来加以强化或帮助。当事人的意思表示一致（accord des volontés）或者当事人意思的合致本身即可创设义务。

由此而来，任何契约当事人均不得按照自己单方面的意思自行摆脱其已承担的义务而无须承担任何责任。只有已订契约的双方当事人相互同意，才能解除他们之间所订的契约。显然，契约各当事人都应当忠实履行由其订立的契约所产生的全部义务。

对各方当事人具有强制力的契约（协议），对法官同样具有拘束力。法官应当尊重当事人之间订立的合同，并且让他人尊重当事人之间订立的合同；法官，作为合同当事人意愿的协助人（ministre de la volonté des parties），应当是一个尊重已经订立的合同的“服务者”或“仆人”（serviteur）；如果法官受到请求，需要对合同作出解释，那也应当寻找合同双方当事人的共同意愿或共同意图；如果法官受到请求，对当事人所订的合同进行变更或修改，他应当予以拒绝，即使是在因经济、社会环境或者政治环境发生不曾预见的改变，导致合同经济失去平衡的情况下，仍然如此。在合同一方当事人不履行其义务的情况下，法官可强制其履行。

26.（C）契约的相对效力

由于契约是建立在当事人的意思表示的基础之上，因此契约对当事人以外的第三人没有效力，契约当事人不能用自己订立的契约让他人承担义务，也不能为他人利益设定某项债权。

归根到底，契约之所以仅仅具有相对效力，最佳的解释仍然是意思自治理论所依据的基础：这一些人的意愿不能妨碍另一些人的自由。虽然说每一个人都是自己利益的最佳评判人，但绝不是他人利益的最佳法官。

（二）《民法典》与意思自治理论

27.《民法典》的立场

如果我们将意思自治理论的构建与直接出自《民法典》的契约模式加以对照，就会发现意思自治理论仅仅部分反映了法国《民法典》确定的契约模式。法国《民法典》的制定者们并没有全盘附和意思自治理论所提出和依据的论断（1），因此，人们习惯上从意思自治理论推导而来的种种结果只不过是或多或少有点添油加醋的诠释（2）。

28.（1）《民法典》对意思自治理论的部分附和

（有些人）对意思自治理论作了最为极端的阐释与发挥。按照他们的看法，无须借助任何其他规范的帮助，契约本身就足够产生强制力：意思的强制力来自意思本身。

然而，即使我们只是快速阅读一下《民法典》第1134条的条文，就会清楚地看到，法典的制定者们并没有完全采纳这样的观念。虽然说，《民法典》的制定者在肯定契约的强制力时运用了一个有非常高度的比喻："依法成立的契约，对于缔结契约的人，有相当于法律的效力。"但是，就在其间，他们同时明确规定，契约只有符合“依法成立”这一条件时，才能具有相当于法律的效力。这就是说，契约的强制力并非源于契约自身；契约的强制力来自契约之外的某种规范。人们所承认的个人意思的力量，并非意思本身所先天固有，而是派生而来。

怎么可能作另一种解释呢？

按照意思自治理论，债的关系的基础就在当事人的意思之中，或者更准确地说，债的关系的基础在于当事人按照自己的意思进行自我约束（se lier）的力量。债务人之所以负有义务，是因为他原已愿意。那么，在债务人已经改变意愿的情况下仍然要继续受其订立的契约的约束，又该如何解释呢？难道不恰恰是因为（当事人）“当前的活着的意志”比他“过去的已经死亡的意思”更胜一筹，更占上风吗？[1] 如果说（个人的）意思真的那么强大无比，又有什么力量可以阻止个人毁掉他原先所做的一切呢？对此，有人这样回答，那是因为契约当事人的意愿已经达成一致。然而，这种回答只不过是在转移问题。为什么当事人做出的承诺可以将本质上是自由的、变动的意思凝结为义务（债务）？（在我们看来）不论合同双方当事人如何达成共同意愿（la commune intention），仅凭这种共同意愿本身并不足够，如果在契约订立之时没有得到来自外界的某种权威力量的确定与认可，共同意愿便仅仅是提出了一种不能约束当事人的计划或打算。没有任何东西可以阻止任何一方当事人随时按照自身的利益，并随其意思的改变而改变主意。由此可见，契约的强制力并非来自当事人所做出的允诺，而是来自法律赋

---

[1] G・卢埃特：《也谈合同概念的批评性研究》，《巴黎大学学位论文》，1965 年，第 113 节，第 407 页（G・Rouhette，contribution à l'étude critique de la notion de contrat，thèse Paris I. 1965. N°113. p. 407）；参见欧泽：《论法国法上的国际合同规则》，《巴黎一大学位论文》，2000 年版，第 131 节，第 71 页（Heuzé，la réglementation française des contrats internationaux，thèse ParisI. éd. 2000. N°131. p. 71）。

予这种允诺的价值。这种价值产生于合同之外的某种规范，只有这种外在的规范才真正握有保障当事人的允诺得到实际履行的全部手段。因此，只有当法律秩序负起责任，在必要时，将其垄断掌握的力量的某一小部分“出借给予”债权人时，契约才能真正产生约束力。由此可以看到，契约的强制力并不是一种独自存在，并不是一种独立于任何法律秩序即自然具有强制性的现实；如果没有法律秩序的援助，契约就始终是一种纯道德性质的承诺。当然，这种纯粹道德性质的承诺也并非一文不值，但它不足以对任何一个不忠实的许诺人起到足够的强制作用。

如果我们遵从意思自治理论但又不附和最走极端的观点，那么，就可以将这种外在的，可以赋予契约强制力的规范归纳成一个独一无二的规则（règle unique）：正是法律秩序在保障着人们自由订立的协议得到严格执行。但是，看来要想让一种法律秩序确认当事人所订立的任何协议，显然是很困难的，不论是什么样的协议。因为，无论什么样的法律秩序，都不可能对其本身并不赞成其成立，也不赞成其内容的债务施以援助之手，具体地说，在契约问题上，所有的法律秩序都要关注合同订立的条件，并且要对合同规定一整套必须满足的要求。这样做的目的恰恰是要对当事人本身以及利益有可能受到损害的合同以外的第三人和集体组织（collectivité）给予最低限度的保护。法国《民法典》同样不可能回避这样的规则。订立契约，并不仅仅是凭当事人的愿意，它也是在利用由法律打造而成的一种工具。[1]

[1]安塞尔·勒盖特：《法国国际私法方面的重大判决汇编》，第5版，2006年，第197页（Ancle Lequette, Grands arrêts de la jurisprudence de droit international privé. 5e éd. 2006. p. 197）。

29.（2）学者们添油加醋地阐释所产生的后果

如果我们更深入地考察《民法典》对合同的有效性所规定的各项条件，就会发现法典的条文中使用的词汇并不是“意思自治”而是“le consentement”（同意）。后一个术语既是指“每一个当事人的（同意）意思（volontés）”，也是指“诸当事人意思的合致”（accord des volontés，合意）；“同意”，对契约的成立起着原动力的作用（rôle moteur）。从这一角度出发，为了使合同能够有效成立，《民法典》的制定者主要关注的是“同意”必须具备的质量：如果同意不是自由的，如果同意不清楚、不明确，如果同意存在瑕疵——错误（误解）、欺诈、胁迫，那么由此订立的契约无效（第1109条）。这本身就是对当事人意思的充分尊重。按照这一思路继续往前走，法典的制定者认为，（双方当事人）自由的、清楚明确的意思的合致（rencontre de volontés），原则上都会导致公正的结果，因为，（在法国法里）除特殊情况外，因显失公平、受到损害（lésion）[1] 的情况本身并不是契约无效的原因之一。在对待显失公平的问题上，人们又重新看到了经济自由主义所主张的观点（参见《民法典》第1118条）。

但是，如果依上所述就断定《民法典》的制定者们认为，只要契约是诸当事人自由合意的结果，就必然对于所有的当事人都是公道的、正义的，而且对社会也是有用的，那可就走得太远了。须知，《民法典》的制定者（对于契约的有效性）除了要求经当事人（自由）同意之外，还增加了另外两项要求：契约的（合法）标的，尤其是契约的（合法）的原因。这两项要求赋予契约以支撑骨架，并且为法律秩序的活动人员（司法人员）提供了据以进行审查的手段，用以审查契约所涉及的个人利益是否平衡协调，总体利益

[1]关于这一问题，参见本书第302节及其后论述。——译者注

是否得到保护。在这方面，没有任何一项条文比《民法典》第1131条更为重要。该条规定："无原因之债，或者基于错误原因或不法原因之债，不发生任何效力。"这一表述，对于圈外人来说，也许有点晦涩难懂，但是，在其背后却隐藏着两个方面的现实：法典在肯定地要求契约必须存在原因时，借此强调的是：任何（契约之）债都必须有其理由（une raison）。从这里我们可以看到，这项要求是在当事人之间保障最低限度的平衡的方法。当事人订立契约的意思不能脱离或抛开公道或正义。与法院判例从这一条文中推导得出的结论相比，《民法典》的制定者之一波塔利斯（Portalis）说得更加明确，他在"《民法典》开篇词"（discours préliminaire）中非常清楚地宣告："只有当价金与买卖之物的价值互成比例时，买卖才有原因。"《民法典》的制定者重申（契约或债的）原因必须合法，这是在明确强调当事人订立契约的意思不能无视公共用益（utilité publique）与公共道德（moralité publique）。

由此看来，当事人的合意本身并非单打独斗就会当然有效；就契约的有效性来说，审视所订契约的内容同样是至关重要的。《民法典》的制定者在将当事人的合意看成是契约的原动力（发动机）的同时，同样没有忘记将这种合意紧紧卡在一个框框之内，而设置这个框框的目的就是要避免当事人的合意损害那些应当由社会负责维护的利益：公正（justice）、社会用益（utilité sociale）。[1]

因此，我们再一次看到人们习惯上从当事人的意思自治推导出来的以下3项后果，但与那些极端的看法相比，这些后果有所缓和。[2]

——契约自由：这种自由应当在立法者确定的界限内行使。法

[1]盖斯坦：《论合同中的公正性和有益性》，载《法哲学档案》，第26卷，1981年，第35页（Ghestin, le justice et l'utile dans les contrats. Archives de philosophie du droit. t. 26. 1981. p. 35）。

[2]参见第23节。——译者注

律为个人的意思自由发挥作用所留出的空间，随着立法者认为这种空间对于其负责保护的利益是利是弊而可以增加或者缩小；

——契约的强制力：只有当一项（法律）规则有此规定时，契约才会产生强制力；只有当订立的契约符合《民法典》提出的各项要求时，这种规则才赋予该契约以强制力；

——契约的相对效力：契约仅在当事人之间创设债的关系，然而，这并不等于说契约属于纯粹的个人事务，契约也是一种深深进入社会集体生活的社会事实（fait social）。

（三）《民法典》实现的综合概括

30. 综合概括的要素

《民法典》的制定者们想要让这部法典成为一部实用之作，一部有适当节制而又充满智慧之作品，而不是将其搞成一个充满教条的作品。这正是法国《民法典》成功的原因。《民法典》的制定者超越了各种相互对立的观念，尽力在法国法律传统的各种思潮之间实现一种真正的综合概括。如果撇开 18 世纪末期渗透在人们思想中的个人主义与自由主义不谈，我们可以看到，法国合同法的根基深深地扎在以下两个传统当中：罗马法传统（1）与教会法传统（2）。

31. （1）罗马法的传统

我们只要读一读参与起草《民法典》的几位作者的讲话就会看到，法国《民法典》受罗马法影响的成份是主要的：（《民法典》的）“契约编包含了约定之债所有内容，它应当成为法学家和法官们的教材。而我们几乎应当将此全部归功于罗马人。”[1]

---

[1]茹贝尔、洛克雷：第 12 卷，第 544 页（Jaubert. Locré. t. XII. p. 544）；比戈·普雷阿梅纳、费内特，第 13 卷，第 216 页（Bigot et Préameneu，Fenet. t. X111. p. 216）。

事实正是如此。法国《民法典》契约编的大量规定直接采用的是罗马法规则，其中包括那些似乎可以看成是确认意思自治理论的最明显体现的规定，例如，法典第1156条规定："解释契约，应当从契约中寻找诸缔约当事人的共同意图（commune intention），而不应拘泥于用语的字面意思。"[1] 又例如，宣告契约相对效力的第1165条规定："契约仅在诸缔约当事人之间发生效力；契约不损害第三人，并且仅在本法典第1121条规定的情形下才能利益于第三人。"[2]

不过，我们需要注意的是，不要曲解罗马法（给法国《民法典》）带来的贡献的准确范围。罗马法带来的贡献从技术方面来说是主要的，与此相反，如果我们从指导法国《民法典》第三卷第三编的总体精神来进行审视，就会看到，在这方面罗马法的贡献却是微不足道的。因为，罗马法是以契约的形式主义观念为基础：只有遵守并实行完成特定的形式规则（rites，程式规则），契约才能成立；然而，在法国《民法典》中虽然可以看到这种观念的痕迹——特别是法典保留了要物合同（contrat réel，实践合同）这一合同类型（参见第147节），但是，这一切都丝毫不影响法国《民法典》从根本上来说确认的是一种诺成主义观念（conception consensualiste）。除此之外，罗马法对合同所持的是一种非常具体的观念，从根本上来说，罗马法是一种注重程式的法律：一项合同，只有当其属于"可以赋予诉权"的某一类型时，才能具有完全的强制效力；只有有名合同才是完全有效的合同；而法国《民法典》所持的观念则完全不同。我们只要读一读法典关于合同有效性条件的条文，便能清楚地看到这一点。例如，法典第1107条第1款规定："契约无

[1]《学说汇编》（Digeste），50，16/219（in conventionibus，contrahendium voluntatem potitus quam verba spectari placuit）（de verborum significatione. Digeste. 50. 16/219）。

[2]"当事人之间的判决，既不损害他人，亦不利于他人"，《优士丁尼法典》，60（res inter alios acta aliis neque nocere neque prodesse potest，Code Justinien. titre 60）。

论是否有特定名称，均受本编所定的一般规则的约束。”在这里，有名合同与无名合同的区分被抛到了一边，可见，法国《民法典》确认的是与罗马法的传统完全不同的合同一般理论原则。

法国法之所以如此与罗马法一刀两断，原因其实很好解释：法国《民法典》的制定者并不是直接从罗马法汲取观念，而是通过17世纪和18世纪的著名罗马法学家的著作来汲取罗马法的观念，例如，让·多玛（J·Domat）与波迪耶（Pothier）的著作。毫无疑问，这些著名法学家的著作在某种程度在罗马法与法国《民法典》之间起到了中继站[1]的作用，但是，法国法学家在大量运用罗马法提供的丰富材料的同时也受到教会法与基督教道德的影响，并由此构建了一种与罗马法的合同观念相决裂的体系。

32. （2）法国旧法

罗马法原则上只承认符合形式条件的契约。与罗马法不同的是，教规学者们则强调这样一种思想：（人的）意思行为，即使不是采用特别的模式（形式）来铸就或表现，仍然可以产生法律义务。缔约人一言既出（做出允诺），从良心上就有义务信守诺言（而不得自食其言），否则，就是犯了背信罪（péché de parjure）；[2]

[1]法瓦尔·洛克雷写道：“罗马人在他们的法律中写出了这些真理。多玛收集、采纳了这些真理，波迪耶则将其写成一部概论。这部著作使波迪耶享誉天下。我今天与你们讨论的法律草案正是从这两位伟大人物的著作中汲取而来。”（Favart. Locré, t. XII. p. 423）；J·L·加扎尼加:《多玛与波迪耶，法国旧制度末期的契约（法）》，载《法学杂志》，1990年第12期，第37页（J·L·Gazzaniga，Domat et Pothier，le contrat à la fin de l'ancien régime. Revue Droits 1990. N°12. p. 37）。

[2]在《古兰经》里有许多段落同样确认了人们信守诺言的义务，例如，“信教的人们啊，应当履行你的诺言”（V. 1）；“信教的人们啊，遵守你们的契约”。关于这一问题，参见S·加赫勒：《伊斯兰法（穆斯林法）与国际合同》，载《打开世纪的钥匙》，2000年，第289页、第303页（S·Jahel，“Charia et contrats internationaux”，Clé pour le siècle，2000. p. 289 et p. 303）。

不过，当事人应当是正确地（justement）做出允诺。所谓正确地做出允诺，首先意味着当事人的同意应当没有瑕疵。从这里，我们就已经看到了“同意瑕疵”（vice de consentement）的概念；其次，所谓正确地做出允诺，也意味着任何人都不能从合同中获得不正当利益，“显失公平、受到损害”（lésion）的思想即是由此而来，并且在教会法学家的著作中，对“显失公平”思想的阐释占有很重要的位置；最后，所谓正确地做出允诺，还意味着缔结合同的当事人不是毫无根据地做出允诺，或者不是基于非法的或者不道德的理由做出允诺。这就是原因理论（la théorie de la cause）的源头。

自然法学派在探讨法的权威（autorité du droit）时，不再寻求将这种权威建立在上天神明的基础之上，而是将人和“自然之自由”（libertés naturelles）作为法的权威基础。这也昭示着18世纪的个人主义哲学的出现。尽管让·多玛与波迪耶也受到胡果·格劳秀斯（Hugo Grotius，1583—1645）及自然法学派（Ecole du droit naturel）的影响，但是，在这两位法学家那里，证明合同之所以具有强制效力的理由看来主要是道德上的理由，因为，契约的强制效力主要是建立在良心责任（devoir de conscience）的基础之上。这种良心责任，就是信守既出之言（信守诺言），良心责任作为契约强制力的基础远远大于个人自由及其必然产生的力量——（个人）意思的力量（pouvoir de la volonté）。看来这也是《民法典》的制定者们所采取的观察视角。正如人们强调指出的那样：在《民法典》的“准备草案”以及对法典的最初评论中，人们经常提到的是道德（la morale）与公正（équité），而不是个人主义哲学原则。因此，善意（bonne foi）这一概念必然出现在法国《民法典》当中，例如，第1134条第3款就有“契约应善意履行之”的规定。善意这一概念强调的是缔结契约的各当事人相互之间应当表现出的诚信或忠实（loyauté）。

归根结底，契约应当具备两组条件：

一组条件推崇的是（当事人）意思的作用，而意思的成果——个人自由及个人的主动精神——在任何一个社会中都是无可替代的动力因素。

另一组条件则构成了契约的支撑构架，它为人的意思提供了一个框框，以防止和避免个人自由与主动精神反转过来不利于应当由社会负责保护的各种利益。

合同法的演变与发展的一个突出表现，是上述两组条件之间持久的此消彼长的关系。不同的时代，这种关系的天平有时优先偏向这一方，有时则偏向另一方。如果说在整个19世纪，占据上风的是第一组条件，那么随后，直至现代，第二组条件一直处于优势地位。

二、《民法典》之后的变化

33. 对意思自治理论的批判

19世纪末期，理论界将契约与意思自治理论完全等同起来，现在终于奋起出手，毫不留情地对此种观念提出批评。

让我们在这里简要回顾一下这种批评的几条主线：

有人认为“个人意志得到自由发挥，其结果必定是导致公正”。对于这样的论断，有人反驳说：人与人之间根本上就是不平等的，因此，契约自由，不仅远不能产生种种平衡的关系，反而成了强者对弱者强加其法则的工具。艾尔弗雷德·富耶（Alfréd Fouillé，法国19世纪~20世纪初著名哲学家）曾提出“说到契约，即意味着公正”的箴言，拉果尔戴（Lacordaire）反驳道：“在强者与弱者之间，使人屈服和顺从的是自由，让人获得自由的是法律。”

有人提出“个人意思得到自由发挥，产生的是更加有益有利的社会关系”。对此论断，也有人提出反驳意见：“所有的人总是自然趋向于那些最有收益的活动，但最有收益的活动并非必然都是最有益有利的活动。”

虽然上述批评意见并无错误，但却未免有些过分。因为我们看到的是，《民法典》的制定者并未兼收并蓄，从来没有照单全收经济自由主义的所有论断。为了使根本价值切实得到保护，《民法典》的制定者远没有寄希望于契约自由的唯一功效；他们只是赋予了契约一个支撑骨架，以便从事法律活动的人员能够审查所订立的契约是否尊重了各方当事人的利益，是否尊重了第三人与社会集体的利益。不过，19 世纪初的法典制定者们也许完全没有预见到自 19 世纪下半叶开始发生的那些标志着合同现象之特征的各种深刻的变动。

34. 引起深刻变动的各种因素

在制定法国《民法典》的那个时代，社会生产，如同商业一样，仍然保持着手工业性质与家庭性质，以至于契约关系通常具有因人而异的个人化特征。当然，这种契约关系可能带有某种不平等性质，但这种不平等并未形成制度性，结构性。人们往往是在经过谈判之后才订立契约。通过谈判，各方当事人可以确定他们打算订立的契约的主要事项。然而，恰恰是从这两个方面来看，法国社会发生了人们已经反复回顾和描绘的那种演变。

经济上的集中与商业集中，在经济层面酝酿并产生了巨大的失衡；在知识层面，不论是技术层面还是法律层面，同样出现了这种失衡状况。如果我们考察一下那些与企业订立合同的个人和企业之间的关系，就会发现这种失衡尤其明显。只要回顾一下 1884 年以前雇主与孤立的（薪金）雇员的情况，就足以说明这方面的问题。那时的法国社会还没有任何行业性质的社团，或者说，没有诸如保险公司、运输公司等大型企业集团，广而言之，既没有职业者的协会，也没有消费者的协会。不过，在职业人的相互关系中，也同样存在这种失衡状况：有些职业人为了生存，有求于与之合作的伙伴，有求于他们之间结成的优先关系，因而相对于他们的合作伙伴，处于依附地位，甚至处于经济上的附庸地位，例如，在生产领域，某些从事分加工活动的职业人，或者经销领域的某些商人——特许经营人、商标使用权受让人等，都是如此。

由于合同的“标准化现象”，处于最强势的一方当事人往往事先为自己的利益确定了合同的模式，与之订立合同的相对方当事人只能附和于按照这种模式确定的各项条件而没有任何讨价还价的可能——“要么接受，要么拉倒”，别无选择，这样一来，更加加剧了合同一方当事人所处的弱势地位。面对占据垄断地位或者近乎垄断地位的大型企业集团，选择权本身已经不再有多少意义。由此，人们也归结出一个表述这种现实的合同新概念，称之为“附合契约”（contrat d’adhésion）（参见第 196 节）。

为了弥补这些极端状况，（法律上）提供了多种途径。例如，进一步制定与强化具有限制性作用的框框，契约自由只能在这一限制性框架内施展与活动，这样一来，又有可能剥夺契约自由的大部分功效，使合同丧失灵活性、主动性与机动性（一）；还例如，恢复合同当事人之间能够进行平衡讨论（谈判）的条件，以便契约自由重新成为服务于社会正义与社会用益等更高价值的有效工具（二）；再例如，努力创建一个“最佳的契约境界”，在这种境界里，合同不再被视为某种力量关系的产物（produit d’un rapport de force），而是各种平衡的利益的结合（une union des intérets équilibrés），是一种真诚合作的工具，一种相互信任的事业。法律要求合同当事人为善意，法官在合同生活中起着至关重要的作用（三）。在过去很长时间里，法国合同法优先重视的是上述第一项探讨（加强具有限制性作用的框框，契约自由只能在这一限制性框架内施展与活动)，现在则是在不同的倾向之间探寻着自己的道路(四)。

(一) 限制性范围的强化

35. 公共秩序的兴起与发展

法国《民法典》的制定者将合法标的与合法原因作为合同有效性的条件，从一开始就为法律秩序的工作人员打造了各种工具，让他们能够运用这些工具来审查作为当事人意思合致之产物的合同是否遵守了由社会负责保护的各种基本价值。但是，在制定《民法典》的那个时代，这种监督相对比较宽松：一份合同，只要不违反那些为了保护社会支柱而规定的重大禁止事项，即属有效。这里所说的社会支柱（pilliers de la société）是指个人、家庭与国家。订立合同的各方当事人，只要是在传统的公共秩序所划定的界限范围内进行活动，就可以自由地决定他们打算订立的合同的内容（参见第377节)。所谓传统的公共秩序也称为政治性公共秩序（ordre public politique)。

人们发现，当合同双方当事人处于某种不平等的关系时，仅仅有上述自由，仍然可能满足不了正义（公正）和社会用益的要求，于是，立法者在传统的公共秩序之外，又增加了另外两种公共秩序：经济性公共秩序（ordre public économique）与社会性公共秩序（ordre public social)。在过去，涉及公共秩序时，完全是从被动的角度作出规定，也就是说，从“不得”或“禁止”的角度作出规定，如今，公共秩序也已取得了一定的主动性范畴，当我们谈到公共秩序时，不再局限于“禁止”，同时也是对人们强制规定种种行为。

为了避免强者剥削弱者，对于处在结构性不平等地位的当事人之间订立的合同的内容，立法者也进行了强制性规范，例如，对于薪金雇员与雇主、承运人与乘客，保险人与被保险人，土地和房屋的出租人与承租人之间订立的合同，立法者就它们必备的内容作出了强制性规定。人们将此类规定称之为保护性经济公共秩序（ordre public économique de protection）（参见第 384 节）。

为了回应总体利益的某种特定要求，立法者还试图将合同活动引导至更加有益于社会集体的方向。在这种情况下，公共秩序便不再是为了保护某一类人，而是要强制推行特定的社会用益观念，例如，为了防止通货膨胀，政府实行某种指数政策，也就是说，由政府出面确定财产与服务的价格，即使涨价也必须按照一定的指数标准才能进行调整。人们将此种情形称之为导向性经济公共秩序（ordre public économique de direction）（参见第 383 节）。

36. 公共秩序的兴起与发展所产生的后果

在公共秩序兴起与发展的背景下，合同当事人的行为受到了种种限制，被置于强制性法定规则的管控之下。有人将此状态称为源于合同的法定关系（rapports légaux d'origine contractuelle），并将这类合同看成是一种“行为—条件”（acte—condition）。这种行为不是以设定权利与义务为目的，而是将那些由确定的规则所产生的权利与义务适用于人。

此外，由于这种强制性立法的发展，也导致合同的普通法有所消退，而每一种类型的合同所特有的规则却层出不穷、越来越多，有些特别规则甚至已经完全独立、自成一体，例如，劳动合同、保险合同；另有一些合同，虽然还没有完全脱离《民法典》的轨道，但同样有越来越多的专门规范；除此之外，在每一类型的合同内部，视其涉及的财产不同，或者视当事人的身份之不同，相互之间的差异也在增大，例如，住房租赁合同、农产租赁合同、商业租约等都必须遵循各自特有的强制性规则。这样一来，不仅使合同的一般理论部分丧失了意义，而且有关租约的普通法也受到了排斥。如今，租约的普通法仅仅被用来调整若干剩余类型的租赁合同。合同普通法的消退，致其仅剩“一张驴皮”。在合同的普通法与单个的合同之间插入了多层面的特别立法。有人甚至将此种状况称为乔木林的分层现象（phénomène d’arborescence）。

国家干预主义同样严重损害当事人自行决定其合同内容的自由，有时甚至损害到订立合同的自由，或者损及选择合同相对当事人的自由。在这种情况下，人们面对的是一种强制订立的合同（contrat imposé，强制订约），而缔约强制的表现也是多种多样的（参见第203节），例如，有时，个人虽然可以自由决定其是否订立合同，但一旦决定订立合同，就必须与某个特定的相对当事人打交道。又例如，当某个第三人对所有权人的某项财产享有法律承认的先购权时，如果所有权人决定出卖这项财产，就必须首先将其出卖该财产的意图通知先购权人。先购权人在法律确定的期限内有决定是否购买这项财产的任意性选择权利。

有时，恰恰是订立合同的自由本身就受到了限制：立法者强制某些特定的人订立某项特定的合同，例如，凡是有可能因陆路机动车引起民事责任的人，只有事先订立了强制保险合同才能开车上路。

有时，再进一步，立法者还精心创设了一种“仅仅是名称上的合同关系”：例如，参与经营活动的农业经营人的直系卑血亲在法律上视为“薪金延付的劳动合同（contrat de travail à salaire différé）的受益人”。

（二）平衡谈判条件的恢复

37. 恢复平衡讨论的方法

为了防止所订的合同违背缔约当事人与社会集体的利益，与其对合同的内容进行强制性规范，还不如创造一种更加有利于当事人之间进行真正讨论的环境，以尽量恢复契约自由所应有的功效。

在这方面，可以设想的尝试和做法还是很多的。

38.（1）组成团体

为了防止合同各方当事人之间出现结构性失衡状态，我们可以鼓励处于弱势的一方在工会、协会、购物中心、地方交换系统等集体组织的内部组成团体，这样，可以使最弱势的一方获得与他们的合同相对当事人平起平坐的谈判分量。我们知道，在劳动法方面采取的这种团体谈判的方法已经取得了成功。[1] 购买中心的发展，也导致大型经销商与生产者之间的关系在力量对比上发生了逆转。有些学者建议，在职业者与消费者的关系中也可以采取这种做法或尝试。《消费法典》改革委员会从“集体劳动协议”的实践中得到启示，已经提出了建议，认为应当赋予消费者协会与职业人组织之间订立的集体协议以强制力。该委员会的这项建议遭到职业人方面的反对，因此，由某一职业人组织签订的协议对该组织的成员并没有约束力。

不过，如果不是将合同关系看成是两个个人之间的关系，而是将其看成双方当事人集体性相对关系的表现，那么，这种关系也就改变了意义，不再是本义上的合同关系了。

39.（2）信息告知

如果更加贴近与遵照《民法典》的精神，依然坚守从个人的角度来探讨问题，那么我们也会看到，立法者同样可以对当事人的意

[1]在法国，薪金雇员的劳动合同条件通常是按照劳资双方工会之间通过谈判签订的“行业集体协议”来确定的。——译者注

思合致进行调整，从而保障做到向处于弱势地位的一方当事人进行恰当的必要的信息告知，使处于弱势地位的一方当事人在订立合同之前能够完全自由地并且在经过深思熟虑之后才表示其同意意思。立法上始终认定职业人处于要约人的地位，即使他是受到相对当事人的请求而发出要约，亦同此认定。立法上还规定要约人在其提出的要约中必须提供哪些情况与信息，并且按照具体情形，给予消费者一个思考期限，或者给予消费者某种反悔权（un droit de repentir），以便于消费者能够取消已订的合同。有了这种反悔权，不仅给予一方当事人以思考时间，而且给予其在多项要约中进行选择的手段，为竞争发挥应有的作用提供了有利条件。立法者之所以这样做，是试图在合同成立方面重新提高个人意思的价值，并且至少部分与经济自由主义的观念紧密衔接起来。[1] 除此之外，我们还应当通过制定各种充分综合而不是分散的规则，使有利于合同当事人能够自由地、明白地交换意思的环境得到展现。可惜的是，立法者不仅没有回应人们的这种关注，反而不断增加各种支离破碎的分散规定，导致某些原则受到了冲击，而目前得到保留的这些分散的规定并没有构建起严密的理论。此外，有时在信息告知的借口之下，甚至仍然在采取强制性规范合同内容的做法（参见第262节）。

40.（3）竞争

要想恢复与重建一种有利于契约自由得到充分发挥的环境与氛围，需要重视和关注经济生活的参与者之间能够真正开展竞争，从

[1]这是一个问题的两个方面：一方面，要求处于强势地位的合同当事人按照法律的规定向处于弱势的一方当事人提供必要的信息，履行告知义务；另一方面，给予弱势一方当事人以反悔权。这两者似乎都是对契约自由的限制，但处于弱势地位的合同当事人一方也因此有可能获得更多的权利平衡，使其意思表示有更大程度的自由。——译者注

而使供需关系法则能够充分发挥作用。这一思想在编纂《拿破仑法典》时就有所体现。法国《民法典》并没有仅仅满足于庄严地确认“工商自由原则”（le principe de la liberté du commerce et de l'industrie），它同时还主张对那些故意的串通行为实行刑事制裁，因为这种串通行为所谋求的利益并不是供需关系自然作用所产生的结果（《刑法典》第419条，1986年12月1日第86-1243号法律第52-1条），但是，面对严重损害某种真正的竞争条件的经济集中，这些法律规定并没有起到多大效果。因此，今天竞争法的直接目标就是要维持与保护真正的竞争，而经济生活的参与者之间开展真正的竞争是新自由主义公共秩序的一个根本环节。[1]

（三）合同的最佳境界的到来

41. 合同协作主义（solidarisme[2]）

《民法典》的制定者在第1134条中提出合同具有强制力原则的同时，又在该条第3款中明确规定“合同应当善意履行之”，以此

[1] P·博纳西：《论欧洲竞争法的基础：竞争与手段》，载《A·Weill 论文集》，1983年，第51页（P·Bonassies, les fondements du droit communautaire de la concerrence: concurrence-moyen. Mélanges A·Weill. 1983. p. 51）；德雷弗斯-内特尔：《竞争法与债的普通法》，载《民法学季刊》，1990年，第569页（Dreifuss-Netter, Droit de la concurrence et droit commun des obligations. RTDciv. 1990. P. 569）；马洛里：《竞争法与合同法》，1995年，51（Malaurie, Droit de la concurrence et droit des contrats. D. 1995. 51）；B·奥佩梯：《面对竞争法考验的契约自由》，载《政治伦理学杂志》，1995年，第241页（B·Oppetit, la liberté contractuelle à l'épreuve du droit de la concurrence. rev. sc. morale et politique. 1995. P. 241）；M·莎尼：《竞争法与债的普通法》，《巴黎一大学位论文》，2004年版（M·Chagny, Droit de la concurrence et droit commun des obligations. thèse Paris I. éd. 2004）。

[2] 这里的“合同协作主义”或者“契约协作互惠关系”原文为“solidarisme contractuel”，这种观念所主张的是，合同当事人之间的关系应当是一种互助互惠关系或者协作互惠关系，其中“solidarisme”一词，最初是由法国学者提出的概念，在这方面做出最大贡献的是法国哲学家、社会学家莱昂·狄冀。法文“solidarisme”与“solidarité”是由相同词根构成的词汇，其意思是：团结一致、利害一致，相互关联或者相互协作，此外，还有连带性，连带责任等，例如，民法上的债的连带性，（转下页）

缓和并弱化合同的强制力原则。然而，在过去很长时间里，无论是法院判例还是理论界，对该第 3 款的这一规定给予的注意非常有限，[1] 但是，早在两次世界大战之间，学者热内・德莫格（Rene・Demogue）根据这一条文的规定，阐释了另一种合同观念。这位学者认为，合同并不是相互对立的利益此消彼长的紧张的拉锯关系所产生的结果，合同，绝对如同民事公司（民事合伙）与商事公司一样，是“一个小小社团”（une petite société）。在这个小小团体内部，每一方当事人都应当为着一个共同的目的而工作，这个共

（接上页）连带之债。我国学术界长期以来都是将“solidarisme”称为“连带主义”，故有社会连带主义、社会连带主义哲学与社会连带主义法学等概念。译者认为，这些译名并不恰当。本书所说的“solidarisme”，强调的是合同双方当事人应当做到诚信互惠、互利协作，很难认为它是在强调一种合同连带关系。译者将其译为“契约协作互惠观念”，以此就教于读者。参见龚永芳：《社会连带主义之谬》，载《理论界》2011 年第 4 期。“solidarité”一词，中文书籍几乎在各种场合无一变化地将其译为“连带”、“连带责任”，这样翻译往往是不对的。例如，巴黎发生“查理周刊”恐怖袭击案时，法国人在举行集会时，主席台背后的大字标语使用的就是“solidarité”一词，它表明了大会的主题：“让我们紧密团结起来”，“让我们坚定地站在一起”。这里显然没有“连带”的意思。法国《民法典》在对婚姻之外的、既非正式婚姻关系、也非同居关系，同性或异性之间，特别是同性恋者之间的关系进行规范时，创造了一个新概念，称为“pacte civil de solidarité”。张民安在《法国民法》一书中将其称为“连带民事协约”，其实，在由“pacte civil de solidarité”这种协议或协约规定的关系里，双方当事人，除人身权利方面的自由之外，对个人的财产有管理、使用、处分的权利，各自负担个人的债务，在关系中断时，各方均可采用任何证据方法，证明双方共同生活期间的特定财产属于自己所有。可见，这种“生活伙伴”（partenaire）之间，最为主要的并不是连带关系或连带责任，而是强调“搭伙过日子”的两个伙伴之间的互济互助关系。译者在《法国民法典》（2004 年版、2010 年版）中将“pacte civil de solidarité”译为“紧密关系民事协议”，是否恰当，可以商讨，但译者认为，无论是“社会连带主义”还是“连带民事协约”都是值得商榷的。——译者注

[1] 不过，在这一问题上，法院判例与法学理论界的这种情况与《民法典》的制定者的意图也是吻合的，因为，我们只要读一读法典准备阶段提出的草案，就可以看到，所谓善意履行合同，也只是按照合同的全部规定来履行（参见：Rapport du tribun Favart au Trabunat）。

同的目的就是各当事人追求的个人目的的总和。[1] 当时，人们对德莫格的这种见解很感诧异，讥讽地说："在一个婚姻都有可能变成一纸契约的时代，每一个人都会梦想将契约变成婚姻。"[2] 然而，外界的批评并不能完全打垮从上述视角提出的观念与看法，尽管它或多或少给契约生活洒上了一点田园诗一般的滋味。然而，到了当代，整个思想潮流都在主张契约协作互惠观念，[3] 认为"契约已经成为每一方当事人都尽力为他方当事人带来完全公正，相互协作的友好胜地"。[4] 诚信、互助、博爱(loyauté，solidarité，fraternité)，[5] 这才是新的契约座右铭。[6] 从这一座右铭出发，人们看到的是对"每一方当事人只关注保护自己利益的相互对立的个人主义合同观念"的超越；[7] 每一方当事人都应当考虑相对方伙伴的利益，甚至应当优先考虑相对方伙伴的利益。从根本上来说，难道还有什么比这更加自然吗？因为，既然说到"善

[1]勒内·德莫格：《债法概论》，1931 年，第 6 卷，第 3 节（René·Demogue，traité des obligations en général. t. 6. 1931. N°3）。

[2]J·卡尔波尼耶：《债法》，第 4 卷，第 113 节（J·Carbonnier，les obligations. T. 4. N°113）。

[3]关于这一问题，参见 C·加明：《契约协作互惠观念辨析》，载《盖斯坦论文集》，2001 年，第 441 页（C·Jamin，plaidoyer pour le solidarisme contarctuel，Mélanges Ghestin，2001. P. 441）；C·加明：《论契约上的互助互济》（C·Jamin：la solidarité contractuelle，第 5 页）；S·库尔迪耶：《论契约上的互助互济》，《第戎大学学位论文》，2003 年（Courdier，la solidarité contractuelle. thèse Dijon. 2003）。

[4]A·塞里奥：《债法》，第 55 节（A·Sériaux，droit des obligations. N°55）。

[5]D·马佐：《诚实信用、互助互济、友好合作——新的合同座右铭》，载《F·泰雷论文集》，1999 年，第 63 页（D·Mazeaud，Loyauté，solidarité，fraternité，la nouvelle devise contractuelle? Mélanges F·Terré，1999. p. 63）。

[6]C·梯比尔日-格勒伏克尔：《合同法变革刍议》，载《民法学季刊》，1997 年，384（C·Thibierge-GuelfuccI，libre propos sur la transformation du droit des contrats. RTD civ. 1997. 384）。

在法国大革命提出的"自由、平等、博爱"思想以及这里所说的"新的合同座右铭"里的所谓"博爱"，原文均为"fraternité"，法文本义是"兄弟之爱"、"手足之情"。——译者注

[7]A·塞里奥前引书，第 55 节（A·Sériaux. op. cit. N°55）。

意”，就是要求合同当事人“像兄弟一样去热爱相对当事人”（aimer comme un frère）。在合同法里，这种对兄弟情谊的期许展现的是“对相异性与慷慨大度的关注”，而这种关注有助于使人性变得真正符合人性。[1] 这样一来，在契约的统制观念与纯粹的自由主义观念之间就会开辟出第三条道路，[2] 而这条道路本身也有可能被超越，因为，现在有些学者更加青睐从道德的角度来探讨契约，而另一些学者则更加倾向于从社会学的角度进行这方面的探讨。[3]

42. 批判性探讨

从上述理论来看，不得不使人认为，这里是否发生了某种“类型上的混淆”（是否是把不同类型的问题搞混了）。[4] 须知，订立合同，并不是皈依宗教，甚至不是到人类之爱中去领取圣体。订立合同，是为了做生意（faire ses affaires）。德莫格（Demogue）先生期望所有的合同都按照公司契约（社团契约）的模式来处理，实际上是混同了两种根本不能相提并论的活动——“交换性合同”

---

[1]C·梯比尔日-格勒伏克尔前引文，载《民法季刊》，1997年，384（C·Thibierge-Guelfuccl. art. préc，RTD civ. 1997. 384）。

[2]C·加明：《简论合同的修改与不可变性，或〈民法典〉第1134条的双重哲学》，载《法与概括财产》，1998年3月，第46页（C·Jamin，Révision et intangibilité du contrat ou la double philosophie de l'article 1134 du Code civil. Droit et patrimoine，mars1998. p. 46）。

[3]关于这种的区分，参见：Ph·斯托费尔-芝克（Ph·Stoffel-Munck），note （D. 2002. 1979）；Y·勒格特：《合同互惠协作主义的总结》，载《保尔·迪迪耶论文集》，2008年，第247页（Y·Lequette，Bilan des solidarismes contractuels，Mélanges Paul Didier，2008，p. 247）。

[4]关于这一点，参见M·米尼奥（M·Mignot）进行的深入透彻的研究：“一般的连带性与特别的契约协作关系，或者，契约协作关系与连带性有关系吗？”（de la solidarité en général et du solidarisme contractual en particulier ou le solidarisme contractual a-t-il un rapport avec la solidarité? RRJ，2004. N°4. p. 2153.）。这一研究表明，社会协作理论的重大缺陷在于将这种协作性的价值放进了另一种绝对不属于其范畴的社会行动的天地。参见Y·勒凯特（Y·Lequette）前引文，载《Paul Didier 论文集》，2008年，第252页。

(contrat-échange) 与“组织性合同”(contrat-organisation)，而法国学术界早已阐明了这两种活动之间存在的种种巨大差别（参见第78节）。

交换性合同是以互换（permutation）为目的。互换一词的实际意思就是，A手中的财产交到B的手中，而B手中的财产交到A的手中。买卖合同是交换性合同的标准模式。

组织性合同则是在A与B两者之间建立起一种合作关系：A与B各自将属于自己的某些东西合在一起，用于从事共同的活动。组织性合同的标准模式是公司契约（contrat de société)。

交换性合同在各方当事人之间进行的是一种零和博弈（jeu à somme nulle)，[1] 它意味着合同一方当事人所赢得的，必然是相对方当事人所失去的或输掉的。因此，在交换性合同当中，双方当事人的利益即使偶然发生趋同，但在非常广泛的程度上仍然是相互背离的。组织性合同则相反，它在当事人之间创建的是开展合作性活动的各种条件，在合作从事活动的过程中，双方当事人可以共同获利或者共同受损，因此，双方当事人的利益在结构上具有趋同性，尽管不能完全排除当事人之间产生利益上的分歧，例如，公司内部多数股东与少数股东之间就有可能产生利益上的分歧。[2]

显然，上述两种类型的合同遵循的是不同的逻辑，不可能属于同一个哲学范畴。交换性合同是当事人意思合致的产物，在这里当事人的意思合致所确认的是“相互对立的不同利益之间的权宜性结

---

[1]“jeu à somme nulle”，博弈论概念，称为零和博弈或零和游戏，指非合作性博弈，参与博弈的各方通过竞争，一方的收益必然意味着另一方的损失，一方所得正是另一方所失，博弈各方的收益和损失相加始终为零。由于博弈双方都想实现损人利己的目标，零和博弈的结果是一方吃掉另一方，双方之间很难存在互惠互利之合作的可能。——译者注

[2]P·迪迪耶：《组织性合同简论》，载《F·泰雷论文集》，1999年，第636页（P·Didier，Brèves notes sur le contrat d'organisation. Mélanges F·Terré，1999. p. 636)。

合”；而组织性合同所汲取的源泉恰恰在于当事人之间有着一致同意追求的共同目标。这是组织性合同的框架条件。[1]

有些人认为，在交换性合同中，个人主义及其必然产生的结果，尤其是每一个人首先应当关注保护自己的利益的思想，也有可能被互惠协作关系（la solidarité）和博爱所取代，因为，互惠协作关系可以将人类所有成员紧紧地联系起来。（我们认为）这种（天真的）想法恰恰证明这些人对人的心灵原动力缺乏深刻的认识。[2]合同法应当按照“现实之人”来设计，而不能按照“愿望期待之人”来设计；再说，任何一项合同都不可能以有血有肉的人尽善尽美为目标。人之尽善尽美，属于道德范畴（参见第387节）。

交换性合同是力量关系对比的产物，它提供的这块土壤丝毫不利于社会协作主义所主张的那种互助互济、兄弟情怀、友谊博爱的精神开花结果。然而，有些人却想把这些东西变成合同生活的推动力！[3]虽然说，我们尚可以设想：强制合同当事人超越自己内心深处的个人主义，也就是说，强制他们尽力靠近相对当事人的利益，但是，如果我们理性地看待问题，就不可能走得更远，更不可能去要求合同当事人必须秉持彻底否定自己利益的利他主义精神，或者干脆要求他们保持那种漫无边际的无期限的忠诚。因此，我们说，耐心、宽容、忘我的德行，与合同世界毫不相干。主

---

[1]P·迪迪耶：《简论没有交换意思的同意：公司契约》，载《商事判例杂志》，1995年11月专号（P · Didier, le consentement sans l'échange: contrat de société, RJ com nov. 1995. N°spécial）；关于同意意示的交换（l'échange des consentements）。

[2]Ph·勒图尔诺：《法律百科全书》，“善意”（诚信），第31节，“在商界开始充斥着种种不道德现象的同时，也就是说，在种种不道德现象开始支配合同的同时，善意（诚信）或多或少正在消失。从这一角度来看，善意（诚信）可能受到了美化，甚至可能被捧得过高”（Ph · le Tourneau, Encycl. Bonne foi N°31）。

[3]正如卡比唐先生指出的那样：“只要涉及合同，个人主义必然起着主导作用，因为每一方当事人都会试图使其个人利益更胜一筹。”（参见《立法与判例批判杂志》，1931年，第73页）

张人们应当具有这种德行，那是宗教上传播福音的道行。当然，法律上有些规定确实是以反对社会排斥（对弱势人群的排斥）为目的，确实是提倡（债权人）增加或延长（合同规定的）支付期限，给予相对当事人以宽限期，甚至强制债权人抛弃其债权，但是，这种做法是出于与合同毫无关系的考虑而牺牲合同。这种做法的深层逻辑完全有可能导致这样的后果：社会排斥现象不仅没有因此而减少，反而越来越多。[1]

有鉴于此，在我们看来，与其把希望寄托在社会协作主义所假想的人与人之间的互惠互济之上，还不如继续维持合同法的基石：所有的人，至少是绝大部分人，都自然而然地更为关注自己的利益，而不是首先关注他人的利益。这样，就需要我们优先考虑建立并实行一种有利于当事人意思合致的合同程序，从而有利于实行合同的某种公正。试图将合同放到一种多少有点乌托邦式的空想基础之上，由此开辟的并不是什么第三条道路，而是极有可能重新回到十分僵化而死板的统制主义的老路。[2] 因为，（按照这种乌托邦式的愿望去做，可能出现的状况必然是）只要人们期待合同当事人应当达到的道德高度并没有得到这些当事人自己的认同，那就只好采取强制手段，强制他们按照所要求的道德的高度去行事，而提出的要求越是不切实际，为了达到这种要求所必需的强制成分就会越高；反

---

[1]正如亨利·巴蒂弗尔（Henri·Batiffol）指出的那样："（合同）社会协作主义的效果是，当特定关系处于不佳状态时，便可能危及相邻的其他关系：自己的债权没有得到清偿的债权人也就不清偿其本身的债权人的债务，后者将被推向破产。而且这样'引起的相互传染'往往纯粹是在人们心理上起作用。面对不肯清偿债务的债务人而被完全缴械的束手无措的债权人的状况，将进一步鼓励那些不诚信的债务人更加利用消极等待的力量，这种力量又在其他人身上引发对信守诺言的怀疑。"《国际私法的哲学面面观》，第 265 页（Aspects philosophique du droit international privé, p. 265）。

[2]M·A·弗里松-罗什：《意思与债》，载《法哲学档案，债》，2000 年，第 129 页（M·A·Frison-Roche, volonté et obligation. in obligation. archives de philisophie du droit. 2000. p. 129）。

过来，如果不施加这种强制，一旦在所谓互惠互济的名义下本来能够让所有的人都关注自己利益的程序荡然无存，给予（弱势者的）保护也就会更加倒退。法国在确定价格问题上实行管制的规则前后发生的改变，就为这方面提供了一个很好的例子（参见第294节）。

现在，对合同当事人强加的种种限制，在这种观念里，与以前的统制主义相比，唯一的差别是：这种强制不是来自立法者的干预，而是来自法官的干预。因为，法官已经成为打造合同正义的工匠。这一使命赋予法官对合同实行完全程序意义上的干预权力，本来是合同第三人的法官，就如同已经成为合同的当事人一样，[1]换句话说，现在，是法官而不是立法者最清楚什么样的合同对当事人最好。

也有人对上述见解提出反驳意见。他们认为，这种见解没有还合同协作主义以公道，因为，合同协作主义并不是主张任何一种情感性质的友谊与博爱，而是揭示了这样一种事实：当合同双方当事人的力量不对等时，（传统的）合同哲学只不过是一种不折不扣的欺骗。[2]

不过，有关的评注也显示出，在合同协作主义学派的内部，同样存在着两种不同的思潮，一派是从道德角度来考虑问题，另一派则是从社会角度来考虑问题（参见第41节）。从社会角度考虑问题的思潮的主要倡导与支持者是C·加明（C·Jamin）先生。作为第3条道路，这种思潮很早就受到人们的批评，因为自19世纪中叶起就已经有人提出这种思想。我们

[1]L·勒卡迪耶：《合同与诉讼之游戏》，载《C·法尔法论文集》，1999年，第23页（Le Cadiet, les jeux du contrat et du process：esquisse（Mélanges C·Farfat. 1999. p.23）。

[2]C·加明：《为契约协作互惠观念辩护》，载《盖斯坦论文集》，2001年，第441页（C·Jamin, plaidoyer pour le solidarisme contractuel, Mélanges Ghestin. 2001. p.441）。

用拉科尔戴尔（Lacordaire）先生的表述，几乎可以将这种思想归结为一句话（参见第33节）：“在强者与弱者之间，使人屈服与顺从的自由，让人获得自由的是法官（参见第33节）。”在没有明确弄清存在哪些不足的情况下，又加上一个“法官的决断”，这难道真是一种进步吗？[1]

有人认为，只要我们仅仅是想勾画出第三条道路的轮廓而又不至于陷入支持合同协作主义的大多数学者精心培育出来的情感式阐释，那么，我们也可以从以下思想中寻找到第三条道路。按照这种想法，合同的强制力更多来自相对当事人对他方当事人所做允诺的合理期待，[2] 其次才是来自允诺人所做出的承诺。这样一来，合同的强制力就不再是以债权人对债务人自由地做出的允诺的信赖为基础，而是以债权人在订立合同时根据其债务人的概括财产状况可以产生的合理期待为基础了。[3] 在此基础上，如果合同有过分的规定，法官便可以解除债务人的义务，债权人则不能正当地期待债务人履行全部义务。[4]

---

[1]最终看来，最高法院没有准备走上这样的第三条道路。最高法院商事庭2007年7月10日的判决对此表达得非常清楚（D. 2007. 2839, Ph Stoffel-Munck 述评, 2844.）。参见塞德拉：《自由、平等、契约，学理上的法律互济互助理论与最高法院对此所持的态度，2003年最高法院年度报告》，第215页（Cédras, liberté, égalité, contrat: le solidarisme juridique en doctrine et devant la Cour de cassation. rapport annuel de la cour de cassation pour 2003. P. 215）。

[2]B·奥佩梯：《负债与法》，载《布雷登与德里达论文集》，1991年，第295、310页（B·Oppetit, l'endettement et le droit, Mélanges Breton et Derrida, 1991. p. 295. p. 310）。

[3]J·卡尔波尼耶：《债法》，第22版，第64页（J·Carbonnier, les obligations, 22éd. N° 21. p. 64）；H·肯法克：《确认信任作为契约强制力的基础》，载《合同私法中的信任》，2008年，第117页（H·Kenfack, la consécration de la confiance comme fondement de la force obligatoire du contrat, in la confiance en droit privé des contrats, 2008. p. 117）。

[4]D·马佐：《合同义务的减少》，载《合同的不可变性还剩下什么?》，《法与概括财产》，1998年，第58页（D·Mazeaud, la réduction des obligations contractuelles. in que reste-il de l'intangibilté du contrat? droit et patrimoine. 1998. p. 58）；《消费法的吸引力》，载《商法学季刊》，1998年，第95页（l'attraction du droit de la consommation, RTDcom, 1998, p. 95）。

43. 善意，合同普通法的重新构建或多样化处理

虽然有以上各种批评意见，但并不等于说善意在合同方面就没有它的位置。很显然，（为了明白什么是善意）我们首先需要从否定形式的角度排除“善意的反面”，也就是说，首先需要弄清楚什么是恶意。所谓恶意，既是指合同当事人违反自己明确表达的义务承诺，也是指明知相对当事人将不可能得到满意答复，却仍然让其产生某种期待。在了解什么是恶意之后，我们就可以从积极层面走近善意。[1] 善意，强制合同双方当事人负有特定的应尽义务。[2]

善意，首先是履行合同方面的诚信义务（devoir de loyauté）（参见第 442 节），此外还有在合同谈判与缔约时的诚信义务。[3] 在合同成立的过程中：每一方当事人不仅不能欺骗相对当事人，而是应当采取前后一致的态度，不应自食前言、摇摆多变。只有这样，才能便于对方当事人决定自己的态度。在合同履行中：每一方当事人均应当忠实履行自己做出的承诺。总而言之，只要合同当事人之间产生一种信任关系，就应当承担由这种关系所产生的后果。

其次是合作义务（devoir de coopération）、协作义务（devoir de collaboration）。不过，对于这种义务，我们还是有必要做些区分：虽然说有些合同更利于产生合作或协作义务，但也有另一些合同或

---

[1]本书并未对“善意”作出定义，而是通过排除恶意以及善意可能带来的强制义务两个方面来探讨善意的内涵。有人也将“善意”译为“诚信”。——译者注

[2]Ph·斯托菲勒-明克：《论合同中的滥权行为，简谈一种理论》，载《埃克斯学位论文》，2000 年版，第 53 节（Ph·Stoffel-Munck，l'abus dans le contrat. essai d'une théorie. thèseAix. éd. 2000. N°53）。该文认为，善意可以是指合同当事人应有的、按照合同的利益方向实施其行为的意识。双方当事人应当按照由合同构成的这一指针来衡量自己的行为（Libechaber. Defrénois. 2003. 1569）。我们认为，这种指引性看法似乎更为符合具有共同利益性质的合同而不是交换性质的合同（参见第 78 节）。因为，在具有共同利益性质的合同情况下，这种指南针所指示的是唯一航向（共同利益之唯一航向），而在交换性质的合同情况下，当事人追求的利益往往是不同的（航向不同）。

[3]《民法典》第 1134 条第 3 款仅仅规定“合同应善意履行之”，在共和八年（法兰西共和历）提出的《民法典》草案中则规定“合同应当善意缔结与履行”。

多或少不能产生这种义务。公司契约无疑是在当事人之间产生合作义务的天然领域，因为缔结公司契约的人们都抱有结成社团的愿望（affectio societatis），也就是有合伙意愿。除公司契约之外，在某些介于交换性合同与组织性合同中间的需要长期履行的合同中，我们也会发现当事人之间存在着合作义务。需要长期履行的合同本身就意味着各方当事人之间必须有合作的意图（animus cooperandi），我们称这些合同为“共同利益合同”或“合作合同”（参见第78节）。但是，对于其他绝大多数交换性合同来说，协作义务仅仅是指在合同过程中应当及时地向对方告知其有利益需要知悉的那些事件，并且方便对方当事人履行其义务（参见第441节）。

由此，我们发现合同协作主义学说存在的一个重大错误。这种理论试图将合同普通法重新构建在若干新的价值（观）的基础之上，而我们实际上面对的却是合同现实的多样化，这种现实的多样化召唤的是合同普通法的多样化，因为，在当今时代，合同这一概念涵盖着极不相同的经济活动，例如，交换性合同（le contrat-échange），它所引起的是两个概括财产之间的财产或服务的变动；而组织性合同（le contrat-organisation）的宗旨则并不是要实现某种价值的变动，而是将各种手段集中在一起，用来创造新的价值以及实现利润的分配；至于处在这两者之间位置的“合作性合同”（le contrat-coopération），它的目的是要让各方当事人在某个共同项目的框架之内，将他们所持有的具有互补性的资产结合起来，但始终保持着各自的独立地位（参见第78节）。交换性合同是以相反利益之间的相互协调为基础的，而第二种与第三种模式的合同则需要各方当事人之间长期的协同行动。这就是说，在这几种模式的合同中，善意所占的轻重地位是各不相同的。一项合同意味着双方当事人具有相反的利益，还是意味着当事人之间有着相互趋同甚至相互一致的利益，在这两种不同情况下，促进合同得到有效履行，为合同的履行提供有利条件的，显然不是相同的东西（参见第439节）。

合同协作主义理论或学说似乎迟迟才弄明白上述情形，于是将对所有合同持有的一种毫无差别的看法转向集中到某一类型的合同之上。今天，这种理论不再“对合同持另类想法”，而是认为并尽力推销“在具有由以下3个标准体现其特征的一类合同内部，当事人之间存在一定的互助协作关系”的见解。这3个标准是：一方当事人对他方当事人处于依赖地位，当事人之间的合同关系时间长久，有着共同的利益。也就是说，具备这3项标准的合同内部就存在合同互助协作关系，在这类合同中，最主要的是“经销合同”(contrat de distribution)。我们对合同协作主义理论的这种迟来的认识只能表示欢迎。[1] 不过，我们仍然需要知道的是，这种第二代的合同协作主义理论是否能够对合同现象作出具有完全操作性的分析，因为，我们大家都知道，这一理论的倡导者之一对法律技术抱有很深的轻视态度，他从法律技术中看到的是一种“华而不实的所谓科学的外表”。这样对法律技术不屑一顾的态度导致他们的看法或言论缺乏严谨性。而且，在合同协作主义理论的新视野里，将当事人之间的依赖关系这样一个社会——政治标准与合同的持续期间及当事人的共同利益这样两项相当空泛的法律标准捏合在一起，既没有具体说明什么是当事人之间的依赖关系，也没有对后两者提出一个具体的概念，由此产生的是“一种软绵绵的、很难把握的概念”，致使人们很难弄清它的总体轮廓，很难懂得其中的逻辑。如果说，合同一方当事人对他方当事人的依赖关系是认定合同协作理

[1]其实，在形成这种认识之前，合同协作主义理论的倡导者们也经历了多年的反复摸索。例如，加明（C·Jamin）先生就先后经过多次的反反复复，他一会强调“必须是需要履行一定时间的合同”，一会强调应当是“具有持续关系的合同”，然后又强调应当是“具有混合嫁接性质的合同”，才适用合同协作主义理论，或者还强调说，合同协作主义思想是中产阶级的某种权利的体现（参见 Lequette，Bilan solidarisme contractuels，《关于合同协作主义的总结》，载《Didier 论文集》，第262页，第16节）。

论的主要标准，那又为何要将这种思想限制在具有共同利益性质的合同之上，因为具有交换性质的合同同样可以产生这类依赖关系；如果将当事人的共同利益作为判断的主要标准，那又为何还要在共同利益之上再加一个依赖关系？实际上，当事人之间的合作活动的固有逻辑将会在他们之间产生这种共同利益，仅此一项就足以证明对于某些合同有适用特殊制度的理由。我们在讨论合同的主要分类方法时还会涉及这个问题。

（四）演变的几个阶段

44. 合同的危机

在以上提到的各种理论探讨中——增加强制性规定、重建有利于发挥契约自由的环境、倡扬善意——法国法在过去优先重视的是，增加对合同的强制性规范。这一点是非常明显的。

每当出现新的困难时，法国法律都是通过强化对这样或那样的合同的规范来加以应对，而这些规范越来越近似于规则。为此，有人将这种情况称为“合同的危机”（crise du contrat），[1] 有些学者甚至直截了当地预言这意味着“合同的死亡”（la mort du contrat）。[2] 当经济交换被按需分配所替代时，合同作为资本主义经济的法律上层结构（superstrructure）也将消失。

我们知道，马克思主义所发生的状况：因其自身的矛盾及其在经济上缺乏效率而受到拖累。即使我们仅局限于从法律层面来探讨问题，仍然可以看到，当今时代的精神并没有预示着合同的死亡或

---

[1]H・巴蒂弗尔：《合同的危机》，载《法哲学档案》，第 13 卷，1986 年，第 13 页（H・Batiffol，la crise du contrat，Archives de philosophie du droit. t. XIII. 1968. p. 13）。

[2]K・斯托扬诺维奇：《E・B・帕舒卡尼的契约理论》，载《法哲学档案》，第 13 卷，1968 年，第 89 页（K・Stoyannovich，la théorie du contrat selon E・B・Pachoukanis，Archives de philosophie du droit，t. XIII，1968. p. 89）。

终结，甚至没有总是要求人们在此方面增加更多的公共秩序性质的规则。由于实行规定的价格（taxation du prix）与控制交换（contrôle des échanges），而不是放开价格与自由交换，40 年来，让人最能感触得到的“成果”恰恰是通货膨胀与货币贬值。我们每一个人都可以体验到经济统制主义的种种局限。更为重要的是，国家干预主义，不仅仅是缺乏效率，而且产生了某些极为恶劣的影响。（在合同领域增加）公共秩序性质的规定，无力达到人们期待其达到的既定目标，有时反而证明它可能是一种（导致）物资短缺与社会排斥的“最有效的工具”。

因为，武断规定的价格，不是由供需法则（loi de l’offre et de la demande）来产生结果，社会这台生产机器也就失去由适应需求的必要性为其指明的信号；至于对特定类型的人或生产给予过分的保护，有时也会反过来不利于受到这种保护的直接受益者，并且往往会带来马尔萨斯人口论所指出那种相应后果，到头来受害的则是下一代。例如，如果对承租人给予过分的保护，就会挫败人们进行租赁性投资的积极性；如果不是安排劳动力向国外流动，那么（在国内法上规定）对薪金雇员的过分保护，就会打掉（企业）招聘员工的积极性；对商标、商号受让人给予过分的保护，就会鼓励（持有商标）的人们自己开设新的分店、门店（而不是转让给他人去经营），这样一来，反而有可能使希望得到保护的人数越来越少、进至消失。

正因为如此，国家没有能力高高在上地按照其自身的视野来铸造和规范社会经济生活的模式，面对这种情况，有些学者提出了一种“秩序可以从基层产生”的思想，也就是说，秩序可以从人们对个人利益的自由矫正中产生。在这些人看来，市场，通过其自身的运作，无须其自身法则以外的任何其他参照，就足以用其自身的法则建立起社会的总体平衡。[1] 然而，这种想法恰恰有可能是从一种极端跳到另一极端。因为，这些学者的分析是建立在对人与社会的唯物质主义的视野之上，没有看到人的幸福并不能仅仅归结于经济的繁荣。市场，作为调节经济关系的宝贵手段，仍然不过是一种工具。除了经济繁荣之外，市场并不能带来其他东西，因此，当人们追求其他目标的时候，市场就必须“隐退”，也就是说，当国家干预的目的是要强制另一种合理性（rationalité）的时候，这种干预就是必不可少的。社会的总体利益高于经济利益。由此看来，如今值得人们担心的倒是：市场正在偏好于“攫取并侵占原本属于其他逻辑的那些领域”，例如，科学、人、艺术等领域。[2]

45. 走向合同法的更新

所谓走向合同法的更新，指的是我们需要在卡得很死的统制主义与过分地放任自流这样两个极端之间找到平衡。一个社会，如果没有一定数量的基本价值，就不可能生存。因此，要由国家来规定并且让人们遵守那些使之不受市场法则影响的各种禁止性事项（参见第 377 节）；与此相反，在涉及调节经济关系的时候，则不可能从“拘泥于细枝末节的统统都管起来的干预主义”中去寻找解决办法，因为那样做等于将手指放进一个永远无法停止的齿轮当中，势

[1] F·哈耶克：《法，立法与自由》（1973 年），第 1 卷，法国大学出版社；《规则与秩序》，1980 年，第 2 卷；《社会正义之幻影》，1981 年，第 3 卷；《自由人民的政治秩序》，1983 年（F·Hayek，Droit. législation et liberté，PUF. t. 1；règle et ordre. 1980. t. 2；le mirage de la justice sociale. 1981. t. 3；L'ordre politique du peuple libre. 1983）。

[2] A·弗里松-罗什：《市场的模式》，载《法哲学档案》，第 40 卷，1996 年，第 287 页（Frison-Roche，le mondèle du marché. Archives de philosophie du droit t. 40. 1996. p. 287）。

也就是说，在作者看来，科学、人、艺术等领域并不能（完全）由市场逻辑或市场规律来指导。——译者注

必导致更加支离破碎的后果。[1] 在过分的干预主义与放任自流的过分的自由主义两个极端之间，我们进行的是一场没有终点的长跑。

为了打破这种局面，现在很多学者都在衷心呼唤深化与更新合同法的一般理论。在某些特别（法的）规定[2]中已经展现出来的萌芽状态的新原则将使合同法的一般理论得到丰富。[3]

因此，不是通过对传统原则作出各种例外规定来更新合同法，而是应当通过增加已经潜在于制定法当中并且补充旧原则的新原则来实现合同法的更新。新老原则之间的这种辩证结合，可以赋予每一项原则以恰如其分的位置。[4] 按照这一思路，可以设想出多种途径：有人认为，比较可取的做法是，按照有关合同新自由主义的理论分析，为合同当事人创造一种能够让他们更好地运用其自由与责任的环境。为了促进合同当事人的自由，在考虑合同当事人（是否为）善意时，只能准许在边缘上进行司法监督；另一些主张并坚持合同协作主义观念的学者则认为，应当向前走得更远一些，应当超越每一个人都只关注保护自己利益的合同个人主义，超

---

[1] M·卡布里亚克：《对合同一般理论的几点看法与商业实践的最新创造》，载《玛蒂论文集》，1978年，第234页与第245页（M·Cabrillac, Remarques sur la théorie générale du contrat et les créations récentes de la pratique commerciale, Mélanges Marty. 1978. P. 234. p. 245）。

[2] 例如，消费法、竞争法的特别规则。——译者注

[3] M·卡布里亚克前引文。Ph·杰斯塔兹：《1945年以来专门合同法的演变》，载《当代合同法的演变》，《萨瓦提耶研讨会文集》，1985年，第117页（Ph·Jestaz, évolution du droit des contrats spéciaux dans la loi depuis1945. in évolution contemporaine du droit des contrats. Journées Savatier. 1985. p. 117）；Ph·雷米：《合同法：问题、定位与建议》，载《当代合同法》，1987年，第271节（Ph·Rémy, Droit des contrats: questions, position, propositions, in le droit contemporain des contrats, 1987, p. 271）；A·贝洛瓦：《专门合同的一般理论》，《巴黎二大学位论文》，2002年（A·Belloir, Théorie générale des contrats spéciaux, thèse ParisII, 2002）。

[4] C·Thibierge-Guelfucci, art. préc. RTDciv. 1997, p. 377.

越合同当事人利益相互对立主义的观念。

尽管不同学者所作的上述两种分析培育出来的结果是对合同的相当不同的视野，但也带来了相互之间的部分交合，因为，两种分析都是强调要建立一种契约平等原则（principe d'égalité contractuelle）。[1] 通过契约平等原则，人们突出强调的是，在订立合同的时候，双方当事人表示的同意都必须同样是自由的、清楚明白的，真正做到每一方当事人都能够完全把握有可能影响其作出决定的全部因素，这样做，就是要恢复真正的契约自由，以便对某些合同当事人之间存在的事实上的不平等状态进行补救。但是，即便是双方当事人的同意都是完全自由的，都是清楚明白的，仍然有可能出现这样的状况：从订立的合同的整体经济来看，某一方当事人负担的义务仍然不成比例（disproportionné）；在这种情况下，就可以让契约平衡原则发挥其作用了。[2] 有些人也将此称为“（权利义务）相适应原则”（principe de proportionnalité），[3] 还有人将其称为“对合同的过分失衡实行制裁的一般原则”（principe général sanctionnant l'excès）。[4] 契约平衡原则的目的并不是要确保双方当事人的义务的等值，而是主张在双方当事人的义务发生过分失衡的状况时能够对其进行补救，即使是在合同订立之后才发生这种过分

[1] C · Thibierge-Guelfucci，art. préc. RTDciv. 1997，p. 378；D · 贝尔提欧：《论平等原则与合同民法》，《巴黎二大学位论文》，1999 年（D · Berthiau，le principe d'égalité et le droit civil des contrats，thèse ParisII. éd. 1999）。

[2] L · 凡朗热：《论契约平衡》，《奥尔良大学学位论文》，2002 年（L · Fin-Langer，l'équilibre contractuel，thèse Orleans，éd. 2002）。

[3]（这里也可以说这是比照刑法上的“罪刑相适应原则”。——译者注）对此，有些学者提出质询：“在私法上存在相适应原则吗？”参见 LPA，1998 年 9 月 30 日；S · 佩施勒尕克：《论私法上的相适应性》，《巴黎十一大学位论文》，2000 年（S · Pech-Le Gac，la proportionalité en droit privé，Thèse Paris XI，éd. 2000）。

[4] D · 巴库什：《论民法上的过分行为》，《巴黎二大学位论文》，2001 年，第 419 节，第 319 页（D · Bakouche，l'excès en droit civil，thèse ParisII，2001，N°419，p. 319）。

失衡状况。[1] 为了做到这一点，《民法典》里现有的起着矫正作用的机制（mécanisme correcteur）应当得到进一步加强，并且应当增加与补充新的机制。而正是在这里，新自由主义与合同协作主义有所差别：在合同的强制力与合同的平衡两者之间的辩证关系中，合同协作主义更为关注的是后一种强制性要求——合同的平衡，并且强调合同的适应性（adaptabilité du contrat）是合同恒久性（pérénnité）的保证；而新自由主义则强调，追求合同平衡首先应当是订立合同的当事人的责任范畴，而不应当在所谓合同正义的掩盖下，让合同成为一种"三人夫妻"（ménage à trois，三角夫妻）。之所以会出现这种"三角夫妻"，恰恰是由于法官插足其间对合同进行干预，而这样做会损害法律安全。没有法律安全，合同作为（当事人自己）把握他们将来事务的工具，即有可能丧失其相当一部分的效力。因此，不应当用一个弊端来替代另一个弊端，也就是说，用不安全之弊端来替代权利滥用之弊端。[2]

从上面的介绍可以看到，仅仅是从名称来看，人们的看法就是五花八门：有人说的是"平衡"，有人说是"权利义务相适应"，还有人说是"过分"，说法如此不同，这本身就表明这些理论分析具体实施起来将会遇到种种困难。那么，我们究竟应当在什么样的界限上恰到好处地采取适宜的行动呢？

有人还希望从法国制定法中发现契约的博爱原则（principe de fraternité contractuelle），[3] 而对于这一原则，学者之间的分歧与对

---

[1] C·Thibierge-Guelfucci 前引文，载《民法学季刊》，1997 年，第 379 页（RTDciv. 1997，p. 379）；C·加明前引文，载《法与概括财产》，1998 年 3 月号，第 55 页（C·Jamin，art. préc. droit et patrimoine，mars1998. p. 55）。

[2] J·M·穆塞隆：《职业人之间订立的合同的主要条款》，第 232 页（J·M·Mousseron，in les principales clauses des contrats conclus entre les professionnels. p. 232）。

[3] C·Thibierge-Guelfucci 前引文（art. préc），载《民法学季刊》，1997 年，第 382 页（RTDciv. 1997，p. 382）。

立就更加尖锐了。有人对这项原则提出反驳意见说："合同不是、也不应当是一种慈善事业，（它）首先是建立在相互对立的利益的基础之上，并且应当完全准许'做成一桩好买卖"（也就是说要准许赚钱牟利），虽然说应当制止或制裁那些不正当的、不诚信的手腕或操作，但没有必要去鼓励人们在合同领域也奉行情感主义。[1]

总而言之，我们需要探讨的是，是否应当超越这些意识形态上的不同看法，至少部分放弃这些对立看法。正如雷米（Rémy Libchaber）先生指出的那样，法国法需要的是能够充分考虑当代合同现实的一般理论。保罗·迪地耶（Paul · Didier）先生对交换性合同与组织性合同之间的区分阐述得非常清楚。他的观点表明，随着合同所开展与实施的经济活动是按照市场模式还是按照企业或公司模式之不同，合同经济本身也截然不同，在这中间再加上另一个"由合作经济模式浇灌出来的中间模式"又有什么作用和必要呢？因此，在我们看来，这里与其说是一个政策或意识形态问题，还不如说是如何让各种不同的形态能够充分发挥各自的完全效用的问题。

46. 当前的状况

目前，更新合同的一般原则的愿望还仅仅部分得到响应，因为，虽然说法院判例一如既往，对法律条文的规定已经起到了适应性解释作用（rôle d'adaptation），但是，到目前为止，《民法典》中有关合同法的规定至今却没有进行任何修改，更没有重新制定法典。不过，无论是在欧洲法层面还是法国国内法层面，这方面的尝试均在进行当中。

（1）法院判例。自 60 年代中期开始，法国立法先后对《民法

---

[1] Ph · 德勒贝克，《Defrénois 论文集》，1996 年，1374（Ph · Delebecque，Defrénois. 1996. 1374）。

典》中有关亲属法的编章分步骤进行了改革，但合同的一般理论部分仍然与这些改革运动无缘。法典第三卷第三编的规定至今几乎一字未改。[1] 不过，尽管《民法典》的许多条文在文字上非常牢固、稳定不变，但经过法院判例对这些条文做出阐释并且往往使这些条文更加具有活力，法国《民法典》实际上也发生了深刻的更新。只要看一看法院判例就“原因”、“实质性误解”、“欺诈性沉默”、“解释合同与曲解合同”等进行的区分，在合同的强制效力与合同的对抗效力，善意的推定等问题上所作的解释，我们就会发现，这种更新不仅深深地渗入到合同的履行，而且渗入到合同的订立，有时，在法典条文不变的文字背后往往掩盖着深刻的变化，例如，法典第 1121 条关于为他人利益缔结合同的规定（参见第 516 节）就是如此；在这方面，许多更新变化都是由于大法官的创造而产生的成果，而不是来自法律的修改。

（2）编纂欧洲《民法典》的设想。按照一位得到特别准许的人士的看法，自 20 世纪 60 年代以来，由于（法国社会政治经济）无力在资本主义与社会主义[2]之间做出决断，[3] 还因为人们在等待实现欧洲债法的统一，[4] 重新改写法国债法的任务也就被搁置

[1] G·科尔钕：《对〈民法典〉第 3 卷第 3 编的几点看法，私法 DEA 教程》，1977 年（G · Cornu, regards sur le titre III du livre III du Code civil. cours DEA de droit privé, 1977）；Ph·雷米：《论民法典的重新编纂》，载《法学》1998 年第 26 期，第 3 页（Ph · Remy, la recodification civile, Droit. 1998. N°26. p. 3）。

[2] 由于法国社会党的法文名称是“parti socialiste”，而不是“social”（社会的），实际上为“社会主义党”，这样才能理解下文。世界上有各种各样色彩的社会主义，但“社会的”与“社会主义的”两者还是有区别的。——译者注

[3] J·卡尔波尼耶：《论法治国家的法典编纂——以法国为例》，载《教会法研讨年会》，1996 年，第 96 页（J · Carbonnier, la codification dans les états de droit. le cas français, année canonique1996. p. 96）。

[4] J·卡尔波尼耶：《当代合同法的演变》，载《萨瓦提耶研讨会文集》，1985 年，第 29 页（J · Carbonnier, in l'évolution contemporaine du droit des contrats, Journées Savatier. 1985. p. 29）。

起来。由于法国社会党也主张并且支持市场经济，上述的第一种所谓“在资本主义与社会主义之间难以做出决断”的障碍现在已经排除，如今只剩下对欧洲统一债法事业的期待了。目前，欧盟成员国之间合同法的差异构成欧洲单一市场所倡导的（人与物的）自由流通的一个障碍。[1] 有的人说，“一个单一的市场，召唤着单一的合同法律”。[2] 现在很多学者也都持这样的看法，让人觉得“还真的像那么一回事”。（似乎）只有统一的法律才能够克服“由于跨国（交易）关系所引起的特别成本”造成的种种障碍。然而，如果我们认真思考一下，却很难肯定地说“事情果真如此”。实践经验已经告诉我们“事实并非如此”。分别由美国和加拿大构成的北美两大一体化的经济市场已经建立起来并且在有效运转，然而，在那里始终没有发生上述所谓因法律上的差异造成的障碍。这两个国家中没有任何一家有一种统一的民事立法，民事立法权属于联邦各洲。在美国，虽然有一部《统一商法典》（*Uniform Commercial Code*），但是在这部法典中并不包含任何有关债的一般原则的编章规定，法典在美国各州之间的实施也存在着相当大的差别。[3] 难

---

[1]关于这个问题，参见G·冈多勒菲：《赞同制定一部欧洲合同法典》，载《民法学季刊》，1992年，707（G·Gandolfl，pour un code européen des contrats RTD civ. 1992. 707）；G·卢埃特：《合同法的法典编纂》，载《法学》1996年，第4节，第113页（G·Rouhette，la codification du droit des contrats. droit1996，N°4，p. 113）。

[2]D·塔隆：《走向欧洲合同法》，载《科隆梅尔论文集》，1993年，第494页（D·Tallon，vers un droit européen du contrat，Mélanges Colomer. 1993. p. 494）；《论欧洲合同法之原则》，载《Defrénois论文集》，2000年，683（le principe pour le droit européen du contrat，Defrénois2000. 683）；C·维茨：《为欧洲债法典辩护》，D，2000年，Chron，第79页（C·Witz，Plaidoyer pour un code européen des obligations. D. 2000. chron. p. 79）；D·马佐：《是否应当害怕欧洲合同法?》，载《布朗·卢文论文集》，2005年，第309页（D·Mazeaud，faut-il avoir peur d'un droit européen des contrats? Mélanges Blanc Jouvan，2005，P. 309）。

[3]S·赫尔曼：《美国的经验，美国多州之间的交易管理》，载《欧洲私法》，1998年，第150页，155页（S·Herman，l'expérience des Etats-Unis d'Amérique：la gestion de transactions pluri-étatiques aux Etats-Unis，in le droit privé européen，1998. p. 150. p. 155）。

道我们不应当从中看到，法律的差异并不妨碍市场的繁荣与发展，而市场的繁荣也丝毫没有必要终结法律的差异？这已经非常有力地说明问题了。

实际上，我们知道，在合同领域，还有其他办法来解决因法律差异引起的困难。那就是国际私法与自治法则提供的解决办法。（按照国际私法规则）合同当事人可以自由选择他们的合同适用的法律，可以确定哪一法律最能满足他们的期待，最适合他们所订立的协议的经济需要。合同当事人享有的选择最有效的法律的这种可能性，不仅不会成为经济活动的障碍，而且可以刺激经济活动的发展，说到底，它是不同国家的国内法发生演变与相互接近的一个强大推动力。有人据此认为，法国法院就“价格不确定”问题所做的判决之所以出现人所共知的转变，其根源就在于它看到了法国法律相对于邻近国家的法律所处的封闭状态以及可能由此引起的弊端。[1] 学者们对法国法关于引入单方解除合同理论的判决也做出了相同的分析。欧盟内部各国法律的多样式差异，看来成了法律改革的一个实验室，成了活力与相互适应的源泉。[2] 按照我们前面所说，这种竞争机制在北美运转得非常良好，因此我们很难看出它为什么就不能在大西洋的这一边也展现同样的功效？尤其需要指出的是，随着“罗马公约”（la convention de Rome）以及最近的“罗马规则（一）”（le reglement Rome I）的制定，欧盟成员国在

[1] C·加明：《一种欧洲合同法?》，载《欧洲私法》，第 45 页（C · Jamin. un droit européen des contrats? in droit privé européen，p. 45）。

[2] Ph·马洛里：《欧洲债法与合同法之民法典，一个始终开放的问题》，载《法律活页期刊》，2002 年，1，110，第 15 节（Ph · Malaurie，le code civil européen des obligations et des contrats. une question toujours ouverte，JCP2002. I. 110. N°15）。

国际合同方面已经有了统一的法律冲突规则，[1] 已经有了可以充分发挥自由竞争的工具（参见第62节）。（我们认为）制定欧洲民法典的事业，即使能够做到有始有终，也有可能产生与人们期待的完全相反的结果。（因为）按照当前欧洲各种制度的现状，欧洲民法典需经订立条约（的方式）才能获得通过。然而，我们知道，这样的法律文件一旦产生，修改起来非常困难，因为需要所有的签字成员国一致同意（才能修改）。[2] 这就等于说，欧洲民法的统一极有可能处于长期的冰河冷冻时期。如果欧洲民法典获得通过，所带来的实实在在的后果必将是：没有其他选择，刻板而僵化。这样的法典又怎么能够达到要求的质量以确保跨国商业得以繁荣？

有些人过分相信统一的欧洲合同法将会带来种种好处而夸大其词。我们说，将统一欧洲合同法这样一个事业建立在如此期待的基础之上，这种愿望本身就表现出对这类统一事业获得成功的可能性未免抱着过分的信心。实际上，由于翻译工作不可避免地不完善，特别是由于解释上的困难，国际上统一法律的问题往往都是缓慢地无果而终，最后归于失败。最近一个例子就是维也纳“关于国际货物买卖的公约”。该公约尽管是由在该领域内最杰出的专家无限细致地精心起草而成，但其中有许多规定仍然产生了各种歧义和不同的解释。这也表明，只要将任何一项统一的法律文件放回到每一种法律制度特有的法律传统的背景之下，便会出现按照各自的偏好发生演变的倾向。这样一来，法律的统一也就仅仅是一个表面

[1] P·拉加德与A·特内博：《从罗马公约到罗马规则》，载《国际私法评论》，2008年，727（P · Lagarde et A. Tenenbaum, de la convention de Rome au règlement Rome, Rev crit. DIP. 2008. 727）。

[2] R·萨戈：《是、不是、可能》，载《穆里论文集》，1998年，第166页（R · Sacco, non, oui, peut-être, Mélanges Mouly, 1998, p. 166）；R·萨戈：《论统一法律问题》，载《统一法律，一个不可能的梦想》，2001年，第15页（R · Sacco, le problème d'unifiaction du droit. in unifier le droit. un rêve impossible. 2001. p. 15）。

现象。

从根本上来说，我们很不理解法国立法者为何也要以“将来欧洲法要统一”作为借口而采取一种自我限制的（观望）态度。须知，欧洲各国签订的所有条约都没有赋予共同体的各个组织以任何任务，没有责成它们去关注“统一合同法的一般理论”。[1] 当然，最近几年，我们也看到，“朗多工作委员会”（la Commission Lando）以及“冈多勒菲工作小组”（le groupe Gandolfi）已经分别用它们各自的领头人的名义起草了一部“欧洲合同法原则”与一部“欧洲合同法典”，[2] 但是，这些原则或法典都是由专家小组起草的私人之作，而这些专家大部分都来自大学，况且他们并不打算将自己置于各自国家的管辖之下。由冯·巴尔（von Bar）先生带领的“欧洲民法典研究小组”提出的法典草案也是同样的情况。这就是说，这些草案提出的原则都不具有制定法性质（positivité）。有关草案于2001年7月进行了通报、沟通，目的是希望扩大人们的视野，引起更加广泛的重视，以便确定统一欧洲合同法对于完成欧洲内部市场是否必要，[3] 然而，这些草案却遇到了各种保留

[1] 我们最多可以在这方面举欧洲议会的几项决定作为例子，这些决议要求实现私法部门的统一，并且认为这对于发展单一市场是至关重要的，例如，债法的统一。

[2] G·卢埃特提交的“欧洲合同法原则的法国版本”，2003年，载G·冈多勒菲主持的《欧洲合同法典》，2004年（Principes du droit européen du contrat. version française préparée par G · Rouhette. 2003. Code européen des contrats sous la direction de G · Gandolfi. 2004）。

[3] 欧洲委员会向欧洲理事会与欧洲议会报送的关于欧洲合同法的文件，载《欧洲共同体官方公报》，2001年9月13日，CCC55/1（communication de la commission au conseil et au Parlement européen concernant le droit européen des contrats, JOCE. 13sept. 2001. C255/1）。

意见，[1] 甚至遭到抵制。[2] 看来，委员会已经打算回到较为保守的视角，因为，它已决定将其行动导向仅限于制定一个“参照性共同框架”。[3] 而这种“参照性共同框架”是一个“三屉工具箱”，每一个抽屉内分别装有若干关键概念的定义以及对各项基本原则的宣告和表述，再加上各项规则范本。但是，这一参照性共同框架实际上已经为欧盟的相应机关提供了一个屏障，以便于为制定真正的欧洲债法典提供资金资助，《欧洲债法典》包含的条文超过1000条，其中囊括了合同债法的全部内容——合同债法的一般理论与特别制度，同时还囊括了非合同之债——侵权责任与准合同的规定，此外，就是动产所有权的转移问题。到目前为止，委员会正在积极地打磨该工具箱的最基本的齿轮，到时将产生一部《欧洲债法典》，同时将提议通过一项“关于买卖的欧洲共同法的规则”。

---

[1] J·胡耶：《应当制定一种欧洲民法吗?》，载《Dalloz 法学评论汇编》，2002 年，第 2611 页（J·Huet，faut-il un euro droit civil? D. 2002. p. 2611）；Ph·马林沃：《关于欧洲合同法问题，对欧洲委员会的过期限回复》，载《Dalloz 法学评论汇编》，2002 年，第 2542 页（Ph·Malinvaud. réponse hors délai à la Commission européenne. à propos d'un code européen des contrats，D. 2002. p. 2542）.

[2] G·科尔钕：《一部〈民法典〉并非共同体的工具》，载《Dalloz 法学评论汇编》，2002 年，第 251 页（G·Cornu，un code civil n'est pas un instrument communautaire，D. 2002. p. 251）；Ph·马洛里：《欧洲债法与合同法之民法典，一个始终开放的问题》，载《法律活页期刊》，2002 年，第 110 页（Ph·Maulaurie，le Code civil européen des obligations et des contrats. une question toujours ouverte，JCP2002. I. 110）；Y·勒格特：《对冯巴尔先生的欧洲民法典草案的几点意见》，载《Dalloz 法学评论汇编》，2002 年，第 2202 页（Y·Lequette，quelques remarques à propos du projet de Code civil européen de M·von Bar，D2002. p. 2202）；《民法典的制定与欧洲一体化》，载《法国与拉美法典编纂的未来》，安德烈·贝洛协会，2004 年，第 203 页（codification civile et intégration européenne，in l'avenir de la codification en France et en Amérique latine，Association André Bello，2004，p. 203）。

[3] 2003 年 2 月 12 日报送的文件，更加协调的欧洲合同法，一个行动计划；2004 年 10 月 11 日报送的文件，欧洲合同法与对已有成果的修订，应当遵循的路线（communication du 12 février 2003. un droit européen des contrats plus cohérent. un plan d'action；communication du 11 oct 2004. droit européen des contrats et révision de l'acquis：la voie à suivre）。

（3）（法国）国内法典可能重新编纂。从各国（立法）模式相互竞争的观点来看待问题，（对于法国来说）制定一种清楚明白，易懂好用的现代法律已经变得至关重要。然而，由于法院判例已经占有重要地位，法国法明显不能满足前两项（清楚明白，易懂好用）要求，因此有改革的紧迫必要。在庆祝法国《民法典》200周年之际，共和国总统已经宣告要对《民法典》的第三卷第三编的规定进行修改。[1] 这一倡议提出以后，产生了涉及整个债法的两个初步草案，并于2005年9月报送司法部。[2] 该初步草案本身已成为司法部制定合同法改革草案的起始点。2008年夏天，合同法改革草案散发出来后，一度引发了理论界不同意见之间的激烈交锋。[3] 最后，由弗朗索瓦·泰雷先生（本书作者之一）领导的工作小组在政治伦理学院的统筹之下提出了一个关于合同法律改革的建议，并于2008年末呈送司法部。[4] 这样一来，法国法律界人士终于结束了长时间没有动静的状态，看来他们已经不打算把债法现代化的希望寄托于欧洲共同体的机关了。到目前为止，由于提出的各项草案相互之间存在分歧、差异以及不确定性，容易使我们的学生在思想上发生混淆，所以我们在本书中仍然仅限于介绍与阐述法国制定法。

---

[1]《庆祝"民法典"200周年文集》，载《最高法院简报》，2004年3月28日至3月30日，第25页（Code civil. célébration du bicentenaire（Gaz. Pal. 28—30 mars2004. p. 25）。

[2]皮埃尔·卡塔拉主持：《债法与时效改革草案》，载《法国文献》，2006年（avant projet de réforme du droit des obligations er de la prescription sous la direction de Pierre Catala，la documentation française. 2006）。

[3]R·卡布里亚克：《合同法改革草案，第一印象》，载《法律活页期刊》2008年，I，190（R · Cabrillace. le projet de la reforme du droit des contrats，première impression，JCP2008. I. 190）；D·麦居伊：《对合同法改革草案若干问题的辩护、批评与阐释》，载《Dalloz述评汇编》，2009年，第308页（D · Mainguy，Défense. critique et illustration de certains points du projet de réforme du droit des contrats，D. 2009. p. 308）。

[4]F·泰雷主持：《关于合同法的改革》，Dalloz出版社，2009年（pour une réforme du droit des contrats，sous la direction de F · Terré，Dalloz. 2009）。

47.（债法面临的）挑战：消费法与竞争法

除上述情况之外，法国合同法的一般理论还被卡在消费法与竞争法之间并因此受到牵制，[1] 而消费法与竞争法两者的直接目标是要确保市场的良好运作，因此，有关合同法的一般理论必须更新，这样才能将那些由特别合同法引起的变化纳入其中。

消费法的宗旨是调整产品和服务提供者与消费者之间的关系，它所关注的是保护消费者的利益。人们设想的是，只要消费者获得更多的信息、受到更多的保护，就被认为有可能选择具有最佳性价比的产品，这样也就必然有利于促进健康的竞争。法国在《民法典》之外另行制定了一部独立的《消费法典》。[2] 在这方面，也有人提出疑问：法国选择这条道路的依据何在？既然要制定一部与《民法典》并行的《消费法典》，为何不对《民法典》中没有作出规定而留下的那些空白进行填补？实际上，旨在保护消费者的私法性质的规定似乎应当在《民法典》里有其固有的当然位置。

[1]关于这两者之间的关系，参见塞拉与卡莱-奥托瓦：《竞争与消费》，1994年（Serra et Calai-Autoy，concurrence et consommation，1994）；关于合同一般理论与消费法的报告，参见N·泽佩基：《消费法与合同一般理论》，《斯特拉斯堡第三大学多学科论文》，1998年（N·Rzepecki，droit de la consommation et théorie générale du contrat（thèses multigr Strasbourg III，1998）；N·索法诺尔：《论消费法对法律制度的影响》，《巴黎一大学位论文》，2000年（N·Sauphanor，l ‘influence du droit de la consommation sur le système juridique，thèse ParisI，éd. 2000）；卡莱-奥托瓦：《论消费法对合同民法的影响》，载《民法学季刊》，1994年，第239页（Calais-Auloy，l'influence du droit de la consommation sur le droit civil des contrats，RTD civ. 1994. p. 239）；关于普通法、竞争法与消费法的关系，参见M-S·俳耶：《竞争法与消费法》，《巴黎九大学位论文》，2001年版，第178节（sur les rapports entre droit commun. droit de la concurrence et droit de la consommation，M-S·Payet，droit de la concurrence et droit de la consommation，thèse Paris IX，éd. 2001. N°178）。M·莎尼：《竞争法与债的普通法》，《巴黎一大学位论文》，2004年（M·Chagny，Droit de la concurrence et droit commun des obligations，thèse Paris I. éd. 2004）。

[2]1993年7月26日第93-949号法律（立法部分）1993年7月27日官方公报，第10538页；1997年3月27日第97-298号法令（条例部分）。“应当重新编纂消费法典吗？”（D·Fenouillet et F·Labarthe 主持）

有人说，消费者，如同商人或薪金雇员，应当有自己的法典；（在我们看来）这种认识忽视了一个再明显不过的事实。须知“我们大家都是消费者”,[1] 然而我们却并不都是商人或薪金雇员。再说，在《民法典》里加入有关消费合同的特有规范还可以激发立法者从相互交叉的规范中提炼出与债的普通法相吻合的综合性规则，而相互交错的法典编纂则会使技术官僚式的、相互抵触的、吹毛求疵的立法蔓延滋长。

但是，与上述见解相反，有些人可能会强调，在将来，消费法将会越来越多地从派生的共同体法律中汲取源泉。根据共同体条约第95条（第100条A项）的规定，保护消费者属于实现该条约第14条所宣告的目标的范围，有利于（共同体）内部市场的逐步建立。然而，这些条文规定的逻辑与法国民法的逻辑有时处于不能衔接的断裂状态。[2] 欧洲共同体的法律几乎全部条文化，经常按照制定者追求的目标反复修改。这样一来，将其局限在特别法的范围之内难道不是更为可取吗?[3] 现在，一部独立的《消费法典》已既成事实。（法国）2008年1月3日关于“进一步开展服务于消费者的竞争”的法律授权政府对《消费法典》进行修改。[4] 欧洲委

[1] F·博莎尔：《对〈消费法典〉的几点看法》，载《科尔钕论文集》，1994年，第9页、第14页（F · Beauchard, remarques sur le code de la consommation, Mélanges Cornu. 1994. p. 9. p. 14）。

[2] 关于这一问题，参见Y·勒格特：《论民法典的重新编纂与国际渊源的蔓延滋长》，载《民法典200周年纪念文集》，2004年，第171页，第177页（Y · Lequette, recodification civile et prolifération de sources internationales, livre du bicentenaire 2004. p. 171. p. 177）。

[3] 关于这一争论，参见D·费尔努依与拉巴尔特主编：《应当重新编纂〈消费法典〉吗》，2002年（Faut-il recodifier le droit de la consommation? sous la direction de D · Fernouiilet et F · Labarthe. 2002）。

[4] Y·比戈：《关于重新编纂〈消费法典〉的思考》，载《合同、消费与竞争》杂志，研究项目，第12节（Y · Picod, Reflèxions sur le refonte du Code de consommation CCC 2008. études N°12）。

员会于2007年2月7日通过了关于重新审视在共同体范围内保护消费者方面已经取得的成果的绿皮书，[1] 2008年10月8日又发出了有关消费者保护法的“框架性指令的建议”，目的都是要（在这领域）实现最大程度的协调。2011年10月25日通过的一项指令进行了更为有限的协调。这项指令取代了此前的好几项指令，为各成员国留出了选择余地，以决定它们在自己的国内法里保留或者引入旨在使消费者获得最佳水准的保护的规定。法国目前正在审议的“哈蒙（Hamon）法案”的宗旨就是将上述指令转为法国国内法的规定。

竞争法的目的是确保竞争自由与诚信，反对企业之间通过达成默契、进行串通、滥用支配地位或滥用经济集中（垄断）地位，阻碍、取消或者减少企业之间的竞争。竞争法的渊源既有关于制止“各种反竞争的做法”的法国法，也有欧洲法（共同体条约第82条），而且欧洲法所占据的地位越来越强势，以至于（法国的）合同普通法也因此受到扰乱。

当然，事情也并非总是如此。在某些领域，竞争法与合同普通法，却在按照各自的逻辑并行不悖地协调追求相近似的目标，例如，竞争法非常关注市场透明度的问题，而市场透明度与增加信息告知义务又是相互关联的；[2] 竞争法也非常关注制裁那些滥用他人经济依附地位的行为，而这方面实行的制裁又与越来越考虑缔约当事人行为的普通法相关联，[3] 例如，有关确定价格方面的行为。

---

[1]“关于欧洲消费法的绿皮书，法国的回应”（livre vert sur le droit européen de la consommation，réponse française，sous la direction de B · Fauvarque-Cosson）。

[2]N · 维尼亚尔：《论合同私法的透明度》，《埃克斯学位论文》，1998年（N · Vignal. la transparence en droit privé des contrats，thèse Aix. éd. 1998）。

[3]B · 法热：《消费者行为论》，《埃克斯学位论文》，1997年（B · Fages，le comportement du contractant，thèse Aix，éd. 1997）；B · 法热与 J · 梅斯特尔：《竞争法对合同的侵占》，载《商法学季刊》，1998年，第71页（B · Fages etJ · Mestre，l'emprise du droit de concurrence sur le contrats，RTDcom. 1998. p. 71）。

不过，在竞争法与合同普通法之间，有时也会发生类型上的混淆。例如，1996年7月1日“关于合同诚信与合同关系平衡的法律”在1986年的法律中增加了第36条的规定，并经2001年5月15日法律以及2008年8月4日“关于经济现代化的法律”进行修改，现在归入《商法典》第442-6条。这些规定的目的不再是为了确保市场的良好运转，而是为了纠正某种合同失衡的状况，[1] 由此也引起了竞争法“攫取与侵占”合同普通法的地盘。[2] 而这方面最好的办法本应是利用合同普通法提供的资源。有时，还有这样的情况，竞争法所占的主导地位甚至排除了民法基本原则的适用，特别是从缔约自由以及自由确定合同的内容两个层面上排除了契约自由之原则。司法官们往往会以尊重竞争（自由）为借口，毫不犹豫地撤销那些从传统债法的角度来看似乎可以肯定其有效的合同或合同条款。须知，在这里选择这条道路并非没有危险，因为，这条道路意味着在各种经济标准的后面，某些法律概念将会消失，这将导致法律安全受到严重影响（参见第383节）。[3]

48. 面对上述情况，合同仍然握有的王牌

不论这场争论的结果如何，也不论人们对合同一般理论的恒久性和有效性持什么样的怀疑态度，如果我们预言未来仍将属于合

---

[1]这方面的证据是，这一条文的适用并不要求对自由竞争机制存在现实的或潜在的侵害。

[2]M·莎尼：《竞争法对合同法地盘的侵占》，载《合同杂志》，2004年，第861页（M · Chagny, l'empiètement du droit de la concurrence sur le droit du contrat., RDC. 2004. p. 861）。

[3]B·奥佩梯：《面对竞争法考验的契约自由》，载《政治伦理学季刊》，1995年，第250页（B · Oppetit, la liberté contractuelle à l' épreuve du droit de la concurrence, Rev sc. morales et politiques. 1995. p. 250）；J · 梅斯特尔述评，载《民法学季刊》，1994年，第351页（J · Mestre. obs, RTD civ. 1994. p. 351）；N · 德科曼：《市场法与债法》，载《债法渊源的更新》，第141页（N · Decoopman, droit du marché et droit des obligations. in le renouvellement des sources du droit des obligations. p. 141）。

同，这种预言一点也不算过分冒险，[1] 因为，合同仍然握有不可替代的王牌。

从实践的角度来看，合同就意味着灵活性，合同是灵活性的同义语，它可以使个人以及参与经济活动的人员能够以最大的效率适应不断变化的、无限多样的需求；从认识的角度看，上述预言只不过是对商务生活不断产生的合同的极其多样性所作出的认定。我仅需举几个例子，就足以证明这一点：在合同舞台上，先后出现了管理合同（contrat de gestion，de management）、工程施工合同（contrat d'ingénierie，engeneering）、债权代理合同（contart de facturation，factoring）、特许经营合同（contrat de franchisage，franchising）、信贷租赁合同（contrat de crédit-bail，leasing）、专有技术转让合同（contrat de savoir-faire，know how）以及体育文艺活动资助合同（contrat de parainage，sponsoring）等，这些新的合同往往有英语和法语双语名称，这也表明它们通常是在外国实践中产生，跨越国家界限，以新颖的方式改变或者甚至综合了法国法的传统合同形象，从而更加有效地适应了经济生活的需要。[2] 诚然，就创设新类型的合同而言，并非只有经济活动的实践才有用武之地，有时，法国立法者也冒着风险，推出其创设的新产品，也就是说，推出直接由立法创设的新型合同，但是这方面的成果往往不佳，例如，“建筑租约”（bail à construction，1964 年 12 月 16 日法律）、“不动产租让”（concession immobilière，1967 年 12 月 30 日法律）

---

[1] F·泰雷：《论 20 世纪末的合同》，载《政治伦理学杂志》，1995 年，第 299 页（F·Terré，le contrat à la fin du XXe siecle. Rev. sc. morale et politique. 1995. p. 299）。

[2] M·勒卢：《论商业实践所创设的合同》，载《合同法在当代的演变》文集，萨瓦提耶研讨会，1985 年，第 167 页（M·Lelou，la création de contrats par la pratique commerciale. in l'évolution contemporaine du droit des contrats. Journées Savatier1985. p. 167）；J·俳卢索：《论商务合同》，载《当代合同法》，1987 年，第 169 页（J·Paillusseau，les contrats d'affaires. in le droit contemporain des contrats. 1987. p. 169）。

或者不动产的“租赁—取得”合同（la location-accession，1984 年 7 月 12 日法律）等，这些合同就遭受到相对的但却是重复的失败。这种状况证明它们的社会效果不太理想。由此可见，立法者在合同方面并不掌握真正的创设权力，他们提出的合同模式如果不符合个人的需要，结果往往都是胎死腹中。与此相反，单单是人们在实践中创造出来的新型合同却层出不穷，这也重新赋予了合同一般理论以全部意义，因为这些新型合同的生命力仍然是由于它们汲取的是合同一般理论的乳汁。[1] 在没有任何特别规则的情况下，法律工作者首先还是要从合同一般理论中去寻找答案，据以处理他们所遇到的新问题或新困难。

从心理学角度来看，在组织与安排社会关系方面，合同这条道路同样具有明显的优势，因为合同就是一种“被接受的义务”的同义词，订立合同，就等于同意承担义务，而人们显然更容易承受、更愿意主动地履行自己自由接受的义务。这种优势，说到底，是如此的明显，以至于今天即使在传统上对其关闭的那些领域里，合同技术同样取得了突破，例如，家庭，本质上就是一种需要有些强制性规定的领域，[2] 同时，还有公法领域，公共权力机关也认识到，与其在如何强加更多的限制方面做文章、下功夫，还不如在“让当事人自由同意”这样的功课上多做努力，因此，更愿意通过合同而不是通过单方面制定的规章制度来处理某些社会关系，其中就有计划合同（contrat de plan）、项目规划合同（contrat de programme）、税务合同（contrats fiscaux）、社会保险协议（convention de sécurité sociale）等，这些在公法领域运用的合同，现在已经左右着行政管理部门与合同之间的关系，甚至左右着国家与它的某些组成部门之间的关

[1] M·卡布里亚克（M·Cabrillac）前引文，载《玛蒂论文集》，1978 年，第 235 页。

[2] C·克雷弗：《家庭契约》，载《当代合同法》，1987 年，第 245 页（C·Creff, les contrats de la famille, in le droit contemporain des contrats, 1987, p. 245）。

系。基于此，有人甚至说，这是合同概念的新发展。[1] 那些衷心呼唤所谓“契约社会”（société contractuelles）的人思想上牢记的仍然是合同的这些优点，他们鼓吹要用（个人的）“自我调整”模式（modèle d'autorégulation）来替代“国家调整模式”（modèle de régulation étatique）；在民事社会内部，用当事人之间（自由）“谈判的法律”（un droit négocié）来替代“国家强加的法律”[2]。

第二节　合同及相近概念

49. 合同与协议

《民法典》第1101条规定：“合同是一人或数人据以对另一人或数人负担给付、作为或不作为之债的协议。”[3]

合同的这一定义源于波迪耶的理论。[4] 从这一定义中我们可以归纳出以下两点：

（1）合同是一种协议，也就是说，合同是由两个或数个个人意思合致而成立的法律行为；

（2）但是，并不是为了产生某种法律效力而成立的任何协议（convention）、任何协定（accord）都是严格意义上的合同。

---

[1] M·瓦索：《契约概念的新发展，协调的契约经济的法律面面观》，载《民法学季刊》，1964年，第5页（M·Vasseur, nouvel essor du concept contractuel, les aspects juridiques de l'économie concertée et contractuelle, RTD civ, 1964. p. 5）。

[2] 这样一来，契约社会在将自由的天地留给了诉讼的同时，也往往是诉讼的社会，参见L·卡迪埃：《合同与诉讼的作用》，载《法尔法论文集》，1999年，第23页（L·Cadiet, les jeux du contrat et du procès, esquisse, Mélanges Farfat, 1999, p. 23）。

[3] 此处的“合同”（契约）原用语为“contrat”，“协议”为“convention”。协议是统称，合同是协议之一种类型。“Convention”，也有“公约”、“协定”、“合意”之意。例如，“契约是一种合意，依此合意，一人或数人对于其他一人或数人负担给付、作为或不作为的债务”（李浩培等译，商务印书馆1979年版，第148页）。——译者注

[4] 波迪耶：《债法概论》，第3节（Pothier, Traité des obligations. N°3）。

继波迪耶之后，法国《民法典》的制定者做了以下区分：一方面是合同，另一方面是更广义上的协议。合同是两人或数人为产生一项或数项义务而订立的协议，而更广义上的协议则包括变更或者消灭某种债务（义务），或者创设、转移或消灭除人身权以外的某项权利的合意。换言之，合同是协议的一个类型。

现在，区分合同与协议已经没有任何意义。在现代各种法典中已经看不到这种区分；实践中以及有时在《民法典》里，在使用这两个术语时也不再加以区别。[1]

与此相反，我们却有必要清楚地将合同与其他相近似的概念区分开来：

（1）单方的法律行为（l'acte juridique unilatéral）：合同以合意为基础，而单方的法律行为则仅仅是一方意思表示的结果（一）；

（2）不具有强制力的协议（les conventions non obligatoires）：合同可以创设义务（债务），但也有一些合意，例如，礼让行为或谦让行为（acte de courtoisie，acte de complaisance）就不会产生任何义务（二）；

（3）集体的法律行为：合同仅创设由其当事人负担的义务，而集体性质的法律行为，则可以强加于某些对该法律行为并未表示同意的人，这种法律行为对这些人同样有强制效力（三）。

一、合同与单方允诺

50. 单方法律行为

单方法律行为（l'acte juridique unilatéral）是指在没有任何他人意思的参与下，出自某一个人的、旨在产生某种（特定）法律效果的意思表示。

---

[1] P·安瑟尔：《论合同的强制力与具有强制性的内容》，载《民法学季刊》，1999年，第771页、第778页（P·Ancel，Force obligatoire et contenu obligationnel du contrat，RTD civ. 1999. 771. p. 778）。

有些单方法律行为已经有了专门规范。我们在这里仅举其中几个最典型的例子。遗嘱是一个人用以处分其死后留下的财产的文书(行为)。[1] 继承法对遗嘱的条件与效力作了具体规定，同时对继承人通过单方法律行为就（是否）接受继承所做的选择进行了规范：是无条件接受继承，还是仅以净资产为限接受继承（有限继承或限定继承），抑或是放弃继承；[2] 又例如，亲属法（droit de famille，家庭法）承认并准许认领子女：无论男女，均可仅以其意思为基础，确认其（对被认领的儿童）具有父亲或母亲的身份。[3]

至于在特别合同法方面，同样有许多单方的法律行为，例如，对连续履行的不定期合同，可以通过单方的法律行为将其解除：订立租约的出租人或承租人提出退租，订有劳动合同的薪金雇员提出辞职或者被解雇，都属于单方的法律行为。[4]

不过，由于对单方的法律行为的规范仍然存在许多空白，因而，我们还很难提出有关这类行为的一般理论。但是，人们一致认为，为了解决法律条文并未解决的问题，比较恰当的做法是，对单方法律行为允许转用有关合同的法律制度。不过，应当注意的是，在准用合同法律制度时，显然需要进行因单方的法律行为的特殊性所要求的某些必要调整。[5] 有关这方面的问题，我们将在研究合同的成立与效力的规则时，再逐一指出。眼下，我们首先提出

---

[1]《继承和赠与》，第 332 节（les successions. les liberalités. N°332）。

[2]《继承和赠与》，第 643 节（les successions. les liberalités. N°643）。

[3]《人、家庭、无能力》，第 715 节（les personnes，la famille，les incapacités，N°715）。

[4]R·昂西纳·德·穆纳果里：《论契约关系中的单方行为》，《巴黎十大学位论文》，1996 年（R · Encinas de Munagori，l'acte unilatéral dans les rapports contractuels，thèse Paris X，éd. 1996）。

[5]M·辛孔多：《行政合同的概念：是具有合同内容的单方行为，还是行政部门的民事合同?》，载《民法学季刊》，1993 年，第 239 页（M · Sinkondo，la notion de contrat administratif：acte unilatéral à contenu contractuel ou contrat civil de l'administration，RTD civ，1993，p. 239）。

的问题是：单方的意思表示（manifestation unilatérale de volonté）是否可以产生债的关系（obligation）？

51. 单方允诺（单方的义务承诺之意思表示）（engagement unilatéral de volonté）[1] 问题

我们在上面提到了各种各样的单方的法律行为，它们产生的效果却各不相同：遗嘱产生转移（遗产的）效果（effet Translatif），认领（非婚生）子女产生宣告效果（effet déclaratif），退租或者解雇员工分别产生消灭（租约或劳动关系的）效果（effet extinctif）；但是，这些单方法律行为中没有任何一种行为是本义上的可以创设债的关系的行为。正因为如此，（法国法学界）曾经展开过一场直接与债法有关的论战。一个人是否可以仅凭自己的单方意思而引起债的关系产生？换句话说，单方的意志或意思表示（volonté unilatérale）是否是债的发生根据（source d'obligation）？

如果表意人是指望仅凭借其单方的意思创设一种由他人承担的义务，那么，我们可以肯定地说，对上述问题应当给予否定回答。很显然，任何人都不能仅凭自己一方的意思力量（pouvoir de volonté）而使自己成为债权人，不然，就是否定他人的个人自由；反过来，人们也会问：一个人是否可以仅凭自己的意志活动而成为债务人？这个问题就有待探讨了。

一开始，渗透于法国《民法典》的个人主义自由主义哲学对这个问题看来也是倾向于给予否定回答：一个人不能依某个他人的意

[1]本书没有深入分析“单方的法律行为”（l'acte juridique unilatéral）与“单方允诺”两个概念的区别。关于“单方允诺”，法文原文为“engagement unilatéral de volonté”，可以译为“单方的义务承诺之意思表示”。这一概念与我国法学界所称的德国民法中的单方允诺概念相近，但应当强调的是，对于法国法而言，单方允诺也是一个外来的法律概念。为了遵从我国法律界的习惯用语，仍将其译为“单方允诺”。——译者注

志而成为他人的债权人，要想产生债的关系，必须有债权人与债务人的同意（合意），也就是说，必须有一种合同；仅有债权人与债务人中一人的意思，即使是出自债务人的意愿，仍然不足以使其对他人承担义务。

但是，随着个人主义观念的衰退以及更加具有现代性的法典例如《德国民法典》的问世，单方允诺（单方义务承诺）（在法国法里）理论也取得了一席之地。由雷蒙·萨来耶（Raymond Saleilles，1855—1912）[1] 引领的一股强大的理论潮流主张除合同之外还应当承认单方允诺作为债的一般发生根据。但是，这些建议也遇到了另一些人的强烈反对。为此，一场论战曾在以下两个层面展开。

从法律理论来看，是否有可能在法国法律中引入单方允诺这一

---

[1] R·Saleilles：《债的一般理论》第138、245、278节（Théorie générale de l'obligation，N°138. 245. 278）；《论意思表示，对德国民法典中的法律行为的探讨》，1901年（de la déclaration de la volonté，contribution à l'études de l'acte juridique dans le code civil allemand. 1901）。单方允诺理论首先是由奥地利学者塞格尔1873年在其著作中提出的（Siegel，das versprechen als verpflichtungsgrund，1873），随后，在法国也相继发表了许多论文，表明法国法学理论界对这一问题产生了极大兴趣，例如，沃姆斯：《作为债的发生根据来考虑的单方意思》，巴黎，1891年（Worms，de la volonté unilatérale considérée comme source d'obligation. Paris. 1891）；埃利亚斯：《关于单方意思的强制力理论》，巴黎，1909年（Elias，Théorie de la force obligatoire de la volonté unilatérale. Paris. 1909）；莎巴斯：《论法国民法上的意思表示》，1931年（Chabas，de la déclaration de volonté en droit civl français. 1931）；第二次世界大战之后，就这一问题发表的有分量的3篇论文分别是：J·马丁·德拉穆特：《论单方的法律行为》，巴黎，1951年（J·Martin de la Moutte，l'acte juirdique unilatéral. Paris. 1951）；A·里耶格：《论法国与德国民法上意思在法律行为中的作用》，《斯特拉斯堡大学学位论文》，1961年（A·Rieg，le rôle de la volonté dans l'acte juirdique en droit civil français et allemand，Strasbourg. 1961）；L·伊佐尔什：《当代私法中单方允诺理论的产生》，《埃克斯马赛第三大学学位论文》，1995年（L·Izoche，l' avénement de l'engagement unilatéral en droit privé contemporain. thèseAix. 1995）；另见：Ph·杰斯塔兹：《论通过单方意思做出的义务承诺》，载《法国法与比利时法律中的债：趋同与不同》，1994年，第3页（Ph·Jestaz，l'engagement par volonté unilatérale，in les obligations en droit français et en droit belge，convergence et divergence，1994，p. 3）；A·塞里欧：《当前法国法中的单方允诺》，载《单方主义与债法》，1999年（A·Sériaux，l'engagement unilatérale en droit français actuel，in unilatéralisme et le droit des obligations，1999）。

债的发生根据（债的渊源）？就这一问题本身，支持与反对单方允诺理论的学者相互对立，争论激烈。经过争论，持肯定与支持观点的一方看来占了上风。于是问题就转移到了法律政策的阵地之上：从法国制定法的现状来看，引入单方允诺理论是否是人们所期待的？如果对此做出肯定回答，那么，法国法应当在何种程度上引入这一理论？

52. 理论之争

在这场论战中，持肯定观点的一方承认单方允诺（单方的义务承诺之意思表示）之原则。针对肯定和承认这项原则的观点，持反对意见的人提出：如果说，一个人的意思有足够力量使其受到约束，那么，这种意思就应当有同样足够的力量解除对自己的约束。[1] 然而，只有不可撤销的允诺或义务承诺（engagement）才是真正的允诺或义务承诺，因此，只有当某种外在的规范赋予个人意志以这种不可撤销的力量时，个人意思才能成为债的发生根据。[2] 于是，整个问题就集中到一点：法律是否为做出许诺的人保留撤回其许诺的自由？如果（法律准许）许诺人有这种自由，那么，就不会有债的关系；与此相反，如果允诺人以遵守既出之言的名义以及为了不滥用或背弃第三人对其所做许诺给予的信任而对其许诺担当责任的话，那就是另一回事。假定我们采取的是后一种做法，那么，可以自由接受约束或者不接受约束的个人便不能自由地既接受约束又自由地解除约束。[3]

---

[1]埃利亚斯（Elias）在20世纪初提出的这一论据曾经风行一时，为很多学者所接受，参见Mazeaud与沙巴（Chabas）述评第360节，以及马蒂（Marty）与雷诺（Raynaud）述评第356节。

[2]关于合同，参见本书第28节。

[3]弗鲁尔、奥贝尔与萨沃，第500节（Flour，Aubert et Savaux，N°500）。

还有一种反对意见认为，如果没有债权人，便不可能有债的关系。但是，这一反对意见丝毫没有更多的说服力。[1] 因为，一方面，所谓没有债权人便不可能有债的关系这种论断只能是相对而言。实际上，在大多数情况下，做出单方许诺的人都指明了某人作为此种单方允诺的受益人；另一方面，在法国法里，有一些债的关系中债权人可以暂时并未明确，例如，在为第三人受益而订立合同的情况下，受益人尚不确定或者仅仅是未来的受益人（参见第533节）。

另有人认为，按照个人之间的相互依存关系原则，一个人不能在其并未同意的情况下成为债权人。（对此，有人反驳说，在承认单方允诺的效力的情况下）个人相互依存这项原则完全可以得到充分的维护，因为，法律为每一个人保留了都有不主张其权利的选择权，即使他是权利的持有人。

但是，我们不要从上述看法中就推导认为，只要在债权人要求履行单方允诺时无论如何都肯定存在双方意思的合致（accord de volontés），那么，关于个人是否可以因其单方的意思而受到约束的问题就纯粹是一个形式问题。我们不能这样推导。因为，如果债的产生需以债权人接受（或承认）为前提条件，那么，只要债权人没有要求履行债务，债务人均可解除其义务承诺，这就等于否定其义务承诺的本身存在（所以不仅仅是形式问题）。

实际上，就承认单方允诺的有效性而言，并不存在任何逻辑上的不可能性。因为，在这里，债的发生根据仍然是法律。法律可以在有利益关系的人没有意思表示的情况下使特定的法律事实得以产生（例如民事侵权行为）。如果法律认为这样做有好处，就完全可以从债务人的意思表示中认定已经产生某种债的关系而无须要求事

[1] J·莎巴：《论法国民法上的意思表示》，《巴黎大学学位论文》，1931年，第146页（J·Chabas, de la déclaration de volonté en droit civil français, thèse Paris, 1931, p.146）。

先必须有一种合意或协议。

诚然，法国《民法典》在第 1370 条中列举债的各种发生根据时并没有提到单方允诺这项根据，但是，我们却不能因此断定 1804 年的立法者已经提出了这个问题，只不过是对其做出了否定的回答：不承认单方允诺的意思表示作为债的一种发生依据。我们认为，第 1370 条中之所以没有提到单方允诺，最有可能是《民法典》的制定者当时并未认识到这一问题。因此，我们说，即使法律条文并未提及单方允诺，仍然不妨碍考虑将其作为债的一种渊源。按照一般的解释方法，应当由法官（在审理个案时）根据社会的需要去认定是否有必要承认这一新的债的渊源，或者由法官去认定承认这一新的债的渊源是否有好处。

53. 法律政策

从法律技术来看，我们完全可以确认有关单方允诺的理论，但是确认这一理论在实践方面往往会遇到障碍：无论是对做出单方允诺之意思表示的表意人还是对于第三人来说，（法律）承认这种理论都会存在一定风险，而且，（对于法国法而言）即使承认单方允诺理论也没有什么用处。

事实上，承认单方允诺之原则，只能非常勉强地在什么具有强制力与什么不具有强制力两者之间划出一条界限，而要想切实地真正地划清这两者之间的界限仍然是很困难的，况且承认单方允诺原则却可能带来危险。（这种危险就在于）对于债务人本身来说，他有可能是在没有完全把握其行为的全部意义的情况下轻率地做出承诺；而可能的债权人方面往往会遇到很多困难，他很难证明（允诺人对其做出的）某项真正的义务承诺的存在。从这一角度来看，合同却可以提供更大的安全：因为，在合同中存在双方意思的合致，很容易找准当事人对其义务所做的承诺自哪一时刻起成为不可撤销的承诺；有了合同，还可以确认双方当事人各自承担的义务的范围。[1]

此外，我们说（对于法国法而言）单方允诺理论没有多大用处，是因为，即使在其有可能反映真正现实的那些情况下，这一理论也与那些已经（在法国）经过坚实考验的理论解释相重合。因此，在许多情况下，确认单方允诺具有创设义务的力量实际上仅仅具有某种思辨价值。（在法国）单方允诺理论被用来事后解释法国制定法的某些规则，然而这些规则的存在并没有受到任何人的否定，早在一些人考虑将单方允诺作为这些规则的理论依据之前，这些原则在法国法里就已经运作很久，[2] 例如，为他人利益订立的合同（la stupilation pour autui），[3] 为不动产买受人做出的清除该不动产上负担的抵押权而提出的要约，[4] 无记名的票据，[5] 股份认购人对正在设立中的公司做出的义务承诺[6]等，都是这方面的例子。

德国法在规范悬赏允诺（悬赏广告）时，就是将此种允诺

---

[1]A·里耶格：前引书第446节，第448页（A·Rieg. préc. N°446. p. 448）。

[2]这就是说，不仅合同比单方允诺更为可靠，而且法国法在没有承认单方允诺原则之前就已经存在其他原则，运用这些原则同样可以解决问题，而这些原则并无不妥之处，无须再用单方允诺理论来解释，因此单方允诺理论并无用处。——译者注

[3]但是，就为他人利益订立的合同而言，这一看法备受争议。因为允诺人并不是由于其单方的意思表示而受到约束，而是由于他与订约人之间订有一项合同而受到约束（参见本书第522节）。

[4]《民法典》第2477条：“仅仅是在抵押权登录处公告转移所有权的证书，不足以清除不动产上负担的抵押权与优先权。”参见《担保与不动产公示制度》，第532节（les sûretés, la publicité foncière, N°532）。

[5]最高法院民事庭，1906年10月31日（1908. I305. Lyon-Caen 述评）；最高法院商事庭，1984年7月17日（D. 1985. IRP. 25，M·Cabrillac 述评，RTD civ，1985. 378，J·Mestre 述评）。

[6]认购正在设立中的公司的股份是对一项要约做出承诺，属于可以发行股票的公司设立的或多或少有些复杂的机制中的一个环节（参见 C·Larroumet. N°102），另见本书第57节关于“集体性单方行为”。

的强制性建立在单方允诺理论的基础之上。按照《德国民法典》第657条的规定，当某人用公开的广告形式告知公众，他将对完成某一行为的人给以奖赏时，便有义务对实施了该行为的人履行其做出的奖赏承诺，即使行为人实施其行为时并未考虑允诺人的这一许诺，亦同。[1] 法国法院也作出判决认为允诺人有义务履行其做出的承诺。不过，按照（法国理论界）占主导地位的意见，（在这里）即使不运用单方允诺理论，照样可以解释这样处理的理由：某人提供了（许诺人）所请求的服务，或者，某人在知道许诺人所做的许诺之后实施了许诺人所希望的行为，这是对为其受益而发出的一种要约的默示承诺，因此，这种情况仍然属于合同的范畴（而并非单方允诺）；如果行为人是在不知道允诺人所做承诺的情况下提供服务，我们也可以按照无因管理或者不当得利来找到允诺人应当给予奖赏的基础依据。[2]

从这里，我们可以看到，只需要运用要约（理论），同样可以产生与单方允诺理论相类似的分析结果。[3]

---

[1]《德国民法典》第657条“有约束力的许诺。以公开的广告的方式对于实施某一行为特别是对于引起某一结果而悬赏的人，有义务向实施了该行为的人支付报酬，即使行为人未顾及悬赏广告而实施行为，亦同”。（转录陈卫佐译本《德国民法典》第2版）。

[2]A·里耶格（A·Rieg），前引书，第435节与第448节。对于这一点，我们确实看到，按照无因管理或不当得利理论来处理时，有可能导致那些提供了服务的人所得到的奖赏往往少于悬赏广告所许诺的奖赏数额，因为无因管理人可以主张的是偿还所有的有益的或必要的费用支出，而不是主张支付某种报酬。

[3]一人向另一人宣告如其在抽签时被抽中，将会获得一定数额的金钱。法院判例有时也将这样宣告的意思表示定性为单方允诺，使之产生法律效力。参见都埃法院1993年2月10日判决（D. 1996，somm. com. p. 227，Delebecque述评）；最高法院第一民事庭，1995年3月28日（Bull. civ. I. N°190. p. 105. D. 1996. 181，Mouralis述评，somm. com. 1996. p. 227，Delebecque述评，RTDciv，1995，887，Mestre述评）；图卢兹法院，1996年2月14日（RTDciv，1996. 387）；南特尔商事法院，1999年6月4日（D. aff. 1999，N°38）；法院的另一些判决更青睐使用合同这一概念，例如：最高法院第一民事庭，1998年2月11日判决（JCP1998. II. 10156. Carducci述评，I. 155. N°1，Fabre-Magnan述评，Vigny述评，D. 1999. somm. com. 109，Libchaber述评，Defrénois，1998. 1044，D·Mazeaud述评）；最高法院第一民事庭，2001年6月12日判决（D. 2002，somm. com. p. 1316. D·Mazeaud述评，JCP2002. II. 10104. D·Houtcieff述评）。

54.（在法国法里，单方允诺）问题的现状

如果我们仔细思考一下，就会发现，没有任何一种反对单方允诺理论的看法是不可以排除的。

前面提到，有人认为单方允诺可能会带来种种风险，（我们认为）只需要单方允诺符合必要的条件，就可以避免这些风险。这些条件是：单方允诺应当是充分确定的，是明确对外表达的，能够揭示表意人经过深思熟虑的肯定的意思。[1] 具备了这些条件，单方允诺就会产生可能的有效性。

有些人认为单方允诺（在法国法里）没有什么用处，（我们认为）如果肯定法律上确认单方允诺正是为了满足某种经济的、社会的迫切需要，那么，所谓单方允诺无用论也就失去了全部实质性基础而不攻自破。当然，如何评价单方允诺是否满足经济的与社会的某种紧迫需要，从不同的角度，确实有可能作出各种各样的解释。

还有人强调单方允诺不是法国法的传统，只有在没有任何其他办法可以认定表意人负有某项义务而承认这种义务又实属必不可少的情况下，才能例外地承认单方允诺理论。[2] 总而言之，（对于法国法来说）单方允诺理论始终仅仅具有辅助或补充价值，而且只有在别无其他办法的情况下，才具备这种辅助价值。20 世纪初，法国理论界部分人士在雷蒙·萨莱耶的引领下非常推崇单方允诺理论，有一些学者系于这一情结，认为法国法最好是承认单方允诺作为债的一般发生根据之一。[3] 他们认为，（如果不承认这种债的一般渊源）在很多情况下，要想使合同、侵权行为和准合同等概念能

---

[1] Flour, Aubert et Savaux, N°502.

[2] 这曾是热尼（Gény）先生所持的立场。他在《私制定法上的解释方法与根据》一书中写道：“我们不会走到宣告任何单方许诺均具有强制力的地步，而只会宣告那些对于达到社会期待的结果所必不可少的，并且不能通过其他途径来实现目的的单方许诺具有强制力。”继热尼先生之后，还有其他许多学者持相同立场，参见 Flour, Aubert et Savaux, N°502; Marty et Raynaud, N°357.

[3] M·L·伊佐尔什，前引论文（M·L·Izorche, thèse préc）。

够适应法国制定法所做的某些处理，就不得不对这些概念作出扭曲性解释，而如果承认单方允诺是债的发生根据之一，就可以减少这种扭曲解释状况的发生。这场论战进行到这一步，虽然提升到了法的一般理论的层面，但却丝毫没有进步：是最大限度避免外国法因素侵入法国债法理论，保护法国法律制度的同质性（homogénéité）更为重要，还是避免曲解法国法的概念而实现各种概念的同质性更为重要？毫无疑问，回答是再明显不过的。

与此相反，如果从更为实用主义的角度来考虑问题，单方允诺看来也始终只能是一种用来补缺的债的辅助性渊源。[1] 只有通过对单方允诺有可能发挥作用的每一种法律状态作出明确具体的规范，给予其足够的支撑构架，特别是在形式方面作出具体的规范，才能克服单方允诺所固有的缺陷或不足，才能避免其对法律安全可能带来的威胁，而法院判例似乎对完成这样的任务尚未做好充分准备，尚未充分地“武装起来”。我们认为，法院判例充其量只有在单方允诺的目的非常清楚、非常确定，并且相对人（受益人）能够合理地相信这种允诺的有效性的情况下，[2] 才能承认允诺的存在。[3] 而且这也是我们可以从德国法中推断得到的教益：德国法远未将单方允诺看成是债的一般发生根据，它也仅仅是在很少的几种

[1] 同样的思想，参见 Ph·杰斯塔兹：《论单方允诺》，载《法国法与比利时法规定的债，趋同与不同》，1994 年，第 3 页（Ph·Jestaz，l'engagement par volonté unilatérale in les obligations en droit français et en droit belge. convergence et divergence 1994. p. 3）。

[2] A·塞沃，前引文第 9 节（A·Serieux，op. cit. N°9）；参见埃克斯普罗旺斯法院 1988 年 4 月 27 日判决（RTDciv. 1988. 541，Mestre 述评。该述评主张单方允诺应当产生效力）；最高法院第一民事庭 1995 年 3 月 28 日判决（Bull. civ. N° 287. p. 200. RTD civ. 1997. 659，J·Mestre 述评。该述评认为，“在没有确定的标的的情况下，单方的许诺不能构成支付承诺”）；另比较：最高法院社会庭 2000 年 6 月 27 日判决（Defrénois2000. 1381. D·Mazeaud 述评）。

[3]《德国民法典》第 305 条（本书作者引文如此）规定，“为依法律行为成立债的关系，合同应在当事人之间订立，法律另有规定的除外”（pour formation d'un rapport d'obligation par acte juridique…… un contrat doit être passé entre les intérêssés，à moins que la loi n'en dispose autrement）。

情况下才认定此种允诺，而且对单方允诺进行了非常细致的规范。

如果仅从法国制定法层面来探讨这个问题，我们看到的是，（到目前为止）在法国法里，单方允诺理论无可争议的真正崭露头角的例子还是相当少的。

在民法上，人们一致认为，履行自然之债的许诺是一种单方允诺，是一种单方的义务承诺。[1] 就自然之债而言，由于某人承诺履行道德义务，这种义务因此而转变为民法上的债（民事债），而这种义务承诺的受益人无须作任何意思表示。[2] 对于这种情况，我们也可以认为，债权人是默示接受为其利益做出的承诺。同样，对于法国最近的一些立法规定，看来也只能用单方允诺这一概念来加以解释，例如，1978年1月10日法律对信贷机构规定的义务（《消费法典》第311-8条）以及1979年7月15日法律有关（要约人应当）在一定期间保持其在要约中指明的条件的规定（《消费法典》第312-10条），就是这样的立法例。

在商法里，1985年7月11日法律承认可以设立"一人公司"，其理论依据看来也是单方允诺。可以肯定地说，在只有一个股东设立公司的情况下，无论如何不可能认为其中存在一

[1]参见最高法院第一民事庭1987年7月21日判决（Defrénois1988. 313. J·Massip述评，RTD civ. 1988. 134. J·Mestre述评）；最高法院第一民事庭，1995年10月10日（D. 1995，IR p. 250，D. 1996，somm. com. 120，Libchaber述评，D. 1997. 158. Pignarre述评）；最高法院第一民事庭，2005年1月4日（D. 2005. p. 1393，G·Loiseau述评，RTDciv. 2005，397，J·Mestre et B·Fages述评）。

[2]M·戈贝尔，《试论自然之债的作用》，《巴黎大学学位论文》，Sirey出版社，1957年，第151页（M·Gobert，essai sur le role de l'obligation naturelle. thèse Paris. Sirey. 1957. p. 151）；F·Terré：《法学概论》，第19节（F·Terré，introduction générale au droit. N°19）。还有人认为，需要债权人默示承受为其利益做出的义务承诺。这多少有点人为，也许是多此一举。

项“公司契约”，而如果单方的法律行为是以创设法人为主要目的，那么，这一法律行为同时也强制该法人的创设者向公司投入能够保障其运作的财产，并且这些财产构成对公司全体债权人的一般担保。总而言之，在法国法律制度中，单方允诺这一概念主要还是适用于社会法方面。[1]

二、合同与不具有强制力的合意

55. 礼让行为或谦让行为

也有一些意思合致（accords de volontés，合意）在法律上并不具有强制力，因为利益关系人并没有想要在他们之间建立某种可据以要求履行某种债务的法律关系。[2]

政治性许诺即是如此。政治上做出许诺的人（特别是在选举时做出的许诺），对于相对人而言，并不因其所做的许诺而在民事上

[1]例如，最高法院社会庭 1997 年 11 月 19 日判决（Bull. civ. N°380，雇主向企业委员会承诺做出的决定被看成是一种简单的单方允诺）；另见最高法院社会庭 2003 年 11 月 25 日判决（JCP2004. I163. N°6. G · Viney 述评，RTD civ. 2004. 733. J · Mestre 与 B · Fages 述评，述评认为雇主如果不遵守其在确定的期间内限制解雇人数的单方允诺，则将引起其责任）；关于这个问题，参见 G · 皮尼亚尔：《论劳动法上的单方允诺必须切实坚守》，载《Decottignies 论文集》，2003 年，第 283 页（G · Pignarre，Grandeur sans faiblesse de l'engagement unilatéral en droit du travail，Mélanges Decottignies，2003. p. 283）。

[2]参见巴黎法院 1995 年 9 月 26 日判决（RTD civ. 1996. 143. J · Mestre 述评）。波迪耶在《债法》（obligations）一书中写道：“在合同中，各方当事人既做出许诺又承担义务。因为，只有我们抱着承担义务的意图并且同意给予相对人要求兑现这种义务的权利而做出许诺时，才能成立合同。当然，也有一些是我们善意地做出的其他许诺，而且当时也抱着实现此种承诺的意愿，但却没有同意给予相对人要求我们实现这种许诺的权利。当做出许诺的人同时表明其并不打算承担义务时，或者当许诺是由于某种特定情况而引起时，或者当许诺是由于许诺人与相对人的特定身份而引起时，就属于这种情况，例如，父亲向研习法律的儿子许诺，如果他抓紧时间好好学习，就准备在假期给他一些钱，让他去旅行、消遣消遣，显然，父亲在做出这样的许诺时，并没有打算与儿子缔结一项本义上的合同义务。”

受到约束；[1] 礼让行为也是如此，礼让行为是一种在社交关系名义下达成的一致，但它仅仅按照礼貌规则对行为人具有约束力，例如，发出邀请，即使邀请已被接受，仍然不能形成一项合同。[2]

我们很难明确地划分合同与礼让行为之间的界限，涉及无偿提供服务的情况时，更是如此，例如，自愿地义务性提供交通服务，期间发生事故的情况下，如何确定开车人的责任，就会遇到问题。在这种无偿的交通服务中是否存在合同？为了避免对那些出于客气与礼貌、无偿地为他人提供服务的开车人同样适用民事责任，法院判例往往拒绝承认在这种无偿的服务性给付中存在某种真正的合同。[3]

为邻居或朋友从事无偿劳动，或者免费提供医疗服务的情况，处理起来更加带有不确定性。[4] 虽然有些判决排除认定在这

---

[1]参见巴黎法院1994年10月18日判决（RTD civ. 1995. 351. J·Mestre述评）；关于委派一名记者列席私人化装晚会，构成一项合同，参见巴黎大审法院1996年10月7日判决（RTD civ. 1997. 126. J·Mestre述评）。

[2]E·H·佩罗：《礼让、谦让以及在判例上没有约束力的习惯》，载《民法学季刊》，1994年，第481节（E·H·Perreau, Courtoisie、complaisance et usages non obligatoires devant la jurisprudence, RTD civ. 1994. 481）；P·贝杜拉：《论友谊与民法》，《ronéot学位论文》，普瓦提耶，1976年（P·Bédoura, l'amitié et le droit civil, thèse ronéot. Poitiers. 1976）。

[3]出于友谊与礼貌，为他人无偿开车的人的责任，只能属于侵权责任范畴。在过去很长时间里，这种责任只能以《民法典》第1382条与第1383条关于侵权与准侵权行为的规定为依据（参见最高法院民事庭1928年3月27日判决，载《著名判决汇编》，第二卷，第210节）；但是，自从最高法院混合庭1968年作出的判决以来，义务开车人也有可能适用《民法典》第1384条第1款的规定。这一认定是接受了由1985年7月5日的法律产生的规则。关于在国际层面的适用，参见最高法院第一民事庭1994年4月6日判决（JCP1994. I. 3781. N°1. Fabre-Magnan述评，RTDciv. 1994. 866. Jourdain述评）。

[4]A·卢阿斯特：《论无偿提供劳动服务》，载《卡比唐协会研究文集》，1939年；第695页（A·Rouast, la prestation gratuite de travail, Études Capitant. 1939. p. 695）；M·博瓦塔尔：《论无偿服务合同》，《巴黎大学学位论文》，1941年（M·Boitard, les contrats de service gratuit, thèse Paris. 1941）；F·格鲁阿：《论商法上的无偿行为》，《巴黎大学学位论文》，1978年（F·Grua, l'acte gratuit en droit commercial, thèse Paris. 1978）；A·维昂迪尔：《论礼让相助》，载《法律活页期刊》，1980年，2987（A·Viandier, la complaisance, JCP1980. 2987）。

种情况下存在合同，[1] 但大多数判决仍然将志愿给予帮助（的行为）认定为一种无偿服务合同（contrat de service gratuit）。[2]

对于救助行为的性质，也会提出同样的疑问。救助者与被救助者之间是否属于订立了某种协议？[3] 为了对施救者受到的损失给予赔偿，法院判例有时是以侵权民事责任或不当得利作为依据而不是以合同为依据；不过，也有许多判决认定这种情况下存在一种救助协议（une convention d'assistance）。[4] 类似的处理在很大程度上带有一定的人为性质。

56. 君子协定（Engagement d'honneur，gentlemen's agreement）

日常生活中，有些人常常自称“我用自己的名誉担保”，以此表示做出坚定的承诺。这种做法在英语里称为“gentlemen's agreement”。实际生活中“以名誉担保”的君子协定，要比人们乍看起来要多得多，无论是在家庭关系、朋友关系还是职业关系或经济关系中都是如此。这样一来，我们就有必要探讨一下这类义务承诺在

---

[1]最高法院第二民事庭，1992 年 3 月 18 日（JCP1992. IV. 1525）；1994 年 1 月 26 日（RTD civ. 1994. 864. Jourdain 述评）；最高法院第一民事庭，1998 年 4 月 7 日（defrénois1998. 1050，Delebecque 述评）；最高法院第二民事庭，1998 年 6 月 10 日（JCP1999. II. 100024，Mandin 述评）。

[2]最高法院第一民事庭，1977 年 11 月 8 日（Bull. civ. N°406. p. 524）；最高法院第一民事庭，1995 年 10 月 10 日（CCC1996. N°1，Leveneur 述评）。

[3]R·布特：《论协助协议》，载《Kayser 论文集》，1979 年，第 157 页（R·Bout，la convention dite d'assistance，Mélanges Kayser. 1979. p. 157）；C·洛瓦-卢斯塔诺：《论志愿为他人提供义务协助时受到的损害》，《埃克斯学位论文》，1980 年（C·Roy-Loustanau，du dommage éprouvé en portant assistance bénévole à autrui，thèse Aix. 1980）。

[4]最高法院第一民事庭，1959 年 5 月 27 日（Bull. civ. N°271. p. 225. D. 1959. p. 524. Savatier 述评，JCP1959. 11187. Esmein 述评）。

法律上是否具有强制力。[1]

一般来说，在家庭关系中做出的这类承诺不具有强制力，这种情况下的君子协定大多数仅具有礼貌或礼让关系的性质；[2] 其他情况则有所不同：不论是为了借此弥补法律上的不足，还是为了回避某些特定的法律规则，乃至纯粹出于犹豫或厌烦而不打算按照“本应当采取的更好形式”来做出承诺，这类君子协定的当事人都不是要避免其产生法律效力，只不过是想将他们之间的协议放在国家法律的圈子之外罢了。但是，国家法律并不承认君子协定处于这种靠边站的边缘地位，而是按照通常适用于合同的规则，将它们看成在法律上对双方表意人均具有约束力。[3] 例如，法院判例在过去就认为，当破产人在订立和解协议时或者其后，以其名誉保证，承诺资产状况一旦好转就清偿对债权人的债务，这种承诺在法律上就具有强制力。[4]

---

[1] B·奥佩梯：《论君子协议》(B · Oppetit, l'engagement d'honneur, D. 1979. Chron. 106)；K·泽维热尔：《论允诺的严肃性，从比较法的角度对有强制力和没有强制力的行为的区分的几点看法》，载《比较法国际学刊》，1964 年，第 33 页（K · Zweigert, du sérieux de la promesse, Remarque de droit comparé sur la distinction des actes qui obligent et des actes qui n'obligent pas, RID comp. 1964. p. 33)；B·拜涅：《论荣誉和法律》，《巴黎二大学位论文》，1995 年，第 562 页（B · Beignier, l'honneur et le droit, thèse ParisII; éd. 1995. p. 562)；D·阿玛尔：《试论君子承诺的作用》，《巴黎一大学位论文》，1990 年，第 396 页（D · Ammar, essai sur le rôle de l'engagement d'honneur, thèse ronéot. ParisI. 1990. p. 396)。

[2] 最高法院第二民事庭，1985 年 11 月 27 日（Bull. civ. II. N° 178. p. 168. RTD civ. 1986. 749. J · Mestre 述评)。

[3] B·奥佩梯前引文（B · Oppetit. chron/préc. D. 1979. p. 112. N° 12)。

[4] 最高法院民事庭，1873 年 4 月 29 日（DP1873. I. 207)；最高法院诉状审理庭，1874 年 1 月 26 日（DP1875. I23)；南锡法院，1902 年 6 月 21 日（DP1902. 2. 471)；最高法院诉状审理庭，1904 年 7 月 4 日（S. 1905. I. 37)；最高法院商事庭，2007 年 1 月 23 日（Bull. civ. IV. N° 12. p. 13. Defrénois2007. 1027, Savaux 述评。该判决认为，承诺不复制由相对当事人已经投入市场销售的产品，哪怕是道义上做出承诺，做出这种承诺的公司就是对与其有竞争关系的公司做出了毫不含糊的，经过深思熟虑的意思表示。上诉法院的判决推导认为这样的条款对于当事人具有强制性价值，在法律上对其具有对抗力，是正确的)。

三、集体行为

57. 集体的单方行为

集体的单方行为（les actes unilatérals collectifs）这一表述可能令人感到非常诧异，因为“集体的”与“单方的”这两个限定词是相互矛盾、相互抵触的。

简化地表述，所谓集体行为（acte collectif）是指因某种利益共同体[1]结合在一起的人们全体用来表示意思的行为。更加具体地说，集体行为是对同一目标所做的意思表示的聚合。例如，由某个全体会议，不论是国会、议会还是公司股东大会或者同一物业的业主会议或共同所有权人全体会议进行审议，作出的决定，都属于集体行为。不论结果是否定还是肯定，意思表示在目标上的同一性，可能是判断某一行为是否属于集体行为的最可行的标准。运用这一标准，我们便可以认识与把握集体行为所具有的特殊性。[2]

但是，仅仅用上述标准，仍然不足以完全消除在认定集体行为时存在的所有不确定之点。从纯粹理论分析的角度来看，一个团体

---

[1] G·卢祖德布贝：《试论集体法律行为》，《图卢兹大学学位论文》，1961 年版（G·Roujou de Boubé，essai sur l'acte juridique collectif，thèse Toulouse. éd. 1961）。

[2] 如果从更加广阔的视野来看待这一问题，我们还可以看到共同行为（acte conjonctif，联合行为）这样一个更为广义的概念。所谓共同行为是指，在作出同一决定时，或者在此种决议作出之后，有多人集合于其中，也就是，多人为了相同的利益共同作出决定的行为。参见 R·卡布里亚克：《论法国法上的集体（法律）行为》，《蒙帕利耶大学学位论文》，1990 年版，第 319 节，第 1785 页（R·Cabriillac，l'acte collectif en droit français，thèse Montpellier. éd. 1990. N° 319. p. 1785）；有些行为，例如，设立法人的行为，或者某个大会的决议，始终是共同行为（actes conjonctifs），不过，其他的行为也可以适用这一名称认定，例如，夫妻二人参与任何一方均不能单独完成的行为就属于共同行为。由此可见，共同行为这一概念的含义要比集体行为宽广得多；当然也有另一些见解，参见弗朗索瓦·马勒博克：《试论共同的法律行为》，载《ronéot 论文集》，图卢兹，1991 年（François Malbosc-Cantegril，Essai sur l'acte juridique conjonctif，thèse ronéot. Toulouse，1991）。

的组成，如公司的成立，特别是当其最后取得法人资格时，还需要分别实施多项法律行为。这些法律行为在时间上有先有后，并且互为条件。这样，我们也可以将这些法律行为看成是集体行为。[1]如果是这种情况，那么，集体行为的特殊性也就很快消失殆尽。这种集体行为与程序性法律活动趋于混同，程序性法律活动指的是延续一定时间的一系列法律行为，这些活动延续的时间或长或短。

因此，我们有必要将集体行为这一概念集中于这样一种情况：所谓集体行为是指“就同一问题所表达的全部意思的聚合”；虽然有可能是采用通讯手段来征求同一团体成员的意见，但是，这个集体的存在，其成员集体意志的存在，即便不是集体认知的存在，在召开全体大会时就会更加自然地表现出来。

由此也就提出了一系列与确保各成员能够参与大会之必要性相关联的问题。会议可以有确定的日程，这样全体成员可以进行公开的透明的辩论，进行有益的投票。在某一项动议获得通过或者被驳回之前，进行辩论是至关重要的，并且与标志着辩论结果而作出的决议构成一个不可分的整体。从私法到公法，或者相反，随着议会法的发展，两者之间的相互影响从未停止，[2] 特别是在多数法则(la loi de la majorité)[3] 里更是如此。这种特殊性也为人们分析各种各样的滥用权利的形式提供了有利条件。这些滥用权利的形式与人们在主观权利方面的滥用权利形式有着很大的不同，因为在集体

---

[1] G·卢祖德布贝，前引书，第33页。

[2] E·皮埃尔：《政治、选举与议会法概论》，洛瓦塞尔出版社再版，第2卷，1989年（E·Pierre, Traité de droit politique. électoral et parlementaire, rééd. Loysel. 2e vol. 1989）；P·阿佛里尔与J·吉克：《议会法》，蒙切雷斯田出版社，1988年（P·Avril. et J·Gicque, droit parlementaire, éd Montchrestien. 1988）。

[3]《论多数法则》，1990年，载《博维尔研讨会论文集》，1991年版（la loi de la majorité, Colloque de Deauville. 1990. éd. 1991）。

行为中，既存在滥用多数（abus de majorité）的情况，也存在滥用少数（abus de minorité）的情况。[1]

在集体行为中各种意思的汇合参与，对集体行为的内容与辐射范围等方面都会产生特别的效果。

58. 集体合同

所谓集体合同（contrat collectif）是指在一人与一组人之间或者在两组人[2]之间订立的合同。前一种情况，我们也可以说它是“半集体合同”。团体通过订立集体合同，所表达的是本团体全体成员对确定目标的聚合意思；在这一意义上，集体合同属于广义的集体行为的一个类型。

最能体现集体合同特征的是，在特定的人之间订立的、其条款在特定条件下对其他人或其他所有的人均具有强制力的那种集体合同。[3] 这方面最为明显的例子是“集体劳动协议”（convention collective de travail）。“集体劳动协议”的作用是对薪金雇员的就业安排与劳动条件以及社会保障条件作出规定（《劳动法典》法律第

[1]前引《博维尔研讨会论文集》，关于滥用多数的问题（Colloque préc，sur l'abus de majorité，J-L. Rive-Lange. p. 65）；前引《博维尔研讨会论文集》，关于滥用少数的问题（sur l'abus de minorité，P. 81）；M·卡布里亚克：《关于滥用少数理论构建的几点不足》，载《科洛梅论文集》，1993 年，第 109 页（M·Cabrillac，de quelques handicaps de la construction de la théorie de l'abus de minorité，Mélanges Colomer. 1993. p. 109）。

[2]A·卢阿斯特：《试论集体合同的法律概念》，《里昂大学学位论文》，1909 年（A·Rouast，Essai sur la notion juridique de contrat collectif，thèse Lyon. 1909）；与此相反，由雇主商会或雇主联合会发出的建议对商会或联合会的所有成员均具有约束力，这种建议构成集体的单方行为，参见最高法院社会庭 1992 年 6 月 29 日判决。

[3]关于集体谈判问题，参见 B·Teyssie，chron（JCP. CI. 1983. II. 14065）；J·M·维尔迪耶：《论集体谈判与多个工会情形》，载《维伊论文集》，1983 年，第 569 页（J·M·Verdier，négociation collective et pluralisme syndical，Mélanges Weil. 1983. p. 569）。

L2221-1 条与实施条例第 R2231-2 条）。[1] 里佩尔先生曾提到，有一段时间，民法学家们“也曾试图攫取这一类协议的地盘”（试图将这类合同归入民法的范畴）。[2] 这些民法学者用委托代理或者为他人利益订立的合同来解释“以团体所有成员的名义处理事务的人所享有的权力”；在他们看来，对于所有具有共同利益的人们来说，通过代理，可以将他们统统纳入合同的圈子之内。但是，立法者也越来越表明了他们的立场，强调这种情况更多具有制度性规范的性质，而为了挽救某种旧的观念，法学家们最后也不得不承认集体协议具有两重性。[3]

在通过行政途径扩张集体协议的适用范围的情况下，更加能够体现这种集体协议的特殊性（《劳动法典》第 2261-19 条），因为，只要是按照特定的条件进行谈判与订立的集体协议，无论是部门协议、行业协议或者跨行业协议的规定，都可以对包含在这一协

---

[1]《法学概论》（introduction générale au droit. N°221）；但这并不是唯一的例子，此外还有社会法方面在参与资本范围内订立的其他协议；在医疗法方面以及农村法方面（租赁问题），也有这方面的协议或协定。

[2]《法的创设力》，1955 年，第 280 页（les forces créatrices du droit，1955，p. 280）。

[3]G·里佩尔前引文（G·Rippert，op cit）；P·杜朗：《论集体劳动协议的二元性》，载《民法学季刊》，1939 年，第 353 页（P·Durand，le dualisme de la convention collective de travail，RTD civ. 1939. p. 353）；J·布雷特德拉格雷塞：《论集体协议的法律性质》，《巴黎大学学位论文》，1921 年（J·Brethe de la Gressaye，la nature juritique de la convention collective，thèse Paris. 1921）；A·卢阿斯特：《论集体协议的性质与效力》，载《社会法》，1960 年，第 693 页（A·Rouast，la nature et l'efficacité de la convention collective，dr soc. 1960. p. 693）；J·萨瓦提耶：《论集体协议家族中的类型与种类》，载《社会法》，1960 年，第 598 页（J·Savatier，Espèces et variétés dans la famille des accords collectifs，dr soc. 1960. p. 598）；P·朗格洛瓦：《在法的渊源理论的边缘：法律与集体协议之间的一种新关系》，载《Dalloz 法律评论汇编》，1972 年，253（P·Langlois，Aux confins de la théorie des sources du droit：une relation nouvelle entre la loi et l'accord collectif，D. 1972. chron. 253）；P·朗格洛瓦：《论个人劳动合同与集体劳动协议，一种代理的新案例》，载《社会法》，1975 年，第 283 页（P·Langlois，contrat individuel de travail et convention collective：un nouveau cas de représentation，dr soc. 1975. p. 283）。

议或协定范围的所有雇员与雇主具有强制效力。[1]

第三节　合同的分类

59. 合同的多样性与分类的必要性

合同的现实情况极其多样、各不相同。有些类型的合同数个世纪以来就已经为人们所熟知。法国《民法典》对这些合同进行了明确规范，例如，买卖合同、租赁合同、公司合同、委托合同、寄托合同、调解（和解）协议等。除这些合同之外，还有其他许许多多的合同。由于立法者为私人安排他们之间的相互关系留出了很大的行动自由，因此，为了顺应经济生活与社会生活不断变化的需要，实践中更是产生了多种多样的合同。

为了对千差万别的合同理出一个头绪，人们提出了各种分类方法，其中有些分类为时很久（一），另一些则为时不久但却反映了当今合同法演变发展的主线（二）。所有的分类方法都有某种无可否认的意义，因为，所有的合同均按照其属于这一类型或那一类型而遵循着不同的法律制度。[2]

---

[1] P·杜朗：《也谈集体协议的扩张理论：扩张性实施条例的效力》，载《社会法》，1956年，第24页（P·Durand, Contribution à la théorie de l'extension des conventions collectives: les effets de l'arrêté d'extension, Dr soc. 1956. p. 24）；A·R·布卢恩：《司法判例上的集体劳动协议的扩张》，载《社会法》，1960年，第644页（A·R·Brun, l'extension des conventions collectives de travail en jurisprudence, dr. soc. 1960. p. 644）；G·卢埃特：《论意思合致的效力对第三人的扩张，法国法上的集体协议》（G·Rouhette, l'extension à des tiers des effets d'un accord de volonté, les accords collectifs en droit français）。

[2] X·亨利：《论合同的定性技术》，载《多学科论文集》，第2卷，南锡第二大学，1992年（X·Henry, la technique des qualifications contractuelles. thèse multigr, 2e vol. NancyII. 1992）。

一、合同的传统分类

60. 本节内容介绍

《民法典》第 1102 条至第 1106 条对合同的几种传统分类作出了明文规定——双务合同与单务合同，实定合同与射幸合同，恩惠合同与有偿合同。这些传统的分类方法均与合同的效力有关（3）；而法典简单设定的其他分类方法则与合同的成立（2）或者与其法律规则有关（1）。

（一）依据有无法律规范进行的分类

61. （1）有名合同与无名合同

所谓有名合同（contrats nommés）是指法律、法规或者习惯已经赋予其名称，而且有关的条文已经确定其法律制度的合同。这类合同对应的是已经有准确定义的特定活动，例如，买卖、租赁、公司、委托、寄托等……所谓无名合同（contrats innommés）是指法律并未使用特定名称对其做出规范因此主要是受普通法（droit commun）调整的合同。[1] 具体来说，无名合同这一类型中所包括的各种合同并不具有同一性质，但它覆盖了具有各自特性的全部合同，也就是说，它涵盖了当事人为了适应具体情况的特别需要而专门量身订制的各种合同；与此同时，无名合同也是指人们在实践中创设的各种合同。这方面最常见的是，人们通过对某些老旧的合同相互掺和或调整，在反复使用之后赋予其某种名称，但立法者尚未

[1] D·格里叶-蓬桐：《试论无名合同》，《里昂第三大学学位论文》，1982 年，第 400 节，第 465 页（D·Grillet-Ponton, Essai sur le contrat innommé, thèse ronéot, Lyon III, 1982. N°400. p. 465）；J·罗什菲尔德：《原因与合同的类型》，《巴黎一大学位论文》，1999 年，第 46 节（J·Rochfeld, cause et type de contrat, thèse Paris I, éd. 1999. N°46）。

对其作出特别规定。在这些合同当中，如（银行或金融机构内）保险柜租赁合同、动产保管合同、搬家合同等，都是如此。这些合同，尽管有其名称，但由于没有专门的（法律）规则，仍然被视为无名合同。[1]

合同在“有名”与“无名”两大类型之间的归属站队并非永恒不变：有许多原先属于无名合同的合同，一经立法者进行规范，便成为有名合同，信贷租赁合同（crédit-bail）就是其中的最好例证。信贷租赁合同原本是盎格鲁·撒克逊人在实践中首创，英文名为“leasing”（租赁），跨洋过海传入法国，现在，法国立法者对其进行了部分规范并定名为“crédit-bail”。这种现象也体现了合同实践所具有的生机勃勃的原动力和生命力。

> 历史上，有名合同与无名合同的区分曾经起到了非常重要的作用。古代罗马法是一种程序法，所有的合同，只有按照有名合同的模子铸就时，才能具有强制力，法律或者贷与人赋予此种合同以诉权，例如，买卖（vente）、寄托（dépôt）、无偿借用（commodat）、使用借贷（prêt à usage），如果不具备有名合同形式，均不能产生效力。这就是所谓“无形式的简约，不能产生任何诉权”（un pacte nu. aucune action ne peut naitre. ex nudo pacto. non nasditur actio）；后来，这些合同，在一方当事人已经履行的情况下，通过对待给付之诉（action praescriptis verbis），对相对方当事人即产生强制力。

[1] N·布朗：《论有名合同与无名合同，从著作权角度进行探讨》，《巴黎二大学位论文》，2008 年（N · Blanc, contrats nommés et innommés, étude à partir du droit d'auteur, thèse ParisII, 2008），该文承认更广义的有名合同的概念，认为有名合同这一概念囊括了由实践指名并规范的所有合同。

随着契约自由与其他法律观念的出现，有些人甚至认为，区分有名合同与无名合同并无多大用处，所有的合同，不论其有名还是无名，均有效，并且可以经司法诉讼确认；所有的合同均应当遵守合同的一般理论规则，正如《民法典》第 1107 条第 1 款所规定：“合同，无论是否有特定的名称，均受本编所定一般规则的约束。”[1] 但是，后来的事实证明，有名合同与无名合同的区分仍然有其显而易见的意义。由于《民法典》确认了某些特定合同的特别规则，因此，如何认定合同的性质，如何确定其是否属于这种或那种应当遵守特定制度的有名合同还是原则上仅属于一般理论调整的无名合同，是一件至关重要的事情；而且随着契约自由的后退以及对特定合同作出的特有的强制性规定，这种区分的意义还会日渐增大。例如，为了回避农村租约或城市租约方面越来越多的强制性规则，实践中出现或产生了多种无名的合同样式，有待法官去承认与裁量它们的特殊性。因此，对无名合同的研究，因其为实践需要而带来的资讯，成为合同方面持久不断的一种“民间公决”。[2]

62. （2）国内合同与国际合同

法国民法在合同法方面专注的是国内合同，也就是说，合同的全部要素——缔结地、履行地、合同标的、各方当事人的国籍与住所地——均定位在法国境内或领域之内。但是，随着经济交换关系的发展、人口流动性越来越大，国际合同的数量及其重要性双双大增，因此，在研究法国合同法的界限之内详细阐述国际合同的概念

---

[1]帕拉尼奥：《论契约的综合分类》，载《法律与判例评论》，1904 年，第 31 页（Planiol，Classification synthètique des contrats，Rev. crit. lég et jurisp，1904. 470）。

[2]D·格里叶·蓬桐：《对合同领域无名契约之活力的新观察》，载《Dalloz 法律评论汇编》，第 331 页（D · Grillet-Ponton，Nouveau regard sur la vivacité de l’innommé en matière contractual，D. 2000. chron. p. 331）。

与制度不无脾益。[1]

从词义来说，对国际合同（contrat international）这一概念可以做两种理解：其一是法律意义上的理解：当一项合同具有某种涉外因素时，也就是说，当一项合同至少与两种不同的法律秩序有着种种联系时，即是国际合同；其二是经济意义上的理解：当一项合同牵涉到国际贸易利益时，即是国际合同。在法国设店执业的一家摩洛哥食品杂货商与一家意大利瓜果商两者之间订立的合同，从法律意义上来看属于国际合同，但从经济意义上看仍然属于法国国内合同；与此相反，一家法国进口商与其进口产品的法国用户之间在法国订立的合同，在法律意义上可以是国内合同，而在经济意义上却可以是国际合同。

当一项合同在法律上具有国际性质时，也就是说，在合同与数个国家有种种联系因素时，有必要指定其隶属管辖的法律秩序。法国《民法典》中在这方面没有任何指导性规定，因此关注国际合同的适用法律问题就落到法院判例的肩上。在这方面，法院判例提出了一项法律冲突特别规则，通常称之为意思自治法则（loi d'autonomie）。按照这一法则，合同就其订立、条件或效力而言，适用的法律是当事人选择适用的法律。在当事人没有明文做出此种选择的情况下，由（受理案件的）实体法官根据合同经济和涉案合同的具体情节，识别与认定哪一法律应当是调整合同当事人关系的法律。[2]

[1] J-M·雅格：《论国际合同》，1992年（J-M·Jacquet，le contrat international，1992）。

[2] 在这方面具有奠基性质的判决有：最高法院民事庭1910年12月5日判决（American Trading C，Grands arrêts DIP，N° 11）；最高法院第一民事庭1959年7月6日判决（Fourrure Renel，rev. crit. DIP. 1959，note H·Batiffol，Grands arrêts DIP，N°36）。关于合同国际私法的发展演变，参见Y·勒格特：《论国际合同法的国内渊源与条约（协议）渊源的演变》，载《萨瓦提耶研讨会文集》，1985年，第185页（sur l'evolution du droit international privé des contrats，Y·Lequette，l'évolution des sources nationales et conventionnelles du droit des contras internationaux，in l'évolution contemporaine du droit des contrat，Journées Savatier，. 1985. p. 185）。

自1991年4月1日关于适用合同债务之法律的罗马公约生效以来，（在法国）对于在该日期之后订立的合同，有关合同法律冲突的处理应当适用这项法律文件的有关规定。[1] 由于“阿姆斯特丹条约”（第65条）签订之后带来的（欧共体各国）国际私法的共同体化（communautarisation），自2009年12月17日起，原“罗马条约”在这方面的规定已让位给2008年6月17日的共同体规则（réglement communautaire），后者也称为“罗马规则（一）”。[2]

“罗马公约”（Convention de Rome）建立的制度与出自法国法院判例确认的制度相当接近。公约第3条规定的“合同，受当事人选择的法律调整”；当事人没有做出选择的，“受与其有最密切联系的国家的法律调整”（第4-1条）。为了确保这种处理具有一定的可预见性，便于指定哪一法律是与合同具有最密切关系的法律，“罗马公约”还规定了多项推定（方法）。我们在这里仅举其中一项主要规定作为例子。公约第4-2条推定：合同与“应当提供最能体现履行合同之特征的给付”的一方当事人在订立合同时有惯常居

[1]P·拉加德：《1980年罗马公约生效以后新的合同国际私法》，载《Dalloz国际私法评论汇编》，1991年，287（Lagarde，le nouveau droit intenational privé des contrats après l'entrée en vigeur de la convention de Rome du 19 juin 1980，rev. crit. DIP1991. 287）。

[2]2008年6月17日关于适用合同之债的第593/2008号罗马规则（一），第2155页（reglement N° 593/2008 du 17 juin 2008 applicable aux obligations contarctuelles dit Rome I，D. 2008，p. 2155，par S·Bollee，S·lemaire，L·d'Avout）；P·拉加德与A·特南博姆：《从罗马公约到罗马规则（一）》，载《Dalloz国际私法评论汇编》，2008年，727（P·Lagarde et A·Tenenbaum，de la convention de Rome au reglement de Rome 1，Rev. crit. DIP. 2008. 727）；P·杜米耶：《罗马规则（一），共同体逻辑与冲突法逻辑之间的结合》，载《合同法学刊》，2008年，1309（P·Deumier，reglement de Rome 1：mariage entre la logique communautaire et la logique conflictuelle，RDC2008. 1309）。即使（合同当事人）指定的法律不是《罗马规则》签字国的法律，仍然适用这一规则（第2条）；因此《罗马规则》构成法律冲突之普通法。但是，作为本规则的例外，在更为有限的领域，也还有其他的协议或公约适用于调整特定合同的法律冲突，例如，1955年6月15日关于有体动产国际买卖的海牙公约（自1964年9月1日起对法国生效），1978年3月4日关于中介合同与代理适用之法律的海牙公约（自1992年5月1日起对法国生效）。

所的国家有最密切的联系。[1]“罗马规则”（一）对这种处理赋予了一定的弹性：在当事人没有选择适用法律的情况下，在仍然保留参照“典型给付”或“最能体现履行合同之特征的给付”这一指示性标志的同时，也将该指示性标志放到了次要的位置。该规则规定：在当事人选择合同的适用法律的情况下，合同应当适用与它有最密切联系的国家的法律。但是，如果合同的可分割部分与另一个国家有更加密切的联系，则该部分合同可作为例外而适用那个国家的法律；紧接着，该规则又辅助规定：合同与提供“典型给付”或“最能体现履行合同之特征的给付”的一方当事人的惯常居所地有联系：除另依本条第5款的规定，合同的特定履行的当事人在订立合同时其惯常居所地所在国家，或者当事人是法人组织或非法人组织时，其管理中心所在地所在国家，应被推定为与该合同有最密切联系的国家。但是，如果是在当事人的贸易和职业活动过程中订立的合同，则与该合同有最密切联系的国家应当是主要营业地所在的国家，或者，如果根据合同规定，合同将在主要营业地以外的另一营业地履行，与该合同有最密切联系的国家应当是另一营业地所在国（第4-2条）。不过，在许多人看来，有关国际合同适用法律的这项规则方法仍然足够，因此，在这方面占有重要地位的学说强调

---

[1]《罗马公约》的这一条文（法文本）使用了一个特定的表述法文为“prestation caractéristique”。国内有的书籍将这一表述译为“特征履行”，公约的有些中文译本将其译为“特定履行”，例如：“合同特定履行的当事人在订立合同时，其惯常居所地的国家，或者当事人是法人组织或非法人组织时，其管理中心所在地的国家，应推定为与该合同有最密切联系的国家。”本人认为，“特征履行”、“特定履行”这两种表述仍然不够明确。按照法语的词义，“caractéristique”一词的意思应当是“最能体现某种事物的特征”。合同的履行，可以有多项履行行为，其中“最能体现给付之特征”的履行行为才能作为确定合同适用哪一法律的依据。以服装来料加工合同为例，外方在国外采购面料运至中国，由中国工厂加工制作，再将成品运出以及最后进行结算，这些活动都是履行合同所规定的给付行为，但只有服装生产厂的加工制作活动才是“最能体现履行合同之特征”的给付，是本合同所涉及的各项给付中最具典型意义的给付。因此这种加工合同应当适用中国法律。——译者注

指出，在将有关国际合同的法律适用规则转用于国内合同时，法律冲突方法往往没有充分考虑到这些合同的特殊性。有人认为，前面提及的所谓经济意义上的国际合同并不属于带有涉外因素的国内合同，而是一种包含特有约款（stipulation propre）的独特活动，因此会遇到此前并未遇到过的困难，而这种困难不可能从通常制定于19世纪的法典中找到合适的答案，因为这些法典的制定者当时对国际贸易问题并无很深的认识。[1] 为了回答人们提出的批评意见，通过订立国际协定，同时通过实践[2]和理论界[3]提出的种种学说以

[1]正因为如此，19世纪初制定的《法国民法典》中没有关于国内合同与国际合同的分类。——译者注

[2]人们用“lex mercatoria”（商人法）来称呼由商人在实践中逐步形成与确定的全部规则。关于这个问题，参见B·戈德曼：《法的界限与商人法》，载《法哲学档案》，1964年，第9卷，第177页（B·Goldman，frontière du droit et lex mercatoria，Archives de philosophie du droit，1964. vol. IX. p. 177）；P·拉加德：《关于商人法的批评性探讨》，载《B·戈德曼论文集》，1983年，第125页（P·Lagarde，approche critique de la lex mercatoria，Mélanges Goldman，1983. p. 125）；Ph·卡恩：《论商人法及其命运》，载《B·戈德曼思想之现状》，2004年，第25页（Ph·Kahn，la lex mercatoria et son destin，in actualité de la pensée de B. Goldman，2004. p. 25）；D·布洛：《论国际私法关系中法的非正式渊源》，《巴黎二大学位论文》，1992年（D·Bureau，les sources informelles du droit dans les relations privées internationales，thése ronéot，Paris II. 1992）；E·盖亚尔：《论法的一般原则与国际商业习惯的区别》，载《P·贝雷研究文集》，1991年，第203页（E·Gaillard，la distinction des principes généraux du droit et des usages du commerce international，Etude P·Bellet，1991. p. 203）。

[3]由各自所属国家授权的专家小组制定了有关国际商务合同的原则也称为“国际统一私法协会规则”（principes Unidroit），因此也有人说它是“私人之作”。参见G·卢埃特：《论合同法的法典编纂》，载《法学》，1996年，第24节，第115页（G·Rouhette，les codifications du droit des contrats，droits，1996. N°24. p. 115）；C·克塞姜：《国际贸易合同法渊源的一次革新举措：〈国际统一私法协会关于国际商事合同的通则〉》，载《国际私法期刊》，1995年，641（C·Kessédjian，un exercice de rénovation des sources du droit des contrats du commerce international：les principes Unidroit，revu. crit. DIP. 1995. 641）；B·佛瓦克-科松：《国际贸易合同，一项新尝试，〈国际统一私法协会关于国际商事合同的通则〉》，1998年，463（B·Fauvarque-Cosson，les contrats du commerce international，une approche nouvelle：les principes d'Unidroit，RID-comp，1998. 463）；C·拉卢梅：《〈国际统一私法协会关于国际商事合同的通则〉的价值》，载《法律活页期刊》，1997年，I，4011（C·Larroumet，la valeur （转下页）

及法院判例[1]，已经制定了许多适用于国际关系的专门实体规则。这些规则与国内合同法并行配合，在一定意义上增补了法国国内合同法的规则。这种尝试的最佳例证是1980年4月11日（联合国）关于国际货物买卖的维也纳公约。[2]；该公约自1988年7月10日起对法国生效。公约对在不同国家内设有机构的当事人之间订立的货物买卖合同进行了基本规范，其适用范围是：货物买卖合同，（1）当买卖合同的当事人设立机构的国家是本公约的缔约国时；

（接上页）des principes d'Unidroit applicables aux contrats du commerce international，JCP 1997. I. 4011）；P・梅叶：《〈国际统一私法协会关于国际商事合同的通则〉的价值与商人法》，载《B・戈德曼思想之现状》，2004年，第31页（P・Mayer，principes d'Unidroit et lex mercatoria in actualité de la pensée de B・Goldman，2004. p. 31）；P・德米叶：《国际统一私法协会关于国际商事合同的通则10年，一份中间色调的总结》，载《合同学刊》，2004年，774（P・Deumier，les principes d'Unidroit ont 10 ans：bilan en demi teinte，RDC2004. 774）；由一些仅仅代表他们个人的专家起草的《欧洲合同法通则》也是如此。当事人愿意将其合同适用这些规则时，也可以适用这些规则。按照这些原则的推动者们的说法，这些原则也是为了向各国的立法者提供一种参照和启发，特别是欧洲各国的立法者。还有人希望将这些原则作为将来欧洲第一部民法典的基石（参见第46节）。关于欧洲合同法的这些原则，参见D・塔隆：《走向欧洲合同法》，载《科罗梅论文集》，1993年，第494页（D・Tallon，vers un droit européen du contrat，Mélanges Colomer，1993. p. 494）；《论欧洲合同法之原则》，载《Defrénois论文集》，2000年，683（les principes pour le droit européen du contrat，2000. 863）；Ph・马洛里：《论欧洲合同法之原则，一个始终开放的问题》，JCP2002，I. 110）（Ph・Malaurie，les principes pour le droit européen du contrat. une question toujours ouverte，JCP2002. I. 110）；D・马佐：《关于可能的合同法，对〈国际统一私法协会关于国际商事合同的通则〉及朗多委员会关于国际商事合同的通则的思考》，载《卡布里亚克论文集》，1999年，第205页（D・Mazeaud，A propos du droit virtuel des contrats：réflexion sur les principes d'Unidroit et de la Commision Lando（Mélanges Cabrillac，1999. p. 205））。

[1]法国法院判例：最高法院民事庭1927年5月17日判决（DP1928. 1. 25，note H・Capitant，Grands arrêts，t. 2. N°244），本判决确定国际结算中黄金价值条款的合法性（la licéité des clauses valeur or dans les règlements internationaux）；最高法院第一民事庭1966年5月2日判决（Galakis，Grands arrêts，DIP. N°44），本判决确定国家在国际合同中进行仲裁的态度。

[2]B・奥迪：《论国际货物买卖》，1990年（B・Audit，la vente internationale des marchandises）；欧泽：《论国际货物买卖》，1992年（Heuzé，la vente internationale des marchandises，1992）。

（2）当国际私法规则指示适用某一缔约国的法律时（第 1 条）。

今天，我们在研究法国国内合同法时，不可能完全避而不谈国际合同适用的这些特有规则。因为，一方面，这些规则当下对法国合同法产生了重要影响，正如让·皮埃尔·尼博耶（J·P·Niboyet）先生指出的那样："当这些规则在如此众多的国家得到适用之时，终将成为不折不扣的普通法。"国际公约（协定）对（各国）国内法产生着强大的吸引力。[1] 一股有着重要影响的学说思潮提出：法国法有关买卖的规定在某些问题上应当向"维也纳公约"确定的处理方法看齐。[2] 另一方面，国际合同对当今时代合同实践的发展演变也起了重要的推动作用。原本是为了适应国际贸易的需要而制定的许多合同条款，逐步为国内合同所广泛采用，例如，长期合同（contrat de longue durée）以及人们在实践中为了防止货币与经济的不稳定而创立的诸如风险条款、竞争性要约等各种各样的条款都是如此。

（二）按照合同成立进行的分类

63. 诺成合同、要式合同、要物合同

《民法典》虽然并未明文提及这种分类方法，但是我们从它的许多条文中可顺带看到这种分类方法（参见附目第 1109 条）。

其一是诺成合同（contrat consensual）。诺成合同是指仅需当事人意思表示实现合意，而不要求任何形式条件即告成立的合同。按照《民法典》的规定，诺成合同乃是规则。

其二是要式合同（contrat solennel）。要式合同是指当事人的同意应当按照法律的要求采取特定的形式，合同才能有效。这里所说

---

[1] J-P·尼博叶，第三卷，第 934 节（J-P·Niboyer，t. III. N°934）。

[2] 例如，J·盖斯坦：《买卖中交货与订货相符及担保》，第 227 节，第 211 页（J·Ghestin，comformité et garanties dans la vente，N°227. p. 211）。

的特定形式通常是说合同应当采用书面形式制定。视具体情况，书面签订的合同可以采用公证文书，或者采用私署文书。

其三是要物合同（contrat réel，实践合同）。所谓要物合同是指不仅要求当事人的意思表示达成一致而且要求进行（标的）物的交付才能成立的合同，例如，无偿借用、使用借贷以及寄托合同，都属于要物合同。

本书在后面研究合同的成立（第 136 节）时，还将进一步对这种分类作更加深入的介绍。

（三）按照合同的效力进行的分类

64. 双务合同与单务合同（参见附目第 1106 条），区分标准[1]

《民法典》第 1102 条规定："缔结合同的当事人相互负担债务时，此种合同为双务（synallagmatique）合同或双方（bilatéral）合同。"因此，双务合同的典型特征就在于它在当事人之间创设了相互负担的、相互依存的债务或义务，每一方当事人都扮演着债权人与债务人的双重角色。[2]

例如，在买卖合同中，出卖人承担交付其出卖之物的债务，与此相对应，买受人负担支付价金的债务；在租赁合同中，出租人负有让承租人享用出租物的义务，承租人则负有作为一个善良管理人（bon père de famille，善良家父）使用其承租之物并缴纳租金的义务。由于合同是人们在进行财产交换、服务交换时优先选用的工具，因此，大多数合同都属于双务合同。

[1] R·胡茵：《论双务合同与双方合同的区别》，《巴黎大学学位论文》，1937 年（R·Houin，la distinction des contrats synallagmatiques et des contrats bilatéraux，thèse Paris，1937）（《法国民法典》的条文里说到双务合同与双方合同时使用的是"或者"，也就是说，"双务"与"双方"似为相互可以替代的同义词。——译者注）。

[2] A·塞里欧：《关于双务合同的概念》，载《盖斯坦论文集》，2001 年，777（A·Sériaux，la notion de contart synallagmatique，Mélanges Ghestin，2001. 777）。

按照《民法典》第1103条的规定，一人或数人对另一人或数人负担债务而后者不负担义务的合同为单务合同（contrat unilatéral，单方合同）。单务合同的典型特征在于它创设的是一种仅由一方当事人负担的债务。但是，不要因此就将单务合同与单方的法律行为混为一谈。单方的法律行为是仅有一方的意思表示所为的行为（参见第50节），而单务合同，在产生仅由一方当事人负担的债务的同时，仍然有双方所为的行为。单务合同的典型例子是赠与（行为）。赠与是一种合同，因为它要求有赠与人和受赠与人的同意；赠与也是一种单务合同，因为它产生的是一种仅由作为赠与人的一方当事人承担的义务（obligation），即赠与人承担给付特定之物的债务。此外，我们还应当将赠与和遗嘱区分开来，遗嘱是一种单方的法律行为，也就是遗嘱人做出单方意思表示的行为（但不是合同——译者注）。

除上述情况之外，还有其他的单务合同：出借、寄托，如果不取得或者不给付报酬，也属于单务合同。按照法国法的观念，这些合同被认定为要物合同，将（标的）物交付给借用人或受寄托人乃是合同成立的要件（参见第147节）。这样一来，借用人或受寄托人便只负有一项义务：按期返还其所借之物或寄托之物；还可举另一个例子：单方的出卖预约（promesse unilatérale de vente），[1] 依此预约，一人向另一人做出许诺，按照确定的价格将某项财产卖给该另一人，如果受约人在特定期限内作出买受该财产的决定，即以此许诺为据实现买卖。在单方的出卖预约中，只有做出该项许诺的诺约人（promettant）承担卖出财产的义务，而这项许诺的受益人（bénéficiaire）则可以自由地决定选择是买受还是放弃买受（参见第191节）。

---

[1]这里的“vente”通常译为“买卖”，实际上强调的“卖”。在单方的预约中，似乎只能译为“单方的卖出预约”，而买卖是双方的行为。——译者注

65. 区分双务合同与单务合同的意义

区分双务合同与单务合同对若干重要规则起到了主导或支配作用。

（1）首先，在证据方面，如果合同是采用私署文书订立，根据涉及的是单务合同还是双务合同之不同情形，旨在作为合同证据的私署文书适用的是不同规则：至于双务合同，当分别具有不同利益的当事人有多人时，应当制作相应份数的合同正本，[1] 每一个合同当事人各执一份作为其权利的证明，这就是所谓“正本复份”（double original）规则；如果是单务合同，仅需制作一份用以见证、确认该合同的文书，并将其交给债权人即可。因为只有债权人有利益持有这样一份书面凭据。但是，凡是一方当事人承担义务向另一方当事人支付一笔金钱或者交付某一可替代的财产的行为，都必须用文书确认。该文书上必须有承担这项义务的人签字，并且由其手书“本人亲笔”之字样，同时用大写数字写明款项的数额或财产的数量。

（2）其次，从实体方面来看，在双务合同中，分别由每一方当事人承担的义务互为债的原因，而在单务合同里，原因这一概念则完全不同（参见第 344 节）。这种差别，不仅对于合同的成立，而且在合同不履行的情况下，都会产生重大影响。因为，在双务合同中，鉴于双方当事人的义务具有相互关联性，只要他方当事人不履行其义务，任何一方当事人均不受强制履行自己承担的义务；视不同情况，通过合同不履行抗辩（exception d’inexécution，同时履行抗辩，参见第 630 节）、“因不履行而解除合同”（résolution pour inexécution）或者“风险理论”（théorie des risques）等方法，即可实施并实现这一规则所指示的导向（参见第 629 节）。

---

[1]《民法典》第 1325 条第 1 款：“包含有双务合同的私证书，仅在按照具有不同利益的当事人的人数制作相应份数的正本并且每一当事人各执一份时，始为有效；具有相同利益的各当事人共一份正本即可。”

66. 不完全的双务合同

一项合同，在其成立时为单务合同，在其履行过程中也可以在当事人之间产生相互义务，例如，寄托合同，原则上是一种单务合同：通常仅有受寄托人承担义务。但是，如果受寄托人为了切实保障寄托物得到保存而付出了费用，则可以要求寄托人予以偿还；无偿委托，也是如此：仅有受托人一方对委托人承担义务，但是当受托人为了完成其负责的事务而实施相应的行为，需要垫付一定的费用时，同样可以向委托人请求偿还。在这些情况下，原来的单务合同就成为不完全的双务合同（contrat synallagmatique imparfait）。

关于是否应当将这类合同视同双务合同的问题，（在学者之间）曾发生过一场名副其实的典型争论。持肯定意见的一方强调，由这些合同产生的义务具有相互性质，而持否定意见的一方则指出，双务合同的存在不仅要求各方当事人负担的义务具有相互性，而且还要求它们具有相互的依存性（interdépendance），而在上述合同中并不存在这种相互依存性：一方当事人——受寄托人或受托人——承担的义务，在订立合同的当时，产生于当事人的意思表示，而另一方当事人——寄托人或委托人的义务是产生于合同履行过程中，并且产生于各方当事人的意思表示之外。

但是，按照某些学者的分析意见，在上述类似情况下，各方当事人义务之间还是存在相互依存性的。作为当事人一方的受托人或受寄托人之所以同意支出费用，完全是因为另一方当事人——委托人或寄托人已经承诺在可能需要垫付费用的情况下将会予以偿还。总之，这些单务合同包含着可能的具有相互依存性的义务，这种相互依存性的实现也就会赋予合同以双务性质。[1]

不过，从根本上来说，就这些合同的成立而言，上述争论没有任何意义。因为，这些合同在成立时无可争辩地属于单务合同，因此，所谓“正本复份（double original）规则”肯定不适用于这些合同。[2] 与此相反，就合同的效力而言，如何认定这些合同的性质却会产生很大影响。按照上述分析意见，这些合同可以受双务合同履行规则的约束，也可以不受这种规则的约束。法院判例则更为倾向赞成对这些合同适用“合同不履行抗辩”[3] 以及“因不履行而解除合同”。[4]

67. 有偿合同与恩惠合同（无偿合同），区分标准

区分有偿合同（contrats à titre onéreux）与恩惠合同（contrats de bienfaisance），与当事人所追求的目的紧密相关（参见附目第1107条）。

当每一方当事人在立即给付或者许诺将来给付的形式下已经受领或者将会受领某种利益作为他向对方当事人所为之给付的对价时，此种合同为有偿合同。

一方当事人给予另一方当事人以某种利益而不从对方当事人那里受领任何交换利益的合同，就不是有偿合同。这种合同有时也被称为“恩惠合同”。《民法典》第1105条即是这样的规定：“一方当事人给予另一方当事人纯粹的无偿利益的合同为恩惠合同。”[5]

---

[1]C·Larroumet，N°202.

[2]最高法院诉状审理庭，1877年4月23日（DP. 77. I. 366）。

[3]最高法院商事庭，1981年6月23日（JCP1981. IV. p. 318）。

[4]巴黎法院，1893年6月29日（DP. 94. 2. 437）；南锡法院，1936年1月11日（DH. 1936. 155）。

[5]参见《继承和赠与》，第247节（les successions，les libéralités，N°247）。

恩惠合同本身又可分为：

（1）无偿合同（contrats à titre gratuit）：承担义务的一方当事人订立此种合同的目的是增加他方当事人的概括财产，例如，生前赠与（donation entre vifs）合同，在赠与人生前即应实现赠与物的转移时，即是一种无偿合同；契约指定继承人（institution contractuelle），[1] 也是如此，这种契约也称为“将来的财产赠与”，因为这种合同的宗旨（标的）是将当事人死亡时留下的财产全部或一部赠与某人。

（2）无偿服务合同（contrats de service gratuit）：承担义务的当事人订立此种合同并不是为了增加他方当事人的概括财产，而是为其提供服务，例如，无偿借用、使用借贷（pret à usage 或 commodat. 无息借贷）、无报酬的委托（le mandat non salarié）、寄托[2]

---

[1]《法国民法典》第 1130 条规定：“任何人均不得放弃尚未开始的继承，也不得就未来开始的继承订立任何条款，即使得到被继承人的同意，亦同。”但该法典第 1082 条同时规定：“一对夫妻双方的父母、其他直系尊血亲、旁系血亲、甚至无亲属关系的外人，可以在他们的夫妻财产契约中约定将他们死亡时留下的财产之全部或一部处分给该夫妻双方，以及在作为受赠与人的夫妻一方先于赠与人死亡时，处分给该夫妻之婚姻将出生的子女。——此种赠与，即使仅为夫妻双方的利益而为，或者仅为夫妻一方的利益而为，在赠与人后于受赠与人死亡的情况下，均推定是为受赠与的夫妻将出生的子女或直系卑血亲的利益。”第 1083 条规定：“前条所指形式的赠与不得取消，但此种不得取消仅指以下意义：赠与人不得再行无偿处分包括在赠与之内的财产，以补偿名义或其他名义仅仅处分数量极少的款项时，不在此限。”此种赠与被称为“institution contractuelle”，指“以契约指定继承人”（institution d'héritier par contrat）或者称为“将来的财产赠与”。实际意义是：通过婚姻财产契约，一方配偶向另一方配偶，父母或者第三人向自己的子女夫妻双方或某一对夫妻双方，或者向这对夫妻的将来出生的子女进行的将来财产赠与。这是一种就将来的遗产订立的协议。按照法国法律，此种赠与仅在极个别情况下得到准许。我国有人根据《法国民法典》第 1130 条的规定，认为法国法律完全否定“继承合同”的效力，实际上是没有注意到第 1082 条的例外规定。但《法国民法典》没有使用“继承合同”的名称，而《德国民法典》第 1941 条则明确规定：“被继承人得以合同指定继承人，以及指示遗赠或遗赠负担。”《瑞士民法典》第 494 条规定：“被继承人得以继承合同，承担使对方或第三人取得其遗产或遗赠义务。”——译者注

[2]《民法典》第 1917 条：“本义上的寄托本质上是一种无偿合同。”

或者无偿的保证（cautionnement non rémunéré）。[1]

《民法典》第1106条在定义有偿合同时是这样规定的："每一方当事人均应负担给付或作为之债务的合同为有偿合同。"表面上看来，区分有偿合同与无偿合同，与前面提到的区分双务合同与单务合同两者是完全重叠的，实际上并非如此。虽然说，大部分双务合同都是有偿合同，但也有例外情况，例如，"有负担的赠与"（la donation avec charge，附条件的赠与）合同；[2] 单务合同也可以是有偿合同，有息借贷（prêt à intérêts）合同即属于此。须知，按照法国法的观念，有息借贷合同是一种单务合同（参见第147节），然而，在这种合同里任何一方当事人均不是不图任何利益而为之：贷与人订立合同是为了获得其贷出的金钱的利息，而借贷人缔结合同是为了使用交付给他的款项。

68. 区分的意义

（1）无偿合同，不论是对无偿处分人的利益，还是对于其家庭及其债权人的利益，均具有一定的危险性，[3] 因此，无论是从当事人缔结合同的能力与权力（权限）（pouvoir）的角度，还是从合同的形式规则与实质规则的角度，无偿合同均需适用特别规则。制定这些规则的目的是要对这类合同的订立设置特定的障碍。我们由此也可以看到区分有偿合同和无偿合同所具有的重要意义。

[1]关于保证属于无偿性质还是有偿性质，参见《担保法与不动产公示制度》（les sûretés. la publicité foncière，N°35）；另见特斯图：《保证与无偿处分》（Testu，le cautionnement-Libéralité，JCP1989. I. 3377）。

[2]参见《继承和赠与》，第321节（les successions，les liberalités，N°321）。

[3]参见《继承和赠与》，第256节，第619页（les successions，les liberalités，N°256. p. 619）。

（2）税法的某些规则也表达了对类似问题的关注。在财产变动税的征收方面，由无偿行为引起的财产转移税的税负通常要高于有偿行为引起的财产转移税的税负。这往往会引起人们采取各种伪装的手段来掩饰其进行的赠与行为（参见第 537 节）。

（3）与此相反，从担保与合同责任（违约责任）的角度来看，涉及无偿合同时，对合同当事人的要求的严格程度相对要宽松一些，例如，赠与人并不受强制对其给付之物提供保证，而物的出卖人则不同，他不仅要保证买受人购买之物不会被追夺，而且应当对其出卖之物的隐蔽瑕疵负担保责任；同样，就合同责任而言，对于不取任何代价而给与财产的人，或者对于提供无偿服务的人，法律更为宽容,[1] 例如《民法典》第 1927 条和第 1928 条第 2 项有关寄托的规定以及第 1992 条第 2 款关于委托的规定，就是如此。

（4）恩惠合同被推定为是一种“基于对人的资格或身份考虑”而订立的合同，也就是说，一个人之所以向某人无偿赠与其财产或者无偿提供服务，完全是考虑到（相对当事人的）“人格”或“身份”。由于恩惠合同的这种特殊性质，在（缔约人）对相对人的资格、身份方面发生误解（参见第 488 节）的情况下，势必影响到合同的有效性。

（5）相对于有偿合同而言，在无偿合同方面，（债权人的）撤销诉权（action paulienne）更容易得到法院的承认与支持。

（6）只有有偿合同才能具有商事性质，因为只要说到“商事”或“商务”（commerce），不言而喻，都意味着交换与商业利益的谋

[1]《民法典》第 1927 条：“受寄托人在保管寄托物时，应给予如同保管属于自己之物一样的注意。”

第 1928 条：“下列情形，前条之规定适用时应更加严格：1）如受寄托人主动提议接受寄托；2）如约定受寄托人因保管寄托物而得到报酬。”

第 1992 条：“受委托人（代理人）不仅应对其欺诈行为承担责任，而且应对其在管理中的过错负责。”

划，而这一点与无偿行为的本质是格格不入的。[1]

69. 实定合同与射幸合同

实定合同与射幸[2]合同的分类属于有偿合同的次级分类（参见附目第1108条）。所谓实定合同（contrats commutatifs）是指每一方当事人（可以）受领的对价都是肯定的并且是已经确定的有偿合同。各方当事人自合同订立之时就肯定地知道自己应当进行的给付的范围与数额，知道自己从中可以获得多少利益；所谓射幸合同（contrats aléatoires）则不同，它是指，双方当事人是可能获得利益还是可能受到损失，完全取决于某种不确定事件的合同（《民法典》第1104条）。[3] 例如，按照确定的价金进行的买卖是一种实定合同；如果是采用支付终身定期金（终身年金）的方式进行的买卖，[4]

[1] F·格卢阿：《论商法上的无偿性》，《巴黎一大学位论文》，1978年（F·Grua，la gratuité en droit commercial，thèse ronéot，Paris I，1978）。

[2] 实定合同也译为“等价合同”，这是从“双方得失大体相等”的角度来确定的名称；“射幸”一词的法文为“aléatoire”，指带有赌博性的获利或失利的机率，也就是我们通常所说的“碰碰运气”或“赌上一把”。——译者注

[3]《民法典》第1104条：“在相应的等价（équivanlent）是指每一个当事人依据某种不确定的事件均有获得利益或者遭受损失的机率时，此种合同为射幸合同。”这一条文的原文是：“lorsque l'équivalent consiste dans la chance de gain ou de perte pour chacun des parties，d'après un événement incertain，le contra est aléatoire。”另有译文为：“如合同以当事人各方依据不确定的事实而获得利益或遭受损失的偶然性作为代价，此种合同为赌博性合同。”参见卡恩：《论合同中射幸的概念》，《巴黎大学学位论文》，1925年（Kahn，la notion de l'aléa dans le contrat，thèse Paris. 1925）；J-L·穆拉里斯：《论射幸的概念与法律行为》，《格勒诺贝尔大学学位论文》，1968年（J-L·Mouralis，la notion d'aléa et actes juridiques，thèse Grenoble. 1968）；A·莫兰：《也谈射幸合同研究》，《巴黎九大学位论文》，1995年（A·Morin，Contribution à l'étude des contrats aléatoires，thèse dactyl. ParisIX. 1995）。

[4] 持有大宗不动产的独身老人采用由买受人支付终身年金的方式将其不动产出卖给买受人，买受人按年支付价金的一部分（rente，定期金或年金），直至出卖人去世，即所谓终身年金。但出卖人在活着的时候对不动产可以享有使用权（当然要抵扣部分价金）。这种形式的买卖显然带有射幸性质，因为出卖人的寿命长短是一种不确定事件。这种买卖与我国法律中的遗赠抚养协议有所不同。——译者注

那么，买受人将要支付的款项的（总）数额就取决于出卖人的寿命的长短。照此订立的买卖（合同）便是一种射幸合同。保险合同也是射幸合同：被保险人按照合同的规定缴纳保费，由保险人承担双方当事人所考虑的可能发生的那些风险，因为被保险人不想个人独自承受这些风险的最终影响。保险合同是为某种不确定发生的风险提供保险与保障，因此是一种射幸合同。这里所说的事件的不确定性，通常是指双方当事人在订立合同时所考虑的那种事件不一定会实际发生（例如，房子发生火灾、财产被盗等，都属于一种可能发生的事件）；事件的不确定性，也可以是指事件的发生日期不确定，例如，人身保险或人寿保险，被保险人死亡的日期就具有不确定性。[1]

也有人提出一个问题：就射幸合同而言，是必须要求双方当事人都有或输或赢的机遇，还是只需要其中一方当事人有此种机遇或可能性便可构成并认定为射幸性质。之所以有这样的疑问，原因在于《民法典》中有两个条文的意义相互不太一

[1]由于保险合同本质上为射幸性质，因此不能就被保险人已经发生的风险订立保险合同。参见最高法院第一民事庭1990年2月27日判决（Bull. civ. I. N°52. p. 38）；与此相反，投资型保险合同（contrat de capitalisation）则不具有射性性质。所谓投资型保险合同是指保险人将投保人缴纳的保费进行投资并在约定的到期日向投保人本人或者在投保人可能死亡的情况下，向其指定的受益人返还费用的保险合同。在此情况下，投保人的寿命的长短对于计算给付的价值并不产生任何影响，因为保险人负担的给付的价值在任何情况下都是来自被资本化的保费的数额。但是，法国最高法院出于政策与经济方面的考虑而牺牲法律的严格性，认定的是一种相反的处理意见，其理由是："凡是效力有赖于投保人生命长短的保险合同，按照《民法典》第1964条规定的意义，均包含着某种射幸性质。"参见最高法院混合庭2004年11月23日判决（D. 2005. 1905. B · Beignier 述评）。我们认为，最高法院的这一处理在法律上是一种谬误，因为，从根本上说，自然人总是会死的，而这一判决却将与从根本来说总有一天会死亡的自然人订立的所有合同都纳入了射幸契约之类型，参见L · 奥贝尔：《射幸与人身保险》，载《Groutel 论文集》，第13页（L · Aubert, aléa et assurance-vie, Mélanges Groutel. p. 13）。

致。法典第 1104 条规定：“每一当事人承担的给付或作为义务大体等于他方对其承担的给付或作为义务时，此种契约为实定契约（commutatif，等价契约）；当相应的等价（équivanlent）是指每一当事人依据某种不确定的事件，均有获得利益或者遭受损失的机会时，此种契约为射幸契约。”我们据此可以认为，后一条文显然考虑的是双方当事人均有获利或失利的机会；而法典第 1964 条则规定：“射幸契约是指当事人相互间的一种约定：所有的当事人或者其中一当事人或数当事人是获利还是受损失，均依赖于某种不确定的事件。”显然，从这一条的规定来看，我们又可以认为，法律并没有要求所订的协议对每一方当事人均具有射幸性质，即使仅对其中一方当事人具有射幸性质，这种合同仍然可以构成射幸合同，但这一条文一开头就规定“射幸契约是双方当事人之间的一种相互约定”，这似乎又排除了“一项合同可以仅仅对一方当事人具有射幸性质”（而对他方当事人不具有射幸性质）的看法。我们认为，确确实实，合同的射幸性质不能只对一方当事人而存在，因为，这类合同包含着双方当事人之间的相互给付，其中一方当事人所赢得的正是相对当事人所丧失的，反过来亦是如此，因此，不可能设想只要一项合同的一方当事人单方有获利或者失利的机遇，就可以构成或认定其为射幸契约。例如，在采取终身定期金的形式进行的买卖中，债权人如果寿命很长，债务人自然需要承担更多的给付，（对他而言）这或许就是一种损失。

也有人认为，即使仅有一方当事人可能存在获利或者受到损失的机遇，同样可以构成射幸合同，例如，保险合同，就仅仅对被保险人（投保人）一方存在机遇：诚然，投保人应当缴纳保险费，但是，由于保费的数额是事先确定了的，而这种确定的数额并不是随意决定的，它是以受担保的风险的相关统计结果为基础计算出来的。当担保的风险果然发生时，对于投保人来说，他缴纳保费的活动整体上还是为其带来了（更多的）利益。这一看法无疑是准确的。但是，这并不妨碍我们将每一项保险合同分开来单独考虑：随着风险是否实现之不同情况，对于保险人而言，仍然构成其受到损失或者获得利益的根据，这就是说，保险合同对双方当事人都具有射幸性质。

法国最高法院看来不承认这些原则。最高法院民事庭 1948 年 4 月 26 日的判决认为，一宗不动产的所有权人将该不动产的虚有权卖给一人，而将用益权卖给另一人，由此订立的合同具有实定性质。由于该合同的一方当事人受到的损失超过 7/12，所以该判决以显失公平之原因而解除了该合同（如果是射幸合同，就不会以受到损失之原因而将其解除）；在这方面，与此相比较的还有另一项判决，那就是最高法院民事庭 1952 年 7 月 15 日就一处矿泉水水源的买卖作出的判决。毫无疑问，（该水源的）虚有权与用益权两项买卖合起来肯定会使所有权人丧失对该水源的完全所有权，不论其卖出的不动产的所有权的分解时间延续多久，对于该不动产的所有权人（出卖人）而言，这两项买卖均不包含任何可能获利或可能失利的机遇（因此不存在任何射幸性质），因为他已经而且一次性受领了（出卖该不动产虚有权和用益权的）全部价金。然而，即便是这样，如果将每一项买卖分开来独立看待，仍然不妨认为无论是该水源的虚有权买卖还是使用权的买卖，对于每一方当事人均具有射幸性质。照此看来，仍然应当认为只有当合同对双方当事人都具有射幸性质时才构成射幸合同。[1]

有关“显失公平理论”（la théorie de lésion）的问题，就很好地体现出区分实定合同与射幸合同的意义。通常情况下，（实定合同的当事人）“因显失公平、受到损害”时，可以请求撤销合同，但是，如果合同具有射幸性质，受到损失的当事人则不能以显失公平为理由而主张撤销合同，因为，射幸合同的每一方当事人在订立合同时均是自愿同意并且接受“赌上一把”或者“碰碰运气”，因此，不论最后发生什么样的结果，均不得事后反悔，并主张“显失公平、受到损害”。人们经常说：“既然想赌上一把，就别唠叨自己受了损失（既赌服输）。”在财产分割方面，《民法典》第 889 条就“显失公平、受到损害”（lésion）[2] 的情形作了如下规定：“如共同分割人证明其实际所得的分配份额较之其应继份额短少 1/4 以上因此受到损害时，可以由被告方选择，用金钱或实物补足该人的份额。”与此相对应，法典第 891 条就具有风险的射幸

[1]参见马佐（H·L·et J·Mazeaud）（t. II. vol. I）；合同的射幸性质应当是对双方当事人而言，见最高法院商事庭 1977 年 10 月 4 日判决（Bull. civ. IV. N°218. p. 185），最高法院商事庭 1978 年 5 月 3 日判决（D. 1979. 247. J·B·Burst 述评），只需要在合同成立是存在射幸性质，即可认定其为射幸合同（合同订立之后出现的某种肯定的情况，对认为合同的射幸性质不产生影响），参见最高法院第三民事庭 2007 年 7 月 4 日判决（JCP2007. II. 10154，D·Houtcieff 述评）。

[2]此处原用语“lésion”。在法国民法里，这是一个有特定含义的术语，总的来说，有“受到损害”之意，指合同的一方当事人或者财产分割中的一方当事人因对待给付不对等或者分割的财产份额价值差异太大而受到了损害。这种情形构成“取消相对无效行为”的原因。这一概念有严格的限定范围：成年人之间订立的合同，只有在法律有特别规定的情形和条件下，才能依此原因请求解除合同。例如，不动产买卖中出卖人损失超过不动产价款的 7/12 时（《民法典》第 1674 条），共同继承人在分割遗产继承份额的数额短少超过 1/4 时（《民法典》第 889 条），以及对各种合同所规定的有关利于未成年人的情形（第 1305 条）。《法国法典》第 1118 条特别强调“lēsion”“仅对特定的合同或仅对特定的人”构成取消合同的原因。1946 年 5 月 6 日最高法院诉状审理庭的判决认为：如果一项不动产的买卖的条件本身具有射幸性质，则不得以“显失公平、受到损失”为理由提起取消买卖之诉。参见本书第 302 节。——译者注

性质的买卖作了如下规定："对于共同继承人或者其中一人无欺诈地向共同继承人之一出卖其共有权利，在买卖文书中包含具体规定的风险并且买受人明示承担此种风险时，不允许就此种买卖提出补足分配份额之诉讼。"不过，（需要指出的是）如果在订立射幸合同的当时就已经使双方当事人之间的机遇本身不平衡，并且无论发生什么样的情况，都应视该合同对一方当事人显失公平、造成损害时，则可以另做处理。[1]

"赌一把"（射幸），是一种不同程度上影响合同行为的常见情形。不言而喻，这种合同行为牵涉的是当事人对将来可能的结果的期待、考虑或判断，因此有人认为，制定法对此问题的处理应当与相关的规则联系起来，而不应拘泥于刻板的合同类型的分类：射幸合同并不是与实定合同相对立的一类合同，而是实定合同的一个变种。[2]

70. 一次性履行的合同和连续履行的合同

《民法典》并未明文规定这种分类方式，但传统上一直是这样进行区分的（参见附目第 1111-1 条）。[3]

当合同产生的义务可以一次性履行完毕时，此种合同就称为一次性履行的合同（contrats à exécution instantanée，瞬时履行的合

[1] J·德帕雷兹：《关于射幸合同中的显失公平问题》，载《民法学季刊》，1955 年，第 1 页（J·Deprez，la lésion dans les contrats aléatoires，RTD civ. 1955. p. 1）。

[2] F·格鲁阿：《论射幸行为的效力以及射幸合同与实定合同的区分》，载《民法学季刊》，1983 年，第 263 页（F·Grua，les effets de l'aléa et la distinction des contrats aléatoires et des contrats commutatifs，RTD civ. 1983. p. 263）。

[3] A·德吉伦施密特-吉诺：《论即时履行的合同与连续履行的合同之区分》，《巴黎二大学位论文》，2007 年（A·de Guilenchmidt-Guignot，la distinction des contrats à exécution instantanée et des contrats à exécution successive，thèse Paris II. 2007）。

同)，某一物件的买卖、互换、就某一项具体活动给予委托，便是可以瞬时履行完毕的义务（因此，此种合同也可译为“瞬时合同”或“即时合同”）。

当一项合同包含在时间上需待延续履行的义务时，[1] 此种合同称为连续履行的合同（contrats à exécution successive），各方当事人相互之间在一段确定的或不确定的时间里始终受到合同关系约束。一次性履行的合同的终止日期是已经确定的，而在第二种情况下，合同的终止日期并未确定（参见第 480 节）。有些学者还进一步将连续履行的合同细分为连续履行的合同与分期履行的合同（contrats à exécution échelonnée）。前者的特点在于它创设的是一种债的持续关系，例如，租赁合同或劳动合同；后者产生的债务是在时间上分期或者分次地重复给付，例如，报纸订阅合同、分数次按份交付物件的买卖合同、驾校订立的提供系列驾驶课程的合同，都是如此。[2]

时间因素介入连续履行的合同，在有关合同无效的效果以及合同解除的效力方面均引起适用特别规则：鉴于合同的履行需要延续一定的时间，当合同牵涉到那些不可能返还的给付时，显然不可能回避这种延续履行状况可能产生的后果。因为，在这种情况下，合同无效（nullité）与合同解除（résolution）变成了“仅对将来发生效力”的取消合同（résiliation），也就是不具有溯及力的取消合同

---

[1] G·布里耶尔德利斯勒：《关于连续履行的合同的概念》，载《Dalloz 法学评论汇编》，1957 年，153（G · Briere de l'Isle, de la notion de contrat successif, D. 1957. Chron. 153）；J·J·阿泽玛：《论连续履行的合同的期限》，《里昂大学学位论文》，1968 年（J · J · Azema, la durée des contrats successifs, thèse Lyon. 1968）；阿尔兹：《论连续履行的合同的中止》，载《Dalloz 法学评论汇编》，1979 年，第 95 页（Artz, la suspension du contrat à exécution successive, D. 1979. chron. p. 95）。

[2] M-L·格罗斯：《论分期履行的合同》，载《Dalloz 法学评论汇编》，1989 年，第 49 页（M-L · Cros, les contrats à exécution échelonnée, D. 1989. chron. p. 49）。

（参见第 425 节与第 655 节）；也有学者提出，分期履行的合同应当适用特别制度：根据合同当事人的意思是进行一种不可分的交易还是可以将其细分为一系列小合同的交易，分别适用全部消灭或者仅仅分段或部分消灭的制度。

另一方面，在连续履行合同的过程中发生给付不平衡的情况时，还会遇到因不可预见的原因而提出变更合同的问题（参见第 465 节）。

二、近年来出现的合同分类方法

71. 本节内容介绍

新近出现的某些合同分类方法反映了当今社会人们对外表示意思的技术发生的变化（1），另有一些分类方法的依据是当事人有时处于不平等地位的情况下订立的合同（2），还有的分类方法突出强调的是合同之间存在的差异。

（一）按照意思表示方式进行的分类

72. 传统合同与电子合同

传统上，合同各方当事人往往是通过在某项文书上签字、口头交谈、磋商，或者甚至可能通过某些动作、举止行为来对外表达各自的同意意思。由于电子通讯技术的发展——互联网、微型计算机、电子邮件等，人们可以通过发送电子邮件来表达各自的意思。有些从事经济活动的人士充分认识到这种新的通讯技术所提供的资源，开发了人们习惯上称之为“电子商务”（le commerce électronique，英文为：Electronic Commerce，简称 EC）的途径。由于通过电子途径订立的合同的数量成倍地增加，也给当代法学家们提出了各种各样的问题。[1] 法国立法者试图对这些问题做出回答，先后通过了 2000 年 3 月 13 日关于电子证据的法律、2001 年 8 月 23 日关于将欧洲共同体 1997 年 5 月 20 日指令转用于《消费法典》的法令、2004 年 6 月 21 日关于数字经济信用的法律以及 2005 年 6 月 16 日关于通过电子途径订立的合同应当履行特定手续的法令。该法令将欧洲共同体 2000 年 6 月 8 日关于电子商务的指令转为法国国内法。[2]

首先，如何定义电子合同（contrats électroniques）？电子合同是否唯一是指通过电子途径发出要约与承诺而订立的合同？与此相反，只要是通过电子途径对任何一种要约做出的承诺，是否都可以称为电子合同？（我们认为）2004 年 6 月 21 日"关于数字经济信用的法律"所做的定义在导向上是倾向于前一种回答。该法第 14 条规定："电子商务是一人通过电子途径远距离向他人提议或宣告提供财产或服务的经济活动。"（此处没有使用"商事活动"的概念）。换句话说，电子商务就是通过电子途径进行的活动（未加任何限定语）：由于在这一法律的制定过程中，立法者放弃了"所从事的活动应当具有职业性质"的考虑和要求，因此电子商务法（droit du commerce électronique）不是一种电子消费法（consommation électronique），它调整的对象不仅仅是职业者相互之间的关系，而且也调整职业者之间

[1]《论电子合同》，载《亨利·卡比唐协会研究文集》，2003 年（les contrats électroniques. Travaux Association Henri Capitant. 2003）；这方面已经有自己的期刊：《通讯与电子商务》（communication et commerce électronique，CCE）。

[2]参见 Ph·斯托菲尔-明克：《论电子商务合同的改革》，载《通讯与电子商务》，2004 年 9 月，第 44 页（Ph·Stoffel-Munck，la réforme des contrats du commerce électronique，CCE. sept 2004. p. 44）；L·格瑞博姆：《在数字经济的法律实施之后》，载《Dalloz 法律评论汇编》，2004 年，第 2213 页（L·Grynbaum，après la loi "économie numérique"，D. 2004. p. 2213）；N·马戴：《2004 年 6 月 21 日关于数字经济信用的法律中的电子商务》（N·Mathey，le commerce électronique dans la loi du 21 juin 2004 pour la confiance dans l'économie numérique par M·Vivant，D·Ferrier，J·Huet）。

或者其他个人之间的关系。

其次，电子合同的（法律）制度如何？是受普通法调整还是应当适用特别规则？普通法上由当事人的能力、合同的标的与原因等构成的合同成立及合同有效性的各项条件，均适用于电子合同。这一点看来不会存在任何困难。但是，在涉及当事人的同意与合同的形式时，情况则相反。虽然说，即使当事人面对面，仍然可以通过电子系统订立合同——这种情况并非完全不可想象，不过，绝大多数情况下，运用电子技术订立合同的人相互之间总是隔着一定的距离，由此也必然提出了合同成立的时间与成立地点的问题。这就是说，电子合同遇到了与采用通信方式订立的合同相同的问题。

电子商务依托的电子平台既具有物质性又具有无形性，因此完全不同于通过书面文件构成的传统平台。这样就提出了一个问题：这种电子平台是否符合《民法典》传统上对证据或形式所规定的各项要求？现在，2000 年 3 月 13 日的法律已经解决了这个问题。该法将电子形式的文件视同采用纸质依托书写的文件（《民法典》第 1316-1 条）[1]（参见第 151 节）。至于电子商务的形式，2004 年 6 月 21 日关于数字经济信用的法律在《民法典》中增加了第 1108-1 条，该条规定："法律行为之有效性要求有书面文字时，该文书可以采用符合第 1316-1 条与第 1316-4 条规定之条件的电子形式制作与保存，以及在要求采用公证文书时，可以按照第 1317 条第 2 款规定的条件采用电子形式制作与保存。在要求承担义务的人本人手书文字时，也可以采用电子形式，但采用这种形式的条件应足以保

[1] 第 1316 条："书证（la preuve littérale 或者 la preuve par écrit）由文书、单据、文字、数字或者其他各种具有可以理解其意义的符号或象征产生，不论其载体与传达方式如何。"

第 1316-1 条："电子形式的文字，与纸张载体书写的文字一样，准许作为证据，但以可以按照规定鉴别其发送人的身份以及按照足以保证其完整性的条件建立与保存为限。"

障只能由其本人而为之。”（参见第145节）。

（二）按缔约当事人的资格进行的分类

73. （1）自愿协商订立的契约与附合契约

按照《民法典》制定者的观念，当事人自愿协商订立的合同是他们之间自由讨论的成果。当事人通过对合同的各项条款的措辞进行谈判，有可能在各自原来主张的基础上同意做出相互让步之后，最后达成一项原则上平衡的协议。因为，每一个人都是自己利益的最佳法官或最佳评判人，怎么有可能到头来会同意那种给自己带来损失的契约呢？

但是，我们认为，上述看法也许是忘记了这样一个事实：虽然说，所有的人在法律上（权利上）是平等的，但实际上并非如此。人有强势卑微之分、有贫穷富有之分、有机灵笨拙之分，见多识广者与愚昧无知者到处都有，任何社会概莫例外。这样一来，所谓契约自由就会成为一些人对另一些人强加种种苛刻条件的手段。这种危险在19世纪初还不太明目张胆，但随着工业、商业日益高度集中，这种危险也在不断增大。早在20世纪初，有些学者就曾揭露过附合契约给合同正义带来的威胁。所谓附合契约是指，不是像传统观念所希望的那样经当事人自由协商之后才订立的契约，而是经济上处于弱势的一方对处于经济强势的一方事先制定的合同文件[1]的附合（l ‘adhésion），[2] 这也是附合契约名称的由来。例如，单独的个人与某些处于垄断地位或支配地位的大公司（法国全国铁路公司、法国电力公司、法国煤气公司）之间订立的合同，就

[1]R·萨莱耶：《论意思表示，德国民法典中的法律行为探究》（R·Saleilles, de la déclaration de volonté, contribution à l'étude de l'acte juridique dans le Code civil allemand）。

[2]G·贝尔里奥：《论附合契约》，1976年第2版（G·Berliow, le contrat d'adhésion, 2e éd. 1976）。

属于附合契约。

区分自愿协商订立的契约与附合契约（参见附目第1110条），尽管符合某种无可否认的社会现实，但是，这种区分方法在制定法上并没有取得某些人所预计的成果：法国法始终没有规定附合契约应当适用特有制度，[1] 而仅仅是满足于对特定的附合契约的内容作出一定的强制性规范，例如，对保险合同作出的强制性规范（参见第196节）。今天，《民法典》为保护处于弱势的一方合同当事人所作出的相应规定则是以另一种合同区分方法为依托的。

74. （2）平等合同（contrats égalitaire）与消费合同（contrats de consommation）

主张这种合同分类方法的想法很简单：相对于消费者，职业者在传统上都处于优势地位，因为他们较好地掌握技术知识，有更强的资金能力。随着企业规模的扩大，产品和服务的综合性与复杂性以及信贷和广告业的发展，更加加剧了消费者与职业者之间的这种地位不平衡状况。因此，很早以来就出现了一种愿望：要让消费者受到特定措施的保护，为他们带来利益，用以平衡职业者从他们所处的优势地位中获得的种种好处。正因为如此，自20世纪70年代开始，经过一系列重大的立法举措，法律上采取了一整套以保护消费者为宗旨的措施，不过，这些措施目前还相当分散。

如果对（有关保护消费者的）这些措施作一简要介绍，那么，我们可以围绕若干主轴来对它们进行归类。

其一是信息告知（义务）（information）：为了防止双方当事人对情况的了解与认识不对称，法律就特定合同的成立进行了规

[1]自1993年4月5日欧洲共同体指令以后，对这种看法应当有所调整，因为共同体指令在对滥用权利条款进行定义时已经明文提到了附合契约（参见第328节）。

范，为的是消费者能够在了解情况并进行充分思考之后才决定缔结合同、做出义务承诺（参见第256节）。

其二是有关滥用权利条款（les clauses abusives）的规定：为了防止某些职业人利用他们所处的优势地位在合同中加进导致双方当事人权利义务不平衡的条款，立法者设置了一种程序，可据此将这些条款“视为不曾订立”（参见第530节）。

其三是规定安全义务（la sécurité）：为了保护消费者，法律通过规定预防性措施和制裁性措施，对向消费者提供的产品规定了监督措施（参见第279节）。

其四是协会诉讼（l’action en justice des associations）：为了便于保护消费者的集体利益，法律赋予“消费者协会”以很大的权力。在规定的条件下，消费者协会可以代表消费者进行诉讼（参见第326节）。

最后，法律规定了处理“个人超额负债”（surendettement）的程序：由于无孔不入的广告以及方便贷款的政策，[1] 往往造成消费者陷入超额负债的境地。为了补救这种状况，立法者安排了两种专门适用于（非商人自然人）个人的“集体程序”（procédure collective），[2] 也就是自愿协商清理债务（le réglement amiable）程序和民事重整程序（procédure de rédressement civile），准许债务的分散清偿，甚至免除债务。

---

[1] B·奥佩梯：《论负债与法》，载《A·Breton et F·Derrida论文集》，1991年，第295页（B·Oppetit, l’endettement et le droit, Mélanges A·Breton et F·Derrida, 1991. p. 295）。

[2] 法国法律不再使用“破产程序”这一概念，而是称之为“集体程序”。“集体程序”包括司法保护程序、司法重整程序与司法清算程序，适用于《商法典》明文规定的主体，仍然属于商人破产制度的基本范畴；至于普通个人资不抵债状态，适用的是“个人超额负债程序”，实际上就是“非商人个人破产程序”，但它是由《消费法典》规范的程序。——译者注

以上这些规则集中在《消费法典》中。《消费法典》的立法部分由1993年7月26日第93-949号法律颁布,[1] 其实施条例部分由1997年3月27日法令颁布。一开始，这些规则的唯一渊源是来自法国国内法，现在，源于欧洲共同体法的规则越来越多。由于欧盟在这方面可以主张双重管辖权名义，因此共同体条约第95条准许欧洲理事会按照符合规定的多数条件制定与成员国在保护消费者方面的立法相互接近的措施，因为如果成员国在这方面的立法过于分散，将会妨碍欧洲内部市场的建立与运转。由“马斯特里赫特条约”产生的共同体条约第153条赋予共同体权力机关与实现内部市场相分离的独立的制定规范的权力。欧洲委员会于2007年2月7日发布了有关对共同体在保护消费者方面已有成果进行复查的绿皮书，目标是要对此前的8项指令进行修订，使这些指令更加具有现代性，最后产生了欧盟2011年10月25日关于消费者的指令，并用其取代了此前的多项指令。法国2008年1月3日关于为消费者的利益进一步推动竞争的法律授权政府对《消费法典》进行了修改，上述指令已于2013年12月31日前转为法国国内法。

消费合同（contrat de consommation）这一概念指的是职业人与消费者之间订立的适用上述各项规则的合同。与这类合同相对应的，则是职业人相互之间或者（普通自然人）个人之间订立的合同。后两者受普通法调整，我们有时也称之为“对等合同”（或平等合同），借以表示这类合同所连接的双方当事人之间不存在不平等的结构性原因。[2] 为了对这类合同有一个更深入的准确看

[1]1993年7月27日官方公报，关于这一法典的原则本身，参见本书第47节。

[2]尽管如此，没有任何东西禁止各方当事人自愿将他们订立的合同适用《消费法典》的规则。参见最高法院第一民事庭1988年7月6日判决（JCP 1989. II. 21194. Taisne述评，D. 1988，somm. com. p. 405. Aubert述评）；最高法院第一民事庭，1999年6月1日（CCC1999，N°168. G · Raymond述评，Defrénois1999. 1338，Aubert述评）。

法，我们首先应当了解什么是消费者。[1]

74-1. 职业人与消费者的概念

从狭义来看，“职业人”是指，在从事职业活动之时缔结合同的人，例如，从事工业职业、农业职业、商业职业、手工业职业的人，至于从事职业的是自然人还是法人，在所不问，从事职业的企业的规模，亦在所不问。工业与商业性质的公共服务业者，同样是消费法意义上的职业人，因为这些公共服务业与用户、客户的关系受私法调整，因此，也就受消费法调整。

“消费者”（consommateur）是一个很难准确把握的概念，[2] 因为，消费法是由先后出现与颁布的规则形成的，而涉及消费者这一概念的每一项（法律）文件始终都不肯费心思对这一概念作出一个明确定义，即使是《消费法典》，同样没有填补这一空白。法典在表述“受其保护的人”时，使用了各种各样的极不相同的用语，诸如“借贷人”（第 311-1 条）、“个人”（第 330 条）、“参与人”（第 121-36 条）、“合同当事人”（第 213-1 条）、“人”（第

[1]《消费者及其订立的合同》，2001 年第 2 版（le consommateur et ses contrats，2e éd. 2001）。

[2]这方面的著述很多，其中主要有：G·科尔钕：《法国法律关于保护消费者与合同履行的报告》，载《亨利卡比唐协会研究文集》，第 24 卷，1973 年，Dalloz，1975 年版，第 131 页（G·Cornu，rapport sur la protection du consommateur et l'exécution du contrat en droit français（Association H·Capitant，t 24. 1973. Dalloz. 1975. p. 131））；G·贝尔里奥兹：《消费法与合同法》，载《法律活页期刊》，1979 年，I，2954（G·Berlioz，Droit de consommation et droit des contrats，JCP1979. I. 2954）；皮吉奥：《法国法引入的消费概念》，载《Dalloz 法律评论汇编》，1982 年，第 49 页（Pizzio，l'introduction de la notion de consommation en droit français，D. 1982. chron. p. 49）；G·俳桑：《试论消费者的概念》，载《法律活页期刊》，1993 年，（JCP·I，3655）；A·卡特利诺：《国内法上的消费者概念：关于一种派生现象》（A·Cathelineau，La notion de consommateur en droit interne：à propos d'une Dérive，CCC1999，Chron. N°13）；A·卢迪：《共同体法上的消费者概念：一种随便的变化不定》（M·Ludy，la notion de consommateur en droit communautaire：une commode inconstance，CCC2000，Etude N°1）。

122-8条)、“购买人”（第313-11条)、“债务人”（第313-12条）以及“承租人”（第311-7条与第312-27条）等，不一而足。此外，（按照法国现行的制度）涉及消费者这一概念的事务，有管辖权限的机关也各不相同，更增加了这个问题的复杂性，因为，在今天的法国，除司法机关之外，还有“竞争委员会”,[1] 此外还有欧共体的有关机关，而且这当然不是全部列举。

考虑到有关消费者概念的这种差异很大而且很分散的状况，有些人建议，将消费者的定义限制为一种功能性定义,[2] 而这一功能性定义可以随着适用的法律条文不同而有所不同。如果我们试图超越这些差异性和多样性，努力归结出一个消费者的单一概念，仍然可以设想出关于消费者的多种定义。例如，我们可以从严格的狭义来理解消费者的概念，这样，所谓消费者，就是“为了满足个人或家庭需要而订立财产或服务性给付合同或借贷合同的个人”；不过，我们也可以从广义上更具包容性地理解这一概念，从而将那些“追求满足其职业利益但对其订立的合同并不具有本专业能力的职业人”[3] 也纳入“受消费法保护的人”（消费者）的行列。法院判例长期以来在以上两种分析或观点之间徘徊不定。一开始，判例倾向于采纳狭义的消费者观念,[4] 但是，最高法院后来却采纳了

[1]宪法委员会，2008年1月18日（RDC. 2008. 676，J·Rochfeld述评，关于《商法典》第L420-5条的适用)。

[2]梅斯特尔，《民法学季刊》，1989年，Mestre述评（RTD civ. 1989. p. 62)。

[3]也就是说，虽然是从事某种职业活动，但在与其他行业打交道时同样缺乏职业能力或者相关知识的职业人，相对于其他行业而言，同样处于消费者的地位。——译者注

[4]最高法院第一民事庭，1986年4月15日（Bull. civ. I. N° 90. p. 91，Defrénois 1986. p. 787)，奥贝尔述评，载《民法学季刊》，1987年，第86页，梅斯特尔述评（obs Aubert，RTD civ. 1987. p. 86. obs. Mestre)。

一种扩张性观念（conception extensive），[1] 随后又回到最初的立场。现在看来，最高法院受到《消费法典》关于上门推销商品的第122-22-4条规定的指导，作出判决认定：只要职业人订立的合同与其从事职业活动有某种直接的关系，那么就不能主张有关保护消费者的规定。[2] 我们认为，对于法院判例在这里使用的“直接的”这一限定词，同样需要做些细微区分，[3] 因此，就这一判例的准确意义而言，仍然可以有某些犹豫不定之处，特别是现在，最高法院认为，如何定义消费者这一概念是一个“可以由实体法官（根据具体情节）自由裁量的事实问题”。[4]

---

[1]最高法院第一民事庭，1987年4月28日。在这一判决中，最高法院承认，购买防盗报警系统的不动产经纪人可以主张有关“滥用权利条款”的立法规定；本着同样精神，最高法院第一民事庭1988年5月3日的判决认为：一个教士购买一台复印机，可以主张适用有关上门推销商品的规定，以保护自己作为消费者的利益（Bull. civ. I. N°125. p. 87. D. 1990. p. 61，Karilia de vau 述评，D. 1988. p. 407. Aubert 述评）；又例如，一商人购买一个报警器（最高法院1995年5月25日判决，Bull. civ. I. N° 162，p. 111. D. 1993. p. 87. G · Nicolau 述评）；一个农业耕作者购买一台灭火器（最高法院第一民事庭，1993年1月6日判决，CCC1993，N°62）。

[2]最高法院第一民事庭，1995年1月24日（D. 1995. 327，Paisant 述评，CCC1995. N° 84，Leveneur 述评）；最高法院第一民事庭，1996年1月3日与30日（D. 1996. 228，Paisant 述评，JCP1996. II. 22654. Leveneur 述评，1996. I. 3929，N°1，Labarthe 述评，Defrénois1996. 766. D · Mazeaud 述评）；最高法院第一民事庭，1996年7月17日（JCP1996. II. 22747，Paisant 述评）；最高法院第一民事庭，1996年11月5日（CCC1997，N°12，G · Raymond 述评，N°3，Leveneur 述评，D. aff. 1997. 20）；最高法院第一民事庭，1999年2月25日（D. 1999. IR. p. 82）；当这种职业活动仅仅是将来的活动时，也是如此，参见最高法院第一民事庭2001年7月10日判决（D. 2001. I. 2828. Rondey 述评，RTDciv. 2001. 873，Mestre et fages 述评）。

[3]L · Leveneur 述评（JCP1996. II. 22654. N° 3）；D · Mazeaud 述评（Defrénois 1996. 766），关于由此引起的困难的例子，参见巴黎法院1999年9月17日判决，格勒诺贝尔法院1999年9月27日判决（CCC. 2000. N°88 · G · Raymond 述评）。

[4]最高法院第一民事庭，2002年5月22日（在G · Paisant 的专栏文章中将这一判决全文作为附件。由此终结了因运用“直接关系”这一标准所发生的困难局面，参见JCP003. I. 121）。

最高法院最近的判例和欧洲法以及主张与欧洲法[1]看齐的《消费法典》草案[2]（哈蒙法案）都是采用狭义的消费者概念。专门从事消费法研究的学者也大多主张采用狭义概念。这些学者将狭义的消费者概念看成是一种“更能坚实地确定他们所研究的专业学科轮廓”或范围的方法。[3] 有人甚至认为，只有对消费者概念的这种狭义理论分析才能赋予相关的保护措施以切实可行的实质内容，才能保障不可或缺的法律安全。更为主要的是，消费法的适用领域将不断扩大，至少它所追求的保护程度将有可能更进一步提高（在这种情况下，再采用广义的消费者概念会有损法律安全）。[4] 至于怎样才能知道职业人是在其职业能力之内还是在其职业能力之外从事的活动或实施的行为，则有必要具体个案具体分析，这样做，才能让

[1]欧洲共同体 1993 年 4 月 5 日第 93-13 号指令第 2 条：“依据本指令之宗旨，消费者是指，不是为属于其职业活动的目的而订立受本指令调整之合同的任何自然人。”（欧盟）正在思考制定一项平行指令，对若干基本概念作出定义，例如，消费者的概念（参见欧共体在保护消费者方面取得的成果的绿皮书）。

[2]法典草案第 3 条规定：“消费者是指自己取得或使用某种财产或服务，且不将其用于从事职业的自然人或私法法人。”

[3]J·卡莱-奥洛瓦：《消费法》第 7 版，第 13 节（J · Calai-Auloy, droit de la consommation, 7e éd. N°13）；A·西奈-西特尔曼：《对消费者的保护还是对其给予超级保护》，载《法律活页期刊》，1994 年，I，3804，第 12 节（A · Sinay-Cytermann, protection ou surprotection du consommateur? JCP1994. I. 3804. N°12）；H·高斯：《论消费者的概念，在〈消费法典〉实施之后，选择的重大问题》，1995 年，第 23 页（H · Causse, De la notion de consommateur, in Après le Code de consommation, grands problèmes choisis. 1995. p. 23）；N·索法诺尔：《论消费法对法律制度的影响》，《巴黎一大学位论文》，2000 年版，第 398 节，第 250 页（N · Sauphanor, l'influence du droit de la consommation sur le système juridique, thèse Paris I. éd. 2000. N°398. p. 250）。

[4]L·勒维诺：《职业人之间的买卖与限制责任条款》，载《合同、竞争与消费》杂志，1994 年，第 3 节（L · Leveneur, vente entre profesionnels et clause limitatives de responsabilité, CCC1994. chron. N°3）；D·马佐：《消费法的吸引力》，载《商法季刊》，1998 年，第 95 页，第 103 页（D · Mazeaud, l'atraction du droit de la consommation, RTD. com. 1998. p. 95. p. 103）。

当事人事先知道他们之间的关系究竟适用什么样的法律。[1]对于这种看法，也有人提出反对意见。他们认为这种观点是对社会经济现实过于简单化的理解，是建立在“摩尼教式”(manichéenne，善恶二元论）的基础之上。而社会经济现实不可能简单地划分为“天真的消费者”与“职业人”这样的二元结构：“天真的消费者”毫无疑问被推定为无能力、无知识、无经验的一类人，而职业人则毫无例外地被推定为有能力、无所不知、非常有经验的另一类人。如果这样简单地划分，显然忽视了这样一个事实：职业人，在其日常从事的职业活动范围之外从事活动时，也往往处于同样的劣势地位。[2] 正因为如此，当小商人、手工业者、农耕者，为自己的生活与活动需要，在其职业能力之外订立合同时，如果拒绝承认他们同样应当享受保护消费者的法律所带来的利益，结果只能是导致极端的不公平。对于此种观点，又有另一些人打抱不平：他们主张将小商人、手工业者、农耕者订立的这类合同视同消费者订立的合同，而无须赋予当事人以消费者的身份，换句话说，他们认为，应当将“消费者的地位”与“消费者的概念”两者分离开来。“消费者的地位”可以使严格意义上或狭义上的消费者受益，[3] 同样也可以使其他人受益。然而，现在还很难肯定我们的法律在这方面将会做到如此明确而且协调一致。

上面所述，还不是消费者的概念的定义遇到的唯一问题。还有

[1]J·卡莱与F·斯泰梅茨：《消费法》，第13节（J·Calai-Auloy et F·Steinmetz，Droit de la consommation，N°13）。

[2]D·Mazeaud 述评（Defrénois1995. p. 347）。

[3]H·高斯，前引文，第28页（H·Causse，préc. p. 28）；G·莱蒙：《〈消费法典〉颁布之后的消费合同》，第48页（G·Raymond，les contrats de consommation. après le Code de consommation. p. 48）。

人提出这样一个疑问：消费者的概念是否与自然人的概念相同一，消费者的概念是否也包括法人（法人是否也是消费者）？我们知道，不同的法律条文现有对这一问题所做的回答也是各不相同。[1] 对于那些并未明确解决问题的法律规定，法国法院的判例曾经主张，如果法人不是以职业者的身份从事活动，[2] 则扩张适用有关保护消费者的规定；然而，随后法院的判决却采取了相反的立场。[3] 最高法院之所以改变立场，原因是要使法国法院的判例与欧洲共同体法院的判例协调一致，因为，在适用有关“滥用权利条款”的指令的问题上，欧洲共同体法院采取的立场是：消费者的

---

[1]按照法律条文本身的规定，《消费法典》有关上门推销产品的规定（1972 年 12 月 22 日法律，《消费法典》第 121-21 条），或者有关个人超额负债的规定（第331-2条）仅利益于自然人（最高法院第一民事庭，1998 年 12 月 15 日，CCC1999. N°80. G · Raymond 述评），但是，至少是对有关上门推销的规定而言，法院判例也将其扩张适用于特定的法人（最高法院第一民事庭，1993 年 1 月 6 日，CCC1993. N°62）；有关特定信贷活动的规定（1978 年 1 月 10 日法律第 3 条，1979 年 7 月 13 日法律第 2 条，《消费法典》第 311-3 条与第 321-3 条），法院判例也仅仅是排除其对特定的法人的适用（巴黎法院，1991 年 7 月 5 日判决，CCC1992. N°160）；最高法院第一民事庭，1997 年 6 月 10 日（CCC1997. N°157. G · Raymond 述评）。

[2]《消费法典》第 111-1 条与第 114-1 条对这一问题都没有作出规定，但是按照法院判例，这些规定也可利益于特定的法人，参见巴黎法院 1997 年 11 月 13 日判决（D. 1998. IRP. 11），雷恩法院 1998 年 1 月 10 日判决（CCC1998，N°152. G · Raymond 述评）；有关滥用权利的条款也是如此，参见巴黎法院 1996 年 7 月 4 日判决，1996 年 11 月 21 日判决（D. aff. 1997. 147）；最高法院第一民事庭，2005 年 3 月 15 日判决（D. aff. 2005. p. 887. C · Rondey 述评，JCP2005. I. I0114，Paisant 述评，CCC2005. N°100. G · Raymond 述评，RDC2005，p. 740，D. Fenouiilet 述评，Defrénois 2005. 2009，E · Savaux 述评）。在上述判决中，最高法院运用了“非职业人”这一概念，在这一概念的掩护下即是考虑了这种扩张适用。这样做的好处是，使法国法律不再与欧洲共同体法院的判决发生正面冲突，但是，也可能有弊端，那就是：将“非职业人”这一概念限制在既涉及消费者又涉及“非职业人”的那些条文所规定的范围之内，例如，有关滥用权利条款的第 132-1 条，有关消费合同解释的第 133-2 条。

[3]最高法院第一民事庭，2009 年 4 月 2 日（CCC2009，N°132. G · Raymond 述评），《消费法典》第 136-1 条的规定仅适用于消费者，因此它仅涉及自然人，也就是说，企业委员会或者法人不能主张该条的规定。

概念排他性地指的是自然人。[1] 这也是“哈蒙（Hamon）法案”目前所持的立场。

除上述困难之外，还有另一个困难：储蓄者（épargnant）具有什么地位？有人指出，1972 年 1 月 3 日关于推销金融产品的法律现在仍然没有归入《消费法典》，因此，他们认为储蓄与消费完全是两码事，这是因为，储蓄，不言而喻地意味着要有投放资金的意愿，或者说得不好听一点，有进行投机的意思（因此，储蓄人不能等同于消费者）。[2] 对于这种看法，也有人提出反驳意见认为，个人既然将其用于储蓄的资金交到职业人（信贷机构）手中，当然应当与消费者一样受到同样的保护。按照这种分析，比较恰当的做法就应当是，在《消费法典》中仿效有关自然人超额负债的规定，增加有关（保护）储蓄的专门规定，因为，实际上个人超额负债问题也不能等同于消费行为。[3] 不过，这种看法还是从那些将“非职业人”（non-professionnel）视同消费者的有关规定中找到了支撑。“非职业人”这一名称虽然有点莫名其妙，但有人认为“非职业人”中应当包括“储蓄者”。[4] 从这里，我们可以看到，立法者虽然创立了一部《消费法典》，但引起了各种争论，而这种争论并

---

[1]欧洲共同体法院，2001 年 11 月 22 日（D. aff. 2002. 90. C · Rondey 述评，RTD civ. 2002，Mestre et Fages 述评）。法国法在将其在滥用权利条款问题上规定的保护措施扩张适用于法人时，运用的是欧洲共同体指令第 8 条所承认的各国内立法享有的自由，从而确保了对消费者的更高水准的保护。关于这一问题，参见 M · Luby 述评（CCC2002，chron. N°14. J · Amar 述评（CCC2003. chron. N°5））。

[2]G · 莱蒙，前引文，第 46 页（G · Raymond，art. préc. p. 46）；D · 马丁：《应当重编消费法典吗》，载《2000 年索城研讨会文集》（D · Martin，in faut-il recodifier le droit de consommation？colloque Sceaux，2000）。

[3]H · 高斯，前引文，第 24 页（H · Causse，art，préc，P24）。

[4]关于“非职业人”的问题，参见 Ch · 吉奥姆：《非职业人是消费者吗？抑或是消费法上的累赘表述问题》1990 年 7 月（LPA），第 25 页（Ch · Giaume，le non-professionnel est-il un consommateur？ou les problèmes de la redondance en droit de la consommation（LPA23，juillet1990，P25）；P · 戈德（P · Godé）（RTD civ. 1978. p. 744）；贝尔里奥兹（Berlioz）（JCP1979. I. 2954）。

没有改善对消费者的保护。这足以引起理论界的反思。

75. （3）平等合同（contrats égalitaires）与依附性合同（contrats de dépendance）

消费合同是职业人和消费者之间订立的合同，平等合同是职业人相互之间或者个人相互间订立的合同，那么这两种合同有何不同？对于这个问题，我们就完全只能说一个大概情况。因为，就职业人相互之间订立的合同而言，同样存在结构上的不平等情形，例如，当一家企业对某一占有强势地位的伙伴处于依附地位，前者为了自己的生存，完全有赖于它与该强势伙伴结成的优先关系而别无选择余地时，其间就存在结构上的不平等。有人称在这种情况下订立的合同为“依附性合同”（contrat de dépendance），[1] 例如，在生产领域，有些分加工厂，在经销领域，有些销售商，就处于这样的依附状况。[2]

虽然竞争法对这种经济上的依附状况作出了特别规定（参见第248节），但民法上却没有这样做。对于这种依附状况下订立的合同，民法的处理仍然是适用普通法。对于这些具有依附性质的合同，如同其他合同一样，起作用的仍然是“所有合同均受平等原则主导”这样一种基本理论。不过，我们在下面也会看到，对于“确定价格”这一棘手问题，民法的有关规定也作出了某些调整，在进行这些调整时，并非完全没有体现“保护弱势当事人的意愿”[3]（参见第288节）。

---

[1] G·维拉萨米：《论依附性合同》，《巴黎一大学位论文》，1986年（G·Virassamy，les contrats de dépendence，thèse Paris I. éd. 1986）；盖斯坦，第58节（Ghestin，N°58）。

[2] 依附性合同（contrat de dépendance）与前面所说的“附合契约”（contrat d'adhésion）是两个不同的概念。——译者注

[3] Th·莱维：《论依附关系对法律带来的影响》，载《确定价格，一种新的挑战》，1997年，第37页（Th·Revet，Les apports au droit des relations de dépendence. in détermination du prix，nouveaux enjeux. 1997. p. 37）。

（三）按照合同的结构进行的分类

76. （1）复合合同

传统上，合同往往都是与某项传统的活动相对应，因此合同呈现出非常明显的单项性质或“个体性质”，例如，买卖合同、租赁合同、委托合同、寄托合同等都是单项合同或单个合同。如今，除了各种单项合同外，还存在很多“复合性合同”（contrat complexe）。这类复合性质的合同虽然是由多项专门合同结合而成，但丝毫不影响它们实现某项单一的活动。这种复合性合同大都是由人们在实践中创造出来的，在一定程度上属于新老结合的产物。这样一来，显然会遇到一个问题：如何确定这类合同的法律制度？因为，我们可以将这种复合性合同看成是各项不同的合同的相加与重叠，每一个单项合同仍然适用各自特有的制度；我们也可以将这种复合性合同看成是一项特殊活动，只有当组成这一整体的各个单项合同所适用的规则与复合性合同本身在实质上一致时，才能适用各个单项合同的规则。[1]

信贷租赁合同（le contrat de crédit-bail）最能体现这方面的困难。[2] 信贷租赁是美国人在实践中打造出来的一种新合同，英文名称为“leasing”。自20世纪60年代开始，信贷租赁合同进入法国法律生活。信贷租赁业务活动的大体情况是：某

[1]关于这个问题，参见A·贝纳本：《论合同中不同性质的混合》，载《杰庭论文集》，1999年，第27页（A·Bénabent, l'hybridation dans les contrats, Mélanges Jeantin. 1999. p. 27）。

[2]在20世纪80年代，我国学者曾将这项合同的名称译为“杠杆租赁合同”（译者注）。复合性合同的另一个很好的例子是“视听作品制作合同”以及“定制广告合同”。在这些合同里混合着关于作品创作活动与作品经营活动方面的内容。参见F·波洛-杜良：《著作权法》，2005年，第113节（F·Pollaud-Dulian, le droit d'auteur. 2005. N°113）；N·布朗：《无名合同与有名合同，以著作权为出发点进行研究》，《巴黎二大学位论文》，2008年，第59节，第65页（N·Blanc, Contrats nommés et innommés. étude à partir du droit d'auteur, thèse Paris II. 2008. N°59. p. 65）。

人或某企业希望取得某项动产或不动产，由于眼下无力支付大笔现款，于是请求从事信贷租赁业务的企业向其出租它希望购得的那些财产，租赁期间与财产的正常折旧期间一致。租赁到期时，希望取得租赁标的财产的信贷租赁承租人可以做出选择：要么，按照该财产的残值购买财产，要么，将该财产返还给信贷租赁人，或者也有可能请求延长租赁时间。这就是说，信贷租赁合同在法律上是由3项要素构成——购买某物、出租该物以及单方的买卖预约。除了这3项要素之外，往往还要加上一项委托合同，也就是信贷租赁公司要求承租人“以信贷公司的名义、为信贷公司的利益”购买并接收作为出租物、将要出租给承租人的财产。如果缺乏前3项要素中的任何一项要素，均不能构成信贷租赁合同，可见这种合同是由几项合同组成的总合同，是一种复合性合同。

由于法国立法者对信贷租赁活动仅仅作了不太完整的规范，因而存在如何确定其法律制度的问题。法院判例的处理是，对信贷租赁合同排除适用作为其组成部分的每个单项合同的特有规则，因为，如果分别适用单项合同的规则，就无法与信贷租赁这种活动整体一致。[1] 信贷租赁合同是一种复合性或者综合性合同，从经济上看，它并不等于是买卖合同、租赁合同与单方的买卖预约的简单相加。信贷租赁合同的最终目的也不是在时间上先后履行3项不同的合同，而是一种特殊的担保，用来保证信贷活动得到实现：信贷承租人缴纳的租金数额实际上要高于普通的租金，信贷出租人不仅可以收回其借贷资本的本金，而且还可以收取经营管理费用。（在租赁时间）信贷

[1]例如，《民法典》第1321-1条（2005年12月7日法律关于转让司法助理事务所时掩盖不动产或营业资产转让的条文）要求自承诺起10日之内应对预约进行登记，否则以无效论处，参见最高法院第三民事庭1981年11月3日判决（JCP1982. II. 19867. Bey述评）。

出租人对财产享有的所有权，对其起到了担保作用，在承租人不履行义务的情况下，[1] 出租人可以收回其出租的财产，换句话说，就信贷租赁合同而言，“整体要大于部分之总和”。[2]

77. (2) 系列合同

所谓系列合同（groupe de contrats）是由理论界在20世纪70年代[3]阐释的一种新的法律形象。系列合同这一术语指的是，相互之间有联系，同时又保持它们各自的个体性的数项合同，也就是说，一组合同中包含有多项合同，但并不因此而形成一项单一的合同。这是系列合同与复合合同的一个差别。系列合同涉及的具体情形在实际性质上各不相同，所以我们只能说，这一概念仅仅差强人意地涵盖着“并不均质的不同的现实”。我们在这里仅仅介绍最为典型的系列合同的表现形式，也许我们的看法多少有点武断。

系列合同的定义直接来自人们对各种实际情况的观察。我们从其定义就可以看到：一方面，在当今世界上，财产的流通活动已经加快速度，导致相同财产的流转需要先后订立一系列的合同，另一方面，经济活动的综合性以及从事经济活动的人员的专业化也促使人们需要订立多项合同，这样才能参与并实现同一项交易活动。从这两个方面的观察出发，我们可以看到多种类型的系列合同。

其一是合同链（la chaine de contrats）。合同链是由相互有联系的若干项合同组成的，因为，这些合同涉及相同的物的整体或物的一部分。商业经营方面经常看到合同链的最典型例子：相同的财产前后进行的连续买卖：制造商将财产卖给批发商，批发商将其卖给零售

[1]《担保，不动产公示制度》，第735节（les sûretés，la publicité foncière，N°735）。

[2] Ph·Remy（RTD civ. 1982. 435）；R-N·舒兹：《在信贷租赁业务中承租方信贷的运用与救济》，1994年，第7节，第12页（R-N·Schutz，les recours du crédit-preneur dans l'opération de crédit-bail，1994. N°7. p. 12）。

[3] 也有人将其译为“一组合同”（译者注）。B·泰西：《论系列合同》，《蒙帕利耶大学学位论文》，1975年（B·Teyssie，les groupes de contrats，thèse Montpellier. éd. 1975）。

商，零售商再将其卖给消费者。在这种情况下，由前后几项买卖合同形成的合同链也被称为“均质合同链”，以此表明组成这一链条系列的各项合同都具有相同的性质（例如，都是买卖合同）。但是，当同一组合同，虽然涉及的标的物相同但合同的性质却不相同时，该组合同就是“不同质的合同”，例如，购买建筑材料（买卖合同），进行建筑施工（承揽合同），业主转让建筑物（买卖合同）、取得财产的人将该建筑物用于出租（租赁合同或租约）。在这些活动中，前后几项合同显然是非均质合同（它们构成“非均质合同链”）。

其二是分合同（le sous-contrat，子合同）。所谓分合同是指嫁接在某项主合同之上的合同，主合同与分合同的性质仍然是相同的，两者之间仅仅存在层级上的区分，相对于主合同，分合同处于从属或依附地位。[1] 我们经常看到的分合同有以下两大类型：

1）合同之债的债务人委托另一人履行债务之全部或其中之一部。这方面最常见的典型例子是在建筑领域，更为普遍的情况则是在生产领域，那就是分包承揽或分加工（la sous traitance）合同。主合同是工程业主与主承包人之间订立的合同，由主承包人与分包人或者分加工人签订分合同，并据此实施由主承包人负责的工程或生产项目的全部或一部。

2）合同之债的债权人让另一人享有此种债权的利益。这方面最典型的例子是分租合同（la sous-location，转租合同）。在此情况下，第二份租约，也就是分租合同或转租合同，就是嫁接在主合同之上的一项次级合同，主承租人据此可以让分租人享有其对承租之物的使用权。

以上第一种情况，分合同所提供的是履行主合同的手段；第二种情况则相反，中间插进来的（分）合同当事人可以从原始合同中获得履行分合同的手段。

[1] J·内雷：《论分合同》，《巴黎二大学位论文》，1979年，P·卡塔拉序言（J·Neret，le sous-contrat，thèse Paris II，éd. 1979. préface. P·Catala）。

我们不应当混淆了分合同与人们有时所称的“共同合同”（le cocontrat）。所谓“共同合同”是指这样一种情况：合同一方当事人有多数参加人，[1] 共同承揽合同或共同加工合同就是如此。在进行共同承揽或共同加工情况下，数个承揽人都承担义务，共同实施一项工程或者完成一项工作，并直接与工程业主相联系；[2] 共同承租（la colocation）或者共同出版（coédition）合同也是这方面的例子。

其三是合同整体（l'ensemble contractuel）。所谓合同整体是指为了实现同一项经济活动，有多项合同共同参与其中，这些合同基于原因上的同一性（identité de cause）而相互联系在一起。在这里，合同原因上的同一性是从它们有着共同目的（but commun）这一角度或意义来说的。[3] 例如，由买卖合同以及为实现此项买卖而提供贷款的借贷合同，两者就构成一个合同整体；又例如，由借贷合同以及向贷与人提供人的担保的担保协议（保证合同）所构成的合同整体；提供保证，或者提供诸如抵押物的物的担保，以防止借贷人无力履行还款义务，也同样属于合同整体。在最后一种情况下，我们也称之为“主合同”与“从合同”（contrat accessoire），用以表示第一项合同有着其自身的独立的存在，而第二项合同则必须以其从属的并保证其得到履行的主合同的存在为前提条件。除了这些典型情况之外，由法院判例认定的那些特殊的（sui generis）合同整

---

[1] R · 卡布里亚克：《论共同法律行为》，《蒙帕利耶大学学位论文》，1990 年，P · 卡塔拉序言（R · Cabrillac, l'acte juridique conjonctif, thèse Montpellier, éd. 1990. préface. P · Catala）。

[2] L · 特朗尚：《论共同分包活动》，《埃克斯普罗旺斯大学学位论文》，2004 年（L · Tranchant, la cotraitance, thèse Aix. éd. 2004）。

[3] S · 贝罗斯：《论契约的相互依存关系》，《巴黎二大学位论文》，2001 年（S · Bros, l'interdépendance contractuelle, thèse Paris II. 2001）；S · 佩勒：《关于契约的相互依存关系的概念，也谈系列合同整体之研究》，《巴黎二大学位论文》，2007 年（S · Pelle, la notion d'interdépendance contractuelle. contribution à l'étude des ensembles de contrats, thèse Paris II. éd. 2007）；纳加尔：《论合同整体的概念》，载《A · 德科克论文集》，2004 年，第 509 页（Najjar, la notion d'ensemble contractuel, Mélanges A · Decocq. 2004. p. 509）。

体越来越多，并将其称为“有相互依存关系的合同整体”或者“不可分的合同整体”。如果我们对实际情况进行客观的观察，就会发现，仅仅有多项合同参与同一项经济活动，仍然不足以创设相互依存的合同整体关系，[1] 或者不足以创设一种不可分的合同整体关系，[2] 这其中必须是各方当事人有此意愿，才能使其订立的各项合同形成一个整体关系。[3]

提出系列合同这一概念，有着很多实际意义。我们可以据此判断构成一个组合的各个合同之间存在的联系是否紧密，由此可以判断其中一项合同无效或者被解除时将会对其他合同产生何种影响（参加第345节）；对这些合同是否应当从整体上加以解释，也就是说，是否应当根据其实现的经济活动来进行解释？提出系列合同这一概念，其实际意义还在于，可以据此判断这些合同的所有当事人之间存在的联系属于什么性质，有时人们也将这些当事人称为“远端合同当事人”（le contractant extrême），他们是在一个合同组合中相互之间并未交换同意意思的那些成员。这样，也就提出了以下问题：工程分包人对业主是否有支付请求权？是否可以对业主提起诉讼？而不满意的业主是否可以向分包人要求赔偿？依据何在？最高法院对合同组合这一概念曾经赋予过很大的意义，曾将远端合同当事人之间的责任诉讼认定为“必然的（必要的）合同性质的诉讼”，后来又回到了更为传统的分析。

78. （3）交换性合同、组织性合同与共同利益合同

所有的合同都是以当事人的意思合致为基础；合同，通常是以实现财产或服务的交换为目的。这是最常见的情况，[4] 买卖合同、

[1]例如，最高法院第一民事庭2001年4月3日判决（Bull. civ. I. N°84）。

[2]例如，最高法院第一民事庭，2006年4月4日（Defrénois 2006. 1194，Aubert述评）。

[3]前引最高法院第一民事庭2006年4月4日判决。

[4]但并非所有的合同始终如此，这样也就产生了无偿合同之类型。关于有人认为“赠与不是一种合同”的理论，参见：Ghestin，3éd. N°234.

租赁合同、承揽合同、有息借贷合同等尤其如此，这些合同都是为了满足某种明显的经济需要。[1] 不过，除了交换性合同（contrat-échange）之外，现代法学理论还强调组织性合同（contrat-organisation）的存在，组织性合同的目的是要实现财产的某种聚合，而不是实现财产的交换：合同当事人将他们的财产聚合在一起，为的是达到特定的目的。为了追求这种特定目的，[2] 往往要通过设立法人的方式，但并非始终都是如此。[3] 例如，公司契约（contrat de société）就是一种组织性合同。通过公司契约，两人或数人达成协议，将各自的特定财产或者技艺聚合在一起，以期获得并分享利润；"协会合同"（contrat d'association，结社契约）也是如此，通过订立协会合同，两人或数人达成协议，共同从事特定的活动，以实现某种目的，但不是为了获得与分享利润，例如，工会，就是将同一职业或同一行业的成员聚合起来，以便捍卫本职业或本行业的利益；约定的夫妻共同财产制（la communauté conventionnelle），就是夫妻双方通过协议将他们各自的全部或部分财产组成一个共同财产整体。当约定的夫妻共同财产制解除时，共同财产整体将在夫妻之间或者在他们的继承人之间进行分割。

交换性合同与组织性合同两者的结构存在着深刻差别，不论是合同的成立还是合同效力，均是如此。交换性合同需要有要约与承诺的紧密结合，否则合同不能成立，合同效力封闭在当事人的相互关系之内；交换性合同因双方所允诺的给付得到履行而告结束；组

---

[1] P·迪迪耶：《没有意思交换的同意，论公司契约》，载《商事判例杂志》，1995年11月专号；《论同意意思的交换》，第75页（P·Didier，le consentement sans l'échange：contrat de société，Rj com. nov 1995，N°spécial，l'échange des consentements，p. 75）；《组织性合同简论》，载《F·泰雷论文集》，1999年，第635页（Brèves notes sur le contrat d'organisation，Mélanges F·Terré，1999. p. 635）。

[2] P·迪迪耶，前引文（P·Didier，art. préc. p. 75）；F·舍内德：《论私法上的交换变动》，《巴黎二大学位论文》，2008年（F·Chénédé，les commutations en droit privé，thèse Paris II，éd 2008）。

[3] F·泰雷：《法学总论》，第236节（F·Terré，introduction générale au droit，N°236）。

织性合同则不同，其成立需要经过“特定的取得资格认可的程序”，而且这个过程可以长时间的继续下去，但始终不可逆转，[1]并且往往需要创立一个法人；[2]只有所有的当事人都提供了他们原先做出的许诺，组织性合同才能真正运作，合同所指的活动才能由此开始。此外，这两类合同在经济上的弹力也各不相同，因为，交换性合同遵从的是市场模式，而组织性合同遵守的是企业或公司的组织模式。前者建立起来的是一种零和游戏，在此模式之下，每一方当事人所赢得的，就是他方当事人所失去的；而组织性合同在各方当事人之间创造了各种起着聚合作用的条件，在这些条件下，各方当事人均可能一同获利或者一同受损。由此也可以看到，这两类合同之间相互对立的特征：交换性合同是建立在相反利益相互协调的基础之上，而组织性合同则是将相同的利益聚合起来。前者不言而喻地需要有一种相互性逻辑作为指导，而组织性合同遵循的是协调与协同逻辑；交换性合同引起的是财产或服务的变动与转移，而组织性合同却是将必要的手段集中起来，然后再进行相应的分配。正因为如此，有人也提出过建议认为，应当将这两种合同分别称之为“财产转移性合同”（contrat-permutation）与“财产集中性合同”（contrat-concentration）或者“分配性合同”（contrat-partage）。

在前两种合同的中间，也有人提出应区分第三种类型的合同，那就是所谓“共同利益合同”（contrat d'intérêt commun），我们有时也将其称为“合作性合同”（contrat-coopération）。[3]之所以

[1]P·迪迪耶，前引文，第75页（P·Didier，art. préc. p. 75）。

[2]F·德斯科佩-德克莱尔：《关于合作性合同的适应性处理义务，演变中的合同的研究》，《巴黎一大学位论文》，2000年（F·Descorps-Declère，pour une obligation d'adaptation des contrats de coopération. contribution à l'étude du contrat évolutif. thèse Paris I. 2000）；另见皮罗侬：《合资经营，一种国际合作工具的研究》，《巴黎二大学位论文》，2004年（Pironon，les joints ventures，contribution à l'étude d'un instrument de coopération internationale，thèse Paris II，éd. 2004）。

[3]M·E·安塞尔：《论合同的具有典型意义的给付》，《巴黎一大学位论文》，2002年，第175节，第123页（M·E·Ancel，la prestation caractéristique du contrat，thèse Paris I，éd. 2002，N°175. p. 123）。

这样做，是考虑到这样一种情形：有一些合同，由于它具有“嫁接”的性质，既不能将将其仅仅归入交换性合同的类型，也不能完全将其归类成组织性合同。为了实施1980年6月19日签订的罗马公约有关非合同之债的适用法律，因而有必要对“典型给付”或者“最能体现履行之特征的给付”（prestation caractéristique）这一表述做出定义，由此出现了合作性合同或者共同利益合同的最初雏形。合作性合同或共同利益合同后来形成了自己的概念，目的是要对这些合同适用一种特定的法律制度，以便赋予某些特定的处理方式以更加坚实的法律依据或法律基础，而合同协作主义理论正是从这方面发现了应当根据新的价值来重新奠定合同一般理论的基本特征（参见第41节）。在合作性合同或共同利益合同中，也如同在交换性合同中一样，双方当事人都需要提供财产或服务，以获得对方当事人的报酬，提供财产或服务的一方对于接受财产或服务的一方如何使用、利用这些财产或服务有着密切的利益关系，就此而言，合作性合同或共同利益合同接近于组织性合同，例如，出版合同（le contrat d'édition），就是一种合作性合同：作者将其作品的经营权转让给出版者，并且按照经营所得的比例获得报酬，双方当事人的所得利益直接取决于相对当事人一方的活动；要想使这种合同活动产生效益，首先要求有成功的作品，但是也需要有良好的出版质量与销售管理。共同利益合同也与“财产集中性合同”（contrat-concentration）有相近之处，同时又与后者有所区别，因为，在共同利益合同中，双方当事人并不是将他们的财产集中到一起，而只是单纯地将他们的某些资产联系起来，书籍、作品的作者，按照出版者可以使用版权与从事经营的确定期限以及其他条件，将版权转让给出版者。此外，双方当事人的利益也并非完全同一。在出版合同当中，只有出版人是承揽人，因为，只有出版人单独承担出版物的商业经营费用并承担企业可能承受的风险，作者只是受领已经实现的每一次销售价金中的一定比例部分，而且不参与分担经营亏损。概括言之，我们所说的共同利益合同就是，一方当事人向他方当事人提供某种手段，以便为他们可以分享的利益从事经营活动。特许经营合同（le contrat de franchisage）、共同利益委托合同（mandat d'intérêt commun）、建筑租约（bail à construction）、土地经营分成合同（le métayage）等，都是这类合同的典型例子。正因为如此，有人甚至说，这是一种“具有结社色彩的合同”。[1] 实际上，如果说这些合同中带有某种结社性质，那也仅仅是对合同可能取得的好的结果而言，因为，各方当事人并不分担损失。这类合同所产生的经济活力，并不是市场活力或者企业活力，而是由合作产生的活力。在交换性合同中，各方当事人的利益是相对立的，而在组织性合同中，这种利益却是一致的；在合作性合同中，双方当事人的利益有其聚合性质，但却仍然属于不同的利益；合作性合同不是建立在互惠性关系的基础之上，这一点与交换性合同是相同的，它是建立在两种互补性给付相互结合的基础之上，我们将这两种互补性给付分别称为“工具性给付”（prestation instrumentale）与“目的性给付”（prestation finale），也就是说，这种合作性合同建立在“手段与目的”（moyen—fin）相适应、相一致的关系的基础之上。

认定与识别共同利益合同，显然具有肯定的好处和利益。因为，尽管在交换性合同方面也可以强调当事人之间应当存在发展合作的义务——这似乎有点人为性质，但是，在共同利益合同中，这种合作性义务却是自然而然地存在着（参见第 42 节与第 43 节）。归根到底，这些合同各自所特有的逻辑将会导致人们对有关合同的成立、合同的效力以及合同的消灭（参见第 302 节、第 347 节与第 480 节）等诸多问题上所持的传统分析做出有弹性的处理。

---

[1]科拉尔-杜提约勒与德勒贝克：《民事合同与商事合同》，2007 年，第 371 节（Collart-Dutilleul et Delebeque，Contrats civils et commeciaux，éd. 2007，N°371）；J·胡耶：《论主要的专门合同》，第 21559 节至第 32139 节（J · Huet，les principaux contrats spéciaux，N°21559 et 32139）。

第一编　合同的成立

79. 合同成立的条件

《民法典》第 1134 条规定："依法成立的合同，对于缔结合同的人有相当于法律的效力。"按照这一规定，只有依法订立的合同才能产生创设债的效力（les effets créateus d'obligation），也就是说，合同应当遵守法律对其有效性所要求的各项条件。法典第 1108 条规定的这些条件一共有以下 4 项（参见附目第 1128 条）：

（1）负担债务的当事人的同意；

（2）其订立合同的能力；

（3）构成义务承诺的标的；[1]

（4）债的合法原因。

尽管人们在研究这些条件时往往都是遵照法典规定的顺序，不过，我们也可以对其进行简单的分组归纳：

任何合同都是出自当事人的意思合致（accord de volontés，合意），由此便提出了以下两个问题：当事人是否愿意？这就是"同意"（le consentement）。当事人是否有资格同意？这就是"能力"（la capacité）。

但是，我们不能总是抽象地议论这些条件，须知，任何意思合致或合意（accord des volontés）都是对构成合同内容的诸多因素作出的意思表示。要想对当事人的合意有一个完整的观察，就应当弄明白当事人究竟想要什么？为何而要？这就是合同的标的（objet）与原因（cause）。

合同的上述两大组成部分之间的平衡并不是一成不变的。按照受意思自治理论主导的观念，最根本的，还是要确保同意的自由与同意的真实性；而按照更加带有社会性的观念，合同的标的与原因的重要性正在逐步增大，因为合同的标的与原因已经成为法律制度

---

[1] 此处原用语为"matière"，有"物质"、"材料"、"事实"、"内容"之意。——译者注

的活动人员（司法官）据以审查合同是否符合由社会负责的利益的工具。

80. 对合同有效性条件的确认

要想对合同的成立有一个全面的完整的看法，我们还应当了解民法上为了使合同的各项条件得到遵守而使用的各种方法。

在合同的有效性方面，我们本来可以设想建立一种事先预防性机制（以确保所订立的合同有效），但是，由于这样的预防机制往往迟缓而复杂，令人难以容忍，并且会直接损害到契约自由与意思自治，因此法国法仅在“合同的有效性需以获得行政批准为前提条件”的极少数情况下才认可这种预防性机制；[1] 于是，在法国法里，总的规则是，人们更愿意采取事后才会起作用的一整套措施（也就是说，在合同订立之后采取的措施），而不是在合同订立之前实行监督。我们所说的事后才起作用的措施包括：（合同的）无效（制度）——凡是不具备《民法典》规定的合同成立条件的合同均不发生效力；赔偿（制度）——通过民事侵权行为责任规则，给予赔偿；制裁（制度）——当违反合同有效性条件的行为构成刑事犯罪时，实行相应的制裁。法律通过预先规定制裁措施来震慑社会上的个人，让他们不要（试图）订立那种不符合规定的合同。

法国几乎所有的法学著作在内容安排上都是将有关合同成立条件的研究放在有关合同的制裁之前，因为在研究制裁之前先研究规则是完全符合逻辑的，所谓制裁，是对违反规则的情形的制裁，两者紧紧地联系在一起。但是，传统上将有关合同无效理论的研究全部放到著作的末尾，这样做也有很大的弊端，它将相互有紧密联系

[1]例如，在起草1966年7月23日商事公司法时，由于司法监督方法的复杂性与迟缓拖沓，最终还是放弃了原先规定的对设立公司事先实行司法监督的方法，实行这种监督本意是确保有关设立公司的各项规则得到遵守。

的问题明显地分割开来。按照现代法学理论，合同无效的性质实际上直接取决于遭到违反的某项规则所追求的目的。考虑到这种情况，我们在本书中将这方面的内容分两步做出安排：有关“无效法”（le droit de nullité）的原则放在有关“共同内容”的章节中讨论，而对无效的法律制度及后果的详细研究，连同其他制裁措施一起，统统放到本书的最后部分。

有关合同成立条件的研究——意思合致（第二章）、合同的内容（第三章）被安插在涉及无效理论的两个章节之间，而无效理论的第一部分内容是有关无效的概念及其演变（第一章），第二部分则放在第四章，讨论的内容是无效的制度。

第一章 合同无效理论引论

81. 内容安排

按照法国传统法学理论，“无效法”（le droit des nullités）[1] 研究的内容不言而喻地是指绝对无效与相对无效之间的对照和比较，而这些术语本身往往会引起混淆，因此有必要首先对它们做些阐释，而且需要强调的是，用“相对的”与“绝对的”两个形容词来表述“无效”，丝毫不意味着绝对无效的后果就一定会比相对无效的后果更为严重。原则上，不论是相对无效还是绝对无效，都会引起相同的效果：具有追溯力地消灭合同。绝对无效与相对无效之间的差别实际上表现在其他方面，这种差别涉及的是提起诉讼的条件。如果我们严格地借用一种长期以来被人们视为“教义”的经典阐述——由于其具有信条的价值，今天仍然为学界所采用——相对无效与绝对无效之间存在以下 3 个方面的差别：

（1）在诉权的持有人方面，原则上，有利益关系的任何人均可以主张（合同之）绝对无效；至于相对无效，只有法律承认其享有此种权利的特定的人才能为此主张。

（2）在关于是否有可能对可撤销的行为进行确认（追认）的问题上，对于绝对无效的无效行为不准许进行确认或追认，而相对无效的无效行为可以经过本来可主张此种无效的人进行追认或确

[1]“无效法”（le droit des nullités）是学者们对有关无效的法律制度的概括；在民事强制执行程序方面，法国学者有时也将各种扣押程序规则统称为“扣押法”（le droit des saisies）。——译者注

认，从而得到补救或不再追究。

（3）就诉讼时效期间而言，传统上，绝对无效之诉的时效期间要比相对无效的时效期间长得多，随着 2008 年 6 月 17 日关于改革诉讼时效的法律生效，现在已不再存在这种差别，因为该法取消了关于两种无效适用不同诉讼时效期间的规定。

我们在下面将首先说明绝对无效与相对无效的概念，同时对与之相近的概念加以区分，并且说明导致做出这一区分的历史演变，然后再阐述在违反合同成立条件时是受到绝对无效制裁还是以相对无效制裁并提出一些指导性意见。

82. 无效与若干相近概念的区分[1]

（合同）无效有两个基本特征：从其原因而言，无效是对不遵守合同成立条件的制裁；就其效果而言，无效溯及既往地消灭已经订立的合同，并由此使合同不产生任何效果。（除无效之外）法律还对可以导致合同不能产生任何效力的其他情形作出了规定，所以，区分无效与其他相近的概念，是至关重要的。这些与无效的效果相近的概念是指：合同的解除（résolution）、（合同）无对抗效力（inopposabilité）以及合同失效（caducité）。

（1）合同的解除（résolution）：如同合同无效一样，解除合同，原则上也引起溯及既往地消灭合同，但是，解除合同的依据与合同无效的原因不同：无效所制裁的是合同成立时就存在的不符合

[1]法国民法关于无效、撤销、解除等概念在术语上分得很细：无效称为“la nullité”，分为绝对无效（nullité absolue）与相对无效（nullité relative）；撤销称为“annulation”，通常是指法官宣告撤销不具备某项主要成立条件的合同，这种撤销产生追溯力；另一个术语——“la rescision”，专门用指因显示失公平而引起的撤销；而具有追溯力的解除合同则称为“résolution”，不具有追溯力的解除合同称为“résiliation”，后者主要适用于劳动合同、保险合同、租赁合同等连续履行的合同。在这方面中文表述往往难以如此细分。——译者注

规定的事由，而解除合同，则是在合同成立之后因出现某种特定的事实而废除原先订立的符合规定的合同，例如，当事人一方不履行债务（参见第 650 节）或者当事人作为解除合同条件而规定的某种事件已经实现（参见第 662 节）并据此解除合同。

（2）（合同）无对抗效力（inopposabilité）：合同无对抗效力，如同合同无效一样，也是源于合同成立时没有遵守相关的规定，但是，按照一般规则，合同无对抗效力是由于所订合同“没有遵守唯一目的旨在保护第三人的某种规则”，例如，没有遵守有关公示手续的规则（参见第 163 节）。正因为如此，法律将这种制裁限制在“遭到违反的规则所追求的目的”所要求的保护范围之内，而没有像无效那样，径直取消合同的全部效力；合同无对抗效力，仅仅是剥夺该合同对第三人的效力：对于第三人，就如同根本不存在这项合同一样，总而言之，合同在当事人之间还是有效的，但它不能对抗第三人[1]（关于合同无对抗效力，参见第 551 节）。

（3）合同失效（caducité）（参见附目第 1186 条及第 1187 条）：合同失效与合同无效不同，失效所触及的是一项符合规定成立的合同，但是该合同在订立之后丧失了其有效性所必需的某种根本要素（要件），例如，合同标的消失、合同原因消失，或者，由于发生了与当事人意志无关的事件，或者发生了仅部分取决于当事人意志的事件，合同因之丧失了其完善性所必要的要件（因素）。原则上，失效的行为或合同仅对将来不再有效力，并不产生溯及消灭合

[1] D·巴斯提安：《试论对抗效力之一般理论》，《巴黎大学学位论文》，1929 年（D·Bastian，Essai d'une théorie générale de l'opposabilité，thèse Paris. 1929）；F·贝尔唐：《论合同对第三人的对抗效力》，《巴黎二学学位论文》，1979 年（F·Bertrand，l'opposabilité du contrat aux tiers，thèse Paris II，1979）；最高法院第一民事庭，1976 年 11 月 23 日（Bull. civ. I. N°361. p. 284）。

同的效力，不过，有些情况下，失效的行为也可能对已经经过的时间发生效果。[1] 也有一些情况，合同失效并不影其中订立的某些条款的效力。

例如，法院曾作出判决：一项独家供货合同原先规定货品的价金是参照国家制定的收费标准来确定的，在行政部门不再制定这种标准时，这项独家供货合同失去效力（参见第283节），[2] 但是合同的这种失效对已经履行的供货部分没有溯及既往的效果；又例如，一项买卖合同本身无效时，可以引起为这项买卖的价款（支付）提供借贷资金而订立的借贷合同失去效力；[3] 还例如，与整容外科大夫订立的整容合同，是一种考虑人的资格（人的资质）而订立的合同，也就是考虑整容大夫的资质与专业水准而订立该合同，如果该整容大夫死亡，将导致该合同失效。遗赠也是如此：在受遗赠人先于遗赠人死亡的情况下，遗赠失去效力；[4] 还有，尊亲属因卑亲属之间有

---

[1]Y·布费朗-拉诺尔：《试论民法中的法律行为失效的概念》，《图卢兹大学学位论文》，赫贝洛序言，1963年（Y·Buffelan-Lanor, Essai sur la notion de caducité des actes juridiques en droit civil, thèse Toulouse, éd. 1963. avec préface de P·Hebraud）；F·加隆：《论合同的失效》，《埃克斯-马赛第三大学学位论文》，1999年（F·Garron, la caducité du contrat, thèse Aix. 1999）；C·佩勒提耶：《论私法上的法律行为的失效》，《巴黎十二大学位论文》，2000年（C·Pelletier, la Caducité des actes juridiques en droit privé, thèse Paris XII, 2000）；R·莎邦：《论法律行为的失效》，《巴黎二大学位论文》，2003年（R·Chaaban, la caducité des actes juridiques, thèse Paris II. éd. 2003）。

[2]最高法院商事庭，1971年4月27日，最高法院商事庭，1971年11月5日（D. 1972. p. 353, Ghestin 述评，JCP1972. II. 16975. Boré 述评）；最高法院商事庭，1993年11月2日（Bull. civ. IV. N° 371, p. 270; CCC1994. N° 22. Leveneur 述评，RTD civ. 1994. 600, Mestre 述评）。关于法院判例在这一问题上的立场的转变，参见本书第289节。

[3]最高法院第一民事庭，1997年7月1日（Defrénois 1997. 1251. Aynes 述评，D. 1998. somm. com. p. 110, D·Mazeaud 述评）。

[4]《民法典》第1039条："任何遗嘱处分，如受益人先于遗嘱人死亡，均失去效力。"参见："les successions. les liberalités"，第404节。

婚姻关系而向他们进行的赠与，在这桩婚姻不能成就时，赠与合同亦随之失去效力；[1] 最后，再举一个例子，在某一共有人用共有物登记抵押权的情况下，如果负担抵押权的财产在进行共有财产分割时分配到另一共有人的财产份额之内，那么，该抵押权即告失效。[2] （民事诉讼的原告在向被告）送达提起诉讼的传唤状（assignation）之后，如果法院在 4 个月内没有受理诉讼，该传唤状因过期而失效（《民事诉讼法典》第 757 条）；传唤状失效，引起诉讼消灭（《民事诉讼法典》第 385 条）。

（4）排除（不符合规定的条款）（éradication）。现在，我们常常看到，立法条文规定合同中订立的某种条款“视为不曾订立”，而且这种情况越来越多，例如，《民法典》第 1152 条第 2 款规定：剥夺法官在合同规定的违约金问题上的调整权力的条款“视为未予订立”：在原约定的违约金数额明显过高或者明显过低时，法官可以，甚至依职权，减少或增加此种违约金的数额，“任何相反条款规定均视为未予订立”；法典第 1386-15 条规定禁止订立任何条款，旨在排除与限制因有缺陷的产品引起的责任，如果合同中订有此种条款，视其不曾订立。有时，即使在立法文件没有任何明文规定的情况下，法官甚至也可以以“没有原因”为依据，宣告合同的某项条款不曾订立。[3] 理论界提出的看法认为，对“被视为不曾订立的条款”的制裁应当有别于对无效的制

[1]《民法典》第 1088 条：“为利于婚姻而进行的任何赠与，如该婚姻未成就，赠与失去效力。”

[2]最高法院第一民事庭，1976 年 10 月 27 日（D. 1977. IRP. 50. JCP1976. IV. p. 376）。

[3]例如，最高法院第一民事庭 1990 年 12 月 19 日判决（JCP1991. II. 21656. J · Bigot 述评）。该判决认为：在民事责任保险方面，凡是规定受害人必须在保险合同停止之前提出请求才给予担保的条款，均视为不曾订立。

裁，即使是对合同的某一项条款实行制裁并由此引起的合同“一部无效”,[1] 也与条款“视为不曾订立”有所不同。人们将“条款视为不曾订立”看成是将此种条款从合同中“排除”(éradication)出去。合同无效，要求法官进行干预，而“排除”合同中某一“视为不曾订立的条款”，则可以自动产生效果：各方当事人均对被视为不曾订立的某项条款自行承担后果；当然，在当事人之间因此而发生争议的情况下，仍然可以提请法官处理，但受诉法官仅仅是对已有的法律状态进行认定，与其作出的判决无关。[2] 正是这个原因，旨在请求“确认合同条款不曾订立之诉”具有不受时效约束之特征。[3] 合同无效则与此不同：虽然合同也可能仅仅发生一部无效的情况，也就是说，仅仅有某项（某些）条款无效的情况，但只有当这种条款仅涉及各方当事人订立的合同的次要要件时，才能构成合同一部无效，因为，如果被撤销的合同条款对各方当事人的意图是具有决定性作用的条款，那么这种情况将引起当事人订立的协议整体全部垮掉、全部无效（参见第420节）；而将视为不曾订立的条款“排除”出合同之后，即使该条款触及合同的核心问题，仍然不会殃及整个合同，这也是合同一部无效与合同某项条款视为不曾订立的区别；法官无须审视在其将某项条款排除出合同之后将会对合同本身产生何种意义，原则上，被视为不曾订立的条款

[1] J·库勒曼：《对视为不曾订立的条款的几点看法》，载《Dalloz法律评论汇编》，1993年，第59页（J · Kullman, Remmarques sur les clauses réputées non écrites, D. 1993. p. 59）；V·科特洛：《论视为不曾订立的条款》，载《法律活页期刊》，1993年（Cottereau, la clause réputée non écrite, JCP1993. I. 3691）；R.·巴约特：《关于视为不曾订立的条款》，载《Louis · Boyer论文集》，1996年，第15页（R · Baillot, A propos des clauses réputées non écrites. Mélanges Louis · Boyer. 1996. p. 15）；S·戈德曼：《论视为不曾订立的条款》，《巴黎二大学位论文》，2006年（S · Gaudemet, la clause réputée non écrite, thèse Paris II, éd. 2006）。

[2] S·戈德曼：《论视为不曾订立的条款》（thèse préc. N°147. p. 84）。

[3] J·库勒曼：《对视为不曾订立的条款的几点看法》（art préc, D. 1993. 62）。

被排除之后，合同（的其他条款）仍然是完善的，仍然有效。立法上之所以规定合同的某项条款视为不曾订立，实际上是为了保障合同的某种平衡，进言之，更为可取的是，将合同中订立的（某项）“条款视为不曾订立”的这种制度可以对合同的协调起到监督作用，[1] 这就是说，视某项条款不曾订立——假定其性质得到确认——主要目的恰恰是，通过排除那些不符合规定的条款，确保合同本身得到保留或维持。

（5）（数额或比例的）减少、下调或降低（réduction）：有时，立法者还采取“确定限额”或“确定比例”的方式来束缚或压制合同当事人的自由程度。（当事人订立的）合同条款的规定一旦越过这种限额或比例，则属于“过度”或“过分”的规定。对于这种情况，与其采取完全撤销合同这样的处理方式，还不如将那些过度或过分的规定或者超越限额的数额部分进行下调、减少或降低，从而使合同本身得以保留。例如，1943 年 10 月 14 日法律第 1 条就将“排他性条款的最长（有效）期间限制为 10 年”，当合同中订有违反这一规定的条款时，该条款原则上无效；而如果该条款对于各方当事人的意图起到决定性作用，则合同随之无效，不过，法院判例宁愿采取另一种处理方法：将发生争议的条款原先规定的年限减少到法律规定的最长期间，[2] 从而使合同本身得到保留。现在，由法院“压减”或“下调”（数额、期限）的情况越来越多（参见第 421 节）；[3] 有时，立法者还明文规定了这种处理方式（由立法直接规定的下调或压减），例如，《消费法典》第 313-4

[1] S·戈德曼：《论视为不曾订立的条款》（thèse préc. N°442. p. 223）。

[2] 最高法院商事庭，1998 年 2 月 10 日（Bull. civ. N°71，D. 1998. somm. 334，D·Ferrier 述评）。

[3] D·巴库什：《论民法上的过分事项》，《巴黎二大学位论文》，2005 年，第 226 节（D·Bakouche，l'execès en droit civil，thèse Paris II，éd. 2005. N°226）。

条就高利贷利息的问题作出了这样的规定；《民法典》第1660条第2款对“回购权”的期间也作出了类似规定：“约定买回权的期间不得超过5年；如约定的期间超过5年，应当减至5年。”

83. 历史回顾

罗马法始终没有非常明确的契约无效理论，时至今日，我们仍然可以感觉到这一空缺。

早期罗马法注重形式主义，仅承认一种类型的无效，即合同因缺乏某一形式要件（rites）而引起的无效。但是，一旦所有的形式均已得到遵守、均已完成，当事人便不可能反悔，因此谈不上回头再来否定合同已经产生的效力问题。后来，从民法的规定来看属于有效的行为给行为人造成不公平的损失的特定情况下——例如，在受到胁迫、欺诈的影响下订立合同的人受到不公平的损失时，罗马法也开始承认（行为的）可撤销性（annulabilité），这也只是由大法官进行的改革所产生的效果——罗马法开始承认法律行为的可撤销性也为后来法国法上的相对无效提供了雏形。在法律行为具有这种可撤销性的情况下，法官并不撤销合同，因为民事法律反对法官这样做。法官没有撤销合同的权力，但可以同意受到损害的当事人请求“恢复原状”（restitutio in intergrum）。而法官准许受到损害的当事人请求恢复原状，并不是根据其司法裁判权力（pouvoir de juridication），而是依据其指令权力（pouvoir de commandement）。法官指令恢复原状，将引起该指令所针对的行为消灭，并且引起原有状态得到恢复（rétablissement du statu quo ante）。

法国旧法（Ancien droit）在这一问题上的表现也相当的不确定。学者们对有关无效的问题阐述很少，著述寥寥。但是，到了18世纪，从事实际工作的人们开始承认以下两种区分——而且两者之间有所交错。

第一项区分是划分无效之诉（action en nullité）与撤销之诉（action en rescision）。[1] 这一区分涉及法国法奠定无效规则的发端。承认无效之诉，是对（国王）敕令（法令）与习惯建立起来的各项规则的确认，也就是对国家法律建立的各项规则的确认。由这些无效原因产生的是“当然无效”（nullité de droit），因为它自身即可产生效果；撤销之诉所涉及的是“从法国法来看完全有效而罗马法却承认可以针对其请求恢复原状”（restitutio in integrum）的那些合同，例如，因欺诈、胁迫、误解之原因而订立的合同或者存在“显失公平、受到损害”（lésion）的那种合同。在习惯法国家或地区，罗马法并不具有法律力量（force de loi），因此，诉讼当事人不能径直向法官请求撤销某项合同（la rescission d‘un contrat），而是应当取得高等法院的大法官以国王名义为其签发的撤销令（lettre de rescision，撤销书）并且应当缴纳税款。无效之诉的时效期间通常为30年，撤销之诉则受10年时效约束。

第二项区分则与“哪些人可以主张合同无效”有关：任何利益关系人均可主张特定的无效事由，此种无效为绝对无效（nullité absolue）或者称为“民众都可以主张的无效”（nullité populaire，所谓“大众性无效”），另一些无效，只有特定的人才能主张，此种无效称为相对无效（nullité relative）。

84. 法国《民法典》

法国《民法典》使用的术语始终渗透着对旧法的记忆，法典中并不包含任何关于无效的一般理论，不过，以下两种处理则是确定

[1]到后来，这两个概念的涵盖范围有所变化，在现代法国法里，后者专门指撤销存在“显失公平、受到损害”（lésion）之情形的合同。——译者注

无疑的：

（1）（罗马法上的）撤销令（制度）（les letters de rescision）被废除，但撤销（rescision）这一术语仍然得到使用，不过这一术语现在仅仅专门用指特定的无效之诉，那就是源于罗马法的、旨在制裁因“显失公平、受到损害”而提起的无效之诉，也就是说，专门用指由于当事人之间的对待给付完全不成比例的原因而提出的撤销之诉。这种因“显失公平、受到损害”而提起的撤销之诉，虽然属于相对无效中的一种，但在某些方面却要服从其特有的规则。之所以有这些特别规则，完全是出于保障法律安全的愿望。这些特别规则包括：提起诉讼的时效期间更短，有可能通过向原告提供一笔金钱，消除显失公平的状态，从而避免合同本身被解除。这些问题我们将在本书后面的讨论中进一步探讨。

（2）法国《民法典》虽然没有作出明文表述，但是承认由理论界阐释的两种无效的区分——绝对无效与相对无效：法典中有很多条文规定，合同缺乏某项有效性条件时，该合同不能成立，例如，第146条规定：“没有合意，不成婚姻。”[1] 第1131条就债的原因规定：“无原因之债，或者基于错误原因或不法原因之债，不发生任何效力。”第1601条就债的标的规定：“如在买卖之时，出卖之物此前已全部灭失，买卖无效。”在合同形式方面，关于赠与问题的第931条规定：“任何载明生前赠与的文书，均应当按照合同的通常形式经公证人作成；证书的原本留存公证人处，否则赠与文书无效。”《民法典》中还有其他一些条文就“不完全具备这项或那项条件的情况”作出了规定，但这些规定在表述方式上有所不同，例如，第1117条“因错误、胁迫或欺诈而订立的合同并非当然无效；此种合同，依本编第5章第7节规定的情形与方式，仅产

[1] 法国民法上的“同意”原术语为“consentement”。“consentement”既指“双方或者多方当事人的合意”，也指当事人一方的“同意”（参见第91节）。因此，这一条文也可译为“没有同意，即无婚姻”。——译者注

生请求宣告其无效或应予撤销之诉权”，也就是说，此种合同是可撤销的（annulable）合同；[1] 我们还可以以第 1125 条为例：“有能力缔结合同并受义务约束的人，不得以与其缔结合同的相对人无能力（为理由）而主张已订立的合同无效。”这里表述的是相对无效的特征之一。这也说明，法国《民法典》有关无效问题的规定在以下两个方面不甚明确。

首先，虽然说法律明确宣告了合同成立的（4 项）基本条件，但始终没有指出如果不具备这些条件是否以合同无效论处，也就是说，这种无效到底是由法律条文中明确规定的无效还是一种不言自明的、潜在的无效？

其次，法律在明文规定合同无效的情况下，也仅仅是划出了区分绝对无效与相对无效的大体轮廓，究竟以什么为标准来具体明晰这种轮廓？

85. 法律条文明文规定的无效与不言自明的、潜在的无效

有时，立法者在法律条文中就作出了这样的明文表述：合同违反其确定的规则时，以无效制裁或者说以无效论处，例如，《建筑与住宅法典》第 261-11 条第 6 款就是如此：“待建不动产的买卖的有效性以作成公证文书为条件，文书必须包含特定的应载事项，否则买卖无效。”这就是我们所说的“由法律条文明文规定的无效”（nullités textuelles）的情况。

但是，更为常见的情况是，法律条文虽然明文规定了某项条件，但其中并未写明如果没有遵守此项条件将会产生什么样的后

---

[1] 无效之诉（action en nullité）与撤销之诉（action en annulation），这两个概念有所区别。无效之诉是请求宣告无效，行使无效之诉权，由法院宣告撤销（annuler）无效行为，合同被撤销是因其无效而引起的后果，在这种情况下，无效与撤销并无本质差别；但是撤销地产分界牌或分界石之诉，撤销遗嘱之诉或者撤销发明专利之诉则与无效之诉有所不同。其中也有中文和法文词汇含义上的差别。——译者注

果。人们通常认为，在此情况下，尽管法律没有作出明文表述，仅凭此一点，仍不足以阻止（法院）宣告无效，当然，法院在实行这种制裁时需要首先认定法律规则所要保护的利益是否足够重要，因而判断是否有理由宣告合同无效。[1] 法院判例在处理这一问题时通常是按照个案所涉及的具体规则以及具体情节作出具体认定。在法院认定合同无效的情况下，我们称此种无效为“不言自明的、潜在的无效”（nullité virtuelle）或者“法条没有明文规定的无效”。

不过，为了保持涉及第三人利益的各种制度的稳定性，进而保持社会的稳定性，在特定的领域，我们需要排除上述处理方式。在这些领域，仍然是“法条无规定、无效不成立”这样一条规则占据着主导地位，在婚姻[2]与公司[3]方面，更是如

[1]帕拉尼奥与里佩尔，第6卷，第295节（Planiol et Ripert，t. VI. N° 295）；盖斯坦：《合同法》，第2版，第728节（Ghestin，le contrat，2éd. N°728）。

[2]《人、家庭、无能力》，第416节（les personnes、la famille、les incapacités，N°416）。

[3]《商法典》第L235-1条规定：“公司之无效或者修改公司章程的行为无效，只能在本卷有明文规定的情况下发生，或者只能在有关合同无效的法律有明文规定的情况下发生。对有限责任公司和可以发行股票的公司而言，不得因同意瑕疵或者无能力而引起公司无效，但如果此种无效涉及全体发起人股东，不在此限。公司之无效，亦不依据《民法典》第1844-1条禁止的条款无效而产生。—— 除前款各项规定之外的法律文书或审议决议，只有因违反本卷以及有关调整合同的法律的强制性规定，始引起无效。”

《民法典》第1844-10条规定：“只有因违反第1832条，第1832-1条第1款以及第1833条之规定，或者因违反有关合同无效之一般条款，才能产生公司无效。——公司章程的任何条款，虽然违反本编某项强制性规定但此种情况不以公司无效罚处时，均视为未予订立。——公司机关的文件以及审议决议的无效，只能因其违反本编之强制性规定或者因存在有关无效合同之一项原因而产生。”

《民法典》第1844-10条是有关公司无效理论的一项中心条款，与1966年7月24日商事公司法的有关规定出于同样的考虑，这就是：保护第三人、对引起公司无效的原因加以限制。除了本条第1款所指的原因（causes）之外，不得宣告公司无效。这些原因是：违反有关合同的普通法的规定，违反第1832条与第1833条的规定，违反公司契约的特别规则：没有资本或者虚拟资本，在法律不准许采用一人公司形式的情况下从一开始即由唯一的股东设立公司，缺乏设立公司的意愿、公司的宗旨非法、缺乏股东的共同利益。——译者注

此，在这些情况下，有时也借助于另一个概念，即“不存在”(inéxistance) 这样一个概念，[1] 以避免那些明显存在很深瑕疵的行为继续存在下去。[2]

86. 绝对无效与相对无效

在区分绝对无效与相对无效方面，《民法典》采取了审慎的态度，将这一问题留给司法官去处理——由司法官们凭借自己的聪明才智根据各案的具体情节进行裁量，同时也将其留给学者们去思考、去判断。司法官与学者们自然也没有逃避这样的使命。我们看到，在（法国）民法方面，很少有其他议题像这个议题一样先后产生了如此有成就、有建树的理论。（法国法学）继 19 世纪学理上提出有关无效的传统观念之后，逐步形成了一种现代观念，这种关于无效理论的现代观念就是源于 19 世纪与 20 世纪之交发表的为数众多的著作。[3] 除了学说方面不再死守教条式的理论构建之外，法院判例更倾向于采取始终带有实用主义色彩的态度。由于深受 19 世纪有关无效的传统观念的影响，直至今天，法院判例仍然不肯将这一观念完全放到一边，而是毫不犹豫地继续根据其受理的案件的具体情节，分别从传统观念与现代观念之间进行选择、做出处理。

我们在下面将依次介绍按照上述观念进行理论分析的大致内容。

---

[1]《法国民法典》第 146 条的原文为“Il n'y a pas de mariage lorsqu'il n'y a point de consentement”，字面翻译应为“没有合意（同意），就没有婚姻”，这也体现了婚姻“不存在”的意思。参见本书第 87 节。——译者注

[2]行政法院的判例中也有相同的倾向，参见 P·维伊：《论行政法上“不存在”理论的复兴》，载《Dalloz 法律评论汇编》，1950 年，第 49 页（P·Weil, une résurrection: la théorie del'inexistence en droit adminstratif, D. 1950 Chron. P. 49）。

[3]德罗古勒：《试论无效之一般理论》，《埃克斯学位论文》，1901 年（Drogoul, Essai d'une théorie générale des nullités, thèse Aix 1901）；加皮奥：《论法律行为之无效》，《第戎大学学位论文》，1909 年（Japiot, des nullités en matière d'actes juridiques, thèse Dijon, 1909）。

87. 绝对无效与相对无效的区分标准：（1）传统的区分标准

19世纪的学者们将合同比喻为一个“由各种器官组成的活的生命”（un être vivant composé d'organes）；这个生命有时会缺少某一器官，有时某个器官带有病兆。当合同缺乏某项条件就不能存在时，如当合同缺乏同意、缺乏标的、缺乏原因时，该合同就缺少了其生命（的存在）所必要的主要器官，在这种情况下，它就等于一个“死产儿”（mort-né）。此种合同就是绝对无效合同。当合同具备其生存的根本条件，但却存有某种缺陷时，例如，当事人因发生误解（错误）、受到欺诈或胁迫，致其所表示的同意带有瑕疵时，或者表示同意意思的人是无能力人，由其订立合同时，所有这些情况，订立的合同仅仅是“带病”，但却是可以治愈的，因此，这样的合同就是相对无效合同。[1]

按照传统理论，上述情形属于一种源于事物的性质（la nature des choses）[2] 而做出的基本区分。在这里，合同本身存在的不完善性的严重程度既决定着合同的状态，又决定着无效的法律制度，而合同无效是其机体的一种病态表现。[3] 如果合同不完善的程度很深、很严重，那么该合同就绝对无效；在这种情况下，法官也只能是“确认”合同没有效力。任何利益关系人均可以主张此种绝对无效。绝对无效的合同不能通过（当事人表示对其予以）确认而继续生存下去；在过去，主张此种无效的诉讼时效期间为30年（30年时效），现在为15年（15年时效）；与此相对应，如果合同不完善的程度比较表浅、不太严重，该合同便属于相对无效合同。

[1]例如，德莫隆贝著作，第3卷，第363页；博丹1879年5月5日对最高法院诉状审理庭判决所写的述评，载《Dalloz期刊》，1879年，第145页（Demolombe，t. III. p. 363. Beudant. sous note Req. 5 mai 1879，DP1880. I. p. 145）。

[2]德莫隆贝著作，第4卷，第21节（Demolombe，t. IV. N°21）。

[3]加皮奥，前引书，第272页（Japiot，op. cit. p. 272）。

相对无效应当由法官宣告，只有合同当事人才能主张相对无效。相对无效的合同可以经当事人表示确认而继续生存。主张合同相对无效的诉讼时效期间，过去为10年，今天同样为15年。

传统上将合同区分为绝对无效与相对无效，具体实施起来却是很不容易把握的，再加上有些学者提议在区分相对无效与绝对无效之外还应加上法律行为的第三种无效形式：（法律行为或者合同的）“不存在”（l'inexistence）。由此一来，导致这个问题更加模糊不清。按照这些学者的看法，所谓（合同）“不存在”是指当一项合同缺乏某项要件，而缺少这一要件就不可能设想会存在什么法律行为时，该合同就不仅仅是无效，而是根本上就“不存在”。合同的不存在，无须法院作出宣告，也不受时效期间的约束（参见第85节）。[1]

在19世纪，有些学者就在有关婚姻无效的问题提出了（婚姻）“不存在”的概念。在婚姻方面，传统规则是“法条无规定，无效不成立”，这一规则被视为是公认的规则。[2] 面对这一规则，这些学者认为，除（婚姻）绝对无效与相对无效之外，对于《民法典》的条文没有规定无效但婚姻的有效性明显缺乏某项必备要件的那些情况，应当承认（婚姻）“不存在”这种类型（例如，性别上的不同[3]），后来，“不存在”这一类型还扩张至所有的法律行为，由此出现了无效的行为与不存在的行为之间的区分。

[1]奥布里与劳，第1卷，第37节（Aubry et Rau，t. I. § 37）；科亨迪：《区分不存在与具有公共秩序性质之无效的意义》，载《民法学季刊》，1911年，33（Cohendy，des intérêts de la distinction entre l'inexistance et les nullité d'ordre public，RTD civ. 1911. 33）；洛埃耶：《论不存在的行为》，《雷恩大学学位论文》，1908年（Loyer，des actes inexistants. thèse Rennes. 1908）。

[2]例如，最高法院诉状审理庭1844年11月12日判决（DP. 45. I. 98. 45. 1. 246）。

[3]《人、家庭、无能力》（les personnes. la famille. les incapacités，N°416）。

88. （2）现代区分标准

自20世纪初开始，关于合同无效的问题（参见附目第1179条），理论界发生过一场不折不扣的哥白尼式的革命；[1] 学者们认识到，19世纪的前辈们将合同比喻成一种“活的机体”的说法并无多少道理，将合同（有效成立应当具备）的条件比喻为人的器官，则完全属于人为的臆造。他们强调指出这种分析所导致的结果的不确定性；至于（合同）“不存在”这一概念本身，学者之间始终没有就其内容达成一致的看法。[2] 对于各种无效情形，学理上仅仅提供了一个很不明确、很不具体的划分框架，例如，按照传统理论，（缔结合同的当事人）缺乏能力仅以相对无效制裁，而按照

[1]这方面的文章很多，其中特别值得提到的有：德罗古勒前引文（Drogoul，thèse préc）；加皮奥前引文（Japiot，thèse préc）；戈德曼：《债的一般理论》，Sirey出版社，1937年，第141页（Gaudemet，théorie générale des obligations，Sirey 1937. p. 141）；《论民法中的不存在、无效与可撤销性》，载《亨利·卡比唐协会研究文集》，第16卷，1961年（inexistence，nullité et annulabilité en droit civil，trav. Assoc. H·Capitant. t. XIV. 1961）；G·德拉帕拉德尔：《论无效问题上的法律冲突》，《巴黎大学学位论文》，1967年（G·de la Pradelle，les conflits de lois en matière de nullité，thèse Paris. éd. 1967）；Ph·森勒尔：《论法律行为之一部无效》，《斯特拉斯堡大学学位论文》，1969年（Ph·Simler，La nullité partielle des actes juridiques，thèse Strasbourg，éd. 1969）；G·古久里：《论对无效行为的确认》，《巴黎大学学位论文》，1972年，弗鲁尔序言（G·Couturier，la confirmation des actes nuls，thèse Paris，éd. 1972，préface Flour）；杜佩容：《论无效行为的补正》，《图卢兹大学学位论文》，1972年，埃贝洛序言（Dupeyron，la régularisation des actes nuls，thèse Toulouse，éd. 1972，préface Hébraud）；格勒弗奇-提彼尔日：《论无效、返还与责任》，《巴黎一大学位论文》，1992年，盖斯坦序言（Guelfucci-Thibierge，nullité，restitution et responsabilité，thèse Paris I，éd. 1992，préface Ghestin）；O·古特：《论法官与合同的撤销》，《圣太田大学学位论文》，1999年（O·Gout，le juge et l'annulation du contrat，thèse saint-Etienne，éd. 1999）；M·居明：《论合同无效的起源与依据》，《巴黎一大学位论文》，2001年（.M·Cumyn，origine et fondement des nullités contractuelles，thèse Paris I，2001）。

[2]因此，我们可以看到，在有些传统学者那里，经常将“绝对无效”类型转向“合同不存在”类型，这样导致后一种情形越来越多、过度膨胀。参见：G·杜里，《亨利卡比唐协会研究文集》，第14卷，第615页（Durry. Trav. Assoc. H·Capitant. t. XIV. p. 615）。

《民法典》第1108条的规定，当事人订立合同的能力则被放到与缔约当事人的同意、合同的标的与债的合法原因相同的地位。

正因为如此，理论界逐步抛弃了将合同比作人的肌体的那种传统分析方法，不再将合同的无效看成是体现合同生命的一种方式，而是将无效视为针对合同效力的一种批判权利（un droit de critique），是对违反法定规则的制裁。更具体地说，无效（制度）的目标是要在合同违反的那种“法定规则的原定目的”所要求的程度上恢复合法性。从这一角度来探讨，合同无效的性质、无效制度，进或无效的可能的范围，都直接随着“合同没有遵守的那种规则所追求的终极目标”之不同而有所不同、有所变化：如果（合同违反的）这些规则的目的是保护私益（intérêts privés，私人利益），那么，合同之无效就是相对无效；而如果合同违反的规则是以保护总体利益为目的，那么，违反这些规则的合同便是绝对无效合同。

设计相对无效，是为了切实保护私益，因此，只有合同所违反的规则原本打算给予此种保护的人才能主张相对无效；为了不至于使合同的命运在长时间里处于不确定状态，相对无效只能在5年期间提出请求，最后，私人利益也仅限于当事人有主张撤销合同的可能性，而这种利益的持有人是可以放弃主张撤销合同的。

绝对无效的规则与安排则不同。绝对无效增大了实际消灭合同的可能性：凡是有利益主张或请求宣告合同绝对无效的人，均可提出此种请求。在过去，合同绝对无效之诉讼请求，30年内均可提出，现在也应当在5年内提出。缩短主张绝对无效的时效期间是由2008年6月17日关于改革诉讼时效的法律作出的规定。从此以后，主张绝对无效与相对无效在时效方面不再存在任何差别。对于绝对无效，原则上，不准许人们放弃其享有的批判权利。

从以上的介绍中我们可以看到，就合同无效的制度而言，现代观念与传统观念导致的处理仍然是很相近的，至少大体上是如此。但是，这两种观念所依据的理由却不相同，而且我们可以看到，基于它们所依据的理由不同，在各种无效情形中，哪些属于相对无效，哪些属于绝对无效，认定的结果也就远不能达到一致。

89. 细微的灵活调整

不论上述理论构架多么诱人，至少在以下两个方面还是应当做些细微的灵活调整：

首先，上述理论分析完全没有考虑“行为的状态”，从而使无效完全脱离了合同的基本现实，这本身就有些过了头。然而，（人们对合同的）批评权（droit de critique）本身只不过是由合同的不完善引起的后果，也就是说，是因为合同不符合法典所定义的模式而引起的后果。[1]《民法典》本身显然不会说我们应当重新回到那种“将合同视为一种机体”的过时的比喻形象，但是，保护社会利益的规则与保护私人利益的规则是区分两种无效的基础这一看法具有重要作用，特别是在涉及对无效合同是否进行补正、使之符合规定的可能性时，更是如此。

其次，将保护社会利益的规则与保护私人利益的规则之间的区分作为划分绝对无效与相对无效的基础依据，具体实施起来也并不是一件容易的事情。诚然，有些情况下，这样的区分是显而易见的，不会存在任何疑问，例如，如果法律规定要求当事人在订立合同时必须有“清楚明确的表示同意”的目的是保护可能发生误解的人的个人利益时，这种合同以相对无效论处；而法律要求当事人订立合同的原因必须符合善良风俗，其目的则是保护社会利

---

[1]P·埃贝洛：《杜佩容论文序言》（P·Hebraud，préface à la thèse de M·Dupeyron）；盖斯坦，第748节（Ghestin，N°748）。

益，那么这样的合同无效就是绝对无效。显然，在这种情况下，区分相对无效与绝对无效当然比较容易；但是，也有很多情况，合同到底是绝对无效还是相对无效，一时很难确定，[1] 因为，总体利益（intérêt général）这一概念所包含的现实情况极不相同，非常复杂。[2] 正因为如此，有人经常指出，将合同无效区分为相对无效与绝对无效两种类型，同样是人为造成的；与其说保护总体利益的规则与保护私人利益的规则是截然分开的，还不如说两者之间仅仅存在着一种“多层级的阶梯”。[3] 因此，传统上将相对无效与绝对无效之区分看成是由“事物的力量”或“事物的性质”所强制要求的，在现代法学理论看来，却只能作为一种普通的导向或指示。

有些学者走得更远，他们主张，在有关合同无效问题上应当放弃任何分类，每一种无效原因均服从自身特有的规则，而这些特有的规则是从遭到合同违反的法律规范所追求的目的推断而来的。[4] 按照这些学者的观点，（法国法上的合同）无效理论完全没有必要，纯粹是钻牛角尖。我们认为，这样的理论立场肯定有些过头，并且会引起法律上的不安全。虽然说，考虑到遭到合同违反的不同规则各自的特殊性，应当对有可能主张无效事由的人相互之间的关系、时效期间以及对合同的确认等问题上做出灵活处理——在

---

[1]参见本书第 146 节与第 271 节。

[2]R·里贝莎贝尔，《Defrénois 论文集》，2002 年（1253. 2007. 1729）（R·Libechaber, Defrénois 2002. 1253. 2007. 1729）。

[3]G·德拉帕拉戴尔，前引书，第 101 节，第 68 页（G·de la Pradelle. op cit. N° 101. p. 68）。

[4]J·舍瓦利耶，G·杜里，《亨利卡比唐协会研究文集》，第 14 卷（J·Chevalier, G·Durry, Trav. Assoc. H·Capitant. t. XIV）；Ph·莱涅：《论法国私法上合同动力因的概念》，《巴黎二大多学科论文集》，1993 年，第 49 页，第 37 节（Ph·Reigne, la notion de cause efficiente du contrat en droit privé français. thèse multigr, Paris II. 1993. p. 49. N° 37）。

特定情况下，这样做更为可取——但这丝毫不影响区分总体利益与私人利益会给我们提供有益的指导线索。因此，学者们一致认为，（当今时代）尽管两种无效适用的法律规则不像传统学者们主张的那样整齐划一，但区分绝对无效与相对无效仍然保持着不可替代的指导价值。因此，本书在研究无效的法律制度时，仍然以绝对无效与相对无效的区分作为基本的依托（参见第389节）。

接下来，我们在研究合同成立的条件时，始终把握着一个可以用来确定无效性质——是相对无效还是绝对无效——的基本导向。这种基本导向就是，法律规定这些条件的目的首要保护的是私人利益还是总体利益。对于合同违反旨在保护私人利益之规则的情况，以相对无效实行制裁，而对于合同违反旨在保护总体利益之规则的情况，则以绝对无效实行制裁。

第二章　意思的合致

90. 本章内容安排

《民法典》第1109条至第1118条在对同意作出规定时，仅仅是从“可以影响同意的各种瑕疵”的角度来考虑的，换句话说，在1804年，立法者在有关同意的问题上唯一考虑的是缔结合同的每一方当事人所表示的同意应当具备的质量。这样做的目的是保护当事人自己。因为，在当时的立法者看来，对这些问题做出回答乃是理所应当，而没有必要对同意这一概念本身给出一个（固定不变的）定义，也没有必要具体规定应当采取哪些形式来表达同意，但是，本书作为一部尽可能完整研究法国制定法的著作，显然不能萧规曹随，继续照原样走下去。有鉴于此，我们在本章中将依次研究以下两个问题：同意的存在（第一节）以及对同意的保护（第二节）。

第一节　同意的存在

91. 同意一词的含义

就缔结合同而言，法文的“同意”（le consentement）一词的意思可以作以下两重理解。

首先，同意是指每一方当事人的意思表示（manifestation de volonté），是指每一方当事人对其打算订立的合同的各项条件表示赞成或接受的意思；当我们谈到双方交换了同意意思时，或者，当我们说某人已经同意时，即是从这一意义上来使用这一词汇。

从词源上考察，同意一词也用指双方意见一致，是双方意思的合致（contours de deux volontés），即承担义务的债务人及其所承担的义务的相对债权人双方意思的合致。有一种受到日耳曼法影响的观点将合同看成是“两个单方宣告的意思的简单并置”（une simple juxtaposition），每一方的意思宣告自身就具有强制力；[1] 但是，按照法国法的观念，合同并不是产生于各自孤立的存在即具有强制力的两个单方意思宣告的并置，而是双方意思的汇合或合致，并由此产生一种（共同的）新的意思。这个新的意思就是实现一项共同活动的意思。这种共同活动就是合同的标的。[2] 因此，法国法律所说的同意，是双方当事人意思汇合形成的纽结（le noeud），是流经双方当事人之间的一种信任的潜流，这样才能使合同得以成立。

因此，我们在下面将按照上述两重意义来研究同意的存在：

---

[1] 沃姆斯：《论视为债的发生根据的单方的意思》，《巴黎大学学位论文》，1891 年，第 93 页（Worms，de la volonté unilatérale considérée comme source d'obligations，thèse Paris. 1891. p. 93. in fine），作者写道：“我们认为，合同中最根本的，不再是（双方当事人的）意思的汇合与交换，而是孤立考虑的每一方（当事人）的意思，因为，每一方当事人的意思均有其自身的效力，因此，每一方的意思都足以约束其表意人。”关于这一论断与奥地利学者西耶格尔（Siegel）的思想之间的关系，参见 A·里耶格：《法国与德国民法上意思表示在法律行为中的作用》，《斯特拉斯堡大学学位论文》，1961 年，第 430 节，第 430 页（A·Rieg，le rôle de la volonté dans l'acte juridique en droit civil français et allemand，thèse Strasbourg，éd. 1961. N° 430. p. 430）；西耶格尔于 1873 年对单方允诺作出了他的最初科学表述。关于与沃姆斯持相同见解的分析，参见 C·格里马尔迪：《私法里的准义务承诺与义务承诺》，《巴黎二大学位论文》，2007 年（C·Grimaldi，quasi-engagement et engagement en droit privé，thèse Paris II. éd. 2007）；关于意思与同意的关系的新见解，参见 M·A·弗里森-罗什：《关于合同法上区分意思与同意的几点看法》，载《民法学季刊》，1995 年，第 573 页，《商事判例杂志》，1995 年 11 月，第 151 页（M·A·Frison-Roche，Remarques sur la distinction de la volonté et du consentement en droit des contrats，RTD civ. 1995，p. 573. RJ com. nov. 1995. p. 151）。

[2] 关于这种意思合致（accord de volontés），参见：G·卢埃特：《对合同概念的批评探讨》，1965 年，第 98 节（G·Rouhette，contribution à l'étude critique de la notion de contrat，1965. N°98）。

（第一目）同意，作为每一方当事人意思的表示，（第二目）同意，作为双方当事意思一致的协议。

第一目　同意，作为每一方当事人的意思表示

内容划分

92. 我们在这里研究的内容分为：合同的成立，必须有每一方当事人的同意（一），每一方当事人都应当具备（法律）要求的能力（aptitude）或资格（二）。

一、同意的定义

93. 内心的意思，表达出来的意思

缔结合同，即是愿意。

首先，从根本上来说，同意，是一种精神活动、思想活动，是一种意愿安排。意欲缔结合同的每一方当事人各自内心在赞成与反对之间进行掂量、进行审视之后才会决定（是否）承担义务。理智的光辉将照亮每一个人作出某种决定的动能。总之，同意，是每一个当事人经过思考之后打定的主意。这就是说，同意，要求同意者有理解能力，要求同意者有作出决定的能力，也就是说，要求有智力和意愿。

但是，同意，作为一种心理现象，只有对外表露出来，从而使相对当事人知晓时，才有可能产生合同。至于选择什么方式对外表示同意，在所不问：口头言词、书面文字、动作、行为、电子邮件，均可用于表达同意意思，但是，不管怎样，必须有一种对外表达意思的方式，非如此，就不可能设想双方当事人的意思会发生任何的相遇及汇合。这就是说，同意，既是自思自忖，自己所想所愿，也是一种对外表达，换言之，同意，既是内心意愿（volonté interne)，也是对外公开表达或宣告的意愿（volonté déclarée）。[1]

按照前面理解的同意的两层意义，当一个人内心的意愿与其公开表达的意思完全吻合时，自然不会发生任何问题，与此相反，当一个人对他心里所想的表达得非常笨拙，内心所想的与对外表达的内容之间存在差距，甚至发生扭曲时，势必要出现问题。例如，某一个人，由于书写错误，将其想卖1000欧元的东西写成只卖100欧元，在这种情况下，是认同其内心的意思还是认同其对外宣告的意思？两者中到底哪一个意思才能作为其行为或合同的基础依据？

以意思自治理论为主导的个人主义观念告诉人们，对于这种情况，应当优先考虑当事人的内心意愿。一个人之所以受合同约束，是因为其愿意，并且仅在其愿意的限度之内接受约束，因此，唯一算数的，只能是其承诺义务的真实意思。每一方当事人，只有当其真实愿意时，由其订立的合同产生的义务才能约束与限制其自由。但是，如果我们按照这种分析继续走下去，也会提出另一个问题：法律安全还剩几何？比方说，假如某人所说的与其所想的完全不同，而人们却要去考虑其内心深处的真实愿望，而不是考虑其对外所做的清楚明白的表达，这样一来，合同法则还能剩下什么呢？因为，只有每一个缔结合同的人公开表明自己的意愿，相对方当事人才能知道他的意思，才能知道其所思所想。如果我们只考虑一个人的内心意愿，诚然可以保护那些对自己的想法表达得很糟糕的人的自由，但是，对于完全相信该人对外所表达的意思的人来说，岂不是欺骗他的合理而正当的信任。

有鉴于此，现代有些学者，受到更加具有社会性观念的启迪，极力主张：（就合同的成立而言）相对于当事人的内心意

[1]本节对法国法律意义上的同意（le consentement）的概念作了比较详细的解释，它既是指每一方当事人内心意愿，也是其对外表示的同意意思，又是指双方当事人意思的合致或合意，是双方当事人一致的同意。——译者注

愿，应当优先考虑每一方当事人对外宣告或表明的意思，即使其表达的意思虚而不实，甚至在表达时出了错误，均不在考虑之列。按照这种观念，合同成立的根本要件便不是当事人内心意愿的心理事实，而是这种意愿的对外表达或外化（extériorisation）。这样一来，合同的强制力更多来自社会环境对一个人的意思表示这一客观事实所赋予的后果，而不完全是来自承担义务的每一方当事人的意思本身。一个人对外作出的意思表示超越其真实意愿时，应当承担由此产生的后果，如同其应当承担任何行为的后果一样。这种观念得到《德国民法典》有关法律行为的一般理论的确认（参见《德国民法典》§116），[1] 在20世纪初期，它也获得了法国理论界部分人士尤其是雷蒙·萨莱耶（R·Saleilles）的强有力的推动，并取得进展。[2]

实践中，上面这些观念在法国法律里均未得到严格运用。（按照法国法采取的立场）如果不能证明对外表达、对外宣告的意思与内心的真实意思不一致，那么，对外表达的意思将优先得到考虑。法律安全要求人们付出这种代价。但是，如果当事人的真实意愿得到认定，得到优先考虑的则应当是此种真实意思，因为，我们不能认定那种虽然对外宣告但并不代表真正意愿的意思表示。由此而来，双方当事人各自的意思之间会存在某种错位或偏差，这种错位或偏差妨碍双方当事人意思的汇合一致并且有可能引起合同无效

[1]《德国民法典》第116条："心里保留。意思表示不因表意人心里做出保留，对所表示的有所不欲而无效。该意思表示须向他人作出，且相对人知道此保留的，该意思表示无效。"法律出版社2006年版，陈卫佐译注。

[2]R·萨莱耶：《论意思表示，德国民法典中的法律行为研究》（R·Saleilles, de la déclaration de volonté, contribution à l'étude de l'acte juridique dans le Code civil allemand）；F·兰巴什：《面对一般订约条件考验的订立合同之同意，意思表示概念的用处》，2004年，C·维茨序言（F·Limbach, le consentement contractual à l'épreuve des conditions générales, de l'utilité du concept de déclaration de volonté, 2004, Préface C·Witz）。

(参见第226节)。由于自己的过错，作出的意思表示与自己的真实意思不相符合的人，可能有义务赔偿善意相信这种意思表示的人由此受到的损害。

二、表示同意的能力

94. 有能力表示同意的人

要想合同能够有效成立，应当由有能力表达其真实意思的人表示同意。如果一方当事人因自身所处的状况，例如，年龄很小、精神病人、吸毒者或醉酒者，不能判断自己的行为的真正意义，由这些人订立的合同无效。

法国法律往往是通过有关“能力”的条文规定来解决这方面的问题，而不是将其放在有关“同意”的条文规定中加以处理。处于不能表达真实的同意意思之状态的人，被认为无能力（incapacité）(A)，这是最常见的情况，但是，也有这样的情况：处于不能表达自己意思之状态的人在法律上却是有能力的人（capable)。对于这种情形，人们借助于“同意的不存在”（absence de consentement，没有同意）来进行处理（B)。

（一）无能力

95. 有能力（capacité）是原则

按照《民法典》第1123条的规定：“任何人，如未因法律宣告无能力，[1] 均得订立合同。”（参见附目第1145条）紧接着，第1124条又补充规定：“没有解除亲权的未成年人，本法典第488条意义上的受保护的成年人，在法律具体规定的范围之内无缔结合同

[1]这里所说的“无能力”是一个笼统表述，没有特别指出是权利能力（capacité de jouissance)，还是行为能力（capacité d'exercice)，但应理解为侧重指行为能力。参见第96节。——译者注

的能力。”这里还要顺便作一简单提示：在法国《民法典》里，有关无能力的规定主要集中在“第十编未成年与解除亲权”（第 388 条至第 413 条）与“第十一编成年以及受法律保护的成年人”（第 414 条至第495-4条），另外就是关于“未成年人与财产受管理的成年人的财产管理”的规定（第 496 条至第 515 条）。按照法国法律传统，遵循《民法典》的安排，通常将有关“无能力”（问题）的研究与人法和亲属法联系在一起；之所以这样做，有以下两个原因：一个人的能力是其法律人格的组成部分，而对无行为能力人的保护，主要是由家庭来承担，因此我们在这里对这些问题仅作简短的提示。

96. 无权利能力与无行为能力

当我们说任何人原则上都有能力（capable）时（如前引第 1123 条的规定），既是认定其有权利能力（capacité de jouissance），也是认定其有行为能力（capacité d'exercice）。所谓权利能力，是说任何人都有资格作为权利主体，都有资格作为权利持有人。所谓行为能力，是说任何人都有资格自己行使其作为持有人或主体的各项权利。一个人有可能丧失其能力的两个组成要素中的这一或那一要素——权利能力或者行为能力。当一个人虽然与其他任何人一样享有相同的权利，但是如果没有他人参与，并且以其名义、为其代理或者在其身边给予协助，便不能行使自己的权利时，我们说该人无行为能力；当某一个人完全被剥夺某项权利时，我们就说其无权利能力。没有权利能力的人不仅本人不能行使权利，其他任何人都不能取代其行使这项权利。无权利能力，不言而喻地引起（当事人）无行为能力，或者更准确地说，必然使行为能力毫无用武之地，因为，不可能设想，一个人可以行使他自己并不享有的权利。当我们说某一个人无行为能力时，意味着该人具备了一个前提条件：有权利能力。凡是法律为某人的利益规定了代理制度或协助制度，以便其能够行使某项权利时，都是基于该人可以是这项权利的持有人或权利主体。按照法国法律，无权利能力总有专门所指（spéciale），属于特别性质，无权利能力只能是涉及某些特定权利；如果将某一个人置于“一般的无权利能力”（incapacité générale de jouissance）的地位或者整体的无权利能力，即是剥夺该人的法律人格，也就等于不折不扣的宣告该人在民事上的死亡（mort civil）；与此相反，无行为能力既可以是一般的无行为能力，也可以是特别的无行为能力。

97. 无缔约能力（没有缔结合同的能力）

仅就无缔约能力（incapacité de contracter）而言，则有可能涉及无权利能力，或者仅涉及无行为能力（参见附目第1146条）。

（1）无（缔结契约的）行为能力：有一些个人，由于年龄关系或者因身体官能受损而无行为能力，因此不能由其本人缔结合同，或者不能由其单独与他人缔结合同。

无行为能力，首先涉及不满18岁的、尚未解除监护权的未成年人。原则上，这些未成年人，只有通过他们的代理人、法定管理人、监护人才能订立合同，但是，法律对于未成年人的无行为能力范围也作出了以下两个方面的限制：一方面，如果涉及的事务无关紧要，未成年人仍然可以视其年龄，有能力完成习惯上准许其单独完成的行为（《民法典》第389-3条与第408条，2007年3月5日法律，参见附目第1148条），[1] 另一方面，除习惯上准许未成年人实施的行为之外，只要所订立的合同本来是未成年人的代理人无

[1] A·塞尔莫拉奇：《论未成年人订立的合同》，载《亲属法》，2006年，“研究”专栏，第27节（A · Cermolace, les contrats du mineur, Droit de famille, 2006, Etude, N°27）。

须经过任何特别批准即可订立的合同，并且不损害未成年的利益，那么，由未成年人本人单独订立此种合同，也是有效的。[1]

至于（因年龄、疾病、身体官能衰退之原因而需要）受到保护的成年人（majeurs protegés），根据其身体状况的不同程度，无行为能力的范围也随之或宽或窄。由这种司法保护建立的是一种有时间性的保护制度，它并不是要剥夺享有这种受保护利益的人的能力。[2]（按照法国法律）只有证明受保护人（在订立合同时）精神不正常或不健全，或者其订立的合同显失公平、对其造成了损害，或者合同的有关规定具有过分的性质（caractère excessif）时，才有可能撤销所订立的合同。实行财产管理与监护制度，意味着受保护的成年人确确实实的无行为能力：对受保护的成年人实行财产管理，受保护人属于特别的无行为能力；对成年人实行监护制度，受监护人属于一般的无行为能力。在前一种情况下，财产受到管理的无行为能力人只能在其财产管理人的协助下参与法律生活；后一种情况下，受到监护的成年人，只有通过监护人才能参与法律生活。尽管受监护的成年人属于一般的无行为能力，但与上述未成年人的情况一样，仍然有能力完成人们在习惯上准许其单独完成的某项无关紧要的行为（《民法典》第473条，2007年3月5日法律）。

在《新刑法典》生效之前，作为制裁，对成年人也可以作出一般的无行为能力处分，例如，被判处身体刑与加辱刑的人，在整个刑期内均受到法定的禁治产处分（1810年《刑法典》第29条），这样，也就等于将被判刑人置于和受监护的成

[1]最高法院民事庭，1844年6月18日（DP 44. I. 123）；最高法院民事庭，1861年3月25日（DP 61. I. 202）；载《最高法院著名判例汇编》（Grands arrêts，t 1. N°53—54）。

[2]此外，如果指定专门的委托代理人完成确定的行为，不在此限（《民法典》第435条与第437条，2007年3月5日法律条文）。

年人相同的地位，不过，这一旧法条文规定的是一种附加刑，而不是对个人的保护措施。[1]

（2）无权利能力：某些个人有可能被剥夺订立特定合同的权利。这种情况属于特别的无权利能力（capacité spéciale de jouissance）。引起特别的无权利能力的原因多种多样，各不相同：有时，法律规定特别的无权利能力是将其作为制裁措施，例如，在《新刑法典》生效之前，法国刑法始终规定：完全剥夺被判无期刑罚的人进行无偿处分与无偿接受财产的权利（1810 年《刑法典》第 36 条）；[2] 在另一些情况下，法律规定无权利能力的目的并不是要制裁无能力人，而是旨在保护合同的相对当事人，例如，监护人没有权利取得被监护人的财产（《民法典》第 509 条第 4 项）；[3] 还有一些情况，规定无权利能力的目的是保护无能力人本人，例如，未成年人不能同意进行赠与（《民法典》第 903 条）。[4] 此外，在有些情况下，法律规定无行为能力的目的在于保护第三人，例如，在过去很长时间里，法律规定因父母通奸所生的子女无权利能力，并且规定他们从通奸的父或母手中接受的无偿处分的财产数额不得超过法律规定在无遗嘱继承情况下给予他们的权利（《民法典》第 908 条，这项规定已由 2001 年 12 月 3 日的法律废止）。上述特别的无权利能力情形可以伴随有一般的无行为能力

---

[1]《新刑法典》于 1994 年 3 月 1 日生效。即使是在该日之前被判刑的人，自新法的规定生效起，也恢复完全的权力（最高法院刑事庭，2000 年 6 月 28 日，D. 2001. 1351，Massip 述评，JCP2000. II. 10357，另见 F · Desportes 述评）；最高法院第一民事庭，2001 年 4 月 3 日（Bull. civ. I. N°96，Defrénois 2001. 1015，Massip 述评）。

[2]《继承和赠与》，第 286 节（les successions，les libéralités，N°286）。

[3]《民法典》第 509 条第 4 项规定："监护人不得购买受保护人的财产或者取得其财产的租赁权。"《继承和赠与》，第 270 节（les successions，les libéralités，N°270）。

[4]《民法典》第 903 条规定："未满 16 周岁的未成年人不得实施任何财产处分行为。"

（如未成年人），或者可以涉及原则上的有能力人（例如，对监护人的规定，或者过去对因通奸所生的子女的规定）。法律规定这些无能力情形的理由，是出于对所涉行为的特别考虑，但这方面问题的研究已经超出了合同的一般理论范畴，从根本上说，应当属于无偿处分行为法或赠与法（droit de libéralités）[1] 的内容。

98. 制裁

正常情况下，（法律规定）无行为能力的目的旨在保护无行为能力人本身：原则上，由无行为能力人实施的行为以相对无效论处；等到无行为能力人获得或者恢复行为能力时，例如，待到未成年人达到成年之时，可以提起此种无效诉讼；无行为能力人的法定代理人或者获得准许的人，也可以提起此种无效之诉。当无行为能力人对其合同相对当事人隐瞒其无能力之事实或者声称自己有能力时，这种隐瞒或者不实的声明并不妨碍无效（事由）引起的效果，而合同相对当事人不得请求损害赔偿（参见第 232 节与第 438 节）。[2]不过，无行为能力人，在成为有能力人时，可以对此前的无效行为进行确认、予以追认，也就是说，可以放弃主张原本存在的无效事由。

但是，也有少数有关无行为能力的规定目的在于保护（社

[1]多数人将这里所说的“无偿处分行为”（libéralités）译为“赠与”，其实这一术语包括生前赠与和遗赠。——译者注

[2]《民法典》第 1307 条就未成年人确定的这一规则，由法院判例扩张适用于所有的无能力人。参见最高法院民事庭 1900 年 3 月 13 日判决（DP1900. I. 580，S. 1903. I. 26）；巴黎法院，1956 年 3 月 20 日（JCP1956. II. 9401. Mazeaud 述评，RTD civ. 1956. 709，Desbois 述评）；关于这一问题，参见 M · Daury-Fauveau：《论精神障碍与责任，精神病人的过错与合同》，载《法律活页期刊》，1998 年（M · Daury-Fauveau, trouble mental et responsabilité，la faute de l'aliéné et les contrats，JCP1998. I. 160）。

会的）总体利益。例如，对被判处特定刑罚的人规定法定的禁止事项，即属于此；基于这一目的，受到禁止的人违反对其规定的禁止事项而完成的行为以绝对无效论处。

要想确定为了制裁无权利能力而规定的无效的性质，应当根据具体情况，查明立法者在作出相关规定时想要保护的是什么样的利益。当立法者规定无权利能力是出于保护总体利益的考虑时，对此种无权利能力给予的制裁是所完成的行为绝对无效，例如，立法规定被判处无期徒刑的人无权利能力进行无偿处分与接受财产，即是如此。

与上述情况不同，当立法者规定无权利能力的目的并不是要制裁无能力人，而是为了保护相对当事人时，对无权利能力人完成的行为实行的制裁是，该行为以相对无效论处，例如，法律规定禁止监护人或财产管理人取得委托其管理的财产（《民法典》第1596条）；[1]《民法典》第1597条[2]规定禁止司法官成为其受理的案

---

[1]最高法院诉状审理庭，1877年11月20日；最高法院第一民事庭，1988年11月29日（Bull. civ. I. N°341. p. 230，D. 1989. somm. com. p. 231. J-L・Aubert述评）。

[2]《民法典》第1596条："下列之人，不得自己或者通过中介人成为下列财产的竞价买受人，否则，买受无效：——监护人，对受其监护之人的财产；——受托人（代理人），对其受委托出卖的财产；——财产管理人，对交由其照管的市镇行政区或公共机构的财产；——公务助理人员，对因其职权，经其买卖的国家财产；——财产托管人，对组成交由其托管的概括财产的各项财产或权利。"

这一条文的禁止性规定适用于所有的买卖，而不仅仅限于公开竞卖（巴黎法院，1964年11月12日）；不要求只有当受托人（代理人）得到足以使委托人对买受人承担责任的权力时，才适用第1596条的规定；凡是以买卖财产为标的的委托，即使仅仅是一种中介，均适用这一条的禁止买受的规定（最高法院第一民事庭，1983年4月13日）。

《民法典》第1597条："法官、代理法官、行使检察院职责的司法官、法院书记员、司法执达员、上诉法院诉讼代理人、辩护人（律师）以及公证人，不得成为属于其履行职务的辖区内的法院管辖权限的诉讼中、有争议的权益与诉权的受让人，否则，受让无效，并应负担诉讼费用与损害赔偿。"（转下页）

件中构成系争标的之权利的受让人。不过，对于违反这种规定而进行的财产转让所认定的无效的性质，人们则有不同的看法。[1]

（二）没有同意

99. 法律上有能力但精神官能受到损坏的人

有些个人，虽然在法律上有能力但却不能识别其行为的意义，因而不能表达真实的同意意思，例如，文盲，[2] 或者，当事人在实施行为时不懂所使用的语言，[3] 因而不能理解其签署的文书的意义，就属于这种情况；精神官能持久性损坏但尚未对其采取任何保护措施的人，也是如此；还有些人由于吸食毒品或者酗酒，精神官能一时发生障碍，同样属于这种情况。对于这些人来说，由于他们对外表达的意思并不能代表其真实意愿，我们说此种情况为“不存在”同意的(absence de consentement，没有同意)。同意不存在，合同当然不能有效成立。

对于这些情况，《民法典》第414-1条规定了明确的处理意见：“任何人，为使其实施的行为有效，应当精神正常；但是，以精神

（接上页）本条禁止性规定的性质与范围：第1597条是考虑公共道德而作出的规定，比第1699条与第1700条规定的意义范围更为广泛，不仅适用于诉讼已经开始并且已经提出异议的情形，而且适用于转让的权利尚未发生争议，也就是说，适用于那些仅仅是有可能引起诉讼的情形。对转让权利的评判，不论是否发生争议，均属于负责争议实体审理的法院的自主评判权力（最高法院诉状审理庭，1851年2月11日）。

[1]最高法院第三民事庭，1991年5月15日（Bull. civ. III. N° 146. p. 85. Defrénois1992. p. 319，J-L · Aubert 述评，RTD civ. 1992. 406，Y · Gautier 述评）。这一判决认定《民法典》第1597条是“出于公共道德上的考虑”而作出的，因此，此种无效可以由转让人或者对转让的财产曾表达某种主张的第三人提出。关于绝对无效的问题（参见 Mazeaud et Chabas，N°303，前引 J-L · Aubert 述评）。

[2]最高法院社会庭，1997年1月14日（D. 1997. 612，Djoudi 述评）；最高法院第三民事庭，1998年12月15日（Defrénois1999. 1038. D. Talon 述评）；参见 H · 克拉雷（H · Claret）：《文盲与法律行为》（l'illettré et l'acte juridique，RRJ2002. p. 1777）。

[3]巴黎法院，2006年11月30日（JCP2007. II. 10069，H · Kenfack 述评）。

原因主张行为无效的人，应当证明其在实施该行为之时刻存在精神障碍。”这一条文的规定将法典第 901 条就无偿处分财产这一特殊类型的法律行为所宣告的原则加以普遍化，并将行为人的精神健康作为实施法律行为的有效性条件。但是，只要是由享有完全民事能力的人表示的同意，我们就推定该人的精神是健康的，因而应当由“以精神健康原因主张行为无效的人，证明其在实施该行为之时刻存在精神障碍。”

对一个人实行保护制度，例如对有精神障碍的人或者其他无能力人实行的保护制度，这一事实本身并不影响可能适用《民法典》第 414-1 条就精神障碍之原因规定的无效。诚然，这一条文的规定往往与保护制度同时得到适用：如果违反有关人的行为能力以及保护方面的规则，当然会引起所实施的法律行为无效，而且无须证明精神障碍，但是，虽然说保护制度也降低了第 414-1 条的作用，但这种制度的存在并不会使该条的规定完全失去它的意义。尽管我们需要遵守有关能力和保护方面的各项规则，但如果证明合同当事人是在精神障碍状态的制约下订立的合同，那就可以宣告合同无效。

100.（1）无效之原因（参见附目第 1147 条）

受到在精神障碍状态的制约而实施的法律行为，由于缺乏同意，属于可撤销的（annulable）行为。按照法律条文的表述，这种无效产生于一种特殊原因：行为人在行为实施的那一时刻存在精神障碍。[1] 以下对这两点加以介绍：

1）精神障碍（trouble mental）：所谓精神障碍，应当是精神范畴的障碍，是精神官能受到某种损害。[2] 在决定同意的两项要件

[1] O·西蒙：《因精神障碍引起的法律行为无效》，载《民法学季刊》，1974 年，707（O·Simon, la nullité des actes juridiques pour le trouble mental, RTD civ. 1974. 707）。

[2] 里昂法院，1964 年 1 月 30 日（Gaz. Pal. 1964. I. p. 420）。

中至少有一项使行为人的意思受到损害，也就是说，行为人因精神障碍，损害了其清醒程度，妨碍其进行审慎的思考，或者是损害了他想要表达的意思。这里所说的清醒程度是指行为人的理解能力、思考能力，这里的所说的意思是指表示愿意的能力、做出决定的能力。

在考虑精神障碍构成无效的原因时，没有必要要求行为人的精神官能完全损坏，致使当事人完全丧失了理智，但是，却有必要要求精神障碍达到足够的严重程度。法院按照1968年改革之前的法律规定多次作出的判决认为：仅仅是行为人的精神官能衰退，不足以导致其实施的行为无效；[1] 仇恨，甚至深仇大恨，使行为人的行为非常盲目，丧失理智达到了不顾一切的程度，也不能构成法律行为无效的借口；行为人有智力残障或者弱智，也是如此。[2] 如何评判精神障碍是否达到了足够严重的程度，属于本案实体法官的自由裁量权限。[3] 精神障碍，可以是指精神官能受到持久的损坏，也可以是因一次偶然的事故造成的“没有明天、没有希望”。

精神障碍可以是由各种各样的因素造成的：精神错乱、体能衰弱反映在精神官能下降或者严重损坏了认识官能时，体能衰弱也是因素之一；使用毒品、酗酒等，也都是引起精神障碍的原因。

2）“在实施行为的时刻”：要想将精神障碍作为所订合同无效的原因来考虑，另一项要求是：此种障碍应当是在与合同订立的时刻同时存在的障碍。这一要求恰恰证明，《民法典》第414-1条[4]不是一项关于合同当事人的能力的规定，而是一项与当事人

[1]最高法院民事庭，1959年6月3日（Bull. civ. I. N°276. p. 230. JCP1959. IV. p. 91）。

[2]最高法院民事庭，1958年11月10日（Bull. civ. III. N°693. p. 511）。

[3]最高法院第三民事庭，1997年10月28日；《亲属法》，第32节（Droit de famille，N°32）；巴黎法院，1972年6月30日（Gaz. Pal. 1972. 2. 875. Amzalac述评）。

[4]《民法典》第414-1条：“任何人，为其实施的行为有效，应当精神正常；但是，以精神原因主张行为无效的人，应当证明在实施该行为之时刻存在精神障碍。”

的同意相关的规定。原则上，要想认定实施的行为无效，仅仅是能够证明行为人在此之前或者随后有精神障碍的征兆，仍然是不够的。因为，法律推定“凡是没有被置于有组织的保护制度之下的人均为意识清楚”，但是，从证据困难的角度来看，法院判例仅仅是要求“证明在合同成立的当时行为人处于精神障碍的通常状态即可”，但如果被告方证明行为人在合同成立之时刻例外地处于间歇的意识清楚状态，另当别论。[1]（法国证据法）涉及法律事实时，证据是自由的，也就是说，可以通过任何方法提出证据，特别是可以通过人证或推定来提出证据。

101. （2）撤销的制度（le régime de l'annulation）

法律根据提起无效诉讼的时间是在行为人身前还是在其死后之不同情况，作出了不同的规定。因此，在提起撤销之诉的时刻，行为人是否仍然活着，就是至关重要的。人们说，行为人就是一项活的证据（une preveu vivante），因为法院可以听取其意见，观察其言语、行为、举动，最主要的还是可以保护其利益；如果是在行为人死后才提起撤销（无效）行为之诉讼，随着行为人的去世，与涉案问题有关的各项已知材料可能有所改变。在此情况下，当事人已经不在世，到底什么才是他当时的真正意愿，如何解释这种意愿，必然会遇到困难，而在这种情况下，往往会有人企图援引行为人在订立合同时存在精神障碍来作为支持其诉讼主张的理由。以上这些考虑也主导着诉讼的法律制度。

---

[1]最高法院第一民事庭，1980 年 6 月 11 日（Bull. civ. I. N° 184. p. 149）；最高法院第二民事庭，1987 年 1 月 27 日（JCP1988. II. 20981. T · Fossier 述评）；最高法院诉状审理庭，1901 年 6 月 8 日（DP1901. I. 496）。

102. （1）在行为人生前提起无效诉讼

《民法典》第414-2条为当事人本人保留了提起无效之诉的权利，并且明确规定应当在法典第1304条规定的5年期间提起此种诉讼。[1]

我们从这一条文的两项具体规定中可以推断认为，对实施法律行为的行为人缺乏同意的情况是以相对无效论处。这一推断非常重要，因为，直至1968年1月3日的法律进行的改革，人们始终都认为，完全缺乏同意是一种合同绝对无效的原因，[2] 或者甚至是构成"合同不存在"（inexistence du contrat）的原因。[3] 因此，我们在这里所说的情况很好地体现了从传统的无效理论向现代无效理论的过渡。在这里，由于当事人订立合同存在精神障碍，尽管合同缺乏一项根本条件，但仍然以相对无效论处；因为，这项条件的目的并不是保护总体利益，而是保护精神官能受到损坏的人的自身利益，也就是为了保护私益（参见第88节）。

既然在这种情况下合同无效属于相对无效，那么，对于行为人在精神障碍支配之下订立的合同，就有可能由其进行确认，予以追认，很显然，要想使这种追认在实质上有效，应当是在当事人的精

[1]这一期间自发生争议的行为开始计算，但是，如果行为人证明其处于无法提起诉讼之情况，该期间可以中止计算。参见最高法院第一民事庭1991年11月18日判决（Bull. civ. I. N°318. p. 207）；最高法院第一民事庭，1992年2月18日（Bull. civ. I. N° 54. p. 38. D. 1993. 277，Massip述评）。

[2]波丹与勒雷布尔-皮热奥尼耶尔：《法国民法教程》，第3卷，（Beudant et Lerebours-Pigeonnière，Cours de droit civil français，t. III. par Breton，N° 1783）；里佩尔与布朗热：《民法概论》，第1卷，第2815节（Rippert et Boulanger，Traité de droit civil，t. I. N° 2815）；最高法院社会庭，1955年10月17日（JCP1956. II. 9226，Laurent述评）。

[3]德莫隆贝：《民法教程》，第24卷，79，80（Demolombe，cours，t. XXIV. 79. 80）；洛朗：《民法原理》，第5卷，第323节，第15卷，第464节（Laurent，Principes，t. v. N°323. t. XV. N° 464）；若塞朗：《民法教程》，第1卷，第523节（Josserand，Cours. t. I. N°523）。

神障碍已经停止时作出的确认或追认。[1]

自2007年3月5日法律进行的改革以来，对于受保护的人在宣告实行保护措施的判决公示之前2年内实施的行为，如果能够证明在此行为实施的当时受保护人的精神官能受到损坏，导致其无能力保护自己的利益，而且这种无能力又是明显的，或者合同相对当事人知道此种情形，那么，（受保护的人或其代理人）可以请求减少合同中原先规定的数额（《民法典》第464条，2007年3月5日法律条文）。这项诉讼应在5年期间提起，自实行保护措施的判决做出之日起计算。诉讼由负有保护无能力人之责任的人提起，尽管这方面的法律条文并无明确规定。

103.（2）在行为人死后提起无效诉讼

如果实施法律行为的人在其生前已经以精神障碍之原因提起无效之诉，那么在行为人死后，他的继承人自然可以继续进行这一诉讼，无须要求他们具备额外的附加条件。[2]

但是，如果是在实施法律行为的人死后才以其在实施该项行为之当时有精神障碍之原因提起行为无效之诉，这种诉讼则需要遵守更加具有限制性的制度，至少在涉及有偿的法律行为时是如此。按

[1]当一项借贷合同因借贷人精神障碍之原因被撤销时，如果保证人在提供保证时并不知道借贷人方面存在精神障碍，那么借贷行为之无效就将扩张至该人提供的保证。参见最高法院第一民事庭1997年11月25日判决。另见《家庭法》，1998年版，第32节（droit de famille，1998. N°32）；关于在缔约当事人的过错得到认定的情况下，因精神障碍之原因引起的合同无效并不排除针对当事人提起责任之诉的问题，参见最高法院第一民事庭2003年1月28日判决（Defrénois2003. p. 1088. Massip述评）。

[2]最高法院第一民事庭，1987年1月27日（JCP1988. II. 20981，T·Fossier述评）。

照《民法典》第414-2条[1]的规定，只有以下 3 种情况，能够认定行为人在订立合同之当时确实存在精神障碍时，死者的权利继受人才有权利提起无效之诉：[2]

1）“行为人所实施的行为本身就带有能够证明其精神障碍的证据”。行为人实施的行为本身完全不合乎正常逻辑，其精神障碍的存在必须是从这样的事实中得出的结论。这种制度称为“内知证据”（preuve intrinsèque）。[3]

2）“行为人是在被实行司法保护的时间里实施的行为”。至于行为人本人的健康状况（在当时）是否应当采取司法保护措施，如果对这一问题提出质疑，可以以任何方法提出证据。任何证据方法均在准许之列。

3）在当事人死亡之前就已经为了对当事人实行财产管理制度或者监护制度而提起诉讼，或者已经赋予将来实行保护之委托以效力。因为这些情况可以让人们认为行为人已经有精神障碍的前兆或

[1]《民法典》第 414-2 条：“在人之生前，无效之诉只能由有利益关系的人提起；在人死后，对其生前所为之行为，除生前赠与或遗赠外，仅在以下列举的情况下，始得以前条所指原因提出攻击：1. 如行为本身即带有行为人某种精神障碍的证据；2. 如行为是在法院对当事人实行司法保护的时间内所为；3. 如在当事人死亡之前已经为实行财产管理或者为设立监护提起诉讼，或者如已对将来实行保护之委托赋予效力。无效之诉依第 1304 条规定的 5 年期间而消灭。”

[2]最高法院第三民事庭，2004 年 10 月 20 日（D. 2005. p. 257，D · Noguero 述评）；《家庭法》，2005 年，第 88 节（droit de la famille，2005. N° 88，P · Murat 述评，CCC2005. N°23，Leveneur 述评）。

[3]看来，法院判例对这种内知证据的采信有比较严格的要求。一方面，如果文书中（行为本身）没有“不协调的、不连贯的与不合逻辑的表述”，（仅仅是）行为或交易体现了造成损害的特征或性质，并不足以构成内知证据，参见最高法院第三民事庭 1987 年 12 月 2 日判决（JCP1988. IIP. 175. Picard 述评，RTD civ. 1988. 340. Mestre 述评）。另一方面，司法官们主张采取“排他性内知证据制度”，看来他们并不承认“可以考虑用行为之外的因素（外知证据）来补强并不完全的内知证据”，参见最高法院第一民事庭 1987 年 1 月 27 日判决；最高法院第三民事 1987 年 7 月 1 日判决（Bull. civ. III. N°134. p. 79. RTD civ. 1988. J · Mestre 述评）。

症状，因此可以在死后作为诉讼证据。[1]

与此相反，根据《民法典》第901条的规定，在行为人死后，可以对其生前实施的财产无偿处分行为提起诉讼，而有关行为人精神障碍的证据不受第414-2条所规定的限制；因为，无偿处分是一种无代价地减少处分人财产的行为，直接威胁到他的家庭的利益。法律的这种规定或处理完全符合民法上通常对无偿处分行为所持的提防态度。[2]

第二目 同意，作为双方意思的合致

104. 内容提要

传统上，合同都被看成是要约与承诺两相汇合、达成合致的产物。一个人，作为要约人发出缔结合同的要约，由作为受要约人的另一人承诺或接受。要约，经承诺或接受，便形成双方一致的意思表示，从而产生合同。当要约人与受要约人处于面对面时，双方几乎是同时表达各自的意思，当然可以非常简便地实现或者达成合意或意思表示的一致；但是，尽管有诺成主义原则，当法国《民法典》规定某些特定合同应当具有特定的形式时，履行特定手续便是这种合同完全成立的必要条件，例如，订立书面合同（要式合同）、标的物的交付（要物合同或实践合同）。《民法典》赋予这些合同以要式主义特征。

然而，在实践中上述理想状况往往会被各种错综复杂的因素完

[1]有关对成年人的财产实行管理或者对成年人实行监护的诉讼是在受到攻击的行为之前还是其后提起，在所不问，参见最高法院第三民事庭1987年1月27日判决，最高法院第一民事庭2007年3月13日判决（JCP2007. IV1814）。

[2]《继承和赠与》，第243节（les successions，les libéralités，N°243）；参见X·马尔丹：《关于民法典的制定者并不关注利他主义行为的问题》，载《法国法律史杂志》，1982年，第589页（X·Martin，l'insensibilité des rédacteurs du Code civil à l'altruisme，Rev hist. droit français，1982. 589）。

全打乱。

在相互从不直接见面的人们之间同样可以订立合同。在这种情况下，就需要采取某种方式来传达双方当事人各自的意思。这种合同是不到现场的人之间订立的合同（le contrat entre absents），也称为以通讯方式订立的合同（contrat par correspondance），或者是由一方当事人委派其代理人订立合同，也称为通过代理方式订立的合同（contrat par représentation）；还有一些情况，由于涉及的问题较为重要或较为复杂，在合同订立之前需要经过很长时间的谈判，而谈判过程中往往还会订立一些预备性合同。这样一来，合同的订立就会延续很长时间，我们将这种情况称为“分阶段订立的合同”（contrat par étapes）；有时，情况恰恰相反，任何谈判的可能性均被排除：一方当事人提出的是一份事先制定好的合同，相对当事人要么接受、要么拒绝，不能提出任何相反建议，也就是说，没有任何讨价还价、平等协商的余地。这就是所谓附合契约（contrat d'adhésion）；还有另一些情况，合同双方当事人采用的是事先制定的合同范本，而这种合同范本通常是由某个第三人（如某个机构）制定的，我们称其为标准合同（contrat-type）。最后一种情况，制定法有时还强制当事人订立某种合同，这就是所谓强制订约或者称为“强加的合同”（contrat imposé）（参见第 203 节）。

我们在本目中先后介绍：对双方当事人交换同意的传统分析（一），然后再介绍导致双方意思合致复杂化的各种因素（二）。

一、对双方当事人交换同意意思的传统分析[1]

105. 本段内容的划分

合同，产生于要约与承诺的聚合，因此，我们首先要分别研究

[1]关于缔约当事人之间交换同意的问题，参见《商事判例杂志》（la Revue de la jurisprudence commerciale），1995 年 11 月专号。

要约与承诺（参见附目第 1113 条至第 1122 条）（A），然后再研究当事人实现意思合致应当具备的各项形式条件（B）。

（一）合意的构成要件

106. 要约

我们首先来具体说明什么是缔结合同的要约（offre de contracter），然后再研究要约的法律制度。

107. （1）要约的概念

缔结合同的建议必须具备特定的特征才能称得上严格意义上的要约，这就是要约的构成要件或者构成要素（éléments constitutifs）；还有其他一些要素，虽然不是与要约概念不可分离的基本要素，但却可据以具体明确要约的面貌，这就是要约的特征。

108. 要约的构成要素

按照日常意义来理解，人们往往将所有缔结合同的建议都称为要约；但是，从法律意义上来看，要约这一术语指的是一种更为狭义的实现。在法语里，要约既称为“offre”，也称为“pollicitation”，它指的是（一方当事人提出的）按照确定的条件订立某项合同的确定的建议。要约一经接受，也就是说，只要受要约人做出承诺，合同即告成立。[1] 照此意义理解，并非所有缔结合同的建议都符合要约的定义，因为，有些建议并不十分具体或者并不十分确定，只能称之为“提议

[1] 按照《国际统一私法协会国际商事合同通则》第 2.2 项的规定，“一项订立合同的建议，如果十分明确具体并且指明要约人在此建议得到承诺的情况下即受其约束的意思时，构成要约”；《欧洲合同法原则》第 2.201 条规定：“要约。（一）一项建议，符合下列要件的，构成要约：有在对方承诺后即形成合同的意思，包含相当确定的条款，以形成合同。”

进行订约谈判的邀请”，在法语里，这种要约邀请称为“appel d’offres”，例如，某人向一家企业提出询问，并请求该企业研究是否可以满足向其提出的某种供货需求。这种尝试就是要约邀请；又例如，打出告示，想出卖某一特定物品并且该告示明确指出价格面议，或者明确指出按最高价成交。这样的告示同样属于要约邀请；再例如，发出信件，声称打算出卖某项不动产，但并未具体说明其他相关事项，尤其没有说明卖价数额；[1] 向一家公司询问是否打算延展合同，[2] 但仅限于夸赞自己的某项产品性能优良，而没有说明产品的特性与价格；[3] 射击俱乐部，为了吸引更多的成员，在一份旅游宣传小册子里登载有关活动的说明，如此等等，此类广告文件都属于要约邀请而不构成要约。[4] 一个人为了出卖某项财产，给予另一人授权，委托其代找购买人，但并不是也没有授权其订立最终合同，这种作为中间联络业务的合同，也是同样的情况：只有当可能的买受人做出承诺之时，中介合同才能转变为完全的买卖合同，而中介合同本身仍然不能视为一项买卖要约本身。

109. 要约应当明确具体（la précision de l’offre）

对外作出的意思表示，只有在其足够明确、足够具体时，才能

[1]巴黎法院，1996年1月29日（Droit des affaires，1996.389，Defrénois 1996.1360，D·Mazeaud 述评）。

[2]最高法院第一民事庭，1998年11月24日（D.1999 P.110. Delebecque 述评）。

[3]关于广告文件的法律价值，参见：F·拉巴特：《论合同文件的概念》，《巴黎一大学位论文》，1994年，第136节，第100页（F·Labarthe，la notion de document contractuel，thèse Paris I. éd. 1994. N°136. p. 100）；不过，法院判例越来越倾向于认为，广告文件“构成明确具体的、肯定的义务根据”，参见最高法院商事庭1999年6月17日判决（Bull. civ. IV. N° 195. p. 170. JCP1998. I. 144. N° 8，Viney 述评，RTDciv. 1998. 364. Mestre 述评）；最高法院第三民事庭，1997年7月17日（RJDA1998，N° 6. p. 10，RTDciv. 1998. 363，Mestre 述评）。

[4]最高法院第一民事庭，1987年4月7日（Bull. civ. I. N°119. p. 88）。

构成要约。[1] 要想让要约一经相对人接受或承诺，即可成立合同，提出的要约必须对可能待订的合同作出清楚明白的表述，至少应当对合同的主要要素作出表述。

要想区分要约中应当写明的哪些要素属于主要因素，对于各方当事人试图建立的合同关系是必要的，哪些事项仅仅属于次要因素(éléments accessoires)，可以不予写明，并不是一件很容易的事情。这种区分并非没有任何困难。当然，在这方面，学理上也提出了一些指导性参照意见。要约的主要因素（éléments essentiels）是指那些能够赋予将要订立的合同以特定色彩的要素，如果缺少这些要素，便不能体现所订合同的特征和性质；[2] 然而，这样的提示仍然是相当空泛的，对于无名合同而言尤其如此。鉴于这种情况，什么是要约的主要要素，往往还是要由法院判例（针对具体个案）来划定它们的具体轮廓。

原则上，对于以价值交换为宗旨的合同而言，构成其主要要素的，就是这种交换的条件本身。《民法典》第1583条就买卖合同做出的规定明文表述了这种意见："当事人一经对买卖之物和价金达

[1] 最高法院第三民事庭，1973年6月27日（Bull. civ. III. N°446. p. 324)；关于文艺体育赛事资助合同，参见凡尔赛法院1995年11月2日判决（D. 1996. YR. p. 32)。

[2] 波迪耶：《债法概论》，第一部分，第6节，第6页（Pothier，Traité des obligations，1er partie，N°6. p. 6)；另见J-L·奥贝尔：《论合同成立中的要约与承诺的概念及作用》，《巴黎大学学位论文》，1970年，第52页（J-L·Aubert，Notions et rôle de l'offre et l'acceptation dans la formation du contrat，thèse Paris，éd. 1970. N°52)：该文认为，所谓要约的主要因素（éléments essentiels）是指"如果缺少这些因素，便不知道是订立何种类型的合同"；参见Ph·德勒贝克：《论减轻义务负担的条款》，载《ronéot论文集》，埃克斯-马赛第三大学，1981年，第198页（Ph·Delebecque，les clauses allégeant les obligations（thèse ronéot. Aix1981. p. 198)，该文认为：要约的主要要素是指，表达各方当事人希望实现的法律与经济活动的那些特定的中心要素)；另见：A·洛德，《论法官承认合同的存在》，《埃克斯-马赛第三大学学位论文》，1992年，第318节，第203页（A·Laude，la reconnaissance par le juge de l'existence d'un contrat，thèse Aix，éd. 1992. N°318. p. 203)。

成一致，即使物未交付，价金尚未支付，买卖即告完全成立，且买受人对出卖人从法律上取得所有权。”[1] 但是，要求要约对有关事项做出何种程度的说明，这更多是取决于拟订合同的性质本身。对于有偿合同来说，价金虽然一般都是主要事项之一，但也有这样的情况，订立合同的建议即使没有具体说明价金，但它仍然可以构成要约，有些习惯上并不事先确定价金的合同即是如此（参见第 287 节）。对于租赁合同而言，要约必须写明用于出租的物、租金的数额、开始使用出租物的时间与日期；[2] 巴黎法院曾经就聘请演员拍摄一部电影而订立的合同作出判决，认为演员的报酬以及电影开拍的时间与日期，属于该合同应当写明的主要事项（因此是该合同的主要要素）。[3]

110. 要约（应当具有）的坚定性或确定性（la fermeté de l'offre）

要想使一项订立合同的建议能够被认定为要约，该建议应当达到这样的要求：只要受要约人做出承诺，便足以成立合同。因此，如果提出某项建议的人表明意思，即使在相对人接受本建议的情况下，他仍有可能不受约束时，那么，在其提出这项建议中即使

[1]这里，买卖的标的物与价金即是买卖合同的主要要素。1980 年 4 月 14 日在维也纳签订的《联合国国际货物销售公约》第 14 条第 1 项规定：“向一个或者一个以上的特定的人提出的订立合同的建议，如其充分确定并且表明要约人在其建议得到承诺时将受其约束的意思，此种建议构成要约；一项建议在其指明货品并且明示或默示确定数量与价格时，或者规定能够确定数量和价格的指出说明时，该项建议即为充分确定。”

[2]图卢兹法院，1984 年 2 月 21 日（RTD civ. 1984. 707，J · Mestre 述评）。

[3]巴黎法院，1984 年 12 月 13 日（RTD civ. 1986. 97. J · Mestre 述评）；法院判决曾就批发经销合同作出具体认定，地域独家经销条款是这种商业经营权特许合同（contrat de concession）的主要要素，但并不是特许合同（contrat de franchise）的根本要素；参见最高法院商事庭 1993 年 1 月 9 日判决（CCC1994. N°23. Leveneur 述评）。

包含了拟订合同的主要条件，该建议仍然不能构成要约，[1] 例如，提出建议的人在其建议中表明保留如下可能性：（接受要约的）相对当事人需得到其认可。在这种情况下，这项建议不能构成要约。

要约人可以在其提出的建议中明确做出各种保留，例如，工业生产厂家、商人在向潜在的客户或顾客提出某项具体的缔约建议时写明“本要约需经确认”。[2] 由此产生的结果是，主动提出订约建议的人对是否订立合同保留着最后的决定权，他有接受或者拒绝在其提出的订约建议之后向其发来的承诺（例如，订单），即使是按照其建议做出的承诺。要约人如果（对相对人）保留某种认可权，势必导致局面完全颠倒过来，[3] 缔约建议的接收人，即使完全附和原要约人确定的条件，仍然变成了要约人。[4]

（要约人提出的）保留条件也可以是默示的条件，并且这种默示的保留（条件）可以由其提议的合同的性质本身引起。例如，向公众发出一项需要考虑相对人的身份、资质的缔约建议，这本身就提出了默示的保留条件；在所谓考虑（相对）人的身份或资格的基础上订立的合同中，当事人的这种考虑本身即构成订立合同的决定性条件；又例如，发布一则消息，目的是要出租一处不动产或者提

---

[1]最高法院商事庭，1990 年 3 月 6 日（JCP1990. II. 21583. B · Gross 述评，D. 1991. somm. com. 317，Aubert 述评，RTD civ. 1990. 462. J · Mestre 述评）。

[2]B · 格罗斯：《论需经确认的商业买卖合同的成立》，载《罗布洛论文集》，1984 年，第 433 页（B · Gross，la formation de vente commerciale sujettes à confirmation，Mélanges Roblot. 1984. p. 433）；关于消费合同中商业买卖需经确认的条款的合法性，参见埃拉德：《从有关滥权条款的规则看订单确认条款》，载《合同，竞争与消费杂志》，2007 年，第 1 期（S · Erhard，la clause de confirmation de commande à la lumière de la réglementation des clauses abusives，CCC2007，Etude N°1）。

[3]A · 塞里奥：《债法》，第 10 节（A · Seriaux，droit des obligations. N°10）。

[4]关于这类条款的滥权性质，参见图卢兹法院 1995 年 12 月 6 日判决（D. 1996. IRP. 87）。

供某个工作岗位，这一消息或告示的发布人显然没有打算他必然要与第一个前来承租或前来应聘的人缔结合同，即使第一个出面承租或应聘的人完全接受消息发布人提出的租金条件或工资条件，但要约人仍然可以从他收到的所有回复中自由地进行挑选，从所有的应聘者中挑选其认为最具保障条件的人作为最终的缔约人，或者，干脆一个也未选中；提供信贷的要约也是如此，对外发布提供信贷要约的人应当能够评价受要约人是否有支付能力。[1] 如前所述，在这种情况下，主动开始缔结合同程序的人并不是真正的要约人，对原要约人的提议做出回复的人才是最后的要约人。

但是，我们不能仅仅因为一项要约带有某种保留条件，就据此认为应当将这种要约统统看成是一项谈判邀请。一切都取决于要约中所做的保留的性质。[2]

要约人对其发出的要约做出某些保留，有可能使要约丧失特定的价值，但在有些情况下，即使要约附有保留条件，仍可保持其作为要约的价值。为了将这两种情况区分开来，有人提出，应当将要约中的保留事项区分为“相对保留”（réserve relative）与“绝对保留”（réserve absolue）。相对保留只能对抗特定的人，而绝对保留对所有的人均具有对抗效力。[3] 只有相对保留才牵涉要约性质的改变。（我们认为）实际上，更为准确地说，我们应当查明的是，要约中所做的保留是否赋予提

[1]最高法院商事庭，1966 年 1 月 31 日（Bull. civ. III. N°64. p. 54. D. 1996. 537，Cabrillac et Rives-Lange 述评）。

[2]B·塞利斯：《论法律文书中的保留事项与不愿意事项》，《巴黎大学学位论文》，1968 年（B·Celice, les réserves et le non vouloir dans les actes juridiques, thèse Paris, 1968）。

[3]J·洛贝尔，前引论文，第 41 节（J·Laubert，thèse préc，N°41）。

出订约建议的人“专断地不受其建议约束的可能性”。[1] 如果是这种情况，也就是说，如果提出缔约建议的人可以单方面不受此种建议的约束，那么，他提出的建议便是一项纯粹的进行谈判的邀请。由于建议人对其提出的建议附加了利益于自己的任意条件，这种提议本身不能约束提议人，因此不能构成要约；与此相反，如果不是上述情况，也就是说，如果要约中所做的保留并不赋予缔约建议人“专断地不受其建议约束的可能性”，那么，这种提议仍然可以保留要约的价值，例如，提出一项销售要约，其中虽然声称“直至库存清仓完毕为止”，这仍然是一项真正的要约，只要库存商品尚未告罄，要约人均应诚信地兑现其接收的订单。要想对这种情况实行司法监督，完全不能仅仅从承担义务的人的单方意思来进行判断，而是要充分考虑客观情况，才能判断是否具备上述条件；同样，如果要约中所做的保留涉及某项条件，而这一条件仅仅取决于受要约人单方的意愿时，看来也不会改变要约的性质，例如，一家汽车制造厂向该汽车品牌的特许经销商发出一封信件，提议与其订立一项新的合同，但以该经销商承担义务、停止代理其他汽车品牌为保留条件，这项保留条件就属于取决于受要约人单方意愿的条件，因此，该汽车制造厂发出的上述信件，仍然具有要约的性质。[2]

需要补充的是，在同一个人发出多项相互不一致的要约的情况下，这些要约的受要约人有可能不能从中选择对其最为有利的要

[1]盖斯坦，第3版，第295节（Ghestin，3ᵉ éd，N°295）。
[2]最高法院商事庭，1990年6月4日（Bull. civ. IV. N°240. p. 195）。

约，[1] 因为要约人的意图本身就含糊不清，其提出的这些要约既不十分明确，也不十分坚定。

111. 对消费者的保护

有些保护消费者利益的法律条文明确规定，即使职业人一方并未采取订立合同的主动，仍然认定其属于必然发出了缔结合同的要约。这些法律条文具体规范了这类要约的形式以及它们应当保留的时间。这类规定属于保护消费者的措施，目的是让消费者能够在经过深思熟虑之后才表达明确的同意意思。我们将在有关“同意的保护”一节中研究这方面的问题（参见第 262 节）。

112. 要约的特征

要约可以默示，也可以明示，可以向公众发出，也可以向确定的人发出，可以附有效期限或者不附任何期限。

113. 要约应当对外表达出来（extériorisation de l'offre，要约的外化）

提出要约的目的是希望他人做出承诺、订立合同，因此，要约必须对外表达出来，必须“外化”，否则，根本不会有任何人知道存在要约，即使是愿意缔结合同的人，他也无从对此种要约做出承诺。

对外表达意思的方式可谓多得不计其数：书面文字（信件、商品目录、张贴小告示、登载小广告[2]）、言辞、纯粹通过某种实际

[1] 最高法院第一民事庭，1967 年 7 月 18 日（Bull. civ. I. N°268. p. 199）。

[2] 关于“形式发票”（facture pro formation）构成要约的问题，参见拉巴特：《论合同文件的概念》，《巴黎一大学位论文》，1994 年，第 315 节（Labarthe，la notion de document contractuel，thèse Paris I，éd. 1994. N°315）。

做法来表明的态度，例如，在橱窗内陈列商品并标明价格，出租车停在专门的停车位置，计价器归零，司机在座位上等待，[1] 正在服务中的自动售货柜等，尽管这些都是简单事实，但却可以看成是真正的要约；而且更进一步地说，这些要约往往还被认为是明示的要约，因为它们旨在向他人表明缔约建议人的行为与状态，并且这种事实为他人所知晓。[2] 有时，有人也告诉我们说，他们认为，要约不言而喻地意味着某种主动行为，因此，很难设想有什么默示的要约。[3] 不过，法国制定法还是规定了为数不多的默示要约的例子。例如，承租人在租约到期之后仍然不离开其原承租的场所，就属于默示提出了延展租约的要约，在出租人不表示反对的条件下，租约即属得到默示延展（《民法典》第 1738 条）。[4]

114. 要约相对人或受要约人（destinataire）

要约可以发给一个或者多个特定的人，例如，给某一人或某些人写信，向他们提议某种具体的事务；要约也可以向公众或者不特定的人[5]发出，例如，明码标价、陈列商品，张贴或公示通知、发送产品或商品目录、登载小广告。[6] 实践中，由于各种各样的

[1]最高法院第一民事庭，1969 年 12 月 2 日（Bull. civ. N° 381. p. 303. RTD civ. 1970. p. 589，G · Cornu 述评）。

[2]佛卢尔、奥贝尔与萨沃，第 138 节（Flour，Aubert et Savaux，N°138）。

[3]马洛里、埃内斯与斯托菲勒-明克，第 467 节（Malaurie，Aynes et Stoffel-Munck，N°467）。

[4]P · 果德：《论意思与默示表示》，《里尔大学论文集》，1977 年，第 22 节（P · Gode，volonté et manifestation tacite，thèse Lille，éd. 1977. N°22）。

[5]A · 维亚拉尔德：《向公众发出的合同要约》，载《民法学季刊》，1971 年，750（A · Vialard，l'offre publique de contrat，RTD civ. 1971. 750）。

[6]要约可以向公众发出，但某些特定的人除外，例如，超市针对其顾客发出的促销要约，就不能是向职业的再销售商或批发商发出要约，因此，这些职业人不能主张在超市促销时获得由此提供的大量商品。参见巴黎法院 1992 年 3 月 2 日判决（D. 1992. IR. p. 152）；另见最高法院商事庭 2003 年 12 月 3 日判决（JCP2004. II. 10181. J-C · Serna 述评）。

特定商业实践，这种差别有时已经不太明显了：虽然是向社会大众发出的要约，但采用单张印制的广告形式并将其直接发到个人手中，往往也带有向个人发出信件的性质。

“维也纳公约”[1] 以及某些外国法律[2]都是将向不确定的人发出的要约仅仅视为要约邀请，是为了邀请接收这种要约的人提出要约；法国国内法与此不同，它将这种情况看成是不折不扣的要约（véritable pollicitation）。法国最高法院的判例的看法是：向公众发出的要约，对于第一个做出承诺的人而言，按照向确定的人发出的要约的相同形式，对要约人产生约束力。[3] 但是，当向不确定的人发出的要约所涉及的合同是一种“基于对人的资质考虑”而订立合同时，情况则不相同，因为，人们始终认为要约人在这种情况下保留着对相对人进行认可的权利，这样，我们就将它认定为“进行谈判的简单邀请”（une simple invitation à entrer en pourparler）。

115. 要约的延续时间：有期限的要约或无期限的要约

要约可以附期限，而且有时这种期限还是来自法律的规定。

例如，有些旨在保护消费者的法律条文不仅规定要约必须是由职业人发出，而且要求必须在特定期限内保留已经发出的要约，以便消费者能够心境平静地对要约进行审视、作出评判。《消费法典》第 311-8 条关于消费信贷合同（contrat de crédit à la consommation）的规定就是如此，“要约一经提

---

[1]《联合国国际货物销售公约》（维也纳公约）第 14-2 条规定：“向不确定的人发出的建议，仅视为要约邀请，但发出该建议的人明确指明了相反意思的除外。”

[2]例如，英国、德国、瑞士法律。

[3]最高法院第三民事庭，1968 年 11 月 28 日（Bull. civ. III. N° 507. p. 389. JCP1969. II. 15797. RTD civ. 1. 1969. 348. G · Cornu 述评，555）。

出，即强制贷与人自要约发出起至少 15 日内保持其在要约中指明的各项条件”；如果涉及的是不动产信贷合同，自相对人收到要约起，要约人必须保持其要约条件的期间还增加至 30 日（《消费法典》第 312-10 条第 1 款，参见 1984 年 7 月 12 日关于不动产信贷的法律第 23 条）；又例如，在有些情况下，职业人相互之间发出的要约也是如此。1989 年 12 月 31 日法律（la loi Doubin，杜班法）第 1 条第 3 款（现在已归入《消费法典》第 330-3 条第 4 项）规定：提议订立合同的人向相对当事人提供商业名称、商标或商业招牌的使用权，同时要求其做出独家使用承诺时，应当“在合同签字之前至少 20 日”向受要约人发送附有各项信息材料与文件的合同文本草案。这种情况属于立法者为了保护受要约人的利益而明确规定保留要约的最低期限，但这些规定并不妨碍各方当事人约定更长期限的可能性。《民法典》第 1369-4 条明确规定：对于通过电子途径发出的要约，只要仍然可以经电子途径看到并接收到该要约，那么，（在此期间）要约人均受其做出的义务承诺的约束。

要约的期限通常是由要约人自己作出的规定。[1] 期限的长短可以用数字表示，也可以产生于要约的文字本身所作的肯定表述。[2] 要约人就其要约规定期限的理由多种多样，各不相同，例如，为了给予受要约人充分的考虑时间。也许是由于通过广告发出的要约使用的表述往往非常诱人——价格很低、折扣很高、给予无

[1]但有时法律也强制要约人明确规定要约的期限，例如，《消费法典》有关隔地合同的第 121-18 条就规定要约必须具体指明其持续保留的时间。

[2]例如，最高法院民事庭 1958 年 12 月 17 日判决（D. 1959. 33，RTD civ. 1959. 336. J · Carbonnier 述评）：要约人准许某人在某个确定日期亲自前来查看其打算出卖的不动产，则有义务保留其要约至该日期。

息贷款、由出卖人负担公证费用等，因此，必须避免要约延续的时间过长，要不然，也会给要约人带来过于沉重的资金负担。要约规定的有效期间一旦经过，要约即告失效；要约失效之后才做出承诺，不能成立合同。

有时，即使要约人没有对其要约规定期限，法院判例也可以认定某项要约仅在合理的期间[1]内有效。要约的合理有效期限应当由受理诉讼的实体法官根据具体情节自由判断与裁量。[2] 期限的长短随着具体情况不同而不同。所谓具体情况诸如：要约人的默示意思、[3] 拟订合同的性质、[4] 受要约人的身份、[5]（相关的）

---

[1]这方面最早的法院判决看来是 1869 年 6 月 13 日巴黎（上诉）法院的判决（DP. 70. 2. 6）。该判决认为，用信函方式发出的买卖要约，没有就承诺或拒绝的期限做出任何说明时，只有在受要约人审视所提的建议并做出回答的必要时间经过之后，才不再约束要约人。另见最高法院诉状审理庭 1870 年 2 月 28 日判决（DP. 71. 1. 61）；1894 年 6 月 27 日判决（DP 94. 431）；最高法院第三民事庭 1992 年 5 月 20 日判决（Bull. civ. III. N° 164. p. 100. D. 1992，somm. com. 397. J-L · Aubert 述评，493，Virassamy 述评，RTDciv. 1993. 345. J · Mestre 述评，最高法院第三民事庭，2009 年 5 月 20 日，D. 2009. 1537）。

[2]最高法院第三民事庭，1972 年 5 月 10 日（Bull. civ. III. N° 297. p. 214. RTD civ. 1972. 273. Y · Loussouarn 述评）。

[3]最高法院第三民事庭，1968 年 2 月 8 日（Bull. civ. IV. N°65. p. 44）。该判决认为，由于要约函件明确指出了（对该要约）“应尽快”做出承诺，因此在 3 个月之后才做出的承诺属于过迟的承诺。

[4]最高法院商事庭，1973 年 2 月 6 日（Bull. civ. IV. N°65. p. 57）。该判决认定对一项有关营业资产的（买卖）要约在 15 日期限之后才做出承诺属于过迟的承诺；参见最高法院第三民事庭 1975 年 10 月 21 日判决（Bull. civ. III. N°302. p. 229）；法院就一处不动产买卖要约作出的该判决认为：“在要约发出 9 年之后才做出的承诺属于过迟的承诺。”

[5]最高法院第三民事庭，2005 年 5 月 25 日（JCP2005. I. 172. P · Grosser 述评，CCC2005. N° 166. Leveneur 述评，RDC2006. 311. D · Mazeaud 述评，RTD civ. 2005. 772. Mestre 述评）。该判决认为：要约中已经写明“希望立即答复”，而受要约人在 5 周之后对此要约做出的答复并不属于“延迟答复”，因为这是一项向一家公司发出的涉及一处不动产的要约，公司需要经过董事会讨论之后才能做出答复。

习惯、双方当事人相隔的距离，以及汇率的变动，[1] 等等。

当受要约人拒绝要约时，要约亦告终止；受要约人明示拒绝要约时，要约失去效力。[2]

116.（2）要约的法律制度，问题

对要约做出承诺，引起合同的订立（成立）。自此时刻，要约人丧失撤回其要约的可能性；至于在此日期之后发生某种事件，例如，要约人死亡或者无行为能力，仍然不会引起已经转变为协议（合意）的要约失效。

但是，当受要约人的承诺并不是紧随要约之后立即做出时，情况又将如何呢？由于要约（在一定时间段）可以独自存在，那么，要约人必须在这一段时间内保持其要约还是可以撤回其要约？如果在这期间要约人死亡或者发生无行为能力状态，是否会引起要约失效？

117.（这一问题的）处理原则（les principes de solution）

按照法国法律传统，对上述问题的答案均以“保护每一方当事人的自由”为基本依据。要约，只有在其反映了要约人的真实意思时才能存在；因此，如果要约人的意思已经改变，或者，作为此种意思之实体依托的人已经去世，那么，要约本身便不能再成其为要约。

---

[1]例如，关于红酒的销售，波尔多法院 1891 年 1 月 29 日（DP. 92. 2. 390）作出的判决认为：按照波尔多当地的习惯，特别是在葡萄收获季节，所有权人完全有利益保留对其产品的自由处分权，以便满足向他们发出的收购要约。可以肯定的是，本案中，所提建议（proposition，要约）并未在尽短的时间内得到承诺，因此不能无限期地约束红酒的持有人，不能将他们置于受买家随意摆布的地位，由买方随着价格的变动进行投机。按照得到授权的人士提交的文件来看，在提出收购建议与做出承诺之间的期限不应超过 24 小时。

[2]参见《国际统一私法协会关于国际商事合同的通则》第 2-5 条，“一项要约，在拒绝通知到达要约人时终止”，《欧洲合同法原则》第 2-203 条同样规定：“要约的失效：要约在拒绝通知到达要约人时失效。”

由此我们可以推断出以下两点结论：

（1）要约只要尚未得到（相对人的）承诺，要约人就可以撤回其发出的要约；[1] 撤回要约，无须要约人事先向受要约人发出催促其做出承诺的催告。[2]

（2）如果在要约尚未得到（相对人的）承诺之前要约人死亡[3]

---

[1]最高法院第三民事庭，1919年2月3日（DP1923. I. 126）："由于要约本身不足以约束发出要约的人，因此，一般来说，一项要约，只要尚未得到口头承诺，均可撤回。"参见最高法院第一民事庭1984年1月13日判决（Bull. civ. I. N°193. p. 164）；埃克斯法院1983年1月13日判决（JCP1984. II. 20198. F・Givord述评）。有学者对这一立场持批评意见：参见G・卢埃特，《Denis Taillon论文集》，1999年，第317页，第319页（G・Rouhette，Mélanges Denis Taillon（1999. p. 317. p. 319））。在这一论文集中，G・卢埃特认为："应当将已经发出的、构成意思行为的要约与由此产生的法律状态区分开来。要约一经发出，即具有与要约人的心理状态相脱离的自身价值，因此，（要约人的）同意是否持久存在，不再在考虑之列。"

《国际统一私法协会关于国际商事合同的通则》第2-4条的规定：如果撤销通知是在受要约人发出承诺之前到达受要约人，直至订立合同之前，要约得予撤销；但是，在下列情况下，要约不得撤销，a）要约写明有承诺的期限或者以其他方式表明要约为不可撤销的；b）要约人有理由信赖该要约是不可撤销的要约，且其已经按照要约行事的。此外，《欧洲合同法原则》第2：202条的规定："要约的撤销：（一）要约可予撤销，只要撤销通知在受要约人发出其承诺之前，或者，在以行为表示承诺之场合，在依第2：205条第2款或第3款形成合同之前到达受要约人。（二）向公众发出的要约可以通过与发出该要约时采用的相同的方式撤销。（三）但如果存有下列情况，对要约的撤销即告无效：1. 要约已表明它是不可撤销的；或者2. 要约已确定了承诺的时间；或者3. 受要约人合理地信赖该要约为不可撤销的要约并已基于对要约的信赖实施了行为。"

[2]最高法院第三民事庭，1976年5月5日（Bull. civ. III. N°191. p. 149）；另见最高法院第三民事庭1975年10月21日判决（Bull. civ. III. N°302. p. 229）。

[3]最高法院社会庭，1961年4月14日（JCP1961. II. 12260. D. 1961. 535. RTD civ. 1962. 2. 349，G・Cornu述评）："买卖要约因要约人死亡而失效，因此继承人不受被继承人的简单要约的约束"，参见最高法院第三民事庭1989年5月10日判决（Bull. civ. III. N° 109. p. 60，D. 1990. 365. Virassamy述评，RTDciv. 1990. 69. Mestre述评）；另见最高法院诉状审理庭1891年4月21日判决（D. 92. I. 181）；与此相反，参见最高法院第三民事庭1997年12月10日判决（Bull. civ. III. N° 223. p. 150，Defrénois1998. 336，D・Mazeaud述评，D. 1999）；Ph・Brun述评认为："要约人死亡并不因此导致附有期限的要约失效。"（参见本书第119节）。

或者发生无能力情形，[1] 由该人此前发出的要约失去效力。[2]

> 按照这样的观念，只有在双方当事人已经达成意思合致的情况下，受要约人才有可能避免要约人撤回要约，或者，才有可能避免因要约人死亡或无能力而导致其要约失效。但是，当发出预约的人（prommettant）同意给予预约相对人在特定期限内做出订立某项确定的合同的选择权时，这种情况就不再是一项仅仅作为单方意思表示的要约，而是一项“单方的订约预约”（une prommesse unilatérale de contrat）（参见第 193 节）；与普通的要约人不同，（预约中的）诺约人是要受到义务约束的，即使他在发出预约之后成为无能力人，或者，即使如其在预约的相对人作出选择决定之前死亡，诺约人仍然要受其义务约束。只有在其催告预约的受益人或相对人在确定的期限内做出选择决定但没有结果之后，诺约人才有可能解除预约的义务对他的约束。[3]

（在法国）有些人常常将上述观念与《德国民法典》的观念相对比：德国法提出的原则与法国法的原则完全不同。《德国民法典》第 145 条规定：“向他人发出订立合同之要约的人，受其要约的约束，但要约人已排除要约约束力的除外。”

---

[1]最高法院民事庭，1846 年 7 月 20 日（DP. 46. I. 335）。

[2]正如 A · 贝纳本（A · Benabent）在其《债法》一书中正确指出的那样：合乎逻辑的处理应当是，根据合同当事人的资格（对订约）是否起决定性作用之不同情况来进行区分：如果合同当事人的资格起着决定性作用，那么，该人发出的要约因其死亡而失效；如果是相反情况，合同当事人的资格（对订约）并不起着决定性作用，则仍然可以与要约人（死者）的继承人订立合同。

[3]最高法院民事庭，1941 年 6 月 10 日（DH，1941. p. 274）；最高法院民事庭，1949 年 4 月 4 日（D. 1949. 316）；最高法院第三民事庭，1970 年 4 月 24 日（D. 1970. p. 176. RTD civ. 1971. p. 133. Y · Loussouarn 述评）。

由此产生以下两项结论

（1）要约人应当在一定期限内保留其发出的要约，这一期限随着具体情节之不同而有所不同；

（2）要约人在发出要约之后死亡或者发生无能力的情形，并不妨碍在相应情况下对要约做出承诺。[1]

按照德国法的观念，要约与发出要约的人（要约人）的人身（人格）是相分离的，要约有着它自己的独立的法律存在。

法德两国法律制度在对待“单方允诺”（engagement unilatéral de volonté）的理论上的态度也是不同的，法国法学界往往用这种不同来解释两国法律在要约问题上的态度差异。在德国法里，要约被看成是一种单方允诺（的意思表示），它可以创设一种由表意人负担的真正义务；对于一个人的意思（是否）有约束自身的权力，法国法在传统上却始终持保留态度，因此，法国法不赋予这种单方的意思表示以任何的强制性。对于这种分析，也有人提出不同看法，认为在德国法里，要约并不是一种自我独立的法律行为，而是一项“由法律赋予其法律价值的单纯的意思声明（单纯的意思宣告）”。[2]

118. 折中处理

如同我们在法律方面经常看到的情况一样，对于某些僵硬的原则，应当做出适当的折中处理，以便使法国和德国两种法律制度之

[1]关于德国法，参见A·里耶克：《论意思在法国民法与德国民法的法律行为中的作用》，《斯特拉斯堡大学学位论文》，1961年，第84节，第85页（A·Rieg，rôle de la volonté dans l'acte juridique en droit civil français et allemand，thèse Strasbourg. éd. 1961. N°84. p. 85）。

[2]A·里耶克，前引文，第438节，第442页（A·Rieg，N°438. p. 442）。

间的差异或对立更多是表面上的而不是实际的差别。归根结底，做出折中处理是必要的，而对于法国法来说，这种必要性尤为明显，因为（按照法国法的现有制度）要约具有自由的可撤回性（libre révocabilité），但这一原则并非没有弊端，从法律安全的角度来看更是如此。听任要约人享有随时撤回要约的自由，等于给要约打上了不确定性或脆弱性的烙印，并且剥夺受要约人进行思考的时间，而受要约人期待的恰恰是需要为其留出这种思考的余地，非如此，受要约人为了不让要约被撤回，完全有可能在仓促之下做出承诺，从而面对风险。因此，给予要约人撤回其要约的自由，就等于准许他可以毫无顾忌地对受要约人造成某种损害，例如，受要约人为了对要约进行研究，可能付出的差旅费与研究费用都将打水漂，变成纯粹的损失；如果受要约人仓促订立合同，则有可能忽略其他更为有益的项目，甚至有可能无法逆转地改变自己的法律地位。[1]

鉴于上述情况，现在即使在法国法里，也只有当要约尚未到达受要约人时，要约的自由撤回原则才能完全发挥它的作用，仅此而已。因为，在此情况下，我们无须担心要约的撤回可能会造成任何的损失，要约人采用电报、传真等更加快捷的通讯手段始终有可能撤回或者追回经邮寄方式寄出的要约；与此相反，在要约已经为受要约人知悉的情况下，对这一原则就需要做出某种缓冲处理。

（1）由法律规定的折中处理：借贷要约，以及有关各种信贷业务的要约（《消费法典》第321-10条第1款），为购买不动产提供贷款的要约、财产的“租赁—取得”要约（offre de location-accession，通过租赁方式取得财产的要约，1984年7月12日法律第23条），都应当根据具体情况，保留15日至30日时间（参见第115节与第263

[1]例如，受要约人仓促决定接受向其发出的（房屋）买卖要约，做出承诺并解除他现有的租约，而如果买卖要约一旦被撤回，他将被置于无处安身的困境；又例如，受要约人由于接受新的工作岗位要约而辞去现有工作，如果要约人撤回要约，受要约人就会两头落空，失去工作。参见最高法院社会庭1972年3月22日判决（D. 1972. 468）。

节）。如果（要约人）提前撤回这种要约，只要受要约人在要约的有效期间已经做出承诺，即使该承诺是在要约撤回之后，仍然不妨碍合同的成立。[1] 需要强调的是，尽管要约在特定的或确定的期间不可撤销，但它并不会自动转变成为一项预约（prommesse）。要约终究是要约，[2] 只不过法律规定要约人在确定的期间有应当保持要约的义务。[3]

（2）由法院判例做出的缓和处理：法院判例出于保障法律安全的考虑，对于法律没有明文规定的那些情况，有时也对要约人规定了在特定期间保持其发出的要约的义务，而且这种义务的存在以及义务的范围，主要取决于要约人在要约中作出了什么样的表述。

——如果要约人明确确定了要约的期限，[4] 法院判例都认定要约人在此期限终止之前有义务保留要约："虽然说一项买卖要约，只要其尚未被接受，均可撤回，但是，当要约人在其发出的要约中明文承诺在一定时间经过之前不会撤回要约的情况下，另当别论。"[5]

---

[1] B·佩提：《消费信贷法中的连续成立的信贷合同》（I·法德拉拉（I·Fadlallah）主编），1982年，第93页，第103页（B·Petit，la formation successive du contrat de crédit in le droit du crédit au consommateur，sous la direction de I·Fadlallah，1982. p. 93. p. 103）。

[2] C·加瓦达：《在不动产信贷方面对借贷人的保护》，载《Dalloz法律评论汇编》，1980年，第211页，第21节（C·Gavada，la protection de l'emprunteur en matière de crédit immobilier，D. 1980. chron. p. 211. N°21）。

[3] 这也是法国有些人将其称为"engagement unilatéral de volonté"（单方的义务承诺的意思表示）这一表述的由来。参见Ph·杰斯塔兹：《论单方允诺》，载《法国法与比利时法上的单方允诺，趋同与不同》（Ph·Jestaz，l'engagement unilatéral de volonté，in les obligations en droit français et belge. convergence et divergence，1994. p. 8）；参见第54节。

[4] 关于期限的确定，参见本书第115节。

[5] 最高法院第三民事庭，1968年5月10日（Bull. civ. III. N°209. p. 161）；最高法院第三民事庭，2008年5月7日（D. 2008. 1480. Forest述评，somm. com. 2969，S·Amrani-Mekki述评，JCP2008. I. 179. N°1，Serinet述评，CCC2008，N°194，Leveneur述评，RTD2008. 1109，Th·Genicon述评，239，Collart Dutilleul述评，RTDciv. 2008. 474. Fages述评）；关于在此期间变更要约中原先所作的表述的问题，参见卡昂法院2006年4月20日判决（RTD civ. 2008. 102. 773. B. Fages述评）。

——在要约人没有明确确定要约期限的情况下，要约原则上可以自由撤回；但是，法国最高法院要求各法院在审理这类案件时应当查明要约是否“不言而喻地当然包含着一个合理的承诺期限”。[1] 学者有时也认为，向确定（特定）的人发出的所有要约尤其包含这样的期限。[2] 不论什么情况，一项要约的持续期限的长短，应当由实体法官自由裁量；要约期限的长短，取决于（所涉及的交易的各种）具体情节，[3] 特别是在商业交易方面，要约的期限通常都比较短，这主要是考虑到商业交易需要遵守“简便快捷”的规则。

如果要约人违反法律强制规定的期限，或者违反法院判例确定的期限而撤回要约，则应当负担损害赔偿责任，以示制裁。也有人认为，对于要约人向特定的人发出的并且规定有确定期限的要约，如果受要约人是在要约被撤回之后但在期限经过之前做出承诺，那么，仍然可以引起合同的成立。[4] 在法律上，这种处理意

---

[1]最高法院第三民事庭，1972 年 5 月 10 日（Bull. civ. III. N° 297. p. 214. RTD civ. 1972. 773. Loussouarn 述评）。

[2]参见佛卢尔、奥贝尔与萨沃，第 140 节（Flour，Aubert et Savaux，N° 140）；马洛里、埃内斯与斯托菲尔-明克，第 470 节（Malaurie，Aynes et Stoffel-Munck，N°470）。

[3]参见本书第 115 节。波尔多法院 1870 年 1 月 17 日判决（DP. 71. 2. 96. 70. 2. 219）。在本案中，一家演出公司的经理在 24 小时内连续发出两封电报向一位演员提出聘用建议。第一封电报采用的“报费已付”的形式，被认为这已经指明发报人急于得到对方的答复，因此这一要约的时间（期限）被认为“应当很短”；第二封电报的电文也有相同的明确记载：“请回复，事情已定。”但是，根据具体情节，法院认为，演员在 3 日之后发出的回复仍然属于在要约人确定的期限之内，而在这 3 日期间，该经理却已经聘用了另一演员，其撤回要约的行为被法院认定为是错误的，并判决他向前一演员支付通信费用。另见南锡法院 2000 年 6 月 14 日判决（JCP2002. IV1193）：出卖人发出的是一项“无确定期限的要约”，只要他在 6 个星期的合理时间内保留了该要约，就不应以其滥行撤回要约而受到处罚。因为，这种撤回并不突然，购买人知道出卖人希望尽快订立合同，出卖人始终都表达了这种意思，特别是在其撤回要约之前的函件中再次表达了这一意思并催促受要约人做出承诺，况且出卖人并无义务向购买人发出（作出决定的）催告，也没有义务对购买人规定要约撤回之前做出承诺的期限。

[4]佛卢尔与奥贝尔，第 7 版，第 147 节、第 150 节（Flour et Aubert，7e éd. N° 147. 150）。

见完全可以得到承认，但实际上却很少得到法院判例的确认。[1]我们在前面引述的法院判例往往都是针对在受要约人做出承诺之前撤回要约的情况，也就是说，是针对合同尚未成立之前的情况作出的判决。[2]

119. 处理的依据

虽然说没有任何人对上述折中处理或缓和处理的必要性持有争议，但是，当我们想要真正弄清这种处理的基础依据时，仍然会出现各种各样的分歧意见。就要约的撤回而言，这些分歧意见之间的争论并没有什么真正的意义，但是，与此相反，这种争论却有可能导致“法国法在要约失效问题上的传统处理意见受到质疑”。

理论界有很多人在肯定“要约可以自由撤回”这项原则的同时，还尽力证明对这一原则做出各种缓和处理同样有其正当理由，与此同时仍然坚持法国法的传统观念，将合同与责任看成是债的两个主要发生依据：之所以必须在一定的期限内保留已经作出的要约，这或者是因为（要约意味着）存在一项“预约”或“前期合同”（avant-contrat，也译为“预备性合同”），或者是因为撤回要约有可能引起责任。

将要约看成是预约或预备合同（avant-contrat）的[3]理论是由德莫隆贝（Demolombe）首先提出的。[4] 德莫隆贝认为，当要约

---

[1]前引最高法院第三民事庭2005年5月25日判决。

[2]主要有最高法院民事庭1958年12月17日，最高法院诉状审理庭1924年1月28日的判决（DH，1924.121）。

[3]关于“avant-contrat”（预约）应与法国法中另一特定概念——“prommese de contrat”相区别。参见第190节。——译者注

[4]参见《合同概论》，第1卷，第65节（traité des contrats，t. I. N°65）；参见德莫格：《先期合同论》，载《亨利卡比唐协会研究文集》，第159页（Demogue，des contrats provisoires. Etudes H · Capitant. p. 159）。（这里使用的术语为“des contrats provisoires”，也称为“临时合同”。参见第190节。——译者注）

人发出一项要约并且具体指明在确定的期限内保留该要约时，是在第一项要约之上增加了第二项要约，这是一项附加的或从属性要约（offre accessoire），它只会给相对人或受要约人带来利益或好处，因此，可以推定受要约人已默示接受这一附加要约。在这种情况下，一项先期合同（预约）已告成立，由此强制要约人在其指明的期限内应当保留其发出的要约。仍然是按照（德莫隆贝的）这一理论，在要约没有规定任何期限的情况下，同样应当认为要约人抱有为其相对人留出一定思考时间的意图，由此也就产生了一个“期限上的默示要约”（offre implicite de délai），如同上述附加要约一样，它将会得到相对人的默示承诺。

有人对上述理论解释提出批评，认为这种解释纯属人为性质。批评意见认为，实际上，如果说，在一项要约唯一对受要约人有利时，受要约人的沉默可以具有承诺的价值（参见第 124 节），那也需要有一个前提：由此产生的合同不是一种假想。[1] 正因为如此，德莫隆贝提出的上述理论解释恰恰表明了它是对意思自治理论的过分夸张。

另有一些学者运用的是民事责任原则来解释应当保留要约期限的问题。[2] 他们认为，要约人如果随意撤回要约可能构成一种过

---

[1]参见 A·里耶格，前引书，第 440 节，第 443 页（A·Rieg，N°440. p. 443）。只有当事人之间在有关特定期限内保留要约的问题上确实存在合意时，用“预约”或“先期合同”来解释要约才能是一种有效的解释，参见科尔玛法院 1936 年 2 月 4 日判决，1936 年 2 月 4 日（DH1936. 187）（这就是说，只有当事人之间随后确实订立一项合同时，受要约人的沉默才具有承诺的价值，如果后期没有订立合同，所谓前期合同或预备性合同也就没有任何意义。——译者注）

[2]帕拉尼奥尔与里佩尔：《债法》，第 6 卷，第 132 节（Planiol et Rippert，obligations. t. VI. par Esmein. N°132）；里佩尔与布朗热，第 2 卷，第 334 节（Rippert et Boulanger，t. II. N°334）；玛蒂与雷诺，第 113 节（Marty et Raynaud，N°113）；这一制度与波迪耶所解释的传统观念相吻合。波迪耶认为，要约人的义务来自“任何人都不应因他人行为受到损害”这样一种公平规则（règle d'équité）。

错，由此造成了受要约人的损失时，要约人应对此进行补救：要么，给予损害赔偿，要么，在有可能通过实物赔偿（现实的赔偿）的形式进行补偿时，对受要约人进行实物补偿。这里的所谓实物赔偿是指，尽管要约已被撤回，要约人仍然给予受要约人享有交易利益的机会，仍然决定与其订立合同。

对于这些学者的理论观点，还有人提出另一种反对意见认为：上述观点所“确认的是一种恶性循环”，因为，（民法上）只有存在义务时，才可能谈得上过错，而这里讨论的问题需要证明的恰恰是要约人是否存在义务。对此，有学者做出回答，认为要约人撤回其要约有可能引起责任的原因是：他是凭什么条件撤回其要约？于是有人提出，在这里应当适用“滥用权利理论”（abus de droit，滥权理论）。[1] 一项要约，尤其是向确定的人发出的附期限的要约，使受要约人在思想上产生一种合理的期待（une attente légitime），这种正当的合理期待就是希望订立一项合同；如果要约人过早地甚至随意撤回要约，必然使受要约人对订立合同的期待完全落空。出于商务关系固有的安全需要，法律要求人们“不得欺骗要约相对人的合理而正当的信任”。

还有一些学者完全抛开传统理论，提出了第三种解释。这种解释依据的是单方允诺理论。如同我们在前面已经指出的那样，基于商事法律安全之需要，法院判例认为，在这方面，单方的义务承诺

[1]马尔丹德拉穆特：《论单方的法律行为》，第 313 节，第 289 页（Martin de la Moutte，l'acte juridique unilatéral，N°313. p. 289）；A·里耶格，前引书，第448 节，第450 页（A·Rieg，N°448. p. 450）；马佐与莎巴斯，第 135 节（Mazeaud et Chabas，N°135）。

或单方允诺也可以创设义务，[1] 不过，这显然还需要有一个前提条件，那就是：要约人方面切实表达了一种真正的义务承诺，否则，关于单方的义务（单方的允诺）承诺可以创设义务的解释在这里就会陷入不切实际的空谈。当要约人对其要约规定了有效持续期限时，人们当然可以认为他是做出了一项真正的义务承诺。然而，如果要约人对其要约没有规定期限，而是由法院从涉案事实的具体情节认定要约人发出的要约存在一个合理的承诺期限的情况下，状况就会完全不同。由此也就引出了某些学者在这一问题上所持的二元论观点。这种二元理论分析认为：当要约人承诺在确定的期限内保留其要约时，他就受到其单方意思表示（déclaration unilatérale de volonté）的约束，与此相反，如果要约人没有对其要约规定任何期限，则轮到需要由民事责任理论去发挥其作用了。[2]

就要约的撤回而言，理论上的各种分歧见解在实践中的作用是非常有限的。不论是从民事责任的角度还是从单方允诺的角度来进行解释，对一项已经被撤回的要约做出承诺，只要该承诺发生在要约人规定的保留期间届满之前，均可导致产生一项合同。从民事责任的角度

[1]沃姆斯：《论视为债的发生根据的单方的意思表示》，第 175 页（Worms，de la volonté unilatérale considerée comme source d ‘obligation，P. 175. E. Gaudemet，P. 37）；L·奥贝尔：《论合同成立中的要约与承诺的概念和作用》，《巴黎大学学位论文》，1970 年，第 123 页（L·Aubert，Notion et rôle de l'offre et de l'acceptation dans la formation du contrat，thèse Paris，éd. 1970. p. 123）；盖斯坦，第 3 版，第 307 节（Ghestin，3 éd. N° 307）；C·格里马尔迪：《论私法上的准义务承诺与义务承诺》，《巴黎二大学位论文》，2007 年，727，第 322 节（C·Grimaldi，quasi-engagement et engagement en droit Privé，thèse Paris II，éd. 2007. 727. p. 322）；D·马佐：《订约前期的神秘与悖论》，载《盖斯坦论文集》，2001 年，第 647 页（D·Mazeaud，Mystères et paradoxes de la période précontractuelles，Mélanges Ghestin，2001. p. 647）；关于对这一分析的批评意见，参见 D·胡谢夫：《论合同方面的协调性原则》，《巴黎十一大学位论文》，2001 年，第 587 页，第 715 节（D·Houtcieff，le principe de cohérence en matière contractuelle，thèse Paris XI，2001. p. 587. N°715）。

[2]Flour，Aubert et Savaux：（N°143，Ghestin. 3^{e}éd. N°310）。

来看，就是通过实物补偿（réparation en nature）的形式来补订一项（原本可以订立的）合同；而从单方允诺的角度来看，合同产生于要约人与受要约人的意思合致。但是，我们在前面已经说过，法国法院判例仅在极少数情况下迈出过这一步（参见第118节）。

与此相反，当我们从要约失效的角度来看待问题时，理论上的这种争论所产生的后果却是很大的。传统理论分析认为，要约只有在其反映了要约人的真实意思时才能有效。如果我们坚持站在传统理论的角度来处理问题，那么，要约人死亡或者发生无能力的情形，自然会引起要约失效，即使借助于民事责任理论也不能缓解这样的结果，因为，除极为特殊的情况之外，一个人成为无能力人或者已经死亡，他还能有什么滥用权利可言，或者，还能有什么过错可言？反过来，如果采纳单方允诺的理论主张，就会承认一项要约有着它的独立的存在，即使要约人的意思已经消灭，要约仍然存在，那么，即使要约人死亡或者发生无能力情形，也就不会导致要约失去效力。

综上所述，看来只能由法院就要约失效问题作出的判决才能对主张民事责任与单方允诺这两种意见的争论做出一个了断。然而，法国法院判例在这方面来回摇摆，让人很难确定其到底打算如何解决这一问题。不过，法国最高法院第三民事庭1983年11月9日作出了一项判决，看来表明它是倾向于赞同有关单方允诺的观点，因为该判决确认，“买卖要约不能仅仅因为要约人死亡就认为其失去效力”；[1] 但是，后来在1989年3月10日的判决中，最高

[1]最高法院第三民事庭，1983年11月9日（Bull. civ. III. N° 222. p. 168. D. 1990. 315. Virassamy述评，L·Aubert，Defrénois1984. 1011. J·L·Aubert述评，RTD civ. 1985. 154，Mestre述评）；关于这一倾向与“单方允诺”理论的判决，参见Ghestin. 3e éd. N°316，L·Izorche. 前引书。奥贝尔（L·Aubert）对这一判决更多持保留态度，他与许多评论者不同，认为不附期限的要约不能作为单方允诺来分析、对待。

法院又回到了传统立场；[1] 再往后，最高法院 1997 年 12 月 10 日的判决似乎表明它最终还是倾向于单方允诺的理论观念，该判决确认："要约人死亡不会导致附期限的要约丧失效力。"[2] 如果我们的这种分析是准确的并得到确认，[3] 那么这些判例所引起的结果必然是，向确定的人发出的附期限的要约具有单方允诺的效力，由此，在要约人死亡的情况下，要约不会因此而失效。这样一来，法国法学界原有的传统分析就仅仅对"不具备上述这些特征的要约"继续有效了。

120. 承诺

我们在下面首先来说明承诺的概念，然后再阐释承诺的性质及特征。

121. （1）承诺的概念，承诺与反建议

承诺是指受要约人无条件认同并接受要约，承诺由此而产生。受要约人在其答复中如果对要约人确定的条件提出了任何变更要求，就不能视为承诺，而应当看成是一种反建议（contre-proposition）。

在合同的有效性不要求任何形式的情况下，受要约人一经做出承诺，合同即告成立，这是原则（参见第 128 节）。当然，还应当具备以下条件：它应当是对一项真正的要约做出的承诺，也就是

[1]参见最高法院第三民事庭 1990 年 11 月 27 日判决（Bull. civ. III. N° 255. p. 143. JCP1992. II. 21808. Y · Dagorne-Labbé 述评，D. 1992）；参见 D · 马尔丹：《论草签合同与当事人死亡》（D · Martin，l'esquisse contractuelle et la mort，D. 1993. 236）。

[2]D · Mazeaud，D. 1999. p. 9，Brun 述评，Bull. civ. III. N°232. p. 150. Defrénois 1998. 336.

[3]最高法院 1997 年 12 月 10 日的判决仍然带有某些含糊不清之处：一方面是因为其文字表述本身，另一方面也如同 1983 年的判决一样，它涉及的是由夫妻二人发出的要约，因此可以认为，对于这种要约而言，即使夫妻中一人死亡，该要约仍然因夫妻另一方健在而应当得到保留（参见 D · Mazeaud 述评，Defrénois1998. 338）。

说，是对一项“包含有拟进行的交易的主要因素或要件”的要约做出的承诺（参见第 109 节），并且要约仍然在其保留效力的时间之内，只有对这样的要约做出的承诺，才能成立合同；在要约已被撤回或者已经失效之后才做出的承诺，不足以成立合同（参见第 117 节）。

当受要约人不是无条件地接受要约而是对原要约附加某种保留或条件时，这种情况属于提出反建议（contre proposition），[1] 而提出反建议，不足以成立合同[2]。不过，只有当受要约人做出的承诺与要约之间的差异表现为某种实际的分歧或实际的不一致时，此种承诺才能称得上反建议；如果受要约人在其所做的承诺中仅仅是明确指出合同的标的而没有对其进行变更时，就不属于提出反建议；[3] 或者，当受要约人在其承诺中仅仅是提醒存在适用于各种情况的某种普通法规则时，也不构成反建议。[4]

反建议（contre proposition）被看成是一项新的要约（une offer nouvelle）；[5] 原要约人对这一新的要约做出承诺时，亦告合同成立。

这就是说，如果谈判需要延续一定的时间，只要合同的成立阶段仍然在持续，那么，各方当事人作为要约人与承诺人的角色均可不时地发生转换；一旦合同得以订立，倒数第 2 个作出的意思表示才是最后的要约。[6] 正因为如此，讨价还价往往表现为要约的相

[1]通常称为“反要约”，但法文在这里称之为“contre proposition”，使用的术语有所不同。——译者注

[2]最高法院第三民事庭，1919 年 2 月 3 日（DP1923. 1. 126）；最高法院第一民事庭，1985 年 3 月 12 日（Bull. civ. I. N°89. p. 82）；最高法院第二民事庭，1990 年 5 月 16 日（Bull. civ. II. N°98. p. 51）。

[3]最高法院第一民事庭，1961 年 5 月 27 日（Bull. civ. I. N°271. p. 215）。

[4]最高法院第一民事庭，1958 年 1 月 21 日（Bull. civ. I. N°50. p. 38）。

[5]受要约人提出新的要约，不言而喻地意味着拒绝原先的要约，由此也引起要约人此前提出的要约失去效力（参见本书第 115 节）。

[6]G · 卢埃特：《消费法与合同一般理论》，载《Rodiers 论文集》，1981 年，第 259 页（G · Rouhette, Droit de la consommation et théorie générale du contrat, Mélanges Rodiers. 1981. p. 259）。

互交叉以及反要约的相互追逐，直至当事人一方接受另一方的建议（前者为最后的承诺人，后者为要约人）。

122. 承诺的范围

有时，关于受要约人做出的承诺的确切范围也会发生问题。这是因为，一方面，承诺应当是对属于合同范围的文件的全部内容做出承诺。这样一来，如果涉及广告文件，就会遇到困难。按照一般规则，凡是认定广告文件对受要约人的同意产生某种影响时，法院判例都会承认这种广告文件同样具有合同文件的价值，[1] 另一方面，人们只能承诺或接受其认识或者了解的东西，但是，也有一些条款，我们完全有理由怀疑承诺人是否真正了解其意义，这或者是由于这些条款采用的表述方式（手书或打印）晦涩不清，或者是由于这些条款印刷在文件的附件里，受要约人可能没有看懂甚至完全没有注意到这些条款，最后，还有可能是因为受要约人在做出承诺之后才看到涉及这类条款的文件。

原则上，一方当事人将一项合同文件（un document contractuel）交给相对人，就可以认为相对人已经了解这项合同文件，但是，对于特定的重要条款，例如，限制责任条款或者放弃某种权益的条款，由于要约人通常采用的书写方式——往往将这类条款写在文件背面，字体很小，条款夹在文件的字里行间，我们完全可以怀疑相对人真正了解其做出的义务承诺究竟涉及哪些问题。对于这类情况，特别是对于附合契约（参见第200节），法院判例通常都要求主张该条款效力的

[1] 最高法院第三民事庭，1996年7月17日（RTD civ. 1997. 118，Mestre 述评）；最高法院商事庭，1997年6月17日（D. 1998. 248，Pignarre et Paisant 述评，JCPE1997. p. 1022. F·Labarthe 述评）。广告文件有时甚至有超过（合同）“一般条件”的效果，参见最高法院第一民事庭1996年2月21日判决（CCC1996. N°94. Leveneur 述评，Defrénois1996. 742，Aubert 述评，RTD civ. 1997. 119，Mestre 述评）。

要约人负举证责任，证明相对人或受要约人原已确实接受该条款。[1] 这是一个事实问题，属于各案实体法官自由裁量的权限范围。[2]

在确认合同义务的主文件所附带的各种文件里，例如，小册子、小广告、文字材料[3]里订立的条款，只有受要约人在做出承诺之

---

[1]这方面的判例很多，例如：最高法院第一民事庭1971年4月28日判决（JCP1972. II. 17280，Boitard et Rabut 述评）；最高法院第一民事庭1979年5月3日的判决（Bull. civ. I. N°128. p. 103. D. 1980IR. P. 262，Ghestin 述评），该判决排除在一项隔地买卖合同中规定的商品运输风险由买受人承担的条款，因为，这一条款写在订单的背面，而且订单数量很多；还例如，最高法院第一民事庭1983年5月31日的判决（Bull. civ. I. N°159. p. 138），该判决排除一项合同中的限制责任条款，因为这项条款用很小的字体写在停车场经营公司交给顾客的停车卡片上；最高法院第一民事庭1996年2月27日判决（Defrénois 1996. 742. Aubert 述评），该判决排除有关限制保险担保的条款，因为这一条款写在"不带司机的卡车租赁合同"里，而且夹在其他16个条款当中，字体很小，且内容与广告上的表述不一致；最高法院商事庭，1991年2月26日（CCC1991. N°105，Leveneur 述评，RTD civ. 1992. 78，Mestre 述评），该判决认为，灭火器的买受人没有义务一定要由该设备的出卖人来负责设备维修事务，尽管他签署的一份文件被冠名为"买卖与订购合同"，而该文件在背面规定买受人有义务让"出卖人负责维修"。如果一方当事人打算使用有约束力的合同格式，则必须将这种意图告知相对当事人，并且每一份合同均应得到相对当事人的同意；最高法院商事庭，2002年2月5日（CCC2002. N°88，Leveneur 述评），该判决认为，《民法典》第2000条规定"委托人应当补偿受委托人（代理人）在管理事务中并非因其不谨慎而受到的损失"。委托合同中没有照录该条文的规定，而且将所谓"放弃条款"写在"合同一般条款"当中，因此受委托人并不了解这一条款，不能认为受委托人已放弃主张《民法典》第2000条规定的利益；最高法院商事庭，2007年11月27日（CCC2007. N°67），该判决认为，在保险单用很小的英文字书写的一般条件中有关限制责任的条款不具有对抗效力。与此相反，"一般销售条款"虽然写在订单背面，但在该订单的正面印有一段文字，写明"买受人声明已经阅知写在订单背面的各项条件并接受其全部内容"，在这种情况下，这些条件对买受人原则上具有对抗效力（最高法院第一民事庭，1991年12月3日，Bull. civ. I. N°342. CCC1992. N°57，Raymond 述评）；同样，在商家或服务提供者制订的"收费标准"中写入的一般条件也具有相同的效力，因为，当事人在签发订单之前必然会阅读收费标准。

[2]最高法院第一民事庭，1971年4月28日；最高法院商事庭，1992年10月13日（CCC1993. N°1）；关于这类证据，参见最高法院第一民事庭1993年1月20日判决（CCC1993. N°77）。

[3]A·罗贝尔：《论民事权利的小小发生根据：小广告与小张贴》，载《法律活页期刊》，1958年（A·Robert，une source mineure de droit civil：les affiches et les écriteaux（JCP 1958. I. 1458）。

前知道这些条款的规定时，才能对其产生对抗效力，例如，由一方当事人制定的合同“一般条件”就是如此：一方面，只有当主合同中包含的提示性表述或参照性表述提及这些条件，并且被认为已经得到承诺人接受时，另一方面，只有当承诺人实际上已经阅读这些条款时，[1] 才能对其产生对抗效力。不过，即使双方当事人之间长期保持连续的合同关系，并且有关合同的一般条件在过去已为相对当事人所知晓，但如果他们不再重申这些条件，那么，原来的条件仍然不足以对抗相对当事人。[2] 同样，仅仅是将这些条件张贴在某个场所，如果没有明确向相对当事人告知存在这些条件，[3]

[1]最高法院第一民事庭，1993年1月20日，最高法院第一民事庭，1995年4月11日（CCC1995. N°124，Leveneur 述评）；最高法院第一民事庭，1988年11月17日（CCC1999. N°18，Leveneur 述评，Defrénois 1999. 367，Delebecque 述评）；最高法院第一民事庭，1999年2月16日（JCP 1999. I191. N°1，Virassamy 述评）；关于这个问题，参见Y·博瓦耶：《论订立合同时的告知义务》，1978年，第139节（Y·Boyer，l'obligation de renseignement dans la formation du contrat，1978. N°139）；F·拉巴特：《论合同文件的概念》，《巴黎一大学位论文》，1994年第16节，第395节（F·Labarthe，la notion de document contractuel，thèse Paris I. éd. 1994. N°16. N°395）；F·兰巴什：《论同意订约之意思面对契约之一般条件的考验》，2004年，第433节，第233页（F·Limbach，le consentement contractuel à l'épreuve des conditions générales，2004. N°433. p. 233）。

[2]最高法院第三民事庭，1992年6月30日（Bull. civ. I. N°203）；最高法院第三民事庭，2005年10月18日（RTD civ. 2006. 107，Mestre 述评）。

[3]最高法院商事庭，1959年2月10日（Bull. civ. III. N°70. p. 64），该判决排除受寄托人张贴的小告示上所写的关于禁止在委托其照管的小汽车里存放货物的条款，但是，如果受寄托人当面提醒车主注意这些条款的规定，不在此限。最高法院第一民事庭，1967年7月4日（Bull. civ. I. N°248. p. 184. JCP1967. II. 15234），该判决排除航空承运人通过张贴小告示的方式表明限制责任的条款，而且并没有证据证明乘客知道这样的条款；与此相反，参见最高法院第一民事庭1970年6月3日判决（D. 1971. 373. Chvanne 述评），该案涉及张贴在公众可以自由出入的场所的小告示，而乘客本人是这里的常客。最高法院第一民事庭1993年5月19日（JCP1992. IV. 2047），该判决排除张贴在诊所出入口的小告示牌上书写的限制责任条款，只要顾客的注意力并未受到这类告示的吸引；巴黎法院1996年1月5日判决（JCP1996，JCP1996，II. 22679，THHassler 述评），该判决排除写在“迎宾卡”以及写在客房内放置的小卡片上的限制责任条款的效力。

那么这些条件也不具有对抗效力；不过，如果作为合同附件的那些文件实际上具有确定规则的性质时，由于其内容往往是由行政部门确定的并且需要接受行政部门监督，这种情况另当别论。[1]

至于各方当事人在合同订立之后制定或提交的文件中规定的所有条款，只有证明相对人已经接受这些条款时，[2] 才能对该方当事人产生对抗效力，例如，出卖人在买受人订购商品之后向买受人提交的发票上所写的限制责任条款[3]或者协议管辖条款，[4] 就不能约束买受人：买受人的义务承诺不能实际体现在其事后才收到的发票当中，而只能体现在由其签字的订单当中。

如果各方当事人都是职业人并且都有各自制定的“一般条件”，当双方的一般条件中规定的条款相互发生抵触时，例如，出卖人的“一般出卖条件”与购买人的“一般购买条件”的条款相互发生抵触时，相互抵触的两项条款的效力被认为相互抵销，均不产生效力。[5]

123. （2）承诺的特征，承诺应对外表达出来（承诺的外化）

如同要约一样，承诺可以明示，也可以默示。

受要约人通过其特别完成的某种行为让要约人知道其同意接受

---

[1]例如，参见陆路货物运输运费标准一般适用条件。

[2]最高法院商事庭，1998 年 4 月 28 日（RJDA 1998. N°938. p. 694. RTD civ. 1999. 81，J · Mestre 述评），该判决认为，在合同订立之后相对当事人才知晓的“一般条件”中所订立条款，对该当事人不产生效力。

[3]最高法院第一民事庭，1971 年 4 月 28 日。

[4]最高法院商事庭，1992 年 4 月 14 日（CCC1992. N°175，Leveneur 述评）。

[5]例如，双方的一般条件中分别规定的赋予不同法院以管辖权的条款（协议管辖条款），参见最高法院商事庭 1984 年 11 月 20 日判决（Bull. civ. IV. N°313. p. 253）；最高法院第一民事庭，1995 年 3 月 28 日（JCP1995. IV. 1321）。

要约时，属于明示承诺；最常见的情况是，受要约人通过书面文字[1]或者口头形式做出承诺；但是，如果按照通常习惯，某一简单的行为、动作所表达的意思非常明显时，[2] 此种简单的动作（un simple geste）同样可以表达承诺，例如，拍卖会上的举牌的简单手势，或者，将硬币塞进自动售货机，都是表明承诺的意思。这些手势或动作同样是一种用以表达真实意思的“语言”。[3] 不过，法律有时特别要求必须明文表达意思，例如，《民法典》第2292条就提供保证的问题就特别规定保证人的同意必须明示。所谓明示承诺，倒不一定是要求采用庄严的形式来表示同意承诺，而是要求行为人的同意意思不应当含糊不清，不能产生任何歧义。[4]

在可以合理推断受要约人的某种行为表明其有缔结合同的意愿时，承诺为默示承诺，例如，受要约人主动履行向其提议的合同，即属这种情况；又例如，商人向受要约人发送订购的商品，当

---

[1]凡尔赛法院，1993年2月19日（D. 1994 somm. com. p. 9，Delebecque述评）。在很多附合契约里，往往要求同意订立合同的人在签字之前写明“已阅、同意”之字样，这样做的目的是要提醒当事人注意合同条款。关于这种做法，参见S·雅甘：《合同里的习惯提示，一种想象的权利》（S · Jacquin，les mentions contractuelles “coutumière”，un droit imaginaire（JCP2001. I. 288））。

[2]P·戈德：《意思与默示表示》，《里尔大学学位论文》，1977年，第18节（P · Godé，volonté et manifestations tacites，thèse Lille，éd. 1977. N°18）；R·尼尔森：《论缔结契约的意思表示》，《Secrétan论文集》，1964年，第209页（R · Nerson，la volonté de contracter，Mélanges Secrétan. 1964. p. 209）；《论意思表示的非要式方式》，《亨利·卡比唐协会研究文集》，1968年，“瑞士研讨会文件”（les modes non formels d'expression de la volonté，Trav. Ass. H · Capitant. 1968，Journées suisses）。

[3]P·格里德尔：《论示意动作与法律》，《巴黎二大学学位论文》，1979年，第29节，第33页（P · Gridel，le signe et le droit，thèse Paris II，éd. 1979. N°29. p. 33）；例如，“激动得流泪，表示同意结婚”，参见最高法院第一民事庭1968年1月22日判决（D. 1968. 304. JCP1968. II. 15442，RL述评，RTDciv. 1968. 535，尼尔森述评）。

[4]A·格里洛：《论要式法律行为》，《图卢兹大学学位论文》，1975年，第91页（A · Guerriro，l'acte juridique solennel，thèse Toulouse，éd. 1975. p. 91）。

然意味着商人接受此前收到的购买要约。[1]

124. 沉默，意思表示

在相对人知悉合同要约但却保持沉默、不予回复的情况下，是否可以将这种态度视为具有承诺（acceptation）的价值，换言之，对要约没有做出答复，是否意味着相当人对其表示（默示的）“认诺”（acquiescement）？

对于这一问题，法国法律提出了一项原则，但同时附带着多种例外情形。[2]

原则上，缄默不具有承诺的效力。按照法国法的观念，“一言

---

[1] P·戈德，前引书，第28节，第38页（P·Godé，N°28. p. 38）；关于对买卖要约的承诺，参见都埃法院1953年11月12日判决（D. 1954. 63）；最高法院诉状审理庭1909年10月18日判决（DP1910. I. 207）；关于劳动合同，参见最高法院社会庭1960年3月19日判决（Bull. civ. IV. N° 524. p. 408）；最高法院社会庭1966年3月28日判决（Bull. civ. IV. N°333. p. 283）；关于承揽合同，参见最高法院商事庭1991年6月25日判决（Bull. civ. N°234. p. 164. Defrénois. 1992. p. 317，L·Aubert述评）；另见涉及沉默的其他几项判决：最高法院第一民事庭，2008年2月28日（RDC2008. 709，Th·Genicon述评），该判决从根本上认定：向顾客发出要约的人，在顾客将要约返回并且在其上写明履行期限时，如果已经开始履行合同而没有提出任何异议，那么要约人受这一补充期限约束。关于履行合同是否等于接受某一简单条款的问题，参见Th·Genicon述评（RDC2008. 712）。

[2] 这方面的法学论著很多，例如，巴洛特：《试论可以创设义务的缄默的作用》，《第戎大学学位论文》，1912年（Barrault，Essai sur le rôle du silence créateur d'obligations，thèse，Dijon. 1912）；A·里耶格，前引文，第34节（A·Rieg，op. cit. N°34）；J·里特曼：《论法律行为成立过程中的缄默》，《斯特拉斯堡大学学位论文》，1969年（J·Littman，le silence dans la formation des actes juridiques，thèse Strasbourg1969）；P·迪叶内：《论缄默与法律》，《波尔多大学学位论文》，1975年，第39页，第38节（P·Diener，le silence et le droit，thèse Bordeaux. 1975. p. 39. N° 38）；P·戈德，前引文，第158节，第173页（P·Godé，op. cit. N° 158. p. 173）；J·斯密特：《论合同的谈判与订立》，1982年，第169节（J·Schmidt，Négociation et conclusion des contrats，1982. N°169）；R·佩罗：《论私裁判法上的缄默》，载《Raynau论文集》，1987年，第627页（R·Perrot，le silence en droit judiciaire privé，Mélanges Raynau，D. 1987. p. 627）。

不发，就是不同意”。虽然按照诗词的意境，“谈情说爱事，沉默胜言辞”（en amour，un silence vaut mieux qu ‘un langage），但是，在法律上，沉默的意思往往含糊不清、会产生歧义：既可能是“无声的赞同”，也可能是“闷棍式的反对”，还有可能是“出于谨慎、不想吱声”；而法律意义上的同意，必须毫无争议地得到确定。正因为如此，法国最高法院在其作出的一项原则性判决中肯定地认为：“在法律上，被指称负有义务的人缄默不语，如果缺乏其他具体情节佐证，不足以作为其应当负担义务的证据。”[1] 这一原则的具体适用情况也是各种各样，例如，法院尤其认为，寄件人反复向某人寄送一份期刊，即使他也曾指明只要收件人不表示拒绝，就视其（同意）“订阅该期刊”，寄件人仍然不足以据此情况认为收件人确已订立了“订刊合同”。[2]

人们通常将上述行为或做法称为“强拉强卖”。现在《刑法典》的实施条例部分第 R635-2 条已经将这种行为定为第五级违警罪。按照这一条文规定，在收件人事先并未提出请求的情况下，如果寄送任何物品并附有通信件，指明收件人可以支付确定的价款或者向寄件人寄回价款即可接受该物品，这种做法一律受到禁止，尽管在向收件人寄送这些邮件时并未要求其支付任何费用。

---

[1] 最高法院民事庭，1870 年 5 月 25 日（DP. 70. I. 341，Grands arrêts. N°146）；最高法院第一民事庭，1979 年 5 月 23 日（D. 1979. IRP. 488）；最高法院商事庭，1981 年 12 月 16 日（JCP1982. IV. p. 88）；最高法院商事庭，1985 年 12 月 3 日（JCP1986. IV. 65）；最高法院第一民事庭，1996 年 4 月 16 日（RTD civ. 1996. 894，Mestre 述评）；另见《联合国国际货物销售公约》第 18 条第 1 项的规定：（1）受要约人声明或者做出其他行为表明同意要约，即构成承诺；缄默或者不行为本身不等于承诺。比较：法国宪法委员会 1969 年 6 月 26 日裁决（Grands arrêts Cons. constitutionnel，2009. N°12），该裁决指出：行政部门的沉默等于作出了拒绝决定。这一规则被上升为“法律的一般原则”。

[2] 塞纳民事法庭，1893 年 4 月 19 日（Gaz. Pal. 95. 2. 162）；最高法院诉状审理庭，1942 年 4 月 14 日（S. 1942. 1. 123）；都埃法院，1953 年 11 月 12 日（D. 1954. 63）。

（如果）要约人明确规定受要约人在特定期限内不做答复，就视为合同已经订立，这种做法同样不能产生效力，因为，没有得到受要约人的同意，要约人不能规定受要约人承担一项必须“在特定期限内做出否定性答复的义务”；但是，如果一方当事人自己为自己规定一个期限，表示自己在此期限内一定就相对当事人提出的价格问题做出答复，则另当别论，因为，在这种情况下，如果他认为向其提出的价格不合适，就有义务表明自己不同意该价格的意思。[1]

不过，法国法律所定的这一原则也包括各种例外情形。有些例外是由法律作出的规定，有些例外则是由法院判例作出的认定。

（1）由法律规定的例外情形。当立法者就沉默的意义作出了明确规范时，显然不会出现任何含糊不清的可能风险。

例如，《民法典》第1738条规定：“在书面租赁合同期满之后，如果承租人仍然继续占有租赁物，或者出租人听任承租人继续占有租赁物，属于成立新的租赁合同；此种租约的效力，依前述有关采用非书面形式订立租约的条文之规定。”出租人唯一以其沉默接受延展租约的默示要约，租约即可得到默示延展；[2] 在商业租约问题上也是如此，出租人在受到延展租约的请求之后3个月期间保持沉默，视其同意延展原有租约之

[1]最高法院第一民事庭，1988年1月12日（Bull. civ. I. N°8. p. 6）。

[2]最高法院第三民事庭，1979年11月13日（Bull. civ. III. N° 1999. p. 156. Defrénois 1980. 1281. J-L · Aubert 述评），该判决认为，当出租人没有表明其在原租约到期之前或到期之时排除默示延展时，默示延展可以产生效果。

原则；[1]农业租约方面，也有类似的规定（沉默意味着同意）。[2]

与此同时，《保险法典》第 122-2 条第 2 款也规定，如果被保险人向保险人寄出挂号信，要求延展或变更某项合同或者恢复被暂时中止的合同，而保险人在收到向其提出的订约建议后 10 日之内没有拒绝该建议，则视其接受了该项建议。[3]

因此，在上述情况下，法官没有必要去探究一方当事人的不行为（inaction）究竟是代表何种意思，法律对当事人的意思表示所确立的是一种不可反驳的推定。[4]

---

[1]《商法典》第 145-10 条：在没有通知退租的情况下，承租人欲获准租约延展的，应在租约到期前 6 个月提出延展租约的请求，或者，在相应情况下，应在租约延展过程中的任何时候提出此项请求。——延展租约的请求，采用诉讼外文书，经司法执达员送达出租人。除另有约定或者出租人方面另有通知之外，不论是向出租人本人还是向营业资产的经营管理人，通知延展租约的请求均有效，经营管理人被视为有资格接收延展租约的通知。如经营场所有多名所有权人，除有相反约定或者出租人另有通知之外，向其中一所有权人提出延展租约的请求，对其他所有人具有提出请求之效力。——延展租约的请求应当照录下一款的文字规定，否则无效。——延展租约的请求经执达员送达之后 3 个月内，出租人应采用相同形式向申请人通知其拒绝延展租约，并说明拒绝理由。出租人在此期限内没有通知其拒绝延展租约之意图的，视其接受延展原租约之原则。——通知拒绝延展租约的司法外文书应当指出，承租人无论是打算对出租人拒绝延展租约提出异议还是就其经营场所被追夺而请求补偿金，均应在拒绝延展租约的通知送达之日起 2 年期限内向法院提起诉讼（2008 年 8 月 4 日第 2008-776号法律第 45 条第 3 项废止："否则丧失提起诉讼的权利。"）。

[2]《农村法典》第 411-47 条规定："所有权人打算拒绝延展租约的，应当至少在租约到期之前 18 个月用司法外文书通知承租人退租。退租通知应当写明以下事项，否则无效。应通知的事项包括出租人所援用的退租理由；在退租后又重新出租他人的情况下，应指明将要对出租财产从事经营活动的受益人或诸共同受益人的姓名、年龄、职业。"

[3]即使提出的变更要求涉及增加某项新的风险保险，亦是如此，参见最高法院第一民事庭 1994 年 10 月 11 日判决（D. 1995. 177，Sargos 报告）。

[4]P·戈德，前引书，第 159 节，第 175 页（P·Godé，op. cit. N° 159. p. 175）；C·纳吉姆·马克鲁夫：《论合同的默示延展与当事人的意思》，《巴黎二大学位论文》，2009 年，第 235 节，第 153 页（C·Najim-Makhlouf，tacite reconduction et volonté des parties，thèse Paris II. 2009. N°235. p. 153）。

（2）由法院判决认定的例外情形。按照法院判例，从具体情节来看可以赋予当事人的沉默以某种意义时，沉默也可以具有表示承诺的价值，[1] 于此情形，我们称之为“依具体情节认定的沉默”。以下 3 个系列的具体情节尤其可以赋予当事人的沉默以毫不含糊的表示承诺的意义。

首先，有些法院判例认定，由于双方当事人之间此前存在持续的商务往来关系，即便当事人沉默，仍然具有承诺的价值，不过，对于这种例外情形的准确范围，还是应当进行具体界定。

——如果当事人在过往的商务关系中反复订立相同性质的合同时都没有要求采用明示方式做出承诺，那么，沉默无疑具有承诺的价值；只要没有明确表示拒绝订立合同，要约人就有理由认为合同已经按照以往的做法照常订立。[2] 由于在当事人之间存在习惯做法，沉默也就不会带有任何含糊不清的性质；恰恰相反，沉默，甚至因此而成为一种具有承诺意义的一种“示意象征”。[3]

——与此相反，当事人之间虽然存在一项正在履行中的合同，只要提出要约的目的是希望变更该合同，那么，仅凭此前存在合同这一事实，不足以赋予沉默以承诺的意义。例如，当出租人知道承租人违反租约的规定，擅自转租或者擅自变更出租场所的结构时，出租人即使没有明确加以制止，也不能将此种情节解释为他已“同意或者接受承租人的行为或做法”；[4] 同样，某一薪金雇员虽

---

[1]最高法院第一民事庭，2005 年 5 月 24 日（D. 2006. 1025. JCP2005. I. 195. N° 1, C · Peres 述评，CCC2005. N°1165，Leveneur 述评，RTD civ. 2005. 1007，D · Mazeaud 述评，RTD civ. 2005. 588. Mestre 述评），土地所有权人接到有关在其土地上进行考古发掘的通知之后保持沉默，不予答复，而且之所以进行这次考古发掘是因为对这块土地已发给建筑许可证，如不（进行抢救性）发掘，遗迹将不复存在。

[2]埃克斯法院，1873 年 8 月 13 日（DP. 77. 5. 456）。

[3]P · 戈德，前引书，第 229 节，第 241 页（P · Godé, op. cit. N°229. p. 241）。

[4]最高法院全体庭，1956 年 5 月 3 日（Bull. civ. N°1. p. 1. JCP1956. II. 9345）；最高法院社会庭，1958 年 2 月 20 日（Bull. civ. IV. N°268. p. 195）。

然在继续上班，但不能仅凭此事实就认为他“已经接受雇主对其劳动合同做出的实质性变更”。[1]

其次，法院判例还认定，即使当事人之间此前不存在商务关系，只要双方当事人都是同一行业的业内人士，并且该职业的习惯做法也赋予当事人之间的沉默以承诺的价值时，那么，沉默同样具有承诺的效力。在这种情况下，将沉默看成是一种具有承诺意义的“语言要素”，[2] 并不是基于当事人之间的个人习惯，而是基于本行业所特有的职业习惯。按照这种职业习惯，受要约人只有在明确表示拒绝订约的条件下，[3] 才能拒绝订立或者变更向其提出的合同。正因为如此，法院判例倾向于承认在商人之间接收“确认函”之后保持沉默、不做回答，意味着接受此前已经谈判成立的合同条款，[4] 也就是说，在谈判之后，当一方当事人接收到相对方的函件，其中重述了双方达成的一致建议时，即等于对合同做出承诺。在这一问题上，法国法与德国法比较接近。[5]

再其次，如果发出的要约唯一有利于受要约人的利益，准许受理诉讼的实体法官在进行自由裁量时认定受要约人的沉默等于

[1]最高法院社会庭，1987年10月8日（Bull. civ. V. N°542. p. 344. D. 1988. 57，Y·Saint-Jour述评）；最高法院社会庭，1988年1月14日（Bull. civ. IV. N°41. p. 25）。

[2]P·戈德，前引书，第230节，第242页（P·Godé，op. cit. N°230. p. 242）。

[3]最高法院商事庭，1951年5月21日（Bull. civ. II. N° 168. p. 128）；最高法院商事庭，1956年1月9日（Bull. civ. III. N°17. p. 13）。

[4]最高法院商事庭，1956年1月19日；最高法院商事庭，1958年10月21日（Bull. civ. III. N°355. p. 298）；最高法院第二民事庭，1966年7月6日（Bull. civ. II. N° 737. p. 519）；试比较：最高法院商事庭2003年5月13日判决（CCC2003. N° 124. Leveneur述评）：向在同一行业从事活动的购买人与职业购买人邮寄红酒与一封确认函，即使他们之间没有明文的协议，按照当地习惯仍然相当于完全的买卖，在48小时内提出异议的除外。

[5]《德国民法典》第151条：“无须向要约人表示的承诺：根据交易习惯，不能预期向要约人做出承诺的意思表示或者要约人抛弃它的，合同因承诺而成立，而不需要向要约人做出承诺的意思表示。要约消灭的时间，根据有要约或情况推知的要约人的意思定之。”（引用陈卫佐译文）

承诺。[1]做出这种处理的依据会因个案不同而不同。在这里，不再是前面所说的“赋予沉默以某种具体意义的习惯”，而是一种“不会有其他选择的盖然性（probabilité）”。因为，受要约人没有任何理由要拒绝向其提出那种唯一对其有利的要约，因此对受要约人的沉默的意义作出另外的判断与认定的可能性也就很小很小，只能认为尽管相对人没有做出答复，其沉默也具有承诺的价值。不过，对于这种情况，在发生争议时，应当由实体法官根据个案的具体情节进行认定、作出裁判。

这方面的法院判例不太多。但有的法院判决认定，当事人接到减免债务的要约之后未做答复，[2] 或者雇员接到雇主提议的利用企业利润中为雇员股份提供资金的建议[3]之后不做答复，这种沉默仍可具有承诺的价值。当商家向抽到获奖号码的顾客提出在支付价款时将奖励的款项折算成现金的要约时，即使顾客不做答复，也适用这种处理。[4]

与此相反，对于赠与要约，受赠与人的沉默从来就不能产生承诺的意思。因为，即使赠与人并不掩饰其提出的赠与要约，然而按照《民法典》第932条的强调要求，“接受赠与必须明示”；要么，就意味着赠与被掩饰或者被伪装，而这种情况下的赠与要约并非唯一利益于受赠与人：因为，只有采用有偿行为的形式，才能被用来掩盖（实际上的）赠与行为。[5]

在一起案件中，摩托车修理工在协助摩托驾驶人时因发生

[1]最高法院诉状审理庭，1938年3月29日（DP1939. 1. 5. 瓦兰述评）。

[2]最高法院诉状审理庭，1938年3月29日；另参见科尔玛法院1980年3月27日判决（JCP1981. IV. 390）。

[3]最高法院社会庭，1970年12月17日（Bull. civ. N°722. p. 590）。

[4]D · Mazeaud述评（D. Mazeaud，D. 1997. somm. com. p. 169）。

[5]P · 戈德，前引书，第177节，第194页（P · Godé. po. cit. N°177. p. 194）。

爆炸而受伤，法院判例承认，在这种情况下，当事人之间存在一种协助协议，接受协助的人被认定为沉默接受此种协助要约。[1] 不过，对于这样的分析，也可以从以下两个方面提出批评：其一，接受协助的人，如果不了解情况，就不可能做出承诺；其二，所谓协助要约并非唯一有利于接受协助的人，因为这种要约将产生由相对人负担的义务，所以，准确地说，这种情况应当属于一种准合同，也就是无因管理行为。[2]

与上述要约唯一利益于受要约人的情形相近似但多少有些差别的另一种情况，是最高法院2005年5月24日的判例所考虑的情况。[3] 最高法院在这一判例中认定，省长在此前作出决定，在一块土地上进行考古发掘，接到在其上开展这项考古发掘通知书的土地的所有权人对此没有做出回复，所有权人继续保持沉默，这种态度具有承诺的意义。我们从这一判例中可以看到有关“唯一对受要约人有利的要约”这一概念的更新与扩张[4]，是一个“沉默等于承诺”的新案例，或者说，是一个受要约人无任何利益加以拒绝甚至几乎是完全受强制接受要约的新案例。[5] 这就是说，在这里我们面对的是一种与强制订约极为接近的情况。[6]

125. 承诺的自由

法国大革命宣告的工商自由（1791年3月2-17日法律）以及

[1]最高法院第一民事庭，1969年12月1日（D. 1970. 423，M·Puech述评，JCP1970. II. 16445. J-L·Aubert述评，RTD civ. 1971. 164. G·Durry述评）；参见最高法院第一民事庭1995年10月10日判决（CCC1996. N° 1，L·leveneur述评，RTD civ. 1996. 895，Mestre述评）。

[2]P·戈德，前引书，第181节，第199页（P·Godé，op. cit. N°181. p. 199）。

[3]最高法院第一民事庭，2005年5月24日。

[4]C·佩雷斯述评（C·Peres，JCP2005. I. 194. N°5）。

[5]Leveneur述评（CCC2005. N°165）。

[6]D·Mazeaud述评（RTD2005. 1007）；关于强制订约，参见本书第203节。

所有权的绝对性质指导着法国法院判例承认任何人均有拒绝与他人订立契约的自由。[1] 因此，任何一项缔结合同的要约的相对人原则上均没有义务接受向其发出的要约。[2] 例如，一块土地布满石头，尽管对所有权人并无任何用途，但该所有权人始终有拒绝卖出这块土地的权利，即使购买人将买价提高 3 倍，[3] 所有权人仍然可以拒绝这桩买卖；同样，消费者可以自由选择从哪一商人手中购买货品，尽管日常营业的商人的店门对所有的消费者都是开放的。[4]

不过，上述原则也有很多例外情形。

(1) 法律禁止参与公共服务事业运作的企业[5]以及享有某种垄断地位的行业的成员在不能提出“有重大理由”(raison grave)[6] 的情况下拒绝与某一顾客订立合同，例如，公证人

[1]C·塞尔纳：《论拒绝订约》，《巴黎大学学位论文》，1965 年（C·Serna，le refus de contracter，thèse Paris，éd. 1965）；O·巴雷：《围绕拒绝订约问题发生的变化》，载《J-L·Aubert 论文集》，第 2005 年，第 5 页（O·Barret，Variation autour du refus de contracter，Mélanges J-L·Aubert，2005. p. 5）。

[2]最高法院刑事庭，1862 年 7 月 18 日（DP. 62. I485）；最高法院刑事庭，1889 年 1 月 11 日（DP. 89. I. 222）。

[3]最高法院诉状审理庭，1924 年 11 月 24 日（S. 1925. I. 217. J·Brèthe de la Gressaye 述评）。

[4]最高法院商事庭 1994 年 7 月 5 日（Bull. civ. I. N°258. p. 204，JCP1994. II. 22323，Léonnet 述评，1995. I. 3828. N°1. Fabre-Magnan 述评，RTDciv. 1995. 96. Mestre 述评，119，Jourdain 述评）；最高法院商事庭，1998 年 4 月 7 日（Bull. civ. IV. N° 126. P. 161. RTDciv. 1999. 79. J·Mestre 述评）。

[5]根据“所有的人均有主张公共事业运作的平等权利”。

[6]在存在权力垄断的情况下，这种处理是没有疑问的（例如，全国铁路公司，参见最高法院诉状审理庭 1857 年 4 月 21 日判决，DP. 57. I176）；在不存在事实上的垄断情况时，对这种处理则有不同看法，参见若塞朗：《论权利的本质及权利的相对性》（Josserand，de l'esprit des droits et de leur relativité. N°89），作者认为：占有事实上的垄断地位的人不得拒绝订立合同。参见 P·卢朗：《论在契约关系成立中的法定强制》，载《民法学季刊》，1944 年，第 81 页，第 11 节（P·Rurand，la contrainte légale dans la formation du rapport contractuel（RTD civ. 1944. p. 81. N° 11））；Marty et Raynaud 两作者认为：为了证明“能够提供服务的人负有不得拒绝提供服务”之义务的理由，应当考虑所请求的服务的重要性（参见最高法院刑事庭 1854 年就面包商问题作出的判决（DP54. I. 208. S. 54. I. 166））。

就不得拒绝为某一当事人提供协助，拒绝为其制作公证文书（法兰西共和历十一年风月25日法律第3条）。

（2）当国家（在某些领域）实行统一价格政策时，受到这种规定的价格约束的企业不仅负有只能按照强制确定的价格进行销售的被动义务，而且负有主动按照这一价格进行销售的积极义务。这种做法最先是由法院判例作出的宣告，[1] 后来也为立法者所采纳，并将违反这种规定的行为上升为一种轻罪：一个商人，在其有条件这样做的情况下，如果拒绝满足客户提出的订货或购货请求，即构成此种犯罪（1945年6月30日法令）。但是，随着战时经济与物资短缺时代的结束，规定这种犯罪的意义已经发生改变，目的不再是确保在物资短缺时期保护消费者，而是禁止某些生产者对销售商采取歧视性做法，以利于企业之间开展竞争（1958年6月24日法律）。

1986年12月1日“有关价格自由与竞争”的法令使这个问题完全发生了改变。根据拒绝销售的行为是针对消费者还是针对职业人之不同情形，适用不同的制度。

在职业人与消费者的关系中，拒绝买卖（拒绝销售）的情况仍然存在、时有发生，并且会受到刑事制裁，但这种制裁仅具违警罪性质（违警罪仅处罚金），不再被认定为轻罪。因此，除有正当理由外，现在仍然禁止（职业人）拒绝向消费者销售某项产品或拒绝提供某些服务（1986年法令，《消费法典》第122-1条）。在职业人的相互关系中，1986年12月1日法令第36-2条还规定，当受害方的要求是善意提出而且不具有任何不正常性质，销售方不是以“合法的反竞争行为”作为

[1]最高法院刑事庭，1847年8月13日（S47. I752）。

拒绝销售的正当理由时，那么，拒绝销售也只会引起行为人的民事责任：职业人可能有义务赔偿因其拒绝销售而致使当事人受到的损失。现在这一条文的规定已经由1996年7月11日法律废止。因此，在职业人相互之间，拒绝买卖本身不再受到禁止，但针对这种拒绝买卖的行为仍然可以以其他法律条文的规定为依据提起诉讼。[1]

谈到这里，如果我们对这些情况认真思考一番，就会提出这样一个问题：以上所说的各种情况下所做的处理是否有悖于契约自由原则？实际上，我们可以看到，这些条文所针对的人——公证人、司法助理人、商人等，他们实际上始终处在持续不断的（向公众发出）要约状态，由此产生的后果是：来自顾客的意思表示就不应当看成是要约，而应当看成是对这些人的要约的承诺。这样一来，由于合同已经成立，职业人就不得拒绝提供服务。这种看法是完全符合逻辑的。[2]

（3）社会与政治方面的考虑是法律“禁止拒绝订约”的相关条文规定的基础依据。例如，1948年9月11日的法律规定，禁止出租人或所有权人以承租人家庭子女过多为理由而拒绝向这样的承租人出租居住场所；《劳动法典》第2141-5条规定，为了保护工会自由，禁止任何雇主在决定招聘人员、分配工作岗位、职务晋升、工资报酬、纪律惩戒措施时考虑某个雇员是否属于某个工会或者是否从事工会活动的情况。我们还要指出的是，如果销售方或服务提供者在提供货品或服务时以相

[1]关于这个问题，参见Ch·维勒梅尔：《在拒绝销售中重新找到的自由，幻觉还是现实》，载《契约、竞争与消费》杂志，“理论研究”，第10节（Ch·Vilmert，La liberté retrouvée du refus de vente：leurre ou réalité? CCC1996. Etudes. N°10）；贝哈-图舍与维拉萨米：《论批发经销合同》，1999年，第1355节（Behar-Touchais et Virassamy，les contrats de distribution，1999. N°1355）。

[2]P·戈德，前引书，第186节，第203页（P·Godé，op. cit. N°186. p. 203）。

对人的下列情况作为销售或服务条件，将受到《刑法典》第225-2条规定的刑事制裁：[1] 这些情况涉及的是相对人的出身、性别、家庭状况、形象外表、姓氏、健康状态、身体残疾、遗传特征、风俗习惯、性取向、年龄、政治观念、从事工会活动、实际或者被认为属于或不属于某一个种族、人种、民族或信奉的宗教。在人员聘用、裁减、解雇方面，法国《刑法典》中也作了类似规定（第225-3条）。这些规定所涉及的问题，不仅仅是制裁拒绝订约的行为，而是对拒绝合同相对当事人的行为施行制裁。[2]

126. 制裁

只有当合同至少具有某种外观（apparence，外表）[3] 时，才会提出无效问题，在一项要约尚未得到承诺的情况下，显然谈不上

---

[1] J·佛隆-皮加尼奥尔：《论反对种族主义，1972年7月1日法律述评》，载《Dalloz法律评论汇编》，1972年，第261页（J · Foulon-Piganiol, la lutte contre le racisme, D. 1972. chron. p. 261）；《反对种族主义的斗争，3年来法院判例概述》，载《Dalloz法律评论汇编》，1975年，第159页（la lutte contre le racisme, Esquise d'un bilan de trios années de jurisprudences. D. 1975. chron. p. 159）。1977年6月17日第77-574号法律也称为“反集体抵制法”，因为这项法律的目的是反对阿拉伯国家通过对法国企业施加压力而对以色列采取的集体抵制措施。该法规定对有以下行为的个人实行刑事制裁：不论该个人是通过其行动还是不行为（放弃行为），基于其他任何人是否真正属于还是猜想其属于或不属于某一特定的国籍、人种、宗教、种族，使该人（受到刁难），使其在正常条件下从事的任何经济活动都变得更加困难。根据该法律第32条第3项的规定，当涉案事实符合政府在经济或商业范围内做出的指令时，或者符合（法国承担的）国际义务时，则排除刑事制裁。参见J·比斯姆特：《从法律角度看国际经济往来中的集体抵制行动》，1980年（J · Bismuth, le boycottage dans les échanges économiques internationaux au regard du droit. 1980）。

[2] O·巴雷，前引文，载《L · Aubert论文集》，2005年，第16页（O · Barret, art. préc. Mélanges L · Aubert. 2005. p. 16）。

[3] “apparence”一词有“外表”、“表象”、“迹象”、“表见”等意思，如何解释这一术语的真正意义，涉及在什么情况下才能谈得上合同无效的问题。——译者注

所谓已经形成能够产生特定法律效力的合意；[1] 与此相反，如果在当事人之间已经交换同意意思，但由于双方当事人各自想要的东西并不相同，[2] 合同的某种外观或外表虽然已经存在，但如果合同是建立在某种误会、误解的基础上，人们习惯上使用“障碍性误解”（erreur-obstacle）来表述以下这种情况：双方利益关系人之间的误解比较深，因而妨碍了他们的同意意思实现合致。法律在考虑这种阻碍双方当事人的意思达成合致的误解时，倾向于对所谓合同的每一方当事人都给予保护。基于此，出于教学性质的考虑，我们将在有关对“同意的保护”的章节中，与其他类型的误解一起，对这方面的问题进行探讨（参见第 210 节）。

（二）合意的形式

127. 诺成主义（consensualisme）还是形式主义（formalisme）

双方当事人的意思合致对合同的成立是必不可少的，而只有各方当事人的意思均对外表示出来，才能实现意思的合致或合意。如果每一方当事人均不知道相对当事人的意思，他们的意思怎么有可能相互交汇，进而达成一致的同意呢？不过，我们还应当知道的是：在可以设想的各种表达意思的方式中——书面文字、口头语言或者行为、动作等，所有的表达方式是否都具有相同的价值？是否只有当事人按照法律事先确定的模式订立的合同才能合法成立？例如，是否只有采用书面形式订立的合同才能成立？对于这些问题，随着法律上实行的制度是诺成主义还是形式主义，答案也就各不相同。诺成主义确认的是表示同意意思的自由（la liberté d ‘expression du consentement），而形

[1] 同样，当表达意向的双方同时提出的两项要约完全相互矛盾、完全不协调、不一致时，也不可能有意思的合致。参见最高法院第一民事庭 1967 年 7 月 18 日判决（Bull. civI. N°268. p. 199）。

[2] 关于当事人内心的意思与其表达的意思之间存在差距的问题，参见本书第 93 节。

式主义则认为，同意只有具备确定的形式才能完全有效。

在法国制定法里，诺成主义是原则，形式主义（要式主义）是例外。

128. 诺成主义是原则

在法国法律里虽然没有任何一个法条明文确认诺成主义原则（le principe du consensualisme）。但传统上，人们都是从《民法典》第 1108 条的规定中推断这项规则，因为，关于合同有效性的这一法律条文没有对合同规定任何必须遵守的形式条件。2004 年 6 月 21 日“关于数字经济信誉问题”的法律在《民法典》中增加了第 1108-1 条的规定，这一法律条文的规定更加证明了我们的上述看法。新加的第 1108-1 条一开头就设定了一个前提条件“法律行为的有效性要求有书面文字时”，[1] 由这样的表述方式引出的后果简单明了：

——从否定的角度来看，诺成主义意味着，除法律宣告的有特别要求的那些情况之外，合同的成立不要求任何“神圣的格式”，不要求任何书面文字（文书），不要求任何庄严的言辞，不要求任何仪式行动（geste rituel），也不要求任何“履行行为”，例如，办理手续行为、交付标的行为，也不要求任何第三人的参与，总之一句话，合同的成立没有必要履行任何手续。

——从肯定的角度来看，只需有表达订立合同的肯定意思的书面文字（文书），或者只需要一句话、一个行动、一种行为、一个举动，合同即可成立；有时，受要约人虽然沉默、未做答复，但只

[1] 第 1108-1 条：“法律行为之有效性要求有书面文字时，该文书得采用符合第 1316-1 条与第 1316-4 条规定条件的电子形式制作与保存，以及在要求采用公证文书时，得按照第 1317 条第 2 款规定的条件采用电子形式制作与保存。”（这一表达方式的言外之意是，法律行为的有效性不一定都要求有书面文字——译者注）

要有具体情节可以认为此种沉默代表的意思非常明确、毫不含糊，缄默也被认为足以成立合同（参见第124节）。这就是说，按照诺成主义原则，对外表达意思的任何一种方式，只要能够充分表达当事人的意愿，均视为具有同等价值。因此，有人说，（订立合同的）“形式是自由的”（la forme est libre）。

> 不过，需要指出的是，这里所说的自由的形式（forme libre）还不是自由一词全部意义上的形式。[1] 意思，只有对外表示出来，才能产生应当由表意人承担的义务，因此，还是必须有对外表达意思的某种形式，而这种必要性与订立合同所要求的同意是紧密相关联的，也是其本身所固有的。因此，与其说（订立合同的）形式是自由的，还不如更加准确地说，订立合同根本就没有形式。因为，要求（将）同意意思外化，要求其对外作出某种表达，属于合同的实质性要求，而不是对形式的要求。[2] 正是基于这种考虑，我们在本书中将各种对外表达意思的方式一并放在有关合同的实质性条件中进行研究。

129. 诺成主义的好处

诺成主义，作为契约自由在形式阵地上的体现，与契约自由本身有着相同的理由或依据。

诺成主义崇尚的是当事人意思的力量（pouvoir de la volonté），正像一句法律谚语所说，“只要同意，即产生义务”，这就是说，只要同

[1] 热尼：《私法制定法上的科学与技术》，第3卷，第203节（Gény, Science et technique en droit privé positif, t. III. N°203）。

[2] A·格里耶洛：《论要式法律行为》，《图卢兹大学学位论文》，1975年，第33页（A·Guerriero, l'acte juridique solennel, thèse Toulouse, éd. 1975. p. 33）；L·埃内斯：《论消费者信贷法》，第65页（L·Aynes, in le droit du crédit au consommateur. p. 65）。

意，无须任何形式，即可产生义务。诺成主义将信守诺言放在首要地位：一言既出，必加信守，因此，诺成主义具有非常突显的道德价值：合同当事人不得借口没有履行这样或那样的手续而逃避履行自己承诺的义务。诺成主义表现为善意、诚信所占据的地位。[1] 实践中，诺成主义使合同的订立得到简化，因为它不以任何形式上的要求对订立合同设置障碍；诺成主义，乃是快捷与省事的同义词。只要是为缔结合同提供便利，因而增加订约数量的做法，都可以扩大和增加商业活动与服务交换，从而增加社会财富。

此外，在（1804 年的）《民法典》的制定者看来，在订立合同方面实行“无形式主义”这项原则，是再自然不过的事，他们甚至认为根本没有必要谈及形式主义。《民法典》第 1108 条在宣告合同成立的主要条件（les conditions essentielles）或根本条件时，就没有对（合同双方当事人）“表达同意的方式”作出任何规定。为此，我们应当从历史的角度去追寻法国《民法典》默示确认的这种诺成主义规则的起源。

130. 诺成主义的起源

今天，在我们看来，合同各方当事人的同意足以产生合同这一原则是再自然不过的事情，然而，这项原则的确立却足足经过了数个世纪的时间。[2]

在早期罗马法里，法律首先是一种程式（une procédure，程

[1]耶林：《论罗马法的精神》，1887 年，第 3 卷，第 50 节，第 173 页（Ihering，L ‘esprit du droit romain. 1887. t. III. N°50. p. 173）：应当避免“那些不懂商务但善意真诚的人们所任那些手段奸诈、少有良心的对手的摆布，因为后者知道如何利用形式，将其变成一条绞杀那些没有经验的人的绳索”。

[2]Ph・勒维：《诺成主义与契约，民法典中的渊源》，载《政治伦理学杂志》，1995 年，209（Ph・Levy，le consensualisme et les contrats，des origines au Code civil（Rev. sc. morales et politiques，1995. 209））。

序）。人的意思本身并不能产生义务或债务，也就是说，在早期罗马法里，形式主义（formalisme）占据着统治地位。人们在解释这种情况时一般都认为，那是由于当时的人们除各种象征（symboles）之外，还缺乏某种归纳与确立概念的能力，因此，法律效力只能派生于那些可以察觉，可以触知的事实；形式，对于法律行为的完善既是必要的条件，也是足够的条件。

债的关系的约束力要通过完成各种“仪式”（rites）才能形成。例如，缔结合同的真正方式是口头合同（contrat verbis），也就是所谓“要式口约”（stipulatio）：订约双方当事人均应到场，亲自一问一答。一方当事人用特定的拉丁语发问：“你发誓吗?”（spondesne），相对当事人随即回答：“我发誓”（spondeo），[1] 由此产生的是以庄严的程式（une procédure sollennelle）为基础的形式主义的义务承诺。直到很久以后，罗马法才开始承认某些诺成合同，例如，买卖（vente）、租赁（louage）、委托（mandat）、合伙（société），再往后，先是承认贷与人后来又承认借贷人可以不经形式而确认某些特定的简约。这期间，商业方面的紧迫必要性起到了很大的推动作用。到后来，随着无名合同得到承认，形式主义原则的例外情形也逐步多了起来。无名合同的订立不要求形式，但只有在当事人之一方履行其义务承诺时，无名合同才具有强制力。

但是，即使在优士丁尼（Justinien）时代，罗马法仍然没有完全承认诺成主义为原则。罗马法学家提出的规则始终是“无形式的简约不产生任何诉权”（ex nudo pacto actio non nascitur；le pacte nu ne donne naissance à aucune action）。

在一个纷乱变动的时期发展起来的法国最早的旧法里，诺成合

[1] 法文将这两句拉丁语分别翻译为：“jures-tu?”、“je jure”，有的书籍将其译为“你承诺吗？我承诺”。——译者注

同的出现也有一个反复过程。旧时代很少知书识字的人们在建立相互约束的合同关系时，需要各种形式手续，需要郑重其事。因此，我们看到，法国旧法出现了朝向“庄严形式”的折返，例如，需要“交付棍棒”或某种物件，用以表示同意意思并以此为凭，尤其是在买卖、租赁以及其他类似的合同中，需要交付定金，以此标志双方当事人此时此刻最终确定受到所做承诺的约束——还有一种古老的习惯做法：“击掌”（la paume），缔约双方当事人手掌相击，以示各自接受义务的约束；直到今天，在农村，尤其是在农村集市上，仍然残存着这种习惯（这与我国一些农村集市“袖子里用手指讨价还价的方式很相似”——译者注）；或者还有更为简单的做法：双方当事人在一起“喝上一杯”，以示合同订立。

自 11 世纪与 12 世纪开始，由于教会法的参与、干预，轮到形式主义后退了。在世俗权力极为分散，无政府状态开始出现的那些年月里，希望缔结具有强制效力的义务承诺的人们都想尽力回避世俗权力的无能为力，转而借助僧侣裁判所（juridictions ecclésiastiques），以确保相互信守承诺。合同当事人个人为了能够让他们所订的合同接受这些僧侣法庭（僧侣裁判所）的管辖，要通过宗教宣誓来做出承诺。而不信守宗教宣誓，将受到宗教性质的处罚：宣誓是向上帝做出承诺，同时附带对债权人做出承诺。如同罗马法上的要式口约一样，这是一种“无因的有效要式行为”（un acte formel，valable sans cause），它既可创设新的义务，又可确认业已存在的义务。经宣誓做出的义务承诺，仅对宣誓人本人有约束力；此种义务承诺不会转移给宣誓人的继承人。那个时代非常普遍地运用宣誓的做法，有利于使“信守既出之言”（le respect de la parole donnée，信守诺言）逐步进入人们的道德风尚。由此而来，到了中世纪，强制力再一次与合同紧相关联，因为个人不再拘泥于按照罗马法的方式或者源于日耳曼蛮族法的法国最早旧法的方式来承诺义务，而是为他们订立的合同增加了基督教的宗教宣誓，这就使得他们订立的合同不但在世俗阵地上而且在精神道德阵地上均具有强制力量。

我们应当强调指出，教会法的参与对合同的强制力所产生的重要影响。因为，一旦人们将自己（的行为）放到良心的层面之上，任何人不履行经过宣誓的诺言，便都是一种背信行为，便是在道德上犯了无可赦免的罪孽（péché mortel，死而无教的罪孽）；而且在评判这种罪孽的严重程度时，也不仅仅是考虑宣誓人的言辞，而是要考虑他说出誓言的当时所必然抱有的意图，并且首先适用的是教会法的处罚。教会法可以使那些犯有罪孽的人得到拯救。

当受理有关不履行义务承诺之诉讼的教会法庭需要审理涉及背叛誓言或背信行为的事实时，要探究背叛誓言者的良心，要探究该人是否确有背信行为，要探究他原先是抱着何种目的进行宣誓。于是，并不指明原因而进行的宣誓，作为一种单方的严格的法上行为（acte unilatéral de droit strict），逐步成为一种“具体的、有因行为”（un acte concret 、causé），也就是说，宣誓，逐步成为一种“动机需接受法官监督的行为”。

另一方面，虽然说（一个人）因做出许诺即在良心上受到义务约束，但是在教会法学家看来，并无必要要求这种许诺应当具备任何的庄严性或庄严形式（solennité），普通简约（le simple pacte），即便没有伴随宣誓，在宗教层面上也应当具有完全的强制力；不论是何种形式的“既出之言”，均应当得到信守，否则，就是犯“说谎罪”（péché de mensonge）。至此，人们也就承认无形式简约（pacta nuda）具有强制力价值；在此前时代实行的各种形式，诸如相互击掌（paumée）、交付定金（remise des arrhes）、出具字据（écrit），被逐步放弃；与罗马法相反，教会法学者提出了“无形式简约产生诉权”的规则（ex nudo pacto actio oritur. l'action nait du pacte nu）。

罗马法学者对于确立无形式简约产生诉权的原则做出了激烈反应。直到16世纪，雅克·屈雅斯（Jacques Cujas）（1522—1590）、雨果·多诺（Hugues Doneau）、雨果·多莱乌斯（Hugo Donellus）（1527—1591）、奥特曼（Hotmean）等人仍然强调，在罗马法里，这一切均不存在，他们仍然坚守着“无形式简约不产生任何诉权”的老原则。

无形式主义的原则最终还是占了上风。如何解释这一原则之所以占据上风的原因呢？我们认为，那是因为在教会法学者与著名的罗马法学者之间的论战中，插进了一些既熟悉罗马法又熟悉教会法的法学家。这些法学家采取的方法是在教会法原则的启示与指引下对罗马法文献条文进行评论与阐释，这就是注释法学派（école des glossateur）和后注释法学派（post-glossateur）。注释法学派的学者们竭力从罗马法文献中找到他们的阐释作为立足基础的章节、段落，用以强调教会法与“优士丁尼法”（droit de Justinien）的吻合性或一致性，由此使那种将合同划分为僵化类型的罗马法的框框变得灵活起来。不过，后注释法学派的学者们并非仅仅是纯粹的理论家，他们也是那个时代的实践活动参与者们的导师。人们诧异地看到，在一定程度上，世俗法庭与教会法庭都受到相同原则的深深影响。

就这样，在法国旧法的发展进程中，实践与法院判例逐步赋予来自教会法渊源的这些原则以力量，也就是说，赋予“无形式简约产生诉权”这一原则以力量。在13世纪，博玛诺阿（Beaumanoir）曾说过：“便利战胜了法律；凡便利、适当者，应予持守。”当然，并不像人们长期认为的那样，博玛诺阿的这一表述是在主张“合同即使没有任何庄严形式也同样具有强制性”，实际上，他的意思是想说：“私法性质的协议（convention，合同）胜过解释性法律（loi interprétative）。”不过，到了16世纪，这一原则已经完全进入了人们的实践。罗叶塞尔（Loysel）曾经写道：“欲制牛者制其角，约束人者以其言。”由此可见，这时的人们已经承认：任何合同均因所做允诺的简单效力而具有强制力，即便允诺本身没有采用任何形式。随着 17 世纪与 18 世纪的伟大法学家让·多玛与波迪耶所做的杰出贡献，这一原则最终取得了完全胜利。

我们从这里可以看到，法国旧法的历史是一部“在合同领域与罗马法的框框决裂的历史”。历史的这种演变导致的结果是，在《民法典》诞生前夕法国实行的法律就已经确认了“只需当事人同意，债的关系即告成立”这样的原则。在这一历史演变过程中，宗教式的宣誓起到了主导作用；但是，这期间却产生了完全相反的现象（宗教宣誓非常注重形式）。宗教宣誓，本身是一种要式行为，却被用来作为打碎罗马法形式主义的工具。在宣誓程式的背后，教会法庭查找的是人的意图（l'intention de l'homme），查找的是人所追求的目的。如果这种目的是好的、是有用的、是符合道德的，那么，即使没有采取任何庄严形式，义务承诺也具有效力；反过来，如果追求的目的见不得人或者不道德，那么，所做的义务承诺就不能产生约束力；不履行那种不道德的允诺，也就不构成背叛誓言（violation d'un serment）。

由此可见，允诺的道德价值已经超过了其他任何技术价值，最终成为打破形式主义的工具。

131. 要式主义是例外

尽管人们对形式主义（formalisme）这个术语抱有不甚赏识的成见，往往将其与“太慢”、“费用高”、“复杂化”等概念紧扣在一起，但是，在现代立法者那里，形式主义仍然受到一定的欢迎，因此，要式主义在现代合同生活中仍然无所不在。与某些讽刺夸张的说法试图让人们相信的情况相反，诺成主义也不都是优点和长处，要式主义也并非全是弊端和缺陷。

132. 形式主义的好处

虽然说诺成主义可以方便于合同的订立，但这种便利也有其另外的一面：有可能导致当事人不加思考、轻易地作出同意的意思表示，结果导致别无退路。此外，在当事人的相互关系中，是否存在合同以及合同所规定的内容如何，有时也会出现某种不确定性。如果有一方当事人不太诚信，很容易酿成争议，由于没有形式手续，发生争议的可能性就会增加；最后，对于第三人而言，诺成主义往往会导致合同处于某种外人无从知悉的状态，然而，合同本身是一种社会事实，第三人有利益了解这种社会事实。正因为如此，对于合同的诺成主义机制，税务部门往往抱着提防态度，因为采用这种机制便于（那些不守规矩的人）隐瞒实情。

与上述弊端相反，要式主义也并非没有优点或长处。首先，它可以提醒合同当事人应当充分注意自己做出的义务承诺的重要性和实际意义，提醒他们应当认真考虑，保持必要的警惕性，从而使每一方当事人在做出决定之前均能做到深思熟虑，并且让他们准确地表达自己的想法；在拟订立的合同需要专业人士参与和协助时，例如，需要公证人参与时，要式主义的长处就更加得到体现。公证人（对其顾客）负有提供咨询建议的责任。他们有责任在需要订立的合同中增加特定的应载事项与内容，使当事人对自己的义务承诺的准确意义有更加明确的认识。此外，对合同形式有法定的要求，可以清楚地表明合同已经从草案转为正式文件，已经从缔约意图转为同意（合意），这样就可以建立起法律行为的证据，并赋予法律行为的内容及其存在以最大的确定性与肯定性。在缔约当事人对合同的内容记不清楚时，只要有合同文本，查阅一下便一目了然。最后，合同采取适当的公示形式，还可以让第三人了解自己感兴趣的那些合同，特别是在合同有可能创设或转移物权时，或者所订的合同有可能创设法人时，更是如此。

从我们上面所做的简要介绍可以看到，要式主义同样有着很多优点或好处，它可以防止人们不加思考地盲目订约，可以赋予合同本身以确定性和肯定性，可以防止对第三人的欺诈行为或欺瞒行为，但是，所有这些长处，只有在一个条件下才能得到真正的发挥：应当严格遵守合同的形式。如果是相反情况，没有严格遵守规定的形式，要式主义则有可能反过来为某些不太诚信、不太认真的当事人提供借口：他们有可能以合同中存在的某项纯粹事实性的、不符合规定的情况作为理由或借口，否定合同的效力，以达到否认其原已做出的承诺的目的。

有的学者从以上两个方面出发，就要式主义对于“参与法律生活的各方面的角色”（例如，立法者和法官）所产生的吸引力进行了考察[1]并得出结论：立法者之所以要在合同法领域进行“事前干预”，主要还是看到要式主义有着它的积极的正面作用，从而按照各种情况的一般共性并以此为出发点，确定一些可以用于防止发生（合同）争议的规则。正是出于这一原因，现在，立法上合 同要式主义的倾向在一定程度上有所回归、有所复兴。然而，法官在受理那些因没有遵守形式规则而引起诉讼的特别个案时，由于是进行“事后干预”，往往看到的主要是形式主义的负面；法官们往往不乐意承认“一个非常灵活的人”可以躲在纯粹简单的不符合形式的情况后面逃避其原已承诺的义务，因此法官们都倾向于认为，只要双方的同意是自由的，是有意识而为之，就应当强制他们必须“信守既出之言”。这种看法，虽然谈不上反映了制定法的整个面

[1] J·佛卢尔：《关于形式主义演变的几点看法》，载《里佩尔研究文集》，1950年，第1卷，第93页（J · Flour, quelques remarques sur l'évolution du formalisme, Études Rippert, 1950. t. I. p. 93）。

貌，但仍然代表了相当一部分实际情况。[1]

133. 形式主义的演变

形式主义从来没有从法律舞台上完全消失，而且在当今时代还出现了引人注目的复兴，[2] 之所以如此，原因就在于形式主义所具有的优点或长处。

《民法典》规定，那些被认为是特别重要的合同的有效性需以遵守特定的手续为前提条件。这些手续包括物的交付、制作经公证的文书。这样做的目的是防止这类合同的当事人过于轻率地做出义务承诺。如今，这种考虑不仅没有后退的迹象，反而随着消费社会的到来而有所强化。法律条文强制规定特定的合同必须遵守各不相同的具体形式，否则"以无效论处"的情况越来越多，这主要是为了避免消费者在各种无孔不入的广告与带有侵犯性的销售手段的压力下盲目地缔结合同义务。

对于另外一些形式要求，法律条文虽然没有明确规定"如不遵守、以无效论处"，但却规定"只有遵守这些形式要求，订立的合同才能完全产生效力"。这一类形式要求同样严重地限制了诺成主义的作用，例如，有关"证明的形式"（forme probatoire）就是如

[1] X·拉加德：《关于形式主义复兴的批评性观察》，载《法律活页期刊》，1999年，第170，第3节（X·Lagarde, Observations critiques sur la rennaissance du formalisme, JCP1999. I. 170. N°3），作者强调指出，在现代形式主义领域（消费法、劳动法领域），法官几乎是完全附和立法者的形式主义理论。关于这一问题，参见本书第144节与第262节。

[2] 莫内克莱：《论形式主义在合同领域的复兴》，《里尔大学学位论文》，1914年（Moeneclay, la rennaissance du formalisme dans les contrats, thèse Lille, 1914）；卢克塞尔：《形式主义的变迁》，《卡昂大学学位论文》，1935年（Rouxel, l'évolution du formalisme, thèse Caen, 1935）；A·格里奥洛，前引文（A·Guerriero, thèse préc）；巴黎比较法学院，R·罗迪耶：《形式与合同的证据》，1979年（Institut droit comparé de Paris, forme et preuve du contrat de R·Rodier, 1979）。

此。在这方面，早在 16 世纪颁发的国王敕令（例如，穆兰敕令，ordonnance de Moulins）就有所规定。《民法典》接受了这些规定：凡是涉及的利益超过一定数额的合同，都必须采用书面字据的形式作为证据（1566 年，规定合同涉及的款项数额超过 100 利弗尔；1980 年，规定超过 5000 法郎；2002 年，规定超过 800 欧元；2005 年，规定超过 1500 欧元的，都必须采用书面形式）。当然，我们不要将严格意义上的形式（forme stricto sensu）与证据（preuve）混为一谈。违反证据规则，并不导致合同被取消。法律通常准许用某种规则替代"遭到违反的那种证据规则"，但是，如果一项合同得不到证据证明，完全有可能成为一纸空文。

有关公示的形式也是如此。早在 1539 年，维兰-柯特雷敕令（ordonnance de Villers-Cotterets）就对有关的公示形式作出了规定。该敕令要求赠与需经备案（insinuation des donations）。在《民法典》颁布之后，公示这种形式手续得到更大发展。仅举其中几个最引人注目的例子就可见一斑：凡是涉及不动产物权、营业资产的买卖、商标与发明专利的转让合同，都必须进行公示。法律之所以对这些合同规定公示形式，目的是要保护第三人的利益，同时确保交易的法律安全。因此，如果不遵守规定的公示形式，并不是导致合同无效，而是所订立的合同对第三人不能产生对抗效力。

我们在这里所做的介绍仅仅是形式主义的几种主要表现，实际上，要式主义还在不断增多，表现方式也在不断多样化，例如，要式主义在商法方面就起着巨大作用，特别是在商业票据领域。这一切都表明，用适当而简单的形式可以实现复杂的交易活动，而且花钱少、迅速又安全。

134. 初期的形式主义（formalisme primitif）与现代形式主义

我们说，形式主义远非古代社会所独有，它在当代社会的法律生活中仍然占有重要的地位，不过，当代形式主义与早期的形式主义两者之间有着深刻的差别。（就现代形式主义而言）形式不再具有自身的特定价值，形式不能替代当事人的意思，而只是在当事人的意思之外增加的事项，以满足这样或那样的需要；[1] 形式也不再是法律行为得以完善的必要的和充分的条件，而是对法律行为所追求的目的做出严格安排与规范的一种简单方法或手段（un simple procédé），[2] 正因为如此，法律行为所追求的目的不同，就会存在各种各样的不同形式。

形式的这种多样性也给人们出了一个难题：想要提出一个真正的形式主义的一般理论，是一件很棘手的事情。每一项形式规则的确定，都完全是为了它为之服务的实体规则，每一项形式规则自然而然地都可以与相应的实体规则一起研究，也就是说，可以在主要研究专门合同的法律框架内研究这些合同各自所适用的形式。因此，我们在这里不准备对这些形式规则进行详细阐述，而只是对形式主义的几种主要表现加以举例说明。我们所持的是广义的形式主义观念，因此，不仅要研究法律规定的那些“如不遵守，以无效论处”的形式，而且还要研究那些对合同的有效性并非必要但却可以确保合同具备完全效力的形式。第一种情形产生的是人们通常所称的“直接形式主义或者实质性形式主义”（formalisme direct ou substantiel），第二种情形产生的是人们通常所称的“间接的形式主义或者缓和的要式主义”（formalisme indirect ou atténué）。

---

[1] A·格里耶洛，前引书，第13页（A·Guerriero，thèse. préc. p. 13）。

[2] 德拉坡尔特：《国际私法中法律行为的形式研究》，《巴黎一大学位论文》，第12页，第2节（A·Delaporte，Recherches sur les formes des actes juridiques en droit international privé，thèse Dactyl，Paris I. p. 12. N°2）。

135. 一、直接的形式主义（formalisme direct）

对于有些合同而言，仅仅具备《民法典》第 1108 条规定的各项条件并不能确保其有效，也就是说，有些合同还必须具备某种形式条件才能有效，这就是所谓要式合同（一）和要物合同（实践合同）（二）。

136. （一）要式合同（contrat solennel）

在本节中，我们将首先介绍要式（forme solennelle，庄严的形式）[1] 的概念，然后再研究在哪些情况下要求合同必须遵守庄严的形式，以及在没有遵守这种形式的情况下将会受到什么样的制裁。

137. 要式合同的定义

当各方当事人对外表达意思时必须遵照强制规定的某种形式，而“如不遵守此种形式，合同无效”时，由此订立的合同属于（庄严的）要式合同（contrat solennel）。

与人们通常所持的既定看法相反，这种形式条件并不必然意味着要求订立的合同应当作成公证文书；虽然说法律要求某些特定的合同应当采用公证文书的形式，但对于其他许多合同，立法者仅仅是规定有私署文书即符合要求。有人指出，随着法律要求的形式的简化，要式合同的数量也就越来越多。[2] 因为，形式越是简化，因强制要求遵守这种形式所造成的不便就会越少。

由此看来，实际上，真正体现要式合同特征的，与其说是形式

[1]这里所说的“庄严的要式合同”通常包括经公证的合同和用私署文书的形式订立的合同。——译者注

[2]J·维达勒：《A·格里耶洛论文序言》（J·Vidal，préface à la thèse de M·A·Guerriero）；关于这一看法，参见本书第 143 节。

本身，不如说是形式所具有的强制性。当法律对特定合同强制规定某种确定的形式时，或者更为常见的情况，当法律让当事人在限制性确定的两种形式中进行选择并且规定“如不遵守此种形式，以合同无效论处”时，各方当事人也就丧失了采用其他形式的自由。如果当事人选择了其他的形式，其订立的合同就不能有效；庄重的形式是不能采取其他顶替形式的。与此相反，当法律行为的当事人自动赋予其行为以某种或多或少有点复杂的形式，而法律没有任何规定强制其这样做时，却不会导致其订立的合同丧失诺成主义性质。

138. 要式合同预约（promesse de contrat solennel）

有时也有这样的情况，各方当事人先用私署文书就一项“要求制作公证文书才能有效的合同”的各项条件达成一项协议，并且约定随后再制作一份公证文书。这种要式文书或要式合同的诺成性预约（promesse consensuelle d'acte solennel）是否有效？理论界部分人士对此给予否定回答。他们指出，要式法律行为的预约与该法律行为本身共同组成一个不可分割的、必须遵守相同形式的整体。[1]但是，看来可以将这样的处理限制适用于“规定形式条件的目的是为了保护法律行为人的同意”这样一种情形，因为在这种情况下，如果承认无形式的预约的有效性，就等于准许放弃立法者所设置的保护；与此相反，当规定某种形式的目的不是保护法律行为的一方或各方当事人，而是为了保护第三人，以避免第三人可能受到欺诈而遭受损害时，我们则可以认为，这种要式合同的预约尽管没有遵守法律对主法律行为（acte juridique principal，本约）强制规

---

[1]（也就是说，他们认为，要式合同预约也应采用相同要式。——译者注）A·格里耶洛，前引文，第415页（A·Guerriero，op. cit. p. 415）；马佐与莎把斯，第70节（Mazeaud et Chabas，N°70）；斯塔尔克、洛朗与博埃耶，第186节（Starck，Roland et Boyer，N°186）。

定的那种形式，但仍然是有效的。[1] 当然也应当承认，这样的区分实际做起来确实很不容易，因为在大多数情况下，规定合同必须采用郑重其事的或庄重的形式（forme solennelle）的目的，既是为了保护合同当事人，也是出于保护公共利益的考虑，这两个原因或目的兼而有之。法院判例方面，总的来说是认为，要式合同预约必须具备打算订立的合同的形式，[2] 但与此同时，法院判例也对设置抵押权预约（la promesse de constitution d'hypothèque）做出了灵活处理（参见第144节）。

当某人打算给予另一人订立某项要式合同的授权时，也会遇到与上述情况相近似的问题——此种授权是否也应当采用相同的要求形式？有些人认为，在"形式平行主义"的名义之下，（实施要式行为的）委托书始终应当采用与授权的目的所希望订立的合同相同的形式；[3] 但另一些人认为，只有对合同规定特定要式的目的是为了保护作为委托人的一方当事人的同意意思时，才强制要求这种委托书也应当采用规定的相同形式，这样做是为了避免人们轻而易举地规避这种保护。

139. 约定的形式（forme convenue）

更为棘手的情况是，有时，各方当事人事先订立一项协议，在该协议中约定：他们之间将要订立的一项原则上属于诺成性质的合同但同时又约定该合同需按照特定的形式作成，例如，在单方的买

---

[1]佛卢尔，奥贝尔与萨沃，第307节（Flour，Aubert et Savaux. N°307）；玛蒂与莱诺，第61节（Marty et Raynaud，N°61）；拉洛梅，第303节（Larroumet，N°303）；帕拉尼奥尔与里佩尔，第6卷，第118节（Planiol et Rippert，t. VI. par Esmein. N°118）。

[2]第戎法院1932年4月26日判决（DH1932. 339）。

[3]关于这个问题，参见Ph·迪迪耶：《论私法中的代理》，《巴黎二大学位论文》，2000年，第246节（Ph · Didier，de la représentation en droit privé（thèse ParisII. éd. 2000. N°246））。

卖预约（promesse unilatérale de vente）中规定相对人对此项预约必须采用挂号信的形式做出承诺；又例如，当事人用一份私署文书确认他们对合同的主要条件已经达成一致意见，同时还规定必须在一份公证文书中对各方当事人的同意意思作出重述。类似情况下，我们有必要探讨这类约款到底有何意义？各方当事人是否打算将他们所指明的手续上升为合同的一项主要条件或根本条件？还是仅仅为了解决证据问题？换句话说，当事人约定的形式是属于要式行为（ad solemnitatem）还是属于证明行为（ad probationem）？

这类问题，属于实体法官自由裁量权限的范畴，[1] 不过，有时在解释上却会遇到严重困难。例如，当事人约定，确认他们已经就标的物和价金达成一致的私署文书随后必须用公证文书加以重述的情况就是如此，因为这类条款推迟了所有权的转移时间，尤其会发生解释上的困难。法院判例经过一段时间的引人注目的犹豫不决之后，[2] 现在已经确定：除当事人有明确的相反意思表示之外，[3] 这种要求在公证文书里重述有关事项的约定条款“是履行合同的一种简单方式”，而当事人之间就主要事项（éléments essentiels）达成的一致协议便足以成立合同。[4] 在这里，法国法又一次与德国法和瑞士法分道而行，因为后两者都推定当事人自愿选择

[1]最高法院商事庭，1994年11月5日（Defrénois1995，p. 1045，D·Mazeaud述评）。

[2]最高法院第三民事庭，1979年4月2日（JCP1981. II. 19697，Dagot述评，Defrénois1980，p. 1057. G·Morin述评）。

[3]参见最高法院第三民事庭1997年7月17日判决（somm. com. p. 11. Brun述评，Defrénois1998. 339，D·Mazeaud述评）。

[4]最高法院第三民事庭，1983年1月5日（D. 1983. 617. P·Jourdain述评）；最高法院第三民事庭，1987年1月14日（D. 1988. 80，J·Shmidt述评）；最高法院第三民事庭，1994年12月2日（JCP1995. II. 22491，Larroumet述评）；最高法院第三民事庭，1997年5月28日（CCC1997. N°131，Leveneur述评）。

的形式是合同成立的条件之一。[1]

但是，即使我们假定当事人约定的形式是为了使他们订立的合同有效，人们一般仍然认为，这样的约款并不足以使一项诺成合同转变为要式合同，正如让·施瓦利耶（Jean Chevalier）先生提出的非常独到的见解所表达的那样："当事人在一项合同中自行强加于己的那种形式与法律强制要求的形式属于不同的性质。"[2] 这种性质上的差别主要体现为，当事人自行规定的形式可能受到的制裁同样取决于各方当事人的意思。[3] 当事人自愿规定的庄严形式与法律规定的"如不遵守、以无效论处"的庄严形式不同：前者并不具有强制性，当事人甚至可以默示放弃他们原先规定的形式；[4] 只不过，在当事人没有放弃他们在预约中已有规定的那种形式的情况下，不遵守这一形式，仍然会妨碍合同的有效性。[5] 如果我们按照现代法学理论，承认合同违反特定的形式可以以相对无效论

[1]《德国民法典》第125条："不使用法律规定的形式的法律行为，无效；不使用法律行为所定的形式，有疑义时，同样导致无效。"

《德国民法典》第154条第2项："约定将拟订合同作成证书的，有疑义时，至证书作成时为止，合同未成立。"

《瑞士债法典》第16条："约定的合同形式。法律没有规定合同应当采用特殊形式但当事人有约定的，合同于完全符合约定的形式时生效。当事人约定采用书面形式但没有具体规定的，适用本法典有关合同的书面形式的规定。"

[2]RTD civ. 1966. 529.

[3]让·施瓦利耶，前引文（J·Chevallier. obs. préc）。

[4]最高法院第一民事庭，1964年7月6日（Bull. civ. I. N°368. p. 288）；最高法院第一民事庭，1965年11月24日（Bull. civ. I. N°652. p. 496），该判决驳回针对上诉法院判决提起的上诉。本案中，上诉法院的判决认为，尽管（买卖预约的）受约当事人是用平信表示其行使买受选择权，而买卖预约要求（行使选择权）需用挂号信或者经执达员文书送达，但要约人已经回复了受要约人的信件并指出"没有任何保留"，因此应当认为该项买卖已经完成。不过，在此之后受理这类争议的最高法院第三民事庭看来更加主张形式主义（参见最高法院第三民事庭1987年1月7日判决（Bull. civ. III. N°7. p. 4））。

[5]最高法院商事庭，2006年10月3日（JCP2007. I. 104. N°7，R·Wintgen述评），该判决认为：只要合同规定必须用挂号信并要求回执的形式行使先购权，那么采用通知传唤状的方式行使这项权利就不能产生效力。上诉法院的这一判决有正当依据。

处，而不是以绝对无效来实行制裁，那么，当事人自愿约定的形式与法律强制规定的要式之间的差别也就会随之变得模糊而不甚明显（参见第 146 节）。

140. 授权手续（formalités habilitante）

有时，尽管法律规定“如不遵守某项手续，合同以无效论处”，但如果规定这种手续不是以对外表达的同意意思为目的，那么它就并不赋予合同以要式合同的性质，有关授权的形式（forme habilitante）就属于此种情形：当无行为能力人本人不能订立合同或者不能单独订立合同时，这种授权形式就将发挥作用。在无行为能力人不能单独订立合同的情况下，对于特定的重要合同，其代理人必须得到监督机关的批准。这里的监督机关，根据具体情况，可以是亲属会议、监护法官，或者极个别情况下，可以是大审法院（根据争议的性质、系争标的的数额，管辖民事案件的一审法院确定）。在无能力人本人不能订立合同的情况下，他应当得到法律所要求的必要协助。在本书中，我们将有关授权手续的问题归入行为能力的相关章节中研究。[1]

以上这些协助手续（formalités d'assistance）或者批准手续（formalités d'autorisation）本身也构成法律行为，虽然这些手续对于合同的有效是必要的或必不可少的，但它与当事人对外表示意思的问题毫不相干。因此，当法律要求必须遵守这些协助或批准手续时，此种必要性却不会导致诺成主义原则失去作用。无行为能力人的代理人经获得法律要求的批准授权而订立

[1]《人、家庭、无能力》，第 1107 节、第 1181 节（les personnes，la famille，les incapacités，N°1107. 1181）。

的合同，或者，无行为能力人本人按照规定在代理人的协助下订立的合同，仍然属于依当事人的同意意思而完全成立的合同，当然，如果法律规定这类合同应当遵守不折不扣的庄重形式，则另当别论。[1]

141. 事例

现在，要式合同的数量已经大量增加。除《民法典》一开始规定的几种合同之外，后来的法律又不断增加了其他种类的要式合同，我们从中看到要式主义无可争辩的复兴。至于法院判例在这方面的影响，现在更难准确把握，因为，判例有时对立法者规定的形式要求做出的是缓和处理，有时却是进一步强化这种要求。

142. 《民法典》

如果我们不去讨论那些涉及人法和亲属法的法律行为，按照《民法典》的规定，有4种合同是必须用公证文书确认的合同，否则，订立的合同无效。自1804年以来，这些规定从未改变过。这4种合同分别是：第931条规定的赠与合同，第1594条规定的夫妻财产契约（contrat de mariage），[2] 第2416条规定的设置抵押权的合同以及第1250条第2项规定的依债务人的意愿而约定的代位清偿。[3]

之所以对这些合同规定例外制度，主要原因是，这些合同涉及

[1] B·杜立叶：《论批准，私法上的研究》，《巴黎十大学位论文》，1996年。

[2] 法国民法上的夫妻财产契约称为“contrat de marriage”，按字面意思翻译是“婚约”，但不是我们平常所说的“婚约”，而是拟婚夫妻或者已婚夫妻双方据以确定他们之间实行何种财产制度的契约。——译者注

[3] 关于依债务人的意思约定的代位清偿是否属于要式性质，仍然存在争议，因为这里之所以强制要求特定的形式，唯一目的是保护第三人，所以将不遵守这种形式情况作为“不能产生对抗效力”的情形来分析即告足够。参见M·格里耶洛，前引文，第45页（M·Guerriero，op. cit. p. 45）。

的利益非常重大，而且往往很复杂（例如，夫妻财产契约），对于承担义务的一方当事人（例如，赠与、设置抵押权）或其家庭（例如，财产的赠与）来说，均具有一定的风险，甚至对第三人也有一定的危险，例如，设置抵押权以及依债务人的意思约定的代位清偿。《民法典》要求这些合同必须采用公证文书的形式，这样做可以避免当事人在受到欺诈性操作的压力下或者在没有认真思考的情况下表示同意意思。由于法律规定公证人有义务向其服务对象提出建议、进行劝说，因此公证人应当向顾客清楚说明其将要承诺的义务的后果，并且他还要承担审查当事人的行为是否具备有效性条件的责任，因此（采用公证文书的形式）可以切实保障当事人的利益。[1] 至于第三人，文书的订立及其日期可以保护其不受可能的欺诈行为的侵害。

143.《民法典》诞生之后的法律

在整个19世纪期间，由《民法典》规定的要式合同的名单始终没有任何改变，但如今这一名单却在不断加长。现在，法律规定“应当采用书面形式，否则以无效论处”的合同的数量越来越多；不过，人们有时也补充说，在要式合同数目增多的同时也伴随着对形式的要求的简化。这方面最常见的情况是，立法者并不是要求制作一项经公证的文书（acte notarié），而只是要求有一份私署文书即可。[2] 实际上，我们对这种看法或论断也应做些细微调整：虽然说，立法者确实对于大量的新的合同活动并没有要求必须有公证人

[1] F·卢塞：《论诺成主义与要式主义》，载《商事判例杂志》，1995年专号，“同意意思的交换”（F · Lucet. consensualisme et formalisme, RJ com. nov1995, N° spécial, l'échange des consentement）。

[2] 参见J·维达尔：《M · A · Guerriero论文序言》，第15页（J · Vidal, préface à la thèse de M · A · Guerriero, p. 15）。

参与其中，也不要求由公证人提出咨询建议，但这种情况仍然不影响立法者非常主动地关注合同当事人互通信息的问题。对于那些不再要求有专业的法律工作者参与而出具的私署文书，立法者增加了很多新规定，要求在许多合同中写明有关情况的信息告知事项。这样一来，形式主义不仅没有减轻，反而有所加重。

在《民法典》诞生之后的各项法律中，要求合同必须采用公证文书的形式才能有效的法律很少，而且即使是规定了这种要求的法律，大多数也是针对直间或间接以不动产为标的的交易活动，例如，1967年1月5日关于待建不动产买卖的法律（《建筑法典》第261-10条），1971年7月16日关于合作性合伙同意向其参股人出卖不动产的法律，1984年7月12日关于通过租赁方式取得不动产的法律，2009年3月25日关于住宅动员的法律有关不动产的买卖预约——以有效期超过18个月的不动产转让为标的的买卖预约的规定（《建筑与住宅法典》第290-1条）。[1]

与此相反，对于为数众多、各种各样的其他合同，立法者仅仅要求写成“普通的书面文字”（un écrit ordinaire）即可。这类普通的书面合同为数众多，种类繁杂，从共有协议（convention d'indivision）（《民法典》到1873-2条，1976年12月31日法律）到仲裁条款（《民事诉讼法典》第1443条），甚至还有设置、转移或者消灭具有法国船籍的船舶的所有权或其他任何物权的合同，以及这种船舶的经营合同（1967年1月3日法律第10条）等。[2]

实际上，在合同多样性的后面仍然隐藏着一条相同的指导线

---

[1]参见《民法典》第265-2条（2004年5月26日法律的条文）：“夫妻双方在离婚诉讼中可以就夫妻财产制的清算和财产分割订立任何协议。涉及需要进行不动产公示的财产的清算时，此种协议应当采用公证文书订立。”

[2]最高法院商事庭，1994年11月30日（Bull. civ. IV. N° 497. p. 317. RTD civ. 1994. 593，J·Mestre述评）。

索，那就是：根据这些合同的重要程度，立法者希望各方当事人所表示的同意意思是经过深思熟虑的、是清楚明白的。出于这种考虑，不能仅仅满足于规定合同应当采用书面形式——不论是采用公证文书还是私署文书的形式——而是需要进一步加重形式主义的分量。现在，这种情况越来越多：只要合同双方当事人处于潜在的不平等地位，立法者都会要求在所订合同当中作出相应的文字表述，明确告知各方当事人的权利与义务，以便他们在非常了解情况的基础上作出自己的决定。我们在上面举例的那些合同就是如此。[1] 除此之外，仅作不完全的列举，属于这种情况的合同还有：营业资产的买卖合同（《商法典》第141-1条），"共同所有权区分部分"（copropriété）或不动产区分所有权的买卖合同（1965年7月10日法律第46条，1996年12月18日法律的条文），"待建不动产的预售合同"（《建筑与住宅法典》第261-15条），不动产开发合同（《建筑与住宅法典》第222-3条），独栋房屋建筑合同（《建筑与住宅法典》第231-1条、第232-1条），不动产经纪人委托合同（1970年1月2日法律第6条），演出、出版、影视制作合同（《知识产权法典》第131-2条），远程教育（远程教学）合同（《教育法典》第444-7条与第444-8条），金融产品推销合同（《货币与金融法典》第342-13条），上门推销与销售产品合同（《消费法典》第121-23条，1972年12月22日法律第2条），各种信贷合同，不论是金钱借贷还是动产信贷（《消费法典》第311-10条，1978年1月10日法律第5条第2款），不动产信贷合同（《消费法典》第312-7条，1979年7月13日法律第5条与第6条），自然人缔结的保证合同（《消费法典》第313-7条与第313-8条），[2] 人寿

[1]"待建不动产买卖"与"财产的租赁——取得"（vente d'immeuble à construire，location-accession）。

[2]在后一种情况下，只有已经用私署文书表示了同意意思时，才要求有当事人亲自书写的手书文字，参见最高法院第一民事庭2004年2月24日判决（D. aff，2005. p. 805，Avena-Robardet 述评）。

保险合同（《保险法典》第 132-5-1 条第 2 款），婚姻中介合同（1989 年 6 月 23 日法律第 6 条），老年公寓入住合同（1997 年 1 月 24 日法律第 8 条），定期劳动合同（《劳动法典》第 1242-12 条），学徒招收合同（《劳动法典》第 6222-4 条）。

对于有些合同，立法者并不仅仅满足于在合同中订立相应的条款，以明确表述各方当事人的权利与义务，而是径直要求这方面的文字表述必须出自受到保护的一方当事人之手，例如，1979 年 7 月 13 日关于不动产信贷的法律第 18 条（《消费法典》第 312-17 条），《消费法典》第 313-7 条与第 313-8 条有关保证的规定，即是如此）。在一个没有受过多少教育的人的数量越来越多的国家里，这样的要求也许会带来诸多的不便。[1] 为了让当事人注意那些被认为特别有风险的条款，出于这种考虑，立法者甚至还要求这类条款“必须用明显的字体，甚至非常明显的字体”书写，例如，保险合同中的特定条款（《保险法典》第 112-4 条，第 113-15 条），还有《民事诉讼法典》第 48 条有关“协议管辖条款”（clause attributive de juridiction）的规定即是如此；有时，法律条文还直接规定这类条款必须使用多大的字体（《消费法典》实施条例第 R311-6 条第 2 款）。[2]

在情况告知方面应当遵守的形式要求，当然的适用领域虽然是

---

[1] 关于这一问题，参见 1981 年 2 月 2 日部颁回复（政府公报，国民议会辩论记录，政府公报，1981 年 2 月 2 日，p. 489. Rev. crit. DIP. 1981. 367），主张运用共和十一年雾月 25 日法律第 9-3 条的规定，在当事人不会签名的情况下，由两名公证人协助，或者由一名公证人与两名证人协助。

[2] 法律对合同字体作出如此细枝末节的规定，令人感到诧异而且非常麻烦。我们无意责备立法上的这种要求未免有些过分，因为我们至少应当记得，1804 年《民法典》在确定围栏的高度与距离，采光与眺望方面也有如此细致的规定。然而，立法者的要求不再是针对相同的对象，须知，在《消费法典》中作出这样的规定时，消费者已经替代了（《民法典》中的）所有权人。关于这一条文的适用，参见雷恩法院 1998 年 4 月 24 日判决（CCC1998. N°105，G · Raymond 述评）；奥尔良法院 2000 年 3 月 27 日判决（CCC2001. N°50，G · Raymond 述评）。

职业人与消费者之间的关系，但是，实际上它已经超出了这个范围：有时，在职业人相互之间订立的合同中，以及在那些不考虑缔约人身份的合同当中，情况告知事项同样要求遵守相关的形式规则。目前，我们还不清楚对情况告知义务规定特定的形式要求将会对包含这种形式的合同的性质本身产生何种影响，因为立法者对其遵循的思路的严密性或协调性并不总是阐释得很明确。法律有时明确规定合同必须采用书面形式，并且规定在合同中必须写明哪些应载事项，否则合同无效，在这种情况下订立的合同无疑是一种要式合同（例如，远程教学合同，金融产品推销合同等）；另一些情况下，法律仅仅是对合同应当写明的事项作出了规定（例如，上面推销与销售产品的合同），[1] 不言而喻，这也意味着必须订立书面合同，因此，我们仍然可以认为这类合同具有要式合同的特征；[2] 还有另一些情况，法律所规定的是某种特别的制裁，例如，没有采用书面形式订立的定期劳动合同，将被视为不定期合同（《劳动法典》第1242-12条）；在信贷合同中遗漏写明强制性应载事项的，贷与人将会当然丧失主张利息的权利（不动产信贷的利息）（《消费法典》第311-48条），或者可能由法院来评判信贷人是否丧失对不动产信贷主张利息的权利（《消费法典》第311-33条，1978年1月10日法律）。以上这些例子都是法律规定特别制裁的事例。对于不动产信贷合同，法官则享有自由裁量权（《消费法典》第312-33条，1979年7月13日法律第31条第4款）。不过，在这里仍然存在一个问题：法律在规定上述特别制裁措施的同时是否意味着可以排除"合同无效"（参见第144节与第262节）？（既然受到了这种特别制裁，是否就不再认定合同无效？）最后一种情

[1]最高法院第一民事庭，1993年2月17日（JCP1993. IV. 1008）。

[2]最高法院第一民事庭，1994年3月30日（CCC1994. N°153. G・Raymond 述评）。

况，如果法律没有作出任何规定，就要由法院判例来接过接力棒了。

144. 法院判例的处理

法院判例更为注意形式主义带来的弊端，其次才是重视形式主义的优点。按照有些学者的看法（参见第 132 节），法院判例的做法是，尽量将那些对诺成主义作出例外规定的法律条文的意义降到最低程度，使之尽量回归到诺成主义的原则上来。不过，实际情况要比这种看法复杂得多：虽然说，法院对于法律有关合同形式的要求常常都是作出灵活的解释，灵活的处理，但也有这样的情况，法院判例并不仅仅满足于严格地适用这些要求，甚至还会更加强化这些要求。我们在下面分别介绍法院判例的这两种不同的处理情况。

（1）法院判例做出灵活处理的情况：

很多情况下，立法者虽然规定合同必须采用书面形式，但并没有指明提出这一要求是作为合同的要式条件（ad solemnitatem）还是作为证明条件（ad probationem）。如果将合同必须采用书面形式认定为一种要式条件，那么，不遵守规定的此种条件所受到的制裁便是合同无效；如果将合同采用书面形式认定为一种证明条件，那么，即使没有遵守这一（形式）规则，所订合同仍然有效，但是，对于没有采用书面形式的合同，除了作为书证之端绪或者不能提出书面证据之外，却不能“以任何方法证明之”，唯一可以运用的证据方法是“自认”（aveu）或“宣誓”（serment）（也就是说，排除证人证言）。（在我们看来）上述第一种看法无疑更能反映立法者的真正意图，因为，法律上有一条一般规则：凡是牵涉的利益超过 1500 欧元的法律行为，均要求有书面证据（une preuve écrite，书证），因此，当特定合同涉及的价值低于这一数额界限时，立法者不太可能仅仅是为了排除证人证言而需要如此劳心地要求采用书面形式。我们可以据此认为，当法律要求（合同）采用书面形式时，是对合同规定有效性条件，而不仅仅是证据条件；而对于法律条文没有明确规定“如不遵守，以合同无效论处”的形式，最高法院在多次作出的判决中都将这种形式看成是“简单的证据要求”，例如，自19世纪以来，《民法典》第2044条第2款就和解问题的规定是“此种合同应以书面形式写成”，[1] 最高法院的判决就认为这一形式要求属于证据上的要求；又例如，距离我们每一个人都很近的“陆上保险合同”（contrat d'assurance terrestre）[2] 与出版合同，[3] 也是同样的情况；1989年7月6日法律（第5条）强制要求“住房租赁合同”必须采用书面形式，但人们一致认为，这项要求并不是住房租约的一项有效性条件，因为，如果将其看成是租约的有效性条件，反而不利于这项要求在本意上想要给予保护的承租人。

这方面，最高法院的有些判决立场就更加清晰一些。例如，《民法典》第931条规定“任何载明生前赠与的文书，均应当按照合同的通常形式经公证人作成；证书的原本留存公证人处，否则，赠与文书无效”，而最高法院的一些判例则认定特定的赠与不受这一条文规定的形式要求的约束，例如，“伪装的赠与”（donation déguisée）、“间接赠与”（donation indirecte）以及“现实的赠

[1]最高法院民事庭，1864年11月28日（D. 65. I. 105）；最高法院民事庭，1874年1月8日（DP. 79. I. 128）；最高法院第三民事庭，1973年2月6日（Bull. civ. III. N° 104. p. 75）；巴黎法院，1993年1月19日（D. 1993. IRP. 120）。

[2]《保险法典》第112-3条：“保险合同用法文书面写成，字体应当明显。”另见最高法院第一民事庭1978年7月4日判决（Bull. civ. I. N° 252. p. 198. D. 1979. IRP. 193，H · Groutel述评），该判决认为：虽然保险合同及其任何附加条款，为证据目的，应当由各方当事人签字，但保险合同属于诺成合同，只要保险人与被保险人达成意思合致，保险合同即告成立。

[3]最高法院第一民事庭，1976年4月2日（Bull. civ. I. N° 123. p. 98. RTDcom. 1978. 103. RIDA，oct. 1976. p. 164）；最高法院第一民事庭，1979年11月20日（Bull. civ. I. N° 289. p. 235. D. 1981. IRP. 86，Colombet述评）；巴黎法院，1995年10月9日（D. 1995. IR p. 267）。

与”（don manuel），都是如此。法院判例之所以这样认定，其理由通常是，在上述几种情况下，对赠与人的保护都是通过某种替代性形式来予以保障的：（要想实现伪装的赠与）必须做到恰到好处的掩饰或伪装，（要想实现间接赠与）必须运用特别的法律技术，（而要想进行现实的赠与）必须实际交付赠与物，由于实际做法上存在这些必要的限制，也就足以提醒赠与人注意或警觉。[1]

除上述例子以外，另外一个问题同样体现出法院判例的这种灵活处理的态度，那就是“设置抵押权的预约”（la promesse de constitution d'hypothèque）。如前面所说，对要式行为作出的诺成主义预约（promesse consensuelle）原则上无效，[2] 但法院判例却承认“采用私署文书的形式作成的设置抵押权的预约的某种特定效力”。[3]

当然，法官在这种情况下也只能作这样的认定：由于债务人没有设置抵押权，法院的判决即具有相当于设置抵押权文书（acte constitutif）的效力，但是，对于拒绝履行预约的行为，法院则是以给予损害赔偿来实行制裁（而不是以无效为制

[1]《继承和赠与》，第 466 节（les successions. les libéralités. N°466）；关于对这种分析的批评意见以及借助于习惯的理由，参见 F·蒙特雷登：《无偿处分行为的去要式化》，1989 年，第 49 节，第 41 页（F · Montrédon，la desolennisation des libéralités，1989. N° 49. p. 41）；有学者主张在无偿处分问题上竭力保持要式主义：参见 M·尼科德：《论无偿处分法上的形式主义》，《巴黎十二大多学科学位论文》，2000 年（M · Nicod，le formalisme en droit des libéralités，thèse multigr. ParisXII. éd. 2000）；X·拉加德：《对〈民法典〉第 931 条的依据的思考》，载《民法学季刊》，1972 年第 25 页，尤其是第 35 页（X · Lagarde，réflexion sur le fondement de l'art 931 du Code civil，RTD civ. 1972. 25. p. 35）。

[2]参见本书第 138 节。

[3]最高法院诉状审理庭，1860 年 11 月 5 日（DP. 61. I. 301）；最高法院第三民事庭，1987 年 1 月 7 日（Bull. civ. III. N°4. p. 2. Gaz. Pal. 1987. 1. 219，Piédelièvre 述评）。

裁）。[1] 对于法院的这种处理，理论界并非没有不同的看法：这种处理方式也是存有争议的。因为，在设置抵押权的问题上，法律规定庄重的形式不仅仅是为了第三人的利益，而且也是为了提醒抵押权设置人充分注意这一行为可能带来的风险。然而，虽然设置抵押权的预约并不必然强制产生抵押权，但是，（因拒绝履行预约的行为而）有可能被判处损害赔偿的压力却沉重地压在许诺人身上，实际上有可能强制债务人不得不"同意"设置其原本可能是轻率做出的抵押权许诺，至少有可能使其无法获得法律为其提供的保证。[2] 此外，法院判例的这种处理与其他一些判决也不能很好地协调一致，因为，为了保护抵押权设置人的利益，有些判决认定，在抵押权设置人的委托代理人仅仅持有私署的授权文书时，设置抵押权的合同即使是由公证人制作，仍然无效。[3]

（2）法院判例做出严格处理的情况：

（需要强调指出的是）如果根据上面所作的介绍就简单地认为，对于立法者扩大形式主义的种种考虑，法院判例始终都不为所动，那就不准确了。须知，在很多情况下，法院判例对于形式上的要求同样抱着非常支持的态度。例如，对于法律规定在金钱借贷方面有关利息的规定应当采用书面形式的要求，法院判例就认为它是一项牵涉到有关利息的规定是否有效的条件（《消费法典》第313-2条，1966年12月28日法律第1907条第2款），[4] 同样，1978

[1] 最高法院第三民事庭，1993年4月7日（Defrénois1993. p. 1063. L·Aynes述评）。

[2] Guerriero，op. cit. p. 416. Ghestin，N°325.

[3] 最高法院民事庭，1854年2月7日（DP. 54. I. 49. s. 54. I. 322，Grands arrêts，t. 2. N°305）。

[4] 最高法院第一民事庭，1981年6月24日（Bull. civ. I. N°233. p. 189）；最高法院第一民事庭，1988年12月19日（JCP1988. II. 21026. Gavalda et Stoufflet述评，Banque 1988. 590，J·L·Rive-Lange述评，Grands arrêts，t. 2. N°285）。

年1月10日有关动产信贷的法律对信贷合同中必须写明特定事项的要求（《消费法典》第311-10条），[1] 或者，1979年7月13日关于不动产信贷的法律（《消费法典》第312-8条）[2]，也都规定：如果不遵守特定的形式条件，合同以无效论处，而且无须等待法律条文规定的利息到期（参见第262节），不过，在这方面最为典型的例子无疑还是有关保证问题的规定。

保证是指，一人做出承诺，如果债务人不履行债务，由其代为债务人清偿债务的合同。一开始，保证合同被设计为一种诺成合同。（在过去）当保证合同还是一种处于经济生活边缘的合同而且往往局限在亲友之间使用时，将其设计为诺成合同，对其不要求特定的形式，问题不会太大，不会带来很大弊端；但是，在这种合同在法国担保法中占据突出的重要地位的今天，如果仍然认为它是一种诺成合同，恐怕就很难行得通了。保证，在为债权人提供坚实保障的同时，对于那些并不能非常清楚地认识到这种义务承诺的实际情况及其范围的保证人来说，也潜藏着很大风险。正因为如此，随着保证合同的数量不断增加，担保金额的数目越来越大，也推动了各法院在合同形式的阵地上作出了许多大胆的判决，建立了一种保护保证人的政策。为了对保证人轻率承诺担保义务的情况进行补救，法院判例将《民法典》中两个并无相关意义的条文结合起来作出解释，从中推导认定保证（合同）必须采用书面形式，并且担

[1]最高法院第一民事庭，1988年5月31日（D. 1988. somm. com. p. 405，J-L · Aubert 述评）；最高法院第一民事庭，1992年5月19日（CCC. oct. 1992. N°189）。

[2]最高法院第一民事庭，1994年7月20日（Defrénois1995. 350. D · Mazeaud 述评（银行杂志，1995. 91. J-L · Guillot 述评）。

保义务的性质与范围必须由保证人亲笔手书。[1] 这两个条文就是《民法典》第 1326 条与第 2015 条（2006 年 3 月 23 日法律进行改革后，后者成为法典第 2292 条）。这样的（形式）规则的确立也经过了一个反复探索与探讨的过程，其间，法院前后作出的判例还变化不定，甚至在最高法院的不同法庭之间认定的意见也不统一，由此也引起了在这一问题上的“肯定的不安全性”，而对于设置担保来说，“不安全”无疑是一个重大缺陷。从这个例子中，我们也可以看到，（按照法国法律制度），《民法典》第 5 条规定，法官不能作出“确立规则的判决”（les arrêts de règlement），因此他们缺乏提出与确立一项形式规则的武装。最高法院的上述举动遭到了诸多批评，正是考虑到这些批评意见，在最后阶段作出的判决中，最高法院回到开始时的出发点：保证合同上应当有当事人手书的“经其本人签字”（par lui-même）这几个字，也就是说，“签字人已阅”，这已经不再是表示同意意思的唯一方式，[2] 也就等于回到了将此作为一种庄重的形式要求。[3]

《民法典》第 1326 条的规定重新成为一项证据规则，如果没有遵守这一规则，将导致保证合同成为一种“单纯的证据之端绪”（un simple commencement de preuve），可以用其他证据

[1] 例如，最高法院第一民事庭 1987 年 6 月 30 日判决（Bull. civ. I. N°210. p. 155，Grands arrêts，t. 2. N°292）。

[2]《民法典》第 1326 条（1980 年 7 月 12 日第 80-525 号法律）：“一方当事人单方承担义务向另一方当事人给付一定数额的金钱或者交付某一可替代的财产时，这一法律行为，必须用另一份包含有订立此项义务的人签名的证书确认，同时写明（2000 年 3 月 13 日第 2000-230 号法律）‘经本人签字’之字样，并且用大写数字与数目书写款项的数额或者财产的数量。在两份文书有差别时，私署证书对大写数字有效。”

[3] 最高法院第一民事庭，1991 年 10 月 29 日（JCP1992. II. 21874. D · Legeais 述评，Defrénois1992. p. 1531）。

材料予以补强。[1] 但是，立法者始终坚守其形式主义的逻辑，在这期间，已经对自然人为信贷提供的附加保证赋予了要式合同的性质，而1978年1月10日与1979年7月13日法律分别就此作出了规定（《消费法典》第311-1条等），立法者在要求保证人亲自手书特定文字的同时，还径直规定了手书文字的具体内容（1989年12月31日法律第19条，《消费法典》第313-7条，1994年7月21日关于住宅的法律在1989年7月6日法律中增加第22-1条的规定也是如此）。

145. 合同的庄重形式与电子文字

传统上，在合同方面，遵守庄重的形式（forme solennelle）的具体体现都是要起草一份书面文书，视具体情况，这种文书分别为公署文书或私署文书。这些文书应当包含法律要求的应载事项。但是，随着新技术的发展，也提出了新的问题：在不再采用纸质文书的情况下，采用电子文字是否同样可以符合法律的要求？2000年6月18日欧洲共同体关于电子商务的指令第9条规定，“成员国特别关注合同程序所适用的有关法律制度不妨碍电子合同的运用，也不因合同是经电子途径订立而导致剥夺这类合同的效力及其法律上的有效性”。[2] 这项指令的发布，使上述问题更加紧迫地提上了议事日程。为此，法国立法者制定了2004年6月21日关于数字经济信

[1] 参见最高法院第一民事庭，1991年10月15日（JCP1992. II. 21923，Ph·Simler述评，Grands arrêts，t. 2. N°294）；最高法院第一民事庭，1992年1月2日（Bull. civ. I. N°259. p. 170. CCC1993. N°5）；最高法院第一民事庭，1993年5月12日（JCP 1993. IV. 17822）。

[2] L·格林博姆：《欧洲共同体关于电子商务的指令与令人担心的法律个人主义的回归》，载《法律活页期刊》，2001年，307，第7节（L·Grynbaum, la directive commerce électronique et l'inquiètant retour de l'individualisme juridique, JCP2001. I. 307. N°7）。

誉的第 2004-575 号法律，[1] 其中第 25-1 条规定："法律行为之有效性要求有书面文字时，该文书可以采用符合第 1316-1 条与第 1316-4 条规定之条件的电子形式制作与保存，以及在要求采用公证文书时，该文书得按照第 1317 条第 2 款规定的条件采用电子形式制作与保存。——在要求承担义务的人本人手书文字时，也可以采用电子形式，但以采用这种形式的条件足以保障只能由其本人而为之。"（这一条文现在归入《民法典》第 1108-1 条）。

但是，凡是涉及亲属法与继承法的私署文书，以及涉及"人的担保"（sureté personnelle）或者"物的担保"（sureté réelle）的私署文书，不论其为民事性质还是商事性质，除了该文书由某人因自己的职业需要而订立之外，均不能将电子文字视同纸质书写的文字。

146. 制裁

毫无疑问，正是在关于合同的形式条件的问题上，在具体运用无效理论时，出现了最为棘手的情形。当然，如果我们局限于按照传统标准来讨论，这一问题解决起来也许很简单：既然法律规定的形式是作为要式合同的根本要件，那么，不遵守此种形式要件的合同将受到绝对无效的制裁；然而，如果我们从现代无效理论的角度来探讨问题，事情就会异乎寻常地变得复杂起来。因为，《民法典》在要求合同遵守特别形式时，往往都是同时追求保护多方面的利益：一方当事人或双方当事人的家庭利益、第三人的利益，通过保护这些人的利益进而保护社会的利益，有时甚至是为了保护国家的

---

[1] J·罗什菲尔德：《2004 年 6 月 21 日关于数字经济信任度的法律述评》，载《民法学季刊》，2004 年，574（J·Rochfeld, commentaire de la loi du 21 juin 2004 pour la confiance dans l'économie numérique, RTD civ. 2004. 574）；C·卡斯特-罗纳尔：《电子商务的形式手续或者有法律规范的信任度》，载《Defrénois 论文集》，2006 年，1529（C·Castets-Renard, le formalisme du contrat électronique ou la confiance décrétée, Defrénois 2006. 1529）。

特别利益。[1] 对于当事人而言，法律要求特定合同必须遵守特定的形式，是为了让他们更多地了解情况，能够进行认真的思考，然后再订立合同。因此，当法律规定的形式是要求合同必须采用公证文书时，我们可以将公证人的参与看成是一种保护缔约当事人的措施，因为公证人有义务为合同当事人提出咨询建议；此外，如果文书起草得比较完善，文书得到保存，也往往有利于保护第三人和社会的利益。从这里我们也可以看到对合同形式的要求所体现的"总体利益标准"。基于各种利益相互交错的情况，我们往往很难准确地区分和把握某种形式规则到底是以保护总体利益为目的还是以保护私人利益为目的。当特定的形式规则是以保护总体利益为目的时，不遵守规定的形式，合同绝对无效；在第二种情况下，当特定的形式规则是以保护私益为目的时，不遵守规定的形式，合同相对无效。

面对上述困难，法院判例更多地倾向于主张绝对无效的居先地位。绝对无效之所以处于这样的突出地位，原因有二：其一，由于传统的无效理论的某种复活（我们可以看到这种复活的其他表现）；其二，当私益与总体利益相互交织在一起时，理所当然应优先考虑保护总体利益。

从上面的阐释来看，当我们从传统的庄重形式的角度来看待问题时，就会发现形式上不符合规定的赠与以绝对无效论处；[2] 然而，为了使赠与有效而要求其具备法律要求的形式，主要目的却是为了保护赠与人（保护私人），避免赠与人轻率从事或者不因受到的压力而动摇。诚然，要求赠与遵守特

[1]关于这一问题，参见 G·库迪里耶：《论无效行为的追认或确认》，《巴黎大学学位论文》，1972 年，第 257 节（G · Couturier, la confirmation des actes nuls, thèse Paris. éd. 1972. N°257）。

[2]参见《继承和赠与》（les successions. les libéralités. N°457. 462）。

定形式，对（赠与人的）家庭也是一种间接保护，不过，这种保护仍然不能视同对总体利益的保护，保护总体利益，无疑是合同绝对无效所依据的理由。

设置抵押权的合同存在形式瑕疵时，也以绝对无效论处。[1] 这样的处理更好理解。虽然说，要求抵押合同采用公证文书的形式目的是为了保护抵押权设置人的私人利益，但它同时也是追求确保抵押信贷的良好运作，而抵押信贷（总体上）是一种具有整体利益性质的制度。

要求夫妻财产契约采取特定的形式，同样可以从保护私益和总体利益两个方面来作出解释：夫妻财产契约产生的是一项“家庭财产权宪章”，夫妻双方就他们之间实行的财产制度所做的选择是一项重大而复杂的选择。法律规定对这种契约要求特定的形式，不仅可以让夫妻双方对其所做的选择的后果有清楚的认识，而且也是确保遵守“此种协议的不可变更性”(immutabilité)。长期以来，在法国，夫妻财产契约的“不可变更性”被视为“具有总体利益性质”，因为这种契约与家庭组织有着直接的联系。不过，非常有趣的是，法院判例却更倾向于认为这种因缺乏特定的形式而引起的无效属于相对无效。[2] 当然，在今天，由于夫妻财产契约从原来的“不可变更性”原则已经过渡到“有监督的可变更性”规则，照此看来，法院判例的这种认定还是有其依据的，而且，对这种所谓“有监督的可变更性”本身的理解也越来越灵活（《民法典》第 1397 条，2006 年 6 月 23 日法律）。

与保护消费者的愿望相呼应而出现了形式主义的复兴，这

[1]《担保，不动产公示制度》(les sûretés. la publicité foncière)。

[2]最高法院民事庭，1869 年 4 月 26 日（DP. 69. I. 246. S. 69. I. 297），该判决认定夫妻财产契约因形式瑕疵而无效受《民法典》第 1304 条规定的时效约束。

种复兴主要表现为：（法律规定）在许多合同中均有义务具体写明“信息告知事项”，由此也引起了分析上的困难，很难区分各种不同情况下的无效属于什么性质。消费法，通常被看成是由旨在保护弱势当事人的全部法律规定所组成的整体，但是，也有一些人将消费法主要看成是一种经济调节性法律，其次才是一种保护性法律。于是，在第一种情况下，消费法属于保护性公共秩序（ordre public de protection）的范畴，而如果将其视为经济调节性法律，则属于指导性公共秩序（ordre public de direction）的范畴（参见第385节）。这样一来，合同因违反消费法的有关规定而引起的无效的性质就会不同：如果站在第一种分析（保护性公共秩序）的角度来看待问题，那么，合同无效是相对无效，而如果站在第二种分析立场来看问题，合同之无效就是绝对无效。最高法院经过一段时间的犹豫不决之后，[1] 宣告其采纳的是相对无效论观念。[2] 2008年1月3日的法律在《消费法典》中增加了第141-4条的规定：“在因适用本法典之规定而产生的所有争议中，法官均可以依职权援用本法典的任何规定。”这一条文可以看成是立法者从此主张优先考虑（消费法的）经济调节性理论而作出的一种分析。[3]

---

[1]最高法院第一民事庭，1992年1月21日（Bull. civ. I. N°22. p. 25. JCP1992. IV. 865）（有关相对无效的判决）；最高法院第一民事庭，1993年3月3日（JCP1993. I. 3684. N°6，Virassmy 述评）；最高法院第一民事庭，1994年3月16日，（CCC1994. N°152，G. · Raymond 述评）（关于绝对无效的判决）。

[2]最高法院第一民事庭，1995年11月28日（CCC1996. N°34. G · Raymond 述评）；最高法院第一民事庭，2007年10月2日（CCC2008. N°29. G · Raymond 述评）。

[3]G · 雷蒙：《2008年1月3日法律对消费法的修改，促进为消费者服务的竞争》（G · Raymond，les modifications au droit de la consommation apportée par la loi du 3 janvier 2008. pour le développement de la concurrence au service des consommateurs，CCC2008，Étude N°3）。

（按照法国法学理论，通常只有在涉及公共秩序的情况下，法官才会依职权提出相应问题。从这一段文字介绍来看，法院判例的解释与立法规定有所不同。故作者认为与保护消费者的愿望相呼应而出现的形式主义的复兴引起了理论分析上的困难。这种困难就在于：这些情况到底属于相对无效还是属于绝对无效？——译者注）

147.（二）要物合同，定义

要物合同（contrat réel，实践合同）是指不仅要求当事人交换同意意思，而且还需要交付债的标的物才能成立的合同。[1]

要物合同最早起源于罗马法，法国《民法典》的制定者保留了要物合同这一概念。[2] 法典第1875条关于使用借贷的规定，第1892条关于消费借贷的规定，第1919条关于寄托的规定，以及在2006年3月23日关于有体动产质押（有体动产质权）的法令进行的改革之前，都将（标的）物的交付作为这些合同的一项成立要件。按照传统理论分析，这是一种依物的交付而成立的单务合同（contrat se formant re）；只要没有交付（标的）物，便不能产生由贷与人或者受寄托人承担的保管并且返还标的物这项主要义务。

有许多学者将要物合同这一类型看成是历史遗留下来的残存物，是毫无用处地造成事情复杂化的根源。因此，这些学者提出，应当将要物合同归入普通法合同的行列：只要当事人交换了同意意思，合同即告成立；如同诺成主义所期望的那样，这类合同也因此具有双务性质。标的物的交付不再是合同成立的一项条件，而是履行合同的第一步行为。如果我们将要物合同与租赁合同作一比较，就会看得更加清楚：在承租人尚未进入承租场所之前，租赁合同就已经有效成立，借贷合同与寄托合同也是同样的情况。至于贷与人或受寄托人如果什么都没有受领，因而不负返还标的物之义务的问题，理由并不在于合同没有成立，而在于当事人负担的义务具

---

[1] F·孔贝斯居尔：《法国法里存在要物合同吗?》，载《立法与判例评论杂志》，1903年，477（F·Combescure，existe-t-il des contrats réels en droit français?（Rev. crit lég et jur，1903. 477））；M·N·若巴尔-巴舍里耶：《法国法里还存在要物合同吗?》载《民法学季刊》，1985年，I（M·N·Jobard-bachellier，exsite-t-il encore des contrats réels en droit français? RTD civ. 1985. I）。

[2] 从历史的角度来看，这种保留似乎不合时宜；罗马法上要物合同的出现标志着对最初的形式主义的缓和要求，因此，人们本可认为，诺成主义的确立将引起要物合同的消失，然而，法国旧法并未抛弃罗马法的传统。参见波迪耶：《债法》，第10节（Pothier，obligations，N°10）。

有相互依存性，产生这种相互依存性的原因恰恰可以用此种合同具有的双务性质来解释。[1]

对于这些学者所持的观点，有人提出反驳意见认为，“双务关系这一概念，不言而喻地意味着两项给付不能相互独立地履行”，因此，不能将“并非互为原因而只是在时间上处于先后的债务关系”看成是双务之债。[2]

对于学者们在要物合同这一概念上提出的各种批评意见，法院判例在过去很长时间里始终是置之不理（1)，现在似乎已经在考虑这些批评意见，至少是打算部分考虑这些意见（2)。

（1）要物合同这一类型始终得到保留

一开始，最高法院在整体上始终坚守着要物合同这一传统概念。最高法院宣告“在当事人的相互关系中，[3] 债权人对质押物

---

[1]佛卢尔，奥贝尔与萨沃，第 304 节（Flour，Aubert et Savaux，N° 304）；玛蒂与雷诺，第 62 节（Marty et Raynaud，N° 62）；马佐与莎巴斯，第 82 节（Mazeaud et Chabas，N°82）；斯塔尔克、罗朗与博埃耶，第 221 节（Starck，Roland et Boyer，N° 221）；R·胡茵：《论双务合同与单务合同之区分》，《巴黎大学学位论文》，1937 年，第 226 节（R·Houin，la distinction des contras synallagmatiques et unilatéraux，thèse Paris. 1937. p. 226）。有些学者在这种逻辑基础上进一步向前走，进而认为在涉及确定物的消费借贷方面，所有权与风险负担应当按照《民法典》第 1138 条的规定自双方当事人达成协议起并且在任何交付之外转移至借贷人。参见 F·孔贝斯居尔前引文：《法国法里存在要物合同吗?》，载《立法与判例评论杂志》，1903 年，477（F·Combescure，art. préc. Rev. crit. lég et jur，1903. 477. p. 489）。

[2]参见利贝莎贝尔论文（Libechaber，Defrénois2002. 262）。

[3]最高法院民事庭，1898 年 5 月 18 日（DP1900. I. 481. Lyon-Caen 述评）。本案中，皮卡尔（Picard）先生用其有价证券向债权人设质，当时他尚未成年，为其利益，这些证券并未交付至债权人之手，而是交存至信托银行，但并未约定信托银行是为债权人的利益持有这些证券。后来，债务人以这种设质不符合《民法典》第 2075 条与第 2076 条规定的手续而对其有效性提出异议。按照这些条文的规定，质权债权人对质押物的优先权，只有在质押物是由债权人或者双方当事人约定指定的第三人占有时才能存在。本案的实体审理法官宣告该质押合同在当事人之间有效，因为《民法典》第 2075 条与第 2076 条规定的手续仅仅是对第三人才予要求。这一判决被最高法院撤销，理由是，在质权人没有占有质押物的情况下，便不能成立第 2076 条所规定的优先权。另见最高法院民事庭 1938 年 3 月 21 日判决（DH1938. 257）；最高法院商事庭 1958 年 11 月 2 日判决（Bull. civ. III. N°387. p. 327）。

实行占有乃是动产质押合同的本质（essence）”，以此确认并且重申动产质押合同具有要物性质；最近，最高法院又在判决中认定："消费借贷，作为一种要物合同，只有通过向借贷人本人交付借贷之物，或者向以借贷人的名义、为其利益受领并持有标的物的第三人交付借贷之物[1]才能实现。”最高法院前后作出的判决在立场上是完全一致的。这些判决都明确认定：借贷合同，由于它并未对借贷人强制规定义务，因此不具有双务性质；[2] 更进一步，除《民法典》规定的几种要物合同之外，最高法院还增加了另一种要物合同，那就是“现实的赠与”合同（don manuel）。[3] 我们知道，《民法典》第931条规定要求凡是载明赠与的文书均应采用公证文书的形式，这一要求并没有妨碍最高法院承认在赠与动产时，只要受赠与人已经对赠与物实行占有，即使没有遵守制作公证文书这项条件，赠与仍然有效（参见第143节）。在现实的赠与中，如同所有的合同一样，当然要求有当事人的同意，但一旦赠与物已经交

[1]最高法院第一民事庭，1981年7月20日（Bull. civ. I. N°267. Defrénois 1982，J-L·Aubert述评，RTD civ. 1982. 427. Ph·Remy，Grands arrêts. t. 2. N°283）：本案中，两人向第三人允诺借给他一笔金钱。在等待该人用确定的不动产向他们设定抵押权时，他们将待借的款项寄托至负责制作公证书的公证人之手。后来，两人认为用于抵押的不动产的价值不足，因此从公证人那里取回了寄存的款项。借贷人向该二人提出传唤状，诉请支付全部借款。本案实体法官驳回了借贷人的诉讼请求，但同时同意给予其损害赔偿。最高法院驳回上诉，依据的理由是消费借贷具有要物性质。参见最高法院第一民事庭1977年7月12日（Bull. civ. I. N°330. p. 260）；关于使用借贷，参见F·法布尔：《论商务方面的使用借贷》，载《商法学季刊》，1977年，196（F·Fabre，le prêt à usage en matiére commercial，RTDcom. 1977. 196）。

[2]最高法院第一民事庭，1984年3月28日（Bull. civ. I. N°120. 099）；从最高法院的判决中可以看到这种一致性。在确定物的消费借贷中，如《民法典》第1893条的规定，只要借贷物没有由贷与人交给借贷人，法院即拒绝强制借贷人负担其许诺借贷之物的风险。《民法典》第1138条规定的转移所有权意味有一项诺成合同。参见最高法院诉状审理庭1886年3月15日判决（DP. 87. I. 28. 86. I296）；最高法院诉状审理庭1906年12月5日判决（DP1908. I565）。

[3]意为“当面交付标的物”的赠与或“当面的实物赠与”，是亲手交付实物的赠与，多为动产赠与或贵重物品的赠与。——译者注

付，当事人的同意也就由此产生了效力，因此赠与物的交付是现实的赠与有效性的一项条件。[1]

（2）要物合同这一类型有所后退

在随后的时间里，要物合同这一类型的合同也出现了一定程度的后退（减少）。这种情况，在法国法院判例与立法上均有所表现。法院判例方面，最高法院的判决认定，“由信贷职业者同意提供的消费借贷不是一种要物合同”，[2] 不仅向个人提供的借贷是如此，而且向其他职业者提供的借贷也是如此。这样一来，便只有“不是由某个信贷机构（信贷职业者）提供的借贷”[3] 才仍然保留着要物合同性质。[4] 由信贷业者提供信贷的合同从要物合同的定性转变为诺成合同的定性，对合同的成立以及合同效力的确定两个方面均产生了明显的后果：信贷业者向借贷人交付其借贷的资金构成履行合同的第一步行为而不是合同成立的一项条件，因此，借贷双方的意思一经合致，贷与人即有义务支付约定数额的款项；当事人的意思合致也不再（仅仅）是要物合同的简单预约，而是一项已经最终确定的合同：要物合同的简单预约的不履行，可以通过给予损害赔偿而解除该预约，而对于已经最终确定的合同，借贷人则可请求强制履行；除此之外，借贷合同的证据也因此发生改变：过去，涉及借贷合同的证据时，要求证明资金已经交付以及当事人的意思合致，从今以后，只需提出后一事项的证据——当事人的合意

[1]最高法院民事庭，1960年7月11日（D. 1960. 702. P · Voirin 述评）；最高法院第一民事庭，1978年3月8日（JCP1978. IV149）；参见《继承和赠与》，第490节（les successions，les libéralités. N°490）。

[2]最高法院第一民事庭2000年3月28日判决（JCP2000. II. 10296）。

[3]最高法院第一民事庭2006年3月7日判决（CCC2006. N°128. Leveneur 述评）；最高法院第一民事庭，2008年6月19日（JCP2008. IV. 2313）。

[4]这里采取的是一种排除式的论证形式。关于消费借贷合同是否为要物合同，法院判例前后有所变化。——译者注

的证据即可。[1]

在立法方面，2006 年 3 月 23 日第 2006-346 号法令在《民法典》中引入了第 2336 条。该条规定："制作文书、写明受担保的债务、用于设质的财产的数量及其类型或性质，有体动产设质即告完全成立。"因此，有体动产质押合同也不再是要物合同，而成为一种要式合同。以上例子都说明要物合同这一类型有所后退。

148. 要物合同预约（promesse de contrat réel）

不是由从事信贷业务的职业者同意提供消费借贷、使用借贷而订立的合同以及寄托合同，尽管具有要物合同的性质，但却可以作为具有诺成性质的事前预约（promesse antérieure）的对象或标的。在诺约人不履行这种预约的情况下，可以被判处损害赔偿，而不是受强制履行标的物的交付。[2] 后者是由要物合同的特殊性所引起的，在要物合同中，物的交付实际上表现为"向各方当事人提供的用以表示最终同意并使要物合同完全成立的唯一途径"。[3]

与此相反，现实的赠与则不能有这样的具有诺成性质的事前预约。[4] 因为，在现实的赠与中，物的交付实际上起到了相当于其他赠与中的公证文书的作用——其他赠与都要求做成公证文书。由

[1]最高法院第一民事庭，2006 年 6 月 27 日。

[2]关于金钱借贷预约（promesse de prêt d'argent），参见最高法院第一民事庭 1981 年 7 月 20 日判决。关于动产设质预约（promesse de gage），参见都埃法院 1893 年 1 月 26 日判决（S. 93. 2. 223. sol. impl）；关于要物合同预约（promesse de contrat réel），参见 N·若巴尔-巴舍里耶前引文：《法国法里还存在要物合同吗?》，载《民法学季刊》，1985 年（N·Jobard-Bachelier，art. préc，（TD civ. 1985. I. et s））；D·格里叶-蓬同：《试论未名契约》，《里昂第三大学学位论文》，1982 年，第 238 节（D·Grillet-Ponton，Essai sur le contrat innommeéé，thèse ronéot. Lyon III. 1982. N°238）。

[3]N·若纳尔-巴舍里耶前因文，第 42 页（N·Jonard-Bachelier，art. préc. p. 42）；参见最高法院商事庭 2004 年 1 月 21 日判决（D. 2004. p. 1149，C·Jamin 述评）。

[4]最高法院诉状审理庭，1947 年 6 月 23 日（D. 1947. 463. S. 1947. I. 152. Barbry 述评）；参见《继承和赠与》，第 492 节（les successions，les libcralites，N°492）。

于在现实的赠与中要求现实地交付赠与物，这一要求可以提醒赠与人注意其打算实施的行为的严重性或重要性。当要求具备这种形式条件的目的旨在保护承担赠与义务的人的同意时，那么，没有遵守对合同本身所要求的这种形式条件而作出的要式合同预约也就无效（参见第138节）。

149. 要物合同这一类型的前景

剩下的问题是，在不远的将来要物合同这一类型还会发生什么情况？[1]有体动产质押合同已经从要物合同变成为一种要式合同（参见第147节）；虽然说没有物的交付，便不能设想有什么现实的赠与，因为物的交付是这种合同有效性的条件，并且是一种“形式的替代”——物的交付相当于公证文书的作用，因而是公证书的替代形式，但是，与此相反，我们却完全可以设想，《民法典》规定的其他合同，例如，不是由信贷业务的职业人同意提供的消费借贷和使用借贷合同以及寄托合同，都有可能被认定为诺成合同与双务合同。这样一来，所有这些合同也都将一方当事人——贷与人或寄托人——放置在相对于另一方当事人的弱势地位，因为合同涉及的相应的返还义务仅仅是针对此后合同的履行而言。而合同的要物性质却可以起到它应有的作用：它可以提醒该方当事人注意他需要交付标的物的这种情况，从而可以避免轻率行事。要物合同这一类型强调的是“事实因素（实践因素）的重要性”，体现了“价值转移的重要地位”，同时表达了合同关系的一种“更加具体，因而更加

[1]关于为法官提供的各种可能性，参见C·加明：《论要物合同现实主义理论的要素》，载《J·Beguin论文集》，2005年，第381页，第406页（C·Jamin, Eléments d'une théorie réaliste des contrats réels, Mélanges J·Beguin. 2005. p. 381. p. 406）。

真实的较少学究气的观念";[1] 从这一角度来看，我们完全可以解释法院判例之所以要将信贷业务的职业人同意提供的信贷与“个人之间同意提供的信贷”区分对待的原因——只有个人之间的消费借贷仍然保留着要物性质。[2]

仍然保留这一类消费借贷合同的要物性质确有其好处：由于订立此种合同需要贷与人立即交付资金，对于并不是从事信贷职业的贷与人而言，他可以从这样的要求中找到最后一道护栏，从而可以防止其在未经深思熟虑的情况下即做出（信贷）义务承诺。[3] 有些国家的法律还把货物运输合同也包括进要物合同的范围之内。[4]

150. 二、有所缓和的形式主义

这里所谓“有所缓和的形式主义”是指，不是为了合同的有效性而仅仅是为了作为证据或者仅仅为了使合同具有对抗效力

[1]盖斯坦，第3版，第452节（Ghestin，3éd. N°452）；对要物合同所持的具有扩张意义的更新的观念，参见F·埃洛：《要物合同，从财产法的角度看到的复兴》，《巴黎一大学位论文》，2003年（F·Eyraud，le contrat reel，Essai d'un renouveau par le droit des biens，thèse ParisI. 2003）。不过，尽管要物合同这一概念以及通过这一概念所引起的“事实因素”有所复兴，但我们仍然不要因此就忘记了当事人的意思合致继续在其中所起的作用。仅仅有当事人的意思合致虽然不足以成立要物合同，但有助于对合同性质的认定，参见巴黎法院1944年5月19日判决（Gaz. Pal. 1944. 2. 90）。

[2]最高法院第一民事庭，2000年3月28日。

[3]Aubert，Defrénois2000. 720. 关于向法官提供的各种不同的途径，参见C·加明：《论要物合同现实主义理论的要素》，载《J·Beguin论文集》，2005年，第381页，第406页（C·Jamin，Elements d'une théorie réaliste des contrats réels（Mélanges J·Beguin，2005. p. 381. p. 406）。

[4]例如，瑞士法律。关于法国的情况，参见马佐与莎巴斯，第80节（Mazeaud et chabas，N°80），作者认为，货物运输合同是一种要物合同，因为只有通过物的交付，合同才能成立，理由是，货物运输合同包含着寄托合同。关于客运合同，参见Ph·Malaurie对最高法院第一民事庭1989年3月7日判决的述评（D. 1991. p. 3）。

(opposabilité) 而要求的形式。[1]

151. (一) 具有证明效力的形式主义，内容安排

有关证据的规则属于法律一般理论（la théorie générale du droit，法学总论）的研究范围，因此，我们在这里只是简单提示一下有关合同证据的各项原则，其他详细内容请参阅《法国民法总论》一书。[2]

我们知道，在证据制度方面存在着两大相互对立的体系，其一是自由证据（preuve libre）制度，也称为心证制度（système de la preuve morale）。在这种证据制度里，各种证据形式（mode de preuve）之间不确定任何层级，对证据的证明力与取舍不作任何预设，而是给法官保留了完全的自由，以便他们形成内心确信（conviction）；其二是法定证据（preuve légale）制度。法定证据制度限制证据形式的运用，并主导着法官去认定“由法律准许采用的证据形式所确立的事实为真实可信”。在法国法律中，这两种证据制度没有一种完全占据主导地位。如果我们只做大体介绍，也可以说，（按照法国法）对于法律行为（acte juridique），法定证据占据着主导地位：原则上，法律行为必须以书面文字为证据，因此，在对书面文字的内容持有异议时，不准许采信任何证人证言作为证据；与此相反，对于法律事实（fait juridique），则可以运用证据自由制度。原

[1]有些学者对所谓“缓和的形式主义”的概念持有不同意见。他们认为这方面的问题仍然属于诺成主义的范畴，为此提出，应当用“缓和的诺成主义”的概念替代“缓和的形式主义”的概念。参见M·尼科德：《论无偿处分法中的形式主义》，《巴黎十二大学位论文》，2000年，第67节，第23页（M·Nicod, le formalisme en droit des libéralités, thèse ParisXII. éd. 2000. N°67. p. 23）；对于这些学者的观点，另一些人也提出了反驳意见认为：原则通常只有一个，但例外却可以无数，况且，（上述）这种说法更加加剧了传统上在缓和的形式主义与实质的形式主义之间存在分界线问题。

[2]《法国民法总论》，法律出版社，2004年5月第1版，第559节。

则上，法律事实的实际情形可以以任何方法证明之。自由证据制度与法定证据制度的区分依据是基于“待证情形”（situation à prouver）的性质差别。因为，在实践中，我们很难强制当事人对法律事实自行安排并取得“事先建立的证据”（la preuve préconstituée），也就是说，很难强制要求当事人事先对“后来才产生的、不曾预计其法律后果”的状态建立证据。须知，在大多数情况下，当事人并不能预见法律事实的后续结果；与此相反，对于法律行为，则完全有可能要求当事人事先建立并保存证据，也就是说，完全可以要求当事人建立并保存有关其实施的法律行为的证据，因为他之所以实施某项行为，唯一目的是期待其产生法律效力，况且，人的意思表示的种种痕迹往往会稍纵即逝，证人的记忆往往因时间的推延而淡忘不全。[1]

不过，话说回来，要想将书面文字用作法律行为的优先证据形式，也需要有一个前提条件，那就是要有一定的文化环境和技术环境。在法国，也只是到了 16 世纪才由 1566 年的穆兰敕令（ordonnance Moulins）对这种证据形式提出了强制性要求，而此时距离 1450 年古腾贝格（Gutenberg）发明印刷技术已经过去了近 100 年。这时，在法国社会里，公证制度已经趋于完善，人们普遍开始真正读书识字。[2] 到了当今时代，科学技术的发展对法律行为的证据形式并非没有影响，例如，现代复制手段的发展——复印、微缩胶片、影像光盘等，都导致立法者与法院判例对证据规则进行了某些微小的变动与调整；今天的信息技术引发了一场真正的革命。

[1] R·勒杰埃：《论民法上的证据规则，恒久与变革》，《普瓦提耶大学学位论文》，1954 年，第 47 页（R·Legeais，les règles de preuve en droit civil，permanence et transformations，thèse Poitiers. 1954. p. 47）。

[2] 关于对传统的法律格言的颠覆，“证人越于文字”（témoins passent lettres），变成了“文字越于证人”（lettres passent témoins），参见《法国法律格言》，第 4 版，第 200 节（Adages du droit français，4éd. N°200）。

面对新局面，法国立法者制定了2000年3月13日的法律，对证据法进行了重大调整。从这以后，书证（la preuve écrite）不仅涵盖了纸质载体或“纸质依托”（support papier，权且借用法律使用的表述）的书面文字，而且还包括使用电子载体的文字。由这项法律产生的《民法典》第1316条就明确规定：“书证（la preuve littérale，la preuve par écrit）由文书、单据、文字、数字或者其他各种具有可以理解之意义的符号或象征产生，不论其载体与传达方式如何。”[1] 法典第1316-1条接着还规定：“电子形式的文字，与纸质载体书写的文字一样，准许作为证据，但以其可以按照规定鉴别发送人的身份以及按照足以保证其完整性的条件建立与保存为限。”“电子载体的文字与纸质载体的文字具有同样的证明力”，也就是说，具有相同的证据效力。[2]

由于法律行为的证据是围绕着纸质载体或电子载体的书面文字来建立的，因此我们在下面将进一步研究哪些情况要求书面证据以及书面证据应当满足哪些条件。

152. （1）要求书证的情况

与对合同的有效性所要求的庄重形式不同，从证明效力的角度要求具备的形式丝毫不能决定法律行为本身的有效性，即使是在缺乏这种形式的情况下，法律行为本身仍然存在，只不过有可能无法得到证明，因而有可能被剥夺效力而已。但是，我们也不要过分夸大这种风险，因为，首先只有在发生争议的情况下才会涉及证据问

---

[1]关于这方面的条件，参见2001年3月30日法令。

[2]关于这一问题，参见《法国民法总论》，第574节（Catala et alii，JCP1999. I. 182；Y·Gautier et X·Linant de Bellefonds，JCP2000. chron. N°16）；P·勒克莱克：《新的民商事证据法与法官的角色》，载《通讯与电子商务杂志》，2000年，第9节（P·Leclercq，le nouveau droit civil et commercial de la preuve et le rôle du juge，CCE. 2000. chron. N°9）。

题，然而令人欣慰的是，诚实的债务人（毕竟是多数）都会履行债务，而不会以没有证据为借口来躲避债务。其次，立法者对有关书面证据的要求作出了很多缓和性处理规定；在发生争议的情况下，法官可以根据这些规定听取证人证言，或者如法官认为对查明真实情况有益且有必要，还可以审查并运用推定作为证据方法。最后，证据规则并不具有公共秩序性质，只有在各方当事人均提出了要求时，提出书面证据或书证的要求才具有价值。因此，我们在这里将首先研究证据原则，然后再介绍出自法律规定的或者当事人约定的对证据原则的缓和处理。

153. 原则

《民法典》第 1341 条规定："凡是超过法令确定之款额或价值的物（chose），即使是自愿的寄托，均应当在公证人前作成证书，或者作成经各方签名的私证书；在证书作成之后，对与证书内容不同或超出证书内容的事项，不得用证人证言作为证明，也不得用证人证明在证书作成之前、之时或之后声明的诸事项。"这一条文是要求有事先建立的证据。按照一般规则，这种书证的建立就在合同订立之当时（或者说，就是合同或字据本身）：只要是在争议发生之前建立的书证即告足够。这一原则的力量体现在两个方面：首先，在没有书面文字的情况下，合同既不能用证人证言也不能用推定来作为证明；第二，在有书面文字或书证的情况下，禁止用证人证言或推定作为合同内容的反证；这就意味着，凡是主张书面文字所作的特定表述与事实不符[1]或者不能反映全部事实的人，[2]只能用书证来证明其提出的主张。

---

[1]例如，文书上记载价金已经支付，而一方当事人为相反主张。

[2]例如，文书确认存在所进行的寄托，但并没有任何关于给予受寄托人报酬的规定。

> 但是，上述规则并不妨碍法官在书面文字的表述或意思含糊不清或者相互存有矛盾的情况下运用任何可以查明文字表述的真实意义的材料或因素来对其作出解释（参见第450节）；同样，如果涉及的是如何确认法律行为中存在的瑕疵，也可以自由提出证据，例如，对于同意的瑕疵，对于在没有对原因作出表述的情况下缺乏原因，或者原因非法或不道德，以及对于欺诈，均可以自由提出证据；最后，法院判例认为，《民法典》第1341条的意义仅限适用于合同当事人之间的关系，因此，第三人可以运用任何方法证明某项法律行为对于他们仅作为法律事实而具有的意义，并且第三人还可以对提出的书面文字或书证的内容提出相反证据。

即使是在要求书证的领域，仍然有可能用对方当事人的自认或宣誓来替代书证，或者用其自认或宣誓的言词来对书证提出反驳。[1] 这些始终可以设想的证据可能带有某种射幸性质，因为它将运用这些证据的人放置在被对方当事人意志摆布的地位。

> 除了上述两种证据形式具有的最佳证明效力之外，实行这一规则的原因也许还有：对于那些可以由双方当事人协议调整的事务（参见第161节），这些证据，不论是单方面的（如自认）还是某种一致的协议（如宣誓），均可以运用处分原则（principe dispositif）来终止争议，[2] 完全独立于任何特别的证据方面的考虑，也就是说，可以在没有书证或者书证存在矛盾的情况下终止争议。

---

[1]关于这些证据，参见《法国民法总论》，第682节。
[2]参见《法国民法总论》，第767节。

154. 缓和处理

在证据方面，法院判例的演变也表明了一种毫不掩饰的意志，那就是要尽可能地让当事人与法官少受有关书证要求的束缚，进而承认自由证据（une preuve libre）。因为自由证据的证明力不再是取决于证据的形式质量，而是取决于法官的内心确信（intime conviction du juge），于是，就出现了一种由法官对形式主义做出的渐进式的缓和处理，甚至可以说是法官对形式主义的一种直觉上的缓和处理。[1]

这一运动得到1980年7月12日法律的确认。虽然说在民事诉讼中书证仍然是原则，但是现在自由证据的范围正在逐步占取法定证据的范围，直至前者的范围比法定证据的范围更加广阔。下面，我们将依次介绍由法律的效力对书证要求的缓和处理，然后再介绍由协议的效力对书证要求的缓和处理。

155. 法定的缓和处理（tempérament légaux）

所谓对书证要求的法定的缓和处理，一开始是由《民法典》作出的规定，法院判例果断地扩大了这种缓和处理的适用范围，继而法官的主动又得到立法者的考虑。

156. 关于“（涉及的利益）数额不超过特定界限的合同”的证据自由

《民法典》第1341条只是要求“涉及较大利益的合同”必须

---

[1]R·萨瓦提耶：《科学与证据法，总体报告》，载《亨利·卡比唐协会研究文集》，1952年，第607页（R·Savatier, la science et le droit de preuve, rapport général, tra. Assoc. H·Capitantt, VII. 1952. p. 607）；J·佛卢尔：《对形式主义演变的几点看法》，载《里佩尔研究文集》，1950年，第1卷，第107页（J·Flour, quelques remarques sur l'évolution du formalisme, Études Rippert, 1950. t. I. p. 93. p. 17）。

有书面文字作为证据，在这里，合同涉及较大利益成为要求有书证的理由。1566 年的穆兰敕令将合同涉及的利益最高数额限定为 100 利弗尔，1804 年将这一数额限定为 150 芽月法郎（franc germinal，共和历芽月法郎），1980 年则将其降至 50 法郎。凡是超过限定界限的，都要求有书面证据。由于这一界限定得太低，等于完全取消了缓和书证要求的实际意义。1980 年立法者又回到了最初规则的精神，提高了数额的界限，但是，他们也充分认识到经常性通货膨胀这一现实，因此有必要经常对（这种法定的）数额界限进行调整，并且将这方面的决定权授予制定行政法规的机关。这种做法更为简便。于是，1980 年 7 月 15 日的（行政）法令将合同涉及的数额限定为 5000 法郎，2001 年 5 月 30 日法令将这一数额兑换为 800 欧元，2004 年 8 月 20 日法令又将其提高至 1500 欧元（凡是涉及利益超过这一数额界限的合同，只能以书证证明之）。

（对于必须有书证的情况）确定数额界限，也可能遇到困难。当合同不是涉及一笔金钱而是涉及需要评估物品的价值时，更是如此。合同所涉及的物品的价值有时是很难准确估计的。在这种情况下，应当由原告对涉案物品作出价值评估，但是，他将受到自己在最初的陈述中对所请求的物品的估计价值的约束。《民法典》第 1343 条明确规定："提出的诉讼请求数额超过第 1341 条规定的数额时，即使减少一开始主张的数额，亦不得再以证人证明之。"最后，如果系争标的是一种价值不确定的给付，则始终要求提出书面证据。

不过，也有一些合同，例如，陆上保险合同、专供居住用的房屋租约，即使争议涉及的利益不足 1500 欧元，仍然要求有书面证据。法律规定这些合同应当采用书面形式，但并没有具体规定"如不采用书面形式，所订合同无效”。法院判例将此看成是一种证明形式（forme probatoire），不论涉及的利益大小，均应受强制遵守。

157. 商人之间商事交易活动的证据自由

按照《民法典》第 1341 条第 2 款的规定，（民法上）有关书证的要求并不妨碍适用有关商事交易的法律规定。一开始，《商法典》第 109 条就规定了“构成商事行为的买卖的证据自由”。法院判例将这种情况普遍化，确认了商事方面的证据自由原则。之所以做出这样的处理，是基于商人之间进行交易的习惯以及商人均有设置商事账簿的义务；此外，商事交易要求快捷、迅速。不过，按照现行《商法典》第 110-3 条的规定，只有商人之间订立的合同才能适用证据自由规则；如果涉及的是混合性质的商事行为，也就是说，如果是商人与非商人之间订立的合同，针对作为商人的一方当事人实施的具有商事性质的行为，相对当事人可以以任何方法提出证据，即是说，可以自由提出证据；反过来，如果是作为商人的一方当事人对合同提出异议，非商人的当事人一方可以要求提出书证。

158. 不可能提出书证（举证不能）

有一句法律格言说，“任何人都不对不可能之事负有义务”（A l'impossible nul n'est tenu）。《民法典》第 1348 条规定的缓和处理可以让原告得以任何方法提出合同证据。“不可能提出证据”（举证不能），可以是一开始造成的局面：当事人之间原来就没有制作任何可以作为证据的文书；书面证据的举证不能，还可能是由于作为证据的文书后来被毁或者遗失。

对于上述第一种情况，《民法典》最初只是规定了“事实上不可能提出书证”的情况（impossibilité matérielle，事实上的举证不能），例如，寄存物件的人的房子已被烧毁，不可能找到原来保存的证据。法院判例将这种举证不能扩张至“精神上或道德上的举证不能”（impossibilité morale），例如，双方当事人之间因存在家庭关系、亲属关系或朋友间的友谊关系，甚至由于习惯，搞一个书面的东西可能被看成是“对人不信任”、“有失礼之嫌”。立法者也确认了法院判例的这种处理。

对于因后来才发生的原因所造成的“无法提出书面证据”的情况，债权人首先应当证明书面文字的证据被毁弃或已经遗失是因偶然事件、不可抗力或者第三人的行为所造成；如果是因为当事人本人疏忽大意或懈怠不慎，致使书证遗失，则不能产生任何效果。其次，债权人应当证明合同的存在。

159. 书证之端绪

按照《民法典》第1347条的规定，“由诉讼被告或者由其代表的人书面出具的任何文书，倾向于证实原告所主张之事实的，称为书证之端绪”（le commencement de preuve par écrit），例如，由对方当事人的书信、其他文字材料的字里行间提及的（现在）发生争议的合同的情况，便可构成书证之端绪。[1]

在这种情况下，准许援用该项书证的原告用证人证言，或者结合推定，对书证之端绪予以补强。

法院判例对书证之端绪作了广义的解释，特别是认定当事人本人出庭时所做的回答、保持沉默或者不出庭，均可构成证据之端绪。这就是说，法官可以自行决定，不考虑有关书证的要求，而是采取某种方法，听取证人证言，或者审查并考虑推定（présomption）。在这一点上，立法者同样确认了对有关书证的要求所做的缓和处理：

---

[1]关于这一概念的深入探讨，参见《法国民法总论》，第646节。除“证据之端绪”这一概念之外，我们还应注意区分：私署文书、公署文书、公证文书、公知文书等概念。——译者注

1975 年 7 月 9 日法律对《民法典》第 1347 条第 3 款作出补充规定："一方当事人亲自出庭时所作的声明、拒绝回答法庭的提问，或者在开庭时缺席的，法官得将此情形视为相当于书证之端绪。"

160. 持久保存的真实完整的副本

传统上，在发生争议的情况下，只要不能提出可以供法官审核的原本，便都拒绝承认副本的任何证明力；现代复制技术手段的发展以及银行运用其中某些技术手段对已经办理的支票进行微缩处理之后再毁弃原票证，也导致立法者要重新审视上述传统的处理意见。1980 年 7 月 12 日法律在《民法典》第 1348 条中增加了第 2 款的规定："在一方当事人或受寄托人没有保存证书原本，但提交的抄本不仅与原本完全相符而且可以持久保存时，亦不适用前述规则。凡是原本的复制件不可涂改，如在其上涂改即造成其不可复原者，视为可长期保存之复件。"由此也就可以免除提出书证，并且可以准许运用证人证言，或者运用推定。[1]

161. 由当事人协议做出的缓和处理

民事证据制度不具有公共秩序性质，因此，只有在一方当事人不肯免除（相对当事人）提出书证的情况下，有关提出书证的要求才具有强制效力。实践中，当事人就证据问题订立的协议可以对法律关于法律行为的证据的要求进行很大的限制。[2] 例如，银行与其客户之间就使用银行卡订立的协议就规定"输入密码，即等于当

[1] 关于真实完整的、可以持久保存的副本的概念，参见《法国民法总论》，第 660 节。

[2] 最高法院社会庭，1964 年 3 月 24 日（JCP1965. II. 14415，C · Lapp 述评）；最高法院社会庭，1970 年 4 月 9 日（JCP1970. IV. p. 136）。

事人的手书签字”。[1]

有关证据问题的这种协议，就其能够使证据法适应现代技术的发展状况而言，无疑是一种非常有用的灵活因素，但是，这些具有例外性质的协议同样具有现实的风险，因为，处于弱势的一方当事人不得不服从强势当事人一方自行设计的各项条件，这样一来，前者就有可能得不到法定证据本可为其带来的保护。

162. （2）书证（écrit）必须符合哪些要求

作为证据而制作的文书分为公署文书与私署文书两大类型。

1）公署文书是指由享有制作此种文书之权利的公务助理人员根据文书制作的地点与文书的性质，按照（法律）要求的手续制作的文书（《民法典》第1317条）。当事人想要赋予其订立的合同以公署形式时，负责合同起草并且制作公证文书的公务助理人员通常是公证人（其他公务助理人员、公务机关出具的文书、证书；也都属于公署证书）。按照第1317条第2款的规定：使用电子载体的文书，如果符合经最高行政法院提出审查意见后颁布的法令规定的条件进行制作与保存，也可以通过电子载体制作公署文书。因形式缺陷而不具有公署性质的文书仍然可以作为私署文书具有效力，但需有各方当事人签字。

2）私署文书是指由个人或者各方当事人自行起草、制作的文书，或者由当事人的委托代理人起草、制作的文书，例如，由有关事务的代理人起草、制作的文书就是私署文书。私署文书，如其名称所示，以各方当事人在文书上签字而取得完全的价值；[2] 在通

---

[1]最高法院第一民事庭，1989年11月8日（Bull. civ. I. N° 342. p. 230，D. 1990. 369，C·Gavalda述评，JCP1990. II. 21576，Virassamy述评，RTD civ. 1990. 80. J·Mestre述评，RTDcom. 1990. 79，M·Cabrillac et B·Teyssie述评）。

[2]最高法院第一民事庭，2008年10月30日（CCC2009. N°1，Leveneur述评）。

过电子形式签字的情况下，此种签字是指“采用可行的鉴别方法，能够保证此种签字与其有关联的行为相互联系并且吻合一致”(第1316-4条第2款)。

以上主导起草与制作公署文书与私署文书的规则在《民法总论》一书中也作了详细介绍，我们在这里仅仅作些提示，同时指出，如果制作私署文书的目的是对合同作出确认，还应当遵守哪些补充手续。

——有关两份原本的手续。如果是用私署证书来见证、确认一项双务合同，那么按照《民法典》第1325条的规定，只有按照具有不同利益的当事人的人数制作相应份数的原本并且每一当事人各执一份时，该私署证书才能有效，但对于具有相同利益的所有当事人共备一份原本即可。如果各方当事人将其记载双务合同的私署证书寄托至公证人之手，或者寄托至可以向所有的当事人提交该文书的第三人之手，也可以仅制作一份原本；在一方当事人立即履行对相对当事人的义务时，[1] 也可如此办理。要求文书制作多份原本，目的是要确保各方当事人在证据方面处于平等地位：应当让每一个当事人手中均有一份具有证明效力的文书，而不至于处于受相对人摆布的地位。

——有关“手书事项”的手续。《民法典》第1326条（1980年7月12日法律与2000年3月13日法律）还对私署文书规定了一项特别要求：凡是一方当事人允诺的标的是向另一方当事人支付一定数额的金钱或者是交付具有可替代性的财产时，确认这一允诺的

[1]最高法院第一民事庭，1993年1月13日（JCP1993.IV.642）；在进行税务登记时，如果要求提交文书，则可能有必要签署一份补充原件。

文书必须包含由债务人本人[1]亲自用大写数字与数目字书写的款项数额或者财产数量。但这一条文的规定不适用于以“确定的有体物”（un corps certain）为标的的债，也不适用于作为之债或不作为之债；同样，《民法典》第 1326 条的规定仅适用于“义务承诺”，而不适用于“确认债务已经清偿的收据”。如果文书中用阿拉伯数字书写的数额与大写数字不一致，以大写数字记载的数额为准。[2]

规定这一手续的目的，一方面是为了确保债务人真正了解文书的内容，从而能够判断其承担的义务的范围与意义，另一方面是为了避免发生滥用空白签字的现象。

私署文书，如果没有遵守这项手续，使不能作为其旨在确认的债务的证据，在此情况下，私署文书就变成了简单的书证之端绪，可以提出任何证据证明之。

163. （二）具有对抗效力的形式（les formes d'opposabilité）

规定合同需要进行公示，与“用来表示同意意思，如不遵守、以无效论处”的庄重形式不同。要求文书进行公示的目的在于使（当事人之间）订立的合同能够产生对抗第三人的效力。法律推定“所有的人都知悉按照法定形式进行了公示的文书”，因而这种文书对所有的人均具有对抗效力；[3] 没有按照法定形式进行公示的文

[1]在使用打印的文件时，这项文字记载也可以打印，并非必须手书，但是在此情况下必须确保签字人就是这些文字记载的抄写人。参见最高法院第一民事庭，2008 年 3 月 13 日（JCP. II. 10081. E · Putman 述评）。

[2]如果没有手书《民法典》第 1326 条所要求的阿拉伯数字，只要文书中包含有用大写数字记载的款项数额，则不会引起文书丧失效力，参见最高法院第一民事庭 1995 年 12 月 19 日判决（CCC1996. N°37，Leveneur 述评）。

[3]这种文书也称为“公知文书”，法语原文为“acte de notariété”。这是一个特定的表述，意为“凡是经过公示的文书，视为公众皆知的文书”。——译者注

书，因其他所有的人均不了解，因此对他们不具有对抗效力。这就是说，文书虽然没有进行公示，仍然不影响其本身的有效性，而只是影响到它的对外效力。

我们举一个例子就可以很好地认识这一点。不动产的买卖是一项诺成合同，但这项合同对第三人是否具有对抗效力，以其是否在抵押权登记处完成公示手续为条件，而这项公示手续本身又以事先制作公证文书（acte notarié）为前提条件。

在当事人的相互关系中，只需交换同意意思，买卖即告完全成立，依简单的同意，即可发生转移所有权的效力；买受人自合同订立之时即成为（标的物的）所有权人，但是，要想不动产所有权的转移能够产生对抗第三人的效力，则应当办理不动产公示手续。[1]只要没有办理这项（登记）公示手续，在第三人看来，出卖人就仍然是该不动产的所有权人。这样一来，如果所有权人不讲诚信，又将同一不动产买给另一个人，如果该另一人及时地抢先进行了买卖文书的公示，那么，他就取得了优先于前一个购买人的地位。被排除的第一个买受人，虽然可以对出卖人提出求偿，而且出卖人也应当对其给以损害赔偿，但是他却无法成为其本想取得的不动产的所有权人。从这里，我们可以看到，虽然没有办理公示手续并不妨碍合同本身的有效性，但仍然可以剥夺合同的部分效力：由于买受人的权利对第三人没有对抗效力，因此他的权利就是非常脆弱的。有鉴于此，实践中，不动产的买受人始终都会办理其取得的不动产的公示手续，这就强制他们要制作公署形式的文书，因为文书的公署形式是完成不动产公示手续的前提条件。

有关公示措施的规定，并不局限于设置或转移（不动产）物权

[1]关于这个问题，参见《担保，不动产公示》，第 852 节（les sûretés，la publicité foncières. N°852）。

的领域，在营业资产的买卖——这是一种无形动产物权的转移，以及转让发明专利或债权等方面，也同样规定了公示措施。

不过，由立法者创建的这种公示制度并不能完全做到避免权力的滥用。因为，假定我们赋予“由于文书没有公示，他人便不可能知道该文书”这样的一种推定以不可反驳的性质，那么，在上述同样的例子中，即使第二个买受人原本知道其购买的不动产已经进行了买卖，如其抢在第一个买受人之前公示其买卖文书，仍然可以取得优先于前一个买受人的地位。

在这种情况下，道德就会被抛到九霄云外。正因为如此，司法官们应当关注“特别情况下的社会正义”，对公示制度的强制力进行了非常重要的缓和处理：后一个买受人如果明知不动产此前已经转让，仍然取得该不动产，即构成过错，由此，不准许他再为自己的利益援用不动产已经进行公示之规则。[1] 换句话说，从同一个出卖人手中取得权利的前后两个买受人之间权利发生冲突时，只要第二个买受人是恶意的，便不能再按照公示日期的先后来处理这种争议。[2]

二、问题复杂化的因素

（一）隔地合同

164. 本节内容安排

如果在要约人发出要约、受要约人做出承诺时两者之间相隔着

[1]最高法院第三民事庭，1968 年 3 月 22 日（D. 1968. 412. J · Mazeaud 述评，RTD civ. 1968. 564. D · Brédin 述评），最高法院第三民事庭，1974 年 1 月 30 日（D. 1975. 427. J · Penneau 述评，JCP1975. II. 18001. Dagot 述评，Defrénois1974. 637. G · Goubeaux. Grands arrêts. t. 2N°178）。

[2]在恶意买受人将其证书转让给善意转购人时，善意转购人占优势地位，因为在这种情况下，过错属于（恶意买受人方面的）个人过错。参见最高法院第三民事庭 1992 年 6 月 11 日判决（Defrénois1992. p. 1530. L · Aynes 述评），参见《担保，不动产公示》，第 852 节（les sûretés，la publicité foncières. N°852）。

一定的距离，这种情况并不妨碍合同的成立。按照《民法典》的规定，除结婚（《民法典》第75条）、夫妻财产契约（《民法典》第1394条）等很少的特别情况之外，订立合同并不要求双方当事人在交换同意意思的当时都必须同时在现场。不过，由于双方当事人距离遥远，采用信件、传真、电报、电话、因特网等途径传达意思往往也会遇到一个经常发生的老问题：[1] 合同成立的地点与时间问题，[2] 也就是说，双方当事人意思的合致在何时何地实现？是相对人发出承诺之时，还是要约人接收到发回的这一承诺之时？

对这方面的问题，法国《民法典》里几乎没有规定，因此主要是由法院判例做出的回答，而法院判例在过去很长时间里，也是犹豫不决（3），其中一个原因也许是，理论界对这一问题的看法莫衷一是（2），以及不同的处理意见所产生的意义也很不相同（1）。

165. （1）实践上的意义

如果说如何确定合同成立的时间，确实具有重大的现实意义，那么如何确定合同成立的地点，对于合同所涉及的相关利益来说同样具有现实的意义。

166. （A）与确定合同成立的时间相关的意义

这方面的意义体现在以下多个方面：

a）（按照通常规则）直至合同订立，各方当事人均不受约束，因此，直到合同订立之日，要约人均可撤回其要约，受要约人

---

[1]关于保护隔地买卖中的消费者的措施，参见本书第262节。

[2]即便是传输方式完全能够做到瞬时同步，仍然存在合同成立的时间问题，因此，从信息传输的时间来看，仍然应当考虑当事人在得知传输的信息之前所经过的时间（例如，黄金市场，股票市场）。

也可以撤回其承诺；[1] 同样，如果一方当事人在合同订立之前死亡或者发生无能力情形，将引起其作出的意思表示失效，从而阻止合同成立。我们只要设想这样一种情形，就完全可以看清这个问题的意义所在：假如要约人撤销其要约，或者在受要约人发出承诺之后至其承诺到达要约人之前要约人死亡，如果将受要约人发出承诺的时间认定为合同的成立时间，那么，要约人撤销要约或者死亡，都不会产生任何影响或效果；而如果持相反的观念，认为合同成立的时间是在要约人收到受要约人做出的承诺的时间，那么，要约就属于已经撤回，或者因要约人死亡而已经失效，合同也就没有或者不能订立。

b）就转移所有权的合同而言，所有权与风险从一方当事人向另一方当事人实现转移的时间是合同成立之时。[2] 如果在受要约人发出承诺之日至要约人接收到承诺之日期间，作为合同标的之物因偶然事件被毁或灭失，随着在合同成立的日期上所持的观念不同，处理结果就会完全不同：如果将受要约人的承诺发出之日认定为合同成立的日期，那么，在标的物灭失之日，合同已经成立，标的物的所有权已经发生转移，因此买受人就应当承担物的灭失风险，损失也应由其承担（参见第 669 节），于此情形，买受人仍然应当支付价金；与此相反，如果将要约人实际收到承诺之日认定为合同成立的日期，那么，在双方当事人的意思尚未实现合致之前标的物就已经灭失，该合同因缺乏标的而无效（参见第 271 节）；买受人也因此而无任何负担。

c）合同适用的立法，原则上是合同订立之日正在实施中的有

[1] 但以本书第 118 节所说的缓和处理为保留条件。
[2] 参见《法国财产法》，第 397 节，罗结珍译，中国法制出版社 2006 年版。

效法律,[1] 由此提出了另一个问题：在受要约人发出承诺之日至要约人接收承诺之日期间如果实行新的法律规定，同样需要具体明确合同的订立日期。

d）合同成立的日期也确定了特定期间的起始日期，特别是决定了法定的时效期间或者约定的履行期间的开始日期。

e）原则上，（一项合同的当事人的）债权人只有证明其在合同订立之前就享有某种权利时，才能通过行使撤销诉权（action paulienne）对当事人缔结的合同提起撤销之诉（《民法典》第1167条）。[2]

167.（B）与确定合同成立的地点相关的意义

在过去，确定合同成立的地点是极为重要的，现在，与此相关的意义已经基本消失。

a）国际私法：在国际私法领域，人们传统上一直认为，按照所谓“场所支配行为”（locus regit actum）这一法律格言，法律行为的形式或者合同的形式受行为或合同成立地的法律支配或调整,[3] 但是，1980年6月7日在罗马签订并于1991年4月1日生效的关于合同义务法律适用公约，以及2008年6月17日的“罗马规则（一）”（le règlement de Roma，自2009年12月17日起取代1980年的“罗马公约”），分别在第9-2条与第11-2条中规定：如果合同双方当事人处于不同国家，就该合同的形式而言，如符合这两个国家之一的法律所规定的形式条件，该合同有效。这样，有

[1]参见《法国民法总论》，第511节。

[2]在企业司法重整与司法清算方面，关于债务人自其停止支付之日后订立的合同，参见《法国商法典》，罗结珍译，北京大学出版社2015年9月第1版。

[3]最高法院第一民事庭，1963年5月28日，查理·卓别林（Charlie Chaplin）诉讼案（D. 1963. 677. JCP1963. II. 13347. Ph·Malaurie 述评，Grands arrêts. DIP. 5éd. N°40）。

关查明合同成立地的问题也就完全失去了意义。

b）民事诉讼程序：在法国，1975年《新民事诉讼法典》生效之前，有关合同的争议是根据合同成立地来决定受诉法院的地域管辖权；现在，该法典第46条就这一问题作出了新的规定：对于合同诉讼案件，除被告居住地法院之外，原告还可自行选择向“物的实际交付地法院，或者服务性给付履行地法院”提起诉讼，也就是说，涉及合同的诉讼案件，不再是唯一根据合同成立地来认定法院的地域管辖权。这样也就使得确定合同成立地的问题失去了意义。剩下的只有《劳动法典》实施条例部分的第R1412-1条第3款的规定：如果薪金雇员是在其受雇机构之外从事劳动，准许其向合同订立地的劳资纠纷仲裁法庭提起诉讼。

168.（2）理论上的分歧意见

关于不在场的人之间或者身在异地的人之间合同成立的时间与地点问题，曾经引发过理论界不同见解之间的争论，而现代学者认为，这场争论过于抽象、过于理论化。[1]

传统理论认为，合同成立的时间与地点问题，逻辑上应当做出相同的回答：使合同得以完全成立的那一事件本身就从时间与空间上对合同做出定位。在这方面，存在以下两种相互对立的见解。

一部分人认为，合同，只有在双方当事人的意思达到真正合致（véritable rencontre des volontés）之后才能真正成立，因此，受要约人做出的承诺，必须为要约人所知悉，合同才能成立。这就是所谓受信主义制度（le système de la réception），也称为“到达主义”；另一些人则认为，只要双方当事人的意思已经共存（coexistence des

[1]盖斯坦，前引书，第3版，第351节（Ghestin，3éd. N°351）；玛蒂与雷诺，第120节（Marty et Raynaud，N°120）。

volontés）或同时存在即告足够，也就是说，要约一经接受，合同即告成立，无须等到要约人接收到受要约人发回的承诺。这就是所谓“发信主义”（le système de l’émission），也称为“投邮主义”制度。

169.（A）受信主义制度

按照对这一制度所作的“要求最严格的”一种解释，受信主义也被称为承诺的“通知到达”（information）制度，它要求的是当事人的意思实现真正合致；只要当事人一方尚不知道相对方已经做出的承诺，合同便没有成立。这种“通知到达”制度是立足于这样一种论断的基础之上：只有当要约人知道相对人已经做出与其要约完全一致的肯定答复时，才能承认已经产生一种“具有强制力的约束”，因为，任何人均不能在自己尚不知情的情况下承担债务或义务。

但是，如果这种论断是准确的，那么，要约人所说的也就必须是承诺人所说的。要想成立具有相互约束力的契约关系，承诺人就必须知道其做出的承诺已经为要约人所知悉，照此顺推下去，就会无穷无尽、没有终止之时；由于双方当事人采用的传达方式，在各自表达的意思必须经过一定的时间间隔才能到达相对方的情况下，尤其可能出现这样的局面：任何人都无法肯定双方的一致意思（是否）已经同时存在。[1] 除此之外，还有一个棘手的证据问题：怎样才能证明要约人已经实际知道承诺人所做的答复？

正因为如此，在采取受信主义制度时，人们通常都会对上述最严格的解释进行一定的调整或矫正，以便其在实践中能够得到运用。这种矫正就是：只要承诺已经到达要约人，合同即告成立，并

[1]E·古诺：《论意思自治原则》，学位论文，1912 年，第 148 页（E · Gounot，le principe et l’autonomie de la volonté，thèse1912. p. 148）。

且推定要约人已经立即了解相对人所做的承诺。人们将这种制度称为严格意义上的受信主义（réception au sens strict）制度。

即使从这一角度来理解，受信主义制度仍然会遇到某种困难。我们知道，承诺可以默示：受要约人可以通过履行合同的方式来默示做出承诺（参见第123节）。然而，如果遵照受信主义制度的规则，只有在承诺人发出的商品到达要约人之日合同才能成立，换句话说，如果在要约的相对人已经履行合同之时，要约人可能已经撤回了要约。由此可见，受信主义制度有可能既不利于交易的迅速，也不利于交易的安全。

170. （B）发信主义制度

按照对这种制度所作的“要求不甚严格”的解释，发信主义也称为“宣告主义”（système de la déclaration）制度，其依据的原则是：只要受要约人已经决定对要约做出承诺，合同即告成立。采用通讯方式订立的合同，在承诺人签署承诺书的时间与地点即告成立。

但是，在实践中，这种分析处理也有它的弊端。弊端在于，合同的成立完全听任于受要约人的摆布。当然，受要约人可以及时发出承诺函件，然而，他也可以推迟发出这种函件，乃至将其毁弃。这样一来，受要约人是否做出承诺，就纯粹出于他的心理盘算，他随时可以轻而易举地重新做出承诺，因为，在此之前，他并没有充分对外表示出他的意思。正因为如此，对于发信主义制度的实际运用，也应当做出某些调整或矫正：合同成立于承诺人发出其承诺的时间与地点，这就是所谓“投邮（主义）制度”（système de l'expédition）。

不过，也有人指出，只要承诺人做出的承诺尚未到达要约人，承诺人仍然保留对其承诺做出反悔的可能性，因为，在特定条件下，承诺人可以到邮政部门追回他已经投寄、尚未送走的函件，[1] 或者发出一份追加电报，赶在信件到达要约人之前撤销该信件的效力。[2] 这样一来，我们又回到了受信主义理论。

为了最大限度地避免上述困难发生，看来比较合理的做法是，首先应从当事人的意图中去寻找这一问题的处理办法：当事人可以明示或者默示指出从何时开始他们将受合同关系的约束，例如，因要约规定的期限所产生的效力在要约中写明诸如“请立即回复”之类的话，或者由于当事人相互之间在此前一直有着某种特定的做法，或者按照习惯，免除受要约人向要约人通知其承诺的情况，都是如此。只要受要约人已经开始履行其义务，合同即属最终确定订立。

除了表明或存在肯定的意思之外，看来还有必要安排一项补充规则，它可以让当事人获得充分肯定的准确的信息。[3] 当代法学理论界有部分人提出建议，认为应当将合同成立的日期问题与合同成立的地点问题分开来考虑：合同成立的日期问题，按受信主义制度处理，合同成立的地点问题按发信主义处理。[4]（然而，我们认为）这种观点反而会使问题更加复杂化而毫无用处。如果我们思考一下，有关合同成立地点的实际作用非常小，就会更加明白上述建议毫无必要。

---

[1] J·卡尔波尼耶，第4卷，第39节（J·Carbonnier. t. 4. N°39）。英国邮政的做法有所不同。这也导致英国法院判例一开始确认的是发信主义理论，但是，后来英国法律，作为原则，采纳的是受信主义理论，在合同已经因“交付邮政投寄、不能取回的信件”订立时，发信主义理论才作为例外发挥其作用。参见大卫与普格莱：《英国法律中的合同》，第2版，第114节（David et Pugsley，les contrats en droit anglais，2ᵉ éd. N°114）。

[2] 图卢兹法院，1901年6月13日（DP1902. 2. 16）；巴黎法院，1937年5月31日（DH1937. 431）。

[3] 盖斯坦，第3版，第360节（Ghestin，3ᵉ éd. N°360）。

[4] Ph. Malaurie 述评（D. 1961. 417）。

171.（3）法国制定法的处理

法国《民法典》在这一问题上没有提供任何肯定的指导性规定，法典中有两个条文——第932条与第1985条——在处理这一问题时实际上是取道不同的方向。其中，第932条是关于赠与的规定：“生前赠与，在受赠与人以明确的文字表示接受之前，对赠与人不产生任何义务约束，亦不产生任何效果。”这就是说，生前赠与合同的产生或成立并不是受赠与人接受赠与，而是受赠与人向赠与人通知其接受赠与，这里采取的是受信主义制度；但是，法典第1985条关于委托的规定是：“接受委托，得仅以默示而成立，以及因受委托人（代理人）执行向其委托之事务而成立。”这就是说，对于委托合同，由于法典条文规定“对要约的承诺得为默示”，那么委托合同在受委托人完成第一次受托行为之日就已经成立，即使委托人并不知道此种情况。这样，对于委托合同，法典采取的就是发信主义制度。

基于法律（《民法典》）有这样不同的规定，最高法院在过去很长时间里都认定，这些问题涉及的是事实问题，如何处理完全取决于个案的具体情节，[1] 上诉法院也是根据个案的具体情况分别适用其认为最为公平的制度；[2] 不过，最高法院诉状审理庭在1932年3月21日作出一项判决，[3] 看来宣告了一个原则性导向

[1] 最高法院诉状审理庭，1867年8月6日（DP. 68. I35）；最高法院诉状审理庭，1875年12月1日（DP. 77. I. 451）；最高法院民事庭，1910年11月16日（DP1912. I. 50）；最高法院诉状审理庭，1923年1月29日（DP1923. I. 176. 1923. I168）。

[2] 例如，其他一些主张发信主义的判决有：都埃法院，1886年3月15日（DP. 88. 2. 37）；波尔多法院，1892年1月29日（DP. 92. 2. 390）；主张适用受信主义的判决，例如，奥尔良法院，1885年6月26日（DP. 86. 2. 135. S. 86. 2. 30）；里昂法院，1892年4月12日（DP. 93. 2. 324）；图卢兹法院，1901年6月13日（DP1902. 2. 16. S. 1902. 2. 174）；尼姆法院，1908年3月4日（DP1908. 2. 248. S. 1910. 2. 106）。

[3] 最高法院诉状审理庭，1932年3月21日（DP1933. 1. 65. Sallé de la Marnierre 述评，S. 1932. 1. 278. Gaz. Pal. 1932. I. 1910. Grands arrêts. t. 2. N°143）。

（une directive de principe），在各方当事人对这一问题没有做出明确处理的情况下，这一原则性导向可以为实体法官的审理判断提供指导性处理意见。诉状审理庭的这项判决鲜明地采取了倾向于发信主义的立场。该判决认定“自承诺做出之时刻，由于对所提出的建议已经做出承诺，预约即告实现，合同完全成立”。理论界一度普遍想尽力降低这一判决的巨大影响，为此，有人指出：最高法院诉状审理庭的这项判决是就“哪一法院对有关隔地订立的劳动合同的争议有管辖权”的问题作出的判决，而且仅仅是一项驳回原判的判决。这种评述的言外之意是，这一判决是出于有利于雇主一方的意愿，以便他有可能在其居住地法院进行诉讼。（我们认为）这一判决所做的处理属于“公平的司法政策”的范畴，这也说明了为什么后来作出的许多判决在这一问题上经常发生摇摆。[1] 但是，最高法院商事庭始终坚持原来的路线，通过其 1981 年 1 月 7 日的判决，[2] 明确宣告其倾向于发信主义制度（système de l'emission）。[3]

---

[1] 例如，主张发信主义的判决：最高法院社会庭，1954 年 7 月 2 日（Bull. civ. IV. N°485. p. 365）；最高法院社会庭，1954 年 7 月 20 日（JCP1955. II. 8775. Rabut 述评）；最高法院社会庭，1956 年 6 月 21 日（Bull. civ. IV. N°579. p. 432）；最高法院社会庭，1959 年 1 月 7 日（Bull. civ. III. N°10. p. 8）；最高法院社会庭，1962 年 5 月 9 日（Bull. civ. IV. N°420. p. 331）；最高法院社会庭，1965 年 13 月 13 日（D. 1965. 492）；主张受信主义的判决：最高法院民事庭，1932 年 2 月 2 日（S. 1932. I. 68）；最高法院民事庭，1960 年 12 月 21 日（D. 1961. 417，PH · Malaurie 述评）。

[2] 最高法院商事庭，1981 年 1 月 7 日（Bull. civ. IV. N°14. p. 11. RTD civ. 1981. F · Chabas 述评，Grands arrêts. t. 2. N°144）。

[3] 国内很多书籍和论文在介绍英美法系和大陆法系在有关承诺生效的时间等问题上的差别时往往过于绝对，笼统地认为英美法采取的是发信主义原则，即投邮生效原则，大陆法系采用受信主义原则，即到达生效原则（参见本书第 172-1 节）。其实，这种论断是片面的，甚至是错误的。法国学者在这里所做的分析介绍可以帮助我们厘清这方面的误判。随着国际经济关系的发展与相互渗透，在很多问题上，两大法系之间的差别并非泾渭分明，不适用一刀切的论断。此外，法国法与德国法虽然同属于大陆法系，两者之间在许多问题上的理论、观念与法律制度同样存在很大差别。总之，法律是复杂的，在许多问题上，原则是存在的，例外也是很多的。——译者注

这里又提出了另一个问题：在对要约自动失效所规定的日期之前合同是否就已经成立。举一个例子：一家公司发出一项要约并对其规定了有效期间为30日。要约相对人（受要约人）在要约到期日之前7日就已经发出了承诺函（lettre d'acception），但是他并不能证明要约人在约定的期限内收到了这一函件。法院认定，"在没有相反条款约定的情况下"，合同的成立依据不是要约人接收到受要约人的承诺，而是受要约人发出他的承诺。[1] 正因为如此，最高法院商事庭认为，只要证明确定受要约人已在要约规定的期间内发出了承诺，那么，便没有必要再去考虑受要约人的承诺（实际）到达要约人的时间。

虽然说这样做似乎是奠定了一项实践所需要的补充规则——"在（要约）没有相反条款规定的情况下"，承诺一经发出，合同即告成立，[2] 但是，这样一来又会存在另一个疑问：在受要约人的承诺尚未到达要约人之前，通过一种更加快捷的传送途径，对其所做的承诺进行反悔时，是否仍然适用相同的处理？

172. 国际法与欧洲法

联合国关于国际货物销售合同的公约（1980年4月11日签订于维也纳，1981年1月1日生效）原则上确认的是受信主义。该公约于1988年1月1日（对法国）生效。[3] 按照公约第18条的规

---

[1]关于这种可能性，参见马蒂与莱诺，第121节（Marty et Raynaud，N°121）；佛卢尔，奥贝尔与萨沃，第169-2节（Flour，Aubert et Savaux. N°169-2）。

[2]参见A·Seriaux对此问题的保留意见（N°14）。

[3]有关条文，见"Rev. crit. DIP1981. 387"，欧泽：《论国际货物买卖》，1992年，第189节（Heuze，la vente internationale de marchandises，1992，N°189）；参见《欧洲合同法通则》有关"要约与承诺"的条文（韩世远译）： （转下页）

定，“对要约的承诺在表明同意的指示到达要约人时生效。但是，在涉及确定要约不得撤回的时间时，仍然排除适用这一规则”，

（接上页）第二节　要约与承诺

第 2-201 条：要约。（一）一项建议只要符合下列要件即构成要约：（1）其意在相对方做出承诺时即成立合同，并且（2）含有相当确定的条款以成立合同。（二）要约得向一人或者多个特定的人或者向公众做出。（三）一项由职业性供应人以公开的广告或价目表或者以商品展示的方式做出的按照特定价格供应商品或服务的建议，被推定为是按此价格出售商品或提供服务的要约，直至库存商品售罄或者供应人提供此项服务的能力告尽。

第 2-202 条：要约的撤销。（一）要约得予撤回，只要撤回要约的通知在受要约人发出其承诺之前或者在其以行为表示承诺之场合，在依第 2-205 条第 2 款或第 3 款成立合同之前到达受要约人。（二）向公众发出的要约可以用与发出该要约时采用的相同的方式撤回。（三）但如存有下列情况，要约的撤回无效：（1）要约已表明为不可撤回的；或者（2）要约已确定承诺时间的；或者（3）受要约人合理地相信该要约为不可撤回并已基于对要约的信任做出了行为的。

第 2-203 条：要约的失效。要约于拒绝通知到达要约人时失效。

第 2-204 条：承诺。（一）受要约人作出的任何形式的陈述或行为，只要其表明对要约的同意，即为承诺。（二）沉默或不作为本身并不构成承诺。

第 2-205 条：合同成立的时间。（一）只要受要约人已发出承诺，合同自该项声明到达要约人时成立。（二）在以行为表示承诺之场合，合同自有关该行为的通知到达要约人时成立。（三）如果根据要约或者当事人之间业已确立的习惯做法或者惯例，受要约人可以履行某种行为来对要约做出承诺而无须通知要约人，合同自开始履行该行为时成立。

第 2-206 条：承诺的期限。（一）对要约所为之承诺如欲有效，须于要约人确定的期限内到达要约人。（二）如果要约人没有确定任何期限，承诺须于合理时间内到达要约人。（三）在以依第 2-205 条第 3 款履行某种行为表示承诺的场合，该行为须于要约人确定的承诺期限内履行；如果没有确定期限，则在一合理的时间内。

第 2-207 条：迟到的承诺。（一）承诺虽迟到仍得为有效的承诺，只要要约人不曾迟延地通知受要约人他将它作为承诺。（二）如果带有迟到的承诺的信件或书面材料表明，如果传送正常它会按时到达要约人，则此迟到的承诺仍得为有效的承诺，除非要约人不曾迟延地通知受要约人它认为它的要约已经失效。

第 2-208 条：变更了的承诺。（一）受要约人所作的答复，如言明了或隐含了附加的或不同的条款，且这些条款会实质性地变更要约的条款，则为拒绝并构成一个新的要约。（二）对要约作出的明确地同意的答复，尽管它对要约言明了或隐含了附加的或不同的条款，只要它们并没有实质性地变更要约的条款，仍构成承诺。附加的或不同的条款构成合同的组成部分。（三）但如果答复符合下列情形，即构成对要约的拒绝：（1）要约明确地将承诺限定于要约的条款；或者（2）要约人不曾迟延地反对附加的或不同的条款；或者（3）受要约人对其承诺附有条件，要求要约人对附加的或不同的条款表示同意，而该同意没有在一段合理的时间内到达受要约人。

按照该公约第 16 条的规定：“在合同尚未签订之前，要约得予撤回。如果撤回要约的通知是在受要约人发出承诺之前到达受要约人，要约得予撤回。”

受信主义理论也得到《国际统一私法协会国际商事合同通则》第 2-6 条的确认：“（1）受要约人作出的声明或者以其他行为表述同样一项要约，即构成承诺。缄默或者不行为本身并不构成承诺。（2）对一项要约的承诺于同意的表示到达要约人时生效。（3）但是，如果根据要约本身或者依据当事人之间确定的习惯做法或者惯例，受要约人可以通过做出某行为来表述同意而无须向要约人发出通知的，则承诺于做出该行为时生效。”《欧洲合同法通则》（Principes du droit européen du contrat）第 2-203 条与第2-205条也确认了这一受信主义理论。

172-1. 电子合同

通讯技术的发展使隔地合同（contrat à distance）的成立时间与成立地点问题越来越突出。欧洲的立法者们为了解决这一问题已经做出了努力，但问题并未因此而变得明朗起来。法国虽然已经将欧洲共同体 1997 年 5 月 20 日关于在隔地合同问题上保护消费者的指令转为 2001 年 8 月 23 日的国内法令，但这项指令并没有就隔地合同的成立时间与地点问题直接作出规定；不过，2000 年 6 月 8 日关于电子商务的共同体指令则作出了相关规定。这项指令采取了欧洲立法十分典型的晦涩难懂的文字表述风格，其中第 11 条在“订单的传递”一段中规定：“所有订单均应遵守以下两项原则：（1）给付人应在并非不合理的期限内经电子途径向对方通知其已接收到订单；（2）当使用的技术手段使相对人能够进入网址时，推定订单与其接收通知均已收悉。”按照这一指令的规定，合同不再是仅仅依据双方当事人的意思合致而订立，因为，它还要求要约人通知受要约人他已经收到后者的承诺。这又等于承认向承诺人通知已收到其所做承诺的“通知到达理论”（théorie d’information）。不过，这些规定的意义仍然不能确定，因为它丝毫没有指明这些规定决定着合同的成立条件。

（法国）2004年6月21日关于在数字经济信誉问题的法律将上述指令转为法国国内法，2005年6月16日又对这项法律进行了修改。现在《民法典》第1369-1条至第1369-3条对“通过电子途径订立合同的各项条件”进行了规范。从事职业活动的要约人无须专门传达其合同条件，而只需要将这些条件提交相对人进行处理即可。从事职业活动的要约人提出的要约，除其他相关信息之外，必须写明“通过电子途径订立合同应当遵照的信息操作处理步骤”。这一原则称为订立（电子）合同的“双击原则”（double clic），并且得到《民法典》第1369-2条的确认，即：“如收件人同意使用电子邮件，可以通过此种手段传送为订立合同而要求提供的信息，或者传送在履行合同过程中提供的信息。”接着，《民法典》第1369-5条第1款还进一步规定：“为使合同有效订立，受要约人在确认其订货并表示接受之前，应当有可能审查其订货的细节和价金总额以及更正可能出现的错误。”从这一条文来看，按照法国普通法，得到确认的是发信主义原则；但是，第1369-5条第2款接着又规定，“要约人应当在合理的期限内通过电子途径通知其已收到向其发来的订单”；而且，该条第3款最后还规定，“订货、确认接受要约以及接受订货，在双方收件人均可点击进入相关邮件时，视为已经收悉”。这样一来，得到确认的便不再是发信主义制度，[1]

[1] L·格林博姆：《在数字经济的法律颁布之后》，载《Dalloz法律评论汇编》，2005年，第2213页（L·Grynbaum，après la loi“économie numérique”，D. 2005. p. 2213. 2216）；E·格里莫：《通过电子途径订立合同的日期的确定》，载《合同、竞争与消费杂志》，2004年4月号，第14页（E·Grimaux. la détermination de la date de conclusion du contrat par voie électronique CCC. avril 2004. p. 14）。

而是受信主义。[1]

自2006年6月6日法令将欧洲共同体2002年9月23日关于向消费者提出隔地金融服务的商业化的指令转为法国国内法以后，在《消费法典》（第121-20-8条及随后条文）中就这些问题作出了若干特别规定。

（二）通过代理订立的合同

173. 本节内容安排

同意，通常都是由合同各方当事人自己作出表示，原则上，意思表示的合致应当存在于所有因订立合同而成为债权人与债务人的人相互之间。[2] 但是，这并不是说，只有所有当事人都必须亲自表示同意才能订立合同。如果在订立合同时，某一当事人不愿意或者不能够亲自到场，也可以采用代理机制（mécanisme de représentation）订立合同。[3]

广义而言，代理是一种法律手段，它可以使作为代理人的人取代被代理人从事活动。不过，这方面还应当区分两种不同的情况：其一是，代理人明确告知相对当事人，自己是以被代理人的名义、为被代理人的利益开展活动，此种代理为显名代理（la représentation parfaite）：由代理人实施的行为的效力直接由被代理人承受，就如同是被代理人本人亲自实施此种法律行为一样；其二是，代理人不向相对人披露其是以他人的名义、为他人的利益开展活动。此种代理为隐名代理（la représentation imparfaite），代理人本人对其订立

[1]参见：Grynbaum et Le plate, JCP2005, I. 193；Coupez et Verbiest, D. 2006. chron. 3057. 从这里可以看到，法国法在这一问题上的灵活处理，而且法院判例对个案的处理起着重要作用。

[2]Ph·迪迪耶：《论私法上的代理》，《巴黎二大学位论文》，2001年（Ph·Didier, de la représentation en droit privé, thèse Paris II. éd. 2001）。

[3]关于为他人利益订约的问题，参见本书第506节（sur les contrat pour autrui, N°506）。

的合同承担义务，随后应当将合同的负担与利益转移给被代理人。[1]

我们在本节中首先简述代理概念的演变，然后再依次研究显名代理（1）与隐名代理（2），最后再研究通过这种机制是否可以实现人们经常提及的“与自己订约”（un contrat avec soi-meme）的问题（3）。

174. 代理（制度）的演变

罗马法不曾规定代理制度。在罗马法里，由于债具有对人性质或属人性质，法律行为应当遵守仪式上的形式主义，因此很难承认“债务人可以是与债权人有债务关系的人以外的其他人”。然而，在实践中，为了无能力人的利益，往往需要订立某些合同，这种情况是不可避免的，对于未成年人的利益而言，更是如此。出于这种实际需要，人们开始采取某种不得已的权宜办法：未成年人的监护人实施的行为、订立的合同，对于监护人本人产生效力，随后监护人应当将其实施的行为的后果转移给真正的利益当事人。这种代理仍然属于隐名代理（la représentation imparfaite）。一直等到 17 世纪，法国旧法才终于确认显名代理（la représentation parfaite）。1804 年的《民法典》在对“委托”（mandat，委托代理）[2] 以及保护无行为能力人和失踪者的利益的问题作出规定时，对代理制度

---

[1] 显名代理，法语为“représentation parfaite”，意为“完善的代理”或“完全的代理”，与此相对应，“非显名代理”或“隐名代理”称为“représentation imparfaite”，直译为“不完善的代理”或“不完全的代理”。——译者注

[2] 法国《民法典》并未对“代理”（la représentation）与“委托”（le mandat）加以区分，但法律条文以及著作、论文中对两者使用的术语并不相同，其中，“委托”为“mandat”，“代理”通常为“représentation”，在使用后一术语时，代理人与被代理人分别为“représentant”与“représenté”。从技术角度，所谓“代理”是委托人与代理人之间订立的委托合同，委托人称为“mandant”，代理人则称为“mandataire”，后者也译为“委托代理人”。——译者注

作出了规范，从此以后，代理制度有了很大发展。由于代理制度有很多优点，因而成为人们日常运用的一种法律技术。有了代理制度，自然人无须亲自到场，可以借助于专业的中间人，或者借助特定的个人作为中间人，替代其订立合同；对于法人而言，代理技术与代理制度更是具有至关重要的作用。法人的存在本身就是通过作为法人机关（organe）的特定的自然人（所谓法定代表人）来体现的。没有代理制度，法人便不可能运作。

由此可见，在（法人机关的委托代理）这一领域，代理制度呈现出一种特别的面貌：原则上，普通代理人的活动都是遵照被代理人的意志（意思）并且按照被代理人规定的条件来实施的，但是，如果面对的是复杂多样的集体利益，情况就有所不同：显然不可能要求法人机关——经理、董事等订立的所有合同、实施的所有法律行为都需要事先得到法人全体成员的一致同意。因此，人们只能给予代表法人的这些机关以领导权力与行动权力，以表达法人全体成员集体的意志，但是，这种集体意志并不必然都是每一个成员的个人意志的相加总和。

有关公司的立法越来越受到这样一种思想的影响和指导：公司机关并不是单纯的普通的代表人（simple représentant，代理人），而是享有属于他们自身的特定权力，并且相应承担着不同于普通代理人的责任（参见《商法典》第 225-5-1 条有关商事公司董事长的规定）。除法人之外，我们同样可以看到这些概念在其他方面的影响，集体合同领域更是如此（参见第 57 节）。

175. （1）显名代理（la représentation parfaite）

显名代理的功能是：如同被代理人已经亲自到场一样，被代理人是合同的真正当事人并且承受合同（法律行为）的全部效力；代理人仅仅扮演中间人的角色，本身并不受合同约束，不承担合同规定的义务。人们有时也运用一种形象来表达这种情况，那就是：代理人的“透明度形象”。不过，要想让显名代理机制完全发挥作用，还必须具备多项条件，如果缺乏其中某些条件，显名代理机制就会完全或者部分发生故障。

176.（A）（显名）代理的条件

传统上，显名代理需要具备一系列条件。只有符合这些条件，代理人实施的行为才能使被代理人承担相应的义务。这些条件是：（1）代理人被赋予某种代理权力（un pouvoir de représentation），（2）以代理人的资格实施行为；（3）有订立合同的意愿或意思。

177.（a）代理权力

要想使代理机制能够发挥作用，代理人必须享有代理权力[1]并且是在其享有的权力限度之内实施行为。

a）代理权力的来源：代理人享有的代理权力构成一种法律根据或法律名义（titre juridique），正是这种根据或名义使代理人获得了参与他人事务的正当性，使之合法地参与并实施其行为。这种代理权力可以有以下多种来源：法律、法官与合同。

——法律：代理人的权力可以来自法律的规定。例如，法律规定父与母是他们未成年子女财产的法定管理人，或者是他们的监护

[1]法文这里使用的是“pouvoir de représentation”，而不是“droit de représentation”，是“代理权力”而不是“代理权利”，权利与权力意义并不相同。我国法律在使用“代理权”这一概念时，很难作出如此明确的区分。实际上一个人并不享有代理他人的“权利”。——译者注

人；[1] 又例如，在公司方面，公司的各个机关的代理权力或代表权力也是来自法律的规定：法律确定了公司的代表人行使权力的一般范围。

——法官：代理人也可以是依据法院作出司法性质的决定（判决或裁定）（décision de justice），被任命司法代理人（représentant judiciaire），与此同时，法院判决或裁定往往都会确定司法代理人的权力范围。例如，夫妻一方或者某一共有人（un indivisaires）处于不能表达自己意思的状况时，配偶另一方（《民法典》第 219 条）或者共同共有人（coindivisaires）之一（《民法典》第 815-4 条）便可以诉请法院判决或裁定赋予其一般的或者在特定行为中代理无行为能力人的资格。这种代理的条件与范围，均由法官确定。

——协议（convention）或合同：代理人的权力还可以来自协议或合同。这也是代理权力最常见的来源。此种合同通常称为“委托合同”（contrat de mandat），被代理人或者委托人通过订立委托合同，给予代理人（représentant）或委托代理人（mandataire）以委托授权，由代理人以被代理人的名义订立一项或多项合同，或者实施一项或多项法律行为。这种委托可以是一般委托，也可以是特别委托（《民法典》第 1987 条）。按照一般条件设计的委托，只能实施管理行为；如果是赋予委托代理人以处分权力，或者赋予其设定抵押权的权力，则必须有明文的委托书（此为特别委托）。

b）代理人权力的范围：代理人只能在其依据法律、法官或者协议的规定赋予的权力范围内开展活动、实施行为。代理人在没有权力或者超越权力的情况下实施的行为，不能对被代理人产生义务约束；在过去很长时间里，法院判例一直认为，代理人在这种情况

[1]参见《人、家庭、无能力》，第 1090 节、第 1128 节（les personnes. la famille. les incapacités，N°1090. N°1128）。

下实施的行为，由于没有得到被代理人的同意而绝对无效；[1] 但是，法院判例的这种处理虽然符合有关无效的传统理论，却也遭到现代理论界的批评。现代法学理论强调指出：对代理人无权代理或越权代理而实施的行为应当以相对无效论处，[2] 或者甚至仅以其对第三人不具有对抗效力来实施制裁，[3] 而不应当认定其绝对无效，因为，此种情况下认定代理无效的唯一目的是保护"那些违背其意愿而不得不承担义务的当事人"的（私人）利益。最高法院对理论界的这种批评意见作出了积极响应，并且在2005年11月2日的判决中提出一项规则：对于委托代理人无权力而实施的行为，其订立的合同以相对无效处理。[4] 委托代理人无权力或越权而订立的合同无效时，如果合同的善意相对人因此受到损失，可以对代理人提起责任之诉（《民法典》第1997条）；与此相反，此种合同的相对人却不能对被代理人提起诉讼。因此，相对人，在他人通过代理人订立合同时，应当认真地仔细阅读代理人的授权委托书、法院的判决书或者确定代理人任务的其他文件，这样才能真正了解代理人享有的权力是否确实存在，才能真正了解这种权力的实际范围。

不过，法院判例对上述意见也做出了非常重要的缓和处理。因为，出于对交易安全的关注，判例认为，当合同的相对人是善意并且有严肃理由可以相信委托代理人具有与之进行交易的资格时，代理便可以产生效力，即使存在委托代理人无权或者越权的情形，亦是如

---

[1]最高法院第三民事庭，1980年4月15日（Bull. civ. III. N° 73. p. 53. D. 1981. IRP. 314，Ghestin 述评，Defrénois. 1981. p. 853，L · Aubert 述评，RTD civ. 1981. p. 155，F · Chabas 述评）；最高法院第一民事庭，1976年11月23日（Bull. civ. I. N° 361. p. 264）；最高法院全体庭，1982年5月28日（Bull. ass. pl. N° 3. p. 5. D. 1983. 117. p. 349，E · Gaillard 述评）。

[2]参见前引 J · Ghestin 述评，J-L · Aubert 述评。

[3]Ph · 迪迪耶，前引论文，第174节（Ph · Didier，thèse. préc. N°174）。

[4]最高法院第一民事庭，2005年11月2日（Bull. civ. I. N° 395. D. 2005. IR2824. RTD civ. 2006. 138，P-Y · Gautier 述评）。

此。这就是所谓的“表见代理”（mandat apparent）。[1] 要想确定是否成立表见代理，法院判例运用的是“双重的宽松标准”（critère à double détente）：[2] 如果所有的人都合理相信所谓的委托代理人享有的权力，而且根据具体情节，所有的第三人均无须对所谓的委托代理人的权力进行审查时，[3] 那么这种相信就是“合理的相信”，在这种情形下的代理为表见代理。这里还涉及主张代理的表见性的人本身的身份、资质问题，因为，对于不同的人而言——是一个少有经验的人还是一个非常熟悉商务交易的人——他对委托代理人所享有的权力的判断是否合理，或许相对容易，或许相对困难。我们还可以根据委托代理人实施的行为的性质与重要程度，据以判断是否可

---

[1]这方面的论文很多。参见：J·雷奥德：《论表见代理》，载《民法学季刊》，1947年，288（J·Léauté，le mandat apparent，RTD civ. 1947. 288）；P·勒斯科特：《论表见代理》，载《法律活页期刊》，1964年，I，1826（P·Lescot，le mandat apparent，JCP1964. I. 1826）；J·加莱-奥罗瓦：《试论商事领域的表见的概念》，《蒙帕利耶大学学位论文》，1959年（J·Calai-Auloy，Essai sur la notion d'apparence en matière commercial，thèse Montpellier1959）；J·帕里格：《私法上的表见与现实，关于表见状况下保护第三人之研究》，《尼斯大学学位论文》，1974年，第168节（J·Parright，Apparence et réalité en droit privé，contribution à l' étude de la protection des tiers contre les situations apparente，thèse Nice 1974. N°168）；《滥用权力或滥用职务》，载《亨利·卡比唐协会研究文集》，第27卷，1977年（l'abus de pouvoirs ou de fonctions（travaux Assoc. H·Capitant，t. 27. 1977））；L·苏里欧：《论合理相信》，载《法律活页期刊》，1982年，I，3058（L·Sourioux，la croyance légitime，JCP1982. I. 3058）；L·勒维诺：《事实状态与私法》，《巴黎二大学位论文》，1990年，第114节（L·Leveneur，situation de fait et droit privé，thèse Paris II，éd. 1990. N°114）；A·达尼-法托姆：《论表见与合同》，《巴黎一大学位论文》，2004年，第178节（A·Danis-Fatôme，apparence et contrat，thèse Paris I. éd. 2004. N°178）。（国内也有书籍将“表见”理论译为“外观”理论——译者注）

[2]G·Cornu述评（RTD civ. 1971. 151）。

[3]最高法院全体庭，1962年12月13日（D. 1963. 277，Calai-Auloy述评，JCP1963. II. 13105，P·Esmein述评，RTD civ. 1963. 372，G·Cornu述评，Grands Arrêts. t. 2. N°281）；最高法院民事庭，1969年4月29日（Bull. civ. I. N°153. 154. 155. p. 123. 124. 125，JCP1969. II. 15972. R. L. D. 1970. 23，J·Calais-Auloy述评，Y·Loussouarn述评，G·Cornu述评）。

以合理相信代理人享有相应的权力：通常情况下，越是涉及重大的行为，就越不容易承认（当事人一方发生）误解的合理性。[1]

我们还要补充的是，只要被代理人明示或默示批准（或认可或追认）代理人超越其权力所实施的行为，那么，被代理人也应对代理人即使属于越权实施的行为承担义务（《民法典》第 1998 条），或者如果代理人（对相关事务）进行了《民法典》第 1375 条意义上的“有益的管理”（gestion utile），[2] 也是如此（参见第 1041 节）。

在商事公司与民事合伙（民事公司）方面，同样有许多专门的立法规定，目的是要确保对第三人的保护。例如，公司章程中有关限制其机关权力的条款，如果规定的限制比法律的规定更加狭窄，对第三人不具有对抗效力（《民法典》第 1849 条，《商法典》第 223-18 条、第 225-35 条、第 225-64 条）。对于公司机关超越章程规定的权力而实施的行为，唯一的制裁是机关对公司本身承担责任。

178. （b）代理资格的披露

由于代理人也是可以为其自己订立合同的人，因此，要想让代理机制完全发挥作用，代理人向合同相对人明确告知他不是以其自己的名义而是以他人的名义、为他人的利益开展活动、订立合同，这种身份披露就变得非常重要。如果代理人没有披露其代理人

---

[1] 例如，最高法院第一民事庭 1967 年 6 月 13 日判决（JCP1967. II. 15217）；最高法院商事庭 1981 年 7 月 8 日判决（Bull. civ. N°315. p. 249）。

（因为，在涉及重大事项时，相对人本应对代理人的资质、权力范围进行更加仔细的审查，做出合理的判断。——译者注）

[2] 《民法典》第 1375 条：“其事务受到很好管理的所有人，应当履行管理人以其名义缔结的义务；对管理人为管理事务而负担的全部个人债务应给予补偿，同时应偿还管理人为此负担的一切有益的或必要的费用。”

的资格，也就是说，如果代理人不表明自己是为他人利益订立合同，或者，他虽然指明自己是为他人利益订立合同但不披露该他人的姓名，那么，此种代理就属于隐名代理（représentation imparfaite）。

179. （c）订立合同的意思

传统理论将代理看成是一种拟制（une fiction）。根据这种拟制，被代理人被看成是通过代理人来表达其本人的意思。按照这种观念，即使在实施法律行为时被代理人并未到场，但一切仍然像是由他本人亲自而为。最近，理论界有一些人士试图摒弃这种将代理看成是一种拟制的思想，强调代理人所起的作用虽然是中间人的作用，扮演的是中间人角色，但他并不仅仅是一个单纯的发言人，代理人本身的意思表示并非可以忽略不计。[1] 由此产生的结果是，由代理人订立的合同，仅在其表达的意思确实存在并且没有瑕疵时，才能存在有效的合同。正因为如此，人们不能向没有判断能力、没有鉴别能力的人给予委托授权。

与此相反，没有必要要求代理人在法律上有能力，因为，是否有缔结合同的能力，需要从被代理人本身的情况来进行评判。关于这一问题，《民法典》第1990条作了如下规定：未解除亲权（未解除监护）的未成年人，得受选任作为受委托人（代理人）；但是，委托人仅在按照有关未成年人的义务的规则范围内，对未成年

[1] M·斯托克：《试论法律行为中的代理机制》，1982年，第127节，第92页（M·Storck, Essai sur le mécanisme de la représentation dans les actes juridiques, éd. 1982. N°127. p. 92）；G·维克尔：《论法律上的拟制，也谈法律行为之分析》，《帕尔比尼昂大学学位论文》，1997年，第50节，第60页（G·Wicker, les fictions juridiques, contribution à l'analyse de l'acte juridique, thèse Perpignan. éd. 1997. N°50. p. 60）。

的受委托人（代理人）享有诉权；[1] 不过，对于某些法定代理人，则是另一种情况，也就是说，对于特定的法定代理人，有必要要求其具有法律上的能力，例如，《民法典》第 442 条规定：只有有能力的人才能作为监护人。

180.（B）（显名）代理的效力

显名代理的最主要效力是，（代理人订立的）合同直接产生由被代理人本人承受的所有效力，而且没有必要再实施任何法律性质的行为或完成任何法律手续，由代理人订立的合同的效果即从代理人转移给被代理人，因为显名代理订立的合同直接对被代理人的概括财产产生效力。

不过，在这方面还需要作以下两点说明：

a）原则上，代理人，对于与其订立合同的相对当事人，既不取得任何权利，也不承担任何义务。但是，如果代理人个人在执行代理任务时有过错，则可能引起其本人对此种过错的受害人承担责任，特别是引起他对与其订立合同的相对当事人的责任，《民法典》第 1997 条即有此项规定："受委托人（代理人）以此种资格向与其缔结合同的人已充分说明其所享有的权限时，对于超出此种权限的事务，以自己的名义与第三人打交道的受委托人（代理人）不负任何担保责任，但代理人自行负担此种责任时，不在此限。"[2]

[1] 法院判例将这一处理意见扩张适用于所有的无能力人。这样，受监护的成年人也可以代理他人，参见第戎法院 1928 年 12 月 11 日判决（DH. 1929. 154）；但是，在劳动力租赁方面，禁止代理其监护人；另见最高法院民事庭 1933 年 1 月 4 日判决（DH1934. 97. S. 1936. I137，H · Vialleton 述评）；不过，有需要表达自己意思的代理人应当采取非常谨慎态度，因此，年龄很小的儿童或者受监护的成年人在并非神志清醒的间歇时间内是不能代理他人的。

[2] 最高法院第一民事庭，1891 年 3 月 18 日（DP. 91. I. 401. S. 94。I. 70）；最高法院诉状审理庭，1931 年 4 月 17 日（S. 1931. I. 270）；最高法院诉状审理庭，1940 年 5 月 28 日（S. 1940. I. 64）；最高法院民事庭，1942 年 4 月 14 日（DA1942. 126）。

b）代理，在代理人与被代理人的关系中产生各项义务。这些义务，随着产生代理的原因不同而有所不同，或者随着代理的性质不同而有所不同。产生代理的原因有诸如委托、法律授权、无因管理，而代理的性质则会因为是个人代理还是法人的代表机关而不同。总的来说，代理在代理人与被代理人的关系中产生的各项义务包括：代理人应当以善良家父的态度履行其承担的代理任务，并且有义务向被代理人做出汇报，还包括被代理人有义务向代理人偿还其垫付的款项与费用。

181.（2）隐名代理

一个人，尽管是为他人的利益开展活动、实施行为、订立合同，但他可以对合同相对当事人完全或者部分隐瞒其作为中间人的身份。[1]

——代理人完全隐瞒其作为中间人的身份的情况：当代理人对相对人完全隐瞒自己作为代理人的身份时，他虽然是在为他人订立合同、实施法律行为，却让与之打交道的合同相对人相信他是在为其本人的利益订立合同。这就是所谓“借名”（prête-nom），[2] 例如，某人希望购买一处不动产，但又不想让该不动产的所有权人知道他是真正的购买人，因为他不想让出卖人有可能借机向其提出苛刻的条件，于是委托另一人将该不动产购买过来，但同时禁止该受托人透露他们之间存在此项委托授权（参见第543节）。

——代理人部分隐瞒其作为中间人的身份：代理人虽然是为他人的利益订立合同，但却是以自己的名义开展活动、订立该合同

[1]关于这个问题，参见科拉尔-杜提洛尔与德勒贝克：《民事合同与商事合同》，第660节（Collart Dutilleul et Delebecque，contrats civils et commerciaux，N°660）。

[2]借名合同（prête-nom）是一种隐名代理。但是，如果借用名义实施行为的目的是规避法律，则会存在很大风险或者是违法行为。——译者注

时，属于部分隐瞒其中间人身份的情形。合同的相对人知道自己是在与中间人进行交易，但他并不知道到底谁是被代理人。这种情况下的委托代理称为“行纪”（commission）。《商法典》第 132-1 条[1]对这类合同进行了规范。被代理人称为“commettant”（委托人、委派人），代理人则称为行纪人（représentant commissionaire，行纪代理人）。[2] 例如，某一工业生产厂商在销售合同的框架内进行产品销售的代理活动。

在隐名代理情况下，第三人只知道与自己打交道、与自己进行交易的那个人，在他看来，代理人本人即是债务人与债权人，代理人可以要求履行由此产生的合同，同时有义务履行这一合同。[3]

在代理人与被代理人的关系中，“借名协议”或者“行纪合同”应当得到履行；代理人应当向被代理人转移其取得的财产的所有权，或者向被代理人交还由其负责卖出的财产所得的款项；与此相对应，被代理人应当对代理人因临时承担的义务而给予补偿（参见第 551 节）。[4]

---

[1]《商法典》第 L132-1 条：“（1863 年 5 月 23 日法律）行记商（commissionnaire）是指以自己名义或以公司的名义为委托人的利益开展活动的人。以委托人（commettant）的名义开展活动的行纪商的权利与义务，由《民法典》第三卷第十三编规定。”

[2]Ph·迪迪耶，前引文，第 110 节（Ph·Didier，thèse. préc. N°110）。

[3]最高法院第一民事庭，1993 年 11 月 17 日（Bull. civ. I. N° 329. p. 228. Defrénois 1991，791. Delebecque 述评）。在借名情况下，第三人通过“请求宣告隐瞒之诉”，证明暗中存在的、被隐瞒的委托，从而可以直接对隐藏在所谓的“稻草人”身后的人提起诉讼（参见第 551 节）。

[4]借名人（le prête-nom）与委托人（le mandant）之间的关系受有关委托人与委托代理人之关系的规则调整，因此，只要没有提出借名人在履行交付的义务的过程中有任何过错，那么，借名人就应当视为对委托人解除了对其行为的任何后果与责任，这时便只有委托人仍然应对第三人承担这些后果，参见最高法院第三民事庭 1971 年 12 月 1 日判决（D. 1972. 248）。

182. (3) 与自己订立合同 (le contrat avec soi-meme)[1]

原则上，要想订立合同，至少应当有两方当事人，照此而言，很难设想或者很难理解怎么有可能“自己与自己订立合同”？然而，现实中在有些特定情况下就是“与自己订立合同”。这种说法符合这样的现实，例如，某一个人同时用不同身份、代表双方当事人开展活动、订立合同、实施行为。[2]

一项财产的所有权人委托他人出卖这项财产，受委托人自己将此财产买下，此种情形属于“自己代理”(与自己订立买卖合同)；在这两个人当中，一个想卖出财产，另一个想购买该财产，而某人同时以该两人的代理人的身份订立买卖合同，此种情形属于“双方代理”。[3]

1) 与自己订立的合同的有效性：过去，人们也曾怀疑这种订约活动的有效性，怀疑的理由是：在这种情况下，并不存在双方当事人的意思合致，而仅有单方的意思宣告。[4] 但是，现在人们则认为，只要同一人是以两种不同的身份开展活

[1]按照本节的介绍，法国法中的所谓“与自己订立合同”(le contrat avec soi-meme)，包括“自己代理”与“双方代理”。——译者注

[2]古热：《关于与自己订立合同的理论》，《卡昂大学学位论文》，1903 年 (Gouget, Théorie du contrat avec soi-même, thèse Caen、1903)；瓦里马尔斯科：《论与自己实施的法律行为》，载《民法学季刊》，1926 年，973 (Vallimarsco. des actes juridiques avec soi-même, RTD civ. 1926. 973)。

[3]凡是与自己订约的情况，其理论依据往往就是代理，但是，除代理之外，也可以看到这种情况，在继承法方面尤其如此，例如，在限定继承情况下（按净资产承受遗产），享有此种利益的继承人按照规定对遗产的资产进行变现，以便清偿遗产上的负债，他可以以限定继承人的名义出卖这些遗产，同时以其本人的名义作为买受人。这种情况下，该继承人就是以两种名义实施遗产的买卖行为。(参见“les successions. les libéralités,” N°658)

[4]参见德莫格，第1卷，第40节 (Demogue, t. I. N°40)。

动、订立合同，并且表达两种意思，即告足够，[1] 因此，“与自己订立合同”，在技术上完全是可以做到的。不过，就对外表示同意意思而言，同一个人同时扮演双方当事人的角色的事实也需要满足某些特别要求，至少就合同的证据来说是如此，也就是说，要求该同一人采用某种可以留下痕迹的方法来表示意思，[2] 这是必不可少的。可以肯定，在这种情况下，缄默不可能具有承诺的价值。

2）（与自己订约的）特别禁止：代理人“自己与自己订立合同”，使被代理人面临种种风险。因为，如果代理人以相对当事人的身份、为自己的利益订立合同，即有可能牺牲被代理人的利益；同样，同一个人同时代理利益相反的两个不同的当事人，完全有可能偏向一方而牺牲另一方的利益。为了防止发生这类危险，法律禁止在特定情况下“自己与自己订立合同”：禁止自己代理或双方代理。从对立推理的角度来看问题，既然法律仅在特定情况下才禁止“与自己订立合同”，那么，这本身也就等于确认了“与自己订立合同的原则性效力”。[3]

《民法典》第 509 条第 4 项规定，禁止监护人“购买受保

---

[1] 关于区分合同与单方行为的思想，与其说是强调意思的二元性，不如说更多是强调当事人的二元性，也就是说，更多强调的是利益的二元性。这样的看法也就引导着人们承认如果一个人的意思表达了两种相反的利益，那么仅有一个人的意思也可以成立合同。参见马蒂与莱诺，第 96 节（Marty et Raynaud，N°96）；J·马尔丹德拉穆特：《论单方的法律行为》，《图卢兹大学学位论文》，1951 年，第 40 节（J·Martin de la Moutte，l'acte juridique unilatéral，thèse Toulouse 1951. N°40）；另见 M·斯托克，前引文，第 47 节，第 43 页（M·Storck，op. cit. N°47. p. 43）。

[2] 最高法院商事庭，2003 年 10 月 8 日（Defrénois2004. p. 372. J-L·Aubert 述评）。只要参与某一行为的一方当事人以不同的资格开展活动且这种资格又非常明确、没有任何的含糊不清，那么，该一方当事人的签字足以赋予所涉及的义务承诺以完全的效力。

[3] 最高法院第一民事庭，1998 年 5 月 13 日（Bull. civ. I. N° 169. p. 113. Defrénois 1998. 366，Delebecque 述评，RTD civ. 1998. 927，P-Y·Gautier 述评）。

护人的财产或者取得其财产的租赁权，但保留执行第 508 条的规定”。除此情况外，法典第 454 条规定：在监护人打算与无行为能力进行交易时，无行为能力人必须例外地由一名指定的财产管理监督人或监护监督人为其代理，也就是说，禁止监护人自己代理无能力人；同样，当（未成年人的）法定管理人的利益与未成年人的利益发生冲突时，应当由监护法官任命一名专门指定的管理人（un administrateur ad hoc）。

《民法典》第 1596 条同样明文规定：“以下情况，禁止相关当事人成为下列财产的竞价买受人，否则，买卖无效。”这些情况是：（1）监护人参与受其监护之人的财产的竞买；（2）受托人（代理人），对其受委托出卖的财产；（3）财产管理人，对交由其照管的市镇行政区或公共机构的财产。[1]

商法方面也有很多关于保护被代理人的规定，例如，《商法典》法律部分第 L225-38 条规定：“公司与其总经理、副总经理、董事以及持有超过 10%表决权的股东之间直接或者通过中间人订立的任何协议，或者在涉及作为股东的公司时，第 L233-3 条意义上的控制该公司的公司与上述所指之人直接或者通过中间人订立的任何协议，都必须事先提交董事会批准。”

---

[1] 尽管《民法典》第 1596 条仅仅是针对拍卖竞价作出的规定，但法院判例将这一禁止性规定扩张适用于所有的买卖，参见最高法院民事庭 1902 年 5 月 6 日（DP1902. I. 92. S. 1903. I. 220）；最高法院民事庭，1941 年 3 月 5 日（S. 1941. 1. 103）；巴黎法院，1964 年 11 月 12 日（D. 1965. 415）；如果是按照委托人确定的价金进行买卖，同样适用这项禁止性规定。参见最高法院第一民事庭 1995 年 12 月 19 日判决（D. 1996. IRP. 36. CCC1996. N°57，Leveneur 述评）。以第 1596 条为依据认定的无效是一种相对无效，诉讼时效期间为 5 年，参见最高法院第一民事庭 1988 年 11 月 29 日判决（Bull. civ. I. N°341. p. 230. D. 1988. IRP. 304）。

三、分阶段订立的合同

183. 内容介绍

合同成立之时刻是要约与承诺理智地实现合致的瞬间。这样的形象虽然反映了相当一部分合同生活的实际情况，特别是反映了在日常生活中订立合同的实际情况，然而却不能完全涵盖合同生活的全部事实。当合同涉及的利益非常巨大时，例如，地下矿产的开发与开采合同、双方就长期的供销关系订立的供销合同、大型工程项目合同、工业成套设备购买合同、技术转让合同、企业转让合同，等等，这些合同在订立之前往往需要经过很长时间的谈判，其中包括在特定时间还需要订立某些预备性协议（accords préparatoires）或前期协议。对这些问题的研究，需要从以下两个方面进行。

——从动态角度来探讨，这些逐步成熟的合同需要遵守哪些法律原则？

——从静态角度来探讨，在各种预备性合同（contrats préparatoires）中，有一些具备典型性的合同形式，人们常常将这类合同统称为“avant contrats”（预约或前期合同），我们应当了解这些前期合同的主要特征。

184. （一）订约谈判

订约谈判（négociation contractuelle）（参见附目第1112条）是指，未来的合同双方当事人相互交换意见，各自提出并讨论双方提出的建议，以便最终敲定合同的内容，但此时尚不能肯定订立最后协议的整个探讨时期会持续多久（période exploratoire）。订约谈判是一个非常重要的阶段，因为，拟订合同的双方当事人的利益是否平衡，起草的合同是否具备很好的质量，都取决于谈判过程是否进展良好。

《民法典》仅就合同成立的大体简况作出了规定，并且没有涉及合同的谈判阶段；同样令人诧异的是，1980年联合国关于国际货物买卖的维也纳公约也是如此。因此，合同谈判阶段引发的各种疑问或者悬而未决的问题，均要由法院判例来做出回答。我们在下面讨论的问题是：

（1）双方当事人在合同谈判期间应当负担哪些义务？

（2）当双方当事人对已经进行的谈判做出一个总结，确认他们已经就某些问题达成了一致意见时，在什么样的界限上我们就可以认为合同已经订立？

185.（1）（双方）谈判人的义务，普通法的规定

双方谈判人在合同订立前的阶段需要遵守以下两个方面的义务：自由与善意（诚信）。[1]

——自由。这里所说的自由是指，每一方当事人均应当能够自由地终止磋商。这也是传统的契约观念所要求的。契约自由，作为市场经济良好运作的一个根本构件，前提条件就是人们能够进行平起平

---

[1]J·施密特：《论法国法律中的订约之前的时期》，载《比较法国际学刊》，1990年，545（J·Schmidt, la période précontractuelle en droit français, RTDcomp. 1990. 545）；《论法国法律中的缔约前的协议，职业人之间订立的合同的主要条款》，1990年，第9页，《对订约前过错的制裁》，载《民法学季刊》，1974年，第46页（les accords précontractuels en droit français in les principales clauses des contrats conclus entre professionnels, 1990. p. 9. la sanction de La faute précontractuelle, RTD civ. 1974. 46）；D·马佐：《订约前时期的奥妙与悖论》，载《盖斯坦论文集》，2001年，第637页（D·Mazeaud, Mystères et paradoxes de la période précontractuelle, Mélanges Ghestin. 2001. p. 637）；P·穆塞隆：《论合同谈判的进程引导与民事侵权责任》，载《商法学季刊》，1998年，243（P·Mousseron, conduité des négociations contractuelles et responsabilité civile délictuelle, RTDcom. 1998. 243）；J·盖斯坦：《滥行中断谈判引起的侵权责任》，载《法律活页期刊》，2007年，I，155，157（J·Ghestin, la responsabilité délictuelle pour rupture abusive des pourparlers, JCP2007. I. 155 et 157）。

坐的对话与磋商（pourparlers parallèles），[1] 可以对各种建议进行比较，可以选择最有可能带来利益的建议；如果相对一方当事人都坚持自己提出的条件，无法接受这种条件的一方谈判人可以中断谈判。

——善意。善意主导着合同的履行（《民法典》第1134条），但同样主导着合同的订立。[2] 各方当事人在进行合同谈判时均应当抱着诚信或善意。

法院判例将这两个方面的指导规则综合成为以下模式。虽然说参加谈判的每一方当事人原则上均可自由地中断谈判，但是，当某一方主动中断谈判的行为带有滥用权利的性质（caractère abusif）时，[3] 仍然有可能要承担责任，例如，主动中断谈判的人意图损害相对方谈判伙伴的利益，抱有恶意[4]或者甚至在谈判过程中采取应当受到谴责的轻率态度，[5] 就都有可能要承担责任。[6] 如果

[1]凡尔赛法院，1992年3月5日（Bull. joly. 1992. 636，J·Schmidt 述评，RTD civ. 1992. 752. J·Mestre 述评，另见最高法院商事庭1992年12月15日判决（RJDA1993. N°260. RTD civ. 1993. 577. J·Mestre 述评）。

[2]P·茹尔丹：《论合同成立期间的善意》，载《亨利·卡比唐协会研究文集》，1992年第121页（P·Jourdain, la bonne foi dans la formation du contra, tra. Ass. H·Capitant. 1992. p. 121）；《国际统一私法协会国际商事合同通则》的评论明确指出，各方当事人在谈判期间均应当善意行事。

[3]在法院判例中，对“滥用权利”概念的理解相当灵活，运用这一概念往往是在运用自由与关注个人行为是否符合道德这两者之间找到平衡的一种方法，例如，在婚姻自由与中断恋爱关系之间找到平衡的一种方法。

[4]最高法院第一民事庭，1976年4月12日（Bull. civ. I. N° 122. p. 98. Defrénois1977. p. 389. J-L·Aubert 述评）；最高法院商事庭，2003年11月26日（Manoukian 案的判决）（Bull. civ. IV. N° 186. D2004. p. 869，A·S·Dupré-Dallemagne 述评，JCP2004. I. 163. N°18；Viney 述评，Stoffel-Munck 述评，RDC2004. p. 257，D·Mazeaud 述评，RTD civ. 2004. p. 80）。

[5]最高法院商事庭，1994年2月22日（Bull. civ. IV. N° 79. p. 61. RJDA1994. N° 765. p. 611. RTD civ. 1994. 849，J·Mestre 述评）。

[6]最高法院商事庭，2000年7月11日（CCC2000. N°174）；巴黎法院，1984年12月13日（RTD civ. 1986. 97. Mestre 述评）：只要中断谈判的一方当事人没有让相对方当事人确信他肯定会订立协议，则不属于滥权中断谈判。

参与合同谈判的一方当事人一开始取得了相对方的信任，随后便欺骗对方给予他的信任，这样也有可能引起其责任。合同谈判越是取得进展，或者如果当事人是职业人，双方之间取得的信任程度也会越高，[1] 在这种情况下假使某一方背弃信任，必然会给相对方造成损失，因为在这方面谈判双方发出了严格意义上的订立合同的要约，构成双方意思表示的契合阶段。一方当事人向相对人发出了具体明确的订约建议，即是让相对当事人对其产生信赖，如果他提前撤回其要约，必然使相对人大失所望。

实践中，缔约过程中的过错（faute）[2] 通常是指以下一类做法：主动提议进行缔约谈判，但实际上却没有严肃的订约意图；[3] 提出缔约谈判的唯一目的只不过是想借此威慑对方当事人不要与他人进行谈判订约，甚至是为了获取相对人披露的某些商业秘密；进行谈判只不过是为了拖延时间，在没有任何严肃的实际理由的状态

[1]最高法院第一民事庭，2000 年 7 月 11 日（CCC2000. N°157. Lveneur 述评）。

[2]本书原文在这里仍然仅使用了“faute”（过错、过失）一词，没有使用“缔约过失”的概念。缔约过失责任是指在合同订立过程中，谈判订约的一方当事人违背其本应按照诚实信用原则产生的义务，致使相对当事人所信赖的利益受到损失，因此应当承担损害赔偿责任。早在罗马法时期，就已经发现了缔约上的过失行为，拉丁语中称为“culpa in contrahendo”。一般认为，缔约过失责任理论的正式提出应当归功于德国法学家耶林在 1861 年发表的《缔约上的过失，契约无效与不成立时的损害赔偿》一文。这就是说，这一理论是在 1804 年法国《民法典》颁布之后近 60 年才正式提出，所以有人说，对于法国法来说，缔约过失责任是法国《民法典》并未规定的一种新型责任制度。耶林对这一问题进行了系统分析，他认为：“当事人因自己的过失致使契约不成立的，对信其契约为有效成立的相对人，应赔偿基于此种信赖而产生的损害。”缔约过失责任所涉及的，并非违反契约有效成立之后的给付义务，缔约上过失所违反的，是以缔约当事人为缔结契约而接触、磋商之际，因相互信赖所形成的特别结合关系为基础所产生的诚实、照顾、告知、解明、保护等附随义务或其他行为义务（参见史尚宽：《债法总论》）。关于缔约过失责任的性质，法语同样称之为“responsabilté contractuelle”（契约责任）。也有将缔约过失责任纳入侵权责任体系，是为“侵权责任说”（参见第 434 节）。——译者注

[3]雷恩法院，1929 年 7 月 8 日（DH1929. 548）。

下，将潜在的相对人长期置于持续的不确定状态；[1] 对于需要贷款的项目，在开始磋商、谈判之前根本不提贷款的必要性，而在谈判过程中仍然只字不提无法取得贷款之事实；[2] 在与相对人进行谈判时，故意将价格抬得很高，同时却就相同事务或项目，以低得多的价格与其他人进行谈判；[3] 明知谈判不可能产生任何结果，却故意拖延谈判时间；[4] 没有任何严肃理由，突然单方面中断已经进展到很深阶段的磋商或谈判；[5] 与此相反，如果证明有正当理由中断谈判，那么此种中断就不具有滥用权利的性质，例如，双方当事人在价格问题上谈不拢，当事人不能满足所追求的技术要求，遇到了经济上的困难，等等。[6]

法院出于对不过分损害契约自由的关注，往往要求只有“明显的、无可争辩的过错”[7] 才能构成缔约过错；一方当事人明明正在与第三人谈判，却同时与相对方当事人进行谈判，即使该当事人最后仅与第三人订立合同，本身并不构成“足以引起行为人责任的

[1]巴黎法院，2001 年 1 月 19 日（D. 2001. IRP. 677）。

[2]最高法院第一民事庭，1998 年 1 月 6 日（JCP1998. II. 10066. B · Fages 述评，Defrénois1998. 743. D · Mazeaud 述评）。

[3]最高法院第二民事庭，1997 年 6 月 4 日（RTD civ. 1997. 921. J · Mestre 述评）。

[4]最高法院商事庭，1994 年 2 月 22 日（Bull. civ. IV. N°72. p. 55. RTD civ. 1994. 850. J · Mestre 述评）；最高法院商事庭，1998 年 4 月 7 日（D. 1999. 514. P · Chauvel 述评）。

[5]最高法院商事庭，1972 年 3 月 20 日（Bull. civ. IV. N°93. p. 90. JCP1973. II. 17543. J · Schmidt 述评，RTD civ. 1972. p. 779. G · Durry 述评）；最高法院商事庭 1997 年 1 月 7 日，4 月 22 日判决（D. 1998. 45. P · Chauvel 述评，RTD civ. 1997. 651. Mestre 述评）。

[6]最高法院商事庭，2007 年 1 月 20 日（RTD civ. 2008. 101. B · Fages 述评）；参见 Ghestin，art. préc. JCP2007. I155. N°27）。

[7]波城法院，1969 年 1 月 4 日（D. 1969. p. 716）。该判决认为：我们不能轻率地承认，一个商人只要在没有对谈判给出积极结果时就与相对当事人的某一竞争对手进行交易，即应承担责任，否则，就不可能不严重地损害个人自由与商事安全。所谓缔约过错应当是明显的、无可争辩的过错。参见最高法院商事庭 1986 年 6 月 10 日判决（Bull. civ. IV. N°123. p. 104. RTDcom. 1987. 570. Hemard et Bouloc 述评）；关于有中断谈判的合理理由的例子，参见布歇法院 2000 年 10 月 19 日判决（JCP2001. IV. 2003）。

缔约过错”，除非行为人有损害相对当事人的故意或者采取了欺诈手段。[1]

不过，应当强调的是，（由缔约过错引起的责任）并不意味着这种责任具有合同责任性质。[2] 有人认为，由于存在前期合同，每一方当事人都应当就其在合同谈判过程中的过错默示地对相对当事人承担责任。法院判例非常明确，它不赞成这种看法。（按照法国法院判例，由缔约过错引起的）这种责任属于侵权性质。[3]

受到损失的一方当事人可以对其受到的损害请求赔偿，也就是说，对其已经投入的费用可以获得相应赔偿；而对于当事人因此而丧失的利益机遇是否可以获得赔偿的问题，法院判例做了否

[1]最高法院商事庭，2003年11月26口。如果一方当事人与第三人串通，违反有效成立的合同，则是另一回事（参见本书第494节）。

[2]耶林：《论无效协议中或者尚不完善的协议中的损害赔偿问题》，载《耶林选集》，第2卷，第1—100页（Ihering, De la culpa in contrahendo. ou des dommages-intérêts dans les conventions nulles ou restées imparfaites, oeuvre choisies. t. II. p. 1—100）；关于对耶林观点的深入分析，参见E·戈德梅：《债法总论》（E·Gaudemet, Théorie générale des obligations, nouv. éd par H·Desbois et J·Gaudemet, 1965）。

[3]最高法院商事庭，1984年1月11日（Bull. civ. IV. N° 16. p. 23. RTD civ. 1985. p. 159. J·Mestre述评）；最高法院第三民事庭，1972年10月3日（Bull. civ. III. N° 491. p. 359），该判决唯一以《民法典》第1382条和第1383条有关侵权行为与准侵权行为的条文规定为依据。另见最高法院商事庭2002年2月12日判决（CCC2002. N° 90. Leveneur述评）；最高法院商事庭，1989年5月23日（JCP1989. II. 18761. RTD civ. 1989. 736, J·Mestre述评）。合同成立之前的争议不受当事人一方的“一般条件”的制约，特别是此种“一般条件”中规定的有关协议管辖条款，即使本次谈判的双方当事人之间在此之前因其他合同一直保持着关系，亦不受此种条件的限制（最高法院商事庭，1996年4月9日，Bull. civ. IV. N° 117. p. 99. RTD civ. 1997. 121. J·Mestre述评）。

（也就是说，有人认为这是一种违约责任。关于缔约过错引起的责任的性质问题，存在不同的观点，也有人认为，这种责任不同于侵权责任。——译者注）

定回答；[1] 此外，法院判例也不认同有关“通过强制当事人订立此前拟订立的合同”（强制订约）的方式来给予所谓“现实赔偿”的主张与做法。在受害人本身有不谨慎之过错的情况下，有可能需要双方当事人分别承担责任，从而引起请求赔偿权利的相应减少。[2]

也许是因为在有关的行业内部存在一种所谓“即使谈判已经取得很大进展，仍然可以自由地不再继续谈下去”这样一个信条，[3] 也许还因为对这种做法（缔约过错）的真正制裁涉及企业的信誉，因此，提起缔约责任诉讼的情况相对较少，不过现在这种诉讼反而多了起来，其之所以如此，原因大概是，在合同谈判过程中当事人往往投入了大量费用，经济上的竞争又非常激烈。

我们在这里主要讨论的是滥权中断谈判的各种情况，但这些情况并不能掩饰当事人可以经协商一致、中断合同谈判的问题。在后一种情况下，有时也可能给予赔偿，例如，补偿一方当事人在谈判过程中利用另一方为其提供的场所而引起的费用。[4]

---

[1]最高法院商事庭，2003 年 11 月 26 日。最高法院第三民事庭，2006 年 6 月 28 日（JCP2006. II. 10130. O · Deshayes 述评，CCC2006. N° 223，Leveneur 述评，RDC 2006. 1069，D · Mazeaud 述评，Defrénois2006. 1858）；最高法院第三民事庭，2009 年 1 月 7 日（RTDciv2009. 113，B · Fages 述评）；关于这个问题，参见 O · 德莎耶：《论订约前的损害》，载《商法学季刊》，2004 年，第 187 页（O · Deshayes，le dommage précontractuel，RTDcom. 2004. p. 187）；M · 法布尔－马尼昂：《合同中的告知义务》，《巴黎一大学位论文》，1992 年，第 601 节（M · Fabre-Magnan，de l'obligation d'information dans les contrats，thèse Paris I. 1992. N°601）；与此相反，也有判例将丧失与第三人订约的机遇看成是一种可以请求赔偿的损失，参见最高法院商事庭 1998 年 4 月 7 日判决（JCP E 1999. 579，Schimidt-Szalewski 述评）。

[2]最高法院第一民事庭，1996 年 11 月 5 日（RTD civ. 1998. 97. Mestre 述评）；最高法院商事庭，2002 年 10 月 15 日（RJDA2003. N° 218. RTD civ. 2003. p. 282. J · Mestre 述评）；P · 朔维勒：《论中断谈判与侵权责任》，载《法律与概括财产》，1996 年，第 43 节，第 36 页（P · Chauvel，rupture des pourparlers et responsabilité délictuelle，droit et patrimoine. 1996. N°43. p. 36）。

[3]G · Durry. RTD civ. 1972. p. 780.

[4]最高法院第三民事庭，2002 年 7 月 3 日（RJDA2002. N°971. RTD civ. 2002. 804. Mestre et Fages 述评）。

186. 谈判的协议安排

合同谈判的时间长短及其复杂性往往与双方当事人打算订立的合同的重要程度成正比。为了方便这类合同谈判的进行，有关的当事人之间事先可以订立若干协议——人们通常将这类协议称为“意向书”（lettre d’intention）、“预备性协议”（accord préparatoire）、“临时合同”（contrat temporaire），甚至称为“谈判合同”（contrat de négociation）等[1]；签订这些协议的目的是对合同谈判的进展做出安排。这类协议在确定谈判的各个阶段所要达到的目标的同时，还可以指明推动合同谈判进展的各种条件：谈判应当进行的期限，哪一方当事人应当主动提出建议，谈判采用的形式等。由此也就产生了两个方面的义务——“安排与开展谈判的义务”、“善意进行谈判的义务”，而如果违反这些义务就不再是侵权性质的责任而是合同性质的责任。安排与开展谈判的义务被看成是一种结果性义务，只要双方当事人在指明的期限内不采取协议中有规定的主动行动，每一方均有可能要承担责任；后一项义务（善意地进行谈判的义务）则是一项简单的方法性义务：每一方当事人都有义务提出严肃的建设性建议，但并不能保证其提出的建议一定会产生积极的正面结果，[2] 因为契约自由就是这样要求的。如同前一项义务一样，如果当事人不遵守善意进行谈判的义务，也可能导致其承担损害赔偿责任，但是，这仍然不意味着可以通过强制订约来作为赔偿。

有时，对这类预备性合同还可以规定某些附带义务（obligations accessoires）。规定这类附带义务的主要目的是进一步明确谈判框架。

[1]关于所使用的术语的这种差异性，参见 F · 拉巴特：《论合同文件的概念》，《巴黎一大学位论文》，1994 年，第 211 节，135（F · Labarthe，la notion de document contractuel，thèse Paris I. éd. 1994. N°211. 135）。

[2]最高法院第三民事庭，1973 年 4 月 16 日（Bull. civ. II. N°287. p. 207）。

在此举几个例子：

——谈判中的诚信条款：通过这项条款，规定每一方当事人如果与第三人进行谈判，则应保证告知对方当事人；

——排他性谈判条款：谈判双方通过订立这项条款，相互做出承诺，保证在一定期限内不与相对方的某个竞争对手平行进行谈判；

——保密条款或者不泄露秘密条款：谈判双方通过订立这项条款，相互做出承诺，保证不透露各自在谈判过程中了解到的相对方的各种机密；如果正在谈判中的合同涉及转让特定的专有技术，那么，订立这种条款尤其有好处。[1]

——有关研究费用的条款：人们一般认为，在没有订立这项条款的情况下，为进行合同谈判而引起的先期研究费用应当由进行这种研究的一方当事人自行承担，相对方当事人滥行中断谈判的情况除外；但是，也有法院判例认为，在订立合同的共同计划宣告失败的情况下，为了订立该合同而引起的前期费用应当由参与谈判的双方对半分担。[2] 双方当事人可以通过订立协议来具体规定分担先期费用的方式，以排除在这一问题上存在的疑虑。合同谈判期间引起的费用也可以采取不同的比例由双方进行分担，或者由主导先期研究的一方全部负担。[3]

---

[1]M·维旺：《论保密条款》，载《职业人之间订立的合同的主要条款》，1990年，第101页（M·Vivant, les clauses de secret, 1990. p. 101）；J·胡埃特与F·迪普-图布尔：《论违反谈判的保密性质》，载《小广告》，1990年，4月4日（J·Huet et F·Dupuis-Touboul, Violation de la confidentialité des négociations, LPA, 4 avril 1990）；H·迪布：《在通过买受取得企业的交易活动中的保密承诺》（H·Dubout, les engagements de confidentialité dans les opérations d'acquisition d'entreprise, Bull. Joly. 1992. 722）。

[2]巴黎法院，1991年9月24日（RTD civ. 1992. 754. J·Mestre述评）。

[3]巴黎法院，1995年10月9日（D. 1995. IRP. 267）。

187. （2）原则协议或“阶段性协议”（la punctation）

当谈判的时间很长而且很棘手时，有关的各方有时需要有一定的暂时休止谈判的时间，并对他们之间已经达成协议的问题加以总结。用于表述这种做法的术语并不固定，有人使用的是德语的“punctation”（阶段协议），另一些人则更愿意使用法语，称其为“原则协议”（accord de principe），不过，除了用词上的差别之外，其涉及的法律问题是相同的。

1）由于合同是通过先后达成的各项协议分阶段逐步成立的，那么区分谈判与订立合同的界限究竟在哪里?，换句话说，哪种情况才属于“达到了不能折返之点”?

2）假如说原则协议并不等于最终订立合同，那么原则协议又能产生什么效力?

188. 从哪一时间界限开始可以认为合同已经订立

与制定时间相对较晚的某些外国法典有所不同——如《德国民法典》、《瑞士债法典》——法国《民法典》在这一问题上没有作出任何一般的指导性规定，因此有关的原则仍然要由法院判例来归纳提出。[1] 法院判例在提出这些原则时，始终受到法国法遵循的意思自治哲学以及特定合同的特有规定的指导，特别是受到《民法典》第1583条有关买卖合同的规定的指导。[2] 按照这一条文，只

[1]关于这一问题，参见A·里耶格：《论阶段性协议，合同连续成立之研究》，载《茹弗雷论文集》，1994年，第593页（A·Rieg，la“punctuation”，contribution à l'étude de la formation successive du contrat，Mélanges Jauffret. 1994. p. 593）；M·穆塞隆：《论合同成立的延续时间》，载《茹弗雷论文集》，1994年，第509页（M·Mousseron，la durée dans la formation des contrats，Mélanges Jauffret. P. 509）；J·斯密特：《论谈判与合同的订立》，1982年（J·Schmidt，Négociation et conclusion des contrats，1982）。

[2]《民法典》第1583条规定：“当事人一经对买卖之物和价金达成一致，即使物未交付，价金尚未支付，买卖即告完全成立，且买受人对出卖人从法律上取得所有权。”

（《民法典》第1583条的规定被认为是确认诺成主义原则的基本条文。——译者注）

要双方当事人就合同的主要要件达成一致，即可视合同已经成立。[1]

不过，我们还应当准确地说明这种观念的实际意义。原则上，当事人就合同的主要要件达成一致，合同即告完全成立，但是，如果各方当事人自行决定他们之间的合同需要等到就这样或那样的次要问题也达成合意时才能成立，如需要等到就价金的支付方式或条件、[2] 价金支付担保[3]等都达成合意时合同才能成立，这样，当事人仅仅就合同的主要条件达成合意仍然不足以成立合同；这些次要问题，基于合同当事人的意志，也就成了决定合同成立的主要问题。[4] 法国最高法院于1987年1月14日作出一项判决，非常精确地表达这方面的立场："只要各方当事人就买卖之物与价金达成一致协议，买卖即告完全成立，而就买卖的次要因素没有达成最终协议，并不妨碍买卖已经完全成立之性质，但是，如果各方当事人愿意将合同成立的时间推迟至这些次要条件均得到确定

[1] A·洛德：《论法官承认合同的存在》，《埃克斯-马赛第三大学学位论文》，1992年，第235节，第155页（A·Laude, la reconnaissance par le juge de l'existence d'un contrat, thèseAix. éd. 1992. N°235. p. 155）；关于主要因素的定义，参见本书第109节。例如，最高法院诉状审理庭1885年12月1日判决（S. 1887. I. 167. Grands arrêts. t. 2. N°145）；最高法院第一民事庭1962年11月26日判决（D. 1963. 61RTD civ. 1963. 364. G·Cornu 述评）。

[2] 最高法院第三民事庭，1978年5月2日（D. 1979. 317. J·Schmidt 述评，JCP1980. II. 9465）；最高法院商事庭，1991年4月16日（Bull. civ. IV. N°148. p. 106. JCP1992. II. 21871. Ghestin 述评，RTDciv. 1992. 79. J·Mestre 述评）。

[3] 最高法院第一民事庭，1979年2月21日（JCP1980. II. 19482. Fieschi-Vivet 述评）；最高法院商事庭，1991年4月16日（Bull. civ. IV. N°148. p. 16. RTD civ. 1992. 79. J·Mestre 述评）。

[4] A·洛德（A·Laude, op. cit. N°362）认为：在当事人有将合同的次要因素作为主要因素加以规定的意思时，此种意愿可以由当事人双方进行讨论。双方当事人进行这样的讨论，就是表明他们排除其他所有的"补充原则"。关于可以将起草合同的书面文本提升为达成双方同意的一项决定性条件问题，参见本书第139节。

之日，不在此限。”[1]

法国最高法院这一判决确认的这种处理意见与某些外国法律的处理意见有些不同，例如，按照《德国民法典》第154条的规定：“只要双方当事人未就合同的所有点均达成合意，即使按照仅有其中之一方当事人的表示，应当就合同的所有点达成协议，在存有疑问时，合同并未订立；双方当事人就某些特别点达成的谅解，即使已经用书面形式写成备案，仍不足以约束双方当事人。”[2]《瑞士债法典》第2条也规定：“如果各方当事人已经就全部实质性条款达成合意，即使对某些非实质性问题尚有保留，仍推定当事人已经同意最终确定承担义务；当事人对合同的非实质性问题达成合意的情况下，由法官根据所涉事务的性质处理之。”

我们从以上介绍也可以看到，法国法在这一问题上的立场处于德国法与瑞士法各自采取的立场的中间。按照德国法，当事人没有就非实质性问题达成合意的，将阻碍合同的成立；而按照瑞士法[3]，这种情况并不妨碍合同的成立；在法国法里，只有在当事人打算推迟合同的成立，直至这些条件均得到确定之时，对非实质问题仍然未达成合意才会阻碍合同的成立。两相比较，法国法的立场具有更大的灵活性，它为审理案件的实体法官保留了一定的自

[1]最高法院第一民事庭，1987年1月14日（D. 1988. 80. J·Schmidt述评）；最高法院商事庭，2006年2月28日（RJDA2006. N°742. p. 693. RTD civ. 2006. 755. Mestre et Fages述评）。

[2]陈卫佐译文：“第154条　明显的不合意；欠缺证书的做成：（1）双方当事人未就合同的所有的点达成合意，而按照哪怕仅只一方的表示，应就所有的点达成协议的，有疑义时，合同未订立。即使已进行记录，关于个别的点的谅解也没有约束力。（2）约定将所打算的合同作成证书的，有疑义的，到证书作成时为止，合同未订立。”（法律出版社，2006年第2版）。

[3]在双方当事人已经就主要因素（主要条件）达成了一项协议时，关于存在一种“商人法一般原则”强制当事人继续进行谈判的问题，参见F·奥斯曼：《论商人法的一般原则》，《第戎大学学位论文》，1992年第107页（F·Osman，les principes généraux de la lex mercatoria，thèse Dijon. éd. 1992. p. 107）。

由，法官可以自由评判当事人的意图，当然，法官不得曲解当事人的意图。正因为如此，我们不能过分强调“当事人必须准确说明他们所达成的协议范围”，由此也就需要叮嘱参与合同谈判的双方当事人，如果不愿意冒着风险承担义务，就应当将他们所记载的已经达成的协议定性为“合同的简单草案”；[1] 与此相反，希望缔约过程一直进行到底的一方当事人则应当指明尚未解决的非实质问题将用双方意思的补充规则做出处理，或者由他们一致同意指定的第三人来进行处理，或者将这些非要点问题交由司法官去处理。[2] 反过来，如果当事人订立协议，将合同的某些条件定为实质性条件，而将其他所有条件都归入非实质性要件，此种协议则不能具有最终订立的合同的价值。[3]

189. （原则性协议所具有的）辅助性效力

当原则性协议（accord de principe）并不具备最终订立的合同的价值时，也不等于说它就没有任何法律效力。

首先，各方当事人既然通过书面形式确定一项“部分协议”的各项要件，这也意味着他们承诺将继续诚实地进行谈判，以便达成他们希望订立的合同，所谓阶段性协议（punctation）只不过是起草与订立合同过程中的一个阶段，而拒绝继续进行谈判则相当于过失中断谈判。当然，这也不等于说这些谈判必然会导致合同的订立；各方当事人只不过是承诺对谈判的某些既定事项不会反悔，并且抱着善意继续进行随后的谈判，以便对已经确定的“部分协议”进行补充，使之得到完善。[4] 当事人如果不履行这一方法性义务

---

[1]为了强调双方当事人之间的合同尚在草案阶段，在国际商务实践中，人们往往使用“subject to contrat”这样的表述，这样可以表明相关文件没有任何合同价值与效力。

[2]关于这个问题，参见见本书第286节有关在买卖中价格的确定。

[3]最高法院社会庭，1989年12月19日（D. 1991. 62. J·Schmidt 述评）。

[4]最高法院社会庭，1989年12月19日；凡尔赛法院，1995年9月21日（RTD civ. 1996. 145. J·Mestre 述评）；最高法院商事庭，2002年7月2日（RTD civ. 2003. 76. Mestre et Fages 述评）。

（obligation de moyen），可能要负损害赔偿责任。[1]

其次，假定后来订立了最终的合同，由于原则性协议在一定程度上起到了该合同的预备性文件的作用，因此，在此程度上，原则性协议实际上也得到保留，这更加有助于表明各方当事人的真实意思。实践中，所有的重大合同往往都包含有一个“前言”，对先期建立的各项文件的命运与意义做出最后的处理。[2]

---

[1]A·里耶格，前引文，第603页（A·Rieg，art. préc. p. 603）；纳加尔：《论原则性协议》，载《Dalloz法律评论汇编》，1991年，第57页、第61页（Najjar，l'accord de principe，D. 1991. p. 57. p. 61）；为了说明原则性协议（accord de principe）的概念，人们经常引用最高法院社会庭1958年3月24日的判决（JCP1958. II. 10868. J·Carbonnier述评）。在这一诉讼案中，一名工人为雷诺汽车厂一直雇用，直至1940年，他随后参加了抵抗运动。法国解放以后，该人用挂号信向工厂提出重返雇员岗位的请求，这时有一第三人参与其中支持该工人的请求。他们很快接到答复：待汽车厂的生产活动恢复之后情况许可时，将研究他们恢复岗位的问题。事情在此阶段停止不前。岗位申请人在几年以后提起诉讼，认为他们本应恢复原来的工作岗位，因为工厂的这一岗位已经恢复多时。本案实体法官认为，这项协议是一项单方的劳动岗位预约，对于雷诺汽车厂而言，这项预约构成其肯定的义务承诺。最高法院对实体法官的判决进行了审查监督，认定原协议仅仅是一项原则性协议（accord de principe）。因为，按照本案的具体情节，双方当事人并未就劳动合同的任何主要因素或主要条件达成任何意思的合致。雷诺汽车厂缔结的唯一义务是，待时候到来时再进行谈判，以缔结最终的正式合同，而这一义务承诺尚未完成。关于在公司方面缔结的原则性协议的另一个例子，参见最高法院商事庭1987年4月28日（Bull. civ. Iv. N° 104. p. 79）。

[2]这种态度显然意味着面对的是双方当事人的实际意思，而不是他们宣告（或表明）的意思。这也说明，在德国法里，预备性文件没有价值。在合同中有时也会写明一项“完整性条款”（clause d'intégralité），用来具体说明所订的合同包含的双方当事人协议达成的全部义务承诺；有时，合同中还有一种被称为“4角条款”（clause de “quatre coins”），这种条款是将合同限制为当事人签字的文件与附件，并否定预备性文件具有任何合同价值。关于这类条款，参见巴黎法院2005年6月15日判决（RTD civ. 2006. III. Mestre et Fages述评）。维也纳关于国际货物买卖的公约第8条第3条项规定：“在确定一方当事人的意思或者一个有理智的人应有的理解时，应适当地考虑与事实有关的所有情况，包括谈判的情况、当事人之间确立的任何习惯做法、惯例以及当事人事后的任何行为。”（引自厦门大学出版社《国际经济贸易规则、惯例通编》，1993年）。

190.（二）预约或预备性合同（les avant-contrats）

实践中，在正式合同订立之前有可能订立一份或数份预约或预备合同[1]，所谓预约，与我们在前面提到的协议不同，它已经具备了有明确轮廓的法律形态。（在我们所说的预约中），单方的预约、双方的预约以及优先订约协议（pacte de préférence，优先订约简约）都是不折不扣的真正合同，但它们有别于最终订立的合同，预约始终使缔结合同的各方当事人更加接近于订立正式

---

[1]“les avant-contrats”是法国法律对“预约”的统称，字面意思是“合同订立之前的合同”（与第481-3节所说的——“l'apres-contrat”——“后合同”相对应），也称为“contrat préparatoire”（预备合同），拉丁语为“pactum prae paratorium”或“pactum de contrahendo”。法国《民法典》颁布时并未使用这些术语，后来才归结出这些概念。实践中，随着合同标的或者适用的法律不同，还常常使用其他概念，例如，“contrat de réservation”（预订合同或预售合同），还有“contrat préliminaire”（先期合同），尤其是在不动产买卖、待建不动产买卖或期房买卖方面往往使用后一名称，此外，在不动产方面使用的预约还称为“Promesse de vente”、“Offre d'achat”、“Compromis de vente”。

法国法律中，“les avant-contrats”（预约）主要分为两大类型：“La promesse de contrat”和“Le pacte de préférence”，而“prommesse de contrat”又包括单方的预约（La promesse unilatérale de contrat）和双方的预约（La promesse synallagmatique de contrat）。“Le pacte de préférence”称为“优先订约之简约”，指的是诺约人许诺优先与“某个首选的缔约当事人”订约。

法国《民法典》第1583条规定：“当事人对买卖之物和价金达成一致，即使物未交付，价金尚未支付，买卖即告完全成立，且买受人对出卖人从法律上取得所有权。”这样一来，双方的买卖预约就与本约没有什么区别。本书第194节对其他情况下的双方预约作了具体分析。此外，由于法语中“vente”一词主要强调的是“卖”或者“卖出”（参见第64节），因此，双方的买卖预约也表述为“La promesse réciproque de vente et d'achat”。预约是一项真正的合同，不同于简单的“原则协议”（accord de principe）或“意向书”（参见第119节）。关于要物合同的预约，参见第148节。此外，在本书第191节中的“单方预约”原文表述为“la promesse unilatéral de contracter”（单方的订约预约），而第194节中“双方预约”原文表述为“la promesse synallagmatique de contracter”（双方的订约预约），两者都不同于“单方允诺”。单方的允诺法文表述为“engagement unilatéral de volonté”（单方的义务承诺之意思表示）。——译者注

合同[1]。在本书中，我们采取循序渐进的方法，首先介绍最常用的一种预约——单方预约，然后再介绍双方预约的主要特征，最后再介绍“优先订约之简约”。

191. （1）单方预约，定义

“单方预约”，法文原文也称为“单方的订约预约”（la promesse unilatérale de contratcter）。单方预约是一项协议，诺约人（promettant）据以向另一人做出订立合同的许诺，[2] 后者称为预约的受益人（bénéficiaire）或预约相对人。只要受益人在特定期限内向诺约人要求订约，那么，该合同的条件自预约之时即告已经确定。换句话说，单方预约的受益人对诺约人的订约承诺予以备案、立此为证，但并未答应订立最终确定的正式合同（contrat définitif）。预约受益人享有选择权，而这种选择权为其留下了自由，他有同意或者不同意订立最终的正式合同的自由，也就是有订立或不订立本约的自由。

原则上，可以就任何一种合同发出单方的（订约）预约，例如，单方租约预约，单方合伙预约或者单方借贷预约，[3] 等等，不

---

[1] E·勒杜克：《论预约》，《巴黎大学学位论文》，1909 年（E·Léduc. des avants-contrats, thèse Paris, 1909）；德莫格：《论临时合同或先期合同》，载《亨利·卡比唐协会研究文集》，1939 年，第 139 页（Demogue, les contrats provisoires, Etudes Capitant. 1939. p. 139）；《论合同的成立：预约》，载《佩尔比尼杨 1964 年公证人代表大会文集》，（la formation du contrat：l, avant-contrat. Congrès des notaires, Perpignan. 1964）；M·热尼内：《关于私法中的预约的一般理论》，《里昂三大论文集》，1982 年，第 223 节（M·Géninet, Théorie générale des avants-contrats en droit privé, thèse ronéot. Lyon III. 1982. N°223）；D·马佐：《合同之前时期的奥妙与悖论》，载《盖斯坦论文集》，2001 年，第 637 页（D·Mazeaud, Mystères et paradoxes de la période précintractuelle, Mélanges Ghestin. 2001. p. 637）。

[2] 单方预约，法文表述为“la promesse unilatérale de contratcter”，字面意义为“单方的缔约允诺”。正如作者在上一节中已经指出，法国法上的预约（les avant-contrats）包括单方的预约、双方的预约以及“订约优先协议”。——译者注

[3] 借贷预约（la promesse de prêt）往往具有给予贷款的形式，银行在客户有贷款需求时承诺义务，通过给予贷款的形式，在一定数额的限度内向客户贷与资金。

过，最常见的单方预约还是买卖预约（la promesse de vente，关于这个问题，参见第192节），特别是不动产方面的买卖预约。[1] 诺约人自做出预约之时即承诺按照明确具体的条件进行不动产的买卖；从此时开始，该项买卖能否实现，便取决于预约受益人或预约相对人的单方意愿。因此，预约受益人可以安安静静地研究拟订的合同是否适当，可以取得其希望取得或者要求的文件，获得必要的批准，筹措必要的资金，等等；在需要进行借贷的情况下，单方预约也成为一项必不可少的先期准备条件，因为，在通常情况下，信贷机构往往只对相关的要件都已经确定的（不动产）买卖提供信贷。[2] 除买卖预约之外，我们还可以看到购买预约（la promesse d'achat），不过，这种情况相对要少一些。通过购买预约，一人承诺如果所有权人决定出卖某物，那么他就将作为买受人。

关于单方预约，我们将先后研究其法律性质与法律制度。

192. 单方预约的法律性质

单方的缔约预约既有别于缔约要约（offre de contracter），也有别于最后实际签订的合同（本约）。作为合同，单方预约又比缔约要约更加前进了一步，但是，作为单方的合同，它还没有达到已经最终订立的合同的程度。

单方预约有别于要约（参见第119节）：要约是一种单方的意思

---

[1] F·贝纳克-斯密特：《论单方的卖出预约》，《巴黎一大学位论文》，1983年（F·Bénac-Schmidt, le contrat de promesse unilatérale de vente, thèse Paris I. éd. 1983）；F·科拉尔-杜提勒尔：《论不动产买卖的预备性合同》，《图尔大学学位论文》，1983年（F·Collart Dutilleul. les contrats préparatoire à la vente d'immeuble, thèse Tours. 1983）；F·卢索：《单方的出卖不动产预约所提出的当前问题》，载《民法学季刊》，1977年，483（F·Lusseau, Des problèmes actuels posés par la promesse unilatérale de vente immobilière, RTDciv. 1977. 483）。

[2] 土地与地上的建筑物均为不动产，法国的土地制度与我国不同，不动产方面的买卖预约不限于房屋买卖预约。——译者注

表示，而预约则是一项本身已经完全成立的协议（convention），它意味着双方当事人之间已经达成一项意思合致，这是前提条件。由此而来，预约的受益人的地位比要约相对人的地位更加牢固；原则上，要约可以被撤回（参见第117节），而预约创设的是一项由诺约人承担的不折不扣的真正义务，因为诺约人此时已经承诺了义务；[1] 此

[1]1993年9月15日最高法院第三民事庭作出的判决对这一传统分析提出了质疑（D. 1994. 507. Bénac-schmidt 述评，Somm. com. p. 230. Tournafond 述评，D. 1995. somm. com. p. 87. Aynes 述评，JCP1995. II. 223666. D·Mazeaud 述评，Defrénois1994. 795，Delebecque 述评，RTDciv. 1994. 588. J·Mestre 述评）。该判决认为，只要预约的受益人尚未行使选择权，诺约人仍可撤回其出卖承诺，在此情况下，预约的受益人只能主张损害赔偿。但是，最高法院做出的这项有点“非正统的”的判决也受到了理论界几乎一致的批评。除前面引述的几种批评意见之外，另参见科拉尔杜提洛勒：《不动产买卖的预备合同，混乱的风险》，载《法律与概括财产》，1995年12月号，第58页（Collart Dutilleul. les contrats préparatoires à la vente d'immeuble：les risques de désordre. droit et patrimoine. déc 1995. p. 58）；当然，也有学者同意最高法院判例的意见，参见法布尔-马尼昂：《给付之债的奥妙》（Fabre-Magnan，le mythe de l'obligation de donner，RTD civ. 1995. p. 58）。实际上，最高法院的这一判决的法律依据确实值得商讨，它会导致不太令人满意的结果。当诺约人承诺的义务有一定期限时，他所承担的是一种出卖财产的义务，这项义务，由于要等待预约的受益人做出承诺，直至期限终止均不得变更，按照《民法典》第1134条第2款的规定，这项义务承诺不得单方撤回。但是，最高法院却作出了另一种判决，认为只要受益人尚未行使选择权，诺约人仍可撤回其出卖承诺。这样就将单方出卖预约的有效性完全放到了“听由诺约人凭其意愿、自行决定”的境地（参见D·Mazeaud 述评，D. 1997. somm. com. p. 170；Mélanges Ghestin. 2001. p. 651）。这样一来，如果坚持最高法院的这一判决，实践中就将不得不采用双方的预约技术，而双方的预约技术因其弊端已经不太受青睐甚至被放弃。最高法院作出的上述相反判决，等于赋予单方的缔约预约仅仅具有相当于附期限的缔约要约的价值——自最近作出的某些判决以来——甚至低于此种缔约要约的价值。这样一来，就等于是承认单方的法律行为（缔约要约）具有比合同（预约）更强的强制力。尽管受到了很多批评，最高法院一开始似乎打算维持这一“遭了大难的判决”（参见 Malaurie，Aynes et Stoffel-Munck，N°443），这也使得理论界争论再起。不过，最高法院混合庭在2006年5月26就“首选缔约相对人之简约”（也称“订约优先协议”）作出了一项判决，由此，判例倾向发生了改变（D. 2006. 1861. p. Y·Gautier 述评，CCC2006. N°153，Leveneur 述评，JCP2006. I176. N°1. F·Labarthe 述评，RDC2006. 1080），似乎不言而喻地意味着在单方预约问题上发生了类似变化，这就是说，最高法院软化了其立场并认为单方的出卖预约的双方当事人可以自由约定：诺约人不履行预约的情况，经法院裁判确认，可以采取“实物”形式来解决问题（也就强制诺约人实际订立合同——译注）（参见最高法院第三民事庭2008年3月27日判决，JCP2008. II. 10147，G·Pillet 述评，I. 218. N°. Constantin 述评，RDC2008. 734. D·Mazeaud 述评）。

外，如果诺约人死亡或者发生无行为能力状况，并不会对其已经做出的预约产生影响，在预约受益人仍然决定做出选择、接受预约时，诺约人的继承人或者其代理人应当履行诺约人此前做出的预约。

单方（的订约）预约也有别于其后才正式订立的本约（本合同），单方（的订约）预约是对本约成立的准备。但是，单方（的订约）预约（本身）是一项单务合同，因为只有一方当事人做出了承诺：诺约人同意给予受益人以选择权，[1] 他是对一项“能否最后实现，完全取决于预约受益人单方意愿”的合同给予了“当前的但却是不可撤销的同意”。

当单方出卖预约[2]是无偿作出时，上述分析完全反映了实际状况，但是，如果是有偿的单方出卖预约，对上述分析就需要作些具体说明：有偿的单方出卖预约规定在订立预约时受益人应当缴纳一定的钱款，当受益人选择决定订立正式合同或本约时，他所缴纳的这笔款项将用于折抵价款，或者，相反情况下，这些款项将归诺约人最终取得。[3] 有人将这种款项看成是因预约标的物在预约期间“被冻结”而暂时不能交易而给

---

[1]最高法院第三民事庭，1984 年 11 月 21 日（Bull. civ. II. III. N°198. p. 153）。

[2]法国法律中的“vente”一词的意思是“卖”，中文翻译通常将其译为“买卖”，这样一来也就将单方行为变成了双方的行为。这里所说的“单方的出卖预约”原文是“promesse unilatérale de vente”，如果将其译为“单方的买卖”，有悖于词义逻辑，“买卖”本身就应当是双方的。但本书作者在第 194 节中认为，《民法典》第 1589 条关于买卖预约的规定似乎是将单方的卖出预约与双方的买卖预约这两个概念视为同一意义，该条规定：“买卖预约，在双方当事人对物与价金已相互同意、取得合意时，等于买卖。”需要指出的是，尽管按照这一规定，“vente”一词有可能用指“买”与“卖”，但法语中同时还存在“购买预约”的概念。

[3]关于这一做法的有效性，参见最高法院商事庭 1958 年 6 月 23 日判决（D. 1958. 581. PH · Malaurie 述评，Grands arrêts. t. 2. N°259）。

予的一种补偿金（indemnité d'immobilisation）。之所以产生补偿金，是因为诺约人在做出预约承诺之后，在受益人可以行使选择权的期间，不得将作为预约标的的财产转让他人，[1] 因此，受益人缴纳的款项构成对诺约人所做的承诺的对价；不过，也有人将有偿的预约的受益人缴纳的这种款项称为“选择权的代价”（prix de l'option），[2] 而缴纳钱款这种做法本身就足以赋予其涉及的协议以双务性质。[3] 然而，（我们认为）仅凭受益人负有缴纳款项之义务这一事实，并不能使单方的预约转变为双务性质的预约（promesse synallagmatique）：因为，受益人做出这种缴纳款项的对应承诺并不是一项购买承诺，也就是说，这时还没有相应的购买承诺与诺约人的出卖预约发生聚合，须知，只有受益人做出的与出卖预约相对应的购买承诺，才能体现双方预约的特征。实际上，由于价金与选择权、保留要约的义务和支付补偿金的义务是相互的，这包含着一项单方的出卖预约的双务协议（convention synallagmatique）。这里之所以说“单方的”出卖预约，“单方的”这一形容词至少是说仅有一方当事人已经承诺订立本合同（le contrat

[1] M·奥利维尔，Defrénois 论文集，1986 年，第 126 页（M · Olivier，Defrénois 1986. p. 126）；F·贝纳克-施密特，前引文，第 36 节（F · Bénac-Schmidt，op. cit. N°36）；博卡拉：《论单方允诺的概念》，载《法律活页期刊》，1970 年，I，2347，第 9 节（Boccara，de la notion de promesse unilatérale. JCP1970. I. 2357. N°9）。

[2] I·纳加尔：《论选择权，单方的任意权利与单方的法律行为之研究》，巴黎，1967 年，第 17 节（I · Najjar，le droit d'option，contribution à l'étude du droit potestatif et de l'acte unilatéral，Paris. 1967. N° 17）；最高法院第一民事庭，1995 年 12 月 5 日（Bull. civ. I. N° 452. p. 315. Ph · Pierre 述评，JCP1996. I. 3981. Defénois1996. 757. D · Mazeaud 述评，Delebecque 述评）（财产暂时不能交易，是由于此种预约而同意给予受益人享有的排他性或独占性利益，受益人为此给付一定的补偿金，构成其应付的一种代价）。

[3] 最高法院商事庭，1989 年 4 月 25 日（JCP1989. IV. p. 241）。

definitif，本约或最终合同）的义务。[1] 不过，按照最高法院判例的立场，当要求支付的补偿金的数额较高，致使预约的受益人实际上受强制进行购买时，单方预约也就将转变为双方的预约；最高法院多次作出判决确认了这一处理意见，[2] 但同样也受到了理论界部分人士的批评。批评者指出，预约的受益人取得财产的意图并不等于其做出了购买承诺，[3] 而唯有做出购买承诺，才能使预约的受益人不再享有那种“体现单方的出卖预约之特征的自由”。[4]

193.（单方预约的）法律制度

（1）条件：从实质条件来看，由于预约一经订立（conclusion de la promesse），诺约人即应承担义务，因此，诺约人（是否有）能力，其同意意思是否存在，以及其表示的同意（意思）的完整性，[5] 均应按照预约成立时的具体情节来进行评价；与此相反，预约的受益人（是否有）订立本约或正式合同的能力，是否存在同意意思，以及同意的完整性，则应根据他在行使选择权之日的情形来进行评价。当诺约人在其预约中规定“应当对其财产在出卖预约的有效期间因暂时不能交易而要求缴纳补偿金”时，同样也要

[1] J-L·Aubert 述评（Defrénois1974. 345）；Ph·Remy 述评（RTD civ. 1985. 593）；F·Collart Dutilleul（thèse. préc. N°30 et 31）。

[2] 最高法院商事庭，1962 年 11 月 20 日（D. 1963. 3）；最高法院商事庭，1978 年 2 月 13 日（Bull. civ. N° 60. p. 49）；最高法院第三民事庭，1981 年 3 月 31 日（Gaz. Pal. 1981. 2）。

[3] L·博埃耶，《Dalloz 百科全书》，“民法卷，买卖预约”，第 49 节（L·Boyer, Encycl. Dalloz. dr. civ. il. Promesse de vente. N°49）。

[4] 最高法院商事庭，1989 年 4 月 25 日（Bull. civ. IV. N° 136. p. 91. Defrénois1991. 108. Dagorne-Labbé 述评）。

[5] 最高法院第三民事庭，1971 年 11 月 30 日（JCP1972. II. 17018）；最高法院第三民事庭，1982 年 1 月 7 日（Gaz. Pal. 1982. I. Pan. jur. 1984. RTD civ. 1982. 600. Chabas 述评）。

求预约的受益人在此日期有承担义务的能力。

只要预约的受益人表明其同意意思，便足以成立双方打算订立的合同（本约）。不过，这当然要求预约中已经对该项（本约）合同的内容已经有非常具体的明确规定；[1] 至于所订合同产生的债务的标的与原因是否存在、是否合法，则应当按照预约的受益人行使选择权之日的具体情况进行评价。[2]

就形式条件而言，预约遵循的是诺成主义规则。不过，为了制止某些税务舞弊行为，《民法典》第1589-2条（原《税收总法典》第1840A条）作出了特别规定：出卖不动产或营业资产的单方预约，必须采用公署文书或者私署文书确认，私署文书还需在10日之内进行登记。如果不履行这些形式手续，此种单方预约以绝对无效论处；[3] 从更为一般的角度来审视，还提出了另一个问题：订立一项要式合同的单方预约是否需要遵守与本约合同所要求的相同的要式形式？我们认为，如果规定形式条件的目的是保护承担义务的当事人所表示的同意，那么，对上述问题应当做肯定的回答，也就是说，要式合同的单方预约同样应当遵守相同的要式形式，此种预约只有具备与正式合同相同的形式才能有效；与此相反，如果规定形式的目的是因其他理由或者是满足其他功能，那么，对上述问题就很难做出肯定或否定的回答（参见第138节）。[4]

---

[1]最高法院诉状审理庭，1920年12月15日（S. 1922. I. 17. Bourcart述评）：由于没有写明出资，设立公司的允诺无效。

[2]最高法院诉状审理庭，1860年3月14日（S. 60. I740）。

[3]2009年3月25日名为“住房动员法”的法律同样作出规定：任何以转让不动产为标的的出卖预约，有效期超过18个月的，在其是由自然人作出时，均应以公署文书确认（《建筑与住房法典》第290-1条）。

[4]在用“不存在影响预约效力的形式瑕疵”的文书对交易活动作出重述的情况下，不得以“缺乏利益”为理由回过头来主张预约无效，参见最高法院商事庭2000年6月27日判决（Bull. civ. IV. N° 132. CCC2000. N° 154. Leveneur述评，Defrénois2001. 513. Honorat述评，RTD civ. 2001. 583. Mestre et Fages述评）。

（2）（单方预约的）效力：要想准确把握（单方）预约的效力，我们应当分析预约在受益人行使选择权之前及其后所创设的是什么样的法律状态。

——在行使选择权之前：直至其行使选择权，受益人享有一种对人权（un droit personnele）。有人认为，[1] 这是一项普通债权，而另一些人则认为，[2] 这是一种赋予受益人订立本约或本合同之权力（le pouvoir）的“任意性权利”（un droit potestatif），也就是一种可以听凭其自由决定的权利，而这种任意性权利既可以生前转移，[3] 也可以死因转移；不过，基于当事人的人格或身份而给予此项权利的，另当别论。[4]

如果诺约人因其过错，设置障碍，妨碍义务履行，例如，将作为单方出卖预约之标的物的财产卖给第三人，则将由其承担责任；更为重要的是，如果第三人明知此前存在出卖预约，仍然买受作为该项预约之标的的财产，买受人为恶意，司法官可以据此判决其取得的权利不能对预约的受益人产生对抗效力。这样一来，预约的受益人，如果行使选择权，仍然处于一种优势地位，使第三人所进行

---

[1] F·贝纳克-施密特，前引文，第 135 节，第 111 页（F · Bénac-Schmidt, op. cit. p. 111. N°135）。

[2] I·纳加尔，前引文，第 17 节（I · Najjar, op. cit. N°17）。

[3] 关于这个问题，参见 L·波埃耶：《论替代条款与单方的出卖预约》，载《法律活页期刊》，1987 年，I，3310（L · Boyer, Clause de substitution et promesse unilatérale de vente, JCP1987. I. 3310）；M·贝哈尔-图珊：《重返替代条款》，《波埃耶论文集》，1996 年，第 85 页（M · Behar-Touchais, retour sur la clause de substitution, Mélanges Boyer. 1996. p. 85）；Ph·布鲁恩：《单方的出卖预约中替代条款的法律性质：具体情节的独立性》，载《民法学季刊》，1996 年，29（Ph · Brun, Nature juridique de la clause de substitution dans le bénéfice d'une promesse unilatérale de vente：une autonomie de circonstance, RTD civ. 1996. 29）。

[4] F·贝纳克-施密特，《Dalloz 法律评论汇编》，1990 年，第 7 页（F · Bénac-Schmidt. D. 1990chron. p. 7）。

的关于买受财产的公示不能产生对抗效力。(参见第 163 节)。[1]

在预约明文[2]给予或者默示[3]给予受益人行使选择权的期限内，受益人的权利始终存在。人们传统上认为如果预约没有规定这种期限，经过 30 年，预约即告失效（《民法典》原第 2262 条）。2008 年 6 月 7 日法律将该期间减为 5 年（《民法典》现第 2224 条）。但是，诺约人可以在此之前向受益人发出催告通知，催促其做出回答，告知其是否承诺或接受预约。实体法官根据涉案具体情节可以判决给予的期限是否足够。[4]

预约的受益人行使选择权之后，最终合同或本约即告正式成立。如果单方预约是以出卖某项财产为标的，受益人此时便成为买受人，并由此成为物权的持有人。如果诺约人此时拒绝在公证人面前重申其同意意思，而这一行为对于买卖的公示又是必不可少的，那么，买受人可以强制诺约人为之，并规定逾期罚款，或者由法院做出判决，用以替代或者相当于诺约人作出重述。[5]

也有人将单方的出卖预约看成是“附停止条件（中止条件）的最终的合同（本约）”，受益人行使选择权即是成就这

[1]例如，最高法院第三民事庭 1975 年 7 月 8 日判决（Bull. civ. III. N° 249. p. 189）；R-N・舒茨：《论出卖预约的履行》，载《Defrénois 论文集》，1999 年，833，第 839 页（R-N・Schutz，l'exécution des promesses de vente，Defrénois1999. 833. p. 839）。

[2]最高法院民事庭，1906 年 2 月 6 日（S. 1906. I. 235）；最高法院民事庭，1944 年 7 月 17 日（D. 1945. 264）。预约的受益人在规定期限到期时仍然没有做出选择的，预约因过期而失去效力，参见最高法院第三民事庭 2003 年 10 月 8 日判决（CCC2004. N°3）。

[3]最高法院民事庭，1932 年 2 月 2 日（S. 1932. I. 68）。

[4]最高法院民事庭，1949 年 4 月 4 日（D. 1949. 316）；最高法院第三民事，2009 年 3 月 25 日（Defrénois2009. 1270. Libechaber 述评），该判决对实体法官认定这种看法的判决进行了审查监督，并认为单方的出卖预约的诺约人撤回预约应当在预约的受益人声明承诺之前通知受益人。

[5]最高法院诉状审理庭，1912 年 3 月 18 日（DP1913. I. 198）；最高法院诉状审理庭，1938 年 6 月 17 日（S. 1938. I386）。

项停止条件。然而，（我们认为）在附停止条件的合同中，当事人双方的同意意思已经达成合致，而在单方的出卖预约中，暂时还仅有一方当事人的意思表示，尚缺少另一方当事人的意思表示，须知，只有双方的意思合致才能形成他们目前打算订立的那份最终的合同。由此我们可以看出，这两者之间还是存在着一个根本的差别：在单方预约情况下，待订的本约或最终的正式合同只有等到另一方当事人作出意思表示之日起才能产生效力，也就是说，只有等到受益人行使选择权、决定订约之日才能产生效力，而对于附停止条件的合同而言，如果停止条件成就，合同的效力将追溯至双方当事人交换同意意思、实现合意之日。[1]

194.（2）双方的预约

当两个人相互向对方承诺晚些时候订立某项合同时，是为双方的预约（la promesse synallagmatique de contracter，如果按照原文直译，也称为“双务的缔约预约”）。[2] 双方当事人就订立本约已表示同意，但规定随后需要履行某种补充性手续，例如，双方当事人当即确认他们已经对合同的各项主要要素达成合意，同时约定随后在公证人面前重述他们的同意意思。

双方的预约与单方的出卖预约之间有着非常明显的差异：在双方

[1]最高法院诉状审理庭，1912年3月18日（DP1913. I. 198）；最高法院诉状审理庭，1938年6月17日（S. 1938. I386）。

[2]L·波埃耶：《双方的买卖预约，也谈预约之研究》，载《民法学季刊》，1949年，I（L·Boyer, les promesses synallagmatiques de vente, contribution à l'étude des avants-contrats, RTD civ. 1949. I）。

的预约中，双方当事人已经对将要最终订立的本合同表示了同意；[1]恰恰是因此事实，很难将这项预约与最终订立的本合同本身区分开来。如果本合同为诺成合同，那么双方当事人就合同的主要的或根本要素达成合意就足以成立该合同，而随后在公证人前重述他们的这种同意意思只不过是合同的一项简单的履行方式。正因为如此，《民法典》第1589条看来是将两个概念视为同一意义，该条规定："买卖预约，在双方当事人对物与价金已相互同意、取得合意时，等于买卖。"法院判例将这一规定扩张适用于其他情形。[1]

---

[1]关于单方的出卖预约与双务买卖预约的区分（sur la distinction de la promesse unilatérale et de la promesse synallagmatique de vente），参见最高法院商事庭1971年11月9日判决（D. 1972. 63. RTD civ. 1972. 391. Y·Loussouarn述评）；最高法院商事庭，1972年4月24日（JCP1972. II. 17144. P·L述评）；最高法院商事庭，2002年1月15日（Defrénois2002. 765. Savaux述评）；在单方的购买预约（promesse d'achat）与单方的卖出预约（promesse de vente）相互交叉的情况下，区分其属于双方的买卖预约还是单方预约就很不容易了，而在转让公司股份或股票的情况下，我们经常可以看到这种情况。参见最高法院商事庭1989年7月18日判决（Bull. Joly. 1989. 822. Bacrot et Berger述评，RTD civ. 1990. 67. Mestre述评）；最高法院在这个问题上表现得非常谨慎，有时，在预约发生交叉的情况下，法院判例使用的术语的同一性使人更加倾向于主张这里应当使用"双方的义务承诺"（engagement synallagmatigue）的概念，参见最高法院商事庭1990年1月16日判决（D. 1992. somm. 177. C·Bousquet et G·Bugela述评，JCP1991. II. 21748. C·Hannoun. RTD civ. 1990. 462. Mestre述评）；最高法院商事庭，2005年11月2日（Defrénois2006. 605. Libechaber述评）；有时，预约虽然可能发生交叉但相互之间并不对应，因为各自规定的条件不同。参见最高法院第三民事庭，2002年6月26日判决（Defrénois2002. 1231. Savaux述评，RTD civ. 2003. 77. Mestre et Fages述评）。在双方的买卖预约中约定的（由他人）替代的权利，并不能将该双方预约转变为单方的买卖预约，参见最高法院第三民事庭2006年6月28日判决（D. 2006. 2439. Behar-Touchais述评，Defrénois2006. 1852；Savaux述评，RDC2006. 1096. Dauriac述评）；最高法院第三民事庭2007年7月4日判决（D. 2007. 3045. Chiariny-Daudet述评）；最高法院第一民事庭，2007年11月8日（CCC2008. N°66）。

[1]例如，双方当事人在预约中就租约的主要要素达成完全合意时，租约预约即等于租约（本约），参见最高法院诉状审理庭1921年3月21日判决（D. 1921. I. 166）；最高法院第三民事庭，1997年5月28日（CCC1997. N°131. Leveneur述评）；公司股份的转让预约也是如此，参见最高法院第三民事庭1970年2月1日判决（Bull. civ. III. N°123. RTD civ. 1970. 785. G·Durry述评）；或者专利权转让预约亦同，参见最高法院商事庭1982年2月17日判决（Bull. civ. IV. N°64. p. 54. D. 1983. 484. J·Schmidt述评）。（作者在第192节的注释中指出，有些学者认为双方的预约因其存在的弊端而不受青睐。——译者注）

实际上，只有当第二项合同的订立，也就是本约或本合同或最终的正式合同的订立，除了要求双方当事人的合意之外还要求履行某种特定手续时，双方的预约与本合同之间的区分才具有实际的意义。在这种情况下，由预约确认的意思合致带来的结果并不是一项最终订立的正式合同，而是产生一项作为义务（une obligation de faire）——完成所要求的各种手续，只有在完成这些手续之后，正式合同或本合同才能最终成立。

关于最能体现这一现实的例子，我们当然会想到当事人打算订立的合同是一种要式合同的情况。实际上，要式合同预约（la promesse de contrat solennel）与要式合同本身的差别是明显的。我们知道，如果对合同规定某种形式要求的目的是保护至少一方当事人的同意，那么要式合同预约无效（参见第138节）；相反，诺成性质的要物合同预约与只有交付标的物才能成立的本义上的要物合同两者之间的区分看来要容易一些。在这种情况下，预约是有效的，并且产生一项作为义务——物的交付义务；在不履行此项交付义务的情况下，转变为损害赔偿（参见第148节）。

各方当事人在约定将合同采用公证形式作为本合同有效性的条件时，[1] 也可以在（经公证的）本合同与仍然属于诺成性质的预约之间划出一条明确的分界线，从而将两者明确分开。仍然以买卖为例：买卖预约产生的不是“交付买卖标的物以及支付价金的义务”，而是一项“如不履行（该预约），就转变为损害赔偿的作为义务”，不过，这需要各方当事人的意思表示已经特别清晰。法院判例也倾向于将“在公证人面前对同意作出重述”这一（形式）要求看成是一种“只需要当事人就合同的主要之点达成一致即可成立的合同”的单纯履行方式，而不是将其看成是“由当事人约定的

[1]关于约定的形式，参见本书第133节。

一种庄重形式”（参见第 139 节）。[1] 从根本上来说，法院判例采取的这一立场非常容易理解。因为，各方当事人是按照一项双方的买卖预约承诺义务，他们在原则上已经表明自己打算不可逆转地或不可撤销地接受预约的义务约束。

当诺约人前后相继、分别与不同的买受人就同一项不动产订立两项双方的买卖预约时，如果第二个买受人对其取得该不动产的率先通过公署形式作出重述并进行公示，那么，他就对第一个买受人取得了占先地位。不过，法院判例对这一规则做出过缓和处理：如果第二个买受人在签署第二项预约之日明明知道存在第一项预约，那么，对其地位就需要做出例外处理（参见第 163 节），但是，最近的法院判例又放弃了这种处理，[2] 这样也就极大削弱了双方的不动产买卖预约的实际效用，尤其是诺约人，他将会很方便地实现其作出的第二项预约，因为他之所以作出第二项预约，往往都是因为第二个买受人给出的条件更加优惠。

在很多情况下，当双方当事人打算以实现或发生某种事件作为订立本约的条件时，例如，需要取得行政批准或者需要筹措资金，并将此作为最终订立本合同的条件时，也往往采用双方的买卖预约的形式——有人将这种预约也称为双方的（买卖）“谅解”或“谈妥”（妥协），但这种表述是很有争议的[3]——例如，买受人只有在其能够取得建筑许可证的条件下才打算购买其想要购买的地

[1]最高法院诉状审理庭，1936 年 5 月 4 日（DH. 1936. 313）；最高法院第三民事庭，1987 年 1 月 14 日（D. 1988. 80. J · Schmidt-Szalewski 述评）；最高法院第三民事庭，1994 年 12 月 20 日（JCP1995. II. 22. 22491. Larroumet 述评，JCP1996. II501. D · Mainguy 述评）；最高法院第三民事庭，1997 年 5 月 28 日（CCC1997. N°131. Leveneur 述评）。

[2]最高法院第三民事庭，2010 年 12 月 15 日（RTDciv. 2011. 369. Revet 述评）；最高法院第三民事庭，2011 年 1 月 12 日（D. 2011. 851. Aynès 述评，RTDciv. 2011. 158）。

[3]因为这种术语的使用很容易引起混淆。我们知道，“仲裁”这一表述是用来表示双方当事人决定将争议提交第三人进行公断的协议。

块。总的来说，在这种情况下，双方的买卖预约被看成是一种附停止条件的买卖：[1] 从法律上看，买卖（实际上）已经成立，如果停止条件成就，合同自预约作出之日就已在双方当事人之间产生效力；如果停止条件不能成就或者没有成就，合同将溯及既往地消灭。实践中，采取这种形式的优点是，只需要在停止条件实现之后才制作为履行公示手续所需的公证文书，也就是说，只有在本合同已经确定无疑的情况下才需要制作公证文书，从而可以避免付出不必要的费用。

有时，双方的买卖预约的目的并不是订立一项确定的合同，而是要在将来订立一系列的合同，在这种情况下，双方的预约实际上类似于框架合同（contrat-cadre），但又不完全等同于框架合同。

所谓框架合同是指，各方当事人用来确定主导他们之间将来订立各项合同的主要原则的协议（参见附目第 1111 条）。将来订立的各项合同也称为“执行合同”或“实施合同”（contrat d'application），各方当事人通过这些实施合同来具体履行他们之间此前（在框架协议中）承诺的义务，[2] 例如，商人与工业生产厂商之间订立的相互供货与批发经销合同就是如此：框架合同虽然已经完全成立，但并不产生交货与支付价金的义务，而只是产生一种作为义务：按照合同的规定订购确定数量的商品并保障这些订货得

---

[1] 实践中，附解除条件进行的买卖这种形式极少有人采用，因为附解除条件的买卖意味着，在条件成就的情况下，作为买卖标的的财产将发生两次变动，而财产权利的变动是需要纳税的，这将引起税务部门两次收取税金。

[2] 这种做法在商业经销方面十分普遍，参见 A·索贝：《论供货合同》，《蒙帕利耶大学学位论文》，1970 年（A · Seube, le contrat de fourniture, thèse Montpellier 1970）；穆塞隆与索贝：《论技术协助与供货合同》，载《Dalloz 法律评论汇编》，1973 年，197（Mousseron et Seube, A propos des contrats d'assistance et de fourniture, D. 1973. 197）；D·拉梅特：《论框架协议》，《最高法院院报》，1972 年，第 65 页（D · Lamèthe, l'accord-cadre, Gaz. Pal. 1972. 2. p. 65）。

到履行，并且还有可能规定独家供货与独家进货之义务。如规定独立供货，双方当事人就都要放弃向他人供货或者从其他生产厂商进货。经常还有这样的情况，在供货合同之上还加上（技术）协助协议（une convention d'assistance），这样，供货就成为一项特殊的业务活动。

195. 优先订约之简约

所谓“优先订约之简约”（le pacte de préférence，优先订约协议）是指这样一种协议（参见附目第 1123 条）：一人对另一人做出承诺，该另一人表示接受，在向该人发出提议之前不再向第三人提议按照相同条件订立某项确定的合同。[1] 例如，在合伙人或者公司股东的相互关系中，一合伙人或股东向另一（确定的）合伙人或股东提议，当其决定出卖所持的资本份额或股份时，便将这些股份优先卖给该合伙人或股东。

在为了最终订立本合同做准备的各种预约当中，优先订约之简约是一种最少强制性的合同，有人甚至说它仅仅是一种“预约之前的预约”（avant avant-contrat）[2]。与单方的预约相比，在优先订约之简约中，诺约人远未对其打算订立的合同表示“现时的不可撤销的同意”，而仅仅是向受益人承诺在其决定订立某项确定的合同时才会优先或者首选与受益人或相对人订立这项合同，因此，受益

---

[1] P·瓦兰：《论优先订约之简约》，载《法律活页期刊》，1954 年，I，1192（P·Voirin，le pacte de préférence，JCP1954. I. 1192）；M·达果：《论首选缔约相对人的简约》，1988 年（M·Dagot，le pacte de préférence. 1988）。也有人将其简译为“优先协议”，容易与其他类似名称相混淆。“优先订约协议”实际上“首选订约当事人”。——译者注

[2] R·里贝莎贝尔，《Defrénois 论文集》，2007 年，1048（R·Libechaber，Defrénois 2007. 1048）。

人并不享有选择权（un droit d'option），而只是享有一种订约优先权（un droit de priorité），它是一种源于当事人“约定的先购权”（un droit de préemption d'origine conventionnelle），[1] 只要诺约人没有表示要出卖标的物的意思，由优先订约之简约赋予受益人的这项订约优先权就会始终得到保持。[2]

由于诺约人并不是承诺订立其考虑订立的合同（而仅仅承诺会优先与某人订约），因此，也就丝毫不要求在此时就已经确定此种合同的各项条件，而只需要确定可能订立的合同的标的以及合同标的应当合法。与此相反，如同是否规定期限一样，是否事先确定买卖价金，也不是优先订约之简约的有效性条件。[3]

当诺约人决定订立他在优先订约协议中已经表明打算订立的那项确定的合同时，应当（首先）向受益人发出要约，只要受益人做出承诺，合同即告成立；[4] 如果诺约人没有事先向受益人发出提议订立合同的要约，而是与第三人订立合同，他应当对此承担责

[1] 优先订约之简约强制诺约人在改变主意、转而与第三人订立合同之前，必须与此种预约的受益人进行严肃的谈判，参见最高法院商事庭 1992 年 5 月 12 日判决（Bull. Joly. 1992，Le Cannu 述评，RTD civ. 1993. 346，Mestre 述评）。

[2] 最高法院第一民事庭，1959 年 12 月 22 日（JCP1960. II. 19494. P · E 述评，RTD civ. 1960. 323. J · Carbonnier 述评）。虽然说这种优先订约之简约原则上可以转让给合同当事人的继承人，但诉讼时效仅自协议的相对人（受益人）能够行使其权利之时开始计算；如果从具体情节来看，表明当事人有意图只打算赋予这种义务以严格的属人性质，即使是默示的意图，均另当别论。参见最高法院第一民事庭 1987 年 2 月 24 日判决（RTD civ. 1989. 739. Mestre 述评）。

[3] 最高法院第一民事庭，2001 年 6 月 6 日（JCP2003. II. 10129. E · Ficher-Achoura 述评，CCC2005. N° 3. Leveneur 述评，Defrénois2003. p. 852. Libechaber 述评，RDC2003. p. 45. D · Mazeaud 述评）。

[4] 最高法院第一民事庭，2004 年 9 月 22 日（Defrénois2004. p. 1725. Libechaber 述评，CCC2005. N°3. Leveneur 述评）。在受益人拒绝订约的情况下，只要第三人提出的条件与要约的条件相同，那么优先订约之简约的诺约人便可以自由地与第三人订立合同，参见最高法院第三民事庭 2003 年 1 月 29 日判决（Defrénois. P 1267. J · Aubert 述评，RTD civ. 2003. p. 497. Mestre 述评，517. P-Y · Gautier 述评）。

任，并且应给予损害赔偿。而且，如果经认定第三人在与诺约人订立合同时明明知道受益人打算行使优先订约协议所赋予的优先订约权，却仍然与诺约人订立合同，那么，法院也可以撤销诺约人与第三人订立的合同。[1] 不过，在 2006 年 5 月 26 日最高法院混合庭作出了一项判决之后，判例的倾向性发生了转变：在具备上述条件的情况下，也就是说，在第三人与诺约人订立合同时明明知道受益人打算行使订约优先权的情况下，[2] 优先订约之简约的受益人可以获准取代买受人的地位而成为买受人，这就是说，不仅仅是撤销该第三人与诺约人之间已经订立的合同而已。

在优先订约之简约与法定的先购权之间发生冲突的情况下，法定的先购权仍然占据优势地位，但此种预约的受益人可以就其受到

---

[1]最高法院第一民事庭，1962 年 2 月 2 日（Bull. civ. I. N°116. p. 102）；最高法院第三民事庭，1976 年 4 月 22 日（Defrénois1977. art 33150. N°40。J-L · Aubert 述评）；最高法院第三民事庭，1982 年 10 月 26 日（Gaz. Pal. 1983. 2. 661. Marnierre 述评）；最高法院第三民事庭，1999 年 2 月 10 日（D. 2000. somm. com. p. 278. Brun 述评，D civ. 1999. Mestre 述评，856. Gautier 述评）。

[2]最高法院混合庭，2006 年 5 月 26 日（D. 2006. 1861. P-Y · Gautier et D · Mainguy 述评，CCC2006. N°153，Leveneur 述评，JCP2006. I. 176. N°1）；里昂法院，2001 年 1 月 18 日（RTD civ. 2001. N°233. Grynbaum 述评）。这一处理受到学术界的批评，例如，科拉尔、杜提洛尔与德尔贝克：《民事合同与商事合同》，第 68 节（Collart、Dutilleul et Delebecque，contrat civils et commerciaux. N°68）；D · 马佐：《因违反优先订约之简约而引起的责任》，载《最高法院院报》，1994 年，I，210（D · Mazeaud，la responsabilité du fait de la violation d'un pacte de préférence，Gaz. Pal. 1994. I. 210）；D · 马尔丹：《论订约前的预约》，载《J · Beguin 论文集》，2005 年，第 487 页（D · Martin，Des promesses précontractuelles，Mélanges J · Beguin. 2005. p. 487）；P · 德吉德里：《论合同关系中的优先订约之简约》，《埃克斯马赛第三大学学位论文》，1997 年，第 682 节，第 473 页（P · Desideri，la préférence dans les relations contractuelles，thèse Aix. éd. 1997. N°682. p. 473）；但是，有许多法官表示这些批评不能接受，参见巴黎法院 1995 年 4 月 7 日判决（RTD civ. 1998. 99）。

的损害向诺约人请求赔偿。[1]

（四）附合契约

196. 附合契约（le contrat d'adhésion）的定义

在制定《民法典》的那个时代，缔结合同的当事人主要是个人，他们相互之间以合同当事人的平等身份进行交易。当然，在现实生活中，从来就没有绝对的平等，合同当事人即使是两个个人，他们之间也从来没有什么经济上的平等。人间总是有强有弱，但是在19世纪初期那个时代，不同的个人之间力量的不均衡尚未达到不可抗拒的程度；当今时代则完全不同：许多合同都是由职业人与个人之间订立，由于企业的发展与经济的集中，有些（企业）集团获得了强大的实力，足以将其意志强加给他们的合同相对当事人；显然，法律上的平等掩饰着经济上的不平等，合同成立的条件或方式往往因此受到极其深刻的影响。一家实力强大的公司不会与一个孤立的薪金雇员就其个人的劳动合同的条件讨价还价，而必定是对雇员实行公司单方面事先制定的各项规则；同样，大型企业的客户，也只能听从于这些企业制定的法则：很少有什么个人能够与法国全国铁路公司或者某一航空公司讨论承运合同的条件；保险公司在与个人订立合同时，也很少会与其进行什么商议。在这里，合同当事人之间的协商被压缩到不可能再压减的最低限度。由于这些大型公司非常强势，顾客或客户只能附合其制定的规则，否则，就只能选择放弃，别无他途。

---

[1]最高法院第三民事庭，1984年5月10日（JCP1985. II. 20328. Dagot述评，Defrénois 1985. p. 234. M·Olivier述评）；另见最高法院第三民事庭1992年4月1日判决（Defrénois1992. p. 543. Vermelle述评，1993. p. 98. M·Olivier述评，RTD civ. 1993. 347. Mestre述评）。

继萨莱耶之后，[1] 人们用附合契约（contrat d'adhésion）这样一个术语来表达这种现实。附合契约的内容不是由双方当事人在平等地位的基础上自由讨论的结果。这种合同是由在经济方面或者社会方面处于强势的一方当事人事先制定的，而且不能改动，只不过是提交给为数众多的相对当事人附和签字而已。[2]

如果我们抛开理论上的分歧与不同见解，在具体说明附合契约这一概念时，通常会发现这种合同具有以下 3 个特征：

（1）附合契约意味着双方当事人之间在经济方面或社会方面处于不平等地位，例如，一方当事人或多或少掌握着对方当事人希望

[1] R·萨莱耶：《论意思表示》，第 891 节，第 229 页（R·Saleilles，De la déclaration de volonté，N°891. p. 229）；德侯：《论附合契约的法律性质》，载《民法学季刊》，1990 年，593（Dereux，De la nature juridique des contrats d'adhésion，RTD civ. 1990. 593）；皮松：《附合契约论》，《里昂大学学位论文》，1913 年（Pichon，les contrats d'adhésion，thèse Lyon. 1913）；德·圣-罗密：《论附合契约中的霸王条款的修正》，《巴黎大学学位论文》，1928 年（De Saint-Remy，Dc la révision des clauses léonines dans les contrats d' adhésion，thèse Paris. 1928）；多梅格：《论附合契约》，《图卢兹大学学位论文》，1936 年（Domergue，les contrats d'adhésion，thèse Toulouse. 1936）；A·里耶格：《标准合同与附合契约》，载《巴黎比较法学院当代法学研究文集》，第 33 卷，1970 年，第 105 页（A·Rieg，Contrat type et contrat d'adhésion，Etudes de droit contemporain，Trav et recherches Inst. droit cpmparé de Paris. t. XXXIII. 1970. p. 105）；贝尔里奥兹：《论附合契约》，《巴黎二大学位论文》，1973 年（Berlioz，Le contrat d'adhésion，thèse Paris II. 1973）；朔雷：《订约要约与附合契约中对附合当事人的保护》，《埃克斯马赛第三大学学位论文》，1975 年（Choley，l'offre de contracter et la protection de l'adhérent dans le contrat d'adhésion，thèse Aix. 1975）；"Le contrat d'adhésion" 这一术语不仅跨洋过海到其他美洲国家，参见 Kessler，contrat of adhesion，some thought about freedom of contract，43，Columbia Law Rewiew 629（1943），为美洲国家的法律所采用，而且也为 1993 年欧洲关于滥权条款的指令所采用。

[2] 不过，也有人指出，保险合同的条款并不始终都是全部事先起草好的条款。保险单上除了印刷的条文之外，也可以有书写的条款，这些条款是在保险人与被保险人双方经过讨论之后确定某些特定条件；此外，在保险合同订立之前的谈判过程中，保险人经常会向被保险人提供在不同保险险种之间进行选择的可能性。一些学者根据这种情况强调说，"附合契约的概念意味着合同条款都是事先印刷的条款"，这是附合契约的特点之一（参见 Marty et Raynaud，N°129，p. 127）。

获得的特定财产或服务；[1]

（2）订立合同的要约不是向确定的人发出，而是采用相同的文字表述向一般的公众发出，或者向某一部分公众发出，例如，向打算乘坐某一线路的火车、某一航线的班机或者某种船只的人们发出的承运建议，就属于附合契约的要约类型；某些类型的保险合同以及向水、电、煤气的用户提出的供应服务建议，也是此种类型的要约。

（3）合同是一方当事人的独家之作。作为一方当事人的企业，负有市场责任，单独制定合同的各项条件，而且这些条件对于所有的人都是相同的。由于企业掌握着综合性技术组织及其一般运作条件，完全排除了与顾客进行个别讨论、个别谈判的可能性。

对于这些合同引发的滥用权利现象，立法者与法院判例都被深深触动，理论界也反复指出，附合契约已经成为某些处于强势地位的"工商业封建霸主"们掌握的在社会内部强加某种新的"封建秩序"的手段。[2] 如果我们想要真正查明这种滥权现象的状况并对其进行补救与纠正，首先还是要确定附合契约的法律性质。

197. 一、理论分析

对于附合契约这一概念本身的法律依据，理论界有过激烈争论。有些学者否认附合契约是真正的合同，另一些人则持相反意见。

如何确定附合契约的法律性质，并非只有理论上的意义，而且

---

[1]当某一企业掌握着其提供的特定财产或服务的垄断地位时，就有可能将这种优势地位推进到最大的限度，以至于有些学者倾向于认为"附合契约这一概念应当唯一适用于在法律上或事实上的这种垄断地位情形"。

[2]C·加明：《为契约互惠互助论说句公道话》，载《Ghestin 论文集》，2001 年，第 268 页（C·Jamin，Plaidoyer pour le solidarisme contractuel，Mélanges Ghestin. 2001. p. 268）。

对于附合契约提出的许多问题，人们之所以会做出不同的回答，完全是由于不同的人对这种状况所持的观念不同。

198. 非合同说

有些学者认为，附合契约不属于合同，由此产生了“非合同说”，而正是这种“非合同说”（thèses anticontracualistes，反契约论）的出现，才提出了与附合契约本身有关的问题：（因为）人们过去对附合契约完全是自然而然地适用《民法典》关于合同的强制效力以及有关合同解释的各项规定，但是，有些学者却否认附合契约具有真正的合同性质，并且提出对附合契约应当排除适用《民法典》就合同规定的各项法律后果。这些论断，虽然表述形式各不相同，但却有着共同的实质。

首先，主张附合契约并非合同的理论（完全）否认在这种情况下“存在合同”。这些理论立足于这样一个论断：合同的存在是需要以双方当事人之间平等并且自由的讨论和谈判为前提条件的，然而，在附合契约中，人们所看到的却是：一方面，当事人之间并不平等，例如，处于强势地位的企业与某一个工人或某一个顾客之间的地位就很不平等，另一方面，一方当事人并没有参与制定体现其真实意思的协议或合同条款。

上述这些看法促使非合同论者（les anticontratualistes）将附合契约看成是一种近似于“确定规则”的文书（un acte réglementaire），这就是说，在非合同论者看来，附合契约是一种近似于公法性质的文书（acte de droit public），相当于行政机关依据自己的意志单方面制定的、强加于相关的人们的那种规则。非合同论者还认为，那些处于强势地位的企业，通过它们集体拥有的为数众多的工作职员和顾客，也就是说，通过它们可以牵涉和调动的利益，尤其是运用其掌握的制定规则的权力，很像是公共机关领导的行政性公共服务事业。有些学者甚至将它们视同公共机关领导的行政性公共服务事业。况且，人们还看到，这些企业的主要领导者们本身就受到这样的呼唤：要“为真正的大众（公众）服务”，他们也享有与公共机关行政权力相类似的权力。面对体现这种权力的附合契约，我们即使没有完全走入公法的范畴，至少也走到了公法的边缘。

在这一共同思想的基础上，有多种相互联系的思想倾向：

其一，民法学家雷蒙·萨莱耶（Raymond Saleilles）曾竭力阐明这样一种思想：附合契约是一种单方的意思宣告（déclaration unilatérale de volonté，单方的意思表示）。[1] 附合契约表明人们承认这种单方的意思宣告可以具有的强制力量（1900 年的《德国民法典》明文确认了这种强制力量）。萨莱耶写道：“这种所谓合同只不过是徒有合同之名，其中，唯有一方当事人的意思独自占据着主导地位。这种单方的意志可以对不特定的群体确定种种法则从而对他们强加种种条件，对于占主导地位的一方单方面事先做出的承诺，愿意接受这种合同法则的人唯有附合，别无选择。”[2] 按照萨莱耶的观点，附合契约的法律价值不是源于双方当事人的意思合致（accord de volontés），而是源于设计与制定此种合同的人的单方意志，（所谓的）相对“当事人”对合同表示的附合，不是作为合同主要的构成要件，并不涉及合同的成立；这种附合，只不过是完成合同制定者本身对该文书的订立所规定的一项条件而已。在附合契约里，法律关系的起源在于合同制定者的单方意思。

基于这样的分析，萨莱耶进而认为：

（1）没有必要像法院判决那样去细致查找那些附合加入合同

[1] 萨莱耶的著作书名即是《论单方的意思表示（宣告）》（De la déclaration unilatérale de volonté）。——译者注

[2] 萨莱耶：前引书，第 89 节，第 229 页（Saleilles，op. cit. N°89. p. 229）。

(adhérer au contrat) 的人是否真正知道该合同的各项条款规定的内容,[1] 只需要这种合同的附合参加人能够了解附合契约的条款即告足够：已经被企业聘用的工人很清楚每一个车间都有自己的规章；订立保险合同的人很了解保险存在“一般条件”与“特别条件”。

(2) 附合契约的解释应当避开主导合同解释的一般规则。按照解释合同的一般规则，原则上，应当查明双方当事人的共同意思：《民法典》第 1156 条规定，“解释合同，应当从合同中寻找诸缔约当事人的共同意图 (commune intention)，而不应拘泥于用语的字面意思”(参见第 450 节)。但是，在附合契约情况下，并不存在这种共同意思，因此，解释附合契约时，应当考虑的仅仅是制定该合同的人的意思。萨莱耶解释说：(如同) 解释法律一样，不会去探问“援用该法律的受管辖人”有什么样的意思，唯一要探究的只是立法的意图是什么 (立法的目的是什么)。附合契约也是同样的情况。我们没有必要去查找附合加入这种合同的人自己有什么样的意思，也就是说，没有必要去查找顾客有什么样的意思，唯一应当考虑的是制定该合同的人表达的是什么样的意思，因为，在这里，制定合同的人就是“立法者”。合同制定者的意思才是解释附合契约的基础。

公法学家列昂·狄冀 (Léon Duguit)[2] 与萨莱耶持类似的观点。狄冀认为，附合契约是单方的意思行为。只不过，在狄冀看来，附合契约的法律价值的基础并不在合同制订者的单方意思之中，这与萨莱耶的见解有所不同。因为——而且这也正是狄冀的一

[1] 所谓附合，法文词汇是“adhésion”与“adhérer”，本身就有“加入”的意思，附合契约就是一方当事人“加入”另一方当事人事先制定的合同。——译者注

[2] 列昂·狄冀：《国家、客观权利与制定法》，1901 年，第 55 页与第 432 页 (Léon Duguit, l'Etat, le droit objectif et la loi positive. 1901. p. 55. 432)；《拿破仑法典以来私法的总体改变》，1912 年，第 115 页 (les transformations générales du droit privé depuis le Code Napoléon, 1912. p. 115)。

个基本思想：仅凭个人的意志并不能创设法律，无论是在公法还是在私法均是如此，无论是所谓的“君主意志”还是任何个人的意志均不能单独创设法律；创设法律者，乃是总体利益（intérêt général）。这就是狄冀所称的“社会之必要性”（les nécessités sociales）。具体地说，一种意志之所以能够取得某种法律价值，正是由于它与“社会之必要性”相契合。正因为如此，当某一个人创立一家运输企业或者一家保险组织时，即是创设一种事实状态（un état de fait）。如果这种事实状态与“社会之必要性”相吻合，作为企业主人的个人就可以提出“对这种事实状态的组织与发展所必要的各项规则”，而这些规则也将成为客观权利的一部分，但是，赋予这些规定以法律规则之价值的，并不是企业主的个人意志，而唯一是因为这些规定完全符合确定与推动这些企业发展的社会必要性。至于顾客附合加入合同，只不过是将这种客观权利适用于这一或那一确定的个人的一种条件，也就是将这种权利适用于企业的用户与工作人员的一种条件。

因此，在解释附合契约时，必须按照近似于解释行政规章时应当遵守的那种指导性原则。诚然，法官应当考虑制定这种规章的人的意思，但是，他们尤其应当重视为了总体利益而协调集体利益或公共服务利益与作为个人的受管理者的利益的必要性。为了某种服务的利益，不论是为公共服务利益还是私人服务利益，由某一方当事人制定某种规则，就是完全必要的，不过，在制定这种规则时，始终应当考虑保护总体利益的必要性，而不能受纯粹的私利企图所支配，更不能由当事人一方的企图所支配。在私人企业方面，如果规则的制定者不是首先追求实现他为之服务的利益，那么他就是在实施一种近似于行政法上的越权行为。因此，按照狄冀的观点，在涉及附合契约时，可以准许法官对过分苛刻的或者具有滥用权利性质的条款做出缓和性救济处理。

199. 合同说

绝大多数民法学者都拒绝跟随萨莱耶和狄冀的思想。他们坚持附合契约具有合同性质的观点。[1]

针对附合契约非合同论的观点，大多数民法学者提出了以下3个方面的反驳意见：

（1）首先，合同论者认为，那种以为“只要说到合同，就意味着所有的条款都是双方自由、平等协商讨论的结果”的想法是错误的。合同这一概念当然要以存在某种协议为前提条件，这显然是没有疑问的，但是，同样，这一概念并不要求合同的所有条款都必须经过双方当事人自由协商讨论。数个世纪以来，人们就一直把某些种类的活动称为合同，而在这类活动当中，正是由一方当事人具体地提出合同的各项条件，并让另一方当事人作出选择：或者接受这些条件，或者整体拒绝这些条件；自罗马法以来，（买卖中应当有）“确定的价金”（prix fixe）尤其为人所共知，这就是提出一种确定的条件，但这一切从来没有妨碍人们说这中间存在一种买卖合同。因此，当我们说到合同时，至关重要的根本问题是：接受向其提议的条件的人是（否是）自由而为，或者是（否是）自由地不接受这些条件。如果接受向其提议的条件，那他就是对此条件给予了同意，由此就有了合同，尽管这项合同是由一方当事人事先起草、事先制定的，尽管事先没有进行任何讨价还价，合同照样存在。

（2）其次，合同并不必然意味着各方当事人的地位平等，而且

[1]帕拉尼奥尔与里佩尔，第6卷（Planiol et Ripert，t. VI）；若塞朗：《对契约理论当前倾向的总体看法》，载《民法学季刊》，1937年，第5节（Josserand，Aperçu général des tendances actuelles de la théorie des contrats，RTD civ. 1937. N°5）；里佩尔：《论民事债里的道德规则》（Ripert，la règle morale dans les obligations civiles. N°57）；玛蒂与莱诺，第130节（Marty et Raynaud，N°130）；马佐，第2卷（Mazeaud，t. II）。

并不以此种平等为前提条件，不论是经济平等还是社会地位平等。“法律上的平等”大概很少与“事实上的平等”相互吻合一致。这种平等情况大概是非常少见的。然而，当事人之间存在的某种不平等，并不妨碍合同的存在。这方面举一个例子即能说明问题：多少个世纪以来，法律始终都在关注因不平等而可能引起的种种滥权现象；《民法典》为无行为能力人的利益设置了无效诉权（action en nullité），设置了撤销诉权（action en rescision），以利益于因显失公平、受到重大损失的一方合同当事人。这一切都是保护处于弱势地位的人对抗强势者的工具或措施，因此，附合契约的双方当事人之间的不平等，丝毫不能排除他们所订的此种合同具有不折不扣的合同性质。只不过，正是由于存在着这种不平等，因此也呼吁着人们对那些附和加入此种合同的人应当采取特别的保护措施。

（3）最后，坚持主张附合契约是合同的学者责备他们理论对手所持的观点是在认可最强势者所处的强势地位，因为，非合同论实际上是把某些人作为集体利益的代表，承认这些人对于其他个人的优势地位，承认他们持有某种制定规则的权力，然而这些人实际上始终是私益的代表。因此，非合同论丝毫不是在保护那些加入附合契约的一方当事人，而是要求法官在解释合同时唯一考虑制定附合契约的人所表示的制定规则的意志。

由此看来，将上述两种理论加以比较，承认附合契约具有合同性质的理论观点终究是略胜一筹，因为它的基础是立足在这样一个事实之上：在附合契约中仍然存在两种意思的合致，因此，在解释附合契约时，仍然应当查找这两种意思的共同意图，既要查找弱者一方的意思，也要查找强者一方的意思。

200. 二、制定法的处理

法院判例始终坚持附合契约合同说，拒绝将附合契约看成是一种特别性质的法律行为，并且在涉及附合契约时，始终坚持适用有关合同成立及合同解释的一般规则。法院判例始终认定，当事人一方同意加入附合契约，即是同意要约人向其提议的各项条件，正是基于这种同意，在当事人之间才能成立法律关系。因此，法院判例推断得出结论：得到当事人同意的事，按照《民法典》第 1134 条的规定，即成为他们之间的法律。最高法院的判决认为：本案实体法官不得拒绝承认车间规章制度、[1] 保险单、[2] 提单、[3] 六合彩彩票规则[4]中订立的合法而明确的条款的效力，这就是说，它们仍然具有合同条款的性质。法院判例并不要求附合契约应当具备不同于普通法的其他形式条件。按照最高法院的判决，统一印制的合同条款，如同当事人手书的条款一样，只要经当事人签字，或者由当事人直接做出默示的承诺，或者当事人虽然对合同条件保持沉默但可以认为其已经做出承诺时，[5] 均可以产生合同的强制力。

但是，我们以上所做的介绍，并不等于说法院判例根本不考虑附合契约的各方当事人所处的不平等地位，从而不去尽力对处于弱势的一方当事人给予一定的保护。以上介绍只是说明一点：最高法

---

[1]最高法院民事庭，1866 年 2 月 14 日（DP. 66. I. 84. S. 66. I. 194. Grands arrêts. t. 2. N° 168）：在本案中，最高法院撤销 Aubusson 法院 1864 年 5 月 10 日的判决。原判决一方面认定涉案的工人违反了规章，该规章中订有“禁止事项，并规定如有违反将被处以确定数额的罚款”，但同时又以规定的罚款数额过高为理由，将罚款数额从 10 法郎降为 0. 5 法郎。另见最高法院民事庭 1906 年 1 月 15 日判决（S. 1906. I. 278）；最高法院民事庭 1922 年 12 月 26 日判决（S. 1923. I. 32）。

[2]最高法院民事庭，1892 年 3 月 30 日（S. 93. 1. 13）；最高法院民事庭，1921 年 2 月 14 日（S. 1922. I. 1922. 102）；最高法院民事庭，1926 年 10 月 26 日（DH. 1926. 547. S. 1926. I. 373）。

[3]最高法院民事庭，1887 年 3 月 1 日（DP. 87. 5. 82. 87. 1. 121；Lyon-Caen 述评）。

[4]最高法院第一民事庭，1982 年 1 月 18 日（JCP1984. II. 21215. E · Chabas 述评，D. 1982. 457）。

[5]最高法院民事庭，1892 年 3 月 30 日；最高法院民事庭，1921 年 2 月 14 日；最高法院民事庭，1930 年 7 月 27 日（Gaz. Pal. 1931. 2. 722）。

院的判例是按照合同理论的框架来看待附合契约的，也就是说，是按照合同法的一般原则来处理附合契约。正因为如此，法院判例也认定，加入附合契约的一方当事人只有在其“能够知道”合同的全部条款的情况下才会受到合同全部条款的拘束，例如，当事人可以从张贴在某一场所的小广告中了解合同的全部条款，[1] 或者可以从对方当事人向其提交的包含有这类合同条款的某一文本或运输凭证上知道其订立的合同的全部条款。[2]

为了强化对处于弱势的一方当事人的保护，法院判例还认为，即使上述要求全部得到满足，可能仍然是不够的，例如，如果企业将它的“一般销售条件”的许多条款印在订货单的反面，表面上看，虽然可能满足了上述条件，但法院根据具体情节，仍然可以认定客户（顾客）在签署该订货单时并未对这些条款表示同意（参见第 122 节）。人们还进一步认为，即使当事人原已表示同意，相应情况下，仍然不能排除其可以主张存在同意瑕疵（参见第 205 节）。例如，巴黎上诉法院 1978 年 9 月 27 日作出一项判决，将一项特许经营合同认定为附合契约，并将一方当事人所处的经济依附地位视同（受到）胁迫。不过，在审理针对该判决提起的上诉案中，最高法院的判决表明其在这一道路上仍然采取非常谨慎的态度（参见第 248 节）。[3]

当我们从指导解释附合契约的原则来探讨问题时，主张“合同

---

[1]例如，法院判例认为，工厂车间的规章制度对工人具有强制力，但应当将这种规章制度张贴在工厂内，如果没有张贴，或者虽然原已张贴，但已经掉落或者已被覆盖，那么，对于并不知道这类规章制度的工人就没有强制力。参见最高法院民事庭 1906 年 1 月 5 日判决（S. 1906. I. 82）；另见《劳动法典》第 R321-1 条。

[2]最高法院民事庭，1894 年 12 月 4 日（关于铁路的）判决（S. 95. I. 142）；1908 年 2 月 1 日（关于海上运输的）判决；1942 年 3 月 9 日（关于空运的）判决；最高法院商事庭 1950 年 1 月 31 日（关于陆路运输的）判决。

[3]最高法院商事庭，1980 年 5 月 20 日（Bull. civ. II. N°212. p. 170）；最高法院第一民事庭，2002 年 4 月 3 日判决（D. 200. 1860. Gridel et Chazal 述评）。

说”的理论同样占据上风。尽管附合契约是由一方当事人事先制定文本，但是，法院在解释这种合同时，并不仅仅是查找合同制定者一方的意思，而是要查找双方当事人的意思。在这方面，最典型的例子是最高法院在解释保险合同和运输合同时所采取的立场：当这类合同在印刷条款之外还另有当事人的手书条款时，如果两者之间存在矛盾，得到法院认定与支持的必定是手书条款，因为，在这种情况下，合同中另行增加的手书条款显然更能反映双方当事人的意思。

为了防止附合契约引起的滥权现象，法院所做的上述处理并非在任何情况下都完全足够，因此，还需要采取其他的方法，以恢复可能被附合契约经常打破的平衡。

201. 对附合契约中滥用权利性质的规定的救济

现在，附合契约的数量越来越多，与此同时，人们对其中可能包含的具有滥权性质的条款的认识也有所提高，因而，除法院判决从合同普通法的角度归结出来的那些救济方法之外，还增加了若干新的救济方法。

这些保护方法所要保护的是面对强者的弱势群体。这些保护可以来自以下不同的层面。

（1）由处于弱势地位的人自身以独立的个人或者团体的名义采取行动。作为孤立的个人，处于弱势地位的人在订立附合契约时也可以运用制定法规定的措施来进行自我保护。制定法比过去任何时候都更加主张采取“事先预防”的措施，例如，要求制定附合契约的一方当事人提供更多的信息，履行更多的告知义务（参见第 256 节）；制定法还扩大了因同意瑕疵而引起的合同无效的范围（参见第 233 节）。除此之外，订立附合契约的当事人在因损害其利益的条款或滥权条款而受到损害时，可以通过组成维权团体或维权协会，以便获得在附合契约中订入有利于他们的内容或条款。[1]

（2）来自法官的保护。扩大法官在合同方面的职权，这样做，·可以给予法官以权力，对附合契约的条款（例如，霸王条款、苛刻条件）进行缓和处理或者将那些具有滥权性质的条款视为不曾订立，从而将其排除出合同（参见第328节）。这就需要我们在追求合同正义与保障法律的必要安全两者之间找到平衡。[2]

（3）来自法律的规定：法律可以对特定的附合契约的内容作出规范，禁止在特定的合同中规定某些条款，或者强制规定在这种合同里必须规定特定条款，以避免发生最为严重的不公正行为或滥权行为。例如，有关劳动方面的法定规章就明确规定禁止在劳动合同中订立某些条款，或者对雇主规定某项具有强制性的义务。这方面的事例表明，此类问题的处理正在逐步完善。同样，立法者还在其他许多方面进行了干预，例如，在陆路货物运输方面，1950年3月17日的法律就明确规定禁止承运人在这类运输合同中订立免责条款；保险方面也是如此，《保险法典》作出了许多保护被保险人利益的强制性规定。[3]

有些情况下，法律虽然没有直接进行干预，但却赋予法官以很大的权力，以确保合同当事人之间达到最佳的平衡，同样，如下面所介绍的那样，法律还赋予行政部门以很大的权力。

（4）来自行政机关的救济：

---

[1]盖斯坦，第87节（Ghestin. N°87）；参见本书第38节。

[2]X·特斯图：《法官与附合契约》，载《法律活页期刊》，1993年，I. 3673（X·Testu，le juge et le contrat d'adhésion，JCP1993. I. 3673）。

[3]M·皮卡尔：《保险合同的契约性质的弱化》，载《Lambert论文集》，1938年，第2卷，第159页（M·Picard，l'affaiblissement contractuel du contrat d'assurance，Mélanges Lambert. 1938. t. II. p. 159）；《行政部门对保险合同的制约》，载《里佩尔研究文集》，1950年，第3卷，第127页（l'emprise de l'administration sur le contrat d'assurance，Études Ripert. 1950. t. III. p. 127）。

1）传统上，特别是对特许经营公共服务事业的商事公司采取一种做法：行政机关在其制定的“特许经营（承包经营）招标细则”中通常都会确定各项收费标准，要求特许经营人（承包经营人）对公共服务事业的用户遵守这些收费标准；有时，行政部门还在“公共工程承包合同”中专门增加了有利于工人或雇员的条款。

2）最近几年，有关保护消费者的立法越来越多，随着这些法律的制定，更大范围的保护方法也随之而来。特别是按照《消费法典》第132-1条的规定，制定行政法规的权力机关有权禁止、限制或规范具有滥权性质的条款（参见第326节）。尽管这些规定并不只是与附合契约有关，但涉及这些合同中所包含的具有滥权性质的条款，广而言之，涉及职业者与非职业者或消费者之间订立的合同中包含的这类条款（参见第324节）。行政法规的这些规定可以对因附合契约产生的滥权行为提供救济。

（五）定式合同[1]

202. 本节内容

经常有这样的情况，在合同谈判之前就已经完全或者部分制定了合同范本（modèles de contrat），这样可以加快订立协议的速度，也有利于实现法律关系的标准化（standardisation），采用标准合同的主要做法有：

（1）有时，合同各方当事人在订立框架合同时，事先就确定了调整他们之间将来关系的各项主要规则，也就是说，事先确定了框架合同的适用或实施规则（参见第194节）；而且，框架合同本身可能就是由一方当事人制定的，因为该方当事人处于足够的强势地

[1]定式合同与格式合同是同义词，有时称之为标准合同，有时还称其为附从合同。——译者注

位，因而可以将他提出的合同条件强加于相对当事人。在这种情况下，框架合同也就是一种附合契约。

（2）另一些情况下，合同全部或一部是由某个第三人（例如，律师、公证人或行业公会）制定的。第三人的参与可以有很多形式，也可以有不同的效果。例如，有些情况下，合同双方当事人的意思虽然受到第三人意思的影响，但在理论上他们仍然享有按照不同条件订立合同的自由；另一些情况则相反，缔结合同的当事人向第三人承诺只按照特定条件订立合同。例如：

1）实践中，由于各方当事人自己的知识不足或者经验不足，不得不请专家帮助，特别是不得不请公证人、事务代理人协助订立合同。提供咨询服务的人可以向当事人提供咨询建议，起草合同条款。在这种情况下，在法律上，当事人仍然被视为同意合同中所确定的全部内容，但实际上咨询人的影响却起着决定性作用。咨询人习惯上建议采用的合同常用条款或标准条款[1]以及他们采用的书写格式，也都决定着合同当事人的意思。[2]

2）在特定行业或职业里，各行业组织往往会制定合同范本，[3] 本行业的成员在与自己的供货厂商或顾客、客户订立合同

[1]洛孔特：《论定式条款》，载《民法学季刊》，1935年，第305页（Lecomte，La clause de style，RTD civ. 1935. p. 305）；祖舍塔：《论公证文书中的定式条款》，《埃克斯学位论文》，1943年（Zuchetta，la clause de style dans les actes notariés，thèse. Aix. 1943）；S·德拉马尔尼埃尔：《关于合同实践作为制定法渊源的几点观察》，载《法律活页期刊》，1957年，I，376（S·de la Marnierre，quelques observations sur la pratique contractuelle comme source de droit positif，JCP1957. I. 376）；J·布朗热：《论真实的意思与公开表达的意思》，载《Frédéricq论文集》，1966年，第199页（J·Boulanger，Volonté réel et volonté déclarée，Mélanges Frédéricq. Gand. 1966. p. 199）。

[2]L·苏里欧：《对制定法里公证格式的作用的探讨》，《巴黎大学学位论文》，1965年（L·Sourioux，Recherches sur le rôle de la formule notariale dans le droit positif，thèse. Paris. 1965）。

[3]J·雷奥特：《论标准合同》，载《民法学季刊》，1953年，第429页（J·Léauté，les contrats-types，RTD civ. 1953. p. 429）。

时可以采用或参照这种范本。由行业组织制定合同范本供其成员使用是一种非常普遍的做法。这些行业定式合同（les contrats-types）或者标准合同、格式合同，可以满足现代商业的深层需要，[1] 可以减少缔约前的时间拖延，从而紧跟现代商务生活越来越快的节奏。行业组织制定的合同范本还可以弥补《民法典》或《商法典》中相关规定的不足，因为这些法典中涉及各种合同的某些规定并不非常详细，甚至有些规定已经老旧。

原则上，是否采用定式合同或标准合同，双方当事人可以任意决定。如果合同当事人愿意，也可以自由排除使用定式合同或标准合同。但是，这些定式合同或标准合同，在其适用的范围内，创立了某种真正的解释性规则或补充性规则，不仅在当事人决定采用定式合同的情况下是如此，而且除有相反规定之外，在默示情况下也是如此。[2]

另有一些情况，不仅是由合同当事人之外的其他人事先制定合同的特定条款，甚至制定合同的全部条款，而且因为合同当事人各方或者其中一方对这种条款的制定者有义务承诺，因而需要采用这些合同条件，例如，所谓“建议价格条款”（clause dite de prix conseillé），[3] 就是产品的制造厂商或者批发商建议零售商只按照某种价格向消费者销售产品的条款；又例如，某个雇主工会团体作出决定，其成员只能按照本工会的领导人事先制定的标准合同与其

---

[1]可以举标准的买卖合同作为例子：小麦买卖合同，参见斯沃贝：《伦敦谷物贸易协会制定的合同》，《巴黎大学学位论文》，1928 年（Schwob，les contrats de la London Corn Trade association，thèse. Paris. 1928）；《论陆路货物公共运输标准合同》（les contrats types de transport public routier de marchandises，Delebecque. D. aff. 2000. chron. p. 135）；J · Léauté 前引文，op. cit. P. 433. N°8.

[2]最后甚至形成一种习惯，进而逐步扩张适用于整个行业（参见：J · Léauté，op. cit. p. 437. N°14）。

[3]1986 年 12 月 1 日法令第 34 条（现在归入《商法典》第 442-5 条）规定：禁止产品制造厂商订立“强制价格条款”（clause de prix imposé）对零售商强制规定再销售价格（le prix de revente）。

顾客进行交易；保险合同条款、运输合同条款、大宗商品批发或半批发合同条款等，都是由行业团体事先确定的。也许，作为工会成员的某个零售商在与其顾客的关系中可以不遵照这些定式合同的条款，但只要与顾客订立的合同符合《民法典》规定的合同成立的条件，那么，他们的合同，即使没有按照标准合同订立，其有效性仍然不会因此受到影响，但是，在承担义务的一方当事人违反义务时，相对当事人则可以请求损害赔偿，[1] 或者请求实行本行业方面规定的制裁。实际上，零售商或者工会成员不再享有完全的自由，在这里，集体纪律对传统原则起着抑制作用。[2]

3）合同的一般条件与定式合同（标准合同）非常相近。所谓一般条件是指，由一方当事人事先制定的、适用于往后订立的所有单项合同的“抽象条款”，并强制其合作伙伴在订立合同时接受这些条款或条件。[3] 现在，在经济生活领域采用“一般条件”的情况已非常普遍，例如，在原材料供应领域，或者在个人与企业主或销售者的关系中的一般销售条件、一般运输条件，都是

[1]强制规定采用标准合同的文件（例如，行业集体协议，或者，行业达成的默契）中可以规定违约条款，由这种条款确定的赔偿数额（往往）超过受到的损害的数额。这种做法也就成为行业规章的一种强有力的手段。

[2]行业组织制定的标准合同并不只是体现在有关的条文当中，除此之外，也有一些是由行政部门制定的标准合同。法律可以规定准许制定这类标准合同，而由行政部门负责具体制定合同条文；行政部门也可以负责认定那些不是由其制定的某项标准合同部分具有执行力，例如，农村租约的格式文本。可以由当事人自行决定是否采用行政部门制定的标准合同，因此行政部门制定的标准合同不一定具有强制性，如果各方当事人愿意，他们仍可按照不同的条件自由订立合同；不过，有时由行政部门制定的标准合同的条款具有强制性，在这种情况下，企业当事人不得违反这些标准规范条款而缔结与之不同的合同。

[3]A·索贝：《论合同的一般条件》，载《Jauffret 论文集》，1974 年，第 622 页（A·Seube，les conditions générales des contrats，Mélanges Jauffret. 1974. p. 622）。

如此。[1]这类一般条件可以由行业组织制定，这样做，对提高本行业（成员）的职业道德有着一定的意义，起到一定的作用，但也有可能妨碍竞争正常地开展。有时，一般条件是由合同的一方当事人自行制定的。这也是“一般条件”与“本义上的定式合同”的差别所在；有些情况下，一般条件仅涉及合同的履行，并且相对当事人经常是在合同订立之后才了解这些条件，在此程度上，一般条件也不同于本义上的定式合同。正因为如此，法院判例有时拒绝适用这样的一般条件，认为合同的相对当事人并未接受这样的条件（参见第122节）。此外，如果有某种条文认定非职业人或消费者同意附合在他们所接受的书面材料中并未出现的条款，或者是在另一文件中规定的条款但在订立合同时并未明文提及这项条款，因此非职业人或消费者并不知道存在此种条款时，法院将会无可反驳地认定这种做法属于滥权性质。

（六）强制缔结的合同[2]

203. 简介

基于法国大革命产生的工商自由原则（le principe de la liberté

---

[1]A·索贝，前引书，第621节。P·马林维尔尼：《买卖的一般条件与商会制订的标准合同》，1978年（P·Malinverni, les conditions générales de vente et les contrats types de chambres syndicales. 1978）；另见比利时法律，例如，C·戴勒马尔莫勒：《合同标准条款，使商法实现统一性的因素》，载《Frédéricq论文集》，1966年，第一卷，第307页（C·Del Marmol, les clauses contractuelles types, facteur d'unnification du droit commercial, Mélanges Frédéricq, 1966, t. I. p. 307）；莫托-马尔格雷夫：《论一般销售条件》，载《合同现象的复兴》，列日法学院，1971年，第529页（Moteau-Margreve, les conditions générale de vente in renaissance du phénomène contractuel, Fac. droit Liège, 1971. p. 529）；D·本·阿布杜拉哈姆纳：《法德商业销售中合同一般条件，德国法的规定》，《巴黎二大学位论文》，1985年（D·Ben Abderrahmane, le droit allemand des conditions générales des contrats dans les ventes commerciales franco-allemandes, thèse Paris II. éd. 1985）。

[2]原文为“contrats imposés”，其中文译名很多，在国内的文章中，类似的名称也很多，例如，强制缔约、强制合同、合同强制、合同缔结之强制，等等。但是，译者认为，不应将“contrats imposés”翻译为“强制性合同”，因为，凡是依法订立的合同，对双方当事人都具有特定的强制性。——译者注

du commerce et de l'industrie，1791 年 3 月 2—17 日法律）以及所有权的绝对性，人们都承认，一个人可以自由选择自己的交易伙伴，也可以拒绝与某一人或某些人缔结合同。但是，这一原则现在也包含着越来越多的例外情形（参见第 125 节）。正因为如此，在各不相同的情况下法律都有对拒绝缔约的行为实行制裁的规定，这在一定程度上也就出现了各种“被强制或被强加的合同关系”；更有甚者，在特定情况下，缔约义务（obligation de contracter）带有更多的制定法的性质：（某）一个人不仅有义务与向其提出缔约要求的人缔结合同，而且有义务自己去寻求订立某项合同；或者，在有些情况下，强制缔约的手段更为典型：由法律或者行政机关、司法机关或行会机构来强制一方当事人与确定的人订立合同。[1] 因此，缔约强制的具体表现也多种多样：

（1）有时，法律仅限于命令特定个人订立某种合同，否则，处以刑事制裁或职业方面的制裁：例如，建筑师、公共交通运输承运人、机动车使用人均应缔结强制保险合同。在这些各不相同的情况下，只有双方当事人满足了法律的命令事项时，合同的强制性关系才能产生。

（2）另一些情况下，不仅仅是强制订约，而且是强制与确定的人订约：有时，当事人之间订立的合同已经到期，但法律准许延长其效力（关于这一问题，参见关于居住用建筑物的租约或者农产租约的法律规定）；[2] 有时，法律还强制规定双方

---

[1] 玛蒂与莱诺，第 80 节（Marty et Raynaud，N°80）；L et J·马佐，第 2 部，第 1 卷（L et J·Mazeaud，t. 2. vol. 1）。

[2] 参见《民事合同与商事合同》，第 520 节（contrats civils et commerciaux. N°520）。关于商业租约的法律虽然不强制延展租约，但往往规定出租人在没有重大理由的情况下拒绝延展商业租约的，应当对“被排斥租约的商人”给予补偿。参见 G·布里耶尔德利斯勒：《通过权力途径来继续保持已经到期的合同关系，保持合同关系的稳定性的倾向》，载 P·杜朗主编《研究文集》，1960 年（Brière de l'isle，le maintien par voie d'autorité du rapport contractuel arrivé à expiration，in la tendance à la stabilité du rapport contractuel，Études sous la direction de P·Durand. 1960）。

当事人订立他们自己并未考虑订立的合同，例如，在“套房建筑物的不动产共同所有权”方面，法律就规定在特定情况下，物业管理人经共同所有权人多数同意，甚至经法院判决，可以制定“共同所有权规约”，而这种所谓“共同所有权规约”[1] 既是产生于合同又是出自制度性文件（1965 年 7 月 10 日法律第 26 条）的规定；[2] 还例如，在租约方面，按照《农村法典》第 125-1 条及随后条文的规定，对于抛荒的土地或者弃耕的土地，可以采取强制订立租约的形式将其出租，使之得到利用。[3]

买卖与互易方面也有这样的例子。（由于城市规划与城镇化建设）农村土地或城市土地的地块被整治合并，这往往会使人们产生惧怕或担心。[4] 在土地（地块）整治、拆迁的情况下，人们面对的并不是一种自愿的法律行为，而是一种“唯一因法律的效力而必须实施的法律活动”[5]。

最后，还可以补充的是，尽管现代法律中没有强制不动产所有权人转让其不动产的规定，但是，有时当所有权人出卖其不动产时，法律还是对所有权人按照他自己的意愿选择买受人的自由进行了限制，因为法律为特定的人规定了先购权（droit de préemption）[6]。先购权体现的是对所有权人的自由的一种限

[1]参见《法国财产法》，第 642 节，中国法制出版社 2006 年版，罗结珍译。

[2]法国的物业管理制度与我国有很大不同，法国法承认这种情况下的“集体所有权”称之为“共同所有权”，“共同所有权规约”实际上是物业管理规章。——译者注

[3]参见《法国财产法》第 362 节，中国法制出版社 2006 年版，罗结珍译。

[4]参见《法国财产法》第 365 节与第 380 节，中国法制出版社 2006 年版，罗结珍译。

[5]如果说在合同关系的成立方面存在某种法定的强制，那么，我们还应考虑在这方面也存在某种司法强制，离婚案件中就有这种司法强制的典型例子：在特定情况下，法官可以将用作家庭住宅的场所出租给离婚配偶中的某一方（《民法典》第 285-1 条，《人、家庭与无能力》，第 408 节，第 445 节）；在破产法里，也有强制转让所订立的合同的规定（1985 年 1 月 25 日法律，《商法典》原第 L621-88 条）。

[6]C·圣-阿拉里-胡茵：《论先购权》，《巴黎二大学位论文》，1979 年（C·Saint-Alary-Houin，le droit de préemption，thèse Paris II. éd. 1979）。

制。根据先购权，当不动产的所有权人决定出卖其财产时，即使他自己已经找到了买家，享有先购权的人仍然可以取代所有权人自己找到的买受人的地位。原则上，先购权的受益人应当按照（出卖人与买受人之间）原已约定的价金进行支付，但总的来说，法律也承认先购权人有“请求法院判决价金过高并要求降低其数额”的可能性。当今时代，由于先购权的数量还在逐步增加，也常常引发享有先购权的不同的人之间的冲突。

按照现行法律规定，享有先购权的人各不相同，有些先购权给予了这些人，另一些先购权则给予了其他人：例如，当农业资产的所有权人出卖此种资产时，该资产的承租人就享有先购权（《农村法典》第412-1条）；在共有人转让全部或部分共有财产的情况下，共有人之一（或其他共有人）享有先购权（《民法典》第815-14条）；将用作住宅的建筑物的权利进行分割而引起套房出卖时，该居住场所的承租人或占用人享有先购权（1975年12月31日第75-1351号法律第1条，1994年7月21日与2000年12月13日法律修改）；居住场所或者职业与居住混用的场所的出租人打算出卖该场所并辞退承租人时，承租人对该场所享有先购权（1989年7月6日法律，1994年7月21日与2000年12月13日及2006年6月13日法律修改）。

另有一类先购权，则是赋予了国家或公共团体或准公共团体，不过，相应情况下，对于其中的这一团体或那一团体而言，到底是真正享有先购权还是享有一种取回权，仍然存有疑问。国家或者公共团体或准公共团体享有的先购权的数量也在不断增加。[1]

---

[1]《民事合同与商事合同》，第70节（contrats civils et commerciaux. N°70）。

第二节 对同意的保护

204. 概述

订立合同，就是同意。不过，要想使合同具备人们一致认为的应当具备的效力，作为合同之基础的同意本身必须具备特定的质量（qualités），例如，如果是由一个没有思考能力的人表示的同意，或者当事人纯粹是在受到强制下表示的同意，我们又怎么可能肯定既然有合同当事人的同意，就可以推定所订立的合同实现了相对利益之间的最佳协调呢？

为了确保合同当事人的同意具备法律规定的质量，《民法典》的制定者首先规定的是各种（事后）“治疗性措施”（les mesures curatives）。如果同意是出自一个无能力理解其行为意义的人，或者当事人的同意带有瑕疵，由此订立的合同可以被撤销（annuler）。但是，面对消费社会，各种各样的诱惑、欲望与压力层出不穷，（传统的）同意瑕疵理论只能提供某种微不足道的社会保护效应。同意瑕疵理论，作为一种（在合同订立之后的）事后保护方法，必须经过一场诉讼才能得到实际运用，这就等于说，面对大量的合同现象，它已经显得不太适应，甚至无能为力。有鉴于此，法院判例以及最近的立法，都试图通过采取预防性措施来对消费者（在合同订立之前）即给予事前保护。基于“消费者是聪明的、自由的”这样一个判断，法院判例主张赋予消费者自己了解情况、进行思考的手段，使其处于能够保护自身利益的地位。

第一目 治疗性措施：同意瑕疵

205. 经典的“三部曲”（une trilogie classique）

要想使合同有效成立，仅仅是由精神官能完全健康的人表达的同意意思，仍然是不够的，还要求这种同意具备特定的质量。订立合同，不仅仅要求有当事人的同意，还要求当事人是在完全知情的条件下完全自由地同意。《民法典》在宣告这项要求时，采用的是否定式的表述形式：当合同一方当事人或另一方当事人在表达同意时存在某种瑕疵，妨碍其有清醒的认识、有损其自由时，合同就不能有效。我们在前面已经提到，同意，是在经过思考之后的意思表示（参见第 93 节）。合同的每一方当事人经过自我盘算、权衡利弊，然后再决定是否订立合同与承担义务。要想让同意具备完全的价值，要想让同意具有完全的缜密性，当事人应当能够清楚明白地审慎考量，自由地表达其意愿或意志。

如果合同一方当事人对其打算进行的交易活动的许多要素的想象和认识发生错误，那么他表示的同意就不可能是清醒的同意，因为他是根据其掌握的不准确的情况作出决定。当事人由于对其进行的活动缺乏清醒认识而发生的这种错误，可以是自发的，也可以是由其他原因所引发。前一种情况，我们称之为严格意义上的错误（erreur，误解），后一种情况，我们称之为欺诈（dol）。

如果打算缔约的一方当事人由于受到了压力，虽然心里想拒绝承诺义务，却不得不同意与决定缔结合同，在这种情况下，其表示的同意就不是自由的同意。当事人出于担惊受怕，在其并不赞成订立的合同与其受到的威胁两者之间被迫选择了前者，我们称之为胁迫（violence）或受到胁迫。

人们有时根据《民法典》的条文的安排，将另一种合同不完善的情形（imperfection du contrat）与上述 3 种同意瑕疵联系在一起，那就是显失公平（lésion）。在法国民法里，显失公平是指当事人之间的对待给付完全不对等，完全不成比例，因此我们应当非常明确地将显失公平与错误、欺诈、胁迫区分开来。同意瑕疵具有心理上的特征，而显失公平通常是一种经济上的瑕疵。要想认定（是否构成）显失公平情形，我们有必要探讨的不是同意瑕疵，而是通过对合同双方当事人的对待给付的具体数字进行对比，再作出判断。正因为如此，我们将这一部分内容放在合同的标的一起进行研究（参见第 302 节）。

因此，按照传统上使用的表述，同意瑕疵理论[1]囊括的是与错误、欺诈和胁迫相关的全部问题。[2]

206. 历史上的概念

对于我们讨论的同意瑕疵问题，法国《民法典》继承了经过教会法调整与缓和处理的罗马法传统。

如同早期罗马法那样的崇尚形式主义的法律制度定然不会理会有关同意瑕疵的问题，因为，在推崇形式主义的法律制度下，只要当事人正确地运用了规定的形式，合同即告有效；不是同意（合意）创设义务，而是形式创设义务；只要遵守了形式，当事人是在受到欺诈还是在受到胁迫下作出的同意，在所不问。后来，大法官们为了努力制裁缔约方面的不诚信行为（déloyauté），通过大法官诉讼（action du préteur），同意瑕疵理论才进入了罗马法。这就是

[1]不过，同意瑕疵理论有着一般意义，它涉及所有的法律行为，包括单方的法律行为（例如，遗嘱、承认或放弃继承），因此，同意瑕疵（vice du consentement）理论实际上是关于意思瑕疵（vice de la volonté）的理论。但是，由于法国《民法典》里并不包含有关法律行为的一般理论，因此有关法律行为的一般理论是从有关合同的条文中归结出来的（参见第 50 节）。关于同意瑕疵理论在行政法上的适用，参见 B·佩雷西克斯：《论行政性合同中的同意瑕疵理论》，RFDA，2006 年，12（B·Plessix，la théorie des vices du consentement dans les contrats administratifs，RFDA，2006. 12）。

[2]P·索维勒：《论同意的瑕疵》，《巴黎二大学位论文》，1981 年，第 3 卷（P·Chauvel，vice du consentement，thèse ronéot. Paris II. 1981. 3e vol）；C·克尔达内-奥贝尔德万塞尔：《对同意的损害以及实行的制裁的有效性》，《巴黎二大学位论文》，2002 年（C·Querdanne-Aubert de Vincelles，altération du consentement et efficacité des sanctions，thèse Paris II. éd. 2002）；G·洛瓦索：《面对现代欧洲合同法，法国合同概念中的同意的质量问题》，2003 年，第 65 页（G·Loiseau，la qualité du consentement，in les concepts contractuel français à l'heure du droit européen des contrats，2003. p. 65）。

说，同意瑕疵理论进入罗马法走的是一条迂回的道路。原则上，即使存有欺诈或胁迫，合同仍然成立，“尽管是被迫同意，但毕竟已经同意”（coactus voluit séd tamen voluit），这是当时的一句格言。但是，由于在罗马法里，欺诈（dolus）与胁迫（metus）构成私犯，所以要受到制裁：如果合同没有履行，大法官可以给予受到欺诈或胁迫的受害人以抗辩权，称之为“exception doli”（欺诈抗辩权）或“exception metus”（胁迫抗辩权）。这种抗辩权的依据是：要求履行合同的一方当事人的行为具有私犯性质。（在提出此种抗辩时）如果合同已经履行，大法官则通过命令恢复原状（restititutio in integrum）之令状，对私犯实行制裁，但并不撤销业已订立的合同，而是以赔偿的名义命令返还已经进行的给付或支付，因此，这里的恢复原状也称为“全部返还”（restitution）。

按照崇尚形式主义法律制度的逻辑，也不能对错误（erreur，误解）实行制裁。后来，在公平思想（idée d'équité）的影响下，人们至少对于善意缔结的合同，如买卖合同，开始考虑在缔约时可能发生的某些最为严重的错误，特别是考虑对标的物的实质发生的错误，不过（在那时）仍然没有将这种错误作为纯粹的同意瑕疵来理解与对待。由于这种错误是对同意的一种摧毁，在此情形下订立的合同之无效为绝对无效。

教会法的传统则是从良心的角度来考虑上述问题的：教士法官（教会法官）必须认定不履行允诺的人是否犯有罪孽（péché）；为此，教会法官要审查允诺本身是否违反道德（immoralité，不道德），是否是在错误、欺诈或胁迫下做出的允诺。当教士法官通过这种审查，认定不履行允诺并不违反道德时，就会判决不履行许诺并不构成罪过。由此可见，教会法体系（在这方面）并不是唯一涉及如何分析当事人的个人意思，而是同时提出了一种道德问题（un problème de moralité）、一种良心问题（un problème de conscience）。

207.《民法典》，同意瑕疵与意思自治

意思自治的理论逻辑曾经主张抛弃传统规则，特别是抛弃由形式主义制度强加的罗马法规则，然而，法国《民法典》的制定者却非常清楚地认识到，如果唯一考虑缔约当事人的心理，将会引起很大的不确定性，因为，缔约当事人可能发生的错误是多种多样的，各不相同，某些缔约当事人为了实现缔约，采取的“巧妙手腕”更是五花八门，而这些手腕或多或少都是应当受到谴责的伎俩。当事人的意思可能受到的强制或约束，外人往往很难看得清楚明白。如果过分地考虑有可能损害同意的种种事实，合同关系中就可能出现不安全的局面。

正因为如此，出于维护交易的法律安全的考虑，《民法典》的制定者没有仅限于对缔约当事人的意思进行心理上的分析，而是接受了已经得到长期实践检验的罗马法规则，同时又改变这些规则的法律类型。在罗马法里，欺诈与胁迫被定性为私犯，并依此定性进行制裁，而法国《民法典》第1109条则是将欺诈与胁迫作为同意瑕疵来考虑的，但并未因此完全抹去私犯的色彩；至于错误或误解，在法国《民法典》里，只有在其达到一定的严重程度时，才能得到考虑。《民法典》第1109条采用了一种十分引人注目的表述形式，它将这3种同意的瑕疵汇集在同一个条文里，而对产生每一种瑕疵所特有的行动分别使用了不同的动词，而且这些动词具有非常有力的表述价值。[1] 该条的条文译文是：“如同意是因错误所

[1]这一条文的法文表述为：“il n'y a point de consentement valable, si le consentement n'a été donné que par erreur ou s'il a été extorqué par violence ou surprise par le dol。”其中在分别使用了“donner”、“extorquer”与“surprendre”3个不同的动词来强调“错误”、“胁迫”和“欺诈”的发生。逐字翻译应当是：“如果同意是因错误而做出表示，是因胁迫而强行取得，或者是因欺诈所骗取，就丝毫没有有效的同意。”这一条文原文在法国人读起来，语言非常精辟，但翻译起来却无法到达这样的效果。如同中国古诗词不可译一样，翻译这项活动往往是一种令人留下遗憾的活动。——译者注

致，受胁迫或者受欺诈而为，不为有效的同意。”

我们将在下面依次研究每一种同意瑕疵，然后再分析它们之间以及它们与其他相近制度之间可能存在的相互影响。

一、错误或误解

208. 定义

误解，[1] 本身并不是一个专门的法律概念，也译为“错误”。所谓误解或错误是指，一个人对客观现实的认识不准确，作出了与事实不符的判断，视假为真或者视真为假。[2] 误解或错误只有通过其具体针对的对象或标的才能具有法律性质。例如，在订立合同

[1]这里所说的误解原文为“erreur”，总的来说，是指人的认识与实际情况或认识对象不一致。罗马法将错误或误解表述为是对某一对象或标的的不真实认识。法国合同法里，误解是指一方当事人对合同的某个要素（un élément du contrat）产生的错误理解，对此民事行为的内容或其他有关情况的主观认识与客观现实不一致，导致其内心意愿与其作出的意思表示不一致。例如，买受人对出卖物的价格发生误解，价格为10000元，误解为1000元，当事人这种错误的理解或误信，虽然与实际情况不相符，但仍然订立了合同，由此导致其表示的同意存在瑕疵。在将“erreur”译为“错误”时，应当与民法上的过错或过失（faute）相区别，这是因为在法语日常用语中，“faute”一词是指错误。法国民法上，误解的类型分为以下3种：（1）构成合同成立之障碍的误解，法语称为“erreur-obstacle”，简称为“障碍性误解”；（2）构成同意瑕疵的误解；（3）另一类误解则是“不予考虑的误解”（erreur indifférente）。障碍性误解包括以下两种情况：“对合同性质的误解”（erreur sur la nature du contrat），“对合同标的的误解”（erreur sur l'objet du contrat）；构成同意瑕疵的误解则包括：“对标的物实质（或本质）的误解”（erreur sur la substance）以及“对人的误解”（l'erreur sur la personne）。不予考虑的误解是指，涉及合同标的或客体的次要性质或次要特征的误解，对合同的成立并不起决定性作用的误解，例如，对价值的误解，对订约动机的误解，通常不在考虑之列。关于“对原因的误解”，通常表述是“对原因存在的误解”（erreur sur l'existance de la cause），而“对原因的存在的误解”与“对原因的误解”是不同的。很难认为，在法国民法里，“对原因的误解”构成一种单独类型的误解，按照法国民法，合同的原因与当事人负担的给付或者合同的标的联系在一起，在涉及近原因与远原因时，往往又与动机联系在一起。误解，与欺诈、胁迫，同属于法国《民法典》规定的同意瑕疵之一种（参见第351节）。——译者注

[2]拉朗德：《哲学技术与批判词汇》，“错误”词条（Lalande，Vocabulaire technique et critique de la philosophie. v. Erreur）。

时的错误，就是一方缔约当事人对其打算订立的合同的这一或那一要素（élément）产生的错误认识或错误想法。这就是说，在合同领域，可以发生各种各样的、彼此极不相同的错误或误解，诸如，对合同产生的债的标的错误，对许诺给付的价值的误解，对与之订立合同的人的认识错误，对合同动机的判断错误，等等。

在个人意思自治原则占据主导地位的法律制度里，应当宣告在错误的认识（croyance erronée，错误的相信）支配下订立的任何合同一律无效。然而，如果在法律上也毫无例外地、刻板地考虑任何错误，反而会使合同的相对当事人面临很大风险，势必导致法律交易受到阻碍而无法进行。考虑到合同关系的安全，（法律并）不准许某一个人借口自己搞错了，就可以对那些不利于自己的合同提出攻击。好的立法对这一问题的处理，只能是在以下两个方面之间做出妥协：一方面需要关注的是，如果合同义务符合承诺人的真实意思，那就只能赋予此种义务以效力，另一方面又要关注合同当事人不受其不能预见的无效（事由）所困扰。这两个方面的关注不言而喻地直接意味着需要对错误的范围划出一个界限，也就是说，要确定在哪些情况下（合同领域的）错误会受到制裁（A）；而当我们想要具体说明对错误实施制裁的条件时，同样需要确定错误的范围或界限（B）。

（一）错误的范围

209. 内容安排

《民法典》第1110条的条文只提到两种错误：对合同标的物的实质的错误以及对人的错误。这样的规定显然是不充分的，因为，除了该条文提及的这两种错误之外，还有涉及合同核心本身的其他错误，例如，涉及合同性质的错误，涉及合同标的（本身，而不是其实质）的错误，尽管《民法典》对这些错误没有明确规定，但是，我们很难设想，在当事人对合同性质认识错误或者对合同标的认识错误的情况下，这样的合同还能够有效成立。为此，理论界考虑到了错误的多样性，并且根据它们的严重程度，将它们划分为3个类型：其一是，当错误摧毁的是当事人的同意本身时，称之为“障碍性误解”（erreur-obstacle），也就是说，错误是阻止合同成立的障碍；其二是，当错误引起的是同意瑕疵时，称之为“同意瑕疵性错误”（erreur vice de consentement）：错误是同意的瑕疵，[1] 最后是，在错误不影响合同的有效性时，不在法律考虑之列。

210. （一）错误，合同成立的障碍（erreur-obstacle）

“阻碍合同成立的错误”是指是由某种彻底的误解所造成的错误，是发生了“不折不扣的张冠李戴”（quiproquo）的情况。实践中，我们常常看到这样的情况：在表面上看来相互吻合的形式声明之下，当事人之间实际上并没有实现真实的意思合致。[2] 例如，双方当事人在订立合同时各自想要的实际上完全不是同一物或同一件东西，双方根本就没有达成一致，合同的成立缺乏某项根本条件，也就是说，双方当事人缺乏共同意图（l'intention commune），没有真正的相互默契或相互理解。由于当事人的这种错误如此严重，完全阻碍了他们实现意思合致——这也是“障碍性错误”这一表述的来由。具体来说，这里的“缺乏合意”主要包括以下两类情形。[3]

---

[1]这两个概念在法语里分别表述为“erreur-obstacle”与“erreur vice de consentement”，可以有两种不同的翻译：“障碍性错误”与“错误，合同成立的障碍”；“同意瑕疵性错误”与“错误，同意的瑕疵”。——译者注

[2]G·果德弗洛瓦：《论障碍性错误》，《巴黎大学学位论文》，1932年（G·Gaudefroy，l'erreur-obstacle，thèse Paris. 1932），参见本书第93节与第126节。

[3]关于“搞错了相对当事人的身份”的误解（Sur l'erreur sur l'identité physique），参见本书第219节；关于有时也被称为障碍性误解的对原因的误解（Sur l'erreur sur la cause parfois qualifiée d'erreur-obstacle），参见本书第351节。

211. (1) 对合同性质的误解 (l'erreur sur la nature du contrat)

一方当事人认为自己是出租一宗不动产，而相对当事人却以为是购买该不动产；缔约一方认为缔结的是租赁合同，另一方却以为是缔结买卖合同，由于一方当事人对合同的性质存在错误或误解，双方当事人之间显然缺乏共同的意图 (la commune intention)。当然，在实践中，当事人对合同的性质发生如此明显的误解、如此严重的错误的情况还是比较少见的。对合同性质的误解的表现形式，往往是难以准确把握的。例如，出卖人原本是打算卖出其物，而购买人却认为其中有关价格的约定仅仅是表面现象，误认为转让人或出卖人是打算向其进行一项伪装的赠与 (donation déguisée)；又例如，被保险人以为与保险公司订立的是一项固定保费的合同，实际上，与其签约的是一家合作性保险公司，被保险人在不知实情的情况下，由于误解而成了该公司的参股人。[1] 除这里所举的例子外，我们还可以看到这样的情形：一方当事人以为订立的是一项普通的借贷合同，实际上是一项延期借贷合同，[2] 这种情况也属于对合同性质的误解；又例如，某人原以为是作为保证人承诺义务，而实际承担的义务是一种见索即付担保 (une garantie à la première demande)，同样属于对合同性质的误解。

但是，上面所说的对合同性质的误解 (erreur sur la nature du contrat) 与合同定名错误 (erreur sur la qualification du

[1]最高法院诉状审理庭，1878 年 5 月 6 日 (DP. 80. I. 12)；最高法院诉状审理庭，1913 年 12 月 19 日 (Gaz. Pal. 1914. I. 229)。

[2]雷恩法院，1950 年 10 月 26 日 (Gaz. Pal. 1951. I. 27)；最高法院商事庭，1956 年 7 月 18 日 (Bull. civ. III. N°20. p. 188)。

contrat）是完全不同的两回事，不能混为一谈。[1] 在合同定名错误情况下，合同的名称虽然有错误，但在双方当事人的思想上，该合同的各项效力都是非常明确的、确定的。只有在双方当事人对合同的主要效力没有达成一致时，对合同性质的误解，特别是对由合同产生的债的误解，才能构成阻碍合同成立之误解。[2]

212（2）对合同标的的错误（误解）

对合同标的的误解（erreur sur l'objet du contrat）可以是“对严格意义上的物的同一性”发生误解：双方当事人心目中各自认为的标的物实际上并不是同一物，例如，一方当事人想卖出或者出租的是某一块土地，另一方当事人却以为是购买或承租另一块土地；[3] 又例如，一方当事人是想购买一宗不动产，而另一方当事人仅仅是打算向其转让（涉及该不动产的）公司的股份。[4]

实践中更常见的情况是，对合同标的的误解也可以是搞错了价格。双方当事人虽然意思达成一致，确定的价格是 5000 法郎，但

[1] 所谓“合同定名错误”是指搞错了合同的名称，这种情况不是真正的“对合同性质的错误”，例如，将“合作合同”写成“合伙合同”。非法律专业人士之间以私署文书的形式订立的合同常常会发生搞错合同名称的情况。由于合同的名称往往牵涉合同的性质，而法语中的“la qualification”既可译为“定名”，例如，罪名的认定，又可译为“定性”。——译者注

[2] 参见最高法院第三民事庭 1980 年 3 月 18 日判决（Bull. civ. III. N°65. p. 46）。

[3] 最高法院第三民事庭，1995 年 2 月 1 日（Bull. civ. III. N° 36. p. 23. RTD civ. 1995. 879. J · Mestre 述评，本案涉及出卖的地产是分割成小块之后的其中一块的土地，而买受人以为是原来的整块土地）；最高法院第三民事庭，2008 年 5 月 21 日（D. 2008AJ. 1693. RDC2008. 716. Th · Génicon 述评，对出卖物的批次发生误解）；另见 G · 卢泽：《取得区分所有权的某一份额与障碍性误解》，（G · Rouzet，l'acquisition de lots de copropriété et l'erreur-obstacle，Defrénois 2008. 1893）。

[4] 巴黎法院，1966 年 7 月 8 日（Gaz. Pal. 1967. I. 33）。另见：巴黎大审法院 1979 年 6 月 26 日判决（D. 1980. IRp. 263）。

出卖人说的是 5000 新法郎，购买人以为是 5000 旧法郎。[1] 现在，由于货币已经改换为欧元，在价格问题上发生错误的情况更加具有现实性：购买人继续按照法郎计价，而出卖人却是用欧元报价；[2] 或者，由于打字错误，出卖人将本来打算卖 14500 法郎的车辆写成了 1450 法郎，[3] 如此等等。

不过，我们不能混淆“对价格的误解”（l'erreur sur le prix）与“对价值的误解”（l'erreur sur la valeur）。价格不等于价值。“对价格的错误”可以引起合同无效，而后者原则上不在考虑之列。在搞错了标的物价值的情况下，双方当事人实际上对标的物的价格已经达成了合意，只不过一方当事人后来对此价格提出异议，而提出这种异议的借口是，这一价格不符合财产的真实经济价值，或者不符合所提供的服务的实际经济价值（参见第 220 节）。

同样，不要混淆“对价格的错误”与“单纯的计算错误”，后者称为“数学计算错误”（erreur arithmétique）。对于这种错误，唯一准许的是把数字更正过来，例如，双方当事人在完全清楚、完全认同各项计算要素的情况下订立合同时，有可能发生计算上的错误。不过，如果是职业人因一时的疏忽大意，犯了事实性错误（erreur matérielle）给当事人造成了损失，而另一方当事人并不了解此

---

[1]对于这种情况，参见最高法院商事庭 1969 年 1 月 14 日判决（D. 1970. 458. M · Pédamon 述评，RTDciv，1969. 556. Y · Loussouarn 述评，Defrénois 1971. p. 111. J-L · Aubert 述评）；最高法院商事庭，1970 年 6 月 17 日，JCP970. II6504），但是，法院在这里没有使用障碍性误解的概念。

[2]奥尔良法院，2004 年 5 月 13 日（RTD civ. 2005. 589. Mestre 述评）；波城法院，2005 年 6 月 6 日（JCP2005. IV. 2084）；最高法院第三民事庭，2007 年 7 月 4 日（D. 2007. 2847. N · Rias 述评）。该判决认为，一个商人在出卖财产时因法郎转换为欧元报价而搞错了价格，应当认定其有“不可原谅的错误”。

[3]波城法院，1982 年 1 月 7 日（JCP1983. II1. 19999. Coiret 述评）；另见最高法院第一民事庭 1973 年 11 月 28 日判决（D. 1975. 21. R · Rodière 述评，Gaz. Pal. 1974. I. 351. RTD civ. 1974. 628. G · Cornu 述评）。

情况时，法院判例往往会排除进行事实性更正（rectification matérielle）的可能性。[1]

213.（二）错误，同意的瑕疵[2]

《民法典》第1110条规定："错误，仅在其涉及作为合同之标的物的实质本身时，始构成合同无效的原因。错误仅仅涉及当事人意欲与之订立合同的个人时，不构成无效原因。"立法者在这一条文中对错误的范围做了严格限制，以此强调立法上仅仅考虑两种具有明确特征的错误：其一是，一般地考虑"对标的物实质的误解"，其二是，在特殊情况下考虑"对当事人意欲与之订立合同的个人"的误解。可见，立法上并没有考虑所有的瑕疵、所有的错误，并不是考虑"所有的幼稚行为或者轻率举动"。

---

[1]最高法院第一民事庭，1987年6月2日（Bull. civ. I. N°182. p. 136）。本案中，承运人用低于价目表上标明的价格出具车票，在实现承运义务之后，只有证明旅客在旅行之前就已经知道承运人方面出了差错的情况下，才能向旅客要求补交价款；另见最高法院第一民事庭1995年2月28日判决（rev. dr. bancaire et bourse 1995. 144. Crédot et Gerard述评，Defrénois 1996. 363. D·Mazeaud述评），本案中，银行因计算上出了差错，在其事先提出的要约中少算了借贷人的月供数额，但其提出的要约已为借贷人承诺，在此情况下，银行不能获准更正其错误。另见巴黎法院1993年2月18日判决（JCP1993. I. 3725. N27. Fabre-Magnan述评）；与此相反的判例是最高法院第一民事庭1986年11月18日判决（Bull. civ. I. N265. p. 254），本案判决认为法国电力公司可以更正其发票上出现的差错。

[2]这方面的文章很多，其中主要有勒雷布-皮热奥尼尔：《论法律行为的对外表示与有关误解的理论》，《雷恩大学法学研究文集》，IV，第219页（Lerebours-Pigeonnier, L'émission des actes juridiques et la théorie de l'erreur, Travaux juridiques de l'Université de Renne. IV. p. 219）；塞里斯：《论合同中的误解》，《巴黎大学学位论文》，1922年（Célice, L'erreur dans les contrats, thèse Paris 1922）；努尔：《论法国法与英国法上的合同误解瑕疵》（Nour, l'erreur vice des contrats en droit farnçais et en droit anglais, Lyon. 1926）；盖斯坦：《现代制定法中关于误解的概念》，《巴黎大学学位论文》，1963年（Ghestin, la notion d'erreur en droit positif actuel, thèse Paris. 1963）；G·维苑：《论起决定性作用的实质性误解》，载《民法学季刊》，1992年305（G·Vivien, De l'erreur déterminante et substantielle, RTD civ. 1992. 305）。

214. （1）对（标的物）实质或本质的误解（l'erreur sur la substance）

只有对标的物的实质或本质本身的误解，才能构成合同无效的原因。[1] 由于这一表述本身并不十分清晰，因此法院判例对其做出了大量的司法解释。

如果我们认为条文中所说的（标的物的）实质或本质（substance）应当是指物的根本品质或根本质量（qualité substantielle），那么，这一条文的表述就没有说完全。因为，对于物的“根本品质”或“根本质量”这样的概念同样可以有多种理解。客观上来看，所谓根本品质或根本质量（qualité substantielle）就是物的主要品质（qualité principale），是产生并且决定物的本身性质的那种品质；如果缺乏这种品质，所涉及的物就不成其为当前之物；从主观角度来看，所谓物的根本品质是指，发生误解的一方当事人自己判断的、自以为是的那种品质，也就是促使该当事人在决定订立合同时其主观上认为的标的物所具有的品质。

然而，如果我们认同这种从当事人的主观角度进行分析的方法，那就会提出一个问题：是否要求相对当事人知道标的物的这种品质对于发生误解的一方当事人来说具有决定性意义，起到了决定性作用？发生误解的一方当事人正是在其误解的品质的基础上表示

---

[1] 因此，有人也称“对实质或本质的误解”为“无效性误解”。“对物或标的物的实质或本质的误解”，法文原文分别为“erreur sur la substance”，“erreur sur la substance de la chose ou de l'objet”，其中“la substance”一词有物质、质料，材料、实体、要旨等意思，因此，对这一术语也就有了各种各样的翻译，如“特性错误（Eigenschaftsirrtum）”、“性质错误”、“本质错误”、“本质性的错误（l'errore essenziale）”、“本质（动机）错误”。在中文里，“实质”一词泛指事物的本质，而“本质”一词则是指本来的品质或质地，也指事物的根本性质，与现象相对应，也就是说，实质与本质两者没有根本性差别。译者在《法国民法典》里将“la substance”译为“实质”。——译者注

的同意?[1] 标的物的根本品质是否应当属于合同的范围?总之，标的物的根本品质是不是指双方约定的那种品质?除了这一问题之外，是唯一考虑发生误解的一方当事人对其受领的标的物的品质发生的误解，还是同时应当考虑提供标的物的人对物的品质的误解?换句话说，并且按照最常见的情况来进行分析，是否只认定购买人对其购买之物的根本品质发生的误解，还是同时应当认定出卖人对其出卖之物的根本品质发生的误解?

从最近的法院判例来看，人们还会提出这样一个问题：是否应当把“对经济效益的误解”（参见第218-1节）也归入“对标的物本质的误解”这一类型当中，而且应当这样来理解这些判例?[2]

---

[1]例如，买受人想购买一块中国汉代的和田玉玉佩，标的物的根本品质就在于它是否是真品，这对买受人决定购买起着决定性作用；出卖人将一块年代晚得多的青海玉佩卖给买受人，他只知道对方要买一块玉佩，并不知道他一定要买和田玉。在这种情况下，是否要求出卖人知道标的物的这种品质对于买受人来说具有决定性意义，并且对买受人同意购买起到了决定性作用?——译者注

[2]买受人对其购买之物的根本品质发生误解，可以认定合同无效，出卖人搞错了其卖出之物的根本品质时，是否也可主张合同无效?

所谓对合同标的物的实质本身发生错误，不仅仅是指对组成标的物的材料、物质发生错误，而且更为一般地是指，与当事人订立合同时所考虑的标的物的主要质量有关的一切——标的物的真实性、来源、用途等，例如，购买人本想购买一匹能够立即参加比赛的赛马，但在交付马匹时发现母马已带孕，此种情形属于事实方面发生的错误；对一幅油画的真实性发生错误，是涉及合同标的物的实质的错误，而不仅仅是涉及标的物的价值的错误，购买人在购买该绘画作品之后，仅仅是对该绘画的作者产生疑问，应当举证证明他在购买的当时对出卖物的实质性品质发生了误解。仅仅是对绘画的作者有疑问时，尚不足以证实该绘画作品确属赝品，也不足以证明购买人在购买该幅画作时错误地坚信该画是真品，因此，法院驳回购画人撤销合同的请求是正确的；购买人购买一尊被认为是中国唐代的雕像，他当时就要求提供有关该雕像是真品的证据，法院因此认定，不仅所购物品的真实性具有实质意义，而且能否确定该雕像是真品同样具有实质意义。由于不能肯定雕像确属真品，法院撤销此项买卖也是完全正当的；一幅油画，在进行买卖的当时既不能肯定也不能排除它是普桑的作品，但是，如果买卖双方都错误地肯定这幅画不可能是普桑的作品并且成交，在未查明绘画的真实性之前，法院驳回出卖人以其对标的物的实质有误解而提出取消合同的请求，这一判决并无法律基础。买卖一幅以某一著名画家署名的作品但被认为是出自另一著名画家之手，合同双方当事人在该作品的真实性上都同意接受在合同（转下页）

我们在下面分别来说明这两个方面的问题。

215. 什么是标的物的根本品质：各种见解

所谓根本品质，到底应当如何理解？正如我们在上面提及的那样，这方面存在着两种相互对立的观念，其一是客观观念，其二是主观观念。

（1）客观观念（la conception objective）。按照符合罗马法传统的最严格的观念来理解，所谓对（标的物）实质或本质的误解（erreur sur la substance）是指对物的制作方式、其物理与化学构成成分的误解。我们在这里借用乌尔比安（Ulpien，Ulpiano）所举的例子来做说明，所谓对（标的物）实质的误解是：我购买一物件，以为它是黄金制品，实际上是一件青铜制品。于此情形，买卖

（接上页）范围内通常许可的射幸性选择，如果此后绘画的真实性得到查明与证实，任何一方都不得援用自己发生了错误而主张撤销合同，特别是出卖人或其权利继受人不得为此主张。购买绘画作品的发票明确地提到该绘画的鉴定报告，但该鉴定报告对作品的真实性仅作了部分的相对的肯定，后来，该作品被确认是真品，法院同样作出拒绝撤销合同的判决。对一幅署名了作者的绘画作品，在买卖时未作任何保留说明，构成对该作品真实性的肯定，因此，不能认为这种合同具有射幸性质。只要购买人不是以对该幅有争议的绘画作品的实质性品质有错误为理由请求撤销买卖合同，而是对出卖人提出责任之诉，并且为了支持其诉讼请求，购买人要求对绘画进行鉴定，法官拒绝此项鉴定请求是正当的，因为，在买卖完成之后对绘画作品的真实性产生怀疑并不能引起出卖人的责任。此外，还有法律方面的错误或误解，例如，对作为合同标的的权利的性质发生错误，一方当事人对其以为依据合同的效力放弃或取得的权利的性质发生认识错误，而且正是由于这种错误，才致使其作出了订立合同的决定时，于此情形，可以认定为该当事人对合同的实质发生误解。当法官认定合同一方当事人所援引的错误并不涉及合同标的物的实质性品质，而是仅仅涉及该标的物的价值时，可以得出结论，这一错误并不能构成转让股票之协议无效的原因（最高法院商事庭，1974 年 3 月 26 日）。保证人对其承担的保证义务所具有的风险作出了错误的估计，这种情况并不构成对合同实质的误解，因此，不足以认定其表示的同意存在瑕疵（最高法院第一民事庭，1990 年 11 月 13 日）。保证人在提供保证之日对债务人的支付能力作出了错误估计，只有在此种情节属于保证人提供保证的条件时，才能予以考虑，参见最高法院第一民事庭 1977 年 2 月 19 日判决。

无效。[1]

按照客观观念来看待标的物的根本品质，优点在于，它提供了一种明确的、具体的判断标准。但是，这种观念过于狭隘，因此也有可能导致令人不能接受的后果。例如，某人购买一件镶嵌装饰图案的柜子，该图案上标明是由某个名家精心制作，但购买人以为镶嵌的装饰有一部分是用红木制作，实际上却不是红木。在这种情况下，如果法院判决该人仅凭此理由就可以主张合同无效，那么这一判决就有可能不太合情理。因为，通常情况下，在这类误解中，当事人主张的（标的物）品质实际上是指标的物的真实性，在这里就是镶嵌的装饰图案的工艺或艺术价值——因为它是名家制作——而木材的质地本身则是次要的。

主张客观观念的学者现在的看法与以前也有所不同：他们认为（标的物的）根本品质就是能够赋予标的物本身以其特有性质或特色的那种品质，如果不具备这种品质，标的物的性质就将随之改变，它也就成了“另一物”或“另外一种东西”。[2] 这些学者的此类看法虽然非常有诱惑力，但却会遇到很大的困难。困难就在于：对每一件标的物都要区分哪些是主要品质，哪些是次要品质，哪些属于标的物的实质或本质，哪些不属于此。为此，有的学者提出，要想做到这一点，需要参照人们的共同见解或一般见解：（对于所涉及的标的物而言）如果大多数人认为某一方面的问题属

---

[1] Ulpien，D. XVIII. I. De conta. empt. 14.

[2] 奥布里与劳：《法国民法教程》，第4卷，343，第433页（Aubry et Rau，cours de droit civil français. t. IV. 6e éd. par Bartin. 343. p. 433）；德莫隆贝：《拿破仑法典教程》（Demolombe，Cours de Code Napoléon，t. XXIV. 1970. N° 89. p. 91）；P·马林沃：《关于对（目的物）实质的误解》（P·Malinvaud，De l'erreur sur la substance，D. 1972. chron. p. 215）；试比较：J·M·特里热奥：《论买受人的误解与艺术品的真实性》（J·M·Trigeaud，l'erreur de l'acheteur，l'authenticité du bien d'art，Etude critique，RTD civ. 1982. p. 5）。

于该物的根本品质，那么，这些事项就构成物的根本品质。[1] 这样一来，又等于偏离了“纯粹的客观主义观念”（因为它考虑的是人的认识，只不过考虑的是人们的共同认识而已）。

（2）主观观念（la conception subjective）：主观观念的标准在出发点上就与客观观念有着根本差别。（在持主观观念的学者看来）（标的）物的根本品质不再是指客观上决定着标的物特殊性质的那种品质，（而从客观上看）不论合同当事人是谁，同一标的物的根本品质都是一样的。但是，在主观主义观念看来，标的物的品质就是“发生误解的一方当事人”思想上以为的那种主要品质，是其思想上判断的并对其做出意思表示起着决定性作用的那种品质，也就是说，如果他知道标的物不具备他认为的那种品质，他就不会订立合同。[2] 不过，这种品质应当是与作为合同标的的物紧紧相关的品质，相反情况下，就会走到“对（缔约）动机的误解”上去，而在合同领域，（缔约人的）动机原则上不在（法律）考虑之列。

216. 法院判例的立场

在上述客观观念和主观观念之间，法院判例非常明显地选择了后者。按照最高法院判决的立场，“在一方当事人如果不是发生误解就不会订立合同时，这种性质的误解应当看成是对标的物的实质或本质的误解”。[3] 不过，要想（以此种误解为理由）宣告合同无效，应当由原告来证明标的物所具备的那种品质完全是虚假

[1] 奥布里与劳（Aubry et Rau）：《法国民法教程》（Aubry et Rau，cour de droit civil français）。例如，人们普遍认为一幅画作出自何人之手，构成画作的根本品质。——译者注

[2] 我们在波迪耶（Pothier）的著作《债法》（Obligations）中的一个段落（N°18）里也可以看到这种主观观念的论述。关于在 Pothier 的著作中罗马法理论与主观观念之间的过渡，参见 E · Gaudemet，p. 58.

[3] 最高法院民事庭，1913 年 1 月 28 日（S. 1913. I. 487）；另见：最高法院商事庭，1970 年 10 月 20 日（JCP1971. II. 16916. J · Ghestin 述评）；最高法院第一民事庭，1988 年 7 月 4 日（Bull. civ. I. N°56. p. 37）。

的，完全不是他原以为的那种品质，而他原以为标的物的所具备的那种品质正是促使他缔结合同的决定性理由。因此，在每一个案中，对标的物的根本品质进行鉴别就是一个事实问题、意向问题，属于本案实体法官自主评判的权限范畴。[1] 这样也就可以解释不论上诉的判决是否宣告合同无效，最高法院往往都是驳回上诉（维持原判）的原因。[2]

法院判例是从广义上解释“对标的物实质或本质的误解”这一概念，以至于有人称这些判例有点“帝国主义”色彩。[3] 从不同的判例来看，所谓对标的物的实质的误解，有时是指“对（标的）物的实质本身的误解”，在标的物的材料具有决定性质时，所谓“物的实质”就是构成该物的物质或材料，例如，当某人将养殖的珍珠当成天然珍珠；[4] 有时，所谓“物的实质或本质”则是指能够赋予标的物以艺术价值的那种品质，例如，标的物的来源、真实性，特别是文物与艺术品的来源与真实性——出自何人之手，属于哪个年代，是否真品等，[5] 不过，应当由购买人证明他在决定订

---

[1]最高法院商事庭，1973 年 7 月 4 日（Bull. civ. IV. N°238. p. 216）。

[2]因为它涉及的是案件的事实问题而不是法律问题，而最高法院是法律审。——译者注。Ph · Malinvaud，chron. préc（D. 1972. p. 215. N°2）。

[3]Y · Loussouarn，RTD civ. 1969. 556.

[4]最高法院诉状审理庭，1929 年 11 月 5 日（DH. 1929. 539）；巴黎法院，1896 年 3 月 13 日（Gaz. Pal. 1896. I. 586）。本案中，一颗南非产钻石被当成南美钻石卖出。

[5]最高法院第一民事庭，1970 年 2 月 23 日。（D. 1970. p. 604. Etesse 述评，JCP1970. II. 16347. P · A 述评，RTD civ. 1970. 751，Loussouarn 述评），本案中，所谓“路易十五在阳台上使用过的带斗篷的安乐椅，实际上是用新材料制作的一个加宽的安乐椅”；最高法院第一民事庭，1965 年 5 月 26 日（Bull. civ. 1. N° 347. p. 256）；最高法院第一民事庭，1979 年 1 月 24 日（Bull. civ. I. N°34. p. 29）；最高法院第一民事庭，1980 年 2 月 26 日（Bull. civ. I. N° 66. p. 54. RTD civ. 1981. 394. Chabas 述评，Defrénois1980. 384；J-L · Aubert 述评）；最高法院第一民事庭，1982 年 3 月 23 日（Bull. civ. I. N° 119. p. 103. JCP1982. IV. p. 205）；最高法院第一民事庭，2007 年 2 月 27 日（D. 2007. 1632. P · Y · Gautier，CCC2007. N° 146. Leveneur 述评），关于这个问题，参见 S · 勒格特-克尔维诺尔：《论艺术品的真实性》，《巴黎一大学位论文》，2006 年（S · Lequette-Kervenoael，l ‘authenticité des oeuvres d’ art. thèse Paris I. éd. 2006）。

立合同的当时确实是相信了这种真实性,[1] 而且这种品质（真实性）对于他作出购买决定起到了决定性作用；有的时候，所谓“物的实质”是指“发生误解的当事人”打算将标的物用于其适用的用途,[2] 例如，买受人购买一块土地，本以为可以用于建筑，而实际上不适宜进行其打算的建筑;[3] 买受人购买的牲畜不能从事其原先预定的工作;[4] 购买的财产不适用于当事人拟定使用的用途;[5] 又例如，在转让公司股份的案例中，受让人打算取得其股份的公司早已停止从事主要活动，明显无法实现公司的宗旨。[6] 与此相反，以下所说的事项则不能视为（标的物的）根本品质：一幅油画上表现的人物形象,[7] 油画的尺寸，购买人原以为自己购

[1]最高法院商事庭，1970 年 10 月 20 日（JCP1971. II. 16916. Ghestin 述评，RTD civ. 1971. 131. Loussouarn 述评）。

[2]最高法院第一民事庭，1972 年 1 月 26 日（D. 1972. 4517. JCP1972. II. 17065）。

[3]最高法院民事庭，1931 年 11 月 23 日（D. 1932. 1. 129. Josserand 述评）；最高法院第三民事庭，1980 年 10 月 28 日（Gaz. Pal. 1981. I. somm. p. 104），本案中，购买的土地的面积不足合同约定的面积，无法进行小块分割；另见最高法院第一民事庭 1982 年 10 月 6 日判决：本案涉及购买一处活动房，但打算安置该活动房的地块需要申请建筑许可证；卢昂法院，1968 年 3 月 19 日（D. 1969. 211。RTD civ. 1969. 556. Loussouarn 述评）；最高法院第三民事庭，1972 年 5 月 25 日（JCP1972. II. 17249. J · Ghestin 述评）：本案涉及买卖一家经营门诊部的公司的股份，但该机构不能在其设置地从事经营活动。最高法院第三民事庭，1992 年 4 月 1 日（CCC1992. N° 148. Leveneur 述评（购买一家提供 30 间客房的饭店，但实际上仅有 10 间客房））；最高法院第三民事庭，1995 年 6 月 21 日（CCC1995. N° 197）；最高法院第三民事庭，2009 年 1 月 28 日（JCP2009. I. 138. N° 16）：本案涉及一块不能用于建筑的土地。

[4]最高法院民事庭，1953 年 4 月 27 日判决（D. 1953. 444），本案涉及购买的马匹年龄过大。最高法院诉状审理庭，1899 年 3 月 1 日（S. 99. I. 221）：本案涉及购买的一头牛不能用于耕地。最高法院第一民事庭，2002 年 2 月 5 日（JCP2002. IV. 1481），本案涉及一匹已经怀孕的母马不能用作参赛的赛马。

[5]巴黎法院，1987 年 5 月 13 日（D. 1987. IRp. 158），本案中，由于执行新的规章，出售的警报器不能再使用。另见凡尔赛法院 1988 年 6 月 23 日判决（D. 1988. IRp. 241），本案中，信息设备不能用于预定的服务。关于运用“隐蔽瑕疵担保”来减少合同无效的问题，参见本书第 255 节。

[6]最高法院商事庭，1995 年 2 月 7 日（D. 1996. 5. Blasselle 述评，RTD civ. 1995. 878. J · Mestre 述评）。

[7]南特治安法庭，1947 年 1 月 23 日（D. 1947. 220）。

买的画作曾经是画家本人用于装饰自己房间的一幅作品，[1] 一台电视机的品牌，[2] 生产的汽车出厂之后已经过1年时间，[3] 购买的楼房所在的小区制定了新的物业管理规章，这一切，对作为合同标的的该财产的条件并未带来任何实质性变更。[4]

对标的物实质或本质的误解，最常见的是发生在买卖方面，当然在其他合同中也可能发生这种误解，例如，租约、[5] 集体劳动协议、[6] 保证合同[7]等。

从上面提到的通常得到法院判例认定的（标的物的）根本品质的名单中，我们可以看到，就客观主义的分析与主观主义的探讨各自产生的结果来看，两者之间的差别并不像乍看起来那么巨大，那么明显。按照一般规则，所谓对当事人“主观上起着决定性作用的那种品质”也就是“客观上的根本品质”。归根结底，这样的解释是很容易理解的，因为，一方面，很少有人会基于标的物的次要品质而决定购买该标的物；另一方面，还应当由购买人来证明这种品质对于他作出购买决定起到了决定性作用，并且相对当事人也知道这种品质会起到这种决定性作用，而这方面却是很难提出证据的。

---

[1]塞纳法院民事庭，1950年12月8日（D. 1951. 50）。

[2]最高法院第一民事庭，1977年11月22日（Bull. civ. I. N°430. p. 34）。

[3]巴黎法院，1988年9月23日（RTD civ. 1989. 741. Mestre 述评，另见巴黎法院1999年2月12日判决（D. 1999. IRp. 82））。

[4]巴黎法院，2001年1月25日（Defrénois2001. 792. Atias 述评）。

[5]最高法院社会庭，1956年5月4日（D. 1957. 313. Ph · Malaurie 述评，JCP1957. II. 9762. Ourliac et Juglart 述评），本案涉及对财产（标的物）的文化价值（文物价值）的误解，特别是对标的物的年代以及修复程度的误解；最高法院第三民事庭，1968年11月29日（Gaz. Pal. 1969. I63），本案涉及一处别墅的出租。

[6]最高法院社会庭，1970年10月14日（JCP1971. II. 16727）。

[7]例如，最高法院第一民事庭，1972年3月1日，1972年3月1日（D. 1973. Ph · Malaurie 述评）。

217. 约定的品质（qualité convenue）

正如第216节中所说，法国法院判例（在误解问题上明显）采取主观主义观念，这就迫使法官在审理个案时需要仔细查明发生误解的一方当事人的意思，只有这样才能认定涉案的标的物“所不具备的那种品质”原来在该方当事人主观上却被认为属于根本性质。但是，这样来理解的（标的物的）根本品质这一概念，有可能给合同的稳定以及法律交易的安全带来极大的不确定性与危险。因为，当事人一方始终可以在事后提出借口：他原来所期待的是标的物（应当）具有某种极为特别的品质，而他实际购买的东西并不具备这种品质，从而逃避履行已经订立的、现在却认为不再合适的合同或协议。法院判例充分认识到这一点，并且尽力降低由此带来的危险，为此提出了一项规则：只有在相对当事人知道发生误解的受害人对标的物并不具备的那种品质非常重视，如果缺少这种品质他就不会订立合同的情况下，才会支持误解人的诉讼请求，才会宣告合同无效；换句话说，必须是双方当事人都认为其中一方发生误解的那种品质属于标的物的根本品质时，才有可能宣告合同无效。为了阐释法院判例的处理意见，有人有时甚至说误解必须是（双方当事人）“共同的”（commune）（误解）。但是，这种说法非常糟糕，很容易造成混淆。实际上，与这里所说的“共同的”这一形容词所要表达的意思完全相反，我们丝毫没有必要要求必须是双方当事人都发生了误解才能认定合同无效。只要当事人知道标的物所不具备的那种品质在发生误解的受害人看来是极为重要的，是根本性品质，便可成立误解。因此，这里所谓“共同的”，并不是指（实际上的）共同的误解，而是说双方当事人都有将标的物的某种品质视为具有根本性质的心理意图。因此，我们认为，所谓标的物的品质，也就是误解的对象，应当是在合同范围之内，[1] 或者说，误解应当是对双方当事人约定的标的物某种品质的误解。这样说也许要更为准确一些。[2]

要想知道标的物所不具备的那种品质是否属于合同范围之内，主要应当考察双方当事人之间所订的条款是如何规定的，以及考虑合同的经济情况。[3] 例如，在艺术品买卖方面，人们非常重视（出卖人）在对这种艺术品进行描述、进行介绍时所使用的文字说明或者记载，诸如，法文常用“attribué à”（作者或制作者的署名或经鉴定后认定的年代等），“école de”（某画派），“dans le style de”（某种风格）等表述，这类描述在过去通常是按照习惯来进行定义或是约定俗成的，经1981年3月3日法令之后，这些用语已经有着非常明确而且具体的意义，例如，在艺术作品的买卖方面，一幅画作上写有某某画家的名字或署名（de+姓名），或者仅仅写明属于“某某画派的风格”（dans le gout de+画派或者画家的姓名），那么，双方当事人对作为标的物的作品的品质认识就会截然不同。第一种表述意味着当事人希望购买的是一幅真迹，而第二种表述则表明购买人并没有期待他所购的作品具备这种品质，在这种情况下，显然不能以画作是仿品为借口而获准（法院）宣告买卖无效。与此相对应，如果购买人要求出卖人出具其所购作品的真品鉴定证书，则意味着他已经向对方当事人表明他非常重视标的物的这种真

---

[1] Y·Loussouarn 述评（RTD civ. 1971. 131）。例如，艺术品的买卖，购买人内心当然是将“购买一件真品”作为决定其订立合同的前提条件，出卖人思想上也知道购买人是抱着这种认识才订立合同，而且知道“物件是真品”这一品质属于标的物的根本品质。这是双方当事人共同认识之点。但是，出卖人也许知道他出卖的并不是一件真品，他对其出卖之物本身的真实性实际上没有任何误解，（在将赝品当作真品出卖时）只有购买人对双方约定的这一品质发生了误解，由此，标的物的真实性就存在“是否属于合同范围之内”这样一个问题。——译者注）

[2] J·Ghestin 述评（JCP1971. II. 16916）。

[3] G·Vivien. art. préc（RTD civ. 1992. 332）。

品品质；[1] 与此相反，如果合同上已经写明了“不担保最终鉴定结果所确定的品质”，这类条款表明双方当事人并没有主张将最后认定的作品的品质纳入他们的合同范围。

在双方当事人对作品的真实性，对标的物是否是真品存在疑问时，也可以将此项内容纳入合同的范围之内。在这种情况下，双方当事人就都是在承诺接受一种“赌注”：不能准许赌错了的任何一方此后再主张合同无效。“想要赌一把，在一定程度上，就不能再为借口搞错了而主张无效”（l'aléa chasse en quelque sorte la nullité pour erreur）（愿赌者，亦当服输）。[2] 如果作品最后经认定是真品，此种赌注将有利益于买受人，相反情况下，则有利益于出卖人。[3]

不过，这一判例要想发挥作用，还应当具备一项条件，那就是：双方当事人都知道“构成合同标的的这种不确定性的现实”。一个人购买的是一项真实性或来源都存有疑问的艺术品，但他却以为该艺术品或文物的来源不容置疑，在此情况下，属于买受人方面搞错了，发生误解；[4] 与此相反，出卖人转让一幅艺术作品，以为它出自一个名不见经传的作者之手，而实际上却是一幅知名度很

---

[1]最高法院第一民事庭，1980年2月26日。

[2]J·Mestre述评（RTD civ. 1989. 740）。

[3]最高法院第一民事庭，1987年3月24日（Bull. civ. I. N°105. p. 78. D. 1987. 489. J·LAubert述评，RTD civ. 1987. 743. J·Mestre述评）；另见：（A·Morin，Contribution à l'étude des contrats aléatoires. thèse multigr. ParisIX. 1995. p. 332. N538）J·盖斯坦：《论真实性、误解与疑问》，载《P·卡特拉论文集》，2001年第457页（J·Ghestin. l'authenticité、l'erreur et le doute，Mélanges P·Catala. 2001. p. 457）。“只有对作品的真实与否的赌博性质已完全纳入合同属性范畴时，才能适用‘愿赌服输’”这样的规则，参见最高法院第一民事庭2008年3月28日判决（D. 2008. 1866. E·Treppoz述评，JCP2008. II. 10101，Y·M·Serinet述评，somm. com. p. 2971，Amrani-Mekki述评，RDC2008. 727. Y·M·Laithier述评）。

[4]最高法院第一民事庭，1998年1月13日（D. 2000. 54. C·Laplanche述评）（还需要证明对作品的真实性存在严重的怀疑）（巴黎法院，2001年5月7日，D. 2001. IRp. 1852）。

高的作者的真迹，此种情况，属于出卖人方面搞错了，发生了误解。[1] 然而，这里又提出了另一个问题：这里所说的错误或误解，究竟是指发生误解的人对其所受之给付的误解，还是同时也指对自己所为给付的误解？

218. 对自己“所受给付”的误解？还是对自己“所为给付”的误解？（erreur sur la prestation reçue，erreur sur la prestation fournie）

习惯上，在双务合同中，合同一方当事人的误解并不是指他对自己所为之给付的误解，而是指他对自己从合作伙伴那里所受之给付的误解。以买卖（合同）为例，最常见的情况是买受人主张自己对其从出卖人那里购得之物发生误解，例如，买受人以为自己购买的是一块建筑用地，而这块土地并不能用于建筑；买受人以为购得一件文物真品或艺术真品，实际上是一件赝品。这都是购买人或买受人一方发生了误解。

不过，有时也有当事人主张自己对其已经进行的给付发生误解的情况，例如，出卖人不知其卖出的是一块建筑用地，或者不知道其卖出的是一位大师的作品。当然，（在实际案例中）由出卖人主张误解的情况是比较少见的。这倒不是因为出卖人对自己所为之给付或出卖之物发生误解的机率很少，而是因为混迹于江湖之上的人始终不会承认自己搞错了，而那些非常有成府的老道购买人，即使捡了大漏，也不会声张，不会到处张扬，更不会主动去告知前所有

[1]这也是 1978 年 2 月 22 日最高法院就著名画家“普桑作品案”所作的判决的基本贡献之一（D. 1978. 601. Ph · Malinvaud. RTD civ. 1979. 127. Y · Loussouarn. Grands arrêts. t. 2. N°147），最高法院在本案中认定，为了评判（是否）存在误解，丝毫不需要要求合同当事人的相信面对的是一种肯定无疑的情况，因为，误解恰恰就在于合同当事人的确信与现实的不同，而现实恰恰可以带有不肯定性。

权人（出卖人）说他卖亏了；即使前所有权人（出卖人）很有经验、很内行，也可能只是在他人行使先购权的情况下，[1] 或者在其卖出之物由购买人转卖给某个博物馆时，[2] 才恍然大悟，才明白自己原来搞错了，真正“打眼了”，“卖亏了”。在这种情况下，原订合同的命运又将如何？出卖人对他自己所为之给付发生的误解是否也可以引起合同无效？

有时，人们对这一问题做出否定回答，主要原因还在于《民法典》第1110条第1款的条文用语。这一条文中谈及“合同的标的物”时使用的是该词的“单数”，然而，在双务合同中，从定义而言，应当有两个标的。据此，有些学者认为，这一条文的用词或表述方式本身就表明：《民法典》的制定者所说的误解仅仅是指“对作为无效之诉的原告所负担的债务之原因的那种给付的误解”，也就是说，仅仅是指“对对方的给付的误解”，是对“从相对当事人那里所受之给付”的误解。[3] 还有人补充说，如果我们承认出卖人对自己所为之给付的误解，就有可能完全毁掉法律安全，尤其是在艺术品交易领域，将会对所有的公共收藏与私人收藏的藏家们带

[1]例如，1978年2月22日最高法院第一民事庭就著名“普桑作品案”所作的判决。在该案中，一幅被认为是“Carrache 画派”的油画作品的所有权人将这幅油画作交付拍卖，国家艺术博物馆协会行使先购权购得该画，这幅作品后来被鉴定是普桑本人的真迹，出卖人提起买卖无效之诉。参见最高法院第一民事庭1983年12月13日判决（D. 1983. 940. J-L · Aubert 述评，JCP1984. II. 20184）；关于这一诉讼案的完整阐述，参见《著名判例汇编》（Grands arrêts），第二卷（N°147—148）。

[2]例如，“Verrou de Fragonard 案”（巴黎大审法院，1976年1月21日判决，D. 1977. 478. Malinvaud 述评）；最高法院第一民事庭，1979年10月16日（Gaz. Pal. 1980. I. somm. p. 60）；最高法院第一民事庭，1987年3月24日；最高法院第一民事庭，1992年5月25日（CCC1992. N°74. leveneur 述评）；另见关于“银器案”的判决，巴黎法院，1976年12月7日（Gaz. Pal. 1977. I. 135）；最高法院第一民事庭，1979年。

[3]J · Carbonnier，t. 4. N° 49；莎特莱：《艺术品，权利的标的》，载《佛鲁尔研究文集》，1979年，第63页（Chatelain, L ‘objet d’ art, objet de droit（Études Flour, 1979. p. 63））。

来一种令人望而生畏的威胁，因为，如果承认出卖人在对自己所为之给付发生误解的情况下也可以撤销合同，实际上就等于“是在其他任何人什么都看不出来的情况下”去制裁那些“有眼力发现值钱物件”的内行买家，这样做也将是对人们（买家）的知识功力与智慧情趣的打击。[1] 如果那样做，所造成的结果难道不是极端的不公正吗？再说，按照《民法典》第716条的规定，偶然发现埋藏物的发现人尚且能够对其发现之物的一半价值享有权利，而在卖家自己不识货，将真东西低价卖出的情况下，那些凭着自己的见识、直觉和敏锐眼光，发现了名作或珍贵文物的人却只能享有“以不当得利[2]的名义获得偿还其付出的费用”的权利，那岂不是导致一种有悖常理的后果：购买人反过来必须就其购买之物所隐藏的质量向出卖人做出担保——须知，出卖人本来应当是最有能力了解其卖出之物的质量的人。

但是，上述看法与论据并没有说服最高法院。最高法院早在1930年的一项判决中就宣告：“当一方当事人的同意是由于对其所享有的、自以为因合同效力而失去或取得的权利的错误认识所决定时，即存在对标的物实质或本质的误解。”[3] 这一判决之后，最高法院又做出了多项判决，重复了相同的处理意见，[4] 并且得到占主导地位的理论界人士的赞同。这些学者一再提醒[5]，《民法典》

---

[1] J · Chatelain 述评（Defrénois1982. 682）。

[2] 最高法院第一民事庭，1992年5月25日判决。法布尔-马尼昂：《论合同中的信息告知义务》，《巴黎一大学位论文》，1992年，第228节，第182页（Fabre-Magnan, De l'obligation d ‘information dans les contrats, thèse Paris I. éd. 1992. N°228. p. 182）。

[3] Malaurie, Aynes et Stoffel-Munck, N°504.

[4] 最高法院民事庭，1930年11月17日（1932. 1. 17. A · Breton 述评，D. 1932. 1. 161. J · Ch · Laurent 述评）。

[5] 最高法院第一民事庭，1960年6月15日（JCP1961. 11. 12274. Vouin 述评，S. 1961. I. R · Savatier 述评）：另见巴黎大审法院1972年12月13日判决；巴黎法院1978年4月3日以及1992年6月29日判决（D. 1993. somm. com. P. 209. Fortis 述评）。

第 1110 条既是对单务合同的规定，也是对双务合同的规定，而根据法律谚语的说法，“法律未明文区分者，不得加以区分”（Ubi lex non distinguit，nec nos distinguere debemus）。因此，没有必要根据“是对相对当事人所为之给付发生误解，还是对自己所为之给付发生误解”来进行区分。[1]（如果我们）拒绝考虑对自己所为之给付发生的误解，说得直白一点，就等于是准许那些掌握更多知识的人们去掠夺那些不掌握这些知识的人们。[2]

实际上，如果按照以下区分作为处理这个问题的基础依据也许更为准确：当买受人了解其购买的物件（例如，文物、艺术品）可能出自何人之手或者知道其出处、来源，而出卖人并不清楚这些情况时，那么，可以以（买受人方面的）欺诈性沉默为依据来认定合同无效（参见第 237 节）；而当双方当事人均知道物件的出处、来源、归属时，就不应当认定他们之间在此条件下订立的合同无效，因为，在这种情况下，射幸性质属于他们的合同的规定范围（也就是说双方在订立合时实际上都在下赌注）。

但是，这并不等于说，对自己所为之给付发生误解始终都可以引起合同无效，因为在通常情况下出卖人主张自己发生误解时，仅仅是对其所为之给付的价值的误解，或者有时出卖人的误解甚至具

[1]德莫隆贝：《债法》，第 1 卷，第 104 节（Demolombe，Obligations. t. 1. N° 104）；弗鲁尔、奥贝尔与萨沃，第 199 节（Flour，Aubert et Savaux，N° 199）；盖斯坦：《合同法》，第 331 节（Ghestin，le contrat，N° 331）；马佐与莎巴，第 163 节（Mazeaud et Chabas，N° 163）；莫里：《论有偿合同中的实质性误解》，载《亨利·卡比唐协会研究文集》，1939 年，第 17 节，第 508 页（J·Maury，De l’erreur sur la substance dans les contrats à titre onéreux，Étude Capitant. 1939. p. 508. N° 17）。

[2]Ghestin et Malinvaud 述评（D. 1973. 413）。

有不可原谅的性质，[1] 而按照法国法的规则，两种情况都不足以作为宣告合同无效的正当理由（参见第220节与第223节）。

218-1. 对经济效益的误解

法律也以“对标的物的实质或本质的误解”的名义考虑对经济效益的误解（参见附目第1136条）。对于法律的这种处理，人们也许会感到诧异。实际上，在过去很长时间里，无论是学术界还是法院判例，都不是将对经济效益的误解看成是对标的物实质的误解，而是将其看成是对（物的）价值的误解，或者将其看成是对动机的误解，[2] 而后两种误解原则上都不在法律考虑之列。可是，在现实生活中，这个问题是一个综合而复杂的问题，不能一概而论，需要我们区分不同的情况来进行处理。实际上，可能有这样的情况，对于经济效益的误解正是由于对所受给付的质量存在误解而引起的，例如，房地产开发商取得一块土地之后，发现该土地不是建筑用地或者根本不能用于建设，而他购买该土地却是打算在其上实现不动产的开发项目。这样一来，开发商进行的投资便不可能有任何收益，甚至可能完全打水漂，但是造成这种不可能有任何收益的状况的根源就在于其对出卖物（土地）的根本质量发生了误解。在这种情况下，以对标的物本质的误解的名义来制裁对经济效益的误解，显然是不会有任何困难的；但是，当没有经济效益的原因不是由于相对当事人提供的给付欠缺应有的质量而引起，而是源于对此种给付适应市场的能力作出了错误的估计时，问题就非常棘

[1]例如，巴黎法院1990年11月15日判决（D. 1991. somm. com. p. 161. O · Tournafond述评）。

[2]最高法院第三民事庭，2005年3月31日（Bull. civ. I. N° 81，JCP2005. I. 194. Serinet述评），N6. 载《法律与概括财产》，2005年10月号。Stoffle-Munck述评：对所从事的活动的经济效益的错误估计并不构成足以“使同意存在瑕疵”的对本质的误解。应当由当事人本人来评判自己所从事的活动的经济价值以及缔结的债务。

手了。例如，某人购买一项财产，目的是将其用于经营，从事职业，然而该财产的经营状况却不能达到买受人原来的期待，这种状况并不是由于该财产不具备合同约定的应有的质量，而是因为它不适宜于买受人从事的活动，这或者是因为可以有效地利用该财产从事经营活动的市场十分有限，或者甚至根本就没有市场。又例如，某人购买一项财产，目的是将其再转卖出去，以谋求利润，但他却并未实现原先的打算。在这些情况下，法律不会去制裁（所谓的）误解，因为，这些情况实际上都属于对动机的误解，而对动机的误解原则上得不到法律考虑，但如果当事人之间已经将这种动机明文写进了合同的规定，则另当别论。[1]

不过，最近的法院判例已经承认，可以在对标的物的实质或本质的误解的名义下，考虑对经济效益的误解实行制裁，即使这种误解是源于对市场状况作出了错误的估计，法院最近就特许经营合同作出的一项判决就是如此。这判例认定，特许权人提供的预计营业额远远高出该特许项目实际经营所取得的结果，由此承认受特许权人（对该项目的经营效益）发生了误解。法院判例的这种处理在理论界引起了明显不同的两极评价。有些人认为，这种判例是与法国法传统的决裂，应当坚决予以谴责；另一些人则认为，可以用这些合同所具有的极为特别的性质来解释法院判决做出这种处理的理由。实际上，如同我们在前面所说，特许经营合同属于共同利益合同之类型（参见第 78 节）。特许权人向受特许权人传达的是一种专有技术（savoir-faire，技术诀窍），并且是为了分享利益而将这种技术交由后者经营。项目经营的前景应当属于合同约定的范围。各方

[1] 最高法院商事庭，2012 年 4 月 11 日（D. 2012. 117. Delpech 述评），Bouloc 述评：为一名自由执业的护士购买医疗设备而订立的信贷租赁合同，是为了向信贷承租人提供资金，但购买的设备却不适用于该护士在乡村环境下从事检查活动的需要，其主张的误解并不是对有争议的设备的根本质量的误解，而是对其取得该设备的动机的误解。

当事人追求的是一种共同项目，而只有当特许权人向受特许权人提供的给付具备有效经营的条件时，这种共同项目才能实现正面结果。这方面的最好证据就是《商法典》第 330-1 条的规定："任何人，将商业名称、商标或招牌交由他人支配、使用，同时要求该人做出义务承诺，在其从事活动中排他性使用该商业名称、商标或招牌时，在为双方的共同利益订立的任何合同签字之前，均有义务向另一方当事人提供包含真实的准确信息的文件，以便另一方当事人在充分了解实情的情况下做出义务承诺。应当提交的文件的内容由法令确定，文件尤其应当具体说明（授权）企业的经营年限与经验、相关市场的状况与发展前景、经营网点的规模、合同的期限、合同延展、解除与转让条件，以及排他性义务的适用范围。"这一条文不仅规定特许权人负有信息告知义务，而且这种信息告知义务还涉及对市场状况与发展前景的估计。所有这一切在交换性合同中从来就没有见到过。当特许权人提供的预计营业额与受特许权人实际实现的营业额之间存在巨大差距时，并不能完全将其归咎于受特许权人在经营管理上的过错，而是有可能被看成是由于受特许权人原来就是基于他在订立合同时所得到的种种不准确的数据作出的缔约决定，而这样的数据触及合同的实质或本质，因为这种合同经济是以继续进行共同的商业项目为基础的，该项目的成功与否要求特许权人提供的各种手段能够得到有效益地开发与利用。因此只有用误解才能比较方便地回答这个问题。实际上，欺诈性缄默所要求的是：需要证明提供不准确信息与情况的当事人有进行欺骗的意图，然而最常见的情况却是，受特许权人往往也会主张自己在项目的经营前景方面发生了错误的估计。我们在这里看到，出现了一种能够赋予"共同利益合同"这一类型以实质的基本要素：法律上呈现出一种特有的制度。

219. （2）对人的误解（erreur sur la personne）

按照《民法典》第1110条第2款的规定（参见附目第1134条）："错误仅仅涉及当事人意欲与之订立合同的人时，不构成无效原因；但是，如果基于人的考虑是当事人与该人订立合同的主要原因，不在此限。"

不论是对标的物实质的误解还是对人的误解，第1110条所表达的都是相同的原则：只有当这种误解对当事人的同意，对其作出订约决定起到决定性作用时，才能引起所订合同无效；只不过，对标的物实质的误解有可能发生于所有的合同，而对缔约相对人的误解，只有在"考虑人的资格对缔结合同起着决定性作用"时，也就是说，只有当订立合同是基于人的资格时，[1] 才有可能设想对人的误解将引起的合同无效的问题。

在这里，我们当然不可能制定一份具备这种性质的合同的刻板清单，比较恰当的做法充其量只能是强调，与其他合同相比，有些特定的合同，基于其性质，更适宜作出这样的定性，例如，无偿处分合同——赠与合同、恩惠合同，基于对受益人的资格的考虑几乎是缔结这种合同的关键；[2] 除无偿合同之外，某些有偿合同也有这种情况，因为，这类合同能否得到很好履行，往往取决于合同当事人的资格或人格（personnalité），例如，医疗合同、与掌握特别的专有技术诀窍的人订立的承揽合同、委托合同、租赁合同、劳动

---

[1] 瓦洛：《论合同中注重人格因素》，《巴黎大学学位论文》，1938年（Valleur，L'intuitus personae dans les contrats，thèse Paris 1938）；M·孔达密纳-莱诺：《论合同中注重人格因素》，《巴黎二大学位论文》，1974年（M·Contamine-Raynaud，L'intuitus personae dans les contrats，thèse renéot. Paris 11. 1974）。

[2] B·格雷童：《论无偿处分中的错误》，载《民法学季刊》，1981年，261，第267页（B·Greton，L'erreur dans les libéralités，RTD civ. 1981. 261. p. 267），但是，某些无偿行为也可能并不需要考虑（受益）人的身份，例如，向某一类人进行的无偿赠与，施舍财物，捐赠款项而设立基金会等，不过，在这种情况下，处分人与（实际的）无偿处分的受益人之间并不存在合同（关系）。

合同以及成立人合公司的合同，都是在考虑相对方缔约当事人（人格）的基础上订立的合同。不过，另一些有偿合同，例如，订立买卖合同原则上就不会考虑人的资格、身份：一般情况下，进行买卖时，不会考虑购买人是谁、出卖人是谁，但是，在有些特别情形下，这些合同也有可能是基于人的因素而订立的合同。[1] 这就是说，一份合同的订立是否是基于人的身份、资格，需要法官根据合同的性质、具体的事实情节、双方当事人的意图，进行个案处理。

这里所说的“对人的误解”必须是“对相对的缔约当事人的人格因素（élément de la personnalité）的误解”，[2] 因为，这种人格因素对促成当事人订立合同起着决定性作用，所以，对人的误解可以是对相对当事人“自然身份”的误解，例如，一个涉及多项交通事故的肇事人，由于搞混了受害人，与一个并非真正受害人的人进行和解，达成协议，[3] 这种情况下，该人发生的误解很深，几乎构成障碍性误解，和解协议不能成立；[4] 对人的误解也可能是对当事人的民事身份的误解，例如，搞错了当事人的国籍、姓名、年龄、婚姻状况、子女关系、性别等；对人的误解还可以是对人的主要资质的误解，例如，对他的名声、名誉、经验、对其是否持公正态度或不偏倚的立场等发生的误解。至于当事人的民事身份对于订立合同是否具有决定性质，同样应当根据所订立的合同的性质、发生

[1] 例如，某人完全是出于买受人的身份、资格，才同意将其非常珍爱的某一物件出卖给买受人，有些甚至认为只有买受人才能将某物传承下去。

[2] 有时，当合同之外的第三人的身份、资格对当事人同意订立合同起到决定性作用时，误解也可以是指对合同之外的第三人的误解。参见最高法院商事庭 2003 年 11 月 19 日判决（D. aff. 2004. p. 60. Avena-Robardet 述评）；参见本书第 232 页引述的判决：关于在保证情况下主债务人的支付能力问题，参见 F·卡隆：《论对合同之外第三人的人格的误解》，载《Lamy 杂志》（民法卷），2004 年，第 5 节（F·Carron, L'erreur sur la personne d'un tiers au contrat, Revue Lamy. droit civil. 2004. N°5）。

[3] 卢昂法院，1969 年 3 月 4 日（JCP1969. 11. RTD civ. 1969. 762. Y·Loussouarn 述评）。

[4] Y·Loussouarn 前引述评。

误解的人的心理状态等情况，具体个案具体评价。

例如，如果选任的仲裁员不具备独立性，不能做到不持偏袒一方的态度，法院可能宣告仲裁协议无效，因为当事人有权期待仲裁员具备这些基本条件；[1] 同样，商务生活中的某些合同，也可以以对人的职业经验存在误解为理由而主张撤销，例如，一方当事人根本就不具备相对当事人所期待的那种职业经验，[2] 或者事实表明其经验不足。[3] 除此之外，还要求发生误解的一方当事人之所以发生误解是情有可原的。[4] 与此相反，一个工人提供虚假证件，老板将其聘用，如果可以认定即使该工人提供自己的真实证件，老板同样也会聘用他，那么，在这种情况下，对工人身份的误解就不能构成劳动合同无效之原因；[5] 同样的例子，某人购买一匹赛马，只要出卖人不能证明他对购买方的国籍的考虑是决定其订立该项马匹买卖合同的原因，[6] 那么就应当排除其以“对购买方的国

[1]最高法院民事庭，1964年7月16日（Gaz. Pal. 1964. 2. 371）：本案涉及指定律师为仲裁员，而相对当事人是该律师的顾客；巴黎法院，1970年5月8日（D. 1970. 635. JCP1970. II. 16437. Robert述评）；最高法院第二民事庭，1972年4月13日（JCP1972 II. 17189，Level述评，RTD civ. 1973. 769. Loussouarn述评）：本案涉及受到指定的仲裁员曾为对方当事人提供过赞同该当事人观点的咨询服务。另见最高法院第二民事庭，1974年2月20日（D. 1974. IRp. 109. JCP1974. IV. p. 123）。

[2]留尼旺圣德尼法院，1989年10月6日（Saint-Denis de la Reunion. 6 oct 1989，JCP 1990. II. 21504. Putman述评，RTD civ.. 1990. 674. Mestre述评）：本案涉及因对人的误解引起的合同无效，该合同的宗旨是创办一本杂志，但合同相对人并不像合作者原来以为的那样有经验，该相对人并不是商业代理公司，而是一个（普通的）自然人。

[3]最高法院社会庭，1990年7月3日（Bull. civ. I. N°329. p. 197. RTD civ. 1991. 316. J·Mestre述评）：本案涉及招聘一名经理但当事人并不知道该人是一家正在实行清算的公司的董事长兼总经理。

[4]最高法院社会庭，1990年7月17日。（如果该人本来就不应当发生类似的不可原谅的误解，则不能据以主张合同无效）。

[5]最高法院诉状审理庭，1911年1月17日（DP1911. 5. 61）。

[6]最高法院第一庭民事庭，1980年1月4日。

籍发生误解”为理由提出的这项买卖合同无效请求。一般情况下，对当事人支付能力的误解不能构成合同的无效原因，因为，对支付能力的误解类似于对价值的误解，而对价值的误解不在（法律）考虑之列（参见第220节）。[1] 不过，当事人之所以对价值发生误解是因其误解了相对当事人的身份或资质而产生的结果时，则另当别论。[2]

220. （三）不予考虑的误解（l'erreur indifférente）[3]

与上面讨论的情况不同，在其他一些情况下，合同当事人发生的误解不能构成其义务承诺无效的原因，这样的误解，在所不问，不能得到法律的考虑，因此也就不能引起合同无效。诸如：

（1）对给付的非根本品质（l'erreur sur la qualité non substantielle）的误解（参见第216节）。

（2）在缔约人的资格、身份对订立合同并不构成决定性原因的情况下，对相对当事人的误解。

（3）对（标的物）价值的误解（l'erreur sur la valeur）（参见附

[1]最高法院民事庭，1874年8月5日（DP1875. I. 105）。

[2]例如，巴黎法院，1961年2月10日（D. 1962. somm. p. 22）；最高法院第一民事庭，1963年3月20日（D. 1963. 403. JCP1963. II. 13228. P·Esmein述评）：本案涉及买卖一座城堡及相关领地，但购买人不可能支付价金，因为他此前已被判处没收现有的与将来的财产。原则上，对主债务人支付能力的误解并不是保证合同无效的原因，但是，“如保证人将此种情形作为其承诺义务的条件，不在此限”。参见最高法院第一民事庭1977年10月25日判决（Bull. civ. I. N° 388. p. 306）；最高法院商事庭，1982年3月2日（D. 1982. 62. E·Agostini述评）；最高法院第一民事庭，1985年3月19日（Bull. civ. I. N° 98. p. 90）；最高法院第以民事庭，1989年3月20日（Bull. civ. I. N° 127. p. 83）；最高法院商事庭，2002年10月1日（JCP2003. II. 10072，F·Buy. D. 2003. 1617. Y·Picod）；关于这个问题，参见Ghestin，3éd. N°540）。

[3]法文称为“erreur indifférente”，其意思是“无关紧要的”、“无关大局的”误解，是法律上不予考虑的误解。——译者注

目第1136条）。[1] 所谓对（标的物）价值的误解是指对合同标的物的评价的误解，由于出卖人对其出卖之物的经济价值评价错误，因而出卖的价格太低或者买受人对其购买之物认识错误，花了太高的代价。（按照法国法的规定，经济方面）显失公平原则上不会受到制裁（参见第309节），因此在支付的价格太高或者卖价很低的情况下，合同原则上不会因此而被撤销；[2] 不过，要想真正做到这一点，还要求相应当事人在对物的经济评价时所依据的是准确的资料，而不是一方当事人提供的虚假不实的资料。如果对物的价值发生误解的原因源于对标的的根本品质存在误解，仍然可以以后者的名义而不是以前者的名义诉请认定合同无效；换言之，如果（一方当事人）对标的物价值的误解是由于（相对当事人）对物的根本品质提供不准确的或虚假不实的介绍而造成的后果，[3] 那么

[1] G·古博：《关于对价值的误解》，载《Ghestin论文集》，2011年，第389页（G·Goubeaux, A propos de l'erreur sur la valeur, Mélanges Ghestin, 2011. p. 389）；Ph·茹阿里：《也谈合同私法上的价值研究》，《巴黎一大学位论文》，2002年，251节，第237页（Ph·Jouary, Contribution à l'études de la valeur en droit privé des contrats, thèse Paris I. 2002. N°251. p. 237）。

[2] 最高法院商事庭，1974年3月26日（Bull. civ. IV. N°108. p. 86）。

[3] 凡尔赛法院，1987年1月7日（D. 1987. 485，J·Aubert述评，J·P·Couturier述评，p. 23，JCP1988. II. 21121. Ghestin述评）。应当区分“在相对当事人提供的不准确的资料的基础上对标的物的价值作出错误的经济评价而发生的金钱性质的误解”与“对物的质量价值（valeur qualitative）的误解”，因为，如同在本案当中，“对物的质量价值的误解”，仅仅是对（标的物的）“根本品质”的误解的一种后果。参见J·Ghestin著作：《当前制定法中误解的概念》，1963年，第74节（la notion d'erreur dans le droit positif actuel. 1963. N°74）。就适用这一原则而言，一块土地的买受人以为其购买的地块是可耕地而实际上是一块荒地，法院判决认定，买受人对这块土地是否具备耕种价值发生的误解是一种对标的物的实质的误解（最高法院社会庭，1956年5月4日，D. 1957. 313. Ph·Malaurie述评，JCP1957. II. 9762. Ourliac et Juglart述评）；关于一幅油画的实际价值问题，参见巴黎大审法院1975年5月7日判决（D. 1976. 605. W·Jeandidier述评），或者关于对一宗不动产的收益率问题的误解，参见枫丹白露法院1870年12月9日判决（D. 1971. 89. J·Ghestin述评）。（这就是说，“对标的物价值的误解”有时与“对标的物的实质的误解”是有相互关联的，后者是引起前者的原因，此种情况下合同无效，但依据是后者。——译者注）

引起当事人发生此种误解的行为仍将会受到制裁。总的来说，如果在对标的物的价值进行货币评估时还掺和着其他不符合规则的事实，例如，误解是由于受到欺诈所造成的，[1] 或者在对标的物的价值进行货币评估的同时还存在对标的物本身的误解，[2] 那么这种货币评估上的错误也会受到制裁。在有些领域，特别是在转让公司证券的情况下，法院判例往往都会倾向于考虑对价值的误解（参见第 218-1 节对经济效益的误解）。[3]

（4）对动机的误解（l'erreur sur les motifs）（参见附目第 1135 条）。当主导当事人缔结合同的动机与合同的标的（宗旨）毫无关系，在当事人既不是考虑标的物的品质也不是考虑相对当事人的品质而订立合同，发生误解时，[4] 我们就称之为订约动机上的错误；如果是相反情况，则属于对标的物的误解或者对人的误解，而因后两种误解订立的合同均可以以无效论处。对于"动机错误"，我们只需举一个例子就能够更好地理解其含义：某人到出卖人那里购买一辆车子，他的动机却是期待将来在出卖人那里获得一份适合自己的工作，假定该人随后发现车子有缺陷，无法上路行驶，他可以以对标的物的实质发生误解为理由主张车辆购置合同无效，但其购买该车辆的动机则不在考虑之列；我们又假定，相反情况下，车子没有缺陷，非常好使，但该人所期待的工作招聘并没有如其所愿，这

[1] 巴黎法院，1953 年 1 月 22 日（D. 1953. 126）。

[2] 最高法院诉状审理庭，1930 年 11 月 17 日（DH1931. 3. S. 1932. I. 17）关于对人的误解与对价值的误解的关系，参见本书第 219 节。

[3] 最高法院商事庭，1995 年 10 月 17 日（RTD civ. 1996. 148. Mestre 述评）。

[4] 参见盖斯坦，第 3 版，第 509 节（Ghestin. 3éd. N°509）；佛鲁尔，奥贝尔与萨沃，第 24 节（Flour，Aubert et Savaux. N°24）。

时如果他以订约动机错误而主张购车合同无效，就不能得到法院的支持。[1]

人们一般认为，这样处理的理由是，决定一个人是否订立合同的动机（les mobiles）或理由是千差万别的，是极不相同的，法律不可能去考虑这些动机；如果准许一方当事人主张这类动机上的错误或误解而认定合同无效，必将损害相对当事人的利益，因为所谓缔约动机，纯属当事人自己所想，纯属当事人自己的心理范畴，而相对当事人不可能了解他的合作伙伴内心藏着的、根本摸不着边的原因。这样一来，有人可能会误认为，只要一方当事人知道相对当事人的错误的订约动机，那么这类错误也就有可能构成应当受到制裁的误解。然而，民法首先考虑的是法律的安全，因此在这方面表现得更加严格：仅仅是当事人知道相对当事人的错误的订约动机，仍然是不够的，他们还必须在这方面有一致的约定，也就是说，只有当错误的动机已经被纳入合同约定事项的范围时，才能得到考虑；[2] 而将错误的订约动机纳入合同的规定内容范围，可以采取以下两种方式：

---

[1]例如，最高法院民事庭 1853 年 3 月 11 日判决（DP1853. I. 134），1942 年 8 月 3 日（DA. 1943. 18）。有些法院判决看来也承认，对起决定性作用的主要动机的误解可以引起合同无效，参见最高法院诉状审理庭 1898 年 3 月 16 日判决；最高法院民事庭 1913 年 1 月 28 日判决（1913. I487）；最高法院诉状审理庭 1946 年 6 月 17 日判决（Gaz. Pal. 1946. 2. 204）；最高法院第一民事庭，1972 年 3 月 1 日（Bull. civ. N°70. p. 64. D. 1973. 733. Ph · Malaurie 述评）；但是，在（出卖人）对标的物作出了不准确的介绍的情况下，可以引起合同无效（参见 J · Ghestin，thèse. N°64. p. 64）。

[2]最高法院第一民事庭，2001 年 2 月 13 日（Bull. civ. N°31. Defrénois 2002. 476. Robine 述评，JCP2001. I. 330. Rochifeld 述评，RTD civ. 2001. 352. Mestre et Fages 述评，Grands arrêts. t. 2. N°149）；最高法院第三民事庭，2003 年 4 月 24 日（D。2004. 450. S · Chassagnard 述评，JCp003. II0134，R · Wintgen 述评，RDC2003. p. 42. D · Mazeaud，RTDciv. 2003. p. 699. J · Mestre et B · Fages 述评）；最高法院商事庭，2006 年 5 月 30 日（CCC2006. N°224. L · Leveneur 述评）。

（1）双方当事人约定将缔约动机上升为合同的一项条件[1]——中止条件（停止条件）或解除条件。在将缔约动机约定为停止条件的情况下，如果这一条件不成就，在将其约定为解除条件的情况下，如果条件成就，都将引起合同消灭。

（2）动机是承诺义务的原因。只有以无偿名义实施的行为，我们才会看到这种将动机纳入合同规定内容的方式，但是，由于法院判例所持的观念从“客观原因说”滑向“主观原因说”，这样也就有可能使这种方式占据更加重要的突出地位。不过，最高法院在最近的判决中重申：“与合同标的无关的缔约动机错误”，即使对合同的订立起到了决定性作用并且为相对当事人所了解，仍然不构成合同无效的原因。看来最高法院是打算制止朝着这一方向继续发展。[2] 我们在后面阐述合同的原因（约因）这一概念时，还将讨论这一问题（参见第349节）。

从这里我们可以看到，这方面有一种不言而喻的法则：误解涉及的对象因素越是处于合同之外，这种因素就越是具有主观性质，就越难纳入合同的内容范围。如果误解涉及的是物在客观上所具有的根本品质，那么就更容易承认这种品质对合同的订立所起到的决定性作用，也就更容易承认这种品质已为相对当事人所了解；如果是对标的物的次要品质的误解，那么，这种品质是否对缔结合同起到决定性作用，其本身是否具有约定性质，这方面的证据就必须具有特别的特征，否则难以得到承认。最后，如果是在与标的物无关的缔约动机方面发生误解，只有当这种动机原已纳入合同的规定范围时，才能得到考虑。

---

[1] 最高法院民事庭，1942年8月3日。

[2] 最高法院第一民事庭，2001年2月13日；最高法院第三民事庭，2003年4月24日；最高法院第三民事庭，2000年5月24日判决（Defrénois2000. 1377. D · Mazeaud 述评，D. 2002. somm. com. p. 926. Tournafond 述评，JCP2001. II. 10494. C · Duvert 述评）。

对项目经济效益的误解，被理解为一方当事人提供的给付不适用于当事人所从事的经济活动。这种误解往往被认为是对动机的误解，原则上属于“不予考虑的对动机的误解”，但是，在涉及共同利益合同时，则完全是另一回事，例如，特许经营合同，经营活动的前景就被纳入合同的范围（参见第218-1节），在这种情况下，对经济效益的误解就会得到考虑。

（二）对误解实施的制裁

221. 内容划分

当我们初读《民法典》第1110条的条文时，有可能会以为，只要是对物的误解或者是对人的误解，就会引起合同无效，其实，仅仅有误解并不足够，还要求误解应当具备一定的特征（1）并且应当得到证明（2），才有可能引起合同无效（3）。

222. （1）特征

误解应当具备以下特征，才会引起合同无效：（a）应当是可以原谅的误解（l'erreur excusable），（b）可以是事实上的误解（erreur de fait）或者法律上的误解（erreur de droit）。

223. （A）应当是可以原谅的误解

误解是对现实，或者说，是对实际状况的错误认识，那么，当发生误解的当事人占有或者完全可以很容易地获得认识这种现实所必要的各项材料时，在这种情况下是否仍然应当考虑误解而认定其订立的合同无效呢？法律的回答是否定的。

当事人之所以发生误解，必须是情有可原的，必须是可以原谅的误解。[1] 如果是由于当事人本身缺乏最起码的谨慎态度，因而导致其发生误解或错误，他本身就没有尽到自己应当搞清和了解情况的义务。[2] 尚未弄明情况，就盲目订约，属于存在疏忽大意之过错，[3] 在这种情况下，其缔结的合同应当受到的制裁恰恰是“应当拒绝撤销该合同”。“对于那些漫不经心的人，大法官亦不予关注”（de non vigilantibus non curat praetor）（参见第 435 节）。[4]

什么情况属于不可原谅的误解（错误）（参见附目第 1139 条），（法官）应当根据涉案事实的具体情节，根据以误解为理由提起无效之诉的原告的年龄、职业、经历等因素来进行具体评判（in concreto）。总的来说，对于当事人主张对自己所为之给付发生了误解的情况，法院通常比较容易认定此种误解是不可原谅的，因为，原则上，主张自己是因误解而进行了给付的人本来很容易了解情况，本不应当发生这样的误解；同样，对于一个有经验的职业人来说，如果在其从事的日常职业活动范围内认为自己是因误解而缔结合同，法院也比较容易认定为此种误解是不可原谅的。例如，一个建筑师对于其取得的土地是否适于建筑在认识上发生错误，就往

[1]关于这一概念，参见 J·盖斯坦前引文，第 196 页（J·Ghestin. thèse. préc. p. 196）；J·达宾：《论不可原谅的错误与契约的无效》，载《私法研究》，布鲁塞尔，1947 年（J·Dabin, erreur inexcusable et nullité des conventions. Études de droit privé, Bruxelles 1947）。

[2]关于合同当事人有义务自行了解情况的问题，参见本书第 258 节；另见 M·Fabre-Magnan, N°258.

[3]值得强调的是，这里不是“不可原谅的过错”（参见盖斯坦著作，第 3 版，第 523 节（Ghestin, 3éd. N°523））。如果将不可原谅的误解（erreur inexecusable）与不可原谅的过错（faute inexecusable）等同起来（在法国法律中，这是两个不同的概念），不可能不产生这样的后果：它会使人认为，不可原谅的误解可以作为不可原谅的过错来进行抽象的评价（参见 Sériaux, N°16）。

[4]罗朗与博埃耶：《法国法律格言》，第 4 版，第 84 节（Roland et Boyer, Adages du droit français, 4^{e}éd. N°84）。

往被认定为不可原谅的；[1] 又例如，企业事先没有对前来应聘的人的资质、能力进行较为详细的了解，甚至不知道他此前领导的企业刚刚宣告破产，就聘任该人担任经理，那么，该企业“对人的误解”同样会被认定是不可原谅的误解。[2] 不过，需要强调的是，这些指导性意见显然不是绝对的，也就是说，一位职业人在与某一个人订立合同时，同样有可能发生“可以原谅的误解”。[3]

法院曾判决，由于双方当事人之间存在障碍性误解而完全不存在同意的情况下，[4] 或者由于存在欺诈性沉默而完全没有同意的情况下，[5] 即使是“不可原谅的误解”，仍然不妨碍宣告合同无效。

224. （B）事实上的误解与法律上的误解

在由于对合同（标的）的实质发生误解或者对人的误解而且此

---

[1]最高法院第一民事庭，1964 年 3 月 2 日（Bull. civ. I. N° 122. p. 91. RTD civ. 1963，J · Chevallier 述评）；参见最高法院第一民事庭 1964 年 12 月 16 日判决（Bull. civ. I. N° 575. D. 1965. 136）：本案中，一位艺术品收藏爱好者仅凭作品上写有“attribué à Courbet”的署名，就以为这是 Courbet 的真实签名，并购买了这幅画作，这是一种非常粗漏的误解。参见最高法院第一民事庭 1970 年 10 月 20 日判决（JCP1971. II. 16916. J · Ghestin 述评）；最高法院第一民事庭，1959 年 6 月 29 日（Bull. civ. I. N° 320. p. 267）：本案中，投保人将两份保险单搞混了。另见最高法院第三民事庭 1979 年 11 月 27 日判决（Bull. civ. III. N°215. p. 167. Defréenoi1980. p. 209. L · Aubert 述评）。

[2]最高法院社会庭，1990 年 7 月 3 日（Bull. civ. V. N° 329. p. 197. D. 1990. IRp. 199. RTD civ. 1991. 316. J · Mestre 述评）。

[3]凡尔赛法院，1994 年 2 月 10 日（D. 1994. IRp. 102）：本案中，一个古董商从一个人手中购买一幅版画，把赝品当成了真品。

[4]巴黎大审法院，1979 年 6 月 26 日（D. 1980. IRp. 263. J · Ghestin 述评）；最高法院第三民事庭，2008 年 5 月 21 日（RDC. 2008. 716. Th · Genicon 述评）；最高法院第三民事庭，2007 年 7 月 4 日（D. 2007. 2847. Rias 述评）：本案涉及的是对价格的误解，但并未提出其具有“障碍性误解”性质。

[5]最高法院第三民事庭，2001 年 2 月 21 日（D. 2001. 2702. D · Mazeaud 述评，somm. com. p. 3236. Aynes 述评，JCP2001. I. 330. N° 10；Constantin 述评，Defrénois 2001. 703；Libechaber 述评，RTD civ. 2001. 353. Mestre et Fages 述评）。

种误解被认定为合同无效的原因时，发生误解的根源是由于对实际情况认识错误还是因为不知道法律规则，均不在考虑之列。[1] 有人反对这样的处理，并且引用一句著名的格言："任何人都不得推脱不知国法（nemo censetur ignorance，nul n'est censé ignorer la loi）。"不过，这种反对意见的论据并不恰当，因为，这一格言的意思是"任何人都不得借口自己不知道法律而逃避遵守法律"，[2] 因此，这一格言丝毫不妨碍一方合同当事人主张自己不知道他与相对当事人的合同关系中适用的法律规则（règle de droit），也就是说，法律上的误解也可以得到承认（参见附目第 1132 条），不过，还要求这种由于对法律规则的无知所产生的不是一种"不在法律考虑之列的误解（参见第 220 节）"，而是产生了一种"能够得到法律考虑的误解"。[3] 这种处理也得到《民法典》第 2052 条第 2 款的具体解释的证实：该款规定排除在和解契约中关于对法律的误解。[4]

虽然说提交法院审理的大多数诉讼案件涉及的都是"事实上的误解"（erreur de fait），但是，在遇到相应案件的情况下，法院判例也会毫不犹豫地考虑法律上的误解（erreur de droit）或者对法律的误解。例如，某个继承人，由于不了解继承法的相关规定，误以

[1] 德科提尼：《论法律上的误解》，载《民法学季刊》，1951 年，309（Decottignies，L'erreur de droit，RTD civ. 1951. 309）。

[2]《法国民法总论》，第 461 节，法律出版社 2004 年版。

[3] 最高法院第一民事庭，1989 年 6 月 14 日（D. 1989. IRp. 208）。

[4]《民法典》第 1356 条第 4 款关于自认的规定："裁判上的自认，不得撤回，但如能证明其系因事实错误而为，不在此限；不得以误解法律为借口而主张撤回裁判上的自认。"

为自己仅仅对遗产享有虚有权份额，实际上他享有完全的所有权，[1] 在这种情况下，法院会撤销该继承人同意的遗产权利的转让；更有甚者，当误解人对其给付的实质发生误解时，法律上的误解在这种情况下引起的是一种对合同标的的误解，例如，某人误以为自己对某项并未投保的损害应负责任，并且对受害人进行了赔偿，这就是因法律上的误解引起其对给付的误解，法院据此撤销了该人承担的义务；[2] 再例如，出卖人错误地认为买受人依据法律的规定享有先购权，正是在此种误解的引导下同意优先向买受人进行买卖，法院撤销了通过行使优先权而进行的这项买卖，因为这种情况是对某人的法律地位的误解所造成的。[3]

是否存在法律上的误解，要按照合同订立之日的具体情况来进行评判。这也就等于禁止援引此后法院作出的判决。[4]

---

[1]《民法典》第2052条："和解，在诸当事人之间，具有终审判决的既判力。——对此种和解，不得以对法律的误解，也不得以显失公平之原因提出攻击。"

最高法院民事庭，1930年11月17日（D. 1932. I. 161. Ch · Laurent。1932. I. 17. A · Breton述评）；放弃继承的人因对其法定特留份的权利性质发生误解而放弃继承，由于此种放弃是因误解而作出的决定，这种放弃的无效，参见最高法院第一民事庭1960年6月15日判决（1961. R · Savaux述评，JCP1961. II. 12274. P · Voirin述评，参见《继承与赠与》第650节）；关于放弃共同财产的问题，参见最高法院第一民事庭1970年2月9日判决（JCP1971. II. 16806. Dagot述评，RTD civ. 1970. 752. Loussouarn述评）；另见最高法院第三民事庭1980年5月29日的判决：关于在辞退当事人的有效性问题上发生的法律上的误解（JCP1980. IV. 297）。

[2]最高法院第一民事庭，1990年11月25日（Bull. civ. I. N° 250. p. 177. RTD civ. 1992. 100. Mestre述评）。

[3]最高法院第三民事庭，1995年7月5日（Bull. civ. II. N° 174.）；随后，最高法院在相类似的情况下通过适用《民法典》第1109条的规定，以法律上的误解的名义确认了相同的处理意见，而没有将其与对人的误解联系在一起。参见前引最高法院第三民事庭2000年5月24日判决。

[4]最高法院第一民事庭，2006年6月27日（RTD civ. 2006. 761. Mestre述评）；关于法院判例对法律上的误解的运用进行的限制，参见Th · 皮亚佐：《论法律安全》，《巴黎二大学位论文》，2009年，第197节，第381页（Th · Piazzon, la sécurité juridique, thèse Paris II. éd. 2009. N° 197. p. 381）。

225. （2）有关存在误解的证据

有关存在误解的证据，应当由主张自己的同意存在瑕疵的当事人负举证责任。[1] 然而，这种证据的提出往往是很困难的，而且是复杂的。因为，即使当事人能够证明他之所以作出决定，之所以表示同意，正是基于某种相信，而这种相信完全不符合实际情况（属于误解），然而，仅仅能够证明这两点是不够的，他还必须证明相对当事人知道这一因素对于其作出决定起到了决定性作用。

对于主张自己的同意存在瑕疵的人而言，误解是一种法律事实（un fait juridique），可以用各种方法提出证据，特别是采取推定的方法提出证据；订立合同时的具体情节、当事人的年龄、从事的职业、社会状况或社会地位、能力、合同规定的价格[2]等，都可以用来推定合同无效诉讼中的认为自己发生误解的人（原告）所主张的误解是否确有其事、是否能够得到认定。人们从这样的角度出发，认为对误解的评判不能抽象地进行，不能根据“众人的共识”（opinion commune），也就是不能以“大家都持这样的共同意见”就认为存在“某种起着决定性作用的误解”，而是应当根据主张自己发生误解的受害人的具体情况来进行具体评判；但是，这并不影响在司法实践中法官往往比较容易承认“在人们可能会普遍发生误解

[1]最高法院第一民事庭，1964年12月16日（FD. 1965. 136）；最高法院商事庭，1970年1月20日（JCP1971. II. 16916. J·Ghestin 述评）；最高法院第一民事庭，1973年7月4日（D. 1974. 538）。参见盖斯坦述评：因使用新币与旧币（新法郎与旧法郎，法郎与欧元）发生误解的问题时，应当由认为自己是使用旧币的人负责举证，因为新币是唯一的法定货币。

[2]合同规定的价金的数额往往是一个尤其能够说明问题的因素。如果买受人支付的价款很低，那么他就不能主张自己是购买一件艺术珍品或文物珍品，参见巴黎法院1950年2月21日判决（D. 1950. 269）；反过来，如果他支付的价格很高，则有可能从支付高价这样事实中推断其发生了误解，因为只有很高的价格才能证明他对标的物所考虑的那种很高的质量。参见波尔多法院1905年11月13判决（DP1908. 2. 287. 1906. 2. 207）。

的那些情况下存在误解”，特别是从人们普遍的认识来看某一标的物所缺乏的某种品质可以具有决定性作用时，法官都可能比较容易承认误解的存在。[1]

226.（3）对误解的制裁（A）对“构成合同障碍的误解（障碍性误解）”的制裁

按照传统理论，对于障碍性误解，应当以所订合同绝对无效论处，因为，在发生障碍性误解的情况下，双方当事人之间根本就不存在同意意思，合同缺乏根本要件。但是，按照现代理论，对于障碍性误解，应当以相对无效实行制裁，因为，在发生障碍性误解的情况下，有可能受到损害的实际上并不是总体利益，而是作为合同当事人一方的个人的私益；唯一的特殊情况是：双方当事人都发生误解，双方当事人均应提起无效之诉。然而，令人奇怪的是，法院判例在这方面看来采取的方向却与理论界主张的方向相反：一开始，法院判例将障碍性误解看成是对标的物实质的误解，以相对无效论处，[2] 而现在，法院判决往往对这种误解处以绝对无效，[3] 法院判例甚至认为，即使当事人发生误解具有不可原谅的性质，仍然不妨碍撤销由此订立的合同（参见第223节）。

227.（B）对构成同意瑕疵的误解的制裁

合同当事人中一方因误解而致使其同意存在瑕疵时，不论是按

[1]最高法院商事庭，1973年7月4日。

[2]最高法院诉状审理庭，1878年5月6日（DP. 80. I. 12）；最高法院诉状审理庭，1913年12月9日（Gaz. Pal. 1914. I. 229）。

[3]最高法院第三民事庭，1980年4月15日（Bull. civ. III. N° 73. p. 53. D. 1981IR p. 314. J · Ghestin 述评，Defrénois1981. 853. J-L · Aubert 述评，RTD civ. 1981 年155，F · Chabas 述评）；巴黎法院，1966年7月8日（Gaz. Pal. 1967. I. 33. RTD civ. 1967. 382. J · Chevallier 述评）；波城法院，1982年1月7日。

照无效的传统理论还是按照无效的现代理论，合同之无效均为相对无效。因为，按照《民法典》的规定，之所以要求当事人的同意不存在瑕疵，目的在于保护合同当事人自己的利益，尤其是保护发生误解的一方当事人的私人利益。只有发生误解的人本人及其权利继受人才能提起此种无效之诉。[1] 此种无效之诉的时效期间为 5 年，自发现同意瑕疵之日起计算。[2] 当事人也可以通过抛弃无效之诉，对合同进行追认、作出确认（参加第 400 节）。

通常情况下，由此引起的合同无效是全部无效，但也有可能仅仅为一部无效。（合同一部无效时）法官可以仅限于撤销因误解而同意接受的那些条款或义务，至少当涉及的无效条款属于合同的次要条款时可以这样做。[3]

除宣告合同无效之外，发生误解的人还可以获得损害赔偿；[4] 不过，要想做到这一点，应当证明相对当事人有过错（《民法典》第 1382 条）。导致相对当事人发生误解的一方当事人，由于轻率行事，没有核实自己向对方提供的情况，而他提供的这些情况不准确，虽然说他没有进行欺骗的意图因而不能认定为欺诈（参见第 234 节），但至少在仅仅宣告合同无效仍然不足以赔偿相对人受到的全部损失时，则可以判处轻率行事的当事人向发生误解的一方给

---

[1]最高法院第一民事庭，1988 年 3 月 1 日（Bull. civ. I. N°56. p. 37）。

[2]而不是怀疑存在同意瑕疵之日，参见最高法院第一民事庭 1972 年 5 月 31 日判决（Bull. civ. I. N°142. p. 124），但是，应当按照合同成立之日的情况来评价（是否存在）误解，参见最高法院民事庭 1983 年 12 月 13 日判决（D. 1984. 940. J-L · Aubert 述评，JCP1984. II. 20184. concl. Dulphe，Grands arrets. t. 2. N°148）。如果是在合同成立之后 20 年才发现原来存在误解，无效之诉将遇到《民法典》第 2232 条规定的时效期间的障碍，参见本书第 415 节。关于因误解提起诉讼的时效期间与隐蔽瑕疵担保之诉的 2 年时效期间之间的关系，参见本书第 255 节。

[3]最高法院诉状审理庭，1945 年 2 月 6 日（Gaz. Pal. 1945. I. 116. RTD civ. 1945. 288. Boitard 述评）；最高法院民事庭，1955 年 10 月 12 日（Bull. civ. I. N°388. p. 279）；参见本书第 418 节。

[4]最高法院第三民事庭，1968 年 11 月 29 日（Gaz. Pal. 1969. I. 63）。

予损害赔偿。[1] 反过来，如果发生误解的人是由于他本人的过失而搞错了，如其过失并不严重，那么，他仍然可以获准法院宣告合同无效，但是，在这种情况下可以被判处向对方当事人给予损害赔偿，以补偿对方当事人因合同无效而受到的损失。

在合同相对人有过错的情况下，如果给予损害赔偿可以使合同恢复平衡，[2] 发生误解的当事人也可以仅限于请求损害赔偿而不宣告合同无效。

二、欺诈

228. 定义

《民法典》第1116条规定（参见附目第1137条）："如当事人一方不采取欺骗手段，另一方当事人显然不会与之缔结合同时，欺诈（le dol）构成合同无效之原因。"这一条文没有对欺诈作出完整的定义。在合同成立当中，欺诈是指合同一方当事人采取种种欺骗手段，导致相对当事人发生误解而决定缔结合同。欺诈的受害人自己并没有搞错，[3] 而是由于他人欺骗了他。欺诈，由于造成当事

---

[1] 里昂法院，1989年9月28日（D. 1989IRp. 301）。

[2] 最高法院诉状审理庭，1869年12月8日（DP1870. I. 294）；最高法院民事庭，1898年2月15日（DP. 98. I. 192. S. 98. I. 445）；巴黎法院，2001年7月6日（D. 2001. IRp. 2463）；波城法院，2000年2月8日（JCP2000. IV. 2572）；参见Ph·森勒尔：《论法律行为之一部无效》，《斯特拉斯堡大学学位论文》，1969年，第240节（Ph · Simler. La nullité partielle des actes juridiques, thèse Strasbourg éd. 1969. N°240）；M·塞里内：《对误解、隐蔽瑕疵与买卖合同中交付义务的制裁制度的比较研究》，《巴黎二大多学科论文集》，1996年第355节（M · Serinet. Les Regimes comparés des sanctions de l'erreur、des vices cachés et de l'obligation de déliverance dans la vente, thèse Multigr. Paris II. 1996. N°355）。

[3] 博纳西：《论合同订立当中的欺诈》，《里尔大学学位论文》，1955年（Bonassies, Le dol dans la conclusion du contrat, thèse Lille 1955）；J·盖斯坦：《缄默、欺诈以及对根本品质的误解》，载《Dalloz 法律评论汇编》，1971年，第427页（J · Ghestin, La réticence. le dol et l'erreur sur les qualités substantielles, D. 1971. chron. p. 247）。因欺诈引起的无效，适用范围极为广泛，不论什么样的合同，均可适用，但婚姻财产契约除外，参见《人、家庭、无能力》（les personnes. la famille. les incapacités. N°372），例如，涉及变更夫妻财产契约的协议，参见最高法院第一民事庭1977年11月2日判决。

人发生误解，因而对当事人的同意意思产生影响。实际上，欺诈并不是本义上的同意瑕疵（vice du consentement），而是造成同意瑕疵的原因。

229. 欺诈与误解的关系

上述定义立即引出一个疑问：欺诈与误解是否是相互重复？回答当然是否定的。在一方当事人实行欺诈的情况下，相对当事人发生误解的根源就在于前者的这种不诚信行为（acte de déloyauté）。民法对这种误解进行制裁的要求更为严格些。这表现在以下 3 个方面：

（1）运用范围不同：当误解是自然发生时，例如，对标的物的价值发生误解，法律对此不予考虑（此种误解被称为“不予考虑的误解”）（参见第 220 节），而当误解是因相对当事人采取欺骗手段所引起时，则欺诈将受到制裁。

（2）证据：如果存在欺诈，证据比较容易提出，因为这种证据不是直接以证明一方当事人发生误解为目的，而是要证明另一方当事人有造成该方当事人发生误解的种种所作所为；误解本身纯属（当事人的）心理事实，而引起他人发生误解的种种伎俩或者所作所为却是实实在在的事实，通常来说，是比较容易得到证明的。

（3）制裁。欺诈始终意味着实施欺诈的人有过错，除其订立的合同无效之外，如果仅仅以此无效作为制裁仍然不足以完全赔偿受到欺诈的人所受的损失，受害人还可以获得损害赔偿；虽然说因误解引起的合同无效，也可能伴随给予损害赔偿，但在这种情况下想要获得损害赔偿，却是一件相当棘手的事（参见第 227 节）。

为了准确地说明欺诈作为一种同意瑕疵的整体轮廓，我们在下面先后讨论的是：（一）欺诈的概念，（二）对欺诈的制裁。

（一）欺诈的概念

230. 欺诈概念存在的模糊的两重性（l'ambivalence de la notion）

在法国《民法典》中，有关欺诈的理论反映了观念上存在的模糊的两重性：法国《民法典》将欺诈作为同意的瑕疵，但它并没有完全清除罗马法关于欺诈相当于私犯的思想（参见第206节）；由此，我们需要从以下两个方面来进行探讨：欺诈意味着行为人方面在缔结合同时有不诚信的行为（acte de déloyauté），这就是欺诈所具有的（民事）侵权层面（1），由此引起欺诈的受害人方面存在同意的瑕疵，这就是由欺诈产生的心理层面（2）。

231. （1）欺诈的侵权层面（aspect délictuel）[1]

欺诈，是合同一方当事人对相对当事人实施的不诚信行为（acte de déloyauté），是刑法上规定的轻罪之一——诈骗罪（escroquerie）在民法上的某种对应。[2] 当然，诈骗罪与欺诈这两个概念之间并没有发生重合。某一行为，即使并不具备诈骗罪的各

---

[1]在法语中，民法上的侵权行为与刑法中的轻罪虽然有时也分别称为“délit civil”与“délit pénal”，但在大多数场合，这两个概念使用的是同一术语—délit，与罗马法的“delictum”是同源词。我们从上面第230节的介绍中可以进一步理解到这两个概念之间存在微妙的联系。同时我们还注意到，法国民法与刑法有许多概念也是相通的，例如，“amende”（罚款、罚金），有时表述为“amende civle”（民事罚款）与“amende pénale”（刑事罚金），“proportinnalité”（既可用来表示权利义务相适应原则，也用来表示罪刑相适应原则），民事欺诈（dol civil）与刑事欺诈（dol pénal），等等。——译者注

[2]关于民事欺诈（dol civil）与刑事欺诈（dol pénal）的关系，参见R·奥滕霍夫：《刑法与民事合同的成立》，《雷恩大学学位论文》，1970年，第42页（R·Ottenhof, thèse Renne. éd. 1970. p. 42）。

项要件，[1] 但仍然可以因其具有欺诈性质而被撤销。尽管如此，这丝毫不影响我们在对欺诈与诈骗（罪）进行比较之后，揭示出两者在结构上的某些类似之处。欺诈，必然是出自合同之一方当事人（C），它要求具备事实要件（élément matériel，客观要件）（A）与心理要件（élément intentionnel，主观要件）（B）。

232.（A）欺诈的客观要件（élément matériel，事实要件）

《民法典》第 1116 条规定，“如当事人一方不采取欺骗手段，另一方当事人显然不会与之缔结合同”。法院判例将谎言（mensonge）与缄默（réticence）视同该条文中所说的欺骗手段。

所谓欺骗手段（les manoeuvres）是指，一个人为了骗取相对人的同意，诱导其与自己订立合同而可能采用和实行的各种诡计（machinations）、把戏或圈套。[2] 人的创造精神也是各色各样的，能够想出多少点子，就会有多少花样翻新的欺骗手段。五花八门的欺骗手段还会适应社会经济实际条件的变化，例如，过去法院在当时的社会经济条件下就曾判决，马贩子采取欺骗手段，隐瞒马匹的实际年龄，或者，让相对当事人深信他出卖的马匹完全适宜于从事购买人所预定的活计，而实际上根本没有这个可能，这种情况

[1] 除了通常在合同之外实行的诈骗罪外，构成民事欺诈的不诚信行为也可以进入《消费法典》第 121-1 条等条文规定的处罚范围。这些条文制裁的是通过行为或不作为实行的商业上的欺骗做法；此外，还有《消费法典》第 213-1 条关于对商品买卖中的任何欺骗行为的制裁，只要这种行为涉及标的物的性质、型号与来源、质量或者同一性。《消费法典》第 122-8 条还对滥用（他人）弱势地位的行为作出了制裁性规定，除合同无效与损害赔偿之外，还可以处以刑事制裁。关于欺诈与滥用他人弱势地位的关系，参见 S·佩叶：《论竞争法与消费法》，《巴黎九大学位论文》，2001 年，第 223 节（S · Payet, Droit de la concurrence et droit de la consommation, thèse Paris IX. éd. 2001. N°223）。

[2] 最高法院民事庭，1882 年 4 月 17 日（DP. 82. 5. 163）：本案中，情妇为了让情人向自己赠与财产，谎称并伪装自己已经怀孕。

构成欺诈；后来，一家汽车修理场将一辆旧车重新上漆，充当新车卖出，并更改“灰本”（车本），甚至对计程器进行改动，[1] 法院判决此种行为构成欺诈。

法院判例将谎言视为欺骗手段（参见附目第 1137 条第 1 款），不仅书面形式的谎言是如此，例如，在为了订立合同而提供的文件中加进自己明知错误的表述，就有可能被视为欺骗手段，[2] 而且，即使没有采用“对外表现出来的任何圈套或把戏”，仅仅是单纯的说谎，也可以构成欺诈，[3] 例如，银行经理向保证人出具一份证明，声称债务人财务状况良好，实际上该人账号上欠债很多，甚至几天之后就有可能要被迫关闭该账号；[4] 又例如，被保险人提交不准确的申报，以减少风险的范围。[5]

---

[1]参见最高法院商事庭，1961 年 12 月 19 日（D. 1962. 240）；最高法院第一民事庭，1979 年 1 月 31 日（D. 1979. IRp. 288）。

[2]最高法院诉状审理庭，1934 年 2 月 6 日（1935. I. 296）；普瓦提耶法院，1994 年 3 月 30 日（JCP1995. IV. 2525）：本案中，一方当事人在转让一家企业时，提交的文件显示该企业的营业额与利润都远远高于实际数字。最高法院第三民事庭，2008 年 11 月 19 日（D. 2008. AJ. 3085. RTD civ. 2009. N°26）：本案中，出卖方提交的资料显示他出卖的房子没有任何寄生虫，而实际上并非如此。但是，如果是薪金雇员在应聘时提交不准确的履历表并且其中带有水分，甚至有谎言成分时，则应另外处理；参见最高法院社会庭 1999 年 2 月 16 日判决（Droit social. 1999. 396. B · Gauriau 述评，RTD civ. 1999. 419. Y · Gautier 述评）；最高法院社会庭，1999 年 3 月 30 日（d. aff. somm. com. p. 13. Omarjee 述评）；另见最高法院社会庭 2005 年 9 月 21 日判决（D. 2006. 204. G · Loiseau 述评）：从该判决中，我们可以看到劳动法相对于民法的独立地位。但是，虽然说我们可以大体上承认使用多少有些自吹自擂的履历表，夸张地宣称自己有多少优点和特长，也许可能构成“善意的欺骗”，但是，如果求职者、应聘者提交虚假的，甚至伪造的文件资料：例如，假毕业证书、假文凭、假实习证明，那么法律对欺骗的容忍限度也就到此为止（I · Omarjee 述评）。

[3]最高法院第三民事庭，1970 年 11 月 6 日（JCP1971. II. 16942. J · Ghestin 述评，Defrénois1971. p. 1264. J-L · Aubert 述评）；最高法院商事庭，1985 年 5 月 30 日（JCP1985. IV. p. 280）。

[4]最高法院商事庭，1983 年 2 月 7 日（Bull. civ. IV. N°50. p. 40. D. 1984. IRp. 84）。

[5]最高法院第一民事庭，1998 年 10 月 7 日（JCP1998. II. 10185. concl. Petit）：投保人向保险人声称自己身体健康，实际上血清检查表明艾滋病呈阳性。

不过，人们传统上都认为，并非所有的谎言都构成欺诈，例如，商家夸大其词，吹嘘自己的产品如何如何得好，我们面对的可能是一种“习惯上得到容忍的欺诈”（dol toléré），罗马法上称其为“bonus dolus”（可以允许的欺诈或者“好的欺诈”，法文称为“le bon dol”），与之相对应，则称为“malus dolus”（非法欺诈或者“坏的欺诈”，法文称为“le mauvais dol”）。只有后一种欺诈才会受到处罚。[1] 以上处理源于这样一个思想：每一个人都有义务自行了解情况，而这种义务应当能够引导每一个人，当他面对相对人所做的种种断言或保证时，不要表现得过于幼稚，过于冲动，而是应当进行最起码的情况核实。误解，是因为过于轻信才产生的后果，在一定程度上，是不可原谅的（inexcusable）。[2] 什么是可以容忍的欺诈，如何衡量，则要看行为人的资历情况而定。行为人的威信与他的地位相关联，威信越高，谎言就越不能让人容忍但却越容易让人上当，[3] 受害人方面的情况也是如此，例如，其年龄、受教育程度、专业能力等。

到今天，传统上的这种缓和处理看来已经明显后退。[4] 一方面，正如人们看到的那样：与每一个人都有义务自行了解情况相比，一方当事人向相对当事人告知情况的义务越来越被放到了前面（参见第 258 节）；法院判例更倾向于认为，只要一方当事人的误解是由于相对当事人恶意造成，那么此种误解就始终是可以原谅

---

[1]都埃法院，1907 年 2 月 8 日与 2 月 16 日（DP1908. 2. 5）；巴黎法院 1924 年 12 月 16 日（DH1925. 125）。

[2]P·茹尔丹：《论自己有了解情况的义务》，（P · Jourdain，Le devoir de s'informer，D. 1983. p. 139）。

[3]最高法院第一民事庭，1968 年 11 月 26 日（Bull. civ. I. N° 297. p. 224. RTD civ. 1969. 559. Y · Loussouarn 述评）。

[4]最高法院商事庭，1994 年 12 月 13 日（CCC1995. N°48. Leveneur 述评）。

的误解；[1] 另一方面，由于现代法律十分强调保护消费者，因而始终对传统的所谓“合法的欺骗”或者“好的欺骗”（le bonus dolus）实行更多的限制。例如，在过去，带有虚假谎言的广告一直被看作是合法的欺骗，而今天虚假广告将会受到制裁（《消费法典》第121-1条，1973年12月27日法律）。[2]

虽然说，原则上，谎言视同欺诈，但是，涉及无行为能力人时，则是另一回事。按照《民法典》第1307条的规定，如果是由于未成年人简单地声称自己已经成年，成年人与之订立合同，这种情况丝毫不妨碍向该未成年人进行返还；这也意味着在此情况下，即使未成年人在订立合同的当时声称自己是有行为能力人，虽然这本身就是在说谎，仍然可以获准认定其所订合同无效。这一条文的规定也扩张适用于无行为能力的成年人。[3] 与此相反，如果未成年人提出一份伪造的出生证书（来表示自己已经成年），则构成欺诈，因为这种情况表明他不仅仅是单纯地言辞上说谎，而且采取了一种欺骗伎俩。

---

[1] 最高法院第一民事庭，1973年12月13日（Bull. civ. I. N°221. p. 196. RTD civ. 1974. 144. Y · Loussouarn述评）；最高法院第一民事庭，1977年5月23日（Bull. civ. I. N°244. p. 191）；最高法院第一民事庭，1981年1月21日（Bull. civ. I. N°25. p. 23）；最高法院第三民事庭，2001年2月21日（D. 2001. 2702. D · Mazeaud述评）。

[2] 关于这方面的导向，参见J · 盖斯坦：《合同法》，第3版，564（J · Ghestin, Le contrat, 3éd. 564）；总的方面，参见P · 博热-马尼昂：《论消费者与广告》，《巴黎二大学位论文》，1983年（P · Baugé-Magnan, Le consommateur et la publicité, thèse ronéot. Paris II. 1983）；关于“对比性广告”，参见1992年1月18日第92-60号法律（《消费法典》第121-8条）。

[3] 例如，最高法院第一民事庭，1998年11月12日（JCP1999. II10053. Th · Garé述评，Dr. fam. 1999. N°35. Th · F述评）。实际上，虽然说无行为能力人单纯的声称自己有行为能力的情况也足以使其丧失请求法院宣告撤销所订合同的权利，但与其订立合同的第三人仍然可以要求撤销合同。关于这个问题，参见M · 多利-佛沃：《论精神病患者的过错与合同》（M · Daury-Fauveau, la faute de l'aliéné et le contrat, JCP1998. I. 160. N°11. N°12）。

233. 缄默（la réticence）

一方当事人闭口不提与相对当事人的利益有着直接关系的各种情况，如此地保持缄默是否可以构成欺诈？换句话说，法院判例是否把缄默视同欺骗手段或谎言？

如果有法律条文对这一问题作出明确规定，在这种情况下，对其做出回答当然不会有任何困难。法律条文有时明确规定当事人有义务向相对当事人进行情况告知，此为告知义务。例如，《民法典》第 1641 条至第 1648 条的规定，出卖人有义务向买受人告知其已经知道的（出卖物的）隐蔽瑕疵（vice caché）；有时，法律条文仅仅是强制合同一方当事人回答相对当事人提出的具体问题，而这些问题中没有涉及的情况就被视为是无关紧要、可不予考虑的情况，现今的保险合同就是如此（《保险法典》第 113-2 条与第 113-8 条，1989 年 12 月 31 日法律）；有的法律条文还明确规定排除一方当事人向相对当事人告知某些情况，例如，《劳动法典》第 1225-2 条规定孕妇在求职时没有义务披露其怀孕状况。[1]

那么，如果没有如上面所列的法律条文明确规定的情况，又当如何处理呢？

过去很长时间里，法院判例在这些情况下都是做出否定回答：单纯的缄默本身不足以构成欺诈。[2] 相对当事人当然也有可能获得另一种结果：法院裁判合同无效，但他提出请求的唯一依据是误解，例如，以其对标的物实质的误解、对人的误解为依据。因为，欺诈的前提条件是一方当事人有主动的所作所为（comportement positif），例

[1]最高法院社会庭，1994 年 2 月 2 日（Bull. civ. N° 38. p. 29. RTD civ. 1995. 144，Y · Gautier 述评）。

[2]最高法院诉状审理庭，1874 年 2 月 17 日（S. 1874. I. 248）；最高法院民事庭，1927 年 5 月 30 日（S. 1928. I. 105. A · Breton 述评），最高法院商事庭，1952 年 4 月 1 日（D. 1952. 685. J · Copper-Royer 述评）。

如，利用欺骗手段、利用谎言，造成相对当事人发生误解，而缄默者并没有骗人，因为他并未实施骗人的行为或者采取某种行动。

后来，法院判例的立场变得灵活了：开始阶段，判例认为，在特定情况下，一方当事人的缄默（le silence）也可以构成欺诈，例如，当拟订立的合同从性质上必须以双方当事人之间存在特别的信任关系为前提条件时，[1] 或者相对当事人不可能自行了解那些并没有披露的事实时，一方当事人的沉默便有可能构成欺诈；[2] 随后，法院判例表现出更大的弹性。最高法院在判决中认为，一方当事人对相对当事人隐瞒某种事实，而如果后者知道此种事实就不会与其订立合同时，那么，前者就此种事实保持缄默的态度就可能构成欺诈；[3] 现在，法院判例在这方面走得更远，甚至认为，在一方当事人没有充分提醒相对当事人注意各种法律性质的因素，而这些因素被视为众所周知或者无论如何是可以为人所知时，也可认定该当事人方面存在欺诈。[4]

---

[1] 最高法院商事庭，1959年4月21日（Bull. civ. II. N°178. p. 162）：本案涉及有关公司契约的争议。

[2] 最高法院第一民事庭，1958年5月19日（Bull. civ. I. N°251. p. 198）；最高法院商事庭，1960年6月21日（Bulll. civ. . I. N°339. p. 279）；最高法院商事庭，1965年10月27日（Bull. civ. III. N°479. p. 534. RTD civ. 1966. 529. J・Chevallier 述评）。

[3] 最高法院第三民事庭，1971年1月15日（Bull. civ. III. N° 38. p. 25. RTD civ. 1971. p. 839，Lousssouarn 述评）；最高法院第三民事庭，1974年10月2日（Bull. civ. III. N°330. p. 251。Grands arrets. t. 2. N°150）；最高法院第三民事庭，1995年12月20日（D. 1996. IRp. 32. CCC1996. N°55，Leveneur 述评）；最高法院第三民事庭，1999年2月10日（CCC1999. N°90，Leveneur 述评）：本案中，房屋出卖人没有向买受人指明该房屋内的井水不能饮用；最高法院第三民事庭，2006年3月14日（CCC2006. N°126. Leveneur 述评）：本案中，出卖人在买卖文书上附有一份关于房屋内白蚁状况的说明书，但并未指明房子内曾生过白蚁并在10年前进行过两次处理。

[4] 最高法院商事庭，1980年10月13日（D. 1981. IRp. 309，J・Ghestin 述评）；最高法院第三民事庭，1981年2月3日（D. 1994. 457，J・Ghestin 述评）；最高法院商事庭，1982年11月23日（JCP1983. IV. 47）；凡尔赛法院，1995年2月2日（RTD civ. 1995. 352. J・Mestre 述评）；最高法院第三民事庭，2005年6月22日（CCC2005. N°186. Leveneur 述评）：本案中，出卖人没有向买受人说明高层楼房建筑应当遵守的特有规则。

法院判决的上述处理不禁使人对欺诈的概念提出疑问。在一方当事人采取沉默方式巧妙地致使相对当事人发生误解时，欺诈性缄默（réticence dolosive）与欺诈的传统面目就已经距离不远了，因为，在这种情况下，相对当事人的误解是由当事人引发或挑起的误解（erreur provoquée）。不过，当一个人的所作所为并没有造成或挑起相对当事人发生误解，而仅仅是利用了该人的误解时，法院判例仍然会对此实行制裁。一方当事人明知真实情况，也知道被隐瞒的事实对于相对当事人来说是非常重要的，却仍然保持沉默（参见附目第1137条第2款）。这种做法虽然并不存在引发的误解，但他违反的是善意缔约的义务。[1]

人们在这里也强调指出，（法院判例）考虑缄默，已经充分表明了合同前的情况告知义务（obligation précontractuelle de renseignement）的重要性。[2] 关于这个问题，我们将在后面进行研究（参见第258节），我们在本节中仅仅是强调，按照占主导地位的意见，在一方当事人知道某种事实对于合同的缔结具有决定性意义而相对方当事人又无法自行了解这种事实时，[3] 或者，基于合同的性质或当事人双方的资历因而可以合理信任相对方当事人时，便都

---

[1]最高法院第一民事庭，1997年2月18日（CCC1997. N°74，Leveneur述评）；最高法院第一民事庭，2003年5月13日（Bull. civ. I. N° 114. p. 89. JCP2003. II. 10144. R·Desgorces述评，Defrénois2003. p. 588，Libechaber述评，RTD civ. p. 700，J·Mestre述评）：本案中，银行知道债务人的财务状况马上将面临很糟糕的局面，但却没有将此告知债务人的保证人。

[2]最高法院第一民事庭，1981年2月3日（D. 1984. 457. J·Ghestin述评）。

[3]最高法院商事庭，2003年9月3日（RDC2004. p. 260. D·Mazeaud述评，RTD civ. 2003. 700. 2004. 86. J·Mestre et B·Fages述评）：本案中，拒绝以工程承包人有欺诈行为而撤销工程承包合同，理由是没有任何法律条文强制一家企业向其相对当事人告知自己的企业正在实行司法重整。工程业主在订立合同前应当有可能通过各种渠道知道承包人的财务状况，例如，到商事法院书记室网络服务系统查询。

存在缔约前的告知义务。[1] 要想以欺诈的名义对违反缔约前的告知义务的行为实行制裁，显然意味着要求这种违反义务的行为是一种故意行为，因此，我们在下面就来探讨欺诈的故意因素（élément intentionnel，欺诈的心理要件）。

234. （B）欺诈的故意因素

要想以欺诈为理由撤销合同，必须具备的条件是：我们在前面所认定的事实要件（客观要件）是由于一方当事人有欺骗相对当事人的故意所造成的。在当事人采用欺骗手段或者说谎的情况下，人们当然比较容易认定存在这种欺骗故意，因为，对于当事人的欺骗手段或说谎行为，如果说他不是出于故意诱导相对当事人发生误解，很难作出其他的解释。不过，应当排除这样一种情况：当事人提供的情况虽然不准确，但他自己也以为是真实情况，他虽然欺骗了他人，那是因为他自己同样搞错了。[2] 在这种情况下，并不存在欺诈，既谈不上存在本义上的谎言，更谈不上有欺骗的意图或欺骗的故意（intention de tromper）。

在行为人仅仅是欺诈性沉默的情况下，要想认定他具备实行欺诈的心理要件，则是非常困难、非常棘手的事。因为，当事人之所

[1]例如，最高法院商事庭 1996 年 2 月 27 日判决（Bull. civ. IV. N° 65. p. 50. JCP1996. II. 22665. Ghestin 述评，D. 1995. 518. Malaurie 述评，RTD civ. 1997. 114. Mestre 述评）：本案涉及的是，公司领导人取得本公司的股份而没有向出卖人披露用于评估这些股票价值的要素，因此违反了诚信义务，这本身就属于欺诈性沉默；另见最高法院商事庭 2004 年 5 月 12 日判决（Bull. civ. IV. N° 93. JCP2004. II. 10153. Damy 述评，I. 173. N° 1，Constantin 述评，D. 2004. p. 1599，A · Lienhard 述评，RDC2004. p. 923. D · Mazeaud，RTDciv. 2004. p. 500. J · Mestre et B · Fages 述评）；最高法院商事庭，2005 年 6 月 14 日（JCP2005. I. 194. N° 12. R · Wintgen 述评，RTDciv. 2005. 774. Mestre et Fages 述评）。

[2]巴黎法院，1934 年 12 月 30 日（S. 1935. 2. 90），在此情况下，只能以误解（而不能以欺诈）为依据宣告合同无效，但是，提供错误情况的人有可能要承担民事责任（参见本书第 227 节）。

以沉默，可以有各种各样的原因：可能是由于他本身并不了解[1]或者忘记了某些情况，或者仅仅是一时疏忽，[2]但不一定有欺骗相对当事人的故意。如此情形，法官往往会从以下两个方面来进行判断，以认定（当事人方面是否）存在欺骗之故意：其一是，保持沉默的当事人（是否）知道其隐瞒的情况以及这种情况对相对当事人是非常重要的：明知而故意保持缄默，就是实施欺诈；其二是，法院判例有时在某些个案中还走得更远：由于当事人本人的职业资历，认定其不可能不知道那些被隐瞒的情况，[3]或者由于当事人本人的职业资历，他有义务自行了解情况并告知相对当事人，[4]这就是说，他不仅对顾客负有情况告知义务，而且还应当证明自己履行了这项义务。[5]法院判例的这种处理丝毫不能令人满意，因为这种处理是对职业人方面恶意的推定，也就等于取消了欺诈的存在应当具有的故意要件。为此，法院也作出了另外一些判决，这些判决针对的情况，要么属于故意的沉默，[6]要么属于故意的隐瞒，用以欺骗相对当事人，致使其决定缔结合同。[7]

---

[1]凡尔赛法院，1999年10月22日（D. 1999. IRp. 282）：本案中，修车场出卖的旧车状况良好，但却没有向买受人披露其并不了解的该车曾发生过一次事故。

[2]但是，在存在懈怠或疏忽大意的情况下，不能以欺诈为依据宣告合同无效，但损害赔偿将以违反告知义务为依据，参见布雷斯特大审法院1974年11月5日判决（D. 1975. 295，J·Schmidt述评）。

[3]最高法院第一民事庭，1977年1月19日（Bull. civ. I. N°40. p. 30）；最高法院第一民事庭，1989年4月18日（Bull. civ. I. N°150. p. 99）。

[4]最高法院第三民事庭，1981年2月3日（D. 1984. 1. 457. J·Ghestin述评）。

[5]最高法院第一民事庭，2002年5月15日（D. 2002. IRp. 1811）；最高法院第三民事庭，2005年5月11日（RTD Civ. 2005. 590，Mestre et Fages述评）。

[6]最高法院第一民事庭，1981年1月21日（Bull. civ. I. N°25. p. 23）；最高法院第一民事庭，1987年1月23日（D. 1987. IRp. 168）。

[7]最高法院第三民事庭，1987年2月25日（Bull. civ. III. N°36. p. 21）；最高法院第一民事庭，1987年11月12日（Bull. civ. I. N° 29. p. 211. Defrénois 1988. 1092. Aubert述评，RTD civ. 1988. 339. J·Mestre述评）；最高法院商事庭，2005年6月28日（D. 2006. 2774. Chauvel述评，RTD Civ. 2005. 591. Mestre et Fages述评）。

235.（C）欺诈的来源（l'origine du dol）

欺诈，只有当它是来自合同当事人时，才能构成合同无效的原因（《民法典》第1116条）；[1] 如果欺诈是第三人的行为（参见附目第1138条），便只能引起损害赔偿。这也是欺诈与胁迫的一个典型差别。胁迫，可以来自第三人，不论胁迫来自哪里，都影响到合同的有效性（参见第247节）。

之所以这样处理，可以用欺诈的违法性范畴来解释。仅从心理层面来分析，欺诈，不论是来自合同当事人还是第三人（参见附目第1138条第2款），同样都可以使（相对当事人的）同意存在瑕疵，但是，以欺诈为依据而撤销合同则是一种处罚，它只能制裁本人负有责任的人；只有对来自合同当事人的欺诈，才能以其订立的合同无效实行制裁，因为，如果合同当事人没有实行欺诈，却让他由于一种不应归咎于他的（第三人的）行为而受到牵连，显然是不公正的。

只有来自合同当事人的欺诈才能构成合同无效之原因，虽然这是一项规则，但是，这项规则在具体运用时也会受到明显的限制。例如，当合同当事人不是直接采取欺骗手段的行为人，但他却是欺

---

[1] 例如，最高法院商事庭，1971年4月26日（JCP1972. II. 16986，Bernard述评）；最高法院商事庭，1973年6月18日（D. 1973. IR p. 188. JCP1973. IV. p. 297）；最高法院商事庭，1986年7月22日（Gaz. Pal. 1986. 2）；最高法院商事庭，2001年11月27日（CCC2002. N°45，Leveneur述评），因此，主债务人虽然对其无支付能力只字未提，这并不会引起债权人与保证人之间订立的合同无效。参见最高法院商事庭1986年7月22日判决（Bull. civ. IV. N° 136. D. 1987. somm. com. p. 445. L · Aynes 述评，RTD civ. 1983. 338，Mestre述评）；最高法院第一民事庭，1989年3月20日（Bull. civ. I. N° 127. p. 83），但是，如果证明债务人与债权人之间有串通行为，不在此限。

诈的共谋人，或者是在其教唆下实行的欺诈行为时，[1] 那么，该当事人就不能主张自己与此毫无瓜葛，不能认为他很清白、没有欺诈。这种情况下排除上述规则。同样，如果是由当事人的代理人实行欺诈，或者是由为当事人管理事务的人或者出面保证其为特定行为的人实行的欺诈，而当事人本人最后批准了代理人、管理人或保证人所进行的管理，[2] 如此情形，也应当排除适用。"只有来自合同当事人的欺诈才会引起合同无效"之规则。[3] 因为这些情况均视为是合同当事人本人实行了欺诈；除此之外，由于带有欺诈瑕疵的法律行为本身的性质，例如，单方的行为，也不能适用上述规则，因为在这种情况下并不存在相对当事人，否则就永远不可能主张欺诈，[4] 涉及赠与时，也是如此，即使欺诈来自第三人，也将

[1]最高法院诉状审理庭，1883 年 3 月 20 日（S. 84. I. 417）；最高法院商事庭，1974 年 3 月 25 日（Bull. civ. IV. N°104. p. 83. D. 1974. IRp. 132）；最高法院商事庭，1993 年 1 月 23 日（DF. 1993. somm. com. p. 234，Tournafond 述评）。看来，如果合同当事人知道第三人的欺诈行为并利用这种行为来图利，也可能据以认定该合同当事人参与实施了欺诈；与此相反，在合同当事人并不知道第三人有欺诈的情况下，即使他本来可以很容易知道这样的事实，仍然不能对该当事人主张合同无效。但《德国民法典》承认，即使在这种情况下，合同亦无效。该法典第 123 条第 2 项规定："第三人进行欺诈的，仅在相对人知道或应当知道欺诈时，需向他人作出的意思表示才是可撤销的。意思表示的相对人以外的人因该意思表示而直接取得权利，且知道或应当知道欺诈的，对于该相对人以外的人，该意思表示是可以撤销的。"参见 A · Rieg，thèse. préc. N°155.

[2]最高法院诉状审理庭，1905 年 11 月 20 日（S. 1906. I. 124）；最高法院第一民事庭，1954 年 11 月 2 日（Gaz. Pal. 1955. I. 74）；最高法院第一民事庭，1960 年 7 月 7 日（D. 1960. somm. p. 25）；最高法院商事庭，1972 年 11 月 27 日（Bull. civ. IV. N°308. p. 287）；最高法院商事庭，1994 年 5 月 24 日（Bull. civ. IV. N° 184. p. 147. RTD Civ. 1995. 99，J · Mestre 述评）。本案判决认为，出卖人的代理人受信贷租赁机构的委托与其潜在的顾客订立合同，相对于该机构而言，该代理人并不是第三人。参见最高法院第三民事庭，1998 年 4 月 29 日（RJDA1998. N° 825. p. 602. RTD civ. 1999. 90. J · Mestre 述评）：法院判决认定，委托代理人的欺诈对委托人（是否）具有对抗效力，需要以认定委托代理人是在其受到的委托授权的范围内从事的活动为前提条件。

[3]最高法院民事庭，1960 年 7 月 7 日（Bull. civ. I. N°371. p. 305）。

[4]最高法院诉状审理庭，1878 年 1 月 2 日（DP1878. I. 136. 78. I. 103）。

受到制裁，因为，赠与应当是唯一出自某种向受赠与人给予好处的恩惠精神。法院判例对这些情况所做的处理体现了这样的愿望：在进行无偿处分的情况下，需要给予处分人的同意以更多的保护。[1]

236. (2) 心理层面 (l'aspect psychologique)

欺骗手段、谎言以及其他的缄默，只有如其导致相对当事人发生误解之效果（A）并由此导致其决定缔结合同（B）时，才会得到法院的考虑，据以认定由此订立的合同无效。

237. (A) (欺诈造成相对当事人发生了) 某种误解 (une erreur)

（相对当事人因受到欺诈而发生的）此种误解为何种性质的误解，不在考虑之列：[2]（相对当事人的）误解可以是《民法典》第1110条意义上对标的物实质的误解，也可以是对人的误解。在这些情况下，当事人可以自由地主张因误解引起的合同瑕疵，也可以主张欺诈；[3]（相对当事人的）误解也可以是对标的物价值的误解，[4] 或者是对缔约动机的误解，[5] 还可以是“不可原谅的误

[1] 参见《继承和赠与》，第264节（Les successions. les liberalites，N°264）。

[2] 与本书第218节与第220节的论述相比较。——译者注

[3] 但是，当欺诈来自第三人时，（受害人）只能主张误解（不能主张相对当事人的欺诈），参见最高法院第一民事庭1996年7月3日判决（CCC1996. N°121，Leveneur 述评，Defrénois1997. 920，Dagorne-Labbé 述评，RTD Civ. 1996. 895，Mestre 述评）。

[4] 最高法院商事庭，2008年6月17日（RTD civ. 2008. 671，B・Fages 述评）。

[5] 最高法院第三民事庭，1974年10月20日（即使误解不涉及作为合同标的之物的实质，由欺诈造成的误解仍然可以得到考虑）；另见巴黎法院1953年1月22日判决（JCP1953. II. 7435，J・M 述评，Gaz. Pal. 1953. I. 137）；巴黎法院1987年7月9日判决（RTD civ. 1988. 337，Mestre 述评）。误解也可以是对再销售前景的误解，参见最高法院第一民事庭2004年6月22日判决（RTD Civ. 2004. 503，J・Mestre et B・Fages 述评）。（在由欺诈引起相对当事人发生误解时，对价值的误解也会得到法院的认定，而在通常情况下，不考虑对价值的误解。对比下一段的阐述，由一方当事人的“欺诈性沉默”引起的对价值的误解仍然不予考虑。——译者注）

解”，因为，当误解是由于一方当事人欺诈性沉默而引起时，即使相对当事人发生的误解具有不可原谅的一面，但欺诈仍然是主导方面，这种情况下，“不可原谅的误解”这一概念仍然不妨碍法院宣告所订立的合同无效。[1] 但是，如果属于“自生的误解”（没有受到欺诈，而是自己搞错了），就不会得到法院的考虑；如果一方当事人的上述误解是源于相对当事人实行的欺骗（行为），那么此种误解构成合同无效之原因（参见附目第1133条第3款）。

误解，也可以是对从相对当事人那里所受给付的误解——例如，出卖人诱导买受人发生误解；误解，也可以是“发生错误的一方当事人对其提供的给付或所为的给付的误解”——例如，买受人诱导出卖人发生误解，导致出卖人按照低于实际价值的价格向买受人出卖某项财产，只不过，前一种误解要远比后者更为常见，它的发生频率要比后者高得多。过去，也有人认为，在一方当事人保持缄默的情况下，只有当被隐瞒的情况与该当事人所为之给付有关联时，才能构成欺诈。按照这种见解，只有在一方当事人保持缄默、不予透露的情况与其应当从相对当事人那里所受的给付相关联时，前者才会因欺诈性沉默而受到处罚，因为，一方当事人没有义务就相对当事人所为之给付向该当事人进行告知，[2] 例如，某一物件具有极为特别的性质，该物因此具有极高的价值，但出卖人对此并不了解，在此情况下，购买该物件的人即使心里很明白但仍然很镇静地保持缄默、不向出卖人透露口风，仍然不会构成欺诈（古董、艺术品市场常见这种情况）。

---

[1]参见最高法院第三民事庭2001年2月21日判决（D. 2001. p. 272，D·Mazeaud述评，somm. com. p. 3236. Aynes 述评，JCP2001. I. 330，Constantin 述评，Defrénois 2001. 703，Libechaber述评，RTD civ. 2001. 353，Mestre述评）。关于不可原谅的误解与欺诈性沉默之间的关系（D. 2003. p. 2023）。

[2]法布尔-马尼昂：《论合同中的告知义务》，第208节，第167页（Fabre-Magnan. De l'obligation d'information dans les contrats（N°208. p. 167））。

然而，上述分析与我们前面所介绍的在“对（标的物）实质的误解”问题上占主导地位的见解并不协调，因为出卖人对其本人所为之给付发生的误解也有可能引起合同无效（参见第218节），更不用说在买受人明知出卖物的品质的真实情况，故意不告知出卖人的情况下，当然会引起合同无效。这也是法院判例采取的方向：买受人不得对相对人（出卖人）只字不提向其出卖之物的品质，[1]在此情况下，不能责怪出卖人本人的错误具有不可原谅的性质，因为这种误解可能是源于买受人方面的欺诈性沉默。[2]

不过，实践中，要想认定这种情况下存在欺诈性沉默，显然会遇到两个方面的障碍。首先是证据方面的障碍：买受人可以辩解说他只是事后才知道其购得的标的物具有非同寻常的品质，因此，出卖人很难提出有关买受人在进行买卖的当时就知道标的物的真正品质的证据；其次是实体方面的障碍：法院判例认定，买受人没有任何义务向出卖人告知自己对标的物的品质的认识与判断；[3] 因

[1]最高法院第三民事庭，1991年3月27日（Bull. civ. III. N°108. CCC1991. N°133，Leveneur述评，D. 1992. somm. com. p. 196，Paisant述评，RTD civ. 1992. 81，Mestre述评）（市镇行政区购买一处地产，但却向出卖人隐瞒了由POS机构立即进行重新评估审核。这块土地的价值实际上远远超过买卖的价金）；参见最高法院第一民事庭2000年11月15日判决（Bull. civ. III. N° 171. Defrénois2001. 242，Savaux述评，CCC2001. N° 23. RTD civ. 2001. 355，Mestre et Fages述评）。土地的买受人打算对这块土地的地下进行开发利用时，不得隐瞒其购买的这块土地的性质。另见巴黎法院1994年1月19日与29日判决（RTDciv. 1994. 852. Mestre述评）。

[2]最高法院第一民事庭，2001年2月21日。

[3]最高法院第一民事庭，2000年5月3日（JCP2000. II. 10510，C·Jamin述评，I. 272. N°1，G·Loiseau述评，D. 2002. soom. com. p. 928. Tournafond述评，CCC2000. N° 140. Leveneur述评，Defrénois. 2000. 1110. D·Mazeaud et Delebecque述评，RTDCivice000. 566. Mestre et Fages述评）；最高法院第一民事庭，2007年1月17日（D. 2007. 1051. D·Mazeaud述评，1054，Ph·Stoffel-Munck述评，JCP2007. II. 10024. C·Jamin述评，Defrénois2007. 443. E·Savaux述评，959，Y·Dagorne-Labbé述评，CCC2007，N° 117，Leveneur述评，RDC2007. 703Y·M·Laithier述评，RTDciv. 2007. 335. Mestre et Fages述评，Grands arrêts. t. 2. N°151）；如果是买受人主动提议进行买卖活动并且掌握着出卖人不可能获得的情况，另当别论。参见最高法院商事庭1996年2月27日和2004年5月12日判决。

此，即使买受人知道出卖人出卖的物件有极高的品质，例如，买受人知道那是一件艺术品真品但并不知道它的价格时，出卖人就很难主张买受人方面有欺诈性沉默。而对标的物价值的误解，在其源于欺诈性沉默时，仍然属于一种“不能得到法院考虑的误解”。

238.（B）（应当是）一种起决定性作用的误解（une erreur déterminante）

要想（以受到欺诈为理由请求）宣告合同无效，因欺诈引发的误解应当具有决定性质，它对合同的订立起到决定性作用，也就是说，如果受害人没有因受到欺诈而发生这样的误解，就不会订立合同。[1]

传统上，人们往往将这种“起决定性作用的欺诈”称为“起主要作用的欺诈”（dol dit principal），与此相对应，则是被称为“起次要作用的欺诈”（dol dit incident）。所谓“起次要作用的欺诈”是指，即使没有欺诈，当事人仍有可能同意订立合同的情形，但订约条件可能有所不同，例如，价格上可能要比现订合同优惠一些。按照传统理论，主张“起次要作用的欺诈”的人以此为依据提起诉讼时，并不是为了获准法院认定其订立的合同无效，而是为了获得损害赔偿，也就是说，请求降低原合同中约定的价格。[2]

对于区分“起次要作用的欺诈”与“起主要作用的欺诈”，现代理论界有相当一部分人提出了异议。他们认为，在“抽象考虑的

---

[1]最高法院社会庭，1961年2月23日（JCP1961. II. 12261）；最高法院第三民事庭，1997年3月1日（D. 1879. 91，C·Larroumet 述评）；巴黎法院，1987年1月15日（D. 1987. IRp. 28）；最高法院社会庭，1994年10月5日（D. 1995. 282，Mozas 述评，RTD Civ. 1995. 94，Mestre 述评，146，P·Y·Gautier 述评）；最高法院第三民事庭，2001年3月21日（CCC2001. N°101. Leveneur 述评）。

[2]布德里-拉康提内里与巴尔德：《债法》，第1卷，第116节（Budry-Lacantinerie et Barde，Obligations，t. I. N°116）；奥布里与劳，第4卷，第6版（Aubry et Rau，t. IV. 6e éd）。

缔约意思”与“按照这样或那样的条件订立合同的具体意思”之间再去进行更细的区分,[1] 这种做法完全是人为的多此一举。[2] 在这些学者看来，即使是在“起次要作用的欺诈”情况下，也应当准许撤销合同，因为如果不存在这种所谓“起次要作用”的欺诈，当事人之间所订立的合同就不会是当前合同的样子，而必然是按照不同的条件订立的另一项合同，只不过由于在起次要作用的欺诈引起误解的情况下受害人也可以选择仅仅请求损害赔偿而已（而不是选择请求撤销合同）。[3] 在过去很长时间里，法院判例一直倾向于前面所说的传统的处理意见,[4] 现在也承认，即使仅仅是存在起次要作用的欺诈，也足以作为（受害人）主张合同无效的依据。[5]

不论区分起次要作用的欺诈与起主要作用的欺诈会产生什么样的影响，有一点却是毫无疑问的：欺诈所起的作用是否具有决定性，都不言而喻地意味着：一方面在合同成立之前或者订立合同的同时存在着欺骗行为,[6] 另一方面意味着应当根据具体情节具体分析，作出评价，也就是说，在进行评价时，应当根据受害人的年

---

[1]佛鲁尔、奥贝尔与萨沃，第214节（Flour，Aubert et Savaux. N°214）。

[2]帕拉尼奥尔与里佩尔，第6卷（Planiol et Ripert. t. VI）；盖斯坦，第440节（Ghestin，N°440）。

[3]里佩尔与布朗热，第2卷，第78页，第185节（Ripert et Boulanger. t. II. p. 78. N°185）。

[4]最高法院第三民事庭，1968年4月5日（Bull. civ. III. N°156. p. 124. D. 1968. somm. p. 89）；最高法院商事庭，1977年7月17日（D. 1978. 155. C·Larroumet述，Defrénois 1978. 762，L·Aubert述评）；最高法院商事庭，1984年5月2日（JCP1984. IV. 218）；最高法院商事庭，2003年7月8日（CCC2003. N°153，Leveneur述评）。

[5]最高法院第三民事庭，2005年6月22日（Bull. civ. II. N°137；CCC2005. N°186，Leveneur述评，RDC2005. 1025，Stoffel-Munck述评）；另见最高法院第一民事庭1954年12月22日判决（D. 1955. 254）。

[6]巴黎法院，1986年5月20日，1987年6月16日（RTD civ. 1983. 338，J·Mestre述评）；沉默所针对的对象不能是合同订立之后才发生的某种事实。

龄、所受教育、智力、知识、职业能力等具体情况来探究与查明他是否确实受到了欺骗。[1] 非常明显，这样的处理对于弱者以及那些过于天真幼稚的人是一种保护，使之免受各种骗人手段的欺诈之害。[2]

（二）对欺诈的制裁

239. 欺诈的证据

《民法典》第1116条最后1款明确规定："欺诈不得推定，应当证明之。"但这一规定并不意味着不能通过简单的推定（证据）来认定存在欺诈；欺诈是一种法律事实，因此，准许用一切证据方法提出证据。[3]《民法典》的这一条文规定仅仅意味着，主张合同因欺诈而无效的人应当负举证责任，以证明欺诈的存在。这只不过是有关证据普通法的适用，但是，如果当事人主张以相对当事人的欺诈性沉默为依据请求撤销合同并援引相对当事人"没有告知情况"时，那么，负有情况告知义务的当事人则应当提出证据，证明自己履行了此种告知义务。[4]

240. 制裁的性质

依此而言，由于欺诈造成受害人的同意瑕疵，在合同无效得到

---

[1]德让-德拉巴提：《论法国民法上的抽象评判与具体评判》，《巴黎大学学位论文》，1965年，第285节（Dejean de la Batie, Appréciation in abstracto et appréciation in concreto en droit civil français, thèse Paris. éd. 1965. N° 285）；最高法院第三民事庭，1972年10月24日（Bull. civ. III. N°543. p. 396）。

[2]J·马佐与L·马佐，第2卷，第1册；莎巴，第195节（J · Mazeaud et L · Mazeaud. t. II. vol I, F · Chabas. N°195）。

[3]最高法院民事庭，1949年1月4日（D. 1949. 135）。

[4]最高法院第二民事庭，2002年5月15日（CCC2002. N° 135, Leveneur 述评，RTD civ. 2003. p. 84, Mestre et Fages 述评）。

认定时，此种无效是相对无效；[1] 但欺诈也是一种过错（faute），[2] 可以判处有欺诈行为的人给予损害赔偿，以行制裁，因此，当撤销合同不足以完全弥补受到欺诈的一方当事人所受的损失时，受害人可以对欺诈行为人提起侵权责任之诉，并获得损害赔偿。[3] 如果当事人宁愿仅仅请求损害赔偿，则没有任何规定强制受害人要请求宣告合同无效，这样，合同仍可得到保留；[4]

---

[1] 诉讼时效期间为5年，（《民法典》第1304条），即使属于《农村法典》第240条规定的情况，亦同，参见最高法院第一民事庭1982年10月27日判决（Bull. civ. I. N° 306. p. 260）。时效期间自发现欺诈之日而不是简单的怀疑存在欺诈之日起计算。参见最高法院第一民事庭1972年5月31日判决（Bull. civ. I. N° 141）；这种无效可以针对主张或援用合同的第三人提出（最高法院第一民事庭，1995年2月21日，Bull. civ. I. N°91. p. 65. CCC1995. N°81，Leveneur述评，JCP1995. I. 3867. N°9. Billiau述评，RTD civ. 1995. 883，Mestre述评）。

[2] 尽管在受害人方面也有过错时原则上不再一概妨碍返还之诉（action in rem verso，参见第1071节）的作用，但是，在合同被撤销的情况下，合同一方当事人由于实行欺诈，则将被剥夺提起此种返还诉讼的权利，因为，在这种情况下，对于该方当事人来说，（实行欺诈）属于一种故意过错（faute intentionnelle），参见最高法院商事庭1998年5月19日判决（Bull. civ. IV. N° 160. p. 130. D. 1999. 406，M · Ribeyrol-Subrenat述评，JCP1999. I. 114. N°7，Virassamy述评，RTD civ. 1999. 106，J · Mestre述评）。

[3] 最高法院商事庭，2000年1月4日（CCC2000. N79. Leveneur述评）：契约一方当事人实施的欺诈，并不能完全抹去第三人——公证人、不动产经纪人——在订立合同时因没有履行自己的义务而引起的责任，因此，受害人也可以向这样的第三人请求赔偿（J · Mestre述评，RTDciv. 1992. 92）。

[4] 最高法院第一民事庭，1979年11月14日（Bull. civ. I. N° 279. p. 226. D. 1980. IRp. 264，J · Ghestin述评，RTD civ. 1980. 763. F · Chabas述评）；最高法院第三民事庭，1999年2月10日（CCC1999. N°90，Leveneur述评）；最高法院商事庭，1998年1月27日（RTD civ. 1998. 904，Mestre述评）。

不论无效之诉是否能够得到受理，受害人均可选择唯一提起责任之诉，参见最高法院第一民事庭1972年3月14日判决（D. 1972. 653. Ghestin述评，Defrénois 1980. 763. L · Aubert述评）；因此，这也是舍弃以欺诈为理由行使的撤销诉权（最高法院商事庭，1994年10月18日，D. 1995. 180，Atias述评，CCC1995. N°1，Leveneur述评，Defrénois1995. 332，Mazeaud述评，RTD civ. 1995. 353，Mestre述评），或者是放弃提起这种诉讼（最高法院第一民事庭，1988年10月4日，Defrénois1989. 757，L · Aubert述评）。但这种舍弃撤销诉权或者放弃提起诉讼，并不影响对欺诈引起的损害提出赔偿之诉；同样，只要民事侵权诉讼的10年时效期间尚未经过，无效诉讼的时效亦未经过（最高法院第一民事庭，1975年2月4日，D. 1975. 405. G · Durry述评，（转下页）

在追究欺诈行为引起的责任时，在赔偿之债与当事人一方承担的过分义务之间进行抵销，这样就可以使合同经济恢复平衡。

在由第三人实行欺诈的情况下，损害赔偿则是唯一的制裁（手段）（参见第235节）。[1] 我们还可以设想（在特定情况下）将“拒绝宣告合同无效”作为制裁，例如，无行为能力人采取欺诈性手段，隐瞒自己的身份而缔结的合同，就不能以其“缔约之当时无行为能力”为理由而获准法院宣告所缔结的合同无效。[2] 这种“拒绝宣告合同无效”也就成了一种制裁措施。

与此相反，不能以“受到欺骗的人没有告知相对当事人他负有善意行事之义务”为理由来认定该受害人也应当负责任。[3]

（接上页）C·Larroumet 述评，defrénois1975。1532. J-L·Aubert 述评，RTDciv 1975. 537. G·Durry 述评，最高法院商事庭，2002年1月15日，RTDciv. 2002. 290. Mestre et Fages 述评；最高法院第一民事庭，2008年6月25日，JCp008. I. 218. N° 6. F·Labarthe 述评，CCC2008. 254，L·Leveneur 述评）。自2008年6月17日法律对民事诉讼时效进行改革之后，此后进行的诉讼不再适用于上述时效期间。虽然说相对无效之诉的时效期间仍然为5年，而对民事责任之诉的时效期间已从10年减少为5年（造成身体伤害的诉讼除外）（《民法典》第2224条与第2226条）。最后，法院判决认为，与无效之诉不同，由“仅仅起着次要作用的欺诈”的受害人提起的责任诉讼，并不需要证明相对当事人的沉默具有故意性质，参见最高法院第一民事庭2008年5月28日式判决（JCP2008. II. 10179Beynex 述评，I. 218. N° 6. F·Labarthe 述评，RCA2008. N° 268. RDC2008. 1118. D·Mazeaud 述评，RTDCivi. 2008. 476. B·Fages 述评）；由于损害赔偿之诉是以《民法典》第1382条有关侵权行为的规定为依据，单纯的疏忽大意也足以作为判处损害赔偿的依据。（起着次要作用的欺诈称为“dol incident”，也译为“附带性质的欺诈”。——译者注）

[1] 但如此种欺诈已经造成误解——对标的物的实质的误解，对人的误解——不在此限，这种误解足以引起合同无效（最高法院第一民事庭，1996年7月3日）。

[2] 最高法院民事庭，1902年6月3日（DP1902. I. 452. S. 1902. I. 485）。需要再次提醒的是，如果是未成年人简单地声称自己已经成年（而订立的合同），丝毫不影响（要求）返还其所为之给付（《民法典》第1307条），但如未成年人采取典型的欺骗手法，例如，提出的是其伪造的出生证书，在此情节下订立的合同，不在此限（参见本书第224节）。

[3] 最高法院商事庭，2000年3月28日（RTD civ. 2000. 565，Mestre et Fages 述评）。

三、胁迫

241.（胁迫的）定义

一人受到威胁，担心将会发生某种坏事，某种糟糕的情况，带着惧怕不安的心情缔结合同，成立胁迫。[1]

胁迫与误解以及欺诈相互之间的差别是非常明显的。不论是由于自己方面原因而造成的自生的误解（erreur spontanée），还是由于外部原因诱发的误解（erreur provoquée），在此情况下，误解人的同意均存在瑕疵，因为他是在不完全了解相关情况下表示的同意，而在胁迫之下表示同意，则是不自由的同意，这时同意的瑕疵源于（当事人的）“不自由”，换句话说，在胁迫下表示的同意，其受到的损害不在当事人“自省与思考的范畴”（dimension réflexive）之内，而在“意志范畴”（dimension volitive）之内：受到胁迫的人明知向其提议的合同于其不利，甚至对其有害，却不得不表示同意，因为如果他拒绝缔结合同，将会受到更加严重的威胁。

为了更好地把握在受到胁迫的条件下的同意瑕疵问题，我们在下面分别研究胁迫的概念（一）以及对此种瑕疵的制裁（二）。

---

[1] A·布雷顿：《论作为同意瑕疵的胁迫的概念》，《卡昂大学学位论文》，1925 年（A·Breton, La notion de violence en tant que vice du consentement, thèse Cean 1925）；Rieg，前引书，第 159 节；德莫格：《论作为合同瑕疵的胁迫》，载《民法学季刊》，1914 年，435（Demogue, La violence comme vice du contrat, RTD civ. 1914. 435）；参见若塞朗：《论私法法律行为中的动机》，第 71 节（Josserand, les mobiles dans les actes juridiques en droit privé, N°71）；里佩尔：《论民事债里的道德规则》，第 45 节（Ripert, la règle morale dans les obligations civiles）；泰亚尔：《谈谈比较法中作为合同瑕疵的胁迫》，载《Laborde-Lacoste 论文集》，1963 年，第 419 页（Treillard, la violence comme vice de consentement en droit comparé, Mélanges Laborde-Lacoste, 1963. p. 419）。

（一）胁迫的概念

242. “胁迫”这一概念包含的双重意义（ambivalence de la notion）

法国法律针对向一方合同当事人施加的胁迫实行的制裁要比对实施欺骗与诡计的制裁更为严厉，因此，我们从胁迫中也可以看到与欺诈相同的结构上的双重性：对于实施胁迫的人来说，胁迫是一种民事违法行为（délit civil，民事侵权行为），而对于受到胁迫的人来说，胁迫构成合同的瑕疵（参见附目第1140条）。但是，民事违法行为并不等同于（同意的）瑕疵。实施胁迫，这种违法行为是一种威胁行为、一种强迫行为，而不是一种不诚信；（在受到胁迫下表示的同意）瑕疵也不再是误解，而是受到胁迫的人的某种担心、惧怕，是妨碍或者剥夺了该当事人的同意自由。

243. （1）胁迫的违法层面（侵权层面）（l'aspect délictuel）

胁迫比欺骗更加严重，不论是来自缔约一方当事人实施的胁迫还是来自合同以外的第三人实施的胁迫，均在法律考虑之列（C），但是（主张受到胁迫的人）应当证明胁迫的实际性（matérialité）（A）以及胁迫具有的非正当性（un caractère injuste）（B）。

244. （A）胁迫的事实要件（l'élément matériel，客观要件）

民事法律将各种形式的威胁均纳入胁迫的概念，从最露骨的粗暴威胁到精心设计的巧妙威胁，均包括在胁迫这一概念之内。

胁迫，可以是对缔约当事人本人进行威胁，或者是对法律推定缔约当事人对其怀有深厚情感的人进行威胁，例如，对当事人的配偶、直系卑血亲、直系尊血亲进行威胁（《民法典》第1113条）；[1] 实施胁迫的人威胁当事人，声称（如其不怎样做）他就要面临某种非常糟糕的事情，这可以是指对当事人人身的威胁，例如，以死亡、挨揍、“修理修理”相威胁，或者以绑架相威胁；这种威胁也可以是精神上的威胁，例如，威胁要揭露当事人这样或那样有违其荣誉的事实；还可以是金钱方面的威胁，例如，威胁要剥夺当事人的职业岗位、让其丧失住所、让其丧失收入来源或生活来源等。[2]

245. (B) 非正当性要件 (élément injuste)

必须是非正当的胁迫，才能构成合同无效之原因，如果缔约当事人做决定的自由仅仅是受到了损害，则不足以构成此种原因；此外还应当具备一个条件：当事人受到的强制是一种非正当的强制（illégitime）。凡是实施胁迫的人采取粗暴行为的，始终都构成胁迫，[3] 因为，在采取强迫方式的情况下，难道不是对受到

---

[1]《民法典》第1113条规定：“不仅对缔结合同的当事人实施胁迫构成合同无效之原因，而且对缔结合同的当事人的配偶、直系卑血亲或直系尊血亲实施胁迫，亦同。”对当事人的其他亲属，或者甚至对他的朋友进行威胁，也可以构成合同无效之原因，但是，这里不再适用对这种威胁的“影响作用的法定推定”。请求合同无效的当事人应当证明在本案中对诸如上述的第三人实行的胁迫对当事人本人（缔结合同）起到了决定性作用。这是一个事实问题，参见帕拉尼奥尔与里佩尔，第6卷，第193节；马佐与莎巴，第205节；盖斯坦，第3版，第584节（Planiol et Ripert, t. VI. N° 193. Mazeaud et Chabas, N°205; Ghestin, N°584）。有一种意见认为，即使是在《民法典》第1113条规定的情况下，有关推定的存在本身也是有争议的，因为这一条文仅仅包括了非限制性列举的几个例子，这些例子实际上都为法官保留了裁量权，由法官去认定和判断每一个案是否存在（对缔结合同）“起着决定性作用的恐惧心理”。参见 Marty et Raynaud, N°65; Flour, Aubert et Savaux, N°220.

[2]最高法院商事庭，1991年5月28日（D. 1991. somm. com. p. 385, Aynes 述评，Defrénois992. 267. P · Morvan 述评）；最高法院第一民事庭，1999年1月13日（D. 2000. 76, Wilmann 述评，CCC1999. N° 54, Leveneur 述评，Defrénois1999. 749. Delebecque 述评）（关于向一个邪教组织出卖一处不动产的买卖）。

[3]都埃法院，1982年6月16日（JCP1983. II. 20035, R · Jambu-Merlin 述评，RTD civ. 1984. 111. F · Chabas 述评）。

胁迫的人的权利的否定吗？

与此相反，人们普遍承认，如果一方当事人仅仅是声称他要通过法律途径来解决问题——刑事诉讼、扣押、强制执行，这种声称并不构成胁迫（参见附目第1141条），因此原则上，仅有这种声称，不能作为撤销所订协议的原因，因为，通过法律途径来解决问题恰恰是行使某种权利。在这方面，法院的判决相当丰富。

法院曾判决，一位妇女知道其丈夫面临的（刑事）追诉是完全有依据的，她仍然出面为其丈夫做保证人，承担义务，[1] 对于这种情况，我们就不能认为该妇女是受到了胁迫；同样，债务人为了避免债权人追偿、讨债，在承认债务的文书上签字[2]或者同意卖掉某项财产，也不能视其受到了胁迫；承租人因实施盗窃，给出租人造成损害，出租人扬言要（向司法机关）提出告诉，[3] 承租人在此威胁下承诺离开其承租的场所；办事不谨慎的雇员承认自己挪用资金并签字承认其行为，同样受到刑事告诉的威胁；[4] 在这两种情况下，当事人都仅仅是受到“正当的强制”或合理的强制

[1]最高法院民事庭，1879年2月25日（DP. 79. I. 273）；另见巴黎法院1906年3月31日判决（D. 1907. 2. 366）。

[2]最高法院第一民事庭，1961年6月5日（Bull. civ. I. N°289. p. 230），在本案中，债权人提起司法诉讼的可能性，对于也可以运用诉讼救济途径主张其权利的债务人来说，并不构成一种强制（也就是说，不构成胁迫），参见最高法院社会庭1973年5月24日判决（D. 1974. 365，J · Ghestin述评）。

[3]尚贝里法院，1944年5月15日（Gaz. Pal. 1944. 2. 111）。

[4]商店在管理中确实有不符合规定的情形，当事人以向司法机关提起刑事告诉相威胁，关于在此下情况下订立的义务的有效性问题，参见最高法院商事庭1974年1月30日判决（D. 1974. 382）；另见最高法院第三民事庭1984年1月7日判决（Bull. civ. III. N°13. p. 10. Defrénois1985. p. 378，J-L · Aubert述评）。

(contrainte légitime),[1] 这种强制并不存在任何“不正当性”。

但是，如果某人虽然是采取法律途径，但却不是抱着正当目的，或者如果他是滥用法律手段，则是另一回事。例如，对债务人进行威胁，要对其实施财产扣押，要对其提起诉讼，目的却是要强迫债务人承诺过分的义务；[2] 或者是为了将自然之债转为民事之债而对他人的意愿施加压力，[3] 以图在可以正当主张的利益之外

[1]合理的威胁（menace lēgitime，正当的威胁）：法官如果没有具体说明处于经济实力地位的让与人的行为到底在什么方面不合法，不得撤销其订立的独占性租让合同（最高法院商事庭，1980年5月20日）；威胁要采取法律手段（menace de voie de droit）或者威胁要通过法律途径来解决问题，并不构成一种胁迫，滥用这种途径的除外（最高法院第三民事庭，1984年1月17日）；经济上的强制（contraintes ēconomiques）与胁迫有关，而不是与显失公平有关（最高法院第一民事庭，2000年5月30日）。利用某人担心其正当利益直接受到威胁的心态，滥用其在经济上所处的依附地位，这种情况构成胁迫，致使其对法律行为表示的同意存在瑕疵。薪金雇员放弃对其作品的著作权，而法院并没有认定雇主原打算裁减人员就是为了强制该薪金雇员放弃其著作权，此种情况不能认定为胁迫（最高法院第一民事庭，2002年4月3日）。应当根据受害人本身的具体情况来具体评判（appréciation in concreto）是否存在胁迫（最高法院第一民事庭，1985年4月22日）；例如，因精神状态失去平衡，心理很脆弱的人，就经不起父亲对其施加的压力；一个非常有商务经验、思想成熟的人就足以抵挡恐吓，不会被“你将受到刑事追究”之类的威胁吓倒。合同订立之后的因素（ēlēments appréciation postérieurs au contrat）也可以考虑作为评判（是否存在胁迫的）依据（最高法院第三民事庭，1999年1月13日）。

[2]参见巴黎法院1910年2月28日判决（S. 1910. 2. 220），本案中，男友在其情妇怀孕、生育之后将其抛弃，对该妇女做出义务承诺；另见雷恩法院1904年3月7日判决（S. 1907. 2. 241，J·Hemard述评），本案中，两情人在一起生活很长时间之后，女方被抛弃。

[3]最高法院诉状审理庭，1865年8月17日（S. 65. I. 399），该判决认定，在一起刑事诉讼中，对被告提起追诉的依据并不充分，但附带民事诉讼的当事人“利用这一依据不足的追诉”，提出撤诉许诺，以实行和解为名，为的是获得有利于自己的过分结果，这种行为构成胁迫。另见最高法院诉状审理庭1908年3月10日判决（DP1909. I. 16. 1909. I. 76），为了获得相对当事人撤回对伪造文书罪提出的告诉而签订一项超过10倍损失数额的许诺，这种情况构成胁迫；最高法院民事庭，1913年4月9日（DP1917. I. 103. S. 1914. I. 267）；最高法院法院诉状审理庭，1935年11月5日（DH. 1935. 537）；最高法院商事庭，1953年4月28日（Bull. civ. N° 151. p. 104）；最高法院第一民事庭，1959年11月3日（D. 1960. 187，G·Holleaux述评，RTDciv. 1960. 295. H·Mazeaud et L·Mazeaud述评）；巴黎法院1966年3月31日（Gaz. Pal. 1966. 2. 194. RTDciv. 1967. 147. J·Chevalier述评）；另见普瓦提耶法院1979年11月7日判决（D. 1980. IR1980. 265. J·Ghestin述评）。

还谋取或实现其他利益,[1] 如此等等，进行威胁的人属于实施“非正当的胁迫”；本着同样的思路，对于在雇员宣称要实行罢工的压力下劳资双方订立的协议，不能认为此种协议是受到了胁迫而存在瑕疵，因为，罢工是得到法律承认的一种行动方式；但是，如果在罢工的同时还伴随着其他不正当的施压手段，例如，扣留老板，对老板实施粗暴行为，则属于另一种情况。[2]

还有，子女对长辈、对父母心怀敬畏，也不能以受到胁迫为理由主张撤销他们在这种心态下订立的合同，因为晚辈对长辈的这种敬畏源于一种合理的道德权威（《民法典》第1114条）,[3] 但是，如果尊亲属为了强迫子女订立合同而采取不折不扣的暴力行为或虐待行为，则另当别论。[4]

246. （C）胁迫的来源

按照《民法典》第1111条的规定（参见附目第1142条），“对缔结债务的人实施的胁迫，构成合同无效之原因；即使是由为其利益订立合同的人以外的第三人实施胁迫，亦同”。因此，与欺诈不

[1]在实施胁迫的行为人威胁行使的权利与其在胁迫下获得的协议两者之间没有直接的关系时，即是如此，例如，一妇女为了获得其丈夫撤回有关其通奸的告诉，抛弃其丈夫欠她的全部债务，参见最高法院诉状审理庭1903年4月6日判决（1904. I505, Naquet述评）；同样，在敌方占领期间被囚禁的人有权对告密者提出告诉，但是，如果他是为了获得告密者向其承诺支付一笔金钱，并以提出告诉相威胁，此种承诺因胁迫而存在瑕疵，参见最高法院第一民事庭，1954年6月30日判决（JCP1954. II. 8325）。

[2]南特民事法院，1956年1月6日（Gaz. Pal. 1956. I. 61. RTD civ. 1956. 369，J · Carbonnier述评）；都埃法院，1982年6月16日；最高法院社会庭1984年11月2日判决维持原判（Bull. civ. V. N°423. p. 315. RTD civ. 1985. 367，J · Mestre述评）。

[3]《民法典》第1114条规定：“仅仅是对父母或其他直系尊血亲心怀敬畏，在并未受到胁迫时，不足以主张撤销合同。”第371条：“子女，无论年龄如何，均应尊重与尊敬父母。”另见最高法院第一民事庭1959年6月3日判决。

[4]安日法院，1956年3月19日（D. 1957. 22，J · Prévault述评）；阿勒比民事法庭，1895年7月18日（Gaz. Pal. 1895. 2. 326）。

同的是，胁迫，即使不是来自合同相对当事人，仍然会得到法院考虑；如果只是站在欺骗或胁迫受害人的心理的角度来看待问题，几乎无法解释胁迫与欺诈的这种差别，因为，在胁迫与欺诈两种情况下，当事人的意思都同样受到了损害；但是，从社会角度来看，这种差别就完全有其理由，因为，对于社会来说，胁迫造成的扰乱本身要危险得多。

247. 紧迫状态（état de nécessité）[1]

将胁迫扩大至紧迫状态，自然会引起一个疑问：当胁迫不是来自某一个人，而是由外界的某种事件、某种特别情况引起时，是否可以主张撤销所订的合同？一方当事人利用相对当事人所处的紧迫状态为己图利，乘人之危对相对当事人强加特别苛刻的条件，例如，遇到困难或灾难的船只的船长不得不同意向拖船老板支付远远超过平常收费标准的费用或报酬，否则后者就不肯同意施以救助，在此情况下，所订合同是否可予撤销？[2]

在这一问题上存在两种不同意见。

一种意见是，应当拒绝考虑因某种（外部）事件引起的强制所构成的胁迫：只有当担心或惧怕是因来自某一个人实行的胁迫或威胁时，才能撤销在这种担心或惧怕支配之下缔结的义务。《民法典》第1109条的条文表述是“以胁迫而强制的同意”，也是对这种见解的确认。

---

[1]法国民法上的“紧迫状态”（L'état de nécessité）与刑法中的“紧急避险”使用的是相同的表述。——译者注

[2]拉勒芒：《民事方面的紧迫状况》，巴黎，1922年（Lallement，L'état de nécessité en matière civil. Paris. 1922）；R·帕拉尔：《论民法上的紧迫状态抗辩》，《普瓦提耶大学学位论文》，1949年（R·Pallard，l'exception de nécessité en droit civil，thèse Poitier 1949）；Y·舍瓦利耶：《论紧迫状态》，载《Bouzat论文集》，1980年，第117页（Y·Chevalier，l ‘état de nécessité，Mélanges Bouzat 1980. p. 117）。

上述看法是一种传统见解：罗马法也拒绝承认类似情况下订立的合同无效，而且这种处理是符合逻辑的。因为，一开始，在罗马法里，“以惧怕之原因而提起的诉讼所针对的胁迫并且会受到制裁的，是一种私犯”。此种胁迫包含着行为人方面的故意因素（élément intentionnel）。如果担心、惧怕不是由于某人的行为所造成，在此情况下就没有违法行为人，也就不可能考虑任何制裁。波迪耶（Pothier）也赞同这种意见，不过他承认，在紧迫状态下缔结的义务如果过分，则可予减少。法国法传统理论同样认为，紧迫状态不构成一种胁迫，但同时承认，在因具体情形造成的当事人思想状况发生障碍、受到扰乱，当这种障碍或扰乱可以与精神障碍相类比时，那么，在紧迫状态下缔约的义务，因部分缺乏原因而可予减少，或者，甚至因完全缺乏原因或缺乏同意而予以撤销。法国传统理论承认，如有必要，在提供的服务的限度之内，可以按照无因管理或者不当得利的规则，给予公道的报酬。[1]

另一种意见认为，在一方当事人利用相对当事人处于紧迫状态并从中获得过分利益时，此种情形应当视同胁迫。[2] 如同我们在第 245 节里所谈到的那样，既然“威胁要采取法律途径来解决问题”也可能构成胁迫（参见第 245 节），那么，当一方当事人利用相对当事人处于走投无路的境地而对其造成威胁时，就更有理由认为这种威胁构成胁迫了。

但是，这方面的法院判例很少，有关的特别立法条文也都是就“问题已经非常明显的那些情况”作出的规定。最高法院在 1887 年

[1]德莫隆贝，第 24 卷（Demolombe. t. XXIV）；罗朗，第 15 卷，第 519 节（Laurent. t. XV. N°519）。

[2]佛鲁尔、奥贝尔与萨沃，第 224 节（Flour. Aubert et Savaux. N°224）。

4月2日就海难救援问题作出的一项判决确认：紧迫状态（下订立的条件非常苛刻的合同）构成合同无效之原因。[1] 最高法院就该特殊领域提出的这一处理意见后来得到了1916年4月29日有关海难救助的法律的确认。[2] 在第二次世界大战期间，犹太人受到迫害，被强制按照极其低廉的价格转让他们的财产，[3] 为了这些受迫害的人们的利益，又再次提出了紧迫状态（构成胁迫）的问题：但是，只有当滥用出卖人的这种受迫害地位，支付的价格低廉到不正常程度的情况下，买卖合同才会被认定无效。在这里，仍然是特别立法在起作用，而《民法典》第1111条的规定则仅仅扮演一种次要角色。[4] 同样，外科医生与病情非常严重的病人之间订立的合同，也会按照收取的费用数额、酬金是否正常、是否过分等具体情况来判断其有效[5]还是无效[6]。

在最近的一起诉讼案件，一薪金雇员因紧急情况需要用钱，在此压力的影响之下签订了一份对其极为不利的劳动合同，上诉法院的判决以雇员方面受到精神胁迫之原因，撤销了该劳动合同，作为

[1]最高法院诉状审理庭，1887年4月27日（DP1888. I263. S. 87. 1. 372）。该判决认为，只要（当事人的）同意不是自由的，只要它仅仅是在因为担心马上会发生重大的坏事情而被迫表示的同意。本案中，救助船的船长对被救船的船长强加过分的条件（超过18000法郎），在到达目的地之后，被救助船的船长提出其所做承诺无效之诉讼，并得到实体法官与最高法院的支持，最后只给了救助船只4000法郎的补偿金。

[2]由1967年7月7日关于海上事件的法律取代（参见本书第310节）。

[3]索姆尔民事法院，1947年7月5日（Gaz. Pal. 1947. 2. 59）。

[4]1945年4月21日法令，1945年6月9日法令补充。关于这一法令的适用，参见最高法院民事庭1951年10月31日判决（Bull. civ. I. N° 285. p. 222）；最高法院民事庭，1951年2月5日（Bull. civ. I. N° 45. p. 39）；最高法院民事庭，1952年2月18日（Bull. civ. I. N°70. p. 55）；最高法院民事庭，1953年7月15日（Bull. civ. I. N° 250. p. 206）。

[5]塞纳民事法庭，1907年2月23日（Gaz. Pal. 1907年2月24日，Rev. crit. leg. et. jur. 1907. 193. 里佩尔述评）；最高法院第一民事庭，1956年3月13日（Bull. civ. I. N°127. p. 102）。

[6]雷恩法院，1929年3月20日（S. 1929. somm. p. 255）。

当事人的雇主一方针对上诉法院的判决向最高法院提起上诉，也被最高法院驳回。[1]

248. 法律上的服从地位、经济上的依附地位

当今社会关系与商务生活比较严酷，致使合同当事人在《民法典》的制定者不曾考虑的那些情况下也主张受到了胁迫。有些合同当事人，例如，薪金雇员、销售商、生产商，在诉讼中常常以他们在与相对当事人的关系中处于法律上的服从地位（subordination juridique）或者经济上的依附地位（dépendance économique）作为依据，提出因胁迫引起的合同瑕疵（vice de violence）问题。法院曾做出判决认为，雇员虽然对老板处于服从地位，但仅凭此事实，并不能构成足以影响到他们之间订立的合同效力的瑕疵，[2]但是，在特定情况下，当这种服从地位同时带有典型的施加压力的性质时，[3]也会被认定构成胁迫。至于一方当事人在经济上处于依附于相对当事人的地位，导致该方当事人在合同谈判或者延展合同时很难维护自己的利益，这种状况能否被认定为胁迫，在不同的部门法里，存在着非常明显的差异：竞争法与消费法就明文确认这种情况可以构成胁迫，而民法则表现出更多的保留。

[1]最高法院社会庭。1965 年 7 月 5 日（Bull. civ. IV. N°545. p. 460）；埃克斯法院，1988 年 2 月 19 日（RTD civ. 1989. 535，J · Mestre 述评）。

[2]最高法院民事庭，1928 年 3 月 26 日（DH. 1928. 270. 23）；最高法院民事庭，1936 年 12 月 23 日（1937. I. 109）。

[3]最高法院社会庭，1973 年 10 月 3 日（Bull. civ. N°541. p. 496）：该判决认为，老板威胁两名舞蹈演员如果她们不续签合同就不再给她们支付工资，她们在此威胁下签署了更新的劳动合同，是受胁迫所致。另见最高法院社会庭 1986 年 11 月 13 日判决（JCP1987. IV. p. 27）。

首先，在竞争法里，有些法律条文对于这种情况就明确运用了胁迫的概念。按照现行《商法典》第 420-2 条第 2 款的规定（1986 年 12 月 1 日关于价格自由与竞争的法令第 8 条，2001 年 5 月 15 日法律与 2005 年 8 月 2 日法律条文）：“企业或企业集团滥用某个客户企业或供货企业对其所处的经济上的依附地位，只要此种滥用情形可以影响到竞争的开展或竞争的结构，亦在禁止之列。所谓‘滥用他人经济上的依附地位’的行为，可以主要是指第 L442-6 条所指的拒绝销售、附加约束性条件的捆绑式销售，或者附加歧视性条件的销售或者订立‘配套销售协议’（accord de gamme）等。”

《商法典》第 420-2 条第 2 款意义上的“依附地位”是一个客观概念，应当根据具体个案所涉及的市场的实际情况来进行评价。这种依附地位应当是经济方面的依附，也就是说，它体现的是各企业在市场上的地位所产生的结果。[1] 以下情况尤其如此：专营特定产品的经销商（例如，香水等化妆品的专卖店），如果不经销这些具有极高知名度的特定产品，就无法从事经营活动；某一生产厂商的营业额在一家采购中心占据很大的份额，如果丧失这一份额，就势必危及该生产厂家的生产活动；工程分包人如果随意改变其依靠的工程发包人，要想另立炉灶、恢复其工程建设活动，也是很

[1] 最高法院商事庭，1992 年 6 月 2 日与 1992 年 6 月 16 日；巴黎法院，1992 年 10 月 16 日（CCC1992. N° 129，Vogel 述评）；最高法院商事庭，2004 年 3 月 3 日（D. 2004. p. 874，E · Chevrier 述评，JCP2004. I. 149. N°1，Chagny 述评）：经销商在经济上所处的依附地位可以定义为：经销商企业处于“没有可能更换供货商”的境地，即使其他一家或数家供货商可以为该企业提供技术条件与经济条件相类似的货品。由此我们也可以推断认为：经销商企业仅仅是大量从某一供货商处进货，甚至是从该供货商那里独家进货，这种状况仍不足以说明该经销商在经济上处于《消费法典》第 420-2 条意义上的依附地位。

不容易的。[1] 滥用他人经济上的依附地位的行为之所以应当受到制裁，并不是因其本身损害了合同平衡，而完全是因为它妨碍或者影响到自由竞争，也就是说，是因为这种行为将对市场造成集体损失，不过，它也限制了对合同法的冲击。[2] 由于竞争法是为市场法则服务的，只要没有发现对市场产生某种负面效应，它就不会更多去考虑如何面对强者而保护弱者。[3]

为了配合1996年7月1日、2001年5月15日（NRE法）与2008年8月4日（关于经济现代化的）法律对竞争法进行的改革，在这方面作出了新的规定。这些新规定现在已经归入《商法典》第442-6条。这些改革的目的并不是要确保市场的良好运作，而是要矫正合同方面的某种失衡状况，因此有可能对合同活动产生更多的、更直接的影响。《商法典》第442-6条第2项原先规定“滥用合作伙伴所处的依附关系，对其规定

[1]朗特：《论新竞争法的精神》，载《法律活页期刊》，1987年（Jeantet，L'esprit du nouveau droit de la concurrence，JCP1987. I. 3277. N°9）；《论滥用他人的经济依附地位》（l'exploitation abusive de l'état de dépendence économique，LPA. 28 mars1988. p. 32）；M·佩达蒙：《论滥用支配地位》（M·Pédamon，les abus de domination，cah. dr. entr. 1987. I. p. 5）；M·格莱：《1986年12月1日法令第8条意义上的经济上的依附状态：经济学的分析》（M·Glais，l'état de dépendence économique au sens de l'article 8 de l'ordonnance du 1er décembre 1986，Gaz. Pal. 1989. 1. Doctr. 290）；F·德弗雷弗斯-乃特：《竞争法与债的普通法》，载《民法学季刊》，1990年，369（F·Dreiffuss-Netter，Droit de la concurrence et droit commun des obligations，RTD civ. 1990. 369）；Jourdain，RTDciv. 1991. 353；M·莎尼：《竞争法与债的普通法》，《巴黎一大学位论文》，2004年，第752节（M·Chagny，droit de la concurrence et droit commun des obligations，thèse Paris I. éd. 2004. N°752）。

[2]F·德弗雷弗斯-乃特，前引文，《竞争法与债的普通法》；提亚尔与布尔容：《论经济上的依附地位与竞争法》，载《企业法手册》，1987年，第23页，第15节（Threard et Bourgeon，Dépendance économique et droit de la concurrence（Cahier de droit de l'entreprise。1987. p. 23. N°15））；马佐：《面对滥权条款的法官》，载《法官与合同的履行》，1993年，第3版（D·Mazeaud，le juge aux clauses abusives，in le juge et l'exécution du contrat. 1993. p. 49）；Ghestin，3e éd 580.

[3]A·弗里森-罗什：《论市场模式》，载《法哲学档案》，第40卷，1995年，第310页（A·Frison-Roche，Le modèle du marché，Archives de philosophie du droit. t. 40. 1995. p. 310）。

毫无正当理由的商业条件或义务”将引起相应的责任。2008年8月4日的法律进行改革时取消了原条文中提到的“依附关系”（la dépendance）的文字表述，该条文第2项现在的规定是，“对商业伙伴规定或者试图规定将会造成双方权利与义务明显不平衡的义务的”，将引起相应的责任；该条第4项接着规定，“为了获得或者试图获得价格上的明显过分的条件、支付期限、买卖方式或者不属于买卖义务范围内的服务，以突然中断全部或部分商业关系相威胁的”，[1] 也将受到制裁。

消费法方面，很久以前就以“滥用经济上的强势地位”（abus de puissance économique）这一概念为依托，对滥用权利条款（clause abusive）作出了定义，但是，1995年2月1日法律对《消费法典》第132-1条进行了修改，条文中取消了“滥用经济上的强势地位”这一参照性表述，立法者现在使用的是另一种表述，侧重强调的是这类滥用权利条款给消费者与职业人之间订立的合同所规定的权利与义务造成“可以产生相当影响的失衡”（参见第319节），但有关滥用（相对人处于）弱势地位的规定仍然得到《消费法典》第122-8条的保留，[2]

[1] B·法热与J·梅斯特尔：《论竞争法对合同阵地的占取》，载《商法学季刊》，1998年，71（B·Fages et J·Mestre, L'emprise du droit de la concurrence sur le contrat, RTD-com. 1998. 71）；M·格莱：《对滥用经济上的依附地位的制裁，在失望与希望之间》，载《合同、竞争与消费》杂志，《理论研究》，第25期（M·Glais. La sanction des abus de dépendence économique, entre désillusions et espoir, CCC2006. Études. N°25）。

[2] 1972年12月22日有关上门推销的法律第7条现在编为《消费法典》第122-8条。该条规定：“任何人，通过上门走访的方式，利用某人所处的弱势地位或缺乏知识，以任何形式让该人承担用现款或信贷支付的义务，在具体情节证明该人无法评价其承担的此种义务的意义与范围时，或者无法觉察来访者为了说服其订立此种义务而采用的伎俩或手段时，或者表明该人受到强制时，处5年监禁并处9000欧元罚金，或者二罚其一。”关于滥用他人弱势地位的问题，参见C·格尔达纳-奥贝尔德维塞尔：《论同意受到损害与合同制裁的有效性》，《巴黎二大学位论文》，2002年，第392节（C·Querdane-Aubert de Vincelle: Altération du consentement et efficacité des sanction contractuelle, thèse Paris II. éd. 2002. N°392）。

2008 年 1 月 3 日的法律在这一条文中还增加了有关“侵犯性商业销售的做法”的规定：推销人采取反复不断的强拉强卖的做法，甚至采取身体或精神上的强制做法，使消费者的选择自由受到损害或者使其同意意思产生瑕疵时，构成侵犯性商业销售行为（pratique commerciale agressive）（《消费法典》第 122-12 条）。这种行为或做法，将受到刑事制裁，也可以引起合同无效（《消费法典》第 122-15 条）。

在民法方面，最高法院的态度至今仍然非常谨慎。最高法院也曾审查并撤销过实体法官作出的“将经济上的依附地位视同胁迫”的判决。因此，如同当事人一方的财务状况非常脆弱一样，仅仅是合同当事人之间经济实力不平衡，并不足以构成胁迫之瑕疵（vice de violence）；[1] 如同对紧迫状态所要求的一样，只有当处于实力地位的合同当事人一方滥用其强势，获得过分的好处或利益因而导致这种经济上的强制具有非正当性质时，[2] 才能构成胁迫之瑕疵。

在这方面，理论界主张的观点也是兼收并蓄、莫衷一是。有些学者将考虑经济上的依附地位看成是体现了民法与竞争法之间令人

---

[1]最高法院商事庭，1980 年 5 月 20 日（Bull. civ. III. N°212）。

[2]最高法院第一民事庭，2000 年 5 月 30 日（D. 2000. 879，Chazal 述评，2001. somm. com. p. 1140. D·Mazeaud 述评，JCP2001. II. 10461. Loiseau 述评，CCC 2000. N°142，Leveneur 述评，Defrénois 2000. 1124，Delebecque 述评，RTDciv. 2000. 827，Mestre et Fages 述评，863. Gautier 述评）；最高法院第二民事庭，2002 年 4 月 3 日（D. 2002. 1860. Gridel et Chazal 述评，com. p. 2844. D·Mazeaud 述评，JCP2002. I. 184. N° 6. Virassamy 述评，CCC2002. N°121. Leveneur 述评）；最高法院第二民事庭，2006 年 10 月 5 日（D. 2007. 2215. R·Corneil），本案中，当事人不仅经济上处于受强制的状态，而且还加上其本身在心理上的弱势。

期待的相互渗透，[1] 另一些学者则将其看成是一种革命性因素，只应当用来使那些已经很稳固的立法规定为依托的处理意见更加稳固。[2]

也有学者极力主张对有关同意瑕疵的理论进行改革，尤其是通过创设所谓“弱势之瑕疵”（vice de faiblesse）这一概念来体现这种改进。所谓“弱势之瑕疵”包含并吸收了现有的“胁迫之瑕疵”，建立在综合以下两个要素的基础之上，这两个要素就是“弱势地位”（situation de faiblesse）与“合同失衡”（déséquilibre contractuel）。[3] 《欧洲合同法原则》第 4.109 条就有这样的规定：“一方当事人在订立合同时有以下情形的，得提出合同无效：1）对另一方当事人处于依附地位（……），处于困难或紧迫需要之状况（……）；2）另一方当事人知道或者应当知道此种情形，并且考虑到具体情节以及所订合同的目的，该方当事人以明显的不诚信态度，利用相对当事人的所处的状况，从中获取利益或者取得过分利益的。”

---

[1] F·德弗雷弗斯-乃特，前引文，《民法学季刊》，1990 年，369，第 389 页（F·Dreifuss-Netter，RTD civ. 1990. 369. p. 389）；另见：B·埃德尔曼：《论自由与经济性胁迫》，载《Dalloz 法律评论汇编》，2001 年，第 2315 页（B·Édelman，De la liberté et la violence économique，D. 2001. p. 2315）；O·利沃阿勒：《论劳动法上的经济依附地位》，载《Dalloz 法律评论汇编》，2006 年，891（O·Rivoal，La dépendence économique en droit du travail，D. 2006. 891）。

[2] J·梅斯特尔述评，载《民法学季刊》，1989 年，538（J·Mestre，RTD civ. 1989Z. 538）；另见 C·努里萨：《经济上的胁迫，同意之瑕疵，实在是太多的放空炮》（C·Nourissat，La violence économique，vice du consentement. beaucoup de bruit pour rien，D. aff. 2000. p. 369）。

[3] C·克尔丹斯-奥贝尔德维塞尔：《对同意的损害与合同制裁的有效性》，《巴黎二大学位论文》，2002 年，第 438 节（C·Querdance-Aubert de Vincelles，Alteration du consentement et efficacité des sanctions contractuelles，thèse Paris II. éd. 2002. N°438）。

249. （二）心理层面的表现：惧怕或担心之心情

按照《民法典》第1112条的规定（参见附目第1140条），“凡是足以让有理智的人产生惧怕，使其担心人身或财产面临当前的重大损失的言行，均构成胁迫”。这就是说，只有当受到胁迫的人因此胁迫而产生担心、惧怕的心情，导致其同意存在瑕疵时，胁迫才能构成合同无效之原因；此外，这种担心、惧怕的心情还必须是产生于合同订立之当时并且足够严重。

（1）（实施）胁迫的时间：只有一方当事人是在担心、惧怕的心情支配下订立的合同，才能认为他表示的同意存在瑕疵。《民法典》第1112条的条文中提到的是一方当事人受到了“当前的重大的损害”的威胁，但这种说法比较笨拙。因为，当事人面临的并不是当前的损害或损失，而是面临着可能发生损害、损失或者面临着将会发生坏事的威胁，正是此种威胁酿成其担心与惧怕。

（2）严重程度：只有当事人在合同订立时左右着他的思想的担心、惧怕达到足够严重的程度时，才能认为当事人的同意意思存在瑕疵。可以采取两种方式来评价当事人的担心、惧怕是否达到严重程度：其一是抽象的评价方式，也就是参照所谓“善良家父”的抽象模式来进行评价；其二是具体的评价方式，也就是根据受到胁迫的具体的个人抗击威胁的能力来进行评价。进行抽象评价时，只要是能够使普通的人、平常的人都会产生担心、惧怕之心情的威胁，既不是对英雄人物进行威胁，也不是对懦夫施加威胁，即告足够；而在进行具体评价时，则需要具体分析针对受到威胁的一方当事人本人所实施的威胁的具体情况。

《民法典》第1112条的条文中前后提及上述两种评价方法。条文第1款的表述要求胁迫“足以让有理智的人产生惧怕”，这种表述采用的就是一种“客观的但是抽象的标准”（critère objectif，abstrait）；该条第2款作了如下补充，“在这方面，应当考虑各人的年龄、性别及条件”，这里采取了一种“主观的但是具体的探讨”（une approche subjetive、concrète）。

在法院判例中，具体评价标准占据主导地位。各法院在审理此类案件时，都要查明主张合同无效的原告在合同订立的当时是否“确实是在担心、惧怕的心情的支配之下”，由此，也就产生了“胁迫在裁判上的个别化”（individualisation judiciaire de violence）。由于不同的人性格不同、强悍程度不同、年龄不同、性别不同，社会地位不同、抗压能力不同等，胁迫达到何种界限才会成为合同无效之原因，可以因人而异。[1]

与此相反，如果当事人是在吸食毒品之后，意志被完全抑制的情况下缔结合同，或者，他人强行按住当事人的手，套取其签字，均不构成胁迫，因为，在这种情况下，当事人不是在惧怕、担心的心情左右下表示同意意思，而是他根本就没有同意，根本就不存在同意。

（二）对胁迫的制裁

250.（胁迫的）证据与制裁

主张自己在订立合同时受到胁迫的人，应当负举证责任，证明具备法律对同意瑕疵的存在所要求的各项条件。胁迫，作为一种法律事实，可以用各种方法来加以证明，其中包括对人的推定

---

[1] 最高法院诉状审理庭，1925年11月17日（S. 1926. I. 121，A·Breton述评），该判决就考虑到了承诺义务的人的经验与知识，拒绝认定其订立的合同无效。另见最高法院第三民事庭1959年11月3日判决（D. 1960. 187，G·Holleaux述评），在本案中，一位没有经验的妇女抵挡不住商事代理人的威胁而签订合同。此外，如最高法院商事庭1973年6月4日的判决（Bull. civ. IV. N° 193. p. 174. RTD civ. 1974. 1444，Y·Lousss-ouarn述评），在本案中，一位没有收入来源的寡妇因受到她的公公的胁迫而订立合同。最高法院商事庭，1991年5月28日（Bull. civ. IV. N° 120. p. 128. D. 1991. somm. com. p. 385. L·Aynes述评，Defrénois. 1992. p. 318. J-L·Aubert述评）；与此相反，参见最高法院商事庭1974年1月30日判决（D. 1974. 382），本案中，一位有着丰富商务经验、年富力强的妇女，有足够抵御恐吓的能力。

(présomption de l'homme)[1]。

按照无效的传统理论，对当事人实施的人身胁迫（violence physique，身体上的施暴），引起合同的绝对无效，因为，在此情况下，完全不存在同意；至于精神胁迫，则以合同相对无效制裁，因为在这种情况下，当事人的同意仅仅是存在瑕疵。

按照有关无效的现代理论，不论是人身胁迫还是精神胁迫，均以合同相对无效论处：只有胁迫的受害人才能请求合同无效。无效之诉的时效期间为5年（《民法典》第1304条），自胁迫停止之日起计算。可以仅仅宣告合同一部无效，这样就可以减少（由胁迫而）获得的利益或好处。[2]《民法典》第1115条规定："如自胁迫停止以后，合同得到明示或默示承认，或者听任法律确定的可以请求取消合同的期限经过而未采取行动的，不得再以受到胁迫之原因对合同提出攻击。"[3]

在宣告合同无效的同时，还可以判处损害赔偿，因为，实施胁迫的行为人方面有过错，如果宣告合同无效不足以消除受害人受到的损失，则应当对其给予赔偿。

---

[1]1945年4月21日与6月9日的两项法令对于战争时期发生的掠夺财产的受害人作出了例外规定。这两项法令为在德国占领下受到威胁而转让可能被掠夺的财产的人确定了有关胁迫的推定。

[2]最高法院诉状审理庭，1887年4月27日（DP. 88. I. 263. S. 87. I. 372）；最高法院诉状审理庭，1908年11月10日（DP1909. I. 16. S. 1909. I. 76）：在一方当事人的义务承诺具有不正当性的情况下，可以减少此种义务，但是，只有在一定程度上才能以受到非法胁迫之原因而减少原已承诺的义务。这种处理也限制了《民法典》第1118条的意义。按照这一条文的规定，显失公平，仅在特定情况下，仅对特定的人才能认为合同存在瑕疵。这一条文的限制性规定仅涉及不是因欺诈或非正当的胁迫而发生的显失公平的情形。

[3]最高法院第二民事庭，2005年9月8日（RTD civ. 2006. 108，J·Mestre et Fages 述评）。

四、各种同意瑕疵的相互作用

251. 内容安排

在这一节里，我们将依次研究各种同意瑕疵之间的相互关系（一）以及它们与相近的概念之间的关系（二）。

（一）各种同意瑕疵的相互替换性

252. 内容简介

尽管每一种同意瑕疵各自都有自己的明确定义，但是，如果我们对这些瑕疵的适用范围作些比较，就会发现它们之间存在着某种交叉或重叠，而且发生这种交叉与重叠的情况还不在少数。由此也就产生了一种说法，那就是所谓“同意瑕疵的可替换性”（fongibilité des vices du consentement），人们用这种表述来强调各种同意瑕疵是“可以相互交替的”（interchangeables），至少是可以部分交替的。我们还会看到，欺诈在同意瑕疵的互换方面起着一种连接或铰合作用。因此，我们下面将首先研究误解与欺诈的关系（1），然后再研究欺诈与胁迫的关系（2）。

253. （1）误解与欺诈的关系

乍看起来，误解与欺诈之间的区分或差别是非常明显的。按照《民法典》第1110条的规定，一方当事人自己搞错了，属于误解；如果是由于相对当事人进行欺骗、诱导其发生误解，则成立欺诈。但是，如果我们仔细思考一下，就会发现，由于欺诈这一概念的意义发生了扩张，误解与欺诈之间的区分有时就会变得模糊起来。

我们在前面已经提到，所谓对标的物的本质或实质的误解应当是普通人都同样可能发生的共通的或普通的误解（erreur commune)，才能得到法律的考虑或法院的认定；并且强调：只有在相对当事人明知“标的物不具备的那种品质对于发生误解的人订立合同起着决定性作用”时，误解才能得到考虑与认定，但并不要求双方当事人都搞错了，都发生了误解（参见第217节）。这里提到的所谓共通的或普通的误解是指人们普遍都有可能发生同样的误解。“erreur commune”是人们通常使用的一种表述，但这种表述或多或少有些缺陷（因为它也可以称为“共同的误解”）。

我们也知道，只要一方当事人对那些直接涉及相对当事人利益的信息保持缄默，就有可能构成欺诈性缄默，而欺诈性缄默受到的制裁同样是订立的合同无效（参见第233节）。这样就会存在以下两种情况：要么，双方当事人都搞错了，都发生了误解，在此情况下，唯一可能主张的只能是误解而不能主张欺诈，因为，一方当事人虽然因误解而受害，但我们仍不能责备他的相对当事人没有提供他同样不掌握的情况与信息；要么，只有受害人一方搞错了，只有一方当事人发生了误解，而同时可以责备相对当事人有欺诈性沉默行为，因为他没有向相对当事人如实地披露自己明知对受害人来说具有决定性作用的那些信息。也许，一方当事人的误解与相对当事人的欺诈性缄默并不一定完全对应、完全吻合，因为要想认定存在欺诈性沉默，还要求搞错了的一方当事人处于不可能自行了解情况的状况，或者基于合同的性质或双方当事人各自的资格，他完全相信对方当事人（参见第233节）。[1] 将上述两种情况结合起来考虑和运用是非常重要的。与此相对应，每一种同意瑕疵（误解与欺诈）各自的特定适用领域均有所缩小，在双方当事人都搞错了的情况下，或者由于合同外的第三人所作的声明造成合同当事人发生误

[1]巴黎法院，1993年11月26日（D. 1993. somm. com. p. 208，Fortis 述评）。

解的情况下，这种误解就完全不存在欺诈的问题；[1] 而就欺诈而言，在其是造成（相对当事人）误解的根源时，则可以单独起作用，而有些误解是不能单独得到考虑的，例如，当事人对（物或给付的）价值发生误解，对订约动机的误解，以及当事人发生的误解属于一种不可原谅的误解。

254.（2）欺诈与胁迫（的关系）

欺诈与胁迫之间的界限虽然可以划分得非常清楚，但是，由于法院判例对欺诈这一概念作出了灵活解释，致使两者之间的界限有时也同样变得不太清晰。按照有的法院判决，判断欺诈的标准是行为人方面存在不诚信的心理状态，并且他是在这种心理状态的指导下采取欺骗手段；[2] 对于欺骗手段，可以以欺诈相制裁，即使它并没有引起（相对当事人的）任何误解。[3] 举一个例子，某人，由于其某个亲属经常在耳边唠叨，终于同意向该亲属赠与财产，他这样做的原因并不是由于误解，而完全是因为产生了厌烦情绪、厌倦情绪，已经心力交瘁。[4] 这种情况，看来更适于作为胁迫来分析对待：赠与人之所以同意赠与，是因为受到压力，因而不是自由地同意进行赠与。然而，这种情况实际上是利用了他人的弱势状态，利用了他的厌倦心理，而不是由于赠与人（因受到胁迫而）产生了某种担心、惧怕心情。由于《民法典》与法国旧法传统的决裂，对欺骗（captation）与暗示或提示（suggestion）没有作

---

[1]最高法院第一民事庭，1996年7月3日（CCC1996. N°181，Leveneur 述评，Defrénois 1997. 297，Dagorne-Labbé 述评，RTD civ. 1996. 895. J·Mestre 述评）。

[2]科尔玛法院，1970年1月30日（JCP1971. II. 16609，Y·Loussouarn 述评，D. 1970. 297，Alfanderi 述评）。

[3]S·佩耶，前引学位论文，第225节（S·Payet. thèse préc. N°225）。

[4]科尔玛法院，1970年1月30日。

出任何规定，[1] 因此，各法院在这里实际上是在尽力填补某种程度上无人过问的空白地带。

但是，最高法院看来并没有决心走上这一道路，[2] 从其作出的判决可以看到，最高法院认为，不能将表明某个买受人“再三坚持，反复进行说服尝试”的举动看成是某种欺诈性手段，也就是说，不应当把某个买受人采取的软磨不放的方式看成是一种欺诈手段。[3]

从诉讼程序的角度来看，以某种同意瑕疵为依据提起的诉讼往往有着相同的原因，因而它们有着一定的可替代性。法院在受理“以欺诈为依据”提起的诉讼中，可以以当事人“对标的物的实质的误解”作为依据，撤销所订立的合同。[4] 确实，在欺诈与误解这两种情况下，都存在误解。[5] 不过，最高法院走得更远，它承认以《民法典》第 1110 条为依据但实

[1] Y・Loussouarn 述评（JCP1971. II. 16609）。参见《继承和赠与》（Les successions，Les liberalites，N°264）；J・居叶诺：《在与欺诈概念的关系中，暗示与欺瞒》，载《民法学季刊》，1964 年，199（J・Guyenot，La suggestion et la captation dans leurs rapports avec la notion de dol. RTD civ. 1964. 199）。有人建议在有关赠与的法律议案中引入“欺骗”与“暗示”这两项同意瑕疵。他们所提议的条文是：“当同意因误解、欺诈或者胁迫而存在瑕疵时，或者是因暗示或欺骗而取得时，赠与无效。”但 2006 年 6 月 23 日的法律并没有采纳这一建议（参见《民法典》第 898 条）。

[2] 而且，最高法院曾撤销了 1970 年 1 月 30 日科尔玛法院上诉作出的一项判决，但最高法院的这项判决一直没有公开登载。

[3] 最高法院商事庭，1981 年 6 月 2 日（Bull. civ. IV. N° 259. p. 205，D. 1981. IR p. 485. Defrénois1982. 996，Aubert 述评）；最高法院第一民事庭，1995 年 7 月 10 日（D. 1997. 20，P・Chauvel 述评，CCC1996. N°2，Leveneur 述评，Defrénois1995. 1399，Aubert 述评，RTD civ. 1996. 390，J・Mestre 述评）。另参见 F・马尼安：《对欺诈的概念在法律行为成立中可能的扩张的批评性思考》（F・Magnin，réflexion critiques sur l'extension possible de l notion de dol dans la formation des actes juridiques，JCP1976. I. 2780）。

[4] 最高法院民事庭，1900 年 11 月 5 日（D. 1901. 1. 71）。

[5] 最高法院商事庭，1980 年 10 月 13 日（Bull. civ. IV. N° 329. p. 265；D. 1981. IRp. 310，J・Ghestin 述评，RTD civ. 1981. 630，Chabas 述评）。

际上是以行政部门的不合理的强制为依据提起的诉讼中，由于当事人在订立合同时没有有效的同意，也准许撤销所订合同，而无须变更争议的界限范围。[1] 换句话说，最高法院已经抛开了误解与担心、惧怕之间的传统区分，也就是抛开误解与胁迫之间的传统区分而用“同意瑕疵”这样一个“概念外套”来覆盖一切。[2]

（二）同意瑕疵与相近制度的关系

255. 误解与隐蔽瑕疵担保

我们还应当将同意瑕疵与那些旨在确保合同得到履行的其他法律机制区分开来，例如，应当将其与“合同责任”（responsabilité contractuelle）、“因不履行而解除合同”、“隐蔽瑕疵担保”（garantie des vices cachés）、“标的物不受追夺担保”（garantie d'éviction）等法律机制区别开来。令人遗憾的是，这种区分，并不像人们以为的那样泾渭分明，也不像合同的成立、合同的效力那样容易做到。误解与隐蔽瑕疵担保两者之间存在的相近之处尤其能够说明这方面的区分困难。

我们在这里以最常见的一种合同——买卖合同——为例来阐述这方面的情况。（在买卖合同中）隐蔽瑕疵担保是一项利益于买受人的制度：买受人购买的标的物如果存在隐蔽的瑕疵，影响到物的使用或用途，或者造成其使用效果有所降低时，买受人可以：要么以标的物存在隐蔽瑕疵为依据提起解除合同之诉（action rédhibitoire），请求解除买卖合同，要么以标的物存在隐蔽瑕疵为依

[1]最高法院上述庭，1971 年 11 月 9 日（Bull. civ. III. N° 541. p. 387. RTD civ. 1972. 390，Y · Loussouarn 述评）。

[2]Y · Lousssouarn 述评（RTD civ. 1972. 390）。

据提起降低价金之诉（action estimatoire），请求减少价金。（在这里我们可以看到）当误解涉及标的物的根本品质但与物的用途没有关系时，误解与隐蔽瑕疵担保这两种制度之间的区分是非常明显的，例如，涉及一件艺术品的真伪问题时即是如此，在此情况下，买受人只能主张“对标的物的实质发生误解”，并且有某种胜诉的机会，而如果在此情况下以隐蔽瑕疵为依据提起解除合同之诉，则难以得到法院支持，可见两者之间的区别很明显；与此相反，在买受人所主张的误解是由于标的物存在隐蔽瑕疵而产生的后果从而导致该物无法用于原定的用途时，这两种制度之间的区分就变得比较模糊。例如，买受人购买一辆旧车，交通管理部门认定该车是用两辆事故车拼装而成，并以此为理由拒绝向购车人发放“灰本”，但买车证明书却写着或者证明该车并未经明显改装，[1] 于此情形，要想区分误解是涉及标的物的根本品质还是仅仅涉及物的使用，就不太容易了。

在这种情况下，标的物本身存在的瑕疵，既属于其存在隐蔽瑕疵——可据以提起解除之诉，又是引起当事人同意瑕疵的根源——这就属于误解或者甚至是欺诈引起的同意瑕疵[2]：如果购买人知道车辆的真实质量，就不会购买这样的车辆。当然，对标的物实质的误解，原则上，应当从当事人主观角度来进行具体评价，当标的物不具备发生误解的当事人原本以为并且特别期待的那种质量时，误解就会受到制裁，所订合同无效（参见第216节）；而对于隐蔽瑕疵担保，则需要从客观上进行抽象地评价，因为隐蔽瑕疵牵涉标的物无法用于其本应具备的正常用途。我们可以看到，从上述

[1]最高法院第一民事庭，1988年6月28日（D. 1989. 450. C · Lapoyade-Deschamps 述评，RTD civ. 1989. 342，Ph · Remy 述评，Grands arrets. t. 2. N°267）。

[2]也就是说，既可以隐蔽瑕疵为依据，又可以误解甚至以欺诈为依据提起合同无效之诉讼。——译者注

两种角度来进行探讨，所得的结果会有很大的差别。但是，在实践中，从这两种角度来进行分析所得的结果却非常接近：因为，可能有这样的情况，如果在众人看来标的物的某种品质并不属于实质性品质或根本品质时，那么，只有当发生误解的受害人能够证明“恰恰是由于标的物的这种品质对其而言起到了决定性作用，促使其订立合同，而相对当事人也知道受害人是本着这种品质才决定订立合同”时，误解才能得到法院的考虑；反过来，如果标的物规定的用途属于合同约定的内容范围，那么，出卖人就始终有义务担保该标的物不存在瑕疵，始终有义务担保标的物不因存在隐蔽瑕疵而导致其不能用于合同所约定的那种特定用途。于是，当误解是由于合同成立之日标的物存在隐蔽瑕疵而引起的时，（当事人）既可以提起合同无效之诉，也可以提起隐蔽瑕疵担保之诉。[1]

实际上，法院判例过去一直认为，买受人可以在“因误解提起合同无效之诉”和“隐蔽瑕疵担保之诉”两者之间进行选择；[2]但最高法院最近做出的判决却明确认为，只要是标的物存在隐蔽瑕疵之情形，不言而喻，就完全排除以误解为依据提起诉讼，[3] 反

[1] Y-M·塞利内：《误解与隐蔽瑕疵，关于同一术语的不同含义》，载《盖斯坦论文集》，2001年，第789页（Y-M·Serinet，Erreur et vice caché，variation sur une même thème，Mélanges Ghestin. 2001. p. 789）。

[2] 最高法院商事庭，1978年5月8日（Bull. civ. IV. N°135. p. 113）；最高法院第三民事庭，1981年2月11日（D. 1982. 287. JCP1982. II19758，Ghestin 述评，RTDciv. 1981. 860. Ph·Remy 述评）；最高法院第一民事庭，1988年6月28日。

[3] 最高法院第一民事庭，1996年5月14日（D. 1998. 305，Jault-Seseke 述评，1997. somm. com. p. 345. Tournafond 述评，JCP1997. I. 4009）；最高法院第三民事庭，2000年6月7日（CCC2000. N° 159，Leveneur 述评，D. 2002. somm. com. 1002. Brun 述评，Grands arrêts. t. 2. N°268）；最高法院第一民事庭，2001年7月12日（Bull. civ. I. N°225. JCP2001. I. 370. N°10. Loiseau 述，2002. II0143. L·Maupas 述评）；最高法院第三民事庭，2004年11月17日（Bull. civ. III. N°206. P·Chauvel 述评）；与此相反，当卖出之物与（买受人的）订货不符时，并不禁止（买受人）主张对标的物的根本品质发生的误解，参见最高法院第三民事庭2003年3月25日判决（JCP2003. I. 170. N°6，Y-M·Serinet 述评）。

过来，以隐蔽瑕疵担保为依据提起诉讼，则不排除以欺诈为依据提起合同无效之诉。[1]

第二目　预防措施

256. 概述

按照传统理论，有必要“推定在两个自由的、负责任的个人之间缔结的合同是符合公道与正义的”；在今天，虽然说这一论断仍然得到非常广泛的认同，但却有很多人一致批评《民法典》的制定者为了确保合同当事人的同意意思真正具备法律所要求的质量而选择的方法。在这些批评者看来，与其像《民法典》那样规定在合同已经订立之后如何去认定和处理业已存在的同意瑕疵，在此基础上再进行“事后补救”，还不如发展一种在合同订立之前真正向当事人进行情况告知的政策，以便进行“事前预防”。

实际上，法国从农业社会有节奏地、缓慢地过渡到一个以消费者的迫切需求为动力的社会，已经深刻改变了合同法演变的背景条件。大吹大擂的广告铺天盖地、无处不在，也标志着它的后面存在

[1]欺诈与隐蔽瑕疵担保之间的诉讼竞合得到法院判例的承认，参见最高法院第一民事庭1991年4月16日判决（这种竞合是承认并准许原告在这两种诉讼中选择提起其中任何一种诉讼。——译者注）（Bull. civ. I. N° 144. p. 95. D. 1993. 187，Bretaudeau 述评，D. 1992. somm. com. p. 196，Tournafond 述评，Defrénois1992. 471. Dagorne-Labbé 述评）；即使在法院判例最后一次发生变化时，看来仍然保留了这种诉讼竞合。参见最高法院第以民事庭 1997 年 4 月 22 日判决（Bull. civ. I. N° 129. p. 85. D. 1998. 272. R · Martin 述评，1999. somm. com. p. 15. Tournafond 述评，JCP997. II22944. G · Bolard 述评）；最高法院第三民事庭，2000 年 2 月 15 日（droit et patrinoime，juillet-aout 2000. p. 95. Chauvel 述评）；最高法院第一民事庭，2000 年 11 月 29 日（CCC 2000. N° 41. Leveneur 述评）；最高法院第一民事庭，2002 年 2 月 19 日（JCP2002. IV. 569）；最高法院第一民事庭 2002 年 11 月 6 日判决明确重申了这一立场（CCC2003. N°38，Leveneur）；关于担保买受物不受追夺、误解与欺诈的比较，参见霍拉尔：《关于买受物不受追夺担保、误解与欺诈》，《巴黎一大学位论文》，1993 年，第 231 节，第 183 页（C · Hochart，la garantie d'éviction dans la vente，l'erreur et le dol，thèse Paris I. éd. 1993. N°231. p. 183）。

着大量的合同活动；被人们称为“咄咄逼人的侵犯式的销售方法”的出现，各种信贷的发展，冲淡了人们对这些活动仍然具有有偿性质的感受（使人产生了某种错觉、好像推销的商品不要钱一样）。面对这种情况，传统的同意瑕疵理论做出的回应似乎已经很不适应。来自这种环境的各种诱惑与压力，由于是弥漫性扩散与传播，绝大多数情况下，往往都不能看成是一种欺诈或胁迫。[1] 只有经过个案诉讼并且证明存在同意瑕疵时，才有可能认定在这些做法中间是否存在欺诈或胁迫。如果我们考虑一下这种状况，就会看到合同本身的作用往往是相当有限的，而到法院进行诉讼又往往是一种漫长的、代价很高的尝试。正因为如此，当今时代，人们在同意瑕疵理论之外已经采取了一系列的预防措施。这些预防措施的目的是要创造更加有利的条件，以便合同当事人之间真正做到（事前的）情况告知，以便他们在经过深思熟虑之后才决定是否订立合同，尽管这样做的社会效果仍然很不理想。为此，人们制定了一整套的旨在预防发生同意瑕疵的法律规定，而不是更多地去注重在合同订立之后再如何去制裁此前已经发生的这种瑕疵。这些做法虽然受到新自由主义的指导，但它并没有完全与意思自治理论一刀两断，因为，这些做法与尝试并不是要强制规范合同的内容，而是要给予消费者了解情况、进行思考的手段，如果给予了他们这样的手段，消费者就会是一个“有能力保护自己利益的精明而且自由的个人”；而只有保护了个人利益，总体利益才能从中得到保障。消费者越是了解情况，就越能选择那些最佳性价比的产品与服务，由此也将增加企业、产品、经济方面的竞争，有利于经济发展，也有利于抑制通货膨胀。

---

[1] C·格尔达内-奥贝尔德文塞尔：《论对同意的损害与合同制裁的有效性》，《巴黎二大学位论文》，2000 年（C · Ouerdane-Aubert de Vincelles，Altération du consentement et efficacité des sanctions contractuelles，thèse Paris II. éd2002）。

但是，可惜的是，如同我们经常看到的那样，从理论到实践，两者之间的距离就会显露出来。虽然上述立法总的指导思想是完全正当的，但其具体表现却显得特别无能为力。波塔利斯曾经叮嘱说，“立法者的学问，就在于找到最有利于公共利益的原则”，而“司法官的学问就在于将这些原则付诸行动，智慧而合乎理性地适用这些原则，使之更加细化、得到更广泛的实施”。可是，今天这些法律的制定者们似乎是有意反其道而行之，近 30 年来朝着波塔利斯所叮嘱的相反方向，缺乏整体眼光或视野，不断增加各种吹毛求疵的、支离破碎的规定而乐此不疲。

例如，自 1970 年至今颁布了大量的法律文件，其中许多规定相互重叠、相互交错、相互修改，形成了一个无法梳理的东拼西凑的大杂烩，远程教育、电视购物、动产信贷或不动产信贷、婚姻中介，如此等等，都囊括其中；而从这些法律运用的机制来看，也是随着不同的文件而不断改变，却始终无法看清这种种差别到底有什么必要。立法者并未站在应有的高度，未能高屋建瓴地作出决断，确实令人感到遗憾。现在还存在一种危险倾向：过分地针对不同类型的人作出不同的立法规定，傲慢地无视或者忽视了共同法。虽然说大部分的新规定都已经编入了《消费法典》（该法典的立法部分由 1993 年 7 月 26 日法律制定，而实施条例部分出自 1997 年 3 月 27 日的法令），但这仅仅是一种行政性质的法典编纂（une codification de nature administrative），其间存在着大量的不协调之处，由此导致的结果，不仅不是债法的革新，反而随着各种法律的层出不穷，进而导致各种法典的数量大量增加，数不胜数，再加上法国法律中不断地引入欧洲共同体法律的规定，使上述局面更趋复杂。

我们在下面将分别介绍有利于信息告知义务的各种措施（一），然后再介绍缔约当事人在订约之前应当如何进行思考（二）。

一、当事人的信息告知义务

257. 立法与法院判例

对缔约当事人的信息告知义务，也许是一个最好的例子，它最能表明在当今时代法官与立法者常常扮演起着相反作用的角色：立法者，受到某些团体的压力，为了迎合社会上各种各样的意见，大量增加了适用于不同类型的人的相应规定，对信息告知义务规定了一系列详细的繁杂手续，而这些形式手续之间的相互协调性却没有被放到最起码的质量要求的地位；与此同时，法院判例则相对少一些随机应变，并且考虑得更为周全一些。法院依据那些适用时间比较长久、变动较少的法律条文的规定，归结出了信息告知的一般义务，从而将这个问题重新放回到一种整体视野当中。

（一）一般的告知义务

258. 定义

在过去很长时间里，人们始终认为，除明确规定的法定义务之外，任何人均没有义务向相对当事人进行情况或信息的告知。自由社会是一种由负责任的、自由的人们组成的社会，在这样的社会里，人们奉行的规则是：每一个人都有义务“自行了解情况或信息”。不过，法院判例却充分认识到，如同人们在经济上不平等一样，在信息方面同样存在着不平等、不对称的情况，而这种信息不对称状况同样可以损害契约的平衡；本着“预防胜过治疗”的思想，法院判例循序渐进地强制规定特定的契约当事人负有向其合作伙伴告知信息的义务。[1] 在这方面，法院判例依据的是善意（诚信）的概念，尽管《民法典》第1134条第3款在使用善意这一概念时仅仅是针对契约的履行作出的规定（契约应善意履行之），但是，善意同样浇灌着契约的成立（参见第43节）。

在合同领域，这种强制性的信息告知义务（communication obligatoire de connaissance）可以涉及契约活动的不同时期，可以有不同的强度：如果涉及的是说明客观事实，我们将这种义务称为“情况说明义务”或“情况告知义务”（obligation de renseignements，obligation d'information）；如果负有此种义务的人应当向相对当事人原原本本地说明其提议订立的合同的适当性以及订立此种合同的利弊，[2] 我们就称之为“咨询建议义务”（devoir de conseil）；如果要求负有告知义务的人必须特别提醒相对当事人注意所涉及的合同活动可能存在的风险，[3] 那就是一种“提醒注意义务”（un devoir de mise en garde）；如果在尚未订立合同之前就存在此种义务并且目的是为了让相对当事人在搞清楚所有情况的前提下才表达同意意思，我们称之为“合同前的情况说明义务”（obligation précontractuelle de renseigne-

[1] M·德居格拉尔：《论合同中的情况说明义务》，载《民法学季刊》，1945年，I（M·de Juglar，l'obligation de renseignement dans les contrats，RTD civ. 1945. I）；阿利斯：《论合同中的情况说明义务》，《巴黎大学学位论文》，1975年（Alisse，l'obligation de renseignement dans les contrats，thèse Paris. 1975）；Y·博埃耶：《论合同成立中的情况说明义务》，《埃克斯马赛第三大学学位论文》，1977年（Y·Boyer，l'obligation de renseignement dans la formation du contrat. thèse Aix. 1977）；G·维南德：《论商业买卖中保护同意意思的完整性》，《南锡大学学位论文》，1976年（G·Venandet，la protection de l'intégrité du consentement dans la vente commerciale，thèse Nancy. 1976）；格里斯提亚诺斯：《论动产产品买卖中的信息告知义务》，1987年（Gristianos，l'obligation d'informer dans la vente de produits mobiliers，1987）。

[2] B·德圣阿弗利克：《论咨询建议义务》（B·de Saint Afrique，Du devoir de conseil，Defrénois1995. 913，Mestre 述评，RTD civ. 1993. 83）。

[3] 例如，在金融投资方面，银行就负有提醒客户注意风险的义务。参见最高法院商事庭2008年3月26日与4月8日判决（RDC2008. 1178，S·Carval 述评）。

ment)；如果此种义务具体体现为合同的一种效果，主要目的是提供相关情况，[1] 或者是为了更加适当地履行合同的主要义务，从而要求附带提供特定的情况、建议或者特别提醒，那么，这种义务本身也就成了合同义务的一部分。

虽然这些概念在理论上是非常清楚的，但是在实践中它们相互之间的区分界限，特别是合同前义务与合同义务之间的区分界限，却越来越难以分清。因为，有些告知义务产生于合同订立之前但却延续至合同订立之后，此外，有些合同是逐步成立的合同。因此，要想确定某种义务是否仍然属于合同前义务，还是已经成为合同义务，往往非常棘手。[2]

为了克服这方面的困难，有的学者最近提议采取一种“功能性区分”方法。这种功能性区分是以“信息告知对于接收信息的一方当事人所具有的利益”为基础。这些学者按照信息告知的目的不同，将告知义务区分为：为了使相对当事人能够在充分知情的条件下表示同意意思，以及为了确保合同得到完满地适当履行（两种不同功能）。[3] 这种按照信息告知的功能作用进行区分的理论探讨，在重申传统的区分方法的同时又超越了传统方法。因为，为了使相对当事人能够在充分知情的条件下表示同意意思，以此为目的的信息告知义务是要确保“在合同存续的任何时候”，其中包括在合同的订立、合同的延展、变更或者解除合同的各个阶段（而不局限于合同订立之前）均得到当事人的完整的同意。因此，不同的告知义务各自特有的法律制度就来自它们不同的功能：违反“旨在确保当事人同意之质量的”告知义务，将以法律行为无效及侵权责任

[1] N·雷布勒：《论咨询合同》，1999 年（N·Reboul，contrat de conseil，1999）。

[2] Ph·勒图尔诺：《情况说明义务或建议义务的减轻》（Ph·Le Tourneau，De l'allégement de l'obilgation de renseignement ou du conseil. D. 1987. chron. p. 101）。

[3] M·Fabre-Magnan. 前引书，N°281. p. 234。

论处；而违反“旨在确保合同适当履行”的告知义务时，将以合同责任（违约责任）制裁之。

在这里，我们暂且仅限于讨论合同订立前的告知义务，因此，我们需要弄清楚的是，在哪些情况下，一方当事人有义务向相对当事人进行情况告知，以便相对当事人在充分知情的条件下清楚地表示同意意思以及在违反这种义务的情况下将会受到什么样的制裁。

259. 合同前说明情况之义务的存在条件，发展变化

在每个人都有独立性与责任性的社会里，每一个人都应当管好自己的利益，而不要等到他人来帮助。奠定这样一条规则似乎是自然而然的事。但是，与此同时，从诚信（la loyauté）应当主导合同关系的成立看来，基于这种诚信，我们应当要求：在一方合同当事人掌握某些情况或信息，足以影响相对当事人作出选择时，就应当自动地将这些情况、信息告知相对当事人。随着时代不同，这些要求所考虑的重点也各有不同。在过去很长时间里，人们都是推定每一个人都有能力“自己把握自己”，由此也就产生了这样一个格言：“买方应当多问（emptor debet esse curiosus）”。[1] 自己应当多了解情况，这是每一个人自身的义务或责任。[2] 但是，自20世纪中叶以来出现了一股思潮，那就是：更加关注弱势群体，更加关注如何减少不平等的状况，因而也改变了事态的平衡，使之偏向更有利于那些“看来实际能力有限，难以自行了解情况的”人们。于是，“自行了解情况”的义务也就让位给了“情况说明义务”或

---

[1] P·茹尔丹：《论自行了解情况之义务》，载《Dalloz 法律评论汇编》，1983年，139（P·Jourdain，le devoir de se renseigner，D. 1983. 139）。罗朗与博埃耶：《法国法律格言》（Roland et Boyer，Adages du droit Français），第4版，第110节，第199页。

[2] 正如波塔利斯在《民法典》开篇词里指出的那样：“一个人在与他人进行交易时，应当专注认真、应当聪明智慧。他应当关注自己的利益，了解所有的适当的情况。”

“情况告知义务”，当然，要想成立此种告知义务，也必须具备一定的条件。这些条件如下所述：

首先，只有在一方当事人合情合理地掌握着与合同相关的适当的情况[1]时，才有可能谈得上告知义务。所谓“与合同相关的适当的情况”是指，相对当事人如果了解这些情况，足以引起其改变态度，不论是决定放弃订立合同的打算还是在重新审视相关条件之后坚持订立合同。这就是说，一方当事人，自认为是情况告知义务的“债权人”时，应当证明负有此种告知义务的人知道那些本来应当披露的情况或信息，而且知道这些情况或信息对于相对方当事人来说是非常重要和必要的。[2]

其次，只有在自认为是告知义务的“债权人”的人本身不知晓某种隐藏的事实，而且其不知晓、不了解这些事实属于合情合理的情况下，[3] 他方当事人才负有告知义务；如果是相反情况，“有知情权的人”也就只能责怪自己了。由于某种特殊情形，在排除“每一个人原则上都有自行了解情况的义务”时，例如，在一方当事人掌握某种情况而相对当事人不可能自行发现那些没有披露的事实时，[4] 我们就可以认为相对当事人不知晓、不了解这些事实属于合情合理的范围。不过，即使在这种情况下，也没有必要要求相对

[1] M · Fabre-Magnan, N°169. p. 132.

[2] M · . Fabre-Magnan, N°241. p. 188；Y · 博埃耶，前引书：“购买人打算将其购买的物用于专门用途时，应当将此打算告知相对当事人（Y · Boyer, N°250）。”

[3] M · Fabre-Magnan, N°253. p. 197.

[4] 已经广泛传播的广告信息，就不属于这种情况。例如，一个有着丰富商业经验的职业人购买一处自选商场之后，发现该地区还有另一家大型超市，他就不能责备自选商场的出卖人没有告知这一情况，因为大型超市的建设计划几乎是家喻户晓：经过市议会的讨论，通过新闻渠道进行了传播。参见最高法院商事庭 2001 年 7 月 17 日判决（D. 2002. somm. com. p. 1004, Pignarre 述评）；同样，对于那些众所周知的事实，也应当作相同处理，参见最高法院第三民事庭 2002 年 3 月 6 日判决（RTD civ. 2003. 82, Mestre et Fages 述评）。

当事人是处于绝对不可能自行了解情况的状态，只要他在这方面会遇到严重的困难，即告足够；[1] 或者，当事人基于他与相对当事人之间的特殊信任关系，可以认为后者应当主动向其告知情况时，也是如此。这种特殊的信任关系可以源于双方当事人打算订立的合同的性质，例如，打算订立的是一项委托代理合同、[2] 人合公司契约[3]等，也可以由于双方当事人各自的身份而产生这种特殊信任关系，例如，当事人属于一个家庭的成员，或者一方是职业人而另一方是行外人。[4]

在实践中，更为具体地说，在职业人与行外人的关系方面，告知义务找到了它的当然适用领地。职业人在其能力所及的范围内掌握着应当传达给他的顾客的知识。正因为如此，各法院都会毫不犹豫地认定，职业人因其本身的资质，知道或者应当知道相关的情况，[5] 当

---

[1]例如，最高法院第三民事庭 1971 年 4 月 28 日判决（JCP1971. II. 16841. RTD civ. 1971. 868，G · Cornu 述评）（在季节性出租房屋的情况下，不能责备承租人自己不到现场评价出租场所的状况）。

[2]最高法院第一民事庭，1954 年 12 月 22 日（D. 1955. p. 254）。

[3]最高法院商事庭，1959 年 4 月 21 日（Bull. civ. III. p. 162. N° 178）；最高法院商事庭，1965 年 3 月 8 日（Bull. civ. III. N°173. p. 147）；最高法院商事庭，1971 年 11 月 22 日（Bull. civ. IV. N°279. p. 261）。

[4]最高法院第一民事庭，1985 年 6 月 19 日（Bull. civ. I. N°201. p. 181）：本案涉及的是二手车的修理与出卖人及其顾客之间的关系；反过来，只有在专业买受人的能力不能保障其准确评价所购产品的技术性能的情况下，才存在出卖人或者制造厂商对专业买受人的告知义务，参见最高法院第一民事庭 1998 年 6 月 3 日判决（Bull. civ. I. N°198）；最高法院第一民事庭，2002 年 2 月 19 日（RTD civ. 2003，Mestre 与 Fages 述评）；最高法院商事庭，2009 年 3 月 24 日（CCC2009. N°158，Leveneur 述评）。

[5]最高法院第一民事庭，1989 年 4 月 18 日（Bull. civ. I. N° 150. p. 99）。不动产经纪人，作为不动产行业的专业人员，不可能不知道其作为中介人而出卖的不动产存在的“非常明显的干扰与混乱”，但他却没有将此情况告知买受人，该经纪人违反了“咨询建议义务”。但是，需要指出的是，仅仅以违反“咨询建议义务”来处理这种问题，仍然存在缺陷，它完全没有考虑当事人的欺骗意图，而欺骗意图是欺诈的构成要件之一（参见第 234 节）。

然，这些情况应当属于他们各自的专业范围之内。[1]

不过，不能将所有的职业人与行外人之间的情况告知义务都看成完全一样的、没有任何差别。这是我们所要防止的。一方面，法院判例在职业人与行外人的关系方面也表现出一定的灵活性：一切都取决于合同的每一方当事人自行了解情况的能力如何。正因为如此，有些法院还判决行外人要对职业人没有告知情况负责任，[2] 另一些判决则认为职业人对行外人并不负有情况告知义务，[3] 除此之外，法院判例有时还认为，即使在普通个人之间，[4] 或者，在职业人相互之间，[5] 同样存在情况告知义务。

> 最后一种情况在生产者与经销商之间体现得最为明显。法院判例指出，经销商虽然是职业人，但通常也都是一些小本生意人，他们通常并不像自己的合同相对当事人那样掌握着良好的手段，因为，有些生产者在市场上占据着稳定的地位，拥有完善的经济研究手段。而经销商要求获得的信息不仅涉及其待销的产品，而且涉及企业的经济前景，他们设点开业需要进行

---

[1]参见巴黎法院 1988 年 3 月 2 日判决（D. 1988. IRp. 82）：独栋房屋的建筑人是建筑行业的专业人士而不是信贷业务的专业人士，因此他不负有关于信贷方面的“咨询建议义务”。

[2]最高法院第一民事庭，1976 年 11 月 24 日（Bull. civ. I. N°370. p. 291）：并不免除与职业人订立合同的当事人自己提供其掌握的情况的义务，如其不履行此种义务，同样会损害相对当事人的同意意思。

[3]最高法院第一民事庭，1985 年 3 月 19 日（Bull. civ. I. N° 98. p. 90. RTD civ. 1986. 339，J · Mestre 述评）。

[4]最高法院第一民事庭，1992 年 6 月 30 日（Bull. civ. III. N° 238. p. 145. CCC1992. N° 218. Defrénois1993. p. 378，G · Vermelle 述评）。

[5]最高法院商事庭，1989 年 7 月 4 日（Bull. civ. IV. N° 213. p. 143. RTD civ. 1989. 737. Mestre 述评）；最高法院商事庭，1993 年 5 月 4 日（Bull. civ. IV. N° 163. CCC1993. N° 171，Leveneur 述评，RTDciv. 1994. 93. J · Mestre 述评）；最高法院商事庭，1993 年 5 月 25 日（Bull. civ. IV. N°211. p. 151. RTDciv. 1994. 94. J · Mestre 述评）。

投资，这种投资与其从事的经销活动的商业效益有着直接的关系。在这里，我们遇到的是两个方面的问题：一方面，合同当事人之间经济结构不平等；另一方面，一方当事人难以自行了解情况。法院判例在这方面持保留态度，认为经销商作为职业人，对其将要从事的经销活动的经济前景应当自行做出评判；[1] 不过，立法者最后还是听取了经销商的诉求。《商法典》第330-3条规定，任何人，将商业名称、商标或招牌交由他人支配、使用，同时要求该人做出义务承诺，在其从事活动中排他性使用该商业名称、商标或招牌时，在为双方的共同利益订立的任何合同签字之前，有义务向另一方当事人提供包含真实准确的信息的文件，以便另一方当事人在充分了解实情的情况下做出义务承诺。——应当提交的文件的内容由法令确定，文件尤其应当具体说明授权企业的经营年限与经验、相关市场的状况与发展前景、经营网点的规模、合同的期限、合同的延展、解除与转让条件，以及排他性义务的适用范围。——在上述合同签字之前要求交纳一笔费用时，特别是为了取得排他性条款规定的保留地域范围而缴纳费用时，应当就与此项费用相对应的服务以及在废除合同的情况下双方的义务书面作出明确规定。——第1款所指的文件以及合同草案，最迟应在签字前20日，或者，在相应情况下，于前款所指的费用支付之前，传达给对方当事人（1989年12月31日“杜班法（案）”第1条，参见第115节）。

260. 证据与制裁

通常情况下，当告知义务的债权人以相对当事人没有履行此项

[1]最高法院商事庭，1986年2月25日（Bull. civ. IV. N° 233. p. 28）；最高法院商事庭，1987年2月10日（Bull. civ. IV. N°41. p. 31）。

义务而提起诉讼时，应当负举证责任（《民事诉讼法典》第9条），但是，要想证明某种“否定性事实”的存在——也就是说，要想证明债务人方面“什么都没有告知”、“什么都没有说明”——那可是很难提出证据的。正因为如此，最高法院提出的规则是：应当由负有告知义务的当事人提出其履行了此项义务的证据。[1] 违反告知义务，并不是自动受到制裁，而是要遵守普通法规定程序与制度：不履行告知义务，作为引起相对当事人同意瑕疵的原因，将引起合同无效；不履行告知义务，作为侵权过错所产生的后果，将引起适用民事侵权责任之规则；[2] 不履行告知义务，由于标的物存在隐蔽瑕疵，或者作为引起财产或权利被追夺的原因，将引起隐蔽瑕疵担保责任或者引起保证财产或权利不受追夺之担保责任。

更具体地说，当一方当事人没有告知的情况或信息涉及《民法典》第1110条意义上的某项给付的根本品质时，（相对当事人）可以以错误或误解之原因请求解除合同（参见第214节）。如果当事人隐瞒某种情况的意图是为了促使相对当事人与其订立合同，相对当事人还可以以欺诈性缄默为原因请求撤销该合同（参见第233节）；如果一方当事人尽管不了解情况但仍然订立了合同，而所订合同的条件与其在可能了解情况下订立的合同的条件不同时，在此情况下，他可以依据《民法典》第1382条有关侵权行为的规定请

[1]最高法院第一民事庭，1997年2月25日（Gaz. Pal. 1997. I. 274；关于民事责任的诉讼，另见Sargos述评，JCP1997. I. 4025. G · Viney述评，CCC1997. N° 76，chron. N° 5. L · Leveneur述评，Defrénois. 1997. 751. J-L · Aubert述评，RTDciv. 1997. 434. Jourdain述评，924，J · Mestre述评，Grands arrêts t. I. N° 16）；最高法院第一民事庭，2002年5月15日（CCC2002. N°135. L · Leveneur述评，JCP2002. I. 184. N°1. F · Labarthe述评，关于因欺诈性缄默提起的诉讼）。

[2]但要求存在某种损失，参见最高法院第一民事庭2002年6月25日判决（RTD civ. 2003. 83，Mestre et Fages述评）。

求损害赔偿，而不是主张合同无效；最后，如果在买卖合同中出卖人对买受人隐瞒了标的物存在的隐蔽瑕疵，导致标的物不能用于它的正常用途，或者出卖人隐瞒了存在“标的物被追夺的原因”，买受人可以以《民法典》第 1641 条为依据，针对出卖人提起隐蔽瑕疵担保之诉，或者以第 1626 条为依据提起保证“购买的财产不受追夺之担保”诉讼。[1]

（二）特别告知义务

261. 告知义务的多样性

有一些法律条文进一步细化了由法院判例归结出来的一般告知义务，具体规定一方当事人应当向对方当事人告知哪些信息与情况。这些法律条文的规定通常适用于职业人与消费者之间的关系，但并不仅仅限于这种关系。

在这类法律条文中，第一个系列的规定囊括了财产出卖人、服务提供者等职业人应当向消费者提供的情况或信息。一方面，这些职业人“在合同订立之前应当让消费者能够了解产品与服务的主要性能或主要特点”（《消费法典》第 111-1 条，1992 年 1 月 18 日法律第 2 条）；另一方面，这些职业人应当“通过标记、标签，张贴或放置价目标签，或者采取其他任何适当的方法，向消费者告知产品与服务的价格，可能对合同责任的限制以及买卖的特别条件”（《消费法典》第 113-3 条，1986 年 12 月 1 日法令第 28 条）。

实际上，现在编入《消费法典》的上述两个互为补充的条文规定所依据的指导思想却有所不同。最初规定第一项条文的法律，其宗旨是要强化对消费者的保护，而第二项条文则是出自“有关价格自由与保护竞争的法令”，这一法令的首要目的是要实现市场的透

[1] M · Fabre-Magnan，前引书，N°380.

明化，以保障正常地开展竞争。

《消费法典》第 111-1 条的规定采纳了由法院判例认定的告知义务，而且没有对法院判例所作的这种认定进行任何增加或补充。法院判例成为法律条文的一种支撑依托。在违反由这些条文所规定的告知义务的情况下，将以欺诈性缄默为依据实行制裁，对合同处以无效，甚至有可能附加判处损害赔偿；而由 1986 年 12 月 1 日法令第 28 条转化而来的《消费法典》第 113-3 条第 1 款则规定，由“行政部门发布条例具体确定履行该条所宣告的告知义务的方式”。违反这些行政条例的规定受到的制裁是对第五级违警罪规定的罚金（1986 年 12 月 29 日法律第 33 条）。虽然在价格方面已经发布了多项行政条例，但在（是否）“可能限制责任”的问题上却没有这样做。这一点让人感到遗憾。正如我们看到的那样，（职业人订立的）有些合同条款的目的或者产生的效果恰恰是试图在他们违反告知义务的情况下取消或者减少消费者获得赔偿的权利。这样的条款实际上构成滥权条款，但有的法令和法院判例却仅仅将这些条款视为“不曾订立”（而没有规定任何处罚），前者如一项有关买卖的法令，[1] 后者如一个有关服务性给付的判例。[2] 换句话说，我们在这里看到，上述两个条文非常清楚地说明当前的立法工作非常平庸：其中的一个条文要求向消费者告知有关某项条款的完善的信息，而另一个条文却仅仅是说这项条款“不曾订立”（因此不会受到其他处罚）。

还有另一项法律条文，同样“没有对现有的法律增加任何新的东西”，[3] 那就是《消费法典》第 133-2 条（出自 1995 年 2 月 1

[1] 1978 年 3 月 24 日法令编入《消费法典》条例第 R132-1 条与第 R132-2 条。

[2] 最高法院第一民事庭，1991 年 5 月 14 日（DF. 1991. 449，Ghestin 述评，JCP1991. II. 21763. G · Paisant 述评，Defrénois1991. p. 268. J · Aubert 述评）。

[3] Paisant. Chron. D. 1995. p. 106.

日法律的条文)。该条接过了 1993 年 4 月 5 日欧洲共同体指令的有关规定，其中指明："由职业人向消费者或非职业人提议的合同条款的文字表述应当清楚。"一项合同条款的文字表述不清楚，令人无法辨认，无法理解，造成这种情况的首要因素是该合同条款使用的语言模糊。一项条文即使采用非常显眼的字体、简洁的文字表述，但如果其制定者故意使用一种令他人无法理解的语言、词汇或表达方式，他人仍然无法真正弄清这项条款到底想说什么。法国宪法第 2 条规定："共和国的语言是法语。"由此可以归结出一个非常简单明白的思想：职业人在法国国内向消费者提议的合同都应当使用法语。这也是 1975 年 12 月 31 日关于使用法语的法律作出的规定。按照这项法律，"在对财产或服务作出表述、提出要约、进行书面或口头介绍、说明使用方法、说明保证范围与条件时"都必须使用法语。[1] 1994 年 8 月 4 日有关使用法语的法律基本上接过了上述规定，但是这些规定却被宣告"不符合宪法"，因为它违反了《人权宣言》第 11 条宣告的"自由表达思想与意见"之原则。[2] 从这里也可以看到，抽象地保护被理想化的人的权利，达到赋予其"神灵显现"的程度，不仅不能保护消费者，反而成了一种"使对消费者保护的向后倒退以及否定国民身份（语言是身份认同的一个标志）的最有效的工具"。在这方面，法国宪法委员会还是得到了欧洲共同体法院的宝贵支持，因为欧洲共同体法院认为，欧洲法"反对（各成员国）国内法规强制在食品与产品的标签上使用特定语言，而不去考虑使用其他语言也可以方便购买者，不去考虑消费者同样可以明白与理解相应的文字表述，或者不去通过其他措施告

[1]关于这一法律的规定，参见 Delaporte：《关于使用法语的法律》（Rev. crit. DIP. 1976. 447）。

[2]法国宪法委员会，1994 年 7 月 29 日（政府公报，1994 年 8 月 2 日，D. 1995. somm. com. p. 304，A · Roux 述评）。

知购买者的可能性”，例如，可以通过图形、象征性符号以及象形文字等措施来替代语言文字表述。因为，如果只限定使用某种特定语言，就有可能限制进口。[1]

还有其他一些针对财产出卖人或者服务提供者的法律条文，但这些条文规定这些人负担的义务是一种目标更加有限的义务，例如，《消费法典》第134-1条：“作为出卖人或服务提供者的职业人，在任何有利益的人提出要求时，都应当向他们提供平常提议的合同文本一份。”立法上作出这样的规定，目的是希望它能够便利于那些打算订立合同的人，让他们能够更好地了解情况。另有许多法律条文也就特定类型的合同规定了相同的义务。

在这方面，立法相互交叉的情况还不只这些。立法者还对特定的合同规定了专门的告知义务，例如，对保证合同就规定了多项专门的告知义务，而且这些特别告知义务也是相互交错、难以理清的，解释起来也会随着不同的指导思想与即兴想法而各不相同，使得相关的利益关系人极易搞混。

262. 信息告知的形式主义

第二个系列的法律与法规的条文是对各种不同的合同规定了“信息告知义务必须遵守的形式”，而且这方面的条文每年都在增加。按照这种强制性形式主义的要求，一方当事人——通常是指职业人——不仅受强制制定书面合同，而且应当在合同中写明特定的

[1]欧洲共同体法院，1998年7月14日（D. aff. 1998. 1742）；共同体法院，2000年9月12日（RTD civ. 2001. 238，Molfessis述评）：法国政府为了回应对其作出的判决，在《消费法典》条例第R112-8条中增加了第2款的规定（2002年8月1日法令），并于2001年9月20日发布了有关适用1994年8月4日法律第2条规定的通知，现在，1994年8月4日的法律则由最高行政法院2003年7月30日作出的裁决部分废止。另见H·克拉雷（H·Claret）：《雅克·杜蓬法案符合共同体法吗?》（CCC2001. chron. N°5）。

具体事项，目的是告知相对当事人享有哪些权利，应负哪些义务，以及有关合同标的本身的事项或法律的保护性规定。在这里，相对当事人通常是消费者，但不仅仅是指消费者。这样，只要相对当事人在合同签字之前稍微阅读一下合同条文，就可以在完全了解情况的基础上作出判断，从而决定自己是否承担义务。不过，在实际生活中，情况远非如此。

1935 年 6 月 29 日法律最先作出规定，营业资产的出卖人必须在转让文书中写明有着明确的具体要求的特定事项。现行的《商法典》第 141-1 条对这些事项规定："一、确认协议转让营业资产的任何文书，即使是按照其他合同的条件与形式同意进行的转让，或者，用营业资产向公司出资，出卖人均有义务写明以下事项：1. 该营业资产的前出卖人的姓名，该出卖人据以取得该营业资产的文书的日期及其性质，营业资产的各项无形要素、商品与设备的买受价格；2. 营业资产负担的优先权和无形动产质权的状况（清单）；3. 营业资产转让前最近 3 个会计年度实现的营业额；如果转让人占有营业资产的时间不足 3 年，营业额按照其实际占有时间计算；4. 在相同时间内实现的商业利润；5. 相应情况下，商业租约（商铺租约）、其日期、年限、出租人与租约转让人的姓名。二、买卖文书遗漏写明上述事项的，应营业资产买受人在 1 年内提出的请求，可以引起该文书无效。"

由《商法典》这一条文率先采用的方法后来被运用到其他很不相同的各种情况。由于不可能在这里完全列举这些情况，我们仅介绍其中几个主要例子：《教育法典》第 444-7 条关于远程教育的规定；《消费法典》第 121-21 条关于上门推销产品的规定，第 121-18 条关于隔地买卖的规定；《金融与货币法典》第 342-13 条关于金融推销的规定；1970 年 1 月 2 日法律关于不动产经纪人的委托代理的规定；1984 年 7 月 12 日法律关于“通过租赁方式取得不动产所有权”的规定；1989 年 7 月 6 日关于住房租约的法律规定；1989 年 6 月 23 日关于婚姻中介的法律规定；1989 年 12 月 31 日的法律关于准许他人使用商业名称、商标或商业招牌并要求做出独家使用承诺的规定；1992 年 7 月 19 日法律关于旅行销售合同的规定；1998 年 7 月 8 日法律关于分时使用不动产合同的规定（分时度假酒店的使用合同，《消费法典》第 121-61 条）。

有时，立法者还走得更远，规定当事人应当通过“合同前的程序”向消费者提供特别情况或信息。这种程序也被称为“事前要约”，例如，消费信贷方面的规定就是如此（1978 年 1 月 10 日法律，《消费法典》第 311-1 条）。在这里，立法者对要约人与受要约人的角色进行了强制性划分，并且据此规定（在消费信贷里）要约必然是由贷与人发出，贷与人一方必然是要约人。这样，不论借贷人方面做出或者采取何种主动，都只能被认定为简单的谈判邀请。而且，立法者的关注并未到此为止：为了使（贷与人发出的）要约完全起到向消费者告知情况的作用，有关的法律条文不仅具体规定了这种要约必须写明的事项，而且径直规定了合同样本，有关的合同必须按照这些范本来制定。这就是说，在向消费者履行告知义务的掩护下，人们又重新回到了新自由派理论明确主张应当排除的那种制度，也就是重新回到了“由公共权力机关而不是由当事人自行规范合同内容”的制度。在《消费法典》第 133-1 条（1995 年 2 月 1 日法律的条文）的后面也显露出相同倾向：这一条文给予政府以权力，通过颁布法令来规范“确认职业人与消费者之间所订合同的文书”的内容与格式，以便确保履行对消费者的告知义务。

告知义务所要求的形式，从表现来看，总体上还是比较协调的，但这种形式要求还有待进一步扩展，因为合同当事人之间存在的依附状况或不平等状况仍然没有消失。现在，立法者已经选定了这方面的问题，打算分步骤地通过立法来加以解决。尽管立法上采取的做法并不令人十分满意——因为它将导致这类条文的规定越来越多，越来越分散，但是，如果这就是为了更加有效地保护消费者而应当付出的代价，那么我们也就只好认了。不过，写在纸上的形式主义的规定越多、越复杂，也会使这些规定成为一种很难掌握的工具，甚至对于那些受其保护的人来说，成了一种很难运用的工具；另一方面，这种形式主义要求反过来也会不利于其本意上予以保护的人们。法定的要求，即使规定得十分细致，有时也总会遗漏某些问题；而“不遗漏有关的信息”可能正是“信息告知之一般义务”本应做到的事项；但是，目前的法院判例却认为：“只要立法者本身不认为有必要在制定的合同标准范本中写明某个应当说明的事项，那么就不能归咎于合同当事人有任何的欺诈性缄默。”这就是说，只要合同遵守了法律明文规定的应当写明的那些告知事项，只要遵守了法律规定的那些形式，受此信息告知的人就不能再提出其他诉求。[1]

上述做法曾得到理论界部分人士的极力推荐[2]与赞同。[3]这些人士认为，如果在上述情况下再继续准许运用所谓“欺诈性缄默”这样一个理由，无疑等于指责立法者“缺乏远见、没有能

[1]最高法院第一民事庭，1989 年 6 月 14 日（JCP1991. II. 21632，Virassamy 述评，D. 1989. somm. com. p. 338，Aubert 述评，RTD civ. 1995. 98，Mestre 述评）。

[2]L·埃内斯：《论形式主义与预防，消费者信贷法》，1982 年，第 80 页（L·Aynes，formalisme et prévention. le droit du crédit au consommateur. 1982. p. 80）。

[3]J·Mestre，RTD civ. 1995. 98.

力”。[1] 然而，这些人士的看法并不能完全说服另一些学者。[2] 因为，上述做法已经证明，按照波塔利斯在“《民法典》开篇词”里所说，“在什么都想规范、什么都想规定这样一种危险的雄心壮志的主导和推动下的立法，将会导致何等的违背常理”。实际上，当消费者订立合同的同意意思存在瑕疵时，为了维护所谓“无懈可击的立法”的神话[3]而继续让这样的消费者接受合同的约束，显然是荒谬的。正如凡尔赛上诉法院在其判决中非常正确地重申的那样：“只要法律的一般规定与特别规定之间不相抵触，那么，受特别法的规定调整的专门合同仍然要受合同普通法的调整。”[4] 这就是说，特别法的规定与普通法的规定不仅完全不是相互排斥的关系，而是应当在具体情况下相互结合的关系，以便更好地保护消费者。为此，我们只需考虑在立法者明文列举的那些事项之外还可能存在其他某些事实，如果忽略这样的事实不予告知，将以欺诈论处，即可做到这一点。正因为如此，最高法院已经着手对告知义务的形式要求所产生的逆反效果进行补救，并且规定那些负有义务、应当提供已经有法律规范的信息或情况的特定职业人还应

[1] G · Virassamy，JCP1991. I. 21632. p. 52. N°12.

[2] 关于这个问题，参见 N · 赫泽佩基：《消费法与合同之一般理论》，《斯特拉斯堡大学学位论文》，1998 年，第 585 节，第 409 页（N · Rzepecki，Droit de la consommation et théorie générale du contrat. thèse Strasbourg. 1998. N°585. p. 409）。

[3] G · 果尔迪-热尼贡：《合同普通法与特别法研究》，《巴黎二大学位论文》，2009 年，第 173 节，第 217 页（G · Goldie-Génicon，Contribution à l'étude entre le droit commun et le droit spécial des contrats. thèse Paris II. éd. 2009. N°173. p. 217）。

[4] 凡尔赛上诉法院，1994 年 7 月 8 日（RTD civ. 1995. 98，J · Mestre 述评）：该判决认为，接受上门推销产品的消费者，即使没有行使反悔权，仍然不妨碍其在随后以“同意瑕疵”为依据主张合同无效。另见凡尔赛法院 1995 年 9 月 15 日判决（RTD civ. 1996. 147，J · Mestre 述评）。

当履行必要的咨询建议义务,[1] 或者甚至还负有“提醒相对当事人注意相关事项的义务”。[2] 而要想履行这种咨询建议义务，也就要求职业人方面的行为更加主动、更为积极，如果他们仅仅是提供了符合立法规范要求的那些信息或情况，仍然不能认为他已经完全履行了这些义务。例如，如果从某一借贷人的经济来源状况来看，他完全没有相应的能力缔结其打算订立的信贷合同，在这种情况下，如果信贷企业仍然不对该人的借款要求加以劝阻、提出建议，那么信贷企业即使遵守了法律规定的其应当负担的告知义务或手续，仍然有可能引起其责任。[3] 这也许是一个最好的例子，说明债法与消费法之间出现了一场“追逐竞赛”：每一方都想补救另一方的欠缺与不足。这样一来，我们的法律就将变得更加复杂，那些被认为受到这种法律保护的人就更难读懂这样的法律。

最后，当这些合同没有写明法律规定的全部应载事项时，也就是说，在合同没有遵守法定的形式时，往往会被认定无效，以示对其制裁，而这种制裁看来也与立法者追求的目的不太适应。实际上，更为可取的做法应当是，在宣告合同无效之前，首先应当审查获得信息告知的一方当事人的同意意思是否存在瑕疵，只有在由于遗漏告知某种信息确实使该方当事人受到欺骗的情况下，法官才能

[1]最高法院第一民事庭，1995 年 6 月 27 日（Bull. civ. I. N° 287. p. 200.　D. 1995. 621. Piédelièvre 述评，Defrénois1995. 1416. D · Mazeaud 述评，CCC1995.　N211. Raymond 述评，RTDciv. 1996. 384. J · Mestre 述评）。

[2]最高法院混合庭，2007 年 6 月 29 日（JCP2007. II. 10146，A · Gourio，H · Guyader 述评）：银行对借贷人负有的“提醒注意相关事项的义务”（CCC2008. Étude N° 5）；不过，还需要主张银行应负这种“提醒注意义务”的人本身表现是诚实的，没有向银行隐瞒某种理由，而恰恰是被其隐瞒的这种理由可以构成证明银行负有提醒注意义务的因素。既然他隐瞒了实情，也就很难认定银行的责任。参见最高法院第一民事庭 2007 年 10 月 30 日判决（D. 2008. 256. E · Bazin 述评）。

[3]最高法院第一民事庭，1995 年 6 月 27 日。

宣告合同无效。[1] 是否宣告合同无效，对于法官来说，只不过是一种任意性选择权力。然而，现在的情况是，虽然法官在有些情况下这样做了，[2] 但在另一些情况下却仍然是机械地运用合同无效来作为制裁手段。当然，这种制裁有时也完全符合合同所追求的目标。例如，在消费信贷[3]与不动产信贷领域，当提出的要约没有写明法律要求写明的全部事项时，受到的制裁是贷与人丧失获得利息的权利；在消费信贷方面，这一制裁具有强制性（《消费法典》第311-33条）；而在不动产信贷方面，这种制裁属于任意性质（《消费法典》第312-33条）。实行这种制裁措施，可以使向贷与人偿还利息的借贷人只需要按照约定的期限偿还本金，而不是立即一次性偿还所借款项。不过，这一制裁制度的效力因最高法院作出的一项判决而大打折扣。最高法院的判决认为：不遵守这些具有公共秩序性质的规定受到的制裁，不仅仅是贷与人丧失获得利息的权利，而且借贷合同无效。[4] 换句话说，借贷人还是必须立即偿还

[1] D·Mazeaud 述评（D. aff. 2002. 74）；另参见 Magnier：《论对违反信息告知义务的形式主义的制裁》（les sanctions du formalisme informatif, JCP2004. I. 106）。

[2] 1935年6月29日关于营业资产买卖的法律即现行《商法典》第L141-1条第2款规定："买卖文书遗漏写明上述事项的，应营业资产买受人在1年内提出的请求，可以引起该文书无效。"参见最高法院商事庭1953年7月21日判决（Gaz. Pal. 1953. 2. 316）；最高法院商事庭，1982年5月10日（Bull. civ. IV. N°166. p. 147）；另见最高法院商事庭1998年2月10日判决（CCC1998. N°55, Leveneur 述评）。

[3] B·佩梯：《论信贷合同的连续成立，消费者信贷法》，第93页，第11节（B·Petit, la formation succesive du contrat de crédit, le droit du crêdit au consommateur, p. 93. N°11）。

[4] 最高法院第一民事庭，1994年7月20日（D. 1995. somm. com. p. 314, Pizzio 述评，Defrénois1995. 350, D·Mazeaud 述评）。这是在不动产信贷方面作出的一项判决，因此尤其有意思，因为，对于法官来说，是否宣告丧失获得利息的权利，属于任意性质。在这样的领域作出这样的判决，令人感到奇怪。对于最高法院的这项判决，我们只能这样来解释：由于人们认为，丧失获得利息的权利这样的制裁有些过分、过于僵化，而最高法院的这项判决是为了缓和这种制裁的严厉程度。参见最高法院1992年5月19日判决（CCC1992. N°189）。

其借贷的本金，这就意味着“丧失利息”这种制裁所具有的相当大的一部分功效被抵销了，导致借贷人丝毫没有兴趣去“揭露那些违反法定义务的行为”。[1] 不过，从法院判例最近的情况来看，最高法院似乎是想严格坚守“法定的制裁”：[2] 告知义务的形式主义领域，除民事制裁之外，有时还增加了刑事制裁。[3]

二、合同当事人的思考

263. 运用的方法

所谓让合同当事人“在完全知情的条件下作出是否订立合同的决定”，不仅仅是指要让他们真正了解情况，而且是指要让他们在真正经过思考之后才作出决定。正因为如此，对于某些合同当事人，立法者担心他们在订立合同之前未加思考就仓促作出决定，特地为他们设计并建立了一种机制。这样做的目的是强制规定给予这些合同当事人以一定的思考时间。

为此，法律规定订立合同的要约在特定期限内不得撤回。有了这一规定，受要约人就会有必要的时间去真正弄清楚要约人在其要约中所提建议的实际意义，在可能的条件下，还可以引发他人提出竞争性要约，并将这些要约加以对比，进行研究与思考，然后才作

---

[1] 如果最高法院判决认为违反法律明文规定的告知义务的形式主义要求合同以绝对无效论处，就更会造成这样的结果，不过，随后最高法院修正了自己的立场。

[2] 最高法院第一民事庭，1995 年 11 月 28 日（JCP1996. IV. 141. CCC1996. N°34）；最高法院第一民事庭，1997 年 3 月 18 日（Defrénois1997. p. 131. S · Piédelièvre 述评）；最高法院第一民事庭，1999 年 3 月 23 日（CCC1999. N°167，Raymond 述评）：《消费法典》第 312-33 条规定的丧失获得利息的权利，并不是将其作为违反合同成立的条件来进行制裁，因此不是一种无效，不属于《民法典》第 1304 条规定的适用范畴。法官对是否宣告丧失获得利息的权利，有自由裁量权，但是，丧失获得利息的权利，不能扩张适用于费用以及在进行催告通知之后才产生的法定利息。

[3] 关于消费借贷与不动产借贷，参见《消费法典》第 311-34 条与第 311-33 条的规定；关于上门面推销产品，参见《消费法典》第 121-28 条的规定。

决定。然而，对要约规定必要的保留期限，虽然可以使消费者免于受到要约人的压力或诱惑，但这仍然不能完全避免消费者自己一时冲动、仓促订约。为了防止发生这种情况，立法者有时“更加以保护者自居”，在强制规定必须给予消费者一定思考时间的同时，还给予消费者以反悔权。有了思考时间，消费者可以推迟表达其同意意思；有了反悔权，其表示的同意意思就处于一种不确定的状态，因此即使同意，也仅仅是暂时的同意。[1]

（1）思考时间（le délai de réflexion）：受要约人自其接收到要约起在特定的期限内，被禁止做出承诺，例如，《消费法典》第312-10条第2款（1979年7月13日法律的条文）[2] 就不动产信贷要约作了如下规定：“贷与人发出贷款要约，受强制按照其指明的条件在借贷人收到要约起最少30日内保留该要约”，而“借贷人与保证人只能在收到要约之后经过10日才能对要约做出承诺”，这就是说，借贷人与保证人在10日之内不得对要约做出承诺。《教育法典》第444-8条（1971年7月12日法律第9条的条文）规定，对于远程教育要约，受要约人自收到要约起7日之内不得做出承诺；《建筑与住宅法典》第271-1条（2000年12月13日法律的条文）规定，对于采用公证文书购买或者建筑供居住用的建筑物的要约，在7日之内不得对其做出承诺。这一类规定是一种对合同的成立过程强加的一种“暂时阻滞”方法。立法上作出这样的规定，目的是希望利益关系人能够认真思考自己将要做出的义务承诺的真正意义和影响。没有经过深思熟虑就做出的承诺不能产生效果；但在思考期限经过之后再表示承诺，即可成立合同，至少是在要约尚未过期之前做出的此种承诺可以产生这种效果。

---

[1]B·佩提，前引文，第93页。

[2]关于这项规定具有的公共秩序性质，参见最高法院第一民事庭1997年12月9日判决（D. 1998. IRp. 29）。

（2）反悔权（le droit de repentir）。更为特别的是，消费者还可以运用反悔权机制。[1] 按照原则，只要双方当事人的意思已经达成合致，便不可撤销地受到约束；反悔权，则是反此项原则而行之，准许享有此种权利的人在特定期限内收回其已经表示的同意意思，换句话说，反悔权不是在合同订立之前强制规定当事人进行思考的时间，而是在合同订立之后仍然为其提供思考时间。

在法国，反悔权是由 1972 年 1 月 3 日关于金融产品推销的法律所创设的（《货币与金融法典》第 342-18 条）。自此以后，这一技术被运用到多种不同的场合。我们在这里仅举其中几个例子：《消费法典》第 121-25 条（1972 年 12 月 22 日法律第 3 条的条文）规定："顾客，自其发出订货单或购买承诺起 7 日之内，包括节假日，有权通过挂号信并要求回执通知其放弃订货或放弃购买承诺。如果 7 日期限的正常终止日是星期六、星期日，或者是节日或停工休息日，则顺延至下一个工作日为止。""任何条款，规定顾客放弃此项取消订货或购买承诺之权利的，均视为不曾订立而不产生效力"；《消费法典》第 311-15 条（1978 年 1 月 10 日法律的条文）关于消费信贷的规定，《保险法典》第 132-5-1 条关于人寿保险的规定，《保险法典》第 211-16 条关于交通事故的受害人接受和解的规定，《消费法典》第 121-20 条关于隔地合同的规定，1989 年 6 月 23 日关于婚姻中介的法律第 6 条的规定，《建筑与住宅法典》第 271-1 条（2000 年 12 月 13 日法律的条文）关于采用私署文书形式

---

[1] R·巴约德：《论反悔权》，载《民法学季刊》，1984 年，226（R·Baillod，le droit de repentir，RTD civ. 1984. 226）；皮兹奥：《立法在保护同意方面的新举措，1972 年 12 月 22 日法律与对接受上门推销的消费者的保护》，载《民法学季刊》，1976 年，86（Pizzio，un apport législatif en matière de protection du consentement：la loi du 22 décembre 1972 et la protection du consommateur sollicté à domicil，RTD civ. 1976. 86）；L·贝尔纳多：《论消费者的撤回权》，载《法律活页期刊》，2000 年，218（L·Bernardeau，le droit de rétractation du consommateur，JCP2000. 218）。

购买或建筑住房的规定，《消费法典》关于不动产分时使用权[1]的规定等条文，都规定了反悔权。立法者规定行使反悔权的期限通常为7日。这样一来，行使反悔权的期限必然将周末（周六、周日）包括在内，这样做的目的，至少是指望当事人可以有足够的时间在家里讨论相关的问题，或者有时间去听取周围的人或朋友们的意见。而且，立法者有时还将这一期限延长为10日，例如，不动产分时（分期度假）使用权方面就是如此。在金融交易或者产品推销方面，行使反悔权的期限延长至15日；对于通过推销方式订立的自由学习语言的合同，当事人行使反悔权的期限为7日之外再加15日（《消费法典》第121-33条第3款）；人寿保险合同，行使反悔权的期限为30日。这些期限都是事先确定的期限，不能中止进行。[2] 是否行使反悔权，由当事人自行决定，但法律往往规定了特定的形式规则（例如，可以分开填写表格）或实质规则（例如，不得要求事先收取任何一种费用或对应的利益）。[3] 采取这些做法，目的都是方便和保障人们运用这些方法。

对于反悔权的法律性质，理论界存在不同的看法。按照占据重要地位的主流意见，反悔权体现的是一种“合同循序渐进的成立机制”，只有在反悔权期限经过之后，[4] 合同才能完全成立。因

[1]即通常所说的“分时度假酒店”的使用权，法国法律将此称为“多重所有权”(multipropiété)。——译者注

[2]关于合同日期的证据，参见最高法院第一民事庭1998年1月13日判决（CCC1998. N°62，G·Raymond 述评）。

[3]最高法院第一民事庭，1993年11月25日（CCC1993. N°40. JCP1993. IV. 328）；参见奥菲勒：《论合同义务的提前履行》，《图尔大学综合学科学位论文》，1993年，第356页，第468节（Cl·Ophele，thèse Multigr. Tours. 1993. p. 356. N°468）。

[4]G·科尔铉：《论消费者的保护与合同的履行》，载《亨利·卡比唐协会研究文集》，第24卷，1973年（G·Cornu，la protection du consommateur et l'exécution du contrat，Trav. Association H·Capitant. t. XXIV. 1973）；G·卢埃特：《消费法与合同一般理论》，载《Rodière 论文集》，1981年，第247页（G·Rouhette，Droit de la consommation et théorie générale du contrat，Mélanges Rodière. 1981. p. 247）。

此，仅仅是在双方当事人意思交换之当时存在同意意思并不足够，还需要这种意思表示保持一定的期限，合同才能最终成立。不过，最高法院似乎并不支持这种看法。最高法院认为，只要当事人签署订货单，以此具体体现他们已经就标的物及其价金达成一致，那么，合同即依双方交换的同意意思而完全成立（参见《民法典》第1583条）。[1]

这就是说，反悔权仅仅是“在其可以行使的期限内，通过禁止履行消费者负担的义务来暂时中止合同的效力”。如果消费者在此期限内没有行使反悔权，期限一过，合同即对将来取得完全的效力；相反情况下，合同即告失效。[2]

另有一些学者则认为，反悔权应当看成是“一种可以在一定期限内行使的‘废约权’”（droit de dédit）。[3] 按照这种看法，行使反悔权，损及的并不是合同的成立过程，而是合同的强制力（force obligatoire）。由此可见，人们对反悔权的性质持有不同的见解。

---

[1]最高法院第一民事庭，1992年6月10日（CCC1992. N°195）；参见E·巴赞：《消费法中的反悔权》，载《Dalloz法律评论汇编》，2008年，3028（E·Bazin，le droit de repentir en droit de consommation，D. 2008. 3028）。

[2]克里斯提亚诺斯：《论思考的期限：消费者保护的法律理论与效果》，载《Dalloz法律评论汇编》，1993年，第28页（Christianos，Délai de réflexion：théorie juridique，efficacité de protection des consommateurs，D. 1993. chron. p. 28），该文以欧洲共同体第85-577号指令作为分析的依据。按照欧洲共同体法院的判决，“撤回权（droit de rétractation）是一项可以纯粹由一方当事人任意决定的解除条件”，因为，行使撤回权是单方的无任何代价的撤回（欧洲共同体法院，1998年4月29日，JCP1999. I. 187）。

[3]P·弗朗索瓦：《关于法国民法中订立民事合同与商事合同时对消费者的保护的报告》，载《亨利·卡比唐协会研究文集》，第34卷，1973年（P·François，Rapport sur la protection du consommateur dans la conclusion des contrats civils et commerciaux en droit civil français，Travaux Association H·Capitant. t. XXXIV. 1973）；比耶提克斯与比尔贝斯：《上门推销与消费者保护》，载《企业法手册》，1973年，第1节，第1页（Bietrix et Birbes，vente à domicil et protection du consommateur，Cah. dr. entre. 1973. N° 1. p. 1）。

第三章 合同的内容

264. 内容安排

要想合同有效成立，各方当事人的意思应当实现合致，而这种意思合致或者合意并不能抽象地实现，各方当事人之所以订立合同，都是期待某种具体的事由，都是基于某种明确的理由。探讨当事人想要什么，就是要确定合同的标的，探讨当事人为什么想要，就是确定合同的原因。具体说明（合同的）标的与原因这两个概念，就是具体弄清合同的内容。关于合同内容的问题，本书至此尚未涉及。

如果我们附和或跟随意思自治理论，那么，合同的内容问题归根结底属于次要问题。既然各方当事人有订立或者不订立合同的自由，自然也就有决定合同内容的自由。这是不言而喻的。因此，如果我们认为每一个当事人都是自己利益的最佳法官或最佳评判人，而总体利益则是个人利益的总和，那么，当事人享有订立或者不订立合同的自由，只能导致公正的、符合总体繁荣所要求的那种关系。

但是，我们也知道，《民法典》的制定者从来都没有完全将意思自治理论的种种论断作为他们自己的论断（参见第 27 节）。《民法典》一开始的条文就明确宣告："任何人均不得用特别约定违反涉及公共秩序和善良风俗的法律。"法典的制定者充分认识到，如果想要确实保护应当由社会所负责的各种利益，自由就必须在一定的界限内运动。立法者为合同定下了不折不扣的整体框框。只有当合同的内容符合特定的要求——确定的合法的标的，合法存在的原因时，合同才能有效成立。从根本上来说，《民法典》的制定者通过第一个系列的要求，想要保护的是合同各当事人的利益；通过第二个系列的要求，也就是对合同标的的要求以及对原因的要求，追求的主要目的是保护总体利益。换句话说，标的与原因，是法律为从事法律活动的人员提供的工具，以确保合同既尊重当事人的利益，又保护由社会负责的总体利益。

我们在以下的篇章中，将依次研究标的（第一节）与原因（第二节），然后再概括介绍一些与监督合同的合法性相关的基本概念，例如，公共秩序与善良风俗的概念。

第一节　标　的

265. 定义

《民法典》第 1108 条规定了合同有效性的 4 个根本条件或主要条件，其中第 4 项提出，合同必须有“构成义务承诺之内容的确定的标的”。法典第 1126 条对这一要求作了进一步规定：“一切合同，均以一方当事人承诺给付某物或者承担作为或不作为义务为标的。”

正如人们经常指出的那样，法国《民法典》在这一问题上使用的术语并不是很明确，因为法典在不同的条文中，对于“一方当事人承担向相对当事人提供给付之义务”这一相同事实，交替使用了“合同标的”（objet du contrat，例如，第 1126 条与第 1128 条）与“债的标的”（objet de l’obliagation，例如，第 1129 条与第 1130 条）这样两个概念。[1] 从运用更为准确的法律语言的角度来看，法典

---

[1]《民法典》第 1128 条：“得为合同标的者，以许可交易之物为限。”第 1129 条：“债的标的物，至少应是种类上已确定之物。物的数量可以是未确定的，只要其可以确定。”第 1130 条：“未来之物得为债的标的。”这一节所阐述的“标的”包括两项内容，其一是“债的标的”以及第 301 节以后的“合同的标的”。——译者注

的这些条文想要说的应当是：合同的效力是“创设一项或多项债务”（义务），而这些债务是以某种特定的给付[1]为标的。因此，用“合同标的”来表述“给付”，实际上是从一个概念滑向了另一概念，很容易造成混淆。

如果按照正常的用法，“债的标的”指的就是给付（prestation），那么，给付本身就必须符合一定的要求——给付应当是确定的，应当是存在的，应当具有可能性与合法性——这些要求的目的是要确保给付既不违背合同当事人的个人利益，也不违背社会的总体利益。至于“合同的标的”这一表述，《民法典》的起草者虽然用得不太恰当，但它也不是完全没有意义，因为，这一表述可以用来表示当事人实现的那种法律活动，而这种法律活动“不是从其构成因素来考虑而是从它的整体来考虑”。从整体角度来考虑这种法律活动，就会提出以下两个问题：这一整体活动是否平衡？是否合法？对这两个问题进行研究，也为我们提供了机会，可以更加全面地审视所订立的合同是否做到了既不违背当事人的个人利益也不违背社会的利益。

如果制定法的发展演变，除了从给付本身或给付的整体性来考虑的、与给付有关的条件以外，没有产生有关合同约款的特有规定，那么对合同标的的研究也就停止在给付这一问题上。所谓合同约款或条款，是指各方当事人除了规定各自应当负担的给付之外还规定了某些专门条款，例如，与合同的解释有关的条款，也称为“合同完整性条款”（clause d'intégralité）或者“方方面面都考虑到的条款”（quatre coin，原文为“4 个角落”都考虑到了）。当事人通过订立这些条款，作出具体规定：合同的各项条文的意义只能从

[1]在表述给与之债时，法文为“obligation de donner”，除此之外，通常用“prestation”一词来表述在给与、作为和不作为之债中进行的各种各样的具体给付，用指合同标的或债的标的以及具体的履行行为。——译者注

合同文件本身中去查找，而不是从预备性协议中去查找。有关各自许诺的给付的履行方式的条款，例如，指明交货期限的条款；关于预防争议或解决争议的条款——和解条款、仲裁条款；关于调整合同给付的条款；关于可能发生的不履行情况的条款——限制或免除担保条款、限制或免除责任条款、违约金条款；有关重新调整合同的条款——重新谈判条款；在约定期限届满之后继续保持合同关系的条款——默示延展条款、延长合同期限条款；有关中断合同的条款——提前中断合同的条款、解除条款，等等。[1] 在合同中订立这类条款，就双方当事人履行给付的环境或条件作出具体规定，原则上，这类条款可以由双方当事人在公共秩序的界限之内自由确定。这类条款有助于对合同经济作出详细的具体的表达。正因为如此，《民法典》在对每一种合同的特有规则作出规定时，就已经明确划定了这些界限（关于这些问题，原则上将在《专门合同法》一书中进行研究），例如，《民法典》有关“在买受之物被追夺情况下的担保”一节中就规定：即使合同中有条款规定对出卖物被追夺不负任何担保义务，出卖人仍然应当对属于其个人行为引起的此种担保承担义务，任何相反约定均无效（第1628条），也就是说，规定出卖人对此种情况不负责任的条款没有效力；又例如，旨在改善租赁关系的1989年7月6日法律第4条规定：对承租人强加各种限制的一系列条款均无效。立法者已经看到，一方当事人有可能利用自己在经济上的强势地位，将某些条款强加于相对当事人，为自己获取过分的利益，因此在法院判例的基础上建立了一种制度，使那些具有滥权性质的条款被“视为不曾订立”。立法上这样做的目的是要更好地保护处于弱势地位的一方当事人的利益。这种制度适用于职业者与消费者之间订立的所有合同。这些规定的研究，属于

[1]参见马赛大学出版社，1990年版：《职业人之间订立的合同的主要条款》。

“合同一般理论”的范畴。[1]

我们在下面将先后研究债的标的，也就是从其本身来考虑的给付（第一目）；合同的标的，也就是从其整体性来考虑的活动（第二目）；最后，通过滥用权利条款理论来研究合同条款的合法性。

第一目 债的标的：从其本身来考虑的给付

266. 物，债的标的

按照《民法典》第1126条的规定，所谓标的，就是债所涉及的物（chose）。在这里，我们不能按照日常用语来理解“物”这一术语的意义，（法律上的）物，不仅仅指物质之物，不仅仅指有体物，同时也用指无形物（无体物）——诸如，知识产权：文学艺术所有权（un droit de propriété littéraire et artistique）、发明专利——广而言之，物，也用指某种权利。广义上来理解，作为债的标的的物，就是债务人所允诺的给付（prestation），是债务人所承担的义务。老一辈的学者曾经说过，要想弄清楚什么是（债的）标的，首先应当搞清楚一个问题：谁是债务人？他应为何种给付？

267. 给付之债、作为之债与不作为之债

债可以以任何一种给付为标的。按照第1126条的规定：“一切合同，均以一方当事人承诺给付某物或者承担作为或不作为义务为标的。”在这里，《民法典》照搬了债的传统区分方法，也就是按照债的标的，将债划分为以下3种类型：给与之债（l'obligation de donner）、作为之债（l'obligation de faire）与不作为之债（l'obligation de ne pas faire）。

所谓给与（donner，dare）之债，也就是转移所有权之债。按

[1]同样，有关双务合同的特有规则也属于合同一般理论的研究范围。

照《民法典》第1138条的规定，当事人一经交换同意（意思），所有权的转移即告发生。通常而言，这种债，仅在理论上存在，并且“仅在一瞬之间”即告成立，[1] 原则上，所谓“转移所有权之债”

---

[1]J·卡尔博尼耶:《债法》，第4卷，第9节（J·Carbonnier，les obligations，t.4.N°9）。给付之债，原文表述为“oblgation de donner”，其中“donner”一词的本义是“给与”。在1804年的法国《民法典》中，对给与之债作出定义的是第1136条，该条规定:“给与之债是指，交付某物并在交付之前保存该物的债务，否则，对债权人负损害赔偿之责。”非常明显，给与之债是作为“交付之债”（obligations de livraison）的类型来进行定义的，这也是最初给与之债的准确概念。李浩培先生的《拿破仑法典》将其译为“给付之债”，日本学者则译为“供与之债”。史尚宽先生在《债法总论》一书第233页写道:“作为之给付，谓之积极的给付。此种给付为标的的债务，广称之为作为债务，其中，有以物或权利之终局给与为标的，或以物或权利之一时给与而于日后受其返还为标的者，罗马法及法国民法谓之（给）与之债务。”另见该书第327页（“债的效力”，概说）。

法国学者后来确实将“oblgation de donner”解释为“转移所有权之债”（参见本书第588节），张民安在《法国民法》一书中也把这种解释作为法国民法对债的一种分类方式加以介绍。但是，须知，法国《民法典》里有很多条文都使用了“donner”一词，这个词汇本身并无转移所有权的意思，如果将其定义为“转移所有权”，《民法典》中有许多条文就无法协调。例如，法典第1101条，其译文通常是:“契约是一人或数人据以对另一人或另数人负担给与、作为或不作为之债的协议”，但是，该条的原文在“给与”、“作为”与“不作为”（donner、faire 、ne pas faire）之后还有一个词——“quelque chose”，如果逐字翻译，该条的条文应当是“契约是一种协议，一人或数人据此协议对另一人或另数人负担给与某种东西、做某事或不做某事之义务（债务）。”显然，在这一条文里不可能再加上“转移所有权”几个字；法典第1106条规定:“每一方当事人均应负担给付（donner）或作为（faire）之债务的契约，为有偿契约”，在“donner”、“faire”的后面同样加有“quelque chose”，而如果我们将“donner”译为“转移所有权”，那么，这一条文就要译成“每一方当事人均应负担转移某物之所有权的契约，为有偿契约”，于是，有偿契约的涵盖面就很狭窄了。这样的条文显然是不能接受的：有偿契约不可能仅仅是转移所有权的契约。《民法典》第1583条规定：买卖双方当事人就标的物与价金一经达成合意，标的物的所有权即发生转移。这是一个纯粹的诺成主义规则。由此，法国部分学者认为，并不存在所谓的“转移所有权”这种类型的债，因为合同一成立，债就已经消灭，剩下的给付只能是履行行为。本书第267节也简述了这种看法。我们从这里看到一个现象：一个准确的债的定义或概念，为何在几经变动之后，导致今天对这种债的存在本身产生了疑问？回答只能是，一个“概念”或“术语”本身，与对这个术语的解释，两者不能完全等同。法国有些学者也认为，将给与之债（obligation de donner）定义为转移所有权之债，存在着很大弊端，他们主张最好还是恢复给与之债的原始定义。实际上，在法国《民法典》里，“给与之债”并非仅仅是指转移所有权的债，（转下页）

自其出现的同一时刻即告消失，留给转让人负担的便仅有“交付物的义务”（obligation de livrer la chose），而这种物的交付义务则是一种作为义务（作为之债）。正因为如此，更为准确地说应当是转移所有权纯粹是合同的法定效力，而不是债的履行。[1] 但是，如果由于债的标的物的性质不准许，例如，债的标的物是种类物或者是将来之物，因而不可能立即转移其所有权时，或者，由于双方当事人不愿意立即实现（标的物所有权的）转移时，例如，在合同中订有保留所有权的条款，[2] 那么，给与之债也就始终有着自己的独立存在。不过，还应当强调指出的是，只要一方当事人履行了自己的义务，仅此一举即告给与之债得到自动履行，例如，该当事人将标的物从种类物中区别出来，标的物已经实现个别化，或者出卖人已将买卖的标的物制作出来，买受人已经支付价款，给与之债即告已自动履行。有些学者据此认为，这种情况，这种给付，与其说它是一方当事人的债的标的，还不如说它是合同的一种法定效力。[3]

作为之债是指债务人允诺完成某种积极行为，以此为给付的债。例如，在物的租赁中，出租人承诺向承租人提供其享有平静使

（接上页）法典第 1137 条就是“给与之债”一节中的第 2 个条文，该条第 1 款规定的内容与转移所有权毫无关系，其条文是：“负责注意保管某物的债，使负担此种债务的人对物的保管应尽善良家父之悉心照应义务，不论契约是仅以当事人一方的利益为目的，还是以诸当事人的共同利益为目的。”——译者注

[1]盖斯坦，1981 年（Ghestin，D. 1981. chron. p. 1. N°13）；L · 埃内斯：《合同的转让与 3 人之间的法律行为》，1984 年（L · Aynes，la cession de contrat et les opérations à trois personnes，1984. N°265. p. 193）；M · 法布尔-马尼昂：《给付之债的奥秘》，载《民法学季刊》，1996 年，85（M · Fabre-Magnan，le mythe de l'obligation de donner，RTD civ. 1996. 85）；普利布斯-加瓦尔达：《论给付之债的概念》，《蒙帕利耶大学学位论文》，1997 年（Prybus Gavalda，la notion d'obligation de donner，thèse multigr. Montpllier. 1997）；J · 古雷：《论债的强制性实物履行》，《巴黎二大学位论文》，2007 年，第 330 页，第 304 节（J · Goulet，L'exécution forcée en nature，thèse Paris II. 2007. p. 330. N°304）。

[2]Collart Dutilleul et Delebecque. N°200.

[3]M · 法布尔-马尼昂，前引文，《民法学季刊》，1993 年，93（RTD civ. 1993. 93）。

用权的出租物；工程承揽人承担义务，实施与实现这一或那一工程；薪金雇员承诺在老板领导下从事劳动等，都是以积极的行为作为给付。

不作为之债是指债务人的放弃行为（不行为），并以此为给付的债。例如，营业资产的出卖人承担义务，在一定时间内、在特定范围内不从事与用其出卖的营业资产所从事的活动相同的活动——这是一种竞业禁止义务。

理论界有些人曾提出建议，要求对债的分类加以改进，以跟上时代的发展变化。这些人认为：应当承认以下3种类型的债：给与之债，也就是说，“转移物的所有权之债”（l'obligation de transférer la propriété d'une chose），“将某物交由他人处分之债”（l'obligation de mettre une chose à la disposition d'autrui），以及作为或不作为之债。[1]

268. 货币债，实物债

在上述债的传统区分之外，现代理论常常主张将债分为金钱债（obligation pécunière，货币债）与实物债（obligation en nature）（参见第6节）。[2]

所谓货币债（obligation monétaire），是指转移确定数额的金钱所有权的债，例如，支付确定的价金的债。不过，由于其标的物金

---

[1] J·胡耶特：《论不同类型的债，特别是给与之债，定名不佳、不受人爱》，载《盖斯坦论文集》，2001年，第426页（J·Huet，des différentes sortes d'obligations et plus particulièrement de l'obligation de donner，la mal nommée，la mal aimée，Mélanges Ghestin，2001. p. 426）。

[2] J·卡尔波尼耶，《债法》，第4卷，第9节；Ch·布鲁诺：《论货币债与实物债的区分》，《巴黎二大学位论文》，1974年（Ch·Bruneau，La distinction entre les obligations monétaires et les obligations en nature，thèse renéot. Paris II. 1974）。

钱具有特殊的性质，货币债也会提出一些特有的问题。

我们可以从货币债的反向来定义实物债：凡是不以金钱为标的物的债便都是实物债：除货币之外，给付确定的有体物或种类物的债，以及作为之债与不作为之债，都属于实物债。

尽管《民法典》的条文关于债的标的应当具备哪些特征的规定是对所有的债的共同规定，但是，为了阐释得简明扼要，我们仍然将债区分为以下 3 类：以金钱以外的某项财产为标的的债（一），支付一笔金钱的债（二），以服务（service）或放弃行为（abstention，不行为）为标的的债（三）。

一、以金钱之外的其他财产为标的的债

269. 初步的说明

我们在这里所说的物，应当从广义理解：不仅仅限于有体物，同时也是指无体物以及权利。不论是严格意义上的给付某物，还是将某物交由他人支配。物，要想有效地成为债的标的，必须具备以下 3 项条件：1）是确定之物，或者至少是可以确定之物；2）是存在之物；3）是可进入交易之物。[1]

270.（1）物应当是确定的（déterminée）或者应当是可以确定的（déterminable）

合同各方当事人应当具体指明他们所允诺的给付切切实实的是指什么。

如果债的标的是确定的有体物，前述要求当然不会遇到任何问题，只需要具体指明该有体物即可。[2] 例如，买卖一件艺术品或

[1]《民法典》（新）第 1163 条："债以现在的或将来的给付为标的。给付应当是可能的与确定的，或者是可以确定的。"（第 1 款与第 2 款）。

[2]最高法院第一民事庭，1964 年 6 月 16 日（Bull. civ. N°322. p. 251）。

者一处不动产，[1] 转让一项债权，都是如此，不过，在转让债权时，还要求具体指明债务人的身份以及债权的来源，如果这方面的说明不充分，就有可能引起对合同标的的误解，而这种误解属于障碍性误解，将妨碍和阻止合同的成立（参见第 210 节）。[2]

如果债的标的是种类物、可替换物，情况就比较棘手。种类物、可替换物，可以按重量（几斤大米）、按件数（几箱可口可乐）或者按长度（几尺布）进行买卖，是可以相互替换的系列之物。按照第 1129 条的规定，（在合同中）标的物的类型及其数额此时已经确定。

《民法典》的上述条文在这里所说的类型，是指标的物所属的种类：大米、汽油、某一型号的汽车，但不一定要求具体说明各方当事人所考虑的标的物的质量，如有必要，法官将根据当事人之间此前（是否有过交易）的关系，或者根据标的物的价格，在此基础上查明标的物的质量。在不能揭示当事人的意思时，债务人根据《民法典》（原）第 1126 条所定的补充规则，只需提交中等质量之物即可；与此相反，如果可以基于一方当事人的意思任意决定对标

[1]只要卖出的地块的面积已经确定，便不能（以标的物尚不确定为理由）认定此项买卖无效，即使卖方是在此前才主张让买受人自行决定其打算取得的土地的准确划界，亦同。最高法院第三民事庭，1984 年 2 月 15 日（Bull. civ. III. N°41. p. 31）；最高法院第三民事庭，1997 年 7 月 2 日（D. 1997. IRp. 208）；与此相反，如果买卖一块土地，既没有确定该土地的性质与特征，也没有确定其所在的具体位置，那么，这样的不动产买卖无效，参见最高法院第三民事庭 1997 年 7 月 17 日判决（Defrénois 1997. 1346，Delebecque 述评）。

[2]如果双方当事人所说的“（物的）名称有差异”，在此情况下，要想知道他们是否是就同一个标的物达成一致意见，是一个事实问题，可以由本案实体法官自主评判，参见最高法院第三民事庭 1974 年 7 月 16 日判决（D. 1974. 681，Ph · Malaurie 述评，Defrénois1975. p. 383，J · Aubert 述评）。

的物不作出具体的规定，所订协议无效。[1]

合同标的是种类物时，即使物的类型已经确定，还必须确定标的物的数量；但是，没有必要要求在合同中必须确定标的物的数量，只需要在履行合同时按照合同的规定可以确定标的物的数量即告足够。[2] 与此相反，如果以种类物为标的的债在确定给付的数量时还需要当事人达成新的协议，那么此种债应为无效之债。[3]

271. （2）标的物应当存在，1）原则

《民法典》（原）第1108条提出（债的）“标的物应当是存在之物”，法典第1601条对买卖合同也作了类似规定。乍一看来，这项条件似乎是显而易见的，实际上却需要我们非常灵活地理解。

原则上，债之锁链，只有在其是以合同缔结时（确实）存在之物为标的时，才能成立。如果标的物的灭失发生在合同订立之后，债已经有效成立，但标的物灭失的后果还有待确定：如果标的物是因偶然事件而灭失（参见第666节），则按照风险理论来确定因其灭失而引起的后果；如果标的物是因（某种）过错而灭失，则

[1]最高法院商事庭，1996年11月19日（D. 1997. 609，A·Zelcevie-Duhamel述评）：当事人之间订立一份“录像带租用合同”，但该合同规定由出租人单方面任意确定协议的标的，并准许出租人任意对其出租的电影录像带进行分类，租赁价格也随之不同，合同同时规定承租人可以进行交换，但只有第一次交换的影片不收费。这一租赁合同被判无效；试比较最高法院第一民事庭1995年5月25日判决（Bull. civ. I. N°214. p. 152. Defrénois1996. 345，Delebecque述评，D. 1996. somm. com. p. 113，Mestre述评）。本案中一份“录像带租用合同”写明出租影片的类型，但未写明每一部电影的名称，判决认为，只要协议规定承租人可以交换录像带，那么这一协议关于标的的表述就已经足够明确，因为承租人可以交换录像带，也就意味着出租人方面不能滥权履行合同或者恶意履行合同。

[2]最高法院诉状审理庭，1856年6月2日（D. 56. I 158.）；要求较为严格的是最高法院商事庭1981年6月11日判决（Bull. civ. IV. N°268. p. 212）。

[3]最高法院商事庭，1983年2月28日（Bull. civ. N°86. p. 73. Defrénois 1984. p. 294. J·Aubert述评）。

需根据有关合同责任的理论来确定其后果（参见第559节）。

实践中，以“标的物不存在”为依据请求认定合同无效的情况是非常少见的，因为，如果在订立合同时“标的物不存在”，这种缺陷太过明显，双方当事人完全可以放弃缔结合同。但是，我们却可以设想另一种情况：当事人并不知道某物已经灭失，不知道它已经被毁弃，仍然就该物进行交易；我们还可以假设另一种情况：所订的合同涉及的是转让某种无形价值，而当事人很难即刻发现这一无形价值完全属于虚幻不实的臆断，例如，债权已经结清或者已经因抵销而消灭，[1] 发明专利已经过期或失效，行政部门给予的许可或认可并未赋予任何权利，[2] 等等。

在标的物不存在的情况下订立的合同无效，但是，这种无效属于何种性质——是相对无效还是绝对无效？随着人们遵循的是传统无效理论还是现代无效理论，回答有所不同。按照有关无效的传统理论，标的物不存在，合同为绝对无效，因为合同缺乏根本要素（要件）；而按照现代理论，合同应以相对无效论处，因为相对无效规则的目的就在于保护私人利益。但是，也有人认为，即使站在这样的角度来看待问题，合同仍然可以被认定为绝对无效。标的物不存在，合同就不能实现其本应具备的社会交换功能，因此也就不符

---

[1]转让“已经被解除的租约”，此种转让合同因不存在标的而无效，参见波城法院1893年3月21日判决（S. 93. 2. 168）；试比较最高法院第一民事庭1973年2月20日判决（D. 1974. 37，Ph · Malaurie述评）：本案涉及的是转让一项并不存在的权利——接替“看门人岗位”的权利，不过，本案辩论主要涉及的还是债的原因。

[2]最高法院第三民事庭，1983年5月4日（Bull. civ. III. N° 103. p. 82. RTDciv. 1984. 113，F · Chabas述评）：“由于没有任何法律条文对开办汽车驾校机构的数目进行限制，而对于主张自己具备1970年3月10日部颁条例所规定的资质并且拥有该条例所要求的物质手段的任何人，省长是向这些人个人发给汽车驾驶教学机构的许可证，这是个人名义上的资质，因此，有关转让这种许可证的协议，不论采用何种名称或名目，均没有标的。”

合总体利益。[1] 在过去很长时间里，法院判例都是以绝对无效来处理合同缺乏标的的问题；但是，由于法院判例在制裁“合同没有原因”的问题上所作的判决发生了转向，这种转向也应当延伸到“合同缺乏标的”的阵地上来。既然合同没有原因是以相对无效论处，那么对于合同缺乏标的的情形，也应当做相同处理（参见第357节）。

对于标的物仅仅部分灭失或部分毁弃的情形，《民法典》第1601条第2款[2]为买受人提供了一种选择权：要么，放弃买卖，要么，请求标的物尚存的部分，并通过价金分摊来确定该尚存部分的价金数额。[3]

272. 2）缓和处理

上述原则过于严格，因此法律做出了以下两个方面的缓和处理：

首先，将来之物（chose future）也可以作为由合同产生的债的标的。《民法典》（原）第1130条第1款规定：“将来之物得为债的标的。”这一规定意味着，不一定要求作为债的标的来考虑的物在债产生的当时就已经存在，只需要它在将来的某一天存在即可。

实践中，就将来之物订立合同的情况非常多：购买人向制造厂

---

[1]盖斯坦：《合同法》，第776节。

[2]《民法典》第1601条：“如在买卖之时，出卖之物此前已全部灭失，买卖无效。——如出卖之物仅一部灭失，买受人可以选择：或者放弃此项买卖，或者请求经分别估价确定尚存之部分的价金后，买受该物的尚存部分。”

[3]一项商品已经完全损坏，致使其完全不能使用，这种情况应当视同标的物已经完全灭失。参见最高法院诉状审理庭1906年2月5日判决：本案中，甜菜因霜冻而完全腐烂，不能再用作制糖原料（DP1907. I. 468，S. 1906. I. 280）；但是，一家带有无效事由的公司的股份，并不必然是毫无价值的不存在之物，就这种股份进行的买卖可以仍然有效，参见最高法院诉状审理庭1920年12月7日判决（DP1921. I. 2470，Lacour述评）；另见安日法院1931年2月8日判决（DH1934. 225），此种买卖也可能因误解而无效，或者有理由以隐蔽瑕疵提起救济申请（最高法院民事庭，1912年7月30日，S. 1913. I. 139）。

商发出订单，但厂家接到订单之日已经没有库存产品，有待制作、生产，因而是在约定的期限内提交其承诺制作的产品，就是以将来之物为标的的合同；按照设计图纸购买待建楼房中的一处套房，是房屋买卖中普遍采取的所谓“期房交易”形式。[1]

对“将来之物”（chose future）这一表述，应当作广义理解。所谓“将来之物”，不仅指“有体的物质之物”（objet matériels），而且也指“将来可以取得的权利”（droit à venir）。因此，《民法典》（原）第1130条第1款提出的规则同样意味着，“债的标的可以是尚未产生的权利”，例如，工程承揽人可以提前转让其尚未实施的工程的造价款；[2] 楼房的共同所有权人（不动产区分所有权人）可以向他人转让“自己将来可以取得的（某一）区分所有权”（转手卖出期房），而且可以不经拍卖程序确定转让价格；[3] 也可以这种期房设置抵押权，用以担保某项尚未产生的债权，例如，用以担保取得贷款，或者用其担保尚未开始发行的证券。[4]

---

[1]待建不动产的买卖受《建筑与住宅法典》第L261-1条以及《民法典》第1601-1条之规定调整。

[2]巴黎法院，1935年4月4日（DP1936. 2. 34. S. 1935. 2. 124）。

[3]最高法院民事庭，1886年5月26日（DP. 86. I. 281. S. 86. I. 256）；巴黎法院，1841年8月26日（S. 43. 2. 908）：本案涉及转让由将来颁布的法律给予的补偿金；最高法院诉状审理庭，1875年1月27日（S. 76. I. 12）：本案涉及转让一项债权将来产生的利息；贝藏松法院，1935年2月2日（DH1935. 155）：本案涉及尽管省议会尚未审议批准，即订立合同转让市镇行政区将要委托建筑师从事的工程设计的酬金；不过，也有些判决（例如，埃克斯法院1838年6月15日，最高法院民事庭1843年8月7日，巴黎法院1854年1月21日的判决）认为，将来的债权，只有当可以作为其依据的法律行为或法律事实发生时，才能转让。这些判决提出的论据都是：至转让进行的时刻，还没有债务人，因此债权的转让无法进行送达。这些判决有待批评。我们认为，尽管此时应当向其送达转让文书的可能的债务人是否存在还带有不确定性，但这并不妨碍所进行的这种转让对第三人产生对抗效力（帕拉尼奥尔与里佩尔也持这种看法）。

[4]最高法院民事庭，1897年10月20日（S. 97. I. 148）。

不过，涉及将来之物并将该物作为标的的合同时，也并非没有任何风险，因为人们并不是在任何情况下都能准确地把握将来之物的价值。正因为如此，《民法典》明文禁止订立“涉及特定的将来之物”的合同，或者对此种合同作出了更为严格的规范。例如，法典明文规定禁止转让尚未开始的继承权利，这就是《民法典》第722条提出的原则：禁止就将来的继承订立合同。“就尚未开始的继承之全部或一部创设权利或者放弃权利，或者就属于遗产之部分的某项财产创设权利或放弃权利，以此为标的的所有协议仅在得到法律准许的情况下始生效力”。法典的其他条文也作了同样的限制性规定，例如，（原）第1130条第2款：“任何人均不得放弃尚未开始的继承，也不得就此种继承订立任何条款，即使得到被继承人的同意，亦同。(2006年6月23日法律的条文)。”第1389条规定：“夫妻不得订立旨在改变继承的法定顺序的任何协议与约定放弃此种法定顺序，但不妨碍可以按照本法典规定的形式与情况而进行的无偿处分。”[1] 还例如，1957年3月11日关于文学艺术所有权的法律第33条（《知识产权法典》第131-1条）同样规定禁止作者整体转让其对将来创作的作品的权利，以此防止人们做出草率的承诺。

当一项合同是以将来之物为标的时，如果该物终究未能存在，合同将因此而失效，因某一方当事人有过错而造成该物不能存在的情况除外，这时由于该当事人有过错，将引起他的违约责任问题。例如，在尚待制作之物的买卖中，只有当订购之物已经实现时，买受人才需支付价款；但是，如果双方当事人订立的合同不是一种实定契约，而是一项射幸契约，情况则完全不同。在此情况下，我们在下文谈到的上述原则的第二种缓和处理就将发挥它的作用。

第二种缓和处理：双方当事人可以（就将来之物）订立一项射

[1]关于这个问题，参见《继承和赠与》，第603节。

幸合同。由此将会出现以下两种情况：

第一种情况，当事人在订立合同时并不知道标的物是存在还是已经灭失。某人在订立合同时并不能肯定标的物是否存在但却自担风险，以通常低于货物的实际价值的价格购买该物，例如，购买一节车厢上装载的货物，但这趟火车在运输过程中从某个处于动乱的国家过境，已经很长时间没有音信。在这种情况下，所订合同如果存在射幸性质或赌博性质，那么这样的合同就是有效的合同，至少从主观上来看是它是有效的，也就是说，当事人在订立合同时并不真正知道所涉及的财产的下落时，就此订立的合同是有效的；相反情况下，可以以欺诈为依据或者以缺乏原因为依据，请求撤销所订的合同（参见第 343 节）。

第二种情况，当事人在订立合同时，并不知道作为合同标的的物在某个日期是否依然存在。例如，某人购买或订购一处待收获的农作物，这是一种期待与希望，如果农作物遭受冰雹灾害，购买人的希望就会落空，但仍然应当支付价金。罗马法学家曾以“撒网捕鱼”买卖（achat d'un coup de filet）为例来解释这种情况。[1]

273. 他人之物

除了以将来之物为标的的债之外，还有以他人之物为标的的债。人们有时也将两者拉在一起。实际上，买卖他人之物与某种理论上所假定的典型例子完全不一样。[2] 例如，某一商人承诺交付

[1] 这是古代的一种买卖方式，“现场采用一口价的方式，购买即将撒下的渔网可能捕到的鱼品”，这种习惯带有很大的赌博性质或射幸性质。——译者注

[2]《民法典》第 1599 条规定：“出卖他人之物，无效；在买受人不知道其属于他人之物时，出卖他人之物得引起损害赔偿。”第 1599 条规定了一种利益于买受人的相对无效，因此只有买受人有资格主张此种无效（最高法院第三民事庭，1973 年 4 月 16 日）；买受人在提起无效之诉前已经看到其买受的财产不再有被他人追夺的危险时，出卖他人之物引起的无效可不予追究（例如，出卖人已取得所有权）。

某物，但目前该物仍然属于某个第三人，该商人所做的这项承诺仍然有效，不仅在此种交易活动涉及种类物时，而且即使是涉及特定的有体物时，此种承诺也是有效的，因为，商人往往都是从第三人手中购进商品然后再卖出，因此他完全可以向自己的顾客承诺购进该顾客希望购买的货品，并许诺向顾客交付其订购之物，以此履行自己的义务。就买卖当前还属于他人或者还在他人手中的物而言，只有那些需要立即转移标的物所有权的合同，才难以产生效力并且可以撤销，[1] 因为，只有当许诺人现在已经是标的的物的所有权人时才能实现立即转移所有权的目的；用他人之物设置抵押权，也适用类似的处理，[2] 不过，用他人之物订立租约，另当别论。[3]

274. (3) 必须是可以交易之物

《民法典》(原) 第1128条规定（参见附目第1128条第3项）：“得为合同标的者，以许可交易之物为限。”[4] 换句话说，出于公共秩序与善良风俗之理由，有些东西（物）是不能处分的。这方面的问题在《民法典》里似乎体现为某种“禁忌”，[5] 很少有人对其进行更深入的探讨，因为，总的来说，人们对于那些“不能进行交易的价值”在认识上普遍一致。但是，在当代文明中，由于经济

[1] 他人之物的买卖引起的无效是一种相对无效，参见最高法院民事庭1832年1月23日判决（S. 32. I. 666. Grands arrêts. t. 2. N°263）。

[2] 参见《担保与不动产公告》，第399节。

[3] 最高法院第三民事庭，1979年11月6日（D. 1980. IRp. 95），出租他人之物，只要承租人能够平静地使用其承租的场所，这种租约在出租人与承租人的关系中是有效的，但不能对抗真正的所有权人。

[4] 此处原文为“chose qui sont dans le commerce”，意思是“在商业交易之中的物”。不准许进行商业交易之物不能作为合同标的。此外，《民法典》1598条规定：“凡属商事交易之内的物，特别法不禁止出让者，均得买卖之。”——译者注

[5] 卡尔波尼耶，第57节；另见G·罗瓦索：《论不能进入商业交易之物的类型》，载《民法学季刊》，2000年，47（G·Loiseau，Typologie des choses hors du commerce，RTDciv。2000. 47）。

优先、推崇技术，也制造了种种激烈的紧张关系。[1] 我们今天可以看到，为了放开市场的手脚，[2] “不能进入市场交易之物”的类型正在日益减少（也就是说，越来越多的东西都能进入交易，甚至没有什么不可以交易——译者注），而且相当奇怪的是，在过去看来似乎不能受到任何侵犯的那些具有极高价值的东西，反而受到市场更大的压力，同样有可能进行交易。

275. 人

人们传统上始终认为，由于人和人的根本权能具有神圣不可侵犯性，因此，人的身体不得处分。[3]

这一规则，按其最绝对的意义来理解，意味着人的身体，如同

---

[1] B·奥佩提：《国际贸易法与非商业价值》，载《Lalive 论文集》，1993 年，第 309 页（B·Oppetit, Droit du commerce international et valeur non marchandes, Mélanges Lalive. 1993. p. 309）；同一作者：《论国际贸易中的非法事项》（l'illicite dans le commerce international）；B·埃德勒曼：《论市场经济中的生物医学研究》，1991 年，第 203 页（B·Edelman, la recherche bio-médicale dans l'économie du merché. 1991. chron. p. 203）。

[2] A·弗里松-罗什：《论市场的模式》，载《法哲学档案》，第 40 卷，1995 年，第 287 页（A·Frison-Roche, Le modèle du marché, Archives de philosophie du droit. t. 40. 1995. p. 287）。

[3] 参见《法国财产法》第 14 节，中国法制出版社 2006 年版，罗结珍译。传统上，墓地与棺木被赋予特别的地位。1938 年 4 月 11 日最高法院在判决中认为，土地的转让并不引起其上设置的墓地的转让，因为，坟墓及安置坟墓的土地不适用有关所有权与财产自由处分规则。另见最高法院第一民事庭 1980 年 5 月 13 日判决（JCP1980. I. 19439, P·Gulphe 述评）；亚眠法院 1992 年 10 月 28 日判决（D. 1993. p. 370, P·Plateau 述评）；但是，受让土地的持有人可以同意给予某人安葬在该土地上的权利（在我国某些农村地区，同姓家族的祖坟山地同样是不准许其他家族的成员安葬的。——译者注）。参见最高法院第一民事庭 1972 年 2 月 22 日判决（D. 1972. 513, R·Lindon 述评），而且获得此种安葬权的人可以放弃在此安葬而将其让与家庭的另一成员。参见最高法院民事庭 1993 年 5 月 17 日判决（Defrénois1993. 1086. G·Champenois 述评）；骨灰盒应当受到“尊重、尊严、体面的对待”（《民法典》第 12-1-1 条，2008 年 12 月 19 日法律的条文）；关于这一问题，参见科帕尔：《论殡葬的公共秩序问题》，载《家庭法》，2009 年，第 15 节（Copart, pour l'ordre public funéraire, D. fam. 2009. Chron. 15）。

人的身份一样，[1] 不能作为某种协议的标的，不论是有偿协议还是无偿协议。人的身体与人的身份，在某种程度上，是人之所以为人的支撑依托，与人本身相混同，不可区分；人体与人的身份不是本义上的物，因此处于法律意义上的交易之外。[2] 正因为如此，最高法院确认人体与人的身份的不可处分性，撤销了为“借腹生子”而订立的协议。[3] 这一判决的处理意见后来得到《民法典》第16-7条的确认，该条规定：“为他人生育或怀孕的任何协议均无效。”法典第16-5条则规定：“以赋予人体、人体之组成部分及其所生之物以财产价值为效果的任何协议均无效。”不过，在这里，立法条文规范的对象已经从整体过渡到部分（从“人体”过渡到“人体的器官”与“人体所生之物”——译者注）。此外，立法者对人体的不可处分性原则也做出了灵活处理。[4] 一开始，立法者以出于医疗之必要性为依据，准许人体器官的捐赠，例如，献血（1952年7月21日法律，《公共卫生法典》第1221-1条），摘

---

[1] 关于人的身份的不可处分性，参见《人、家庭、无能力》，第127节。姓氏，作为社会鉴别个人的方式，原则上不可处分。关于对这种不可处分性的限制，参见G·洛瓦索：《论姓氏作为契约之标的》，《巴黎一大学位论文》1997年（G·Loiseau，Le nom，objet du contrat，thèse Paris I. 1997）；与此相反，人的肖像权则是可以转让的，参见最高法院第一民事庭2008年12月11日判决（CCC2009. N°68，Leveneur述评）。

[2] 例如，巴黎大审法院1969年6月3日判决（D. 1970. 136. J·P述评）：本案涉及的是，订立协议，在模特屁股上文刺图案，然后将其摘取下来，用于商业交易，法院认定该协议无效；巴黎大审法院，1973年11月8日判决（D. 1975. 401. Puech述评），本判决认定“strip-tease协议”无效。

[3] 最高法院全体庭，1991年5月31日（Bull. civ. N°4. p. 5，D. 1991. 417）；另见M·果贝尔：《关于权利渊源与人体和人的身份之不得处分之原则的思考》，载《民法学季刊》，1992年，第489页（M·Gobert，réflexion sur les sources du droit et le principe de l'indisponibilité du corps humain et l'état des pesonnes. RTDciv. 1992. p. 489）。

[4] A·赫尔密特：《论人的身体不得交易、不得进入市场》，载《法哲学档案》，1988年，第323页（A·Hermitte, Le corps，hors du commerce，hors du marché，Archives de phisolophie du droit，1988. p. 323）；A·加克：《有关自然人的协议》，载《立法与判决评论》，1933年，362）；B·拜涅：《20世纪末的公共秩序与人》，1996年（B·Beigner，l'ordre etles personnesinl'ordre public à la fin du XX siècle. 1996. p. 13）。

取人体器官进行移植（1976 年 12 月 22 日名为“卡瓦耶”法律，《公共卫生法典》第 1231-1 条）；随后，立法者又向前跨出了新的一步，越过了一个重要的“质变界限”，准许“捐赠精子”（1991 年 12 月 31 日第 13 条，《公共卫生法典》第 1244-1 条），而这样做并不一定是出于本义上治疗与治病的目的，而是为了孕育生命。1994 年 7 月 29 日与 2006 年 8 月 6 日的两项法律（《公共卫生法典》第 1211-1 条与第 1241-1 条）在这一道路上继续向前走，对“人体所生之物”，其中包括胚胎的转让及其利用进行了规范。这方面的合同或协议，由于标的物所具有的特殊性质，不适用债的普通法，无论是协议的成立还是协议的效力，均需遵守特别规则。在这类合同中，同意的形式也是各种各样的：特定情况下，为推定的同意，例如，器官捐赠（don d'organe），另一些情况下，则强化了同意的手续，例如，配子的捐赠（don de gametes 即生殖细胞的捐赠）；有时，当事人的同意还需得到法院判决的认定，例如，胚胎捐赠（don d'embryon），法院判决要审查这类捐赠是否具备法律规定的条件。捐赠的效果要由法律强制性的规定加以规范，法律始终坚持“禁止支付任何对价”，例如，《民法典》第 16-5 条规定，“以赋予人体、人体之组成部分及其所生之物以财产价值为效果的任何协议均无效”（参见《公共卫生法典》第 1211-4 条、第 221-3 条与的 1241-5 条第 3 款）。[1]

但是，在涉及由此取得的产品的商业交易的问题上，上述规则也有所退让。欧洲理事会 1989 年 6 月 14 日第 89/381 号指令就将人的血液与血浆称为“原材料”（matières premières），而将其派生产品称为“药品”，并以此名义进入制药业的整个商

[1]关于这个问题，参见《人、家庭、无能力》，第 58 节。

业流通环节，因此可以由市场法则来调整。[1]

我们还可以举一个例子，那就是当今国际上存在的从第三世界国家流向发达国家的不折不扣的贩卖儿童的交易，由此也催生了所谓的“收养市场”（marché de l'adoption）。[2] 对于这种交易，有些基层法院表现出自由放任的态度，准许对国际收养活动的中介人给予报酬，或者认为通过母亲的替代方式进行的收养并不抵触公共秩序。[3]

276. 家庭

另一个发生明显倒退的例子表现在家庭的“神圣不可侵犯性”方面。传统上，家庭内部的人际关系不受任何契约的变更。《民法典》第1388条规定：“夫妻不得违反由婚姻产生的义务和权利，亦不得违反有关亲权、法定管理和监护的各项规则。”但是，现在这方面的协议或合同却得到广泛的承认，其中包括非财产权利方面的协议或合同（参见第379节）。

277. 国家

最后一种“神圣不可侵犯性”的表现与国家有关。国家主权的

---

[1]相同意义的判决，可以举共同体法院1991年10月4日的判决（159/90诉讼案）为例子。该判决认为：通过医学途径中断妊娠，尽管其目标本身涉及人的生命，但构成与其他医疗活动相同意义上的服务性给付，因此，属于《罗马条约》关于“服务性给付自由”的第59条与第60条之规定的适用范围。

[2]雅吉诺：《贩卖儿童，一种国际走私交易》（Jacquinot, vente des enfants, un trafic international, Gaz. Pal. 23-25 février1992）；J·卢贝林-德维奇：《关于在收养方面进行必不可少的改革的思考》（J·Rubellin-Devichi, réflexion pour d'indispensabes réformes en matière d'adoption, D. 1991. chron. p. 209）。

[3]巴黎法院，1990年6月15日（D. 1990. 540, F·Boulanger述评）。

各项权能是不可让渡的（包括投票表决权）。[1] 同样，属于公产范围的财产，虽然可以用于特许经营或租让经营，但却不得转让；“公职”也不能进入商业交易，但是，特定的司法助理或公务助理职务（例如，公证人、司法执达员）的财产性要素则是可以转让的。此种助理职务的事务所的持有人有权举荐接替人，[2] 不过，政府（司法部）对于接替人的道德、资质以及事务所的转让价位都要进行监督；至于从事某些职业要求取得的行政部门许可证（或批准书）的地位各不相同：如果颁发许可证或批准书考虑的是获得许可的人的资格或资质，[3] 那么，这种许可证就不得转让；相反情况下，则是可以转让的。[4]

278. 顾客群体

顾客群体[5]权（droit de clientèle）的转让，就其涉及个人自由而言，与前面介绍的几种情况并非没有联系，但这种转让也会遇到各种困难。虽然说，商业顾客群体的转让的有效性不会有任何问题，这是因为，顾客群体作为商业营业资产的根本要素，必须与营

---

[1]巴黎法院，2001 年 11 月 12 日（RTDciv. 2002. p. 89，Mestre et Fages 述评）；最高法院第一民事庭，2004 年 11 月 3 日作出相同的判决（CCC2005. N39，Leveneur 述评，Defrénois2004. p1730，Aubert 述评，RDC2005. p. 263，D · Mazeaud 述评）：本案涉及的是，一个政党同意的公众投票的提名不得进行商业交易。

[2]最高法院第一民事庭，1985 年 7 月 16 日（Bull. civ. I. N224. p. 201. JCP1986. II. 20595，M · Dagot 述评，Defrénois1986. p. 785，J-L · Aubert 述评）。

[3]例如，旅行社经营许可证（1994 年 6 月 15 日法令第 5 条），自 1973 年 3 月 2 日法令以后，关于出租车停车点的批准证也是如此。参见巴黎法院 1991 年 12 月 6 日判决（CCC1992. N41，Leveneur 述评）。

[4]例如，酒吧、小酒馆的经营许可证。

[5]指企业通过设立机构、从事经营活动、经营的产品以及品牌、服务质量、信誉所赢得的现有与潜在的顾客的整体。——译者注

业资产一起转让；[1] 然而，民事顾客群体的转让，如建筑师、医生、牙外科大夫、兽医、律师、会计师的顾客群体的转让，其有效性就值得讨论了。[2] 由于民事顾客群体从根本上来说取决于职业人与其顾客之间的信任关系，因此，在过去很长时间里，法院判例一直认为自由职业者的顾客群体不能进入商业交易范畴；[3] 不过，法院判例后来在很大程度上缓和了这种禁止性处理的范围，承认自由职业者可以通过契约向其接替人转让执业场所与设备、放弃竞争性活动，[4] 并向其顾客群体推荐自己的接替人，[5] 为此订立的契约是有效契约。最高法院推翻其原先的判决，明确提出只要保

---

[1]《商法典》第 141-5 条与第 142-2 条。J·德鲁贝：《论营业资产与顾客群体》，载《Jauffret 研究文集》，1974 年，第 231 页（J·Derruppé，Fonds de commerce et clientèle，Etudes Jauffret，1974. p. 231）。

[2]这方面的论文很多，例如，P·勒克莱克：《论与（经营者的）人格紧密关联的顾客群体》，《格勒诺贝尔大学学位论文》，1965 年（P·Leclercq，clientèle attachée à la personne，thèse Grenoble. éd. 1965）；R·萨瓦提耶：《论自由职业的顾客群体的转移》（R·Savatier，La transmission des clientèles des professions libérales）；莎尔提耶：《最高法院判例中的民事顾客群体》，《最高法院报告》，1996 年，第 71 页（Chartier，la clientèle civile dans la jurisprudence de la Cour de cassation，Rapport de la Cour de cassation，1996. p. 71）；Ph·雷涅：《一种法律拟制的前途：自由职业的顾客群体的特殊性》，载《F·Terré 论文集》，1999 年，第 587 页（Ph·Reigne，l'avenir d'une fiction juridique：le particularisme des clientèles des professions libérales，Mélanges F·Terré. 1999. p. 587）。

[3]最高法院诉状审理庭，1885 年 5 月 12 日（DP. 86. I. 175）；最高法院民事庭，1954 年 3 月 29 日（JCP1954. II. 8249. P·Bellet 述评）；最高法院民事庭，1961 年 5 月 9 日（Gaz. Pal. 1961. I. 243. RTDciv. 1962. 132，G·Cornu 述评）。

[4]关于推荐多名继任人选的问题，参见最高法院第一民事庭 1995 年 6 月 7 日判决（D. 1995. 560，B·Beigner 述评，RTDciv. 1996. 604，Mestre 述评）；最高法院第一民事庭，1997 年 10 月 7 日（CCC998. N°9. Leveneur 述评）。

[5]最高法院第一民事庭，1956 年 3 月 7 日（D. 1956. 523，Percerou 述评）；最高法院第一民事庭，1961 年 5 月 17 日（Bull. civ. I. N°25. p. 204. RTDciv. 1962. 132. G·Cornu 述评）；最高法院第一民事庭，1985 年 1 月 8 日（Bull. civ. I. N° 9. p. 9. JCP1986. II. 20545. Mémeteau 述评）；最高法院第一民事庭，1996 年 7 月 3 日（D. 11997. 531. Descamps-Dubacle 述评，somm. com. p. 170. Libchaber 述评）。

障了顾客的选择自由，那么民事顾客群体的转让就不违法。[1]

279. 其他不能进入交易的物

另一类不能进入交易的财产是特定的危险物（certaines choses dangeureuses）。传统上，为了保护公众健康，各种禁止交易之物或者限制交易之物，均不得作为合同义务的标的，例如，各种各样的秘方（les remédes secrets）、[2] 有毒物质、毒品、带传染病的牲畜、已经过期的产品，均被禁止交易。[3] 最近，为了保护消费者，立法上还承认行政部门在原有措施的基础上有权禁止有可能损害人的健康的物和服务进入商业交易，即使这样的物在正常使用条件下或者在职业人可以合理预料的其他条件下是可以使用的，但一般而言，并不具备人们可以合理期待的安全条件。（《消费法典》第221-1条，2004年7月9日法律条文）。[4]

仿造、仿制他人的样品生产出来的商品也不能进入商业交易。[5]

还有其他的物，基于它们的性质，同样不能进行商业交易，因为它属于所有的人，不可能作为财产而取得（私人）所有权，例如，阳光、大海，等等，以及《民法典》宣告的不得转让的权

---

[1]最高法院第一民事庭，2000年11月7日（JCP2001. II. 10452，Vialla述评，I. 301. N°16. Rochfeld述评，D. 2002. somm. com. p. 930. Tounafond述评，Defrénois 2001. 431. Libchaber述评，CCC2001. N°18. Leveneur述评，Chron. N°7，Chemtab述评）；最高法院第一民事庭，2004年1月20日（Defrénois 2004. 442. J-L·Aubert述评）；Y·塞拉：《最高法院2000年11月7日判决之后的民事顾客群体的转让活动》（Y·Serra，l'opération de cession de clientèle civil après l'arrêt du 7 nov 2000，D. 2001. 2295）。

[2]安日法院，1929年5月13日（S. 1931. 2. 1，P·Esmein述评）。

[3]最高法院商事庭，2006年5月6日（JCP2006. IV. 2289）。

[4]共同体1992年6月29日指令，经2001年12月3日指令修改，法国通过2004年7月9日法令转为国内法。

[5]最高法院商事庭，2003年9月24日（RDC2004. p. 263，Ph·Stoffel-Munck述评，RTDciv. 2003. p. 703，Mestre et Fages述评）。

利——居住权与使用权、对尚未开始的继承的权利，都不能进入交易；与此相反，某项财产虽然带有法律性质的瑕疵，并不足以妨碍其进入商业交易。[1]

280. 制裁

只要是以不能进入交易之物为标的，产生此种债的合同，均以绝对无效论处，因为这是为了防止个人的举动损害总体利益，是为了保护社会。

二、支付一定金钱的债

281. 简短的引论

有偿合同，除了实现（物、产品、商品的）交换之外，还产生支付一定数额的金钱的债务。合同的类型不同，支付的金钱的名目也各不相同，例如，在买卖合同中称为价金（prix）；在提供劳务的合同中，视提供服务性给付的人是不是自由职业者，支付的金钱称为“酬金”（honoraires）或“收费”；在租赁合同中，称为“租金”（loyer），而在劳动合同中则称为“工资”或“薪金”（salaire），保险合同中称为“保费”（prime），在借贷合同里则是“利息”（intérêts）。

支付一笔金钱的债务始终表达的是同样的现实：参照一种共同的计量单位来确定与受领的物或提供的服务相对应的价值。对受领的物和提供的服务进行价值评估，本身就表明作为合同标的的财产可以而且准许进入交易。正因为如此，人们认为，这样做有利于财富的流通。

由于《民法典》（原）第 1126 条至第 1130 条对金钱或钱款之

[1]最高法院第三民事庭，1982 年 6 月 15 日（Defrénois1982. p. 1677. L · Aubert 述评，本案涉及一幢没有取得建筑许可证即建起的楼房）。

债并没有作出任何特别规定。因此，我们有必要探讨如何理解对金钱之债的那些传统要求。下面，我们将依次研究以下 3 个问题："价金的确定"、"价金的存在"以及"价金的合法性"。

282. （1）价金的确定

与这一问题有关的法律条文的规定非常简略，但我们可以设想多种确定价金（la détermination du prix）的模式，例如，可以将确定的价金作为合同有效性的一项条件，也可以设计出一种制度，在合同履行之后双方当事人就价金问题达不成一致协议时，由法官来确定价金的数额。

法国法院判例在这方面采取的是一种折中主义立场：上述两种模式都得到采用，并且从层级上将它们分为"原则"与"例外"。长期以来，法院判例都认为，确定的价金应当作为合同有效性的一项条件，并且将这一点上升为原则；然而，由于司法官们对这一要求的理解过于严格，结果导致这项原则走进了死胡同。人们以为，只有将"原则"与"例外"完全颠倒过来，才能从这一死胡同中走出来，为此，最高法院的法官们在 1995 年 12 月 1 日作出一系列判决（参见第 285 节）。

在下文中，我们首先介绍这一问题上的相关情况，然后再介绍在确定价金的问题上，法国法院判例前后做出的不同处理。

283. （A）关于在确定价金的问题上的相关情况：（a）法律条文

关于确定价金的问题，我们从《民法典》里得到的指导很少很少，因为，法典在有关合同普通法的条文中对这一问题没有作出明确规定，而法典有关特定合同的特别条文，也仅仅是在对其中某些合同作出定义时才提到价金，例如，1709 条关于租约的规定，第

1710 条关于承揽合同的规定。[1]《民法典》中只有第 1591 条对买卖合同明确规定“价金应当确定”。[2]《民法典》之后制定的有关特定合同的特别规则也有相同的要求。[3] 相对而言，立法者对价金问题不太感兴趣，这反而为人们保留了从多种模式中进行选择的可能性。

284. (b) 有可能选择的模式

就确定价金而言，我们可以设想以下两种模式：

(1) 第一种模式。尽管合同经济的不平衡并不构成合同无效原因之一（参见第 309 节），特殊情形除外，但是，我们仍然可以合理地认为，应当本着“有利于确定公道的价金”的宗旨来设计有关调整或处理价金问题的规则。基于意思自治理论的传统逻辑，最佳办法就是确定以下规则：价金，应当是个人意思自由合致的结果，因为每一方当事人都是自己利益的“最佳法官”，也是评价这种利益的“最佳立法者”。只要各方当事人是自由地表示同意意思，经他们一致同意接受的价金也就是公道的价金。按照这样的观念，价金应当由合同当事人在订立合同时确定。价金的确定是合同有效性的一项条件，因此，法官只是在合同成立阶段进行干预。法官所要审查的，并不是合同规定的双方当事人的经济利益是否平衡，而是审查价金的确定是否经过当事人自由地协商一致、达成合意；如果

---

[1]《民法典》第 1709 条：“物的租赁是一方当事人承担义务在一定期间让他方当事人享有某物并获得收益，他方当事人负支付确定的租金之义务的合同。”

第 1710 条：“劳动力的雇用（雇工）是指一方当事人承担义务为他方完成某种事务并由该他方向其支付经双方约定之报酬的合同。”

[2]《民法典》第 1591 条：“买卖的价金应当由双方当事人确定并指明。”

第 1592 条：“但是，买卖的价金亦可交由第三人仲裁；如该第三人不愿或不能作出估价，买卖不成立。”

[3]例如，1989 年 7 月 6 日旨在改善租赁关系的法律第 3 条的规定，参见本书第 291 节。

不是经过自由地协商一致而确定的价金，法官将宣告合同无效。

从理论上看，这一制度是完善的，也是令人满意的，但要想其能够正确地运作，仍然需要具备一定的前提条件：只有双方当事人有可能准确地了解应当提供的、与价金相对应的给付时，个人的意思自由才有可能确定什么是公道的价金（如果连提供给付的价值本身都没有弄清楚，或者不甚了解，公道的价金也就无从谈起）。这就需要双方当事人都了解所提供的给付的经济环境与货币环境，然而，对于一般的当事人而言，并不都能具备这一条件。

现实生活中有很多合同，实际提供给付或服务的日期与订约的日期两者之间相隔的时间较长，当事人很难提前准确地确定将来才进行的给付的价金；经济不稳定或者货币不稳定，也给价金的确定带来某种不可预测性。为了应对这方面的困难，同时又坚守传统制度的逻辑，我们应当承认各方当事人可以在订立的合同当中仅仅是约定一种“可以确定的价金”（un prix déterminable），而不强制要求他们必须约定“确定的价金”（un prix déterminé）。

所谓“可以确定的价金”是指，合同当事人一开始仅仅确定了某种计算价金的方式，随后按照合同条款规定的时间，可以很方便地确定价金的具体数额。例如，实践中经常有这样的情况，当事人在合同中规定标的物的价金是（标的）物在交付时的时价或现价。不过，在此情况下，也会存在另一个问题：合同中所选择的用于确定价金的计算模式是否应当独立于任何一方当事人后来的意志，当事人双方是否也可以完全指望由其中一方来确定计算价金的模式。

对上述问题做出不同回答，就会产生两种不同的情况。第一种情况，计算价金的模式的确定完全独立于任何一方当事人的意志。在此情况下，只有当标的物的市价是由公共权力机关来确定或者是来自正式的交易牌价（例如，证券交易所、商品交易所）时，合同才能有效成立。当然，这种市价或牌价本身也要由供需法则来决定。第二种情况则是承认可以由一方当事人来确定计算价金的模式，也就是说，仅仅根据出卖人或服务提供者制定的价目表或者收费标准来确定标的物的价金，合同仍然有效，而这种价目表或收费标准被认为反映了标的物或者所提供的给付的市场价位。

如果我们赞成采用第一种做法，自然就会认为，不应当完全听由合同一方当事人随意确定其合同的法则，[1] 因为，该方合同当事人有可能只顾将这种权利用来图利于自己；而如果赞成采用第二种做法，则需要强调，在那些竞争激烈的领域，确定价格的一方当事人也只能享有有限的自由，而且在此情况下，也可以规定由法官来实行监督。法官将审查“享有确定价格之权利的一方当事人在运用这项特权时是否做到诚实信用”，如果他违反诚信义务，法官可以从合同责任的阵地出发，通过判处损害赔偿，对当事人实行制裁。

在上述两种情况下，法官的使命当然也就发生了深刻的改变。在第一种情况下，法官仍然是在合同订立阶段进行干预：如果合同中订立的条款导致一方当事人不得不接受另一方当事人的任意摆布，法官将宣告所订合同无效；第二种情况下，法官则是在合同履行阶段进行干预：如果从合同的性质来看享有确定价格之权利的一方当事人滥用自己的地位或权利，可以引起其责任。

（2）可以设想的第二种模式。对于某些特定类型的合同，为了不妨碍它们的成立，可以不要求将“确定的价金”或“可以确定的价金”作为合同有效性的一项条件。在这种情况下，价金将留给双方当事人在合同履行时或履行之后再行确定。这样一来，价金的确定便不再是合同的一项有效性条件，因为合同的有效性不可能取决于当事人在合同订立之后的行为表现。不过，仍然需要强调的是，这种模式显然并不意味着完全不需要法官进行干预，只不过法官

---

[1] G · Cornu（RTDciv1965. p. 821）。

的使命与其在前一种模式下的使命完全不同而已：在第二种模式里，涉及的不再是“因价金的不确定而撤销合同”的问题，甚至也不涉及对当事人确定的价金数额实行监督的问题，而是在当事人没有就价金达成一致协议的情况下如何确定价金。既然当事人之间在确定价金或者确定价金的计算方式问题上不能达成任何协议，而此时合同又已经履行，便只能将确定价金的任务交给法官，别无其他途径。

有许多合同在订立之时往往很难确定价金，因为，双方当事人在合同订立阶段还不能准确地知道各自提供的给付到底将会是多少，以人员从事的活动为标的的合同更是如此，例如，工程承揽合同、委托代理合同，所以，上述有关确定价金的第二种模式主要适用于这类合同。

285. (B) 1995 年 12 月 1 日之前的法院判决：[1] 划分层级

对于上面介绍的有关确定价金的两种模式，法院判例在很长时间里都是将第一种模式作为原则，而将第二种模式作为例外。

286. (a) 原则：确定的价金是合同有效性的一项条件。买卖合同

对于买卖合同，《民法典》第 1591 条作了如下规定：“买卖的价金应当由双方当事人确定并指明。”法院判例将这一条文对于价金的要求作为买卖合同有效性的一项根本要件，不过，判例同时考

[1]最高法院全体庭，1995 年 12 月 1 日（4 个判决）（Gaz. Pal. 1er décembre1995，P · de Fontbressin 述评，JCP1996. II. 22565，Ghestin 述评，JCPE1996. II. 776，Leveneur 述评，I. 93. D · Boulanger 述评，D. 1996. 13. concl. J2ol. Aynes 述评，LPA. 27. déc. 1995. N° 155. p. 11. D · Bureau et N · Molfessis 述评，CCC1996. N° 5 et chron. Leveneur 述评，RTDciv. 1996. 153. J · Mestre 述评，Defrenois1996. 748. Delebecque 述评，Grands arrêts t. 2 N°152-155)；M · A · 弗里松-罗什：《将价格不确定的枷锁抛给滥用确定价格的权利》。（M · A · Frrison-Roche，de l' abandon du carcan de l' indétermination à l' abus dans la fixation du prix . RJDA 1996 N°1 p. 3)。

虑到实践的需要，也对这一指令性要求做出了灵活处理：没有必要要求双方当事人在交换同意意思的当时就必须用准确的数字写明标的物的价金（数额），而只要价金“是可以确定的”即可（参见第283节）。当然，我们也不要夸大这种灵活处理的幅度。如何看待“价金是可以确定的”问题，同样也可以持两种不同的观念，而得到法院判例认定的，则是其中最为严格的一种。法院判例认为：如果根据合同条款的规定，通过相关途径可以确定价金，而不是取决于任何一方当事人的单方意志，那么所订立的合同就是有效的合同。[1] 换句话说，所谓“可以确定的价金”，仅仅是在订立合同时确定了它的计算方式，仍然是不够的，还要求这种计算方式应当独立于任何一方当事人后来的（单方）意志，或者说，不取决于任何一方当事人后来的意志。只有按照这样的计算方式计算出来的价金才是“可以确定的价金”。按照这种观念，只有当采用的计算价金的方式是与当事人无关的因素并且做到任何一方当事人均不能摆布相对当事人时，所订立的合同才能有效。《民法典》第1592条规定“买卖的价金亦可交由第三人仲裁；如第三人不愿或不能作出估价，买卖不成立”。这一条文就提供了一个有关“确定价金的模式”的例子，它可以满足我们在上面提到的要求。条文中所说的第三人，并不是本义上的仲裁员，[2] 甚至也不是（专家）鉴定

---

[1]最高法院诉状审理庭，1925年1月7日（DH1925. p. 57. Grands arrêts. t. 2. N°260）；人们一般认为，这些判决都是采纳了奥布里与劳所阐述的观点，参见Ghestin，le contrat 2ed. N527；Remy，RTDciv. 1987. 106；GCornu，RTDciv. 1965. 821）；这样的表示仅自该书第6版时才出现（第368节、第34节），也就是说，这部著名的著作在这里仅起到启发与引导作用。

[2]B·奥佩提：《论司法权性质的仲裁与约定的仲裁》，载《仲裁杂志》，1977年，第315页（B·Oppetit，Arbitrage juridictionnel et arbitrages contractuel，Revue de l'arbitrage. 1977. p. 315）；另见：《仲裁的理论》，1998年，第72页（Théorie de l'arbitrage，1998. p. 72）；Ch·加洛松：《论仲裁的概念》，《巴黎二大学位论文》，1985年，第298节（Ch·Jarrosson，la notion d'arbitrage，thèse ParisII. 1985. N°298）。

人，而是双方当事人共同的委托代理人，有时也称其为评估作价人（estimateur）。[1] 受到指定的评估作价人在双方当事人之间必须保持严格的不偏不倚的中立立场。[2] 由评估作价人照此确定的价金对于双方当事人均有约束力。当然，这首先需要双方当事人一致同意指定第三人切实进行评估作价，第三人也切实履行了自己的义务。但是，如果证明第三人在评估作价时犯有非常明显的错误，[3] 则另当别论。在合同当事人就指定第三人的事由不能达成协议，或者评估作价人没有切实履行职责的情况下，除当事人一致同意将此事宜提交法官处理之外，法官不得取代当事人去另行指定其他的人来替代评估。[4]

《民法典》第1591条关于“确定的价金”与“可以确定的价金”的要求虽然是对买卖合同作出的规定，但是，按照我们上面所阐述的意义，[5] 法院判例以法典（原）第1129条的规定作为支撑点，将这一要求上升为一项原则。尽管法典第1129条所规定的并不是严格意义上的价金的确定，而是涉及债的标的的确定。[6] 需

[1]G·Cornu，RTDciv. 1966. 310.

[2]如果第三人与合同一方当事人之间存在依附关系，将以其对价格的确定无效论处，参见最高法院商事庭1971年11月25日判决（Bull. civ. IV. N° 263. p. 245. D. 1972353. Ghestin述评）。

[3]最高法院商事庭，1976年4月22日（Bull. civ. IV. N°129. p. 110）；最高法院商事庭，1987年11月4日（Bull. civ. IV. N°226. p. 168）；最高法院商事庭，1991年4月9日（Bull. civ. IV. N°139. p. 100）。如果存在非常明显的误解，则可以作为“对确定的价格提出质疑”的一个条件，但这并不是负责确定价格的委托代理人的责任的条件，在对出卖的财产的价格估价过低有过错时，委托代理人则应承担责任（显然，误解与过错不能等同——译者注）。参见最高法院商事庭2004年2月4日判决（CCC2004. N° 56. Leveneur述评，D. 2004. p. 2330. C · Bloud-Rey述评，RTDciv. 2004. p. 30. P · Y · Gautier述评. p. 502. J · Mestre et B · Fages述评）。

[4]最高法院第一民事庭，1990年6月26日（Bull. civ. IV. N° 197. p. 134. RTDciv. 1991. 114，J · Mestre述评）。

[5]A·弗里松-罗什：《论不确定的价金》，载《民法学季刊》，1992年，269，第274页（A · Frison-Roche，L'indétermination du prix. RTDciv. 1992. 269. p. 274）。

[6]《民法典》（原）第1129条：“债的标的物，至少应当是在种类上已经确定之物。”

要遵守“确定的价金”或“可以确定的价金”这一条件的合同最常见的有：租约、[1] 物的租赁合同、[2] 劳动合同、[3] 保险合同、[4] 有息借贷合同。[5]

287. (b) 例外

但是，也有一些合同，价金并不是其有效性的一项条件，因此，这些合同在订立之当时不一定需要遵守价金确定这项义务，例如，工程承揽合同、[6] 艺术品订购合同、[7] 委托合同。这种制度上的差异并不是来自法律条文的规定，尽管《民法典》第 1709 条与第 1710 条两个条文分别就租约与工程承揽合同作出定义时都提到价金，[8] 但只有第 1709 条规定租赁合同应当遵守“价金确定”或者“价金可以确定”（租金确定或可以确定）这项要求；而

---

[1] 最高法院第一民事庭，1960 年 12 月 14 日（Bull. civ. I. N°543. p. 443）；最高法院第三民事庭，1973 年 6 月 27 日（Bull. civ. III. N°446. p. 324）；最高法院第一民事庭 1978 年 1 月 12 日 Gaz. pal. 1978. p. 219）。

[2] 亚眠法院，1976 年 12 月 21 日（Bull. civ. V. Gaz. Pal. 1997. p. 219）。

[3] 最高法院社会庭，1980 年 11 月 27 日（Bull. civ. V. N°853. p. 631）。

[4] 最高法院第一民事庭，1980 年 2 月 18 日（Bull. civ. I. N91. p. 67）；最高法院第一民事庭，1985 年 11 月 19 日（Bull. civ. I. N305. p. 270）。

[5] 最高法院第一民事庭，1990 年 5 月 2 日（Rev. Banque1990. 1097，L・Rives-Lange 述评）；最高法院第一民事庭，1992 年 12 月 15 日（Defrénois1993. 310，Aubert 述评，CCC1993. N°67）。

[6] 最高法院第三民事庭，1970 年 12 月 3 日（Bull. civ. III. N°663. p. 483）；最高法院第一民事庭，1973 年 6 月 15 日（Bull. civ. I. N°202. p180）；最高法院第一民事庭，1984 年 3 月 20 日（Bull. civ. I. N°06. p. 80）；最高法院商事庭，1993 年 11 月 24 日（CCC1994. N°20，Leveneur 述评，RTDciv. 1994631. Gautier 述评）。

[7] 最高法院第一民事庭，1987 年 2 月 24 日（Bull. civ. I. N°70. p. 51，D. 1988. 97. B・Edelman 述评）：艺术品定做合同，仅产生一项作为义务，有别于转让财产权的合同，因此，不受“可以确定的价金”这项要求的约束。

[8]《民法典》第 1709 条：“物的租赁是指一方当事人承担义务在一定期间让他方当事人享有某物并获得收益，他方当事人负支付确定的租金之义务的契约。”

第 1710 条：“劳动力的雇用（雇工）是指一方当事人承担义务为他方完成某种事务并由该他方向其支付经双方约定之报酬的契约。”

（原）第 1129 条的条文中对这些情况则没有作任何区分。实际上，之所以有这些例外情况，应从两个方向去考查其理由。首先，在实践中，就服务性给付而言，往往很难事先知道将要提供的服务的数量。其次，在理论上，由于有价金问题，虽然使这些合同具有有偿性质，但价金并不是据以认定合同是否具有有偿性质的主要因素，与此相反，如果一项买卖没有规定价金，则构成赠与；而如果一项租约没有规定租金，就变成了使用借贷（借用）。这就是说，对于有些特定类型的合同，其中有无价金的规定，将引起合同性质的改变。有些合同则与此不同，没有规定确定的价金的劳动力租赁，仍然属于相同性质的租赁，没有规定价金的委托合同，仍然是委托。由此可见，在这类合同中，价金不是认定合同性质的主要因素。[1]

由上述情况产生的必然结果是：对于买卖合同以及在价金方面与买卖合同有着类似要求的其他合同，在双方当事人对价金没有达成协议的情况下，法官将拒绝确定价金；与此相反，对于工程承揽合同，法官则会同意进行价金的确定。在法官同意进行价金的确定时，将会考虑提交的证据或证明理由以及个案的具体情节，自由地作出裁判。此外，如果双方当事人在订立合同的当时虽然已经就价金达成一致，但与最后提供的给付不一致时，也可以请求进行相应的调整（参见第 284 节）。

288. 批发经销领域的框架合同

很显然，对于批发经销合同而言，如果将确定的价金作为合同

---

[1] A·布鲁内与 A·果吉：《从合同理论的角度来看最高法院全体庭关于价金问题的判例》，载《Dalloz 法律评论汇编》，1998 年，第 8 节，第 29 节（A·Brunet et A·Ghozi，La jurisprudence de l'Assemblée plénière sur le prix du point de vue de la théorie du contrat，D. 1998. p. I. N°8. N°29）。

有效性的一项条件，尤其会遇到更大的困难。[1] 批发经销合同是对供货商与经销商之间的关系做出的安排，往往具有框架合同（contrat-cadre）的形式。以特许经营合同为例——法院就这类合同作出过很多判决——供货商要向经销商提供多种不同的给付：协助安装设备、提供技术协助或管理方面的协助、广告宣传，并且承诺按照需要向经销商提供货源。对于这种为了长期合作之目的而设计的协议，很难要求它们一开始就必须规定确定的价金或可以确定的价金。怎么有可能在一份框架合同当中对数年之后才会进行的订货与提供的产品准确地确定它们的价金或可以确定的价金呢？

在过去很长时间里，法院判例考虑到商业实践的需要，对批发经销合同中（是否）应当规定“可以确定的价金”这一要求始终都会做出灵活处理。法院判决认为，只要是按照供货之日实行的价目表或收费标准来进行作价，那么，此种价金就被看成是可以确定的价金。[2] 但是，由于价金不确定，这种状况也有可能引起所订立的合同经济的不稳定，这也导致确实有必要在合同中规定关于“确定的价金”或者“可以确定的价金”的条款。自 1971 年起，最高法院 以价金不确定为理由对合同无效发动了一场不折不扣的围猎（我们注意到，这样做并没有因此就降低了合同经济的不稳定性）。在这场对价金不确定或不能确定的合同进行的“围猎”

---

[1]穆塞隆与索贝：《论设备供应与技术协助合同》（Mousseron et Seube，A propos des contrats d'assistance et de founiture，D. 1973. chron. p. 197）；J · Schmidt：《论供货合同》（J · Schmidt，le prix du contrat de fourniture，D. 1985. chron. P. 117）；D · Ferrier：《关于在规定独家供货义务的合同中确定价格的问题》（D · Ferrier，la determination du prix dans les contrats stipulant une obligation d'approvisionnement exclusif，D. 1991. chron. p. 237）；F · 勒杜克：《价金的确定，一项特别的要求》（F · Leduc，la détermination du prix，une exigence exceptionnelle？JCP1992. I. 3631）；L · 埃内斯：《供货经销合同中价金的不确定问题，如何走出死胡同？》（L · Aynes，Indetermination du prix dans les contrat de distribution：comment sortir de l'impasse？D. 1993. chron. p. 25）。

[2]最高法院诉状审理庭，1934 年 2 月 5 日（Gaz. Pal. 1934. 2. 231）。

中，以石油公司与本品牌的加油站之间订立的特许经营合同首当其冲：这种合同往往包含独家供货承诺或允诺，凡是不能证明经销商的价目表的各项要件不是取决于他们自己一方意思的框架合同，最高法院都会依据《民法典》第1591条的规定，以“价格不确定，也不能确定”为理由将其撤销。[1] 这样的处理也被扩张适用于啤酒供应商与啤酒零售商之间订立的“啤酒供销合同”（contrats de bièrre）。[2] 然而，最高法院的这些判例受到了大多数评论者的批评。批评意见强调指出，《民法典》第1591条（关于买卖价金）的规定并不适用于这一类特许经营合同。特许经营合同不是“一种可以分段交货的库存产品的买卖”，而是对双方当事人在将来进一步发展合作的进程做出安排。但是，最高法院很少听得进这些批评意见，仍然以《民法典》（原）第1129条的规定为依据，坚持自己原来的立场。按照第1129条的规定：“债的标的物，至少应当是种类上已确定之物。物的数量可以是尚未确定的，只要其可以确定。”[3] 最高法院将此作为其裁判决定的新的支撑点，从而将第1591条的规定扩张适用于许多新的协议，例如，多品种的供货合同、[4]（专有技术、商标、专利的）特许经营合同、[5] 加盟合同、[6] 借

[1] 最高法院商事庭，1971年4月27日（Bull. civ. IV. N°107. p. 101）；最高法院商事庭，1971年11月5日（Bull. civ. IV. N°263. p. 245. D. 1972. 353. J·Ghestin 述评，JCP1972. II. 16975. J·Boré 述评）。

[2] 最高法院商事庭，1974年2月12日（D. 1974. 414. JCP1975. II. 17915. J·Boré 述评）。

[3] 最高法院商事庭，1978年10月11日（D. 1979. 135. R·Houin 述评，JCP1978. II. 19034. Y·Loussouarn 述评，RTDciv. 1980. 364. Y·Loussouarn 述评）。

[4] 最高法院商事庭，1982年10月5日（Bull. civ. IV. N°298. 255. RTDciv. 1983. 351. Ph·Rémy 述评）；最高法院商事庭，1983年3月21日（Bull. civ. IV. N°10. P. 92）。

[5] 最高法院商事庭，1986年6月24日（RTDciv. 1987. 95. Mestre 述评）；最高法院商事庭，1988年1月12日（Bull. civ. IV. N°31. p. 21. RTDciv. 1988. 527. Mestre 述评）。

[6] 最高法院商事庭，1993年3月9日（CCC1993. N°29. Leveneur 述评）。

贷合同。[1] 最高法院这样做，可谓提供了一个“从归纳到演绎”的榜样。

对此，人们的实践也作出了反应，设计出各种符合最高法院要求的合同条款，例如，“专家裁判”条款（clause à dire d ‘expert），也就是说，在双方当事人就价金达不成协议时，可以提交第三人进行仲裁；又例如，“竞争性供货条款”（clause d’offre concurrente），这种条款规定，当一方当事人从第三人处收到带有更优惠条件的建议时，准许该方当事人对其合作伙伴主张此种优惠条件。这实际上是一种最惠待遇条款，当事人依据该条款可以获准将他们之间原定的价金与该第三人提议的优惠价位拉齐，或者停止履行或解除原合同。[2] 再例如，规定在不接受供货方开出的新价位的情况下，保留原价格的条款并且解除框架合同……，等等。“第三人仲裁”条款虽然有效，但这种条款并不切合实际，因为交由第三人仲裁，也就意味着解决问题的过程很缓慢，而且需要付出相当高的费用；最高法院虽然承认“竞争性供货条款”的有效性，[3] 但对此种条款所要求的条件却非常严格，[4] 因此，如何评判这些条件，本身就可能引起严重争议。至于第三类条款，看来并不能阻止合同无效，因为它给予了销售商进行选择的可能性，他可以遵守也可以不

[1]最高法院第一民事庭，1990 年 5 月 2 日（D. 1991. 41. Gavalda 述评）。

[2]M·封丹：《竞争性要约条款，最惠顾客与国际合同中的拒约条款》，载《国际贸易法律与实践》（M·Fontaine, Les clauses d’offre concurrente, de client le plus favorisé et les clauses de premier refus dans les contrats internationaux, Droit et pratique du commerce international, 1978, p. 191 s）。

[3]最高法院商事庭，1988 年 6 月 14 日（Bull. civ. IV, N°206, p. 142, D. 1989. 89, Ph·Malaurie 述评，RTD civ. 1989. 299, J·Mestre 述评）。这种有效性被 2008 年 8 月 4 日“LME 法”所否定（art. 442-6 II, d）。

[4]巴黎法院，1986 年 5 月 2 日（JCP 1986. 11. 20622, J·Ghestin 述评，Gaz. Pal. 986. 596 . Calvo 述评，RTD civ. 1987. 96, J·Mestre 述评，107, Ph·Rémy 述评）。

遵守这种条款。[1]

面对这样的局面，理论界的批评意见也进一步深入而且有所增加。学者们强调指出，一方面，最高法院所持的立场将损害法律安全，照此下去，绝大多数批发经销合同都将因此受到无效诉讼的困扰或摆布，另一方面，有关价金不确定的规则往往偏离了它的终极目标，因为不是在合同履行过程中主张这些规则以期纠正不公道的价金，而是在合同履行之后再来主张这些规定，目的往往是终止与价金毫无关系的其他义务（例如，终止由竞业禁止条款产生的各项义务）。这一次，最高法院终于听取了理论界的批评，并且采取了多种方式对其原来所做的处理的适用范围进行了限制。在开始阶段，最高法院作出的一项判决仅仅是认为，由于批发经销合同主要产生的是某种作为义务，因此不适用有关“因价金的不确定而引起的无效”的规定，[2] 不过，这一判决是建立在区分给付之债与作为之债的基础之上，而这种区分跟确定价金的问题完全扯不上边。最高法院的这一判决也体现出“罗马帝国后期典型的钻牛角尖的风格”。[3] 到后来，最高法院才进一步弱化了立场，在其所作的判决

[1]最高法院商事庭，1991年2月26日（D. 1992，somm. 最高法院商事庭，p. 199. G·Paisant 述评），该判决维持了埃克斯法院1989年1月11日的判决，认为这项条款无效。因为这种条款仅仅给销售商保留了选择要么遵守要么不遵守石油供应商所确定的价目，而不可能对其货源的价位进行任何商讨。

[2]最高法院商事庭，1987年11月9日（Bull. civ. IV，p. 177. N°237，D. 1989. 35 . Ph·Malaurie 述评，JCP 1989. 11. 21186. Virassamy 述评，RTD civ. 1988. 527，J·Mestre 述评）；最高法院商事庭，1991年1月22日（Bull. riv. IV，N° 36，p. 22，D. 1991. 175，concl. Jéol，JCP 1991. 11. 21679，Virassamy 述评，CCC 1991，N° 5 et chron. L·Leveneur 述评，RTD civ. 1991. 322. J·Mestre 述评）。

[3]因此，按照曾经担任总检察长的杰奥尔（Jéol）先生的意见（D. 1991. 175），给与之债更多涉及的是一种未加工的产品，而作为之债则更多涉及的是经过加工的产品。学者对这一标准也提出了批评意见，例如 M·A·Frison-Roche（art. préc，RTD civ. 1992，p. 280）；参见D·塔理容：《给付之债令人惊讶的觉醒》（D·Talion，Le surprenant réveil de l'obligation de donner，D. 1992，p. 67）。

中认为：只要双方当事人在缔结买卖合同的当时可以自由地进行讨价还价，自由地同意与接受，那么，就不再有必要要求在框架合同当中规定商品或货物的价金是“可以确定的价金”。[1]

但是，这样一来，最高法院是不是又回到了不久之前的制度？这样一种自由又怎样才能与真正的排他性或独占性相互协调一致呢？

最高法院前后作出的判决变化不定，如同一幅阿拉伯风格的图案，之所以不能坚守一条坚定的路线，恰恰表明它所选择的也许不是一条好的道路。[2]

最高法院要求合同应当规定确定的价金，这一要求的主要目的是保护那些处于依附地位的合同当事人，也就是保护那些“因独家供货条款而不得不依附于某个可以任意发号施令的合作伙伴”的合同当事人。这样的目的本身当然是值得赞赏的，但是，我们仍然要提出一个问题：是否也可以通过其他途径来保障实现这种保护？例如，仿效许多外国法律，[3] 让法国法官对合同的一方当事人单方

---

[1]最高法院商事庭，1991 年 7 月 16 日（JCP 1992. 11. 21796. J · Leveneur 述评，RTD civ. 1992. 87，J · Mestre 述评）；最高法院商事庭，1991 年 11 月 5 日（Bull. civ. IV，N° 335，p. 233）；最高法院商事庭，1991 年 11 月 19 日（Bull. civ. IV，N° 356，p. 246）。

[2]正如 M · Testu 先生在其著作《法官与附合契约》（Le juge et le contrat d'adhésion，JCP 1993. 1. 3673，N°22）中指出的那样，在有关确定价金的问题上，区分作为之债与给与之债存在着模糊不清之处。这种区分唯一的作用是，产生了一种只有法官才掌握其秘密的标准，从而使法官得以接近所谓的公正。

[3]参见：《关于合同中价金的确定，比较法研究》（étude de droit comparé，sous la direction de D · Talion，Pédone，1989）；斯特劳施与诺芒：《德国合同法中价金与其他给付的确定》（Strauch et Neumann，La détermination du prix et autres prestations en droit allemand des contrats，Dr. prat. 最高法院商事庭，int. 1980，p. 133）；科尔比歇尔：《关于货物买卖合同中确定价金的问题》（Corbisier，La détermination du prix dans les contrats commerciaux portant vente de marchandises，RID comp. 1988. 767 et s）。

确定的价位也可以享有监督权力（le pouvoir de contrôler）。[1]

另有一些学者虽然没有径直主张应当赋予法官此种监督权力，但他们同样建议，如果供货商利用他们订立的合同所具有的排他性，向经销商强制规定过分的价格，导致后者无法面对同类产品的竞争，法官至少可以根据《民法典》（原）第1134条第3款有关契约应当善意履行的规定，并运用合同责任规则，判处这些供货商适当履行合同或者赔偿因其不履行而造成的损害后果。[2]

学者们的这些建议并非没有引起法院判例的反响。最高法院第一民事庭于1994年11月29日就作出两项判决,[3] 该法庭认为，只要所订立协议确实参照了某种价格标准或价目表，即属符合与满足了有关确定的价金的要求，换句话说，最高法院的判例认为确定的价金仍然是合同有效性的条件，同时也对这一要求做出了非常灵活的处理，因为它认定了一方当事人可以有效地通过合同获得单方面确定价格的权利。这样，最高法院就确认了我们在前面第284节中所介绍的第一种确定价格的模式，但采取的是这种模式中的第二种做法。

为了避免供货商在运用独家供货权利时趁机超越界限，法院判例还承认法官可以对滥用排他性或独占性地位的供货商为谋求不合法的利润而提高收费标准的行为实施制裁，因为供货商的这种行为违反了“合同应当善意履行”的义务。这样一来，法官实行监督的

---

[1] M·A·弗里松-罗什：《论价金的不确定问题》（M·A·Frison-Roche, L'indétermination du prix, RTD civ. 1992, p. 297 s）。

[2] L·Aynès, chron. préc, D. 1993, p. 25 ; rappr. L·沃热尔：《为一种改变辩护：反对在经销合同中规定确定价格的义务》（L·Vogel, Plaidoyer pour un revirement ; contre l'obligation de détermination du prix dans les contrats de distribution, D. 1995. 155）。

[3] 最高法院第一民事庭，1994年11月29日（D. 1995. 122 . Aynès 述评，JCP 1995. 11. 22371. Ghestin 述评，CCC 1995，N°24，Leveneur 述评，RTD civ. 1995. 358，Mestre 述评，RTD 最高法院商事庭，1995. 464，Bouloc 述评）。

重心也就从合同的订立移向了合同的履行。不过，仍然存在一个问题：这一立场是否能够得到最高法院其他法庭的积极跟进？正是在这样的条件下，有必要由最高法院全体庭来进行干预。这样做，显然是有好处的。

289.（C）1995 年 12 月 1 日的判决发生的转变

最高法院全体庭比第一民事庭走得更远。全体庭于 1995 年 12 月 1 日作出一项判决，一方面明确认定《民法典》（原）第 1129 条的规定不适用于价金的确定，另一方面还提出，当一项协议规定在当事人之间将来还会订立其他合同时，在这项原始协议中没有确定将来才订立的那些合同的价金，并不会影响此种协议的有效性，法律有特别规定的情形除外，而在确定价金方面的滥用权利行为仅仅会引起这类连续履行的合同的解除，或者引起损害赔偿，而不是引起合同无效。尽管最高法院全体庭的这一判决在第一时间就得到理论界的广泛赞同，[1] 但仍然不无令人担忧之处，因为我们可以有理由提出这样一个问题：最高法院不惜将其原先所钟爱的东西付之一炬，是不是从一个极端走向了另一个极端？

实际上，最高法院先后就价金的确定与法官的干预问题提出的两项处理意见仅仅做到了极不完善的协调，除此之外，它在明确排

---

[1] 尤其是 J·盖斯坦认为：最高法院的判决处理应当得到“完全的赞同”（*JCP* 1996. 11. 22565）；L·埃内斯（L·Aynès，D. 1996 p. 18）认为这是一种具有决定性意义的转变；D·布洛与 N·莫勒菲西则有所保留，认为这只是“前进了一步”（D·Bureau et N·Molfessis，*LPA* 27 déc. 1995. p. 21）；随后，更持保留意见的有 J·胡耶先生，其文章的题目就是：《对最高法院全体庭关于不确价金的判决的批评》（J·Huet，Critique de la jurisprudence de l’Assemblée plénière sur l’indétermination du prix，*Mélanges Sayag*，1997. p. 311 et s）；A·布鲁内与 A·郭吉前言文（A·Brunet et A·Brunet et A·Ghozi，art. préc，D. 1998. p. 1 et s.）；此外，还有 Th·雷维，D·费里耶，Ph·森勒尔等人的论文（Th·Revet，D·Ferrier et Ph·Simler in *La détermination du prix*，*nouveaux enjeux*，1997，p. 37，49 et 75）。

除适用第1129条之规定的同时，还确认价金的确定不再是合同有效性的一项条件，这样做完全有可能开始一个同样带有很大不确定性的、摸着石头过河的新时期。

290. (a) 法院在确定价金问题上所采纳的处理意见与法官进行干预的方式之间缺乏协调

最高法院的判决认定，在框架协议中即使没有确定今后为了具体执行该框架协议而订立的各项合同的价金，仍然不会影响框架协议的有效性。从这种处理意见来看，最高法院确实是承认，一项框架协议，不仅在其规定了“参照供货商的价目表或收费标准的条款”时是有效的，而且即使在这一点上没有任何规定，同样也是有效的。[1] 最高法院这种处理意见与时任驻最高法院总检察长的杰奥尔（Jéol）先生提出的意见完全一致：因为，总检察长要求最高法院不要再把“确定的价金”作为合同有效性的一项条件，如果将“确定的价金”作为合同有效性的条件，那么，它将从逻辑上引导法官去撤销那些没有遵守严格形式意义上的价目表或收费标准的合同。这样的无效制度就会令人想起古老的罗马法的某些诉讼制度——在罗马法的特定诉讼中，当事人胜诉还是败诉，取决于他是否运用了“神圣的言辞”（les mots sacrés）[2] ——然而，我们的这位杰出的司法官在希望坚决搞点现代的东西的同时却似乎忘记了这样一个现实：随着合同是否订立参照供货商价目表或收费标准的条款，法律状态也是根本不同的。

---

[1]相同的解释，参见（L·Aynès, D. 1996 p. 19.）。“Cafatrel 公司诉讼案”的判决也确认了这种分析，不过，与其他判决不同，该判决并没有提出要参照任何的收费标准，最高法院也并未就此得出任何特别的结论。另参见 J·盖斯坦（J·Ghestin, JCP 1996. 11. 22565, N°s 18 s.），关于避免被人批评的不协调状况。

[2]Jéol, concl. D. 1996. p. 15.

在第一种情况下，也就是在合同中订有参照供货商价目表或收费标准的条款的情况下，双方当事人之间实际上就确定价金的方式已经有了一项协议，因此，供货商的收费标准或价目表自然而然对其合作伙伴具有强制性作用，只不过后者也可以向法院申请救济，由法院对根据供货商的价目表所确定的价金进行监督。

在第二种情况下，也就是在合同没有订立参照供货商价目表或收费标准的条款的情况下，当事人之间既没有就价金达成任何协议，也没有就确定价金的方式达成任何协议。这样一来，按照正常逻辑，只有在每一次为了执行框架协议而订立合同的时候，当事人之间都需订立一项新的协议，才能够确定价金。

这也意味着，在上述两种不同的情况下，法官受召唤扮演的角色是完全不同的。第一种情况下，法官仅仅是对供货商确定的价金实行监督，而在第二种情况下，只要双方当事人不能就价金达成一致，法官就应当自行确定价金。换句话说，最高法院前面提出：在价金不确定的情况下，也就是说，在当事人对确定价金的方式达不成协议的情况下，合同的有效性并未因此受到影响，然后又提出，如果在确定价金时有滥用权利行为，将引起解除合同或者要给以损害赔偿。如果我们将这两者分开来考虑，最高法院提出的上述两种处理方式还是完全可以接受的，但是，这两者联系起来，却不可能协调一致。[1] 因为，第一种情况下，实际上是要求承认法官有确定价金的权力，而最高法院却仅仅是给予法官对当事人一方确定的价金以监督权力。令人遗憾的是，总检察长还要求最高法院按照其意见走到底，而最高法院也并未察觉，如果遵照总检察长的意

[1]相同的解释，参见D·费里耶：《对债的普通法的贡献，关于价金的确定：种种新的挑战》（D·Ferrier, Les apports au droit commun des obligations, in La détermination des prix : nouveaux enjeux, 1997, p. 56.）。

见，逻辑将会完全改变。[1]

为了避开上述矛盾，也有人提出，实践中有一种习惯做法，按照这种做法，即使没有任何条款参照供货商的价目表或收费标准，只要有协议规定此后还要再订立合同，那么价金就将由供货商来确定。《民法典》（原）第1135条可以作为此种看法的支持依据，因为最高法院在这方面作出的所有判决都提到这一条文的规定："契约不仅对其中表述的事项具有约束力，而且对于公平原则、习惯与法律按照债的性质所赋予的全部结果具有约束力。"然而，这样的分析令人惶恐不已：在此前20多年中最高法院对"参照供货商价目表的条款"来确定价金的做法始终都盯得很紧，而且无一例外，这种条款均被最高法院撤销，而如果按照上述这些人提出的看法，那么，这种条款不仅成为一种有效的合法条款，而且在各方当事人没有作出任何规定的情况下，还对他们具有强制作用。因此，我们感到遗憾的是，最高法院没有重新采纳第一民事庭1994年11月9日在阿尔卡特（Alcatel）诉讼案所作的判决中确定的制度。然而，这种制度却具有现实的协调性，只要合同参照了某种价目表，而法官又可以监督这种价目表的实施，那么即属满足了"可以确定的价金"之要求。

291.（b）最高法院判例转变的意义范围

最高法院在其判决中认定，价金的确定不适用《民法典》（原）第1129条的规定。这一认定也引发了一系列的疑问，而如果我们坚持阿尔卡特（Alcatel）诉讼案的判决所提出的处理意见，也许可以避免这些疑问。最高法院过去的判决在将确定的价金作为很

[1] D. 1996 p. 15.

多合同的有效性的一项条件时，所依据的法律条文正是第 1129 条，[1] 此前，它在仅仅就框架合同进行分析、得出结论时，已经使这一条文的规定的活力有所减退，如今又认为这一条文的规定不适用于价金的确定，这样也就为各种思辨敞开了大门，人们会问：最高法院所做的这种处理是否仅对那些需要延续很长时间、因而很难确定价金的合同有效，也就是说，它是否仅对框架合同有效？广而言之，这种处理是否仅适用于长期合同？是否应当将这种处理意见普遍化？对于这些问题，完全不能做出显而易见的回答。

最早的一些评论文章，按照一般规则，都主张对最高法院的判决处理意见作广义解释。这些文章认为，既然第 1129 条的规定不再适用于确定价金的问题，那么，最高法院的判例原先依据这一条文“以价金不确定为理由”认定合同无效时所进行的所有扩张处理，都变成了“过时的判例”。[2] 例如，有息借贷、[3] 物的租赁、运输合同，[4] 总而言之，“在所有方面”，[5] 都是如此。在此基础上，按此逻辑一直向前走，有些学者进一步认为，新的处理反映了（……）视野的彻底改变，也就是将（过去的）“原则”与“例外”两者彻底地颠倒过来了（……），除法律有特别规定之外，在合同订立之当时，价金的不确定并不影响合同的有效性，[6]

[1] Bureau et Molfessis, LPA, 27 déc. 1995, p. 15. N° 13.

[2] Ghestin, JCP 1996. 11. 22565, N°s 8s.

[3] 最高法院商事庭。1996 年 7 月 9 日（JCP 1996. 11. 22721, Stoufflet 述评, CCC 1996, N° 182, 2e arrêt, Leveneur 述评；另见最高法院第一民事庭 1996 年 5 月 9 日判决（D. 1997, somm. com, p. 176, D · Mazeaud 述评））。

[4] Ghestin, JCP 1996. 11. 22565, N° 8 ; L · Aynès, D. 1996 p. 20; Bureau et Molfessis, note préc, p. 17 N°24.

[5] 这方面的问题，参见最高法院第一民事庭 2004 年 5 月 12 日判决（RDC 2004, p. 925, M. Mazeaud 述评：《民法典》第 1129 条的规定不适用于所有方面确定价金的问题（L'article 1129 C. civ. n'est pas applicable à la détermination du prix en toute matière）。

[6] Bureau et Molfessis, préc. p. 17, N°21 et 12.

也就是说，现在的原则是：价金的确定不再是合同的有效性的一项条件，[1] 这样一来，也就出现了以下3种可能的情形：

（1）尽管各方当事人丝毫没有这方面的义务，但他们仍然可以约定价金。约定的价金对双方当事人均有约束力，而法官原则上不再对这种价金进行监督。

（2）合同当事人通过参照供货商的价目表或收费标准、商品目录价格，即属于已经对确定价金的问题做出处理。合同有效成立，而如果在确定价金中有滥用权利的行为时，法官可以进行干预。[2]

（3）双方当事人没有约定确定价金的任何方式。如果合同活动涉及的是法院判例传统上就认定在其成立的当时可以不确定价金的那种类型的合同，例如，委托合同、承揽合同，那么所订合同肯定有效；[3] 而那些属于例外范畴的合同，则肯定无效；另有一些合同，双方当事人没有约定任何价金，既不属于法院判例传统上不要求明确价金也不属于法律要求确定价金的合同，也就仍然不能肯定其到底是有效还是无效。不过，最高法院在确认“第1129条的规定不适用于价金的确定”问题时，也特地作出了明确的补充，“对所有的合同”均是如此。这一补充表明，其他合同，即使没有规定

---

[1] 关于这个问题，参见M·梯奥叶：《关于契约中价金观念的研究》，《图卢兹大学学位论文》，2004年（M·Thioye, Recherches sur la conception du prix dans les contrats, thèse Toulouse, éd. 2004）。

[2] 最高法院商事庭，1996年6月11日（CCC 1996, N° 182, Leveneur 述评）；最高法院商事庭，1996年12月3日（CCC 1997, N° 53, Leveneur 述评）；最高法院商事庭，1996年2月20日（D. 1997. 414. C·Jamin 述评）。

[3] 关于承揽合同，参见最高法院第一民事庭1996年2月20日判决（Bull. civ. I, N° 91, p. 61, Defrénois 1998. 1432, Bénabent 述评）；最高法院第三民事庭，1999年7月20日，《建筑与城市规划》（Construction et urbanisme 1999, N°264, D·Sizaire 述评）；最高法院第一民事庭，2000年11月28日（CCC 2001, N° 38, Leveneur 述评，JCP 2001. 1. 301, N° 11, Labarthe 述评）。

确定的价金时，也是有效的。[1] 不过，对于这种情况，我们还必须弄明白的是，在没有任何条款赋予债权人以此种权利时，价金是否是由债权人单方确定，或者，在当事人没有任何明示规定的情况下，是否默示承认法官有确定价金的一般权力？

现在的例外情形：价金的确定仍然是合同有效性的一项条件。那么，这种例外情形的大体范围如何？总检察长杰奥尔先生在其提出的意见书中提到的合同涉及“带薪金的劳动、保险、租约或者取得不动产所有权”。[2] 我们可以对这里列举的例外作些不完全的补充：与销售经纪人订立的协议或者不动产的租赁[3]、广告空间的购买协议[4]以及《民法典》第1591条仍然认定“价金应当确定”的买卖。对于这些合同，确定的价金仍然是其有效性的一项条件。

不过，还应当区分的是根据框架合同订立的是买卖合同还是其他买卖合同。如果是根据框架合同订立的买卖合同，只要其中有条款规定价金应当按照供货商的价目表或收费标准来确定，那么，就可以肯定地认为此种买卖合同已经符合并满足了有关价金确定的要求；[5] 相反情况下，则是对最高法院所确定的制度的核心问题的质疑。对于其他买卖，也就是说，对于最高法院全体庭的判决没有明确指出的那些买卖合同——不动产的买卖、营业资产的买卖、股份的转让等，法院判例也缓和了对价金的要求，仅仅要求“价金是

---

[1]前引最高法院第一民事庭2004年5月12日判决。

[2]D. 1996 p. 15. 参见A·贝纳本所持的保留意见（A·Bénabent，Les obligations，N° 149），作者问道：最高法院在扼杀第1129条的同时是否对这些特别条文的规定也采取相同的处理。

[3]1970年胡格法案第6条第4款（Art. 6 al. 4，loi Hoguet du 2 janvier 1970）。

[4]1993年1月29日萨潘法案第20条（Art. 20，Loi Sapin du 29 janvier 1993）。

[5]最高法院商事庭，1999年2月23日（关于特许经营合同）（CCC 1999，N° 68，à propos d'un contrat de franchise）。

可以确定的”即告足够。[1] 然而，我们无论如何都不能承认，连价金的构架性都没有规定的情况下这类买卖的有效性，也就是说，我们无论如何不能承认在双方当事人对确定价金的方式都没有达成一致意见的情况下此类合同的有效性。[2] 更为一般地说，人们完全可以提出这样的问题：除有特别法律规定之外，（现在在确定价金方面的）这些例外情形是否应当囊括“价金是据以认定其性质的一个要件”的所有合同（参见第 287 节）。[3] 2006 年 2 月 8 日，最高法院第三民事庭就职业性租约变更租金的问题作出一项判决。该判决认为：在没有法律规定的情况下，本案实体法官不得替代没有就确定变更租金的方式达成协议的当事人（也就是说，不能由法官替代当事人来确定租金）。2006 年 2 月 8 日的这项判决被认为体现了这样的思想，“价金是据以认定合同性质的一个要件的所有合同”，都属于现在的例外所包括的范围之内。[4]

总而言之，人们会问，我们真的期望如同最高法院所做的那

---

[1] 最高法院第一民事庭，1997 年 12 月 2 日（Bull civ. I，N° 340，p. 232，JCP 1998. 1. 129 N° 1，Jamin 述评，D. 1998，IR p. 24，RTD civ. 1998. 899，J · Mestre 述评）；最高法院商事庭，1998 年 3 月 10 日（D. 1998 IR p. 104，RTD civ. 1998. 899，J · Mestre 述评）；最高法院第一民事庭，2004 年 12 月 14 日（CCC 2005，N° 64，L · Leveneur 述评）。

[2] 这方面的判决，参见最高法院商事庭 1996 年 11 月 26 日判决（CCC 1997. N°26. L · Leveneur 述评）；最高法院商事庭，1997 年 11 月 12 日（CCC 1998. N°22，L · Leveneur 述评，RTD civ. 1998. 908，J · Mestre 述评）；最高法院第一民事庭，1998 年 2 月 24 日（JCP 1998. IV. 1868. RJA 1998. N° 575，p. 402，RTD civ. 1998. 900，J · Mestre 述评）；最高法院第一民事庭，1999 年 2 月 19 日（CCC 1999. N° 52. L · Leveneur 述评）；最高法院第一民事庭，2000 年 1 月 28 日（CCC 2001. N° 40. L · Leveneur 述评）；同样，我们也不应承认法官可以变更当事人已经确定的价金，参见最高法院第三民事庭 2003 年 1 月 29 日判决（JCP 2003. 1. 186. N° 1. F · Labarthe 述评）。

[3] A · Brunet et A · Ghozi，art. préc，D. 1998 p. 1 et s. sp. N° 8 et 29.

[4] 最高法院第三民事庭，2006 年 2 月 8 日（Bull. civ. II. N° 25. Defrénois 2006. 1236. Libchaber 述评）。

样，除了那些难以立即确定价金的合同之外（参见第283节），其他的合同，在当事人连确定的价金的方式都没有达成协议的情况下，仍然可以有效订立吗？如果同意并认定这样的处理意见，实际上是对合同法的一项最稳固的规则的否定，也就是否定“个人的意思的自由合致，对于绝大多数合同来说，是一种最能接近公道价金的最不坏的方式”。[1] 即使我们假定最高法院在承认法官有确定价金的权力的同时能够很好地将有关确定价金的规则与法官的这种权力协调起来，仍然很难说这是一个进步。所以，最好还是要求合同的当事人自行解决价金的确定问题，而不是准许他们回避这个问题，并将困难推给法官去解决。[2]

292. （D）制裁：无效

对于不确定价金进行的买卖，法院判例传统上都是以（买卖）绝对无效论处，[3] 有时甚至将此种买卖看成是法律上根本不存在的行为。[4] 这样一来，双方当事人均可请求此种合同无效，对所订立的合同不准许进行追认或确认。

传统理论认为，凡是缺乏某一项根本要件的合同均属绝对无效。法院判例的上述处理意见完全符合传统理论的教导，然而它却直接与现代无效理论相抵触。因为，（按照现代无效理论）就没有

---

[1]试比较：R·里贝莎贝尔（R·Libchaber，Defrénois 2002，p.1624）的论述：“在对待合同的问题上，人们表现出如同对待民主一样的感情：将其抛弃给当事人，听任他们自便。这肯定是一种最坏的做法，但是却排除其他任何做法。”

[2]在这方面，参见J·Huet，art. préc，Mélanges Sayag，p.324：作者希望法院判例会重新回到确认与肯定《民法典》第1129条作为一般规则的意见，那就是：在所有的合同中都要求确定债的标的，不论是涉及用金钱给付还是实物给付，均是如此。另见：A·Brunet et A·Ghozi，art. préc，D. 1998. 8，N°29；Th. Revet，Les apports au droit des relations de dépendance，in La détermination du prix：nouveaux enjeux，p.42。

[3]例如，最高法院商事庭，1985年5月9日判决（Bull. civ. IV，N° 146，p.125）。

[4]最高法院商事庭，1983年11月30日（Bull. civ. IV，N° 333，p.288）。

确定价金的合同而言，被其违反的规则的宗旨并不是保护总体利益，而是保护私人利益，也就是为了保护一方当事人的利益，而违反保护私益的规则的合同属于相对无效的合同。

法院判例之所以继续维持传统的处理意见，也许可以这样来解释，在框架合同领域，尤其可以这样来解释：这是出于一种关注，受到保护的人有可能对（相对）无效的合同进行默示追认，而如果对这些合同以绝对无效论处，则不会给这种可能的确认开放一条道路。[1] 然而，实际上，最常见的情况是，无效之诉往往都是在合同已经履行了相当一段时间之后才会提出，因此，完全可以认为这种履行本身就相当于对合同的追认或确认。[2] 所以，我们认为，要想达到这一结果，丝毫没有必要采用这种合同以绝对无效论处的迂回做法，因为，即使仅仅认定合同相对无效，同时规定只有在证明那些遭到违反的规则需要保护的理由已经消失时作出的追认才能有效，[3] 这样做同样可以达到相同的结果。需要保护的时间有多久，法定的保护就持续多久，只要当事人受到独占性条款的约束，就不能有任何有效的追认（参见第 403 节）。

就无效的效果而言，则是相当严格的，但是，这并没有丝毫减少人们对这种制度的批评。因为，法院判例在一开始提出：框架合同无效并不损害为了执行该框架合同而实现的买卖，[4] 最近一个阶段以来，它确认的却是一种相反的处理

[1]这方面的评论，参见：J · Mestre，RTD civ. 1987. 97.

[2]关于确认或追认问题，参见第 398 节等。

[3]Ghestin，JCP 1986. 11. 20622.

[4]最高法院商事庭，1986 年 2 月 4 日（Bull. civ. IV，N° 1，p. 1）。

意见。[1]这也就带来了严重的法律不安全。

按照大多数学者对最高法院1995年12月1日作出的几项判决所进行的分析，人们几乎都认为，这些判例前后发生的变动是深刻的：如今，只有那些有特别规定继续要求有确定的价金的合同才会（因没有确定的价金而）被撤销。至于其他的合同，司法干预的着力点也发生了转移，目的不再是撤销合同，而是要对合同的履行实施监督：如果一方当事人滥用其得到承认的确定价金的自由，法官将对此实行制裁。

293. 在确定价金方面的滥用权利

为了让合同当事人严格遵守诚信行为所要求达到的界限，最高法院全体庭首选的概念是“滥用”（abus）权利，而不是强调“善意”（bonne foi）。阿尔卡特（Alcatel）诉讼案的判决中参照与运用的就是滥用权利这一概念。之所以改用概念，原因在于，最高法院有意要对法官的干预实施监督，因为（按照法国法律）对于善意的认定，属于实体法官自由裁量权的范畴（属于事实问题），而对于滥用权利的认定，则要接受最高法院的监督（属于法律上的定性问题）。

但是，这并不是说只要运用滥用权利这一概念，就不会存在任何不确定之处。实际上，人们可以从民法的角度来理解滥用权利的

[1]最高法院商事庭，1992年6月25日（Bull. civ. IV，N° 249，p. 173，JCP 1992. 11. 21974. M · Béhar-Touchais 述评，CCC 1992，N° 11 et chron. Leveneur 述评，Defrénois 1993. 314，J-L · Aubert 述评，RTD civ. 1993. 351，J · Mestre 述评）；最高法院商事庭，1994年4月5日（Bull. civ. IV，N° 147，p. 116）。

概念，也可以从消费法或竞争法的层面来理解这一概念，[1] 而最高法院的法官们在这里很可能还是希望从民法的角度按照最为传统的意义来理解这一概念，[2] 特别是这一概念得到最高法院的司法官们的灵活理解，他们在判决中多次将这一概念看成是在个人运用自由与遵守行为道德之间恢复平衡的手段，例如，在订婚自由与中断婚约之间、[3] 订约自由与中断订约谈判之间、工商自由与不正当竞争之间恢复平衡的手段（参见第 185 节）；此外，在有关合同责任的问题上，最高法院也往往是运用滥用权利的概念，用以制裁那些专断地或者毫无依据地中断连续履行的合同的行为（参见第 479 节）。所有这些情况，我们都不能将滥用权利仅仅看成是有损害他人利益的意图。权利持有人可以自由地利用其权利，但却不能追求违反此种权利的精神和功能的目的。[4] 当然，如何准确地体现这种看法，并不是一件容易的事。[5]

总的来说，学者们一致认为，所谓滥用权利不能被缩小到仅仅用在“确定一种实际上与市场价格不同的价金”的问题上。如果这样来看待滥用权利，那就要强制法官必须去查明市场价格。运用滥

[1] Ph·斯托菲勒-明克：《合同中的滥用权利性质，试论一种理论》（Ph·Stoffel-Munck, L'abus dans le contrat, essai d'une théorie, thèse Aix, éd. 2000）；M-S·佩耶：“竞争法与消费法”（M-S·Payet, Droit de la concurrence et droit de la consommation, thèse Paris IX, éd. 2001, N°249 et s）；P·洛基：《论合同与权力》（P·Lokiec, Contrat et pouvoir, thèse Paris X, éd. 2004, N°272 et s），在作者看来，监督，不属于合同技术范畴而属于权力技术范畴，监督的实施应当是相对于“共同财产”的概念而言。

[2] J·Ghestin, JCP 1996. 11. 22565, N° 32.

[3] 最高法院民事庭，1838 年 5 月 30 日（Grands arrêts, t. 1, N° 31）。

[4] Ph·斯托菲勒-明克，前引文（N° 636）；比较：M·法布尔-马尼昂：《论合同法里关于说明理由的义务》（M·Fabre-Magnan, L'obligation de motivation en droit des contrats, Mélanges Ghestin, 2001, p. 303）。

[5] M·A·弗里松-罗什：《我们将走向在确定价金方面滥用权利的单一观念吗?》（M·A·Frison-Roche, Va-t-on vers une acception unitaire de l'abus dans la fixation du prix? Rev. de la conc. et de la consom, N° 92, suppl. juill. -août 1996, p. 13 et s）。

用权利这一概念，受到制裁的是在确定价金时的滥用权利行为，而不是过分的价金。[1] 因此，学者们更加愿意首先强调的是，（有权）单方面确定价金的人，基于他们的相对当事人对他们寄予的信任，在确定价金时应当抱有诚信，这是他们的一项义务。这些学者强调，凡是履行时间很长的合同，都应当浸透着双方当事人的合作精神；他们还指出，被赋予单方面确定价金之权利的一方合同当事人不应当自私自利地一味地追求满足自己的利益，在没有任何客观理由的情况下随意地过分变更价金，[2] 进而打破将其与合作伙伴联系起来的利益共同体（参见第 45 节）。由一方当事人确定的价金应当是相对当事人承受得了的价金，而不至于通过（过高的）价金将相对当事人所从事的活动放置到危险当中。[3] 如果由于一方当事人实行的价格，不言而喻地意味着与他合作的伙伴要么将被排挤出市场，要么将会倒闭时，[4] 那么，这种情形可以被认定他有滥用权利的行为，广而言之，如果没有可以进入市场的可替换的办法，或者，在处理合同关系的结果是要求一方当事人付出无法承受的代价时，即存在滥用权利行为。[5]

这些指导性看法仍然是比较空泛的。所以，许多人都毫不犹豫地坚定认为，最高法院是在采用一种立规立矩的方式运用滥用权利的概念，但却始终没有或者几乎没有说明滥用权利到底有哪

[1] L · Aynès, note, D. 1996. 20.

[2] L · Vogel, chron. préc, D. 1995. 162; Bureau et Molfessis, LPA 27 déc. 1995, p. 19 à 34.

[3] L · Vogel, chron. préc, D. 1995. 162; Bureau et Molfessis, LPA 27 déc. 1995, p. 19 à 34.

[4] C · 加明：《论合同的修订与不可更改性，民法典第 1134 条的双重哲学》（C · Jamin, Révision et intangibilité du contrat ou la double philosophie de l'article 1134. C. civ, Droit et patrimoine, mars 1998, p. 55）；试比较最高法院商事庭 1998 年 11 月 24 日判决（JCP 1999. 11. 12210, Picod 述评, 1. 143, N° 6, 加明述评, Defrénois 1999. 371. D · Mazeaud 述评, RTD civ. 1999. 98, Mestre 述评, 646, Gautier 述评；最高法院商事庭，2002 年 1 月 15 日（2002, D. aff. 2002. 1974, Stoffel-Munck 述评）。

[5] Ph · Stoffel-Munck, RDC 2005. 275.

些特点。[1] 这种坚定的看法算是赌赢了，因为，到目前为止，最高法院具体说明什么是滥用权利的判决是如此之少，并且作出的解释也非常微妙。[2] 此外，我们还看到，尽管最高法院的这类新的判例似乎可以扩张适用于所有的合同（参见第 291 节），但上述指导性看法似乎并不适用于所有的合同，由此我们也可以认识到这些意见实施起来会有多大的困难。而正是因为要想在全部合同当中去发现某种“订立合同的真正意图”，几乎是不现实的（参见第 441 节）。所以，有些学者通过强调合同的经济交换功能，重新回过来运用“显失公平、造成损害的价金”的概念，通过这一概念来间接地运用“市场价格”的概念。[3] 然而，关于在这里运用市场概念的问题此前就已经被排除。

无论采取哪一种分析，在一方当事人的债的标的是由另一方当事人单方确定时，对于该当事人来说，新的制度比旧的制度要更加严格。在过去，合同当事人可以很容易知道他所订立的合同是否无效，而现在，他即使付出很高的代价，仍然很难证明一方当事人在行使其单方的权利时是否会演变成滥用权利，[4] 以至于人们完全可以追问：这一判例的目的莫非只是吓唬当事人，让他们不要向法

[1] C·加明：《对框架合同法的新贡献》（C · Jamin Les apports au droit des contrats-cadre, in La détermination du prix: nouveaux enjeux, p. 25, N° 8）。

[2] 最高法院商事庭，1997 年 1 月 21 日（D. 1997. 414，C · Jamin 述评）；最高法院第一民事庭，2004 年 6 月 30 日（CCC 2004，N° 151，L · Leveneur 述评，D. 2005，p. 1828，D · Mazeaud 述评，RDC 2005，p. 275，Stoffel-Munck 述评，RTD civ. 2004，p. 749，P-Y · Gautier et 2005. 303 述评，J · Mestre et B · Fages 述评）。

[3] 弗里松-罗什：《论将不确定价金的枷锁抛弃给确定价金方面的滥用权利行为》（M · A · Frison-Roche, De l'abandon du carcan de l'indétermination à l'abus dans la fixation du prix, RJDA 1996, N° 1, p. 3）。

[4] C·加明：《论销售网，从确定价格方面的滥用权利到对滥用权利行为的监督》（C · Jamin, Réseaux intégrés de distribution: de l'abus dans la détermination du prix au contrôle des pratiques abusives, JCP, 1996. 1. 3959, N° 15）；M · Thioye 前引文（N° 760, p. 345）。

院提起诉讼。[1]

294. 解除、赔偿、评价

对滥用权利的制裁分为两个方面：解除合同和给予赔偿。这里的解除合同，应当理解为通过司法途径无追溯力地解除连续履行的合同，被解除的此种合同对于将来不再存在，但并不消灭它在已经过去时间里所产生的效力。[2] 这里的言下之意也许是，既然合同一方当事人滥用赋予他的权力，这就打破了将其与相对当事人联系在一起的信任关系，因此，对于将来而言，就是终止这种关系，这是最可取的做法。这里所说的给予赔偿，可以用于补偿已经发生的损失，通过损害赔偿，恢复所订立的合同在其内部关系中的某些平衡。[3]

这种判例为法官开放的道路是很狭窄的。法官如果在承认权利滥用的问题上表现得过于蹑手蹑脚，对那些债的标的是由相对当事人单方确定的合同当事人的保护就会非常不够；[4] 而如果法官在这方面表现得过分主动，其不合时宜的干预则有可能严重损害法律安全。从这里，我们也可以看到最高法院的这项判例有可能导致的困难，因为它赖以建立的基础是在法律阵地上明显相去甚远的两种思想之间有违自然常理的联姻。对于极端的自由主义思潮而言，市场这只看不见的手所施加的压力是如此的强大，以至于人们可以指望一方当事人的意志就可以确定另一方当事人应当负担的义务，因为该另一方当事人只能按照市场的规则办理；而对于主张社会协作

[1] Ph · Jacques, RTD civ. 2007. 517.

[2] 关于从哪一时间点可以解除合同的问题，参见：Ghestin, JCP 1995. 11. 22565, N° 47。

[3] 参见巴黎法院 2000 年 10 月 4 日判决（D. aff. 2001, 1. 302. X · Delpech 述评（D. 2001, somm. com. p. 3236, D · Mazeaud 述评））。

[4] 比较 C · 加明：《为合同协作主义辩护》（C · Jamin, Plaidoyer pour le solidarisme contractuel, Mélanges Ghestin, 2001, p. 461）。

主义的人来说，每一方合同当事人都应当如同关注自己的利益那样关注保护相对当事人的利益，因此合同的内容是不是由一方当事人确定，这并没有什么弊端，只有在相关的当事人滥用其由此得到承认的权利时，法官才有必要进行干预。最高法院的判例将自由主义思潮如此盲目相信的市场机制与社会协作主义的“超凡脱俗的理想”结合在一起，使合同完全失去了自己本身的属性，也使合同当事人丧失了作为自由的、负责任的个人的品质。

但是，不管怎样看待，最高法院的这一判例却反映了合同法导向的重大改变。仿照有些国际协定的样子，法官也表现得更加关注“将机遇留给合同”。这也就是强制要求有关合同成立的规则应当具有更大的灵活性，而在合同履行的时间方面则是要强化各种要求，这样一来，监督的重心就从合同的成立转移到合同的履行。

> 而且，这也是一个总的倾向，按照“欧洲合同法原则”第4-401条的规定，当合同一方当事人单方确定的价金或者其他要件很不合理时，法官有权力将价金确定到一个合理的数额。

295. （2）价金应当存在

价金应当是严肃的价金。所谓严肃的价金是指，合同约定的价金不应当是微乎其微的。如果（合同中）不存在价金或者约定的价金低得令人发笑，意味着合同“不具备严肃的价金”这样一个条件，这样的合同是无效合同。最高法院着力重申这一点，对买卖合同[1]以及租约更是如此。[2] 价金是否微不足道，应当由本案实体法官自由裁量：[3] 当出卖物的价值本身就很低廉时，买卖的价金虽然很少，即使少到1欧元，买卖仍然有效；一家负债累累的企业就没有什么价值，[4] 在司法重整程序的框架下进行的资产整体转让，即使转让价格很低，也仍然有效，因为这种转让带有一定的射幸性质。[5] 因此，我们不要搞混了“微不足道的价金”的概念与“显失公平的价金”的概念。所谓显失公平的价金，并不一定是很低的价金，而是价金的数额严重失衡、严重不足，而对于价金数额远远不足的情况，（按照法国法）除有特别规定之外，显失

[1]在以终身定期金的形式进行的买卖分期支付的总款项数额低于标的物产生的收入总额时（且不谈不动产本身的价值），法院判例主要利用这一概念作为依托来撤销以终身年金的形式进行的（不动产）买卖。参见最高法院诉状审理庭1911年5月1日判决（DP 1911. 1. 353. Planiol 述评）；最高法院民事庭，1998年12月8日（JCP 1999. IV. 1205）；最高法院第三民事庭，1998年12月16日（Defrénois 1999. 983，Dagome-Labbé 述评，D. 2000. 504，2ᵉ esp，M-C · Cauchy-Psaume 述评）；最高法院第三民事庭，2001年7月18日（Bull. civ. III，N° 101，p. 120，D. 2002. 680，C · Castets，somm. com. p. 900，Paisant 述评，Defrénois 2001. 1421，Savaux 述评，CCC，2001，N° 171，Leveneu 述评）；另见2007年5月23日最高法院第三民事庭判决（CCC 2007，N°232，Leveneur 述评）：本案中，97公顷土地仅卖1欧元，买受人没有同意给予任何其他对待利益。此项买卖被法院认定无效。

[2]最高法院社会庭，1953年1月16日（Bull. civ. IV，N° 54，p. 40）。本案中，法院认为合同一方当事人享有的退税待遇并不属于约定的严肃的价金。最高法院第三民事庭，1971年12月20日（Bull. civ. III，N° 644，p. 460）；最高法院第三民事庭，1976年4月27日（Bull. civ. III，N° 176，p. 137）。

[3]最高法院第三民事庭 26 mars 1969，Bull. civ. III，N°265，p. 203）；最高法院第一民事庭，1988年6月21日（Bull. civ. I，N°212，p. 148）。

[4]最高法院第三民事庭，1993年3月3日（Bull. civ. III，N° 28，p. 18 JCP 1994. 1. 3744，Fabre-Magnan 述评）；最高法院商事庭，2004年9月28日（D. 2005，p. 302，M-A · Rakotovahiny 述评，RTD civ. 2005，p. 157，P-Y · Gautier 述评，V · B · Garrigues 述评，法朗的象征性的对待给付，RTD civ. 1991. 459）；茹阿里：《也谈合同的私法价值》，《巴黎一大学位论文》，2002年（Ph · Jouary，Contribution à l'étude de la valeur en droit privé des contrats，thèse Paris I，2002，N° 492 et s，p. 448 et s）。

[5]最高法院商事庭，1998年3月3日（Bull. civ. IV，N° 93，p. 76，Defrénois 1998. 1396，Delebecque 述评，1459，Bénabent 述评）。

公平通常不会以合同无效来制裁（参见第307节）;[1] 对于合同缺乏严肃的价金的情形，法院判例则坚持传统的分析，以合同绝对无效论处,[2] 甚至将此认定为“合同不存在”,[3] 即使相关的条件看来是以保护私人利益为目的，合同仍然被认定为绝对无效。如同对待合同缺乏标的的情况一样，我们可以认为，对于缺乏价金的合同，之所以被认定为绝对无效，理由在于：没有价金的合同，就其不能完成交换功能而言，并不符合（社会）总体利益。不过，这样的处理并不能很好地与法院判例的潮流倾向吻合一致，因为，判例的潮流倾向是，对于缺乏原因的合同，以相对无效实施制裁（参见第357节）。正因为如此，最近有些法院判决，对于合同规定极低价金的情形，往往都是在合同缺乏原因的掩饰之下以相对无效来实行制裁。

如果合同当事人是出于赠与的意图而故意将买卖的价金规定得很低很少，那么，法院将拒绝宣告此种活动无效，而是将买卖重新认定或定性为“被掩饰的赠与”[4] 或者认定为“间接的

[1]例如，最高法院第一民事庭1995年7月4日判决（CCC 1995 N° 181，Leveneur述评，RTD civ. 1995. 881，Mestre述评）；另比较最高法院第三民事庭1998年4月29日判决（D. 1999，somm. com. p. 14，Paisant述评，D. 2000. 504，1re esp，M-C·Cauchy-Psaume述评）。

[2]例如，最高法院民事庭1932年11月16日判决（S. 1934. 1. 1，P·Esmein述评，DH 1933. 4）；最高法院第一民事庭，1952年8月4日（Bull. civ. I，N°260，p. 213）；最高法院第一民事庭，1959年12月17日（D. 1960. 294）；最高法院第一民事庭，1993年2月10日（CCC. 1993 N° 128，Leveneur述评，Defrénois 1995，p. 1375，J-L·Aubert述评）；最高法院商事庭，2007年10月23日（D. 2008. 954，Chantepie述评，JCP 2008. 11. 10024，Roget述评，1. 104，N° 5，Wintgen述评，CCC 2008，N° 65，Leveneur述评，Defrénois 2007. 1729，Libchaber述评）。

[3]最高法院第一民事庭，1981年10月20日（Bull. civ. I，N° 301，p. 253，D. 1983. 73，C·Larroumet述评）。

[4]例如，最高法院第一民事庭1975年10月22日判决（Bull. civ. I，N°288，p. 241）；参见：《继承和赠与》（Les successions，Les libéralités，N° 473）。

赠与”；[1]至于价金很低的租约，则被分析为“无偿借用”（commodat），[2] 或者将其看成是一项无名合同。[3]

296. （3）价金的合法性

无论是从使用的货币的角度，还是从价金的数额的角度来看，都可以提出价金的合法性问题。

在合同关系中，货币具有双重功能。债务人可以用它来履行金钱性质的义务，我们称其为支付货币；货币也可以用来按照共同的尺度确定所有财产的价值，我们称之为记账货币。货币具有国家主权的属性，由此看来，货币的力量似乎应当完全摆脱任何个人的意志控制，但是，我们也知道，原则上，个人可以自由地确定其承担的义务的标的。这样一来，就提出了一个如何协调货币公共秩序的要求与契约自由之原则的问题。私人在何种程度上可以排除法国货币或者排斥今天的欧洲货币作为支付工具或者记账工具，这个问题属于债的一般制度的内容，将在相关内容里讨论。

至于当事人是否可以自由确定价金，或者是否由公共权力机关来规范价金，对于这个问题，在历史过程中的不同时期，也会做出不同的回答。

价格自由源于1791年3月2日的“Chapelier法”所肯定的工商自由原则。

但是，在法国，出于社会保护与经济统制之原因，经济自由主义曾受到很大的限制。随着时代不同，由行政部门确定价格的制度

[1]例如，最高法院第三民事庭1976年4月7日判决（Bull. civ. III，N° 144，p. 114），参见：《继承和赠与》（Les successions，Les libéralités，N° 483）。

[2]最高法院第三民事庭，1971年12月20日（Bull，civ. III，N° 643 p. 459）；最高法院第三民事庭，1983年5月9日（JCP 1983. IV，p. 225）。

[3]最高法院社会庭，1951年6月16日（RTD civ. 1952. 239，J·Carbonnier 述评）。

所适用的领域也不再发生变化。过去很长时间里，这种定价制度都是限制适用于那些满足人们基本生活需求的产品；但在物资紧缺时期，这种制度的适用范围就会有所扩大，法国被德国占领时期更是如此。法国解放时，1945 年 6 月 30 日的法令以冻结价格的名义保持了行政部门确定价格的制度，这样做的主要目的是应付通货膨胀，其次才是为了保护个人。这一制度的实行并未达到人们的预期效果。1986 年 12 月 1 日关于价格自由与竞争的法令又回到了价格自由的制度。现在，价格通过竞争机制自由确定，但仍然有一定数目的产品或服务需要由行政部门来制定价格，例如，由社会保险机构负担的药品以及住房租金。

三、作为之债或不作为之债

297. 债务人的作为或不作为（fait ou abstention，行为或放弃行为）

债的标的可以是某种行为，此属作为之债，例如，建筑师承担义务，绘制一幢房屋的图纸，演员在剧目中扮演一个角色；债的标的也可以是放弃行为，此属不作为之债，例如，营业资产的出卖人对买受人承诺不在同一城市开设与其转让的营业资产相似的机构。[1] 要想合同得以有效订立，作为合同标的的作为或者不作为应当具备以下 3 项条件：（1）应当是确定的，（2）应当是可能的，（3）应当是合法的。

298. （1）给付应当是确定的

双方当事人应当在合同中具体规定债务人实施什么行为或不得

[1] D·维达尔：《竞业禁止条款，职业人之间订立的合同的主要条款》（D·Vidal，Les clauses de non-concurrence，in Les principales clauses des contrats conclus entre professionnels，1990，p. 83 et s）。

实施什么行为。给付应当确定，既适用于给付的性质——合同应当明确规定债务人承担的是什么样的义务[1]——又适用于此种给付延续的时间（参见第300节）。[2]

299. （2）给付应当是可能的

任何人都不能承诺义务，为不可能之事或给与不可能之物，但是，要想认定一项合同不能够有效订立，这种不可能之事或不可能之物应当是具有绝对的不可能性，例如，旅行社向顾客提议“到地心去旅行”，这就是一种绝对不可能的事，就此订立的合同因缺乏标的而无效。[3] 与此相反，债务人只不过是缔结了一种超过其能力而没有完全履行之可能性的债务时，由此引起的是一种相对的不可能性，这种情况并不妨碍合同有效成立，因为合同规定的义务也可以由第三人来履行，例如，一家小型企业既没有足够的人力，又没有相应的物质条件，却承诺它将在很短的时间内完成某种重大给付，由其允诺的这种给付，对于该企业本身而言虽然是不可能完成的，但其他人并不一定不能完成，在此情况下，债务人应当承担责任，并因此可能负担损害赔偿责任。[4]

后一种处理受到理论界部分学者的批评。他们强调指出，至少对于那些存在依附关系或者服从关系的合同，有必要扩张运用“履

[1]最高法院商事庭，1997年4月14日（Bull. civ. IV，N° 90，p. 80，Defrénois 1997，p. 1437，Bénabent 述评）。

[2]最高法院第一民事庭，1962年10月31日（Bull. civ. I，N° 453，p. 388）；最高法院商事庭，1967年2月23日（Bull. civ. III，N° 88，p. 84）。

[3]不过，如果债务人在订立合同时就明明知道自己绝对不可能履行债务，则应当负担损害赔偿（Mazeaud et Chabas，N° 240）；关于在合同无效情况下的责任，参见本书第433节。

[4]有关相对的不可能的例子（这些例子也有待讨论），参见巴黎法院1865年7月4日判决（DP65. 2. 101）：本案中，一个画家不得以自己已经没有必要的灵感作画为理由，主张不兑现其做出的义务承诺。此画家不能完成的画作，其他画家也许可以完成。

行不能”这样一个概念来阻止某种债产生效力，以便将“债权人明知而故意让相对当事人对其承担过分义务”[1] 的相对不能也包括在其中。今天，这方面的问题，往往都是通过运用善意或诚信[2]的概念或者通过运用竞争法[3]的概念从民事责任法的阵地出发来进行处理的。

300. （3）给付应当是合法的

任何人均不能有效地承诺完成某种非法行为或者不道德的行为，不论是受到刑事法律制裁的行为（例如，杀害他人的行为）还是违反公共秩序（例如，薪金雇员承诺在法定工作时间之外从事劳动的义务）或善良风俗的行为（例如，订立从事脱衣舞表演的协议）；[4] 同样，放弃行为也应当合法。正因为如此，任何人都不能有效放弃行使由其身份而产生的某项权利（例如，儿童承诺义务，不追寻谁是自己的父母，不追寻自己的亲子关系或血缘关

---

[1] M·Fabre-Magnan，JCP 1999. 1. 114 N° 6.

[2] 这就是著名的“Macron 判决”（最高法院商事庭，1997 年 6 月 17 日，JCP E 1997, 11. 1007，D·Legeais 述评，Defrénois 1997. 1424，L·Aynès 述评，D. 1998. 208，J·Casey 述评，RTD civ. 1998. 100，J·Mestre 述评与 157，P·Crocq 述评）：在一起保证人承诺的担保义务与其收入完全不成比例的诉讼案中，原审法院通过责任途径，将保证人的债务减少 3/4，最高法院曾维持过这项判决，被后来的判例放弃（最高法院商事庭，2002 年 10 月 8 日（Bull. civ. IV，N° 136，D. 2003. 414，C·Koering 述评，CCC 2003，N° 19，L·Leveneur 述评，RTD civ. 2003. 125，P·Crocq 述评）），但立法者后来又采纳了这种处理意见，并将其规定在《消费法典》第 341-4 条：“如果自然人在订立合同时所做的义务承诺明显与自己的财产和收入完全不成比例，作为经营者的债权人不得主张该自然人订立的保证合同，但保证人在受要求提供保证的当时其财产状况使其能够履行担保义务的，不在此限。”

[3] 最高法院商事庭，1997 年 5 月 3 日（Bull. civ. IV，N° 131，p. 113，JCP 1999. 1. 114 N° 4，Fabre-Magnan 述评，RTD civ. 1998. 101，J·Mestre 述评）。

[4] 巴黎大审法院，1973 年 11 月 8 日（D. 1975. 401. M·Puech 述评）；另见巴黎大审法院 1969 年 6 月 3 日判决（D. 1970. 136）。

系)；[1] 任何人都不得承诺某项受到特别禁止的放弃行为，例如，承诺不会提出财产（不动产）的加价拍卖申请，因为，在财产拍卖中，法律禁止参加竞拍的人相互之间达成默契或串通，以阻止竞拍叫价向上攀升。

许诺给付的非法性质，也可以由给付的延续时间而引起，例如，承诺在自己一生中，[2] 或者在实际超过可期望的寿命的时间里（如在 99 年之内），[3] 始终实施某种行为或者永久放弃实施某种行为。这类义务承诺原则上无效。之所以确定这项“禁止做出永久性义务承诺”的原则，传统上的理由都是出于对保护个人自由的关注，[4] 在今天，也还有出于经济上的考虑的成分。永久性义务承诺使合同关系僵死不变，妨碍新的经济活动因素进入市场，由此也就会妨碍社会财富的流通。[5]

法国法律所确定的“禁止永久性义务承诺”这一原则已经写进

---

[1]《人、家庭与无能力》(Les personnes, La famille, Les incapacités, n°s 127 et 758)。

[2]例如，最高法院第一民事庭，1968 年 3 月 5 日（Bull. civ. I, N° 85, p. 68, JCP 1968. 11. 15525. R. L 述评，Gaz. Pal. 1968. 1. 368)：本案中，一位画家给予一位商人无限期的委托，委托后者出卖自己的画作。

[3]或者 50 年。关于可变资本公司问题，参见最高法院第一民事庭 1978 年 4 月 27 日判决（Bull. civ. I, N° 161, p. 128)；不过，也有人对确认这些原则持更多的保留意见，参见 J · 盖斯坦：《在法国制定法里有禁止永久性契约之原则吗?》（J · Ghestin, Mélanges D. Talion, 1999, p. 250 et s)。

[4]这种关注主要涉及的是自然人，因此，对于法人，这种禁止的强制性要小得多。参见利贝莎贝尔：《关于永久性义务承诺与公司期限的思考》（R · Libchaber, Réflexions sur les engagements perpétuels et la durée des sociétés, Rev. sociétés 1995, p. 437 et s)。

[5]L · 沃热尔与 J · 沃热尔：《向着永久性合同的回归？销售法的新近发展》（L · et J · Vogel, Vers un retour des contrats perpétuels? Évolution récente du droit de la distribution, CCC août-sept. 1991 p. 1)；盖斯坦、加明与比里欧：《合同的效力》（Ghestin, Jamin et Billiau, Les effets du contrat, N°206)。这也导致司法官们在那些物资很快会变得过时或者当事人的需求可能很快发生变化的领域对永久性契约的概念的解释要宽泛得多，例如，一项关于租用复印机的租赁合同规定 90 个月内不得解除，就被认定具有永久性质，并因此认定该合同无效（复印机在此时间里已经老旧)。参见尚贝里法院 1997 年 2 月 4 日判决（1997JCP1997. IV. 2496)。

了《民法典》的许多条文，例如，第1780条第1款规定禁止终身的外派劳务，第1838条禁止公司期限超过99年，第1709条禁止订立永久性租约，第1944条禁止无期限的寄托，第2003条禁止永久性委托。法院判例先是提出了以下规则：关于不从事某项职业的允诺，只有当其在时间或空间上[1]有限制时，或者只有当其与合同的标的[2]相适应时，才能有效，随后又在这些条件之上增加了其他多项要求。[3]

按照“禁止永久性义务承诺”这项原则，我们看到，在不定期的延续履行的合同中，原则上承认每一方当事人均有单方解除合同的选择权，不过，在行使这项权利时，不应当有任何滥用权利的行为，尤其是应当遵守法律或习惯确定的预先进行通知的期限（参见第481-2节）。

对于违反“禁止永久性义务承诺”这项原则的情况，通常是以

[1]最高法院民事庭，1885年3月30日（DP 85.1.247，S.85.1.216）；在商业领域，时间的限制与地点的限制具有相互替代性，参见最高法院商事庭1987年7月7日判决（Bull. civ. IV，N° 184，p.136，D.1988.360. C·Atias et C·Mouly述评）；在社会法方面则具有合并性，参见最高法院社会庭1991年9月25日判决（Bull，civ. V，N° 379，p.236）。

[2]最高法院商事庭，1994年1月4日（RJDA 1994，p.247，N° 297，RTD civ. 1994. 349，J·Mestre述评）；最高法院商事庭，1997年12月16日（CCC 1998 N° 39，Leveneur述评）；最高法院第一民事庭，1999年5月11日（CCC 1999，N° 137，Leveneur述评，Defrénois 1999.992，D·Mazeaud述评）：这项判决依据的是《民法典》第1131的规定。

[3]最高法院社会庭，2002年7月10日（D.2002，p.2492，Y·Serra述评 et somm. com. p.3111，J·Pélissier述评，Defrénois 2002，p.1619，R·Libchaber述评，JCP 2002.11.10162，F·Petit述评，chron）；瓦提内：《社会法》，2002年第949页（R·Vatinet，Droit social 2002，p.949，RDC 2003，p.142）；C·拉德（C·Radé）认为：“竞业禁止义务只有在保护企业实属必不可少时，而且在时间与空间上有限制，并且考虑到薪金雇员的工作（岗位）的特殊性，同时保护雇主向雇员支付经济上的对应补偿的条件下，才属合法，这些条件属于应同时具备的条件。”关于这种条款有效的例子，参见最高法院第一民事庭2004年11月16日判决（CCC 2005，N° 41，Leveneur述评）；关于经济上的对应补偿，参见最高法院社会庭2007年3月7日判决（JCP 2007.11.10077，Corrigan-Carsin述评）。

此种“永久性承诺”无效来实行制裁，而不是将承诺义务的时间减少至准许的时间。[1] 因此，这种无效具有绝对性质。[2] 由于合同具有社会用益，当其规定的义务具有永久性质时，就会使经济交换变得僵化死板，[3] 与它的社会性用益相抵触。不过，我们还是要提出：如果将这样的合同重新认定为不确定期限的合同，当事人就可以随时单方面将其解除。[4] 这样做难道不是更为可取吗？

对于那些从法律条文规定的限制来看期限过长的合同，法院判例现在往往更倾向于将合同规定的期限减少至法定的期限，[5] 而不是更倾向于以认定合同无效作为制裁（参见第421节）。

---

[1] Ph·森勒尔：《论法律行为之一部无效》，《斯特拉斯堡大学学位论文》（Ph·Simler, La nullité partielle des actes juridiques, thèse Strasbourg, éd. 1969, N° 200 et s, p. 213 et s）；D·巴库什：《论民法上的过分行为》，《巴黎二大学位论文》，thèse Paris II，2001年（D·Bakouche, L'excès en droit civil，《巴黎二大学位论文》，thèse Paris II, 2001, N°208 et s）；最高法院民事庭，1929年3月20日（DP 1930. 1. 13）；；27 oct. 1936, S. 1936. 1. 15; 25 mai 1948, Bull. civ. I, N° 159, p. 483；最高法院民事庭，1951年5月7日（Bull. civ. I, N° 136, p. 108）；最高法院社会庭，1953年12月17日（Bull. civ. IV, N° 807, p. 580）；最高法院社会庭，1954年5月29日（D. 1954. 640）；另见最高法院民事庭1932年11月22日判决（DH 1933. 51）。

[2] 最高法院第三民事庭，1999年12月15日（CCC. 2000, N° 77）。

[3] Ghestin, Jamin et Billiau, N°206；另见J·阿泽玛：《论连续履行的合同的期限》（J·Azéma, La durée des contrats successifs, 1969, N° 32, p. 25）。

[4] Ph·森勒尔：《论法律行为之一部无效》，（Ph·Simler, La nullité partielle des actes juridiques, 1969, N°202 et s）；F·理佐：《禁止永久性义务承诺问题刍议》（F·Rizzo, Regards sur prohibition des engagements perpétuels, Droit et patrimoine, janv. 2000, N° 78, p. 60）；试比较最高法院第一民事庭2006年3月7日判决（CCC 2006, N° 125, Leveneur述评，RTD civ. 2006. 762, Mestre et Fages述评）：该判决认为，在无期限的保证合同中，在保证人行使单方解除权的情况下，至债权人接受之前，延迟合同消灭时间的条款无效。

[5] 例如，1943年10月14日法律关于某些有限制期限的独占性商业合同的规定。最高法院商事庭，1989年1月3日（Bull. civ. IV, N° 3, p. 2，关于无效的判决）；最高法院商事庭，1998年2月10日（Bull. civ. IV, N° 71, p. 55, Defrénois 1998. 1460, Bénabent述评，关于减少期限的判决）。

第二目　合同的标的

301. 内容安排

合同的标的这一表述很少使用,[1] 而且有时还受到人们的批评，但我们在这里还是用它来指合同所规定的活动（opération），是整体考虑的活动，而不是从其各个不同的构成要素来分别考虑的活动，也就是说，不是从给付来考虑，而是合同标的这一表述揭示的是合同关系的统一性。从以下 3 个角度对合同的标的进行深入研究还是很有用处的：通过合同的标的这一表述可以使人们更好地认识到，随着合同所实现的经济活动不同，由合同产生的债也将采用不同的方式做出安排；运用合同的标的这一表述也可以对合同实行更进一步的监督，审查合同是否尊重了个人利益与社会总体利益，前者是指监督合同活动的平衡，后者则是指监督合同活动的合法性。因此，我们在下面将依次研究合同活动的现实性问题（一），合同活动的平衡问题（二），然后再研究合同活动的合法性问题（三）。

一、合同活动的现实性

302. 类型的区分

合同产生各种不同的债：给与之债、作为之债与不作为之债。很显然，仅仅是对这些种类的债进行列举，仅仅是对作为这些债的

[1]本书第 11 版第 301 节提到：合同的标的这一表述很少使用，而且有时还受到人们的批评（参见：Lucas-Puget，Essai sur la notion d'objet du contrat，《简论合同标的的概念》，《南特大学学位论文》，2005 年，第 694 节），但还是有必要用这一概念来表达，“合同的标的被理解为双方当事人所实现的法律活动”，“合同的标的是指从整体上考虑的法律活动”（opération juridique）。这是一种抽象概括，与我们通常理解的更为具体的合同标的也有差别，例如，购买某一特定住宅，绘制一张特定的肖像，等等。修改后的《民法典》在“合同的内容”一节第 1163 条没有使用“合同的标的”这一概念，但规定：“债的标的是指现在的或将来的给付。”——译者注

标的的各种给付进行列举，仍然只能对合同形成一个很不完善的大体认识。要想对合同有一个更为准确的认识，有必要弄清楚这些不同种类的债相互之间是如何进行安排的。长期以来，尽管对这个问题的回答看来是如此显而易见，但这方面的实际情况却始终处在让人看不清楚的暗影之下。《民法典》的起草者们认为，有偿合同可以实现某种交换性功能，因此，在设计合同的一般理论时，在他们思想上呈现的是买卖的模式。每一方当事人都承诺义务，让对方当事人获得“为满足其追求的经济利益而正在寻找的那种财产或服务”，这样一来，合同所产生的债便是由一种具有相互依存性的、互惠互利的关系联合在一起的。为了把握合同的特点，人们便从双方当事人所进行的两种主要给付中间去查找哪一方的给付是其合同的“最典型的给付”（prestation caractéristique），双方所进行的给付就是这种债的标的。我们知道，最常见的合同是通过支付一定数额的钱款来实现财产或服务的交换，人们从对这一事实的观察出发认为，与用货币进行的给付（prestation monétaire）相比，“现实的给付”（prestation réelle，现物的给付），显然更能体现合同的意义，也更能体现合同的“社会—经济功能”的实际意义。因此，随着合同的具体情况不同——是通过金钱交换来实现所有权的转移从而将某项财产交付他人，还是实施某种工程或者完成工作——我们就会将这些合同分别作为买卖合同、租赁合同或者劳动力租赁合同来分析对待。正因为如此，1980 年的《罗马公约》，对于当事人没有选择合同所适用的法律的情况，在涉及从空间上对某一合同进行定位，以确定当事人所订立的合同应当适用哪一法律时，放在最前位置的就是“典型给付”（最具典型特征的给付）的概念：合同受提供此种最典型的给付的一方当事人有惯常居所地的法律调整，也就是说，合同受提供现实的给付（la prestation en nature，实物给付）的一方当事人居所地的法律调整，例如，出卖人、工程承揽人的居所地的法律。但是，对于有些合同而言，例如，批发合同、出版合同（仅以这些合同作为例子），在实际运用时，我们却很难进行上述同样的分析探讨。这是因为，在传统的或典型的交换性合同当中，（与给付金钱相比）人们很容易识别什么是实物给付或现实的给付：在这种合同当中，往往仅由一方当事人提供实物给付或现实的给付，而相对当事人给付的则是钱款。但是，我们也可以看到，在前面列举的一些合同当中，每一方当事人所提供的都是现实的给付：作者向出版者转让出版作品的权利，而出版者保证作品的出版和发行；特许权人将其专有技术或技术诀窍传达给受特许人，由后者从事经营活动。这样一来，就提出了一个问题：对于这类合同而言，什么才是“最典型的给付”？这个问题牵涉处理法律冲突的困难。为了解决这个困难，新近提出的一种国际私法理论对这类合同进行了更加细致的分析。人们发现，这类合同实际上是建立在“手段性给付”（prestation instrumentale）与“目的性给付”（prestation finale）相互连贯的基础之上：一方当事人提供的是（实现合同目标的）手段——作品或者专有技术或技术诀窍，这样做的目的是让他方当事人能够使用这种手段或者用于从事经营；双方当事人对目的性给付的经营、利用均有着自己的利益，并且要根据目的性给付的经济结果来确定手段性给付的可得报酬。[1] 换句话说，人们在这里面对的是一种共同利益合同。在这种共同利益合同中，典型给付或具有典型意义的给付便是由相对当事人所进行的、为每一方当事人都带来利益的目的性给付。有关“典型给付”的这种理论建树，最初是为国际私法的需要而提出并初步成形的，但如今，这一理论的意义已经超越了国际私法的范畴。正如人们指出的

---

[1]安塞尔：《论合同的典型给付》，《巴黎一大学位论文》，2002 年，第 179 节（Ancel, la prestation caractéristique, thèse Paris I, éd. 2002, N°179）。

那样，这种理论建树只不过是为某种特殊的经济现实披上了法律的外衣，也就是为“经济上的合作披上了法律的外衣”。运用这一理论，具备互补能力的个人或者企业，无须到市场上去获得他们所需要的特殊能力，而是可以选择将这些互补能力联合起来，进行合作，以确保他们各自掌握的资源得到最佳利用。合作性合同，作为这种经济现实的法律工具，可以对由其产生的债的关系进行独特的调整安排。合作性合同不是以双方当事人的给付的相互性为基础，而是建立在“手段与目的”相互适应的基础之上，这种关系就是要在共同项目的框架之内将各方当事人相互趋同但又有所不同的利益紧紧地联合起来（参见第78节）。

除了我们在上面提到的这些合同形象之外，如果再加上“组织性合同”的类型，那么，我们就会发现，运用合同的标的概念，还可以认识到那些与经济（活动）完全不同的活动。

按照《民法典》的制定者们的设计，最典型的有偿合同（如买卖合同）所涉及的是通过财产或服务的变动来安排某种价值在当事人之间实现相互转移。从法律上对这种活动进行分析，我们面对的是一种相互独立但又具有相互性的债的关系：出卖人承诺义务，提交其出卖之物，买受人承诺义务，支付价金。如果从经济上对这种活动进行分析，我们面对的便是一种零和游戏，一方当事人所赢得的，也是相对当事人所丧失的。如果买受人付出的价金太高，买得太贵，他就是做了笔“糟糕的买卖”，而出卖人恰恰相反，却是做了一笔“好买卖”。这就是说，这样的合同是建立在双方当事人的相反利益的协调妥协的基础之上。这类合同可以是瞬时履行的合同，也可以是连续履行的合同。当这类合同确定了交换的期限时，则呈现出未来合同的面貌，而当一项合同具有连续性质或特征时，是同一项交换在时间上的重复进行，也正是基于这种情况，有人说，连续履行的合同是一种“结结巴巴的交换”。合同建立在双方当事人的相反利益的协调妥协的基础之上，这一事实也有助于将合同规定的债的内容固定下来：双方当事人的利益达到某种平衡，非经双方一致达成协议，对这种平衡不能提出质疑，不能加以否定。

与此相反，在典型的组织性合同——公司合同（contrat de société）中，各当事人一致约定的并不是进行价值的交换，而是将特定的价值集中到一起，以便创造新的价值并分享其中可分配的部分。从法律上对这种活动进行分析，我们面对的公司合同并不是在各当事人之间创设一种相互独立但又具有相互性的债的关系，每一方当事人均不是为了从另一当事人那里受领出资而承诺义务，而是承诺向一个由所有当事人组成的集体进行某种出资，以便分享由公司实现的利润，以及在可能情况下，由每一当事人分担发生的亏损。各方当事人负担的债务或义务从其产生之时就由一个合力性的关系结合在一起。从经济上对这种活动进行分析，我们面对的便是一种“价值集中游戏”，所有的当事人面临的是相同的命运，因为，他们是共同盈利或者共负亏损。

合作性合同处于上述两类合同的中间位置。我们经常将合作性合同称为共同利益合同，通过这种合同，各方当事人在共同项目的框架内，将他们的具有互补性的资产结合起来。从法律上对这种活动进行分析，我们面对的是，一方当事人承诺向另一方当事人提供某种手段，作为“工具性给付”，另一方当事人承诺利用这些手段，进行经营，作为目的性给付，并且是为双方当事人分享利益之目的。例如，在出版合同当中，作者承诺义务，向出版者转让出版作品的权利，作为工具性给付，而出版者承诺义务，为双方当事人的利益，从事作品的出版和发行。为了强调将这种合同中双方当事人的债务结合起来的联系所具有的特殊性，也有人常常将这种合同关系称为“有着统筹安排的互补性关系”（lien de complémentarité），既强调双方当事人的债的互补性，又强调这种互补性是按照一定秩序来进行的安排：提供手段处于第一位，而利用这种手段，将其付诸经营处于第二位。从经济上对这种活动进行分析，我们可以看到，在这种合同里，双方当事人的利益并不相左，而是发生趋同，但仅仅是在每一方当事人为了共同利益，都为同一事业做出贡献的程度上，发生此种利益上的趋同。为了使共同的事业能够产生利润，首先要求当事人提供的手段具有必要的质量并且要求经营得顺利，各方当事人的利益虽然发生趋同但相互之间却是不同的。在这种合同里，一方当事人提供手段，另一方当事人单独从事经营，并不存在如同公司合同那样的财产或服务合在一起的情形。与交换性合同不同——它既可以是瞬时履行的合同，也可以是连续履行的合同，合作性合同必然具有连续履行的性质，但是，在连续履行的交换性合同当中，我们看到的是同一交换的反复进行，而在合作性合同当中，工具性给付与目的性给付是按照合同经济的活动所强制的顺序在相互交错地进行。合作性合同所包含的“手段与目的相互适应关系”自然而然地将各方当事人推动到随着时间的进程进行必要的相互适应，为的是使提供的手段与追求的目的能够相互适应，而如果在合同中规定某种条款可以赋予一方当事人或合作伙伴以某种特权，那也只是更加有利于对这种适应关系进行调整。合同围绕着各方当事人的共同利益进行有序的安排，同样是方便于在行使这些权利时采取具体的实施行动，并检查这些特权的运用是否符合共同的利益。

我们从《知识产权法典》第132-1条至第132-3条的规定[1]中尤其可以看到有关债的上述3种安排模式。立法者通过这些条文

---

[1]《法国知识产权法典》第132-1条：“出版合同是指智力作品的作者或其权利继受人按照一定的条件向出版人转让制作或请人制作一定数量的作品复制件的权利，并由出版人负责出版与发行的合同。”（转下页）

明确证实，一部作品的出版与发行可以采用3种不同类型的合同来实现：合作合同，这是本义上的出版合同；交换合同，是作者付费合同；共同出版合同，是分担费用合同。

区分以上3种在经济上完全不同的合同具有非常明显的好处和意义，这3种合同的法律制度完全不同，而正如人们所看到的那样，这些差别足以用来解释法律上对很多问题做出不同处理的原因，主张合同协作主义理论的学者们将法律上所做的不同处理看成是更新合同一般理论的预兆。我们认为，合同的一般理论并非要以新的价值为基础进行更新，而是需要多样化，使之能够适用已经更新的合同现实。

二、合同活动的平衡：显失公平

302-1. 定义

《民法典》要求债的标的应当确定、存在、合法，这就为从事法律活动的人员（司法官们）提供了一个基础性工具，便于他们审查合同是否维护了合同当事人的个人利益（intérêt particulier），因此，规定给付应当存在并且确定，是为了避免发生作为此种给付的债权人的人可能什么都未受领的情形，或者只能听由相对当事人的任意摆布。不过，我们完全可以认为，这种基础性监督仍然是很不够的。对于某些合同而言，特别是那些实现交换功能的合同，比较

（接上页）第132-2条："作者付费合同不构成第132-1条意义上的出版合同。按照此种合同，作者或其权利继受人向出版人支付商定的报酬，由出版人按照合同约定的形式与表现方式制作一定数量的作品的复制件，并负责出版与发行。此种合同构成由契约、习惯以及《民法典》第1787条及其后条文调整的劳务提供合同。"

第132-3条："分担费用合同不构成第132-1条意义上的出版合同。按照此种合同，作者或其权利继受人委托出版人出资按照合同约定的形式与表现方式制作一定数量的作品的复制件，并负责出版与发行，同时双方按照约定的比例分享与分担经营的盈利与亏损。此种合同构成隐名合伙，在不影响适用《民法典》第1787条及其后条文的情况下，由契约与习惯调整之。"

可取的做法似乎应当是，（法院）不仅要审查给付是否存在，而且还应当审查双方当事人之间的给付是否平衡。因此，法院在进行这种审查时，应当考虑并重视合同的标的，而合同的标的被理解为双方当事人所实现的法律活动。只有从整体上进行考察，才能对双方当事人的给付进行比较，才能确定双方当事人所进行的给付是否存在重大失衡，也就是说，是否存在双方给付完全不成比例、完全不相对应的显失公平的情形。

在法语日常语言里，“lésion”（受到损失）[1] 与“dommage”

---

[1]这里的“显失公平”法语原术语为“lésion”。这一词语虽然有“受到损害”的意思，但它在法国民法里绝不是指一般的损害，而是一个有着特定含义的概念，与合同成立时确定价金或财产价值有着紧密的联系：“lésion”是指合同成立时当事人之间约定的对应给付在经济上存在非常严重的失衡，或者在财产分割时，一方当事人所得的份额与其应得的权利两者之间的差额特别巨大，致使该方当事人受到重大损害。在这个意义上，“lésion”的基本特征是存在非常特别的损失，这种非常特别巨大的损害构成合同或法律行为无效的原因。“lésion”是合同成立上的瑕疵（vice de formation），而不是“同意瑕疵”。《法国现代合同法》一书第 5 章中将“lésion”称为“合同损害”，是不正确的。法文的“合同损害”原文应当是“dommage contractual”（参见第 563 节注〔1〕）。法国《民法典》规定显失公平的基本条文是第 1118 条：“因显失公平，致使一方当事人遭受损失之事实（lésion），如同本编第五章第七节所规定，仅对特定的合同或者仅对特定的人，构成取消合同的原因。”按照这一规定，“lésion”的适用范围有着严格限制：（1）仅适用于法律列举的特定情形，尤其是不动产买卖（les ventes d'immeubles），肥料买卖（la vente d'engrais），著作权的转让，在遗产分割时，如果当事人受到的损害超过一定的限度，可以因“lésion”之原因主张取消财产分割或者获得追补的份额。不过，现在适用“lésion”的情形有所增加，范围有所扩大。显失公平有别于价格极为低廉，不等于亏损极大的赔本买卖，也不适用于射幸合同。（2）“lésion”（显失公平）仅适用于特定的人：对成年人之间订立的合同，只有在法律特别规定的情形与条件下，才能以此原因取消或解除合同，例如，《民法典》第 1674 条关于在不动产买卖中出卖人损失超过不动产价款的 7/12 时，第 887 条关于共同继承人在分割遗产继承份额的数额短少超过 1/4 时，第 1305 条对各种合同所规定的有关利于未成年人的情形。

“Lésion”（显失公平）是合同订立时即已存在的双方当事人之间给付的严重不平衡，与情势变更（l'imprévision）有着明确的区分。情势变更是指订立合同时并未预见或未能预见的、在合同履行期间发生重大变化，导致合同履行极为艰难，如果继续按照原合同的规定履行下去，必将造成双方当事人的给付发生重大失衡，致使一方当事人遭到重大损失。法国合同法坚持“信守既出之言”的道德标准，坚持“依法成立的合同在当事人之间具有相当于法律”的原则，原则上拒绝承认显失公平与情势变更，而将承认显失公平作为例外。不过，现在情况也有所变化。——译者注

（损害）是近义词，但是，在合同领域，“lésion”一词是指，由于合同成立时双方当事人的给付存在不平衡，致使一方当事人受到非常特别的损失（un préjudice très particulier）。“lésion”（显失公平），作为合同成立之瑕疵（vice de formation），而不是同意之瑕疵，意味着双方当事人的给付一开始就不平衡。如果只是因为后来发生了先前不曾预见的情势而打破了合同给付的平衡，致使一方当事人需要付出更加沉重的代价才能履行其债务，这种情形就不是显失公平问题，而是（未预见的）“情势变更”（imprévision）（参见第465节）。

从这样的角度来理解法国合同法上的显失公平（lésion）的意义，我们就会看到，只有有偿合同才会考虑或者可能涉及这个问题；因为，在无偿合同中，一方当事人并不受领任何的对待给付，他是完全出于自愿实施无偿行为，因此无须考虑显失公平问题。即使仅就有偿合同而言，显失公平这一概念也是以实定合同（contrats commutatifs）为其首选的适用领域；对于射幸合同来说，因其带有赌博性质，双方当事人负担的给付的存在与否或者给付的范围大小，都取决于某种不确定的事件，原则上无法评价这种（自由同意的赌博性质的）给付是否平衡。常言说得好，“想要赌一把，就别提显失公平”（l’aléa chasse la lésion，直接翻译为“赌博驱逐显失公平”，即所谓“愿赌服输”）（参见第316节）。

即使如上所述仅仅将显失公平限定在适于进行此类审查的那些合同的范围之内，对于是否应当考虑显失公平的问题，不同学者在见解上仍然存在着很大分歧。为此，我们在下面将首先回顾这些争论涉及的主要观点（1），然后再来看一看法国制定法是如何处理这一问题的（2）。

303. （1）不同观点的争论

显失公平问题处于合同法涉及的各项重大原则的交汇点。学者们根据各自看重的不同原则，对这一问题做出的回答极不相同。为了说明这种状况，我们首先需要介绍一下不同学者在考虑这一问题时所做的原则性选择（A）以及为立法者提供的技术性选择（B），然后再回顾在历史过程中轮番占据主导地位的观点与处理意见。

304. （A）原则性选择

我们知道，在主张经济自由主义的人看来，只要个人意思自由发挥作用，就能带来公平或正义（参见第22节），因为，每一个人都是自己利益的最佳评判人，原则上，每一个人的利益都会因其自由缔结并承担的义务而得到保障。只要当事人的同意是自由的、清楚明白的，那么，所谓公道的价金也就是当事人自己同意支付的那种价金；而推定各方当事人是自由的、平等的，因此，唯有他们自己有资格并且最适于评判自己的利益，并且有能力打造出他们之间相互关系的平衡；[1] 再说，如果准许或者承认人们可以借口“给付不对等”从而否定已经订立的合同，那就只能是给无休止的争议开放一条道路，完全毁掉法律安全。[2] 此外，要想对各种价值作出客观的衡量与评价也是困难的，而如果面对这种困难，再加上承认合同可以因显失公平而无效，势必鼓励某些人翻来覆去地折腾，破坏人们对已订合同的信赖，导致争议与诉讼成倍增加，同时也会给法官提出许多不可能解决的问题。[3] 本着这种观念，我们

[1] F·舍内德：《论私法上的理论更替》，《巴黎二大学位论文》，2008年（F·Chénedé，Les commutations en droit privé，thèse Paris II，éd. 2008，N°260，p. 240）。

[2] 辛德雷-维格：《论法国制定法上的公道价金的概念》，《巴黎二大学位论文》，1993年（Schindler-Viguie，La notion de juste prix en droit positif français，thèse Paris II，multigr. 1993，p. 361 et s）。

[3] H·巴蒂弗尔：《法哲学》，1970年，第108页（H·Batiffol，Philosophie du droit，1970，p. 108）。

应当拒绝就有关公道的价金的决定作出裁决，因为，这种裁判是极为困难的，而比较有利的做法应当是，提醒并鼓励个人在订立合同时多多提高警觉，防止发生显失公平的情形，这样才能有利于巩固和增强对已经同意订立的合同的信心和信赖。

与自由主义论相对立的观念是，主张合同关系应当具有更多的社会性质。按照这种观念，在合同关系内部，应当由尽可能的公正所主导。主张这种观念的人们强调指出，合同一方当事人可能运用自己的经济强势与实力，运用自己胜人一筹的能力与灵活的技巧，强制相对当事人接受那些与他从合同中可能获得的利益明显不成比例的义务，而这种行为却不能作为“以同意瑕疵的名义撤销合同”的理由。面对这样的情况，公正或者公平正义，都要求在双方当事人的给付之间恢复平衡。正如民法学家萨莱耶所说：“法律应当越来越倾向于将合同建立在公平正义的基础之上，而不是将公平正义建立在合同的基础之上。”[1] 现在，这一理论分析在很大程度上已经获得明显的复兴，法国法律界出现了一股强有力的潮流，对承认（合同）“平衡原则”，[2] 或者说，承认合同权利与义务互成“比例原则”或者“权利与义务相适应原则”（proportionnalité）产生了积极的影响，[3] 因为，这样的原则可以促进合同的最佳公正

[1]R·萨莱耶：《论意思表示》，1901 年（R · Saleilles，De la déclaration de volonté，1901，p. 351）。

[2]C·梯比耶热-格勒弗奇：《合同法变革刍议》（C · Thibierge-Guelfucci，Libre propos sur la transformation du droit des contrats，RTD civ. 1997. 378，N°29）；L·凡-朗热：《论契约平衡》，《奥尔良大学学位论文》，2002 年（L · Fin-Langer，L'équilibre contractual，thèse Orléans，éd. 2002）。

[3]S·佩什-勒咖克：《合同私法上的比例原则》，《巴黎十一大学位论文》，2000 年（S · Pech-Le Gac，La proportionnalité en droit privé des contrats，thèse，Paris XI，éd. 2000）；D·马佐：《比例原则与合同的成立》（D · Mazeaud，Le principe de proportionnalité et la formation du contrat，LPA 1998，N° 117，p. 12），作者认为：称之为“比例性抗辩”（权利义务相适应抗辩）也许更加具有现实性。

与正义。我们从下面的介绍中将会看到司法官们对这些理论见解再也不能置之不理、无动于衷。

305.（B）技术性选择

即便显失公平之原则（le principe de lésion）得到承认，在法律技术这块阵地上同样爆发过争论。

争论的第一个问题：可以像由于同意瑕疵与无行为能力之原因而解除合同的情况一样，凡是从其性质上可以解除的合同均可以显失公平之原因而一概解除？或者相反，是否只有在合同正义的强制要求表现得特别迫切的特别情况下，才准许以显失公平作为解除合同的理由？

争论的第二个问题：除了承认错误或误解、欺诈与胁迫构成同意瑕疵之外，是否还应当将显失公平也看成是一种不折不扣的同意瑕疵？如果将显失公平看成是一种同意瑕疵，那么，合同的不平衡就将被看成是一方当事人对相对当事人进行盘剥所产生的后果，经济上的不平衡结果只不过是同意瑕疵的一种体现或表现，而同意瑕疵才是合同无效的真正原因。（按照这种看法）在涉及显失公平的诉讼中，原告要想胜诉，要想让其诉讼请求能够得到法院的支持，不仅要证明双方当事人之间的给付存在不平衡，而且还应当证明这种不平衡的源头或起因是存在同意瑕疵，或者，即使对这种证明或证据要求可以稍微宽容一些：只要合同给付不平衡，即可推定存在同意瑕疵，但被告仍然可以证明“并不存在一方当事人盘剥他方当事人的情形”，从而可以避免法院宣告合同无效；或者，与此相反，是否应当将显失公平设计为“一种纯粹的经济性瑕疵”？只需要将双方当事人各自所为之给付的价值进行一下数学比较，就可以立即客观地看出是否存在这种经济上的瑕疵。

争论的第三个问题是：法官在这方面应当担当什么样的角色？

如果按照一些人的观念，将显失公平作为一种同意瑕疵来对待，那么法官的作用就是至关重要的，因为，如何评判当事人的心理，必然具有司法裁判性质；与此相反，如果遵从“显失公平是一种纯粹的经济性质的瑕疵”这样一种观念，那么法官的角色就会小得多。不过，即使在这种情况下，还应当进行具体的区分：一方当事人受到的损失达到什么界限时才能被认定为显失公平？这方面的决定权是留给法官，由法官裁量还是由立法者按照不变的数学计算方式来加以确定？显然，如果在计算上采取法定的固定界限，司法官进行裁量的权力就将大大减弱。

从以上介绍中我们可以看到，对上述问题做出不同的回答，是否承认显失公平的问题都会或轻或重地牵涉法律安全。为此，我们接下来将首先介绍法国法当前在这一问题上采取的立场，而且有必要简要回顾一下导致法国法采取这种立场的历史演变。

306.（C）（法国法上的显失公平的）历史演变

历史上的演变发展表明，凡是经济比较混乱的时期，有关显失公平的问题就会变得特别尖锐，因为在这样的时期，合同双方当事人之间给付的差距往往会越拉越大。

推崇形式主义的罗马法，原则上不承认以显失公平为依据的诉权：当事人受到宣告的形式的约束，受到物的交付的约束；我们最多只能说，罗马法承认的对显失公平的一般制裁，唯一是为了年龄不满 25 岁的未成年人的利益。这种制裁就是恢复原状（la restitutio in integrum，也称全额返还）。只是从信奉基督教的诸位罗马皇帝当政的时代开始，罗马法才开始将显失公平的概念引入成年人之间订立的特定合同。被“优士丁尼法典”（le Code de Justinien）认为出自戴克里先（Diocletien）时期的一部基本法则就规定，当不动产买卖的价金数额没有达到不动产的价值的一半时，准许出卖人作为原告请求解除该不动产买卖。这就是所谓价金“短少逾半”（lésion de plus moitier）规则。这一措施的目的在于保护小土地所有人的利益。到了罗马帝国后期，小土地所有人被税收压得喘不过气来，时时处在不确定的、不安全的威胁之下，纷纷将自己手中的土地按照极低的价格卖给那些有权势的人（les potentes），也就是将自己的土地卖给相邻的大地主。

中世纪，在教会法学家（les canonnistes，教规学者）的思想影响下，显失公平理论才取得了更大的适用范围。在整个中世纪，教会一直都在与合同关系中存在的盘剥现象做斗争，尤其是与那种贪得无厌的吃人罪恶做斗争。这种吃人罪恶就是由高利贷酿成的不公正的局面。圣·托马斯·阿奎那等一批大神学家认为，所有的给付都必须有一种公正的、公平的对价或对待给付，都必须有一种公平的、公道的价金。教会法学者们将显失公平的理论建立在道德因素之上，他们从道德角度来看待显失公平问题，赋予这一理论以非常广阔的范畴，而不是仅仅限于受到教会禁止的有息借贷。总的来说，教会奋起反对的是任何贪财重利、不讲公道的交易。因为，这类交易给一方当事人带来极其巨大的利益，却使另一方当事人遭受沉重损失。到这一阶段，已经出现了某种制裁显失公平的一般原则，法国旧法因此也就无须另行作出特别规定了。但是，随着王权在法国牢固地确立起来，（显失公平的）合同的解除（rescision）却变得越加困难。其所以如此，一方面是因为，国王以及各种行会对工资、价金制定了一套卡得到很死、相当狭窄的规则——不过，这样也可以预防性地避免显失公平情形的发生；另一方面，人们依据罗马法的法律文献，越来越倾向于认为“只有在得到罗马法准许的、因显失公平解除合同的那些情况下”才能对显失公平实行制裁。到17世纪与18世纪，更是出现了一种以“稳定合同利益”为基础的主张，认为让法官作为裁判者，准许借口显失公平对已订合同进行反悔，将使商业安全面临巨大危险。

由于财政负担方面的原因，促使法国大革命时期的立法者甚至取消了在不动产买卖合同方面“以显失公平为依据提起的解除合同之诉讼”。因为，当时发行的一种被称为“assignat”的以国家财产担保的证券大幅贬值，不动产出卖人提起解除买卖合同的诉讼越来越多，案件大量积压，法院忙得不可开交，国家财政负担急剧增加、不堪重负，为此，共和三年果月14日的法律作出规定，取消“以显失公平为依据提起解除不动产买卖合同的诉讼”。随后，共和七年花月19日的法律又恢复了这种诉讼。

始终是由于货币危机的原因，革命时期的立法者，在规定对食品征税的同时，也从预防的角度做出了一定的努力，以防止发生显失公平的情形。

307.（2）法国制定法的处理

《民法典》第1118条规定：“因显失公平，致使一方当事人遭受损失之事实，如同本编第五章第七节所规定，仅对特定的合同或者仅对特定的人，构成取消合同的原因。”按照这一规定，我们完全可以说，法国《民法典》是将拒绝承认显失公平作为原则，而将承认显失公平作为例外。[1] 因此，我们在这一问题上首先要研究

[1]关于《民法典》第1118条所起到的建立框架的作用，参见Ph·茹阿理：《也谈合同私法上的价值研究》，《巴黎一大学位论文》，2002年（Ph·Jouary. contribution à l'étude de la valeur en droit privé des contrats，thèse Paris I. 2002. N°592. p. 527）；实际上，如果没有这一条文的规定，仍然有可能以确认显失公平的特别情况为基础引入一项确认显失公平的一般原则。

的是，在哪些情况下显失公平得到了立法的考虑（A），然后再试图对这一制度的主要特征作出综合分析（B）。

308.（A）显失公平受到制裁的情况

按照《民法典》原来的规定，可以因显失公平之原因而撤销的那种合同的数量是非常有限的，后来，经过立法者先后采取行动、做出规定，尤其是通过法院判例，这类合同的数目有了明显增加。从这一情况来看，人们可能要问，时候一到，《民法典》现在奉行的（显失公平，仅对特定的人、特定的合同，构成取消合同之原因）这项原则本身是否也有可能被完全否定。

309.《民法典》

对于显失公平问题，《民法典》的制定者采取的是一种限制性观念，之所以如此，是基于以下两个方面的考虑：一方面，拒绝考虑显失公平完全符合个人主义原则（principe individualiste）：各方当事人均是自由的，应当由当事人自己来评价和维护他们自己的利益；另一方面，准许法官监督双方当事人的给付是否平衡，对合同的稳定性来说，可能造成危险。大革命时期的财政危机曾经引发过大量的撤销合同的诉讼，由此造成的局面是交易混乱。这种情景，对于许多人来说，始终是一种挥之不去的记忆。

在法国《民法典》里，有一个一般条文（原第 1118 条）以及两个与特定合同有关的特别条文，都是排斥考虑显失公平。这两个特别条文分别是关于互易的第 1706 条和关于和解的第 2052 条。《民法典》第 1118 条规定："因显失公平，致使一方当事人遭受损失之事实，如同本编第五章第七节所规定，仅对特定的合同或者仅对特定的人，构成取消合同的原因。"这是有关显失公平的一般条文规定，而第 1706 条则规定："互易合同中，不发生因显失公平、受到损失而请求取消互易。”而第 2052 条同样规定：“和解，在诸当事人之间，具有终审判决的既判力。——对于此种和解，不得以对法律的误解，也不得以显失公平之原因提出攻击。”因此，我们认为，法国法律现在仍然是按照罗马法的传统仅对以下两个系列的情况承认显失公平可以作为取消合同的原因。

（1）仅对特定的人：《民法典》（原）第 1118 条规定：“因显失公平，致使一方当事人遭受损失之事实……，仅对特定的合同或者仅对特定的人，构成取消合同的原因。”[1]

这一条文所说的“特定的人”是指，“尚未解除监护的未成年人”，它所适用的是一条古老的法律格言，“向未成年人返还其所为之给付，并非因为他是未成年人，而是只要他受到过分损害”（minor restitutur non tanquam minor séd tanquam laesus）。[2] 《民法典》第 1305 条又明确规定：“任何种类的合同，只要因显失公平致使尚未解除亲权的未成年人受到损害，均得为未成年人的利益撤销之。”

如果未成年人实施的行为是其法定代理人无须经过任何批准而可以单独完成的行为，例如，是其法定管理人或者监护人本可单独完成的行为，只有在证明此种行为显失公平时，才能撤销；与此相反，如果未成年人实施的行为是其法定代理人必须得到亲属会议批准或者必须得到监护法官批准才能完成的行为，那么，此种行为当然无效，不过，应当由监护人或者由未成年人在达到成年年龄时提

---

[1]《民法典》（新）第 1168 条规定：“在双务合同中，给付的不对等不是合同无效之原因，法律另有规定的除外。”虽然新条文没有明文提及“显失公平”（lésion）这一表述，但由合同产生的债的不平衡、不对等始终是“显失公平”的定义。

[2]未成年人之所以得到（财产的）返还，并非因为他是未成年人，而是由于他因显失公平受到了损失。参见罗朗与博埃耶：《法国法律格言》（Roland et Boyer，Adages du droit français，4^eéd，N°228）。

出撤销该行为的请求，且无须证明存在显失公平。[1]

（2）仅对特定的合同：按照《民法典》的规定，只有由成年人或已经解除监护的未成年人订立的两类合同，才可以因显失公平之原因而主张或请求撤销之。已经解除监护的未成年人在所有的民事生活中均视为成年人（《民法典》第481条第2款）。这两种合同是指：

其一是财产分割：如果某一共同分割人所得的财产份额短少超过1/4，也就是说，其实际所得份额少于其本可合法主张的份额的3/4时，按照《民法典》第887条原来的规定，共同分割人得以显失公平之原因请求撤销已经进行的分割：自2006年6月23日法律以后，共同分割人也可以请求通过补足短少的份额的方式满足其权利而不撤销分割。这是由现在的《民法典》第889条作出的规定："如果共同分割人证明其实际所得的分配份额较之其应继份短少1/4以上因而受到损害时，得由被告方选择，用金钱或者实物补足其应得的份额。"财产分割是一种平等行为，目的在于向每一个共同继承人分配与其应继份的数额相等的财产，但是，这并不是要求所有的继承人必然都应当取得完全相等的数额。[2]

其二是不动产买卖：按照《民法典》第1674条的规定，"出卖人如因买卖价金显失公平，受到的损失超过不动产价金的7/12时，也就是说，当出卖人所得价金不足其出卖的不动产价值的5/12时，有权请求取消该项不动产买卖，即使其在合同中明文表示抛弃此项请求权以及公开声明将超过部分的价值作为赠与，亦同"。

不过，《民法典》对这一规则的适用范围作出了两个方面的限

[1]《人、家庭、无能力》（N° 1000）；另见最高法院民事庭1844年6月18日判决（DP 44. 1. 123，S. 44. 1. 497，Devilleneuve述评）；最高法院民事庭1861年3月25日判决（DP 61. 1. 202，S. 61. 1. 673，Grands arrêts，t. 1，N°s 58 et 59）。

[2]《继承和赠与》（nos 963 s）。

制。第一个限制是，只有不动产的买卖合同才能以显失公平之原因而撤销，动产买卖不在考虑之列。之所以作出这一限制规定，理由是：一方面，基于一个古老的法律格言“动产之物，乃低值之物”(res mobilis res vilis)，另一方面，与动产相比，不动产的价值变动比较缓慢。如果对动产买卖也去考虑显失公平的问题，有可能严重妨碍商事活动。[1] 第二个限制是，只有出卖人才有主张撤销不动产买卖的请求权。《民法典》第1683条规定“不为买受人的利益发生因高价买受、受到损失而撤销买卖”，这显然是否定买受人享有这项权利。这种否定的理由在于，在《民法典》的制订者看来：一个人可能受强制卖出其财产，但不会受强制购买某项财产（参见第313节）。

310.《民法典》之后的相关法律

在整个19世纪期间，法国法律始终不赞成考虑将显失公平作为取消合同的原因，但是自20世纪以来，风向反了，潮流倒过来了。立法者出于更为关注社会利益方面的考虑，虽然没有取消《民法典》第1118条的原则性规定，但已经承认许多显失公平的新情况，如同过去一样，在这些新的情况中，有些仍然涉及特定的人，有些仍然涉及特定的合同。

（1）涉及特定的人：一开始，新的规定仅仅涉及《民法典》第1305条专门就未成年人的利益而准许因显失公平撤销合同的那些情况：“任何种类的合同，只要因显失公平，致使未解除监护的未成年人受到损害，均得为未成年人的利益而撤销之。”后来，立法者将有关制裁显失公平的规定扩张适用于另一类人——“受司法

[1]如果买卖标的中同时有动产与不动产，则需要进行盘存，以确定不动产的价金数额，参见最高法院第三民事庭1992年1月8日判决（Defrénois 1993，p. 433，Y·Dagome-Labbé 述评）。

保护的成年人”（2007 年 3 月 5 日法律）。现行《民法典》第 435 条第 2 款规定：“由法院实行司法保护的人在此种措施实施期间订立的合同与缔结的义务，得因显失公平、受到损害之原因而取消，或者在其负担过分的义务的情况下，得减少此种义务负担，即使在依据第 414-1 条的规定可以撤销此种合同与义务的情况下，亦得因负担过分而减少之。”所有类型的合同，凡是适于撤销的，均可以提起撤销之诉：受监护的成年人与“财产受管理的成年人”，对于在不要求负担保护成年人职责的人协助与代理的情况下单独订立的所有合同，均在可以因显失公平而被撤销之列（2007 年 3 月 5 日法律，《民法典》第 465 条）。[1]

（2）对特定的合同：在《民法典》之外，还有许多法律明文规定以显失公平为依据，减少相对当事人获得的过分利益或者撤销合同，例如：

——1907 年 7 月 8 日法律（先后经 1937 年 3 月 20 日与 1979 年 7 月 13 日的法律修改）准许肥料、种子以及用于农业种植的种苗的购买人，在受到的损失超过 1/4 时，请求降低价金与损害赔偿。

——继 1916 年 4 月 29 日法律（第 7 条）之后，1967 年 7 月 7 日第 67-545 号法令有关海上事件的法律第 15 条也承认海上救援协议方面的显失公平情形：对于任何海上救援合同，法官，依一方当事人提出申请，如其认定当事人约定的条件不平衡，可以撤销或变更该协议。

——1914 年以来先后颁布的有关租约的各项法律通常都要

[1] Les personnes，La famille，Les incapacités，n°s 1257 et 1288；另见最高法院第一民事庭 1985 年 10 月 16 日判决（D. 1986. 154，J · Massip 述评，Grands arrêts，t. 1，N° 63）。

确定租金的最高限额，并准许承租人在租金数额超过法定限额的情况下请求降低租金数额。在这方面，最新的一项法律是1989年7月16日“旨在改进租赁关系”的第89-462号法律（第17条及随后条文），在农产租赁方面，则是《农村法典》第411-13条的规定。

——1957年3月11日法律第37条（编入《知识产权法典》第131-5条）规定：文学艺术作品的作者，按照一次性确定的价金转让其作品的使用权时，如其（因显失公平或因对作品的收益估计不足）受到的损失超过7/12的，可以请求变更原先约定的（版权）转让费，并且明确规定“在评价是否存在显失公平时，应当考虑受让人使用与经营其受让的作品的全部活动”。

——1971年7月16日“关于各种建筑业务活动的”法律规定，在向股东（或合伙人）分配不动产的公司的范围内，如果某一股东负担的义务大大超过其应当承担的交款义务，可以提起请求偿还款项的诉讼（《建筑与住宅法典》到212-5条）；反过来，如果某一股东履行的义务没有达到其应当承担的交款义务，短少数额超过1/4时，任何股东均可要求因少缴款项而获得利益的人支付其免缴或未缴的款项（第4款）。

——1966年12月28日有关发放高利贷的第66-1010号法律（后经1989年12月31日法律修改）第1条规定对金钱借贷方面的显失公平实行制裁（现归入《消费法典》第313-3条）。按照该条第1款的规定：“协议约定的任何借贷，实际总利率超过贷款协议订立时信贷机构在前一个季度内对相同性质、包含相同风险的活动实行的平均实际利率的1/3时，构成高利贷。”这项编入《消费法典》的规定“似乎”已指明“它仅适用于职业者与消费者之间的关系”。[1] 2005年8月2日的法律则完全消除了这方面的不确定性，该法明确规定《消费法典》第313-3条不适用于向“因从事职业而需要贷款”的自然人给予的借贷，也不适用于向“从事工业、商业、农业、手工业或非商业职业活动”的法人给予的借贷。[2]

——1966年12月28日法律第1条第2款（编入《消费法典》第313-3条第2款）将在分期付款买卖时给予的信贷，在与相同目的的金钱借贷的条件相同时，视为约定的借贷并视为具有高利贷的性质；如果经认定是高利贷，从法律规定来看，发放高利贷的人多收取的过高数额的利息，当然折抵已经到期的正常利息，尚有余款时，用于扣减债权本金；如果债权本、利均已消灭，（高利贷发放人）不当收取的款项应当按照其支付之日的法定利率进行返还（《消费法典》第313-4条）；《消费法典》第313-5条还规定，对向他人发放高利贷的任何人实行刑事制裁，或者对于不论以何明义、以何方式直接或间接协助取得或协助同意发放高利贷的人实行刑事制裁。

——在公司方面，《民法典》第1844-1条将“霸王条款”（直译为“狮子打猎条款”——clause léonine，指一方当事人凭借其强势地位独占大部分利益的条款）视为不曾订立。该条规定：“每一股东按其在公司资本中所占份额的比例确定其分

---

[1] 关于这一问题，参见A·果兹：《在制定法方面有关高利贷规章的适用范围》（国家信贷委员会咨询委员会1999—2000年度报告）（A · Ghozi: Le domaine d'application de la réglementation de l'usure en droit positif, Comité consultatif du Conseil national du crédit, Rapport 1999—2000, p. 393 et s）。

[2] 与此相反，《消费法典》第312-2条规定“在贷款合同中必须写明实际的总利率（TEG）”。最高法院在其判决中重申，这一条文的规定适用于为从事职业目的进行的借贷，参见最高法院第一民事庭2002年1月22日判决（D. 2002. 2670，A · Debet述评，CCC 2002，N° 72，L · Leveneur述评）。

享利润与填补亏损的份额。但是，任何情况下，将公司所得利润全部分派给一名股东或者完全免除某一股东分担亏损，以及排除某一股东分享利润或者责成其承担全部亏损，此种条款视为不曾订立。”[1] ——2008 年 8 月 4 日称为“经济现代化”的法律，对《商法典》第 442-6-1 条第 2 项进行了修改，现在，该第 2 项的规定如下：“任何商业、工业生产者，任何在手工业职业登记簿上进行注册登记的人致使或意图致使其商业合作伙伴负担义务，导致双方权利与义务明显不平衡的，均引起行为人的责任，并强制其赔偿因其行为造成的损失。”而按照此前的法律条文规定，需要认定行为人有滥用他人依附关系的事实，才能实行这种制裁，在新的条文规定中取消了任何“过滤或筛选”（tout filtre），这就等于“可以对职业人之间的合同进行没有任何限制的监督”，尤其是条文中借用了《消费法典》第 132-1 条的表述（“明显不平衡”），也就等于说，这里并没有将制裁限制在原来的相同范围之内，因为从这一条文的规定来看，它不仅是针对合同的各项条款，而且也针对合同的整体经济。

——最后，我们还要列举一个应当记住的例子，那就是 1935 年 6 月 29 日与 1937 年 7 月 17 日的两项法律，作为一种暂行规定，准许营业资产的买受人在受到的损失超过买卖价金的

[1] 法院判例认为：有些规则之外的简约，例如，按照确定的价位购买股票的预约（参见最高法院商事庭 1989 年 1 月 10 日判决，D. 1989，IRp. 60，JCP 1989，éd. E，19492，A · Viandier 述评）；最高法院商事庭 1996 年 3 月 12 日判决（Rev. dr. banc. 1996. 175，M · Germain et M. -A · Frison-Roche 述评）或者对参与分享利润或者填补亏损没有任何影响的分割协议。参见最高法院商事庭 1994 年 5 月 24 日判决（1994. 504，Couret 述评，Rev. dr. banc. 1994. 176，M · Germain et M. -A. Frison-Roche 述评），不能被看成是属于制裁霸王条款的范围之内。

33%时，可以请求降低价金。[1]

311. 法院判例

最高法院多次重申，并且是针对所有的合同多次重申：民事诉讼中的实体法官在审理案件时，不得为了恢复双方给付的所谓等值或等价，以“主持平衡公道的使者”自居，任意增加一方当事人的给付数额，或者任意减少另一方当事人的给付数额。[2] 看来，最高法院的这种坚定态度完全是出于商务安全方面的考虑。如果法官为了考虑双方的给付平衡，任意变更当事人之间已经自行约定的给付（数额），那么合同就将丧失其稳定性，而稳定性恰恰是合同的一个基本优势。

最高法院当然不会公开与《民法典》（原）第1118条明确表述的原则大唱反调，但它并非没有对这一条文的规定做出某种灵活的处理，例如，早在19世纪下半叶，最高法院就已经承认，实体法官如果在案件审理中认定商事代理人的酬金过高，有权降低此种

---

[1] M·莎尼：《法国竞争法的演变（一场革命）？谈谈2008年8月4日的LME法》（M·Chagny, Une (r) évolution du droit français de la concurrence? A propos de la loi LME du 4 août 2008, JCP 2008. 1. 196, N° 15）；M·马洛里-维纳勒：《〈商法典〉第442-6条的新规定对合同谈判带来了新限制吗？》（M·Malaurie-Vignal, Le nouvel article L. 442-6 C. Com apporte-t-il de nouvelles limites à la négociation contractuelle? CCC nov. 2008, dossier N° 5）。

[2] 正因为如此，最高法院拒绝将此种撤销（la rescision）扩张适用于动产买卖合同，参见最高法院民事庭1832年5月17日（S. 32. 1. 849）；最高法院商事庭，1990年10月9日（RTD civ. 1991. 113, J·Mestre述评）；最高法院也拒绝将其扩张适用于劳动合同，参见最高法院民事庭1852年12月20日判决（DP 53. 1. 95; 20 nov. 1906, DP 1907. 1. 80）。在拒绝对确定工资、薪金进行干预的立法制度下，这一判决的处理对于用不动产向公司出资具有至关重要的作用。参见最高法院诉状审理庭1945年6月12日判决（JCP 1946. 11. 3203）；最高法院商事庭，1953年6月10日（1953, JCP 1954. 11. 7908, R·Bastian述评）；最高法院拒绝将此种撤销适用于公司股份的转让，参见巴黎法院1984年10月11日判决（Defrénois 1985, art. 33523 N° 5, Honorât述评，RTD civ. 1985. 726, J·Mestre述评）。

酬金的数额。[1] 后来，这一判决所做的处理被扩张适用于建筑师、[2] 律师、[3] 法律顾问、[4] 上诉法院诉讼代理人、公证人、银行、[5] 医生、[6] 组织与管理顾问、[7] 注册会计师、[8] 私人侦探、[9] "家族谱系调查人"[10] 等收取的酬金。在这些情况下，凡是规定的酬金数额过高，法官都会行使一种不折不扣的"调和人"的权力。

---

[1]最高法院民事庭，1867 年 1 月 29 日（DP 67. 1. 53，S. 67. 1. 245，Grands arrêts，t. 2，N°280）；另见最高法院诉状审理庭 1824 年 3 月 11 日判决（S · Chron）以及此后最高法院诉状审理庭 1908 年 1 月 27 日判决（DP. 1908. 1. 155）；最高法院诉状审理庭，1913 年 3 月 11 日（DP 1913. 1. 408）；最高法院民事庭，1944 年 12 月 24 日（Gaz. Pal. 1945 1 77）；最高法院商事庭，1962 年 1 月 23 日（Bull. civ. III，N° 52，p. 42）；最高法院第一民事庭，1976 年 1 月 14 日（Bull. civ. I，N° 10 p. 9，JCP 1976. 11. 18388）；最高法院商事庭，1978 年 5 月 23 日（Bull，civ. IV，N° 146，p. 125）；巴黎法院，1980 年 1 月 28 日（D. 1980. 161 concl. Jéol，JCP 1980. 11. 19332）。

[2]最高法院第一民事庭，1958 年 3 月 4 日（D. 1958. 495）。

[3]最近的适用情况，参见最高法院第一民事庭 1998 年 3 月 3 日判决（JCP 1998. 11. 10015，concl. Sainte-Rose 述评，Defrénois 1998. 734，J. -L · Aubert 述评，RTD civ. 1998. 404，P-Y · Gautier 述评）；最高法院第一民事庭，1998 年 7 月 7 日（CCC 1998，N° 159，L · Leveneur 述评）；R · 马尔丹：《通过司法裁判权力减少律师的酬金》（R · Martin，La réduction des honoraires de l'avocat par le pouvoir judiciaire，JCP 1999. 1. 110. ）。

[4]最高法院第一民事庭，1990 年 6 月 19 日（Bull. civ. II，N° 170，p. 120）。

[5]塞纳民事法院，1907 年 2 月 23 日（DP 1910. 2. 53）；都埃法院，1952 年 7 月 25 日（D. 1953. 47）；科尔玛法院，1957 年 2 月 6 日（ch. dét. à Metz，D. 1957. 206）；最高法院第一民事庭，1969 年 5 月 14 日（Bull. civ. I，N° 181，p. 146）。

[6]卢昂法院，1959 年 11 月 12 日（D. 1960. 164）。

[7]最高法院商事庭，1993 年 3 月 2 日（D. 1994，somm. com. p. 11，Kullmann 述评，RTD civ. 1994. 346，J · Mestre 述评）；雷恩法院，1969 年 4 月 17 日（Gaz. Pal. 1971. 1. somm. p. 12）。

[8]最高法院第一民事庭，1986 年 6 月 3 日（Bull. civ. I，N° 150，p. 151，JCP 1987. 11. 20791. Viandier 述评）。

[9]最高法院第一民事庭，1989 年 10 月 4 日（Bull. civ. I，N° 301，p. 201）。

[10]最高法院第一民事庭，1998 年 5 月 5 日（D. aff. 1998. 1170，CCC 1998，N° 111，Leveneur 述评，Defrénois 1998. 1042，Delebecque 述评，RTD civ. 1998. 901，J · Mestre 述评）；最高法院第一民事庭，2006 年 2 月 21 日（Defrénois 2006. 1223，Libchaber 述评）。

然而，法院判例的上述处理意见有何依据？这仍然是有待讨论的问题。有人援用“委托具有自然的无偿性质”，以此作为法院对极个别的高工资、高报酬实行监督的正当理由；然而，《民法典》第1986条的条文规定是：“除另有约定外，委托为无偿的。”很明显，这一条文并没有规定所有的委托都（必须）是无偿的，因为，条文中明确指出“除另有约定之外”，这本身就表明委托也可以是有偿的，因此，用所谓委托属于“自然的无偿性质”作为理由，并不足以解释各法院实行监督的理由以及最高法院所作判决的依据；况且，除委托合同之外，即使在当事人之间订立的协议并不构成委托代理时，[1] 法院同样可以毫不犹豫地降低数额超高的酬金。这就更加证明所谓“委托自然无偿说”并不能站得住脚。

另外也有人从“原因”的角度来解释最高法院所作判决的依据，并且这里是指按照客观观念（而不是按照主观观念）理解的原因。[2]（我们认为）这种解释同样不能令人满意，因为这种见解有些过头：如果运用（债的）原因的概念作为理由来降低数额过高的报酬的解释是准确的，那么，我们就应当总体上承认这样的处理适用于所有的合同，而不仅仅是适用于“减少特定的报酬”的情况（因为，所有的合同必然都有原因）。实际上，在我们看来，法院判例对特定合同之所以要进行衡平处理，完全可以用“合同应当善意履行”（《民法典》第1134条第3款）这样的理由作为依据：[3]

---

[1]医生、组织方面的咨询顾问、侦探事务所等。

[2]关于这一概念，参见第336节。这方面的问题，参见巴黎法院1873年4月3日判决（DP 73. 2. 199）。该判决认为：委托人承担的义务的实际原因后于义务本身，而委托代理人（受委托人）只有在已经完成规定的、符合希望的服务的条件下，才有权主张报酬，并且是在其完成的服务的用益与劳动的范围限度内主张报酬。参见巴黎法院1910年12月14日判决（Gaz. Pal. 1911. 1. 140）。

[3]参见第439节。另见卢昂法院1992年9月15日判决；最高法院第三民事庭2005年3月2日判决（RTD civ. 2005. 593，Mestre 述评）。

某些职业人所提供的给付在实际履行之前，他们的用户很难评价这种给付的现实价值，因此，司法官出于保护用户的意愿，需要进行衡平处理，以对抗职业人可能对其提供的服务漫天要价的行为；同样，由于事先很难确定某些服务的成本，所以，如果双方当事人并未确定这种服务的价金，便只能由法院来进行认定、做出处理；还有，在双方当事人尚未开始提供服务之前采取一揽子全包方式确定服务价位的情况下，[1] 同样由于无法准确评价这种服务的实际价值，也需要法院来审查合同所定的收费价格是否过分。这方面的例子很多，例如，当争议涉及职业人可以收取的酬金有明确的收费标准规定时，[2] 或者因酬金问题引起的争议是通过特别程序来处理时，[3] 法院也会考虑其中是否存在显失公平的问题。总之一句话，最高法院所关注的问题才是其判例的基础依据，这些判例之所以带有各种限制，原因恰恰就在于：实体法官不得减少服务性给付的受益人在服务活动结束之后已经承认的应当向服务提供者给付的报酬数额。[4]

法院判例还对"司法助理人员与公务助理人员的事务所"的转让价金实行监督：当这种转让价金过高时，法院可以降低其数额。当然，司法部一直对这些事务所的转让价金进行监督，但司法部可能并不了解这类事务所的实际价值，在这种情

[1]例如，最高法院第一民事庭，1998 年 3 月 3 日；最高法院第一民事庭，1998 年 5 月 5 日；F·舍内德：《论私法上的替换》，《巴黎二大学位论文》，2008 年（F·Chénedé，Les commutations en droit privé，thèse Paris II，éd. 2008，N°262，p. 242）。

[2]最高法院第一民事庭，1976 年 1 月 14 日；最高法院商事庭，1975 年 11 月 18 日（Bull. civ. IV，N°269，p. 222）。

[3]例如，律师，1991 年 11 月 27 日法令第 174 条。

[4]最高法院第一民事庭，1970 年 1 月 19 日（Bull. civ. I，N°23，p. 19）；最高法院第一民事庭，1986 年 6 月 3 日；最高法院第一民事庭，1997 年 4 月 2 日（Bull. civ. I，N°113，p. 76，Defrénois 1997. 1433，Bénabent 述评，RTD civ. 1998. 373. Mestre 述评）。

> 况下，当然需要赋予法院以权力，通过司法裁判来降低过高的转让价金。这样做的理由是，这类事务所的转让涉及公共秩序，因为被转让的事务所的新的主持人不得试图采取不符合规定的手段，提高对顾客的收费价位来增加收入，以补回其因支付了过高的转让价金而造成的负担。[1]

法院判例也通过运用同意瑕疵作为依据来制裁显失公平。虽然说，（合同一方当事人）对价值的误解本身不会受到制裁（参见第220节），但是，在“对标的物的实质”的误解或者“对人”的误解时，或者由于一方当事人的欺诈造成相对当事人误解时，就可以考虑因这种误解而引起的同意瑕疵（参见第237节）。此外，当一方当事人由于来自外部的不得已的情势而只能接受显失公平的合同条件时，也可以以受到胁迫为理由请求撤销其做出的义务承诺。不过，在这些情况下，引起合同无效的，是同意瑕疵，而不是从其本身的角度来考虑的显失公平。

最后，我们还要补充的是，虽然说显失公平不足以引起某些合同无效，但是，在双方当事人约定的价金不仅不够，而且低得微不足道，甚至可以说基本上不存在价金时，仍然可能引起合同无效（参见第295节）。

我们在前面已经提到，最高法院全体庭1995年12月1日作出一项判决，使法院判例对待显失公平问题的处理也发生了重大转变。这一判决大大增加了法官的权力：除法律有特别规定之外，“确定的价金”不再是合同有效性的一项条件，因而可以单纯地参照供货厂商的价格标准或收费标准来确定合同规定的价金；与此相

[1]最高法院诉状审理庭，1910年6月13日（S. 1913. 1. 347）；另见最高法院第一民事庭2004年12月7日判决（CCC2005，N° 60，L · Leveneur 述评，RDC 2005. 681. D · Mazeaud 述评）。

对应，判决也认定，当享有确定价金之权利的一方当事人滥用此项权利时，法官可以进行干预，解除所订立的合同，或者判令给予损害赔偿（参见第 292 节）。

从以上介绍中，我们可以看到，法院判例已经显现出一种倾向：更多关注合同的公正，其次才是法律的安全，这就是说，显失公平的情况已经得到更多的考虑。

我们从斯特拉斯堡法院的判决中同样可以看到这种理论思潮，只不过表现方式有所不同。欧洲共同体法院在多次判决中认定，在住房租约方面，如果法律将租金的价位定得过低，将会导致出租人无法应对法律对他们强制规定的住房维护费用，更难实现某种利润，这样的法律就违反了“一号附加议定书”第 1 条的规定，“任何自然人或法人均享有其财产得到尊重的权利”，因为这样的法律没有遵守所涉及的各方利益之间的平衡。

312. (B) 显失公平的主要特征

如何做到确保合同的公正而又不至于过分严重地损害法律安全？要想协调这些相互对立的强制性要求，法国民法已经给显失公平深深地染上若干特色。如果我们回过头来重新提出本节一开始提出的各种问题（参见第 305 节），就会看到法国民法中的显失公平的特征就在于它的例外性、客观性以及损害幅度的“统一确定性”。对维护法律安全的关注也是通过以制裁为目的的各种特别安排来作为标志。

313. 显失公平的例外性（caractère exceptionnel）

《民法典》的制定者们非常关注维护合同的稳定性，因此没有将显失公平提升为合同无效的一般原因，而是将其作为合同成立的瑕疵，而这种合同成立的瑕疵，仅在法律有限制性的特别规定的情况下才能得到考虑（参见第308节）。归结起来，这些有特别规定的情况分为以下两个系列：

首先，基于合同或协议自身的性质，法律希望公正或公道在这类合同或协议中占据主导地位，例如，财产的分割，由于它本质上就是一种平等性质的行为，因此公正或公道应当占主导地位。

其次，是在一系列有可能存在的情况下，基于合同一方当事人所处的弱势地位，因而应当考虑可能存在的显失公平的情形。这里显然涉及无行为能力人，受保护的成年人，此外也涉及不动产的出卖人，而且法律给予保护的是出卖人而不是买受人，因为在《民法典》的制定者的思想上认为：一个人有可能因为紧迫情形需要用钱，而不得不将其财产（低价）卖掉，但人们通常不会受强制去购买财产；对于肥料、种子的购买人、遇难船只的船长、（文艺）作品的作者、承租人、借贷人给予保护的原因，也是出于同样的考虑。所有这些情况，立法者担心的是，上述人等在订立合同时，相对人有可能利用他们所处的弱势地位或脆弱地位而对其强加不公平的条件。这种担心与考虑也是最高法院作出相关判决的基础依据。法院判例承认对于特定的职业人收取的报酬，审理案件的实体法官有权力实行监督。最高法院全体庭1995年12月1日的判决就赋予实体法官以权力，对手中握有确定价格之权力但滥用此项权力的一方当事人实行制裁（参见第288节）。这是不是就等于说，在确认显失公平是源于一方当事人对受到损害的相对当事人实行盘剥的所有情况下，显失公平一律都会受到制裁呢？我们的回答是否定的。

314. 显失公平的客观性（caractère objectif）

按照法国法律制度，显失公平，从本义上说，不是一种同意瑕疵，而是一种客观瑕疵（un vice objectif）。显失公平唯一源于双方当事人之间在合同经济上的完全失衡。

这一论断也许会让有些人感到奇怪。当然，《民法典》的制定者一开始遵从的指导思想似乎确实是倾向于主观观念：显失公平被视为一种意思瑕疵（vice de volonté）并且被放在“同意”一节作出规定：在《民法典》里，规定显失公平的条文是第 1118 条，它被放在紧接着有关误解（错误）、欺诈与胁迫的条文之后。显失公平，唯一利益于出卖人，因为买受人通常不会受强制进行购买，因此我们不可能推定买受人在这方面存在同意瑕疵。[1] 正因为如此，实体法官在审理案件时，以这些因素作为支撑依托，对于以显失公平之原因请求宣告撤销合同的诉讼请求，往往都要求当事人提出有关同意瑕疵的证据。[2] 但是，到后来，在最高法院最终占据上风的并不是上述观念：法官们坚持遵循法律条文的文字表述，确认的是客观主义观念，因为《民法典》的条文表述在任何时候都没有将受到损害的一方当事人存在精神上的强制作为解除合同的一项条件。[3] 凡是得到法律承认或认定的显失公平，其本身就是可据以撤销合同的一种原因（une cause de rescision），与伴随或者产生这种不公平的具体情节没有关系。因此，完全没有必要要求必须首先证明其根源在于（当事人方面存在）某种同意瑕疵才能认定成立

---

[1]这种看法或观点有待商榷，因为，在住房缺乏、有紧迫需求危机的时期，买受人也可能受强制被迫支付过高的价金才能得到住房（或商品）。此外，还有第 313 节读到的肥料、种子的购买人，遇难船只的船长等。

[2]巴黎法院，1928 年 4 月 25 日（Gaz. Pal. 1928 1 723）；比较卡昂法院 1916 年 4 月 25 日判决（理由部分，DP 1917. 2. 135，S. 1920. 2. 113. Japiot 述评）；另见巴黎法院 1945 年 3 月 28 日（Gaz. Pal. 1945 1. 176）。

[3]参见《民法典》第 1118 条（一般条文），第 1674 条与第 1677 条（关于买卖），第 887 条（关于财产分割），第 1079 条（原条文，关于尊亲分割财产），第 1305 条（关于未成年人订立的合同）。

显失公平，才能宣告撤销合同；[1] 反过来也就是说，即使提出了不存在同意瑕疵的证据，也不影响显失公平的存在，[2] 换句话说，显失公平是一种源于给付不对等而客观存在的瑕疵，是一种客观瑕疵，因此，只需要证明存在此种给付不对等，即告足够，完全没有必要去分析缔约当事人在缔约时的精神状态或思想状态（état d'esprit）。

法国法在显失公平问题上所持的这种客观观念与某些外国立法有着非常明显的区别，例如，《德国民法典》第138条就一般地承认在双方给付明显不成比例的情况下可以因显失公平而撤销合同。[3]

> 不论对显失公平是持客观观念还是主观观念，（是否）存在显失公平，原则上都应当按照合同成立时的情况[4]来进行评判。因为，如果（持主观观念）认为显失公平是以存在同意瑕疵为依据，我们就应当站在双方当事人实现意思合致的那个时刻并据此来判断是否存在显失公平；如果我们在此问题上持客观观念，也应当做同样处理，因为（持客观观念的）人们主

---

[1]最高法院诉状审理庭，1932年12月28日（DP 1932.1.87，Dumas述评，Grands arrêts，t.2，N°261），该判决认为："凡是得到法律认定的显失公平，其本身就是一种撤销合同的原因，独立于伴随或者产生这种不公平的具体情节。"最高法院诉状审理庭，1933年3月21日（DH 1933.235）；最高法院民事庭，1950年4月21日（S.1951.1.57，JCP 1950.11.580，Cavarroc述评）；卢昂法院，1976年9月28日（Gaz. Pal. 1977.1.123. G·Raymond述评，Defrénois 1977，p.848，J-L·Aubert述评）。

[2]最高法院第一民事庭，1960年10月19日（Bull. civ. I，N° 366，p.448），该判决认为："双方当事人是否是在完全知情的条件下表示同意订立合同，在所不问，因为，显失公平本身就构成取消合同的一种原因，与任何同意瑕疵都无关。"

[3]《德国民法典》第138条第2款："利用他人处于紧迫情势、缺乏经验、缺乏判断能力或者意志明显薄弱，以法律行为使该他人就某项给付向自己或者向第三人约定或给予明显不相当的财产利益的，该法律行为尤其无效。"

[4]按照附中止条件进行买卖的情况下，应当站在合同订立之日的而不是条件成就之日的情况来进行评判，因为此种条件具有追溯力。参见最高法院第一民事庭1964年5月27日判决（sol. impl，D.1964.623，JCP 1964，JCP 1967.11.13759）；最高法院第一民事庭，1967年10月17日（JCP 1967.11，15307）；最高法院第三民事庭，1992年6月30日（Bull，civ，N°236，p.114. D.1993 somm. com. p.236，G. Paisant述评）。

张制裁的是一种“一开始就存在的给付不平衡”（un déséquilibre original），而不是合同订立之后才发生的给付不平衡。在合同订立之后才发生的给付不平衡（déséquilibre ultérieur）的情形，属于情势变更（imprévision，未预见的情势）的范畴（参见第465节），[1] 而不属于显失公平的范畴。

从上述观点出发，我们可以看到，货币贬值时期，在按照事先的单方预约进行买卖时，在这两种观念之间作出不同的选择无疑具有很大的利益。因为，在发出单方预约之日，许诺的给付本来是平衡的，但是，等到预约相对人选择做出承诺之日，由于期间发生通货膨胀，双方交易的给付就不再可能是平衡的了。很明显，在此情况下，是由于与双方当事人无关的外来原因造成的显失公平：出卖人并没有受到任何欺诈，也没有受到任何强制而被迫作出让步，甚至他在表示同意意思时，也没有发生任何误解或错误，然而，他受到的损失有时却可能是十分严重的。面对这种情况，是站在出卖人发出单方预约之日还是应当站在相对人做出承诺之日来进行评判呢？如果选择前者，问题就应当属于合同因同意瑕疵而无效的理论范畴，而且也是这一理论的自然后果；如果相反，站在后一日期来看待这个问题，那就是在客观观念主导下作出的选择。

在显失公平问题上坚持客观观念的法国最高法院采取的是后一种处理意见。[2] 最高法院这一立场后来也得到立法者的

---

[1]按照合同订立之日的情况来评判（是否存在）显失公平，这一原则也包含着一些例外情形。按照1957年3月11日的法律规定，转让的艺术作品的价值不是按照转让之日的情况评价，而是按照提起调整价金诉讼之日的情况来评价（art. L. 131-5，CPI）。有学者认为，这种情况属于对情势变更理论的一种特殊确认（参见 Ghestin，N° 557；Schindler-Viguie，thèse préc，p. 369），另一些学者则认为：这种情况属于“回过头来评价一项精神作品的价值”，因为在使用权或者经营权转让之初很难对这种价值作出准确评价（参见 Sériaux，N°29，402）。

[2]最高法院民事庭，1916年11月14日（DP1921. 1. 34）。

确认：那就是出自 1949 年 11 月 28 日法律、归入《民法典》第 1675 条的规定："为了认定因价格过低受到的损失是否超过 7/12，应当按照不动产买卖时的状况与价值来进行评价；在买卖预约是由单方提出的情况下，因价格过低受到的损失，应当按照买卖实现之日的情形进行评价。"

315.（在认定显失公平时对造成的）损害幅度的统一确定性

在显失公平问题上，法国最高法院判例所持的是客观观念（conception objetive），并且突出强调因显失公平而造成的损害必须达到什么样的幅度才会受到制裁。因为，只要认定显失公平唯一是因双方当事人的给付不平衡所造成的，那么我们首先应当知道的问题自然是，在一方当事人受到的损失达到什么界限、达到什么幅度时，才可以考虑显失公平的存在。

法国法律运用的方法有以下两种：

其一，在大多数情况下，由某一法律条文按照数学计算方法来确定什么情况下构成显失公平。这类法律条文对双方当事人的给付失衡确定了一个统一的比例或统一的幅度，只不过随着个案涉及的合同不同，这一比例或幅度也有所不同，例如，不动产买卖合同或者版权转让合同，当价金失衡或一方受到的损失超过 7/12 时，就构成显失公平；对于财产分割的情况，或者购买肥料的合同，当共同分割人所得份额短少的部分超过 1/4 时，或者价金过高，超过 1/4 时，有息借贷中损失超过 1/3 时，均构成显失公平。（特定的职业人）收费不公道，是否存在显失公平，同样不取决于司法官的评判或裁量，也就是说，是由法律条文作出规定并且应当按此规定进行具体计算的。

其二，另有一些情况，是由法官来确定双方当事人所为之给付失衡达到什么样的严重程度才属于达到显失公平的界限并可对其实行制裁，例如，为了保护未解除监护的未成年人或无行为能力的成年人，或者在海上救援协议方面，主张显失公平时，就要由法官进行自由裁量；同样，在审理案件的实体法官就降低有关的职业人收取的酬金数额时，或者降低公务助理或司法助理事务所的转让价金的数额时，[1] 最高法院也给予受诉法院完全的自由裁量权力。从根本上说，我们很难设想，在这些情况下还有什么其他的路子可走。因为，最高法院不可能自行确定一个计算损失最高数额的界限，否则，就是违反《民法典》第5条关于"禁止法官以制定规则的方式进行裁判"的规定。最高法院1995年12月1日的判决所认定的"有关在定价方面滥用权利"的标准，也给实体法官保留了相当大的自由，不过，对滥用权利的认定与定性，则应当接受最高法院的监督：这种认定与定性不属于涉案事实问题而是法律问题（参见第293节）。

316. 射幸合同（是否会发生显失公平的问题）

对于射幸合同（les contrats aléatoires），如何评价显失公平，会遇到一些特殊问题。[2] 诚然，原则上，不能以显失公平之原因撤

---

[1]实际上，法官倾向于仅制裁那些重大的显失公平的情形。

[2]J·德佩雷兹：《论射幸合同中的显失公平》（J · Déprez, La lésion dans les contrats aléatoires, RTDciv. 1955, p. 1 et s）；阿洛：《论射幸契约中因显失公平之原因取消契约的问题》，《图卢兹大学学位论文》，1941年（Araud, La rescision pour cause de 1ésion dans les contrats aléatoires, thèse Toulouse 1941）；J-L·莫拉利斯：《论射幸的概念与具有射幸性质的法律行为》，《格勒诺贝尔大学学位论文》，1968年（J-L · Mouralis, La notion d'aléa et les actes juridiques aléatoires, thèse ronéot. Grenoble, 1968）；G·克雷恩：《在按终身年金买卖不动产的契约成立时的射幸性质与契约的平衡》（G · Klein, Aléa et équilibre contractuel dans la formation de la vente d'immeuble en viager, RTD civ. 1979, p. 13）；格鲁阿：《论射幸的效力与射幸契约和实定契约的区分》（Grua, Les effets de l'aléa et la distinction des contrats aléatoires et des contrats commutatifs, RTD civ. 1983. 263）；H·梅奥-洛图尔：《论射幸、显失公平与低廉的价金》（H · Méau-Lautour, Aléa, lésion et vileté de prix, JCP N°990, spéc. N° 9）；（转下页）

销射幸合同。这是因为，既然射幸合同的每一方当事人都自由同意、自愿接受“赌一把”，那么，其中任何一方（即使吃亏或者损失很大）均不得主张显失公平；无论发生什么样的结果，射幸合同的当事人都是自愿冒风险，双方所得利益有可能极端的不平衡，一方所得的结果可能极为糟糕，这也是自找的。正因为如此，人们在进行赌博或者打赌的情况下，显然不能以（所谓）显失公平为由头，任意地反悔。

法国法律将出卖人保留用益权的不动产买卖，或者按照保留使用权或居住权的条件进行的不动产出卖，[1] 也看成具有射幸性质，当然，这需要具备一个条件：由此保留的权利的价值不是太小，[2] 买卖的价金也并非微不足道[3]（参见第 295 节）。不过，我们应当知道，并非所有的射幸合同都是以当事人的投机心理为基础的，恰恰相反，有些射幸合同，例如，以负担终身定期金的方式进行的不动产买卖，对于出卖人来说，就具有扶养费或生活费的性质，因此完全不能将其理解为甘愿接受任何给付失衡的风险。由此也就引发了另一个问题：在这类合同中鉴于一方当事人将要负担的给付义务肯定存在某种不确定性，那么又该如何评价这其中是

（接上页）A·莫兰：《也谈射幸契约之研究》，《巴黎九大学位论文》，1995 年（A·Morin, Contribution à l'étude des contrats aléatoires, thèse Paris IX, 1995, p. 340, N° 551）；D·巴库什：《论民法上的过分行为》，《巴黎二大学位论文》，2005 年（D·Bakouche, L'excès en droit civil, thèse Paris II, éd. 2005, N° 133 et s）。

[1] 最高法院第三民事庭，1979 年 1 月 9 日（D. 1979. IR 240）；南锡法院，1979 年 2 月 21 日（D. 1980 IR 116）；最高法院第三民事庭，1998 年 7 月 16 日（JCP 1999. 11. 10036. Dagorne-Labbé 述评）。

[2] 最高法院诉状审理庭，1937 年 11 月 22 日（DP 1939. 1. 81, 1re esp, R·Savatier 述评）；最高法院第三民事庭，1991 年 10 月 3 日（Bull, civ. III, N° 219, p. 129, D. 1992. 218）。

[3] 最高法院第三民事庭，1998 年 12 月 16 日（JCP 1999. IV. 1277, D. 1999, IRp. 36）。

只有在这种情况下，才能将此种类型的不动产买卖视为具有射幸性质，如果买卖涉及的价值很小或者价金本身就已经达到一定的数额，则不在考虑之列。——译者注

否存在显失公平呢？面对这种情况，人们通常可以采取两种方式以避免发生显失公平的情形：其一是，运用概率进行科学计算；[1] 其二是，如果只需要将双方当事人负担的给付加以比较，即可看出在合同成立时是否存在显失公平的情形，那就需要根据买卖合同的个案的具体情节来进行具体分析。在后一种情况下，法院也会毫不犹豫地对显失公平给予制裁，从而使合同不具有射幸性质。

有些以负担终身定期金的方式进行的（不动产）买卖合同就是如此。诚然，买受人需要分期支付年金的次数，也就是实际支付的价金总数额，取决于享有此种年金的权利人的寿命长短。这似乎具有射幸性质。但是，法院判例仍然认定，如果在进行不动产买卖的当时双方约定的是支付本金，随后不久就将其改换为支付终身定期金，那么，只要审查用本金表示的买卖价金就可以评判是否存在显失公平的问题，那么这项合同也就不具有射幸性质。[2]

按照有些人的看法，如果双方当事人订立的买卖合同本身并没有规定将约定的本金转换为终身定期金，而是仅仅规定了每次支付的年金的数额，这种合同也不具有射幸性质。因为，在这种情况下，虽然合同本身没有作出规定，但价金的总数额还是很容易计算出来的。各资本公司均制定了根据终身定

[1] 最高法院诉状审理庭，1935年1月2日（Gaz. Pal. 1935. 1. 361）；最高法院第一民事庭，1960年2月1日（Bull. civ. I，N° 66，p. 54）；最高法院第一民事庭，1975年11月18日（Bull. civ. I，N° 334，p. 275，JCP 1976. IV. p. 16，Defrénois 1976 p. 1074，J-L · Aubert 述评）。

[2] 例如，根据不动产出卖人的年龄、健康状态等因素来进行科学计算，据以判断并确定买受人最终可能负担的不动产买卖价金是否合理。这种按照支付终身年金的方式进行的不动产买卖似乎有点“遗赠扶养协议”的色彩，但这里不存在遗赠，而是一种买卖。——译者注

期金权利人的年龄来确定的统一计算标准。这些统一标准都具体指明设立一项“确定数额的终身年金”所必要的本金数额。[1] 但是，至少时至今日，法院判例均拒绝站在纯科学的阵地上来考虑这样的问题。最高法院的判决宣告：“就社会上大多数人的平均寿命而言，所有的统计结果总体上虽然是肯定的，甚至是准确的，但是，对于具体的个人而言，根据其寿命长短来约定终身定期金的给付数额的合同，并不能完全排除其带有射幸性质，因为，具体指明的张三、李四个人的寿命长短始终是不能事先确定的。”[2] 不过，最高法院对这一限制性立场仍然规定了某种界限并且承认：“在法官从个案的具体情节出发，有办法确定带有射幸成分的债务的价值时，或者，即使合同表面上具有射幸性质，[3] 在买受人并不面临任何风险时，[4] 仍然有可能因显失公平而撤销合同。”

---

[1] Mazeaud et Chabas，N°215；comp. G · Marty，RTD civ. 1938. 265. 持相反意见的，参见 Demogue，1. 1，N° 413；R · Savatier note DP 1939. 1. 81.

[2] 最高法院民事庭，1938 年 12 月 27 日（DP 1939. 1. 81，1re esp，R · Savatier 述评，RTD civ. 1939. 489，G. Marty 述评。持相同看法的，参见最高法院民事庭 1856 年 7 月 16 日判决（DP 57. 1. 283，S. 56. 1. 314）；最高法院第一民事庭，1956 年 5 月 15 日（Bull. civ. I，N° 192，p. 156；巴黎法院，1957 年 3 月 11 日（JCP 1957. 11. 9920））。

[3] 最高法院诉状审理庭，1937 年 11 月 22 日（DP 1939. 1. 81，RTD civ. 1938. 265，G · Marty 述评）；最高法院民事庭，1951 年 2 月 28 日（D. 1951. 309，RTD civ. 1951. 268，J · Carbonnier 述评）；最高法院民事庭，1955 年 4 月 22 日（Bull. civ. I，N° 161，p. 136，RTD civ. 1957. 142，J · Carbonnier 述评）；最高法院民事庭，1960 年 11 月 14 日（Bull. civ. I，N° 495，p. 404）：在涉及具体情节时，有时也提到，在按照终身年金约定的价金进行的买卖中年金的数额低于或最多等于不动产的收入的情况。因为，在这样的买卖中，买受人方面显然没有任何风险，而出卖人也不会有任何获利的机会（因为不动产的收入就可以用来支付年金，而不动产本体的价值仍然存在）。不过，这种情况，与其说是取消合同之诉，还不如说是因缺乏价金而提起的契约无效之诉。参见最高法院诉状审理庭 1930 年 12 月 29 日判决（DH 1931. 53）；参见本书第 295 节、第 343 节与第 357 节。

[4] 最高法院第三民事庭，1998 年 6 月 6 日（JCP 1998. 1V. 2748）。

取消合同。（追加）提供的补充价金，相当于财产的实际价值与约定的价金减去公平价金的1/10（《民法典》第1681条）。这样，买受人仍然可以保留原先对其非常有利的合同所规定的某些东西，[1] 并将合同撤销之诉变成合同变更之诉。[2]

（2）修订或变更合同。这是第二种处理方法。《民法典》制定之后颁布的许多法律更加主张通过对合同进行补救，恢复被此前的显失公平所打破的合同平衡，从而使合同本身得到保留。2006年6月23日的法律就是如此。这项法律规定，涉及财产分割的诉讼可以采取"追加分配份额"的方式替代"取消分割之诉"。早在1907年7月8日，关于买卖肥料的法律就已经规定，买受人可以提起降低价金之诉，而且在提起这种诉讼的同时还可以提起损害赔偿之诉。1967年7月7日法律就海上救援活动也作出规定，当事人可以：或者提起撤销救援协议之诉，或者提起变更协议之诉；《消费

[1]如果在财产分割或不动产买卖之日与合同得到追认、补正之日这一段时间里货币发生变动，关于追加价金的评估就会遇到很严重的问题。为了解决这种困难，最高法院采用了"时值债务"的技术：首先是在财产分割方面（最高法院全体庭1961年3月9日判决，D. 1961. 505，M · Ancel 述评，JCP 1961. 11. 12094，P · Voirin 述评，RTD civ. 1961. 347，R · Savatier 述评），随后是在不动产买卖方面（最高法院第一民事庭1966年6月7日判决，D. 1966. 629. M · Ancel 述评，JCP 1967. 11. 15049 Plancqueel 述评，RTD civ. 1967. 186，G · Comu 述评，Grands arrêts t. 2，N°262），法院都确定追加的公正价金相等于继承份中未支付的部分或者不动产价金中未支付的部分。关于如何评估在不动产买卖中减少追加部分的1/10的问题，参见最高法院第三民事庭1973年12月4日判决（Bull. civ. III，N° 614，p. 447，Gaz. Pal. 1974 1 239. Plancqueel 述评，RTD civ. 1974. 431，G · Cornu 述评）；关于追加的公正价金的利息计算问题，参见最高法院第三民事庭1972年5月3日判决（D. 1972. 598. Ph · Malaurie 述评，JCP 1972. 11. 17143，Fabre 述评，RTD civ. 1973. 139，G · Cornu 述评）；另见最高法院第一民事庭1981年6月11日判决（D. 1981. 594. G · Morin 述评）；关于这个问题，参见《著名判决汇编》（Grands arrêts，t. 2，p. 679 et s）。

[2]《民法典》第1681条："在取消买卖之诉得到法院支持的情况下，买受人可以选择：或者返回买受物并取回其支付的价金，或者保留已买受的不动产，并在将总价金减少1/10以后，支付按合理价格计算的补充款项。"按照这一规定，买受人可以保留住对其非常有利的原合同带来的部分利益，于此情形，撤销合同之诉也就转变为变更合同之诉。

法典》第313-4条在对有息借贷合同显失公平的情形作出制裁规定时，主要采取的是“降低过高利息”的方式；《知识产权法典》第131-5条同样规定可以对“版权使用费的转让价位进行变更”。我们从法院的判例中同样看到类似的处理：法官可以变更委托代理人索要的过高报酬，或者变更转让司法助理或公务助理事务所的合同中规定的过高的转让价金。对于在确定价金方面的滥用权利行为，法官的干预则体现为“对受到损害的一方当事人给予损害赔偿”，这实际上也等于间接地降低价金（参见第294节）。

知道相对当事人因显失公平而受到损害的当事人一方有可能事先就作出安排，以让受到损害的人放弃其可以享有的提起撤销诉讼或变更诉讼之利益。对此，《民法典》第1674条作出了一项专门规定，使得人们在不动产买卖方面难以采取这种手段：“出卖人如因买卖价格显失公平，受到的损失超过不动产价金的7/12时，有权请求撤销该不动产的买卖，即使其在合同中明文表示抛弃此项请求权以及公开声明将超过部分的价值作为赠与，亦同。”[1] 显然，如果没有这一条文的规定，买受人就有可能强制出卖人接受某种放弃诉权的条款，而且还有可能使订立这种条款的做法发展成为一种习惯做法。（我们认为）凡是因显失公平而可能被撤销的合同，均应当扩张适用《民法典》第1674条确定的这项专门规则，不过，应当强调的是，只有当事人在订立合同的当时就表示抛弃诉权的情况才构成“不符合法律规定的抛弃（权利的）行为”；在受到损害的一方当事人不再处于对相对当事人的依附地

[1]但是，第1674年的规定并不意味着不可以采用低于物的价值的价金方式来进行买卖，借以掩饰赠与，出卖人可以宣告他赠与超过价金的价值之部分。但是，在此情况下，应当由买受人用出卖人的声明之外的其他方法证明出卖人有赠与的意图（Mazeaud et Chabas，N° 223）。关于掩饰的赠与，参见“Les successions，Les libéralités”，N° 468 s.

位时，特别是在不动产买卖的价金已经支付给出卖人的情况下，如果当事人一方抛弃诉权，原则上仍然是有效的，但如果证明当事人同意抛弃诉权是因其发生误解、受到欺诈或胁迫所致，不在此限。

三、契约活动的合法性

318. 概述

合同的标的是指从整体上考虑的法律活动（opération juridique）。[1] 从这一角度理解的合同标的，可以囊括各种极不相同的法律活动的组合（combinaisions）。而且各方当事人可以在公序良俗的界限之内自由地设计除《民法典》有明文规定之外的其他合同标的组合。

有时，有人也告诉我们说，合同标的这一概念，就其本身而言，或许是一个没有什么用处的概念，因为，它与债的标的这一概念相重叠[2]。为了确保合同遵守公序良俗，只需要审查按照以上意义理解的债的标的不与公序良俗这些概念相抵触即可，也就是说，只需要审查所进行的给付不与公序良俗这些概念相抵触即告足够（而没有必要再加上合同标的）。因为，如果给付不合法，以此为标的的债就是无效之债，而与此相关联的债，即使从其内在来看是合法的，也会因为缺乏原因而无效（参见第 340 节），也就是说，在这种情况下，合同整体将被撤销。

然而，认为只需要进行上述审查即可确保合同有效，持这种看法的人也许是忘记了这样一种情况：有些给付，分开来看是合法

[1]关于这个问题，参见 A-S · 卢卡斯-普杰：《试论合同标的的概念》，《南特大学学位论文》，2004 年（A-S · Lucas-Puget, Essai sur la notion d'objet du contrat, thèse Nantes, 2004, p. 236 et s, N° 343 et s）。

[2]在修改后的《民法典》第 1163 条使用的表述就是“债的标的”，而不再使用“合同的标的”。——译者注

的，但综合起来考虑时，由此产生的却是某种非法的活动，例如，如果分开来看，输血或者支付一笔金钱这两项活动本身无疑是合法的，但是，如果将输血与支付一笔金钱两者结合在一起，却成为一种受到禁止的行为。(按照法国法律）只准许献血（而不准许卖血）（参见第 275 节）。由此可以看到，监督合同标的的合法性还是有着它本身的意义，因此，不能仅仅限于监督由合同产生的债的合法性。

当涉及的协议是一种“组织性协议”（convention-organisation）时，对这种协议标的（宗旨）进行监督的意义就更大了。所谓“组织性协议”是指，将一定数量的财产与服务集中起来，以达到特定目的的协议（参见第 78 节）。例如，有关设立公司的合同就是一种“组织性协议”。在公司合同（contrat de société）中，除了将每一个股东承诺的出资交给公司之外，还需要创立一个法人，由法人自行去实施特定类型的活动。在此情况下，我们就有必要仔细考察公司的标的是什么，或者说，公司的经营宗旨是什么。这里所说的“公司的标的”并不是指公司章程所定的目标，而应当理解为公司实际从事的活动，也就是公司的经营宗旨或经营范围。只有这样，才能知道公司的标的到底合法还是非法。[1]

四、约定的条款的合法性：　滥用权利条款理论

319. 内容介绍

合同经济不仅取决于各方当事人规定他们各自应为之给付的条款，而且取决于他们订立的、据以安排相互关系、确定各自权利与相应义务的那些条款，例如，如果一方当事人过分严格地限制他在

---

[1] Y·莎普：《论公司的宗旨》，《克雷蒙-菲朗大学学位论文》（Y·Chaput，L’objet social，thèse ronéot，1973，Clermont-Ferrand）。

不适当履行给付时可能承担的责任时，势必影响到合同经济的平衡，这是显而易见的；而由于一方当事人所处的地位，使其能够对合同的制订施加影响时，他就有可能利用这种地位在拟订的合同中写进唯一对自己有利的条款。为了同这种危险做斗争，司法官们或许已经从《民法典》的若干规定中发现他们有权剥夺这类条款的效力，例如，《民法典》（原）第 1134 条第 3 款有关“善意”的规定，第 1135 条有关“公平”的规定。但是，由于法院判例在这一领域也如同在其他方面一样往往表现得小心谨慎，因此，人们还是希望立法者要出面进行干预，以便给予法官仅仅从现有的规定中并不能得到的权力。实际上，在这方面立法者的干预主要体现在消费法范围之内，也就是说，主要体现在“职业者与消费者的关系”方面（1），因此，职业者相互之间的关系或者（普通的）个人相互之间的关系仍然不包括在其中。为了填补这方面的空白，有人提议需要运用普通法的资源，再加上竞争法的资源（2），以制止在后两种关系中可能存在的滥用权利条款。

（1）职业者与消费者之间的关系

320. 简短的回顾

很少有哪一类问题像本节谈及的问题那样，会在如此短的时间里先后进行过如此多的翻来覆去的重大调整。一开始，是 1978 年 1 月 10 日第 78-23 号法律，其中第 4 章就是关于保护消费者、制止滥用权利条款的规定。[1] 在这方面，该法是一项最初建立独特制度的法律。提交议会表决的该法律草案赋予法官一项任务：法官有权认定什么样的（合同）条款属于滥用权利性质的条款，并且有权逐案审查，排除这样的条款。但是，议会通过的这一法律的最后文

---

[1]这一法律的规定现在编为《消费法典》第 3 编第 2 章。

本却将这一角色唯一保留给了制定行政法规的权力机关。按照这一法律的规定，某项条款，只有在行政法令宣告其具有滥用权利性质时，才能构成滥用权利条款。[1]

法国历届政府在运用其得到法律承认的上述权力时，总是表现得极为谨慎节制、不肯轻易出手，往往还是要由最高法院来弥补这方面的空白。最高法院承认各基层法院有权直接依据法律的规定[2]宣告某种条款具有滥用权利性质。正是在这个时候，为了协调各成员国的国内立法并促使那些迟迟没有采取行动的成员国加入这一运动，欧洲共同体委员会（有时也称为欧洲委员会、欧盟委员会）于 1993 年 4 月 5 日发布了一项有关与消费者订立的合同中的

[1]理论界就此发表了大量分析文章，例如：G. 布里耶尔德里斯勒：《普通法与滥用权利条款》（G · Brière de l'Isle，Droit commun et clauses abusives，RD imm. janv-mars 1981）；A · 里耶格：《与合同滥用权利条款做斗争，德国法与法国法处理之比较刍议》（A · Rieg，La lutte contre les clauses abusives des contrats，esquisse comparative des solutions allemande et française，Études Rodière 1981，p. 225）；O · 卡尔梅：《关于 1978 年 1 月 10 日法律意义上的滥用权利条款的思考》（O · Carmet，Réflexions sur les clauses abusives au sens de la loi du 10 janvier 1978，RTD civ. 1982. 1）；J-P · 格里德勒：《对 1978 年 1 月 10 日法律第 35 条的原则性观察意见》（J-P · Gridel，Remarques de principe sur l'article 35 de la loi du 10 janvier 1978，D. 1984，chron. p. 185）；西乃-席特尔曼：《滥用权利条款委员会与债的普通法》（Sinay-Cytermann，La commission des clauses abusives et le droit commun des obligations，RTD civ. 1985. 741）；G · 拜尚：《反滥用权利条款斗争的新面貌》（G · Paisant，Les nouveaux aspects de la lutte contre les clauses abusives，D. 1988 chron. p. 253）；盖斯坦主编：《法国与欧洲标准合同中的滥用权利条款》，LGDJ 出版社，1991 年（Sous la direction de J · Ghestin，Les clauses abusives dans les contrats-types en France et en Europe，LGDJ，1991）；J · 胡耶：《反滥用权利条款之上之下》（J · Huet，Les hauts et les bas de la protection contre les clauses abusives，JCP 1992. 11. 3592）。

[2]最高法院第一民事庭，1991 年 5 月 14 日（D. 1991，p. 449. Ghestin 述评，somm. com. p. 320，Aubert 述评，JCP 1991. 11. 21763. Paisant 述评，CCC1991，N° 160，Leveneur 述评，Defrénois 1991，p. 1268，Aubert 述评，RTD civ，1991，p. 52，Mestre 述评，Grands arrêts，t. 2，N° 159）。

滥用权利条款的指令。[1] 法国利用编纂《消费法典》的时机，通过1993年7月26日法律将欧洲委员会的这一指令的有关条款编纂为《消费法典》第132-1条。1995年2月1日法律又对《消费法典》中有关滥用权利条款的规定进行了全面修改，从而使法国法律与欧洲共同体的指令完全协调一致。[2] 2008年8月4日法国颁布了名称为“关于经济现代化”的法律，再次对这些条文的规定进行了重大修改。除此之外，法国还将共同体其他的有关规定转为国内法。[3] 经过前后几番干预，现在法国《消费法典》第132-1条的规定的篇幅已经增加得很长，尽管如此，对有关问题仍然没有做出非常明确的回答，如何鉴别和排除滥用权利条款的问题，更是如此。

实际上，《消费法典》第132-1条在比较含糊地确定其适用范围（A）以及大体上对滥用权利条款的概念（B）作出阐释以后，也建立了一种鉴别与排除滥用权利条款的制度，到目前为止，这种制度与

[1] 论文（JCP 1993. 111. 66199）；M·特梅洛：《关于与消费者订立的合同中的滥用权利条款》（M·Temeiro, Les clauses abusives dans les contrats conclus avec les consommateurs）（1993年4月5日欧洲委员会第93/13号指令）；特洛舒：“论与消费者订立的合同中的滥用权利条款（Trochu, Les clauses abusives dans les contrats conclus avec les consommateurs, D. 1993, p. 315）；J·胡耶：《对1993年4月5日欧洲委员会第93/13号指令说几句不中听的话》（J·Huet, Propos amers sur la directive du 5 avril 1993 sur les clauses abusives, JCP E 1994, 309）。

[2] 盖斯坦与马尔舍索旺梅勒：《在1995年2月1日第95—96号法律通过之后旨在清除滥用权利条款的指令在法国的适用》（Ghestin et Marchessaux-Van Melle. JCP 1995 3854）；贝尚：《1995年2月1日第95—96号法律中有关滥用权利条款及合同的介绍》（D. 1995, p. 99）；D·马佐：《1995年2月1日关于滥用权利条款的第95—96号法律，是真正的改革还是简单的改良?》（D·Mazeaud, Droit et patrimoine, juin 1995, p. 42 et s; G·Raymond述评，CCS 1995, N° 56）。

[3] 欧洲委员会于2008年10月8日公布了一项有关消费者权利的指令建议，旨在全面协调（各成员国有关）消费者保护方面的法规。关于这项建议，参见S·维塔克：《论滥用权利条款对消费者的保障》（S·Whittaker, Clauses abusives et garanties des consommateurs, D. 2009. 1152）。

此前归结出来的标准之间的衔接仍然不太完善（C），与此相反，与滥用权利条款的定性相联系的制裁措施则完全进行了适应性处理（D）。

321. （A）适用范围

一开始，1978 年 1 月 10 日法律第 4 章的各项条文是针对附合契约制定的，广泛地说，是针对各种事先制定的合同制定的，因为，正是在这样的合同中往往可以看到滥用权利条款。但是，由于在如何定义滥用权利条款的问题上遇到了困难，立法者在确定这些条文的适用范围时，选用的是“人的标准”（critère personnel），也就是说，以缔约当事人为标准来确定这些条文的适用范围：这些条文适用于职业人与非职业人或消费者之间订立的合同。1995 年 2 月 1 日的法律同样采用的是“人的标准”，但同时对这一标准作出了一项补充规定，明确指出《消费法典》第 132-1 条的规定既适用于由一方当事人事先制定的所有合同，也适用于双方面对面谈判签订的合同。[1] 这一补充规定与欧洲共同体的指令有所不同，因为欧洲共同体的指令仅仅是针对没有进行个别谈判而订立的标准化合同。从我们在下面所做的介绍中可以看到，法国立法者在（有关滥用权利条款的适用范围问题上）所作的扩张规定并非没有遇到新的问题（参见第 324 节）。

322. （a）对人的适用范围

《消费法典》第 132-1 条规定应当清除职业人与非职业人或者

[1] 关于对这一制度的批评，参见：J · 罗什菲尔德：《论原因与合同的类型》，《巴黎一大学位论文》，1999（J · Rochfeld，cause et type de contrats. thèse Paris I. éd. 1999. N° 463. p. 417）。

关于如何识别作为消费法存在之依据的力量关系，参见 M · S · 佩耶：《竞争法与消费法》，《巴黎九大学位论文》，2001 年（M · S · Payet，*Droit de la concurrence et droit de la consommation*，thèse Paris IX，éd. 2001，N° 97 et s）。

职业人与消费者之间订立的合同中的滥用权利条款。自 1978 年以来，这一条文的规定始终没有修改，然而，条文的文字表述却引发了各种各样的疑问。我们知道，对于消费者这一概念可以有不同的理解或解释（参见第 74-1 节）。从严格意义上理解，消费者这一概念是指，为满足个人或其家庭的需要而订立财产或提供服务之合同的个人；但是，从广义上理解，消费者这一概念也应当包括为了从事职业需要而订立不属于其日常职业能力范围的那些合同的职业人。这样一来，消费者就等同于本职业行当之外的“行外人”（profane）。至于非职业人（non professionnel），同样不是一个很清晰的概念。[1] 有人认为，这里的非职业人，如同这一名称并未指明的那样，指的是虽然从事职业但在其业务能力范围之外订立合同的人，这实际上是指“非本行业的人”。[2] 如果这样理解非职业人的概念，那么《消费法典》第 132-1 条的表述就对消费者这一概念的扩张性解释提供了一个法律条文依托。但是，也有一些人不这样看问题，他们认为，非职业人这一概念指的“不是消费者的非职业人”，例如，储蓄人。[3] 还有一些人认为，非职业人的概念是指为其经济活动之需要但不以从事职业的名义订立合同的法人（例如，协会）。面对理论界各种各样的分析见解，最高法院的判例在最初一段时间对弄清这个问题也丝毫没有做出什么贡献，没有什么

---

[1]关于取消非职业人这一概念的意见，参见 G·贝尚：《论消费法的保护》，载《职业人之间的滥用权利条款》，1998 年（G·Paisant, La protection par le droit de la consommation, in Les clauses abusives entre professionnels, 1998, p. 17 et s, sp. p. 30）。

[2]G·贝尚：《滥用权利条款与 1995 年 2 月 1 日法律中对合同的介绍》（G·Paisant, Les clauses abusives et la présentation des contrats dans la loi du 1er février 1995, D. 1995, p. 99 et s. sp. p. 101）；J·盖斯坦：《职业人之间的滥用权利条款》的导言报告，1998 年（J·Ghestin, Rapport introductif in Les clauses abusives entre professionnels, 1998, p. 3 et s, sp. p. 11）。

[3]皮兹奥：《在法国法律中引入消费者的概念》（Pizzio, L'introduction de la notion de consommateur en droit français, D. 1982 p. 91）。

建树，因为，它在认定“对消费者这一概念应当采用限制性分析”之后，[1] 又改而确认了关于消费者的扩张性定义，认为：一个职业人，即使是法人，只要相对于涉案合同的内容来看，处于与其他任何消费者同样的缺乏知识的状态，便都可以得到有关滥用权利条款的立法的保护。[2]

对消费者概念的这种扩张性分析，既没有让欧洲共同体完全信服，也没有让法国“滥用权利条款委员会”完全信服。因为，1993 年 4 月 5 日的共同体指令倾向于采纳狭义观念上的消费者概念。这一指令确定的保护对象仅仅限于“不为任何职业活动之目的而订立属于本指令适用范围的合同的自然人”（指令第 2 条 B）；法国“滥用权利条款委员会”则更加明确宣告它赞成对消费者的概念作狭义解释，并据此认为：只要是在两个职业人之间为满足职业需要而订立的合同当中发生争议的条款，都不具备运用消费者这一概念的必要条件。[3] 这样一来，最高法院的判例大概再一次转变了方向。看来，最高法院已经提前考虑到法国立法必须与欧洲法协调一致，于是又回到了对消费者概念的狭义解释。[4]

---

[1]最高法院民事庭，1985 年 4 月 15 日（Bull. civ. I，N° 90，p. 91，Defrénois 1986，p. 787，Aubert 述评，RTD civ. 1987，p. 86，Mestre 述评）。

[2]最高法院第一民事庭，1987 年 4 月 28 日（D. 1988 1，Delebecque 述评，JCP 1987. 11. 20893，Paisant 述评，RTD civ. 1987，548，Mestre 述评）。

[3]1994 年 9 月 14 日通知（Avis du 14 sept. 1994，CCC 1994 N° 92，Leveneur 述评，Defrénois 1994，art. 35891）。

[4]最高法院第一民事庭，1993 年 11 月 24 日（CCC 1994，N° 3，chron. Leveneur 述评，D. 1994 somm. com. p. 236，Paisant 述评，Defrénois 1994，p. 818，D · Mazeaud 述评）；最高法院商事庭，1994 年 5 月 10 日（CCC 1994，N° 155，Leveneur 述评，Defrénois 1995，p. 347，D · Mazeaud 述评）；最高法院第一民事庭，1995 年 2 月 21 日（JCP 1995. 11. 22502，Paisant 述评）；不过，M · 马佐对此持保留态度，他指出，这些判决尽管是以“原则性形式”作出表述，但在判例“简报”上并未公布（JCP 1995. 1. 3854，N° 4）。

现在，最高法院宣告，不论是自然人还是法人，[1] 只要订立的合同与其职业活动有直接关系，便不能主张有关滥用权利条款的立法规定。[2] 尽管这样的表述也并非没有任何不确定之处，[3] 但法院判例看来是认为，只要是为职业目的订立的合同，就都与职业活动有着直接的关系。这样的处理似乎令人欣慰（参见第 330 节）。不过，我们仍然感到遗憾的是，立法者在 1995 年几乎是逐字逐句地采用了 1978 年的表述，而不是就一个已经成熟的问题采取更为明确的立场，因为这样做可以为司法解释上来回绕圈子留下一个自由的场地。

根据有关滥用权利条款的立法，法院判例将工商方面的公共服务事业部门（例如，巴黎大区公共交通网）也视同职业人，而这些服务事业的用户则被视为消费者。[4]

---

[1] 参见最高法院第一民事庭 2005 年 3 月 15 日判决（JCP 2005. 11. 10114，G · Raymond 述评）。该判决认为：立法者分开运用非职业人这一概念，并不排除法人面对滥用权利条款时也应当受到保护。关于这一问题，参见本书的第 74-1 节。

[2] 最高法院第一民事庭，1995 年 1 月 24 日（D. 1995. 327，Paisant 述评，CCC 1995，N° 84，Leveneur 述评）；最高法院第一民事庭，1996 年 1 月 3 日与 30 日（D. 1996. 228，Paisant 述评，JCP 1996. 11. 22654，Leveneur 述评，1996. 1. 3929，N° 1，Labarthe 述评，Defrénois 1996. 766，D · Mazeaud 述评）；最高法院第一民事庭，1996 年 7 月 17 日（JCP 1996. 11. 22747，G · Paisant 述评）；最高法院第一民事庭，1996 年 11 月 5 日（CCC 1997 N° 12，G · Raymond 述评，N° 23，Leveneur 述评）；最高法院第一民事庭，1999 年 2 月 23 日（D. 1999，IR p. 82）；最高法院第一民事庭，2002 年 3 月 5 日（JCP 2002. 11. 10123，Paisant 述评，CCC 2002，N° 118，L · Leveneur 述评）；最高法院第二民事庭，2004 年 3 月 18 日（JCP 2004. 11. 10106，D. Bakouche 述评，CCC 2004，N° 76，L · Leveneur 述评）：只要利益关系人的活动需要进行申报，即可据此认定他从事的活动具有职业性质。参见最高法院第一民事庭 2002 年 5 月 22 日判决（Bull. civ. I，N° 143，RTD civ. 2003，p. 90，J · Mestre et B · Fages）。

[3] D · Mazeaud，Defrénois 1996. 766；L · Leveneur JCP 1996. 11. 22654，N° 3；X · 亨利：《滥用权利条款：可接受的判例走向哪里？对与活动的直接关系的评判》（X · Henry，Clauses abusives：où va la jurisprudence accessible? L'appréciation du rapport direct avec l'activité，D. 2003，p. 2557）。

[4] 最高行政法院，2001 年 7 月 11 日（JCP 2001. 1. 370，N° 1，N · Sauphanor-Brouillaud 述评，AJDA 2001. 853，chron. Guyomar et Collin 述评，RTD civ. 2001. 878，Mestre et Fages 述评）。

323. （b）在订立合同的方式方面的适用范围

按照《消费法典》第 132-1 条第 4 款的规定：“不论合同的形式与依托的载体如何，均适用这些规定，特别是订单、发票、保证单、货票或提货单、车船等各种票证，只要其包含有不论是否经过自由谈判的条款，或者提示参照事先制定的一般条件，均适用这些规定。”

立法者通过这一条文表明了这样的意志：就订立合同的方式而言，应当从最广义的角度来理解哪些合同属于有关滥用权利条款之立法的适用范围：不论包含有这类条款的合同文件为何种性质，也不论这些合同文件的制定方式如何，均可以适用这些立法的规定。因此，不论是仅仅照录标准合同中的标准化条款，还是简单提及一方当事人事先制定的一般条件，即使是经过面对面的自由谈判达成的合同条款，均应当接受监督，以便认定其是否具有滥用权利条款的性质。这样一来，法国法律规定的对消费者的保护就超过了欧洲指令的要求，因为欧洲指令的规定仅仅适用于那些事先未经当事人之间个别谈判而订立的标准条款。从欧洲指令的角度来看，法国法采取的这种扩张性观念是完全可以接受的，因为欧洲指令明确规定，各成员国的国内法可以作出更加具有保护性的规定，不过，从有关滥用权利条款的定义来看，法国法所持的这种扩张观念也提出了一些非常棘手的问题。

324. （B）滥用权利条款的定义，认定标准的变化：从“获得过分利益”（l'avantage excessif）到“相当程度的失衡”

按照《消费法典》第 132-1 条第 1 款的表述，所谓滥用权利条款是指，以损害非职业人或消费者的利益，造成合同当事人之间权利义务相当程度的失衡（un déséquilibre significatif，也译称“能够说明问题的失衡”）为目的或者产生此种效果的条款，换句话说，只要某项条款打破了合同的平衡（équilibre contractuel）并且达到相当的程度，[1] 即构成滥用权利条款。

法国《消费法典》的上述条文是1995年2月1日法律的条文。这一条文规定的（有关认定滥用权利条款的）标准直接源于1993年4月5日的欧洲共同体指令，只不过与以前的规定相比，文字表述有所简化而已——尽管可能仅仅是表面上的简化。

上述1993年4月5日共同体指令第3条规定："无视善意之要求，造成双方当事人之间由合同产生的权利义务发生相当程度的失衡，损害消费者利益的条款，为滥用权利条款。"法国法律的条文里没有加上"无视善意之要求"这几个字，之所以将其删掉，是因为法国立法者认为，从保护（消费者）的角度来看，如果再加上"善意之要求"，不仅不会带来任何好处，甚至有可能损害法律安全，[2] 他们于是非常聪明地删去了这一表述。既然法国《消费法典》第132-1条所确认的有关认定滥用权利条款的标准是移植欧洲法采用的标准，由此也可以看到，与法国此前的法律规定相比，这方面的标准发生了非常明显的变化：法国1978年1月10日法律的原规定是："职业人滥用其经济上的强势地位，对非职业人或消费者强加能够使自己获得过分利益的条款。"就是"滥用权利条款"。从这一条文可以看到，法国法原先关于认定滥用权利条款的标准需要具备两个条件，其一是"滥用经济上的强势地位"，其二是从中"获得过分的利益"或"过分的好处"。而1995年的法律条文只保留了第二项条件，将原来使用的"获得过分的利益"一语改成现在

[1]也就是说，"合同的平衡"就是"合同当事人之间权利义务的平衡"，但并不等于不考虑合同经济的平衡。这与法国法上的"显失公平"理论不无关系。此处的"déséquilibre significatif"中的"significatif"一词意思为："值得引起注意的"、"能够说明问题的"、"有意义的"，这就是说，这种失衡不是微不足道的失衡，而是达到了相当严重的程度，完全可以表明滥用权利的事实的存在。——译者注

[2]D·Mazeaud，chron. préc. *Droit et patrimoine*，juin 1995，p. 47.

的造成当事人之间权利义务“相当程度的失衡”。[1]

总体来看，评论家们一般都认为法国法律的这种改变幅度是非常小的。他们指出，现在的法律条文虽然取消了原有的第一项要求——“滥用经济上的强势地位”——那只不过是确认了实际存在的一种事物状态（état de chose）。因为，最高法院在此之前就已经做出过判决认为，凡是在附合契约当中订立的这类引起争议的条款，就没有必要再去明确要求受到损害的一方当事人“提出相对当事人滥用其经济强势地位的证据”，因为附合合同本身就表明存在着这种事物状态——合同的一方当事人必然是处于经济上的强势地位；至于双方当事人之间的权利义务“相当程度的失衡”，[2] 只不过是用不同的词汇来表述原来的条文所说的一方当事人从所订合同中“获得过分的利益”而已。在我们看来，法律条文使用术语的改变，其意义并不一定像有些人津津乐道的那么微不足道。须知，针对“获得过分的利益”这一概念，1978 年 1 月 10 日法律的制定者曾经强调指出，该法的宗旨并不是要矫正合同双方当事人之间各自负担的义务缺乏等值的问题，而是为了“排除那些有可能对合同的履行产生重大影响的条款，即使是那些看来仅具次要性质的条款”。[3] 在国民议会进行讨论的过程中，对这项法律确定的这一目标阐述得非常清楚。在政府提交的这项法律的草案中原本就有“当事人之间权利义务的不平衡”这样的表述，后来被删除了。换句话说，1978 年的法律追求的是一种“未经任何打磨但却是确定可靠的公正”。[4] 之所以说它追求的是一种“未经任何打磨的公

[1]关于这一问题，参见 Ph · 斯托菲勒-明克：《合同中的滥用权利条款，简论一种理论》，《埃克斯马赛第三大学学位论文》，2000 年（Ph · Stoffel-Munck, L'abus dans le contrat. essai d'une théorie. thèse Aix. éd. 2000. N°402）。

[2]最高法院第一民事庭，1994 年 1 月 6 日（*Defrénois* 1994，art. 35845，Delebecque 述评，*JCP* 1994. 11. 22237，Paisant 述评，*RTD civ.* 1994. 601，Mestre 述评）。

[3]Ghestin，*Le contrat. -formation*，*T* éd，N° 590.

[4]参见 J · Foyer 述评（1977 年 12 月 9 日国民议会，官方公报（JO. *Ass. nat.* 9 déc. 1977，p. 8466，2e col，et 13 déc. 1977，p. 8591，l^{re} col））。

正”（justice fruste），是因为一项合同的条款是否具有过分性质，应当从条款本身来进行评价，而不是考虑合同的经济状态是否平衡；[1] 之所以说它追求的是“确定可靠的公正”，是因为只需制定出一份清单，就很容易识别哪些条款属于滥用权利条款。然而，在这一问题上，1995年2月1日的法律看来遵从的是另一套哲学，它重新结合了已经被1978年法律排除使用的表述形式，认为“滥用权利条款就是那种造成合同当事人之间权利义务发生相当程度的失衡的条款”。

由此就产生另一个问题：在评价某项条款是否具有滥用权利性质时，我们到底是“唯一考虑这项条款本身的规定”还是应当“将这项条款放回到合同整体中考虑”？《消费法典》第132-1条第5款对这一问题做出了毫不含糊的、非常清楚的回答，“一项条款是否具有滥用权利性质，应当参照和考虑在合同订立之当时围绕着合同的缔结有关的所有情节”，同时要参照和考虑“合同的其他所有条款”来进行整体评判；而且，当两份合同的订立与履行在法律上有着相互依存性、相互关联性时，一项条款是否具有滥用权利性质，还可以参照另一合同中包含的所有条款来进行评判。不过，同一条文的第7款也明确规定：“评价本条第1款意义上的条款是否具有滥用权利性质，既不涉及如何确定合同的主要标的，也不涉及价金或报酬是否与卖出的财产或提供的服务相适应。”[2] 而我们认

---

[1] 例如，只要一项条款给与职业人某种单方权力时，就可以认为这一条款属于滥用权利条款。

[2] 为了避免与共同体机关之间的不必要的争议，2001年8月23日法令增加了“尽管条款的文字表述清楚易懂”的具体规定，换句话说，如果所援引的条款在文字表述上意思模糊不清，也可以对其适用滥用权利条款技术。不过，目前我们并不能肯定这样做是一种进步。有人认为：为了遏制合同中订立那种意思不清的条款而适用这种技术，并将这种条款认定为滥用权利条款，是混淆了“类型”。这方面的见解，参见S·古德梅：《论视为未予订立的条款》，《巴黎二大学位论文》，2006年（S·Gaudemet, *La clause réputée non écrite*, thèse Paris II, éd. 2006, N° 431）；X·拉加德：《什么是滥用权利条款》（X·Lagarde, Qu'est-ce qu'une clause abusive?, *JCP* 2006. 1. 110）。

为：立法者通过该第 7 款的规定，只不过是要强调表明，与滥用权利条款做斗争，并不是将其作为一种间接手段的规则借此来否定法国法的另一项规则——在法国法里显失公平原则上不受制裁（参见第 307 节），[1] 这就是说，合同双方当事人经济给付之间的失衡并不属于有关滥用权利条款的立法的制裁范围。[2] 然而，这并不意味着在评价某一项条款是否具有滥权性质时，只应当考虑合同的法律平衡，而根本不需要去考虑合同的经济失衡。如果认为只需考虑合同的法律平衡，这种见解就过于狭隘，因为，法律与经济是相互交错的，两者紧紧联系在一起。只要双方当事人约定的代价并不太高，一项表面上看来对消费者似乎非常苛刻的条款，也仍然可以有其存在的正当理由，例如，与出卖人负担的担保义务相比较，赠与人的担保义务就受到重大的限制。[3] 况且，这也是 1993 年 4 月 5 日共同体指令在其“理由说明”中所确认的处理意见。这项指令强调指出：“在评价其他条款是否具有滥用权利性质时，仍然可以考虑合同的主要标的和质量与价金之间的关系。”

我们从以上介绍中可以看到，现行的法律条文将原来使用的“获得过分的利益”的表述修改为当事人之间权利与义务存在“相当程度的失衡”，这种表述上的变化涵盖了法国有关滥用权利条款的立法的深刻变动。1978 年的法律追求的“未经任何打磨但相对可以预见的公正”，而现在被一种“细致得多但却很难预见的公正”所取代。因为，同一条款，随着其订立时所处的具体条件不同，有可能被宣告为具有滥用权利性质或者被宣告为不具有滥用权

[1]这就是说，一方面要从合同的整体来考虑某项条款是否构成滥权条款，另一方面又不能将滥用权利条款作为否定法国法有关显失公平规则的手段。——译者注

[2]G·贝尚：《滥用权利条款与合同的条款安排》（G · Paisant, *Les clauses abusives et la présentation des contrats*, *D.* 1995. 99, N° 13）。

[3]《继承和赠与》（*Les successions*, *Les libéralités*, N° 507）。（赠与人对赠与物的担保义务远远小于出卖人对其出卖之物所负的担保义务——特别是隐蔽瑕疵担保方面的义务。——译者注）

利性质。因此，要想事先制定出一份有关滥用权利条款的清单，是一件非常不容易的事。[1] 既然需要根据个案的具体情节来进行具体评价，才能认定哪一条款是否属于滥用权利条款，又怎么可能抽象地制定出一份滥用权利条款的清单呢？由此看来，很显然，只能由法院在个案的判决中对某项条款是否具有滥用权利性质作出认定，也只有这样才能较好地与现在的法律条文所采用的有关滥用权利条款的新定义相协调。当然，在实践中，那些已经实现标准化的给付或者服务，对所有的人都是实行相同的价位，有关保护消费者的这一类型的关系就是特别简单的关系，几乎是一种规则性关系，这样，关于鉴别滥用权利条款的问题反倒变得简便起来。为了赋予这一制度以某种协调性，有学者指出，法律条文所说的“相当程度的失衡”，不应当理解为是“就契约活动的平衡问题作出一种衡平判决”的结果，而应当理解为是参照一种标准模式对合同的用途作出质量评价。这样做有利于消费合同的标准化，[2] 也就是说，只有已经实现标准化的合同才适用《消费法典》第132-1条提出的有关滥用权利条款的新标准。

325. （C）滥用权利条款的识别与排除

法国《消费法典》第132-1条在对滥用权利条款进行定义时所借助的标准，需要在对具体个案评价时才能得到具体运用。这样一来，这一条文的规定与职业人所期待或主张的最低限度的法律安全就毫不相称。因为，在制定合同的当时，怎么可能知道其中订入的某项条款是否会引起双方当事人之间的权利义务发生“能够说明问

[1] J·梅斯特尔：《综合报告》，载《职业人之间的滥用权利条款》（J·Mestre, rapport de synthèse, in *Les clauses abusives entre professionnels*, 1998, p. 161）。

[2] J·罗什菲尔德：《原因与契约类型》，《巴黎一大学位论文》，1999年（J·Rochfeld, *Cause et type de contrat*, thèse Paris I, éd. 1999, n°s 463 et s, p. 462 et s）。

题的失衡”或者“相当程度的失衡”？为了对这一问题做出回答，1978 年的立法者创造了一种独特的制度：由制定行政条例的机关发布法令（行政法规）来具体规定与识别什么样的条款构成滥用权利条款。只要行政法令指明某一类型的条款属于滥用权利性质，那么这类条款就被视为不曾订立。法国历届政府更多关注的是经济上的必要性，其次才是保护消费者，因此在很长时间里，历届政府在运用其得到立法承认的权力时总是表现得极为小心谨慎、迟迟不肯出手。有鉴于此，人们提出了两个方面的建议，其中由“消费法改革委员会”提出的一个系列的建议是希望立法者在对 1978 年的法律进行修改时应当确定并列举一个滥用权利条款的清单。第 2 个系列的建议来自一股强大的理论思潮，它主张放手让司法官掌握 1978 年法律原本拒绝给予他们的权力，使他们能够将某些即使没有受到行政法令禁止的特定条款也视为滥用权利条款。

最高法院回应了理论界提出的上述建议，虽然多少有点犹豫，但还是重新给予了基层法官此前被立法者明确剥夺的那种权力。不过，1995 年 2 月 1 日法律的制定者的态度即使不算畏首畏尾，至少也是极其谨慎的，他们在再次赋予行政权力机关以特权的同时，仍然仅仅制定了一个有关滥用权利条款的纯粹属于指示性质的清单，并且仅仅是采取了“只做不说”的方式来处理法官的权力问题。2008 年 8 月 4 日的法律对行政权力机关确定滥用权利条款的条件进行了修改，明显强化了在这方面行政法规制定权力的作用（a），当然，并没有因此就妨碍立法权（b）与司法权的干预（c）。

326. （a）行政法规方面的权力（pouvoir réglementaire）

1995 年 2 月 1 日的法律沿用的是此前的制度。该法规定，政府在听取“滥用权利条款委员会”的意见之后，可以通过经最高行政法院提出审查意见后颁布的法令（décrét en conseil d'Etat）确定什么样的条款应当视为具有滥用权利性质。[1] 如此一来，人们与契约自由主义的观念渐行渐远。契约自由主义主张让每一个人自己去关注和维护自己的利益，而上述法律至少是将一部分维护合同正义的任务赋予了行政部门。

随着 2008 年 8 月 4 日"关于经济现代化的法律"的实施，制定行政法规的机关的特权进一步得到扩大。自此之后，制定行政法规的机关不仅可以像过去那样确定，"从损害合同平衡的程度来看，哪些类型的条款应当不可反驳地被视为具有滥用权利性质"，也就是说，只要是行政法规明确确定的滥用权利条款，便不能以相反证据推翻这种认定（《消费法典》第 132－1 条第 3 款），而且还可以确定一份"推定具有滥用权利性质的条款"的清单，对于列入这一名单的条款，职业人可以举证证明在（涉案）具体情况下，该条款不具有滥用权利性质（这就是一种可以反驳的推定）（《消费法典》第 132-1 条第 2 款）。上述第一种名单被人们称为（滥用权利条款的）"黑名单"，第二种名单则称为"灰名单"。"滥用权利条款委员会"竭力主张的这些改革直接受到了德国法的启发，但是，对于这些改革，有人曾写道：它成了"总是将那些含糊不清的表述与吹毛求疵的规则混杂在一起的怪物"。[2]

按照上面介绍的制度，要想排除滥用权利条款，就要求行政法令进行干预，而这种干预是否有效果，当然也就要取决于行政权力机关是否努力、是否勤政。然而，我们看到的却是，尽管"滥用权

---

[1]（目前）法国"滥用权利条款委员会"的组成人员是：职业人代表与消费者代表各 4 名，3 名司法官，其中一人任委员会主席，另有在合同法方面有资格的人士。这就等于说，滥用权利条款委员提出的意见是经过职业人与消费者相互之间进行观点交锋之后由司法官以及有资质的人士公断而形成的意见或建议。

[2] 里耶格：《与合同中的滥用权利条款作斗争，德、法两国的处理与做法的大体比较研究》（Études Rodière，p. 221 et s，sp. p. 245）。

利条款委员会”做了大量工作，先后提出了许多建议，[1] 但政府在很长时间里仍然是谨慎小心，蹑手蹑脚，不肯迈步向前。在前后30年的时间里，除了由于要将欧洲共同体指令转为国内法而不得不发布的2005年11月25日法令之外，只颁布了另一项法令，那就是1978年3月24日的法令，而且该法令的适用范围非常有限，因为该法令仅仅针对两类条款。[2] 不过，关于实施《消费法典》第132-1条的2009年3月18日的法令则显示了更大的决心。该法令确定了一份“黑名单”和一份“灰名单”，前者涉及12种条款，后者涉及10种条款。[3]

---

[1]这些建议触及很广泛的领域，并在《竞争、消费与打击欺诈行为正式公报》上公布。这些建议，即使没有得到制定行政法规的权力机关的采纳，实际上仍然产生了一定的影响。国民议会在就某类合同进行立法时，也会毫不犹豫地参考滥用权利条款委员会提出的这些建议，例如，1989年12月31日关于婚姻中介的法律第6条以及1987年5月15日关于婚姻介绍所提议的合同的第87-02号建议。法官在需要鉴别某项合同条款是否具有滥用权利性质时，往往都会参照滥用权利条款委员会的建议（参见第332节）。最后，当有些专业人员在起草合同时有时也会自动遵照这些建议。参见L·勒维诺：《滥用权利条款委员会与债法渊源的更新》，载《债法渊源的更新》（L·Leveneur, La commission des clauses abusives et le renouvellement des sources du droit des obligations, in Le renouvellement des sources du droit des obligations, Ass. H·Capitant, 1996, p. 55 et s）；L·勒维诺：《滥用权利条款委员会的建议》（Eudes B·Oppetit, 2009, p. 495）。

[2]这两类条款分别是：在买卖合同中，凡是以在职业人违反任何一种义务的情况下取消和减少非职业人或消费者享有的赔偿权利为目的或效果的条款（《消费法典》第R132-1条），在所有的合同中，凡是准许职业人单方面变更许诺的产品性能或服务性质的条款，除因技术发展相关的变更且对价格没有影响，也不损及质量的情况外（《消费法典》第R132-2条），均属于滥用权利性质的条款。此外，该法令最初还规定，禁止在合同中规定参照条款，也就是说，禁止在合同中或者在消费者签字的文件上仅仅指出“参照某种条款的规定”而不写明这种条款到底是如何规定的，因为这样做就是让消费者附合其并未签字的这类条款。凡是以认定消费者附合此种条款为目的或产生此种效果的条款，均属于滥用权利条款。不过这项规定被最高行政法院撤销，理由是它属于1978年1月10日法律第35条所指的条款的类型，参见最高行政法院1980年12月3日裁决（CE 3 déc. 1980, D. 1981. 228, C·Larroumet 述评，JCP 1981. 11. 11502. cond. Mme Hagelsteen 述评，RTD com, 1981. 340, J·Hémard 述评）。

[3]N·索法诺尔-布鲁依奥：《滥用权利条款，进入新的黑名单与灰名单的条款》（N·Sauphanor-Brouillaud, Clauses abusives: les nouvelles clauses “noires” et “grises”, JCP 2009 Act. 1691; CCC 2009, N° 148.）。

明眼人一看就知道，由行政法规采取制定这种“黑名单”的做法，其原则本身就不可能没有困难。要知道，一项条款是否具有滥用权利性质，相当程度上取决于订有这项条款的合同的具体经济情势，怎么可能要求制定行政法规的机关通过某种“一般条款”就能识别并排除所有的滥用权利条款而又不至于落入过分钻牛角尖的地步呢？从这里，我们也可以看到，将识别与认定什么样的条款是滥用权利条款的重任交给制定行政法规的机关，抛开具体环境不谈，单从其本身来考虑也许还是有其协调性、一致性，但这样的制度实施起来很难。实际上，困难就源于这样一个事实：一项条款一旦被行政法令指名列入（滥用权利条款的）“黑名单”，它就不可反驳地被视为具有滥用权利性质，换句话说，面对列入行政部门制定的黑名单中的条款，享有司法权的法官也就不得不作出相同的认定，即使这一条款并不符合《消费法典》第132-1条第1款有关滥用权利条款的定义，司法官仍应遵守行政法规的认定，同样将其认定为滥用权利条款，而授权行政机关进行干预的法令条文所依据的还恰恰是《消费法典》这一条的规定。此外，还有一个问题，在向行政法院提起诉讼的情况下，行政法院是否能够撤销这一“完全不考虑合同平衡、只是抽象地确认不受法律保护的滥用权利条款的名单”?[1] 因此，要想避免触碰这一暗礁，从根本上说，行政法规制定机关只能做到“将那些不可否认的具有滥用权利性质的条款写进黑名单”，因为，这些无可否认的具有滥用权利性质的条款（完全）破坏了合同当事人之间的平衡，有时甚至使合同本身对消费者毫无益处，损害到合同的实质或结构。举例而言，凡是规定合同当事人有可能因其在订立合同时并不知道的某项规定而承担义务的条款便都可以视其“不曾订

[1]关于这个问题，参见：S·Gaudcmet，thèse préc，N° 352 et s，p. 216 et s.

立”（《消费法典》条例部分第 R132-1 条第 1 项）；破坏当事人之间义务的相互依存性但却是在互易性质的合同中固有的条款（第 R132-1 条第 5 项）；将消费者置于职业人的权力摆布之下，有可能使消费者完全丧失合同利益的条款（第 R132-1 条第 3、4、6、7 项）；破坏合同当事人之间的平等，毫无依据或毫无对价地唯一给予职业人以利益的条款（第 R132-1 条第 8~12 项），这类条款也都视为不曾订立。关于这些条款的详细内容，我们将在本书有关这些条款的相关部分里进行介绍。在这里，我们仅仅指出，有一项条款本来不应当进入滥用权利条款的“黑名单”而应当将其列进“灰名单”，那就是在职业人违反任何义务的情况下均限制消费者赔偿请求权的条款（第 R132-1 条第 6 项），因为这类条款是否具有滥用权利性质，取决于其规定的限制范围或程度以及订立这类条款的合同经济。

与上述情况相反，按照《消费法典》第 132-1 条有关滥用权利条款的定义来看，灰名单的存在倒是不会遇到任何原则性困难的。行政部门推定这些被列入“灰名单”的条款具有滥用权利性质，但在具体案件中，职业人始终可以举证证明从所订立的合同经济的特别情势来看这样的条款并不具有滥用权利性质；与此相反，灰名单遇到的问题是，行政部门将一些被《民法典》视为非法的条款也列在其中，《消费法典》实施条例（行政法规）第 R132-2 条第 1 项的规定就是其中一例。这一条文的规定针对的是有关职业人提供给付的条款，也就是合同中规定的“给付的履行完全受制于职业人单方意志之条件”的条款。这种条件受到《民法典》第 1174 条的禁止，并将这类条件称为“听凭一方当事人意愿的任意条件”。该条规定：“凡是按照负担债务的一方当事人的任意条件缔结的债，一律无效。”[1] 除此之外，还有第 R132-2 条第 10 项中列入的仲裁条款。按照对《民法典》第 2061 条的规定作对立推理解释，这种条款传统上就受到这一条的规定禁止。[2] 这样一来就造成了双重的混淆，因为，我们在这两种情况下所面对的是一种非法条款而不仅仅属于滥用权利条款。[3] 即使不顾一切地坚持要站在滥用权利条款的阵地上来看待问题，这些条款至少也应当被列入黑名单。（按照《消费法典》的现行规定）这是否等于说，在消费法具有特殊性的名义下，不管《民法典》有什么样的禁止性规定，职业人仍然可以证明这些条款在具体个案中并不具有滥用权利性质？如果这样的分析得到认同——显然很难得到认同，那么，消费法也就再一次反过来不利于其本来打算给予保护的人。《消费法典》实施条例第 R132-2 条第 3 项有关违约金的规定如何与《民法典》第 1152 条及第 1231 条的规定[4]相衔接、相协调，同样是很不明确的（参见

---

[1] 第 1174 条规定的任意条件是指完全“取决于缔约当事人任何一方意愿的条件”，也就是说，如果合同规定一方当事人需听任另一方当事人的意志摆布时，等于后者“没有承担任何义务”，例如，“当我愿意时，我再（将某物）卖出”，就是一种“完全取决于一方当事人的意愿，听由其便”的条件。此种条件无效。还有一种与此相近的情况：依据某种事件的任意性条件，例如，当我停止从事这项活动时，我就将（某资产）卖出。在借贷合同中订立条件规定，只有在借贷人卖出套房之日才引起偿还借贷，这一条件完全是取决于借贷人意愿的条件，照此条件缔结的债无效，借贷的资金应予返还（巴黎法院，1974 年 3 月 15 日）。——译者注

[2] 《民法典》第 2061 条：（2001 年 5 月 15 日第 2001-420 号法律第 126 条）除特别法另有规定外，在基于职业活动之原因而订立的合同中订立的仲裁条款有效。

[3] X · 拉加德：《什么是滥用权利条款?》（X · Lagarde, Q'est-ce qu'une clause abusive?, JCP 2006. 1. 110, N° 4）。

[4] 《民法典》（原）第 1152 条：“契约规定不履行契约的人应支付一定数额的款项作为损害赔偿时，给予他方当事人的款项数额不得高于也不得低于这一规定数额。

但是，在原约定的数额明显过高或者过低时，法官可以，甚至依职权，减少或增加此种违约金的数额，任何相反之条款规定均视为未予订立。”

（原）第 1231 条：“在承诺的义务已部分履行时，原订的违约金得由法官视这种部分履行已经给债权人带来的利益依职权相应减少之，且不影响适用第 1152 条的规定，任何相反条款均视为未予订立。

当各方当事人自己原已规定按照债务部分履行可能给债权人带来的利益而相应减少违约金数额时，法官不得适用第 1231 条之规定（最高法院商事庭，1980 年 7 月 21 日）。”

第628节)。这一行政法令的制定者们似乎“完全忽略了合同普通法的存在”。[1]

327. (b) 立法权力

“消费法改革委员会”希望立法者借修改有关滥用权利条款的规定的机会制定出一份滥用权利条款的“黑名单”和一份“灰名单”。在“黑名单”中列入那些“在任何情况下均视为不曾订立”的滥用权利条款，而在“灰名单”中则列入那些“推定其具有滥用权利的性质，但职业者可以提出相反证据证明此种条款并不能使他们获得过分利益”的条款。但是，1995年2月1日的法律却仅仅拟定了一份“可以视为具有滥用权利性质的条款”的“白名单”，而且这一纯属指导性的法律并没有免除消费者需要提出证据证明被列入名单的有关条款具有滥用权利的性质，当然，它也没有阻止消费者向法院请求宣告“并未列入该名单的条款”属于滥用权利性质的条款。1995年法律规定的这份滥用权利条款的白名单完全照搬了在1993年4月5日欧洲指令的附件中所列的名单。这份白名单被2008年8月4日的法律废止，而制定黑名单与灰名单的任务则交给了制定行政法规的机关。不过，这些新规定也没有因此剥夺立法者在制定某项法律时宣告某项合同条款“不曾订立”。例如，2006年7月13日关于有关住房问题上国家义务的法律，正是根据“滥用权利条款委员会”的建议，在1989年7月6日关于改进租赁关系的法律第4条中增加一份在有关“居住场所租赁合同”中可能订立的但被“视为不曾订立”的条款的名单。2007年2月19日关于改革法律保护保险的法律也

[1]关于这个问题，参见C·果尔德-热尼贡：《也谈普通法与合同特别法的关系》，《巴黎二大学位论文》，2009年（C·Goldie-Genicon, Contribution à l’étude des rapports entre le droit commun et le droit spécial des contrats, thèse Paris II, éd. 2009）。

是如此，该法根据“滥用权利条款委员会”此前提出的建议，将有关灾害申报与被保险人选任律师的某些条款视为不曾订立的条款。

328.（c）司法权力

1978 年 1 月 10 日的法律将法官“禁锢”在近似于机械地适用法律条文的任务当中。因为，按照该法确定的制度，只有当涉案合同中订立的条款属于法令明确规定的条款范围时，法官才能宣告此种条款“视为不曾订立”，对于制定行政法规的机关没有作出规定的那种情况，法官则没有裁量权力。于是，在理论界引起了一场非常激烈的争论，争论的中心议题为是否必须通过行政法令才能认定合同条款为滥用权利条款？法院是否可以直接依据法律的规定认定滥用权利条款并实行处罚？这一争论[1]已经过去，因为法院判例已经很明确地解决了这一问题。在保护消费者对抗滥用权利条款方面一度被排除在外的法官们，终于“闪亮地报了一时之仇”。[2] 最高法院的判例承认，即使没有任何行政法令的条文规定，法院也有权依据 1978 年 1 月 10 日法律第 35 条的规定宣告某一条款属于滥用权利性质的条款。[3] 不过，最高法院的大法官们作出的这种司法解释也并非一步到位：一开始，他们是以“一种暗示的方式”（par allusion）[4] 承认实体审法官有

[1]关于这场争论，参见《著名民事判例汇编》（Les grands arrêts de la jurisprudence civile，12 éd，t. 2，p. 140 et s）；另见 D · 马佐：《法官面对滥用权利条款》，载《法官与合同的履行》（D · Mazeaud，Le juge face aux clauses abusives，in Le juge et l’exécution du contrat，1993，p. 23. p. 31）。

[2]D · Mazeaud，art. préc. p. 27.

[3]最高法院第一民事庭，1991 年 5 月 14 日。

[4]最高法院第一民事庭，1987 年 7 月 16 日（D. 1988. 49 note. J · Calais-Auloy 述评，JCP 1988. 11. 21001. G · Paisant 述评，RTD civ. 1988. 144，J · Mestre 述评）；最高法院第一民事庭，1989 年 1 月 25 日（D. 1989. 253. Ph · Malaurie 述评）。

此权力，然后是“默示他们有此权力”，[1] 最后才是“明确承认他们有此权力”。[2]

相当有意思的是，1995年2月1日的法律对这种“司法判例发动的政变”并没有明确采取立场。[3] 按照该法的规定，即使是对其认定的有关滥用权利条款的定义，也完全需要在司法上得到具体实施，不过，该法仅仅是默示确认这一点。我们可以从（经1995年2月1日法律修改的）《消费法典》第132-1条第2款推导认为法官在这方面享有裁量权力，因为该款明确规定：政府在确定滥用权利条款方面得到承认的权力“纯属任意性质”。第132-1条第3款进一步规定，符合该条第1款规定的条件，“可以视为具有滥用权利性质的条款”的名单仅仅是一份指导性名单，而且不是完全的限制性列举。这一条文的规定奠定了法院在这一问题上有权进行干预的基础依据。后来，这两个条款均被2008年8月4日法律废止。这样一来，《消费法典》第132-1条的条文中便不再有可以作为法院干预权力之依据的任何规定，哪怕是默示性规定，亦不再存在。虽然如此，我们仍然不能据此认为法官的干预权力已受到了质疑，因为事实并非如此，尤其是《消费法典》第141-4条（2008年1月3日法律的条文）明确肯定“法官在因适用本法典产生的所

---

[1]最高法院第一民事庭，1989年12月6日（D. 1990. 289，J·Ghestin述评，RTD civ. 1990. 277，J·Mestre述评）。

[2]参见让·卡尔波尼耶：《民法》（Carbonnier，Droit civil. t. 4，N° 83）。1992年1月18日第92-60号法律的草案原先有一项条文（第9条），明确赋予法官即使在法令没有做出规定的情况下也有宣告某项条款具有滥用权利性质的权力，但这一条款在议会讨论时被删除。不过，我们并不能认为这一条款被取消就等于人们完全反对这一条文规定的处理意见，恰恰相反，司法部长就这一条文被取消的问题专门指出，最高法院所认可的处理意见反而使这一问题并不那么尖锐，因此，我们宁可等到对这方面的制度进行整体改革时再作出规定，而这种改革正在进行当中（D·Mazeaud，art. préc. in Le juge et l'exécution du contrat，p. 35）。

[3]参见让·卡尔波尼耶：《民法》（J·Carbonnier，Droit civil. t. 4，N° 83）。

有争议中均可依职权提出本法典的各项规定”。

根据以上介绍，我们可以这样来归纳法国法在关于滥用权利条款的问题上逐步建立起来的制度，由这一制度引出了当前在法国法律中同时存在以下 4 个系列的滥用权利条款：

（1）由政府颁布的法令（行政法规）明文宣告其具有滥用权利性质的条款（也就是被列入“黑名单”的条款）。这类条款被“视为不曾订立”。

（2）由政府颁布的法令简单推定其具有滥用权利性质并视为不曾订立的条款（也就是被列入“灰名单”的条款），但在具体个案中，职业人可以提出相反证据，证明在案件中涉及的“有争议的条款”不属于滥用权利性质。

（3）由“滥用权利条款委员会”而不是由政府颁布的法令承认的被视为具有滥用权利性质的条款。

（4）虽然符合《消费法典》第 132-1 条确定的客观条件，但“滥用权利条款委员会”并未进行归类属于潜在性的滥用权利条款。

对于最后两个系列的滥用权利条款，法官可以宣告其具有滥用权利性质并将其“视为不曾订立”。[1] 法官在作出此种宣告时是否参照“滥用权利条款委员会”的建议，则可以由他们自由决定。如果法官对其受理的争议应当如何处理拿不定主意、有所犹豫，也可以直接咨询“滥用权利条款委员会”的意见（1993 年 3 月 10 日

[1]按照设在卢森堡的欧洲法院的意见（CJCE 27 juin 2000，JCP 2001. 11. 10513，Carballo Fidalgo et G · Paisant 述评，RTD civ. 2001. 878，Mestre et Fages 述评），欧盟成员国的国家法官在评判向国家法院提出的诉讼请求是否具有可受理性时，可以依职权评判提交其审查的合同条款是否具有滥用权利性质。另见欧洲法院 2002 年 11 月 21 日判决（D. 2002，p. 3339，Avena-Robardet 述评，2003，p. 486，C · Nourissat 述评）；关于法国法在这一问题上的不确定性，参见 M · 卢比：《过了头的东西就一钱不值，或者当欧洲法院动摇滥用权利条款的法律制度之时》（M · Luby，Trop ne vaut rien，ou quand la CJCE ébranle le régime juridique des clauses abusives，CCC 2004，chron. N° 1）。

法令第4条)。[1] 毫无疑问，“滥用权利条款委员会”的建议和意见对法官没有约束力，[2] 然而，这些建议或意见往往对于争议的处理具有决定性作用。[3] 法官在对价值作出判断、导致其是否宣告某项条款属于滥用权利性质之前，有时还应当对涉及的条款作出解释，以便准确地把握涉案条款的实际意义。[4]

由于滥用权利条款的概念是一个法律问题，对这种条款的识别与定性，均应当接受最高法院的监督。这方面的判例很多，非常丰富。[5]

---

[1]而“滥用权利条款委员会”最长应在3个月内提出其意见。

[2]最高法院重申，滥用权利条款委员会的建议不能产生这样的规则：“只要没有遵守其建议，就可以向最高法院提起上诉”（因为，在法国，只有判决违反法律时，才能向最高法院提起上诉。违反了滥用权利条款委员会制定的规则，不等于违反法律——译者注)。参见最高法院第一民事庭1996年11月13日判决（Bull. civ. I，N° 399，p. 279，D. 1997，somm. com. p. 174，Delebecque述评，RTD civ 1997. 424，J·Mestre述评)。

[3]关于这个问题，参见J·Mestre. RTD. 1999. 94；关于看来可以指导法官进行裁判的标准，参见M·S·Payet. thèse N°135。

[4]最高法院第一民事庭，2008年11月7日（2008，D. 2009，pan. 396，N·S-B述评)。

[5]最高法院第一民事庭，1993年5月26日（Bull. civ. I，N° 112，p. 132，D. 1995. Paisant述评，somm. com. P. 13，Delebecque述评，JCP 1993. 11，E·Bazin述评，Defrénois 1994. 352，D·Mazeaud，CCC 1993 N° 181，RTD civ. 1994. 97，J·Mestre)：本案判决认为，在借贷合同中规定风险合作分担的条款不属于滥用权利条款。最高法院第一民事庭，1996年11月13日（Bull. civ. I，N° 399，p. 279，D. 1997，somm. com. p. 174，Delebecque述评，JCP 1997. 1. 14015 N° 1，C·Jamin述评，CCC 1997，N° 32，G·Raymond)：本案判决认为，对顾客强制规定其密码具有保密性质，在其泄露密码的情况下法国电讯对此不负责任的条款不具有滥用权利性质。最高法院第一民事庭，1998年2月10日（JCP 1998. 11. 10124. G·Paisant，1. 155，N° 12，C·Jamin，CCC 1998，N° 70，Leveneur，Defrénois 1998. 1051，D·Mazeaud，RTD civ. 1998. 674，J·Mestre)：本案判决认为，与一家教学机构订立的合同中规定学生即使因生病无法上学，致使教学合同未得到履行的情况下仍然要支付全部学费的条款，被认定为滥用权利条款。最高法院第一民事庭，1998年3月17日（CCC 1998 N° 104)：本案判决认为，在租车合同中强制租车人为车辆丢失或损坏投保的条款，其中包括就不可抗力或偶然事件参加这类保险的条款，被认定为滥用权利条款。最高法院第一民事庭，1998年11月17日（D. 1998 IRp. 20)，本案判决认定：在信贷租赁合同中规定因偶然事件致使租赁的设备完全灭失的情况下，信贷承租人应当支付相当于尚未到期（转下页）

329. 后果

凡是被宣告属于滥用权利性质的条款，均视其“不曾订立”，[1] 而被视为不曾订立的条款不能产生任何效果，因此不会损及合同整体。滥用权利性质的条款被排除出合同之后留下的空白，一般都由受到此种条款阻碍或者排斥的（立法或法规）强制性规定来填补。只有当订立的合同如果缺少那项“被视为没有效力的条款”就不能继续存在的情况下，才另当别论。这种情况非常少（参见《消费法典》第132-1条第8款）。因为，如果承认合同的命运还要紧紧与滥用权利条款的命运联系在一起，就有可能使消费者丧失提起诉讼的信心，当职业人对其提供的产品或者履行的服务拥有完全垄断地位的情况下，更是如此。

仅仅是将在合同中存在的滥用权利条款予以排除——视其不曾订立，并不能充分保护消费者。职业人有可能从中赢得一切而毫发无损，他们往后仍然会明知而毫不犹豫地运用这些滥用权利条款。为了与某些职业人的这种态度做斗争，1988年1月5日的法律经

（接上页）的全部租金的赔偿费，而信贷出租人无须提供用于更换的设备的条款，被认定为滥用权利条款。最高法院第一民事庭，2002年3月12日（JCP 2002.11.10163，Paisant述评）：本案判决认为，在失业保险合同中订立的某项排除担保条款，并不具有滥用权利；最高法院第一民事庭，2002年10月29日（RDC 2003，p.92，M·Bruschi述评），本案判决认定：在电视监控设备买卖合同中规定一项预订条款，强制预订人在解除预订时放弃获得相当于设备价格60%的折扣，这项条款具有滥用权利条款性质。在与银行订立的账户协议中包含一项条款规定3个月期限经过即认定顾客默示赞同银行发出的对账单，该项条款为滥用权利条款。最高法院第一民事庭，2009年1月8日（CCC 2009，N° 85，G·Raymond述评）：本案判决认为在银行账号协议中规定在3个月期限内即认定客户对银行对账单表示默示赞同的条款以及将存款账户视同转账账户的条款为滥用权利条款。

[1] J·库勒曼：《对视为不曾订立的条款的几点看法》（J·Kullman，Remarques sur les clauses réputées non écrites，D.1993，p.59）；科特洛：《论视为不曾订立的条款》（Cottereau，La clause réputée non écrite JCP 1993.1.3691）；S·德梅：《论视为不曾订立的条款》，《巴黎二大学位论文》，2006年（S·Gaudemet，La clause réputée non écrite，thèse Paris II，éd.2006）。

1995 年 2 月 1 日的法律修改补充之后，给予消费者协会以权利：消费者协会可以请求民事法院命令取消在职业人习惯上向消费者提供的合同范本中订入的滥用权利条款，以及取消在行业组织建议其成员向消费者提供的合同范本中订入的具有此种性质的这类条款，相应情况下还可规定逾期罚款（《消费法典》第 421-6 条）。[1] 至于法官，只要他们为此掌握必要的法律上与事实上的材料，就有义务依职权审查合同的某项条款是否具有滥用权利性质。欧洲（共同体）法院的判决还扩大了这些认定某项合同条款是否具有滥用权利性质的判决的意义范围；最近提出的“哈蒙法案”也主张在立法上应当确认这样的判例，在该法案中就规定了法官依职权提出滥用权利条款的问题，并且规定有关取消滥权条款的诉讼对所有的人都具有对抗效力。

（2）职业人之间的滥用权利条款

330. 内容安排

我们从前面的介绍中已经看到，有关滥用权利条款的立法并不

---

[1]最高法院第一民事庭，1998 年 7 月 7 日（D. 1999 somm. com. p. 111，Defrénois 1998. 1417，D·Mazeaud 述评，CCC N° 120，G. Raymond 述评）：消费者协会提出的请求宣告合同中订立的条件属于滥用权利性质的诉讼请求可以得到受理。条款是否具有滥用权利性质，应由本案实体法官在最高法院的监督下，根据一般的给付平衡与契约自由原则进行裁量；最高法院第一民事庭，2005 年 2 月 1 日（RDC 2005，p. 733. D·Fenouillet 述评），与此相反，当法官进行裁判之日，职业人向消费者提议的合同中不再订有此类有争议的条款时，消费者协会提起的上述诉讼因没有标的而不予受理；参见最高法院第一民事庭，1999 年 10 月 5 日（D. Aff. 2000，p. 110，Paisant 述评）；提起取消滥用权利条款之诉讼的协会，有权向民事法院请求通过给予损害赔偿的方式，赔偿直接或间接损害消费者利益的任何损失。参见最高法院第一民事庭 2005 年 2 月 1 日判决（JCP 2005. 11. 10057，G·Paisant 述评，1. 141，N° 15，J·Rochfeld 述评，D. 2005，p. 487，C·Rondey 述评，RDC 2005，p. 736，D·Fenouillet 述评，RTD civ. 2005. 393，J·Mestre et B·Fages 述评）。

适用于职业人相互间的关系（参见第322节）。[1] 这样的处理受到很多人的批评。他们认为“职业人这个标签并不是一种解毒剂，很难用它来排除合同不公正以及当事人权利义务的不平等”。[2] 有许多职业人，例如，分包人、受特许经营权人，实际上并不比（普通的）消费者更能准确地评价他的相对当事人对其强加的各种条款的真正意义，然而我们却很难归结出一个“可以认定或区别哪些职业人应当受到保护或者不受保护”的标准。除此之外，职业人相互之间订立的大多数合同很少适于按照有关滥用权利条款的立法所规定的模式来进行监督。[3] 对于消费合同，由于它们具有一致的标准，实行了所谓的标准化，所以这种监督模式与制度是可以忍受的（参见第324节），而职业人之间订立的所有合同通常都像是按照具体业务来定做的合同，其条款都是经过谈判达成的协议。正如雅克·梅斯特尔（J·Mestre）先生指出的那样，职业人之间订立的所有合同都是由权利与义务交错构成，以至于如果将其中某一项条款与它的前提条件总体上孤立开来，将合同分割成块，那将是很危险的。经常有这样的情况，在职业人之间订立的合同中，一项条款虽然从先验的角度来看具有滥用权利性质，但却是有其理由的，证明理由恰恰就在于与其相反意义的条款。这样一来，倒不是因为有了这些条款而有可能使合同丧失内部的协调性，而恰恰是因为对这样的条款给予制裁反倒有可能引起或者造成令人遗憾的后果。[4]

---

[1]最高法院商事庭，1999年11月23日（CCC. 2000，N° 40，Leveneur述评，N° 69，G. Raymond述评，Defrénois 2000. 245，D·Mazeaud述评）。

[2]D·马佐：《论消费法的吸引力》（D·Mazeaud，L'attraction du droit de la consommation，RTD com，1998. 104.）。

[3]因为，人们发现，在这里如果不考虑事先制定的现成的合同与经过当面谈判之后订立的合同之间的差别，显然会存在“优先考虑人的标准”之弊端（参见第321节）。

[4]J梅斯特尔：《关于职业人之间的滥用权利条款，综合报告》（J·Mestre，Rapport de synthèse，in Les clauses abusives entre professionnels，p. 161 et 162.）。

当然，这并不是说，在有关滥用权利条款的问题上，职业人就不会受到任何保护。《民法典》为他们提供了一定数量的经过仔细斟酌的补救性规定；[1] 在这些补救性处理中，我们特别要提到法院的有些判例。这些判决的处理是：当合同条款抵触合同整体的经济时，还可以以债的原因作为支撑点，宣告该条款不曾订立。[2] 诚然，这种法院判例并不是对职业人之间订立的合同的专门判决，但它在这种具有典型性的情况下却可以起到特别的作用（参见第 342 节与第 357 节）。我们还可以看到，当一项合同条款抵触人的“基本权利与自由”时，也有可能请求法院宣告该条款无效，例如，在一处商业中心内的经营场所租赁合同中有一项条款规定承租人在合同存续的整个期间都必须参加该商业空间的商人协会，最高法院第一民事庭就以结社自由的名义撤销了该条款（2010 年 5 月 20 日判决）。

在民法之外，还有竞争法。当一项条款与“有关滥用权利条款的立法视为不曾订立的条款”具有紧密联系时，职业人可以按照竞争法的规定，特别是依据《商法典》第 420-3 条的规定，向法院请

[1] D·马佐：《职业人之间的滥用权利条款，普通法给予的保护》（D·Mazeaud，La protection par le droit commun in Les clauses abusives entre professionnels，p. 33 et s）。

[2] P·莎扎勒：《论契约原因理论与契约正义》（P·Chazal，Théorie de la cause et justice contractuelle，JCP 1998. 1. 152）；J·穆里：《合同的经济，一个令人困惑不解的概念》（J·Moury，Une embarrassante notion，l'économie du contrat，D. 2000. 382）；泽勒舍维克-杜阿梅勒：《论“合同的经济”的概念》（Zelcevic-Duhamel，La notion d'économie du contrat，JCP 2001. 1. 300）；D·胡歇弗：《论合同领域的协调性原则》，《巴黎十一大学位论文》，2001 年（D·Houtcieff，Le principe de cohérence en matière contractuelle，thèse Paris XI，éd. 2001，N° 475 et s）。（“合同经济”是近几年法国法院判例中出现的一个新概念。运用这一概念可以实现两项功能，其中一项是透过合同的表述来解读合同的内容，不论是涉及合同应当具备的强制性内容（必备内容），还是涉及其法律制度，均可用“合同经济”来作为确定合同法则的参照。在合同原因的客观主义与主观主义理论之间，运用合同经济的概念也可以表明双方当事人的意思表示是否合乎理性。合同经济这一概念的经济色彩非常明显，而评价合同对当事人是否具有或者不再具有经济利益，可以判断该合同本身的命运，如果一项合同对于一方或者双方当事人均无经济利益，这种合同很难得到维持。——译者注）

求宣告该项特定条款无效。[1]《商法典》第 420-3 条规定：禁止企业或企业集团在上述第 420-1 条与第 420-2 条所指条件下，滥用其对国内市场或国内市场的实体部分占有的支配地位。滥用支配地位主要是指：仅仅因为合作者拒绝服从某些并无正当理由的商业条件，便拒绝向其出售货品，或者实行附加约束条件的捆绑式销售，或者实行附有歧视性条件的销售，或者中断原已建立的商业关系。如果企业或企业集团滥用某个客户企业或供货企业在经济上对其处于依赖地位，只要滥用此种地位的情形足以影响到竞争的开展或竞争结构，也在禁止之列。所谓滥用他人经济上的依赖地位，主要是指《商法典》第 L442-6 条的规定中所指的拒绝销售、附加约束条件的捆绑式销售，或者附加歧视性条件的销售，或者订立“配套销售协议”（accord de gamme）。最后，还有《商法典》第 442-6-1 条第 2 项的新规定（2008 年 8 月 4 日关于中小企业的法律的条文）。按照这项新规定，对于造成双方当事人之间的权利义务相当程度失衡的条款，也可以实行制裁。这一条文的规定曾作为合宪性优先问题受到宪法委员会的审查。宪法委员会作出裁决认为，该条文的表述足够清晰而且具体，并不违反有关“处罚与违法行为”的法定原则。为了支持这一分析，宪法委员会还指出，这一条文的规定可以与《消费法典》第 132-1 条的规定联系起来，两个条文是相近似的规定，因为两个条文都是参照了权利与义务之间存在“能够

---

[1]关于这个问题，参见：B·法热与 J·梅斯特尔：《论竞争法对合同的占取》（B·Fages et J·Mestre, L'emprise du droit de la concurrence sur le contrat, RTD com. 1998. 73）；L·依多特：《职业人之间滥用权利条款，竞争法给予的保护》（L·Idot, La protection par le droit de la concurrence, in Les clauses abusives entre professionnels, p. 55）；另见凡尔赛法院 1988 年 6 月 30 日判决（JCP E 1988, 1. 18099）：本案涉及独占性管理年度“电话号码黄页簿”的管理处强制规定的限制责任条款无效，因为该管理处滥用其所处的支配地位。在社会法方面，最高法院也会毫不犹豫地撤销雇主规定的保留单方面解除劳动合同之权利的条款，参见最高法院社会庭 2001 年 2 月 27 日判决（JCP 2001. 1. 330, N° 1, Loiseau 述评）。

说明问题的相当程度的失衡”这样一个概念，而法院判例早就对这一概念的内容作出了具体解释。不过，我们仍然要询问的是，宪法委员会提出这两个条文具有类似性，是否更多出于本能认识而不是出于理性认识。因为，我们看到的是，这两个条文中虽然都运用了“能够说明问题的相当程度的失衡”的概念，但两者的背景却截然不同。就《消费法典》第132-1条而言，它所针对的是在定式合同或标准合同当中出现的条款，而在《商法典》第442-6-1条第2项的规定则是针对根据具体情况量身定做的合同。况且，有关保护消费者的规定唯一涉及的是这方面的保护，而《商法典》第442-6-1条则是针对双方当事人的规定，可以为这一方或那一方合同当事人带来利益，此外，这一条文规定的制裁并不是将涉案条款“视为不曾订立”，而是判以损害赔偿（这也说明两者之间的差别）。[1]

---

[1]第442-6条：生产者、商人、工业经营者或者在职业目录上登记注册的人，有下列行为的，应承担责任并赔偿所造成的损失：

1. 从商业合作伙伴获得或试图获得与实际提供的任何商业服务不相吻合的利益，或者从实际提供的服务的价值来看，明显与之不成比例的利益。此种利益尤其是指，既没有任何共同利益作为正当理由也没有成比例的对应给付，即享有某项商业活动的资金参股，或者尤其是在商店更新改造或者在使用商店品牌、创办采购中心等范围内享有资金参与份额。

2. 对商业伙伴规定或者试图规定将会造成双方权利与义务明显不平衡的。

3. 获得或试图获得某种利益，将其作为签订订货合同的前提条件，且没有就此做出书面承诺购买相应比例数量的货品，以及在相应情况下，没有订立书面协议对供货商要求提供的服务做出承诺。

4. 以突然中断全部或部分商业关系相威胁，获得或者试图获得价格方面明显过分的条件、支付期限、买卖方式或者不属于买卖义务范围内的服务。

5. 不考虑已经建立起来的商业关系持续的时间，也不遵守根据行业间的协议参照商业习惯确定的预先通知的期限，突然中断已经建立起来的商业关系，即使是部分中断这种关系。如果建立的商业关系涉及的经销商品牌项下的产品的供货，预先通知的期限为不属于经销商品牌项下产品供货情况下的2倍。在没有订立这种协议的情况下，负责经济事务的部长制定的行政法规可以就每一类产品，并考虑其商业习惯，确定（在中断商业关系之前）应当遵守的预先通知的期限，并对中断商业关系的条件做出框架性规定，特别要考虑现有的商业关系已经持续的时间。以上规定不影响在一方当事人不履行其义务的情况下，或者在发生不可抗力的情况下，不经事先通知即可解除合同的（选择）权利。（转下页）

第二节　原因

331. 概述

《民法典》（原）第1108条将“债的合法原因”作为契约（或合意）有效性的一项条件。法典第1131条在重申这项要求的同时进一步明确规定：“没有原因的债，或者基于错误原因或不法原因的债，不发生任何效力。”

我们只要读一读这两项条文的规定就会看到，一方面，只有当合同产生的债务有原因，另一方面，只有当债的这种原因符合法律规定时，合同才能有效成立；换句话说，原因这一条件有两个方面的意义：其一，债必须有原因，原因必须存在；其二，原因必须合法。

要想知道原因是否满足了上述两项要求，我们首先应当弄明白，所谓原因（cause）究竟是指什么，须知，在法国《民法典》里始终没有对原因这一概念下一个定义，然而它却是一个非常难以理解的概念。法典之所以如此“简省”（连定义都不肯给），是因

（接上页）在中断商业关系是由于实行远距离的竞价竞争所引起时，预先通知的期限，在原来规定的预先通知的期限不足6个月的情况下，为适用本条规定的期限的2倍，在其他情况下，预先通知的期限至少为1年。

6. 直接或者间接参加由标准选择性或者独家经销代理合同规定的禁止经销代理人在网络之外进行再销售的禁止性规定。

7. 规定合作伙伴应遵守违反第L441-6条第9款规定的最高限额的结算条件，或者从良好的商业做法与习惯的角度来考虑，属于明显过分的结算条件，以及损害债权人的利益，在任何客观原因的情况下，抛开第L441-6条第L8款规定的期限。对于债务人来说，在没有任何客观原因的情况下，要求债权人将签发发票的日期推迟的行为尤其过分。

为理论界对这一概念的理解分歧太大。[1] 就概念本身而言，在历史上，也许还没有任何一个法律概念像原因这样包含着如此不同的意义；就原因的作用或功能而言，反原因论者（anti-causaliste）与赞成原因论的人（causaliste，原因论者）之间曾经展开过众所周知的论战。反原因论者否认这一概念的任何用处，赞成原因论者则拼命颂扬其作用。

332. 原因的定义：动力因与目的因

如果我们仅限于从日常语言的意义来理解，原因一词涵盖了两种

---

[1]这方面的论著很多，其中主要有：H·卡比唐：《债的原因论》（H·Capitant, *De la cause des obligations*, 1927）；诺塞朗：《论法律行为中的动机》（Josserand, *Les mobiles dans les actes juridiques*, N° 108 et s）；里佩尔：《民事债里的道德规则》（Ripert, *La règle morale dans les obligations civiles*, n°s 31 et s）；J·盖斯坦：《论义务承诺之原因与合同的有效性》（J·Ghestin, *Cause de l'engagement et validité du contrat*, 2006）；有关合同法的博士论文：路易-卢卡斯：《论意思与原因》（Louis-Lucas, *Volonté'et cause*, Dijon 1918）；J·达宾：《论原因理论》（J·Dabin, *Théorie de la cause*, Liège 1919）；J·莫理：《试论法国民法中等值概念的作用》（J·Maury, Essai sur *le rôle de la notion d'équivalence en droit civil français*, Toulouse 1920）；J·哈梅勒：《论无偿处分中的原因的概念》（J·Hamel, *La notion de cause dans les libéralités*, Paris 1920）；依奥内斯科：《论有偿协议中原因概念的演变》（Ionesco, *L'évolution de la notion de cause dans les conventions à titre onéreux*, Paris 1929）；R·多拉德蒙：《论不道德的原因》（R·Dorât des Monts, *La cause immorale*, Paris 1955）；F·泰雷：《论个人意思对法律定性的影响》（F·Terré, *L'influence de la volonté individuelle sur les qualifications juridiques*, Paris 1957, sp. n°s 245 et s, p. 230 et s）；J·奥赛：《论法律行为中的客观主义和主观主义》（J·Hauser, *Objectivisme et subjectivisme dans l'acte juridique*, Paris 1971, N° 134 et s, p. 230 et s）；J·罗什菲尔德：《论合同的原因与合同的类型》（J·Rochfeld, *Cause et type de contrat*, thèse Paris I, éd. 1999）；E·穆依亚勒-巴锡拉那：《论合同法里原因的复兴》（E·Mouial-Bassilana, Du *renouveau de la cause en droit des contrats*, thèse Nice, 2003）；G·皮耶特：《论合同的修订》（G·Piette, *La correction du contrat*, thèse Pau, éd. 2004, N° 510 et s）；依奥内斯科：《原因理论在债法中的新近进展》（Ionesco, Les récentes destinées de la théorie de la cause dans les obligations, *RTD civ.* 1931. 29）；J·莫里：《法院判例中债的原因的概念与作用》（J·Maury, Le concept et le rôle de la cause des obligations dans la jurisprudence, *R1D comp.* 1951. 485）；D·马佐：《论〈民法典〉中（债的）原因：过去、现在与将来》（D·Mazeaud, La cause, *in Le Code civil*, *un passé*, *un présent*, *un avenir*, 2004, p. 451 et s.）。

差别非常明显的实现：原因，既可以指动力因（cause efficiente），也可以指目的因（cause finale）。所谓动力因是指酝酿并产生其他现象的那种现象；所谓目的因是指，实施或者完成某项行动所要达到的目的（but）。法国民法在使用原因这一词汇时，根据具体情况的需要，分别采取这一理解或那一理解的意义，也就是说，有时是指动力因，有时则是指目的因，例如，当民事责任法说到过错时，这种过错就是造成损害的原因（cause du dommage），在此情况下，就需要从上述第一种意义上来理解原因这一术语，也就是从动力因的意义来理解这一术语：损害的源头是过错。当我们将这样理解的原因运用于合同的成立时，就可以说：当事人意思的合致，以及至少对于要式合同而言，确认合同成立的形式，就是合同的原因。因为，合同之源或合同的根据，就在双方当事人的同意（合意）之中。[1] 但是，《民法典》（原）第 1108 条与第 1131 条在使用这一概念时则是指第二种意义上的原因，也就是目的因。这样一来，原因这一概念便不再是指合同之源或根据（source du contrat），而是指双方当事人订立合同所追求的目的（but），是双方当事人订立合同的理由（raison），[2] 是双方当事人寻求满足的利

---

[1]Ph·雷涅：《论法国私法中动力因的概念》，《巴黎二大多学科论文》，1993 年（Ph·Reigne, La notion de cause efficiente du contrat en droit privé' français, thèse multigr. ParisII. 1993）。

[2]R·佩罗：《论技术对各种制度的目的的影响》（R·Perrot. De l'influence de la technique sur le but des institutions（thèse Paris. 1947. éd. 1953. N°1））：很长时间以来，哲学家们就已经阐明了在意志行为（actes volontaire）领域的因果关系法则所具有的特殊面貌。物理世界的现象需要受制于机械原因或者动力原因，而（人的）意志则相反，它是由具有心理本质的原因所主导。人们的意志行为都是旨在实现某种目的，这种目的构成人们的意志运动的原因。在生物（有生命物）世界里，原因不再是动力因，而是一种目的因；目的因属于将来而不是属于过去。意志始终受到“要达到的目的”的主导，因为，意志所追求的是其行为在将来的原因，换句话说，“没有一种有意识的行为不带有某种目的”。

益（intérêts）。[1] 换句话说，我们对合同标的的研究，是要回答“承担的是什么义务”（guid debetur）的问题，而对合同原因的研究则是要回答“为什么要承担义务”的问题（cur debetur）。

333. 目的因：近因与远因

按照我们上面所说的意思来理解原因，就定义而言，原因一词立即带来了一个困难。人们订立合同，如同人的其他任何行为一样，往往是出于各种各样的理由。大体说来，一个人之所以订立合同，既是出于某种直接的理由（raisons immédiates，最近的理由），也是出于某种更远的理由（raisons plus éloignées）。举一个例子就可以更好地理解这一点：两个人签订一项买卖不动产的合同，他们为何同意进行这项交易活动？随着我们对这个问题进行探测的深度不同，就可以做出两种不同的回答：如果仅限于从表面上去探讨，也就是说，如果仅仅从当事人进行这项交易活动的直接理由去进行探讨，出卖人承诺卖出其不动产肯定是为了获得价金，买受人则是为了成为其购买的不动产的所有权人；但是，如果将这种探讨向前推进一步、深入一步，去寻找或探究“更远的理由”（raison lointaine），我们就可以发现，随着所订合同的不同，这种“更远的理由”也就有所不同：出卖人之所以卖出不动产，也许是因为他急需筹集现金、清偿债务，或者是为了到赌场去进行赌博，或者是为了给女儿筹备妆奁，或者是为了创办企业，甚至是为了雇凶杀人；至于买受人方面，他取得不动产的目的也许是购房安家，或者是将其作为从事职业的场所，甚至是金屋藏娇、包养情

[1] G·皮耶特：《论合同的修正》，《波城大学学位论文》，2004 年，第 582 节（G·Piette. la correction du contrat，thèse Pau. éd. 2004. N°582），该文将原因看成是财产利益与心理利益的相互影响与结合。

妇，甚至是打算利用买来的房屋作为制造假币的窝点车间。

由此可以看出，随着我们在进行探讨时的视野不同、角度不同、路子不同，原因的面目也会呈现出根本的差异。当我们将原因视为“较近的理由”时，原因就具有某种客观性质，每一类合同，原因都趋于相同，趋于一致（例如，出卖财产都是为了获得现金，这些合同属于买卖合同，原因也都相同）；因此，只需要分析合同的性质，就足以揭示其原因（足以揭示其近原因）；与此相反，如果我们从“较远的理由”的角度去理解和探讨问题，原因则呈现出某种主观性质，即使是同一个人订立的相同类型的合同，原因（远原因）也各不相同；因此，要想识别与认定这种远原因，有待于探讨每一个人（订立合同）的动机（motivations）。

为了具体说明这两种现实，学者们使用的术语也各不相同，近原因（直接原因）通常被称为抽象原因（cause abstraite），用以表示对每一类合同或同一类型的合同来说原因都是相同的（这就是对某种共同特征的一种“抽象”），或者，近原因也称为客观原因（cause objective）；与近原因的这些叫法或名称相对应，人们在说明远原因的特征时，也称其为具体的原因（cause concrète），用以表示每一项合同的远原因均不相同（而且都是具体的），随着具体情况的不同而有所差别，远原因也被称为主观原因（subjective）。

不过，我们在本书中还是宁愿采用“债的原因”（cause de l'obligation）与“合同的原因”（cause du contrat）（而不采用近原因与远原因）这样的表述，因为这些表述的根基深深地扎在《民法典》的条文当中（第1131条与第1132条），[1] 而且也为法院判例

[1]这就是说，在法国制定法与法院判决中并无近原因与远原因的区分。这方面的研究与讨论主要反映在学理上。——译者注

所采用。[1]

334. 一元论还是二元论

如果我们剥去那层包裹着原因、使之模糊不清的粗糙外壳，就会发现，只剩下一个问题需要我们去进行探讨：在适用《民法典》(原) 第 1131 条的规定时，我们应当对原因——不论是客观原因还是主观原因——下一个什么样的定义？在上述两种解释的原因当中，到底是只考虑其中一种，还是两者均应在考虑之列？换句话说，当我们探究原因的存在与原因的合法性时，是应当单一地理解原因的概念，还是应当根据提出的问题的性质，赋予这一概念以不同的意义？

从历史上来看，学者们在很长时间里都是采取第一种态度，不过，即使是在主张原因一元论的学者之间，对于原因的内容的看法也并不一致，由此也就出现了学理上在客观观念与主观观念之间徘徊不定、来回摇摆的情形。

现代理论界终于看清了这样的争论不会有任何出路，纷纷加入了原因二元论的分析行列。现代理论界认为：债的原因与合同的原因两者之间远不是相互排斥的，而是各有自己的自然的或固有的适用领域。人们运用债的原因的概念，可以审查原因是否存在，运用合同的原因的概念，可以审查原因是否合法。然而，话虽这么说，却仍然不能过分夸大这种二分法的意义：在二元论分析的背后，隐藏着一个呈现出“现实统一性”的原因的概念。这个具有“现实统一性”的原因就在“同意”的背影之后，那就是缔约当事人的利

[1]例如，最高法院第一民事庭 1989 年 7 月 12 日判决（JCP 1990. 11. 21546. Y · Dagome-Labbé 述评，*Defrénois* 1990. 358，J-L · Aubert 述评，*Grands arrêts*，t. 2，N° 156）。

益：[1] 缔约当事人的利益应当是存在的、严肃的、正当的利益。

因此，我们在下面将分别研究原因的存在（第二目），原因的合法性（第三目），从债的原因可以滑向合同的原因；不过，在此之前，我们还有必要简单而迅速地介绍一下标志着原因这一概念的出现与形成的几个主要阶段（第一目）。

第一目　原因概念的演变

335. 历史的回顾[2]

（1）罗马法：在罗马法里，原因就是为了使要式合同、要物合同或者无名合同得以成立而必要的“（形式）手续”（formalités，verba），是“物的交付”（la remise de la chose），或者完成必要的事实、行为（factum）。罗马法上的原因，是导致产生合同的动力因（cause efficiente）。如上所述，动力因是酝酿并产生其他现象的那种现象。[3]

在罗马法里，由于合同具有严格的形式主义性质，因此目的因（cause finale）意义上的原因概念仅仅起到次要作用。订立合同的一方当事人通过庄严的言辞（paroles solennelles）做出义务承诺，支付特定数额的款项，以此作为相对当事人应当向其提供的给付的对价或对应给付。即使他并不受领这种对待交换，仍然要受到其要式口约或言词契约（stipulation，stipula-

[1] J·卡尔波尼耶：《民法》，第 4 卷（J·Carbonnier. droit civil t. 4. N°16）。

[2] G·舍维利耶：《试论债的原因的历史》（G·Chevrier，Essai sur l'histoire de la cause dans les obligations，thèse Paris，1929.）。

[3] Y·托马斯：《原因，在罗马法语言中这一概念的意思与功能》，《巴黎二大学位论文》，1976 年（Y·Thomas，Causa：sens et fonction d'un concept dans le langage du droit romain，thèse Paris II，2 vol. 1976）；另见：Ph·Reigné，thèse préc，n°s 13 et s，p. 20 et s.

tio）的拘束。后来，为了反对这种过于严厉的做法，大法官们开始通过间接方式进行干预。法官们承认，即使合同有效，如果债权人向法院要求的给付是债务人没有原因而承诺的给付，债权人即是实施欺诈；为了债务人能够进行防御，大法官给予债务人以“欺诈抗辩权”（une exception de dol）。除此之外，债务人还可采取主动，率先通过诉讼请求解除承诺的义务（libération）。这种诉讼称为（对无法律原因的义务履行）“请求返还之诉”（condictio liberationis）。[1]

在诺成合同中，双方当事人的债务之间有着一种特定的链锁关系或约束关系，因此，买卖产生买物之诉（actio empti，买物诉权）和卖物之诉（actio venditi，卖物诉权）；但是，在买受人与出卖人两者的相互债务之间存在的这种链锁的全部约束力并不是完全由罗马法官们作出表达，不论从源头上，买卖是由双方交换相反方向的两个单方简约而产生的结果，还是诺成合同在其成立之时即产生的相互依存的债务，都是如此。但是，有一个事实却是肯定的，两个债务一旦产生，每一债务均有着近乎完全独立的生命，以至于在一方当事人不履行债务时，如通过赊购方式进行购买的买受人不支付价金时，出卖人并没有权利通过请求解除合同而要求归还其出卖的物。[2]

（2）教会法。历史上，自从教规学者（教会法学者）抛弃罗马法的形式主义并将由简单合意产生的义务变为一种良心责任的时刻开始，有关原因的理论才出现了雏形。所谓良心责

[1] 如其已履行，人们承认其具备“错债索回条件”（condictio indebiti），可以取回其没有原因而已为之清偿，但是，这种以不当得利为依据的诉权不具有任何契约性质（等于说，如果没有履行，即属解除债务之诉。这也是法文“libération”一词的意义——译者注）。

[2] 于是，人们在实践中想出了一种办法：在合同中明文订入“如不履行，即取消契约”的简约条款（pacte commissoire exprès），参见第 644 节。

任（devoir de conscience，良心义务）是指，如果债务人不履行其义务承诺，或者违反其义务承诺，即因过错而有罪（coupable），当然，还应当查明这种义务承诺是否有依据，也就是说，需要查明债务人承担义务的理由是否充分，这种理由是否足以让债务人在良心上有义务遵守其既出之言？

由此，教会法归结出了债的原因（cause de l ‘obligation）的概念。在单务合同中，如果“没有形式”，便使得承诺义务的意思成为没有原因的承诺，也就是说，没有能够证明债的理由的“给付约因”（considération de la préstation）[1]。因此，在合同缔结的当时就要求存在原因。这个问题首先是在证据方面提出来的问题。由于通常情况下，允诺要以一项书面文字为见证，如果书面文字没有记载这种允诺，那么，债权人则必须证明原因的存在；相反情况下，则应当由债务人证明债务缺乏原因。这一制度的逻辑也导致教会法学家将原因变成了许诺本身有效性的一项条件。[2]

这种逻辑上的要求，导致在罗马法完全不曾考虑原因的领域也引入了原因的概念，也就是说，在双务合同中引入了原因的概念。（在这方面）教会法归结出了“债的关联性原则”（le principe de connexité des obligations），也就是“每一债务均应当以对方当事人的相对应的债务为其原因”。13世纪，这一原则被表述为，“不遵守对他人所做承诺者，他人无须对其遵守承诺”（non servandi fidem. non est fide servanda）。实际上，这项原则已经超出了“（原因）仅与合同的成立有关”的范围，它支配着双务合同的整个履行；法国现代法学对双务合同的原因所持的

[1]“considération”一词在法国法里很少作为“合同的原因”（约因）或“债的原因”（债因）使用。在法国法里，谈到“原因”时，使用的术语通常是“cause”。——译者注

[2]H · Capitant，op. cit，N° 66.

观念正是从这一原则提炼而来。

有了“关联性”这一概念（notion de connexité），又经过“等价”或“等值”（équivanlence）概念的补充，使得教会法学者终于实现了“平衡”（équité），也就是说，终于实现了合同的衡平。当然，还需要确保合同符合道德：教会法学者在宣告“简单的同意，即使没有任何形式，也足以产生债务”这项原则的同时，又立即对这一原则作出了补充：“只要（当事人的）意志不是追求某种违反道德之目的。”但是，要想保证（合同）遵守道德，仅仅运用债的原因这样一个技术性概念是远远不够的，还有必要关注促使当事人作出缔约决定的动机（les mobiles），因此，有必要运用合同的原因的概念。教会法学者提出，法官应当查找当事人的目的（but），探究其内心意思（conscience，良心），这样也就赋予了法官广泛的裁量权力。

（3）16世纪以后的学说。但是，为了避免法官们（在运用上述权力时）损害合同的稳定性，自16世纪开始，学者们就已经思考要对法官的权力进行限制，方法就是要将原因和动机区分开来。让·多玛（Jean Domat）[1] 首先对此作出了具体阐释，波迪耶（Pothier）[2] 后来沿用了多玛的理论。显然，法官不可能考虑每一方当事人在决定其最终的意志行为之前思想上的所有动机。因此，在多玛的阐释中仅保留了债的原因（的概念），这样就产生了“在双务合同中，每一方当事人的债务均以相对当事人的义务承诺为原因”之说，但是，多玛还非常坚定地认为并且要求这一原因是合同成立的一项根本要

[1]《民事法律》（Lois civiles，liv. II，titre I，sect. I，N° 5）。

[2]《债法》（Obligations，éd. Bugnet，t. II，n°s 42 et 43，p. 24）。

件（élément essentiel）。

（4）（1804 年的法国）《民法典》。在准备《民法典》草案的过程中，如在草案第 1131 条至第 1133 条中，法典的制定者既使用了“债的原因”（cause de l'obligation，第 1131 条）的概念，也使用了“合同的原因”（cause du contrat，第 1132 条）的概念，[1] 但是，毫无疑问的是，《民法典》并没有打算修改 17 世纪与 18 世纪的法学家们所采取的（上述）立场。法典第 1131 条至第 1133 条就照搬了让·多玛与波迪耶所作的表述。因此，《民法典》主张的是：要完全排除对（当事人的）订约动机的任何探究，因而它唯一保留了债的原因这样一个要求。

（5）《民法典》制定之后的情况。在整个 19 世纪，这种原因观念一直占据着主导地位，但是，到了 19 世纪末期，一股“反原因论”的强大思潮发展并蔓延开来，其中最有代表性的著名人物就是普拉尼奥尔（Planiol）。[2] 按照这位著名学者的看法，原因理论带有一种历史性误解，因为让·多玛打造的是一个罗马法并不存在的概念；而且原因理论建立在一种荒谬逻辑之上，因为，（在合同订立时）同时产生的债或义务，例如，在双务合同订立时同时产生的债或义务，不可能相互作为原因：既然双方当事人之间的债是同时产生的，怎么有可能互为原因？最后，也是主要的，原因这一概念完全没有用处，因为它与同意和标的相互重复（参见第 340 节与第 349 节）。然

[1] 这也提示《民法典》在债的标的与合同的标的两者之间所存在的混同（参见第 265 节）。

[2] 帕拉尼奥尔：《民法简论》（Planiol，Traité élémentaire，N° 1037）；胡克：《民法典评论》（Huc，Commentaire du Code civil，t. VI，N° 39，t. VII，N° 77—78）；这一运动的发起人应当是埃恩斯特（Ernst），他在 1826 年发表了《原因是合意有效性的一项根本条件吗?》一文。

而，反原因论者对原因论进行的毫不留情的彻底批判在法院判例上却没有得到多少响应。为了在合同内部保持“低限度的公正与道义”，各法院依然故我，照样在运用原因的概念。

100 年之后，法国法学理论界又有一部分人以“从政策（政治）和技术的角度来考虑”的名义，重新提出了“坚决的反原因论”的言论主张。他们所谓“从政策或政治角度考虑”，是指法国需要向欧洲开放，尤其是要参与制定欧洲合同法，而许多欧洲法学家并不了解（法国法上的）原因的概念，因此应当抛弃这样一个不太为人知晓的概念；[1] 他们的所谓“从技术层面考虑”，是说在法国《民法典》确认原因这一概念之后，200 年来，这一概念变得越来越复杂，甚至几乎难以为人所理解，因此，应当用其他的法律工具来取而代之，[2] 他们认为这样做也许更有好处。

正是在这样的背景下，最高法院商事庭在 2011 年 9 月 13 日（D. 2011. 2518）作出的判决中提出，法国法所认定的关于合同之债的原因的观念并不具有国际公共秩序性质。

对于重新出现的反原因论者的这种论调，有人提出反驳意见认为：凡是受到法国法启迪或影响的所有法律制度，都有关于原因的规定，在欧洲是如此，在拉丁美洲与中东国家的法律制度中更是如此，因此，认为说“许多欧洲法学家并不了解法国法上的原因的概念”，这种判断并不符合事实。基于这一点，法国法律也不应通过抛弃自己的传统来期待取得更大范围

[1] 例如：M · Fabre-Magnan，JCP 2008. 1. 199；D · Mazeaud，D. 2008，p. 2675，N° 9 à 11.

[2] X · 拉加德：《论原因理论的用处》（X · Lagarde，Sur l'utilité de la théorie de la cause，D. 2007. 740）。

的影响，[1] 再说，抛弃法国法院正在强化使用的（债的原因）这样一种法律工具，[2] 势必将在司法上引起问题，因为这一法律工具已经证明了它作为一种监督工具的用途[3]，并非像反原因论者所说的“完全没有用处”。行政法院现在甚至也已经确认原因的概念；[4] 如果说原因这一概念确实很复杂，从根本上来说，那也是因为理论界过分的矫揉造作、故弄玄虚所造成的，因为，有许多学者好像是要从中取乐一样，竭力将原因这一概念弄得模糊不清，到今天却反而来主张放弃这一概念。

总而言之，学理与判例以前就归结出了原因这一概念的基本层面，我们现在完全可以回到这些基本层面，使这一问题变得清晰起来。（我们认为）运用“客观原因”的概念，可以监督原因（是否）存在，运用“主观原因”的概念，可以监督原因（是否）合法。

第二目　原因的存在

336. 问题的提出

《民法典》（原）第 1131 条规定：“没有原因之债，或者基于错误原因或不法原因之债，不发生任何效力。”为什么会有这样一条规则？

---

[1]参见：A·Ghozi et Y·Lequette，D. 2008. 2613；P·卡特拉：《关于对合同中原因的两种不常见的看法》（P·Catala，Deux regards inhabituels sur la cause dans les contrats，Defrénois，2008. 2365，sp. p. 2373）。

[2]参见：P·Catala，art préc，Défrénois 2008. 2365.

[3]参见：Libchaber，Defrénois 2007. 1043.

[4]F·舍内德：《论当代合同法中债的原因的用途，行政法的贡献》（F·Chénedé，L'utilité de la cause de l'obligation en droit contemporain des contrats：l'apport du droit administratif，CCC 2008，étude N° 11）。

我们知道，除精神官能受到严重损害的人之外，任何人缔结一项债务，都是本着某种目的，都是出于某种考虑而为。《民法典》第 1131 条规定无原因之债不产生任何效力，就是明确指出：要想债的约束力关系能够有效成立，不仅要有承担债务的人的（同意）意思（volonté），而且这种（同意）意思必须要有其原因。换言之，有了第 1131 条的规定，缔结债务的人，在其看到追求的目的不可能实现时，可以解除其受到的债务关系的约束；有了这一条文的规定，法官也可以在一定程度上确保当事人之间缔结的每一项债务都存在充分的证明理由（justification）。这就是说，提出债必须存在原因这样一个条件，完全是出于对保护个人的关注。

不过，为了不至于让这样的规则损害法律安全，必须对原因的概念作严格意义上的理解；与此相反，如果我们不是按照严格的意义去理解原因这一概念，那么，已经订立合同的人就会在事后伺机以所谓“已经表明他所追求的这样或那样的特别目的不可能实现”为理由，轻而易举地摆脱他此前已经做出的义务承诺。为了避免发生这种滥用原因这一概念的极端状况，法院判例在审查原因的存在时，往往都倾向于将原因视同“促使每一方当事人订立合同的‘最近的理由’（raison proche）与当下的‘直接目的’”。对于同一特定类型的合同，（直接的）目的都是相同的。将原因认同为直接的目的，确实有其好处或优点：因为，双方当事人都可以知晓他们订立合同的直接目的。不过，从我们下面的阐释中也将看到，法院最近的一些判例对原因进行了某种程度上的主观化（这就是说，在一定程度上也从主观角度来审视债的原因）。

为了深入阐述上面所说的第一种看法（将原因看成是订立合同的直接目的），我们在本节中将先后研究“没有原因”（absence de cause）的概念，“原因的证据”（preuve de la cause）以及“对无原因之债的制裁”。

一、“没有原因”的概念

337. 内容安排

为了准确把握（法国法律关于无原因之债中的）“没有原因”这一概念，我们在下面分两步进行探讨，因为这一概念多少有点复杂。首先，简略介绍有关原因的原则性引导，有了这些原则性引导，我们在讨论原因的存在时便可以对（原因）这一概念作出定义（1），然后，我们将通过一定数量的补充阐释来具体描绘这一问题的全貌（2）。

338. （1）原则性指导

我们将指引每一方当事人订立合同的“最近的理由”（raison proche）理解为（订立合同的）当下的“直接的目的”（but immédiat），这样，也就赋予了当事人各自的债务以某种意义（没有目的的债当然没有任何意义）。同一特定类型的合同，原因始终是相同的。按照让·多玛的阐述，在这里，合同类型的大体划分（summa divisio）就是有偿合同与无偿合同的划分。这是因为，一方面，在这两种类型的合同中，对债的原因这一概念有着不同的理解：有偿合同中，一方当事人的债的原因始终都在其从相对当事人接受或期待的给付当中；而在无偿合同里，承担债务的人做出义务承诺所依据的是某种合情合理的正当动机（quelque motif raisonnable et juste），例如，为他人提供服务，帮他人一把，或者作为赠与人而施以功德，甚至唯一是出于乐善好施之善举。[1] 另一方面，对于这两类合同，法律安全、尊重缔约当事人的预期这两个方

[1]让·多玛：《在其自然秩序之中的民事法律》（Jean Domat，les lois civiles dans leur ordre naturel. livre II. titre I. section l N°5）。

面的强制性要求表现出来的强度也不相同。尊重当事人的预期，在合同方面起着决定性作用，有偿合同中，这种期待极为强烈，无偿合同中，这种期待的强烈程度就有所减缓，因为，受赠与人只不过是追求保留其并没有付出任何对应代价的利益。

339. （A）有偿合同

从定义来看，有偿合同是一种与利益相关的行为，每一方当事人做出义务承诺的理由恰恰就在他从相对当事人接受或期待的对待给付当中，因为，我们不能设想，一个没有赠与意图的人会承担义务而不接受任何与此相对应的利益，否则，此种义务承诺就将违背有偿合同的经济目的与社会目的。有偿合同只存在于社会，是作为交易活动的一种工具。但是，随着有偿合同采用的形式不同，其有偿性特征的明显程度也有所不同，也就是说，有偿合同是双务合同形式还是单务合同形式，是实定合同还是射幸合同，是单一合同还是复合合同，所表现出来的有偿性特征的明显程度各不相同。

340. （a）双务合同

在双务合同中，每一方当事人的债的原因就在他方当事人的债的标的之中，[1] 换句话说，每一方当事人应当承担的给付就是相

[1]双务合同中，每一缔约当事人的债务的原因就在其考虑的“应由相对当事人实际履行的债务”之中。任何一方当事人不履行其义务承诺，或者承诺无效，或者所做承诺不能实现时，均意味着债没有原因（最高法院民事庭，1941 年 12 月 30 日）。双务合同，在一方当事人不履行债务时，赋予对方当事人不履行自己的债务的权利，由双务合同产生的相互之债所具有的相互依赖性，从根本上来说，前提条件是因同一合同产生的债务（最高法院诉状审理庭，1938 年 5 月 17 日）。借款人债务的原因在于将其为之缔结借贷所必要的资金交由其处分（最高法院第一民事庭，1974 年 11 月 20 日）。寄托合同的原因在于交还寄托的标的物（最高法院商事庭，2000 年 10 月 1 日）。虽然说买受人的债的原因确实在于（其买受物的）所有权的转移以及买受物的交付，那么，买卖合同的原因则是指决定买受人订立合同的动机，也就是说，如果没有此动机，买受人不会缔结债务（最高法院第一民事庭，1989 年 7 月 12 日）。

对当事人的债的原因。举例来说，按照这样的论证推理，买受人许诺支付价金，是因为出卖人承诺向其交付出卖之物，反过来，出卖人许诺交付其物，是因为买受人许诺向其支付价金。

由于一方当事人的债的原因就是他方当事人的债的标的，在缺乏约定的对待给付的情况下，债就失去了它的原因。例如，如果价金低得微不足道，出卖人的债就没有原因；如果出卖之物不存在，买受人的债即没有原因，与此相反，进行买卖的每一方当事人的动机如何，在所不问。例如，出卖人为什么决定将其财产卖出而不是继续保留下去，我们无须去详查、去追问，因为，那是（当事人的）动机问题，或多或少与合同本身拉开了距离，而且，在每一种具体情况下，各人的动机各不相同，如果在订立合同时要去考虑每一方当事人的动机，即有损害法律安全的危险。

反原因论者曾经认为，按照上述意义理解的原因完全是一个无用的概念。一方当事人的债没有原因，始终与他方当事人的债没有标的相互咬合在一起，因此，要求存在原因与要求存在标的完全是重叠的、重复的。乍一看来，这种批评似乎很有吸引力，很能诱惑人，实际上却经不起推敲，经不起深入分析。如果不将原因作为合同成立的条件，那么有可能被撤销的，就只有缺乏标的的债，照此推理，相对应的债务的债务人，即使没有任何对待给付，也仍然要履行债务。例如，假定一项买卖的标的物涉及的是一种并不存在的物，出卖人的债因缺乏标的而无效，但购买人的债却并不无效，因为价金在合同中已经确定。（显然，在这样的情况下）只有借助于原因这一概念才能避免出现如此不公正的结果，这是因为运用原因这一概念就可以在双方当事人的债务之间创设一种相互依存的关系：如果一方当事人的债因缺乏标的而无效，那么，相对当事人的债就将因缺乏原因而无效，所订合同也将整体消灭。

有些外国法律，例如，德国法与瑞士法虽然传统上并不将原因作为法律行为有效性的一项条件，但却反过来提供了证明原因有其用处的证据。德国法与瑞士法认为，只要债务人同意，债的关系即产生效力，同时也不承认一方当事人在没有接受他所期待的对待给付（对价）的情况下仍然要承担债务。这些法律承认，（在此情况下）当事人可以以“无原因的获得利益”（不当得利）作为依据提起诉讼。[1] 这就等于说，这些法律虽然在约定之债（契约之债）中将原因放到了一旁，但却不得不在非约定之债（非契约之债）中重新去发掘原因。德国 2001 年 11 月 26 日的一项法律走得更远，在《德国民法典》中引入了这样一个概念：“法律行为基础之障碍”（trouble du fondement de l'acte juridique），在合同基础消失或者一开始就不存在的情况下，可以对合同进行“适应调整”，[2] 在不能进行此种调整时，合同消灭。这样一来，我们当然可以提出如下问题，如同人们强调指出的那样，这到底是合同的基础还是合同存在的理由？也就是，这到底是不是合同的原因？[3]

341. 实定合同

适用上述原则的情况非常广泛，其中最为明显的例子就是实定合同，也就是那些自其订立之时双方当事人各自负担的给付数额即已确定的合同。《民法典》第 1601 条第 1 款的规定在这方面提供了一个实例：“如果在进行买卖之时，出卖之物此前已全部灭失，买卖无效。”实际上，在这种情况下出卖人的债务已经没有标的，购

---

[1] A · Rieg，thèse préc，n° 295 s. p. 295 s.（“不当得利”法语原文为“enrichissement sans cause”，直接翻译为“没有（法律上的）原因而增加财富”或“没有（法律上的）原因而获得利益”。——译者注）

[2] 参见《德国民法典》第 313 条（行为基础的障碍）的规定。——译者注

[3] G · 维克尔：《法国合同法的改革，从原因到法律上的因果关系》（G · Wicker. la réforme du droit français du contrat，de la cause ò la causalité juridique. European Review of Contrat law. 2009）。

买人的债务也就没有原因。

在司法实践中，与合同没有原因相关的法院判例所涉及的争议往往都是以转让无形价值为标的的合同，因为，无形价值的转让很容易存在虚幻不实的对待给付或对价，例如，一项没有任何用途的专利权的转让[1]就会由于没有原因而无效；有关赌博的某种技巧、手段或技法（例如，所谓“千术”）的转让并不能像知识产权一样得到保护；[2] 转让某种不附带任何权利的行政认可证书，[3] 不能产生任何效力；同样，某个要求具备特定资质才能开展执业活动的职位已经没有任何顾客群体，[4] 如果仍然将这一职位的推荐权作为转让标的并订立转让协议，也不能产生效力。[5]

同样，法院判例还认为，当租约中订有某种极为苛刻的条款，目的是免除出租人对承租人的全部义务时，承租人的债务就没有原因（租约因此无效）；[6] 许诺的服务根本就不存在，关于提供此种服务的合同也将由于没有原因而无效。

反过来，当双务的实定合同的每一方当事人的给付存在实现的

[1]波尔多法院，1896年11月23日（S. 96. 2. 207）：本案涉及一项已经过期的专利的转让；另见最高法院诉状审理庭1861年4月12日判决（S. 61. 1. 735）：本案涉及一项工业上不能使用的方法的转让。

[2]最高法院第一民事庭，1981年10月6日（Bull. civ. I，N° 273，p. 227，Defrénois 1982，p. 1311，J-L · Aubert述评）。

[3]最高法院第三民事庭，1983年5月4日（Bull. civ. III，N° 103，p. 82，RTD civ. 1984. 113，F · Chabas述评）：关于驾校经营权的行政认可证书的转让。

[4]最高法院第一民事庭，1990年4月25日（Bull. civ. I，N° 88，p. 64）；都埃法院，1954年5月28日（Gaz. Pal. 1954. 2. 169）：关于运输企业转让一项不再存在的优先权的诉讼案的判决；最高法院第一民事庭，1973年2月20日（D. 1974. 37. Ph · Malaurie述评，RTD civ. 1974. 145，Y · Loussouam述评）：本案中，向一座楼房的所有权人推荐一名接替看门人，推荐人要求获得报酬，但此种推荐并不能构成获得报酬的有效原因，因为没有任何可以转让的权利与之相对应。

[5]最高法院诉状审理庭，1863年1月19日（1863，DP. 1863. 1. 248）。

[6]例如，最高法院民事庭，1900年12月11日（DP 1901. 1. 257）。

对待给付时，法院则拒绝以缺乏原因作为依据撤销此种合同。[1]

342. 走向“原因的主观化”？

在这方面，最高法院作出了一些引人注目的判决。这些判决在继续重视作为对待给付的原因这一传统概念的同时，也对原因进行了一定程度上的主观化，赋予原因以更加积极主动的角色。

随着著名的“Chronopost 诉讼案”判决的作出，自 1990 年代初期开始，法院判例出现的这种趋势的重要性已经显现得非常清晰。[2] 我们在这里有必要对这一著名案例的判决作一简要介绍：法国邮政速递子公司（Chronopost）是一家专业快递公司。[3] 有一家公司参与一项投标活动，将装有标书的信封交给 Chronopost 公司负责投送。Chronopost 公司承诺最迟在该标书寄出的第 2 天 12 时之前送到收件方（招标方）。Chronopost 公司在其广告中自称是“时间的主人”，标书投寄方也支付了加快费，Chronopost 公司缔结的是

[1]最高法院第一民事庭，1971 年 6 月 18 日（Bull. civ. I，N° 187，p. 156）；最高法院商事庭，1990 年 10 月 23 日（Bull. civ. IV，N°245，p. 170）。

[2]例如，最高法院第一民事庭，1990 年 12 月 1 日（JCP 1991. 11. 21656 J · Bigot 述评，RTD civ. 1991. 325，Mestre 述评）；最高法院第一民事庭，2004 年 6 月 2 日（RDC 2004，p. 927，D · Mazeaud 述评）：本案中，在责任保险合同中订立条款规定，只有在合同解除之前受害人的赔付要求已经到达保险人的情况下才会发生保险人的责任。此种条款被称为“受害人要求条款”，也称为“铡刀条款”（clause couperet）。这种条款被法院判例视为不曾订立。因为，（投保人）在保险合同生效至其终止期间支付保险金，是对因在此期间发生的事实造成的损害给予担保的必然对应义务；参见最高法院商事庭，1993 年 4 月 6 日（D. 1993. 310，Gavalda 述评，JCP 1993. 11. 22062，Stoufflet 述评，RTDcom. 1993. 548，Cabrillac 述评）。

[3]最高法院商事庭，1996 年 10 月 22 日（Bull. civ. IV，N° 261，p. 223，D. 1997. 121，A · Sériaux 述评，somm. com. p. 75，Delebecque 述评，chron. Larroumet 述评，p. 145，JCP 1997. 11. 22881. D · Cohen 述评，CCC1997，N° 24，Leveneur 述评，JCP 1997. 1. 4002，N° 1，Fabre-Magnan 述评，Defrénois 1997. 333，D · Mazeaud 述评，Grands arrêts，t. 2，N° 15T）；卡昂法院，1999 年 1 月 5 日（D. 1999. 1R，p. 187，JCP 2000. 1199，N° 14，Rochfeld 述评）。

一项确保“诚信、准时”的合同。然而，寄送标书的邮件却是在投标截止之后才送到发标方。这就意味着这份标书在开标程序中不会得到考虑。标书寄件人要求 Chronopost 公司赔偿其受到的损失，而 Chronopost 公司则以其在合同中规定的一项条款进行抗辩。该条款规定，在邮件未能按时送达的情况下，Chronopost 公司仅赔偿寄件人支付的邮费。最高法院依据《民法典》（原）第 1131 条的规定作出判决，认定 Chronopost 公司订立的限制责任条款应当被视为不曾订立，因为它违反了该公司作为一家专业快递公司担保其服务“迅速快捷、安全可靠”的承诺，换句话说，专业快递公司在不履行此种义务的情况下，将其应负的赔偿责任限制为一个微不足道的数额，使寄件人的义务承诺失去了原因。因为，与快件投寄时加收的寄费相对应的义务，恰恰就是要求快递公司要保证按时将邮件送到收件人手中。

与传统的原因观念相比较，最高法院的这一判例发生了某种“位移”或“滑动”。这是肯定无疑的。（因为）直至这项判决作出之前，原因虽然是一道护栏，但它始终仅仅是防止合同绝对失衡，也就是说，仅仅是防止没有相应的对待给付或者没有实现的对待给付的情况下而承诺的义务；（而通过上述判例）原因成为一种可以遏制抵触合同经济的条款的工具，在一方当事人因相对当事人不履行合同而受到损害时，可以保障合同具有而且保持受害方当事人据以考虑订立合同的那种用途与利益。[1] 这种分析，由于考虑了合同的每一方当事人所特有的经济方面的投入和关注，用“对合同义务的用途与平衡的具体分析”替代了传统上的“对相应的对价或对待给付的抽象评价”。这样一来，原因也就在一定程度上出现了主观化。

[1] D·Mazeaud，Defrénois，1997. 336.

最高法院1996年7月3日作出了另一项判决，从而在上述道路上走得很远。[1] 该案涉及的事实是，一些人为了在他们居住的村庄创办一家影视俱乐部，租借了200部影视录像带，租期为8个月，总价40000法郎。出租人要求支付租金，而承租人以合同缺乏原因作合同无效抗辩。本案实体法官正是以缺乏原因为依据宣告合同无效，最高法院驳回了（出租人）提出的上诉。最高法院在其判决中认定："由于已经不可能按照双方当事人期待的经济来履行合同，因此可以认定支付录像带租金的义务已经缺乏任何现实的对待给付或对价。"与传统观念相比，这一判决是一次创新。（在本案中，合同的）客观原因是存在的，因为所有的录像带均按照约定的对价租金数额交给了承租人，与此相反，该合同缺乏的是主观原因：承租人租用录像带的意图不是供自己观看，而是为了确保向其顾客实际播放，如果没有顾客，这一打算就不能具体落实。实际上，法官在这里通过原因这一概念，对合同进行了一种市场竞争性质的审计（audit concurrentiel）。[2]

对于法院判例从客观原因向主观原因的位移或滑动，我们可以做多种解读。从上述租赁合同本身来说，这一判决并非没有令人担心之处，因为，它有可能威胁到合同的安全。按照最高法院判决的思路，这样一来，只要一方当事人向对方当事人告知了他所追求目的，而这一目的在经济上实在不可能继续维持时，就有可能以合同缺乏原因作为理由来请求宣告合同无效，换句话说，任何承揽活动都可能面临的风险就不是落在从事这种承揽活动的人的肩上（在本

---

[1] D. 1997. 500，Ph · Reigné 述评；另见最高法院商事庭2007年3月27日判决（CCC 2007，N° 196，Leveneur 述评）。该判决对采纳这种方法取持更多的保留态度。

[2] B · 法热与 J · 梅斯特尔：《论市场法对债的普通法的影响》（B · Fages et J · Mestre，L'influence du droit du marché sur le droit commun des obligations，RTDcom. 1998. 81）。

案中，是承租人想创办一家影视俱乐部，结果这一活动未能实现），而是落在承揽人为了获得其从事活动所必要的手段需要找到的相对当事人的身上。这样一来，按照正常逻辑，任何缔结合同的人，今后就都必须密切关注相对当事人用与其订立的合同所获得的标的物从事的活动是否具有可行性。[1] 这与交换性合同的传统经济发生了深刻的裂痕。按照传统的理论分析，通过订立交换性合同获得某项财产或服务的人所追求的经济目标属于合同范围之外，合同中有明文条款将这种经济目标纳入合同范围内的情况除外。

看来，传统的理论分析能够更好地满足法律安全的强制性要求，而令人庆幸的是，最高法院在此后作出的判决也表明其与传统理论分析之间保持的一脉相承的紧密关系。[2] 在一宗不动产买卖诉讼中，买受人请求法院宣告该不动的买受无效，因为他发现自己不可能实现本来打算追求的税收优惠利益。司法官们驳回了买受人的这一诉讼请求，判决的理由指出："没有满足当事人所说的原本考虑的（订约）动机——在本案中，就是考虑追求税收上的优惠待遇——即使相对当事人原来知道和了解这种动机，在没有明文订立条款从而可能将这种动机纳入合同范围的情况下，不能引起撤销合同。"这就是说，在一方当事人所追求的目的无法实现的情况下，只有在合同中通过某项明文约定的条款将此种目的写进了合同范围时，才有可能引起合同无效。因此，如果在合同中有"双方约定的对待给付或对价"之类的表述可以反映出当事人订立合同的目

[1] G·维克尔：《论合同的强制力与内容，欧洲合同法原则下的法国合同方面的各种概念》（G · Wicker, Force obligatoire et contenu du contrat, in Les concepts contractuels français à l'heure des Principes du droit européen des contrats, 2004, p. 151 et s, sp. p. 156）。作者认为，在原因主观观念中可以看到一种引人注目的使合同关系道德化的工具，它禁止任何人在一开始就确实知道与其订立合同的对方当事人面临着失败与损失的情况下继续与之订立这种（将会严重损害相对人的）合同。

[2] 最高法院第一民事庭，2001 年 2 月 13 日。

的，那么，这种目的就属于纳入了合同对此种“对待给付的标的所作的具体”的规定当中，[1] 因为，这样一来，订立合同的目的就不再是一方当事人的动机了，而成了需要由合同项目来考虑的经济利益。[2]

另外两宗与1996年7月3日作出判决的案件相近似的诉讼案中，最高法院作出了两项判决，回归到有关原因的更为正统的定义。在这两项判决里，最高法院重申，“双务合同中一方当事人的债的原因就在他方当事人缔结的债务当中”，[3] 因此承租人应当承受因缺乏远见和相应能力而作出错误评估的合同的经济风险。[4] 与此相反，我们也看到，在录像带租赁合同一案中所阐述的分析意见，却是与人们所理解的共同利益合同中的原因概念相协调的，因为在共同利益合同中，双方当事人所追求的是一种共同的项目，该共同项目的经营前景自然属于合同的范围（参见第347节）。

归根到底，对最高法院就录像带租赁案作出的判决，完全可以作出较少动摇合同法的稳定性的分析解释。因为，我们可以将该合同所涉及的租赁活动看成是一个合同整体，由于租借人需要将其租来的录像带再出租给他的（俱乐部的）顾客，因此，租借人订立的这项租用录像带的主合同只有在这些录像带具有转租前景的条件下才有意义。主合同与转租合同在双方当事人的思想上构成一个整体，而在转租合同无法实现的情况下，将引起主租赁合同无效（参

[1] J·盖斯坦：《关于债法与时效改革的前言》，2005年，P·卡塔拉主持，第38页（J·Ghestin, Avant-propos de reforme du droit des obligations et de la prescription, 2005, P·Catala, p. 38）。

[2] S·勒格特：《论合作性合同，也谈合同之一般理论》，《巴黎二大学位论文》，2012年版，第62节（Lequette, le contrat - coopération, contribution à la théorie générale du contrat, thèse parisII, N°62）。

[3] 最高法院商事庭，2007年3月27日（somm. 2970, JCP2007. II. 10119）。

[4] D·Mazeaud, RDC2009. 1347.

见第 348 节)。[1] 从合同整体来考虑，我们也就可以解释从客观原因向主观原因的过渡，但这种过渡也仅限于这种情形。

343. 射幸合同

在射幸合同方面，适用“没有原因”的情况同样很多。所谓射幸合同是指双方当事人的义务取决于将来的某种不确定事件的合同。这种合同的每一方当事人都有获利的机率，也都有受损失的风险（参见第 69 节)。在射幸合同里，原因这一概念有了一些小小的变化：每一方当事人在承诺义务时均不能期待获得当时即已确定的对待给付，而只是期待或希望获得远远超过自己所为之给付的那种对待给付，换句话说，（在射幸合同中）如果缺乏当事人期待的财产利益，即是说，如果没有获利的机遇以及没有与此相对应的遭受损失的风险，合同就因缺乏原因而无效。不过，还应当弄清一个问题：是要求这种赌博性质客观存在，还是只需要各方当事人都认为存在赌博性质（即可构成射幸合同的原因)？例如，（当事人并不知道交付运输的货物）已经被毁，就此种货物订立的保险合同，客观上并不存在赌博性，但是，如果双方当事人在订立这样的合同时都相信这些运输货物仍然存在，那么这样的保险合同是否有效（也就是说，所订的合同不属于射幸性质)？

有时，则要求射幸性质或赌博性质是客观存在的，例如，《保险法典》第 121-15 条就陆上保险作出如下规定，“如果在订立合同时保险标的已经灭失或者不可能再发生风险，保险无效”，因为这种情况下客观上已经不具有射幸性质。因此，在这种情况下，不考虑当事人是否认为被保险的标的物仍然存在；同样，《民法典》第 1974 条对于设立终身定期金的合同规定：“以订立契约之日已经死

---

[1] J · 盖斯坦：《没有义务承诺之原因，就没有约定的对应利益》(J · Ghestin, L'absence de cause de l'engagement: absence de contrepartie convenue, JCP 2006. 1. 177, N°18)。

亡的人的生命存续时间设立终身定期金的契约，不产生任何效力。”法典第 1975 条还补充规定：“按照设立终身定期金的契约订立之后 20 天内就因患病而死亡的人的生命存续时间设立的此种定期金，适用前条之规定。”[1] 在这两种情况下，合同之所以无效，都是因为客观上既不存在获利的机遇也不存在遭受损失的风险，因此，定期金债务人相信定期金债权人仍然在世或者不知道该人原已患有引起其死亡的疾病，均不在考虑之列。当定期年金的数额低于出卖的财产的年收入时，由于买受人的利益并不具备任何的不确定性，在此情况下采用设立终身定期金的方式进行买卖的合同也无效。[2]

还有类似的情况，一个家庭谱系调查人向死者的某个继承人许诺可以为该继承人调查并披露应当由其继承的那些遗产，但要求将该遗产的一部分作为报酬，只要可以肯定即使没有该家庭谱系调查

[1]一宗不动产买卖，采用为两个出卖人设立终身定期金作为对待给付条件，定期金以两出卖人中某一方最后死亡的时间为期限，如果其中一人先死亡，并不因此减少定期金的数额，也不影响买受人负担的债务，因此，对第 1975 条规定的适用不产生任何影响，仅应从后死者的个人方面去查明是否实现法定条件（最高法院第一民事庭，1971 年 1 月 7 日）。定期金债务人用现款支付了部分价金并且已经支付了第一次到期的定期金的应付款项，这种情况并不剥夺已经死亡的定期金债权人的继承人在 20 日内主张《民法典》第 1975 条规定的具有公共秩序性质的无效事由（最高法院第三民事庭，1992 年 11 月 10 日）。在终身定期金的受益人订立合同之后超过 20 日才死亡的情况下，第 1975 条之规定并不禁止以有关合同的普通法产生的理由为依据，确认以支付终身定期金为对价条件的买卖合同无效（最高法院第三民事庭，1980 年 11 月 4 日）。并不一定要求终身定期金的受益人是因订立合同之日就患有的疾病而死亡，而只需要终身定期金的债务人知道定期金债权人的健康状况的严重程度，即可适用本条之规定（最高法院第一民事庭，1996 年 4 月 16 日）。但是，如果法官经自主评判、认定有证据证明买受人并不知道出卖人不久将死亡，并认定由此订立的终身定期金买卖具有射幸性质，则有理由驳回有关买卖无效的诉讼请求（最高法院第三民事庭，1977 年 3 月 22 日）。

[2]最高法院诉状审理庭，1911 年 5 月 1 日（DP 1911. 1. 353，Planiol 述评）；最高法院第三民事庭，1977 年 2 月 9 日（Bull. civ. III，N° 70，p. 55）；最高法院第三民事庭，1998 年 2 月 9 日（JCP 1999. 11. 10036，Dagome-Labbé 述评）；与此相反，如果不动产买卖所得的净收入低于此数额，买卖仍然有效，参见最高法院第三民事庭，1971 年 12 月 7 日判决（D. 1972. 2750）。

人的参与，该继承人也会知道这些遗产的存在，在这种情况下，等于不存在谱系调查人为继承人提供的服务，[1] 继承人也没有面临无法知道存在这笔遗产的风险，因此，法院判决撤销谱系调查人与继承人之间订立的（这项并不存在射幸性质的）合同。

有时，法院判例也认定，只要双方当事人都相信存在某种射幸性质，虽然客观上并不具有这种性质，所订立的合同仍然有效。例如，《保险法典》第 172-4 条就规定："只要双方当事人在订约时并不知情，在发生海难之后或者在货品已经运达之后订立的海上保险合同仍然有效。"与此相同，以设立终身定期金的方式订立的合同，在定期年金受益人于合同订立之后刚过 20 日即死亡的情况下，该终身年金买卖合同仍然有效，但如果买受人在订立合同之日知道年金受益人不久就会死亡，则另当别论，因为"这种情况使其进行的交易活动不具有任何射幸性质"。[2] 最后再举一个例子，虽然比赛已经开始，但各方当事人尚不知道最后结果时，在此情况下进行的打赌仍然有效。

344. (b) 单务合同

对于单务合同中的原因，很难作出概括性介绍。由于单务合同中双方当事人之间没有相互义务，所以人们大都倾向于从合同之外

---

[1]最高法院第一民事庭，1953 年 4 月 18 日（D. 1953. 409. JCP 1953. 11. 7761，Gaz. Pal. 1953. 2. 7）；关于为了进行调查、揭示遗产状况的合同，参见 Leveneur 评论（《P · Catala 论文集》，2001，p. 771）。

[2]最高法院第一民事庭，1977 年 3 月 2 日（Bull. civ. I，N° . p. 89. Defrénois 1977 p. 1597，L · Aubert 述评）；最高法院第三民事庭，2000 年 2 月 2 日（JCP 2000. 11. 10289，Weber 述评）。完成一种良心上的义务，即是许诺支付生活费的充分的合法原因（最高法院民事庭，1862 年 5 月 27 日）。赠与行为的（债的）原因在于决定赠与人进行赠与的动机（例如，姘居男女之间进行的赠与）（最高法院第一民事庭，1959 年 10 月 6 日）。当赠与财产看来也是为了履行良心上的义务时，做相同处理（最高法院第一民事庭，1959 年 10 月 6 日）。

去查找由该合同产生的债的原因，如果单务合同看来是另一项协议的附属部分，此种情况更是如此。单务合同这一表述所涵盖的现实情况相互之间差异非常大，我们往往需要从中抽出某些情况作为例子来加以说明；对于无偿合同，我们还将专门进行单独介绍。因此，在这一节里，我们仅介绍一种实践合同（要物合同），那就是有息借贷合同，以及两种诺成合同，它们分别是清偿现有债务的允诺与保证合同。

345. 一种实践合同（contrat réel，要物合同）：有息借贷合同

对于借贷人而言，有息借贷合同产生的债务是：归还其借贷之物并支付利息。假定法国法将这种合同看成是一种诺成合同，那就不需要我们从原因理论的角度来对这种合同进行任何特别的阐释，因为如果是那样，有息借贷合同也就会如同其他诺成合同一样，只要当事人之间交换同意意思即告成立，并且由此具有双务合同的性质。从这种角度出发，贷与人与借贷人的债互为原因。贷与人承诺在借贷期间将约定借贷的款项如数交给借贷人处分，而作为此项承诺的对待给付，借贷人向贷与人支付利息并且在借贷期限到期之日，将借贷的款项本金如数归还。当然，只有在贷与人本身切实履行了自己的义务，将资金交给借贷人处分的条件下，借贷人的债才能成为实际的债务。我们在前面已经谈到，现在由信贷职业人同意进行的借贷就是如此：最高法院的判决认为（参见第 147 节），由信贷职业人同意进行借贷的有息借贷合同并不具有要物合同的性质。[1]

---

[1]最高法院第一民事庭，2008 年 6 月 19 日（D. 2008，AJ，1825，JCP 2008. 11. 10150，Constantin 述评，CCC 2008，N°255，Leveneur 述评，RDC 2008. 1129，Laithier 述评）；最高法院商事庭，2009 年 4 月 7 日（D. 2009，AJ，1203）。（本节关于有息借贷合同的性质，理论界有不同的看法。此外，法国法在这一问题上的一个基本区分是，信贷职业人进行借贷的合同与个人之间的借贷合同在性质认定上有所不同，前者为诺成合同，后者为要物合同，但注意本节所指的例外情形。——译者注）

但是，与信贷职业人同意进行的借贷相反，法国法按照自己的传统，将个人（实际就是我们所说的“民间借贷”）同意给与借贷而订立的有息借贷合同继续作为要物合同来对待，也就是说，由个人同意进行借贷的有息借贷合同是一种依物的交付而成立的合同（参见第147节）。正是这样的观念又一次遭到反原因论者的批评。批评意见认为：（按照传统理论分析，在这种借贷合同中）借贷人的债的原因在于将借贷之物交其处分，这种交付就不是对合同产生的债的履行，而是合同成立的一项条件，这样一来，原因理论也就与“要求履行某种特别手续”发生重叠或重复，在这里就是与款项的交付手续发生重叠或重复。在不交付借贷之物的情况下，不仅借贷人的债丧失了原因，而且更为彻底：合同甚至没有成立。更有甚者，在存在表见的借贷物的交付时，法院判例仍然运用“没有原因”这一概念裁判合同无效，例如，当贷与人将钱款交给了第三人，第三人将这笔资金挪作他用而没有转交给借贷人时，[1] 法院判例同样是运用原因理论（判决合同不成立）。

实际上，正如有些人指出的那样，我们可以认为，无论是要物性借贷合同（个人借贷合同）还是诺成性借贷合同（信贷职业人同意进行的借贷），贷与人的根本义务或主要义务，从本义而言，并不是（立即）交付借贷的金钱，而是将这些金钱持续地交给借贷人处分，直至约定的期限到期为止，[2] 这样，我们就可以赋予（两种）借贷合同的原因以单一的性质。这样来分析问题，借贷人债务的原因就纯属客观性质，引导借贷人进行借贷的动机，特别

[1] 亚眠法院，1879年2月21日（S. 80. 2. 134）；如果中间人得到借贷人的委托，以其名义、为其利益收取资金，另当别论。

[2] F·舍内德：《论要物性借贷合同与诺成性借贷合同中的原因》（F·Chenede la cause de l' obligation dans le contrat de pret reel et dans le contrat de pret consensual, D. 2008. 2555）；另见B·特席叶：《系列合同》（B·Teyssié, Les groupes de contrats, N°s 347 et s, p. 178 et s）。

是其打算将借来的款项用于何种用途，便不在考虑之列。

然而，过去也有人认为，不论是不是由信贷职业人给予的借贷，进行借贷都是为了购买某项确定的财产，这种确定财产的取得就构成借贷的原因。因此，在不可能实现此种财产的取得的情况下，借贷合同就因缺乏原因而应当撤销。在我们看来，借贷的资金的用途是与主观原因相对应的、吻合的，也就是说，借贷资金的用途是与借贷人追求的动机相对应的，只有当双方当事人将这种动机纳入合同的范围，将其上升为合同的一项条件时，借贷人才能主张其原定的借款用途不能实现（因而请求取消借贷）（参见第 342 节）。为了法律安全，需要付出这样的代价，特别是如果将借贷的原因放进“借贷—买受人”与出卖人的关系当中，就完全有可能使借贷人针对贷与人提出后者完全不能掌控的任何一种抗辩，这种情况下，尤其要求具备“借贷的动机属于合同范围”这样的条件，才能主张取消合同。这也正是最高法院坚持重申与确认传统处理意见的原因：“借贷人的债的原因就在于将其打算用来取得某项财产所必要的资金交由其处分。”[1] 这样，就可以在（该财产的）买卖合同与为此项买卖而筹措资金的借贷合同之间立起一道栅栏。各方当事人的债的原因都在于借贷合同本身，而不是源于考虑某一相邻的协议，除非对相邻协议中的考虑在订立借贷合同时就已经被提升

[1]最高法院第一民事庭，1974 年 11 月 20 日（Bull. civ. I, N°311, p. 267, JCP 1975. 11. 18109, J · Calais-Auloy 述评）；另见：最高法院第一民事庭，1994 年 12 月 20 日（Defrénois 1995, p. 1040, D · Mazeaud 述评）；最高法院商事庭，1996 年 3 月 5 日（D. 1997, somm. com. p. 343, Toumafond 述评）；最高法院商事庭，1999 年 2 月 16 日（CCC 1999, N°70, Leveneur 述评）。不过，也有一些法院判决显示出变化迹象，例如，最高法院第一民事庭，1997 年 7 月 1 日（1998. 32, L · Aynès 述评，somm. com, p. 110, D · Mazeaud 述评，Defrénois 1997. 1251, L · Aynès 述评）。该述评认为，由于买卖与借贷两项行为有着不可分开的紧密联系，由此可以推断双方当事人有意图将借贷的存在系于买卖的实现。

为进行借贷的条件。[1]

不过，对于特定的借贷，立法者却拆除了这道隔离栅栏，1978 年 1 月 10 日关于消费借贷的法律就是一例。该法第 9 条第 2 款（《消费法典》第 311-21 条第 1 款）规定："当缔结借贷是为了订立某项合同，而该合同本身被法院撤销或解除时，借贷合同亦当然解除或撤销。"2010 年 7 月 1 日的法律再次作出了相同的规定（《消费法典》第 311-32 条）；1979 年 7 月 13 日关于不动产借贷的法律（《消费法典》第 312-12 条）规定："对于借贷要约的承诺，始终以自此项承诺起 4 个月内未能订立为之缔结借贷而拟订立的合同为解除条件。"最高法院对这一条文采取了扩张性解释。[2] 借贷合同，作为其为之提供资金的合同的附属性合同，被直接放到了对该合同的依附地位。[3] 将"借贷—买受人"与出卖人联系在一起，并且将借贷人与贷与人和出卖人两个方面的分散关系趋向于转变为一种三角关系。[4]

346. 清偿此前存在的债务之允诺

（日常生活中常常有这样的情况）一人向另一人承诺到某一

---

[1] 这就是说，有息借贷合同的原因仍然应当从该借贷合同自身来考察，而不是从借贷人将用其借贷的款项去订立的另一项合同中去探寻，但是，如果在借贷合同中有这方面的明确规定，则不在此限。合同的原因与订约的动机是有区别的。

[2] 最高法院商事庭，1993 年 5 月 18 日（CCC 1993，N°182，G·Raymond 述评）；最高法院第一民事庭，1993 年 12 月 1 日（JCP 1994. 11. 22325，C·Jamin 述评，Defrénois 1994，p. 823，D·Mazeaud 述评，RTD civ. 1994. 859，Mestre 述评）。

[3] 关于这个问题，参见：H·森孙维特：《主合同与信贷合同在其成立时的依存关系》，载《消费者信贷法》（H·Synvet，La relation de dépendance entre le contrat principal et le contrat du crédit dans leur formation，in Le droit de crédit au consommateur，p. 335）。

[4] 这样做也是为了保护消费者，例如，购买住房需要订立贷款合同，如果房屋买卖合同被法院解除，这项贷款的条件不再具备，借贷合同亦应解除（否则借贷人将承受沉重的负担）。——译者注

日期清偿特定数额的金钱，而该另一人并不负担与此相对应的任何义务。允诺人之所以这样做，可能是出于某种无偿赠与的意图或愿望，于此情形，他所做出的允诺便具有无偿性质；但是，（也有另一种情形）允诺人做出支付特定数额金钱的允诺是为了消灭先前就已经存在的对该允诺的受益人的某项债务，[1] 于此情形，其做出的允诺就是以待要清偿的此项债务为原因。我们可以看到，在此情况下，当事人之所以承诺义务，考虑的不是在（此次）合同中规定的某种对待给付，而是考虑该合同之外的某个因素。如果不存在这种外部因素，其所做允诺就因缺乏原因而无效，[2] 例如，一家电影院的经营者，误以为某一艺术家对某一损害应当承担责任，于是向该艺术家承诺由电影院来赔偿这一损害，这一允诺因没有原因而无效；[3] 又例如，某妇女声称某男子是其子女的非婚生父亲，该男子按照该妇女的说法，错误地以为自己真是如此并且为该妇女所指的儿童提供了生活费，（后来事实得到认定）这项义务也因没有原因而无效；[4] 如果这种外在的因素仅部分存在，那么，债的原因

[1]尽管在做出义务承诺的当时原则上就应当存在原因，但是，当债务人承诺的义务可能存在的情况下，其所做承诺的原因也可以存在于后来产生的某项债务之中，参见最高法院第一民事庭，1989 年 12 月 13 日（Bull. civ. I，N° 352，p. 239，D. 1989 somm. com. p. 230，J. -L · Aubert 述评，Defrénois 1989. 758，J. -L · Aubert 述评）。

[2]有人对于在这种情况下运用原因理论提出了批评，他们认为，在这种情况下面对的不是一种目的因，而是一种动力因，参见舍内德：《论私法上的替换》，《巴黎二大学位论文》，2008 年（Chénedé，Les commutations en droit privé，thèse Paris II，éd. 2008，N° 195，p. 179）。

[3]最高法院诉状审理庭，1924 年 7 月 12 日（DH 1924. 509，Gaz. Pal. 1924 2 420）；蒙特莫里容初审法院，1982 年 5 月 19 日（JCP 1984. 11. 20219，Montanier 述评）。

[4]最高法院诉状审理庭，1931 年 7 月 7 日（DH 1931. 445）；最高法院第一民事庭，1985 年 2 月 13 日（D. 1985. 462，J · M 述评）；最高法院第一民事庭，2008 年 10 月 30 日（JCP 2009. 11. 10000，D · Houtcieff 述评，Defrénois 2009. 671，Libchaber 述评，RDC 2009. 49，D · Mazeaud 述评）。

部分不实，它引起的不是债的被撤销，而是将债的数额减少至与仍然可以存在之部分相对应的数额。[1]

保证（le cautionnement）是指被称为保证人的人做出承诺，在被称为主债务人的人不清偿其对债权人的某项债务时，由保证人清偿这一债务的合同。保证合同是一种单务合同，因为它仅包含来自保证人方面的义务承诺，保证人的相对当事人，也就是主债务人，仅需要接受保证人同意提供的保证即可。正因为如此，关于如何识别保证合同之债的原因，也引发了理论界各种见解之间纷繁复杂的争论。面对这方面的困难，有人建议，应当承认保证合同具有“不考虑原因即告成立之性质”，即所谓“无因”性质，从而将行为与原因两相分开。[2] 但是，理论界占主导地位的意见拒绝接受这样的分析。在占主导地位的意见中，有人认为，应当到保证人与主债务人的关系中去探讨保证的客观原因，更具体地说，保证人承诺保证义务的原因，就在于他对债务人所抱有的某种恩惠精神当中（无偿保证），或者，在于他指望从债务人那里获得的利益当中（有偿保证）。

对于上述分析见解，也有人提出反对意见，他们认为，如果像上述观点主张的那样“从保证人与债权人关系之外去考虑”与探讨保证的原因，有可能损害债权人的安全，因为这样做将使债权人有可能受到“以保证人与主债务人之间的关系而产生的各种抗辩”。正因为如此，另一些学者指出，应当从保证人与

[1]最高法院第一民事庭，2003 年 3 月 11 日（JCP 2003. 1. 142，N° 5，J · Rochfeld 述评，RDC 2003，p. 39，D · Mazeaud 述评，RTD civ. 2003，p. 287，J · Mestre et B · Fages 述评）。

[2]卡布里亚克与穆里：《担保法》（Cabrillac et Mouly，Droit des sûretés，N° 99）。（关于“无因之债”的问题，参见第 700 页译者注）。

债权人的关系中去探寻保证合同的原因。[1] 保证人为什么要承担保证义务，有关此种原因的回答，看来就在保证人提供的担保当中。保证人承担保证义务的最近目的或直接目的（近因或直接原因），就是要让债权人得到某种担保。但是，这样一来，原因与标的就发生了混同。有鉴于此，有人还向前跨越了一步，认为相对于担保本身而言，保证人的目的处于次要方面，而担保本身属于“一种不考虑原因而成立的行为”（也就是说，无须查明保证人或者担保人是为何原因为他人债务提供担保，不考虑此种原因，保证与担保仍然有效）。债务人所期待的并且要以其获得保证为前提条件的信贷或利益要重于保证的目的。[2] 按照这种分析思路走下去，如果主债务人未能取得他所追求的信贷或利益，那么保证便没有原因。这种分析虽然比较严密，但其意义很有限。保证具有从属性质，这是《民法典》明文确认的（法典第2012条），因而也导致产生相类似的结果。不过，法院判例有时仍然会参照运用原因这一概念。[3]

347. （c）共同利益合同的原因，组织性合同的原因

我们从前面的阐述中可以看到，《民法典》对原因这一概念所作的定义是非常简单的。所谓原因就是“当事人对订立合同

[1] P·安塞尔：《法国法与比较法上的非从属性的人的担保》，《第戎大学学位论文》（P·Ancel, Les sûretés personnelles non accessoires en droit français et en droit comparé, thèse Dijon, 1981, N° 180）。

[2] 森勒尔与德勒贝克：《担保法，不动产公示制度》（Simler et Delebecque, Les sûretés, La publicité foncière, N° 98）。

[3] 最高法院商事庭，1972年11月8日（Bull. civ. IV, N° 278, p. 263, D. 1973. 753, Malaurie 述评）；最高法院第一民事庭，1978年5月30日（Bull. civ. I, N°207）；最高法院商事庭，1981年1月19日（Bull. civ. IV, N° 30, p. 22, D. 1981, IR p. 503, Vasseur 述评）。

的利益”（参见第334节）。由此而来，我们就会发现，在不同类型的合同中，原因这一概念并不涵盖相同的现实：所有的完成交换功能的传统合同，各方当事人的利益发生趋同的合同，如共同利益合同，或者各方当事人的利益一致的合同，如公司合同，原因所涵盖的现实显然不同，因为，完成交换功能的传统合同建立在相反利益的相互协调与妥协的基础之上。

首先，来谈一谈共同利益合同：共同利益合同的基础是当事人提供的工具性给付与目的性给付两者的交汇与绞合（参见第302节）。一方当事人给予相对当事人以某种手段，由后者使用并从事经营，目的是获取双方可以分享的利益。例如，作者将出版其作品的权利转让给出版人，由出版人既为他自己的利益也为作者的利益从事出版与销售活动。按照这种合同，出版人按照一定比例将每一部作品的销售价金分配给作者。又例如，特许权人将其掌握的专有技术或技术诀窍传授给受特许权人，由受特许权人既为自己的利益也为特许权人的利益使用这种专有技术从事经营活动，并按一定的比例将经营所得的收益分配、返还给特许权人。也就是说，在这种共同利益合同当中，每一方当事人所负担的债都被设计成在实现有利于双方的某个共同项目的道路上的一个阶段。我们从这里也可以看到，共同利益合同与交换性合同之间的差别。在交换性合同当中，每一方当事人的债的履行，并不是为应当履行该债务的当事人直接带来利益，而只是单纯代表对其强加的一种“牺牲代价”，以便获得其寻求的由相对当事人履行对待给付的回报；然而，在共同利益合同当中，每一项给付都是一种工具，它既服务于应当进行此种给付的当事人的利益，同时也服务于有权要求此种给付的人的利益。换句话说，当实现某种给付不仅有益于债权人而且同时有益于债务人时，就意味着合同的双方当事人之间有着共同的利益。以下情况即是如此：如果当事人提供的工具具有上等的质量，那么利用这种工具来进行经营也就会有很好的效益，当然，要做到这一点，还意味着需要存在相应的市场。只要具备这样的条件，利用这种工具从事的经营活动就会运转得很好。由此可以看到，每一方当事人承诺的义务，不论是工具性质还是目的性质，都是为了实现共同项目而做出的安排，这样对双方都有利益，以至于在双方当事人之间存在一种互补性，我们甚至可以说它并不是一种相互的对待给付，而是一种共同的给付或联合的给付。合同的每一方当事人，为了获得他方当事人履行其承诺的这种共同给付，也就要承担相对应的义务，在相对当事人为实行共同项目而进行的给付之上再增加自己一方的给付。诚然，如果只是进行某种表浅的分析，我们似乎也可以将这种共同利益合同归入双务合同的典型形象的类别之内，共同利益合同似乎就是一种双务合同：一方当事人提供工具或手段，相对当事人提供报酬。但是，这种分析仅仅是停留在事物的表面。实际上，在共同利益合同当中，每一项给付都是服从共同设定的某种项目或计划，而提供的手段应当有益于这种项目的经营活动。这就不仅要求这些手段确实存在，而且还要求存在能够使该共同项目得以顺利开展与经营的市场。至于在合同中规定的可得报酬，不仅在原则上不应当是微乎其微的报酬，而且同样要求存在“可以实现这种报酬的市场”。这是一种前提条件。这就是说，通过原因这一概念，我们就可以进行具有两面性的监督：为了使共同项目得以实现，双方当事人所提供的给付都应当是存在的，而且不是微不足道的。其次，还要求存在可以实现该共同项目的市场。正是在这一点上，共同利益合同与交换性合同之间存在着巨大的差别。在交换性合同当中，经营前景始终是每一方当事人各自的事情，属于他们之间订立的合同范围之外的事情，除非双方当事人在合同中就此前景作出了明文规定。而对于共同利益合同而言，共同项目的经营前景恰恰属于合同范围之内的事情：如果一个共同项目一开始就不存在必要的市场，一开始看来就缺乏成功的前景，那么该共同利益合同就应当有可能被撤销。此外，我们还看到，对于共同利益合同来说，当事人对合同经济效益的误解，也可以在对本质的误解的名义之下受到制裁，而在交换性合同中，则是不可能这样做的（参见第 218-1 节）。

再来谈一谈组织性合同：我们以公司合同作为这方面的例子——公司合同是一种早就存在的、典型的组织性合同。参股人或股东将自己的某些财产或服务作为出资，将它们投入到公司，用于共同的事业，以期待集体实现利润，然后再分享这些利润。有时，有人也将公司合同中的原因视同双务合同的原因。如果按照这样的观点来看待问题，那么，参股人或股东进行的出资便构成出资人的债的标的，由此也就构成其他共同出资人的债的原因。但是，我们不能认同这样的分析见解。因为，虽然说参股人或股东需要承担出资义务，但他并不是为了受领其他参股人或股东进行的出资，而是为了获得公司所实现的利润的某种份额，参股人或股东之所以承诺出资，是为了使自己成为公司股份或股票的持有人，成为公司股权的持有人，从而有权分享公司实现的利润。这就意味着在组织性合同当中，所有的合同当事人都不是相互向对方承诺义务，而是大家一起合作并共同承担义务，目的是使他们投入的财产形成一个整体，或者使他们从事的活动形成一个可以达到共同目的的“集束力量”。因此，当某一个团体为自己确定了共同目的但这一目的却无法实现时，那么，这种团体合同就缺乏原因，合同因此而无效；当一家公司不能再实现其创建时所确定的目标活动时，公司也就要依法当然解散（《民法典》第1844-7条2），或者通过司法途径将其解散（《民法典》第1844-7条5）。

348.（d）复合性合同与合同整体中债的原因

所谓复合性合同（les contrats complexes）是指，为了实现某种特别的活动，由多项传统合同结合在一起的合同。这种复合性合同从性质上有别于它的各个组成部分的合同（参见第76节）。复合性合同最典型的例子，莫过于信贷租赁合同（contrat de crédit-bail）。我们知道，信贷租赁是一项金融活动：由信贷机构购买某种财产并将其出租给用户，由用户缴纳租用财产的费用（信贷租金），经过一定时间之后，按照财产的残值买受该财产。尽管信贷租赁合同是由买卖、租赁以及单方的买卖预约3种合同组合而成，但它并不是这3种组成要素的简单相加，而是要遵守它自身适用的特别制度。要想使组成这种复合性合同的3种要素紧密地结合为一个整体，理论界也想到要运用原因这一概念。

当复合性合同的某个组成部分消灭时，整个交易活动的命运又将如何？这时，原因问题就具有很大的实践意义。例如，就信贷租赁合同而言，当买卖被撤销或者被解除时，信贷租赁合同又将出现什么状况？

在开始阶段，法院判例是运用原因的概念来回答这个疑问。在买卖被撤销（annulation）或者被解除（résolution）产生溯及既往的效力的情况下，应当将作为租赁标的的财产返还给出卖人，信贷承租人不得再使用这些财产，也不得再行使最终的购买选择权，这样，也就使其负担的支付租金的债务失去了原因，由此而来，信贷租赁合同也就无效。[1]

但是，到后来，最高法院考虑到因合同无效所产生的追溯力有可能造成过分严重的后果，于是，站在合同履行的角度而不是站在合同成立的角度来处理这一问题：买卖合同的消灭（被撤销或者被解除），引起信贷租赁合同被取消但不产生溯及效力（résiliation）。[2]

从复合性合同到合同整体（ensemble contractuel），两者之间的距离很小，也就是说，这两种情况的差别很小。所谓合同整体是指，为了实现同一项总体活动而订立的若干合同组成的整体，但这些合同仍然保持着各自的地位。因此，复合性合同与合同整体之间的差别或距离主要在于：在复合性合同情况下，合同的复合性质是作为一个整体来看待，而对于合同整体，人们反而更多看到的是组成这一整体的各项具体合同部件（参见第 76 节），其次才是这个整体本身。无论如何，现实情况是，合同整体这种情况越来越多，因此很尖锐地提出了一个问题：有关原因的定义是否应当进行一定程度的更新，因为在这里，传统上运用债的原因的概念进行的探讨受到了限制。传统

---

[1] 最高法院商事庭，1980 年 1 月 4 日（D. 1980，IRp. 565，Larroumet 述评，RTDciv. 1980. 144，G · Cornu 述评）；最高法院第一民事庭，1982 年 3 月 1 日（JCP 1983. 11. 20115E-M · Bey 述评，RTD civ. 1983. 152，Ph · Rémy. 述评）。

[2] 最高法院混合庭，1990 年 11 月 23 日（JCP 1991. 11. 21642，D · Legeais 述评，D. 1991. 121，C · Larroumet 述评，CCC 1991 N° 30，L · Leveneur 述评，Gaz. Pal. 1991. 1. 381，cond. Dontenwille，Grands arrêts，t. 2，N°289）；由于在本书前面的注释中提到的判决作出之后在第一民事庭与商事庭之间判决发生的不同处理意见，有必要由最高法院混合庭进行会审，作出一项判决。关于这个问题，参见：R-N · 舒兹：《论信贷租赁中信贷承租人的救济权》，1994 年（R-N · Schütz，Les recours du crédit-preneur dans l'opération de crédit-bail，1994，p. 254 et s）。

的原因理论进行的探讨完全适应于孤立考虑的合同或者单项合同，但却不适合于合同整体。传统理论认为：原因，唯一应当从产生债的合同内部去查找，因而将原因这一概念关闭在合同内部，并阻断了它与外部的联通。[1] 诸合同之间的“一道刻板的隔离屏障”，使有关债的原因的传统理论探讨在面对合同整体时遇到了困难，因此，当我们需要考虑这样一种事实——某些合同之间实际存在着一种真正的功能上统一性时，传统的理论探讨就显得不能适应了。这方面的一个最好例子就是：传统判例确认，在通过借贷取得资金并用此资金进行买卖的情况下，借贷人的债务产生于（贷与人）将必要的资金交其处分，这样，不论买卖合同本身绕多大的弯子，借贷始终都有其原因（参见第 345 节）。但是，有必要指出的是，在另外一些更为特别的活动中，实体审理法官往往毫不犹豫地阐明多项合同之间存在的联系，以至于一份合同被撤销或者被解除或者被取消，都会牵连并引起那些与被撤销的合同不可分开的其他合同也被撤销。[2] 有时，对于某一项孤立来看有可能因没有原因

[1] Ph·雷涅：《论合同动力因的概念》，《巴黎二大学位论文》，1993 年（Ph·Reigné，La notion de cause efficiente du contrat，thèse multigr. Paris II，1993，p. 271，N°246）。

[2] 最高法院商事庭，1995 年 4 月 4 日（CCC1995，N° 105，Leveneur 述评，D. 1996. 141，S·Piquet 述评）；最高法院第一民事庭，1996 年 12 月 3 日（CCC 1997，N° 42，Leveneur 述评）；最高法院第一民事庭，1999 年 6 月 15（CCC 1999，N° 173，Leveneur 述评，JCP 2000. 1. 215，N° 6，Constantin 述评，D. 2000，somm. com，p. 363，D·Mazeaud 述评）；最高法院的一民事庭，2006 年 4 月 4 日（D. 2006. 2651，R·Boffa 述评，Defrénois 2006. 2651，Aubert 述评）；最高法院商事庭，2007 年 2 月 13 日（JCP 2007. 11. 10063，Serinet 述评，RDC 2007. 707，D·Mazeaud 述评，Defrénois 2007. 1042，Libchaber 述评）；最高法院商事庭，2007 年 6 月 5 日（JCP 2007. 11. 10184，Serinet 述评）；有时，他们甚至认为可以就明文规定的不可分性条款默示约定某种可分性，参见最高法院商事庭 2000 年 2 月 15 日判决（JCP 2000. 1. 272，N° 9，Constantin 述评，D. 2000，somm. 最高法院商事庭，p. 365，Delebecque 述评，RTD civ. 2000. 325，Mestre et Fages 述评）。

而无效的合同，法院判例通过认定该合同属于“构成一个不分开的合同整体的经济活动”的范围之内，[1] 使该合同得到挽救而不至于被撤销。在此情况下，原因就潜藏在法院用来作为判决依据的同一整体中的某些合同之间存在的不可分性[2]或相互依存性之下。[3] 这种原因有时也可以显现在光天化日之下。[4] 不过，另有一些学者更主张将上述这些概念看成是各方当事人意思的表达。[5] 实际上，看来在这一问题上，我们面对的是一种不得不令人想到的过去的某种探讨，那就是亨利·巴迪佛尔（Henri Batiffol）先生在确定国际合同准据法时所创建的定位理论探讨。各方当事人自由地构建他们打算实现的经济活动，而法官们则通过考虑当事人所规定的可分性与不可分性条款从这种一般的经济中推断出它是否具有不可分性。当事人在经济方面所

---

[1]最高法院第一民事庭，2006 年 5 月 1 日（D. 2006，pan. 2642，RDC 2007. 256，D·Mazeaud 述评）；另见最高法院第三民事庭，1993 年 3 月 3 日（JCP 1994. 1. 3744，M·Fabre-Magnan 述评）。

[2]J·穆里：《论诸债之间的不可分性与诸合同之间的不可分性》（J·Moury，De l'indivisibilité entre les obligations et entre les contrats，RTD civ. 1994. 255）；J-B·索贝：《论不可分性与法律行为》，《蒙帕利耶大学学位论文》，1999 年（J. -B·Seube，L'indivisibilité et les actes juridiques，thèse Montpellier，1999，N°s 167 et s，p. 206 et s）；S·阿梅拉尼-梅基：《论不可分性与合同整体，合同的逐步消灭》（S·Amrani-Mekki，Indivisibilité et ensembles contractuels；l'anéantissement en cascade des contrats，Defrénois 2002. 355）。

[3]S·布洛斯：《论合同的相互依存性》，《巴黎二大学位论文》，2001 年（S·Bros，L'interdépendance contractuelle，thèse Paris II，2001）；S·布洛斯：《论相互依存的合同：现状与展望》（S·Bros，Les contrats interdépendants：actualité et perspectives，D. 2009. 960）。

[4]巴黎法院，1994 年 11 月 17 日（RTD civ. 1995. 363，J·Mestre 述评：“尽管 Thon 公司采取了某些谨慎做法，使两份合同产生一种相互独立的表象，但它并不能合理地认为由同一推销人就同一设备订立的两份合同是相互独立的合同。其中一份合同不存在，另一份合同就没有标的，也没有原因。”参见最高法院第三民事庭，2002 年 10 月 30 日（Bull，clv，N° 211，p. 184，Defrénois 2003，p. 249，Libchaber 述评，RDC 2003，p. 115，G·Lardeux 述评）。

[5]盖斯坦：《义务承诺的原因与合同的有效性》，2006 年，第 927 节，第 592 页（Ghestin，cause de l'engagenment et validite du contrat，2006. N°927，p. 592）。

涉及的事项与他们在法律上所说的事项相比，要优先得到考虑。

最近有一份博士论文试图对这些困难问题做出回答，对原因作出了一种主要受主观原因理论指导的更新分析。按照该论文作者的看法，原因即是合同各方当事人的共同的缔约目的，或者是其中一方当事人追求的并得到相对当事人考虑的目的，因此在这种情况下债没有原因就表现为双方当事人均不可能达到这种合同目的。[1]

349. 无偿行为（的原因）

无偿行为的典型特征是，一方当事人自愿地不要任何对待给付。对于无偿行为的当事人来说，这是一种有意减少自己财产的活动。所有的无偿处分行为中（的所谓）“无因”（cause abstraite）——不作为法律行为的条件来考虑的原因，[2] 就在于赠

---

[1]Ph·雷涅前引论文（Ph·Reigné，N°250，p. 279）；S·Bros，N°435 et s）；特锡叶：《论系列合同》（Teyssié，Les groupes de contrats，N°s 64 et s，p. 34 et s）；H·卡比唐：《债的原因论》（H·Capitant，De la cause des obligations，3e éd，N° 112，p. 244），作者认为，“各方当事人可以参照经济性质的共同目的”，但他是就“制裁非法原因”的问题时进行的这一分析。

[2]这就是所谓“无因行为”，其中“无因”一语法文表述为“cause abstraite”。“无因行为”或“无因契约”是指其成立与有效性不以考虑原因为条件的法律行为或契约，原因可以分离开来，不论原因是否欠缺，甚至违法，法律行为自其完成时起发生效力，不受到原因的制约。所谓“无因”，并非真正没有原因。法国民法规定契约均须有合法的原因，契约与给付的原因是不可分离的，这就是“要因契约”或“要因行为”。《民法典》第1131条规定：“没有原因（absence de cause）之债，或者基于错误原因或不法原因之债，不发生任何效力。”如果法律行为没有原因，产生的是没有原因的债，是无效行为。在法文里，“无因”与“没有原因”这两个术语并不相同，它们分别为“cause abstraite”和“absence de cause”，法语从字面上就可看出两者是完全不同的概念，不会发生任何混淆，然而中文“无因”和“没有原因”却是相同意思。为了区别起见，本书将“absence de cause”统一译为“没有原因”或“缺乏原因”，而将“cause abstraite”译为“无因”。译者认为，用“无因之债”这一概念来表述“cause abstraite”，似待改进。另见第337节。——译者注

与人进行无偿处分的意图（intention libérale，赠与的意图）当中，例如，赠与人承诺转移赠与物的所有权，此种债的原因就体现在他向受赠人给予财产的愿望之中。

按照这样的意义来理解，（对于无偿行为）原因就显示出它是一种不可替代的“定性工具”（un instrument de qualification）：[1] 如果没有赠与的意图或愿望，就不可能有赠与或无偿处分；[2] 与此相反，原因仅能起到很不完善的保护个人的作用。为了确保处分人的（进行赠与或无偿处分的）意思表示有着某种真正的原因，看来有必要超越所谓“无因”（cause abstraite）理论而去探究那种起主要作用并促使处分人进行无偿处分的动机（motifs）的实现性。因为，如果仅仅是考察（当事人是否有）赠与的意图，那就有可能完全流于纯粹形式上的审查，须知，在这里，赠与的意图和（对赠与的）同意已经完全同一：赠与的意图就是同意本身。经常被人们看成是“无因观念”（conception abstraite de cause）创始人的让·多玛所阐述的正是同样的看法。多玛曾写道：“在赠与或者仅有一方当事人作为或者给与的其他合同中，进行赠与的人的义务承诺所依据的是某种合理的正当的动机，例如，帮人一把，或者对受赠人给与某种赏赐，或者是乐善好施。”[3] 也许，这种从原因的概念向动机的概念的滑动对法律安全可能带来某种程度的损害，但是，就无偿行为而言，不像有偿行为领域，法律安全的迫切性表现得并不那么强

[1]当事人进行无偿处分或赠与意图成为判断无偿合同的一种工具。——译者注

[2]J·杜佩卢：《再论无偿行为的一般理论》，《图卢兹大学学位论文》（j·Dupeyroux，Contribution à la théorie générale de l'acte à titre gratuit，thèse Toulouse，éd. 195-5，n°s 161 s)；《继承、无偿处分行为》（Les successions，Les libéralités，n°s 252 et s)。

[3]多玛：《自然秩序中的民事法律》，第一卷（Domat，Les lois civiles dans leur ordre naturel，Livre I，titre 1"，sect. l^re，6)。

烈。既然是无偿行为，顾名思义，受赠与人在取得受赠的某种利益时，并没有同意做出任何与之相对应的奉献，因此，受赠与人所要做的，只不过是保住这种受赠的利益而已。

正因为如此，法院判例也明显朝着这一方向，尽管这方面的判例并不很多。当进行赠与或者无偿处分的动机涉及受赠与人的身份或资格或者与受赠与人的行为表现有关，并且这种动机又起着决定性作用时，法院判例就会毫不犹豫地将这种动机（motif）提升为原因（cause）。这样一来，对于无偿处分或者赠与而言，动机便成为起着“决定性作用的推动原因”（cause impulsive et déterminante）；此外，在遗嘱处分中，对于动机所起的决定性作用，我们可以作出更加灵活的理解。[1] 例如，进行遗赠处分的人误以为受遗赠人是他的私生子并由此促使其决定进行遗赠，[2] 或者遗赠人误以为自己没有继承人，[3] 因而促使其决定向他人进行遗赠。这种遗赠就曾被法院撤销。[4] 又例如，赠与人向受赠与人夫妇二人进行赠与，原是基于该二人之间有着感情关系，但是，受赠与人夫妻在很短的时间里就离婚，实际上表明他们之间原本就不存在感情关系时，所受的赠与也被法院撤销；[5] 再例如，由于税法修改取消了原先（对财产赠与—分割）规定的税收优惠，此前依据这种优惠待遇之原

---

[1] B·布雷隆：《论赠与行为中的误解》（B·Grêlon，L'erreur dans les libéralités，RTD civ. 1981，p. 288 et s. N°s 37 et s）。

[2] 最高法院诉状审理庭，1809年7月13日（Jur. gén. Dalloz），参见《生前赠与和遗嘱赠与》（Donation entre vifs et testamentaires，N°244）；17 mars 1812，D. 1826. 1. 367）。

[3] 巴黎法院，1867年2月9日（S. 1867. 2. 139）；里昂法院，1933年2月6日（DP 1936. 2. 6，Nast 述评）。

[4] 是依据误解还是依据“没有原因”？——译者注

[5] 最高法院第一民事庭，1986年2月11日（JCP 1988. 11. 21027，C·David 述评，RTD civ. 1986. 586，J·Patarin 述评）。

因而进行的“赠与—分割”，亦被撤销；[1] 只要缺乏“促使赠与人决定同意赠与的动机”，那么，带有报酬性质的赠与（une libéralité rémunértoire）也由于没有原因（absence de cause）而撤销。[2]

在订立遗嘱之后，致使遗嘱人决定订立遗嘱的原因已经消失时，这种情况将导致所订遗嘱失效，例如，对于遗嘱人在立下遗嘱之后被实行监护制度的情况，《民法典》第 476 条第 4 款实际上就明文运用了原因已经消失这样的表述：“在设置监护之前订立的遗嘱仍然有效，但如证明自设置监护之后致使遗嘱人进行财产处分的原因已经消失的，不在此限。”不过，我们还应当同时与另一项条文的规定一起考虑，那就是关于立遗嘱人可以自由撤销遗嘱的规定，即《民法典》第 1035 条：“遗嘱，仅得以日后订立的遗嘱，或者以在公证人面前作成的载明改变意思之声明的文书，全部或一部取消之。”正因为如此，最高法院 2010 年 12 月 15 日的判决[3]认定，唯有有能力的立遗嘱人才能就当初促使其决定处分财产的原因消失所产生的后果作出（何种）决定，显然，按照正常逻辑，只有立遗嘱人在其生前就知道其订立遗嘱的原因已经消失的情况下，最高法院的这一判例才能发挥作用，正因为如此，立遗嘱人可以撤销其进行的遗赠。如其不撤销遗赠，那就意味着他打算保留其已经进行的这种处

---

[1] 最高法院第一民事庭，1985 年 5 月 14 日（Defrénois 1985 art. 33636，N° 109，J-L · Aubert 述评，RTD civ. 1986. 397，J · Patarin 述评）。

[2] 最高法院商事庭，1976 年 4 月 8 日（Bull civ. IV，N° 109，p. 93）；另见最高法院第一民事庭 1977 年 3 月 2 日判决（D. 1977，IR p. 294）。在该判决中，将（用给与财产作为）表示感谢的意思看成是动机（motif），而不是将其看成“对推动赠与起着决定作用的原因（cause）”。

[3] 最高法院第一民事庭，2010 年 12 月 15 日（Bull. civ. I. N°270）。

分。与此相反，如果立遗嘱人在死前并不知道其进行无偿处分财产的原因已经消失，那他就是没有来得及作出自己的决定：例如，在立遗嘱人死后，遗腹子（女）出生的情况：丈夫在去世时并不知道妻子已经怀孕，因此没有来得及解除此前已经作出的遗嘱处分。

350. (2) 补充说明

当债缺乏上面所定义的原因时，显然属于“没有原因”(absence de cause) 之债，但是，为了尽可能地准确理解法文“没有原因”这一概念，对其作些补充说明并非没有益处。为此，(法律上) 有时需要进行种种“视同”，有时则需要避免种种“混同”，这种做法有些适用于所有的合同，有些则仅为双务合同所特有。

351. 合同一般情况。不存在的原因与虚假的原因

《民法典》第 1131 条将虚假的原因 (fausse cause) “视同”不存在的原因 (cause inexistante)。虚假的原因和不存在的原因，这两种情况产生的法律后果是相同的。不过，我们还是应当注意这两个概念的各种细微差别。

虚假的原因是完全没有原因或者部分没有原因，[1] 由此产生同意的瑕疵。最常见的就是误解。[2] 缔约当事人一方以为原

[1]关于部分虚假的原因，参见最高法院第一民事庭 2003 年 3 月 11 日判决（JCP 2003. 1. 142，N° 5，J · Rochfeld 述评，RDC 2003，p. 39，D · Mazeaud 述评，RTD civ. 2003，p. 287，J · Mestre et B · Fages 述评）；关于这个问题，参见 J-R · 比内特：《论虚假的原因》（J-R · Binet，De la fausse cause，RTD civ. 2004. 655）。

[2]它可以是一种法律上的误解（une erreur de droit，对法律的误解）。参见最高法院第三民事庭 2000 年 5 月 24 日判决（Bull. civ. III，N° 114，Defrénois 2000. 1377，D · Mazeaud 述评，D. 2001，somm. com. p. 1135，D · Mazeaud 述评，D. 2002，somm. com，p. 926，Tournafond 述评）。

因存在而实际上并不存在。[1]实践中，这种情况极为常见，因为在大多数场合，没有原因总是夹杂着（一方当事人）误以为存在原因。

在有偿合同中，这种"对原因的存在"发生的误解，很明显与对动机的误解是不同的两回事（参见第220节）。因为，在这里，原因被理解为双方当事人之间约定的对待给付（参见第339节），因此，不可能与动机相混淆。正因为如此，就像没有原因的情况一样，"对原因的存在"发生误解也引起合同无效；然而，对动机的误解原则上却不在考虑之列（参见第220节）。[2] 不过，对于"清偿事先存在的债务的允诺"来说，这种区分就失去了它的清晰度，不那么明显，因为我们看到，在这种情况下，原因不再与对待给付（contreprestation）相同一，而是与合同之外的某种因素相同一。

在无偿行为里，与上述情况相反，人们倾向于将虚假的原因与"对决定性动机的误解"看成是同一的。在这方面，由于法院判例越来越倾向于从"不在考虑之列的原因"（cause abstraite）走向"具体原因"（cause concrète）[3]，例如，赠与意

---

[1]例如，最高法院第一民事庭1975年11月4日判决（Bull. civ. I，N° 307，p. 256，D. 1977. 105. J · Ghestin 述评）；塞纳大审法院，1963年3月19日（Gaz. Pal. 1963. 2. 18）。

[2]例如，一份保险合同，不会仅仅因为受其担保的风险已经由此前订立的一项保险给予了担保而无效。参见最高法院第一民事庭1959年6月29日判决（Bull. civ. I，N° 320，p. 267）；与此相反，参见最高法院诉状审理庭1932年6月6日判决（DH 1932 p. 582）。

[3]关于这里所表述的意思，需要理解法语原用语的意思："abstraite"一词本义为"抽象的"，因此，"cause abstraite"就可以译为"抽象的原因"，而在赠与行为中，赠与人进行赠与的意图或动机通常就是赠与的原因，这种原因一般不在法律考虑之内，因此属于"无因行为"，而"对赠与行为起着决定性推动作用的原因"被视为"具体原因"。所以，此处有从"抽象原因"走向"具体原因"这样的阐述。——译者注

图被理解为不在考虑之列的原因，“起着决定性的推动作用的原因”被理解为具体原因，这样，由处分人对决定其同意进行无偿处分的动机发生的误解，也可以以法律行为无效来对其实行制裁（参见第 350 节）。如果我们在前面所说的原因的主观化得到确认，那么双务合同的情况也是如此。

尽管“对原因的存在”的误解表明受害人方面在维护其利益时有着严重的不足，但从来没有以受害人发生这样的误解是不可原谅的误解作为理由而排除或不予考虑这种误解。[1] 这是因为，没有原因本身就会受到制裁，会独立于误解而受到制裁，这里误解仅仅是说明了为什么缺乏原因的理由。

352. 不存在的原因与被隐瞒的原因

不要混淆不存在的原因与被隐瞒的原因。所谓被隐瞒的原因是指，双方当事人对他们之间的债赋予一种与被掩盖的真实原因不同的表面原因或表见原因。这种隐瞒真实原因的法律行为，是一种被掩饰的活动。[2] 例如，双方当事人为了掩饰某项赠与行为，表面上采取的却是买卖形式，对交付标的物之债赋予一种表见的原因，使之表现为支付价金的相互债务，实际上双方当事人没有约定任何价金，真实的原因是一方当事人抱有赠与意图；又例如，在支付某项赌债而签发的汇票上写明此债务是以金钱借贷为原因，真实原因就被隐瞒、被伪装。与虚假的原因、错误的原因不同，除例外情形，伪装的原因或者被隐瞒的真实原因并不引起债的无效。正如我们在本书第 546 节里

[1]最高法院第一民事庭，1995 年 5 月 10 日（Bull. civ. I，N° 194，p. 139，Defrénois 1995，p. 1038，Delebecque 述评，JCP 1996. 1. 3914，N° 1，Fabre-Magnan 述评，RTD civ. 1995. 880，J · Mestre 述评）。

[2]关于伪装或掩饰的行为或者阴阳合同，参见第 537 节。

将要谈到的那样，隐瞒或者伪装本身并不构成合同无效的原因，人们有必要查找的是真正的原因，如果存在真正的原因并且是合法的真正原因，则可以作为债的依据，如果没有真正的原因或者真正的原因非法，债即无效。

353. 双务合同，没有原因与没有履行

按照亨利·卡比唐先生的观点，“如果合同的一方当事人做出义务承诺，不仅仅是为了获得相对当事人做出对应的义务承诺，那么，相互对应的债务就只不过是为了最终结果而进行准备的第一阶段，而这一最终结果就是许诺的给付得到履行”，[1] 总之，在双务合同中，债的原因就不仅仅是相对当事人承诺的债务，而且也是他对债的履行。

但是，我们不应当从这一分析就推导认为，在合同履行过程中标的物的灭失将影响到合同本身的有效性。因为合同本身的有效性唯一按照它订立时的情况来进行评价。[2] 然而，在合

---

[1]这就是说，双务合同中双方当事人做出义务承诺，只是准备阶段，最后结果则是债的履行。——译者注

参见H·卡比唐：《论债的原因》（*De la cause des obligations*, Paris 1923, N° 14）；在这一问题上，H·卡比唐仅仅是采纳了一部分法院判例的观点，例如，最高法院民事庭1918年4月11日判决（DP 1921. 1. 226）；最高法院民事庭1921年11月22日判决（S. 1923. 1. 81）：作者认为：“在双务合同中，双方当事人各自的债以他方当事人的债的履行为原因。”参见最高法院民事庭1941年11月30日判决（DH 1943 p. 98）；最高法院社会庭，1946年10月26日（JCP 1946. IV, p. 163）；比较：A·塞尔莫拉舍《原因与契约的履行》，《埃克斯马赛第三大学学位论文》，2001年（A·Cermolacce, *Cause et exécution du contrat*, thèse Aix, éd. 2001）。

[2]最高法院第三民事庭，1980年7月9日（D. 1980 IRp. 312, Ghestin述评）；最高法院第一民事庭，1986年12月16日（*Bull. civ.* 1, N° 301, p. 287, *RTD civ.* 1987. 750, J·Mestre述评）；最高法院第三民事庭，1996年7月17日（*JCP* 1996. IV. 2167, *Defrénois* 1996. 1357, Delebecque述评）；另见最高法院第一民事庭，2008年10月30日（*JCP* 2009. 11. 10000, D·Houtcieff述评，*Defrénois* 2009. 671, Libchaber述评，RDC 2009. 49, D·Mazeaud述评），该判决认为：“连续履行的合同义务的原因在履行时消失的，引起合同失去效力。”

同成立之后，如果一方当事人不履行债务，他方当事人便无须履行自己的债务，[1] 更具体地说，原因可以解释由双务合同产生的债所存在的相互对应关系，并且准许在一方当事人不实际履行债务的情况下，相对当事人即可不履行自己的债务。换句话说，合同“不履行抗辩”（也称“同时履行抗辩”）、“因不履行而解除合同”以及“风险理论”，均是建立在原因的基础之上。

对于这种原因概念的扩张，理论界的看法并不一致。按照另一些学者的看法，原因唯一是合同有效性的一项条件（而不应是其他），因此，为了能够恢复因一方当事人不履行债务而打破的平衡，也就无须运用原因这一概念，无须将原因掺和到其中，因为，在（为了恢复合同平衡）这种情况下，应当运用诸如“衡平”、“等值”、“相互依存性”、“相互关联性”以及“赔偿”等概念，正是这些概念（而不是原因）奠定了上面提到的“同时履行抗辩”，因不履行而解除合同以及风险理论制度的基础。[2]

按照上面的解释，理论上的分歧见解实际意义是很有限的。因为，在这里，最为重要的，与其说是事后证明那些任何人都不持异议的制度所依据的理由，还不如说是探究在并未得到上面提到的那些制度考虑的典型情况下运用原因理论是否能够恢复双务合同的平衡。然而，恰恰是在这一方面，法院判例在很长时间里似乎不肯走上这条道路。[3] 对于案件实体审法官作出

---

[1]最高法院第一民事庭，1986 年 12 月 16 日；最高法院第一民事庭，1995 年 1 月 17 日（D. 1995，IR p. 48，*JCP* 1995. 11. 3843，N° 4，Fabre-Magnan 述评）；但是，也有相反的判决，例如，最高法院第三民事庭，1974 年 5 月 8 日（D. 1975. 305，C · Larroumet 述评）；最高法院第三民事庭，1977 年 11 月 16 日（*Bull. civ.* III，N° 391，p. 298）。

[2]Mazeaud et Chabas，N°266；Marty et Raynaud，n°s 210 et 340.

[3]关于拒绝承认“因情势变更而修改合同”的问题，参见第 466 节。

的旨在将出租人维护出租场所的债务限制为其受领的租金数额的判决，[1] 最高法院在进行审查之后予以撤销。[2] 因为，考虑原因理论确实会遇到另一种问题，那就是，缺乏原因与缺乏等值（équivalence，等价）两者之间容易发生混淆。但是，直到最近，最高法院仍然在多次判决中认为，对于连续履行的合同来说，原因的持续存在不仅是合同有效性的一项条件，而且是合同持久性的一个条件，尽管合同的有效性条件应当按照合同订立时的情况来评判，但是，在合同履行的整个过程中都可以审核合同的原因（是否）持续存在，合同的原因一旦消失，将导致合同失效。

原因理论在法院判例方面的最新发展足以使传统的处理意见发生变化：看来，法院判例意在将原因作为监督合同的用处的工具，赋予原因的作用已经超越了仅仅与合同成立有关的范围；同样，虽然说没有原因应当在合同整体中起到某种第一位的作用（参见第 348 节），但它往往也具有与合同的不履行有关的特征，而这种合同不履行则是作为受义务约束的原因。

354. 没有原因与缺乏等值

同样，不要将“没有原因”（absence de cause）与“缺乏等

---

[1]最高法院民事庭，1953 年 2 月 20 日（D. 1953. 306，RTD riv. 1953. 533，Carbonnier 述评）；最高法院民事庭，1954 年 6 月 10 日（D. 1954. 591）；最高法院民事庭，1954 年 7 月 8 日（D. 1954. 635）；关于这个问题，参见 P・埃斯梅茵：《论出租房屋发生重大灾难及其维修问题》（P・Esmein，la grnade misère des maisons louées et le problème de leur entretien，*Gaz. Pal.* 1952 1. Doct. p. 34）。

[2]都埃法院，1951 年 7 月 2 日（D. 1952 p. 127，R・Savatier 述评）；卢・昂法院，1951 年 5 月 17 日（D. 1952. 26）；亚眠法院，1952 年 3 月 18 日（*JCP* 1952. 11. 7350）；里尔法院，1949 年 11 月 2 日（JCP 1950. II. 5518）；巴黎法院，1952 年 6 月 6 日（JCP 1952. II. 7080）。

值”（défaut d’équivalence）混为一谈。只要一方当事人向另一方当事人提供某种实际的对待给付（une contrepartie réelle，现实的对价），即使这种实际的对待给付的实际价值低于另一方当事人所为之给付的实际价值，[1] 该另一方当事人的债仍然有其原因，不能单纯因为当事人之间进行的相互给付在经济上缺乏等值就引起债没有原因，只有真正缺乏对待给付时，才能构成没有原因，不论是不存在对待给付（不存在对价）还是对待给付微不足道。

之所以如此，理由很简单：如果只要一方当事人承担的给付更重，就认定其所为之给付与其受领的给付相比，超过的部分就没有原因，那就颠倒了我们在前面阐述过的规则：按照法国法律，一般情况下，“显失公平，不构成合同无效之原因”（参见第307节）。[2]

只有在显失公平得到承认的那些情况下，才会承认“从没

---

[1]例如：最高法院第一民事庭，1965年10月4日（Bull. civ. 1，N° 507，p. 381）；最高法院第一民事庭，1971年6月8日（Bull. civ. I，N° 187，p. T56）；最高法院商事庭，1969年6月18日（*Bull.* civ. IV，N°234，p. 222）；最高法院社会庭，1966年2月24日（*Bull. civ.* IV，N°212 p. 180，D. 1966. somm. p. 82）；最高法院第一民事庭，1995年7月4日（D. 1997. 206，Luciani述评，CCC. 1995，N° 181，Leveneur述评，RTD civ. 1995. 881，Mestre述评）；最高法院第一民事庭，2008年6月17日（RDC 2008. 1133，D. Mazeaud述评）。

[2]尽管法国法（原则上）禁止“以受到重大损失为理由而解除合同”，但是，在双方当事人之间进行的给付失衡与每一种义务的各项要件的客观构成紧密关联而不是与对这种义务的金钱评价有关时，仍然可以通过“原因”这一概念来对双方当事人之间的给付不平衡实行监督，例如，以每公顷10000欧元的价格买卖20公顷的土地，如果经过认定，这一不动产的面积只有15公顷，就完全可以将整个价格降为150000欧元，因为在这一案例中该不动产缺乏一项要件：实际面积与各方当事人订立的合同所考虑的面积差距较大（参见《民法典》第1617条）；与此相反，如果该不动产的面积确实是20公顷，只不过当事人认为其价格应当超过或者不到10000欧元，那就将禁止以受到损失为理由对合同进行任何平衡处理，至少当出卖人受到的损失没有超过7/12的情况下是如此。

有原因向缺乏等值的位移或滑动”[1] 例如，在有息借贷方面，法院就一起案件作出判决认为：由于文书中写明的款项超过实际借贷的数额，债因缺乏原因而无效。[2] 在这里，合同由于没有原因而无效，在现实生活中可以用来制裁放高利贷的行为；[3] 同样，当特定职业的某些成员提供的服务与其（同顾客）约定的酬金数额完全不成比例的情况下，有些法院判决有时也会以缺乏原因作为其有权变更酬金数额的依据（而不是以缺乏等值为依据）（参见第 311 节）。

如此看来，在这里，从衡平的角度将原因变成为（维护）“合同正义的工具”的意图是非常明显的，特别是从《民法典》的制定者所持的某些言论来看，更加可以朝着这一方向来进行解释。波塔利斯（Portalis）在其“《民法典》开篇词”中写道：“只有当价金与出卖之物的价值成比例时，买卖才有原因。”[4] 正因为如此，有些案件的实体审法官有时出于合同正义的考虑，也将“没有原因”与“打破（合同）平衡”两者等同起来。例如，有些法院判决就将出租人维修出租场所的费用限制为他从承租人那里收取的租金的数额。不过，我们也看到，最高法院已经撤销这样的判决（参见第 353 节，关于与斯特拉斯堡法院判决的对照，参见第 311 节）。

我们也看到，法国法似乎正在展现出某种变化——朝着寻求“合同最佳公正”的方向变化：如果（经认定）合同当事人所为之给付看来单纯是经济上缺乏等值，最高法院也会毫不犹

---

[1] 也就是说，只有在这些情况下，法律承认因双方给付缺乏等值构成显失公平时，才能承认缺乏等值相当于缺乏原因。——译者注

[2] 都埃法院，1983 年 1 月 10 日（*Rec.* 都埃法院，1933 p. 95）。

[3] 最高法院第一民事庭，1964 年 10 月 12 日（*Bull. civ.* I. N° 440，p. 341）。

[4] Locré，t. XIV，p. 76 N°2.

豫地以缺乏原因（为依据）而撤销合同。[1] 理论界也越来越倾向于对这种要求持赞同意见。[2]

二、原因存在的证据

355. 原则

最常见的情况是，见证债务人债务的证书同时指明了债的原因，例如，人们从买卖文书或者买卖合同中有关买卖之物的记载就可以看到买受人的债的原因；在借贷文书或借贷合同中，确认借贷的票据（billet）就记载着有关钱款的支付，也就可以看到借贷的原因；在类似情况下，只需提出（相应的）证书，债的原因即可得到认定。如果债务人认为债没有原因，因为出卖人的债的标的物不存在或者因为钱款并未交付，那么，他就应当负责举证，证明其主张。

356. 无因票据（les billets non causés）

但是，也有这样的情况，见证债务的根据或凭证并不指明债的原因，例如，一张凭据上仅仅写明："兹承诺向 XX 支付

[1]最高法院商事庭，1997 年 10 月 14 日（*Defrénois* 1998. 1040，D · Mazeaud 述评，*RJDA* 1998 N° 164）；最高法院商事庭，2005 年 2 月 8 日（*RDC* 2005，p. 684，D · Mazeaud 述评）。

[2]例如，C · 提比耶尔日–格勒弗奇：《合同法变化刍议》（C · Thibierge-Guelfucci，Libres propos sur la transformation du droit des contrats，*RTDciv.* 1997. 357 et s，sp. N° 29）；J-M · 格耿：《论原因作为合同司法工具的复兴》（J-M · Guéguen，Le renouveau de la cause en tant qu'instrument de justice contractuelle，D. 1999，chron. p. 3 52）；试比较：L · 凡–朗日：《论契约之平衡》，《奥尔良大学学位论文》，2002 年，第 699 节（L · Fin-Langer，*L'équilibre contractuel*，thèse Orléans，éd. 2002，N° 699 et s）；D · 巴库什：《论民法上的过分情形》，《巴黎二大学位论文》，2005 年（D · Bakouche，*L'excès en droit civil*，thèse Paris II，éd. 2005，N° 125 et s）；G · 皮耶特：《论合同的修正》，《波城大学学位论文》，2004 年（G · Piette，La *correction du contrat*，thèse Pau，éd. 2004）。

XX 数额的款项，此据。”（或者写明“兹承认欠某某 XX 数额的款项，此据”）。这些情形，我们面对的就是一种无因票据（没有记载或写明原因的票据）。对于这种情况，《民法典》（原）第 1132 条有明文规定：“即使原因未予写明，合同同样有效。”由于这一条文的规定比较含糊，学者们对其作出了多种解释。

粗浅读来，这一条文是对第 1131 条的例外规定，确认的是“无因承诺”（engagement abstrait，不考虑原因为条件的义务承诺）[1] 的有效性：只要所做的义务承诺采用了某种票据或文字凭据的形式即属有效，而没有必要关注和考虑为何用此票据做出这种承诺，其原因何在？债务人仅仅因其（在此凭据上的）签字[2]即受到义务约束。

然而，这样的解释已经被放弃，因为它违背法国法律的传统，违反法国法的精神。法国法认为，意思表示，只有当其有原因时，才能构成债的发生根据。同意，必须有证明理由。一项单纯的支付允诺（promesse de payer），只有当其是以某种赠与意图为动机或理由（motiver）时，或者是以当事人已经受领或应当受领某种利益而且此种利益被视为“与所做的承诺等值”为理由时，在法律上才能有效。法国法仅在特别情况下才承认“无因允诺”（promesse abstrait），也就是说，仅在特别情况下才有可能做出义务承诺而无须查找此种承诺的原因。此类情况，就如同罗马法上的要式口约（stipulatio）一样，采用某种程式，通过签字，即受义务约束。由此产生的债权，与产生于普

[1] 这里使用的术语“abstrait”的意义是，抛开原因与动机不管，也就是说不管原因是存在或者非法性，其本身即具有价值，指的是仅需书写某项文书而做出的允诺，尽管只字未提原因，仍然使文书的书写人对债权人或者受让第三人承担义务，而无须关注这种允诺的原因，商业票据、汇票、支票均为无因行为。本节的“无因票据”的法文表述为“les billets non causés”，直译为“没有说明原因的票据”这样表述似乎更为清楚。——译者注

[2] Aubry et Rau，t. IV，§ 345，20；H · Capitant，op. rit，N° 165.

通承诺的债权相比，不知要牢靠多少倍，而且更容易转手。正因为如此，法国法的传统理论将那些非常容易流通、非常容易转让的票据（或者凭证），例如，期票、汇票，看成是一种与它们的原因分离开来，仅凭签字所产生的诚信效力即告有效的无因行为（actes abstraits）。

由于法国法（一般）拒绝承认“无因承诺”的效力，特殊情况除外，也导致人们对《民法典》第 1132 条的规定作出了另一番解读。这种解读就是将这一条文的意义范围限制在原因的证据问题上。

按照这种解读，第 1132 条的规定意味着，即使在文书中没有记载或指明原因，法律行为仍然有效，换句话说，法国法在实体阵地上（实体方面）忠实于传统理论，同时在证据阵地上（在证据方面）仍然可以灵活处理。只要提出允诺的事实，即推定存在的原因。

法国制定法所确认的正是这第 2 种分析见解。债权人，无须证明债务人对其所做义务承诺的原因，仍可要求债务人履行债务，而如果债务人想要摆脱债务的履行，则应负举证责任，证明“没有我们在前面所作的定义意义上的原因”。[1] 此种证据可以

[1]最高法院民事庭，1848 年 4 月 16 日（S. 49. 1. 113）；最高法院第一民事庭，1961 年 12 月 7 日（Bull. civ. I，N° 587，p. 468）；最高法院第一民事庭，1967 年 6 月 15 日（Bull civ. I，N° 213，p. 161）；最高法院商事庭，1975 年 10 月 13 日（Bull. civ. IV，N°231，p. 190，D. 1975. IR p. 243，J · Ghestin 述评）；最高法院第三民事庭，1982 年 1 月 14 日（JCP 1983. IV. 74）；最高法院第一民事庭，1980 年 6 月 25 日（D. 1981. IR p. 311，J · Ghestin 述评）；最高法院第一民事庭，1986 年 10 月 1 日（Bull. civ. I，N°230，p. 220）；最高法院第一民事庭，1992 年 4 月 7 日（Bull. civ. I，N° 114，p. 78，Defrénois 1993 p. 371，G · Vermelle 述评）；最高法院第一民事庭，1005 年 6 月 21 日（RDC 2005. 1013. D · Mazeaud 述评，Defrénois 2005. 1998，Libchaber 述评）；另见最高法院第一民事庭 1977 年 1 月 19 日判决（D. 1977. 573 J · Schmidt 述评）；关于收款台的“收款凭据”，参见最高法院商事庭 1982 年 1 月 12 日判决（Bull. civ. IV，N° 306 p. 260，JCP 1983. IV. 1，D. 1983. IRp. 192，M · Vasseur 述评）。

采用任何方法提出。[1] 既然没有任何书面文字对原因作出表述或记载，那么，在这里便不是针对某项书面文字提出相反证据，因此不适用（原）第1341条的规定："凡是超过法令确定之款额或价值之物，即使是自愿的寄托，均应在公证人前作成证书，或者作成经各方签名的私证书；在证书作成之后，对于与证书内容不同或超出证书内容的事项，不得以证人证明，也不得对证书作成之前、之时或之后声明的诸事项，以证人证明之，即使涉及的款额或价值低于法律规定的数额或价值，亦不得以证人证明。前述各项规则不影响有关商事交易的法律规定。"[2]

对《民法典》第1132条的规定作出这样的解释，很好地反映与考虑了利益关系人的心理状态：一个人承认自己是债务人，即使他没有写明自己是何原因成为债务人，即使没有写明原因，我们仍然可以得出其债务有某种原因的结论，因为，债务人只要精神上没有毛病，一般都不会做出没有原因的义务承诺（engagement sans cause）。实际上，当一个债权人要求其债务人兑现某一票据时，总是要尽力避免对债的关系的有效性发生任何争议的风险。

---

[1] 最高法院民事庭，1930年2月18日（S. 1930. 1. 151）；最高法院第一民事庭，1964年11月9日（Bull. civ. I，N° 490，p. 381）；最高法院商事庭，1966年7月4日（JCP 1967. 11. 15037. Lescot 述评）；最高法院第三民事庭，1972年6月21日（Bull. civ. III，N° 416，p. 303）。强制债务人负举证责任，提出有关"否定性事实"的证据，也就是说，强制其就"无原因"进行举证，这是强制要求债务人提出一项很难提出的证据，尽管从理论上讲，债务人应当证明没有实现"任何一种足以为其义务承诺提供某种原因的情形"。这种举证不能（difficulté de preuve，举证困难）也使得在实践中那些没有写明原因的票据可能产生与立法承认的无因行为的有效性相类似的结果。

[2] 按照相反意义，似乎可以援用第1341条要求书面证据的规定，不仅涉及"相反证明"而且也"不管"文书的内容。

看来，《民法典》第 1132 条提出的规则，如同其适用于当事人一样，也适用于第三人。推定在没有记载或写明原因的票据中存在原因，这种推定对所有的人都产生对抗效力。[1] 不过，最高法院认定，由书面文字创设的有关合法原因的推定利益于债权人，但这种推定对第三人并不适用，因此，（面对第三人）债权人仍然应当证明没有记载原因的票据存在原因。[2]

三、制裁

357. 是绝对无效还是相对无效

“没有原因”（absence de cause）被理解为（当事人之间）“缺乏相应的对待给付”（或缺乏对价），不过，随着所采纳的是无效的传统理论还是无效的现代理论，照此理解的债的没有原因受到的制裁有着很大差别。

按照无效的传统理论，（没有原因的）合同以绝对无效论处，因为这种合同缺乏一项根本要件；然而，如果按照现代的无效理论，（没有原因的）合同仅为相对无效。相对无效旨在对违反保护当事人的规则实行制裁，因为没有原因的合同中一方当事人没有获得作为其义务承诺之原因的对待给付。没有原因，在某种意义上（对一方当事人而言）相当于百分百地“显失公平、受到损害”。[3] 我们从前面的介绍中知道，对于显失公平，法国法是以相对无效来实行制裁的（参见第 317 节）。

在过去很长时间里，最高法院的判例都是坚持运用传统的理论

[1]这方面的看法，参见：Mazeaud et Chabas，N°290；A · Rieg，thèse préc，N°285. note 142.

[2]最高法院诉状审理庭，1941 年 1 月 14 日（S. 1941. 1. 110）。

[3]Flour，Aubert et Savaux，N° 336.

分析，（对没有原因的债）都是宣告绝对无效，[1] 而且最高法院商事庭现在仍然是如此。[2] 面对有关无效的现代理论，为了证明法院判例宣告没有原因之债绝对无效的正确理由，有人提出，一项缺乏原因的合同违背总体利益，因为它不能实现社会交换功能。[3] 但是，最高法院各民事庭（现在）非常明确地考虑到有关无效理论的现代观念，宣告它们主张相对无效的观念。有关无效的现代理论是，根据法律要求的但合同没有遵守的条件所要保护的利益的性质来确定无效的性质，也就是说，根据这种条件的目的要保护的是总体利益还是保护个人利益来确定合同是相对无效还是绝对无效。[4]

358. 无效的范围

法院最近有关合同无效的一些判决仅限于宣告合同中包含的某项特别条款视为“不曾订立”（non écrit）。这些判决所依据的理由是，这种条款剥夺了一方当事人有权期待的、合同本可带来的、必要的对待给付。[5] 在这种情况下，我们所面对的便是一种（合同的）“一部无效”（由于它仅仅是将合同中的无效条款予以排除而

[1]在这里，这些判决与那些因缺乏严肃的价金而撤销买卖的判决是一样的，因此，缺乏严肃价金的情形与缺乏原因是一致的，参见第295节所引判决。

[2]最高法院商事庭，2007年1月23日（AJ，2812，Defrénois 2007. 1729，Libchaber 述评）。

[3]Ghestin，2ᵉ éd，N° 776.

[4]最高法院第一民事庭，1999年11月9日（Defrénois 2000. 250，Aubert 述评，D. 2000. 507，Cristau 述评）：如果保险合同缺乏射幸性质，由此产生的无效是一种相对无效：只有因违反规则而损害了该规则本想保护的对象的利益时，该人才能主张此种无效事由。最高法院第一民事庭，2001年2月20日（Bull，civ. I，N° 39，时效期间为5年）；最高法院第三民事庭2006年3月29日（Bull. civ. III，N° 88，p. 73，D. 2007. 477，Ghestin 述评，JCP 2006. 1. 153，N° 7，Constantin 述评）；关于这个问题，参见Ph·森勒尔：《对没有原因的制裁》（Ph · Simler，La sanction de l'absence de cause，Mélanges Y · Serra，p. 409）。

[5]最高法院第一民事庭，1990年12月11日（JCP 1991. 11. 21656，J · Bigot，RTD civ. 1991. 325，Mestre 述评）；最高法院商事庭，1993年4月6日（D. 1993. 310. Gavalda 述评，JCP 1993. 11. 22062，Stoufflet，RTDcom，1993. 548，Cabrillac 述评）；最高法院商事庭，1996年10月22日（préc. p. 320. note9）。

不是撤销整个合同）。之所以做出这样的处理，是因为如果在这种情况下撤销整个合同，反过来也会损害法官打算借此给予保护的那一方当事人（参见第 420 节）。采取仅仅宣告某项条款不曾订立这样的方法，还可以达到以下目的：如果是在两个职业人之间订立的合同，因而不能适用《消费法典》第 132-1 条的规定时，法院仍然可以通过宣告某种条款不曾订立来排除合同中存在的滥用权利条款[1]（参见第 330 节）。

有时，在原因仅一部虚假的情况下，法官也可以减少一方当事人负担的债务数额。[2] 不过，对于双务合同，最高法院已经明确排除这样的处理。[3]

第三目 原因的合法性

359. 内容安排

《民法典》一开头就明确强调，契约自由远不是完全的自由，它必须在公共用益与公共道德（utilité et moralité publiques）对其确定的界限之内运动。法典第 6 条规定："任何人均不得以特别约定违反涉及公共秩序和善良风俗的法律。"不过，我们需要弄明白的是，怎样才能从技术上审查合同是否符合由公共秩序与善良风俗所构成的参照规范。在这方面，《民法典》规定了两种监督工具，那就是（合同的）标的与原因。法典（原因）第 1108 条与第 1131 条这两项条文都要求原因必须合法，只有合法原因的合同才能

---

[1] D · 马佐：《论普通法给予的保护》，载《职业人之间滥用权利条款》（D · Mazeaud, La protection par le droit commun, in Les clauses abusives entre professionnels, p. 33 et s. sp. p. 41）。

[2] 最高法院第一民事庭，2003 年 3 月 11 日（JCP 2003. 1. 142, N° 5, J · Rochfeld 述评，RDC 2003, p. 39, D · Mazeaud 述评，RTD civ. 2003, p. 287, J · Mestre et B · Fages 述评）。

[3] 最高法院第一民事庭，2007 年 5 月 31 日（D. 2007. 2574, Ghestin 述评，somm. 297, S · A-M 述评，JCP 2007. 1. 195, N° 11, Constantin 述评，RDC 2007. 1103, Labarthe 述评）。

有效，也就是说，原因不得违反公共秩序与善良风俗（第1133条）。法律规定这样的条件，从根本上来说，[1] 是为了保护总体利益而不是个体利益或个人利益。

我们在下面依次讨论有关非法原因的概念、非法原因的证据以及对非法原因的制裁。

一、非法原因的概念

360. 非法原因的定义

之所以要对非法原因（cause illicite）下一个定义，是因为要解决一个相当简单的问题：有了这个定义，就可以对合同的合法性进行有效监督，同时又不会过分严重地损害法律安全。运用原因的广义定义即可达到第一个目的（1），对原因的广义定义作一些具体的补充说明则可以达到第二个目的（2）。

361. （1）原则性提示

正如我们在前面强调的那样，任何精神健全的人在做出义务承诺、缔结债务时总是本着某种目的。《民法典》规定原因必须存在而且必须合法，就是要求这种目的是可以实现的，并且不违反公序良俗。在同一法律条文中，原因都是使用同一个术语，但是，我们需要明白的是，同一个术语表达的是同一个意思，这是通常情况，但这里却有所不同，这里的原因一词涵盖着两种不同的实现，因而具有两种不同的意义。当我们探讨原因的存在时，这里的原因，原则上是指直接目的（but immédiat），是指近原因。相同类型的合同，直接目的（近因）均相同；与之并行的是，当我们探讨原因的合法性时，其中所说的原因则是指远目的（but lointain），是

[1] 实际上这里仅涉及保护性公共秩序的情形。

指远原因，而远目的随着合同不同而各不相同。换句话说，在涉及保护社会秩序时，我们的探讨就会向前推得更远一些，而在涉及保护负担义务的人，涉及保证（双方当事人的给付之间）最低限度的平衡时，就不会向前推得很远。

乍一看来，这种二元探讨方法令人有些诧异，但是要解释这种二元方法的原因并不困难：因为，对原因的合法性的监督，如果唯一采用抽象的客观原因的概念（也就是说，唯一采用“近因”的概念），极有可能不会达到任何结果。

362. 有偿合同中的原因

因此，按照前一节的原则性提示，在有偿合同中有关合法原因的要求在非常广泛的程度上与合法标的的要求相互发生重合。我们将原因理解为当事人做出义务承诺时所考虑的将会受领的对待给付，当这种对待给付的标的本身非法时，原因也就非法。对于双务合同而言，原因非法，是认定合同整体无效的一种方法，而不仅仅是认定债因标的非法而无效。在这一程度上，非法原因的概念显然具有肯定的用处。但是，法律要求合同的标的合法，与这一要求相比，运用非法原因这一概念并不能对合同的合法性进行任何的补充监督。

然而，如果我们仅仅通过标的这样一个多棱支柱来对合同进行监督，这种监督就会过分停留在表层。诚然，在现实中，有许多财产或者服务是不能进入商业交易的，不能作为商业交易的标的，例如，买卖毒品，就因其标的（是毒品）而非法；同样，任何人都不得从事“收养中介业务”[1] 而获取报酬，任何人不得从中牵线搭

---

[1]最高法院第一民事庭，1987年7月22日（Bull. civ. I，N°252 p. 183，D. 1988. 172. J · Massip 述评）。

桥，向这一人或那一人行贿或者通过“影响力交易”而获得报酬；[1] 同样，任何人都不得通过订立特许经营合同而让受特许权人去从事构成非法行医的活动；[2] 最后，任何人都不得为了获得某个政党提名其作为候选人或者为了在政党选举中获得某种职务，并以此为原因承认自己负有某种债务。[3] 尽管有许多因素，例如，价值观的堕落、金钱高于一切、金钱万能、各自为政等，都可以导致合同标的非法，使得原因非法或者原因不道德的协议的数量明显增加。尽管如此，从社会整体来说，这种状况仍然属于特殊情形。绝大多数合同规定的给付从其本身来看完全是没有问题的，也就是说，完全是合法的。以不动产买卖为例，一方当事人支付价金之债务的原因是基于相对当事人向其转移该不动产的所有权。显然，对于这样理解的原因而言，我们不可能进行任何价值方面的判断。在借贷合同中，向借贷人交付金钱是借贷人承担还款义务的原因，仅此事实，我们同样不能（对所订合同）作出任何价值方面的评价。不动产与金钱，其内在本质是合法的，从道德上来看也完全是中性的，然而，实际上，随着将它们用于不同的用途，有可能表现出事物的最好的一面，也可以表现出事物的最坏一面。

换言之，要想对合同的合法性与道德性进行真正的监督，就要

---

[1]最高法院商事庭，1961年3月7日（Bull. civ. III，N° 125，p. 112）：但是，当一家企业向另一家企业提议提供服务，以推销后者的产品以及与外国公、私法人订立了某项合同时，或者使该企业至少在产品招标时获得预选资格时，这种做法并不违反公共秩序。参见巴黎法院1993年9月30日判决（RTD civ. 1994 p. 96，J · Mestre述评）；关于在国际商业交易中行贿受贿可以获得理解的问题，参见B · 奥佩提：《论国际贸易中的违法行为》，1996年（B · Oppetit，in L'illicite dans le commerce international，1996，p. 21）。

[2]最高法院第一民事庭，1996年6月11日（CCC1996 N° 166，L · Leveneur述评，RTD civ. 1997. 116，J · Mestre述评）。

[3]最高法院第一民事庭，2004年11月3日（CCC 2005，N° 39，L · Leveneur述评，Defrénois 2004，p. 1730，J-L · Aubert述评）。

求我们超越其客观的表象，去探究推动每一方当事人订立合同的那种动机，去查找他们是否试图违反某种具有公共秩序性质的规则，[1] 或者试图损害社会的善良风俗。[2] 从这样的角度来考虑问题，我们就会看到，购买或承租一处房屋不动产，从客观上看，当然是合法的，但实际上可能并非如此，这样一来就需要考虑买受人或承租人打算如何使用其购买或承租的房屋：是在其中设立制造假币的车间还是将其用于开设妓院（如果是这样，那么他购买不动产的动机就是非法的动机）；[3] 同样，如果仅仅从合同标的的角度来探讨问题，金钱借贷始终是合法的，但实际上也可能并不合法，这就要看借贷人为什么要借钱：是用于赌博、设局，[4] 还是打算与

---

[1]例如，一家工业企业同意为（当时的德国）占领军工作的另一家企业提供公共工程设备而订立的租赁合同，因其原因非法而被宣告无效，参见巴黎法院 1949 年 5 月 22 日判决（Gaz. Pal. 1949. 2. 48）；巴黎法院，1954 年 7 月 1 日（JCP 1954. IV. 155），双方当事人为了避税而订立的协议无效，波城法院，1956 年 10 月 16 日（D. 1957. p. 17）。当事人通过承认其对租约权转让价金的债务，目的是使已经生效的责令关闭一家小酒馆的刑事判决无法执行，参见最高法院第三民事庭 1968 年 10 月 10 日判决（D. 1969. somm. p. 37，Bull. civ. III，n°371，p. 285）。

[2]与一家新闻企业订立的旨在以泄露隐私性质的事实为目的的合同被宣告无效，例如，泄露某人先后多次做变性手术的秘密。参见巴黎法院 1972 年 1 月 21 日判决；同样，与未成年人订立合同，让其在影片中摆出各种裸体姿势，该合同无效，参见巴黎法院 1969 年 6 月 3 日判决；订立合同的目的是保持与另一方当事人的通奸关系，该合同被宣告无效。参见最高法院社会庭 1979 年 10 月 4 日判决。

[3]最高法院判决撤销以经营妓院或赌博场所为目的而订立的合同：出租房屋，为了在其中开设妓院，租约被法院撤销（南锡法院 1934 年 6 月 8 日判决，DP 1935. 2. 33. Voirin 述评）；最高法院民事庭，1938 年 11 月 15 日（Gaz. Pal. 1939 1 194）；最高法院民事庭，1938 年 11 月 15 日；最高法院民事庭，1945 年 12 月 27 日（Gaz. Pal. 1946. 1. 88）；与家庭佣人订立的劳动合同，参见最高法院社会庭 1942 年 11 月 5 日判决（Gaz. Pal. 1942 2 273）；最高法院社会庭，1964 年 1 月 8 日（D. 1964. 267，JCP 1964. 11. 13546）；购买设备与酒吧的合同，马赛商事法庭 1913 年 11 月 7 日判决（Gaz. Pal. 1914. 1. 266）；塞纳民事法院，1928 年 6 月 16 日（DP 1928. 2. 187. Minvielle 述评）；1946 年 4 月 13 日法律禁止订立利用房屋开设妓院的合同，这些合同因标的非法及原因非法而被撤销。

[4]最高法院诉状审理庭，1892 年 7 月 4 日（DP 92. 1. 500）。

有夫之妇或者情夫一起私奔,[1] 或者是为了购买一处妓院而为此筹措资金,[2] 或者是为了进行受到禁止的顾客群体的转让。[3]

最近，在一起已婚男子订立的婚姻中介合同的合法性问题上，最高法院仍然坚守对合同宗旨（标的）的严格分析，在这一具体案件里，所谓合同宗旨，就是提供男女双方相约、见面的要约。最高法院仍然拒绝考虑此种合同所追求的目的，这也等于取消了合同原因的一部分活力。

363. 无偿处分中的原因

对于无偿行为，我们同样应当进行类似的分析。我们将无偿行为中的原因理解为进行无偿处分的意图（intention llibérale），将其理解为向某人赠与财产但不考虑其原因而成立的意思表示，因此，无偿处分的原因始终是合法的，而有可能并不合法的是无偿处分行为的动机，促使处分人进行无偿处分的动机可能并不合法，例如，为了获得为法律或道德所禁止的某种惠遇或服务而赠与财产。

（1）因此，法院判决传统上认为，如果在缔约人的思想上向其姘妇赠与财产是以“建立或维持不道德的关系”为原因，那么，这种向姘妇进行的赠与就其原因非法而无效；[4] 而如果进行赠与有

[1] 最高法院诉状审理庭，1923 年 4 月 17 日（DP. 1923. 1. 172）；关于利用婚姻介绍合同可能导致当事人之间通奸或姘居关系，参见莎尔特尔初审法院 1976 年 10 月 12 日判决（Gaz. Pal. 1976. I. somm. p. 127）。

[2] 普瓦提耶法院，1922 年 2 月 8 日（DP. 1922. 2. 23. R · Savatier 述评）。

[3] 最高法院第一民事庭，1996 年 10 月 1 日判决（CCC1997. N° 3. Leveneur 述评，D. 1997. somm. com. p. 17. RTDciv. 1997. 116. J · Mestre 述评）；现在，转让顾客群体属于合法行为，参见第 278 节。

[4] 最高法院民事庭，1860 年 3 月 26 日（DP 60，1，255）；最高法院民事庭，1957 年 10 月 8 日（D. 1958，317，P · Esmein 述评）；另见最高法院第一民事庭 1988 年 6 月 28 日判决（D. 1989. 181，I. Najjar 述评）（死后委托）；巴黎法院，1987 年 6 月 9 日（D. 1987，IRp. 166）；蒙帕利耶法院 1990 年 4 月 5 日判决（D. 1993，somm. com. p. 232，Vareille 述评）；参见阿斯桑西奥：《关于姘居者之间不道德的赠与的撤销，原因或者解除条件的概念》（Ascencio，L'annulation des donations immorales entre concubins，cause ou notion de condition résolutoire，RTD civ. 1975，p. 248）。

着正当的目的，例如，是由于中断婚外情人关系而向情妇给予补偿（赔偿），或者是为了让中断关系的情妇能够抚养非婚生子女，那么，这种赠与就并不非法，[1] 不过，（现在时代变了）最高法院判例已经否定了过去的那种区分，认为“赠与人打算维持与受赠与人的通奸关系而向其无偿处分财产，此种原因并不违反善良风俗”（参见第388节）。[2]

（2）《民法典》原第908条（1896年3月25日法律的条文）规定对非婚生子女接受无偿处分的能力进行限制，法院判例过去在这一条文的规定制约下，都是以原因非法为依据而撤销对非婚生子女进行的赠与。在那个时代，尤其是涉及通奸所生的子女时，在当事人之间正式确立亲子关系的情况极为特殊，那么，在众人都认为

[1]最高法院民事庭，1959年10月6日（D. 1960. 515，Malaurie述评，JCP 1959. 11. 11305，P·Esmein述评）；最高法院民事庭，1967年10月16日（JCP 1967. 11. 15287，RTD civ. 1968，178，R·Savatier述评）；最高法院第二民事庭，1979年1月10日（JCP 1979. IV. 88）；最高法院第一民事庭，1980年10月22日（Bull. civ. I，N°269，p. 214 JCP 1981. IV. 15）；最高法院第一民事庭，1982年11月4日（Bull. civ. I，N° 319，p. 274）；巴黎法院，1974年11月19日（D. 1975，614，Cabannes述评，JCP 1976. 11. 18412，H·Synvet述评）；另见：最高法院第一民事庭，1975年12月15日（Bull. civ. I，N° 365，p. 303）。

[2]最高法院第一民事庭，1999年2月3日（JCP 1999. 11. 10083，Billiau et Loiseau述评，D. 1999. 267，X·Savatier述评，Langlade-O'sughrue述评，《亲属法》，1999，N° 54，B·B述评，Defrénois 1999. 680，Massip述评，738，D·Mazeaud述评，Grands arrêts，t. 1，N°28）；最高法院第一民事庭，2002年1月21日（Defrénois 2002. 681，Massip述评）；最高法院全体庭，2004年10月29日（D. 2004，p. 3175，D·Vigneau述评，JCP 2005. 11. 10011，F·Chabas述评，《亲属法》，2004，N° 230，B·Beignier述评，Defrénois 2004，p. 1732，Libchaber述评，et 2005，p. 295，S·Piedelièvre述评，CCC 2005，N° 40，Leveneur述评，Grands arrêts，t. 1，N°29）；另见F·泰雷：《梦寐以求的时刻》（F·Terré，L'occasion rêvée，JCP 2005，N° 17，223）；《关于姘居者相互赠与财产的几点看法》（Y·Lequette，Quelques remarques à propos des libéralités entre concubins，Mélanges Ghestin，2001，p. 547）。

处分人看来是基于非婚生父子或母子关系[1]而决定赠与财产的情况下，如果法院不是运用“起决定性推动作用的原因”（cause impulsive et déterminante）这一概念来作为撤销这种无偿处分的依据，那么这些儿童大多数都可逃脱适用《民法典》第908条的限制规定。即使在对亲子关系法进行改革之后，有些通奸所生的非婚生子女接受赠与的能力仍然受到部分限制，也就是说，为了认定赠与无效，利用原因这一概念仍然有它的作用，按照1972年1月13日法律第908-1条的规定，[2] 当因通奸所生的子女并未依法确立亲子关系时，如果赠与行为本身提供的指示就可以表明（赠与人）进行赠与的原因是基于他与受赠与人之间的（非婚生）亲子关系，那么受赠与人的无能力（接受赠与）仍然会起作用，但是，后来在斯特拉斯堡法院（欧洲人权法院）的压力之下，2001年12月3日的法律废止了法国法里原有的涉及通奸所生的非婚生子女的全部规定。现在，为了非婚生子女的利益，向他们赠与财产属于完全合法的行为。

（3）法院判例还利用原因理论对《民法典》第900条的规定所产生的弊端进行了补救。按照法典第900条的规定，如果一项无偿处分行为附有某种非法的条件或者不道德的条件，这种条件将视为不曾订立而被排除，但所进行的赠与仍将得到保留。《民法典》的这项条文是受到一种政治思想的指导，那就是担心在法国大革命

[1]最高法院诉状审理庭，1876年12月6日（DP.77，1，492）；最高法院第一民事庭，1954年10月12日（D.1955，452）；最高法院第一民事庭，1956年4月13日（D.1956，506）；最高法院第一民事庭，1957年5月20日（D.1957，541）；另见：最高法院第一民事庭，1970年1月6日（JCP 1970.11.16215，R·Lindonr述评，RTD civ.1970，333，R·Nerson述评）。

[2]《继承和赠与》，N°295；M·格里迈迪：《〈民法典〉第908-1条：事实上的奸生子女无能力接受无偿的财产处分》（M·Grimaidi，L'article 908-1 du Code civil：l'incapacité de recevoir à titre gratuit des enfants adultérins de fait，*JCP* 1981.1.3035）。

刚刚过去不久，某些拥有一定财富但已经上了年纪的人可能利用无偿处分财产的手段来对下一代施加压力，强制人们重新回到旧的习惯做法。在这些旧的习惯做法中就包括诸如要求已经获得奁产的女子出嫁以后放弃继承权，要求选择信仰特定的宗教或者选择从事特定的职业（大革命以后这些做法是受到禁止的）。立法者为了解放年轻一代，在《民法典》中作出第900条的规定：受赠与人可以保持其得到的赠与财产而无须履行赠与人在赠与时对其规定的非法条件。但是，随着时间的推移，社会的变化，在赠与财产时试图通过附加各种条件而让人们回到旧制度的可能性已经大大减少，因此在这种社会背景下，法院判例认为，如果受赠与人可以不履行对其规定的负担但仍然可以保留其所受之赠与，这种处理就不太公道了，并且在此基础上认为，如果赠与时（对受赠与人）规定的负担实际上是对进行赠与起着决定性作用的目的，那么，这种赠与应当视为原因非法并且应予撤销，[1] 例如，如果在向国家、市镇行政区或者公立机构赠与财产时附加规定宗教性质的条件，诸如要成立礼拜基金，要维护修会学校的运作，而被称为世俗法律的法律认定这些条件为非法条件时，法院判决就会认定这些条件实际上是进行赠与附加的条件，对于这种赠与，应当按照《民法典》第1133条的规定予以撤销，并且受赠与人应当返还其受赠的金钱（参见第420节）。[2]

---

[1]最高法院诉状审理庭，1863年6月3日（DP 63，1，429，S. 64，1，269，*Grands arrêts*，t. 1，N° 121）；另见：《继承和赠与》（n° 329）。

[2]最高法院民事庭，1913年7月23日（*DP* 1915，1，49）。我们饶有兴趣地注意到：在有偿契约领域，法院判例就《民法典》第1172条与第900条的规定做了一种对称的但却是相反的工作。《民法典》第900条规定："在一切生前处分或遗嘱处分中，规定不可能的条件和违反法律或善良风俗的条件，均视同未予订立。"而第1172条则规定："以不可能之物为条件，或者违反善良风俗或法律禁止的任何条件，均无效，并使有赖于此种条件的契约无效。"也就是说，当条件违法时，将引起有偿合同整体无效。这显然与有关无偿处分的第900条的规定形成对比。（转下页）

这也就是说，只有按照主观的、具体的观念，将作为推动每一方当事人表示同意意思的动机作为合同的原因来理解，并作为监督合同是否具有合法性的工具，才能真正有效果（参见第 361 节最后一段）。

364. 按哪一时间点来评价原因的非法性?

当推动一方当事人或另一方当事人订立合同的动机违反公共秩序时，原因就被宣告为非法。尽管公共秩序是为了保护社会的根本利益，但是，自合同订立至法官对合同的原因进行评价之日，其间公共秩序可能已发生变化，例如，刑法的某项规定修改之后，原来规定为犯罪的这一或那一行为不再构成犯罪，这样，公共秩序就发生了变化。按照法院判例，在这种情况下，原因（是否）合法，应当站在合同订立之日，按照此时的情况来进行审查和判断。[1] 以这样的处理作为支撑点，我们就可以主张在合同领域新法的规定不具有溯及效力之原则（参见第 463 节）。不言而喻，这项原则意味着合同的有效性的条件应当按照合同订立之日的情形来评价。这样

（接上页）然而，为了能够撤销那些违法的或者不道德的原因的特定的无偿处分行为，法院判例运用“起决定性作用的推动性原因”的概念，使第 900 条的规定有所变动，与此同时，对第 1172 条则作了相反的规定：如果违法的或者不道德的条件相当于原因，那就严格适用第 1172 条的规定，如果是相反情况，这种违法的或者不道德的条件仅仅具有次要的或辅助的性质时，那就仅仅视其“不曾订立”，合同仍然得以保留。这样一来，说到底，第 900 条与第 1172 条的条文虽然包含的是决然相反的规定，但通过“起决定性作用的推动原因”这样一个概念，被法院判例看成是确立相同法律地位的规定（参见第 420 节）。

[1] 最高法院第一民事庭，1998 年 2 月 10 日（JCP1998. II. 10142，JCP 1998. 11. 10142，B · Fages 述评，D. 2000. 442，L · Gannagé 述评，RTD civ. 1998. 669，Mestre 述评）。该判决撤销 1990 年订立的一项合同，由于《刑法典》的实施条例部分原第R34-7条规定所谓的“占星术职业”为非法职业，当事人之间订立的合同恰恰是为了推荐该职业的继任人，后来，在 1994 年的《新刑法典》里没有作出相同的规定，这就意味原来的规定已被废止。关于在这种情况下，有可能对原合同给予确认的问题，参见第 399 节。

考虑问题，对原因的存在来说，起着决定性作用，但是，当公共秩序的变化表现为较之过去更加宽松时，就评价原因的合法性而言，不溯及既往之原则就不能起到同样的决定性作用。既然原来作为公共秩序对待的某种社会秩序已经被放弃，法官为什么还要继续按照维护这种利益的观念来撤销某项合同?[1] 况且，当（原来被认定的）公共秩序的定义唯一是基于刑法的后来被废止的某项规定时，难道刑法的无溯及既往的效力还不能随之引起排除合同的非法性质的效果吗?[2] 但是，看来法院判例只有在立法修改之后当事人之间对合同也进行修改或重订的情况下才会承认此前订立的（动机原本违反公共秩序的）合同的合法性，这样，可以避免原来非法的合同在（立法修改之前）受到禁止的期间内也（追溯）产生效力（参见第399节）。

365. （2）补充的说明

基于对合同的原因采取主观观念，对合同的监督会有所延伸——延伸到对订立合同的动机的监督——从要求合同具有合法性的角度来看，这种延伸是有益的，但是，如果我们将此种延伸推进得太远，则将严重损害合同的稳定性。因为，如果我们按照这种延伸逻辑一直往前走，任何一项合同均有可能受到质疑，均有可能被撤销，每一个人心里都明白："没有一方当事人在表示同意意思的

[1]最高法院第一民事庭，1976年11月23日（Rev. crit. DIP 1977. 746. J · Foyer 述评，JDI 1977. 504. Ph · Kahn 述评，Grands arrêts DIP，N° 5 7）：该判决就国际公共秩序抗辩的作用问题提出了"公共秩序的现时性规则"（la règle de l'actualité de l'ordre public）。

[2]需要提醒的是，当刑法的新规定与以前的规定相比，其严格程度较为缓和时，新法的规定则具有溯及既往的效力，这一原则有其宪法价值，参见宪法委员会1981年1月19日与20日裁决（Cons. const. 19 et 20 janv. 1981，D. 1982. 441，Dekeuwer 述评），但是，在合同领域，新法无溯及效力之原则不具有宪法价值，参见1980年1月9日宪法委员会的裁决（D. 1981. IR p. 359，L · Gannagé 述评，D. 2000. 442）。

背后不隐藏着某种不诚实的小算盘。”正因为如此，为了抑制由主观原因观念可能造成的（合同）不确定性，法院判例按照以下两种方式进行了疏导。

366.（要求是起）决定性（作用的）动机（motif determinant）

首先，法院判例认为，某种动机，只有在其对订立合同起到决定性作用，因而对交易活动“构成起到决定性推动作用的原因”时，才能被认定为合同的无效原因。合同当事人内心所关注的、所设想的，即使不合法，但如果看来它并不构成其订立合同的根本目的，并不构成主导其订立合同的原动力，而仅仅构成次要的动机时，就不能据此认定其订立的合同无效。然而，（对于这样的判例）正如有的学者非常正确地指出的那样：“如果仅仅如此，那就完全是在玩文字游戏。”[1] 实际上，当法官从推动合同当事人订立合同的各种各样的动机中发现有一种非法的动机或者不道德的动机时，都会倾向于将这一动机认定是“具有决定性作用的动机”，即使这一非法的动机并不比当事人的其他动机更加具有决定性，法官也会这样认定而不可能像上面所说的那样去作如此细致的区分。

367.（应当是）他方当事人知道的动机

其次，在过去很长时间里，法院判例一直认为，非法动机或者不道德的动机，即使是起着决定性作用的动机，只有当其是相对当事人所知晓的动机的情况下，才引起合同无效。

虽然说只有相对当事人知晓的动机才引起合同无效，但我们不应当将这项要求理解为只有当动机是双方当事人追求某种共同的目

---

[1] Flour, Aubert et Savaux, N°268；M·德佛瑟：《关于将动机作为债的原因的思考》（M·Défossez, Réflexions sur l'emploi des motifs comme cause des obligations RTD civ. 1985. 529. N°23）。

的时，才引起合同无效，所谓相对当事人知晓的动机仅仅是说，要求这种动机进入合同的范围。[1] 之所以如此要求，是为了确保法律关系的安全并保护善意的缔约当事人。善意当事人无须承担以其并不知晓的非法动机或不道德的动机为依据而被撤销的合同的后果。

但是，法院判例的这种处理也遭到了学者们的激烈批评：法律之所以要求合同有合法的原因，是为了监督合同必须符合公共秩序，因此，要求合法的原因，首先关系到社会的总体利益。然而，法院判例却要求，只有当推动一方当事人订立合同的非法动机或者不道德的原因是相对当事人所知晓的动机时才会引起合同无效。这种处理会带来很大弊端。依照这样的要求，（以此为理由而）被撤销的合同将会很少，由此也就大大降低了合同的道德教化作用；[2] 此外，从个人利益的角度来看，在无效之诉的原告原来并不知道相对当事人订立合同是出于非法动机时，法院判例的这种处理同样不能令人满意。因此，要求非法动机是双方当事人知晓的动机才能认定合同无效，不仅不会对无可指责的一方当事人带来保护，反而会对其造成不利的后果。[3]

为了避免上述弊端，有学者提出，“所谓非法原因是指，各方当事人或者其中某一当事人所力求达到的，与合同的内容、订约时的具

[1]最高法院第一民事庭，1989 年 7 月 12 日（*Bull. civ.* I，N° 292 p. 194，*JCP* 1990. II. 21546，Y · Dagome-Labbé 述评，*Defrénois* 1990 p. 358，J-L · Aubert 述评，*Grands arrêts*，t. 2，N° 156）；另见：最高法院第一民事庭，1956 年 12 月 4 日（*JCP* 1957. II. 10008，J · Mazeaud 述评，*RTD civ.* 1957. 329，H et L · Mazeaud 述评），该判决认为，非法目的应当是经双方“约定的”（目的），才能作为宣告无效的证明理由。

[2]Ghestin，*Le contrat*，N° 895.

[3]Flour et Aubert，7e éd，N°266；A · 维伊：《知道起决定性作用的非法动机或不道德的动机与提起无效之诉》（A · Weill，Connaissance du motif illicite ou immoral déterminant et exercice de l'action en nullité，*Mélanges Marty*，1978，p. 1165 et s）。

体情节或者合同产生的结果紧密相关的非法目的或不道德的目的",[1] 而无须考虑这种非法目的是否为相对当事人所知晓。理论界的这种建议最终得到最高法院的认同与采纳。最高法院在 1998 年 10 月 7 日的判决中提出：某项合同，在一方当事人并不知道决定相对当事人订立合同的动机时，仍可以其原因非法或原因不道德而被撤销。[2]

由于原因非法而引起的合同无效属于绝对无效，可以由一方或另一方当事人提出无效之诉，但是，也有可能运用侵权责任的规则来保护善意当事人的利益。在这里，运用侵权责任规则就可以使善意当事人对其受到的损失获得赔偿，[3]或者运用法律格言"任何人都不得主张自己的卑劣行为"（nemo auditur propiam turpitudinem allegans，nul n ‘est recevable a invoquersa propre turpitude），以阻止因合同被撤销而引起的返还已经进行的给付。[4]

不过，还需要补充的是，有关当事人知道相对当事人订约动机非法或者不道德的要求，仅仅是对有偿合同提出的要求；对于无偿处分合同而言，过去和现在都始终仅仅要求处分人思想上进行无偿处分或者进行赠与的动机非法或者不道德即可作为合同无效的原因，无论过去和现在，受赠与人是否知道赠与人的动机非法或者不道德，均不在考虑之列，只不过，在现实生活中，受赠人甚至不知

---

[1]C·格弗奇-提别尔日：《论无效、返还与责任》，《巴黎一大学位论文》（C·Guelfucci-Thibierge，*Nullité*，*restitutions et responsabilités*，thèse Paris I，éd. 1993，N° 415）。

[2]最高法院第一民事庭，1998 年 10 月 7 日（*D.* 1998. 563. Sainte-Rose 述评，1999 somm. com. p. 110，Delebecque 述评，chron. Toumafond 述评，p. 237，*JCP* 1998. 11. 10202. M-H·Maleville 述评，1999. 1. 114，N°˚ 1，C·Jamin 述评，*Defrénois* 1998. 1408，D·Mazeaud 述评，1999. 602，Chariot 述评，*Grands arrêts*，t. 1，N° 158；最高法院第一民事庭，2005 年 3 月 5 日（CCC 2005，N° 124，L·Leveneur 述评））。

[3]C·Guelfucci-Thibierge，thèse préc，N° 426.

[4]A·Weill，art. préc，p. 1173. 关于这一法谚，参见第 428 节。

道赠与人抱着什么动机向其赠与财物的情况实在很少。[1]

将有偿合同与无偿合同区分对待是完全有理由的。当合同为无偿性质时，与有偿合同相比，基于维护合同安全的需要相对要少一些，特别是对当事人所期待的、所关注的事项的迫切性相对要小一些。无偿处分的受益人首先关注的是保留住他已得到的利益，而有偿合同的当事人首先追求的则是尽量避免受到某种损失。

二、原因非法性的证据

368. 原则

在正常情况下，合同都是符合公共秩序与社会道德的，因此，我们推定所有合同均有其合法的、符合社会道德的原因。[2] 但是，当合同中写明了原因并且可以认定原因虚假的情况下，就不能再主张《民法典》第1132条宣告的有关原因合法的推定了，[3] 因为，这一推定只是在合同中没有写明原因的情况下可以起作用，而当合同中表述的原因已经表明其是虚假原因时则不能再起作用。

既然推定合同的原因合法，那就要由主张原因非法或原因不道德的人负此种举证责任，不论为此种主张的人是合同的当事人还是第三人。[4] 但是，如何提出原因非法的证据呢？

对于有偿合同，法院判例始终认为可以采取法律准许的证据方法来证明法律行为的非法性质或不道德性质，因为，按照《民法

[1]《继承和赠与》，第316节。

[2]在合同没有任何记载的情况下推定原因合法，这样做有利于债权人。此种推定不要求文书符合《民法典》第1326条规定的形式条件，参见最高法院第一民事庭1988年6月14日判决（Bull、civ. I. N°190. p. 132，RTD civ. 1989. 300，J · Mestre 述评）。

[3]最高法院第一民事庭，1988年12月20日（Bull. civ. I，N° 369，p. 249，D. 1990. 241. J · P · Marguénaud 述评，Defrénois，1989. 759，J. -L · Aubert 述评，RTD civ. 1989. 300，J · Mestre 述评）。

[4]最高法院民事庭，1896年12月22日（DP 98，1，537）。

典》第 1353 条的规定，准许运用任何证据方法证明欺诈。[1]

对于无偿处分行为，也适用相同的证据方法，然而，法院判例在很长时间里承认的是一种有严格限制的证据制度：只有当合同的非法性质或不道德性质出自文书或合同的文字与内在的内容时，法院才会宣告合同无效。[2] 这种证据制度被称为“内知证据”(preuve intrinsèque)，[3] 但它已经被最高法院于 1907 年 1 月 2 日作出的一项判决所排除：这项判决在对一桩赠与案进行审理时，发现赠与的目的是为夫妻双方协议分手提供便利条件。最高法院的判决认为，没有必要区分有偿行为与无偿行为，无论是哪一种行为，法院均可在合同文书本身的表述之外运用法律准许的任何证据方法。[4]

三、制裁

369. 绝对无效

如果我们抛开原因非法的合同可能抵触保护性公共秩序的问题不谈，毫无疑问，原因非法，受到的制裁是合同的绝对无效。因

---

[1]最高法院诉状审理庭，1903 年 8 月 5 日判决（S. 1904，1，283）。参见：R · Dorât des Monts，thèse préc，N° 110.

[2]最高法院民事庭，1832 年 1 月 4 日（S. 32，1，146）；最高法院诉状审理庭，1860 年 7 月 31 日（DP 60，1，458；最高法院诉状审理庭，1887 年 6 月 29 日（DP 88，1，295））。

[3]L 马佐：《论内知证据》，《里昂大学学位论文》，1921 年（Mazeaud，La preuve intrinsèque，thèse，Lyon 1921）。

所谓内知证据（La preuve intrinsèque）应当是指只有当事人本身知道的证据，但在这里是指从文书与合同的文字表述或内容而产生的证据，按照法文的原意可译为“内在的证据”或“本身存在的证据”。——译者注

[4]最高法院民事庭，1907 年 1 月 2 日（DP 1907. 1. 137，Colin 述评，S. 1911. 1. 585，Wahl 述评，Grands arrêts，t. 1，N° 122）；相同的意义，参见最高法院诉状审理庭 1914 年 3 月 4 日判决（DP 1916，1，27）；最高法院民事庭，1949 年 3 月 23 日（S. 1949 1，167，Gaz. Pal. 1949，1，281）；关于法院判例的变化，参见：R · Dorât des Monts，thèse préc，N°s 112 et s.

为，对原因非法的合同以绝对无效来制裁是为了保护社会利益，防止放任自流的个人主动损害总体利益。但是，虽然说，人们在这一问题上，对无效的性质的认识没有任何分歧或争议，但对这种无效所触及的范围却有不同的看法。按照原则，合同被撤销，强制各方当事人相互返还他们因合同部分履行而已经受领的给付，然而，当撤销合同是由于合同的原因具有不道德性质时，法院判例对这一原则也做出了非常重要的例外处理。按照“任何人都不得主张自己的卑劣行为”这一法律格言，对于已经提供的给付，主张合同具有不道德性质的人不能获得其已提供给付的返还。这是一项与无效的后果相关联的规则，对此，我们将在有关无效的问题中进行研究（参见第 428 节）。

第三节　公共秩序与善良风俗

370. 内容安排

合同不得违反公共秩序与善良风俗，否则无效（《民法典》第 6 条）。为了保障合同符合公序良俗，确保合同有效，《民法典》规定了两种监督工具：其一是合同的标的，其二是合同的原因，两者都必须合法、必须符合道德。实际上，我们在前面研究合同的成立条件时就已经涉及公共秩序和善良风俗的问题（参见第 274 节与第 362 节），本节中我们在此前初步介绍的基础上更加深入地进行探讨，尽可能地描绘出公序良俗的更全面的综合形象。[1]

---

[1] J·奥塞：《论公共秩序与善良风俗》，载《欧洲合同法原则背景下的法国合同法概念》，2003 年（J·Hauser，L'ordre public et les bonnes mœurs，in *Les concepts contractuels français à l'heure des principes du droit européen des contrats*，2003，p. 105）。

371. 公共秩序与善良风俗的共同特征

公共秩序与善良风俗具有某种相近特征，两者都是实现同样的功能。公共秩序与善良风俗是限制契约自由的各种社会禁止事项（des interdits sociaux），它们表明在个人利益之上还存在着各种整体利益，个人意志的力量不得无视这些整体利益。

公共秩序与善良风俗两者的概念性质相同（le même nature conceptuellle），两者都没有任何与之对应的明确定义的种种标准以及同样没有明确定义的、无确定内容的规范（normes à contenu indéterminé），因此是往往需要通过法官才能得到具体认定的规范和标准。

第一目　公共秩序

372. 定义

对公共秩序（ordre public）这一概念的定义存在很多争论。[1]（在法国）除民法领域外，其他许多领域也都运用公共秩序的概念，尤其是在公法、民事诉讼法、国际私法、欧洲法等领域都会遇到这一概念。当今社会的国际化、法国法的欧洲化，引起了公共秩序的这一概念的深刻更新，至少是带动了公共秩序的种种表现的深

---

[1] L·朱利约-德拉莫朗迪耶尔：《论国内私法上的公共秩序》（L·Julliot de la Morandière, L'ordre public en droit privé interne, Études Capitant, 1939, p. 381 et s）；R·里佩尔：《论经济秩序与契约自由》（G·Ripert, L'ordre économique et la liberté contractuelle, Études Cény, 1934, 1939 t. II p. 347 et s）；马尔米翁：《关于国内法公共秩序性质的法律之研究》（Marmion, Étude sur les lois d'ordre public en droit interne, Paris 1924）；Ph·马洛里：《论公共秩序与合同，法国、英国与苏联比较民法研究》，1951 年（Ph·Malaurie, L'ordre public et le contrat, Étude de droit civil comparé: France, Angleterre, URSS, Paris 1951）；G·法尔加：《论经济公共秩序》，《第戎大学学位论文》，1963 年（G·Farjat, L'ordre public économique, thèse Dijon, éd. 1963）；P·莱诺：《经济公共秩序，法学教程》（P·Raynaud, L'ordre public économique, Les Cours de droit, 1965—1966）；《20 世纪末的公共秩序》（L'ordre public à la fin du XXe siècle, 1996, coord. Th·Revet）。

刻变化。公共秩序这一概念的任务始终是用来解决两类利益之间的冲突。

我们在下面将首先研究公共秩序的传统表现，而这种传统表现集中体现为对国家社会（société étatique）的保护，然后，我们再研究因欧洲法涌入法国国内法，导致这些表现发生了哪些变化。

373. 国际公共秩序、国内公共秩序

传统上，公共秩序是以解决一个国家内部法律规则的两种渊源之间的某种冲突为目的。这里所说的“法律规则的两种渊源”分别是指这些规则的主要渊源与次要渊源。由法律规则的主要渊源派生出保护国内社会总体利益的各项规则，而法律规则的次要渊源则“与各种不同的利益联系在一起”。例如，在国际私法领域，运用公共秩序的概念是解决法国社会的根本原则与在法国适用特定外国法的规范之间可能存在的冲突。这些外国法规范之所以有可能在法国得到适用，是因为法国法律的某一冲突规范赋予它们以权限，用以调整与产生这些规范的法律制度有着紧密联系的某种国际法律关系；当外国法律规范抵触法国法律规范时，通过国际公共秩序保留（l'exception d'ordre public international，国际公共秩序抗辩），就可以排除该外国规范的适用，并以法国法的相应规范取代之。例如，尽管外国人结婚的实质条件原则上受外国人的本国法调整，但是，即使外国人的属人法准许实行一夫多妻制，但他们在法国却不得缔结一夫多妻的婚姻关系，因为，一夫多妻制违反法国社会价值。[1]

在民法方面，如果法国法的规则与个人通过协议在他们之间设

[1]关于法国法院判例对国际公共秩序进行的定义尝试，参见最高法院民事庭 1948 年 5 月 25 日的判决（D. 1948. 357，L. -P 述评，Rev. crit. DIP 1949. 89. H · Batiffol 述评，Grands arrêts，DIP，N° 19）；关于近期对这一问题的理论综述，参见 R · 里贝莎贝尔：《国际法上的公共秩序抗辩，20 世纪末的公共秩序》（1996. p. 65）。

定的规范发生冲突，公共秩序这一概念就标志着保护社会总体利益的规则要高于个人之间约定的规则，因为后者属于考虑个人利益并受此种考虑主导的规则。虽然在当事人之间合同具有相当于法律的效力，但是，当合同抵触公共秩序规则时，另当别论。

换句话说，公共秩序建立在将各种价值划分为不同层级的基础之上，它证明在一个法律制度里存在一种更高价值的秩序，而这种更高价值的秩序不能受到个人之间的特别约定的损害：个人的特别约定不得损害公共秩序。这就是国内公共秩序；或者，一国的这种更高价值的秩序也不能受到外国法规范的侵害：外国法的规范不得损害法国法的规范。这就是（法国）国际公共秩序，因为，遵守这种更高价值的规范，也就是尊重公共秩序，对于法国社会的内聚性与统一性实属必要，[1] 它是法国社会赖以立足的基石。[2]

374. 国内公共秩序、欧共体公共秩序

即使是在那些竭力维护“欧洲思想”的激进人士眼中，共同体法也是一座“仅有专家或利益集团才能够理解，一般人根本无法明白的晦涩难懂的高塔”，[3] 或者说，它是由布鲁塞尔总部没有任何参照式样而编制出来的一块地毯，只不过是为了适应市场的需要而有点相互协调的关系，但它距离人与人之间相互关系的重大基础原则很远，也就是说，它距离自由、责任、善意、信任与权利义务相适应等基础原则很远。在谈到欧

[1] Ph · Francescakis, Rép. Dalloz droit international, V° Ordre public, N° 9.

[2] J · 卡尔波尼耶：《20 世纪末的公共秩序》（J · Carbonnier, in L'ordre public à la fin du XXe siècle, 1996, p. 1）。

[3] J · 德洛尔：《从欧洲看法国》，1988 年（J · Delors, *La France par l'Europe*, 1988, p. 272）。

洲共同体法时，有人甚至说：“与其说是公共秩序，不如说是公共乱序。”[1] 尽管如此，在共同体秩序的内部，公共秩序这一概念仍然表现出两个层面：国家公共秩序（国内公共秩序）与共同体公共秩序。虽然使用的术语并未指明这一点，但在共同体秩序的内部，这两个组成部分是“国际（international）公共秩序”与“内部（interne）公共秩序”的对称。

欧洲共同体法确认了5大自由：商品货物流通自由、劳动者流动自由、设点执业自由、服务自由与资本流动自由。但共同体各成员国在确认这5种自由的任何一种自由时，都可以做出（公共秩序）保留。各成员国可以基于公共秩序之理由对这些自由作出例外规定，或者对它们进行有正当理由的限制。这种限制，就是要保护（各成员国自己的）国家利益，具体地说，就是要保护由国家代表的国内社会整体的利益，以防止上述自由可能对其造成的损害。正因为如此，人们将这种公共秩序称为“国家”公共秩序（ordre public national，国内公共秩序）。[2] 但是，只有在面临足够严重的现实威胁，影响到（国家）社会的基本利益的情况下，才能运用这种“主权性质的保留”。[3] 公共秩序保留与国际公共秩序抗辩（exception d'ordre public international）有着明显的相似性。当外国法在法国的适用损害到法国社会价值时，运用国际公共秩序抗辩也可

---

[1] S·坡阿约-佩茹泽托：《公共秩序与共同体法》（S·Poillot-Peruzetto，Ordre public et droit communautaire，D. 1993，p. 177）。

[2] S·坡阿约-佩茹泽托，前引文（S·Poillot-Peruzetto，art. préc，D. 1993，p. 177）；另见M-C·布塔尔-拉巴尔德：《论共同体法中的公共秩序》，载《20世纪末的公共秩序》（M-C·Boutard-Labarde，L ordre public en droit communautaire，in *L'ordre public à la fin du XXe siècle*，p. 83）。

[3] 欧洲共同体法院，1975年10月28日（*Ruttili* 诉讼案，36－75，*Gaz. Pal.* 1976. 1. 134）。

以使该外国法律不能在法国得到适用；同样，当上述各项自由有可能损害法国国内利益时，运用国内公共秩序抗辩也可以限制这些自由的作用。可惜的是，这两者之间的相似性也就到此为止。法国法官可以依据损害法国社会价值之原因自由评判是否有理由排除外国法的适用，但欧洲法却不是相同情况，因为，欧洲共同体法院判决认为："在共同体背景与前提之下，对公共秩序这一概念应当作严格解释，其意义不能由各成员国单方面认定而不受共同体制度的监督。"[1]

由于在共同体范围内作出的很多规定或多或少都直接涉及契约生活，于是就提出了一个问题，合同当事人是否可以排除共同体法律规则。一般来说，对于这一问题，应当给予否定回答。为了表达欧洲法规则的这种强制性，人们将其称为"共同体公共秩序"，这样，共同体公共秩序在国家层面表现为内部（interne，国内）公共秩序的对称。[2]

我们由此可以看到，欧洲的统一构建进一步打乱了公共秩序的传统形象。一开始，公共秩序是作为保障国内社会协调一致的工具，如今变成了"确认一种高高在上的秩序的手段"，而这种高高在上的秩序所憧憬的恰恰是各成员国国家社会的消失。

我们在本书中仅限于讨论内部公共秩序（国内公共秩序）对契约自由所带来的限制，也就是说，仅限于讨论国内公共秩序与共同

---

[1]欧洲共同体法院，1975年10月28日。被称为"疯牛病诉讼案"的例子表明这种制度具有某种危险性。在公众舆论并未得到警示之前，成员国禁止进口对老百姓的健康有危害的肉类，这种做法曾受到欧洲委员会提出追诉的威胁。这表明在欧洲委员会看来，唯一重要的是经济方面的考虑。

[2]S·坡阿约-佩茹泽托，前引文（S·Poillot-Peruzetto，art. préc，D. 1993，p. 180）。

体公共秩序对契约自由的限制，因此将围绕着公共秩序的渊源与公共秩序的内容进行探讨。

一、公共秩序的渊源

375. 条文规定的公共秩序，（没有条文明确规定的）潜在的公共秩序

法国《民法典》第6条规定："任何人均不得以特别约定违反涉及公共秩序和善良风俗的法律。"19世纪的学说告诉人们，契约自由只能由立法者来进行限制。这一时期的理论倡扬的是个人意思（个人意志）的强大力量，担心法官的专断，主张严格限制法官在合同方面的权力。按照这一时期的理论，唯有法律才能规定哪些属于公共秩序，哪些不属于公共秩序。

这样一来，法律有时就需要特别注意通过某项专门规定来标明其确定的某项规则具有公共秩序性质，[1] 因此，在（法国）法律的许多条文里往往有专门的文字写明（其所定的某项）规则"具有公共秩序性质"，或者写明任何违反该项规则的约定均"以无效论处"（à peine de nullité）。例如，《保险法典》第112-2条、《民法典》第1628条都是如此；[2] 或者，有的法律条文明文禁止订立这样或那样的合同，明文禁止订立这样或那样的条款，如《民法

[1] 这里所说的"法律"，显然也适用于制定行政条例（行政法规）的权力机关制定的文件，最高法院第一民事庭，1998年2月10日（JCP 1998. 11. 10143，Fages 述评，D. 2000. 442，L·Gannagé 述评，RTD. civ. 1998. 669，Mestre 述评）；最高法院第一民事庭，2004年12月7日（RTD civ. 2005. 389，J·Mestre et B·Fages 述评），但是不能是由"独立的行政机关"发出的文件，参见最高法院商事庭2003年12月10日判决（D. 2004. 210，E·Chevrier 述评，RTD civ. 2004，p. 285，J·Mestre et B·Fages 述评），本案涉及的"银行规范委员会"制定的一项规章。

[2]《民法典》第1628条："即使有出卖人不负任何担保义务的约定，出卖人仍应对属于其个人的行为引起的担保承担义务，任何相反约定均无效。"

典》第1130条第2款与第1388条的条文;[1] 有时，立法者还要进一步强化其规定的禁止事项，对违反禁止性规定的行为附加刑事制裁。[2] 在这种情况下，公共秩序的特征就在于：是由法律对其作出了明文规定。

但是，想要将公共秩序无一例外地局限在法律条文有规定的范围之内，这显然是不可能做到的。公共秩序负担的是维护法国社会的根本利益，它是一个必须适应时代需要、适应特别情形的灵活概念。正因为如此，法院判例始终承认存在一种没有法律条文明确规定的潜在的公共秩序，一种不言而喻的默示的公共秩序。在法律条文没有明文规定的那些情况下，如果法官认为严格遵守某项条文的规定对于保护法国社会利益确属必要，则可以赋予这种规定以公共秩序性质。

更前进一步，法院判例还承认，一项合同，即使不抵触任何法律条文的规定，但只要其标的与法国法的基本原则以及当今法国社会组织的基本原则相矛盾，仍然可能违反公共秩序。[3] 但是，法官并不享有专断权力，法官不能以其本人的政治信念、道德信念或经济观念来自行打造他个人认为的公共秩序观念。在没有法律条文明文规定的情况下，法官要想归结出公共秩序的概念，必须依据其进行案件审理之日的现行的有效法律整体，依据法律的精神并且在法律精神的引导之下进行裁量。这是一个需要接受最高法院监督的

---

[1]第1130条："未来之物得为债的标的。但是，任何人均不得放弃尚未开始的继承，也不得就此种继承订立任何条款，即使得到被继承人同意，亦同。"

[2]第1388条："夫妻不得违反由婚姻产生的义务和权利，亦不得违反有关亲权、法定管理和监护的各项规则。"

[3]最高法院第一民事庭，1994年7月20日（Bull. civ. I，N° 261，p. 190，RTD civ. 1995. 101，Mestre 述评）：本案中，当事人订立的协议涉及受到禁止并且受到刑法规定制裁的推销活动，被视为因违反公共秩序而违法；最高法院第一民事庭，1996年6月11日（CCC1996 N° 166，Leveneur 述评，RTD civ. 1997. 116，J·Mestre 述评）；为了宣告一项协议违反公共秩序，根本没有必要要求法官审查其中存在的各项要素综合起来构成犯罪。

法律问题，因此判断是否具有公共秩序性质的问题，是一个法律问题，而不是事实问题。[1]

不过，从根本上来说，法官的权力并非到此为止。当适用的法律条文涉及公共秩序时，法官就需要判断当事人的约定或者当事人订立的合同是否违反该法律条文的规定。例如，尽管有关婚姻的法定规则与同意自由都具有公共秩序性质，但是，对于“以受赠与人不结婚或不再结婚为条件”而进行的赠与，法院判例并不是在任何情况下都统统认定其无效并统统将其撤销。[2]

欧洲共同体法律具有强制性，由此也就引起契约自由将受到有关竞争法或消费法的共同体规则的限制。[3]

二、公共秩序的内容

376. 公共秩序的演变

公共秩序是一个经常演变的概念，因此始终需要对其现状作出重新表述。[4] 这样一来，与其是对这一问题在此一时彼一时的状况

---

[1]最高法院民事庭，1929 年 12 月 4 日（S. 1931. 1. 49，P · Esmein 述评，Grands arrêts，t. 1，N° 13）：本判决认为，当事人之间订立的一项合同无效，因为订立该合同的目的是利用病患者作为实例，采取强化广告手法，运用耸人听闻的形容词，达到使公众印象深刻甚至感到恐惧（而纷纷投医）之目的，尽管这种作为合同标的的行为并无任何法律明文规定予以禁止。另见巴黎法院大审法院 1973 年 11 月 8 日判决（D. 1975. 401，M · Puech 述评）。

[2]最高法院民事庭，1837 年 6 月 27 日（S. 37. 1. 697；最高法院民事庭，1913 年 11 月 18 日（DP 1917. 1. 162））；最高法院全体庭，1999 年 3 月 26 日（D. 1999. 369，Delebeque 述评，RTD civ. 1999. 615，Mestre 述评）：该判决撤销原审法官作出的判决，原判决认定并赋予 1969 年 1 月 3 日关于海洋船只装备的法律第 26 条以强制性。

[3]最高法院诉状审理庭，1867 年 3 月 18 日（DP67. 1. 332）；最高法院民事庭，1896 年 12 月 22 日（DP98. 1. 537. Des jardins 述评）；最高法院诉状审理庭，1927 年 5 月 30 日（DH 1927. 448）；参见《继承和赠与》，第 327 节。

[4]J · 盖斯坦：《法国私法上的公共秩序，一个内容变动的概念》，载《法律上内容可变的概念》，“国家逻辑研究中心”（J · Ghestin，L'ordre public，notion à contenu variable en droit privé français，in Les notions à contenu variable en droit，Trav. du Centre national de recherches de logique，Bruxelles，1984，p. 77 et s）。

作出详细的表述，还不如致力于阐释其发生演变的最突出之点。

我们知道，19 世纪的“宪兵国家”（Etat-gendarme）已经变成了 20 世纪的“天使国家”（Etat-providence），由此而来，传统的公共秩序与新的重视社会性的公共秩序之间的对立始终处在反反复复的状态。传统的公共秩序本质上是保守性质，因为它的主要功能是保护传统社会的支柱不受侵扰，而新的公共秩序则具有革新性质，因为它的目的是主张改变社会。传统公共秩序主要表现为“否定性质”，因为它奠定的是各种禁止性规定，而新的公共秩序则体现出正面的主动性质，因为它是对各方当事人强制规定义务，并且毫不犹豫地对特定合同的内容做出有权威的专断安排，这样做的目的是要将合同活动引到被认为是有利于经济发展或保护弱势当事人的方向。有鉴于此，人们也就有了所谓“引领性经济公共秩序”（统制性公共秩序）与“保护性经济公共秩序”的说法。

但是，从 20 世纪中叶的社会现实来看，我们上面的介绍也只能很不完善地反映 21 世纪初期的法律状态。新的公共秩序虽然仍旧是经济性秩序与社会性秩序，但它实际上不再是由社会性思想所指导，而是受到新自由主义的指导。[1] 这种新的公共秩序更多涉及的是禁止那些损害竞争或者损害弱势当事人的合同与条款，其次才是对特定的合同进行规范。这也就是说，受自由主义思想指导的传统公共秩序和受新自由主义指导的新的公共秩序应当可以共处而不会发生任何问题。但是，伴随着人们对重新发现市场法则的经济层面的狂热推崇，也导致传统的公共秩序发生了某种裂解，因为，传统的公共秩序使特定的价值摆脱拜金主义，它所规定的禁止事项，今天对于某些人来说，似乎是无法承受的。

---

[1]F·泰雷：《20 世纪末的公共秩序》（F · Terré, L'ordre public à la fin du XXe siècle, 1996, p. 3）。

377.（1）传统的公共秩序

传统的公共秩序，就其保护社会的支柱——国家、家庭、个人而言，可以视为是恒久不变的，但是，（当今社会）价值（观）的某种倒退，至少是各种价值所处的层级发生的变化，导致传统上的某些禁止性规定今天已经被人们抛弃。例如，由于（社会上一些人）对个人主义推崇备至，（与历史传统相比）家庭公共秩序就出现了倒退；至于传统上那些旨在保护个人的禁止事项，在崇拜市场与科学面前，越来越失去了它们的地盘。市场与科学成了一个“没有上帝的社会的上帝”。

378.（A）国家

合同宗旨或合同标的违反国家有关宪政组织、行政组织与司法组织的公共秩序规则的，属于非法宗旨或标的，例如，订立旨在影响选民投票的协议无效；旨在让某个公务人员辞去其职务或者由某个公务人员允诺给予优惠待遇而订立的以此为宗旨的协议，同样无效。

旨在规避刑法的适用而订立的协议，也是如此，例如，订立协议，让轻罪受害人承诺不对犯罪行为人提出告诉；订立保险协议，为某人可能受到刑事判决提供担保，这类协议一律无效。

有关司法行政的规则具有公共秩序性质。例如，除订立的仲裁条款被法律宣告有效的情况之外，任何当事人均不得就将来（发生）的争议订立协议，放弃向国家司法机关提起诉讼的权利，也不得（擅自）一般地改变案件的事物管辖规则，也就是放弃民事诉讼法依据争议的性质或争议标的数额确定管辖权限的规则。

与此相反，合同当事人订立的协议中附带规定了某种方式，可以让其尽可能多地减少税务负担，这种协议无可批评。

379.（B）家庭

原则上，调整家庭关系的法律具有公共秩序性质。正因为如此，以变更家庭组织为宗旨的协议传统上就受到禁止，不过，这方面需要将人的关系与经济关系区分开来。

在财产关系中——夫妻财产契约（contrat de marriage）、遗嘱、赠与，通过赠与进行的财产分割（donation-partage）等方面，意思的力量始终起着重要的作用，尽管这种力量也只有在特定的界限之内才能发挥作用，例如，在夫妻财产的基础性制度[1]之内或者在特留份[2]的界限内发挥作用。

过去，家庭中人的关系是家庭公共秩序的核心所在，不过，现在即使是在家庭内部的人的关系方面，我们也可以看到家庭组织的某种松弛现象，承认夫妻双方协议离婚（par consentement mutuel，两愿离婚），[3] 订立以规定行使亲权为宗旨的协议，尤其体现了家庭组织的这种松弛现象。之所以如此，[4] 原因很简单：如今的家庭（主要）被看成是向每一个人提供的一种工具，使其能够尽情发挥人格个性，[5] 其次才是一种“本身就具有价值的制度”。这样一来，公共秩序，只有在起到保护作用时，才在这里保有一片实际的地盘。[6]

虽然说家庭公共秩序在传统范畴内发生了明显后退，但是，随着《欧洲人权公约》第8条第1项确认的（任何人都享有）“正常家庭生活之权利”这一概念的不断发展，家庭公共秩序也得到了不可否认的发展，例如，如果租约中有条款规定该租赁场所只能由承

---

[1]《婚姻财产制度》（Les régimes matrimoniaux，N° 47）。

[2]《继承和赠与》（N°s 619 et s）。

[3]《人、家庭、无能力》（Les personnes，La famille，Les incapacités，N° 560）；参见《民法典》第265-2条。

[4]《人、家庭、无能力》（Les personnes，La famille，Les incapacités，N°s 1024 et 1031），参见《民法典》第373-2-7条。

[5]J·卡尔波尼耶：《法律简论》（J·Carbonnier，Essais sur les lois，p. 171）。

[6]贝纳本：《论亲属法中的公共秩序》，载《20世纪末的公共秩序》（Bénabent，L'ordre public en droit de la famille，in L'ordre public à la fin du XXe siècle，1996，p. 27）。

租人个人占用，由于这种条款产生的效果必然是剥夺承租人在其承租的场所内留住其亲属的可能性，因此这类条款无效,[1] 不过，这里是在家庭名义下保护个人的权利。

380. (C)(自然)人

人们传统上都是这样告诉我们，任何一个（自然）人（都）没有“自己转让自己”的权利。因此，任何有损（自然）人的独立与完整性的协议一律无效。法律禁止人们缔结或承诺永久性义务(参见第300节)，以人体为交易标的的协议无效，都是由此而来(参见第275节)。法国《民法典》第16条规定：“法律确保人的首要地位（la primaurité)，禁止对人的尊严的任何侵犯，保证每一个人自其生命开始即受到尊重。”第16-1条：“每一个人均享有其身体受到尊重的权利。人的身体不得侵犯。人体、人体之组成部分及其所生之物，不得作为财产权利之标的。”随着这些原则得到庄严确认，上述“守门员”守住底线的作用就越发显得重要。然而，令人好奇的是，法院判例从《欧洲人权公约》第8条的规定中发现了一种“人的自治权”（un droit à l'autonomie personnelle)，也就是每一个人都享有个人自治的权利。这就给予了个人处分其身体的权利。按照该条的规定，“每一个人都有按照自己的愿望选择其

[1]最高法院第三民事庭，1996年3月6日（Bull. civ. III，N° 60，p. 41，JCP 1996. 1. 3958，N° 1，C·Jamin 述评，1997. 11. 22764，RTD civ. 1996. 580，J·Hauser 述评，897，J·Mestre 述评）；另见最高法院第三民事庭 2004年2月25日判决(D. 2004，p. 1691，Ch·Caron 述评，RTD civ. 2004. 729，J·Mestre et B·Fages 述评)。与此相反，《欧洲人权公约》确认的宗教自由并不能据此准许一个人可以逃避自己的合同义务。最高法院社会庭，1998年3月24日（Bull. civ. V，N° 178，p. 125，Droit social 1998. 164，J·Savatier 述评)，也不准许创设由他方当事人负担的但合同并未规定的义务。最高法院第三民事庭，2002年12月18日（Bull. civ. III，N° 262，p. 227，RDC 2003，p. 220，A·Marais 述评，RTD civ. 2003. 290，J·Mestre et B·Fages 述评，383，Marguénaud 述评）。

生活的权利，其中（可以）包括将自己置身于从身体或精神上对其人身有损害或者有危险的那些活动”。与此同时，出于科学需要与经济方面的强制要求的压力，也出现了“人的身体的某种物化现象”，正如有的学者正确指出的那样：过去所有不能用金钱评价的东西,如今都可以用来订立协议，例如，就具有人格属性的事项与人的身体的完整性订立的有偿转让协议或给予补偿金的协议，前者诸如姓氏、私生活、肖像、精神产品、痛苦、情感、民事顾客群体，后者如器官捐赠、买卖儿童、借腹生子、取得动植物生命的专利权等。

381.（2）行业性公共秩序

除了传统公共秩序的各种表现之外，我们有时还会看到与行业性公共秩序的存在相关的种种表现。[1] 为了保护总体利益，保护公众不受特定职业的从业人员的无能力或不道德行为的损害，有关从事这些职业的规则被认为具有公共秩序性质，当然，这并不意味着，以确定和规范某个职业的全体从业人员的职责为宗旨的“职业道德规范”所定的全部规则都具有公共秩序性质，也不意味着凡是违反“职业道德规范”的任何规则的协议均无效,[2] 因为，在职

[1] H·梯桑迪耶：《关于职业的法律概念研究》，《巴黎十大学位论文》，1998年（H·Tissandier，Recherches sur la notion juridique de profession，thèse Paris X，1998）。

[2] 最高法院第一民事庭，1991年11月5日（Bull. civ. I，N°297 p.195，CCC1992 N°24，L·Leveneur述评，RTD civ. 1992. 383，J·Mestre述评）：“职业道德规范”的宗旨是确定本职业的所有成员的责任与义务，其中仅仅包含某些纪律惩戒性规定，所以，仅仅依据职业规范并不能认定违反此种规定而订立的合同无效。参见科尔玛法院1979年10月18日判决（JCP 1981. 11. 19574. Boucon et d'Ambra述评）；如果将职业人订立的“职业道德规范”不加任何区分地统统上升为公共秩序的组成部分，实际上是无视（真正的）法律渊源的层级。“职业道德规范”的宗旨是确定本职业的全体成员的责任与义务，仅仅包含有纪律惩戒性规定，仅仅依据职业规范不能认定违反此种规范而订立的合同无效。

业道德规范中，只有“能够充分体现保护与这些职业人员订立协议的人的愿望”的那些规则，才具有公共秩序性质。当然，这两者之间的分界限很难划得清楚。[1]

例如，如果订立协议，违反法律确定的条件，从事某项有特别规范的职业（如公证人、司法执达员等职业）或者为从事这种职业提供方便，出于保护顾客的愿望，应当认定这种协议无效；[2] 不过，在这方面，由于经济上的压力越来越大，过去受到禁止的律师“参与分享诉讼利益份额”（quota litis）的协议，[3] 今天如果是作为律师的补充报酬，则是合法的。[4]

说到底，人们仍然是处在传统公共秩序与经济公共秩序的交汇路口。

382. （3）经济公共秩序

法国很早以来就对特定的职业（或行业）制订特别的规则。这

[1]例如，对一家尚未得到认可的信贷机构订立的合同如何认定并做出处理，甚至在最高法院内部都引出了相互矛盾的判例。最高法院第一民事庭裁判认定这些合同有效（1995年3月30日判决，RTD civ. 1995. 100，J·Mestre 述评），而最高法院商事庭认定这种协议无效（1991年3月30日判决，RJDA1991，N° 1053，另见 Leclercq 述评，RTD civ. 1992. 381，J·Mestre 述评）；最高法院商事庭，2001年2月27日（D. 2002，somm. com，p. 636，H·Synvet 述评）；最高法院全体庭作出裁决赞成了第一民事庭的判决意见。参见最高法院全体庭2005年3月4日判决（RDC 2005. 1046，M-A·Frison-Roche 述评，RTD civ. 2005. 388，J·Mestre et B·Fages 述评）。

[2]最高法院民事庭，1888年8月13日（S. 88. 1. 415）：本判决涉及将药店卖给一个没有从事此种职业的文凭的人；卢昂法院，1901年12月24日（DP 1902. 2. 397，S. 1904. 2. 237）；最高法院第一民事庭，1996年6月11日（CCC，consom. 1996. N° 166，Leveneur 述评，RTD civ. 1997. 115，J·Mestre 述评），例如，特许经营合同规定受特许权人必须从事的某些活动，而这些活动构成非法行医或非法经营药店活动。

[3]最高法院民事庭，1898年4月22日（DP 98. 1. 415，S. 1902. 1. 343）。

[4]1971年1月31日法律第10条第3款，经1999年7月10日法律修改后的条文。

种做法也表明，自 19 世纪开始就存在着经济公共秩序，但是，由于受到自由主义的指导，这种公共秩序的范围很有限。到了 20 世纪，人们认为国家可以将契约生活引向有利于社会用益的方向，认为凡是在将经济实力不对等的当事人联系在一起的所有合同关系中，国家都应当进行干预，以便保护处于弱势的一方当事人。[1]这样就出现了“引领性公共秩序”与“保护性公共秩序”，同样，这两者之间的界限也不是非常明确肯定的。[2]

383. （A）引领性经济公共秩序

所谓引领性经济公共秩序（ordre public économique de direction）是指，国家期待将其用于疏导合同活动，使这种活动朝着最符合社会效益的方向发展的各种规则，例如，法国在近 40 多年里实行的

[1]G·里佩尔:《论经济秩序与契约自由》（G · Ripert, L'ordre économique et la liberté contractuelle, Mélange Gény, 1934, t. II, p. 374 et s）；Ph·马洛里:《论公共秩序与契约》（Ph · Malaurie, L'ordre public et le contrat, thèse Paris, 1954）；R·萨瓦提耶:《论经济公共秩序》（R · Savatier, L'ordre publique économique, D. 1965, chron. p. 31）；G·法尔加:《论经济公共秩序》,《第戎大学学位论文》, 1963 年（G · Farjat, L'ordre public économique, thèse Dijon, éd. 1963）；穆罕默德·萨拉赫:《论经济秩序的转变，朝着调节性公共秩序》（Mohamed Salah, Les transformations de l'ordre public économique, Vers un ordre public régulatoire, Mélanges G · Farjat, 1999, p. 261 et s）。（也译为“统制性经济公共秩序”，原文为“l'ordre public economique de direction”，其中“direction”一词，有“领导”、“指挥”、“引导”、“方向”等意义，这样理解，所谓“统制”，仍然包含着按照市场导向对经济活动进行引导、疏导的思想，并不仅仅是说对经济活动“统统管起来”或“统统控制起来”，将其译为“引导性经济公共秩序”也未尝不可。——译者注）

[2]Flour, Aubert et Savaux, N°29 7：作者使用的是“社会公共秩序”（ordre public social）与“本义上的经济公共秩序”的概念；J·梅斯特尔:《论经济关系中的公共秩序》，载《20 世纪末的公共秩序》（J · Mestre, L'ordre public dans les relations économiques, in L'ordre public à la fin du xx^1 siècle, 1996, p. 33）：作者将“具有强制性的国家秩序”（ordre étatique impératif）与“具有强制性的私人秩序”（ordre privé impératif）对应起来。另见：G · Farjat, thèse préc, n°s 156 s；J·盖斯坦:《论合同中的有用与正义》（J · Ghestin, L'utile et le juste dans les contrats, D. 1982, chron, p. 1）。

确定价格与外汇管制规则，就是引领性经济的最典型例子。

但是，随着时间推移，在一个国际交换所占的份额不断增长的经济当中，国家不可能长期管控、统制货币与价格，货币与价格首先还是要由市场法则来调整。由此，随着1986年12月1日颁布“有关价格自由与竞争”的法令，经济政策出现了转向：除有特别规定之外，价格一律通过自由竞争来决定，强调社会效益的引领经济公共秩序让位给了受新自由主义指导的经济公共秩序。当然，这并不是说，旧的形式的统制经济公共秩序已经完全消失。因此，那种严格规范“变动比例条款”（les clauses d'échelle mobile）的货币公共秩序仍然存在，至少在国内合同方面是如此。

今天，引领性经济公共秩序的主要部分已归入竞争法的范畴，但其重要性仍然有增无减。[1] 因为，要想订立的协议有效，仅仅是符合民法的要求并不足够，还应当符合作为“延伸触角”的竞争法的要求。[2] 正如最高法院着力重申的那样：“以阻止、限制或者排斥竞争的作用为宗旨的协议，或者可以产生此种效果的协议，不论采用何种形式，一律无效。”[3] 这方面的具体表现多种多样，仅举其中几个主要例子：禁止“拒绝买卖”（禁止拒绝

[1] L·沃热尔：《竞争法与经济集中》，1988年（L·Vogel，Droit de la concurrence et concentration économique，1988）；F·德雷弗斯：《竞争法与债的普通法》（F·Dreifuss-Netter，Droit de la concurrence et droit commun des obligations，RTD civ. 1990. 369 et s）。

[2] J·Mestre述评（RTD civ. 1987. 304）；另见B·Fages et J·Mestre述评：《竞争法对合同法的占取》（L'emprise du droit de la concurrence sur le contrat，RTD com，1998. 71 et s）；Ph·斯托菲勒-明克：《论合同中的滥用权利行为》，《埃克斯马赛第三大学学位论文》，2000年（Ph·Stoffel-Munck，L'abus dans le contrat，thèse Aix，éd. 2000，N° 563 et s）。

[3] 最高法院商事庭，1992年5月26日（D. 1993. 57. Hannoun述评）；因此，一家石油公司与一个加油站之间签订的合同规定在该合同到期时加油站应向石油公司返还油罐，目的是借此威慑加油站不得与其他供应商合作，这一条款构成对竞争的制约与限制，被最高法院撤销。

销售)，[1] 禁止歧视性买卖，很长时间以来就已经对契约自由原则给了沉重一击，因为，禁止“拒绝买卖”，意味着可以强制订立特定的契约，而禁止歧视性买卖，则是为契约的内容制定了模式；同样，处罚那些为了排斥竞争而达成的默契行为，也足以牵涉很多协议的有效性，而这些受到禁止的行为往往都是以合同为基础的（《商法典》第L420-1条）；再举另一个例子，法律规定对滥用支配地位的行为要实行制裁，这样做就可能直接触及合同的成立，直接触及“按照一方当事人修改后的条件”延展合同，或者触及合同的这一或那一条款，如排他性条款、竞业禁止条款，而根据这些条款来进行判断，往往可以揭示一方当事人是否滥用其占据的支配地位（《商法典》第L420-2条）；除此之外，近年来又增加了另一些新的规定，这些新规定促进了1996年7月1日、2001年5月15日以及2008年8月4日法律对竞争法进行的改革，现在，有关的内容规定在《商法典》第L442-6条。这些新规定的目的并不是要确保市场的良好运作，而是要纠正特定的合同可能出现的失衡状况，因此它们对合同活动的干预要直接得多。正是这个原因，许多从合同法的传统要求的角度来看似乎肯定有效的合同条款，也可能存在问题，可能受到质疑，[2] 有些类型的合同，例如，考虑人的资质条件而订立的合同，可能被引导逐步走向消失的方向，因为，这类合同是建立在对缔约当事人的主观选择的基础之上，而这种主观选择可能导致将某些经济伙伴排斥在外，从其性质来看，有可能包含反竞争的目的。[3] 在这方面，公共秩序的范围扩大并没有到此止步。按照法国证券交易所业务委员会的看法，违反证券交易规则的合同

---

[1]关于取消“禁止拒绝销售”的问题，参见第125节。

[2]参见J·Mestre对这些决定的分析（RTD civ. 1994, p. 349 et s）。

[3]B·奥佩提：《面对竞争法考验的契约自由》（B·Oppetit, La liberté contractuelle à l'épreuve du droit de la concurrence, Rev. sc. morales et politiques 1995, p. 241）。

无效，而且应当认定为绝对无效。[1]

然而，合同法在这条道路上走得越远，肯定会面临种种危险，因为这样走下去，将使合同法倒退成为一项单纯的经济政策的工具，而经济政策却是在不断变化的——昨天是“社会性经济政策”，今天又是“自由经济政策”。可是，这些观念不言而喻地主张的经济效益主义，只有在经济学有能力确定最理想的社会结果时，才能得到人们的承认。如果依据过去的成果来进行判断，实际上远未证明经济科学能够达到这样的结果。如此下来，法律概念消失在经济标准的背后，只能导致专断以及所作的选择带有很大的偶然性。[2]

最后，（在我们看来）如果认为引领性公共秩序仅限于它的经济学范畴，那也可能是一种误解。因为，在引领性公共秩序的外围边缘还有一种被称为“引领性文化公共秩序”。这种公共秩序是指法律强制要求特定的文书必须使用法语。最初，仅仅是要求司法文书必须使用法语（维兰·柯特雷法令，1539 年），后来扩大到公文书（共和二年热月 2 日法律，共和十一年牧月 24 日法令）。巴斯先生[3]与杜蓬先生[4]分别提出的法案将这项要求扩大到一定数量的其他合同文件，其中包括提供财产或服务的要约，劳动关系以及与公法人订立的合同，往往都要求使用法语。也许有人会反对这样的

[1]证券交易所业务委员会决定，1995 年 4 月 11 日（Déc. COB，11 avril 1995，Dr. sociétés 1995，N° 155，Hovasse 述评，RTD civ. 1996. 151，J · Mestre 述评）。

[2]B · 奥佩提：《论法律与经济》，载《法哲学档案》，1992 年（B · Oppetit，Droit et économie，Archives de philosophie du droit，t. 37，1992，p. 25；repris in Droit et modernité，1998，p. 169）。

[3]1975 年 12 月 31 日关于使用法语的法律（L. 31 déc. 1975 relative à l'emploi de la langue française）；关于这项法律，参见德拉坡尔特：《关于使用法语的法律》（Delaporte，La loi relative à l'emploi de la langue française，Rev. crit. DIP 1976. 447 s）。

[4]1994 年 8 月 4 日关于使用法语的法律（Loi du 4 août 1994 relative à l'emploi de la langue française，D. 1994，L. 416）。

规定，认为它与法国法的其他倾向很不协调。不过，令人奇怪的是，在其他领域，特别是在家庭法（亲属法）领域，立法者以所谓“规定禁止事项的权限应当从法律移向其他规范体系”为借口，[1]在不折不扣地“减少法律约束”的同时，却将一个首先属于习俗性质的问题揽在自己手中。当杜蓬先生提出的法案再次提出这一规定时，由于另一事由，该法案被宪法委员会撤销：因为该法案规定凡是法案指明的都必须使用法语，而如果作出这样的法律规定，那么，立法者也就抵触了“自由交流思想”之原则。[2]

虽然说法语是法兰西共和国的（官方）语言，但是我们本应当想到，所谓“自由沟通与交流”（思想），就是要“让某人明白某种事情或事物”，这就意味着进行交流的人与人之间要相互完全明白或懂得身处交流的人们所说的几乎全部内容。（如果限制“只能使用法语”）显然做不到这样。归根到底，这种文化公共秩序会受到源于进行自由沟通与交流所产生的妨碍。正因为如此，欧洲共同体法院还把有关强制使用法语的规定看成是对产品进口的限制而排除此类规定。

384.（B）保护性公共秩序

保护性公共秩序的宗旨是要在处于强势与处于弱势的两方当事人之间恢复那种仅仅依靠契约的力量并不能实现的平衡。为此目的，立法者对于特定合同的内容作出了强制规范，而这些特定合同一般都是在处于“结构性不平等地位”的当事人之间订立的合同，例如，雇主与薪金雇员之间，保险人与被保险人之间，出租人与房屋承租人、土地承租人之间订立的合同。就这些不同的合同而

---

[1]关于亲属法的演变，参见J·卡尔波尼耶：《试论法律》（J·Carbonnier，Essais sur les lois，p. 107）。

[2]宪法委员会，1994年7月29日（JO 2 août 1994）。

言，这种强制性的强弱程度各不相同。正因为如此，社会性公共秩序就呈现出一定的相对性：如果在合同中订立更加利于薪金雇员的条款，那么还可以排除适用立法上的这种社会性公共秩序的相关规定。[1]

这种立法的发展，其本意当然是值得称道的，但也并非没有任何弊端。因为它在普通法规则之上又增加了一种相互隔离的特别规范，而且这些特别规范是很难把握的，有关租约的特别立法就是其中一个例证。这种特别立法规范往往导致对弱势当事人一方的过分保护，在短期内似乎是一种非常有效的工具，它可以为一方当事人带来利益，但也可能导致人们失去投资的意愿，因为，如果过分保护承租人，就会引起建筑投资的减少：因为建设用于出租房屋无利可图，义务负担反而更多。由此也会引发将来的住宅供需紧张。

我们看到，在这种条件下，最近一个时期又出现了某种朝着受新自由主义指导的观念的回归，当然这种倾向不像在引领性公共秩序方面表现得那样明显，但它在保护消费者的问题上却特别引人注目，例如，与强制规范合同的内容相比，消费法更倾向于建立一种可以识别和禁止滥用权利条款的程序（参见第 319 节）。由此，法律又与“否定性公共秩序”的传统重新结合在一起；再例如，消费法在重新运用意思自治理论的各种论断的同时，将消费者视为“有智力的并且自由的个人”，认为只要给予消费者以知情权，给予他们进行独立思考的手段，他们就有能力保护自己的利益。从这一角度出发，为了达到这两种目的，法律上也采取了一系列措施。可惜的是，这些措施所取得的实际效果远未达到人们的宏大愿望所期待的程度（参见第 256 节）。立法者远未系统地、平衡地满足人们的

[1] Th·雷维：《论劳动关系中的公共秩序》，载《20 世纪末的公共秩序》（Th·Revet, L'ordre public dans les relations de travail, in L'ordre public à la fin du XXe siècle p. 43）。

这些关注，他们是在技术官僚思想的驱使下，甚至有点蛊惑人心，没有任何整体计划，不管实际效果，不断增加各种极为分散的规定，有时甚至回过头来采取强制规范合同内容的老做法（参见第262节）。这就是说，按照上面的介绍，对消费者的保护在很大程度上加剧了合同法的裂解。

385.（C）制裁

我们并不是说，只要合同违反了某项公共秩序性质的规则，该合同就必然无效。有时，立法者也明文规定，对于违反公共秩序性质规则的合同，以该合同无效作为制裁，但是在法律没有明文规定合同无效的情况下，则要由法官进行裁量。法官不仅要认定所涉及的规范是否具有《民法典》第6条意义上的公共秩序性质，而且要认定违反这种规范的合同是否无效。这样一来，随着法官认定合同违反的规范是否具有“一种内在的力量”（une force intérieure），[1] 他们所做的回答也会不同。[2]

如果无效得到法院认定，违反传统公共秩序或者引领性公共秩

[1] J · Mestre 述评，RTD civ. 1999. 384.

[2] 例如，最高法院第一民事庭 1998 年 10 月 7 日判决（Bull. civ. I，N° 290，JCP 1999. 11. 10039，S · Gervais 述评，RTD civ. 1999. 383，Mestre 述评）：该判决撤销一项买卖合同，认为该合同违反了《消费法典》第 121-16 条第 1 款具有公共秩序性质的规定。按照该法典的这项条文的规定，在上门推销商品的买卖中，禁止职业人在给予顾客的思考期间尚未经过之前以任何名义间接或直接从他们那里获得任何对价或义务承诺，否则不仅会在刑事上受到制裁，而且所订合同无效。相同意义的判决，参见最高法院第一民事庭，2004 年 12 月 7 日（JCP 2005. 1. 141，N° 19，Constantin 述评）；另见最高法院第一民事庭 1998 年 12 月 15 日判决（RTD civ. 1999. 384，Mestre 述评）。该判决排除因违反《消费法典》第 113-3 条的规定而认定合同无效，尽管违反这一条文的规定在刑事上要受到制裁，换句话说，刑事制裁虽然揭示了该项规范具有公共秩序性质，但仅凭这一点并不足以作为合同无效的理由（参见第 375 节）。只有当法官从规范的内容里，特别是从规范所追求的目标里看到存在宣告合同无效的理由时，才会宣告合同无效。

序的合同绝对无效，因为这里涉及保护社会总体利益，使社会总体利益不受个人的主动的侵扰与损害；与此相反，对于那些违反经济方面与社会方面的保护性公共秩序规则的合同，则以相对无效论处，因为，在涉及保护特定的个人利益时，由这些人自己来提起（合同）无效之诉还是比较适当的。[1]

这方面的各项原则并无争议，但是，如何实施这些原则，并非不会遇到困难，这是因为，要想划清什么属于引领性公共秩序，什么属于保护性公共秩序，两者的区分界限并非一目了然。

这方面的例子不胜枚举，争论已久的关于减少工作时间的问题就是其中一例。减少工作时间，如果不牵涉同时要减少工资，当然可以说是对劳动者的一种保护措施，而如果在减少工作时间的同时也要减少工资，那么，它就属于一种引领性公共秩序。减少工时同时减少工资，目的是要让有更多的人能够分享工作机会、减少失业。

指数条款的情况也是如此。随着人们将有关指数条款（按照指数确定价金的条款）的规定看成是对债务人的保护措施，还是将其看成是防止通货膨胀、保护货币的措施，这类规定也可以：或者具有保护性公共秩序的性质，或者具有引领性公共秩序的性质。

之所以会出现这样模棱两可的局面，原因很简单：任何一项保护性规则的背后都存在着某种社会利益。如果不存在社会利益，立

---

[1]最高法院在消费法方面明确地提出了这样的处理意见，参见最高法院第一民事庭 2007 年 10 月 2 日判决（CCC 2008 N°29，G · Raymond 述评）；不过，最高法院的这种处理意见也受到某些人的批评。批评者认为：消费法的目的不仅在于保护消费者，而且也是为了调节市场以及保护特定的经济秩序。参见 J · 皮兹奥：《21 世纪初的消费法》（J · Pizzio，Le droit de la consommation à l'aube du XXIe siècle，Mélanges Calais-Auloy，2004，p. 877 et s；G · Raymond 述评，CCC2006，N° 37）。2008 年 1 月 3 日法律在《消费法典》中引入了新的第 141-4 条的规定："因适用本法典的规定产生的争议，法官可以依职权援用本法典的所有规定。"这项规定可以看成是立法者倾向于后一种分析意见的具体体现。

法者就不会去制定什么规则，而每当保护社会总体利益与保护个人利益两者并存的状态非常明确时，就应当考虑由社会总体利益来主导（合同）无效的性质，有关指数条款的规定即是如此。审理案件的实体法官曾做出判决认为，当事人按照不符合规定的指数自动支付欠款，这种支付行为构成对此种指数的有效确认。这就是说，这种情况下指数条款属于相对无效性质，否则就不可能对不符合规定的指数进行确认。[1] 但是后来最高法院撤销了这项判决，并重申违反规定的指数条款引起无效属于绝对无效。[2] 有人据此一般地认为，对于违反保护性公共秩序规则的行为，始终应当按绝对无效论处，因为这种规则除了保护有利益关系的个人之外，还牵涉到合同关系整体的道德化。[3]

第二目　善良风俗

386. 内容安排

合同，如果违法公共秩序，就是非法合同；如果抵触善良风俗，则属于不道德的合同。但是，与公共秩序这一概念相比，善良风俗是一个更难准确把握的概念。这是因为，关于这一概念，法律条文仅为我们提供了非常少的鉴别标志。

在本节里，我们将分别介绍善良风俗概念的渊源（一）及其内容（二）。

---

[1]图卢兹法院，1975年3月5日（D. 1975. 772 Ph・Malaurie 述评，JCP 1975. 11. 18034 note Picard 述评）；亚眠法院，1974年12月9日（D. 1975. 772. Ph・Malaurie 述评，JCP 1975. 11. 18135. Ph・Lévy 述评）。

[2]最高法院商事庭，1988年11月3日（D. 1989. 93. Ph・Malaurie 述评，somm. com, p. 234，J-L・Aubert 述评，Defrénois 1990，p. 740，J-L・Aubert 述评）。

[3]G・Raymond 述评（CCC 1996 N° 34）。

一、善良风俗的渊源

387. 理想主义的探讨还是经验主义的探讨

法律虽然有针对善良风俗的规定，但却没有对这一概念作出任何定义。善良风俗这一概念，作为一个框架性规范，需要通过法官根据具体案件的具体情节进行裁量才能作出具体的界定；法官，作为“诚实的人的代表或化身”，有资格指明善良风俗涵盖哪些内容。

不过，我们首先应当明确的是，法官依据什么样的指导性规则来界定善良风俗。

可以设想法官在界定善良风俗时的两种倾向：

——第一种是理想主义倾向，也就是说，按照法国社会源于基督教道德的高尚伦理来认定什么是善良风俗；

——第二种是经验主义倾向，也就是从社会实践经验的角度来界定什么是善良风俗。从这一角度出发，“绝大多数民众所做的”，就是善良风俗。

实际上，善良风俗这一概念看来是产生于上述两种观念之间的某种妥协与调和。不过，在这里首先还需说明的是，不能将善良风俗与道德完全等同起来。道德所追求的是一个人的内心完善或完美，而善良风俗仅仅是指人们外在的行为表现是否符合习俗：与善良风俗相对应的是“人的外在行为的社会道德”。但是，这种社会道德本身并不完全等同于“绝大多数民众的实际做法”，并不完全等同于“绝大多数人所为”。法律所认同的是“善良的风俗”而不是风俗。有研究揭示，在法国，大多数已婚夫妇或多或少都有那么点“不忠诚”，大多数政治人物都有诸如通奸或腐败行为，但是，我们不能因为大多数人都是这类状况，就让这些行为成了善良风俗的组成部分。总而言之，在我们看来，可以将善良风俗定义为：对社会秩序本身来说属于最基本的道德规则。[1]

但是，善良风俗并不是一个僵化不变的概念，它是随着不同社会对其基本规则的不同定位而变化的。显然，与“一个无所禁忌的社会”相比，在“一个严格的清教徒式的社会”里，善良风俗的概念显然是完全不同的。从前，有的剧场弄一些“托儿”到现场叫喊捧场，剧场与这些人订立的雇托合同（le contrat de claque）[2]被认为是不道德的合同，[3] 而如今这类合同一点都不令人感到震惊，[4] 充其量不过是订立这种合同的人有可能因此而丧失信誉或威信，特别是在政界，有可能使当事人信誉扫地。但是，在当今时代，除了那些不可或缺的调节之外，社会风气已经发生了非常深刻的变动。由于在一些人的推动下，人权思想意识的畸形发展，实际上越发导致有些人认为，不应当以保护集体利益为借口而使个人的行为表现受到任何的限制，然而，保护集体利益乃是社会应当负担的责任。有人甚至认为，个人私生活自由与善良风俗的概念是相互排斥的；在尊重私生活权利的掩饰之下，所谓“风俗自由”（la

[1]这样的具有参照性的社会，即使是在欧洲范围内，仍然是一个国家的国内社会，对我们而言，就是法国社会。卢森堡法院（欧洲共同体法院）在解释罗马条约第 36 条关于准许商品自由流通可以有例外情形时，就是用公共道德的概念来证明这些例外情形的理由。卢森堡法院特别明确提出：“原则上应当由每一个成员国按照其选择的价值尺度与形式，自行确定在其领域内的公共道德要求。”参见欧洲共同体法院 1979 年 12 月 14 日判决（*Rec.* 1979 p. 3795）。另见有关法哲学与社会学方面的论述，参见 R·布东：《关于法律与风俗之关系思考》（R·Boudon, Penser la relation entre le droit et les mœurs, *Mélanges F. Terré*, 1999, p. 11 et s）。

[2]这是一份剧场经理与成功的喜剧承揽人之间订立的合同，规定由后者负责让“叫好者”突然“对台上的表演活动表现出非常赞赏的激情”。

[3]巴黎法院，1853 年 7 月 23 日（*DP* 53. 5. 540）；里昂法院，1878 年 3 月 25 日（*DP* 73. 2. 68, S. 73. 2. 179）。

[4]参见巴黎法院 1900 年 4 月 5 日的判决（*DP* 1903. 2. 279, S. 1900. 2. 144），该判决承认这种合同的有效性。

liberté des moeurs）实际上正在发展成为“一种不折不扣的主观权利”。[1] 为了限制这种所谓的风俗自由，有人也提出建议，需要以人的尊严作为支撑点，禁止或制裁某些行为。[2] 这样，便可以不再以善良风俗的名义而是以行为人本人的“自身尊严”的名义来认定特定的行为不受法律保护。这样的建议虽然很诱人，但并非没有任何危险。因为，如果按照这种建议去做，有可能在保护一方当事人对抗另一方当事人的借口的掩饰之下，导致任意处理人与人的自身关系。[3] 不过，我们认为，从更为总体的角度来看待问题，唯一从人权的角度来探讨善良风俗问题同样是忽视了这样一个事实：在任何社会里都存在着必须受到保护的各种集体利益，这种集体利益之所以应当受到保护，恰恰是为了所有人的利益，而不是为了其中某一个人或某些人的利益。

在消费社会里，个人的喜好、愉悦与享受，成了唯一的价值参照标准，善良风俗方面也就出现了“让位于消费法机制的倾向”。

二、善良风俗的内容

388. 概述

当我们试图勾画善良风俗的大体轮廓时就可以看到，刑法在传统上将“伤风败俗”（outrage aux bonnes moeurs）与“败坏风俗”（attentats aux moeurs）规定为犯罪行为。这为我们提供了某种识别

---

[1] A·塞里欧：《债法》（A·Sériaux, Obligations, N° 40）；J·卡尔波尼耶：《民法》（人法编）（Carbonnier, Droit civil, les personnes, N° 79）；雅克·佛埃叶：《善良风俗，“民法典”，过去、现在与将来》（Jacques Foyer, Les bonnes mœurs, in Le Code civil, un passé, un présent, un avenir, 2004, p. 495 et s, sp. p. 509 et s）。

[2] D·费努依：《善良风俗已经死亡，仁慈的公共秩序万岁》（D·Fenouillet, Les bonnes moeurs sont mortes, vive l'ordre public philanthropique, Études P·Catala, 2001, p. 487）。

[3] D·古特曼：《人权是法的未来吗?》（D·Gutmann, Les droits de l'homme sont-ils l'avenir du droit?, *Mélanges F·Terré*, 1999, p. 336）；E·德雷耶：《与人相对立的尊严》（E·Dreyer, La dignité opposée à la personne, D. 2008. 2730）。

标志。但是，现在这些识别的基点也逐步变得模糊不清。现代刑法取消了过去那些“具有高度象征性价值”的犯罪规定，[1] 但同时将另一些行为规定为犯罪行为，例如，“以某人或某些人的风俗习惯为理由”对这些人实行歧视的行为，现在就被刑法规定为犯罪行为并对其规定了刑事制裁。[2] 非常清楚，现在受到刑事制裁的，不是那些将涉世未深的年轻人引入（卖淫、吸毒）歧途的人，而是那些自认为在其负有责任的圈子里让他人遵守他们的所谓善良风俗的人。[3]

就民法而言，善良风俗这一概念发生的倒退现象同样是很明显

[1]例如，《刑法典》原第331条第2款规定“任何人对同性别的未成年人实行猥亵行为或违背伦理的行为”将受到制裁，这项规定就已经被1982年8月4日法律废止。

[2]参见《新刑法典》第225-1条至第225-3条关于歧视罪的规定：

第225—1条　在自然人之间，基于其出生、性别、家庭状况、健康状况、身体残疾、风俗习惯、政治观点、工会活动、是否真正或猜认属于某一特定人种、民族、种族或宗教，进行任何区分的，均构成歧视罪。

在法人之间，基于其成员或某些成员的出生、性别、家庭状况、健康状况、身体残疾、风俗习惯、政治观点、工会活动、是否真正或猜认属于某一特定人种、民族、种族或宗教，进行任何区分的，亦构成歧视罪。

第225—2条　对自然人或法人进行第225—1条定义之歧视，有下列情形的，处2年监禁并科以20万法郎罚金：

1. 拒绝提供某种物品或服务；

2. 阻挠其正常从事任何一种经济活动；

3. 拒绝招聘，或者对其进行惩罚或解雇；

4. 以第225—1条所指因素之一为条件，始予提供物品或服务；

5. 以基于第225—1条所指因素之一为条件，始给予就业机会。

第225—3条　前条规定不适用于：

1. 基本健康状况的区别对待，如此种区别对待之目的是预防或制止发生死亡、身体伤害或丧失劳动能力或残疾之危险；

2. 基于健康状况或身体残疾状况的区别对待，如此种区别对待是由于依《劳动法典》第2卷第4编，或者依据规定担任公职资格之法律，从医疗角度已确认不适于工作而拒绝招聘或解雇；

3. 按照《劳动法典》规定或者按照有关担任公职资格的法律规定，性别是从事某种工作或某种职业活动的决定性条件，在招聘方面基于性别的区别对待。

[3]也就是说，有些人“因他人的习俗与自己的习俗不同而对他人采取歧视态度、实行歧视行为”，却声称自己是在维护所谓善良风俗。这种行为将受到制裁。——译者注

的。传统上，人们都是这样告诉我们：在我们的社会里，所谓善良风俗就是“法式坏生活”的对立面，而“法式坏生活”指的是整个的氛围，如淫荡行为、赌博、吸毒等。正是基于这样的理解，法院有大量判例都是以“不道德的原因”为依据撤销那些以开设或经营妓院为宗旨的合同（参见第362节）；姘居男女之间进行的财产赠与，如果是以建立、保持或恢复这种不正当的关系为目的，也会被法院撤销；但是，如果是在姘居关系中断之后，出于“不想让原来的姘居情人独自一人毫无生活来源”的动机，向原来的情人进行财产赠与，这种赠与则不会被法院撤销（参见第363节）。因此，即使在一个“极度的无所禁忌的社会”里，如果一个妇女出卖自己的肉体或感情，仍然属于堕落行为，所谓“不道德”就是指男人让女人从事这种堕落活动；购买他人的感情或肉体就是堕落行为。[1] 今天，法院判例仍然确认这种传统的处理意见，[2] 并将其扩张适用于“同性之间的姘居行为”。[3] 不过，最高法院第一民事庭，以及随后，最高法院全体庭，均走了回头路。这些法庭在后来的判决中认定，“在通奸关系存续的时间里同意进行的赠与，不因其原因违反善良风俗而无效”。[4] 法院判例在这条道路上继续向前

---

[1]马洛里：《家庭法》（亲属法）（Malaurie，La famille，N°266）。

[2]最高法院第一民事庭，1982年11月4日（Bull. civ. I，N° 319 p. 274，Grands arrêts，N°26，1994）。

[3]巴黎法院大审法院，1985年6月28日（Gaz. Pal. 1986. 1 somm. p. 45，Defrenois 1985. 1161，G·Champenois 述评）；最高法院社会庭，1989年7月11日（Bull. civ. V，N° 515，p. 312，Grands arrêts，t. 1，N°27）。

[4]最高法院第一民事庭，1999年2月3日（JCP 1999. 11. 10083，Billiau et Loiseau 述评，D. 1999. 267，X·Savatier 述评）；《家庭法》（朗格拉德-奥舒格鲁，*Droit de la famille*，1999，N° 54，B·B 述评，*Defrénois* 1999. 680，obs. Massip，738，obs. D·Mazeaud，*Grands arrêts*，t. 1，N° 28）；最高法院全体庭，2004年10月29日（D. 2004，p. 3175，D·Vigneau 述评，JCP 2005. 11. 10011，F·Chabas 述评，1. 187，N° 7，Le Guidéc 述评，Defrénois 2004，p. 1732，R·Libchaber 述评，et 2005. 235）；S·皮耶德列维尔：《家庭法》，2004年（S·Piedelièvre，Droit de la famille 2004，（转下页）

走，认为：为了成就婚姻关系或稳定的男女结合关系而为他们安排相约、见面，由职业人为此目的而提议的合同，并不因其是由某个已婚人士所签订，导致原因违反公共秩序与善良风俗而无效。有人强调，在法律没有明确规定的情况下，法官对认定善良风俗享有很大的自由裁量权，以此作为证明这一判决正确的理由。[1]（然而，在我们看来）这种说法不符合《民法典》第212条的规定，因为该条至今仍然重申“夫妻之间应当相互忠诚”。从上述判决来看，最高法院的司法官们如其实际上所做的那样，暗中赋予了自己擅自“废止一项法律条文的权利”，而这一法律条文却构成法国社会的基础（价值）之一。此外，在有关“紧密关系民事协议”（两个同性男、女或者异性之间订立的非婚姻关系但类似于婚姻关系的协议）的问题上，最高法院的司法官们也是投井下石，狠狠向传统的家庭观念踢了一脚。

统而言之，（今天）在许多领域里，善良风俗这一概念都出现了倒退，受到了排斥，已经让位给了其他方面的考虑。例如，在19世纪，婚姻中介协议被认为违反善良风俗，[2] 后来却被宣告符合善良风俗；[3] 更有甚者，法律现在准许设立婚姻介绍所，而婚姻

（接上页）N°230，B. Beignier 述评，CGC 2005，N° 40. L・Leveneur 述评，Grands arrêts，t. 1，N°29）；F・泰雷：《梦寐的时刻，自由杂谈》（F・Terré. L'occasion revée. libre propos，JCP2005. N°4017. 229）。然而，事实本身会说话：在第一桩案件里，处分人已婚34年，是一家之长，到77岁时疾病缠身，与一位比自己小30岁的妇女结成某种关系；在第二起案件中，95岁的男子，已婚，一家之长，女方，31岁，担任该男子的秘书已有15年，她向前者发出的一封非常明确的短信“不给钱就别想爱”，该男子于是将其全部财产概括遗赠给该女子。前几年还是“老色鬼”，现在却成了“风度翩翩的70老友”！难道就不能成为“90老友”吗？这也许是一个唯一为了满足年迈之人的需要而安排社会的很典型例子，只要有钱，年迈之人连勾引都不需要，准会有人找上来。看来还是需要法律这么一道门闩。参见Y・勒格特：《关于姘居者之间财产赠与的几点看法》（Mélanges Ghestin，2001，p. 547 et s，sp. p. 565）。

[1] Billiau et Loiseau，préc.

[2] 最高法院民事庭，1855年5月1日（DP. 56. I147，Laborie 述评）。

[3] 最高法院诉状审理庭，1944年12月22日（D. 1945. 121）；第戎法院，1996年3月22日（RTD civ. 1997. 115，Mestre 述评）：该判决撤销了一项仍然有婚姻关系的妇女与婚姻介绍所订立的合同，因为她还没有离婚。

介绍所可以介绍“男女之间成立稳定的夫妇关系，但却可以不（正式）结婚”，至于当事人是否有保持这种稳定关系的意图，与这种关系是否具有稳定性本身一样，都是无法监督的。在这种活动的掩护下，特定的淫媒牟利活动就有可能被赋予某种正当性、合法性，而按照法国《刑法典》的规定，淫媒牟利罪应当受到刑事制裁。[1] 我们从这些例子中可以看到，立法者如今在这方面唯一关注的只是满足消费者的需求。[2] 当然，既然国家通过法国电讯公司可以从“招嫖热线”（mintel rose，所谓“玫瑰终端”或“粉色终端”）中获得客观的实质利润，又怎么可能由它自己出面来对这种活动进行监管呢![3] 博彩业，也是相同情况。由于法律准许赌博，或者甚至是由某些权力暗中组织的赌博，对于这种行为，法院判例当然不可能再像以前那样严厉。在法院判例看来，如今更需要的是按照消费法的路子开展自由竞争以及与负债做斗争,[4] 而不是去强调赌博只能是一种例外情况。[5]

善良风俗，也涉及商务道德。商业道德本应致力于恢复市场经济的正当性，而不是听任其非常糟糕地偏离正轨。[6] 因此，商业贿赂合同（商业领域的行贿受贿合同）与“影响力交易合同”（contrat de traffic d’influence）将因不道德的原因而被宣告无效。[7]

---

[1] J·卡尔波尼耶：《民法，家庭法》（J·Carbonnier，droit civil. la famille. N°21）。

[2] 1989年6月23日法律（D. 16 mai 1990，参见第263节）。关于这个问题，参见海德歇克：《论孤独寂寞时的市场与法律》（Heidsieck，Le marché de la solitude et le droit，*JCP* 1990. 1. 3432）。

[3] 关于这一问题，参见《招嫖信息与合同法》（G·Raymond，Messageries roses et droit des contrats（CCC1994. chron. N°4））。

[4] 最高法院第一民事庭，1998年6月30日（D. 1999 somm. com，p. 112，Libchaber述评）。

[5] G·Raymond，Panem et circenses，CCC 2005，N° 8—9，Repères，N° 8.

[6] B·奥佩提：《人种与商务生活》（B·Oppetit，Éthique et vie des affaires，Mélangés Colomer，1993，p. 319 et s，sp. p. 331）。

[7] 最高法院商事庭，1961年3月7日（Bull. civ. III. N°125. p. 112）。

外国法学名著

Droit civil, Les obligations

法国债法：

契约篇

[法] 弗朗索瓦·泰雷等 / 著
罗结珍 / 译

中国法制出版社
CHINA LEGAL PUBLISHING HOUSE

目　录

第四章　无效制度

第一节　无效的司法性质[1]

389. 由当事人协议承认合同无效与合同的废除

有时，合同双方当事人在没有诉诸法官的情况下，自行承认他们订立的合同无效。这种情况属于“当事人经自愿协商确认的合同无效”,[2] 我们有时也将其简称为“协议确认的无效”(nullité conventionnelle)，但是，“经协议确认的无效”唯一是指：如果各方当事人认识到他们订立的合同此前存在某种不完善之处，存在某种无效原因，并且认识到由此产生的后果，在此基础上承认他们所订的合同无效。

如果是一项有效订立的合同，而当事人经过商议，一致同意将其废除，这种情况并不属于本义上的合同无效，而是“废除合同”(abrogation，废止合同)。[3] 原则上，合同无效，溯及既往地抹去合同的全部效力，废除合同则仅对将来产生效力。[4]

---

[1]法国法律中有诸如当然无效、绝对无效、相对无效等概念，除第389节所指双方当事人通过协议承认合同无效以及本节所介绍的其他具体情节外，不论哪一种无效，均为司法裁判性质（参见第390节）。相对无效与绝对无效是根据合同所违反的相应规则是为了保护总体利益还是个体利益（私益）之目的而进行的区分。——译者注

[2]《债法》(Malaurie，Aynès et Stoffel-Munck，Les obligations，N° 697)。

[3]《债法》(Bénabent，Les obligations，N° 173)；参见本书第476节。

[4]关于这种处理会在税收方面产生什么后果，参见《税收总法典》第1961条第2款。另见最高法院商事庭1989年1月10日判决（Bull. civ. IV，N°15，p. 8)。

390. 法官在处理合同无效中的作用或角色

各方当事人在合同无效问题上达不成一致协议时，就必须诉诸法官，由法官干预并作出裁判。虽然有些学者有时告诉我们说，“合同不存在”（inexistence du contrat）——假定这一概念得到承认（参见第 87 节）——也许不需要法院作出宣告，不过，（我们认为）只要存在合同表象（apparence de contrat），也就是说，只要从外观上看存在合同，并且一方当事人仅凭此表象或外观就要求履行合同时，相对当事人除了诉诸法官，由法官对现实情况作出裁判之外，别无其他资源可用，这就是说，除了请求法官进行裁判、确认合同无效之外，别无其他途径。

本着同样思路，人们有时还想对两类无效作出某种区分：绝对无效是一种当然无效（une nullité de droit），法官只需对其进行“确认”即可，而相对无效则必须由法官作出宣告。这种看法是由有关无效的传统观念留下来的后遗症，它并没有考虑到现行的法国制定法的规定，（我们认为）应当用当然无效与任意无效（nullité facultative）来取代上述传统观念。但当然无效和任意无效这种区分，与绝对无效和相对无效之区分，两者并不完全重叠。

原则上，所有的无效都是当然无效。受理无效之诉的法官如果认定无效的各项条件均已具备，则应当宣告合同无效。但是，有些时候，无效也具有任意性质，在此情况下，即使具备了无效的各项条件，受理无效之诉的法官对于是否宣告合同无效享有自由裁判权力。需要指出的是，当然无效与任意无效的区分界限并不是从绝对无效与相对无效两者之间通过，而是从相对无效的内部穿过。[1] 在这方面，无行为能力人的权利问题提供了一些很好的例子：《民法典》第 465 条第 3 项规定“受保护人单独完成需经代理才能完成的行为当然无效，且无必要证明其受到了损失”，该条第 2 项又规

[1]也就是说，只有在相对无效内部才能区分当然无效与任意无效，这种区分不涉及绝对无效，绝对无效都属于当然无效。——译者注

定“如果受保护人单独完成需要得到协助才能完成的行为，只有在确认受保护人受到损失时，才能撤销该行为”。第 465 条规定的这两种情况都属于相对无效，但第 3 项规定的无效是当然无效，而第 2 项规定的无效是任意无效。

商法传统上就是有关任意无效的首选阵地：《商法典》第 141-1 条规定，营业资产的出卖人在其订立的出卖营业资产的合同中必须提供与该营业资产相关的信息，例如，最近 3 年经营期内该资产实现的营业额。这项要求的目的是让相对当事人在充分了解资产的实际状况的条件下订立合同。如果在订立的合同中没有写明法律要求的出卖人提供的这些信息，受诉法官也只有在买受人因缺乏真实信息而对其取得的营业资产作出了错误判断，产生了不切实际的想象的情况下，才会宣告该买卖合同无效，换言之，尽管买卖合同本身没有完全满足法律有明确规定的各项要求，但如果买受人的同意意思表达得足够清楚，那么，该营业资产的转让仍将得到保留，法官则不会宣告此种买卖无效。[1]

391. 法官能否依职权提出合同无效?

要想回答这一问题，至关重要的是，应当准确把握法国民事诉

[1]参见最高法院商事庭 1953 年 7 月 21 日判决（Gaz. Pal. 1953. II. 316）；最高法院商事庭，1982 年 5 月 10 日（Bull. civ. IV. N°166. p. 147）；最近的法院判例将这种处理意见适用于“没有遵守 1989 年 12 月 31 日法律规定的信息告知”的情况，参见最高法院商事庭 1998 年 2 月 10 日判决（CCC1998. N° 55，Leveneur 述评，*Defrénois* 1998. 733，Delebecque 述评，*RTD civ.* 1998. 365，Mestre 述评）；最高法院商事庭，1999 年 10 月 19 日（D. 2001，somm. com，p. 296，Ferrier 述评）；最高法院商事庭，2000 年 11 月 21 日（*JCP* E 2001，p. 712，Leveneur 述评）；最高法院商事庭，2003 年 1 月 4 日（*RDC* 2003，p. 158，Behar-Touchais 述评）；最高法院商事庭，2007 年 3 月 20 日（CCC 2007. N° 167，Leveneur 述评）；最高法院第一民事庭，2007 年 10 月 31 日（CCC 2008，N° 34，Leveneur 述评）：关于《旅游法典》第 211-9 条（1982 年 7 月 13 日法律第 15 条）对旅行社规定的信息告知义务的判决。

讼法上所说的“审理界限”（les termes du débat）的概念。[1] 我们在这里暂且抛开“检察院作为主要当事人”要求宣告合同无效的那些情况不加讨论（参见第 397 节），[2] 那么，可以肯定地说，按照民事诉讼的基本原则，只有经当事人提出诉讼请求，法官才受理诉讼，原则上，法官不能依职权受理诉讼。

那么，在法官受理诉讼的情况下，他是否可以依职权提出合同无效？在过去很长时间里，对这个问题的回答同样是建立在区分绝对无效与相对无效的基础之上：只有在利益关系人主张合同无效时，法官才能就无效事由进行审理、作出裁判；法官可以依职权提出合同绝对无效，但前提条件是合同无效触及公共秩序；[3] 不过，即使是在这种情况下，仍然需要（有当事人）提出合同无效之诉讼请求，因为，如果在当事人没有提出此种情求的情况下法官就依职权提出无效事由，就会发生法官“主动变更当事人的争议范围或争议界限（terme du litige）”的情形。[4] 因此，（即使在无效触

---

[1] 法国《新民事诉讼法典》第 5 条明确规定：“法官应当对请求的所有事项并且仅对所请求的事项做出裁判。”它体现的是民事诉讼的“不告不理”，“告什么审什么”的规则。第 7 条：“法官不得以辩论中没有涉及的事实为裁判依据。法官得考虑在辩论的全部材料中当事人可能没有特别提出用以支持其诉讼请求的那些事实。”法典第 16 条：“法官在任何情情况下均应明令遵守且应自行遵守两造审理原则。诸当事人援用或提出的理由、解释与文件，只有如诸当事人能够进行对席辩论的，法官始得在其判决中采用之。法官事先未提请诸当事人陈述意见，不得用其依职权提出的法律上的理由作为裁判决定的依据。”

[2]《民事诉讼法典》第 421 条：“检察院得作为主当事人进行诉讼，或者作为从当事人参加诉讼。在法律确定的情况下，检察院代表社会。”第 422 条：“在法律有特别规定的情况下，检察院依职权提起诉讼。”第 5 条：“法官应当对所有请求事项并且仅对所请求的事项作出裁判。”

这些规定仍然遵守的是“只有在涉及公共秩序性质的事由时”，检察院才对民事案件进行干预。参见法国总检察长马兰先生的文章《检察院在民事诉讼中的角色》，罗结珍译，载《法学杂志》2012 年第 9 期。

[3] 最高法院民事庭，1887 年 11 月 22 日（DP 89. 1. 26）（关于高利贷的约定条款）；巴黎法院大审法院，1973 年 11 月 8 日（D. 1975. 401. M · Puech 述评，RTD civ. 1974. 806，Y · Loussouarn 述评）。

[4] 最高法院商事庭，1954 年 12 月 7 日（D. 1955. 110，Crémieux 述评）。

及公共秩序的情况下）看来法官唯一可以做的仍然是，“用某种绝对无效之原因取代当事人自己主张的那种不会产生效果的无效理由”。

上面所说的参照公共秩序这一概念来确定法官能否依职权提出合同无效的问题，使人们对这一问题变得含糊不清。《民事诉讼法典》的规定使这一问题的讨论摆脱了对公共秩序概念的参照或依赖，大大地扩充了法官的权力，从而使这一问题的面貌发生了深刻的改变。现在，只要法官完全是依据“经过法庭辩论的事实”作出判决（第7条第1款），并且保障法庭辩论遵守了对抗式辩论原则（对席辩论原则），那么，他就可以依职权提出合同无效（第16条第2款），无论是绝对无效还是相对无效，均是如此。[1] 即使受到相对无效保护的一方当事人没有提出无效事由，也不能将此情节认

---

[1]最高法院第一民事庭，1985年5月22日（Bull. civ. I. N° 159. p. 145，RTD civ. 1986. 149，Ph · Rémy. 述评）；最高法院第三民事庭，1985年11月20日（Bull. civ. III. N° 153. p. 116）；最高法院社会庭，1994年3月29日（D. 1994. IRP. 116）；关于这个问题，参见：盖斯坦：《合同的成立》，第2版（Ghestin，Le contrat：formation，2e éd，N°s 750-1 à 750-3）；盖斯坦：《依职权撤销合同》（Ghestin：l'annulation d'office d'un contrat，Mélanges Drai，2000，p. 593.）；除了区分相对无效与绝对无效之外，可以更加对司法官的主动性进行限制的是“争议恒定”（immutabilité du litige）规则：虽然说法官可以依职权提出“纯法律上的理由”，但他们只能对当事人所请求的事项进行裁判（《民事诉讼法典》第5条）。换句话说，这里提出的问题涉及的是诉讼请求的标的还是用以支持诉讼请求的理由问题？回答并不能非常肯定。即使相对而言，人们比较容易认为法官可以主动依职权提出合同无效而驳回当事人的诉讼请求，但却不容易承认法官直接宣告合同无效。

《民事诉讼法典》第12条规定：“法官按照争议适用的法律规则裁判争议。法官应当对有争议的事实与行为作出或重新作出准确的定性，而不应局限于当事人可能提议的名称。无论当事人援用的法律依据如何，法官均得依职权提出纯法律上的理由。”按照有些学者对这一条文的解释，当涉及纯法律上的理由时，法官不仅有权力，而且有义务作出裁判，不论涉及的是相对无效还是绝对无效，均是如此。参见Ghestin，N° 750-4（art. préc，Mélanges Drai，2000，p. 604）；也有学者认为，法官的职权不能仅受民事诉讼规则支配，要想知道法官在依职权提出无效事由的权力范围，应当综合程序规则与实体规定来考虑，参见O · 古特：《法官与合同的撤销》，1999年（O · Goût，Le juge et l'annulation de contrat，1999，N° 376 et s）。

定为“他已对该合同给予了确认（追认）”。

不过，法国最高法院曾作出判决认为，违反有关消费者保护规则，只有由“作为此种规则的保护对象的人”提出请求，才会受到制裁。[1] 法国最高法院的这一判例与设在卢森堡的欧洲共同体法院的立场相抵触。卢森堡法院的判决认为，（共同体成员国的）国内法法官可以依职权对提交其审理的合同的某一条件是否具有滥用权利性质作出裁判。[2] 法国2008年1月3日“关于进一步开展服务于消费者的竞争”的法律[3]在《消费法典》中增加了第141-4条的如下规定：“在适用本法典之规定的争议当中，法官可以依职权提出本法典的任何规定。”[4] 这样一来，法国法的规定就与共同体法的规定一致起来了，这样，也就否定了法国最高法院在上述判决中所采取的“违反有关消费者保护规则，只有由作为此种规则保护对象的人提出请求，才会受到制裁”的立场。[5]

---

[1]最高法院商事庭，1995年5月3日（D. 1997. 124. Eudier述评）；最高法院第一民事庭，20002月19日（JCP2001. II. 10477. O · Goût述评）；最高法院第一民事庭，2004年3月16日（JCP 2004. 11. 10129，Y · Dagome-Labbé述评）；最高法院第一民事庭，2002年12月18日（Bull. civ. I. N° 315. RDC2003. p. 86，Fenouillet述评，RTD civ. 2003，p. 704，J · Mestre et B · Fages述评），该判决认为：当受到保护的人表示出他主张行为无效的意图时，即使这样做的依据是其他的理由，法官仍可依职权提出涉案行为“违反公共秩序性质之要求”。

[2]欧洲共同体法院，2000年6月27日（RTD civ. 2001. 878，Mestre et Fages述评）；另见欧洲共同体法院2007年10月4日判决（D. 2008. 458，H · Claret述评，CCC 2007，N° 310，G. Raymond述评）；欧洲共同体法院，2009年6月4日（D. 2009-1690）。

[3]参见：Leveneur述评（JCP 2008，Act. 69）；G · Poissonnier述评（D. 2008. 1285）；G · Raymond述评（CCC 2008，Étude N° 3）。

[4]G · 波瓦索尼耶：《消费法中法官依职权提出理由的运用方式》（G · Poissonnier，Mode d'emploi du relevé d'office en droit de la consommation，CCC 2009，Étude N°5）。

[5]最高法院第一民事庭，2009年1月22日（D. 2009 AJ，365，et 908，S · Piedehevre述评，JCP 2009. 11. 10037，X · Lagarde述评，Defrénois 2009. 663，Savaux述评）。

392. 各方当事人的作用

应当由主张合同无效的一方当事人负举证责任，证明合同无效。为此目的，为当事人提供了两种选择：当事人可以主动采取行动，通过提起诉讼，请求法官认定“合同缺乏某项有效性要件”。根据在合同履行之前还是在其履行之后提出此种请求之不同情况，分别产生以下结果：要么，唯一导致宣告合同无效，可能同时给予损害赔偿，或者引起每一方当事人向对方当事人返还已受领的给付，要么，开始时消极等待，等到对方当事人以“合同不履行”之原因提起诉讼时，作为抗辩，再提出合同无效（关于此种合同无效抗辩不受时效约束的问题，参见第 417 节）；该方合同当事人，尽管在诉讼中处于被告的地位，但并不因此就无须负担举证责任证明合同无效，因为，该方当事人提出合同无效，虽然是作为一种辩护方法，但其提出的是一种不同于相对当事人的主张的诉讼请求。《民事诉讼法典》第 9 条规定：“应当由每一方当事人依法证明其诉讼请求之胜局所必要的事实。”

第二节　无效的实施

393. 绝对无效与相对无效

由于主张合同无效必须诉诸法官，因此至关重要的是，必须从以下 3 个方面进一步明确无效的制度：什么人可以提起合同无效之诉？这些人是否可以对（无效的）合同进行确认？无效之诉可以在什么期限内提起？

即使不再是（如同传统理论所主张的那样）机械地按照无效的性质来对这些问题做出回答，但在这里考虑无效的性质仍然是非常重要的。相对无效是对“违反旨在保护私人利益（intérêts privés，私益）的规则”的制裁，因此，在确定相对无效的法律制度时，应当紧紧盯住这些规则所追求的目标。只有作为这些规则的保护对象的人，才能主张“为他们的利益而规定的相对无效”；与相对无效不同，绝对无效制裁的是“违反保护总体利益的规则”的行为，因此，应当为绝对无效确定一种制度，使之能够增加消灭此类无效合同的机会。正因为如此，（法律规定）任何利益关系人均可主张（合同的）绝对无效，均可提起绝对无效之诉（参见附目第 1179 条）。原则上，当事人是不能对绝对无效的合同进行确认或追认的。在 2008 年 6 月 17 日的法律进行改革之前，无效的性质（相对无效或绝对无效）同样决定着诉讼时效期间的长短：针对相对无效，应在相对较短的期限内提起诉讼，而针对绝对无效，诉讼时效期间则要长得多。出于加快与简化诉讼程序考虑，立法者已经通过 2008 年的法律将两种性质的无效诉讼的时效期间统一起来。

第一目　可以主张无效的人

394. 相对无效与绝对无效之间的对立

正如我们从前面一段所作的介绍中已经看到的那样，相对无效与绝对无效之间存在重大差别：任何利益关系人均有资格提起（合同）绝对无效之诉讼，而相对无效之诉，只能由法律欲加保护的人提出。

395. （1）哪些人可以主张相对无效

原则上，相对无效之诉只能由法律欲给予保护的人自己提出，并且应由其负举证责任证明合同无效：例如，在一方当事人的同意意思有瑕疵的情况下，该方当事人可以主张合同相对无效；在缔结合同的该方当事人无（行为）能力的情况下，无行为能力本人可以在其无能力状态停止以后提起无效之诉；在发生“阻碍性误解”（erreur-obstacle）的情况下，可以由这一方或那一方当事人主张此种无效（参见第 226 节）。

但是，由于主要利益关系当事人（l'intéressé principal）的原因，主张相对无效之诉权也属于其他人。这里的所谓其他人是指，主要利益关系当事人的法定代表人或法定代理人，例如，未成年人的监护人或者财产受管理的成年人的监护人。[1]主要利益关系当事人死亡之后，其全部概括权利继受人，继承人以及可以按照《民法典》第1166条的规定经代位途径提起诉讼的债权人，乃至受领作为无效合同标的之权利的特定财产继受人，[2] 也都属于上述其他人的行列。当法律规定合同有效性的前提条件是必须取得某人同意才能订立此种合同时，在没有遵守这项规定即订立合同的情况下，该（持有同意权的）人可以提起合同无效之诉。[3]

[1]需要提示的是，在财产受管理的成年人实施的某项行为本应由其财产管理人协助才能有效的情况下，财产管理人有权就该成年人单独实施的此项行为提起无效诉讼，即使财产管理人并不负有代理无行为能力的成年人的任务。参见《民法典》第465条的规定："如果受保护人单独完成需要协助才能完成的行为，只有在确认受保护人已受到损失时，才能撤销该行为。"另见《人、家庭、无能力》一书第1287节。

[2]例如，一个未成年人将某项财产卖出，在其到达成年年龄时又将该财产卖给另一人，在这种情况下，后一个买受人有权主张（当时尚未成年的）财产出卖人原本可以主张的相对无效，关于这个问题，参见Larroumet，le contrat，N°551.

[3]例如，当一项财产负担用益权时，对于用益权人违反《民法典》第595条第4款的规定，也就是说，未经虚有权人同意而订立的涉及该财产的农村租约或商业租约，法院判例给予虚有权人对此种租约主张相对无效之诉权（参见《法国财产法》第818节）。但是，最高法院的这一判决也受到学者的批评，批评的理由是，这种情形属于合同没有对抗效力（inopposabilité）而不是合同无效（nullité），因为，合同以外的第三人不能主张合同无效（Malaurie. Aynes et Stoffel-Munck. N°702），法院的这一判例是混淆了《民法典》第595条第2款与第4款的规定。这两款分别为，"用益权人单独订立的期限超过9年的租约，在此期间用益权停止的情况下，仅在原用益权仍然剩余的时间内，对虚有权人具有约束力"；"非经虚有权人的参与，用益权人不得出租工业、商业或手工业使用的农村土地或不动产。在虚有权人不同意的情况下，用益权人可以在经法院批准之后自行订立此种合同"。该条第2款中并没有规定需经虚有权人同意合同才能有效，而在第2种情况下（第4款）则要求得到虚有权人同意，因此本应征得其同意却没有经其同意的人，自然可以提起合同无效之诉。与此相类似的情况还有：《民法典》第215条第3款规定："未经他方同意，夫妻任何一方均不得擅自处分据以保障家庭住宅的权利，也不得处分住宅内配备的动产家具。对处分行为没有表示同意的配偶一方得请求撤销所作的处分。请求撤销处分行为的诉讼，得在其知道该行为之日起1年内提起；在夫妻财产制解除之后1年，不得再行提起此种诉讼。"第1427条就夫妻财产制作出了适用相同解释的规定："如夫妻一方超越其对共同财产的权利而实施行为，另一方得诉请撤销之；但如该另一方批准此种行为，不在此限。"

与此相反，其他的任何利益关系人，例如，与发生误解或因显失公平、受到损害的受害人进行交易的相对当事人，则不能享有此种诉权；[1] 同样，对于无行为能力人在没有遵守规定的情况下订立的合同，按照《民法典》（原）第 1125 条的规定："有能力缔结合同并受合同义务约束的人，不得以与其缔结合同的相对当事人无行为能力而主张所订合同无效。"

与无行为能力人进行交易的相对当事人，或者与"表示的同意存在瑕疵的人"进行交易的相对当事人不得提起无效之诉，这一事实导致的结果是，相对人所订的合同的命运取决于"享有提出此种无效诉讼之权利的人"的意愿。在法国法律中，原则上，不存在可以强制诉权持有人作出决定的任何方法。[2] 正因为如此，在特定情况下，法院判例准许任何利益关系人请求法院作出裁决。[3]

---

[1]参见最高法院第三民事庭 1976 年 11 月 9 日判决（D. 1977. IR122）。

[2]为了避免这种困难，《民法典》曾将无效诉讼的时效期间缩短为 10 年，但仍然被认为太长，因此，1968 年 1 月 3 日的法律又将其缩短为 5 年。这一规定在 2008 年 6 月 17 日的法律中得到保留。在现代，有些国家的法律倾向于建立更短的时效期间制度。《民法典》改革委员会（在"法律行为"一章中）曾提出一项规定，准许任何利益关系人催告诉权的持有人最长在 3 个月内作出选择决定。顺便指出的是，在公司法方面也出现了这种所谓"询问性诉讼"（action interrogatoire）。所谓"询问性诉讼"是在法律对被告方规定某种期限时，旨在催告被告立即作出决定或选择的诉讼，例如，继承人有 3 个月加 40 天的期限，进行遗产盘点与进行商议；又例如，《商法典》第 235-6 条第 1 款规定："在基于某一股东无能力或者同意瑕疵而导致公司设立之后的法律行为与决议无效或者导致公司无效但可以此种无效事由进行纠正时，于其中有利益的任何人均可向能够采取行动的人发出催告：或者使无效之原因得到纠正，或者在 6 个月之期限内提起无效之诉，否则，即因逾期而丧失权利。此项催告应通知公司。"

[3]过去，在以夫妻一方无行为能力为依据而提起夫妻财产契约无效之诉的情况下，尤其承认这种做法：任何利益关系人均可主张此种契约无效，参见最高法院民事庭 1855 年 3 月 5 日判决（DP. 55. I. 101. s. 55. I. 348）；但是，1965 年 7 月 13 日的法律排除了这种处理意见。按照现在《民法典》第 1398 条第 2 款的规定，"如未成年人有关夫妻财产的协议在订立时未得到前述之人的协助"，只有未成年人本人或者应当经其同意未成年人才能结婚的人才有权请求取消所订立的协议；"但仅在未成年人达到成年年龄后 1 年内始能提出这项取消原协议的请求"。这样可以减少第三人所处的不确定状态。《民法典》第 1399 条也有类似的规定："受监护的成年人或财产受管 （转下页）

396. （2）什么人可以主张绝对无效

绝对无效所制裁的是违反旨在保护总体利益的规则的行为，因此，任何利益关系人（tout intéressé）均可主张合同绝对无效。这样一来，也就增大了撤销绝对无效合同的机会。不过，我们应当准确把握这里所说的"任何利益关系人"究竟是指哪些人。

毫无疑问，缔结合同的所有当事人均在利益关系人的范围之内。任何合同当事人均可主张合同违反"总体利益性质的规则"，因而可以不受已缔结的合同义务的约束。

> 合同当事人之一甚至可以主张自己行为的不道德性质（sa propre immoraité）而请求宣告这种具有不道德性质的合同无效。在这里，我们应当这样来理解"任何人都不得以自己的过失为自己作辩护"（nemo auditor propriam turpitudinem allegans，任何人都不得主张自己的卑劣行为）之规则：它并不是要阻止（提起）诉讼，而是要阻止"返还因被撤销的合同已经履行的部分而已经进行的给付"（参见第 430 节）。

有必要将全部概括权利继受人（ayant cause universel）视同合同当事人，但是，如果是合同当事人的特定权利继受人（ayant

（接上页）理的成年人订立的夫妻财产契约，如果没有得到本应经其同意当事人结婚才能有效的人的参与、协助，不得缔结有关夫妻财产的协议。在没有得到上述协助的情况下，订立的有关夫妻财产的协议，可以在结婚之后的 1 年内，由无能力人本人请求取消，或者由需经其同意无能力人才能结婚的人提出取消请求，或者由监护人或财产管理人请求取消之。"人们有时也将此种无效称之为"普遍化的相对无效"（E·Gaudemet，p. 167，Japiot，op. cit）。

cause à titre particulier)，[1] 那么特定权利继受人与该合同的利益关系就仅限于一定的范围：前手权利人所订立的合同在什么程度上影响到特定权利继受人的地位，即是他与合同利益关系的范围。例如，按照《民法典》第1743条的规定，不动产的买受人有义务遵守出卖人此前就该不动产订立的租约，但他可以主张原所有权人订立的租约无效；因此，如果他通过此种途径获准法院宣告租约无效，那么，其取得的不动产就不再受原租约的约束。至于当事人一方的普通债权人（无担保债权人），在合同对其造成损害时，可以通过行使代位诉权（action oblique），提起代位诉讼，提出合同无效

[1]法国民法上的权利继受人称为“ayant droit”，在实务中往往与“ayant cause”同义。权利或财产继受人分为：特定权利继受人（ayant droit à titre particulier），全部概括继受人（ayant droit universel）与部分概括继受人（ayant droit à titre unniversel），后两者也统称为“概括继受”。继受人是基于他与前手（权利人）（auteur）的关系而持有某种权利的人。“Auteur”则用来统指出卖人、转让人、被继承人等，是原先的权利人。全部概括继受或全部包括继受是指，承受前权利人的全部概括财产，包括全部债权与债务，例如，《民法典》第1003条规定，“全部概括遗赠（legs universel），是遗嘱人将其死后留下的财产整体（universalité des biens）给予一人或数人的遗嘱处分”；部分概括继受是指，仅仅承受前权利人的概括财产中的某一部分，但同样是承受这一部分的权利义务整体，包括债权债务。《民法典》第1010条规定：“部分概括遗赠（legs à titre universel）是指遗嘱人用法律允许其处分的遗产之一部分进行的遗赠，例如，遗赠其可处分的财产部分的一半、1/3，或者遗赠遗产中的全部不动产或者全部动产，或者其全部不动产或动产中的确定的部分。”

“概括财产”（le patrimoine）是法国民法上的一个特殊的概念，它是指一个人现有的与将来的全部财产构成的权利义务关系的整体，是一种法律上的拟制，是一个人法律人格的体现。最初，概括财产理论认为，一个人只能有一个财产整体，只能有一份概括财产。随着社会经济的发展以及实践的检验，现在的法国法律承认一个人可以有多项概括财产，例如，一个人除其他财产之外，还可以持有一处或多处商业营业资产，可以设立一人有限责任公司，这些分开的财产整体构成与权利人的概括财产分开的另一项或多项概括财产。这也为部分概括继受提供了依据和可能性。至于特定权利继受人，则是指仅仅从前手（权利人）取得一项或多项确定的或特定的财产或权利的人，这种特定的财产或权利一般不包括该特定财产上的负担债务，例如，单独购买一处不负担役权与抵押权的房产，买受人通常不会承受出卖人因此房产而负担的债务。国内某些书籍往往将“le patrimoine”简单地称为“财产”，不仅与法国法律所说的“les biens”（财产）发生混淆，也与上面提及的概念无法协调。——译者注

之诉。[1]

与此相反，看来很难承认与合同完全没有关系的第三人也可以提起合同无效之诉讼，也就是说，很难承认在此之前与合同的任何一方当事人均无法律关系的第三人可以提起合同无效之诉。这样的第三人在罗马法上往往称为“tiers penitus extranei”（完全局外第三人）。按照合同的相对效力原则，只要某项合同对第三人不产生任何效果，第三人就不可能有利益主张合同无效。但是，如果我们在这一问题上局限于这样的分析，也可能是对合同的效力没有准确的认识。我们在下面将会看到，合同虽然对第三人没有任何强制效力，但它作为一种事实，仍然对第三人具有对抗效力（参见第490节）。这样一来，第三人要想摆脱由合同的这种对抗效力所产生的间接效果，也就有了主张合同绝对无效的某种利益，不过，需要第三人主张的某种利益与合同之无效有着紧密的关系，他才能主张此种无效。

当第三人主张与无效合同所产生的权利完全相反的某种权利时，即是如此，例如，当某人针对一块土地的占有人（possesseur）提起诉讼，请求追还这块地的所有权，而占有人以短时间的取得时效为依据进行辩护，并提出购地合同作为“正当的证书”，作为其实行占有的正当名义，用以主张并支持自己属于善意占有，这项购地合同对请求追还财产所有权的人并无直接的效力，因为所有权人既不是出卖人也不是买受人，但是，该合同却是被告实行占有的要件之一，对追还之诉的原告——买卖合同的局外第三人——具有对抗效力，原告要想排除

[1]按照有些学者的看法，债权人并不是通过行使代位诉权提起合同无效之诉，而是行使其本身的权利（Flour. Aubert et savaux. N°337）。

这种对抗效力，则可以主张（该买卖合同的）绝对无效之原因。[1]

与此相反，一幢房屋的占据人（occupateur），即使想要挤走他那个碍事的讨厌邻居，却不能以出卖人将其房子卖给该邻居的合同无效作为理由去提起诉讼；同样，一个商人，希望他的某一家竞争对手公司消失，却不能仅仅为了其本人的利益而向法院提起诉讼，主张该公司的设立因违反公共秩序而无效，[2] 因为，他所主张的无效与其主张的利益之间没有充分的紧密关系。

397. 检察院

最高法院判例以1910年4月20日法律为依据，将检察院依职权提起诉讼的情形限制为那些“直接并且主要涉及公共利益的案件”，但并不局限于“法律有明文规定的情形”。[3] 最高法院的这一处理意见得到1972年7月20日法令第7条的明文确认，但这一条文的规定后来被放弃，并被一个更为广泛的表述所取代，这就是《民事诉讼法典》第423条的规定：“除法律有特别规定的情形之外，在（涉案）事实妨碍公共秩序时，检察院得为维护公共秩序进行诉讼。”

尽管这一法律条文的表述相当宽泛，但是，我们仍然可以认为，在涉及合同无效的问题上，检察院并不能通过诉讼途径主张所有的绝对无效，而只能主张那些“以严格意义上（stricto sensu）的公共秩序性质的理由为依据”的绝对无效。这里所谓“以严格意义

[1]参见《法国财产法》第467节（Les biens，N° 467）；另见最高法院第三民事庭1983年10月19日判决（Bull. civ. III，N° 193，p. 148）。

[2]最高法院诉状审理庭，1932年11月3日（DP 1932. 1. 181. Dumas 报告）；巴黎法院，1954年7月5日（D. 1954. 706，RTDciv. 1955. 150，Hébraud et Raynaud 述评）。

[3]最高法院民事庭，1913年12月17日（DP 1914. 1. 261，Binet 述评，S. 1914. 1. 153，Ruben de Couder 述评，DP 1914. 1. 261，Grands arrêts，t. 1，N° 15）。

上（stricto sensu）的公共秩序性质的理由为依据”，主要是指合同标的或合同原因具有违法性质。国家实行的社会政策以及引领经济的发展，导致立法上颁布了很多具有公共秩序性质的法律条文，由此也引起检察院进行干预更加习以为常。可见，国家越是主张社会需要更加有秩序，越是主张维护社会正义，而不是让自由去发挥更大的作用时，就越是要求检察院更多地进行干预，以撤销“合同当事人出于个人利益而不打算取消的”那些违法合同。[1] 不过，我们知道，引领性经济在今天已经出现明显后退。此外，检察院在合同无效方面进行干预也完全有可能成为一纸空文：（虽然合同无效，但）如果合同各方当事人仍然一致同意履行合同，那么，合同无效又能起到什么作用呢？[2] 实践中，（涉及民事诉讼时）检察院的干预主要体现在亲属法领域（亲子关系、亲权等方面）。[3] 从现在的实际情况来看，相对于合同法而言，竞争法的地盘越来越大，这倒是可以为检察院的干预提供另一种理由。[4]

第二目　确认

398. 合同的确认、补正或重订

确认（confirmation，追认）是一种法律行为，[5] 本可主张合

[1]因此，法院承认检察院可以主张隐瞒不动产买卖的部分价金的协议无效，参见里昂法院 1925 年 6 月 17 日判决（Gaz. Pal. 1925. 2. 487），或者，承认建筑公司订立的弄虚作假的协议无效，参见最高法院诉状审理庭 1946 年 11 月 4 日判决（S. 1947. 1. 43）；承认检察院在租金方面依职权提起的诉讼，参见最高法院诉状审理庭 1944 年 3 月 7 日判决（DP 1944. 74）；巴黎法院，1956 年 3 月 5 日（D. 1956. 632. Lindon 述评）。

[2]Flour，Aubert et Savaux，N° 338.

[3]最高法院民事庭，1913 年 12 月 17 日判决（弄虚作假地认领非婚生子女无效）；另见最高法院诉状审理庭 1867 年 3 月 25 日判决（DP 67. 1. 300）（关于更改身份证书）。

[4]关于这个问题，参见 D・Allix，Dictionnaire Joly-Concurrence，1. 1，N° 89.

[5]在《民法典》（原）第 1337 条至第 1340 条规定了两种证书，其一为“承认证书”，其二为“确认证书”，前者称为“actes recognitifs”，后者称为“actes confirmatifs”。其中第 1337 条规定：“即使有承认证书，仍不免除提出证书的原本，但如原始（转下页）

同无效的人通过确认其订立的合同，[1]（主动）放弃主张合同原已存在的瑕疵（参见附目第1182条）。如果该人是唯一的可以主张合同无效的人，只要他对合同给予确认或追认，那么这一合同（原本）存在的瑕疵也就不再继续受到追究，这一合同溯及既往地产生效力；相反情况下，也就是说，如果有权主张合同无效的人不只一人，其他权利人仍然保留各自主张合同无效的权利，那么，该合同仅对已经对其表示确认的当事人有效。[2]

我们应当将对合同进行确认与对合同进行“补正”（régularisation）区别开来。“对合同进行补正、使之符合规定”是指“补正合同原来缺乏的要件”，使一项无效的合同成为有效的合同。[3] 对合同作出确认，仅对“放弃主张合同无效（之权利）的人”产生效力，而对原本不符合规定的合同进行补正之后，该合同便成为一项有效合同，对所有的人都溯及既往地产生效果。准许对不符合规定的合同进行补正，足以引起对“遵守合同成立规则”之严格要求的缓松，因此，只有在对已经存在的合同关系“进行加固处理”具有

（接上页）证书的内容在承认证书中已经特别写明者，不在此限。承认证书所载内容超出原始证书所载内容，或者与原始证书所载内容不一致的，不生任何效力。”第1338条规定：“对于法律允许提出无效之诉或撤销之诉的债务，用证书进行确认（confirnation）或批准（ratification）时，仅在证书中载明债务的要旨、提出取消之诉的理由以及补正提出此种诉讼所依据的缺陷的意愿时，始为有效。”在这两个条文中，“确认”（追认）与“承认”是针对不同事项的规定，两者不是同一概念。——译者注

[1]在《民法典》的原规定里，“确认”被放在第3卷第3编（有关证据的规定）当中，即第1338条至第1340条。这也显现出一个明显的方法上的瑕疵。（我们认为）应当将“考虑进行的确认”与“确认证书”区分开来：“考虑进行的确认”是一种法律行为，而“确认证书”是一种证明文书，仅仅是一种有关确认的证据方法。因此《民法典》第1338条由于混淆了这两层意思，造成其文字表述有点模糊不清。

[2]G·古久里：《论无效行为的确认》，《巴黎二大学位论文》，1972年（G·Couturier. la confirmation des actes nuls. thèse Paris II. éd. 1972，préface J·Flour）。

[3]杜佩容：《论无效行为的补正》，《图卢兹大学学位论文》（Dupeyron，La régularisation des actes nuls，thèse Toulouse，éd. 1973，préface P·Hébraud）；Ghestin，N°s 798 s.

特别紧迫之必要性的情况下，才能准许对不符合规定的合同进行补正或纠正。[1] 正因为如此，《民法典》对于不动产买卖显失公平的情形，是以“解除合同”（rescision，取消合同）作为制裁，就是这方面的一个例子。在2006年6月23日法律之前，在遗产分割中发生的显失公平情况也是如此。为了维护法律安全与合同的稳定性，法典规定在一方当事人提供的价金很低或者获得过分的价金时，可以通过向受到损失的一方当事人追加价金数额或者增加财产份额，使受到损害的一方当事人不再提出诉讼，不再主张解除买卖或取消已经进行的财产分割（参见第317节）。

同样，在一方当事人出卖他人之物的情况下，也可以做相同处理。按照《民法典》第1599条的规定，“出卖他人之物无效”，但是，当（买卖进行时还是他人之物的）出卖人在法院宣告此项买卖无效之前已经取得了被其卖出之物的所有权时，那么，原本不符合规定的这项买卖便可以得到纠正。[2]

在公司法方面，相同的处理方法更加明确。[3] 公司法人的运作往往需要延续很长时间，并且经常涉及第三人的利益，为了避免人们订立的导致产生法人的协议无效，公司法广泛运用了“补正手续”（régularisation）的概念，使手续补正在公司方面成为一项原则，而（由法院）宣告公司无效的情形则成了例外。我们还可以看到，对于公司存续期间与运作过程中实施的不符合规定的行为，同样可以进行补正（从而可以避免公司被撤销）。

实践中，划分“确认”（追认）与“补正”（纠正）之间的界

---

[1]盖斯坦：《合同法，合同的成立》（Ghestin，Le contrat，formation，2ᵉ éd，N° 815）。

[2]最高法院第一民事庭，1962年7月12日（D. 1963. 246）；最高法院商事庭，1979年7月2日判决（Bull. civ. IV. N° 224. p. 181. D. 1980. IRP. 225）；最高法院第三民事庭，2002年3月23日（CCC 2002，N° 136，L·Leveneur述评）。

[3]Ph·梅尔勒：《商法，商事公司》（Ph·Merle，Droit commercial，Sociétés commerciales，N° 71）。

限，并不总是一件容易的事。

诚然，有些情况下，两者之间的区分非常明显。例如，显失公平情况，因显失公平而受到损害的人，没有获得追加的补充款项或补充的财产份额时，如其仍然不行使无效请求权，毫无疑问，应当将这种情况认定为（他对引起显失公平的合同已予以）确认（而不是补正）；与此相反，因显失公平，使对方当事人受到损害时，从中获得利益的一方当事人，通过向受到损失的人按照公道的价格提供补充款项，这种情况显然属于“补正”或“纠正”（而不是确认或追认）。

但是，也有很多情况，“确认”与“补正”这两个概念很容易混淆。例如，当主张合同无效的诉权只属于某一个人，而一旦该人对该合同作出确认，即可以消除合同原本存在的瑕疵时，又如，因误解、欺诈、胁迫或者无行为能力引起的瑕疵业已消失时，这种情况到底属于确认还是补正，就很难区分清楚。因为，对于这种情形，我们实际上既可以说它是“确认”，也可以说其属于“补正”：因为我们可以认为，确认是指，当事人按照能够确保合同有效并且对所有的人均有效力的条件重新作出其同意意思表示。为了避免在这两个概念之间纠缠不清，有些学者认为，补正仅限适用于“只要补上此前缺乏的某种客观要件即可成为有效合同”的那种合同。[1]不过，在我们看来，对这两个概念的各种不同看法主要还是存在于口头上，没有什么其他的实际意义。

当然，我们还应当将对合同的“确认”与“重订”合同区分开来。重订合同需要当事人之间达成新的合意。而达成新的合意这种情况与产生原始合同的情况是相类似的，但此前引起合同无效的

---

[1] Dupeyron, op. rit, N° 145, p. 109;《合同法，合同的成立》（Ghestin, Le contrat: formation, 2e éd, N° 799）。

那种原因不再存在。当事人经过协商，一致认为他们之间原先订立的合同无效，并决定缔结一项不再存在任何瑕疵的新协议。[1] 这项新合同，自其成立时即产生效力，但不具有任何追溯力。重订合同与确认合同之间的差别表现在以下两个方面。首先，重订合同以双方当事人实现新的合意为前提条件，而对已有的合同予以确认仅仅是一方当事人的单方意思表示，丝毫不需要得到对方当事人的接受或同意。有权利主张合同无效、受到无效之诉保护的人可以任其意愿，主张对合同予以确认或者放弃此种主张；其次，重订合同产生的是一项自其成立之日起产生全部效力的新合同，而在对合同作出确认的情况下，将各方当事人联系在一起的合同关系，并不是因当事人对其进行确认才告创立，而是产生于原始合同，因此，其效力自原始合同订立之日即告发生。[2]

实践中还有一些情况，双方当事人唯一可能做的，只有重新订立合同。例如，按照《民法典》第 1339 条的规定，赠与人所为之生前赠与因形式瑕疵而无效时，不得通过任何确认文书或确认行为来对此种瑕疵进行纠正；赠与人应当在取得受赠与人同意的情况下，按照法定的形式重新进行赠与，也就是说，应当重新订立一项

[1]例如，最高法院商事庭 2000 年 6 月 27 日判决（Bull. civ. IV. N° 132，Defrénois 2001. 513，Honorâ 述评，RTDciv. 2001. 583，Mestre et Fages 述评），本案涉及用私署文书见证的营业资产的买卖合同没有按照法律条文的要求写明《商法典》第141-1条规定写明的所有强制性事项，以及没有在确认这项买卖的公证文书中对相同事项作出重述；参见最高法院第一民事庭 2000 年 1 月 18 日判决（JCP. E. 2000P. 342），本案中，一项不动产贷款要约违反《消费法典》第 312-10 条的规定要求相对人在要约发出之后不满 10 日期间内就必须做出承诺，而相对人在 10 日期限经过之后重新做出承诺。

[2]这种差别对一方当事人在合同得到确认或者重订之前就已经受领的物的孳息将会产生明显影响。当合同得到确认的情况下，取得孳息的一方当事人仅凭“成为有效的这份合同”的效力而保留这些孳息，相反情况下，合同重订之前产生的孳息原则上应当返还，其证书的日期仅为合同重订的日期，只有在重新订立的合同中有专门条款规定将以前产生的孳息归于该当事人时，该当事人才能保留这些孳息。

符合法律规定形式的赠与合同；[1] 同样，法院判例认为，没有确定的价金的买卖无效，并且属于绝对无效，因此，不得对此种买卖进行确认，但是，各方当事人可以重新订立一份合同，并且在此情况下，这项新合同可以是默示的合同。当事人之间受领（标的物的）交付与支付价金，即是默示订立一项新的合同。[2]

一、确认的范围

399. 绝对无效与相对无效（确认的范围有所不同）

按照传统无效理论，无效（本身的）性质与确认有着紧密的对应联系：绝对无效的合同，因其存在极为严重的瑕疵，成为一个“死产儿”（合同自订立之时即无效），因此不能对这种合同进行确认；而对于仅仅是相对无效的合同，由于存在的瑕疵并不十分严重，虽然（像某一个人一样）“有病”，但却可以“治愈”，因此，准许对相对无效合同进行确认（参见第87节）。虽然这种（将带有相对无效瑕疵的合同比作病人的）分析今天几乎被理论界一致抛弃，但是，有关合同无效的性质（绝对无效、相对无效）与是否可以通过确认来排除无效两者之间毕竟存在着相互的对应关系，只不过今天的学者们认为，这种相互对应关系所依据的基础与传统学者的看法有所不同。今天，这种相互对应的关系建立在具有某种灵活性的新的基础之上。

我们知道，按照占主导地位的理论，无效的性质取决于合同违反了什么样的（法律）规则，这种规则的目的是什么。如果涉及的规则的目的旨在保护总体利益，那么，违反这种规则的合同就是绝

[1]《继承和赠与》，第462节（N° 462）。

[2]最高法院第一民事庭，1981年6月11日（Bull. civ. I，N° 211，p. 173，JCP 1982. 11. 19840，2^{e} esp，G · Raymond 述评）。

对无效合同，而如果合同违反的规则的目的旨在保护私人利益，那么，违反此种规则的合同便仅为相对无效合同。这样一来，我们就会非常明白，为什么原则上只有相对无效的合同才有可能由当事人对其进行确认而不再被认为无效。

（法律规定的）绝对无效，目的旨在保护总体利益。绝对无效（制度）并不是为了这一个人或那一个人的利益，而是为了全社会的利益，因此，我们应当进一步强化并且确保实际消灭那些绝对无效合同的机率，而不是仅仅减少这种机率。这也是（法律）准许（当事人）抛弃这种合同可以达到的结果。[1] 相对无效保护的是私人利益，在一定程度上，可以由利益受到损害的人对此种无效合同自行做出处理。如果相对无效所涉及的当事人愿意放弃其享有的可以主张合同（相对）无效之利益，看来，任何人（甚至法律）都很难禁止他这样做，至少在受到损害的当事人是完全自由地对合同给予确认，从而放弃其享有的利益的情况下是如此（参见第 403 节）。

不过，对绝对无效合同不准许进行确认这样一项原则也附带有重要的缓和调整的情况。按照法院判例，虽然说对绝对无效的合同不得溯及既往地进行确认，但是，当无效原因停止存在时，各方当事人完全可以更新他们的协议或合同，或者继续维持他们的共同意思。[2]

---

[1]最高法院第一民事庭，1966 年 5 月 4 日判决（D. 1966. 553，Ph · Malaurie 述评，JCP 1967. 11. 15038，j · Mazeaud 述评）；最高法院第一民事庭，1976 年 12 月 1 日（*Bull. civ.* I，N° 380，p. 300）；最高法院第二民事庭，1982 年 5 月 5 日（Bull. civ. II. N°69. p. 49. *JCP* 1982. IV，p. 244）；最高法院第三民事庭，1982 年 7 月 7 日（JCP 1982. IV，p. 335）；最高法院商事庭，1983 年 11 月 30 日（*Bull.* civ. IV，N° 332，p. 288，RTD civ. 1984. 710，J · Mestre 述评）。

[2]最高法院第一民事庭，1983 年 11 月 29 日（Bull. civ. I. N° 281. p. 252，*RTD dv.* 1984，p. 710，J · Mestre 述评）；最高法院第一民事庭，1985 年 1 月 8 日（*Bull. civ.* I，N°6，p. 5）；最高法院第一民事庭，1976 年 12 月 1 日（D. 1977，p. 177，A · Breton 述评，*JCP* 1977. 11. 18625，j · Patarin 述评）。

虽然说能否对（无效）合同进行确认，这种可能性与无效——是绝对性质还是相对性质——有着紧密对应关系，但是，人们仍然指出，对这一论断需要进行一定的调整。因此，我们可以设想的是，当总体利益不再要求消灭某一绝对无效的合同时，当事人也就自然可以对这种合同进行确认。当然，实践中，这种情况确属极为特殊的情形。对于这方面的问题，有学者认为，如果立法规定修改之后，按照原先的法律条文的规定以绝对无效论处的合同，在得到修改后的新规定准许时，或者当合同无效是由于其订立的时间不符合法律规定时，例如，就尚未开始的继承（将来的继承）订立的合同，虽然该合同在订立的当时是一项无效合同，但如果立法规定进行了修改，或者在继承开始之后，继承人仍可对原来订立的合同进行确认。[1] 不过，法院判例拒绝承认在这些情况下对合同进行确认，[2] 唯一可以做的是重新订立合同，而由于重新订立合同不具有溯及效力，因此，只能遵守“新法不具有追溯效力”的规则，并且避免合同在其（原来处于无效状态的）“受禁止期间”内就产生效力。[3]

400. 适用

按照以上介绍，我们可以看到，无效合同的确认，首选适用的领域是那些“毫无争议的相对无效”的情形。这两者之间有着非常

[1] Flour，Aubert et Savaux，N° 348.

[2] 最高法院诉状审理庭，1929 年 2 月 19 日（DH，1929. p. 162）。

[3] 最高法院诉状审理庭，1884 年 5 月 13 日（S. 1884. I. 336）；最高法院民事庭，1943 年 10 月 26 日（JCP1944. II. 2582，Toumon 述评，D. 1946，p'. 301 J. Boulanger 述评；最高法院第一民事庭，1961 年 12 月 12 日（*Bull. civ.* I，N° 603，p. 480））：关于尚未开始的将来继承简约。最高法院第一民事庭，1985 年 1 月 8 日；关于这个问题，参见：Ghestin，*Le contrat*：*formation*，2ᵉ éd，N° 843 et s. et note D. 1974. 239）。

广泛的一致性。这里所谓“毫无争议的相对无效”的情形是指：(一方当事人）无行为能力、同意瑕疵、在精神障碍状态下作出的同意表示；至于显失公平的情况，在可以通过撤销合同的方式对其实行制裁时，也属于相对无效范畴；旨在制裁合同缺乏标的或者没有原因的无效，同样如此，因为合同必须具有合法标的与合法原因，法律规定这些条件的目的主要是保护契约当事人的利益。当然，我们也看到，法院判例在过去很长时间里一直坚持传统的理论分析，对合同缺乏标的或没有原因的情形，均以绝对无效实行制裁，并由此推断认定，对于这样的合同，“任何确认均不可能”(参见第 293 节与第 357 节)；不过，最高法院最近作出的判决对于合同没有原因的情况则是以相对无效实行制裁（参见第 357 节)；与此相反，对于“毫无争议属于绝对无效”的情形，原则上不可能进行任何的确认，因为，绝对无效的合同抵触公共秩序或者善良风俗。不过，就公共秩序本身而言，仍然有必要作些区分：在公共秩序内部，还可以分为传统的公共秩序与引领性经济公共秩序，而引领性经济公共秩序的最终目的是要保护总体利益；除了这两种公共秩序之外，还有保护性经济公共秩序，保护性经济公共秩序的最终目的则是保护私人利益。按照这样的分析，我们就可以认为，在涉及前两种公共秩序的情况下，合同无效属于绝对无效，而在第三种情况下，涉及保护性经济公共秩序时，合同无效实为相对无效（参见第 385 节)。因此，如果合同所违反的规则本来可以给予的保护并未消失，在此前提之下，本应受到此种保护的人可以在此基础上放弃主张合同无效。这样涉及的便是有关确认的条件了。

二、确认的条件

401. (1）实质条件

对一项可予撤销的法律行为进行确认或追认，需要具备以下 3

个条件：什么人可以对无效合同进行确认，在什么时候进行确认，确认文书应当具备哪些要求。

402.（A）什么人可以对无效合同进行确认

对无效合同进行的确认，必须出自原本可以主张合同无效的人。这项要求本身来自“确认”这一概念的定义：所谓（对无效合同进行）“确认”，就是放弃主张合同无效的请求权。

403.（B）进行确认的时间

对一项无效合同进行确认，显然只能发生在合同订立之后。这种处理，一方面，出自《民法典》第1338条第2款的规定：“在没有确认证书或批准证书时，只要在对债务可以进行有效确认或批准的期间之后自愿履行该债务，等同于对债务的确认或批准。”另一方面，而且也是主要的，这种处理出自《民法典》第1675条的规定：“出卖人如因买卖价格显失公平，受到的损失超过不动产价金的7/12时，有权请求取消该不动产买卖，即使其在合同中明文表示抛弃此项请求权以及公开声明将超过部分的价值作为赠与，亦同。”这表明：不动产的出卖人不能在合同中放弃主张取消该合同的诉权。《民法典》之所以作出这些规定，目的是避免买受人利用他所占的优势地位，为自己的利益在合同中规定一种（让出卖人放弃请求无效之权利的） “放弃条款”，而如果准许买受人这样做，就有可能使这种做法（在社会上）发展成为一种“通行的做法”。因此，法律的这些规定应当普遍适用。

如果我们从精神上而不是从字面上理解和运用法律条文的这些规定，就应当指出：确认无效合同的时间应当是“受到损害的一方当事人在经济上不再处于依附于相对当事人的地位之时”，例如，不动产买卖的价金已经支付给了因显失公平、受到损害的一方当事人之时。按照相同思路，也有学者认为，当合同违反的规则是一种具有保护性公共秩序性质的规定时，只有在实行此种保护的原因停止之后，（受到保护的一方当事人）才可能对无效合同进行确认，[1] 也就是说，在法律规定无效制度的目的是要保护处于弱势地位的一方当事人的情况下，只有当该方当事人不再处于弱势地位时，才能对（对其不利的）无效合同进行确认，即只有在这种情况下才能进行有效的确认（如果当事人仍然处于弱势地位，由其对合同进行确认，就没有任何实际意义）。这一要求与以下条件并不重叠，因为，民法上不准许将“经济上的依附地位”视同“具有胁迫性质的瑕疵”（参见第248节）。不过，法院判例看来并不采取这种立场，判例认为：一方当事人在其权利产生之后，始终可以放弃适用法律的某项规定，即使这项规定具有公共秩序性质。[2] 由此看来，只要（当事人）提起无效之诉的权利已经产生，也就是说，原则上，在（无效）合同订立之后即可对此种合同进行确认（而不要求具备有些学者提出的种种条件）。

404.（C）确认行为的“质量”（要求）

为了对无效合同进行确认，首先要求：享有无效请求权（诉权）的人知道法律行为（合同）存在瑕疵，知道这种瑕疵影响到

---

[1] 盖斯坦：《合同法，合同的成立》（Ghestin，le contrat. formation，2ᵉ éd. N°839）。

[2] 最高法院第三民事庭，1975年10月27日（Bull. civ. III. N°310P. 234）；最高法院第三民事庭，1977年6月29日（Bull. civ. III. N°294. p. 223）；最高法院第三民事庭，1977年11月22日（Bull civ. III，N° 431，p. 3420）；最高法院第三民事庭，1979年6月12日（Bull. civ. III，N° 126，p. 96，JCP 1981. 11. 19494，L · Boyer 述评）；另见：最高法院第一民事庭，1998年3月17日（CCC1998，N° 86，Leveneur 述评，RTD civ. 1998. 671，J · Mestre 述评）。

该法律行为的有效性，因而有对此种有瑕疵的行为进行修补的意图或愿望，也就是说，有放弃主张法律行为无效的意愿或意思，非如此，便不存在法律意义上的同意，这里就是同意确认合同。[1] 这是由《民法典》第1338条作出的规定："对于法律允许提出无效之诉或撤销之诉的债务，用证书进行确认（confiramtion）或批准（ratification）时，仅在证书中载明债务的要旨、提出撤销之诉的理由以及修补据以提出此种诉讼所依据的瑕疵的意愿时，始为有效。"

其次，要想对无效合同进行有效的确认，如同所有的法律行为一样，必须是有能力的人[2]在充分了解原因的基础上自由作出意思表示，自由同意放弃主张合同无效的请求权。

> 《民法典》（原）第1115条规定："如自胁迫停止以后，合同得到明示或默示承认，或者听任法律确定的可以请求取消合同的期限经过而未采取行动的，不得再以受到胁迫之原因对合同提出攻击。"第1311条则规定："未成年人对其在未成年时期缔结的义务，无论是其形式上无效还是仅仅属于可以取消之列，如其成年时予以确认，不得再行主张取消这种义务。"
>
> 前一条文要求"胁迫已经停止"，后一条文要求"未成年人已达成年年龄"，对无效合同进行的确认才能有效。理论界以《民法典》这两条规定为依据，普遍认为：（对存在瑕疵的法律行为进行）"确认"，需要以"瑕疵消失在前"为条件。[3] 但是，如果我们仔细思考一下就会发现，这项所谓"瑕

[1]最高法院商事庭，1994年3月29日（D. 1994，IR p. 109）；最高法院第三民事庭，2008年7月2日（RTD civ. 2008. 675，B. Fages 述评）。

[2]此处原文为"capable"应理解为：既有行为能力又有权利能力。——译者注

[3]Marty et Raynaud. N°220.；J，Carbonnier. N°105.

疵消失在前”的要求，要么与前述条件重复，要么并无必要。

之所以说这项要求与前述条件重复，是因为当一项合同因误解、欺诈、胁迫或者缔约人无行为能力而无效时，显然只能在（引起）同意的瑕疵已经消失或者无行为能力状态已经停止之后，才能对该合同进行确认（前面已谈到只有在当事人不再处于弱势地位时，确认才能有效）；相反情况下，即使对合同进行了确认，也不会比原始合同更加有效，因为这种确认本身仍然带有与原始合同相同的瑕疵；由此可见，丝毫没有必要将上述“要求”提升为另一项“分开的条件”。如同所有的法律行为一样，对无效合同进行确认，只需要有能力的人的同意意思表示是自由的，是清楚明白的，即告足够。如果误解或胁迫仍然存在，在这种情况下进行的确认，便不能看成是“完全了解原因的自由确认”；如果当事人仍然处于无行为能力状态，在这种情况下进行的确认，便不是由“有行为能力的人”所为。

再说，上述关于“瑕疵消失在先”的要求丝毫没有必要：当一项合同因显失公平而可以撤销（取消）时，即是如此。因为，因显失公平、受到损害的受害人，即使没有获得任何追加的补充价金，仍然可以有效地放弃提起无效之诉，尽管双方当事人此前进行的给付的不平衡状态依旧存在，也仍然可以对合同进行确认，也就是说，“瑕疵消失在前”这一条件是完全没有必要的。[1]

405.（2）确认的形式条件（A）明示确认

所谓明示确认（confirmation expresse）是指，用明确表示确认意图的文字来表达对合同或法律行为给予确认的意思。如果制作一

---

[1]盖斯坦：《合同法，合同的成立》（Ghestin，le contrat. formation. 2éd. N°824）。

项文书来表明确认（原合同），那么，该文书应当具备《民法典》第 1338 条第 1 款规定的各项条件才能有效。

> 该条文规定的条件是：1）债的要旨（根本宗旨），也就是说，只要写明其确认的是哪一项合同，无须在确认文书中逐一列出其确认的合同的全部内容；但是，能够体现拟予确认的合同之特征的主要条款则都应当写入确认文书；2）写明（可据以提出）无效之诉的理由；也就是说，在确认文书中应当指明合同原来存在的但当事人打算不再予以追究的那种瑕疵；3）当事人有修补此种瑕疵的意愿，同意对合同予以确认。[1]

但是，我们不要错误地理解第 1338 条的意义范围：这一条文仅仅与确认文书的证据有关。如果确认文书没有按照该条文具体指明的条件起草与制作，那么该确认文书便不能作为（确认无效行为的）证据；不过，在此情况下，只要主张该项文书的人能够提出其他证据，特别是证人证言，其进行的确认本身仍然有效，不符合法律规定的确认文书则可以作为证据之端绪（《民法典》第 1347 条），而通过证据之端绪，可以用任何方法提供证据，使法院能够采信这项文书。确认文书，作为一项单方的法律文书，援用或运用这项文书的人通常不是出具该文书的人本人，而是相对于文书出具人的第三人，第三人主张此种文书的情况最为常见。因此，（合同一方当事人对存在瑕疵的合同进行）确认，对于第三人只不过是一项单纯

[1] 可以仅制作一份确认文书的原本，即使是为了确认双务合同，因此，没有必要依据《民法典》第 1325 条的规定按照当事人人数制作原本。

的法律事实，针对法律事实，可以自由提出证据，予以证明之。[1]

406. (B) 默示确认

有权提起无效诉讼的人（titulaire de l'action en nullité，无效诉权的持有人），在没有进行明示确认的情况下，如果有毫不含糊的表明其放弃主张合同无效之意思的行为，则构成默示的确认（confirmation tacite）。《民法典》第1338条第2款的规定准许对无效合同进行的默示确认："在没有确认证书或批准证书时，只要在对债务进行有效确认或批准的期间之后自愿履行该债务，等同于对债务的确认或批准。"按照这一规定，在可以有效地对债务进行确认的时期经过之后，当事人自愿自动地履行债务，表明其默示确认所订的合同。对于默示确认，没有必要要求是完全履行债务，只要有部分履行债务（的行为），即足以表明默示确认，例如，当事人知道债务因其不具备行为能力而可以被撤销，但仍然部分清偿该债务，这种部分履行足以成立对债务的默示确认，在此情况下，对于剩余部分的债务，不能再以合同无效相对抗。

不过，《民法典》第1338条中包含的各项指示不是限制性列举，因此，债务人一方自愿履行债务仅仅是默示确认的一种表现：人们从债务人的态度可以推断其有确认本可撤销的行为的意思。除自愿履行债务之外，还可以有其他的默示确认；例如，当事人在明知合同存在无效原因，仍然对其依据这项无效合同而取得的物进行处分，他的这种处分行为，也具有默示确

[1]最高法院民事庭，1919年12月24日（DF 1920. 1. 12，RTDciv. 1921，p. 259，Demogue述评）；关于放弃的证据，参见最高法院民事庭1958年6月25日判决（Gaz. Pal 1958. 2. 194）；最高法院第三民事庭，1972年5月16日（D. 1973，somm，p. 14）。

认原合同的效果；[1] 同样，不动产的买受人，在知道自己可以主张买卖无效的情况下，仍然拆除其买受的该不动产的全部或一部，即可推断其默示确认该项不动产的买卖，因为，他明知而故意将自己放在不可能再恢复原状的境地。

诉讼当事人想要证明某一项行为（合同）已经得到（相对当事人的）默示确认，如果他仅仅是证明存在“可以作为此种确认依据”的行为，仍然不够，他还应当证明相对当事人在履行合同时知道该合同存在瑕疵并且是本着修补该瑕疵的意愿（意图）而实施履行行为；[2] 如果当事人在履行（本来可以撤销的）合同的时候，并不知道该合同存在瑕疵，那么由其所实施的履行行为不能产生任何意义；此外，还必须有具体情节清楚地表明当事人抱有修补合同瑕疵的意图，当事人是否有此意图，不得推定。[3] 之所以有这样的要求，不过是适用民法上有关同意的一般原则而已。

三、确认的效果

407. （1）得到确认的合同的效力

有权利提起合同无效之诉的人对存在瑕疵的合同进行确认，即是放弃通过诉讼形式或抗辩途径主张合同无效，因而他也就不能再去否定原合同。如果对合同作出确认的人是唯一的享有此种无效请

---

[1]关于《民法典》第 892 条对可撤销的财产分割的适用。关于不是以“自愿履行债务”为依据的默示确认的例子，参见最高法院诉状审理庭 1901 年 1 月 2 日判决（DP 1903. 1. 573，S. 1903. 1. 47）；最高法院诉状审理庭，1901 年 1 月 2 日，最高法院诉状审理庭，1902 年 1 月 13 日（DP 1903. 1. 224）；蒙帕利耶法院，1952 年 4 月日（D. 1952. 619，Ripert 述评）。

[2]最高法院第一民事庭，1981 年 2 月 11 日（Bull. civ. I. N°53. p. 42）；最高法院第一民事庭，1996 年 10 月 1 日（D. 1996，IR p. 227，RTD civ. 1997. 117，Mestre 述评）；巴黎法院，1999 年 1 月 29 日（D. 1999，IRp. 70）。

[3]最高法院民事庭，1953 年 4 月 27 日（Bull. civ. I. N°138. p. 115）。

求权（action en nullité，无效诉权）的人，那么由其作出的确认就可以使该合同对于所有的人均成为有效合同，这样，得到确认的合同的有效性追溯至其订立之时；如果有多人享有主张合同无效之请求权，只有当他们均对合同作出确认之时，所进行的确认才能对这些人均完全产生效果；相反情况下，如果只有其中一人或某几个人确认合同，该合同仅对已经作出确认的人有效；没有同意确认合同的其他权利人，仍然保留对该合同提起无效之诉的权利。[1]

408. （2）第三人权利的保留

《民法典》第1338条第3款规定："依法律确定的方式与期间对债务予以确认、批准或者自愿履行，即意味着抛弃对该债务证书原可提出的一切诉讼与抗辩，但不得损及第三人的权利。"这就是说，（当事人）对无效合同进行确认，由此产生的效力并不会损及第三人的权利。那么，这一条文所指的到底是什么权利？当事人对无效合同的确认又怎么有可能损及第三人的利益呢？

为了对这些问题作出解释，我们来假定一种情况：未成年人A将一宗不动产卖给B，但这项买卖不符合法律的规定，因此可以被取消。该未成年人达到成年年龄时，又将同一不动产卖给C。此后，A对其在未成年时进行的前一次买卖作出确认。在这种情况下，如果我们仍然适用一般原则，"得到确认的无效行为视其自一开始就有效"，那就应当认定该未成年人进行的该不动产的前一次买卖有效，而后一次买卖无效，这样一来，第二个买受人的地位就必然因出卖人A对其在未成年时进

[1] Marty et Raynaud，N°203；Flour，Aubert et Savaux，N° 349；盖斯坦：《合同：合同的成立》，第二版（Ghestin，*Le contrat*：*formation*，2e éd，Nos 830 s）。

行的无效买卖作出确认而受到严重影响。法律需要阻止发生这样的效果，因为，人们认为，第二个买受人，只有在知道前一次买卖无效的情况下才会进行买卖，他在进行这项不动产交易时，就已经考虑到了出卖人 A 享有主张前一项买卖无效之请求权或诉权，而出卖人 A 的这项请求权或诉权对于第二个买受人取得对第一个买受人的优势地位是必不可少的，并且在此程度上，出卖人 A 的这项诉权也被默示转让给了第二个买受人。因此，出卖人 A 对其进行的第一次买卖作出的确认，不能对抗第二个买受人的权利；第二个买受人，除作出相反的意思表示之外，可以取得并享有主张前一次买卖无效之诉权。

从上面的例子可以看到，《民法典》第 1338 条第 3 款所说的第三人是指，与"实施了可撤销的行为并可主张该行为无效的人"进行交易并由此取得权利，因而可据以主张原行为无效的第三人。因此，当事人对其无效行为进行的确认，必须尊重特定权利承受人的既得权利。[1]

不过，《民法典》第 1338 条第 3 款所确定的规则与全部概括权利承受人无关。全部概括权利承受人受到其权利来源人所为之全部行为的约束。对无效合同的确认同样对无担保债权人（普通债权人）产生对抗效力，但是，如果这种确认对无担保债权人具有欺诈性质，那么，无担保债权人则可以通过行使撤

[1] 相反，如果是由"不能主张合同无效的当事人"设置的权利，在此情况下，第三人也就未能取得任何属于他自己的可以主张无效的权利，因为向其转移权利的人本身就不享有这种主张无效的请求权，在此情况下，不适用《民法典》第 1338 条的规定。我们假设一个例子：一个未成年人购买一处不动产。买卖进行之后，出卖人没有考虑到他所订立的合同是可以撤销的合同，又将该不动产卖给第三人。如果该未成年人在成年之后对其原先进行的买受行为予以确认，这一确认对第二个买受人溯及既往地产生效力，因为，该第二买受人原是与一个并不享有主张无效之诉权的合同当事人进行的交易，所以他也就没有取得任何可以主张的权利，尽管他是（未成年人所进行的）确认的局外人，但却不是第 1338 条意义上的第三人。

销诉权（action paulienne，撤销转让行为之诉权，也直译为“保利安诉讼”）请求解除合同。

第三目　时效

409. 本节内容安排

我们知道，可以通过诉讼途径——原告提起无效之诉，主张（合同）无效，或者，在（一方当事人）已向法院提起请求履行合同之诉讼的情况下，相对当事人可以通过抗辩途径主张合同无效——作为被告的当事人以合同无效作为防御方法。就诉讼时效而言，诉讼与抗辩这种区分具有根本性质。无效诉讼，原则上，经过5年期间即告消灭（一），而无效抗辩则具有永久性质（二）。

一、无效之诉

409-1. 区分

传统上，时效期间的长短始终取决于无效的性质：相对无效诉讼的时效期间为5年，绝对无效诉讼的时效期间为30年。2008年6月17日的法律实现了时效期间的统一，但仍然没有从时效的角度完全抹去相对无效与绝对无效之间存在的全部差别。我们在下面依次介绍相对无效之诉与绝对无效之诉的诉讼时效。

410. （1）相对无效

2008年6月17日法律仍然保留了《民法典》（原）第1304条第1款的规定：“请求宣告合同无效或取消合同之诉讼，凡是特别法律没有规定更短期间的情形，均应在5年内提起。”尽管这一条文的表述具有一般性质，但人们仍然一致承认它仅涉及相对无效。紧接其后，该条第2款规定：“在有胁迫的情况下，前款所定期间仅自胁迫停止之日起计算；在错误或欺诈之场合，前款所定期间仅自发现错误或欺诈之日起计算。”也就是说，这些规定仅仅是针对无行为能力或同意瑕疵做出的规定。在此之前，《民法典》曾在这方面规定 10 年时效，人们认为这一期间太长，1968 年 1 月 3 日法律将其缩短为 5 年。[1]

411. 第 1304 条的适用范围

《民法典》（原）第 1304 条第 3 款规定：“对于未成年人实施的合同行为，前述期间仅自未成年人到达成年之日或解除亲权之日起计算；对于受保护的成年人实施的合同行为，在该成年人能够有效地重新实施合同行为时，仅自其知道订立合同之日起计算；对于无能力人的诸继承人，前述期间如在该无能力人死亡之前没有开始计算，仅从该人死亡之日起计算之。”

《民法典》（原）第 1304 条仅仅是针对相对无效的规定，不适用于绝对无效之诉以及不属于无效之诉的其他所有诉讼：解除之诉、无对抗效力之诉、[2] 撤销（révocation）赠与之诉或者撤销遗嘱之诉、撤销之诉（action paulienne）、宣告隐瞒财产之诉、返还不当支付之诉。

与此相反，除另有规定之外，所有的相对无效之诉均适用这一条文的规定，其中包括：该条文明确指出的制裁某种同意瑕疵的诉讼，或者制裁无行为能力缔结之合同的诉讼；因形式瑕疵引起的无

[1]《民法典》改革委员会曾建议将时效期间缩减至 2 年，但以无行为能力为依据提起的诉讼除外（在此情况下，时效期间为 5 年）。外国现代立法一般都是规定 1 年或 2 年时效。

[2] 最高法院全体庭 1982 年 5 月 28 日判决（Bull. civ. N°3. p. 5. D. 1983. 117，Cabannes 综合述评，p. 349；E · Gaillard 述评）；在这里，这种处理有待讨论，因为在涉及超越权力的问题时，本应运用相对无效，因此应适用第 1304 条规定的时效期间。另见最高法院第三民事庭 1980 年 4 月 5 日判决（Bull. civ. III. N°73. p. 54. D. 1981. IRP. 314，J · Ghestin 述评，*Defrénois* 1981. 853，J. -L · Aubert，*RTD civ.* 1981. 155，F · Chabas 述评）。

效之诉[1]或者因违反“保护性公共秩序”引起的无效之诉，只要这些不符合规定的情形是以相对无效作为制裁，均适用第1304条的规定。[2] 另有一些特别条文对于某些特定情形规定了更短的时效期间。其中最明显的例子是，因不动产买卖显失公平，受到的损害达到7/12时而请求解除不动产买卖的诉讼，《民法典》第1676条规定的诉讼时效期间为2年。

传统上，人们倾向于认为，第1304条的规定是对普通法的一项例外规定，因此应当作严格解释。所以，学者们均告诉我们，由于《民法典》第1304条在有关“财产法”的规定中间所占的位置，因此它不适用于针对非财产性质的行为提起的无效诉讼，例如，有关婚姻无效、收养无效、认领非婚生子女无效之诉讼，就不能适用这一条文的规定。同样，有人认为，第1304条的条文是针对协议（合同）或合意作出的规定，由此推断该条之规定不适用于“单方的法律行为”，例如，遗嘱、就继承遗产作出的选择决定[3]等——然而，这些单方的法律行为也可以与合同一样存在相同的瑕疵。不过，出于对保护法律安全的关注，对于婚姻问题，法院判例认为，凡是没有特别规定更短时效期间的所有的无效诉讼，第1304条规定的时效均构成因同意瑕疵所引起的无效问题的普通法规则，[4] 并且，此后的法院判例

[1]最高法院民事庭，1895年4月15（DP. 98. I553，Glasson 述评）；最高法院商事庭，1994年3月29日（D. 1994，IRp. 109）。

[2]参见最高法院第一民事庭1979年7月10日判决（Bull. civ. I. N°202. p. 162）；最高法院第一民事庭，1995年1月10日（JCP 1995. 1. 3843，N° 10，Virassamy 述评，*RTD civ.* 1995. 881，J·Mestre 述评）。

[3]参见最高法院1857年11月25日判决（DP. 57. I. 425），该判决宣告第1304条的规定不适用于由尊亲属采用遗嘱的形式进行的财产分割。

[4]最高法院第一民事庭，1958年11月17日（D. 1959. 18，G·Holleaux 述评，*Grands arrêts*, t. 1，N° 34）；参见《民法典》第181条由2006年4月1日法律作出的规定：“前条所指情况下，自结婚起已过5年期限，提出婚姻无效之诉不再受理。”

也将第 1304 条的规定适用于单方的法律行为。[1]

412. 基础依据

按照有关无效的传统观念，《民法典》第 1304 条规定的时效的基础依据是，推定当事人对合同给予确认：[2] 合同当事人在本可提起无效诉讼的期间不实施任何诉讼行为，法律推定其确认合同并放弃提起诉讼。[3]

但是，占主导地位的理论一致认为，应当排除上述这样的解释理由，并且强调第 1304 条规定的相对较短的时效期间是建立在“各种无效的一般基础”之上。相对无效所制裁的是那些违反保护私人利益的规则的情况，因此，只能由利益受到侵害的当事人本人主张此种无效。这种处理将合同相对当事人与第三人放在“很不舒服的地位”，使他们面临着合同无效的威胁却不能主张合同无效。有鉴于此，我们应当让受到（无效制度）保护的人能够紧紧地将其利益把握在自己的手中，而又不至于让合同的命运在太长时间里处于摇摆不定的状态。[4] 为此，法典对时效期间的长短进行了相当严格地限制。[5] 只要绝对无效诉讼的时效期间为 30 年，那么，这

[1] 巴黎法院，1986 年 5 月 21 日（D. 1987，IR p. 123，D · Martin 述评）；另见 2006 年 4 月 1 日法律产生的《民法典》第 777 条第 2 款的规定：“无效之诉的时效期间为 5 年，自发现误解或欺诈之日或者自胁迫停止之日计算。”

[2] 这一传统观念是否仍然得到保留，理论界仍然有争议，但如同本节所介绍，“占主导地位的理论一致认为，应当排除这种解释理由”，因此，“法律的推定”不一定是确认的“形式条件”。本书在前面的阐述中就没有谈及“推定”。——译者注

[3] 在这一意义上我们可以以 Jaubert 向法庭提交的报告（Locré，t XII. P493）为例子，该报告中提出：“在经过一段时间之后（当事人）仍然没有提出无效诉讼请求的，应当推定为批准合同。”

[4] Libechaber. Defrénois. 2007. 464.

[5] 在公司方面，《民法典》第 1844-12 条规定：“公司之无效或其成立之后的决议或文件之无效是基于某一股东的同意意思表示有瑕疵或者无能力，但此种情况可以得到纠正时，于其中有利益的任何人均得向有可能采取行动的人发出催告，促其纠正上述状况，或者在 6 个月期限内提起无效之诉，否则，即丧失此项权利。该项催告应通知公司。”

种解释就是非常严密的，但是，2008 年 6 月 17 日法律将诉讼时效期间拉回为 5 年，自此以后，这种解释就是错误的了。

第 1304 条规定的时效期间是一种可以中断或停止的期间，与此相反，就显失公平引起的无效规定的 2 年期间，则是一种事先确定的期间，不准许中断或停止进行。

413. 计算期间的起始点

第 1304 条规定的时效期间自可以提起无效之诉或撤销（rescion）之诉之日起计算，也就是说，自合同订立之日开始计算。[1]

不过，这一原则也包含着多项例外：

（1）对于那些因胁迫引起的同意瑕疵因而可以撤销的行为，提起无效诉讼的时效期间仅自胁迫停止之日开始计算，而在因误解（错误）或者欺诈引起的同意瑕疵的情况下，提起无效诉讼的期间自发现欺诈或误解之日起计算（第 1304 条第 2 款）。[2]

（2）对于因无行为能力而产生的针对合同提起无效诉讼的时效，稍微要复杂一些：

——针对未成年人，有关合同无效诉讼的时效期间仅自当事人达到成年年龄之日或者仅自其解除监护之日开始计算（第 1304 条第 3 款）。[3]

——对于受保护的成年人订立的合同，在该成年人有可能有效地重新订立合同的情况下，有关合同无效诉讼的期间仅自其知道合同无效之日起开始计算。

[1]最高法院第一民事庭，1972 年 5 月 16 日（D. 1972. p. 636）；最高法院商事庭，1994 年 3 月 29 日（D. 1994. IRP. 109）。

[2]但不是简单的怀疑存在欺诈或误解，参见最高法院第一民事庭，1972 年 5 月 31 日判决（Bull. civ. I. N° 142，p. 124）。

[3]波城法院，1976 年 4 月 28 日（JCP 1978. 11. 18812）；J · Viatte，将监护开始之前实施的行为视同监护开始之后实施的行为。

——针对无行为能力人的继承人，无效诉讼的时效期间，如其在无行为能力人死亡之日前尚未开始，仅自该人死亡之日起计算。[1]

414. (2) 绝对无效

传统理论告诉我们，对于“不存在的合同”实行制裁的无效之诉（无效诉讼）不受时效的约束，但是，法院判例通常不采用“（合同）不存在”这一概念，[2] 而是认为绝对无效之诉应当受

[1]即使其不知道实施的行为或者不知道瑕疵，期间仍然计算。

[2]不过，有些法院判决有时也运用“合同不存在”（inexistence）的概念，例如，1915年10月6日最高法院民事庭关于某一市镇行政区未经省长批准而接受赠与的判决（DP 1921. 1. 39，S. 1920. 1. 61）；最高法院民事庭，1932年11月16日判决（DH，1933. 4. 5. 1934. 1. 1. P·Esmen述评）；最高法院民事庭，1952年8月4日（JCP N 1952. 11. 7592，Rech述评）；最高法院第一民事庭，1981年10月20日（D. 1983. 73，note C·Larroumet，RTD civ. 1983. 171，J·Patarin述评，关于按照微不足道的价金进行的买卖）；最高法院商事庭，1983年11月30日（Bull. civ. IV，n° 332，p. 288）；巴黎法1986年5月2日就一宗“没有确定价金的买卖”作出的判决（JCP E 1986. 11. 14787，J·Ghestin述评，RTD civ. 1987. 107，Ph·Rémy述评）；另见巴黎法院1989年12月1日判决（D. 1990 IR p. 19）。但是，由于这些判决中有一些判决（如上述1932年11月16日与1952年8月4日的判决）同时还运用了绝对无效的概念，由“合同不存在”产生的后果也就是通常而言唯一与绝对无效相关的后果：适用30年时效（如上述1915年10月26日的判决），以及任何利益当事人均有提起无效之诉的选择权利（如1981年10月20日判决）或者任何确认均无效力（1983年11月30日判决）。由此可见，这些例子对于证明所谓“合同不存在”的理论并无任何说服力。不过，其中也有两项判决不仅运用了“合同不存在”的概念，而且赋予“合同不存在”以特有的后果，例如，最高法院第一民事庭1986年6月10日的判决就不言而喻地运用了“合同不存在”的概念并且赋予其具有意义的后果，因为该判决认定，在本案中无效诉讼不受时效约束（Bull. civ. N° 159. p. 159. RTD civ，1987. 535. J·Mestre述评）：一项赠与要约没有得到相对人的承诺，因此，“对缺乏基本要件之一的合同来说，不可能有什么无效诉讼的时效期间”。看来，说到底，在无效是以抗辩的名义提出时（参见第417节），只需要适用“诉讼权利有时间限制，抗辩权利为永久性质”（quae tempralia sunt ad agendum. perpetus sunt ad excipiendum）这样一个“使无效不受时效期间限制”的格言就足以解决问题（而无须再去运用其他的概念）。还有其他一些判决也运用了“合同不存在”的概念，例如，1991年3月5日最高法院第一民事庭的判决（D. 1993. 508. L·Collet述评），该判决认为：在没有双方交换同意意思的情况下，便不存在借贷合同。这里所涉及的借贷合同是为了购车而提供借贷资金，第一民事庭认定，贷与人不能依据一项并“不存在的合同”对所购汽车进行动产质押登记，借贷不存在，引起由此产生的法定担保不存在。在这里，法院之所以运用“合同不存在”这样一种迂回理论，原因就在于要让“一种存有争议的处理意见不能成立”，这种有争议的处理意见认为：在撤销借贷的情况下，从属的担保仍然以“偿还有效债务”的名义而保有其效力（参见第419节注）。

《民法典》第2262条的规定约束。这一条文规定："所有诉讼，不论对物诉讼还是对人诉讼，时效期间均为30年。"[1] 与相对无效比较而言，时效期间的这种延长被视为是可以忍受的，因为，在绝对无效情况下，所有的利益关系人均处于平等的地位，他们都可以主张此种无效，因此，对于违反保护总体利益的规则而实行制裁，时效期间有所增加，当然是完全可以理解的，增加时效期间的目的是要增大（绝对无效的）合同被撤销的可能性。但是，即使是在绝对无效的情况下，无效之诉的时效期间也不能永久开放。如同其他情况一样，对于绝对无效，法律规定时效的目的同样是为了在经过一段时间之后，本着法律交易的相同目的，使状态稳定下来。正是基于这样的考虑，2008年6月17日法律大大缩短了绝对无效诉讼的时效期间。这一问题，现在属于《民法典》第2224条规定的范围。该条规定："对人诉讼（债权诉讼）或者动产诉讼，时效期间为5年，自权利（持有）人知道或应当知道其可以行使权利之事实起开始计算。"从此以后，绝对无效，也仿照相对无效，时效期间仅为5年。但是，人们不禁要问，如此缩短时效期间是否有些做过了头？因为这样一来，有些行为就其侵害公共秩序或者总体利益而言，虽然很令人吃惊，但有可能逃避任何监督，因而这些行为的数量有可能会大大增加。因此，我们说，如此缩短时效期间表明人们不太考虑当今社会对总体利益所给予的保护和关注。

此外，在实践中，绝对无效诉讼的时效期间甚至有可能比相对无效诉讼的期间还要短，因为《民法典》第2224条将时效期间的起始点规定为"自权利（持有）人知道或应当知道其可以行使权

[1]最高法院民事庭，1845年11月1日（DP. 45. I25），最高法院诉状审理庭，1879年5月5日（DP. 80. I. 145，Beudant述评）；最高法院第一民事庭，1983年1月26日（Bull. civ. I，N° 39，p. 34，D. 1983，p. 317，A·Breton述评，RTD civ. 1983. 749，F·Chabas述评，773. J·Patarin述评）。

利之事实之日起计算”。如果仔细考虑一下，就会发现，既然法律条文的表述是“应当知道”，那么只需要有一种“假定知道”（可以行使权利之事实），就足以使时效发挥其作用，于是就会发生这样的情况：无效诉讼的时效期间的起始点往往就是合同订立之时。我们还要提醒的是，在法国以前的制度里，绝对无效之诉的时效期间就是自合同订立之日起开始计算。[1] 与此相反，在涉及因同意瑕疵引起的相对无效时，对于原本不知道其合同存在瑕疵的人，第1304条规定的时效期间并不开始进行（参见第413节），在这种情况下，这种时效期间的起始点就可能大大推迟。这也正是《民法典》第2232条规定的“阻断性期间”（délai butoir）的利益所在。

我们在对“阻断性期间”这一问题进行研究之前，有必要再次提示那些产生法人的协议的情况。由于法人的运作广泛涉及第三人，因此法律有时也规定了期间更短的时效，例如，与设立商事公司或商事公司设立之后的行为有关的无效，诉讼时效期间为3年（《商法典》第235-9条，《民法典》第1844-14条，1978年1月4日法律的条文）。出于缩短诉讼时效期间的考虑，最高法院曾作出判决认为，混合性质的行为的无效诉讼，如果不适用期间更短的时效，则适用《商法典》第110-4条规定的10年时效（2008年6月17日法律将其缩短至5年）。[2]

---

[1]也有学者认为：在连续履行的合同中，合同履行时间延续多久，无效之诉（时效期间）即持续多久（Planiol et Ripert，t. II，par Esmein，N° 310 p. 394）。但是，看来，即使是连续履行的合同，无效之诉的时效期间仍然为30年，只不过无效抗辩具有持久性质。无效抗辩可以使合同对将来失去效力。当无效为绝对无效时，合同已经履行（的部分）并不随之带来对合同的确认，参见盖斯坦：《合同，合同的成立》（Ghestin，Le contrat：formation，2e éd，N° 857）。

[2]最高法院第一民事庭2006年6月27日判决（D. 2006. Aj，1889. JCP E. 2006. 35. Defrénois 2007. 461，Libchaber述评）。

415.《民法典》第2232条规定“阻断性期间”

按照法国法以前规定的制度，相对无效与绝对无效的诉讼时效起始点有时并不相同：绝对无效的诉讼时效期间始终是自合同订立之日开始计算，而有些相对无效的时效期间则是“自受保护的人知道合同存在瑕疵之日”才开始计算。这样一来，就有可能出现一种令人惊讶的结果：（绝对无效的）最长的时效期间可能先于（相对无效的）最短的时效期间即已终结。举例来说，一个人在合同订立之后经过32年时才发现当年订约时存在误解，此时，30年时效在2年前就已经终止，而（由于当事人刚刚才发现或知道合同存在的瑕疵）5年时效期间才开始。如果发生这样的情况，应当如何处理？为了法律安全，是应当将30年时效作为一道“最后的挡门石”并据以认定“相对无效之诉讼也随之消灭”，还是与此相反，继续认为“相对无效唯一遵守它自身的规则”，以避免有可能发生的另一种情况：相对无效的时效期间尚未开始就被消灭。对于这一问题，理论界原有不同意见和分歧[1]，至于就这一问题作出的法院判决，数量虽然很少，但大都倾向于拒绝承认“在最长诉讼时效期间进行过程中存在什么阻断相对无效诉讼的挡门石”（Butoir）。[2]

---

[1]关于在30年期间经过之后相对无效诉讼仍然可能发挥作用的问题，参见：Riper et Boulanger. N°783；Marty et Raynaud. N°232. contrat；Ghestin. le contrat：formation 2éd N°865；Flour，Aubert et savaux. N°355.

[2]巴黎法院1853年7月22日判决（D. 55. 2. 155. D. 54. 2. 49），该判例认为，在合同订立之后超过30年不得再提起合同相对无效之诉，但最高法院第一民事庭2006年1月24日的判决（D. 2006. 626. Wintgen 述评，JCP2006. II. 10036）认为：对1961年订立的一项合同以存在欺诈之原因提起的无效诉讼在1998年并未经过时效，理由是，如果做出相反处理，必然会剥夺在合同订立之后经过37年才发现的欺诈并以此为原因提起的无效诉讼的效力。参见巴黎法院2007年6月26日判决（D. 2007. 2788. F · Baillet Bouin 述评）。

然而，2008年6月17日的法律解决了这一问题，将双时效期间上升为一项原则性规则。由该法产生的《民法典》第2232条规定："后延时效期间的起始时间、时效中止或中断，均不得产生'将消灭时效期间延长至自权利产生之日起超过20年'之效果。"这样一来，合同订立之后，只要经过20年，不得再提起合同无效之诉讼。

416. （3）时效的效果：诉讼消灭

时效期间经过，即消灭无效之诉或（因显失公平引起的）撤销之诉：[1]诉权的存在（原本）对其有利的一方合同当事人因此不得再提起此种诉讼。

时效期间经过，对所有的人均产生效果（erga omnes，产生对世效果），任何人均不得以既得权利相对抗。因此，没有遵守法定形式而进行的赠与，如其在赠与人生前已经全部完成，无效之诉的时效期间经过之后，[2] 对赠与人的继承人同样产生对抗效力；再举另一个例子：A在未成年时将一宗不动产卖给B并已进行交付，A在达到成年年龄时又将同一不动产卖给C。在A成年后已经过去5年但此期间无人（针对第一次的买卖）提起无效之诉讼，那么，就不能再依据第1304条的规定请求撤销第一次的买卖，即使是C同样不能提起此种诉讼。

---

[1]这里的撤销之诉（action en rescision）是专指以"显失公平"为依据提出的撤销之诉。它与无效之诉（action en nullité）并无根本性质上的不同，只不过是因为法国法律对不同情况往往使用不同的词汇（概念）所致。此外，《民法典》第1167条规定债权人也可以其本人的名义攻击债务人欺诈侵害其权利的行为（如债务人转让财产，由此侵害了债权人的权益），这种撤销之诉称为"action paulienne"，也称为"保利安诉讼"，不能与此处的"撤销之诉"（action en rescision）相混淆。——译者注

[2]最高法院第一民事庭，1983年1月26日。

二、无效抗辩

417. 无效抗辩的永久性（perpétuité，恒久性）

无效抗辩具有永久性质。[1] 所谓“无效抗辩具有永久性质”，意思是说，一项合同没有履行，在无效诉讼期间经过之后，一方当事人要求履行合同时，或者因合同不履行而请求赔偿时，相对当事人仍然可以主张合同无效，以此进行抗辩，作为防御方法。这样处理无疑有其好处，它尤其可以避免某人在等待时效期间经过之后再来请求履行某项不符合规定的合同。从技术上看，我们可以认为，之所以这样处理是基于这样的思想：时效本身并不能完全清除合同原本存在的、依然存在的瑕疵。从这一点来看，时效仅具有不完整的效力。时效经过，消灭的是无效诉讼，消灭提起无效之诉的诉权或胜诉权，而并不消灭无效（事由）本身，无效依然存在，因此可以通过抗辩途径来主张合同无效。[2] 这种处理适用于所有的时效期间，甚至当时效期间短于普通法规定的期间时，[3] 亦是如此，但是，对于为了事务安全而设置的“事先确定的期间”

---

[1]德索：《〈民法典〉第1304条的规定与抗辩的恒久性原则》（Desaux，l'article 1304 et le principe de la perpetuité de l'exception，thèse Paris1937）；M·斯托尔克：《论私法上的无效抗辩》：（M·Storck，l'exception de nullité en droit privé. D. 1987. chron. p. 67）；D·维希-拉博：《论合同无效抗辩》（D·Vich-y-Llado，L'exception dé nullité du contrat，Defrénois 2000. 1265）；M·布鲁施：《合同无效抗辩论》（M·Bruschi，L'exception de nullité du contrat，Droit et patrimoine 2000. 69）J-L·奥贝尔：《关于无效抗辩效力的简短思考》（J-L·Aubert，Brèves réflexions sur le jeu de l'exception de nullité，Mélanges Ghestin，2001，p. 19）。

[2]最高法院诉状审理庭，1880年6月21日（S. 81. I. 297）；最高法院第一民事庭1995年12月19日判决（CCC1996. N°38，Leveneur述评）。

[3]最高法院第一民事庭1977年3月1日判决（D. 1978. 21，Berr et Groutel述评，RTDciv. 1977. 782，G·Durry述评）（保险合同无效）；最高法院商事庭，1978年7月10日（Bull. civ. IV. N°195. p. 164，CP 1978. IV，p. 295）（公司与其领导人之一订立的协议无效）；关于在非财产权方面的抗辩，不受时效约束的问题，参见最高法院民事庭1982年12月21日判决（关于身份的异议）（Bull civ. I，n° 371，p. 319 JCP 1983. IV，p. 80）。

（既不能中止进行，也不能中断的时效期间），这种处理就不能起到任何作用。[1]

法院判例以法律条文的文字表述作为此种处理的依据。按照《民法典》第1304条与第2224条的规定，被宣告经过时效期间的，是诉讼而不涉及抗辩。不过，这种理由并不是非常有说服力，因为，有时“诉讼”一词使用的是它的广义，而广义上的诉讼囊括了两层含义。法院判例也往往援用一个古老的格言，“诉权有时间限制，抗辩为永久性质”（quae temporalia sunt ad agendum. perpetua sunt ad excipiendum）。[2]

理论界有部分学者对这种处理提出批评。他们认为，这一格言的出现有其历史原因，而这些原因现在已经不再存在。[3] 但是，（我们认为）这一格言之所以得到保留，原因在于它与消灭时效所包含的强制性要求完全吻合、完全一致。这一格言在阻止履行时效经过之前没有得到履行的合同的同时，[4] 能够确保维持现状。这正是一切时效所追求的目标。[5] 此外，如果不存在这种规则，某些“不太守规则的合同当事人”只需要等到时效经过，便有

---

[1]最高法院诉状审理庭，1939年3月6日（DH，1939. 339）；最高法院第一民事庭，1950年3月29日（Gaz. Pal. 1950. 2. 106）；最高法院第三民事庭，1980年5月6日（Bull. civ. III. N° 92. p. 67）；最高法院第一民事庭，1998年12月15日（JCP E 1999，p. 1106，Monàchon-Duchêne述评，RTD civ. 1999. 169，Mestre述评）；关于这个问题，参见：M·布鲁施《“诉权有时间限制，抗辩为永久性质”这一格言对预先确定的期间的适用》（Bruschi，Pour l'application de la maxime quae temporalia aux délais préfix，Mélangés Savelli，1998，p. 183）。

[2]关于这一格言，参见：《法国法律格言》（Roland et Boyer. adages du droit français. 4éd. N°347）；对这一格言的分析，参见M·邦达克：《论民事方面消灭时效的法律性质》，《巴黎二大学位论文》，1986年（M · Bandrac，La nature juridique de la prescription extinctive en matière civile，thèse Paris II，éd. 1986，N° 149，p. 150）。

[3]Roland et Boyer，op. cit，N° 347；Mazeaud et Chabas，N° 326.

[4]最高法院第一民事庭，1998年12月1日（Defrénois 1999. 364，Aubert述评）。

[5]Flour，Aubert et Savaux N° 356；Ghestin，N° 868.

可能避过合同无效而仍然去要求相对当事人履行合同。

无论如何，法院判例对无效抗辩的运用规定了严格的适用范围。

只有在无效的时效期间经过之后对有争议的债务提起履行之诉的情况下，才能适用无效抗辩的规则。

无效抗辩是为“合同没有得到任何履行”的情况而设计的(一种制度)，因此，它不能适用于合同已经完全履行的情况。时效期间一旦经过，履行一旦结束，便不再有任何主张无效的方法。不过，如果合同处于“中间状态”，情况又将如何？这里的所谓“中间状态”是指合同已开始履行但仅仅部分履行的情况。

在一方当事人部分履行合同被看成是默示确认合同的情况下，应当排除无效抗辩发挥作用：合同虽然存在相对无效瑕疵，而对该合同的部分履行是由有资格对其进行确认的一方当事人而为时，显然应当排除该方当事人提出合同无效抗辩。[1] 除这种情况之外，对于合同已部分履行的其他情况，由于它们的具体情节各不相同，因此不一定能够做出如此明确的回答。正因为如此，由这类案件也产生了相当丰富的法院判例，而这些判例所做的处理也随着个案案由不同而各有差别。

一开始，最高法院的判决认为，（当事人）开始履行合同，并不妨碍其进行无效抗辩，[2] 但是，自1998年起，最高法院第一民事庭改变了它原先采取的理论观点，确认“合同一部履行使各方当

---

[1] Ghestin，N° 857.

[2] 最高法院商事庭，1990年11月20日（Bull. civ. IV，N°295，p. 204）；最高法院第一民事庭，1995年12月19日（CCC 1996，N° 38，Leveneur 述评，D. 1996. somm. com. p. 328，Libchaber 述评，RTD civ. 1996. 607，Mestre 述评）。

事人均丧失主张合同无效抗辩的权利”;[1] 对于第一民事庭所持的理论立场的改变，最高法院的其他法庭在一段时间里试图采取对抗立场，后来，第三民事庭、[2] 商事庭[3]以及第二民事庭[4]也都采纳了第一民事庭的这一立场。

有一种得到特别准许之后而发表的意见试图提出证明法院判例所做的这种处理的理由。这种意见认为，在合同已经开始履行的情况下，（如果再）承认无效抗辩，有可能导致不平衡的后果。例如，在借贷人已经将承诺的款项交给了借贷人，而后者仅仅部分归还甚至分文未还的情况下，如果（还）承认借贷人提出的（借贷合同）无效抗辩，必然导致双方当事人的利益失衡。这种情况，在法院判例中当然比较少见，但有一点可以肯定：如果（在这种情况下再）承认借贷人可以针对请求偿还款项的贷与人的诉讼请求提出无效抗辩，那就是一种“对不公正的确认”，但如果赋予无效以溯及既往的效力，则另当别论。[5] 然而，无效抗辩产生的效果与无

[1]最高法院第一民事庭，1998 年 12 月 1 日（Bull. civ. N° 338. p. 234. JCP 1999. 1. 171，N° 5，Fabre-Magnan 述评，1999，p. 56，P · Morvan 述评，Defrénois 1999. 364，Aubert 述评，RTD civ. 1999. 621，Mestre 述评）；最高法院第一民事庭，1999 年 11 月 9 日（JCP 2000. 11. 10335，Seraglini 述评，CCC 2000，N° 70，Raymond 述评，RTD civ. 2000. 568，Mestre et Fages 述评）；最高法院第一民事庭，2003 年 3 月 25 日（D. 2003，IR p. 1077）；最高法院第一民事庭，2007 年 2 月 13 日（D. 2007，AJ，726，2334，Chauvin et Creton 述评）。

[2]最高法院第三民事庭，2001 年 5 月 10 日（D. 2001. 3156，Lipinsky 述评，关于期货买卖）；另见 最高法院第三民事庭 2002 年 1 月 30 日判决（D. 2002，somm. com. p. 2837，L · Aynes 述评，CCC 2002，N° 89，关于信贷租赁合同）。

[3]最高法院商事庭，2001 年 6 月 6 日（Bull. civ. IV. N° 113. p. 104，Defrénois 2001. 1429，Libchaber 述评）；最高法院商事庭，2001 年 7 月 3 日；（JCP 2001. 1. 370，N° 14，Serinet 述评）。

[4]最高法院第二民事庭，2006 年 10 月 19 日（D. 2006. IRP. 2754）。

[5]关于这种效果，参见最高法院第一民事庭 1998 年 7 月 16 日判决（Bull. civ. I，N° 251，p. 175，D. 1999. 361，Fronton 述评，Defrénois 1998. 1413，Aubert 述评，RTD civ. 1999. 628，Mestre 述评）。

效诉讼的效果相同，以至于消灭时效也就将无须得到遵守。[1] 按照这一分析继续走下去，在“平衡的部分履行”的情况下，仍然可以适用无效抗辩。[2]

第三节 无效的后果

418. “无效的东西不能产生任何效力”

“无效的东西不能产生任何效力”（ce qui est nul ne produit aucun effet，quod nullem est. nullum producit effectum）。[3] 如果这一格言真正表达了全部现实，那么，无效的后果问题也就被囊括在该格言的表述之内，然而，实际情况完全不是这样，因为现实要复杂得多。虽然说法官作出的判决可以取消有瑕疵的合同的法律效力，但却不能如此轻而易举地一笔抹去因合同被撤销而产生的事实状态，（无效合同被撤销之后）仍然会有各种问题悬而未决。

首先，可能有这样的情况，被撤销的并不是整个合同，而仅仅是合同的某项条款或者仅仅是合同的一部分。这样一来，我们就会遇到一个问题：合同中没有瑕疵的那些部分的命运如何？这也就是无效所牵涉的范围问题（第一目）。

其次，还可能有这样的情况，合同在被撤销之前就已经履行或者已经部分履行，原则上，已经进行的给付应当返还，但前提条件是，需要有可能进行返还（第二目）。

最后，暂且抛开可能的返还不谈，合同被撤销，有可能给一方

---

[1] J-L · Aubert，art. préc，Mélanges Ghestin，2001，p. 24.

[2] J-L · Aubert，art. préc，Mélanges Ghestin，2001，p. 25.

[3] A · 皮耶德维尔：《关于“无效者，不生任何效力”之规则的几点思考》，1966 年（A · Piédelievre，quelques réflexions sur la regle “ce qui est nul ne produit aucun effet”，Mélanges Voirin. 1966. 638）；J · 施密特：《论一项合同被撤销的后果》（J · Schmidt，les conséquences de l’annulation d’un contrat. JCP 1989. 1. 3397）。

当事人造成损害，当这种损失又可以归咎于相对当事人时，这种情况下，合同无效可以引起相对当事人应当承担的责任（第三目）。

不过，我们首先需要强调指出的是，从各个方面来看，不论是宣告绝对无效还是相对无效，两者的后果都是相同的，两种类型的无效差别在于：实施条件不同，而不是效力不同。

第一目 无效的范围

419. 原则：合同整体无效

通常情况是，合同有瑕疵时，是其整体上存在瑕疵。例如，如果（在订立合同时）一方当事人没有同意，或者当事人是因发生误解、受到欺诈或胁迫而表示了同意，或者，如果一方当事人没有能力（incapable），在这些情况下，很难设想类似的瑕疵可能仅仅牵涉合同的某一部分；[1] 同样，当合同没有原因或者缺乏标的时，或者，当合同原因非法或标的非法时，通常都是从合同原则的本身影响到合同的效力。广而言之，只要瑕疵触及合同的某一根本要件，此种合同无效必然是合同整体无效。凡属这种情况，合同无效均引起由该合同所产生的义务全部消灭，相应情况下，还将引起返还（当事人）已经进行的给付；同样，合同的从属部分，特别是设立的担保，[2] 作为从债，因（主）合同无效而引起的后果，也

[1]但如果涉及的是一项复合性合同，例如，一项夫妻财产契约，其中包括多项不同的协议，而这些协议的有效性条件可以是不相同的不同，特别是有关当事人能力的条件。这种情况就不能一概而论了。

[2]但是，只有具有从属性质的担保是如此（保证、抵押、质押），与此相反，不属于从属性质的担保（例如，独立担保）仍然可以保留其效力。自 1982 年开始，最高法院判决认为，在借贷合同被撤销的情况下，保证，作为继续存在的“有效的偿还性质的债务”，仍然保持其有效性。参见最高法院商事庭 1982 年 11 月 17 日判决（Bull. civ. IV. N° 357. D. 1983. 527，Contamine-Raynaud 述评，*JCP* 1984. 11. 20216，Ph · Delebecque et C · Mouly 述评）；最高法院商事庭，1985 年 4 月 18 日（*Bull. civ.* IV，N° 114，p. 99）；最高法院商事庭，1989 年 6 月 13 日（*Bull. civ.* IV，N° 183，p. 121）。不过，这种处理也许符合公平方面的要求，但却很难与有关无效的理论吻合起来，也很难与保证在本质上为从属性质这一观念相协调。

将一并消失；合同中订立的从属条款（clause accesoire），例如，违约金条款（clause penale）亦随之丧失效力。[1]

不过，也有这样的情况：合同仅有这一或那一条款无效，或者仅仅是合同的一部分无效——而且，随着针对具体问题实行的现代干预主义立法，这种情况越来越多。这样一来，我们自然可以设想这样一种情形：合同的主要规定并不存在瑕疵，客观上仍然是可行的，可以继续产生效力。由此，也就提出了无效的范围问题。

420. 一部无效[2]，确定无效范围的标准

与其他国家的立法不同,[3] 法国《民法典》中没有任何关于无效范围问题的一般规定，法典制定者仅仅关注合同可能附有的“不可能的条件”（conditions impossibles）、“非法的条件”或“不

[1]例如，最高法院商事庭 1983 年 7 月 20 日判决（D. 1984. 422，J. -L. J-L · Aubert 述评，RTD civ. 1974. 710，J · Mestre 述评）；不过，仲裁条款属于例外，仲裁条款的“完全的法律上的独立性”首先在国际法上就得到承认，参见最高法院第一民事庭 1963 年 5 月 7 日判决（*Bull. civ.* I，N° 246，p. 208，D. 1963. 543，J · Robert 述评，*JCP* 1963. 11. 13405，B · Goldman 述评）；随后，这种完全的法律上的独立性在国内法上也得到承认（见《民事诉讼法典》第 1466 条）；另见盖斯坦：《合同法，合同的成立》（Ghestin，*Le contrat：formation*，2e éd，N° 893－1）；最高法院第二民事庭，1966 年 1 月 13 日（*Bull*，*civ.* II，N° 37. p. 25）；最高法院商事庭，1969 年 5 月 19 日（JCP 1969. 11. 16032，P · Level 述评）。

[2]Ph · 森勒尔：《论法律行为的一部无效》，《斯特拉斯堡大学学位论文》，1969 年（Ph · Simler，la nullité partielle des actes juridiques，thèse Strasbourg. LGDJ，1969）；B · 特席：《关于合同的一项条款无效之后果的思考》（B · Teyssie，Quelques réflexions sur les conséquences de la nullité d'une clause d'un contrat，D. 1976，chron. 281）；盖斯坦：《合同法，合同的成立》（Ghestin，Le contrat：formation，2 e éd，N° 872 s）。

[3]例如，《德国民法典》第 139 条：“法律行为部分无效时，该法律行为整体无效，但如果能够认为，没有这一无效之部分，该法律行为仍属缔结时，不在此限（该条文按法文本翻译）。”《瑞士债法典》第 20 条第 2 款：“合同部分具有前款规定的情形的，仅于该部分的范围内无效，但因部分无效致合同不能成立的除外。”由此可见，德国法与瑞士法提出了相反的原则，相同的主观性矫正通过聚合而使之明显接近。

道德的条件”,[1] 并根据这些条件是订立在无偿合同当中还是出现在有偿合同当中，提出了截然相反的处理意见。例如，对于无偿合同，法典第900条规定：财产处分人订立的任何条款规定如果（受赠人）对（无偿处分契约中规定的受赠财产）不得转让的条款提出异议，或者如果其提出转让财产的请求，便剥夺提出此种异议或请求的人所取得的受赠财产,[2] 此种条款视为不曾订立。可见，对于无偿合同中存在瑕疵的条件，法典的这一条文规定的是“视为没有订立”（réputé non écrites）；而法典第1172条对于有偿合同则做出了不同的规定：“（合同中规定的）条件无效，导致有赖于此种条件的合同亦无效。”

人们在日常生活中早已不再使用这类艰涩的表述了（参见第363节），《民法典》之所以仍然使用这些表述，是考虑到历史上一直是这样沿用。为此，法院判例对法典的这些规定作出了大胆的灵活解释。一方面，法院判例将这两个条文的规定均扩张适用于合同或协议中可能存在的所有无效条款，另一方面，而且也是主要的，判例成功地将（此前）适用于无偿合同与有偿合同的不同的处理统一起来：对于无偿处分行为（libéralités），法院判例认为，只有那些不是起“决定性推动作用之原因的条款或协议”，才能“视

[1]例如，《民法典》第1172条规定：“以不可能之物为条件，或者违反善良风俗或法律禁止的任何条件，均无效，并使有赖于此种条件的合同无效。”第1173条规定：“以不为某种不可能之事为条件，并不引起按照该条件缔结的债务归于无效。”

[2]例如，就指数条款问题，最高法院第三民事庭1969年2月13日判决（JCP 1969. 11. 15942，J-Ph·Lévy述评）：本案中，不符合规定的条款被视为不曾订立，但租约的其他部分仍然保留；比较最高法院第三民事庭1972年6月6日判决（D. 1973. 151，Ph·Malaurie述评，JCP 1972. 11. 17255，Defrénois 1973，art. 30293 p. 448，L·Aubert述评）；最高法院第三民事庭，1973年7月9日（D. 1974. 24. Ph·M述评）；关于与此相反的意思，参见最高法院第三民事庭1971年6月24日判决（JCP 1972. 11. 17191，J·Ghestin述评）：本案中，一项买卖合同采用黄金价值计价条款，而在其执行拖延数年之后，该条款被视为具有对协议起着决定性推动作用的性质，因此判决合同全部无效。

为不曾订立"，也就是说，只有那些对当事人订立合同的意图没有起到决定性作用的条款，才能"视为不曾订立"；与此相反，如果无效条款对当事人订立合同的意图起到决定性推动作用，换言之，在有必要承认"如果没有这项条款，处分人就可能放弃无偿处分的意图或打算"时，那么，进行此项无偿处分的合同便不能继续得到保留，而应当予以全部撤销（而不仅仅是将此项条款"视为不曾订立"，其他条款则不受影响）；与无偿处分行为相反，对于有偿行为，法院判决认为，合同中某项条款无效，只有如合同本身实际上完全取决或依赖于这项条款，这一条款因此构成（对当事人订立契约的）"起着决定性推动作用之原因"时，也就是说，只有在无效条款对双方当事人订立合同的意图起到决定性作用时，才会引起合同全部无效（参见第363节）。[1]

由此，我们可以看到，在无偿行为与有偿行为这两个领域，法院判例优先考虑的是，需要查找双方当事人的意图。[2] 如果所涉及的条款在当事人思想上具有根本性质，如果该条款在当事人心目中构成合同的原因，或者对其订立合同构成"决定性的推动条

[1]例如，在无偿处分方面，最具有决定性作用的判决是最高法院诉状审理庭1863年6月3日判决（DP. 63. I. 429，S. 64. 1. 269，Grands arrêts，t. 1，N° 121. V）；此外还有最高法院全体庭1892年6月21日判决（DP92. 1. 369）；最高法院诉状审理庭，1938年10月31日（S. 1939. 1. 62）；最高法院民事庭，1951年5月22日（JCP 1952. 11. 6416，Cavarroc述评）；最高法院第三民事庭，1980年4月15日（Bull. civ. III，N° 73，p. 53）；最高法院第一民事庭，1983年3月16日（Bull. civ. I，N° 100，p. 88，D. 1983，IR 282）。

[2]如果在合同中对这种意图作出了这样的具体说明，由各方当事人清楚表示的意思在原则上都应当得到尊重。参见最高法院第三民事庭1971年2月5日判决（D. 1973. 151）；最高法院商事庭1990年3月27日判决（Bull. civ. N° 93. p. 62. RTD civ. 1991. 112. J·Mestre述评）；不过，当合同中的某项条款规定可以赋予"本条款具有决定性性质"，并且看来这种规定表现出规避法律之意图时，在出于立法政策的强制要求应当撤销这项唯一无效的条款的情况下，另当别论，参见最高法院第三民事庭1972年6月6日以及1973年7月9日判决与评论。

件”，那么，只要该条款无效，合同便整体无效；与此相反，如果条款并不具有这样的决定性推动性质或特征，换言之，如果条款在当事人的思想上仅仅具有次要性质，即便是他们原来就知道所订条款无效也仍然会订立合同，那么，所订合同本身仍然值得保留（仅仅是将无效条款视为不曾订立，从而将其排除在外）。

上述处理结果并不令人感到意外，它是经过法院判例很长时期进行细致的灵活处理才得以演变而来。在诺成主义制度下，契约强制力的基础是各方当事人的意思（表示）。因此，当一项合同仅有某一部分带有瑕疵时，按照当事人缔约时的意图本身来确定合同的无效范围自然是完全合乎逻辑的。诚然，在有些情况下，我们很难真正查明当事人订立合同的意图，因为，缔结合同的当事人很少会事先确定他们订立的合同中哪些条款是主要条款，哪些条款是次要条款。[1] 这就需要法官回过头去进行一种追溯既往式的探究，也就是说，需要法官回过头去考察合同订立时的具体情节，也就是考察这样一个情节：当事人如果原先就认识到带有瑕疵的条款无效，他们最有可能会采取的是什么态度？

不过，还有第三条道路，也与上面遇到的相同性质的困难有关。通过这条道路，也可达到相同的目的。因此，我们将这样一条道路单独提出来作些介绍，并非没有意义。

（第三条道路是）可能有这样的情形：当事人订立的文书仅有

---

[1]J·布朗热：《论法律行为的不可分性的运用与滥用》（J·Boulanger，usage et abuse de la notion d'indivisibilité des actes juridiques. RTD civ. 1950；Simler 述评，op. rit，n°s 131 s. et 291）；盖斯坦：《合同法，合同的成立》（Ghestin，Le contrat：formation，2e éd,，N° 888 s）；J-B·索贝：《论不可分性与法律行为》，《蒙帕利耶大学学位论文》，1999 年（J-B·Seube，L'indivisibilité et les actes juridiques，thèse Montpellier，éd. 1999，N°s 268 et s，p. 305 et s）；最高法院第一民事庭，1975 年 1 月 22 日（JCP 1976. 11. 18401，Ph·Simler 述评）；多方当事人之间进行的交易活动，缔结借贷并规定额外利息，因违反外汇管制之公共秩序而无效。试比较 1978 年 1 月 10 日第 78-22 号法律第 9 条第 2 款（《消费法典》第 311-21 条第 1 款关于消费信贷的规定）。

一份，但该同一份作为见证的文书却构成多项法律活动的支撑框架。这种情况涉及的是某种综合性活动，夫妻财产契约（contrat de mariage）就是这种复合性契约活动的一个典型例子。所谓夫妻财产契约，是由事实上相互有区别的数项协议组成的一个综合性构架，在订立这种合同的双方当事人的思想上也认识到这些协议相互之间有着紧密的联系。面对这种情况，我们也会遇到同样的问题：(在这个整体构架中的）一项协议或活动（opération）无效，对其他协议或者活动将会产生什么影响？由于不可能用合同条款来解释这种情况（因为它不是某一条款与合同整体的关系，而是一个整体内这一协议与其他协议的关系——译注），法院判例在这里运用了从主观范畴来理解的“不可分性”（indivisibilité）这样一个概念(参见第348节)。如果一项复合性协议的不同部分或者甚至事实上分开的多项不同的协议，在当事人的思想上构成一个不可分的整体，那么，因无效而引起的后果将是这一整体的消灭。[1]

这种变化也清楚地表明意思自治原则所具有的经久不衰的活力，甚至在立法者试图排除意思自治原则的那些情况下（如前面引用的第900条），这一原则的活力仍然可以表现出来。但是，在这里，也像在其他方面一样，仍然谈不上将意思自治原则上升到绝对的“教规信条”的高度。因为，往往有这样的情形：基于公共秩序而强制做出的处理与“运用查找当事人意图的主观标准”来进行处理两者之间是脱节的、有距离的：如果运用主观标准来进行判断并做出处理，有可能导致剥夺法律规定的制裁的效果时，那么可以肯定必须排除运用这种主观标准，而法官就必须运用“恰如其分的制裁”。这里所说的“恰如其分的制裁”，通常都是“强制保留仅仅

[1]上面所述“在当事人的思想上构成一个不可分的整体”，就是当事人的意思是认为复合性协议是一个整体。——译者注

部分存在瑕疵的合同”，而不再去考虑“无效条款（是否对合同）起着决定性作用”之任何理由。例如，如果一份劳动合同包含的某项条款违反最低工资标准的要求，或者该合同中有条款侵害到劳动者的主要权利，很显然，即使在雇主看来相应条款具有决定性作用，或者合同中就已明确规定该条款具有这样的决定性作用，该劳动合同仍然应当得到保留（而只有相应的条款无效）。因为，在这种情况下，如果宣告该劳动合同整体无效，倒头来反而更加不利于法律本想给予保护的一方当事人。在劳动合同中，法律本想给予保护的一方当事人就是订立劳动合同的雇员。在建立保护性公共秩序各种措施的立法背景中，类似性质的例子还很多，[1] 我们在这里举其中一个典型例子，那就是《民法典》（原）第 1321-1 条针对“以部分隐瞒不动产、营业资产买卖价金为目的”的任何协议所规定的无效：只有当事人之间订立的旨在隐瞒部分价金的“秘密附约”（阴阳合同中所要隐瞒的事实部分）才适用这种无效，并不损及“公开的合同”的有效性，[2] 而且“没有必要去查找这两项协

---

[1]例如，卢昂法院，1922 年 11 月 16 日（S. 1926. 2. 49，DP 1926. 2. 57，Capitant 述评）；最高法院社会庭，1945 年 6 月 22 日（Gaz. Pal. 1945. 2. 75，Simler 述评，op. rit，p. 397 et s）；G·古久里：《最高法院社会庭的判例中的无效理论》（G·Couturier，La théorie des nullités dans la jurisprudence de la chambre sociale de la Cour de cassation，Mélanges Ghestin，2001，p. 273 et s，sp p. 281）；比较保险法方面的判例，如最高法院第一民事庭，1974 年 5 月 14 日（D. 1975. 97，Berr et Groutel 述评）；最高法院第一民事庭，1979 年 11 月 14 日（Bull. civ. I，N°280JCP 1980. IV. 31）；关于待建不动产买卖方面的判决，参见最高法院第三民事庭 1981 年 12 月 8 日判决（D. 1982，IR 469，Magnin 述评，JCP 1982. IV. 84）；关于包含有非法独占性条款的商业租约的判决，参见最高法院第三民事庭 2001 年 1 月 31 日判决（JCP 2001. 1. 354 N° 1，Serinet 述评）。

[2]《民法典》第 1321 条规定，私下订立的废除或变更原合同的秘密附约（所谓“阴阳合同”），仅在缔结此种附约的当事人之间有效，对第三人不具有任何效力。

议（阴阳合同）之间是否存在不可分性”。[1] 在这种情况下，强制保留“公开的合同”的理由是，可以有效地制止通过订立阴阳合同的方法来偷逃税款的违法行为（参见第556节）。

在（法国）现代干预主义的立法文件（的条文）中充斥着某项条款“视为不曾订立”这样的表述，而这种表述形式通常都表明立法者希望看到的结果是：仅仅是取消合同中某项违反法律规定的相应条款，在将这种条款取消或排除之后，合同的其他部分仍然得到保留（参见第83节）。[2] 此外，我们在法国法律条文中还经常看到“不论有何相反条款”（均做某种处理）这样的表述。这一表述的意思是：合同中订立的条款违反的是哪一项强制性法律规定，那么就用这项强制性规定来取代合同中订立的那项与此相抵触的条款，以此表明该项条款无效（但合同本身却得以保留）。[3] 有时，甚至法官也有权采用相类似的处理方法来取代合同中的（某项）无效条款。[4]

因此，我们应当得出的结论是：法国法律在这方面实行的是“标准的二元化”（dualité de critères），而在这两种标准之间存在着

---

[1]最高法院混合庭，1981年6月12日（Bull. civ. N° 5. D. 1981. 413，J-L·Aubert述评，RTD civ. 182. l40，F·Chabas述评，Grands arrêts，t. 2，N° 170）；有的判决赞成商事庭所作判决的处理，参见最高法院商事庭1979年5月8日判决（D 1980 283. J·Ghestin述评，JCP 1979. 11. 19192）；最高法院商事庭，1979年11月6日（D. 1980. 283，Ghestin述评，JCP CI 1981，’11. 13558）：也有与第三民事庭的意见相左的意见。参见最高法院第三民事庭1974年10月28日判决（JCP 1976 II 1840 note Ph. Simler述评）；另见最高法院第三民事庭1985年6月25日判决（Bull. civ. III，N° 103，p. 78，D. 1985. 212，E·Agostin述评）。

[2]例如，最高法院第三民事庭1987年12月2日判决（Bull. civ. III，N° 198，p. 117）；对上面所引的表述方式作这样解读本身并不具有最后定论的绝对价值，对《民法典》第900条的规定的解释也证明了这一点。参见S·果德梅：《论视为不曾订立的条款》，《巴黎二大学位论文》，2006（S·Gaudemet，La clause réputée non écrite，thèse Paris II，éd. 2006.）。

[3]盖斯坦：《合同法，合同的成立》（Ghestin，Le contrat-. formation，2e éd，N°s 905 s.）。

[4]如指数条款（Ghestin，op. cit，N° 906）。

一种层级上的关系。只要立法者追求的目的与制裁的效果强制要求做出某种处理时，例如，强制要求认定合同部分无效但同时需要保留合同中没有瑕疵的那些部分时，这样的处理方式就应当占据主导地位，这就是所谓“目的论标准”（critère téléologique）；与此相反，如果不可能作出这种性质的任何考虑，而从遭到违反的强制性规定的角度来看，合同的其余部分是保留还是让其消失，均无很大影响时，那就没有任何理由不回过头去查找各方当事人的意图，即使是假定的、可能的意图，这就是所谓“主观标准”（critère subjectif）。[1]

421. 减少过分的数额

将无效的条款“视为不曾订立”，并由此将这种条款排除出合同，并不是处理合同部分无效的唯一技术。减少合同中原先规定的过分的数额，也是另一种实施部分无效的手段或方法，而且这种方法还经常得到运用。所谓减少过分的数额，就是减少合同规定的某一要素的数量，例如，减少合同标的的数额，缩短合同规定的过长期限，或者降低其规定的过高的价金。举例来说，当无偿处分财产的数额损害到某些继承人的特留份时，将处分人所处分的数额减少

[1]最近有一篇非常出色的论文，对运用主观标准来确定（合同）无效的范围提出质疑。不过，这篇论文并不主要是研究这一问题。参见C·格勒弗奇-提比耶尔热：《论无效、返还与责任》，《巴黎一大学位论文》，1992年（C·Guelfucci-Thibierge：nullité，restitutions et responsabilité，thèse Paris I. 1992. N°490）。这篇论文提出，应当坚持运用关于无效范围的客观标准：如果一份合同仅仅部分有瑕疵而其余部分仍然有效，那么这一合同无论如何都应当得到保留（第495节）。这一提议是基于这样一个论断：对于有部分瑕疵的合同做这样的处理符合立法者所追求的目标。但是，这一建议忽视了一个明显事实：在很多情况下，存在部分瑕疵的合同，从被其违法反的法定事项的目标来看，是消灭还是保留，均无很大影响，或者说，均无所谓，因此在这种情况下一定要强制当事人保留一项已经被去掉另一部分的合同（也就是只保留合同中的仍然有效的部分），这样做，也许就是过于专断了，因为他们有可能并不会订立这样的（部分）合同。

至其有权处分的数额之内；又例如，《民法典》第1873-3条规定："（维持财产共有的）协议可以订立确定的期限。[1] 协议的期限不得超过5年。此种协议得由各方当事人作出明文决定予以延展。仅在有正当理由的情况下，才能在协议到期之前提议分割财产。"合同规定的期限超过5年的，至少应将其减少为5年；所谓降低价金，可以是指降低租金、降低过高的利率，或者减少因显失公平而造成的特定的过分给付。[2] 在这些情况下，实际上并没有排除合同中的任何条款，而只是用新的数额来替换原来的过分的数额。[3]

我们还会发现，实践中，当法定的制裁措施是通过减少数额的方式来体现或实施时，从来就不会发生完全撤销合同的问题。这或者是因为当事人没有任何利益要求完全撤销合同，例如，赠与合同，或者，更为常见的情况，涉及公共秩序规则时，实在有必要继续维持合同，例如，降低租金而不是撤销租约，降低利息而不是撤销贷款合同，因为这样做反而更为有利。

---

[1]参见《民法典》第815-2条。巴黎法院，1896年3月3日（DP 97. 2. 54，S. 99. 2. 31）；最高法院民事庭，1958年1月27日（Bull. civ. 1，N° 59，p. 47）；另见最高法院社会庭1979年2月16日判决（Bull，civ. V，N° 147，p. 104. JCP 1979. IV. 136）（关于劳动合同的期间，durée d'un contrat de travail）。

[2]例如，最高法院诉状审理庭，1910年6月13日（S. 1913. 1. 347）（关于降低司法助理事务所的转让价金）；1948年9月1日法律第35条（关于降低过高租金的数额）；最高法院社会庭，1952年7月29日（Bull，civ IV N° 671，p. 483）；最高法院社会庭，1961年12月7日（D. 1962. 149）；最高法院社会庭，1980年3月26日（Bull. civ. V，N° 302，p. 231）；最高法院社会庭，1980年4月17日（Bull. civ. V，N° 315，p. 241，D. 1980，IR 460，JCP 1980. IV. 239）；最高法院社会庭，1980年10月3日（Bull，civ. V，N° 708，p. 522）（关于薪金雇员的劳动报酬）；最高法院社会庭，1982年12月1日（Bull. civ. V，N° 668，p. 493，D. 1983，IR 418，Serra述评）（从地域适用范围来看限制条件过分的竞业禁止条款）。

[3]Simler，op. cit，N° 174 s；Ghestin，N° 908 s；D·巴库什：《论民法上的过分数额问题》，《巴黎二大学位论文》，2005年（D·Bakouche，L'excès en droit civil，thèse Paris II，éd. 2005，N°226 et s）。

422. 通过减少给付来进行转换

这里使用的“转换”（conversion）一词的意思是指，能够体现由一种状态过渡到另一种状态的法律技术，或者由一种法律行为过渡到另一种法律行为的法律技术，前者例如，由别居转为离婚，后者例如，由分成制转为（土地）租赁制。对于这种情况，人们提出的问题是：通过这种转换而带来的更新的范围与意义如何？[1]

在法律行为无效的问题上，有一种具有特别更新效果的转换，可以实现所谓的“拯救功能”，可以用来挽救某些无效的法律行为，使其不致于被撤销。通过这种转换可以使某种无效的法律行为产生效力，甚至可以使一项完全无效的法律行为产生效力。[2]一项法律行为虽然无效，但是当它具备另一种法律行为的有效性所要求的各项条件、可以产生类似的效果并且符合双方当事人的意图时，通过这种转换技术，就可以在此限度之内转换成另一项有效的法律行为，甚至可以说是使其变得有效。[3] 在这里，转换的概念，从质量层面上来说，属于无效理论范围，而从数量层面上来

[1] O・科尔纳兹：《论法律行为的转换》，《洛桑大学学位论文》，1937 年（O・Cornaz，La conversion des actes juridiques，thèse Lausanne，1937）；A・库雷：《论转换的法律概念》（A・Couret，La notion juridique de conversion，Mélangés Vigreux，Toulouse，1981，p. 220 et s.）。

[2] A・布杰卡：《通过减少、降低（数额的方法）来进行转换，也谈书面法律文书无效之研究》（A・Boujeka，La conversion par réduction：contribution à l'étude des nullités des actes juridiques formels，RTD com。2002. 223.）。

[3] J・皮耶德列维尔：《论无效行为产生的效果》，《巴黎大学学位论文》，1914 年（J・Piédelièvre，Des effets produits par les actes nuls，thèse Paris 1914）；X・佩林：《法律行为通过减少、降低数额的方式进行转换与法律人格，法国法上的一个理论简评》（X・Perrin，La conversion par réduction des actes et des personnes juridiques. Essai d'une théorie en droit français，thèse Dijon，1911）；Ph・森勒尔前引文（Ph・Simler，thèse préc，N° 13，p. 12）；H・唐多冈：《论合同的无效、撤销与一部解除》，《日内瓦大学学位论文》，1952 年（H・Tandogan，La nullité，l'annulation et la résiliation partielle des contrats，thèse Genève，1952，p. 22）；多米尼克・格里耶-布东：《无名契约简论》，《里昂第三大学学位论文》，1982 年（Dominique Grillet-Ponton，Essai sur le contrat innommé，thèse ronéot. Lyon III，1982，N°s 266 s.）。

说，属于部分无效的概念范围。[1]

不过，这里需要满足两个方面的要求：两项法律行为所产生的结果相似以及要尊重当事人可能的意图。这样的双重要求也限制了这种所谓拯救方法的适用范围。除这一点之外，这种方法从其精神上说还是令人满意的，在实践中也是有用的。因此，人们可以运用这种转换方法，将一项无效的保证合同[2]转换为一项规定负有担保义务的有效合同（而不是保证合同）[3]，或者将一项由于没有指明实际总利率而无效的借贷合同转换为有效的承认债务的合同（1966 年 12 月 28 日法律第 4 条，《消费法典》第 312-2 条）。[4]

第二目　返还

423. 无效的追溯力

当一项合同或法律行为已经被宣告无效时，对于将来而言，该项合同或法律行为（在其全部无效或一部无效的限度内）显然丧失效力，但是，无效也将否定合同或法律行为原已产生的效果。人们常说，溯及既往地消灭无效的合同，也就是说，无效的合同被视为从来没有存在过。[5] 合同自一开始（ab initio）就缺乏有效性条

---

[1] P・Simler，op. et loc. cit.

[2] 最高法院诉状审理庭，1875 年 11 月 9 日（D. 1876. 1. 117.）。

[3] 这就是说，虽然订立的保证合同无效，但由于它与另一种担保合同可以产生相类似的担保效果，而且当事人的意图也是提供与获得某种保障，那么，可以将（此项）“保证合同”转换为另一种包含有担保义务的合同，这样就不会引起担保被撤销。——译者注

[4] 拉瓦尔初审法院，1977 年 3 月 28 日（JCP 1979. 1. 2965，N° 63）；另见最高法院第一民事庭 1981 年 6 月 24 日判决（Bull. civ. I，N°s 233，234 et 235，p. 189 et s. D. 1982. 397，Brizard 述评，RTD civ. 1982. 429，Ph・Rémy 述评）。

[5] 最高法院第一民事庭，2001 年 5 月 15 日（Bull. civ. I. N° 133，RTD civ. 2001. 699，Molfessis 述评）；最高法院第三民事庭，2002 年 10 月 2 日（CCC 2002，N° 23，Leveneur 述评，RTD civ. 2003. 284，J・Mestre et B・Fages 述评）。最高法院的这两项判决（在理由部分）都使用了相同的表述：“鉴于‘无效的合同被视为从来没有存在过’之原则。”

件，这样的合同自一开始就没有效力。

不过，也可能有这样的情况，无效的合同实际上已经部分履行，甚至已经全部履行。于此情形，由于无效所产生的追溯力，将引起事物恢复到合同成立时或之前所处的状态，因此也就有必要返还已经履行的给付。[1] 无效之诉是一种对人诉讼（债权诉讼），受5年时效期间约束（参见第411节与第414节），而（给付的）返还之诉是一种对物诉讼（物权诉讼）。如果涉及返还动产，时效期间为5年（《民法典》第2224条）；如果涉及返还不动产，时效期间为30年（《民法典》第2227条）。不过，实践中，由于返还请求通常都是伴随着无效之诉，因此遇到困难的情况还是比较少的。[2]

上述原则，既涉及被撤销的合同的双方当事人，也涉及“与双方当事人进行交易、与被撤销的合同的标的有关联的第三人”，例如，一项财产的买受人已经将其买进的财产转卖或者出租给了第三人。因此，我们不仅有必要研究合同被撤销在当事人之间产生的后果，而且还应当研究撤销合同对第三人产生的后果。在这两种情况下，合同无效所产生的追溯力有着很大的差异。

一、当事人之间的关系

424. 原则

如果合同并未开始履行，合同被撤销所产生的追溯力也就不太敏感，或者说，没有太大的影响。因为，即使合同被撤销，双方当

[1] R·让布-梅尔林：《简论法律行为的追溯力》（R·Jambu-Merlin, Essai sur la rétroactivité des actes juridiques, RTD civ. 1948. 279）；关于返还义务所依据的基础的分析，参见C·格勒弗奇-提比耶热，前引文（C·Guelfucci-Thibierge, op. cit, N°s 636 s）。按照作者的看法，（要想）取消无效行为已经产生的效果，并不必然都要运用无效的追溯力这样的拟制（N°s 729 s）。

[2] Savaux, Defrénois 2008. 2526.

事人之间既不存在债务，也不存在债权，因此原订的合同也就不产生任何履行请求权（action en execution，履行诉权）。之所以如此，是因为合同本身已溯及既往地被消失，视其从来就不存在。

与此相反，如果合同在被宣告无效时已经履行，即使只是部分履行，该合同所涉及的事务就应当恢复到如同合同并不存在时的状态，每一方当事人都应向对方当事人返还其受领的给付。[1] 例如，出卖人应将其受领的价金返还给买受人，[2] 而买受人则应当将其取得的财产返还给出卖人。[3] 按照最高法院的判决："因合同被撤销而引起的返还，不属于返还'不当给付'的范畴，而只是属于无效规则的范畴。"[4]

返还，通常以实物（en nature）返还的形式进行（也译为"现实的返还"或"现物返还"）[5]，但是，也有许多情况，完全不

[1] A·布兹热：《论合同被撤销或解除之后的返还问题》，《普瓦提耶大学学位论文》，1982年（A·Bouziges, Les restitutions après annulation ou résolution d'un contrat, thèse dactyl. Poitiers 1982）；E·波瓦松-德洛古尔：《因合同被撤销在当事人之间引起的返还》（E·Poisson-Drocourt, Les restitutions entre les parties consécutives à l'annulation d'un contrat, D. 1983, chron. 85）；M·马洛里：《论民法上的返还》，《巴黎二大学位论文》，1990年（M·Malaurie, Les restitutions en droit civil, thèse Paris II, 1990）；参见：Ghestin, n°s 919 s.

[2] 在制作公证文书的公证人有责任的情况下，如果出卖人无支付能力，公证人可能负担保返还之义务，参见最高法院第一民事庭 1999 年 6 月 1 日判决（Defrénois 1999. 1340, Aubert 述评）。

[3] 最高法院民事庭，1967 年 12 月 6 日（Bull. civ. I, N° 358, p. 269, RTDciv. 1968. 708, J·Chevallier 述评）；最高法院商事庭，1975 年 12 月 16 日（Bull. civ. IV, N° 308, p. 256, Defrénois 1977 art. 31343, p. 393, L·Aubert 述评）；最高法院民事庭，1976 年 5 月 11 日（Bull. civ. IV, N° 162, p. 137）；最高法院第一民事庭，1979 年 12 月 12 日（D. 1980, IR 390, D·Martin 述评，JCP 1980. 11. 19464, 2e esp, J·Prévault 述评）；最高法院商事庭，1983 年 7 月 20 日（Bull. civ. IV, N° 230, p. 198, Defrénois 1984, art. 33326, p. 806, J-L·Aubert 述评）。

[4] 最高法院第一民事庭，2002 年 9 月 24 日（D. 2003, p. 369, L·Aubert 述评）。

[5] 最高法院第一民事庭，1970 年 2 月 23 日（D. 1970. 604, Etesse 述评）：实物返还的有偿性质被认为并不足以证明等值返还的理由。关于品牌加油站返还储油罐的棘手问题，参见有关的保留意见，另见：Ghestin, N° 924.

可能或者部分不可能实物返还，因为标的物已经灭失、已经损坏或者已经再次转让给第三人[1]但却不能对作为新的买受人的该第三人提起追还之诉讼（参见第432节），或者标的物已经被消费、不再存在，或者标的物已经与其他财产附合在一起，不可能将它们区分或者分离开来。[2] 在此情况下，法院将命令“按等值返还”（restitution par équivalent）。[3]

---

[1]最高法院第一民事庭，2002年6月11日（Bull. civ. I，N° 163，D. 2002，p. 3108，M. -A · Rakotovahiny 述评，RTD civ. 2003，p. 284，J · Mestre et B · Fages 述评）。

[2]最高法院第一民事庭，1999年3月16日（D. 1999 IRp. 106）。

[3]最高法院商事庭，1972年2月29日（D. 1972. 623）；最高法院商事庭，1976年5月11日（préc）；最高法院第一民事庭，1988年4月26日（D. 1988，IR TT4）；最高法院商事庭，1994年3月29日（Bull. civ. IV，N° 137，p. 108，Defrénois 1994，p. 1018，Honorât 述评，RTD civ. 1994. 858，J · Mestre 述评）；最高法院第一民事庭，2002年6月11日（préc）：（在按照等值返还时应当）认定的价值是财产出卖之日并考虑该日财产所处的状况而评估的价值（也就是所谓“时值”）。最高法院商事庭，1974年8月18日（D. 1975. 625，Ph · Malaurie 述评）；最高法院商事庭，1975年7月21日（D. 1976. 582，Agostini et Diener 述评）；最高法院商事庭，2003年6月14日（D. 2005，p. 1775，A · Lienhard 述评）但财产的这种价值可以与其价金不同。最高法院第一民事庭，1999年3月16日（Bull. civ. I，N° 95，Defrénois 1999. 1325，Delebecque 述评）；此外，在债务人已经使用财产的情况下，是否应当因此而给以补充赔偿金的问题，最高法院各法庭之间也曾有不同意见。持反对意见的如最高法院第一民事庭1987年6月2日判决（Bull，civ. I，N° 183，Defrénois 1988，p. 373，L · Aubert 述评）；最高法院第一民事庭，1998年4月7日（RTD civ. 1998. 905，J · Mestre 述评）；最高法院商事庭，1976年5月18日（Bull. civ. IV，N° 162，p. 137，Defrénois 1977，p. 393，L · Aubert 述评）；持赞成意见的如最高法院第三民事庭1994年1月26日判决（RTD civ. 1994. 858，J · Mestre 述评）；最高法院第三民事庭，2003年3月12日（D. 2003，p. 2522，Y. -M · Serinet 述评，RDC 2004，p. 265，Ph · Stoffel-Munck 述评）。最高法院混合庭在2004年7月9日作出一项判决解决了这一问题（JCP 2004. 1. 173，N° 14，Y-M · Serinet 述评 et 2005. 1. 132，N° 1 et s，G · Viney 述评，D. 2004. 217，C · Tuaillon 述评，Defrénois 2004，p. 1402，R · Libchaber 述评，RDC 2005，p. 280，Ph · Stoffel-Munck 述评，RTD civ. 2005. 125，J · Mestre et B · Fages 述评），这一判决认为：由于买卖被撤销所产生的追溯力，出卖人没有依据仅仅因为买受人占用过不动产而获得与此相对应的赔偿金，换句话说，无效的效果仅限制于解除合同已经产生的事项。因此，返还的数额不应超过已经受领的对待给付。因买受人占用财产而引起的可能的补偿金问题，应当在民事责任的范围内解决。如果是因为合同当事人有过错，导致财产所有权人被剥夺其对财产的使用，那么所有权人可以获得赔偿（参见第433节）。关于这一问题，参见R · 文热内：《在一项转移所有权的合同被追溯消灭的情况下，关于因作为转让目的的财产被使用是否需要给与补偿金的问题》（R · Wintgené. l'indemnité de jouissance en cas d'anéantissement rétroactif d'un contrat translatif. Defrénois 2004. p. 6920）。

上述原则，也有非常重要的例外情形以及缓和处理情形，这或者是因为从现实情况来看不可能恢复原状，或者是因为如果恢复原状，并不很公正，有时则是因为应当遵守更高的原则而不得进行返还。

425. 例外与缓和处理。(1) 连续履行的合同

有些不是用金钱进行的给付，由于它们的性质，不可能进行返还，例如，工人提供的劳务、承租人（在合同被撤销之前）对其承租的场所的占用、工程承包人已经完成的施工工程之部分，均不可能进行返还，这种不可能要求恢复原状的最典型的体现是连续履行的合同，例如，劳动合同、承租合同、公司契约等包含定期给付或持续给付的合同。[1] 类似的合同如果在经过一定时间的履行之后被撤销，已经履行的部分不可能完全抹去或消除，任何人都不可能将其已经对场所的使用变成从来没有使用过该场所，任何人都无法返还工人已经为其提供的劳动。

人们有时说，或者，有时法院作出的判决也认为，在这种情况下，合同之无效，就如同提前解除合同的情况一样，[2] 是不能产生追溯效果的。然而，这种看法或意见只能说大体上是正确的，实际上，不可能进行实物返还，并不阻止被撤销合同所产生的追溯力。[3] 这里的问题只不过是：考虑到双方当事人相互进行的给付

---

[1]最高法院第三民事庭，1970年5月29日（Bull. civ. III. N°371. p. 103）；最高法院商事庭，1975年12月16日，最高法院商事庭，1976年5月11日。另见 Ghestin，n°s 922 s；Agostini et Dienier，préc.

[2]《民法典》第1844-1条就公司问题在这一意义上作出了明文规定："在公司被宣判无效的情况下，此种无效即引起无追溯力地终止执行合同。对于已经产生的法人而言，公司被宣判无效即产生法院宣判解散该法人的效力。"《劳动法典》第8252条也规定"符合规定受雇用的外国劳动者有权得到工资及附加待遇"。参见最高法院社会庭1983年1月26日判决（Bull. civ. V，N° 33，p. 23）。

[3]最高法院第三民事庭，2001年6月13日（CCC 2001，N° 155，Leveneur 述评）。

已经不可能返还，因此仅仅要求他们返还仍然可以返还之物，或者仅仅要求返还仍然可以返还的给付而已，例如，返还工人的工资，出租人返还受领的租金，等等。我们之所以说前述意见仅仅大体上正确，是因为，如果按照这种见解来处理这一问题，就会给一方当事人带来没有任何根据、没有任何证明理由的不当得利，同时损害相对当事人的利益。因此，在这种情况下，应当对进行了给付而又不能得到返还的一方当事人给以补偿性赔偿。这种补偿往往相当于被撤销的合同原来规定的对待给付的数额。在此情况下合同之无效确实产生“不具有追溯力的效果”，这与“不产生追溯力地撤销合同”的效果是一样的。但是，应当知道，（在这里）恰恰是由于合同本身无效，所给予的补偿性赔偿金也就再不具有合同性质，例如，在租约无效的情况下给予的赔偿金，就不具有合同性质；此外，这种补偿性赔偿金并不必然就是无效合同原来规定的数额，因为法官对确定这一数额有自由裁量权，而不受合同条款的规定约束[1]。

---

[1]最高法院社会庭，1957 年 4 月 8 日（D. 1958. 221，Ph · Malaurie 述评，Gaz. Pal. 1957. 1. 143）；比较最高法院社会庭 1945 年 3 月 15 日判决（D. 1945. 303，Gaz. Pal. 1945. 1. 204，RTD civ. 1945. 195，Carbonnier 述评），本案涉及：与违反关于劳动时间的规章而从事加班的工时相关的工资债权问题；最高法院社会庭 1961 年 2 月 2 日判决（D. 1961. 236），本案涉及：外国劳动者没有获得有效签证，是在无效的劳动合同的范围内从事劳动，与此劳动相关的工资债权问题，法院判决往往是通过适用不当得利之规则来证明工资的支付理由。不过，有人批评这种判决具有不确定性，尤其是在“替代合同给付的金钱补偿金的数额”问题上具有不确定性。因此，有人建议，对于所有连续履行的合同的无效问题，原则上均排除撤销产生追溯效力，也就说，这种类型的合同无效一律仅对将来发生效力，就如同“不具有溯及力的解除合同”的情况一样（参见：Ph · Malaurie，Flour，Aubert et Savaux 述评，N°366）；然而，看来，法律上很难承认按照这种做法来排除合同在已经经过的时间内的无效，因为，不可能听任一份无效的合同在已经经过的时间里却需要受这份合同的约束（这是自相矛盾的）（参见：L et J · Mazeaud，t. II，1er vol，par F · Chabas，N° 332）。关于在评估补偿金数额方面的困难也不会大于在侵权行为或不当得利方面的补偿金评估，参见最高法院商事庭 1875 年 6 月 9 日判决（D. 1976. 220）。不过，在劳动合同无效的情况下，为了保护薪金雇员劳动者，我们却应当统一排除这种溯及既往的消灭效力，在这样的基础上，即使劳动合同无效，薪金劳动者可以主张此前在企业里与实际工作时（转下页）

426. （2）善意占有人保留孳息

《民法典》第549条规定："单纯的占有人，仅在其为善意占有的情况下，始能取得物的孳息；相反情形，单纯的占有人应当将物及其所生之物一并返还给提出追还要求的所有权人；如所生之物不再有实物存在，其价值按照偿还之日的价值计算。"这就是说，善意占有人可以将孳息据为己有。这一规定是对以下原则的例外规定：法律行为无效或者合同无效，即否定由无效合同产生的效力，甚至对于已经经过的时间，亦否定其效力。严格地适用无效的溯及力，由此奠定的规则是：（据以取得财产的）证书或合同被撤销，买受人不仅应当返还财产，而且应当返还其自实行占有以来受领的孳息，但是第549条的规定却准许善意占有人保留此种孳息。因此，我们说它是上述规则的一种例外。所谓善意是指，占有人并不知道存在引起转让证书被撤销的瑕疵。《民法典》第550条明确规定"占有人不了解转移所有权的证书有瑕疵，依据该证书作为所有权人占有时，为善意。自占有人知道此种瑕疵之时仍然为占有者，不再为善意"。举例来说，一块土地的占有人可以保留其耕种该土地而获得的收成，不动产的占有人可以保留其受领的租金，但

（接上页）间相对应的带薪假期的补偿金，参见最高法院社会庭1966年2月9日判决（Droit social 1966. 426，J·Savatier述评）以及发给工作证明，参见最高法院民事庭1926年2月10日判决（DP 1927. 1. 20）；《劳动法典》第3243-1条与第3243-2条要求：即使在劳动合同无效的情况下，也应当提交工资支付单。这些处理意见也与社会保险法的处理完全一致，后者规定即使在劳动合同无效的情况下，薪金雇员劳动者仍然享有工伤事故担保或社会保险。现在，人们已经用"劳动关系"这一概念替代了"合同"的概念。参见C·弗雷里亚：《论劳动合同的无效与劳动关系》（C·Freyria，Nullité du contrat de travail et relation de travail，Droit social，1960，619）；H·卡梅林克：《劳动法概论：劳动合同》（H·Camerlynck，Traité de Droit du travail，Contrat de travail，N° 107）；另见最高法院社会庭1978年3月9日判决（Bull. civ. V，N° 178，p. 134）；最高法院社会庭，1979年11月22日（Bull. civ. V，N° 885，p. 651，D. 1980，IR 258）；最高法院社会庭，1980年10月3日（Bull. civ. V，N° 704，p. 520，D. 1982. 68，E·Agostini述评，RTD civ. 1982. 419，F·Chabas述评）。

受领孳息的时间只能到（所有权人）向其发出提起合同无效之诉讼的传唤状之日为止，因为从此时开始他已知道合同存在无效事由；[1] 与此相反，如果占有人是恶意，明明知道其取得财产的证书存在瑕疵，则应当对其受领的全部孳息做账（并将其返还所有权人）。[2] 在任何一种情况下，占有人均应当返还其先行提取的产品，因为先行提取产品损及财产的本体。

当一项法律行为或合同被撤销引起返还不当受领的钱款时，恶意受领人，除了应当返还本金之外，还应返还由该款项产生的利息，善意占有人则仅需返还自其停止为善意占有之后才产生的利息，也就是说，善意占有人仅需返还其在受到催告或收到传唤状之日以后产生的孳息[3]。

427. （3）无行为能力人

当未成年人或者受监护（受保护）的成年人主张其订立的合同无效时，无效的溯及效力不再发生作用，至少部分不能发挥作用。

---

[1]巴黎法院，1972年11月22日（D. 1974. 93，Ph · Malaurie述评）。关于对待善意占有人给以优待的理由，参见《法国财产法》，第186节。

[2]但是，如果全部或者部分孳息来自占有人从事的活动本身，情况将有所不同，例如，不动产买受人在其取得的土地上建起了房屋并收取租金。参见最高法院第一民事庭1967年6月20日判决（Bull. civ. I，N° 227，p. 167，D. 1968. 32，JCP 1967. 11. 15262，RTD civ. 1968. 398，J-D · Bredin述评），巴黎法院1972年11月22日判决（préc）：返还仅涉及在订立合同时物按照其当时所处状态而产生的孳息。

[3]在具体案件中，这种处理也略有不同，参见最高法院第一民事庭1969年6月28日判决（JCP 1969. 11. 16131）；最高法院商事庭，1979年11月12日（Bull. civ. N° 286. p. 227），最高法院第一民事庭1982年5月4日的一项判决看来放弃了这种处理意见（Bull. civ. I. N° 154. D. 1982，IR 353，Defrénois 1983，art. 33082，p. 785，J-L · Aubert述评），因为该判决仅强制自提出“具有支付催告效力的传唤状”之日起支付利息而没有作任何区分，但是，后来的一些判决又似乎恢复了此前的处理意见，参见最高法院第三民事庭1985年2月5日判决（Bull. civ. III. N°22. p. 15）；最高法院第一民事庭1988年10月4日判决（Bull. civ. I. N° 273. p. 187，D. 1989，somm. com，231，Aubert述评）。

《民法典》第 1312 条规定："在未成年人或受监护的成年人准许以此种资格请求取消其义务承诺时，对于在他们未成年期间或受监护期间因此种义务而引起的他方当事人已经进行的给付，不得要求偿还；但如果能证明所进行的给付已经转为使未成年人或受监护的成年人本人受益的，不在此限。"因此，只有在所进行的给付给未成年人或受监护的成年人本人带来的利益的程度上，才有义务返还因无效合同的履行而受领的给付，[1] 例如，如果未成年人以 5000 欧元的价格将某一财产卖出，在所得一半钱款被其挥霍之后该买卖被撤销，如果他在此时返还 2500 欧元，仍然视其债务已经两清。

《民法典》第 1312 条所确定的规则有其道理：[2] 因为，如果为了让无行为能力人获得其所进行的给付的返还，就要强制其归还他所受领的全部对待给付，不论是用实物返还还是按照等值返还，都有可能使法律想要给予无行为能力人的保护变得虚而不实。实际上，在很多情况下，无行为能力人之所以订立某项不符合规定的合同，都是为了搞点钱去乱花、乱消费，再强制其返还全部欠款，将导致无效之诉（对无行为能力人）失去任何用处。

要想评价原已进行的给付是否已经给无行为能力人带来了利益，应当根据提出无效诉讼请求之日的情况来判断，而不是按照协议订立之日的情况来判断；或者，如果在诉讼请求提出之前，当事人的无行为能力状态已经停止，则按照此种状态停止之日的情况来进行评判。向无行为能力人提出要求返还其交付之物的人应当负举

---

[1] 最高法院民事庭，1891 年 2 月 23 日（DP 92. 1. 29）；最高法院第一民事庭，1978 年 4 月 5 日（Bull. civ. I，N° 147，p. 116）；巴黎法院，1904 年 1 月 20 日（DP 1906. 2. 25）。

[2] 人们将这一规则与《民法典》（原）第 1241 条的规定联系起来。按照第 1241 条的规定：如债权人无能力受领清偿，向其进行的清偿无效；但如债务人能够证明其清偿之物已经使债权人受益时，不在此限。

证责任，证明该给付之物已经转而利益于无行为能力人。[1]

其实，《民法典》第1312条所确定的规则导致的结果并不始终都会很平衡，因为，它有可能促使无行为能力人一直等到将其已经受领的全部给付耗费殆尽之后，才就其原先不符合规定订立的合同提起无效诉讼。为了杜绝这种情况，法院判例通常都比较容易承认相对当事人主张的其“因履行无效合同而向无行为能力人交付之物已经转而为该无能力人带来了利益”（之事实），例如，如果无行为能力人为了使其债务消灭而将财产买受人支付的钱款全部花光，那么，对于该无行为能力人而言，这种债务的消灭便构成一种不当得利；[2] 同样，如果向无能力人交付之物或者支付的款项已经被该人用于消费或者用于取得有其他用途的财产，同样构成不当得利；此外，如果不是直接向无行为能力人进行的支付，而是向其（法定）代理人进行支付，同样排除适用这一规则[3]。

428. (4)“任何人都不得以其过失作为自己的辩护理由”之规则

合同被撤销，强制各方当事人相互返还他们因履行合同而受领的给付。这是一项原则。不过，当合同被撤销的原因是该合同具有不道德的性质时，法院判例也对这一原则做出了非常重要的例外处

[1]最高法院民事庭，1861年11月26日（DP 61.1.490）；最高法院诉状审理庭，1900年4月26日（DP 1900.1.455，S.1901.1.193，Ferron述评）：实体法官有完全的权力从事实上评判在什么程度上提出了这方面的证据，参见前述1891年2月23日最高法院诉状审理庭判决；但是法官应当审核已经进行的哪些支付给未成年人带来了利益，参见前述1978年4月5日最高法院第一民事庭判决。

[2]最高法院民事庭，1891年2月23日（本案中，继承人继承了被继承人的股份，相对当事人为缴纳被继承人认购的股票的股款而向无行为能力人进行了支付）；巴黎法院，1926年11月26日（Gaz. Pal. 1927. I. 68）：关于支付不可缺少的费用，例如，衣食与生活费。

[3]最高法院第一民事庭，1989年1月18日判决（Bull. civ. I. N° 13. p. 8. RTD civ. 1989. 749，J·Mestre述评）。

理。这一例外有时也称为“无资格抗辩”（exception d’indignité）。“无资格抗辩”源于罗马法时期就有的一项传统规则，[1] 而且法国早期各高等法院即已适用这一规则，但是《民法典》的制定者们却对此只字未提。

有两个著名的法律格言都表达了这项规则，其一是：“任何人都不得以自己的卑劣行为[2]作为辩护理由（Nemo auditur propriam turpitudinem allegans）。”其二是：“双方均有卑劣行为时，无须进行返还（In pari causa turpidinis cessat repetitio）。”按照这一规则，合同当事人不得以其不道德行为为依据主张向其返还他已为之给付。[3]

---

[1]被称为“indegnitas”（“不配”，参见黄风编：《罗马法词典》，该词在法文中指“无资格”或“缺格”），继承人因实施了违法行为或其他法定原因应当受到谴责的行为，被剥夺继承遗产的权利，没有资格继承。主要适用于合同因违反善良风俗而无效的情况下有关返还的问题。——译者注

[2]人们通常将这一格言译为：“任何人都不得以自己过失作为辩护理由”（本节标题的译文是采用这种通译），但拉丁语“turpitudinem”与法语的“turpitude”这两个词汇并不是指一般的“过失”，而是指不道德的卑劣行为，重于过失，甚至重于一般的违法行为（参见第822页）。因此，“无资格抗辩”（exception d’indignité）是否也可以译为“缺格抗辩”，也有待商榷。——译者注

[3]关于“任何人都不得以其卑劣行为作为自己的辩护理由”（Nemo auditur propriam turpitudinem allegans）之规则，参加 Roland et Boyer：《法国法律格言》（adages du droit français，4éd. N°246. p. 483）；H · L et J · Mazeaud，t. II，1er vol. par F · Chabas，N° 657；Marty et Raynaud，t. II，1er vol，N°237；J · Carbonnier，t. 4，N° 110；Julliot de la Morandière，t. II，N° 792；Flour，Aubert et Savaux，N° 369 et s；H · 卡比唐：《债的原因论》（H · Capitant，la cause des obligations，N°174）；里佩尔：《论民事债中的道德规则》（Riper，la règle morale dans les obligations civiles，N°104）；贝洛：《近期判例中的无资格抗辩》（Béraud，*L’exception d’indignité’ dans la jurisprudence récente*，*JCP* 1952. 1. 1029）；卡尔达依：《不道德与非法协议的履行，从比较法、伊斯兰法律与基督教道德学者的角度看“任何人都不得以其卑劣行为作为自己的辩护理由”之规则》（Cardahi，L’exécution des conventions immorales et illicites，étude de la règle “nemo auditur……” d’après le droit comparé，le droit musulman et les moralistes chrétiens，RID *comp.* 1951. 385）；赛格：“‘任何人都不得以其卑劣行为作为自己的辩护理由’之格言”，《列日大学法学院年鉴》（Hannequart，*L’adage nemo auditur*，Annales de la Faculté de Droit de Liège，1956，p. 163）；赛格：《论不道德的合同》（转下页）

对于“任何人都不得以其卑劣行为作为自己的辩护理由”这一规则的正当依据，理论界曾有过争论。反对这一规则的人认为，它是“在不道德之上加上不公正”，说到底，是赋予无效合同以效力，因而也就等于认可某一方当事人的不当得利。[1] 举例来说，买受人取得一处开设妓院的房屋，并且在价款尚未支付之前就对该房屋实行了占有。按照前述“任何人都不得以其卑劣行为作为自己的辩护理由”之规则，该买受人既可以主张买卖合同无效——这样可以避免支付价金，又可以拒绝将该房屋不动产返还给出卖人——从而保住已经在其手中的该房屋不动产，因为出卖人出卖的是妓院，他此时遇到了“任何人都不得以其卑劣行为作为辩护理由”之规则的阻碍，无法请求返还其已经进行的给付，也就是他已经交付的房屋。

不过，“任何人都不得以自己的卑劣行为作为辩护理由”这一规则在实践中也有其好处，它使合同当事人面临的是一种令人生畏的危险，从而可以起到一种警示作用、预防作用。只要进行的交易不可能在瞬间解除，这一规则就有助于避免双方当事人订立某种不道德的合同。须知，每一方当事人都会担心相对当事人主张所订的合同无效，而主动提起这一无效诉讼的当事人既可避免履行自己的给付又可以援引“任何人都不得以其过失作为自己的辩护理由”这

（接上页）（Saiget, *Le contrat immoral*, thèse Paris. 1939）；马洛里：《论公共秩序与合同》，《巴黎大学学位论文》，1951 年（Malaurie, *L'ordre public et le contrat*, thèse Paris. 1951）；Ph·勒杜尔诺：《谈谈“任何人都不得以其卑劣行为作为自己的辩护理由”之规则》，《巴黎大学学位论文》，1970 年（Ph·Le Tourneau, *La règle* nemo auditur.., thèse Paris. éd. 1970）。

[1] 关于“任何人都不得以其卑劣行为作为自己的辩护理由”之规则与不当得利之间的关系，参见 H·佩里内-马尔格：《关于受损失的一方当事人有过错的情况下返还财产实物之诉的命运》（H·Périnet-Marquet, Le sort de l'action de *in rem verso* en cas de faute de l'appauvri, *JCP* 1982. 1. 3075）；Ph·孔特：《受损失的一方当事人有过错与受损失的原因，对不当得利理论有争论的一面的另类思考》（Ph·Conte, Faute de l'appauvri et cause de l'appauvrissement: réflexions hétérodoxes sur un aspect controversé de la théorie de l'enrichissement sans cause, *RTD civ.* 1987. 223）。

项规则而保住其已经得到的给付（正因为如此，反对这项规则的人指责它是“在不道德之上加上不公正”）。

虽然说以上就是实施这项规则的一般效力，但是我们也应当看到，法院在许多情况下往往拒绝适用这一规则，以至于很难具体说明这项规则在现实中的准确适用范围，很难具体说明它的基本依据。

429. “任何人都不得以其卑劣行为作为自己的辩护理由”之规则的适用范围

人们一般都认为，在合同是由于它的不道德的原因而被撤销的情况下，适用“任何人都不得以其卑劣行为作为自己的辩护理由”之规则将阻止返还已经进行的给付。

这一解释首先引起的结果是，“任何人都不得以其卑劣行为作为自己的辩护理由”这项规则并不能阻止无效诉讼本身，即便是由原本主动挑起不道德交易的一方当事人提起无效之诉，这项规则仍然不能阻止此种诉讼。[1] 宣告实施的行为或合同无效，并不是要赋予不道德的行为或交易以效力，而恰恰相反，是要阻止此种合同产生某种效力。因此，在（一方当事人提出）“无效合同履行之诉”的情况下，“任何人都不得以其卑劣行为作为自己的辩护理由”之规则并不会相对应地阻止提起诉讼；如果合同尚未履行，不论引起合同无效的原因如何，相对当事人只需提出无效抗辩（l'exxeption

[1]最高法院第一民事庭，1972 年 1 月 25 日（*Bull. civ.* I，N° 25，p. 22，D. 1972. 413，Ph · Le Tourneau 述评）；最高法院第一民事庭，1967 年 6 月 15 日（*Bull. civ.* I，N°218，*JCP* 1967. 11. 15238，R · L 述评）；最高法院社会庭，1979 年 1 月 4 日（*Bull. civ. V*，N° 680，p. 500）；最高法院第三民事庭，1985 年 6 月 25 日（D. 1986. 212，E · Agostini 述评）；最高法院第一民事庭，1987 年 7 月 22 日（*Bull. civ.* I，N° 252，p. 183）；最高法院第一民事庭，2004 年 6 月 22 日（*JCP* 2005. 11. 10066，A-F · Eyraud 述评）；另见不同处理意见的判决：例如，巴黎法院 1954 年 6 月 22 日判决（*D.* 1955. 662，A · Weill 述评，*JCP*1954. 11. 8263）。

de nullité)，自然就可以使任何履行之诉（action en exécution）归于失败。因此，“任何人都不得以其卑劣行为作为自己的辩护理由”之规则的适用前提条件是：无效的合同已经履行，至少已经部分履行（如果合同没有履行，自然谈不上返还问题）。

在这种情况下，只有当无效是由于合同具有不道德性质而引起时，更具体地说，只有当合同无效是基于它的不道德的原因时，上述规则才能发挥作用，法院将拒绝（当事人所请求的）返还已经进行的给付；如果合同仅仅是非法（而不是不道德），则仍然可以要求返还已经进行的给付。[1]

此外，这一规则仅适用于有偿合同，不适用于“因不道德的原因而被撤销的无偿处分”。[2] 因为，在此情况下，拒绝返还所受之赠与反而会产生“赋予这一无效的无偿处分行为以效力”的结果。

最后，更广泛地说，在合同领域之外，也不能适用“任何人都不得以其卑劣行为作为自己的辩护理由”之规则。[3]

按照以上介绍，这一格言的适用范围明显有限，尽管如此，适

[1]因此，法院判决返还违法的补充价金，特别是转让司法助理人员事务所收取的非法补充价金，参见最高法院民事庭 1844 年 7 月 13 日判决（S. 44. 1. 582）；最高法院诉状审理庭，1895 年 3 月 18 日（DP 95. 1. 346，S. 96. 1. 11）；关于为履行“黑市合同”而提供的给付，参见最高法院民事庭 1949 年 10 月 25 日判决（*Gaz. Pal.* 1950. 1. 27，RTD civ. 1950. 183，H・Et L・Mazeaud 述评）；关于为履行非法的指数条款而支付的款项，参见尼姆法院 1928 年 1 月 9 日判决（DP 1928. 2. 28）；关于对“影响力交易”活动给予的报酬，参见最高法院第一民事庭 1960 年 12 月 19 日判决（*Bull. civ.* I，N° 548，p. 447）；关于因公司被撤销而引起的活动，参见最高法院商事庭 1987 年 1 月 20 日判决（IR 23，*JCP* 1988. 11. 20987，G・Goubeaux 述评）。

[2]最高法院第一民事庭，1972 年 1 月 25 日（*D.* 1972. 413，Ph・Le Tourneau 述评，*Defrénois* 1972，art. 30197，p. 1331，Aubert 述评）；卢昂法院，1973 年 10 月 20 日（D. 1974. 378，Ph. Le Tourneau 述评）；另见：Marty et Raynaud，N°237；Flour，Aubert et Savaux，N° 370.

[3]关于自认之诉，参见尼斯大审法院 1976 年 6 月 30 日判决（JCP 11. 18597，Harichaux-Ramu 述评）；关于民事责任，参见最高法院第一民事庭 1982 年 12 月 14 日判决（*Bull. civ.* I，N° 355，p. 304，RTD *civ.* 1983. 342，G・Durry 述评）。

用这项规则的例子也不少。开设或者经营妓院就是其中一个典型例子。这方面有很多判例。[1]（在涉及买卖或承租房屋的目的是开设或经营妓院的诉讼案件中）法院通常都（会以合同的原因不道德而）拒绝有关返还买卖价金的诉讼请求，[2] 或者拒绝有关“返还事先支付的租金”的诉讼请求，[3] 同时，也拒绝“返还为购买这类房产筹措资金而提供的贷款”的诉讼请求。[4]

相同的处理也适用于买卖赌博场所的合同，[5] 特别是赌博合同，[6] 但如果涉及的是获得正式批准的赌博机构，例如，获得批准的“赌场（Casinos）”与“赌马”（PMU）之类的机构，[7] 有关的借贷活动则另当别论。

---

[1]在 1946 年 4 月 12 日法律之后，这方面的判例显然已经很少。因为 1946 年的法律禁止开设妓院（性工作者与淫媒牟利罪是两码事。后者是一种犯罪行为——译者注），但这一判例对于那些“地下机构”进行的此类活动仍然有现实效果。参见最高法院商事庭 1981 年 4 月 27 日判决（D. 1982. 51，Ph · Le Tourneau 述评，*RTD civ.* 1982. 418，F · Chabas 述评）。

[2]最高法院民事庭，1873 年 12 月 15 日（DP 74. 1. 122，S. 74. 1. 241，Dubois 述评）；最高法院诉状审理庭，1905 年 7 月 17 日（DP 1906. 1. 72，S. 1909. 1. 188，*RTD civ.* 1906. 162，Demogue 述评）；塞纳民事法院，1937 年 12 月 14 日（*Gaz.* Pal. 1938. 1. 399，*RTD civ.* 1938. 247，H. et L · Mazeaud 述评）；最高法院诉状审理庭，1940 年 10 月 1 日（*Gaz. Pal.* 1940. 2. 146，RTD civ. 1940—1941. 313，Vizioz et Raynaud 述评）。

[3]最高法院民事庭，1938 年 11 月 15 日（*Gaz. Pal* 1939. 1. 194，*RTD civ.* 1939. 460，H. et L · Mazeaud 述评）。

[4]最高法院诉状审理庭，1895 年 4 月 1 日（DP 95. 1. 263，*S.* 96. 1. 289，Appert 述评）。

[5]巴黎法院，1897 年 4 月 9 日（DP 99. 2. 244）；巴黎法院，1901 年 6 月 5 日（S. 1902. 2. 275）；埃克斯法院，1908 年 5 月 14 日（S. 1908. 2. 291）。

[6]关于委托，参见最高法院诉状审理庭 1875 年 3 月 3 日判决（DP 75. 1. 277）；关于借贷，参见最高法院诉状审理庭 1892 年 7 月 4 日判决（S. 92. 1. 514）；最高法院刑事庭，1932 年 11 月 19 日（DP 1933. 1. 26，Capitant 述评）；巴黎法院，1909 年 11 月 13 日（S. 1910. 2. 270）；巴黎法院，1932 年 10 月 26 日（Gaz. *Pal.* 1933. 1. 15. ）。

[7]最高法院第一民事庭，1976 年 5 月 4 日（Bull. *civ.* 1，N° 154，p. 122 JCP 1977. 11. 18540，de Lestang 述评，D. 1976，IR 202）；关于赌场，参见最高法院混合民事庭 1980 年 3 月 14 日判决（D. 1980，IR 336，M · Puech 述评，434，Charles 述评，*Gaz. Pal.* 1980. 1. 290，J · Robin 述评，*RTD civ.* 1980. 764，Chabas 述评）。

法院在撤销那些以建立或保持姘居关系或通奸关系为目的而订立的合同时，也会依据“任何人都不得以其卑劣行为作为自己的辩护理由”之规则，拒绝（一方当事人提出的）返还其已为之给付的诉讼请求。[1] 传统上，这种情况属于以不道德的原因撤销合同的典型例子，不过，今天已经不再是这种情况了（参见第388节）。

但是，我们必须承认，将（合同）“非法”与“不道德”区别对待，也是存在争议的，[2] 而且这样的区分很难得到严格遵守。即便是对某些单纯属于“非法”性质的合同，有些法院判决照样依据“任何人都不得以其卑劣行为作为自己的辩护理由”之规则，拒绝返还已为之给付的诉讼请求，[3] 而另一些判决则始终坚持只有在涉及不道德的合同时，才会拒绝此类诉讼请求。[4]

430. “任何人都不得以其卑劣行为作为自己的辩护理由”这一规则的依据

之所以不能准确划定这一规则的适用范围，部分原因在于，如

[1]最高法院诉状审理庭，1923年4月17日（DP 1923. 1. 172）；巴黎法院1903年8月16日（DP 1904. 2. 345）。

[2]例如，C·Guelfucci-Thibierge, thèse préc, N°s 907 s，作者认为：适用“任何人都不得以其卑劣行为作为自己的辩护理由”这项规则是一种既不适当也无用处的‘私刑’的形式。

[3]关于利用证券交易经纪人垄断性地位而进行的幕后交易，参见最高法院诉状审理庭1877年2月15日判决（DP 77. 1. 520）；最高法院诉状审理庭，1913年1月6日（DP 1914. 1. 13）；最高法院第一民事庭，1959年7月16日（Bull. *civ.* I，N° 358，p. 298），最后一项判决为“以公共秩序之强制性理由”而拒绝返还奠定了规则与依据。另见巴黎法院1986年5月29日判决（D. 1986，IR 308）。

[4]最高法院刑事庭，1945年6月7日（D. 1946. 149，Savatier述评，*JCP* 1946. 11. 2955，Hémard述评，*RTD civ.* 1946. 30，H. et L·Mazeaud述评）：这一被称为“关于靠他人卖淫为生的人”的判决使用了双方（均有卑劣行为）这一法谚作为解释基础，“靠他人卖淫为生的人”的不道德有过于妓女自身的不道德；贝藏松法院，1895年3月6日（DP 96. 2. 233），关于婚姻中介问题，过去被认为不道德，现在则完全不同；普瓦提耶法院，1922年2月8日（DP 1922. 2. 33，Savatier述评）。

何确定这项规则的明确依据本身就遇到困难。理论界过去认为，这一规则的依据在于维护司法尊严。但是，如果真是这样，那就应当宣告无效之诉本身不予受理（而不仅仅是拒绝返还已为之给付）。一般来说，（在这类案件中）法官受理的问题通常都是涉及善良风俗，刑法案件更是如此，因此，有人提出，这一规则的基础在于公共秩序的要求，而在特定情况下，与“完全消灭无效行为的效力”相比，拒绝返还已经进行的给付更能满足公共秩序的这种要求。[1]（在我们看来）不论这种解释多么值得称道，它都很难与上面提到的将“不道德”（的行为）和“非法”（的行为）两者区分开来的做法协调起来。

最近，有人提出，“任何人都不得以其卑劣行为作为自己的辩护理由”这一规则，在某种程度上只是一种可以对各方当事人的行为表现作出价值判断的“门面制度”，从根本上来说，这一规则的谜底关键还是在上面提到的第二个格言当中：“如果双方当事人均有过失（均有卑劣行为），即无须进行返还（In pari causa turpidinis cessat repetitio）。”[2] 因此，法院要对双方当事人各自的过失程度作出评判。合同因不道德的原因被撤销时，以及面对“一般的非法性质”的合同（而不是“不道德”的合同），法院判决并不是千篇一律地统统拒绝返还已经进行的给付。法院判决之所以这样处理，理由正是基于这种评判，它也可以用来解释法院判例为何表现出（具体个案具体处理的）经验主义倾向。

---

[1] P·凯塞尔：《论公共秩序性质的无效》（P·Kayser，les nullités d'ordre public，RTD civ. 1933. 1115. N°14）；Flour，Aubert et Savaux. N°370；关于强制性部分无效，参见第420节。

[2] 里佩尔：《论民事债里的道德规则》（Ripert，la règle morale dans les obligations civiles；N°108；Ph·Le Tourneau，thèse préc. N°162），最高法院商事庭1982年4月27日判决及其述评。

二、合同无效对第三人的追溯力

431. （1）原则

原则上，合同无效的追溯力不仅在无效行为的当事人相互关系中产生效果，而且还对与当事人进行交易且其权利系于该无效行为的第三人也产生效果。这方面最典型的例子是，转移所有权的行为（文书）被撤销，引起买受人在其取得的财产上为第三人的利益设置的权利也随之消灭，例如，买受人将其购买的财产转卖给第三人或者用此财产设置其他任何物权——抵押权、役权或者用益权时，由此产生的第三人的权利，也就是转购人的权利也随之消灭。因为，前一买受人，由于其进行的前次买卖无效，被视为从来就不是其转卖的财产的所有权人，因而不可能将该财产的所有权有效地转让给第三人，或者不可能用该财产有效地设置其他权利，尤其不能用其设置抵押权（《民法典》第2125条）。之所以在此情形下否定第三人取得的权利，来自这样一项原则，“任何人都不得转让超过自己所有的权利”（nemo plus juris ad alium transferre potest quam ipse habet）。[1]

还有另一拉丁语格言对相同现实作出了表述，但其意义更加广泛，因为它适用于所有具有追溯力的情形，例如，适用于解除合同所产生的溯及力（参见第656节）。这一格言就是“授权者自身的权利被取消时，其授予的权利也随之被取消”（resoluto jure concédentis resolvitur jur extinguishéd，在拉丁语中，这一格言还有另

---

[1]参见罗朗与博埃耶：《法国法律格言》（谚语）（Roland et Boyer, *Adages du droit français*, 4e éd. N°259.）；最高法院诉状审理庭，1900年2月13日（*DP* 1905.1.305，S.1900.1.450，Tissier述评）；最高法院第一民事庭，1958年4月23日（*Gaz. Pal.* 1958.1.416）；最高法院商事庭，1989年1月24日（*Bull. civ.* Ⅳ，N° 39，p.23）。

一种表述：resoluto jure dantis resolvitur jus accipientis）。[1]

显然，（利益关系人取得的）权利如此连串地逐次被消灭，会引起非常麻烦的后果，[2] 这也是造成交易上法律不安全的根源之一：（先后）取得某项权利的所有买受人都会感到这种威胁：向其转让权利的人的权利一旦被消灭，随之而来便是对他们本身地位的否定；由于没有任何关于所有权的完全证据，[3] 这种不安全感就会更大。鉴于这一规则的弊端，有人提议，法律上应当干脆否定无效产生的追溯力原则本身。[4]

不过，需要补充的是，无论是法律还是法院判例，都已经对因无效的追溯力原则所造成的最明显的弊端进行了矫正。

432. （2）对无效的追溯力原则的矫正

首先，有必要指出的是，无效的追溯力原则不能当然适用于第三人，这就是说，要想无效对第三人产生追溯力效果，有必要通知第三人参加诉讼，此为必要的诉讼参加，否则，仅仅是在无效合同的双方当事人之间作出的判决，不能对抗（没有受通知参加诉讼的）第三人。不过，还需要强调的是，在程序上采取这种谨慎态度本身并不是一种对无效的追溯效力原则的缓和处理。

对于无效的追溯力原则的真正矫正，还是法律和法院判例就这

---

[1] Roland et Boyer, *op. cit*, N° 399.

[2] 例如，业主大会无效，导致由此次大会对物业管理人的任命无效，并且导致由该物业管理人召开的另一次大会无效，参见最高法院第三民事庭 1988 年 12 月 7 日判决（*Bull. civ.* Ⅲ, N° 179, D. 1988, IR 300, *RD imm.* 1989. 101, Givord et Giverdon 述评）。

[3] 《法国财产法》，第 536 节（*Les biens*, N° 536）。（法国没有土地或房屋的产权证，也没有工商管理局之类的行政机构。工商登记在商事法院书记室进行，不动产公示通常在公证人处进行。——译者注）

[4] C · Guelfucci-Thibierge, *op. cit*, N°s 735 s.

一问题做出的无追溯力的相反处理。[1] 我们看到，第三人的善意，在其构成保护机制的一项条件时，往往对作出这种相反认定起着某种作用，但仅仅有第三人的善意，仍然不足以完全阻止无效的追溯力原则发挥其作用。

1）在动产方面，善意第三人受到《民法典》第2279条的有效保护。该条规定，“在动产方面，占有即等于所有权证书”，但如果取得的财产是他人丢失或者是被盗的财产时，就不适用这一规则。丢失之物或者被盗之物的真正所有权人，在特定条件下，3年之内可以要求追还，甚至可以向善意占有人要求追还。取得财产的第三人或者物权的持有人，例如，有体动产质权的持有人是受到保护的，由其占有的财产不会受到任何追还。[2] 与此相反，对于恶意取得财产的第三人，始终可以对其提出追还财产之诉讼。

2）在不动产方面，取得财产的第三人或者特定物权的持有人，只有在30年取得时效期间经过之后，才能最终消除财产权利上可能存在的任何争议。如果是善意第三人并且持有“正当的证书”（un juste titre，正当的名义）——这也是通常的情况，可以主张“缩短期间的取得时效”——10年时效；[3] 此外，有必要指出的是，如果第三人的权利不适用取得时效（例如，抵押权），在相同期间内，可以从仍然作为占有人的权源人的角度来实现取得时效的条件。[4]

3）本身负有担保义务的人不得追夺财产。[5] 这是一项具有一般意义的规则。按照这一规则，向第三人转让权利的人本人，即使

[1]关于附解除条件的（赌博）游戏，参见第664节。

[2]《法国财产法》（*Les biens*, n°s 429 s）。

[3]《法国财产法》第464节与第470节。

[4]也就是说，可以将权利转让人占有财产的时间加起来计算时效期间。——译者注

[5]例如，出卖人应担保买受人取得的财产不被追夺。——译者注

提起无效之诉，也不能从该第三人手中追夺财产，但这并不意味着转让权利的人不得提出无效之诉讼。[1] 这里只是排除向其实物返还财产，但仍然有可能请求按照财产价值进行返还。[2] 如果是买卖财产，等值返还与返还价金两者之间可以进行抵销，这样做，足以使撤销合同本身失去效果。显然，对于互易而言，情况则完全不同。

4）人们承认，即使缔结管理行为（acte d'adminstration，管理契约）的人的权利被撤销，与善意第三人缔结的该管理文书仍将得到保留。法院在租约方面就作出了这样的判决，不过是在保护承租人权利的立法之前作出的判决。[3] 但是，按照现在的立法，这种处理也许不能成立，至少对受到租约延展权约束的租约是如此，因为这种受到延展权约束的租约往往被认定为处分行为（acte de disposition），而不是管理行为，或者至少被视同为处分行为。[4]

5）更加广泛地说，如果各项条件都具备，也就是说，如果第三人是善意，并且在"众人皆误解"的情况下（Error communis facit jus，众人皆误，产生法律效力），运用表见理论或外观理论（la théorie de i'apparence），也可以对第三人给予有效的保护。[5]

---

[1]另见最高法院民事庭 1928 年 12 月 17 日判决（*DH* 1929. 52）。

[2]Ghestin，*op. cit*，N° 925；最高法院商事庭，1972 年 2 月 19 日（D. 1972. 623）；相同意义的判决：在另一种情况下不能实物返还，最高法院商事庭，1976 年 5 月 11 日（*Bull. civ.* IV，N° 162，p. 137）。

[3]最高法院民事庭，1928 年 11 月 7 日（Gaz. *Pal.* 1929. 1. 312）；最高法院社会庭，1944 年 12 月 14 日（S. 1946. 1. 105，R · Plaisant 述评）。

[4]在此意义上，附有解除条件时，关于商业租约溯及既往无效的问题，参见最高法院第三民事庭 1974 年 5 月 14 日判决（*Gaz. Pal.* 1974. 2. 879，Plancqueel 述评）；与此相反，参见埃克斯行政法院 1983 年 3 月 22 日判决（JCP 1985. IV. 86. ）。

[5]最高法院民事庭，1897 年 1 月 26 日（DP 1900. 1. 33，Sarrut 述评，*S.* 97. 1. 313，*Grands arrêts*，t. 1，N° 103）；最高法院诉状审理庭，1946 年 3 月 19 日（JCP 1946. 11. 3125，E · Becqué 述评）；最高法院第一民事庭，1959 年 11 月 2 日（*Bull. civ.* I，N° 448，p. 372，D. 1960，somm. N° 65，*JCP* 1960. 11. 11456，P · Esmein 述评）；最高法院第一民事庭，1963 年 4 月 3 日（D. 1964. 306，J · Calais-Auloy 述评）。

与人们可能想象的情况相反，法律规定的各种不同的公示制度，[1] 特别是不动产公示制度，并不能保护第三人对抗因转让人的权利被撤销而产生的后果，因为，公示本身并不能清除其公示的文书或权利上原本存在的瑕疵，也不能使此种权利或文书的被撤销不产生对抗第三人的效力。公示本身不具备这样的功能。[2]

第三目 合同被撤销引起的责任

433. 无效与责任

抛开“返还已经进行的给付”不谈，合同被撤销肯定会造成这一方或另一方当事人的某种损失，例如，投入的费用打了水漂，毫无效益，浪费了时间，由于订立了后来被宣告无效的合同，导致当事人此前没有接受其他要约或其他的可能性机遇，原本可以期待的利润也因此化为乌有，而且出卖人（在这一段时间里）被剥夺了使用其财产的权利，如此等等，都属于损失的范畴。问题是，这类损失能否产生赔偿请求权？向谁提出赔偿请求？什么才是请求赔偿的依据？

乍一看来，如果合同无效是由第三人提出请求，（针对该第三人的）任何（责任）的诉讼似乎均将被排除。在第三人有权提起无效之诉的情况下，不会因此而承担任何责任；但是，如果是合同的一方当事人请求宣告合同无效，而此种无效原因又恰恰应当归咎于该当事人时，情况就会完全不同。总的来说，即使是在第一种情

[1]《担保法、不动产公示制度》（Précis Dalloz, *Les sûretés*, *La publicité foncière*, par Ph · Simler et Ph · Delebecque, N°s 739s.）。

[2]不仅法国普通法是如此，而且（受德国法的影响较大）的法国阿尔萨斯、莫塞尔地区地契制度也是如此；此外，在地契簿上登记与在抵押权登录处进行的登记有所不同，它可以享有关于“记载事项准确性的简单推定”（1924 年 6 月 1 日法律第 41 条）；但是，在德国地契制度中则有所不同，对于善意第三人而言，这种制度在特定条件下赋予登记的权利以“不可反驳的准确性推定”。

况下，只要应第三人的请求已宣告合同无效，其根源应当归咎于共同缔约人时，那就不能排除针对该共同缔约人提起责任之诉。

434. 责任的性质与责任的依据

这方面，主要有以下两种理论见解：[1]

（1）契约责任（respnsabilité contractuelle）：将这种责任定性为契约责任，主要是由耶林在一项至今仍不失为经典的理论研究中提出的主张。[2] 这位杰出的德国法学家认为，请求撤销合同的缔约当事人一方，仅凭其对合同的有效性持有并且提出异议之事实而有过错，他对由此过错造成的损害当然应负责任，这就是所谓的“缔约过错”（culpa in contrahendo，参见第185节）。因为每一方当事人在某种程度上均应保证合同有效，双方当事人在合同订立之前对于他们应当订立一份有效的合同有着一致的默示协议，由此也就产生了双方当事人均应遵守的善意义务（obligation de bonne foi），而事后再来提起合同无效诉讼，就是违反了这种善意义务。[3]

这一理论的提出，原因在于当时尚未制定法典的德国法所依据

---

[1]也有人提出其他的思想：建议在这里运用“风险”与“法定担保”的概念。参见C·Guelfucci-Thibierge. N°17.

[2]耶林：《论缔约过错或者在无效协议或始终不完善的协议中的损害赔偿》（Ihering，de la culpa in contrahendo ou dommages-intérets dans les conventions nulles ou restées imparfaites，oeuvres choisis. t. II. p. 100）；萨莱耶：《论契约前的责任》（Saleille，de la responsabilité préscontractuelle，RTD civ. 1907. 697）；卢比耶：《论契约前的责任》，《里昂大学学位论文》，1911年（Roubier，*La responsabilité précontractuelle*，thèse，Lyon，1911）；关于“缔约过错”（la culpa in contrahendo）的理论问题，参见E·Gaudemet. p. 195；另见有关契约责任的问题，J·胡耶：《论契约责任与侵权责任》，《巴黎二大学位论文》（J·Huet，*Responsabilité contractuelle et responsabilité délictuelle*，thèse Paris II 1978，N°s 258 s.）。

[3]在《德国民法典》中（如第122条）部分体现了这一观念。提出合同无效之诉讼请求的原告，对因该合同被撤销产生的损害性后果当然应承担责任，而不要求有关过错的（主动）证据，有利益的当事人可以仅需证明其在订立合同时并无过错即可，也就是说，实际上，他在订立合同是并不知道存在引起合同无效的原因。

的罗马法基础。由于当时还没有关于责任的一般原则，采用人为的嫁接方式，将此种责任与契约责任联系起来，以便于并且可以对“赔偿因合同被撤销所引起的损害”的原因作出解释。后来，由于法国《民法典》第1382条提出了有关责任的一般原则，因此，法国法也就没有必要再去运用那种“以一项所谓的前期默示合同”（avant-contrat tacite，默示的预约）为基础的理论见解，况且，最常见的情况是，这种所谓的前期预约合同本身就带有合同相同的瑕疵。

（2）侵权责任（respnsabilite délictuelle）。在法国法里，这一定性几乎得到一致认同。无论是由一方当事人提起合同无效之诉还是由第三人提起此种诉讼，均适用将合同无效引起的责任定性为侵权责任，均可以做此相同处理；此外，将合同无效引起的责任定性为侵权责任，也不言而喻地意味着按照普通法即可证明过错的存在，[1] 而并不是像耶林认为的那样仅仅因为请求宣告合同无效这一事实即引起这种过错。我们应当从订立合同本身去找到这种过错的源头，这种过错通常就在于故意订立某项无效合同的当事人明知其所订合同存在瑕疵。[2] 既然订立的合同无效，与此相关的过错便只能是侵权过错。[3] 此外，按照这一制度，还可以认定应当由双方当事人分担由过错引起的责任，在合同原因不道德的情况下，更是如此。这种不道德的原因，对于双方当事人来说，属于共

[1]最高法院第一民事庭，1979年11月14日（Bull. civ. I. N° 279. p. 226. D. 1980. IR264，J·Ghestin述评，RTD 980. 763，F·Chabas述评）；最高法院商事庭，1980年10月13日（*D.* 1981，IR 309，J·Ghestin述评）；最高法院商事庭，1984年1月11日（*Bull.* civ. IV，N° 16，p. 13）；最高法院第一民事庭，1986年2月25日（*Bull. civ.* IV，N° 33，p. 28.）。

[2]最高法院诉状审理庭，1878年2月11日（S. 79. 1. 196）；巴黎法院，1970-年5月14日（JCP 1971. 11. 16751）。

[3]最高法院第一民事庭，1979年11月14日。该判决的依据正是《民法典》第1382条的规定。

同的原因，或者至少是共同缔约人双方均了解其为不道德的原因（参见第 367 节）。双方受到的损失相等时，赔偿之诉丧失任何利益，双方当事人的债权相互抵销；相反情况下，合同的每一方当事人均将受到判决，部分赔偿相对当事方受到的损失，双方的损失仅在相对应的数额的限度之内相互抵销；在双方当事人均有过错但仅有一方当事人受到损失的情况下，由于受到损失的一方当事人也有过错，可以命令其予以部分赔偿。

435. 损失的赔偿

可给予赔偿的损失就是我们上面提到的那种损失（参见第 433 节），原则上，是给予等值赔偿（en équivalant），但采用的形式是"损害赔偿"（dommages et intérêts）。

当然，人们也可以在这方面试图调换一下实物赔偿与等值赔偿的位置，首选采取实物赔偿的形式。这里的所谓实物赔偿（réparation en nature），就是拒绝撤销合同，因为待赔偿的损失恰恰就是因合同被撤销可能造成的损害。在法国制定法里，至少有一种适用实物赔偿的情况，那就是：当缔约当事人的过错是可原谅的过错时，以拒绝撤销合同来实行制裁（参见第 223 节）。[1] 这种特别处理，以及广而言之，以实物赔偿的名义而继续保留合同，大体上是符合公平的要求的，但在法律上却值得商讨：一项有瑕疵的法律行为怎么可以因提出无效请求的原告在订立合同时有过错，反而能够在此借口下恢复其有效性呢？或者，更不必说是原告由于此前发生了误解——不论这种误解有多么大，仍然可以恢复合同的有效性？实际上，这种过错或者这种误解并不能抹去合同原本存在的瑕

[1] 参见另一领域的判决：最高法院第三民事庭，1983 年 6 月 7 日（*JCP* 1983. IV. 259.）以及盖斯坦前引书第 947 节与本书下一节。

疵。因此，无论如何，如果说就相对无效的合同而言，拒绝撤销合同尚可接受，那么，如果是绝对无效的合同，则只能排除“拒绝撤销合同”的这种实物赔偿形式了。

436. 特别情形：无行为能力人的过错

在由于一方当事人无行为能力引起合同无效的情况下，尤其会遇到因合同被撤销而引起的责任问题。例如，一个未成年人让对方当事人以为他是成年人并与其单独订立一项不符合规定的合同，而这一合同到头来又对该未成年人不利，在其请求撤销这项合同的情况下，[1] 当他主张所订合同因其无能力而无效时，毫无疑问，按照一般原则，很难仅凭此事实就让该未成年人承担责任并赔偿给对方当事人造成的损害。如果那样做，就等于剥夺了法律本想给予未成年人的保护；[2] 只有当无能力人有过错并且正是这种过错才得以让对方当事人相信其有能力的情况下，无能力人才会承担责任。这就是《民法典》第 1310 条的规定，“未成年人不得主张取消因其侵权或准侵权行为引起的损害赔偿之债”，例如，无能力人实施欺诈，使用假证书、假证明致使他人相信并与之订立合同时，将引起其承担责任。

不过，我们还应当考虑到《民法典》第 1307 条中的一项重要的保留性规定：“未成年人在订立合同时（仅仅是）简单声称（la simple déclaration）自己已经成年的，不妨碍取消其订立的合同。”因为，如果只要未成年人作出虚假声明，简单地声称自己已经成年就将承担责任，那么，法律也就几乎完全忽视了它应当承担的保护

[1] M·多利-法沃：《论精神病人的过错与契约》（M. Daury-Fauveau, La faute de l'aliéné et le contrat, JCP 1998. 1. 160.）。

[2] 我们可以看到，在合同无效情况下，对无能力人应当负担的返还义务的限制也构成一种保护措施，参见本书第 427 节。

无能力人的使命。所以我们说，只有当未成年人采用欺诈性伎俩或手段时，例如，提出一份伪造的出生证明（证书），其所作的声明才会构成欺诈（参见第 232 节）。[1]

由无能力人施行的欺诈行为可以引起损害赔偿，但是，这种赔偿往往就是拒绝“主张合同无效之诉讼”。相对当事人可以针对未成年人所提出的合同无效之诉针对该未成年人有欺诈行为进行“欺诈抗辩”（exception de dol），[2] 这样做，可以促使法院对“实物赔偿”的认可，也就是拒绝撤销合同。[3]

[1]南锡法院，1979 年 1 月 25 日（1979，JCP 1980. IV. 231.）。

[2]最高法院民事庭，1888 年 3 月 28 日（DP 88. 1. 361；S. 91. 1. 294）；最高法院诉状审理庭，1899 年 3 月 21 日（DP 99. 1. 192，S. 99. 1. 225，Wahl 述评）；最高法院诉状审理庭，1905 年 11 月 8 日（DP 1906. 1. 14，S. 1907. 1. 145，J · Hémard 述评）；另见巴黎法院 1956 年 3 月 20 日判决（JCP 1956. 11. 9401，P · Mazeaud 述评，RTD civ. 1956. 709，H · Desbois 述评），该判决宣告合同无效并且仅强制有欺诈行为的无能力人进行返还（而不是拒绝撤销合同）。关于这方面的问题，参见 Ph · 马林沃：《论无能力人在订合同时的责任》，《巴黎大学学位论文》，1965 年（Ph · Malinvaud，La responsabilité des incapables（et de la femme dotale）à l'occasion d'un contrat，thèse Paris. éd. 1965，préf. H · Mazeaud，N°s 24 s.）。

[3]“拒绝撤销合同”不等同于“代物履行”或“代物清偿”。——译者注

第二编　合同的效力

437. 概说

在《民法典》里与严格意义上的合同效力有关的规定中有两个条文（参见附目第 1103 条及第 1199 条第 1 款）显得特别突出，其一是第 1134 条，该条第 1 款规定："依法成立的合同，对于缔结合同的人，有相当于法律之效力。"其二是第 1165 条，该条第 1 款规定："合同仅在诸缔约当事人之间发生效力。"

如果我们仅限于从这两个条文的规定来看问题，合同效力问题似乎非常简单。对于任何一项合同来说，都存在两类人：一方面是合同当事人，另一方面是（当事人以外的）第三人。合同对当事人有拘束力，对于第三人没有任何约束力。

然而，实际上，如此看待问题确实过于简单。首先，合同当事人与第三人的地位并不像乍看起来那样明显地截然分开。在第三人中，有一些是与合同当事人没有任何关系的人，他们是绝对的第三人（tiers absolus）；然而，在绝对的第三人与合同当事人之间，还有一些属于中间类型的个人，这些中间类型的个人围绕在合同当事人的周围，但又不能视同为当事人。其次，即使是对于绝对第三人而言，合同也并非不会产生某种影响。因此，我们完全可以说，传统上将合同对当事人的效力与其对第三人的效力完全对立起来的阐释仅仅是勉强地反映了真正现实。正因为如此，我们更愿意在这里提出另一种理论架构。

合同在各方当事人之间创建的是一种真正有约束力的关系。从这一见解出发，我们首先要研究的是这种具有约束力的关系的严格程度如何（第一章）；在确定合同效力的核心问题之后，我们将探讨除合同的各方当事人之外，还有哪些人可能因合同的存在而受到影响，影响程度如何，这就需要探讨合同的约束力的辐射范围（第二章）；最后，订立的合同有可能没有得到遵守，没有得到履行，这就需要我们探讨违反合同的约束力（lien contractuel）所带来的后果（第三章）。

第一章 合同约束力的严格程度

438. 合同即是当事人的法律

《民法典》（原）第 1134 条（现第 1103 条）运用著名法学家让·多马（Jean Domat）的理论见解,[1] 对合同的强制力（force obligatoire）原则作出了简单而清晰的表述：“依法成立的合同，对于缔结合同的人，有相当于法律之效力。”

《民法典》的制定者为了强调经各方当事人合意产生的债的力量（force des obligations），采用了一种非常有高度的对比：合同对于各方当事人的约束力，就如同法律对所有公民的约束力。正因为如此，人们有时也说，《民法典》第 1134 条的规定就是对意思自治（原则）的一种表达。按照这种看法，法律与合同之间的差别并非性质上的差别，而仅仅是程度上或层级上的差别。法律只不过是“全体按照社会形态生活的人们”订立的一种大契约，它表达的是总体意志；合同也是法律，它是个人意志赋予个人自己的法律。不过，这样的推理只不过是在进行一种同化类比（assimilation），也就是“将合同视同法律”，然而，第 1134 条的文字表述实际上只不过是一种对比或比较（comparaison，是对比而不是同化类比）。因为，我们知道，个人意思的力量虽然得到（人们的）承认，但这种

[1] 多玛：《论自然秩序中的民事法律》，第一卷，第一编（Domat, Les lois civiles dans leur ordre naturel, Livre I, Titre I, sec. II, VIII）：“合同一经成立，已经约定的全部事项对于订立协议的人具有相当于法律的效力，只有双方共同同意才能解除。”

力量并非个人意思本身所固有，而是派生所得（参见第 28 节）。[1]《民法典》第 1134 条的规定仅仅赋予“依法成立的合同”以强制力，也就是说，只有那些遵守了法律规定的有效性条件的合同，才能被赋予强制力。缔结合同，乃是运用由法律铸就的一种工具。《民法典》规定对不具备有效条件的合同实行制裁，正是为了公共安宁与交易安全，正是要求人们遵守自己的既出之言。

以上见解，从把握合同强制力的强度（intensité de la force obligatoire）来说，具有非常重要的意义，至少部分是如此。

按照意思自治理论，合同在当事人之间具有极其严格的强制力量。各方当事人可以自由决定其是否承担义务，但是，合同一旦成立，就应当照其履行；凡是当事人已经同意的事，均按照他们已经同意的条件，对他们具有强制力。因此，只能按照当事人的共同意图（commune intention）来解释合同；只有经过订约人双方同意，才能变更、中止与解除合同（参见附目第 1193 条），即使是法官，甚至是立法者，都没有权力干预契约活动。法官不得修改正在履行中的合同，同样，已经订立的合同不因立法的改变而受到影响。

如果我们将社会用益（utilité sociale）作为合同的基础，合同同样具有强制力，但是，由于合同的强制力必须服从社会的必要（性）（nécessité sociale），而社会的必要性正是赋予合同强制力的理由，所以，相对于合同当事人，对于法律与法官而言，合同的约束力的严格程度就有所减弱：法律与法官是社会必要性的“天然解释人”。

---

[1] C・加明：《对〈民法典〉第 1134 条解释的简短政策性回顾》（C・Jamin, Une brève histoire politique des interprétations de l'art. 1134 C. civ, D. 2002, chron. p. 901），作者论述证明，“人们相继对第 1134 条所作的占主导地位的解释从来也没有主张合同可以脱离法律的权威”。

总之，我们不需要始终拜读《民法典》的条文，仍然可以肯定，《民法典》的制定者并未打算将合同法则（loi contractuelle）变成一条铁定的法则（loi d'airain），并未打算将其变成一项不可触犯、不可改变的法则，从而抛开其他方面的一切考虑，让一方当事人可以毫无商量余地强制相对当事人一字不差地严格遵守合同的规定。实际上，对于《民法典》第1134条第1款所表达的合同的强制力，在同一条文的最后以及紧接其后的其他条文中就已经进行了“自然而然的限制”：其中，第1134条第3款规定：“（前项）合同应善意履行之。”而法典第1135条则进一步规定（参见附目第1194条）：“合同不仅对其中表述的事项具有约束力，而且对于公平原则、习惯与法律按照债的性质所赋予的全部结果具有约束力。”这样一来，问题就不是评价当事人如何履行其义务的方式，而是要确定当事人按照法律、习惯与公平原则应当履行哪些义务了。[1]

法官只有在事先要求当事人作出解释之后，才能依职权适用合同约款的规定。这里同样适用对席审理原则。

439. 善意

法律上运用善意（bonne foi）的概念，是让道德规则渗入制定法的一种手段。[2] 但是，由于善意这一概念并不是一个很明确的

[1]Ph·雅克：《对〈民法典〉第1135条的几点看法》，《巴黎十二大学位论文》，2003年（Ph · Jacques, Regards sur l'article 1135 du Code civil, thèse Paris XII, 2003, N° 170, p. 311.）。

[2]里佩尔：《论民事债中的道德规则》（Ripert, La règle morale dans les obligations civiles, N° 157）。（在本书译文里，凡是“善意”一词，法文均为“bonne foi”，“诚信”一词，法文均为“loyauté”，它们有同义，但也不尽相同。有很多人将“bonne foi”译为“诚信”或者“诚实信用”。参见第440节。——译者注）

概念，因此也引发了各种各样的疑问。[1]

在有些人看来，运用善意这一概念，只不过是一种技术性处理，并无任何实质意义。[2] 这种技术性处理仅仅是标示法国法抛弃了罗马法上的“严格法定合同”（les contrats de droit strict）与“善意合同”（les contrats de bonne foi）之间的区分方式。“严格法定合同”的内容是由合同使用的术语的文字意思来决定的，而“善意合同”解释起来则要灵活得多。[3] 第 1134 条第 3 款的条文意味着在法国法里只有“善意合同”，它仅仅涉及合同的解释。然而，在我们看来，这种分析视野过分地缩小了第 1134 条第 3 款的意义。虽然说，这一条文的规定毫无疑问与合同的解释有关，但

---

[1] A·布雷登：《论善意的民事效果》（A · Breton, Des effets civils de la bonne foi, Rev. crit. lég. etjurisp. 1926. 86）；G 里昂－卡昂：《论善意概念的演变》（G · Lyon-Caen, De l'évolution de la notion de bonne foi, RTD civ. 1946. 75）；果尔弗：《善意原则论》（Gorphe, Le principe de bonne foi, thèse Paris 1928）；R·吴因：《善意，法国私法上的概念与当下的作用》，《波尔多大学学位论文》，1939 年（R · Vouin, La bonne foi, Notion et rôle actuel en droit prive'français, thèse Bordeaux 1939）；A·施雷兹：《合同法上的信任》（A · Chirez, De la confiance en droit contractuel, thèse ronéot. Nice 1977）；Y·比科德：《论合同履行时的诚信义务》，《第戎大学学位论文》，1989 年（Y · Picod, Le devoir de loyauté' dans l'exécution du contrat, thèse Dijon, éd. 1989）；《合同履行时的善意要求》，载《法官与合同的履行》，1993 年（L'exigence de bonne foi dans l'exécution du contrat in Le juge et l'exécution du contrat, 1993, p. 57 et s.）；贝纳本：《论合同履行是的善意》，《H·卡比唐 协会论文集》，1992 年（Bénabent, La bonne foi dans l'exécution du contrat, Trav. Ass. Capitant 1992, p. 291 et s.）；德果尔斯：《合同法中的善意，当下的作用与前景》（Desgorces, La bonne foi dans le droit des contrats: rôle actuel et perspectives, thèse multigr, Paris II, 1992）；B·加卢佐：《论合同中的善意，法国、德国与日本法的比较研究》，《里昂大学学位论文》，2001 年（B · Jaluzot, La bonne foi dans les contrats. Etude comparative des droits français, allemand et japonais, thèse Lyon 3, éd. 2001）。欧洲共同体的立法也运用善意的概念，例如，1993 年 4 月 5 日欧洲共同体指令第 3 条在对滥用权利条款进行定义时就是以善意为依据，但是 1995 年 2 月 1 日的法律则排除参照善意这一概念（参见第 324 节）。

[2] Flour et Aubert, 7e éd. N° 374.

[3] 沃朗斯基：《试论以善意思想为基础的法的明确定义》，《巴黎大学学位论文》，1929 年（Volansky, Essai d'une définition expressive du droit basée sur l'idée de bonne foi, thèse Paris 1929, p. 325.）。

是，可以肯定它同时也与合同的履行有关，因为条文的文字本身就明确指出了这一点。况且，合同的解释与合同的履行是两个不同的概念，前者回答的问题是“各方当事人应当承担的是哪些义务”，后者回答的问题则是“各方当事人应当如何履行他们各自的义务”。

与上述看法相反，另有一些学者对第 1134 条第 3 款作出扩张性解释。他们认为，运用善意这一概念，恰恰证明《民法典》的制定者并未完全忽视另一种合同观念，按照这种观念，合同是“一个微缩的空间”（une sorte de microcosme），是“一个小小的社会”（une petite société）。在这个小小的社会里，每一方当事人都应当为着一个共同目的努力工作，而这种共同目的就是各方当事人追求的个人目的的总和，这一切，完全像是在民事公司（民事合伙）与商事公司里一样（参见第 41 节）。[1]

这样的解释肯定太过了。合同并不总是真挚默契的产物，而往往是相互对立的利益之间紧绷的拉锯关系所产生的结果，是在相互对立的利益之间找到的一种平衡点。由此产生的结果是，虽然说一方当事人毫无疑问必须抛弃对他方当事人的任何不诚信的行为，但是，任何一方当事人原则上均无须在善意的名义下对他方当事人的利益承担责任（参见第 43 节）。对于法律运用善意这一概念，法院判例也只是得出一种非常有限的结论，仅仅从中看到每一方当事人都负有的一种诚信义务（un devoir de loyauté），基于这种诚信义务，从反面角度来说，即可对履行合同中的恶意实行制裁；当然法院判例从善意概念中也看到了合同当事人之间存在着一种合作义务（un devoir de coopération），但是，除了由真正的合同意愿（affectio

[1]德莫格：《债法总论》（Demogue, Traité des obligations en général, t. VI, N° 3, p. 9.）。（在法语里“社会”与“公司”，民事公司（民事合伙）与商事公司，使用的都是同一术语——“société”，否则，无法理解这一段文字的意义。——译者注）

contractus）占支配地位的共同利益合同之外（参见第 78 节），这种合作义务仅限于“在合同履行过程中，一方当事人应当及时向对方当事人告知其需要了解的事件”，目的是方便合同的履行。合同善意，为推定的善意。主张相对当事人缺乏善意的一方当事人应当负举证责任证明之。合同的任何条款均不得直接或间接地忽略有关善意的要求，在此意义上，对善意的要求，具有公共秩序性质。[1]

> 《国际统一私法协会国际商事合同通则》第 1.7.1 条对“诚实信用（善意）与公平交易”（原则）作出以下明确规定：“（1）各当事人有义务遵守国际贸易中的善意要求。（2）当事人各方不得排除或者限制此项义务。”[2]《欧洲合同法通则》第 1-106 条也规定：“每一方当事人在行使其权利与履行其义务时有义务遵守善意之要求。”[3]

440. 诚信义务

无论是债务人还是债权人都负有诚信义务。

---

[1] J·梅斯特尔：《论一种更加明确具体的善意原则》（J·Mestre, Pour un principe de bonne foi mieux précisé, *RLDC*, mars 2009, N° 58, p. 9.）。

[2]《国际统一私法协会国际商事合同通则》，第 1.7.1 条，1994 年，第 16 页，“各方当事人均有义务遵守国际贸易中的善意要求”（这一条文的法文原文为“les parties sont tenues de se conformer aux exigences de la bonne foi dans le commerce international”）；（商务部条约法律司编译本《国际统一私法协会国际商事合同通则》的译文将“bonne foi”译为“诚实信用和公平交易”，其条文译文为“每一方当事人在国际贸易交易中应依据诚实信用和公平交易的原则行事”。法律出版社，2003 年 8 月第 2 版。——译者注）

[3] 参见《外国法译评》1999 年第 1 期，《欧洲合同法原则》（*Les principes du droit européen du contrat*, 1997, art. 1-106, p. 50 et s.）第 1-106 条的译文：“解释与补充。”（一）“本原则应本着其目的予以解释和发展，特别是应注意有必要促进诚实信用和公平交易、合同关系的确定性和适用的统一性。”这一译文与上注译文相同，但值得商榷。本书第 440 节对“诚信义务”有所阐释，法文称为“devoir de loyauté”。——译者注

（1）诚信义务（devoir de loyauté），强制债务人忠实地履行自己做出的承诺，但是，我们不能把“忠实履行”这一概念理解为一个凝固不变的僵死概念。因此，如果债务人的活动已经可以达到合同指向的目的时，即使其进行的给付与合同的规定并不完全相一致，仍然不能责备其有任何的缺乏善意的行为；[1] 如果合同为债务人留有一定的履行义务的灵活幅度，那么就应当强制债务人采取对债权人来说代价最小的处理办法。基于这一要求，法院判例要求架设电线的人员有义务找到线路最短的路径，[2] 或者出租车司机应当选择车程、车费最少的道路，货物承运人也应当选择托运人少花运费的运输线路。[3] 与此相反，如果债务人在履行合同时有任何的欺诈行为，也就是说，如果债务人有故意不履行其义务的行为，则可以肯定他违反了诚信义务；同样，如果一方当事人故意造成某种局面或状态，致使其无法履行给付，同样是违反诚信义务，例如，当事人采取超额预订的做法或手段，在明知自己提供床位或座位的能力有限的情况下，仍然超额出租或预订客房或交通订座（surreservation，surbooking），这种做法就是一种违反诚信义务的行为；[4] 还有，一方当事人采取种种手段，阻止相对当事人从所订合同中获得他期待的利益，同样属于缺乏诚信的行为。[5]

虽然说对于恶意的合同当事人违反诚信义务的行为，我们完全有理由实行制裁，但是，当没有履行合同的债务人证明他为了履行合同已经采取了认真谨慎的态度，已经尽其所能，采取了各种办法时，是否就是遵守了诚信义务？是否可以全部或部分免除该当事人

[1]最高法院诉状审理庭，1887 年 1 月 31 日（S. 87. 1. 420.）。

[2]最高法院诉状审理庭，1925 年 1 月 19 日（DH 1925. 77.）。

[3]最高法院民事庭，1905 年 11 月 28 日（DP 1909. 1. 193，S. 1909. 1. 269.）。

[4]例如，尼奥尔初审法院 2001 年 1 月 17 日判决（CCC 2001 N° 77，Raymond 述评）。

[5]最高法院民事庭，1906 年 1 月 17 日（S. 1909. 1. 205）；凡尔赛法院 1996 年 9 月 12 日判决（Defrénois 1997. 735，D · Mazeaud 述评，RTD civ. 1997. 656，Mestre 述评）。

的责任？随着债务人负担的义务的性质不同，对这一问题的回答也会有所不同。如果债务人负担的是一种方法性义务（obligation de moyen，方法之债，也有人译为“手段之债”），也就是说，如果债务人在合同中允诺的不是必须“达到某种具体的结果”，而仅仅是允诺“尽其所能达到某种结果”，那么，债务人的责任就是：为了履行其义务或债务，应当“尽到一个善良家父之全部注意”。在这种情况下，善意的债务人，也就是“已经尽其努力、诚实信用地提供其允诺之给付”的债务人，将会免负责任；与此相反，如果债务人负担的是一种结果性义务（obligation de resultat，结果之债），也就是说，债务人允诺的是必须“达到某种具体的结果”，只要没有实现这一结果，债务人即应承担责任。在此情况下，即使债务人已经尽其努力，亦不能据此免负责任：他只有证明存在外来原因、导致没有达到许诺的结果时，才能免除债务人的责任（参见第 577 节）。[1]

除上述情况之外，还有一些不太多见的情形：法律给予善意债务人以某种方便或便宜，以鼓励合同当事人展现自己的诚信，例如，按照《民法典》第 1244-1 条（1991 年 7 月 9 日法律条文）的规定，法官可以给予善意债务人以某种“宽限期”（un délai de grâce），[2] 此外，还有 1995 年 2 月 8 日“关于个人与家庭超额负债”的法律产生的《消费法典》第 331-2 条。该条规定如果处于超额负债的个人是善意的，可以享有协商清偿程序为其带来的利益，以方便其处理超额负债状况。这种自愿协议清偿债务（reglement amiable）的程序是一种“民事司法重整程序”（redressement judiciaire civil，与商

[1] Picod, op. cit. N° 56, p. 73.

[2] 有些法院判决走得更远，以债务人属于善意为理由，阻止运用解除条款，参见最高法院第一民事庭 1986 年 7 月 22 日判决（Bull. civ. I, N°223, p. 212）；最高法院第三民事庭，1987 年 4 月 8 日（Bull. civ. III, N° 88, p. 53, RTD civ. 1988. 122, J · Mestre 述评）；但这种处理有待批评，因为，正如有人正确指出的那样，《民法典》第 1134 条第 3 款的作用并不是“准许法官挽救那些善意地没有履行的协议”。参见前引 Mestre 述评。

事领域的“司法重整程序”相对应)。[1]

（2）债权人：债权人同样负有诚信义务。债权人应当抛弃不诚信的态度，放弃实施有可能导致合同无法履行或者履行起来更加困难的手段与操作。例如，债权人故意在债务人休假期间向其发出订单，唯一目的是让债务人无法按照规定的期限交货，这就是一种缺乏诚信的手段；如果债权人以所谓（要求债务人）忠实履行合同为借口，强制债务人同意牺牲重大的金钱利益，而这种牺牲与债务人所追求的目的完全不成比例时，债权人也属于违反诚信义务；[2] 要求遵守诚信义务，同样强制债权人应当尽力避免债务人付出毫无用处的费用或者不必要的费用开支。法院判例还认

[1] J·加莱-奥罗瓦与F·斯丹梅兹：《消费法》(J·Calais-Auloy et F·Steinmetz, Droit de la consommation, N°s 462 et s.)；B·奥佩提：《论负债与法》(B·Oppetit, L'endettement et le droit, Mélanges Breton et Derrida, 1991, p. 295)；P·于连：《关于个人与家庭负债的问题》(P·Julien, À propos du surendettement des particuliers et des familles, Mélanges Breton et Derrida, préc, p. 183 s)；F·利佐：《论负债的法律处理》,《埃克斯马赛第三大学位论文》, 1996年 (F·Rizzo, Le traitement juridique de l'endettement, thèse Aix. éd. 1996)；S·吉达拉：《论负债与私法》,《巴黎二大学位论文》, 1999年 (S·Gjidara, L'endettement et le droit privé, thèse Paris II, éd. 1999)。

（与商事司法重整程序相对应，个人超额负债，由《消费法典》调整，实际上就是所谓“个人破产程序”，但不是法国《商法典》规定的“个人破产”,《商法典》规定的“个人破产”(faillte personnelle) 是另一种特别程序，专门适用于企业（公司）的领导人，因管理上的过错导致其管理的公司破产，在符合法律规定的条件时，禁止这些领导人在一定期限内再担任管理商事公司的职务。这是一种权利禁止，与我国有些学者所称的“人格破产”的有一定差别。——译者注）

[2] 例如，在涉及一宗不动产施工质量很差的争议中，实体法官就正确地拒绝了一方当事人要求“推倒重做”的诉讼请求，理由是，推倒重做几乎要全部拆除已经建成的部分不动产，由此引起的费用将远远超过因工程质量不好而造成的损失。参见最高法院诉状审理庭1909年3月23日判决 (S. 1909. 1. 552)；另见最高法院诉状审理庭1887年1月31日判决；最高法院民事庭，1904年2月2日 (S. 1904. 1. 389)；关于限制损害的扩大，也可以以“双方当事人均有善意履行协议之义务”为依据。参见M·莱提耶：《关于对合同不履行的制裁的比较研究》,《巴黎一大学位论文》, 2004年 (Y-M·Laithier, Etude comparative des sanctions de l'inexécution de contrat, thèse Paris I, éd. 2004, N° 445, p. 351)。

为，工程业主应当为工程承揽人的施工活动提供方便，尤其不应当事先不加考虑，任意变更施工方案，甚至造成工程停工。[1] 最后，诚信义务还强制要求债权人的行为应当具有一致性（不能变化不定）。[2] 债权人的诚信义务同样适用于保证人。债权人在谨慎行使其对债务人的权利时，应当尽可能最大限度地减轻债务人同意负担的担保；[3] 按照有些法院判例，[4] 诚信义务甚至还强制要求债权人应当谨慎地行使其对债务人的权利，这就等于是保护债务人，使之能够对抗债权人方面的漫不经心的态度与做派，而不再只是保护债务人不受债权人的恶意的侵害。这样一种看法似乎有点过了头。

最近，最高法院对善意的作用进行了定位，明确认为按照"'契约应善意履行'之规则，准许法官制裁那些不诚信地运用契约赋予的特权的行为，但是，这一规则并不准许法官损害当事人之间合法约定的权利与义务的实质（substance，本质）本身"。[5] 从字面上来理解，这一表述意味着，只有契约赋予当事人的特权受到法官的监督，如果当事人在运用这种特权时有不诚信行为，将会受

---

[1]最高法院第三民事庭，1968 年 6 月 5 日（D. 1970. 453，Ph · Jestaz 述评，RTD civ. 1969. 141，G · Cornu 述评）。

[2]最高法院商事庭，1994 年 5 月 31 日（RJDA 1994，N° 1129，p. 871，RTD civ. 1995. 105，Mestre 述评）；最高法院商事庭，1995 年 10 月 17 日（Bull. civ. IV，N° 238，p. 221，RTD civ. 1996. 398，Mestre 述评）；最高法院商事庭，1995 年 12 月 5 日（RJDA 1996 N° 456，p. 336，RTD civ. 1996. 899，Mestre 述评）。

[3]最高法院商事庭，2005 年 3 月 8 日（RDC 2005. 1015，D · Mazeaud 述评，RTD civ. 2005. 392，J · Mestre et B · Fages 述评）；最高法院第三民事庭，2009 年 1 月 28 日（JCP 2009. 1. 138，N°22，P · Grosser 述评）。

[4]巴黎法院，2001 年 6 月 22 日（D. 2002. 843. C · Coulon 述评）。

[5]最高法院商事庭，2007 年 6 月 10 日（D. 2007. 2839，Stoffel-Munck et 2844，Gautier 述评，JCP 2007. 11. 10154，D · Houtcieff 述评，CCC 2007，N° 294，Leveneur 述评，Defrénois 2007. 1454，Savaux 述评，RDC 2007. 1107，Aynès 述评 et 1110，D · Mazeaud 述评，RTD civ. 2007. 773，B · Fages 述评，Grands arrêts，t. 2，N° 164. ）。

到制裁。这里，所谓“契约赋予的特权”（les prérogatives contractuelles），是指契约的某项条款或者法律的规定可能赋予某一方当事人享有的单方实质性质的各种权利。如何运用这些特权，对于合同的成立（例如，废约权条款、反悔权条款）、合同的内容（例如，单方确定价金条款、准许单方变更合同标的条款）、合同的解除（例如，当然解除条款、单方解除条款）以及合同的转让（例如，受让人需得到合同当事人认可的条款），等等，均可产生影响。[1] 这些权利的运用都将受到法官的监督，如果在运用这些特权时带有不诚信的性质，还将受到制裁。与此相反，所谓“当事人之间合法约定的权利与义务的实质本身”，则应当理解为双方当事人之间的“交易界限范围” （les termes de lléchange），也就是说，契约的核心（le coeur du contrat）是不准许触动的。[2] 对于合同的开始阶段，法官可以从合同的有效性的角度审查合同产生的条件，但是，合同的有效性一经得到承认，法官便不能损害债权。正如最高法院在一项公报中明确指出的那样：“债权人，即使有恶意，仍然是债权人，法官不得仅仅以‘债权被恶意行使’这样的理由，即免除债务人的整个债务或全部义务，从而损及债权本身的存在。”[3] 不过，虽然说契约赋予的特权确实是《民法典》第 1134 条第 3 款规定的首选领域，但是，如果将这种条款的作用仅仅局限于此，那就有些过头了。因为，一个表现出极端不诚信的债权人完全有可能滥用其债权，[4] 虽然说这种情况很少见，但也并非完全

---

[1] J·罗什佛尔德：《论合同给予的单方任意性权利》（J·Rochfeld, Les droits potestatifs accordés par le contrat, Mélanges Ghestin, 2001. 747）。

[2] Aynès 述评，RDC 2007. 1108；Stoffel-Munck 述评，D. 2007. 2841.

[3] 马洛里，埃内斯与斯托菲勒·明克：《债法》，第 764 节（ Malaurie, Aynès et Stoffel-Munck, Les obligations, N° 764. ）。

[4] 关于这个问题，参见：Terré et Lequette, Grands arrêts, t. 2, N° 164, § 5 et s.

不存在。[1]

（3）对于违反诚信义务，法律规定了不同的制裁方式。通常来说，一方当事人为恶意时，就会将自己置于受制裁的境地：不可能主张或不可能要求由合同产生的各项权利，特别是不能主张履行权（droit à l ‘exécution），不能主张损害赔偿权，不能主张解除合同的权利。[2] 与此相反，在一方当事人违反善意义务的情况下，法院可以依据《民法典》第1184条的规定，给予相对当事人解除合同的权利，[3] 与此同时，在立法方面，立法者还特别针对债务人的欺诈行为作出了规定：为了制裁债务人的欺诈行为（欺诈不仅仅是不诚信行为），按照《民法典》第1151条的规定，法官可以判决债务人对其造成的（订约时）没有预见的损害给予赔偿（参见第565节，通常情况下，仅赔偿所预见的损害）；法院判例方面：当债务人有欺诈性过错（faute dolosive）时，合同中订立的限责条款或免责条款的效力将被排除（也就是说，有欺诈性过错的债务人不能主张此种条款的规定）（参见第615节）。

---

[1]例如，波城法院，1973年2月15日（JCP 1973. 11. 17584，J·B述评，RTD civ. 1974. 152，Durry述评）。有些石油公司在与加油站签订合同时将安置在地下的储油罐交给加油占使用，在加油站终止与石油公司的销售合同时，石油公司依据《民法典》第1875条的规定要求加油站实物归还这些油罐，而将这些油罐从地下完整地取出将要实施代价极大的施工工程，加油站提出购买相同的新油罐，予以归还，石油公司表示拒绝。有的上诉法院作出判决认为实物归还原储油罐对于债务人的代价过大，而且对债权人也无什么利益，因为这种储油罐从地下取出将完全不能再使用，只能报废，石油公司拒绝用新罐替代，实际上是滥用其债权。

[2]法院判例拒绝一项解除条款当然产生效力，参见最高法院第三民事庭1976年12月15日判决（Bull. civ. III，N° 465，p. 354，RTD civ. 1977. 340，G·Cornu述评）；最高法院第三民事庭，1987年4月8日（Bull. civ. III，N° 88，p. 53，JCP 1988. 11. 21037. Y·Picod述评）；巴黎法院，1992年9月22日（D. 1992；IR p. 282）；最高法院第一民事庭，1999年2月16日（Bull. civ. I，N° 52，p. 34，Defrénois 2000. 248，D·Mazeaud述评）。

[3]最高法院民事庭，1898年4月23日（DP 98. 1. 507）；最高法院诉状审理庭，1928年11月13日（DH 1928. 589）。

441. 合作义务

善意，还意味着合同当事人之间有一定的合作义务。合同的性质不同，当事人之间的这种合作义务或者比较明显，或者不太明显。[1]

有些合同是合作义务的首选领域，例如，在公司里，就应当有一种“兄弟会性质的权利”（jus fraternitatis）。《民法典》第1844-7条第5项的规定就是从这一思想得出的结论，该款规定：“应一名股东有正当理由的请求，法院宣判公司提前解散，尤其是在某一股东不履行其义务或者股东之间不和，致使公司无法营运的情况下提出解散公司的请求（公司解散）。”这就是说，当某一股东的所作所为导致股东之间无法合作时，法律准许在约定的期限尚未到来之前即可解散公司。

同样，只有当企业领导人与在企业内承担主要职责的雇员之间有着真正的信任关系时，或者出版人与作者之间有着这种信任关系时，[2] 劳动合同或者出版合同才能得到维持。

除了这类常见的例子以外，有人还指出，近年来由商业实践创造出来的大多数合同也都是以“缔约意愿”（affectio contractus）为基础的合同，[3] 例如，特许经营合同、独家供货合同、成套设备工程施工合同、技术转让合同、债权代理合同等。以经销合同为例，供货商与经销商之间就有着共同的目标：占领与开发某一部分

---

[1] Y·比戈：《论合同履行中的合作义务》（Y · Picod, L’obligation de coopération dans l’exécution du contrat, JCP 1988. 1. 3318）；S·达尔-梅桑：《道义契约论》，《巴黎二大学位论文》，2000年（S · Dar-maisin, Le contrat moral, thèse Paris II, éd. 2000, N° 233, p. 157）。

[2] 巴黎法院，1998年9月9日（JCP 1999. IL 10181，A · Lucas述评）。

[3] J · Mestre述评，RTD civ. 1986. 101；J-M · 勒卢普：《论商业实践对合同的创造，当代合同法的发展演变》（J. -M · Leloup, La création de contrats par la pratique commerciale, in L’évolution contemporaine du droit des contrats, Journées René Savatier 1985, p. 167 et s. ; L · Aynès述评，chron. D. 1993, p. 25, sp. p. 27）。

市场，占领与开发作为产品最终使用者的顾客群体。由这种共同目标产生的结果是，如果供货商改变合同的平衡，致使销售商不能面对竞争，那么供货商在履行合同时就是缺乏善意。[1] 今天，由于定价方面通常采取的某些主要做法，一个非常突出的问题是，合同当事人可以同意由其中一方确定价格（参见第291节）。在国际贸易领域，由于合同期限往往很长，竞争又非常激烈，合同当事人不得不在合同履行过程中进行合作，因此在这类合同里基于合作关系的考虑就会显得更加突出。当事人之间的合作义务得到很大发展的另一领域是有关信息告知的合同。[2] 供货商与其客户在这方面都应当主动合作，以求建立一套制度，使之更能满足双方所追求的结果。[3]

从更广的角度来说，合同当事人之间应当进行合作这一思想也给每一方当事人带来了一项义务："在合同履行过程中，应当向对方当事人告知其有利益了解的有关合同履行的事件。"[4] 与合同的履行有关的告知义务，不同于合同成立之前的告知义务，[5] 前者

---

[1]最高法院商事庭，1989年12月19日（Bull. civ. IV，N° 327，p. 220，RTD civ. 1990，p. 649，J · Mestre述评）；最高法院商事庭，1992年11月3日（CCC 1993，N° 45，RTD civ. 1993. 124，J · Mestre述评）；另见最高法院商事庭，2002年1月15日（D. aff. 2002. 1974，Ph · Stoffel-Munck述评）。

[2]G · 莫兰：《论国际合同中的合作义务，国际贸易法与实践》（G · Morin，Le devoir de coopération dans les contrats internationaux，Droit et pratique du commerce international 1980，p. 9 et s）。

[3]例如，巴黎法院1984年6月18日判决，1985年6月26日判决（RTD civ. 1986. 102，J · Mestre述评）；M · 维万：《论合同一般理论中的信息告知》（M · Vivant，L'informatique dans la théorie générale du contrat，D. 1994，p. 117，sp. n°s 11 et s.）。

[4]德莫格：《债法总论》（Demogue，Traité des obligations en général，t. VI，N°29）。

[5]德于格拉尔：《论合同中的情况告知义务》（Dejuglart，L'obligation de renseignement dans les contrats，RTD civ. 1945，p. 1 et s）；阿里斯：《论合同中的情况告知义务》，《巴黎二大学位论文》，1975年（Alisse，L'obligation de renseignements dans les contrats，thèse Paris II，1975）；M · 法布尔-马尼昂：《论合同中的告知义务，一种理论简说》，《巴黎一大学位论文》，1992年（M · Fabre-Magnan，De l'obligation d'information dans les contrats，Essai d'une théorie，thèse Paris I，éd. 1992，N°^{s} 410 et s，p. 332 et s）。

有时是由法律条文明文规定，例如，《保险法典》第113-4条第3项（1989年12月31日法律的条文）就明确规定，被保险人受强制向保险人告知保险合同履行过程中发生的事件，特别是那些有可能加大风险的事件；[1]《民法典》第1768条也明确规定："在发生侵夺租赁的土地的情况下，乡村土地承租人应当通知土地所有权人，否则，应负担由此引起的一切费用并负损害赔偿责任。"还有1982年6月22日，1986年12月23日与1989年7月6日连续几项关于确定承租人与承租人之关系的法律也都强制出租财产的所有权人向承租人告知特定事项的情况，特别是有关租约期间的负担和预先通知等事项的情况。

在没有法律条文特别规定的情况下，法院判例也反复承认合同当事人之间存在情况告知义务，[2] 有时甚至还存在"提供咨询建议的义务"。我们在第455节、第569节与第591节中将详细谈到这些义务的主要表现。

对于许多合同而言，合作义务也意味着每一方当事人均有为相对当事人履行合同提供方便的义务，例如，为了方便国际货物运输，发货方应当向铁路运输企业提交海关（通关）所必要的各项文件；[3] 请裁缝做衣服，顾客就应当配合量尺寸；[4] 工程业主应当取得工程所必要的各项批准手续，以配合正常履行施工合同，并向工程承揽人告知有关市场方面的困难；[5] 在出版合同方面，作者

[1]最高法院第一民事庭，1985年3月20日（Bull. civ. I, N° 102, p. 93.）。

[2]最高法院第一民事庭，1996年6月11日（Bull. civ. I, N° 245, p. 173, Defrénois 1996. 1007, D·Mazeaud述评, RTD civ. 1997. 425, Mestre述评）。

[3]最高法院民事庭，1929年4月10日（DP 1930. 1. 28.）。

[4]波尔多民事法庭，1908年11月4日（DP 1910. 5. 19.）。

[5]最高法院第一民事庭，1966年5月11日（Bull. civ. I, N° 281, p. 215）：由于顾客疏忽，事先没有向洗衣店告知有关注意事项（导致衣服有受损情况）。最高法院第一民事庭，1969年3月17日（D. 1969. 532）：顾客疏忽，事先没有告知施工企业地下有管线。

应当校对清样并签发付印单，如果作者不加修改，就不能抱怨出版的作品中有错误。

最高法院最近还在判决中认定，债务人有善意履行合同的义务，应当查证其债权人确实出具了所提供的给付的发票，相反情况下，则应告知债权人所出现的差错。[1] 在这种情况下，当事人之间的合作义务可能演变成插手他人事务的义务（devoir d'ingérence dans les affaires d'autrui），[2] 这样一来又完全有点过头，因为它将引出一种奇怪的结果，完全剥夺在合同领域有关利益于债务人所作出的法律规定发挥作用的范围。[3]

> 《欧洲合同法原则》也规定："每一方当事人均应当与相对当事人进行合作，使合同得以产生完全的效力。"[4]

442. 公平（équité，平衡）

按照传统观念，运用"公平"这一概念被理解成是对善意要求的简单重申，因此运用这一概念没有任何实际意义。但是，这样的理解显然过于狭窄，虽然说，善意与公平这两个概念都是为了避免合同当事人局限在契约的文字表面意思而回避其精神实质，就此而言，两者具有相近似的功能，但两者却是站在不同的角度来实现这种相接近的功能：善意在某种程度上是从内部发挥作用，关注的是

---

[1]最高法院第一民事庭，1996年1月23日（Bull. civ. Ⅰ, N° 36, p. 23, D. 1997. 571, Ph·Soustelle述评，CCC 1996 N° 76, Leveneur述评，Defrénois 1996. 744, Delebecque述评，RTD civ. 1996. 900, Mestre述评）；另见最高法院第一民事庭1987年6月2日判决（Bull. civ. Ⅰ, N° 182, p. 136, RTD civ. 1988. 118, Mestre述评）。

[2]《诚信、互济与博爱，新的契约座右铭》（D·Mazeaud述评，Loyauté, solidarité, fraternité: la nouvelle devise contractuelle？Mélanges F·Terré, 1999, p. 603）。

[3]L·Leveneur, CCC 1996, N° 76.

[4]《欧洲合同法原则》，1997年（Les principes du droit européen du contrat 1997, art. 1-107, p. 57 et s）（关于这一条文的位置出处，此处原文有错——译者注）

每一方当事人都应诚信地履行合同，而公平则是站在更高的角度，从外部来实现这种功能，也就是从正义的角度来确定什么才是应负的债务的范围。[1]

乍看起来，这样来考虑公平问题，可能会赋予法官非常大的权力，特别是赋予他们变更合同的权力，以恢复合同的平衡，然而这样的观念将直接与法律的安全相抵触，而如果没有法律安全，合同将失去其深层本质，因为合同首先是一项对将来做出预测的行为。[2] 正因为如此，法国法仅在特别情况下才会（准许）对双方当事人的给付不平衡予以补救——不论是在合同成立时就出现的不平衡还是在此之后出现的不平衡。合同成立时就存在的不平衡，就是我们在前面（参见第 307 节）所说的“显失公平”（lésion），在合同成立之后的履行过程中才出现的不平衡，就是我们将要在后面（参见第 466 节）谈到的“情势变更”。[3] 总之，除特别条文有特别规定之外，法官既不享有变更合同的一般权力，也没有任何拯救合同不平衡的任务。

但是，在合同领域，传统上优先重视的是对合同应当具有稳定性的强制要求，但是，在法国法里公平也在起着日渐增大的作用。虽然说法院判例不承认法官有以其名义重写合同的权力，但却越来越多地对合同附添了双方当事人原本不愿意的后果，而且判例在这样做时也仅仅是遵照法律条文的规定。《民法典》第 1135 条（现第

---

[1] Ph·雅克：《对民法典第 1135 条的几点看法》，《巴黎十二大学位论文》，2003 年（Ph · Jacques, Regards sur l'art. 1135 du Code civil, thèse Paris XII, 2003, N° 166, p. 288）。

[2] H·雷居耶：《合同，一种带有预测性质的行为》（H · Lécuyer, Le contrat, acte de prévision, Mélanges F · Terré, 1999, p. 643）。

[3] 最高法院民事庭，1933 年 11 月 15 日（Gaz. Pal. 1934. 1. 68; 2 déc. 1947, Gaz. Pal 1948. 1. 36）；最高法院民事庭，1961 年 1 月 16 日（Bull. civ. I, N° 34, p. 27）；最高法院社会庭，1965 年 5 月 12 日（D. 1965. 652）；最高法院社会庭，1994 年 5 月 11 日（D. 1995. 626, C · Puigelier 述评）。

1194条）不是有如下规定吗？——“契约不仅对其中表述的事项具有约束力，而且对于公平原则、习惯与法律按照债的性质所赋予的全部结果具有约束力。”最近，最高法院在这方面还走得更远一些，承认法官在双方当事人约定可以由一方当事人单方确定价金的情况下有对此价金实行监督的权力（参见第289节）。在合同的约定条款引起双方当事人的权利与义务发生“能够说明问题的不平衡”（具有典型特征的不平衡）状况时，立法者也承认法官有权力将这种条款视为“不曾订立”（参见第319节）。

从以上阐述中，我们可以看到，善意与公平越来越深地渗透在法国合同法的效力当中，成为法官在合同的解释与履行方面进行干预的工具。正因为如此，我们在下面从3个方面来探讨合同约束力的严格性，探寻在合同的强制力与善意和公平之要求两者之间建立什么样的平衡。这3个问题分别是：合同的解释（第一节），合同的变更（第二节），合同的解除（第三节）。

第一节　合同的解释

443. 定义

不论是口头语言还是书面语言，都只是一种并不完善的表达思想的工具。然而，很多缔结合同的人掌握和驾驭法律语言的能力实在差强人意，由此导致订立的合同往往很不完善。而且，只有非常少的情况，当事人在订立合同时就考虑到将来可能发生的各种问题或困难，并在合同中作出相关规定和相应处理。这就是说，事实证明，合同的文字表述可能很不完备，甚至极不准确。在这种情况下，或者需要厘清合同条文所要表达的真正意思，也就是需要对合同作出“说明性解释”（interprétation explicative，阐释性解释），[1]或者，需要对合同的缺项进行补充，这就需要作出“创设性解释”（interprétation créatrice）。[2]

444. 合同的解释与合同性质的认定

不要混淆“解释合同”与“认定合同的性质”（qualification du contrat），或者是“认定合同的名称”。解释合同，是确定缔结的债务的意思与范围；而认定合同的性质则是将当事人订立的合同归入哪一法律类型，从而推导确定该合同应当适用什么（法律）制度。按照严格的逻辑意义，合同的解释与对合同性质的认定在时间上有先后顺序之分。解释合同是认定合同性质的“必要的预备条件”。一项合同，只有首先排除其本身可能存在的不明确之处，才能确定是

[1]合同的解释问题几乎始终涉及书面的契约或协议。对于口头协议而言，争议往往更多涉及的是这种口头协议是否存在，其证据何在，其次才是如何解释口头协议，不过，也并非完全不可能设想需要由法院对某项口头协议作出解释的情况，例如，如果当事人对口头合同进行了录音且录音（本身）没有受到争议，但对某些语句或用语有不同理解。

[2]这方面的论文很多，例如，德若：《论私法律行为的解释》，《巴黎大学学位论文》，1905年（Dereux, De l'interprétation des actes juridiques privés, Paris 1905）；G·玛蒂：《论事实与法律的区分》（G·Marty, La distinction du fait et du droit, Toulouse, N°s 144 et s）；A·里耶格：《法国民法与德国民法里意思在法律行为中的作用》，《斯特拉斯堡大学学位论文》，1961年（A·Rieg, Le rôle de la volonté dans l'acte juridique en droit civil français et allemand, Strasbourg, éd. 1961, N°s 365 et s.）；J·洛佩兹桑塔马丽亚：《论合同的解释制度》（J·Lopez Santa Maria, Les systèmes d'interprétation des contrats, Paris dactyl. 1968）；Y·帕克洛：《关于法律解释之探讨》，《巴黎二大学位论文》，1988年（Y·Paclot, Recherches sur l'interprétation juridique, Paris II, ronéot. 1988, N°s 241 et s. Articles）；G·玛蒂：《论法官在解释合同中的角色》（G·Marty, Rôle du juge dans l'interprétation des contrats in Trav. Ass. H·Capitant, t. V, 1949, p. 84 et s）；Th·依崴内：《论当事人之法律的文字与精神》Th·Ivainer, La lettre et l'esprit de la loi des parties, JCP 1981. 1. 3023）；Ph·森勒尔（Ph·Simler, J-Cl. Droit civil, art. 1156 à 1164）；F·泰雷：《解释：事实、法、文字与精神》（F·Terré, Interprétation: le fait et le droit, la lettre et l'esprit, Mélanges Ligeropoulos, 1985, p. 527）。

什么性质的合同，才谈得上认定其应当适用什么样的法律制度。[1]法官在认定合同的性质或者准确地认定合同的名称时，并不受合同当事人原已确定的合同名称的约束。[2] 如果法官认定当事人对他们所订立的合同确定的名称不能真正反映他们的这项协议的实际经济或现实经济（économie réelle de l ‘accord），法官就可以重新认定该合同的性质，这样才能确定该合同实际上应当适用的法律制度。[3]

445. 当事人协议解释，法院解释

当合同发生解释上的问题时，如果当事人协商一致，很容易得到解决。当事人协商对合同进行解释，可以有多种形式：

首先，当事人可以在他们订立的合同中订入某些条款，旨在对某些表述或术语的确切意思或义务作出范围界定，以及对合同的解释作出导向。这些条款，在商务合同中经常使用，可以用它来限制解释者的权力，例如，合同整体性条款，或者称为“面面俱到条款”，都属于这种情况。通过这些条款，对当事人签订的协议所包含的全部义务的整体性或完整性作出详细的具体说明，以至于不可能再另行考虑双方当事人在谈判阶段交换的文件来对合同的内容进

[1]F·泰雷：《论个人意思对合同定性（定名）的影响》，《巴黎大学学位论文》，1957年（F · Terré, L'influence de la volonté individuelle sur les qualifications, thèse Paris. éd. 1957, N°s 12 et 674）；X·亨利：《关于合同定性或名称认定的技术》，《南锡大学学位论文》，1992年（X · Henry, La technique des qualifications contractuelles, thèse ronéot. 2 vol, Nancy II, 1992）；关于合同的解释与合同的定性的相互作用，参见J·罗什菲尔德：《论合同的原因与类型》，《巴黎一大学位论文》，1999年（J · Rochfeld, Cause et type de contrat, thèse Paris I, éd. 1999, N° 351, p. ）。

[2]例如，当事人将借贷合同写成是出资合同，法官可以认定该合同是借贷合同。——译者注

[3]例如，最高法院商事庭，1985年5月14日（Bull. civ. IV, N° 153, p. 130; 21 déc. 1987, Bull. civ. IV, N°281, p. 210）。

行补充解释。所谓“优先考虑条款”也是这种类型的条款，通过这种条款，双方当事人对他们之间在订立合同时所交换的全部文件确立一种孰先孰后的层级，以便处理这些文件中可能存在的相互抵触的情况。还可以在合同中规定赋予某一方当事人对合同的某些特定条款以独家解释权。如果说我们在上面所说的前两种条款的有效性不会遇到任何困难，但第 3 类条款的有效性就值得商榷了。至少，这种赋予一方当事人独家解释某项条款的权力的行使应当接受法官的监督，法官完全有可能剥夺这类条款的相当部分的意义。

其次，如果在合同的解释上发生困难，双方当事人也可以就应当以何种解释相关条款的意思达成协议，从而使困难得到处理。在这种情况下，双方当事人订立的解释性协议将对合同或合同条款的准确意思或意义范围作出具体的说明。这种情况属于订立“解释性附加协议”。

不过，双方当事人也可能在合同解释问题上发生较为严重的困难。于此情形，法官就将受到各方当事人的请求，由法官来具体解释协议或协议条款的准确意义。无论当事人在合同解释上发生何种困难，法官均不得回避其应当承担的任务，否则，以“拒绝裁判罪”（déni de justice）论处。[1] 这种情况属于合同解释争议，不能混同于涉及合同有效性条件的撤销合同的争议（参见第 389 节），也不能混同于合同履行争议。有关合同履行的争议是徘徊于强制履行问题与合同责任问题两者之间的一种争议（参见第 558 节）。

446. 解释法律与解释合同

为了明确法官在解释合同方面的使命，人们经常强调说，解释

[1] 最高法院第三民事庭，1970 年 4 月 16 日（D. 1970. 474，M · Contamine-Raynaud 述评）。

合同与解释法律两者有着类似之处。无论是解释法律还是解释合同，都是要弄清某项规范或者某项条款规定的真正意思，以及在可能的情况下，用某种规范或规定去填补（接受解释的文件或合同中）存在的空白。然而，我们认为，准确地说，法律规范与合同规范（规定）两者之间有着很深的差别，这种差别对于我们在此讨论的解释合同的问题并非没有影响。虽然说，从实体审法官采用的解释方法来看，解释法律与解释合同确实有着某种相似之处，但是，如果我们站到最高法院实行监督的角度来看问题，两者不可同日而语。法律解释的统一性，是最高法院的基本使命，而法律行为（合同）的解释属于事实范围，除了发生曲解事实本质的情形之外，对法律行为作出解释，完全属于实体审法官自主评判的权力范畴。

第一目　实体法官对合同的解释

447. 本节内容安排

法官在解释合同时，可以运用两种相互对立的方法，我们下面来依次探讨这两种方法，然后再看一看制定法是如何将两者结合起来的。

一、解释合同的各种方法

448. 主观方法与客观方法

法官解释合同采取的第一种方法称为主观方法（méthode subjective）。主观解释方法直接受到意思自治理论的主导。运用这种方法解释合同，就是将法官变成一个“顺从当事人意志（意思）的仆人”。解释合同就要明确地确定合同的内容，而合同的内容是当事人意思合致的产物。因此，法官在解释合同时，应当查找什么是双方当事人的共同意图，而要做到这一点，法官往往应当超越合同文字表述的字面意思，去发现或揭示当事人的真实意思。

关于《民法典》提到的合同当事人意思之外的各种因素对解释合同的作用或影响，传统理论都是尽可能地加以限制。正因为如此，我们只能通过当事人的意图来理解第 1134 条第 3 款关于“契约应善意履行”的规定。所谓契约善意（la bonne foi contractuelle）是指悉心尊重当事人的所有期待。《民法典》第 1135 条（现第 1194 条）规定：“合同不仅对其中表述的事项具有约束力，而且对于依公平原则、习惯与法律按照债的性质所赋予的全部结果具有约束力。”从这一条文中提及的法律、习惯、公平（原则）等因素的设计来看，其中公平只不过是对我们在前面阐释的意义上的善意的简单重申，而法律与习惯也是从当事人的默示意思中汲取其力量。[1]

解释合同的第二种方法称为客观方法（méthode objective）。客观解释方法的形成分为两个阶段：首先是对主观方法提出批判的阶段，随后才提出这种替换方法。

有人曾强调指出，将查找当事人的共同意图作为解释合同的唯一规则，完全是一种徒劳无益的人为做法，因为，在很多情况下，实际上并不存在这样的共同意思。当合同中存在某种含糊不清的表述时，每一方当事人都会尽力地对其作出最有利于自己的意义解释，各方当事人之间实际上没有什么共同的意图，反倒是更多地考虑各自的利益，各有各的一把算盘；当合同存在某种“未尽事宜”时，从当事人的共同意图中去寻找解决办法，也可能完全是徒劳无功，因为，即使原先就考虑到（现在）发生的问题，每一方当事人也都是按照最有利于自己的方向去进行处理。[2] 有些时候，当事人原先甚至是故意回避某种问题，如果在谈判时一股脑儿

[1]合同虽然没有明文规定，但当事人可以按照法律与习惯对合同作出解释。——译者注

[2]G·玛蒂：《论法官在合同解释中的作用》（G · Marty, Le rôle du juge dans l'interprétation des contrats, Trav. Ass. H · Capitant, 1949, p. 84 et s, sp. p. 90.）。

抛出所有的问题，反而极有可能谈不成任何合同。这就是说，要想发现或者揭示当事人的共同意图，等于是算命先生去搜寻一种假设其存在的意思。

基于上述批判性见解，客观解释方法所主张的便是，法官在解释合同时并不是要穷尽其力去搜寻那种并不存在的当事人的所谓共同意图，而是要运用善意、合同公平与商事习惯。在传统理论上，这些概念只不过是合同当事人意思的简单延伸，并且认为当事人是默示参照这些概念；而按照现代理论阐释，这些概念已经取得了“自有的存在”或者说“固有的存在”，因此，与其是竭力发现合同当事人的共同意图，还不如去查找什么是公道或正义，什么是人们通常的实践所为。

二、制定法的处理

449. 主观方法与客观方法的互补性

在上述两种解释合同的方法中，制定法并没有单独认定一种方法，而是将两者结合起来。因此，合同的客观解释方法与主观解释方法两者之间具有互补性，可以互为补充。

合同的内容出自当事人的意愿，如何认定合同的内容，当然首先要参照双方当事人的意思。这就是说，对合同作出阐释性解释（interprétation explicative）主要由主观解释方法来指导（1）；但是，我们应当知道，合同当事人并不是什么都能预见或者什么都已预见，特别是在合同的履行需要延续很长时间的情况下，在履行过程中往往会出现这样那样的困难，当法官对合同的“未尽事宜”进行增补处理时，将主要倚持公平（équité，衡平）与习惯，这就是说，要对合同作出创造性解释（interprétation créatric）。显然，创造性解释主要受客观解释方法所指导（2）。

450. （1）阐释性解释，原则性指导意见

当一项合同显示其中存在某种不明确之点或歧义之点，甚至条文相互矛盾时，立法者给予法官的第一项指导性意见是，要查找双方当事人的共同意图（la commune intention des parties）。按照《民法典》（原）第1156条（现第1188条第1款）的规定，"解释合同，应当从合同中寻找诸缔约当事人的共同意图，而不应拘泥于用语的字面意思"。[1]就立法领域而言，法官可以享有查明立法规范意图的调查手段，而在合同领域，法官则没有可以查明当事人意图的任何调查手段。签订合同也不像立法那样有一个准备工作程序（对立法理由或宗旨作出说明），[2] 也没有专门对订约原因或理由作出阐述。[3] 正因为如此，立法者并没有将法官们抛弃到全凭他们自己的学识进行裁量的境地，而是尽量对法官所进行的干预活动给予指导。为此，立法上确定了某些辅助的指导性处理意见，这些指导意见规定在《民法典》（原）第1157条至第1164条（现第

[1]第1156条提出的解释合同的规则并不具有强制性（最高法院第一民事庭，1979年3月6日）；法院判例一贯认为：合同的解释属于本案实体法官的自主评判权限（最高法院，1808年2月2日）。在合同用语非常清楚、非常准确的情况下，不准许法官曲解由此产生的债务的本质，变更合同中已经包含的规定（最高法院，1872年4月15日）。法官应当从当事人使用的用语以及合同订立之后任何足以表明当事人意思的行为表现去查找缔结合同的各方当事人的真实意思（最高法院第三民事庭，1971年2月5日）。法官在解释合同时所作的表述，在没有曲解合同用语的情况下，发现有争议的表述完全是由于合同起草上存在的问题时，则可以排除适用该表述（最高法院第三民事庭，1974年10月8日）。

[2]参见本书第190节，关于预备性协议（accords préparatoires）。有时法官也会参考订约前的谈判情形来查明当事人的真实意思，参见：M-H·马尔维尔：《合同的解释，司法判例研究》，卢昂大学出版社，1991年（M.-H·Maleville, Pratique de l'interprétation des contrats, Études jurisprudentielles, Publ. Univ. Rouen, 1991, p. 240 et s）。

[3]在商业领域，议定书有时会加有一个解释性前言。

1188条至第1192条)。[1] 不过，我们也不能夸大这些指导性规定的意义，因为，这些条文的规定实际上只是向法官提出了某种简单的建议，而且还不构成一个紧密的整体，在它们之间不存在孰先孰后或者任何层次上的差别。[2] 这就是说，从根本上来说，合同解释方面的问题还是要具体个案具体分析。法官需要根据案件的具体情节，借助于立法者为其开出的“方子”或“菜谱”来解决问题，但是法官也不能被这些“方子”或“菜谱”束缚住手脚，当事人也不能以法官违反这些条文的规定为依据，作为向最高法院提起上诉的理由。[3]

《民法典》第1156条（现第1188条）被放在这一系列条文之首，它毫无疑问具有原则性价值。解释合同，首先应当寻找诸当事人的意思，也就是应当对当事人的共同意图作出合理的解释，而只

---

[1]关于这些条文，参见J·杜比朔:《第1154条至第1164条所给予的“傻瓜小指南”中的禁止事项与事例》(J · Dupichot, défense et illustration du “Petit guide-âne” des art. 1156 à ll64, Études Flour, 1979, p. 179); Lopez Santa Maria, thèse préc, p. 45 et s; H·特洛菲诺弗:《〈民法典〉的1156条至第1164条条文安排顺序的理论依据》(H · Trofinoff, Les sources doctrinales de l’ordre de présentation des articles 1156 à ll64 du Code civil sur l’interprétation des contrats, RHD 1994. 203)，作者试图找到这些条文在逻辑上的协调性。

[2]最高法院诉状审理庭，1807年3月18日（S. 1807. 1. 361):《民法典》第1156条及随后条文主要是为法官提供解释合同方面的建议，而不是规定某种严格的强制性规则，当案件的具体情节更为明显时，准许法官排除适用的这些规则。

[3]按照一般条件，违反法律，是向最高法院提起上诉的理由，但实体法官违反有关合同解释的这些条文的情况，却不构成据此向最高法院提起上诉的理由，尽受不遵照这些条文的规定来解释合同，也是违反法律的情形。——译者注。

最高法院诉状审理庭，1892年2月16日（S. 92. 1. 409.)；最高法院第一民事庭，1948年5月10日（Bull. civ. I, N° 137, p. 470, RTD civ. 1948. 468, H. et L · Mazeaud述评)；最高法院第一民事庭，1961年10月17日（Bull. civ. I, N° 464, p. 368)；最高法院第一民事庭，1979年3月16日（Bull. civ. I, N° 81, p. 66)；最高法院商事庭，1981年1月19日（Bull. civ. IV, N° 34, p. 25)；最高法院社会庭，1981年6月3日（Bull. civ. V, N° 490, p. 369)；最高法院第一民事庭，1993年10月13日(Bull. civ. 1, N°287, p. 198, JCP 1994. 1. 3757, N° 6, Billiau述评)；另见最高法院第一民事庭1970年1月20日判决（Bull. civ. I, N°24, p. 20)。

有把自己放到当事人订立合同当时的具体境况之下，才能真正发现他们的共同意图。当事人的意思就是他们在订立合同之当时的意思,[1] 而不应当拘泥于合同用语的字面意思。总而言之，相对于文字来说，思想应当占据优先考虑的地位。[2]

但是，我们不能因为解释合同需要首先考虑当事人的（共同）意思，就一般地质疑所谓的“习惯条款”（的作用)，也就是对合同通常都会使用的某种条款或者习惯上借用某种表述格式的条款。[3] 这些条款原则上对合同当事人具有拘束力，并且应当认为当事人已经阅读过这些条款,[4] 但是，当这些条款与某一项看来更加清晰地表达当事人意思的条件相抵触时,[5] 前者就将被排除。同样，当合同采用的是印制文本时，不是提供文本的一方当事人则不能以“自己没有阅读这些条款”为借口而主张合同条款不具有任

[1] G · Cornu, RTD civ. 1971. 668 et 1974. 836.

[2] 例如，最高法院第一民事庭 1995 年 5 月 16 日判决（D. 1995. 349，Sargos 报告)：在本案中，车辆先是被撬，钥匙被盗走，但车辆并未被盗，后来该车辆才被人开走，使用的是被盗的钥匙，保险单中规定的“在没有撬锁的情况下车辆被盗”不予赔付的条款，不能得到适用。这一法院判例强调应当适用双方当事人真实意思的规则，排除按照字面意思来适用保险条款，即使条款的文字表述很明确很具体，但实际上与当事人的共同意图相矛盾。另见最高法院诉状审理庭 1945 年 2 月 6 日判决（Gaz. Pal. 1945. 1. 116.)；法院判例还承认：合同中有些条款虽然是明确的具体的条款，但如果综合起来看，从整体上来考虑，却使合同的意思与义务范围含糊不清时，法官可以对这些条款作出解释。参见最高法院第一民事庭 1958 年 11 月 26 日判决（Bull. civ. I, N° 520, p. 424)。

[3] A · 勒孔特：《格式条款论》（A · Lecomte, La clause de style, RTD civ. 1935. 305 et s.)；D · 德尼斯：《论格式条款》（D · Denis, La clause de style, Études Flour l979, p. 117)。

[4] 最高法院第三民事庭，1968 年 5 月 3 日（Bull. civ. III, N° 184, p. 146)；最高法院第三民事庭，1971 年 7 月 8 日（Bull. civ. III, N° 442, p. 316)。

[5] 最高法院民事庭，1932 年 4 月 26 日（DH 1932. 315, S. 1932. 1. 227)；最高法院第一民事庭，2001 年 7 月 3 日（RTD civ. 2001. 877, Mestre et Fages 述评)；最高法院商事庭，1008 年 10 月 14 日（D. 2008, AJ, 2718, RDC 2009. 56, Y-M · Laithier 述评，Defrénois 2008. 2504, Libchaber 述评)。

何价值。[1] 只不过，当印制的合同条款与（另行）手书或者（另行）打印的条款不一致时，得到优先考虑的应当是（另行）手书或打印的条款，因为这些条款更能反映当事人的共同意图，否则不会专门手书；[2] 还是出于相同理由，当某项合同的一般条件与特别条件（个别条件）相抵触时，[3] 应当首先采信特别条件；在合同的主文本与其附件的记载[4]相互矛盾时，主文本的规定占优先地位。为了揭示当事人的共同意图，法官可以根据外在的因素（élément extrinsèque）作为支持，作出解释，例如，法官可以根据当事人在订立合同之前或者其后，特别是其后的行为表现、所作所为，[5] 来揭示当事人的意图，诸如合同已经开始履行、[6] 缔约前的有关文件、[7] 当事人之间的通信往来、[8] 此前曾经订立的协

[1]最高法院民事庭，1921 年 2 月 14 日（S. 1922. 1. 102. ）。

[2]最高法院社会庭，1947 年 2 月 27 日（Gaz. Pal. 1947. 1. 205）；最高法院商事庭，1969 年 1 月 7 日（JCP 1969. 11. 16121）；最高法院商事庭，1973 年 11 月 27 日（Bull. civ. IV，N° 341 p. 304）；巴黎法院，1990 年 11 月 22 日（RD bancaire et bourse，1991. 108，Contamine-Raynaud. 述评）。

[3]最高法院民事庭，1950 年 4 月 22 日（D. 1950. 613）；最高法院第一民事庭，1969 年 5 月 12 日（Bull. civ. I，N° 174，p. 141）；最高法院第一民事庭，1986 年 6 月 17 日（Bull. civ. I，N° 166，p. 167）；最高法院第一民事庭，1999 年 2 月 9 日（Bull. civ. I，N° 44，p. 29，RTDciv. 1999. 836，Mestre 述评）；另见最高法院商事庭 1993 年 6 月 22 日判决（CCC 1993，N° 187，Raymond 述评，RTDciv. 1994. 344，J · Mestre 述评）；有时，法院认定双方当事人的行为表现所产生的实际做法要优先于他们制定的“一般销售条件”得到考虑，参见巴黎法院 2005 年 6 月 15 日判决（RTD civ. 2005. 592，Mestre et Fages 述评）。

[4]最高法院商事庭 1999 年月 5 月 4 日（RTD civ. 1999. 837，Mestre 述评）。

[5]最高法院商事庭，1993 年 10 月 12 日（Bull. civ. IV，N° 330，p. 237）。

[6]例如，最高法院第一民事庭，1988 年 12 月 13 日（Bull. civ. I，N° 352，p. 239）。

[7]最高法院第一民事庭，1986 年 2 月 18 日（Bull. civ. I，N° 31，p. 28，Defrénois 1187，398，J-L · Aubert 述评）；关于这个问题，参见：F · 拉巴尔特：《论合同文件的概念》，《巴黎一大学位论文》，1994 年（F · Labarthe，La notion de document contractuel，thèse Paris I，éd. 1994，p. 187 et s，N°295 et s，参见第 181 节）。

[8]最高法院商事庭，1987 年 12 月 8 日（Bull. civ. IV，N°262，p. 197. ）。

议，[1] 都是法官可以运用的外在因素。

451. 补充性指导意见

紧接在《民法典》第 1156 条之后的几个条文，只不过是进一步延伸了该条奠定的原则性指导意见，例如，第 1163 条与第 1164 条，这两个条文要求法官发掘在合同的用语不当或表述不当的背后所掩藏的当事人的真实意思；另有一些条文，则与主观解释方法直接联系在一起，对第 1156 条进行了补充，因为这些条文实际上是向法官提出了一些进行理性判断的建议，以便法官的判断能够尽量地接近合同当事人的真实思想。在这些条文中，例如，第 1157 条规定：“一项条款有可能作两种解释时，宁取其可以产生某种效果的解释而舍其不能产生任何效果的解释。”（现第 1191 条）。由此我们可以合情合理地推定，当一项条款有可能作出两种解释时，当事人的共同意图理应是更倾向于赋予这一条款（或者合同本身）以某种特定效果，而不是倾向于相反，导致合同或条款不能产生任何效果。[2] 又例如，第 1158 条规定：“用语可能作两种解释时，应取其与合同的实际内容最为适合的解释。”因此，如果有一种解释与合同经济及其产生的背景、环境在总体上是吻合的、协调的，而另一种解释则与此相左，那么，就可以最终认为前一种解释最有可能表达了当事人的真实意图。[3] 再例如，第 1161 条规定：“合同的

[1] 最高法院社会庭，1957 年 2 月 21 日（Bull. civ. IV，N°205，p. 141）。

[2] 有关适用问题，参见雷恩法院 1881 年 6 月 22 日判决（DP 81. 2. 238）；里昂法院，1954 年 11 月 8 日（JCP 1955. IV，p. 43）；另见最高法院第三民事庭 1983 年 12 月 19 日判决（Bull. civ. III，N°267，p. 203），该判决排除上诉法院对合同所作的解释。上诉法院的解释是认为可以认定一项租约有效，而最高法院的判决认定上诉的这一解释是曲解了当事人意思。

[3] 例如，巴黎法院 1985 年 12 月 2 日判决（Gaz. Pal. 1986. 1. 214. Piédelièvre 述评，RTD civ. 1986. 743，J・Mestre 述评）。

全部条款可互为解释，并且赋予每一条款由整个合同所产生的意义。”换言之，在对合同的不明区域进行探测时，法官应当利用合同中已有的透明区域、合同的经济、合同的精神实质及其终极目标散射出来的亮光。[1]

与此相反，另一些指导性解释，表明其倾向于更为客观主义的分析。《民法典》第1159条就是其中的一个例子。该条规定“有歧义的文字，依合同缔结地习惯上的意义进行解释”；尤其是第1162条（现第1190条）规定：“合同有疑义的情形，应作不利于订立条款的人而作有利于债务人的解释。”[2] 在后一条所指情况下，似乎不再存在受主观观念指导的倾向。因为，对合同作出利于一方当事人而不利于另一方当事人的解释，与查找当事人的（共同）意图确实完全不相吻合，与查找诸当事人的共同意图更是没有任何关系。[3] 实践中，对这一条文的规定通常有两种理解。第一种理解，也是传统理论所持的看法：《民法典》第1162条的规定意味着，解释合同的人应当优先考虑有利于债务人的解释，因为，相对于订立契约条文的人而言，承诺义务的人被视为处于劣势或弱势地位，而对合同作出有利于后者的解释，被看成是可以恢复（合同的）平衡。随后，《民法典》第1162条逐渐被赋予与上述理解相重叠的第二层意义，按照这种理解，作出规定的人不一定是债权人，而是合同

---

[1]例如，最高法院商事庭，1965年2月8日（Bull. civ. III, N° 95, p. 80）；最高法院社会庭，1981年6月3日（Bull. civ. V, N° 490, p. 369）。

[2]按照第1162条规定，在解释当事人的意图时应当本着使合同中含糊不清的条款能够产生某种效果，这一条文提出的解释合同的规则，并不具有强制性（最高法院社会庭，1975年2月20日）。关于（法院）从最有利于消费者的意义上对（消费）合同中含糊不清的条款作出解释的义务，参见最高法院的一民事庭2003年1月21日的判决。

[3]这也是《民法典》第1162条所具有的辅助性质的来由。参见兰斯法院2004年1月7日判决（RDC 2004, p. 933, Ph · Stoffel-Munck 述评）。

的起草人（rédacteur，制定人）[1]。从这一角度来说，第 1162 条的规定最适用于解释附合契约；[2] 这种看法所依据的思想是：相对于合同起草人或制定者而言，附和事先起草的条款的人被视为处于劣势地位，因此，如果合同的规定不明确，在此情况下，合同起草人或制定者理应承担特别的责任。《民法典》中有多项条文就特定合同规定了更加具体的指导性意见，例如，第 1602 条："出卖人应当清楚说明其承担哪些义务。任何隐晦或含糊不清的条款，均作不利于出卖人的解释。"又例如，《消费法典》第 133-2 条重申"职业人向消费者或者非职业人提议的合同条款的表述应当清楚"，接着还进一步明确规定"在有疑问的情况下，用这些条款相互进行解释时，取其有利于消费者的意思而不取其利于职业人的意思"。《民法典》第 1162 条的规定仅仅具有简单的建议价值，与此不同的是，《消费法典》的这些规定则构成向最高法院提起上诉所依据的法律规则。[3] 不论何种情况，其中都不言而喻地包含着"公正"思想。这样一来，在解释合同方面，也就从主观方法过渡到了客观方法。

还有一些解释合同的客观方法，在《民法典》中虽然没有作出

---

[1]最高法院诉状审理庭，1895 年 12 月 16 日（S. 99. 1. 387）；里昂法院，1901 年 12 月 22 日（DP 1903. 2. 306）；埃克斯法院，1960 年 4 月 6 日（D. 1960. 343）；最高法院商事庭，1981 年 1 月 20 日（Bull civ. IV，N° 42，p. 31）；巴黎法院，1991 年 11 月 27 日（D. 1992，IR p. 69）；巴黎法院，1993 年 2 月 18 日（JCP 1993. 1. 3725，N° 7，Fabre-Magnan 述评）。

[2]参见欧洲经济共同体 1993 年 4 月 5 日"关于滥用权利条款"的指令第 5 条（art. 5 de la directive CEE de 5 avril 1993 concernant les clauses abusives）。

[3]最高法院第一民事庭，1993 年 10 月 13 日（Bull. civ. I，N° 287，p. 198，JCP 1994. 1. 3757，Billiau 述评）；最高法院第一民事庭，2003 年 1 月 21 日（D. 2003，p. 2600，Claret 述评，RDC 2003，p. 91，M · Bruschi 述评，RTD civ. 2003. 292，Mestre et Fages 述评）；最高法院第一民事庭，2006 年 7 月 13 日（CCC 2006，N° 209，G · Raymond 述评）；M · 拉穆若：《论消费合同的解释》（M · Lamoureux，L'interprétation des contrats de consommation，D. 2006. 2848）。

规定，但仍然可以得到运用。例如，当某项条款的规定损害到基本权利时，严格解释乃是规则。这里所谓基本权利是指，如自由管理概括财产的权利、在法院进行诉讼的权利、缔约自由、从业自由、经商自由、劳动自由等权利，基于此（对于这类合同条款）严格解释规则，竞业禁止条款、[1] 排他性条款或独占性条款、[2] 解除条款、[3] 企业住所设置条款等便都属于应当严格解释的条款范围。

452. 有缺陷的合同的修订

如果当事人赖以建立其协议的特定基础发生了塌陷，合同的各项具体条款的规定即使都很清楚，仍然有可能变成一项有缺陷的合同，例如，合同条文中原先包含的某种参照指标已经停止公布或者合同原定的参照指标不符合（新的）法律的规定，那么，参照这种指标而订立的合同显然存有缺陷。在这方面，法院判例也在逐步地朝着越来越大的自由主义方向演变，逐步准许用合法的替代指标来取代已经过时的或者已经被取消的那些指标，也就是说，不再完全拒绝[4] 对有缺陷的条款进行补救。[5]

对有缺陷的合同进行修订，这是一种处于对合同的阐释性解释

[1] 例如，最高法院社会庭，1981 年 4 月 2 日（Bull. civ. V，N° 313，p. 236，D. 1982，IR p. 200，Y · Serra 述评）。

[2] 最高法院第三民事庭，1972 年 10 月 25 日（Bull. civ. III，N° 547，p. 400）。

[3] 最高法院第一民事庭，1986 年 11 月 25 日（RTD civ. 1987. 313，J · Mestre 述评）。

[4] 最高法院第三民事庭，1975 年 10 月 14 日（Bull. civ. III，N°290，p. 219）；这方面的理论见解，参见 Ph · Malaurie，D. 1974. 681；J · 奥诺拉：《契约约定的指数与司法裁判的指数》（J · Honorat，Les indexations contractuelles et judiciaires，Études Flour，1979，p. 251 et s，N° 18）。

[5] 最高法院第一民事庭，1981 年 11 月 9 日（Bull. civ. I，N° 332，p. 281，RTD civ. 1982. 601，F · Chabas 述评）；最高法院第三民事庭，1987 年 7 月 22 日（Bull. civ. III，N° 151，p. 88）；最高法院第三民事庭，2005 年 1 月 12 日（RDC 2005. 1018，D · Mazeaud 述评）；里昂法院，1990 年 7 月 9 日（D. 1991. 47，Ph · Malaurie 述评）；J · Ghestin，JCP 1972. 11. 17191 et D. 1973. 417.

与创造性解释之间的做法。法官在用新的履行合同的方式取代合同中不再有效的或者有缺陷的条款时，与其说是解释契约，不如说是对其进行修订或重订，但是，法官在这样做时，倚持的仍然是当事人的深层意思，并力求赋予这种意思以某种效果。[1]

453. （2）创造性解释

有时，当事人订立的合同对后来才发生争议的问题没有作出任何规定，之所以如此，原因各不相同，例如，当事人在当时订立合同时并没有预料到后来才发生的这些问题或困难，或者当时担心如果将所有的问题统统摆上桌面，反而会延迟甚至影响合同的订立。这就是说，面对此种情况，我们很难以当事人的意图作为支撑点来解决争议，即使想这样做，参照的也只是某种“假设的”当事人的意思。所谓假设的意思，是指设想当事人如果在订立合同时能够考虑到现在发生争议的问题将会表达何种意思。在这一问题上，《民法典》放弃了主观解释方法，而是要求合同的解释者（法官）以公平原则、习惯与法律的其他规定作为支点，对合同的“未尽事宜”或对合同没有作出规定的事宜进行补充。法典第 1135 条规定：“合同不仅对其中表述的事项具有约束力，而且对于公平原则、习惯与法律按照债的性质所赋予的全部结果具有约束力。”[2]

1）法律。对于那些最常用的合同以及各种有名合同，法律通过具体条文规定了每一种合同的法律制度的基本内容。这些具体的法律条文规定是对当事人意思的补充，当事人可以排除这些补充性

[1]最高法院第三民事庭，1987 年 7 月 22 日（前引判决）。

[2]《民法典》第 1163 条：“不论订立合同的用语如何笼统，合同的标的均只包括可以推知属于当事人本意立约的事项。”

第 1164 条：“合同中对某一具体情况作出表述用以解释债务时，不得认为当事人即是以此限制义务承诺的范围；该债务仍包括未加表述的各种情形当然应有的范围。”

规定，但是，当合同没有规定时，法律的这些规定就会对其进行填补。这些规定是对每一种合同的特别规定，因此它们的运用取决于对当事人所订立的合同如何定性。这也决定了合同定性问题所具有的重要性。

2）习惯。《民法典》第1160条规定："属于合同习惯上的条款，即使在合同中未予写明，应用其作为补充。"这里所说的习惯，是指在特定行业里（或者某个地域）一直实行的惯常做法，特别是商业界实行的特定做法，或者某些合同一直沿用的做法，而这些做法来自某种存在很久、不言而喻的习惯。因此，习惯也具有补充当事人意思的性质，[1] 可以用来填补合同的"未尽事宜"。[2] 不过，当法官主动参照这些习惯时，仍然应当遵守对审原则。[3]

3）公平。在运用公平原则时，法官主要不是查找"如果当事人在订立合同时就提出了某一问题，他们可能期待的究竟是什么"，而是要作为"衡平的使者"，[4] 在"主持公正的情怀"主导

[1]巴黎法院，1934年2月7日 Gaz. Pal. 1934. 1. 443)；最高法院民事庭，1936年11月25日（Gaz. Pal. 1937. 1. 142)；最高法院商事庭，2001年1月9日（JCP E 2001, p. 1337, Leveneur 述评)；最高法院商事庭，2001年7月7日（D. 2001. 2738, X·Delpech 述评，RTD civ. 2001. 870, Mestre et Fages 述评)；关于规定事先实行和解的条款，参见最高法院第一民事庭 2003年5月6日判决（JCP 2003. 1. 186, N°14, Virassamy 述评，2004. 11. 10021, R·Colson 述评)；关于习惯的价值，参见 A·Tunc 论文（DC 1943. 19 et D. 1946. 192)。

[2]虽然说第1160条准许在解释合同时用"习惯上的条款"作为补充，但是，这一条文的目的与效果并不是要变更合同经济，因此不能在当事人并无任何表示的情况下加进一项足以变更双方当事人权利与义务之实质的条款。有多个（合同）文件的情况下，如果单独来看一项买卖许诺（买卖预约）似乎很清楚、很准确，但如果将其与后来订立的合同结合起来考虑，却产生了不明确之处时，应当由本案法官从两份文件所使用的表述中查找当事人的真正意图（最高法院第一民事庭，1974年10月22日)。

[3]最高法院商事庭，1988年5月17日（Bull. civ. IV, N° 167, p. 116 JCP 1988. IV, p. 256.)。

[4]与此相反，显然不存在以公平的名义准许某一合同当事人摆脱其做出的具体而明确的义务承诺，参见最高法院民事庭 1947年12月2日判决（Gaz. Pal. 1948. 1. 36)；最高法院社会庭 1965年5月12日判决（D. 1965. 652)。

之下，确定合同当事人各自的义务内容。[1] 正因为如此，法院判例以“公平”（衡平）为支撑点时，对许多合同认定的后续结果往往各不相同。[2]

454. 安全义务

对于有些合同，[3] 法院判例还增加了人身和财产方面的安全义务，即使当事人在合同中没有对这些义务作出任何规定，亦无影响。安全义务无疑是法院判例对特定合同增加其后果的一个最典型的例子。安全义务首先出现在运输合同方面，随后扩张适用于其他许多合同。

《民法典》第 1784 条规定：“水陆运输者对交付其托运之物的灭失与毁损应承担责任，但如其能证明物之灭失与毁损系由于意外事故或不可抗力造成的，不在此限。”第 1784 条对将物的运输适用第 1147 条[4]所定的合同普通法，由此产生的结果是，承运人对于

---

[1]最高法院诉状审理庭，1934 年 10 月 30 日（DH 1934. 572），本案中，一项租约虽然规定在指明的期限终了时有权“辞退”，但（仅仅写了“辞退”）却没有写明哪一方当事人有这项选择权利。按照公平原则，这种权利应当赋予双方当事人。参见：J · Rochfeld, op. cit, N° 364, p. 330.

[2]L · 勒维诺：《论对合同的深度探测》（L · Leveneur, Le forçage du contrat, Droit et patrimoine mars 1998, p. 69）；R · 布鲁格：《按照一般理论对合同进行深度探测》，《巴黎十一大学位论文》，2008 年（R · Blough, Le forçage, du contrat à la théorie générale, thèse Paris XI, 2008）。

[3]某些特定合同包含着安全义务（即使合同中并未对这种义务作出明确表述）或者包含着情况告知义务；某些特定合同还附带有忠诚义务（诚信义务）或合作义务。例如，旅客运输合同的履行，对于承运人来说，就包含有“将旅客安全送达目的地”的义务（最高法院民事庭，1911 年 11 月 21 日）；接待公众与住宿合同同样包含安全义务；医疗服务合同则包含情况告知与提出建议的义务。技术顾问与法律顾问（合同），亦是如此；借贷合同，贷与人有义务向借贷人提出建议，以防止其超额负债。“志愿协助”协议，必然引起“被协助人”对“志愿协助人”因可能的事故而对受害人造成的损害承担担保责任，不论受害人是不是与协助人一起从事志愿活动的其他“志愿协助人”。

[4]第 1147 条：“凡债务人不能证明其不履行债务是由于不能归咎于他本人的外来原因时，即使其本人方面并无任何恶意，如有必要，均因债务不履行或者迟延履行而被判支付损害赔偿。”

其负责运输之物在运输过程中发生的风险应负担保责任。由于在人员运送方面没有类似的（法律）条文规定，法院判例也对这类承运合同增加了安全义务，而且将其设计为一种结果性义务。一开始，按照法国法的规定，运输事故中的受害人必须证明承运人有过错，承运人才承担事故责任，但是自最高法院 1911 年 1 月 21 日作出的一项判决以后，司法解释上就已经承认承运人有义务将乘客安全送达目的地，[1] 也就是说，承运人负有担保乘客安全的义务。就追究承运人的责任而言，乘客无须负举证责任，无须由其证明承运人有过错，而只需要证明承运人没有履行其应负的安全义务即可。尽管人们有时也认为这样处理的理由是基于双方当事人的意图（意愿），但实际上指导司法官作出此种判决的仍然是立足于公正，出于这种考虑，司法官努力寻求的是避免乘客负举证责任，因为，乘客作为事故中的受害人，不仅很难对发生事故的原因进行监督，而且甚至不可能提出相关证据。也有人对上述看法提出了不同意见，认为将安全义务的提出看成是“深挖与探测合同内容”所得出的成果，是忽略了这样一个事实：法院在这一问题上的判例认定的安全义务的基础不在于当事人订立的合同，而在于法律本身。因为《民法典》的条文本身就明确规定，法律规定合同不仅对其中表述的事项具有约束力，而且对于公平原则、习惯与法律按照债的性质所赋予的全部结果具有约束力。

现在，在承运合同中，安全义务的重要程度有所下降，因为，除铁路和其他有轨车辆之外，机动车牵涉的事故，不论是否有承运合同，均在 1985 年 7 月 5 日法律的基础上给予赔偿。安全义务，曾经适用于一大批涉及人身与财产安全的合同，现在已呈现后

[1]最高法院民事庭，1911 年 11 月 21 日（DP 1913. 1. 249. Sarrut 述评，S. 1912. 1. 73，Lyon-Caen 述评，Grands arrêts，t. 2，N°276.）。

退倾向，与此相对应，则是侵权责任的扩张。

455. 告知义务

告知义务（obligation d'information）的类型多种多样，既涉及合同的成立，也涉及合同的履行。

与合同的成立有关的告知义务是指，打算缔结合同的人应当相互告知那些可能对他们同意订立合同产生决定性作用的事实。违反此种告知义务，将依据同意瑕疵理论以及民事侵权责任予以制裁（参见第 258 节）。

涉及合同的效力时，法院判例认定，在越来越多的合同当中，一方当事人有义务向对方当事人提供适当履行合同所必要的情况与信息。[1] 法院判例在作出这样的认定时，通常都是直接以公平（原则）作为依据（《民法典》第 1135 条），[2] 当然也以合同应当"善意履行"之要求作为依据（第 1134 条第 3 款）。告知义务被看成是合同当事人之间合作义务的一种表现（参见第 441 节），因此，违反与合同履行有关的告知义务，将按照合同责任的规则实行制裁（参见第 569 节与第 591 节）。[3]

此外，对于不同的合同而言，告知义务的强弱程度不尽相同。

---

[1] M·法布尔-马尼昂：《论合同中的告知义务》，《巴黎一大学位论文》，1992 年（M · Fabre-Magnan, De l'obligation d'information dans les contrats, thèse Paris I, éd. 1992, N° 410 et s, p. 332 et s. ）；另见第 258 节注。有时，安全义务首先是由法院判例认定的义务，后来才得到立法者的确认，例如，在医疗领域即是如此。

[2] 例如，最高法院第一民事庭，1982 年 12 月 14 日（Bull. civ. I, N° 361, p. 309, RTD civ. 1983. 544. Durry 述评）；最高法院第一民事庭，1989 年 6 月 7 日（Bull. civ. I, N° 232, p. 155, D. 198, IR p. 200）；最高法院第一民事庭，1989 年 2 月 28 日（Bull. civ. I, N° 102, p. 65, RTD civ. 1990. 651, J · Mestre 述评）。

[3] 法院判例过去往往倾向于将合同成立时的告知义务混同于合同履行时的告知义务，但是，前一种告知义务的目的在于让当事人在明明白白的情况下作出同意意思表示。例如，最高法院第一民事庭，1985 年 7 月 3 日（Bull. civ. I, N°211, p. 191）；最高法院第三民事庭，1992 年 10 月 2 日（CCCfévr. 1993, N°24）。

有时，负有告知义务的人应当提交的是“不做任何处理的原原本本的情况”，因此，人们也称此为“提供情况之义务”（obligation de renseignement）；有时负有告知义务的人还应当提醒相对当事人注意如其不遵守有关（操作、使用设备或产品）的指示说明，有可能发生的风险，这就是所谓“提醒注意之义务”（obligation de mise en garde）；最后还有，负有告知义务的人需要主动指导或引导相对当事人的活动，这就是所谓“咨询建议义务”（le devoir de conseil）。[1]

是否存在告知义务，取决于合同本身的性质以及缔约当事人的资质（qualité）。告知义务主要见于职业人与消费者之间建立的合同关系当中，广而言之，只要合同一方当事人有正当理由不太了解对其有用的信息与情况，而相对当事人却很了解这些情况或者理应了解这些情况时，均适用告知义务。[2]

具体来说，我们在很多合同中都可以看到告知义务的存在。例如，当某种产品在使用中有可能发生某种风险时，出卖人就有义务提醒买受人注意可能发生的风险，广而言之，出卖人应当向买受人提供充分的详细说明，以便买受人能够享受所购买的产品给其带来的好处；[3] 同样，在出租某种具有一定复杂性的机器或器械时，出租人有义务向承租人提供必要的情况说明，以便承租人更好地使用其租用之物；[4] 近年来，特别是在以提供服务性给付为标

---

[1]B·德圣阿弗里克：《论提供建议的义务》（B · de Saint Affrique, Du devoir de conseil, Defrénois 1995, p. 915）；又例如，最高法院商事庭 1994 年 10 月 25 日判决（CCC 1995 N° 3, Leveneur 述评）；最高法院第一民事庭，1995 年 12 月 15 日（D. 1996, IR p. 28）。

[2]维内与茹尔丹：《论责任的条件》（Viney et Jourdain, Les conditions de la responsabilité, N° 512）。

[3]最高法院商事庭，2005 年 1 月 4 日（CCC 2005, N° 108, L · Leveneur 述评）。

[4]同样，即使汽车修理店仅仅是将一两替代车辆借给顾客使用，暂时替换交给其修理的车辆，也有义务告知其保险合同承担的保险范围以及参加的补充担保的利益。参见最高法院第一民事庭 2003 年 11 月 25 日判决（CCC 2003, N°20, L · Leveneur 述评）。

的的合同里，告知义务有了很大发展，例如，公证人、律师、银行、建筑师、承揽人、保险人、不动产经纪人、机动车修理店在提供服务时，均有义务向顾客提供情况、提醒注意、提供咨询建议（参见第 569 节与第 591 节）。[1] 按照最高法院判例的处理意见，（在发生争议的情况下）凡是依法或者根据合同负有特别告知义务的人，均应负举证责任，证明其履行了此项义务。[2]

在公证人对其顾客的责任方面，法院判例非常丰富而且似乎表现得越来越严格（参见第 591 节）。我们在对这些判例进行分析之后会产生一个印象：这种责任的性质——是合同责任还是侵权责任[3]——并不确定。此外，我们还有必要注意到，公证人应负什么样的义务还取决于具体个案的具体情节，[4] 尤其要看顾客

---

[1]例如，最高法院第一民事庭 1996 年 6 月 11 日判决（Bull. civ. I, N°245, p. 173, Defrénois 1996. 100 7, D · Mazeaud 述评, RTD civ. 1997. 425, J · Mestre 述评）；公司受其顾客的委托，负责经营顾客的供暖设施，有义务尽最大努力为顾客的利益服务，因此有义务告知顾客如何获得法国煤气公司给予的可能最优惠的收费条件。

[2]最高法院第一民事庭，1997 年 2 月 25 日（Bull. civ. I, N° 75, p. 49, CCC 1997 N° 76, Leveneur 述评, Defrénois 1997. 751. Aubert 述评, Gaz. Pal. 1997. 1. 22. Sargos 述评, RTD civ. 1997. 924. Mestre 述评, Grands arrêts, 1. 1, N° 16）；最高法院第一民事庭，1997 年 12 月 9 日（Bull. civ. I, N° 356, p. 240, RTD civ. 1999. 83, Mestre 述评）。

[3]合同方面，参见最高法院第一民事庭 1958 年 7 月 1 日判决（Bull. civ. I, N° 351, p. 284）；最高法院第一民事庭，1963 年 6 月 24 日（D. 1963. 717）；最高法院第一民事庭，1972 年 6 月 13 日（Bull. civ. I, N° 150, p. 132）；侵权行为方面，参见最高法院第一民事庭 1965 年 4 月 29 日判决（D. 1965. 578）；最高法院第一民事庭，1968 年 1 月 5 日（Bull. civ. I, N° 5, p. 3）；最高法院商事庭，1976 年 4 月 27 日（Bull. civ. IV, N° 139, p. 118）；另见 J-L · 奥佩尔：《论公证人的职业责任》（J. -L · Aubert, Responsabilité professionnelle des notaires, 4e éd. 2002, spéc. Nos 13 s）；另见：J · 德普皮格：《论公证人的民事责任与纪律惩戒责任》，《尼斯大学学位论文》，1973 年（J · de Poulpiquet, La responsabilité civile et disciplinaire des notaires, thèse Nice 1973）；洛兹：《论公证人的民事责任》，1971 年（Lotz, La responsabilité civile des notaires, 1971）。

[4]最高法院第一民事庭，1975 年 10 月 7 日（Bull. civ. I, N°259, p. 219）；最高法院第一民事庭，1990 年 2 月 7 日（Bull, civ. I, N° 37, p. 28. J · Mestre 述评, RTD civ. 1996. 385. ）。

是职业人还是非职业人而定。[1] 就此而言，需要补充的是，法院判例将公证人应负的义务区分为“提供情况之义务”与“提供咨询建议之义务”。[2]

今天，尽管提供情况之义务有很大发展，但并不意味着所有合同无一例外地均有此项义务。提供情况之义务应当是合同的“公平合理的连贯后果”。正因为如此，最高法院在其判决中认定，（客户将其持有的证券委托银行管理）当银行作为证券受寄托人时，无论是习惯、公平原则还是法律，均不强制其负担义务，向寄托人告知影响证券发行公司生存与生命的某种事件。[3]

第二目　最高法院在解释合同方面的作用

456. 本节内容划分

解释合同是否属于实体法官的自由裁量权力？实体法官就合同解释问题作出的判决是否需要接受最高法院的监督？要想回答这些问题，最重要的是要区分受主观观念指导的阐释性解释（一）与受客观观念指导的创造性解释两种不同情况（二）。

一、主观观念指导的阐释性解释

457. （1）原则

我们知道，（法国）最高法院不是事实审法官，而是唯一负责

---

[1]最高法院第一民事庭，1991 年 7 月 2 日（Bull. civ. I，N° 228，p. 150，Defrénois 1991，p. 1272 s. J-L · Aubert 述评，RTD civ. 1992，758，P · Jourdain 述评）。

[2]最高法院第一民事庭，1992 年 5 月 19 日（Bull. civ. I，N° 147，p. 100，RTD civ. 1993. 134，P · Jourdain 述评）。

[3]最高法院商事庭，1990 年 1 月 9 日（D. 1990. 173. J · P · Brill 述评，RTD civ. 1990. 649，J · Mestre 述评）。

（也就是说，证券寄托合同中并无这种提供此类情况的义务，这项义务并不是该项寄托合同的公平合理的连贯后果。——译者注）

查明从实体法官自主认定的事实来看其所作判决是否正确地适用了法律。[1] 由此而来，就提出了一个问题：合同的解释是法律问题还是可以由实体法官自主裁判的事实问题？如果是前者，那就应当接受最高法院的监督。

在最高法院最初作出的判决中完全是逐字逐句地遵循着《民法典》第1134条第1款的文字表述，认为所有的合同，广而言之，所有的法律行为（在当事人之间）均构成“法律”（因为该条文表述是“依法成立的合同在当事人之间具有相当于法律之效力”），如有违反，均可以作为向最高法院提起上诉的依据事由。因此，不论实体法官对当事人的意思解释得好坏，最高法院均保留这方面的监督权；[2] 但是，随后不久，最高法院便抛弃了这一判决，并于1808年2月2日作出另一项判决认为，[3] 实体法官有解释“公司契约”的自主权力，即使证明实体法官所作的裁判有错误，也就是说，即使实体法官对当事人的意思作出了错误的解释，其所作判决仍然不能仅仅因此种情形而应当受到最高法院的监督。自此以后，最高法院始终维持着这一判例；[4] 由此而来，即使实体法官对一项协议（合同）作出了相互矛盾的解释，最高法院亦能准许或者听之任之。[5] 我们可以提出各种论据来支持最高法

[1]《民法总论》（Introduction générale au droit, n°s 134 et s）。

[2]最高法院民事庭，共和七年雾月4日（S. Chron）。

[3]最高法院会审庭，1808年2月2日（Sect. réunie. S. chron, Grands arrêts, t. 2, N° 160）。

[4]例如，最高法院诉状审理庭，1865年11月22日（DP 66. 1. 108, S 66. 1. 23, Fabre述评）；最高法院诉状审理庭，1934年10月31日（DH 1934. 602）；最高法院民事庭，1948年5月10日；最高法院社会庭，1948年5月11日（Gaz. Pal 1948. 2. 41）。

[5]例如，最高法院民事庭1907年1月28日的2份判决（DP 1908, 1. 5, S. 1912. 1. 22）：本案涉及的婚姻财产契约中有争议的条款。在对这种条款的解释上，就债务让与之后的用途问题，巴黎法院1903年12月30日与图卢兹法院1904年2月8日（S. 1904. 2. 313）作出了两项意义相反的判决。有关的当事人针对这两项判决，分别向最高法院提起上诉。最高法院于1907年1月28日作出两项判决：只是（转下页）

院的这一原则立场（position de principe）。

最高法院之所以采取这一原则立场，也是不得不这样做。不过，这方面的强制性原因现在已经不再存在了。当时有一种做法，就是“立法上的紧急处理”（le référé législatif）。高等法院与基层法官之间存在的冲突，不是由高等法院的全体庭作出裁判，而是由立法团作出裁判，立法团就此冲突作出一项“对法律的宣告性法令”（décrét déclaratoire de la loi）。对于固定私法合同的解释来说，这种干预方式是无法接受的，但这种做法却维持了很长一段时间，之所以如此，当然还有其他原因。

首先，法国设置最高法院的目的是非常明确的，就是要通过判例的一致性来保持法律解释的统一性。然而，合同作为一种私文书，其效力仅限于双方当事人，其意义取决于当事人的意思，（每一份）合同都是一个单位，不可能与其他合同单位归为一体。合同是各种不同情况进入法律世界的一种手段，但它与法律是完全不同的，法律是具有总体意义的规则，而法律规则则应当由最高法院来捍卫。

其次，要想确定什么是当事人的意思，就应当进行相关的调查，而这种调查唯一属于事实审法官的权力范围，因为，只能从与此相关的文件中去查找当事人的意思。法律禁止最高法院管辖案件的实体问题，禁止最高法院自行进行证据材料（l'éléments de preuve）的审查。我们知道，最高法院从来不承认违反《民法典》第 1157 条及随后条文提出的合同的解释规则的情形可以作为向最高法院提起上诉的理由，由此保留给下级（实体审）法院的权力也就更大。按照最高法院的观点，第 1157 条及随后条文的规定并不

（接上页）宣告巴黎法院和图卢兹法院各自按照自己的方式对婚姻财产契约的条款作出解释，是运用了各自的自由裁量权，并不超越属于本案实体法官所享有的对合同作出解释的权力，但最高法院的判决并没有就实体问题作出裁判。

具有强制性，这些条文的规定只不过是立法者在合同解释问题上给予法官的一种指导性建议，而不是一种绝对规则。如果法官的裁判违反的是绝对规则时，则将被最高法院撤销。[1]

最后，还要补充的是，由于向最高法院提起上诉的案件数量在不断增加，为了应付这种局面，更加促使其必须坚守上述原则性立场，如果对基层实体审法官解释合同的问题也要实行监督，势必使最高法院更加不堪重负，而这样的结果也明显违背了它作为法律捍卫者的基本使命，有可能使其变成不折不扣的第三审法院。

458. （2）缓和处理

实体审法官享有的自主权力（pouvoir souverain）并不意味着他拥有专断权力（pouvoir arbitraire）。在合同并无任何含糊不清之处时，法官不得以解释合同为掩护改变合同的意思或内容，否则，就是在“曲解经过其解释的文件的性质”（dénaturation）的基础上作出的裁判。不过，也有人提出：对于大量的合同当事人同样使用的标准化的特定法律文书（标准合同），或者对于适用于一大批人的集体文书（集体合同）而言，为了确保对这类文书在解释上的统一性，由最高法院实行真正的监督难道不是更为可取吗？

459. 最高法院对实体法官“曲解合同性质”实行的监督

自 1872 年 4 月 15 日的判决以来，最高法院就确认，在合同当事人使用的术语与表述的意思非常清楚明白的情况下，实体审司法官在解释此种合同时如果曲解由合同产生的义务的性质，那么最高法院就有权对裁判争议实体的司法官所作的裁决实行监督。[2] 最

[1]参见前引判决（453，s 4 et 5）。

[2]最高法院民事庭，1872 年 4 月 15 日（DP 72. 1. 176，S. 72. 1. 232，Grands arrêts，t. 2，N° 160）。

高法院也赋予自己以方法，制止实体法官为实现所谓的平衡，以解释合同为借口对合同进行变更。这一思想非常简单：对于那些文字表述已经非常清楚明白并不需要进行任何解释的合同，法官再去进行解释，便是违反当事人的意思表示，由此也就违反了《民法典》第 1134 条的规定。换句话说，最高法院通过对“曲解合同性质”实行的监督，就是审查合同的意思是否存在疑问，审查实体法官是否有必要对合同进行解释。[1]

曲解合同的性质，应当接受最高法院的监督审查，而对合同作出了错误的解释，则不受最高法院的监督审查。曲解合同性质与合同解释错误，这两者之间的区分表面上看来很简单，实际上区分标准并不是显而易见的事。虽然法官在这两种情况下发挥自己聪明才智的活动实际上是相同的，都是要查找合同中有争议的条文或文字表述的真正意思，但这两种活动之间的差别在于它们各自针对的标的不同：凡是需要对合同进行解释的情况，实际上都是合同的条文规定不明确、不清楚，而在发生曲解合同性质的情况下，合同本身的条文或文字表述原本是很清楚的、很明确的；要想使两者之间的区分能够毫无困难地发挥其作用，还需要“合同存在疑问”与“合同明确无疑”这两者之间的分界限本身不存在任何含糊不清之处，然而，这两者之间的差别仅仅是程度上的不同，[2] 因此很难划出一个明确的界限。不过最高法院仍然非常坚定地认定应当将两者区分开来。在曲解合同性质的情况，都是最高法院可以阻止特定

[1]博雷：《一个百年老问题：最高法院对曲解合同性质的监督》（Boré，Un centenaire：le contrôle par la Cour de cassation de la dénaturation des actes，RTD civ. 1972，p. 249 et s）；沃雷：《以曲解合同性质作为向最高法院提起上诉的理由》（Voulet，Le grief de dénaturation，JCP 1971. 1. 2410）。《民法典》第 1192 条规定：“不得对清晰而明确具体的条款进行解释，否则以曲解条款的本质论处。”

[2]J·Carbonnier，t. 4，N° 147）；G·科尔钕：《对〈民法典〉第三卷第二编的几点看法》（G·Cornu，Regards sur le titre III du Livre III du Code civil，1977 p. 130）。

法院作出的“专断判决”，而通过对“曲解合同性质”实行监督，基层实体审法官也就知道自己不能对合同进行想当然的心血来潮的解释。

曲解合同性质这样一个理由在原则上是毫无争议的，因此它的适用范围被逐步扩张至所有类型的合同，[1] 同时也适用于单务合同，[2] 而且还扩张适用于涉案文件（例如，诉讼文书、证据材料）。

460. 关于标准化的法律行为的情况

很早就提出了这一问题：既然在特定情况下使用的是标准合同，合同文本数量很大，适用于大量的人，那么，最高法院是否应当走得更远一些：不是仅仅局限于监督那些“曲解合同性质”的情况，而是承认对标准合同的解释也应实行监督。

尽管有一些孤立的判决让人误以为最高法院的导向是要对标准合同的解释实行监督，以确保这类合同在解释上的一致性，[3] 然

---

[1]例如，最高法院民事庭，1945年4月23日（两项判决，D. 1945. 261 P·L-P述评）；最高法院民事庭，1948年1月15日（D. 1948. 265）；最高法院民事庭，1950年4月22日（D. 1950. 615 A·B述评，关于保险合同）；最高法院社会庭，1948年8月3日（D. 1948. 536）；最高法院社会庭，1956年1月5日（D. 1956. 391，关于劳动合同）；最高法院第事庭，1949年6月10日（D. 1949. 496，关于租约）；最高法院第一民事庭，1989年5月24日（Bull. civ. I，N°207，p. 138，关于旅行社合同）。

[2]最高法院民事庭，1912年2月7日（DP 1912. 1. 433，S. 1914. 1. 305，Hugueney述评）；最高法院第一民事庭，1958年7月9日（D. 1958. 583）；最高法院第一民事庭，1968年6月25日（D. 1968. 625）；最高法院第一民事庭，1976年6月30日（Bull. civ. I，N°242，p. 196）。

[3]最高法院民事庭，1930年6月3日，7月9日，1931年1月14日（DP 1931. 1. 5. Matter述评，Savatier述评）；最高法院民事庭，1952年12月21日（Gaz. Pal. 1933. 1. 262）；最高法院商事庭，1948年11月22日（JCP 1949. 11. 4851，关于借贷债券）；最高法院诉状审理庭，1942年10月6日（Gaz. Pal. 1942. 2. 229，S. 1944. 1. 21. R·Houin述评，关于海运提单的约克与安特卫普规则）；最高法院民事庭，1942年3月18日（S. 1943. 1. 13. R·Houin述评，关于保险合同）；最高法院民事庭，1950年6月20日（Bull. civ. II，N°221，p. 151. 关于发明专利）；最高法院诉状审理庭，1868年6月15日（DP 68. 1. 433）；最高法院民事庭，1952年7月9日（Bull. civ. I，N°229，p. 188，关于诉讼文书）。

而，最高法院的判例实际上确定的是相反方向。[1] 不过，最近以来，最高法院在按照千篇一律的方式对待那些“量身定制”与“手工缝制”的合同[2]的同时，也以曲解合同的性质为理由，对印数达几百万份的保险合同中规定的条款进行了统一性解释。[3]

最后，需要指出的是，最高法院早已对“集体劳动协议”的解释实行了真正的监督。最高法院在重申实体法官自主解释原则之后，[4] 现在已经在“曲解集体劳动协议条款的实质”之外，[5] 直接以（实体审法官所作的解释）违反集体协议为依据来行使其监督权。对于最高法院对不同的合同解释采取的不同

[1]最高法院商事庭，1950年5月15日（1950，D. 1950. 773. Ripert述评，关于海运提单的约克与安特卫普规则）；最高法院商事庭，1965年3月24日（Bull. civ. III，N° 230，p. 204）；最高法院商事庭，1965年10月6日（Bull. civ. III，N° 483，p. 437）；最高法院商事庭，1981年7月7日（Bull. civ. IV，N° 310，p. 245，关于发明专利）；最高法院第一民事庭，1960年1月4日（Bull. civ. I，N° 1，p. 1）；最高法院商事庭，1991年6月18日（Bull. civ. IV，N° 221，p. 156. 关于诉讼文书）；最高法院商事庭，1991年12月17日（Bull. civ. IV，N° 396，p. 274.）。

[2]O·库恩门施：《最高法院与保险》（O·Kuhnmunch，La Cour de cassation et l'assurance，RGAT 1992. 237，sp. 239）。

[3]最高法院第一民事庭，1984年1月24日（Bull. civ. I，N°28，p. 23）；最高法院第一民事庭，1990年5月2日（Bull. civ. I，N° 89，p. 67，RGAT 1990. 639，J·Kullmann述评）；最高法院第一民事庭，1990年7月17日（RGAT 1990. 639. Kullmann述评。采取威胁的方法强迫打开保险柜，等于撬门撬锁）；最高法院第一民事庭，1995年5月16日（D. 1995. 349，RGAT 1995. 533，Sargos述评，该判决认为，砸车盗取车钥匙然后用此钥匙将车开走，等同砸车盗车）；另见最高法院第二民事庭，2009年3月12日（RCA 2009，N° 155）；最高法院第一民事庭，1999年2月9日（D. 1999. 339，H·Malleville述评，该判决拒绝监督合同中有关残疾与无能力的定义）；关于对解释合同实行真正的监督的问题，参见J·罗什菲尔德前引书（J·Rochfeld，op. *cit*，n° 381，p. 346）。

[4]最高法院社会庭，1942年11月6日（JCP 1943. 11. 6220）。

[5]最高法院全体庭，1976年2月6日（JCP 1976. 11. 14481. Groutel述评）；最高法院社会庭，1985年5月6日（Bull. civ. V，N°272，p. 195）；最高法院全体庭，1989年5月12日（3项判决，Bull. Civ. N° 1，p. 1，JCP 1989. 11. 21322）。

立场，人们通常都是强调，集体协议包含着各种“准规范性质的条款”并且具有某种稳定性。有些标准合同的内容是由行政机关确定的，因此这类合同也与集体协议的情况相同。不过，这里适用的是客观解释，因为这些标准合同属于行政规章性质。[1]

二、客观观念指导的创造性解释

461. 监督的范围

最高法院以“公平”（原则）为依据具体明确了由特定的合同产生的义务的范围。在实体审法官以当事人没有作出规定为由认为他们应当负有某种义务而最高法院并不认为当事人应负此种义务时，或者实体审法官认为当事人不应负某种义务而最高法院认为他们恰恰负有这些义务时，实体审法官的判决都会受到最高法院的监督。在这里，我们只能认定这些义务并不是来自所谓的当事人的意思，而是来自法律的规定。

同样，当实体审法官为了补充合同的“未尽事宜”，参照法律的某项规定对合同进行补充（解释）时，最高法院则要实行“双重的监督”：其一是对合同性质的认定实行监督。如何认定合同的性质是一个法律问题，而不是事实问题，如果对一项合同所属的法律类型认定得不准确，那么，涉及的问题就不仅仅是违反合同，而且是违反法律，因为在这种情况下法律被适用到了并不属于其正确适用的情况。与此相反，最高法院对习惯的认定以及对习惯的解释，均不实行监督：如何认定习惯、如何解释习惯，属于实体审法官的自由裁判权力。

[1] 例如，由农村租约对等委员会制定的标准农村租约，经省长发布决定批准并公示，由此具备行政法规的性质，参见管辖权限争议法庭 1951 年 7 月 5 日判决（JCP 1951. 11. 6623，D. 1952. 271. Blaevoët 述评）。

第二节　合同的变更

462. 内容安排

按照意思自治理论，无论是法律还是法官均不能变更当事人订立的合同，只有经当事人一致同意，才能变更他们订立的合同。不过，如果我们对制定法进行深入研究，就会发现，现实情况有很大的差异。

第一目　由法律进行的变更

463. 旧法的继续适用

在修改立法的情况下，依据法律无追溯力原则（《民法典》第2条），应当阻止运用新法的规定来否定此前已经成立的法律状态，阻止改变此种状态所产生的效力，不论是涉及合同还是其他法律状态，概莫如此。但是，在新法实施之前已经成立的、正在持续当中的法律状态对将来效力又当如何？对此，法律做出的回答是：原则上，新法“立即适用于”正在持续中的法律状态，但是，在合同领域，却不能遵从这项“立即适用”规则。正在履行中的合同对将来的效力仍然受旧法的约束。有人说，这是“旧法生命的残续”。[1]

之所以这样处理，有多方面的原因。我们知道，新法的“立即适用”规则主要是出于确保立法的统一性的考虑；在合同领域，这种考虑却并不非常迫切；相反，契约自由原则倒是能够促进法律状态的

[1]例如，最高法院商事庭，1962年6月15日（Bull. civ. III，N° 313，p. 258，Grands arrêts，t. 1，N° 7）；最高法院第三民事庭，1979年7月3日（JCP 1980. 11. 19384，F · Dekeuwer-Défossez 述评）；最高法院第一民事庭，1982年5月4日（Bull civ I N° 156，p. 139）。

多种多样，赋予合同现实以极富变化、极不相同的面貌，合同乃是“使各种各样的情况得以进入法律世界的一种手段”。[1]

对新法实施之前已经成立、仍然在持续当中的法律状态继续适用旧法的规定，可以满足人们保护法律安全的愿望，在合同领域，考虑法律安全尤其紧要：合同建立在当事人意思的基础之上，当事人恰恰是在审视订立合同之当时的制定法的特定状态的基础上才表达自己的意愿。如果将新法的规定适用于其实施之前就已经订立的合同，势必改变双方当事人当时赖以建立合意的信誉基础，势必打破这种合意原来实现的平衡，由此也就彻底毁掉了当事人建立合意的基石。

但是，我们也不能因此而扭曲上述规则的本意。须知，确认合同在原则上不受其成立之后才实行的新法规定的约束，无论如何都不意味着合同高于法律，因为，合同的强制力并不是来自当事人所做的允诺本身，恰恰是来自法律对允诺所赋予的价值（参见第 28 节）；法律并不是与合同结为一体，而是要对合同进行调整（régir）。这就是说，立法者，甚至法官，始终有可能宣告新法的规定“立即适用”于正在履行中的合同。与法律无追溯力之规则不同，并没有任何一项具有总体意义的法律条文可以作为“旧法生命的残续”之规则的基础依据：《民法典》第 2 条则作出了明确宣告：“法律仅适用于将来，没有追溯力。”因此，只要在这样或那样的具体情况下不具备适用“旧法生命的残续”之规则的理由，法官便可以（对某项合同的未来）排除这一规则，也就是说，可以排除继续适用旧法的规定。

例如，当新法的规定表达了某种社会利益，而这种社会利益又

---

[1] P·卢比耶：《论过渡性法律》（P · Roubier, Le droit transitoire, N° 70, p. 346, N° 78, p. 391.）；J · 赫隆：《论过渡性法律的原则》（J · Héron, Principes du droit transitoire, 1996, n°s 130 et s, p. 119 et s）。

是如此的紧迫，在不能为了顾及合同的稳定性而放弃考虑这种紧迫的社会利益的情况下，法官完全可以排除继续适用旧法的规定。不过，虽然《民法典》第6条规定“任何人均不得以特别约定违反涉及公共秩序和善良风俗的法律”，但仅仅基于这一强制性规定，仍然不足以证明存在如上所述的那种“紧迫的社会利益”。[1] 例如，有关商业代理规则的新法规定，尽管具有强制性，但并不适用于正在履行中的商业代理人合同，此种合同仍然应当适用其订立之当时所实行的原法律的规定；[2] 与这种情况相反，最高法院的判决认为，强制规定黄金交易的价格并且由此规定以黄金或外国货币作为支付工具的合同条款无效的法律条文，应当立即适用。[3] 我们从这里也可以看到，最高法院作为法律的解释者，也要根据具体情况，去查找每一项法律条文的规定所要保护的利益是否带有根本性质，从而证明其是否具备立即适用的理由。

464. 过渡性规定

立法者往往要为新旧法律交替时期规定各种不同的措施，往往要采用过渡性特别规定来确定新法是否立即适用于正在履行中的合同，这样可以使已经存在的合同与新法的规定协调起来。[4]

有时，立法者采取的措施是，直接宣告某种条款（被视为）不

[1]最高法院第一民事庭，1989年4月18日（JCP 1990. 11. 21523. M·T述评）；最高法院商事庭，1991年2月26日（D. 1991, IR p. 90）。

[2]前引最高法院商事庭1962年6月15日判决；另见Th·博诺的批评意见：《最高法院与法律的时间效力》，《巴黎二大学位论文》，1990年（Th · Bonneau, La Cour de cassation et l'application de la loi dans le temps, thèse Paris II, éd. 1990, N° 180 et s, p. 161 et s. ）。

[3]最高法院民事庭，1873年2月11日（DP 73. 1. 177. Boistel述评，S. 73. 1. 97, Grands arrêts, t. 2, N°243. ）。

[4]关于这个问题，参见F·德科维尔-德佛塞：《论当代民事法律中的过渡性规定》，《里尔二大学位论文》，1977年（F · Dekeuwer-Défossez, Les dispositions transitoires dans la législation civile contemporaine, thèse Lille II, éd. 1977, N°s 18 et s, p. 27 et s. ）。

曾订立，其中包括正在履行中的某种条款。不过，只有对合同中相对独立于其他条款的次要条款，[1] 才有可能设想采用这样的决断方式。有时，立法者还走得更远，规定合同中应当增加某种条款，或者应当用另外的条款来取代原有的某些条款。这类条款通常是与合同标的[2]或合同的期间[3]有关的规定，因而可以对合同进行正常的变更。[4] 最后，立法者有时还会对合同当事人强制规定期间，让当事人自由调整此前订立的合同，使之符合新法的规定。[5]

第二目　由法官对合同进行变更

465. 内容安排

法官能否变更（当事人订立的）合同？当立法者明文授予了法官此项权力时，对这一问题的回答无疑是肯定的。实际上，如果机械地适用法律，很难完善地考虑千差万别的合同现象。有鉴于此，立法者在很多情况下宁愿通过法官来进行干预，例如，《民法典》第 1152 条第 2 款规定，当违约金条款明显过分或者明显微不足道时，法官有权调低或提高违约金的数额（参见第 627 节），[6]

[1]例如，1969 年 1 月 3 日法律、1970 年 7 月 9 日法律将禁止转租条款视为“不曾订立”（当其是转租给某一个人时）；合同中订阅的关于禁止持有家庭宠物的条款，也是如此。

[2]例如，1935 年 7 月 6 日法律性法令和 1935 年 7 月 16 日以及 1935 年 8 月 8 日的法律性法令规定：将房屋、土地租金以及抵押债务减少 10%；1970 年 7 月 9 日关于租约中订立的指数条款的法律规定：“凡是根据规定认定属于非法的指数条款，均用国家统计局关于建筑成本变动指数的条款替代之。”

[3]例如，1972 年 7 月 11 日法律将被保险人享有的按年解除权的期限从 10 年降至 3 年。

[4]1949 年 3 月 28 日法律（经多次修改）设置了终身定期金的法定复议措施，终身定期金的数额可以定期增加。

[5]关于这个问题，参见：F · Dekeuwer-Défossez, op. rit, n°s 62 s, p. 82 s.

[6]《民法典》（原）第 1152 条规定：“合同规定不履行合同的人应支付一定数额的款项作为损害赔偿时，给予他方当事人的款项数额不得高于也不得低于这一规定数额。——（1985 年 10 月 11 日第 85-1097 号法律）但是，在原约定的数额明显过高或者明显过低时，法官可以，甚至依职权，减少或增加此种违约金的数额，（1975 年 7 月 9 日第 75-597 号法律）任何相反的条款规定均视为未予订立。”（转下页）

《民法典》第1244-1条（1991年7月9日法律的条文）授予法官以权力，法官可以同意给予债务人一个（支付宽限）期限，[1] 又例如，1995年2月8日关于个人超额负债的法律也准许执行法官命令推迟或者分期清偿特定的债务；最后，对于特定合同发生的不平衡状况，法官可以作出司法裁判，对合同进行修改（参见第311节）。

但是，如果法律没有明文规定，情况又将如何？当合同的履行需要延续一定的时间，以及在经济、政治、货币或者社会状况发生改变的情况下，这一问题就会显得尤为突出，尤其尖锐。处于不利地位的合同当事人能否获准修改原订的合同？这就是非常棘手的合同情势变更问题（imprévision contractuelle）。[2]

（接上页）违约金条款是对违反义务的一方当事人约定的制裁，只要债务不履行，违约金条款即予适用（最高法院第三民事庭，1994年1月12日）。总的规则是，（原）第1152条并没有规定违约金条款的有效性要接受法官审查（最高法院第二民事庭，1993年4月5日）。

[1]《民法典》第1244-1条：（1991年7月9日第91-650号法律第83条）但是，法官考虑到债务人的状况以及债权人的需要，得判令暂缓或分期清偿所欠款项，期间以2年为限。——法官得以特别说明理由之判决，命令被推迟清偿期限的款项按照降低的利率计算利息，但降低的利率不得低于法定利率；或者法官得以相同判决规定首先清偿本金。——此外，法官得规定在债务人完成便于清偿或保证清偿的行为之后，始适用上述措施。——本条规定不适用于扶养之债。

[2]法国法所说的"情势变更"，法文用语是"imprévision"，基本意思是"没有预见"或者"缺乏预见"、"不曾预料"，也表述为"révision pour imprévison"（因情势变更而修改合同）或者"imprévison contractuellle"（合同情势变更）。法国法律在承认情势变更理论方面同样经历了一个变化过程，原则上是拒绝以情势变更为理由修改合同，甚至可以说，情势变更理论并未得到法国民法的确认。此外，不能将"情势变更"混同为"未能预见的损害"或"没有预见的损害"（dommage imprévisible）（参见第563节）。——译者注

关于情势变更理论，参见P·瓦兰：《论私法关系中的情势变更》，《南锡大学学位论文》，1922年（P·Voirin, De l'imprévision dans les rapports de droit privé, thèse Nancy, 1922）；E·德古丹德拉格朗热：《论合同的危机与法官的作用》，《蒙帕利耶大学学位论文》，1935年（E·de Gaudin de Lagrange, La crise du contrat et le rôle du juge, thèse Montpellier 1935）；A·里耶格前引文，第532页（A·Rieg, thèse préc, p. 532 et s.）；P·阿扎尔：《货币的不稳定与合同中的等值概念》（转下页）

在本节中，我们首先要回顾一下制定法对这一问题的处理（一），然后，再阐述因这一问题引起争论的几个主要议题（二）。

一、法国制定法的处理

466. （1）原则：拒绝因情势变更修改合同

没有任何一个诉讼案件比“卡波纳运河灌溉渠诉讼案”更能说明情势变更问题所遇到的困难，最高法院通过这一诉讼案坚定地确立了判例的立场。[1] 在“卡波纳运河灌溉渠诉讼案”中，发生争议的合同（协议）订立于1560年与1567年。这些协议的宗旨是为阿尔勒平原的各灌溉渠供水，水费标准为每“卡特拉德”（carteirade，相当于190公亩）3索尔（当时的法国货币，后改称

（接上页）（P · Azard, L'instabilité monétaire et la notion d'équivalence dans les contrats, JCP 1953. 1. 1092）；M · 埃勒加马勒：《论合同适应经济情势》（M · EL Gammal, L'adaptation du contrat aux circonstances économiques, Paris. 1967）；《关于法官面对经济问题的作用》（le rôle du juge en présence des problèmes économiques, Travaux Ass. H · Capitant, t. XXII1970），其中尤其是“法国民法上法官面对经济问题的作用的报告”（le rapport sur le rôle du juge en présence des problèmes économiques en droit civil français par B · Oppetit, p. 185 et s. ）以及“总报告”（le rapport général par R. Perrot, p. 260 et s. ）；《法国法里，货币贬值对合同法律关系的效果》（Les effets de la dépréciation monétaire sur les rapports juridiques contractuels en droit civil français, rapport de Pierre Catala, in Travaux Ass. H · Capitant, t. XXIII, 1971, p. 439 et s. ）；盖斯坦与比里欧：《论长期合同中的价金问题》（Ghestin et Billiau, Le prix dans les contrats de longue durée, 1990）；J-L · 德勒沃勒维：《论国际合同中的情势变更》（J. -L · Delvolvé, L'imprévision dans les contrats internationaux, Travaux comité fr. DIP 1988-1990, p. 147）；C · 加明：《复议与不可触犯性，〈民法典〉第1134条的双重哲学》，载《法律与财产》（C · Jamin, Révision et intangibilité ou la double philosophie de l'art. 1134 du Code civil, Droit et patrimoine, mars 1998, N° 58, p. 46 et s. ）；H · 雷居耶：《合同，一种预见性行为》（H · Lécuyer, Le contrat, acte de prévision, Mélanges F · . Terré, 1999, p. 643），D · 马佐：《论合同的复议》（D · Mazeaud, La révision du contrat, LPA 30 juin 2005, p. 4 et s. ）；L · 埃内斯：《论私法上的情势变更》（L · Aynès, L'imprévision en droit privé, RJcom, 2005. 397 et s）。

[1]最高法院民事庭，1876年3月6日（DP 76. 1. 195，Giboulot 述评，S. 76. 1. 161，Grands arrêts, t. 2, N° 165）。

"苏"，相当于 1/20 利弗尔，按后来的法郎计算，约为 5 生丁）。到 19 世纪，经营该运河的公司以货币贬值、人工成本上升为理由，提出提高水费标准的要求，因为按照原定的收费标准，甚至连运河灌溉渠的维持费用都不够。埃克斯法院作出判决，将运河供水收费数额提高到 60 生丁。最高法院于 1876 年 3 月 6 日作出判决撤销了埃克斯法院的原判决。最高法院判决认为，"没有任何基于时间或者公平方面考虑"而准许法官变更当事人订立的合同，《民法典》（原）第 1134 条的规定制止法官这样做。

最高法院的这一判决所做的处理也并非没有先例。由于克里米亚战争的爆发，[1] 通过订立合同，"替人参军"[2] 的要价越来越高。（面对这种情况）一些上诉法院作出判决准许解除所订立的合同，而最高法院则往往撤销上诉法院的判决并保留与维持原订立的合同。[3] 第一次世界大战爆发，引发通货

[1]克里米亚战争（Crimean War，又名"克里木战争"），在 1853 年 10 月 20 日因争夺巴尔干半岛的控制权而在欧洲大陆爆发的一场战争，奥斯曼帝国、英国、法国、撒丁王国等先后向沙皇俄国宣战，战争一直持续到 1856 年才结束，以沙皇俄国的失败而告终。——译者注

[2]法国自共和六年实施"招兵法"以后，普遍准许采用抽签方式确定参军青年的人选，同时准许找他人替代参军，订立"参军替代合同"（contrat de remplacement militaire）并收取费用，当时人们称此为"人的买卖"。一时间，全国出现了寻找"替人参军"的中介活动。——译者注

[3]由适龄青年与参军中介所订立保险合同并缴纳保险金，对抽签时的中签风险进行投保，因此往往不得不寻找替代人去替代"抽到坏签"的人。然而，在合同订立之后，由于克里米亚战争规模扩大，需要大量的兵员，参军中介不得不寻找更多的替代人，因此由于战争风险而付出沉重的代价，保险人负担的赔付费用也因此极大增长。许多中介所不堪重负，提起诉讼，请求解除中介合同，有许多上诉法院也作出了解除合同的判决。上诉法院的理由是发生了不可抗力情形。参见都埃法院 1851 年 5 月 3 日判决（DP 54. 2. 130），格勒诺贝尔法院，1854 年 8 月 18 日（DP 55. 2. 78）；也有的法院认为，是由于情况发生了当事人不曾预料的改变。参见巴黎法院 1854 年 5 月 16 日的 3 项判决（DP 54. 2. 129），卢昂法院 1854 年 6 月 3 日判决（DP 54. 2. 131）。最高法院对提出上诉的判决进行了审查，认为"兵员需求增大不是一种不可抗力"，（转下页）

膨胀而且延续时间较长。这本来为法院判例提供了重新审视其原有立场的好时机，[1] 但最高法院僵硬不变的态度始终没有松动，[2] 而且在审查一宗因畜群租养合同引发的著名上诉案时，更加清楚地表明了它的立场。按照《民法典》第 1821 条至第 1826 条的规定，所谓畜群租养是指出租人向土地承租人或农场承租人（fermier）提供一定数量的牲畜，由后者负责喂养。在签订租养合同之日，要对牲畜进行评估作价，租约到期时，承租人实物返还或者按价值返还承租的畜群牲口。《民法典》第 1821 条规定：在土地租赁终止时，承租人为所有人留下与其受领时的畜群相同的畜群资产。第 1826 条规定：如不足，在当事人之间按照合同终止之日牲畜的价值进行结算（承租人应负清偿之责）；如有剩余，归土地承租人所有。

（接上页）因为这种情况并未丝毫导致保险人不能履行自己的义务；同时，新的法律命令增加兵员并不构成不可预见的事件，因为增加兵员的命令属于立法权力的范围。参见最高法院民事庭 1865 年 1 月 9 日的 3 项判决（DP 56. 1. 33），以及 1865 年 3 月 1 日判决（DP 56. 1. 100）。

[1] 实际上，有些基层法院这时通过灵活处理不可抗力这一概念已经接受情势变更的理论，因为仅仅依靠“履行不能”这一概念不足以解决问题。关于仅仅因为一方当事人履行合同需要付出更高代价而解除合同的问题，参见图卢兹商事法院 1915 年 6 月 1 日判决（DP 1916. 2. 112, S. 1916. 2. 29），卢昂商事法院 1919 年 12 月 18 日判决（DP 1920. 2. 33）；但是，大多数法院都排斥情势变更的概念，例如，奥尔良法院 1915 年 2 月 24 日判决（DP 1916. 2. 104），巴黎法院 1916 年 1 月 8 日判决（S. 1916. 2. 39）；卡昂法院 1916 年 2 月 24 日判决（DP 1916. 2. 22），该判决强制出卖人按照合同确定的条件交付货物，尽管货物的成本已经极大增加；另见巴黎法院 1916 年 12 月 21 日判决（DP 1917. 2. 33，H · Capitant 述评）。

[2] 例如，最高法院就“不定期雇工”问题作出判决认为，尽管由于战争，雇主的顾客群体已经丧失殆尽，但并不能因此解除其承担的义务；虽然可以辞退工人，但仍然应当全额支付事先进行辞退通知期间的薪金。参见最高法院民事庭 1915 年 8 月 4 日判决（DP 1916. 1. 22，S. 1916. 1. 17，Wahl 述评）；相同意义的判决，如最高法院社会庭 1941 年 3 月 20 日判决（Gaz. Pal. 1941. 1. 301）；由于发生战争，承租人未能从承租的房屋获得商业利润或者未能获得期待的认可，特别是对于剧场租约、赌场租约，关于承租人仍然需要支付租金的问题，参见塞纳法院 1915 年 6 月 7 日与 12 月 7 日的两项判决（S. 1916. 2. 15）；最高法院诉状审理庭 1918 年 7 月 3 日判决（S. 1918. 1. 160）。

图卢兹上诉法院1920年就一起畜群租约诉讼案作出判决,[1] 该判决被上诉至最高法院。该租约订有以下条款：交由承租人负责租养的大型牲畜（牛、马）本金基数为3000法郎，羊群本金为2425法郎。租约到期时，由畜群所有权人选择，按照该价值用现金或者实物（牲畜）返还。由于经过1914年~1918年的第一次世界大战，货币贬值以及存栏牲畜数量大量减少，本案所涉及的畜群租养合同在1919年到期时，承租人将他饲养的羊群出卖，得款9550法郎，同时还保留了剩下的许多大牲口，按照鉴定评估专家的评估作价，估价为15000法郎。双方当事人的争议是：承租人是按照原合同的约定向出租人返还与原来的估价相等值的畜群（或者返还与原合同估价相等的金钱），还是应当返还在数量与质量相当于其受领的数目的畜群（或者返还合同到期时与承租牲畜的数目相同的牲畜所估价值的金钱）？显然，如果按照前一标准返还，承租人只需返还很少数目的牲畜，换句话说，牲畜的价格猛涨所带来的利益是由出租人承受还是要由承租人享有？

承租人主张自己有权保留畜群所带来的全部增值，因为《民法典》第1825条的规定并没有区分因承租人的照管给畜群带来的增值还是因偶然情况而产生的增值，例如，由于某种原因，引起牲口价格上涨。按照这一主张，承租人可以确保获得的财富利益的数额是非常可观的，而所有权人则将受到损失。最高法院就该案作出的判决宣告：承租人的理由是正确的，因为整个畜群原先的估价为5425法郎，承租人应当返还的数额以该数字为准，在此基础上再决定是返还钱款还是返还相当于按照这一数额计算的牲畜；出租人作为所有权人只能遵守合同

[1]图卢兹，1920年7月8日（DP.920.2.105.S。1920.2.97）。

原先规定的款项数额，而不能主张牲畜价格的超常上涨之部分。[1]

随后的法院判例，在具体案情极不相同的案件中，一直维持着上述立场，例如，在一起矿业公司诉讼案中，法院判决就拒绝变更原订立的合同，该矿业公司在此前以永久性物役权的名义承担义务，即使成本有很大提高，仍然按照合同确定的价格向一家玻璃制造厂提供一定数量的煤炭；[2] 同样，法院也作出判决认为，在一起中介公司的股份转让合同中规定的竞业禁止条款，不因随后的法律导致其继续履行的代价更加沉重而停止其有效性；[3] 工程承揽人也不得以“执行集体劳动协议而导致工人工资增加之原因”，请求变更其原先订立的工程施

[1]最高法院民事庭，1921年6月6日（DP 1921.1.73，Colin述评，S.1921.1.193，L·Hugueney述评）：关于拒绝承认在租金下降时期出租人主张情势变更的问题，另见最高法院民事庭1938年11月28日判决（DH 1939.51，S.1939.1.43）；1939年战争期间，立法者进行了干预。最高法院判决所做的处理有可能导致以下结果：由于牲畜价格下降，在畜群租约到期时，出租人（畜群所有权人）从（农场土地）承租人那里收回的牲畜的数量只能少于承租人开始接养牲畜时的数量。这样，1941年6月9日的法律对《民法典》第1821条与第1826条进行了修改。修改后的第1821条明确规定：农村经营实体的所有人向土地承租人约定，在土地租赁终止时承租人为所有人留下与其收受的畜群相同的畜群资产；第1826条则规定：土地租赁契约终止或者解除时，承租人应当留下能够形成与其收受的畜群资产相同的每一种类的牲畜，尤其是在数目、品种、畜龄、重量与牲畜的质量等方面具有相同价值的畜群资产。——如有剩余，归土地承租人所有。——如不足，在当事人之间按照契约终止之日牲畜的价值进行结算。——凡是有条款约定在土地租赁契约终止或解除时承租人均应留下与其收受的畜群估算价值相等的畜群资产，此种约定无效。从此以后，在牲畜租养方面，情势变更已经不再是一个问题。关于1941年6月9日法律的适用问题，参见最高法院社会庭1950年1月3日判决（R·Savatier述评）。

[2]最高法院民事庭，1993年11月15日（Gaz. Pal. 1934.1.58）：本案涉及1845年订立的一项合同，将100公斤煤炭定价50生丁。

[3]最高法院诉状审理庭，1934年7月31日（DH 1934.400，S.1934.1.331）。

工合同的系列报价;[1] 在寄托合同并未规定可以变更收费标准的情况下，受寄托人也不得为了确保所谓“公道的价格”而请求提高原来已经约定的收费标准。总之，法官不得借口公平或者其他任何理由，变更当事人之间合法成立的合同。[2]

467.（2）司法上的缓和处理

不过，法院判例有时也对其僵硬的立场做了相应的缓和处理。

1）最高法院曾作出判决认为，在单方的买卖预约（单方的出卖预约）[3] 情况下，是否存在显失公平的情形，应当按照预约实现之日的状况来评判，而不是按照当事人同意提出该预约之日的情况来评判（参见第 314 节）。最高法院的这一判决虽然是就显失公平问题做出的处理，但在显失公平这一概念的掩饰之下发挥的却是“情势变更理论”（la théorie d‘imprévision）的作用。因为这种情况是假定出卖人在提出（单方的）“卖出预约”（la promesse de vente）之当时并不存在显失公平的问题，尚未受到重大损失，但到了该预约的受益人（买受人）行使选择权之日，也就是预约实现之日，由于货币贬值，对其出卖的不动产的价值产生了影响，出卖人则受到了损失。法院判例通过制裁显失公平，保护了诺约人，避免了因合同订立之后发生的“不曾预见的情形”造成的双方给付失衡（deséquilibre des prestations）。

---

[1]最高法院民事庭，1925 年 11 月 17 日（S. 1926. 1. 37）；相同意义的判决，参见最高法院商事庭 1950 年 1 月 18 日判决（Bull. civ. 1950，N°26，p. 18. Gaz. Pal. 1950. 1. 320）；关于拒绝考虑在合同中没有作出表述的习惯条款，而按照这种习惯条款可以对合同进行修改，参见卢昂法院 1968 年 11 月 29 日判决（RTD civ. 1969. 561，Y・Loussouarn 述评）。

[2]最高法院商事庭，1979 年 12 月 18 日（Bull. civ. IV，N° 339，p. 266，JCP 1980. IV. 85，RTD civ. 1980. 780，G・Cornu 述评）。

[3]参见第 192 节关于单方的预约。——译者注

2）最高法院判例还赋予法院以权力，可以降低代理人获得的报酬的数额，广而言之，可以降低特定的服务提供者取得的报酬的数额（参见第311节）；同样，最高法院在就农村租约诉讼案作出的判决中认为，为了保存出租物的某一部分，出租人需要付出过分的费用时，可以免除出租人负担重建该部分出租物的义务。[1] 最高法院社会庭以《民法典》第1134条规定的“合同应善意履行”这项要求为依据，确认雇主有义务保障薪金雇员能够适应岗位的变化。[2]

3）最后，不仅有些实体审法官毫不犹豫地对合同当事人施加压力，让他们运用一切可能去调整所订的合同，[3] 而且最高法院还赞成巴黎上诉法院作出的一项判决。该判决认为，在情势变更情况下，致使经销商面对更加激烈的竞争时，出于善意之要求，供货商受强制与经销商重新进行谈判，修订商业合作协议，以便于经销商能够跟上竞争对手的步伐。[4]

---

[1]最高法院社会庭，1951年4月6日（D. 1951. 505，R · Savatier述评）。

[2]最高法院社会庭，1992年2月25日（D. 1992. 390. M · Défossez述评，JCP 1992. 1. 3610，N° 8，D · Gatumel述评，*RTD civ.* 1992. 762 J · Mestre述评）。

[3]巴黎法院，1976年9月28日（*JCP* 1978. III. 18810，J · Robert述评）；巴黎法院大审法院，1988年11月16日（*Gaz. Pal* 1988. 2. 789，J-C · Fourgoux述评，RTD *civ.* 1990. 275，J · Mestre述评）。

[4]最高法院商事庭，1992年11月3日（CCC 1993，N° 45，*JCP* 1993. 11. 22614，Virassamy述评，RTD *civ.* 1993. 124，J · Mestre述评）：石油公司在没有任何不可抗力情况下，剥夺经认可的销售商实行有竞争力的价格的手段，属于没有善意履行所订的合同，应当对相对当事人受到的损失给以赔偿。参见最高法院商事庭1998年11月24日判决（*Defrénois* 1999. 371，D · Mazeaud述评，*RTD civ.* 1999. 98 Mestre述评）：委托人得到其商业代理人的告知，其在代理活动中遇到了困难，却不采取任何具体措施准许该商业代理人对其与竞争对手在平行销售的范围内经销的相近产品实行具有竞争力的价格，违反了诚信义务并且违反了让合同相对当事人能够履行委托的责任。参见最高法院第一民事庭2004年3月16日判决（D. 2004，p. 1754，D · Mazeaud述评，RDC 2004，p. 642，D · Mazeaud述评）。

468.（3）法定的缓和处理

为了确认法院判例在情势变更理论指导下做出的司法处理，立法者也多次进行了干预（参见附目第 1195 条），以下就是这方面的几个主要例子。这方面的有些立法规定是出自“根据当时的具体情况（如 1914-1919 的战争与战后的具体环境）制定的法律”，因此在时间上有很强的限制性，有些则具有长久性质。

1）临时性法律。经过 1914 年~1918 年的第一次世界大战，1918 年 1 月 21 日的（以法案提出者的名字相称的）“法依奥法”（Loi Failliot）规定，如果 1914 年战争爆发之前订立的合同的一方当事人遭受的损失超过其订立合同时合理预见的损失，准许他们解除（résolution）战前所订的合同，而不是仅仅修订（révision）这些合同。

有一些关于租金的法律也规定：或者准许延长租约的期间，例如，1918 年 3 月 9 日法律与 1926 年 4 月 1 日法律；或者准许变更租金的比例，例如，1925 年 7 月 6 日法律，1927 年 6 月 9 日法律，1933 年 4 月 8 日与 7 月 12 日法律以及 1939 年 7 月 1 日法律性法令。1935 年 6 月 9 日的法律则准许法官降低营业资产的特定要素的转让价金的数额；而 1958 年 3 月 4 日法律还准许在生活成本发生巨大变化的情况下变更薪金的数额。

1939 年~1945 年第二次世界大战之后，立法者不得不再次进行干预。1949 年 4 月 23 日的法律重新作出了类似于“法依奥法”的规定，并将其适用于 1939 年 9 月 2 日之前订立的包含连续给付义务或延迟给付义务的所有合同。1941 年 6 月 9 日关于畜群租养的法律与前面介绍的法院判例的立场相反，强制承租人在租约到期时实物返还相同的畜群资产（参见第 466 节）。

2）永久性法律。1957 年 3 月 11 日法律第 37 条（《知识产权法典》）第 131-5 条规定：“精神作品著作权人在转让经营权时如因显失公平或者预见不足，受到的损失超过7/12时，可以主动要求修改合同。”

同样值得我们专门指出的是，在继承法与（财产）无偿处分法领域也有许多立法规定。这些法律规定不仅涉及合同，如财产分割、赠与，而且涉及单方的法律行为，如有关遗嘱的许多立法规定，其中，由1971年7月3日法律产生的《民法典》第828条（2006年6月23日法律修改）就明确规定：“应当向遗产的财产总额内退回多取的财产差额的人在获得支付宽限期的情况下，如自分割以后因经济情势变化，其已经受领的财产价值增加或减少超过1/4时，尚未退足的款项部分亦应按照相同的比例增加或减少，[1]但诸当事人已排除此种浮动的退还方式时，不在此限。”由1984年7月4日法律产生的《民法典》第900-2条同样规定：“如果由于情势发生变化，仍然按照原来接受赠与或遗赠的条件和负担继续执行，将会给受赠人造成极大困难或严重损害时，任何受赠人均得请求法院变更其接受的赠与和遗赠原先附加的条件与负担。”《民法典》第900-5条及随后条文则具体规定了合同变更的机制：[2]“变更之诉，仅在财产处分人死亡后经过10年提出始予接受；在相继提出此种请求的情况下，仅在此前命令变更的判决作出后10年，始予接受。无偿处分的财产的受领人应当证明其在此期间为履行债务所做的各种努力。”

469. 行政法院判决对情势变更的承认

尽管最高司法法院很久以来始终坚持自己的立场，但行政法院

[1]《继承和赠与》，第948节。

[2]《继承和赠与》，第331-1节。参见1985年1月25日关于企业司法重整与司法清算的法律第98条第2款的规定，这一条文就考虑了企业实行租赁经营的承租人负有最后取得不动产义务（通过租赁方式取得不动产）的情况下的情势变更。

方面并没有跟进与附和这种立场。最高行政法院早在 1916 年波尔多煤气公司诉讼案的判决中就确认了情势变更理论。当时由于煤炭价格发生不曾预料的上涨，完全打乱了煤炭“特许经营合同”的经济平衡，最高行政法院在就该案作出判决时，承认经营人对授予特许权的行政机关有主张获得补偿的权利。[1] 不过，从最高行政法院的判决来看，对于承认情势变更理论作为调整合同的依据，也必须具备如下条件，这些条件是：造成合同经济被打乱的原因是“与双方当事人无关的未能预见的事件”，合同经济被打乱的这种状态在延续时间上仅具有暂时性质。如果是相反情况，合同经济的失衡最终确定、无法改变，则有必要解除合同[2]（关于行政法院判例后来的发展，参见第 471 节）。

二、关于这一问题的争论

470. 论证理由

最高司法法院与最高行政法院所持的观点相互对立，这本身就证明处理情势变更问题所遇到的困难。

赞同最高（司法）法院处理意见的学者提出的理由是：所谓情势变更，不能归入“可以不履行合同或者可以重新恢复合同平衡的典型情况”之列，因为，发生情势变更，固然会使一方当事人履行给付变得更加困难，但还不是完全不可能履行给付。这里并不存在不可抗力情形；在这里，造成合同经济失衡的根源也不因为一开始订立合同时就存在双方的给付不平等，而是由于在合同订立之后来自外界的扰乱所导致的局面（参见第 302 节），因此谈不上显失公

---

[1]最高行政法院，1916 年 3 月 30 日（DP1916. 3. 25. S. 1916. 3. 17）；Les grands arrêts de la jurisprudence administrative，17e éd，N° 30.《行政法院重大判决汇编》第 17 版，第 30 节。

[2]最高行政法院，1932 年 12 月 9 日（Cherbourg 有轨电车公司诉讼案，DP1933. 3. 17）。

平的问题。[1] 而对于这种情况，（在现有理论与法律制度中）并不缺乏可以作为变更合同之依据的法律手段，例如，原因理论，不仅可以在合同成立时发挥作用，而且在合同履行时同样可以发挥作用；运用原因理论，就足以强制保持合同当事人所进行的给付的某种等值。因此我们完全可以运用原因理论，将其作为变更合同的依据（而并非一定要另外加一个“情势变更”理论）（参见第 353 节）；此外，我们还可以运用“合同应善意履行”这一规则（《民法典》第 1134 条第 3 款）：[2] 既然情况已经发生了改变，造成一方当事人被他承担的义务负担压得喘不过气来而另一方当事人的给付却变得微不足道，此时，仍然要求双方严格履行合同，恰恰违反了“合同应善意履行”这一规则。除了这两种方法之外，我们从《民法典》第 1135 条的规定中还可以推断认为存在变更合同的可能性。这一条文规定：“合同不仅对其中表述的事项具有约束力，而且对于公平原则、习惯与法律按照债的性质所赋予的全部结果具有约束力。”[3] 最高法院在克拉波尔（Craponne）运河灌溉渠一案的判决中正是回避了对公平原则的任何参照。最后，在所有的长期合同中，均不言而喻地都包含着一项被称为“情势变迁规则”（clause rebus sic stantibus）的特别条款，[4] 按照这种“情势变迁规

---

[1] 关于显失公平与情势变更两者之间的对应关系，参见 G·科尔铵：《民法典第三卷第三编的标题一瞥》，法学教程，博士生课程（G·Cornu：Regards sur le titre III du Livre III du C. civ，Les cours de droit，Cours de doctorat 1977，p. 77. 1977. p. 77）。

[2] 在这方面，参见最高法院商事庭 1992 年 11 月 3 日判决（CCC1993. N° 45. JCP1993. II. 22164. Virassamy 述评，RTD civ. 1993. 124. J·Mestre 述评）。

[3] 关于用《民法典》第 1134 条第 3 款与第 1135 条作为这种处理的各自依据，参见Ph·雅克：《〈民法典〉第 1135 条一瞥》，《巴黎十二大学位论文》，2003 年（Ph·Jacques，thèse Paris XII. 2003. N°169-1）。

[4] 这一条款来源于教会法。圣·托马斯·阿奎那曾宣称：“不信守诺言，就是说谎，但是，只有在人们订立合同时能够预见的情势得到保持时，不信守诺言才是说谎；如果与此相反，情势已经发生了深刻变化，许诺了某事的人如果拒绝履行其许诺，也没有任何过错。”圣·托马斯仅仅是站在道德的角度说这番话，但 Bartole 与 Balde 早在 14 世纪就将这些话运用到法律领域，然而，这一理论对 16 世纪与 17 世纪的法国著名法学家们并无任何影响，仅仅得到少数法院判决零零散散的运用。

则”，当事人的同意意思“需以其表达之日存在的事实状态持续存在”为前提条件。[1]

因此可以肯定地认为，法院判例之所以拒绝走上“以情势变更为理由修改合同”的道路，既有法律方面的原因，也有经济方面的原因，完全是一种经过深思熟虑的选择。[2]

法律方面的原因。各法院一方面担心某些恶意当事人会竭力以情势变更为理由来逃避履行自己的义务，另一方面也担心法官的专断反而会造成合同更加不稳定，反过来更加危及法律安全。

经济方面的原因。毫无疑问，有时，变更或修改合同确实有可能是避免一方当事人破产倒闭的唯一办法，因而也是避免合同不履行的唯一办法。正是为了避免公共服务事业的活动因原订合同发生履行困难而被完全中断，行政法院方面的判例率先承认可以因情势变更而修改合同。按照霍里欧（Hauriou）先生的看法，行政法院的处理是“运用合同的弹性，确保公共服务的硬性”。但是，由此也可能引发另一种情况：由于准许或承认修改某一项合同，连锁性地造成一方合同当事人无法履行他在与其他人订立的其他合同中承担的义务，甚至引起无法限制、无法预料的连串反应，造成一批合同连锁反应般的“普遍失衡”。然而，法官们作出的判决，从根本上来说，都是就个案作出的裁判，很难从国家经济的整体角度去评判自己作出的判决到底是好是坏，在这方面，[3] 法官个人并不占

---

[1]本书作者在这里概括介绍了反对情势变更理论的人提出的4个方面的理由，总的来说，按照这些理由，即使不运用情势变更理论，通过其他法律手段完全可以达到相同的目的。当订立合同时的这种事实状态不再继续存在时，原来表示同意意思的条件也就不再存在，因而有理由对原订合同进行修改。现在《民法典》已经作出了明文规定，争论已不再存在，但不同的理论见解却可以丰富人们的思辩。——译者注

[2]这方面的意思，参见：Marty et Raynaud，N° 250；J · Carbonnier，t. 4，N° 149；Flour. Aubert et Savaux. N°408.

[3]Flour. Aubert et savaux. N°410.

有恰当位置，基于这些理由，最高（司法）法院的判例拒绝因情势变更之原因而修改合同。因此，当合同的不公正的程度已经过分尖锐，相当一部分人面临破产倒闭的危险时，还是要由立法者出面来挽救这种局面，因为，只有立法者最有办法、最有手段来评判这样或那样的抉择将会产生什么样的经济后果；我们在前面已经提及，立法者正是出于这样的考虑，在确认受情势变更理论指导的处理意见方面已经多次进行干预。

471. 批判性评价

长期以来，上述观点与论据几乎得到法国民法理论界的一致赞同，然而今天对这种论据却出现了不同意见的讨论。因为，人们从比较法研究所提供的例子中看到，19 世纪在欧洲其他国家也曾得到广泛承认的（不认可情势变更的）这种立场和论据，随着它们法院判例的改变（例如，大不列颠、德国、西班牙、瑞士）或者随着它们立法者的干预（例如，意大利、希腊、葡萄牙），已经被逐步放弃，而且我们还注意到，这些国家虽然承认因情势变更原因可以修改合同，但并没有因此而酿成法国学者中有一些人一度担心的那种法律不安全的局面。[1] 在很多情况下，由于有待完成的任务或工程非常复杂，或者由于周围环境不安全，往往需要订立长期协议，以确保原材料或能源的供应。订立长期合同的情况越来越

[1]R · 大卫：《论欧洲法上的情势变更》（R · David, L'imprévision dans les droits européens, Mélanges Jauffret, 1974, p. 211）；R · 大卫：《英国法上的契约》（Les contrats en droit anglais, 2e éd, N° 432, p. 316）；D · 塔里容：《从比较法的最新情况来看因情势变更而修改合同》（D · . Talion, La révision du contrat pour imprévision au regard des enseignements récents du droit comparé, Mélanges Sayag, 1997, p. 403 et s, sp. 406 述评）；D · 马佐：《论最高法院的合同政策》（D · Mazeaud, La politique contractuelle de la Cour de cassation, Mélanges Jeztaz, 2006, p. 370 et s, sp. p. 395-396）。

多，这种情况也非常利于并且推动法院判例发生改变。[1]

当然，合同当事人从实践经验中也得到很多教益，他们在订立合同时，往往会尽量采用各种各样的条款来防止因经济不稳定或货币不稳定而可能产生的灾难性后果（参见第 472 节），不过，也有许多人还是主张，与其要求合同当事人在他们订立的合同当中自行增加相应的（预防）条款以通过这种方式来抛弃法国法现行处理方法，还不如推翻法国法过去一直奉行的原则，直接承认并准许因情势变更之原因而修改合同（现在法国立法已经采纳了这种意见）。

那么，按照上述主张让当事人自己进行预防的意见，鼓励个人在所有情况下均排除由法律直接承认情势变更这样一项替代规则，其依据何在呢?[2] 持上述意见的人认为，对这一问题很容易回答：如果（法律上）不认可因情势变更之原因而修改合同，反而可以强有力地激励合同当事人采用某种条款，对因经济与货币的不稳定可能造成的困难做出量体裁衣的预防性回答，从这个意义上说，也就宁愿不认可以情势变更为理由而修改合同。因为，在这种情况下，我们是采取一种可以实现“排斥功能”（une fonction répulsive）[3] 的替代性规则，而且这种制度似乎可以非常有效地运转，因为引起诉讼案件的情况比较少。这就是说，在法国法律中，修改合同并不是法官的工作，而是合同双方当事人的工作，而按照当事人通过事先建立起来的模式来进行操作，也完全证明他们自己有能力提前预防可能发生重大变化的情形。如果在合同中普遍

[1] 盖斯坦与比里欧：《论长期合同中的价金问题》（Ghestin et Billiau, Le prix dans les contrats de longue durée, N° 128, p. 172.）。

[2] R·大卫，前引文（R·David, art. préc, Mélanges Jauffret, p. 229）。

[3] C·佩雷斯：《论补充性规则》，《巴黎一大学位论文》，2004 年（C·Peres, La règle supplétive, thèse Paris I, éd. 2004, N° 588, p. 571）；Y·勒格特：《对契约互济互利精神的总结》（Y·Lequette, Bilan des solidarismes contractuels, Mélanges Paul Didier, 2008, p. 247 et s, sp. p. 273.）。

采用适用性条款的方式，规定可以对合同进行适应情势变化的调整，也会使人认为，只要当事人在合同中订立这样的条款，就等于他们打算准备承担因情势变更所带来的固有风险。

正如有些人主张的那样，对于长期合同，可以规定一个中间期限，而这个中间期限就是对各方当事人规定一种重新谈判的义务，以便使他们的合同能够适应情势的改变。这样，法官在进行干预时只不过是审查当事人拒绝重新谈判是否构成违反善意要求，从而有可能从合同责任的角度来予以制裁。[1]

有人认为，最高法院本来可借此找到改变立场的理由，从而消除由于最高行政法院对情势变更问题的立场软化而引起的民事判例与行政判例之间相互拧着的情况。最高行政法院的判决承认，即使特许经营已经终止，经营人仍然可以主张情势变更理论，作为处理亏损或赤字局面的一个因素，[2] 最高行政法院在作出这样的裁决时，不再是将保障公共服务的连续性作为承认因情势变更而修改合同的唯一依据，而同时也是将其建立在合同当事人有权获得某种资金平衡的权利的基础之上。[3]

由于 1995 年 12 月 1 日最高法院全体庭作出的几项判决（参见第 289 节），法官在确定价金方面的权力有所增大，因而创造了一

---

[1] Y·皮科德：《论合同履行中的善意要求》，载《法官与合同的履行》，1993 年（Y·Picod, L'exigence de bonne foi dans l'exécution du contrat, in Le juge et l'exécution du contrat, 1993, p. 68 et s）；比较 D·塔里容前引文（D·Talion, art. préc, Mélanges Sayag, p. 414）；M-E·庞格拉兹-田：《论法律对契约关系的保护》（M.-E·Pancrazi-Tian, La protection judiciaire du lien contractuel, 1996, N°s 450 et s, p. 361）；L·埃内斯：《论重新谈判义务》（L·Aynès, Le devoir de renégocier, RJcom, 1999. 11 et s）；P·卡塔拉：《论合同的重新谈判》（P·Catala, La renégociation des contrats, Mélanges Paul Didier, 2008, p. 91）。

[2] 最高行政法院，1976 年 3 月 12 日（AJDA 1976, p. 528 et 552, Labetoulle 述评）。

[3] 洛巴戴尔、维内兹亚与果德曼：《行政法》（Laubadère, Vénézia et Gaudemet, Droit administratif, 1. 1, 12e éd, N° 1076.）。

种有利于确认以情势变更之原因修改合同的前提条件。[1] 理论界在合同的社会互济互利观念的指导下更加强调合同当事人负有善意义务，[2] 他们非常积极地主张，当合同的履行由于严重失衡有可能造成一方当事人破产倒闭的危险时，司法上就应当承认情势变更。[3]

《欧洲合同法原则》（第 6-111 条）以及《国际统一私法协会关于国际商事合同通则》（第 6-2-1 至第 6-2-3 条）也赋予法官解除或变更合同的权力，但是强调这种诉讼具有特别性质：只有当合同的履行对一方当事人来说需要付出极为特别的代价时，才能承认这种诉讼与法官的这种权力。这些条文都强调双方当事人有一种最基本的责任，那就是要达成协商一致的协议（参见附目第 1195 条第 2 款）。与此相反，1980 年订立的联合国关于国际货物买卖合同的维也纳公约似乎也排除了因情势变更修改合同（第 79 条）。[4]

---

[1] Bureau et Molfessis, LPA, 27 déc. 1995, N° 155, p. 21, N° 40.

[2] C·加明：《法律（权利）与概括财产》（C·Jamin, art. préc, Droit et patrimoine, mars 1998, p. 46）；C·提比耶尔热-格勒弗奇：《合同变更刍议》（C·Thibierge-Guelfucci, Libres propos sur la transformation du contrat, RTD civ. 1997. 380）；D·马佐：《论合同的修订》（D·Mazeaud, La révision du contrat, LPA 30 janv. 2005, p. 4）。

[3] 最高法院商事庭，1992 年 11 月 3 日；最高法院商事庭，1998 年 11 月 24 日；巴黎法院，1976 年 9 月 28 日（JCP 1976. 11. 18810, J·Robert 述评, Rev. arb. 1977. 341 et chron, B·Oppetit 述评, p. 315）；南锡法院，2007 年 9 月 26 日（D. 2008. 1120, M·Boutonnet 述评, JCP 2008. 11. 10091, M·Lamoureux 述评, RDC 2008. 738, D·Mazeaud 述评 et 875, Carval 述评, RTD civ. 2008. 895, Fages 述评）。

[4] 参见《联合国国际货物销售合同公约》第 5 章第 4 节第 79 条第 1 项关于免责的规定："当事人对不履行义务，不负责任，如果他能证明此种不履行义务，是由于某种非他所能控制的障碍，面对这种障碍，没有理由预期他在订立合同时能考虑到或能避免或克服它或它的后果。"我国有学者认为，这一条规定了情势变更原则。这种看法与本书作者的看法不同，实际上，它混淆了情势变更与不可抗力两个不同的概念，公约第 79 条的规定实际上是不可抗力违约免责制度，而非情势变更原则。——译者注

第三目　当事人变更合同

472. 内容安排

法国法律拒绝给予法官变更合同的权力，将合同变成了一种套住当事人的“铁枷锁”。诚然，当事人可以经协商一致，变更他们订立的合同。按照当事人对原订合同作出变更的程度或范围之不同，会出现以下两种情形：订立一项新合同，用以替代并放弃原有的合同，或者，仍然保留原订合同，但对其进行必要的修改。[1]无论哪一种情况，都要求得到双方当事人的一致同意。如果有一方当事人拒绝变更合同，除有不可抗力之情形外，另一方当事人就只能听任摆布。人们认识到，有许多合同，如果不进行修订、不加任何改变，就无法继续维持，因此在实践中也设计出旨在使这些合同能够适应新情况的各种条款，[2] 其中有些条款是对合同进行自动的适应性变更，有些条款则是仅仅规定在发生新情况时双方当事人重新就相关事项进行谈判。

473. 自动适应性条款

自动适应条款（clause d'adaptation automatique）的典型例子是在合同中规定的指数条款（la clause d'indexation）。所谓指数条款是指，参照某种产品或服务的价值调整与变动来确定将要支付的价金数额的条款。人们有时也将最惠顾客条款（clause du client le plus

[1]关于合同的更新（novation）与变更（modification，修改）的区别，参见玛蒂、雷诺与杰斯塔兹：《债法》（Marty，Raynaud，Jestaz：les obligations，t. II，n°s 405 et s，441 et s）。

[2]F·法布尔：《论合同中订立适应性条款》（R · Fabre，clause d'adaptation dans les contrats，RTD civ. 1983. 1）；M·封丹：《论长期国际合同》（M · Fontaine：Les contrats internationaux à long terme，Études Houin 1985，p. 263）；Ph·弗莎尔：《论合同与经济情势相适应》（Ph · Fouchard，L'adaptation des contrats à la conjoncture économique，Rev de l'arbitrage. 1979. p. 67）；J-M·穆塞隆：《论合同风险的管理》（J-M · Mousseron，La gestion des risques par le contrat，RTD civ. 1988. 481，sp. p. 489 et s）。

favorisé）与竞争性要约条款（clause de l'offre concurrente）归入自动适应性条款的范围。所谓最惠顾客条款是指，合同一方当事人做出承诺，当其在类似合同中可能给予某个第三人更加优惠的条件时，本合同的相对当事人即自动享有同等的待遇；所谓竞争性要约条款是指，当第三人在向合同一方当事人提出的要约中建议的条件比合同相对当事人对其规定的条件更加优惠时，该方当事人即可对相对当事人主张同样的优惠条件，这样就可以将他们所订合同的条件与第三人提出的最优惠条件拉齐，甚至可以中止或解除所订的合同而取得更加优惠条件的合同。[1] 不过，要想适用这类条款，往往必须经过双方当事人谈判，竞争性要约条款更是如此，因为，实践中往往很难确定哪一项要约的条件就是最优惠的条件。[2] 从这里也可以看到，所谓自动适应性条款会不知不觉地变成重新谈判条款。

474. 重新谈判条款

重新谈判条款（clause de renégociation）[3] 可以强制当事人在他们所订的合同的主要条件发生改变的情况下重新进行合同谈判。[4] 英语的所谓“clause de hardship”条款（困难处境条款）在法语里

[1] M·封丹：《国际贸易的法律与实践》（M·Fontaine, *Droit et pratique du commerce international*, 1978, p. 186 et s.）。

[2] 2008年8月4日法律否定了“竞争性要约条款”的有效性：《商法典》第442-6条第2项规定：对商业伙伴规定或者试图规定将会造成双方权利与义务明显不平衡的义务；生产者、商人、工业经营者或者在职业目录上登记注册的人，应承担责任并赔偿所造成的损失。

[3] Ch·加罗松：《重新谈判条款、和解条款与调解条款，职业人之间订立的合同的主要条款》（Ch·Jarrosson, Les clauses de renégociation, de conciliation et de médiation, in *Les principales clauses des contrats conclus entre professionnels*, p. 141）。

[4]《国际统一私法协会国际商事合同通则》第6-2-3条规定：（1）如果出现艰难处境，处于不利地位的当事人有权要求重新进行谈判。但是，应当及时提出此项要求，且说明提出重新谈判要求的理由。（2）提出重新谈判的要求本身并不能使处于不利地位的当事人有权停止履行合同；（3）在合理时间内不能达成协议时，任何一方当事人均可诉诸法院；（4）如果法院认定艰难处境，只要合理，可以裁判（a）在确定的日期按照确定的条件终止合同，或者（b）修订合同，以恢复合同的平衡。

也称为“挽救条款”（clause de sauvegarde），最能体现当事人请求进行重新谈判的实际状态。按照这种条款，如果从当事人各自承担的义务来看，他们之间所订的合同的原有条件已经发生了巨大改变，合同平衡已经被打破，导致一方当事人处于不公平的严峻局面下，可以要求相对当事人就他们之间的现有合同重新进行谈判。[1] 重新谈判条款一开始出现在国际贸易领域，现在也运用到国内订立的某些合同，特别是集体劳动协议。[2] 这种重新谈判条款的另一个例子就是不可抗力条款（les clauses dites force majeure）。[3] 订立不可抗力条款的目的恰恰是要尽量避免像人们在普通法方面所见到的那样，在发生这种（不可抗力）事件的情况下导致合同终止。不可抗力条款规定双方当事人应当进行谈判，以便使他们之间订立的合同能够适应已经发生的那种可以免除履行合同之事件的情况。

合同中订立这些条款，使双方当事人负有两项义务：首先是进行谈判的义务——这是一项结果性义务。这里的结果是指双方当事人必须进行谈判，但不是指谈判必须成功，其二是抱着能够谈出结果的愿望，善意地进行谈判的义务——这是一项方法性义务。[4]

---

[1] B·奥佩提：《论国际合同适应情势改变：困难处境条款》（B·Oppetit, L'adaptation des contrats internationaux aux changements de circonstances: la clause de hardship, *JDI* 1974. 794 ets.）；参见《国际贸易的法律与实践》，1972 年（*Droit et pratique du commerce international*, 1972, p. 512 et 1976, p. 7JDI. 1974. 794）；Y·勒格特：《论困难处境条款的效用》（Y·Lequette, De l'efficacité des clauses de hardship, *Mélangés C·* Larroumet, 2009）。

[2] 最高法院社会庭，1982 年 3 月 30 日（Bull. civ. V. N°232. p. 171）。

（所谓集体劳动协议是指，相关行业的雇主工会与雇员工会之间订立的有关社会、劳动条件等内容的协议。——译者注）

[3] 《国际贸易的法律与实践》（1979. p. 470）；Ph·卡恩：《不可抗力与长期的国际合同》（Ph·Kahn, Force majeure et contrats internationaux de longue durée, *JDI* 1975. 467. JDI. 1975. 467）。

[4] 塞德拉：《论谈判义务》（Cedras, L'obligation de négocier, *RTDcom*, 1985. 265, sp. p. 284.）；由于法院在这方面的监督力度非常小，因此这一方法性义务也就变得微乎其微，参见安日法院 2004 年 1 月 27 日判决（RTD civ. 2006. 112. Mestre et Fages 述评）；最高法院商事庭，2006 年 10 月 3 日（D. 2007. 765. D·Mazeaud 述评）。

原则上，在进行重新谈判期间，原合同仍然有效，如果另有条款规定合同暂时中止履行，此种情况除外。在重新谈判成功的情况下，经双方当事人修改后的合同将继续存在；如果重新谈判失败，合同原则上仍然按照原定的条件继续履行，但如果导致重新进行谈判的事件被看成是不折不扣的不可抗力情形，合同因此而无法履行时，则另当别论。还有一些条款规定，在重新谈判失败的情况下，双方当事人均有请求解除原合同的权利。实践中，有些实体审法官会毫无犹豫地对双方当事人施加压力，以便他们能够尽一切可能对原合同进行调整并达成一项新的协议。[1]

第三节　合同的解除

475. 内容安排

如同一项法律只能通过发布另一项法律才能被废止一样，一项合同的各方当事人原则上也只有通过达成一项新的协议才能废止他们原来订立的协议。正因为如此，《民法典》第 1134 条第 2 款遵循该条第 1 款宣告的原则，得出一个符合逻辑的结论：合同，只有经过各当事人相互同意或者依法律允许的原因，才能解除或取消。

第一目　当事人的一致协议

476. 当事人一致的相反意思

经双方当事人一致同意订立的合同，只有经他们的共同意思表示才能解除，也就是说，只能通过与订立合同时的意思“一致的相反意思”（mutuus dissencus）才能取消原来的“一致的同意意思”

[1]巴黎法院，1976 年 9 月 28 日（JCP1978. II. 18810. J · Robert 述评）。

(mutuus consensus)。[1] 产生解除效力的后一项合意或协议，同样需要遵守有关合同有效性的一般条件，[2] 它意味着将要被解除的合同的各当事人达成明示或默示的合意或一致同意。[3] 在这里，由于诺成主义仍然是规则，因此，当事人解除他们原先订立的合同，看来并不像罗马法那样要求遵守一种（与原合同相同的）"真正平行的形式"，最多只要求对（法律就原合同）规定的形式所要达到的保护目的作出分析，以便确定出于这种保护目的，是否应当将这种形式强制扩张适用于当事人订立的具有解除效力的后一项协议；不过，与此相反，如果原来订立的是需要经过批准或者许可的合同，那么，在当事人协商一致解除所订的合同时，也需要如合同成立时一样获得相同的批准或许可。[4]

合同当事人可以自行规定合同解除的范围。合同的解除可以是仅仅对将来产生效果，此前已经发生的效果依然予以保持而不受影响。人们将此情况称为"当事人协议无追溯力地解除合同"（法文使用的专门术语为"résiliation"）；当然，合同的解除（révocation）也可以产生追溯既往的效果。

---

[1] R·瓦提内：《论相反的一致意思》（R · Vatinet. Le mutuus dissensus（RTD civ. 1987. p. 252））。

[2] 最高法院第三民事庭，2005 年 5 月 11 日（RTD civ. 2005. 590，J · Mestre et Fages 述评）：双方当事人的同意，作为解除合同的协议赖以存在的基础，应当没有瑕疵。

[3] 双方当事人的"一致的相反意思"，在相应情况下，可以来自双方当事人默示的意思合致，以及可以产生于具体的事实情节。但这种事实情节应经实体法官的自主评判，以确定其是否构成默示的合意。参见最高法院第一民事庭 1960 年 11 月 22 日判决（Bull. civ. I. N° 510. p. 417. D. 1961. 89，G · Holleaux 述评）；最高法院第一民事庭，1994 年 6 月 18 日（Bull. civ. I. 175. p. 130. RTD civ. 1995. 108. J · Mestre 述评）；巴黎法院，1962 年 3 月 14 日（D. 1963. 104. P · Esmein 述评，RTD civ. 1963. 119. G · Cornu 述评），巴黎法院，1974 年 6 月 22 日（*Gaz. Pal.* 1975. 1. 149，*RTD civ.* 1975. 325，G · Cornu 述评）。

[4] 最高法院商事庭，1996 年 2 月 27 日（Bull. civ. IV. N° 69. p. 55. RTD civ. 1996. 909，J · Mestre 述评），例如，本案涉及的是需要得到董事会批准的问题。

在双方当事人没有作出任何表示的情况下，法院判例对此认定的规则是：合同的解除所产生的效果与在“解除条件（condition révocatoire）成就”的情况下产生的效果相同，也就是说，物或事务都将恢复至如同债不存在时的相同状态，[1] 不过，如果是连续履行的合同，则应当排除这样的处理：在此情况下，合同解除仍然仅对将来产生效果。[2]

如果订立的合同尚未产生效果，追溯既往地消灭该合同当然不会引起任何困难；但是，在相反情况下，则应当进行相应的返还，[3] 而第三人已经合法取得的权利也应当受到尊重。

在解除买卖合同的情况下，具有解除效力的协议将重新引起所有权的反向转移，而从税收角度来看，可以对此次物权转移征收新的财产转移税（《税收总法典》第 1961 条）；如果是买卖一宗不动产，还必须重新进行公示，在不动产买卖合同订立以后至该合同被解除期间，经买受人同意的所有的权利均将得到保留。

第二目 单方的意思表示

477. 本节内容的划分

原则上，合同当事人不得单方摆脱他们缔结的合同义务的约束，[4]

---

[1]最高法院第一民事庭，1892 年 7 月 27 日（DP92. I. 462）；最高法院商事庭，1983 年 11 月 30 日（Bull. civ. IV. N° 337. p. 291. RTD civ. 1985. 166. J · Mestre 述评，RTDcom. 1985. 149，J · Hemard et Bouloc 述评）。

[2]最高法院商事庭，1994 年 2 月 1 日（RTD civ. 1994. 356. J · Mestre 述评）。

[3]最高法院第三民事庭，1892 年 7 月 27 日。一方进行的返还作为另一方进行返还的原因，原则上，可以要求双方当事人同时进行返还，或者在合同解除时即可要求返还。

[4]即使是在合同尚未产生效力之前就中断合同，同样适用这一规则，参见巴黎法院 2003 年 9 月 12 日判决（RTD civ. 2003. p. 704. J · Mestre et B · Fages 述评）。

但是，当法律准许时或者当某一方当事人在原始合同中保留仅依其单方意思即可终止合同的权利时，则另当别论。我们在本节里仅讨论在双方当事人均没有任何违反义务的情况下，由一方当事人单方中断合同的情况，其他相反情况，将放在后面另行研究（参见第657节）。

一、法定原因

478. 简要介绍

传统上，民法都会规定某些特定的合同可以仅由一方当事人的意思而予以解除（1），最近，立法者还增加了在合同订立之后不久即可表现出来并可行使的反悔权（2）。

（1）由法律规定的单方解除合同。单方解除合同的可能性首先取决于涉及的合同是不定期合同还是定期合同。不定期合同，原则上都包含着单方解除义务约束的权利，也就是说，没有确定的延续履行时间的连续履行的合同，原则上都包含着单方解除义务约束的权利；至于定期合同，也就是明确规定了到期时间的连续履行的合同，原则上不能依据单方的意思表示而提前解除。关于这一问题，我们将在合同的延续期限中进行研究。

（2）反悔权（droit de repentir）。[1] 为了保护特定的合同当事人，防止他们由于过分仓促地订立合同所带来的不利后果，立法者在相当多的情况下，给予这样的合同当事人以反悔权。关于这个问题，我们在有关保护消费者的问题方面作了详细介绍，在这里只是加以简单提示（参见第263节）。

---

[1]在法国法律中，“反悔权”称为“droit de repentir”，是由法律明文规定的权利，“废约权”称为“droit de dédit”，这种权利来自合同中规定的“废约条款”。法语在表述这两个概念时，使用的是不同的术语，仅从字面上就可以很清楚地看到两者的区别。当然，废约也是一种反悔。——译者注

二、约定的单方退约

479. 废约条款、解除条款

合同可以规定给予一方当事人或双方当事人解除合同义务约束（se délier）的权利，也就是说，给予他们解除此前做出的义务承诺（se désengager）的权利，[1] 但是，《民法典》第 1134 条第 2 款规定"契约，只有经各当事人相互同意或者依法律允许的原因才能取消"，给予当事人这项解除义务承诺的选择权利，并不是该条第 2 款所定的规则的真正例外，因为，主动退出契约的一方当事人在这里运用与行使的是合同本身（的条款）承认其享有的一种权利。[2]

对于立即履行的合同，单方退出合同（rétractation）法语里称为"dédit"（废约）。这种情况一般都发生在合同尚未履行之前，并且运用这一权利的人往往需要向对方当事人支付一定的赔偿金（indemnités）。[3]

例如，在通过交付定金的方式进行的买卖当中，交付定金的一方当事人可以放弃定金，废除所订的合同；收受定金的一方也享有相同的废除合同的选择权利，但需要双倍返还其此前已经收受的定金（《民法典》第 1590 条）；不过，如果当事人想要这样做，还

---

[1] L·博埃耶：《论废约条款》（L·Boyer. la clause de dédit. Mélanges P·Raynaud. 1985. p. 41）；Y·达果尔内-拉贝：《废约权研究》，《巴黎二大学位论文》，1984 年（Y·Dagorne-Labbé, Contribution à l'étude de la faculté de dédit. thèse Paris II. 1984）；PH·德勒贝克：《单方废除合同》，载《单方主义与债法》（Ph·Delebecque, L'anéantissement unilatéral du contrat, in *l'unilatéralisme et le droit des obligations*, 1999, p. 61 et s）。

[2] 由于废约条款是在合同中订立的条款，因此被称为"约定的单方退出合同条款"。——译者注

[3] 但是，丝毫不禁止"不规定任何代价的废约权"，也就是说，没有任何法律规定禁止当事人约定"无须支付任何补偿金的废约权"，参见最高法院商事庭 2000 年 10 月 30 日判决（D. 2001. sopmm. com, p. 3241. D·Mazeaud 述评，D. 2001, somm. com, p. 3241, D·Mazeaud 述评，CCC 2001, N°21, Leveneur 述评）。

需有一个前提条件，那就是在所订合同中应当明确他们所交的这种款项具有“废约条款”（clause de dédit）的性质，这也就是说，在双方当事人的意图中，“定金”（arrhes）这一术语，不是指“可以用来折抵价金的预先支付或分期支付的价款的一部分”，定金不是预付款，而是一种不折不扣的废约的代价。为了更为彻底地解决在交纳的款项的性质解释上可能出现的问题，1992 年 1 月 18 日法律进一步强化了对消费者的保护，该法第 3-1 条（现在归入《消费法典》第 114-1 条）规定，凡是在职业人与消费者之间订立的动产买卖合同以及提供服务的合同中事先交付的款项，除合同有相反约定之外，均为定金。这就意味着，事先交付款项所产生的效果是，每一方当事人均可以废除其已经做出的义务承诺，消费者反悔的，丧失其已付的定金，职业人反悔的，应向消费者双倍返还收受的定金。[1]

法院判例长期认为，反悔权的行使是一项可以“由单方自由决定的选择权利”，但是，最近的一些法院判决明显拒绝考虑恶意实施的废约行为。[2]

> 需要提醒的是，由于单方预约的诺约人在预约的有效期间不能将预约所涉及的财产另作他用，单方预约的受益人不行使选择权的，应当向诺约人支付（因其财产在此期间被暂时冻结的）补偿金（参见第 192 节），但是，我们不要将这种补偿金或赔偿金与废约条款混为一谈，也不要将废约条款（la clause de dédit）与违约金条款（la clause pénale）混为一谈（参见第

[1] A·特里克林：《论定金的复兴》（A · Triclin，La renaissance des arrhes，*JCP* 1994. 1. 3732）。

[2] 最高法院第三民事庭，1976 年 5 月 11 日（Bull. civ. III. N°199. p. 155. D. 1978. 269. Taisne 述评，*Defrénois* 1977，p. 456. J-L · Aubert 述评）；最高法院第三民事庭，2000 年 2 月 15 日（Defrénois 2000. 13 79 ，D · Mazeaud 述评，*RTD civ.* 2000. 564，Mestre et Fages 述评）。

621节)。废约权是当事人在合同约定的条件下行使的一种选择权利，前提条件是双方当事人事先已经缔结合同、承诺义务，而单方预约的特点，准确地说，恰恰是受益人方面尚未对预约做出任何承诺；废约，意味着债务人在废除合同与履行合同两者之间做出了选择，因而需要对其撤回此前做出的义务承诺付出一定的代价。违约金条款又是怎么一回事呢？所谓违约金是指债务人在不履行债务的情况下向债权人支付的“一揽子损害赔偿金”，因此，违约金条款是为债权人在该条款的效力与强制债务人履行合同两者之间留出了一种选择。废约条款与违约金条款不同，法官不能调低废约条款规定的补偿数额。[1]

在连续履行的合同中，双方当事人可以约定不具有追溯力的解约条款（clause de résiliation），通过这种条款，规定一方或另一方当事人均可单方面自由决定终止合同；[2] 在定期合同中，可以订立（不产生追溯力的）解除条款，准许当事人在规定的合同到期日之前终止合同（参见第481-1节）；[3] 而在不定期合同中，这种

[1]最高法院第三民事庭，1991年1月9日（D. 1991. 481. Paisant述评）；最高法院商事庭，1997年10月14日（Defrénois1998. 329. D·Mazeaud述评）。

[2]按照《消费法典》第R132-1条的规定，凡是产生以下效果的条款，均不可反驳地推定其具有滥用权利性质：……（8）承认职业人有单方自由解除合同的权利而不承认非职业人或消费者享有相同权利的；（9）在职业人单方自由解除合同的情况下，准许其扣取以其尚未实现之给付的名义支付的款项的；（10）在不定期合同中规定非职业人或消费者提前通知解除合同的期限要长于对职业人自己规定的提前通知期限的；（11）在不定期合同中规定非职业人或消费者解除合同需要向职业人支付赔偿金的。

[3]关于这些条款的有效性，参见巴黎法院1995年1月25日判决（RTD civ. 1996. 158. Mestre述评）；只要条款本身没有规定这些要求，那么，当事人就无须对其提前解除合同的决定说明理由，但是，恶意作出此种决定的当事人有可能受到制裁。参见最高法院第一民事庭2008年10月30日判决（JCP2009. II. 10052. C·Chabas述评）；关于在滥用中断合同的权利的情况下应当给予的损害赔偿的范围，参见巴黎法院2005年10月14日判决（RTD civ. 2006. 114. Mestre et Fages述评）。

条款只不过是提醒每一方当事人均享有普通法承认的终止合同的选择权利（这样做往往是有好处的，当事人可以据此解决某些棘手的问题，例如，预先通知的期限问题，中断合同的补偿金问题）。[1]

[1]关于为消费者提供的单方解除合同权利的条款也可能存在的滥用权利性质的问题，参见最高法院第一民事庭2002年10月29日判决（Bull. civ. I. N°254. JCP2003. I. 122. N°25；N·Sauphanor-Brouiilaud述评）；按照普通法，承认合同当事人单方自由解除合同的选择权利的所有条款，均不剥夺法官“对抱着损害相对当事人意图而运用此项权利的人”实行制裁的可能性，参见最高法院商事庭2001年4月3日判决（D. 2001. somm. com，p. 3240；D·Mazeaud述评，*JCP* 2001. 1. 354，N° 19，Rochfeld，*Defrénois* 2001. 1048，Savaux述评）。

第二章　合同约束力的延续时间

480. 内容介绍

有很多合同可以瞬时成立、瞬时履行完毕。日常生活的绝大多数合同都是如此，合同一订立，即刻就履行。由双方当事人的意思合致而成立的合同，因其宗旨（或者目标）的实现而终结或者消灭。正因为如此，人们有时也指出，《民法典》的起草者在拟定法典第三卷第三编的标题时，也就是在确定合同的一般理论时，目光所注视的是买卖合同，由此也给合同的一般理论赋予了一种特殊面貌。这种特殊面貌就是：由买卖（合同）所实现的经济活动的立即发生的“直接性”（immédialite）与“瞬时性”（instantanéité）。

不过，我们也许可以不局限于上述观察与认定。实际上，在《民法典》里还有许多特别条文是对为数不少的其他合同的专门规定，这些合同在时间上都有一定的延续性或延长幅度，都对将来产生影响，例如，平民百姓为了保障生计和住房而订立的劳动合同、住房租赁合同。基于对这种现实情形的认识，理论界对瞬时履行的合同与连续履行的合同之间的区分进行阐释。由瞬时履行的合同所产生的债可以一次性履行完毕，而由连续履行的合同产生的债则在时间上有一个持续存在、逐步履行的过程（参见第 70 节）。但是，这并不是说，瞬时履行的合同有时就不会同样有某种时间尺度，例如，买卖合同就有可能附带规定某种期限或条件：中止期限、到期期限、付款期限、中止条件等（在这里，“瞬时性”似乎有别于“一次性”），这样，时间因素也就被纳入了此种合同。在附有中止期限的情况下，买卖合同虽已即刻直接成立，但由其产生的债却只有在规定的期限到来之时才能成为到期的、可追偿的债务。

在法国，有些人根据时间尺度对于合同是否具有根本性作用这样一条标准，试图进一步深化不同合同之间的区分。他们受到美国合同法理论的影响，将合同划分为“有连续关系的合同”（les contrats relationnels）与“没有连续关系的合同”（les contrats discrets）。没有连续关系的合同所安排的，是有着具体时间点的孤立活动，与此相反，有连续关系的合同则是在当事人之间建立起一种持续的联系，但并不完全依时间尺度来体现其特征，因为，对于有连续关系的合同而言，除了考虑持续的时间因素之外，还要加上合同当事人之间存在某种强有力的关系，各方当事人在这种关系中需要相互了解、相互牵连、相互合作，这样才能使他们之间的合同得以持续生存并保持活力。实际上，有连续关系的合同的基本特征就是时间上的延续性，因此，对于这类合同而言，很难从一开始就可以对其产生的债的全部事项作出明确而具体的界定，还需要各方当事人在打交道的过程中借助逐步形成的习惯做法来对此种合同之债进行补充。也有人批评这种理论构建不够明确、不够具体。批评者指称：有连续关系的合同是一个“什么都可以往里装”的包罗万象的类型，这一概念更多是带有社会学或经济学的色彩，而不是一个准确的法律概念，因此很难将其与某种法律制度紧紧联系在一起。有鉴于此，为了更好地理解这里所提出的问题，看来最好还是阐明，在那些没有时间尺度就无法设想的合同中间，随着它们各自实现的经济活动之不同，还存在着不同的变化类型。

最为常见的情况是，通过连续履行的合同来实现的交换活动都需要延续一定的时间：从事劳动获得工资的劳动合同，向承租人交付出租物以获得租金的租约等都是如此。在这些情况下，我们面对的合同都具有某种重复性或反复性的特征，合同的连续履行就是物或服务的定期的反复变动，而且在原始合同中就已经明确地确定这种变动的原则与给付的平衡。对此，有人采用一种很有提示性的表述方式，称之为“渐行性交换”，除合同中规定有调整条款或重新谈判条款之外，合同期限的到期时间通常都是一次性敲定的。正如有人正确指出的那样，交换性合同是建立在相反利益的协调或妥协的基础之上，合同订立之后，财产或服务需要按照“一种不能触动的平衡”来进行变动，因为，当事人之间相反利益的协调是在交换同意意思的当时达成的协调，一旦达成了此种协调，就不可能再行反悔与否定。

我们显然可以看到，在这一点上，实现某种合作活动的共同利益合同的面貌就与上述合同的情况有着深刻差别。我们在前面说过，共同利益合同是建立在工具性债务与目的性债务的相互绞合的基础之上（参见第 302 节）。对于工具性债务而言，合同的一方当事人将某种手段交给他的合作伙伴进行安排，用其从事经营活动，并由双方分享利益，这就是目的性债务。在这里，交换既可以是瞬时的交换，也可以是连续的交换，与交换相反，共同利益合同的活动中并非没有时间因素：有些共同利益合同，提供手段仅仅是第一步，其后应当而且必然会紧跟着第二步——利用这些手段从事经营活动，以期达到活动的目标。虽然说各方当事人所要达到的目标原则上是不可更改的，但随着时间的推移仍然可能有必要对手段进行与时俱进的调整，使之能够与双方期待的目的相适应。为此，双方可以约定，通过合同规定的、一方当事人所享有的特权来进行这种适时处理，但该方当事人在运用这种特权时，应当是为了各方当事人的共同利益。这样做才能便于法官对这种特权的运用实行监督。有时，如果原始合同中有明文规定，或者基于合同的经济活动的强制必要性，双方当事人也可以通过重新谈判来进行适应性调整（参见第467节）。这就是说，在这种情况下，我们面对的就不再是一项有着交换的期限的合同，而是一项可以随着情势变化而调整的开放式的合同。

对于组织性合同，同样可以进行上述类似思考：参股人将他们的财产或技艺集合在一起，从事经营与使用、分享利润，这些都是公司合同所固有的特征，而要实现公司合同的宗旨或目标，必然要求经过一定的时间。这种情况下，为了达到公司股东们所追求的集体利益，公司股东设置的机关需要随着时间推移来确定公司将要采取的战略。

为了明确时间因素在连续履行的合同中所具有的意义，传统上都是将这类合同区分为定期合同与不定期合同两大类型。我们在下面来介绍这两类合同，然后再简短地介绍一下合同终止之后的一个短时间的情况，人们有时也将其称为“后合同”。

第一节 定期合同

481. 合同的强制力至合同终止期限的到来

各方当事人通过确定合同的终止期日，对合同的期限作出具体规定。在合同到期日到来时，合同原则上自动终止。最常见的情况是，合同的到期日是肯定的：可以是某个确定的日期，也可以仅写明特定的期间，例如，合同有效期为几年、几个月；合同的到期日也可以是不确定的。这种情况是指当事人知道将会发生或实现某个事件，但当前尚不知道该事件实现的具体日期。[1] 例如，为了某

[1]一项合同，不仅因其规定有确定的到期日而为定期合同，而且在到期日并不肯定时，也可以是定期合同，因为，只要期限的到来是肯定无疑的，那么，即使尚不知道该期限真正实现的期日，也没有任何影响，参见最高法院社会庭1992年10月28日判决（Bull. civ. V. N°521. p. 329；JCP. E. 1993. II. 461. Petit述评. RTD （转下页）

项工程的施工租用设备，当前并不能准确地确定完工的具体日期。没有规定肯定的终止日期的合同便是不定期合同。[1] 有时，对于某些特定的合同，法律还对这种模式的运用进行了特别规范：为了使特定的合同当事人的法律状态具有稳定性，法律规定了所订立的合同的最短期限。例如，住房租赁合同的最短期限不得少于 3 年，农产租约以及商业租约的最短期限不得少于 9 年。与此相反，由于担心某项合同状态延续的时间过长，法律有时对合同的最长期限进行了限制，例如，不动产经纪人的委托代理合同不得超过 3 个月，独家供货合同的最长期限不得超过 10 年。

只要合同的终止日期尚未到来，合同在当事人之间均展现出其强制力；在合同终止日期到来之后，合同消灭，而且原则上主张合同已经终止的一方当事人无须事先向对方当事人就此事项进行通知。

481-1. 缓和处理

不过，以上这些规则，法律上都规定有缓和处理的情况。这些例外的缓和处理包括：

(1) 单方提前解除合同（résiliation unilatérale anticipée）：[2]

（接上页）civ. 1993. 355)；不过，到期日的确定不应当由一方当事人独自决断，否则，该合同实际上属于不定期合同，或者，有可能受到“禁止永久性义务承诺”的制裁，或者因为其基本要件之一不确定而无效。《民法典》第 1129 条规定：“债的标的物，至少应是种类上已确定之物。——物的数量可以是未确定的，只要其可以确定。”关于这个问题，参见 Ghestin 与 Billiau. N°207）。

[1] 实践中也揭示出存在中间类型的合同：这样，一项合同可以同时是不定期合同但附有某个确定的到期日，例如，合同在一方当事人 60 周岁生日时自然终止（参见最高法院 1997 年 12 月 2 日判决）。在这种情况下，每一方当事人都可以运用不定期合同固有的单方解除合同的权利，而如果双方当事人都没有运用这项选择权利，合同则到约定的日期当然终止。

[2] Ph · 森勒尔：《〈民法典〉第 1134 条的规定与单方解除不定期合同》（Ph · Simler, L'article 1134 du Code civil et la résiliation unilatérale des contrats à durée indéterminée, JCP 1971. 1. 2413）；B · 胡茵：《论双务合同的单方解除》，（转下页）

当一项合同规定有确定的期限时，原则上，直至该期限到期之日，双方当事人都有义务履行合同，而不得单方解除该合同，这就是说，定期合同，也就是规定有到期日的连续履行的合同，原则上不能由一方当事人单方的意思表示而提前终止。在一方当事人停止履行其义务的情况下，将会引起合同责任，并且有可能被强制履行这些义务。

但是，基于某些特定的合同所具有的特殊性，立法者有时也规定当事人可以提前解除合同，即使是有确定期限的合同，亦有提前解除的可能性，例如，委托代理合同，可以由一方当事人的意思而终止，[1] 因为这种合同是建立在各方当事人相互信任的关系基础

（接上页）《巴黎二大学位论文》，1973 年（B · Houin, La rupture unilatérale des contrats synallagmatiques, thèse ronéot. Paris II, 1973）；佩特勒-特西耶：《论合同的有效性的时间》，《蒙帕利耶大学学位论文》，1984 年（Petel-Teyssié, Les durées d'efficacité du contrat, thèse ronéot. Montpellier 1984, p. 355 et s.）。

[1]原则是：委托可以自由解除，《民法典》第 2003 条第 1 项与第 2004 条分别指受托人和委托人解除委托。委托人有随时解除委托的自由，但不能滥用其权利（最高法院第一民事庭，1984 年 5 月 2 日）。有正当原因且不滥用权利，提前解除有确定期限的委托，并不产生受委托人（代理人）获得补偿的权利（最高法院第一民事庭，2003 年 1 月 28 日）。委托人应当证明与受委托人（代理人）打交道的第三人知道其已解除委托（最高法院商事庭，1997 年 6 月 7 日）。但是，当委托代理是为了委托人与代理人的共同利益时，只能经双方一致同意才能解除，参见最高法院第一民事庭 1889 年 5 月 13 日判决（DP1885. I. 350. S. 1887. I. 220）。至于委托的部分解除，对原已赋予受委托人的权力进行限制，构成对（原）委托的部分解除。部分解除委托可以按照第 2004 条之规定随委托人的意愿而提出。对受委托人（代理人）的权力加以限制，不需要得到受委托人（代理人）的同意（最高法院第一民事庭，1968 年 1 月 8 日）。相反条款：虽然说，原则上，委托人可以随其意愿解除委托，但委托人也可以放弃这一权利，或者对行使这一权利规定特定的条件（最高法院诉状审理庭，1885 年 7 月 9 日）。当事人可以约定包含具体期限的委托，对此委托，双方均不得单方面地专断地缩短期限，否则，即有过错。还有明文规定不可解除的委托：给予受委托人转让一定数量的公司股份的委托，是一种不可解除的委托，但并不因此剥夺委托人本人以所有权人的资格本人处分这些股份的权利（最高法院第一民事庭，1970 年 6 月 16 日）。补偿条款：第 2004 条之规定具有补充性质，因此，合同可以约定，在单方面撤销委托的情况下应当给予补偿（最高法院第一民事庭，2001 年 3 月 6 日）。

之上。《民法典》第 2004 条规定“委托人得任意解除委托”。但是，如果是一项共同利益委托，则只有经过各方当事人的共同同意，才能将其解除。同样，《民法典》第 1944 条规定：“即使寄托契约订立了返还寄托物的确定期限，只要寄托人提出返还寄托物的要求，即应将寄托物交还；但是，如果（第三人）在受寄托人手中实行扣押或者对返还或移动寄托物提出了异议，不在此限。”还有《民法典》第 1889 条关于使用借贷的规定：“但是，在约定的借用期限内，或者，在借用人尚未使用完毕之前，出借人如因没有预见的紧急情形，急需其出借给他人之物时，法院得视情形，要求借用人将借用物归还借贷人。”现代立法有一种倾向，那就是增加了可以单方解除合同的情形。1989 年 7 月 6 日有关租约的法律规定，承租人提前 3 个月用挂号信并要求回执的形式进行事先通知，可以随时解除租赁合同（第 12 条）；与此相反，出租人只有在提前 6 个月进行事先通知并说明其做出解除租约的决定的理由，才能在租约到期之日解除租约（第 15 条）。在保险方面，保险人与被保险人每年都可以提前 2 个月向对方当事人进行通知，退出保险合同（《保险法典》第 113-12 条）。对于婚姻中介合同，1989 年 6 月 23 日法律也规定了在当事人有正当理由的情况下为了双方当事人利益而解除合同的选择权利（第 6-1 条第 3 款）。[1]

无追溯力的解除合同的权利（un droit de resiliation，解除权）的行使，也常常会引起种种困难。我们经常看到这样的情况，依其单方意思中断合同的一方当事人需要向对方当事人进行合同约定的特定给付，或者需要支付一定的赔偿金。例如，（单方）解除寄托合同的寄托人，需要向应当获得报酬的受寄托人支付原已许诺的报

[1] 解除婚介合同，按照已经经过的时间与尚剩的有效时间的具体情况，按比例相应减少价金（1990 年 5 月 6 日法令第 2 条）。

酬，或者在受寄托人受到了损失的情况下，甚至需要支付损害赔偿金；又例如，委托人在没有任何正当原因的情况下如果解除委托合同，应当赔偿委托代理人因合同被解除而受到的损失。[1] 同样，委托代理人在自动放弃代理合同的情况下，也应当赔偿其给委托人造成的损失。

各方当事人也可以在定期合同里订立条款规定赋予他们在合同期限到期之前单方解除合同的权利。

（2）合同的默示延展、续订、延长期限。在合同规定的期限到期时，合同终止，但是，经常有这样的情况，合同关系在期限到期之后仍然在延续，这就引起合同期限的默示延展。《民法典》第1738条规定："如果书面租赁契约期满之后，承租人仍然占有租赁物，或者出租人听任其占有租赁物，即属订立新的租约；此种租约的效力按照前述有关非书面形式订立的租赁的条文规定。"按照这一条文的规定，法院判例也认定：定期合同的默示延展产生的是一项不定期合同，而该不定期合同可以由当事人随时解除。[2] 由于原来规定终止合同的到期日的作用已经经过，因此，这种情况下便不是原始合同的继续，而是用一项新的合同接替了原来的合同，不过，原则上两项合同的条件是相同的。显然，出现与存在一项新的

[1] 例如，巴黎法院1989年2月21日判决（RTD civ. 1989. 536. Mestre述评）；关于商业代理合同，参见最高法院商事庭2003年4月29日判决（CCC2003. N°121. Leveneur述评）。

[2] 最高法院商事庭，1992年2月8日（Bull. civ. IV. N°78. D. 1993. 57. Hannoun述评）；最高法院第一民事庭，2005年11月15日（D. 2006. 587. Mekki述评），该判决明确指出：这一合同的其他要件并不一定必然完全相同。另见最高法院第一民事庭2009年6月4日判决（D. 2009. 1694）。（本书第10版在这里还补充说："但是，（当事人）往往会在合同中规定：默示延展合同不是一项不确定期限的合同，而是与原合同相同期限的定期合同。"对此，立法者最近又一次进行了干预，在《消费法典》中增加了第136-1条的规定："在订立的合同中规定有默示延展条款的情况下，作为服务给付人的职业者应在准许其拒绝延展合同的期限到期前最早3个月、最晚1个月向消费者通知不再延展合同的可能性。"第11版删除了这一段话。——译者注）

合同自然不会不产生任何后果。例如，特许经营合同，按照《商法典》第 330-3 条的规定，任何人，将商业名称、商标或招牌交由他人支配、使用，同时要求该人做出义务承诺，在其从事活动中排他性使用该商业名称、商标或招牌时，在为双方的共同利益订立的任何合同签字之前，有义务向另一方当事人提供包含真实准确之信息的文件，以便另一方当事人在充分了解实情的情况下做出义务承诺。这就是说，由于合同的默示延展属于订立新的合同，所以应当重新进行上述事先通知；在此期间，如果法律进行了修改或者颁布了新的法律规定，新的合同就应当适用新法的规定；如果在原始合同中订有这方面的明确条款，当事人之间也可以排除合同的默示延展。

在没有默示延展合同的情况下，至原先规定的期限到期之日，合同终止，但续订合同或者延长合同期限的情况除外。

续订合同指的是：用一项相同的新合同来续订原有的合同。续订合同可以是因法律的规定产生的后果，也可以是因原合同中订有此类约款而产生的后果，例如，在租约方面——商业租约、农产租约，法律就规定承租人有续订租约的权利，只有在基于某些特定原因并且给予补偿金，出租人才能在原订租约到期时，收回其用于出租的财产。

经常有这样的情况，在订购合同中，通过一项合同条款规定该合同逐年续订。

合同期限的延长是指，用将来的某个日期取代合同原先规定的到期日，以此延长同一合同的期限。合同期限的延长可以自动进行，并且可以在原始合同中订立一项条款，规定在这样或那样的事件发生的情况下，合同的期限将予以延长，不过，最常见的情形还是，当事人通过达成一项新的协议来延长合同的期限，当事人之间的这项协议应当在原始合同的期限到期日之前达成。

消费法从多个方向上对这些情形进行了缓和性处理，《消费法典》第 136-1 条关于合同的续订作出了如下规定："作为职业人的服务提供者，在准许其拒绝延展合同的期间到期之前，最早3个月最迟1个月，将可能不再延展其订立的带有默示延展条款的合同之事由书面通知消费者；[1] 在没有按照第1款的规定向消费者进行通知时，消费者可以自延展之日起随时无代价地终止合同。在最后的延展之日或者对于不定期合同，在原先的定期合同转变为不定期合同之日后支付的预付款，在此情况下，应当在自解除合同之日起30日内，扣除截至解除之日履行合同的相应款项之后，予以退还。未按照上述规定退还这些款项的，所拖欠的款项按照法定利率产生利息。”这些规定的目的都是要尽量保护消费者享有的“不订立合同的自由”；与此相反，《消费法典》第122-1条则规定：“禁止拒绝向消费者销售产品或提供服务的行为，但如有正当理由，不在此限；禁止对产品的销售规定必须强制购买达到一定的数量或者需同时购买其他的产品或服务之附加条件。”这些规定是对拒绝买卖或拒绝提供服务的行为实行制裁，从而援用这些规定来支持某种延展合同的权利。

第二节 不定期合同

481-2. 不定期合同的单方解除

不定期合同，也就是没有确定具体的延续时间的连续履行的合同，原则上，都包含着单方面解除义务约束的权利。[2] 这一规则

---

[1] Ph·斯托菲勒-明克：《2005年1月28日莎特尔法之后，消费合同默示延展范围的确定》（Ph· Stoffel-Munck, L'encadrement de la tacite reconduction dans les contrats de consom-m'ae&n après la loi Chatel du 28 janvier 2005, JCP 2005. 1. 129）；C·纳吉姆-马克卢弗：《合同的默示延展与双方当事人的意思表示》，《巴黎二大学位论文》，2009年（C· Najm-Makhlouf, Tacite reconduction et volonté'des parties, thèse Paris II, 2009, N°s 590 et s, p. 326 et s）。

[2] 胡茵：《论双务合同的单方解除》，《巴黎二大学位论文》，1973年（B·Houin, la rupture unilatérale des contrat synallagmatiques. thèse renéot. Paris II. 1973）。

是与“禁止永久性义务负担”的思想紧密相连的，目的是保护个人自由、维护自由竞争。因此，任何人都不应当因一纸契约而无限期地受到约束。这一规则具有公共秩序性质，任何与此相抵触的条款均无效。基于此，宪法委员会在审查有关“紧密关系民事协议”的法律时，再次重申了这项规则：“虽然说合同是各方当事人的共同法律，但基于‘1789年人权宣言’第4条所规定的自由，有理由认为任何无期限的私法性质的合同，均可以由这一方或那一方当事人单方面中断之，不过，应当保障向对方当事人进行告知，保障因中断合同条件可能引起的损失得到赔偿。”[1]

这种当事人单方解除合同的选择权利，虽然从条文来看是就特定的不定期合同作出的规定，例如，《劳动法典》第1232-1条关于劳动合同的规定：“已经订立的无确定期限的劳动合同，得由缔结合同的一方当事人主动提出解除（但适用以下规则的除外）。”《民法典》第1736条就租约或租赁合同也有类似的规定：“没有采用书面形式订立的租赁契约，当事人一方只能按照当地习惯确定的期限，向他方当事人通知终止租约。”即使没有任何法律条文作出明确规定，当事人单方解除合同的这种选择权利也应当扩张适用于没有规定任何到期日的所有合同。[2]

不过，当一方当事人的生活乃至生存条件有赖于某项合同，在这项合同构成该方当事人的生活不可或缺的要素的情况下，当事人可以单方解除的选择权利就可能会带来危险。同样，当一项合同构

---

[1]宪法委员会，1999年11月9日（RTD civ. 2000. 109，Mestre述评）。

[2]最高法院第一民事庭，1985年2月5日（Bull. civ. I. N° 54. p. 52. RTD civ. 1986. 105. J · Mestre述评）：连续履行的合同如果没有规定任何期限，双方当事人均可以单方解除该合同，但按照《民法典》第1134条第3款的规定制裁滥用权利的行为时不在此限，参见最高法院第一民事庭1996年6月11日判决（CCC1996. N° 164. Leveneur述评）；另见最高法院商事庭1969年12月15日判决（Bull civ. IV，N°384，p. 355 JCP 1970. 11. 16391. J · H述评）；最高法院商事庭，1971年7月19日（Bull. civ. IV，N° 213，p. 198）。

成相对当事人从事职业的基础或平台时，例如，公共服务事业的特许经营合同（contrat de concession）、（商标、商业品牌、专利、专用技术的）特许经营合同（contrat de franchise）、商业代理合同等，或者，当一项合同是保障一方当事人的事业能够得到发展的根本要件时，例如，（经营场所的）商业租约（bail commercial），如果准许相对当事人单方解除合同，不可能不给前者带来风险。有鉴于此，法院判例认定，单方解除（连续履行的）合同的选择权利，并不是一项可以听凭某一方的意愿任意决定的特权，因此，单方解除合同的权利不得滥用。[1]

为此，法院判例要求，一方当事人在打算解除合同时，必须提前告知相对当事人，以便相对当事人寻找新的合作伙伴，使他能够应对其合同被解除后可能产生的局面。[2]

---

[1] 最高法院商事庭，1969年12月15日判决；最高法院第一民事庭，1985年2月5日判决；最高法院商事庭，1986年4月8日（Bull. civ. N°58. p. 50）；巴黎法院，1989年6月21日（D. 1989. IRp. 215. RTD civ. 1990. 279. J·Mestre 述评）；最高法院商事庭，2001年3月13日（CCC 2001, N° 100）；最高法院商事庭，2004年10月5日（CCC2005, N° 1, L·Leveneur 述评，JCP 2005. 1. 174, N° 11, M·Chagny 述评，RDC 2005, p. 288, Ph·Stoffel-Munck 述评，RTD civ. 2005, p. 128, J·Mestre et B·Fages 述评）；M-E·庞克拉兹-提安：《论契约约束力的法律保护》，《埃克斯马赛第三大学学位论文》，1996年（M. -E·Pancrazi-Tian, La protection judiciaire du lien contractuel, thèse Aix, 1996, N°s 230 et s, p. 204 et s.）。

[2] 最高法院商事庭，1986年4月8日（关于公共服务事业特许经营合同）；最高法院商事庭，1985年11月19日（关于给予信贷的合同）（Bull. civ. IV. N°257. p. 232）；最高法院商事庭，1995年2月28日（Bull. civ. IV. N°63. p. 60. RTD civ. 1995. 885. Mestre 述评）；巴黎法院，1996年1月6日（D. 1996IRp. 66）；在公共服务事业特许经营方面，有些法院判决认为：特许权人在此前鼓励受特许权人进行投资，并没有将其中断合同的意图告知并无过错的受特许权人，尽管在中断合同之前遵守了预先通知的期限，仍然可能构成滥用权利中断合同，因为受特许权人进行的投资在预先通知的期限内不能实现折旧或收回成本。参见最高法院商事庭1994年4月5日判决（JCP1994. 1. 3803. Jamin 述评；CCC1994. N°159. Leveneur 述评，p. 90, D·Mazeaud 述评，RTD civ. 1994. 603, J·Mestre 述评）；最高法院商事庭，1998年1月20日（Bull. civ. IV, N° 40, p. 30, D. 1998. 413, C·Jamin 述评，1999, somm. com, 114, D·Mazeaud 述评，RTD civ. 1998. 675 J·Mestre 述评）；与此相反，（转下页）

与此相反，尽管法律规定契约应当善意履行，但这一要求并不强制“提出解除合同的一方当事人必须证明其有解除合同的正当理由”。[1] 在没有遵守预先告知义务的情况下，当事人受到的制裁是

（接上页）如果相对当事人的所作所为妨碍继续保持合同关系，解除合同的一方当事人虽然没有遵守预先通知的期限，仍然不会引起责任。参见最高法院商事庭 1996 年 3 月 5 日判决（RTD civ. 1996. 905. J · Mestre 述评）；另见：B · 法热：《论合同当事人的行为表现》（B · Fages, Le comportement du contractant, thèse Aix. éd. 1997, N°812 et s）。

[1] 中断合同关系并不需要说明理由。参见最高法院商事庭 1969 年 12 月 15 日、1994 年 4 月 5 日、1997 年 1 月 7 日判决（CCC1998. N°20. Leveneur 述评）；最高法院商事庭 2006 年 2 月 21 日判决（RDC2006. 704. D · Mazeaud 述评；CCC2006. N°99. Leveneur 述评）；最高法院第一民事庭 2008 年 10 月 30 日判决（JCP2009. II. 10052. C · Chabas 述评）：在合同规定的情况之外引起的中断合同，并不会产生滥用权利性质，参见最高法院商事庭 1994 年 5 月 31 日判决（Bull. civ. IV. N°194. p. 155. JCP1994. I. 3803. N°1. Virassmy 述评，RTD civ. 1993. 108. Mestre 述评）；与此相反，如果经认定中断合同的当事人为恶意，其中断合同则属于滥用权利行为，参见巴黎法院 1992 年 2 月 17 日判决（CCC1992。N°52. Vogel 述评）；特别是当中断合同的原因是出于一方当事人明知而故意的损害他人利益的动机时，显然属于滥用权利行为，参见巴黎法院 1994 年 6 月 8 日判决（D. 1995. somm. com. p. 69. Ferrier 述评）；

另见最高法院商事庭 1993 年 10 月 5 日判决（ JCP 1994. 11. 22224 , Jamin 述评，RTD civ. 1994. 604. Mestre 述评）；或者，特许权人怀着损害目的传出话来，让受让人以为其打算继续保持合同关系（参见最高法院商事庭 2001 年 3 月 13 日判决）；或者，当事人中断合同关系的具体情节可以证明其有过错时，同样可以认定为滥用权利行为（参见最高法院商事庭 2006 年 2 月 21 日判决）。从最近有些法院判决来看，我们可以认为：在中断不定期合同的情况下，司法官可以从广义上解释滥用权利这一概念（参见最高法院商事庭 1997 年 6 月 3 日判决，D. 1998. somm. com, p. 113. D · Mazeaud 述评，RTDciv. 1997. 936. Mestre 述评）。为了认定解除合同的选择权利是否被滥用，本案法官并不受强制局限于考虑中断合同的一方当事人在中断合同的通知书中所提出的理由（参见最高法院商事庭 1996 年 6 月 4 日判决，RTD civ. 1996. 906. Mestre 述评）；特许权人对受特许人并不负有协助义务，为其转行提供方便（参见最高法院商事庭 2002 年 5 月 6 日判决，CCC 2002, N° 134, note Leveneur, D, 2002, somm. com, p. 2842, D · Mazeaud 述评）。关于对说明理由的监督，参见 M · 法布尔-马尼昂：《合同法上理由说明之义务》（M · Fabre-Magnan, L'obligation de motivation en droit des contrats, Mélanges Ghestin, 2001, p. 301 et s）；同一作者，关于承认在中断经济依附关系的合同时有说明理由的义务（RDC 2004, p. 573）；P · 罗朗：《善意与单方解除特许经营合同之权利的滥用》（P · Laurent, La bonne foi et l' abus du droit de résilier unilatéralement les contrats de concession, LPA 8 mars 2000, p. 6 et s）。B · 勒巴尔：《因正当利益之原因单方解除合同》（B · Le Bars, La résiliation unilatérale du contrat pour cause d'intérêt légitime, D. aff. 2002. 381）。

向对方当事人支付损害赔偿，而不是受强制继续维持合同。

在各方当事人通过订立共同利益合同，承担义务、从事合作活动的情况下，上述要求就具有更加突出的地位。因为，这种将各方当事人所拥有的互为补充的资产结合起来、进行合作的活动，必然要延续相当长的时间。为了达到最终目标，这种合作活动应当能够循序渐进地展开，这是一个包括双方当事人负担的工具性债务与目的性债务渐进履行的过程。如果是相反情况，当事人之间的合作活动就会归于失败。这就是说，如果是一项需要一定的时间才能取得成功的合同，在尚未经历必要的时间，尚未发挥其效果之前就被单方面中断，必然毁掉该合同的经济，此前已经为合同的履行进行了大量投资的一方当事人应当能够合理地期待该合同在必要的时间内继续产生效力，以期获得相应的利润。

以实现单纯的交换活动为目的的合同，即使是连续履行的合同，其情况与上述合同有所不同。这种连续履行的合同是建立在重复进行相同的交换活动的基础之上，因此可以随时中断或解除。这样的中断合同，并不会对其涉及的交换活动造成严重的不平衡局面。当然，这并不是说，在任何情况下以实现单纯的交换活动为目的的连续履行的合同的中断都不会给相对当事人造成严重的损失，当这种合同是该方当事人的生活不可或缺的必要要素时，更是如此。

当代立法非常关注保护特定类型的合同当事人，例如，薪金雇员、承租人等，因此，也导致法律规定的单方解除合同的原则有了更多的灵活余地，尤其是缓和了这些规则在适用时的相互对应性，也就是说，对双方当事人的要求往往不是相互对应的要求。以劳动合同为例，薪金雇员提出辞职，无须说明辞职的理由，而雇主如果要解雇某一薪金雇员，则必须说明其有正当理由作为解雇的依据，如果雇主没有这样做，那么由其单方中断劳动合同就是滥用权利。与此相反，在消费法里，如果不定期合同规定的消费者预先通知解除合同的期限比对职业人规定的期限还要长，那么，这种条款就是滥用权利条款；如果在这类合同中规定有消费者单方解除合同时需要向职业人支付赔偿金的条款，同样是滥用权利条款（《消费法典》第 R132-1 条第 10 项与第 11 项）。

由于单方解除不定期合同的选择权利具有公共秩序性质，因此，任何相反条款都无效；与此相反，双方当事人显然可以在合同中写入解除条款，这种解除条款不过是重申了普通法所承认的每一方当事人都有终止不定期合同的选择权利，订立这样的条款往往有很多好处，有利于解决某些棘手的问题，例如，事先通知的期限，中断合同的赔偿金数额等问题。

第三节　合同之后的义务：后合同

481-3. 简要介绍

合同的宗旨或目的一旦实现，各方当事人的债即告消灭，产生此种债的合同也告消灭，然而这并不意味着双方当事人就必然回到如同合同订立之前、根本就没有合同时的原有状态，因为，有时会有这样的情况，合同中规定在该合同消灭之后，当事人之间还存在某些特定的义务，例如，劳动合同可以规定，薪金雇员在合同终止后的一定时期内负有竞业禁止义务，也就是禁止其从事与此前的劳动合同规定的相同的活动，禁止其与前雇主开展竞争活动；[1] 包含传授专有技术或技术诀窍的合同，也是如此。这种合同通常都规定双方当事人都负有保密义务，而且这种保密义务可以延续超过规

[1] P·佩提：《论后劳动合同》，《波尔多大学论文》，1994 年（P · Petit，l’après- contrat du travail，thèse Bordeaux，1994）。

定的期限。所有这些情况，我们面对的都是合同消灭之后的义务，为了表述这种情形，现在，在法国法律中通常使用“après contrat”（后合同）这样一个概念。[1]

[1]G·布朗：《后合同，以文学艺术产权法为基础进行研究》，《巴黎二大学位论文》2003年（G · Blanc_ Jouvan, ll'après-contrat, étude à partir du droit de la propriété littéraire et artistique, thèse Paris II. éd. 2003）。

第三章 合同约束力的辐射范围

482. 概述

在公法上，一般来说，出自某一个人或某些个人意思表示的法律行为，可以对更大多数的个人产生效力，因为，采取行动的人实施的法律行为依据的是某种具有指挥性质的制定规则的权力，而这种权力与他们负责保护的集体利益是相吻合的；而在私法方面，个人性质的考虑（considération individuelle）占据着主导地位，任何一项（私法性质的）合同，原则上，仅对同意订立该合同的人产生效力，因为（任何）个人的意愿都不能主导他人的个人意愿。《民法典》第1165条表达了这一规则（参见附目第1199条），而且该条运用的表述形式使其成为《民法典》中最著名的条文之一："契约仅在诸缔约当事人之间发生效力；契约不损害第三人，并且仅在本法典第1121条规定的情形下才能利益于第三人。"这一条文所表达的就是人们习惯上所称的"契约的相对效力原则"（le principe de l'effet relatif des conventions）。随着合同当事人决定遵守还是不遵守这一原则，该原则的具体实施就会比较容易或者不太容易。

第一种情况，也是最常见的情况，合同当事人是为自己订立合同，双方当事人仅仅打算创设一种由他们自己承担的、使他们自己受益的义务。合同约定的所有给付，目的都是利益于一方当事人或相对当事人。由于当事人是自动遵循合同或协议的相对效力原则，因此全部问题只有一个：合同，在仅对当事人具有强制效力之外，是否还能对其他人产生间接效力？

第二种情况比较少见，那就是“为他人订立合同”（contrats pour autrui）。合同当事人希望通过其订立的合同产生由第三人受益或者由第三人负担的某种义务。在此情况下，与合同效力的相对性原则反向而行，订立合同的人是为他人做出允诺或者为他人订约。《民法典》第1119条专门针对这种情况作出规定：“一般来说，任何人仅得以本人的名义、为本人承诺义务，订立契约。”这一条文原则上反对在前述情况下合同当事人的意思表示的有效性，不过，第1119条提出的规则也并非完全没有例外情形，因此，我们有必要对这些例外情形加以阐述。

在下面，我们依次讨论“为自己订立合同”（第一节），然后介绍“为他人订立合同”（利他合同）（第二节），最后再讨论在一种非常特殊的情况下合同约束力的辐射范围，这种特殊情况就是：隐瞒真实合同的情况——所谓“秘密附约”或“阴阳合同”（第三节）。

第一节　为自己订立合同

483. 合同的强制效力与对抗效力

按照《民法典》第1165条的规定（参见附目第1199条），合同仅在缔约当事人之间具有效力，既不损害第三人、也不利益于第三人。从这一条文运用的表述方式所具有的一般性来看，有可能使人误以为，在任何情况下，合同对当事人以外的其他人均不会产生任何效力。这种看法在19世纪的一段时期里确实占据过一定的地位，当时的理论界认为，合同注定处于一种“界限明朗的、与外界隔离的状态”，合同不可能为第三人而存在。但是随后不久，人们便放弃了这种认为“合同的效力与外部严格隔离开来”的观点，并对第1165条的意义作出另一种解读。今天，人们认为，虽然说合同既不损及也不利益于第三人，但其意思仅仅是说，当事人之间订立的合同既不能使第三人成为债权人也不能使第三人成为债务人。合同，原则上，仅在订立合同的当事人之间创设债的链锁，创设具有约束力的债的关系（liens d'obligation），但是，我们却不能从这一结论中推导认为，合同对第三人没有任何效力，哪怕是间接效力。既然合同在当事人之间创设了一种法律状态，那么第三人就不可能无视这种法律状态的存在。为了表达这种现实，（法学上）人们说"合同对第三人具有对抗效力"（opposable aux tiers，合同对抗第三人）。如果我们以财产买卖作为例子来具体说明合同的强制性效力（effet obligatoire）与合同的对抗性效力（opposabilité du contrat）之间的区分，那么，合同的强制力的意思就是：出卖人有义务交付其卖出之物，买受人有义务支付约定的价金；而与此同时所有的人都必须尊重由这项买卖产生的法律状态，也就是说，必须尊重由这项买卖合同引起的向买受人转移的财产所有权，这就是合同的对抗效力。

484. 第三人与合同当事人

合同的强制性约束力仅限于对合同当事人而言，法律状态的对抗性效力则是指合同对第三人的对抗力。这是我们把握合同约束力范围的两大指示方向。不过，要想对这一问题有一个更加全面的理解，就应当准确地了解第三人与合同当事人的概念。在进行初步探讨时，我们大体上可以划定谁是合同第三人，谁是合同当事人：所谓当事人就是订立合同的人，而第三人则是除当事人之外的所有其他人；然而，在一方或另一方当事人的周围还围绕着其他很多人时，例如，债权人、权利继受人、系列合同的成员等，就会遇到一个问题：从合同效力的角度来看，这些人的地位又当如何？他们是否如同合同当事人一样受到由合同产生的各项义务的约束？或者对于这些人，是否也如同对其他第三人一样，合同仅仅具有对抗效力？近年来，这一问题搅动了法学理论界，并且引起了争论。[1]不过，这场争论多少带有那么一点人为因素：与其说这场争论是对传统处理意见的进一步深化或者是对其提出质疑，还不如说是通过将上述人等划入第三人行列或者划入合同当事人行列，给传统处理意见披上新的衣装。然而，“要么是当事人要么是第三人”这种二分法，并不能非常完善地反映合同约束力的辐射范围——因为合同约束力的范围实际上可以分为不同的程度。为此，我们在下面将依次探讨合同在当事人之间强制性约束力的相对性（第一目），合同状态对第三人的对抗效力（第二目），最后再探讨合同的效力在何种程度上辐射到那些处于中间状态的人（第三目）。

第一目 合同的强制效力限于当事人

一、协议的相对效力

485. 相对效力的依据

合同的相对效力原则（le principe de l'effet relatif）意味着，合同不能产生利益于第三人的权利，也不能产生对第三人的权利。只

[1] J·盖斯坦：《论合同当事人与第三人之区分》（J·Gehstin，La distinction des parties et des tiers au contratCJCP1992. I. 3628）；J-L·奥佩尔：《关于更新合同当事人与第三人之间的区分》（J-L·Aubert，À propos d'une distinction renouvelée des parties et des tiers，RTD dv. 1993. 263）；C·格勒弗奇-提比耶尔热：《从合同当事人概念的扩充到合同相对效力原则范围的扩充》（C·Guelfucci-Thibierge，De l'élargissement de la notion de partie au contrat... à l'élargissement de la portée du principe de l'effet relatif，RTD civ. 1994. 275）；J·盖斯坦：《关于更新合同当事人与第三人之区分的新建议》（J·Ghestin，Nouvelles propositions pour un renouvellement de la distinction des parties et des tiers，RTDciv. 1994. 777，RTD civ. 1994. 777）；Ph·戴尔玛-圣-里莱尔：《论法律行为中的第三人，当事人的概念》，《波尔多四大学位论文》（Ph·Delmas Saint-Hilaire，Le tiers à l'acte juridique，la notion de partie，thèse Bordeaux IV，éd. 2000）。

有合同当事人才能因合同的效力而成为债权人或者债务人。[1]

拉丁语法律格言说，“他人之间的行为不应损害无关的第三人”（res inter alos aliis neque nocere neque prodesse potest）。法国《民法典》第1165条直接受到这一法律格言的指导。在罗马法里，契约的相对性（relativité du contrat）来自创设契约的各项形式条件，只有完成了创设债的各项仪式（les rites）的人才会受到债的约束。随着诺成主义的出现，合意或协议（convention）的相对效力的依据或基础也发生了改变。

传统理论学者们认为，合同的相对性规则乃是一个再明显不过的真理，并将其看成是意思自治理论的必然结果。既然每一个人都是独立的，那就只有他自己的意愿才能限制他自己的自由，才能使自己接受约束。债，只要是以依人的意思作为其发生依据的，便只有愿意接受此债的人才会承担义务、受其约束。这种处理，从根本上来说，与意思自治理论的论断完全吻合。既然个人意思自由发挥作用即可带来正义（justice），既然每一个人都是自己利益的“最佳法官”（最佳评判人），那么，他也就不能同样去“最佳地”评判他人的利益。越是指望每一个人都来维护自己的利益，那么，同

[1] R·萨瓦提耶：《论所谓合同相对效力原则》（R·Savatier, Le prétendu principe de l'effet relatif des contrats, RTDciv. 1934. 525）；A·维伊：《论法国私法上合同的相对性》（A·Weill, La relativité des conventions en droit privé français, thèse Strasbourg 1938）；S·卡拉斯特恒：《论协议的相对性》，《图卢兹大学学位论文》，1939年（S·Calastreng, La relativité des conventions, thèse Toulouse 1939）；J-L·古泰：《试论合同的相对效力原则》，《巴黎二大学位论文》，1981年（J.-L·Goûtai, Essai sur le principe de l'effet relatif des contrats, thèse Paris II, éd. 1981）；Y·弗鲁尔：《论国际私法上合同对第三人的效力》，《巴黎二大学位论文》，1977年（Y·Flour, L'effet des contrats à l'égard des tiers en droit international privé, thèse ronéot, Paris II, 1977）；Ph·迪迪耶：《论相对效力》，载《欧洲合同法原则下法国合同方面的各种概念》（Ph·Didier, L'effet relatif, in Les concepts contractuels français à l'heure des Principes du droit européen du contrat, 2003, p. 187）；M·格里马勒蒂：《论合同与第三人》（M·Grimaldi, Le contrat et les tiers, Mélanges jeztaz, 2006, p. 161）。

样去期待每一个人都像维护自己利益那样去维护他人的利益，就更加显得不够现实。因此，承认一个人在他人并未同意的情况下可以去约束他人，不仅是侵害每一个人法律独立原则，而且有可能建立起非常不公正的关系。

如今，意思自治理论虽然有所后退，但契约的相对效力原则却始终得到维持，不过，这一原则也失去了它的绝对性。既然合同是以当事人的意思合致为基础，那么原则上只有已经表示同意意思的人才会承担义务，这是很自然的事。可是，当合同的强制力不是来自当事人的允诺，而是来自“法律赋予这种允诺以价值”时，为了满足各种强制性需要，我们完全可以承认立法者甚至法院判例都可以决定把受（合同）约束的人的范围扩大至订约人之外的其他人，[1] 而且我们也会看到，无论是立法者还是法院判例都已经毫不犹豫地运用了这种可能性（参见第 487 节、第 489 节、第 505 节）。

二、受合同义务约束的人

486. 定义

我们在这里仅限于讨论可以称为“受合同义务约束的人的坚硬内核”[2] 的概念。毫无疑问，在受到由合同产生的义务约束的人当中，首先是依其本人的意思参与订立合同的人，但是也有这样的情况，在合同成立的当时，受合同义务约束的人的范围并未最后确定，例如，订立合同的一方当事人死亡、订立的合同被转让，这些情况都会引起由他人来取代最初订立合同的当事人，例如，由全部

[1]在这方面，参见克勒森：《关于协议或合意的法律理论》，载《法哲学档案》，1940 年（Kelsen, La théorie juridique de la convention, Archives de philosophie du droit 1940, p. 33 à 76）；C・Guelfucci-Thibierge 前因文（RTD civ. 1994. 275 et s）。

[2]也就是说，在受合同义务约束的人当中处于最核心位置的人。——译者注

概括权利继受人或部分概括权利继受人、合同受让人来取代最初订立合同的人。

487. (1) 合同成立时的当事人

合同成立时的当事人是指，亲自出面或者通过代理人订立合同的人——如果是意定代理（约定代理），通过代理人订立合同的人就是合同成立时的当事人。这种看法与传统观念完全吻合，因为，在这种情况下，参与并且促成合同成立的，实际上仍然是被代理人的意思；与此相反，如果是法定代理或者司法（指定的）代理人，从定义上就可以看到，这中间并没有被代理人的意思表示。这就需要承认是法律赋予了某一个人以合同当事人的资格，而该人方面并无自行承担义务的任何意思；法律之所以要赋予某一个人以合同当事人的资格，完全是出于保护社会利益考虑，避免那些不能在法律上有效表达意思的人的概括财产陷入无人管理的瘫痪状况。

在划定受合同约束的人的范围或圈子时，我们并不能抱定这样一种看法，认为：合同当事人只能是对订立合同表示同意意思的人或者该人的代理人，其他人统统都是第三人。当然，在绝大多数情况下，按照这样的看法，可以认定哪些人是合同当事人，至少在为自己订立合同的情况下是如此，但是，这一看法并不能反映所有的合同现实，因为，除了为自己订立合同的情况之外，还有一些人，虽然并不打算自己受到合同的约束，但他们的意思表示对于合同的成立却是必不可少的，例如，只有得到某人的同意或批准，法律行为才能有效时，该人的参与只是为了对该法律行为给予批准，而他并不愿意由其本人自行承担义务；又例如，公证人以其公务助理人员的身份在某项文书上签字，[1] 也属于这种情况。在这

[1]最高法院第三民事庭，1992年10月28日（RTD civ. 1993. 123. J·Mestre 述评）。

些情况下，某人虽然参与了法律行为，但却不是该行为的当事人，[1] 因此不受该法律行为的约束。

488.（2）在合同订立之后取得当事人资格的人。（A）死因转移

合同一方当事人如果在其订立的合同效力尚未终止之前死亡，[2] 该人的全部概括权利继受人将继承该人，并取代该人成为原合同产生的债务的债权人或者债务人。[3] 这里所说的全部概括权利继受人是指，受领死者全部或部分概括财产的人，例如，继承人、全部概括受遗赠人或部分概括受遗赠人。继受人接受死者的资产，因此享有被继承人（生前）订立的合同所产生的全部权利，继受人同时应承担（相应的）负债，因此要负担由这些合同产生的义务，这就是概括继受。这也是《民法典》第 1122 条表达的规则。该条规定："订立契约（条款）的人被视为是为本人及其继承人和权利继受人订立契约。"这里的"订立契约（条款）"这一表述实际上不仅指合同的积极效力，也就是说，不仅仅指合同产生的权利，而且也指由合同产生的义务。

不过，这一原则也包含着以下两种例外情形，第 1122 条对此作了如下表述："但如契约（条款）有相反表述，或者契约的性质产生相反意义时，不在此限。"作为这种例外的具体运用，我们可

---

[1] M·瓦索：《试论由他人实施的法律行为中另一人的存在》（M. Vasseur, Essai sur la présence d'une personne à un acte juridique accompli par d'autres, RTD civ. 1949. 1753）。

[2] 贝阿尔-图舍：《合同当事人一方死亡》，《巴黎二大学位论文》，1988 年（Béhar-Touchais, *Le décès du contractant*, thèse Paris II, éd. 1988）。

[3] A-S·巴尔特：《论债的关系的概括转移》（*A-S*·Barthez, *La transmission universelle des obligations*, thèse Paris t, 2000）；最高法院商事庭，1954 年 3 月 16 日（DI. N° 954. 474）；最高法院第三民事庭，1999 年 7 月 3 日（Defrénois1999. 1000. Delebecque 述评，RTD civ. 1999. 834. J·Mestre 述评）。

以举以下例子：

首先，合同当事人可以有效地约定，如果一方当事人死亡，订立的合同即告终止，例如，订立的租约规定承租人在世的时间就是租赁合同的期限。

其次，订立合同是基于当事人的人格、资质时——或者是合同双方当事人的人格、资质，或者仅仅是基于一方当事人的人格、资质，也就是说，当事人之所以订立合同是考虑合同当事人的资质本身、当事人的能力、知识水准时，这种合同的效力不能扩张或转移至当事人的继承人。[1] 因为，由这种合同产生的关系是一种严格的属人性质的关系，例如，委托合同，在委托人死亡或者代理人死亡时，委托合同即告终止；又例如，服务承包合同或者工程承包合同，如果具备资质的一方当事人死亡，其订立的合同亦告终止：特定的建筑师或者某个画家死亡，由其订立并履行的设计合同或绘画合同，当然就无法继续履行，该合同即告终止。[2]

与此相反，法律并不认为不动产租赁合同是基于人的资质、人格而订立的合同，《民法典》第 1742 条明文规定：“（不动产）租赁契约不因出租人或承租人死亡而解除。”因此，此种合同仍然可以由一方或另一方当事人的继承人继续履行，不过，双方当事人也可以排除适用这一规则。保险合同也不再因为被保险人死亡而当然解除，被保险人死亡仅仅为其继承人以及保险人设定有解除该合同

[1]瓦洛尔：《论合同中当事人的人格、资质条件》，《巴黎大学学位论文》，1988（Valleur, *L'intuitus personae dans les contrats*, thèse Paris 1938）；M. 孔塔米内-雷诺：《论合同中的当事人的人格、资质条件》（M · Contamine-Raynaud, *L'mtuitus personae dans les contrats*, thèse Paris ronéot, 1974）；A-S · Barthez 前因文（thèse préc. N° 474 et s, p. 364 et s）。

[2]有时，人们也对某种义务承诺的属人性质提出疑问，例如，由某一兽医订立的不重新开业从事竞争性活动的义务是否对该人的同样从事兽医职业的儿子有约束力的问题，就存在这样的问题。参见普瓦提耶法院 1949 年 11 月 8 日判决（*Gaz. Pal.* 1950. 1. 105）。

的选择权利（《保险法典》第 121-10 条）。

489. （B）合同的转让

合同的转让可以通过协议进行：转让人将其合同当事人的资格连同这一资格所包含的全部权利与义务一并转让给他人，受让人在合同关系中取代转让人，并且对于将来而言，成为合同当事人，他将取得当事人的全部权利并承担其义务。要想合同的转让完全成立，需要转让人完全不再承担任何义务，而且合同相对当事人同意转让人将此合同转让给他人。只要受让人与（原合同的）相对当事人都同意转让，那么，传统上理解的合同的相对性原则也就没有受到任何损害。

> 不要混淆“合同的转让”与“为他人利益订立契约”（参见第 511 节）；在合同转让中，是由第三人自转让之日起取代作为转让人的该合同的原一方当事人；而在为他人利益订立契约之情形，受益第三人始终是第三人。[1]

合同的转让有时是由法律强制的转让。在特定情况下，法律规定如果一方当事人向第三人转让其合同地位，相对当事人不得反对或对抗由此种转让而引起的当事人的替代；对于相对当事人而言，这种情况就属于法定的强制转让合同，因为，合同转让并无必要经其同意。按照《民法典》第 1601 条第 1 款的规定（1967 年 7 月 4 日法律的条文）：“取得不动产的人转让其在买卖待建的不动产中产生的权益，其对不动产出卖人负担的债务当然由受让人取代之。”第 1831-3 条也有类似的规定：“如果在建筑项目完成之

[1] L·埃内斯：《论合同的转让》（L·Aynès, *La cession de contrat*, N°168 s, sp. p. 125 s）。

前，业主将其对建筑所享有的权利让与他人，受让人当然取代该业主依据契约享有的权利及相应的义务。”

在另外一些情况下，法律还强制双方当事人转让合同，例如，在转让企业的情况下，双方当事人都负有转移劳动合同并使劳动合同得以继续履行的义务；《民法典》第 1743 条第 1 款规定：“如果出租人出卖其出租物，买受人不得辞退已订立经过公证的或规定有确定期日的租赁契约的土地承租人、佃农或房屋承租人。”这就是说，在转让租赁物时，当事人有义务继续履行就该租赁物订立的租约（买卖或转让不破租约）；转让已经上保险的物，有关该物的保险合同也继续履行（《保险法典》第 121-10 条）。

这些例子属于传统上理解的合同相对性原则的例外情形。上述人等并不是由于他们自己的意思而是由于法律的效力成为合同当事人。这些规定也表明，立法者可以根据其愿望划定受合同义务约束的人的范围。本书在后面谈到部分权利概括继受人时，还将进一步阐述合同的法定转让问题（参见第 502 节）。

第二目 合同对第三人的对抗效力

一、原则

490. 内容安排

合同的相对性原则意味着第三人不会因为他人之间订立的合同而成为债权人或债务人，因为他不是合同当事人，但是，这并不意味着合同对第三人不会产生任何影响，实际上，尽管第三人本人不受合同的约束，但却不可能无视由合同创设的法律状态的存在。因此，人们说，合同及其创设的法律状态，作为一种事实，[1] 对第三人具有对抗效力。

如何区分合同的强制效力与其产生的法律状态，这是一个令人棘手的问题，但它却是一种非常基础性质的区分，至少原则上是如此。合同仅限于对当事人具有强制性效力，而第三人与合同当事人不同，他没有必要去履行合同中许诺或规定的给付，恰恰相反，他们有义务放弃任何有可能妨碍履行此种给付的行为。因此，第三人需要承担的是一种不作为义务，而不是由合同产生的给付义务或作为义务，也就是说，第三人应当尊重由合同产生的状态。

就此而言，合同状态对第三人的对抗效力表现为对合同强制力的一种必要补充。[2] 如果合同没有对抗效力，就会有丧失其全部效力之风险，因为，如果合同没有对抗效力，第三人就有可能肆无忌惮地无视由合同产生的法律状态，也就是说，合同的对抗效力直接依赖于合同产生的权利的性质，这种对抗力的目的就在于确保合同的有效性，使合同更加有效。

如果我们仅限于这样来阐述问题，仍有可能妨碍对合同的对抗效力无法形成一个完整的看法。既然当事人可以用其合同产生的法律状态来对抗第三人，那么第三人当然也可以主张此种效力，用以

---

[1] 参见：Ghestin. Jamin et Billiau. N° 730；F · 贝尔唐：《论合同对第三人的对抗效力》，《巴黎二大学位论文》，1979 年（F · Bertrand, L'opposabilité du contrat aux tiers, thèse Paris II, 1979）；杜克洛：《对抗效力论，一般理论简述》（Duclos, L'opposabilité, essai d'une théorie générale, éd. 1984, N° 45 et s）；R · 文根：《对抗效力概念的批评研究，法国法与德国法里合同对第三人的效力》，《巴黎一大学位论文》，2004 年（R · Wintgen, Etude critique de la notion d'opposabilité, les effets du contrat à l'égard des tiers en droit français et allemand, thèse Paris I, éd. 2004, N° 9），作者试图证明：并不存在可以强制第三人遵守的严格意义上的"合同对第三人的对抗效力原则"。如果说合同作为一种事实具有对抗性，那也仅仅意味着合同以及与合同的成立或履行相联系的各种事实均有可能得到赋予它们以法律后果的某些规则的考虑。

[2] 参见：Ghestin. Jamin et Billiau. N°724.

对抗合同当事人。从下面的阐述中我们可以看到，在很多情况下，第三人同样有利益援用或主张由合同当事人订立的合同所产生的状态的存在。

不过，从根本上来说，合同的间接效力并不到此为止。有时，合同也可以单纯作为某种情况的依据，个人可以利用存在合同这种情况来支持自己的看法与主张，法官可以根据这些情况形成内心确信。正如最高法院在其所作的归纳性表述中强调指出的那样："虽然合同在原则上仅对当事人具有效力，但不能据此就认为，法官不能从与涉案当事人无关的行为中查找可以明确其所作判决理由的各种情况，也不能将合同的条款看成是对第三人创设的某种事实状态（situation de fait）。"[1]

二、适用

491. 内容安排

我们在本节中将依次讨论以下 3 种有代表性的情况：（1）合同产生某种绝对法律状态；（2）合同以某种债权为标的；（3）合同构成证据。

492. （1）合同产生某种绝对的法律状态

当合同产生的法律状态具有绝对性质，可以对抗所有的人时，那么，合同的对抗效力，也就是说，当事人或者第三人享有的主张由此种合同所产生的这种状态的权利是显而易见的。

例如，法院判例很早以来就认为，设定或者转移物权的合同可以对抗所有的人，此种合同应当得到所有的人的尊重。某物的取得人（买受人、受让人）可以用其通过买卖合同而取得的物权对抗其

[1] 最高法院第三民事庭，1972 年 3 月 21 日（Bull. civ. III. N°193. p. 137）。

他任何个人，但以其遵守公示规则为保留条件。物的取得人所取得的是一种对世权（erga omnes），他对转让之物享有完全的权利，转让之物成为该人享有所有权的财产。尽管对于其他第三人而言，当事人之间转让所有权的合同完全是他人之间的行为，而他人之间的行为不应损害与此无关的第三人的利益（res inter alios acta），[1] 不过，法院就一起请求追还财产的诉讼案作出的判决承认，转让所有权的合同可以构成权利的证书（titre），或者说，构成权利的名义或根据，合同持有人可以援用该合同来对抗提出追还财产请求的第三人。

夫妻（婚姻）财产契约创设的是一种对所有的人（或者说，对世）均具有对抗效力的法律状态，这主要是由于此种契约在夫妻之间建立的是一种财产制度，并且具体明确了夫妻双方对他们的财产所享有的权利的范围。这种制度与权利，自夫妻双方结婚之日，在夫妻与第三人的关系中具有强制力。[2]

最后再举一个例子：创设团体的协议（convention），例如，公司契约（contrat de société）、协会契约（contrat d ‘association，结社契约），对所有的人都具有强制力。实际情况就是如此。如果这类合同产生的团体仅仅对其成员存在，而对第三人而言根本就不存在，那就完全达不到成立公司或者建立社团的目的。

---

[1]最高法院民事庭，1864年6月22日（DP. 64. I. 142. S64. 1. 349，*Grands arrêts*，t. 1，N° 82 349）。合同，作为证书与（所有权的）证据，是买受人与出卖人之间订立的合同。如果旨在确立所有权的合同仅仅对作为合同当事人的人具有价值，那么该项所有权就将永久处在动摇不定之中。参见最高法院诉状审理庭1900年12月2日判决（DP 1900. 1. 250）。

[2]最高法院诉状审理庭，1873年12月17日（S. 74. I409，Labbé 述评）：夫妻财产契约，鉴于其转移或者变更物权或者给以丈夫或多或少的自由管理妻子财产的权利，因此可以利益于第三人或者对第三人具有对抗效力，第三人不得为了拒绝这种效力而有效地主张《民法典》第1165条的规定，因为这一条文仅仅是有关合同在当事人之间产生的债的规定。

493. （2）以某项债权为标的的合同

双方当事人之间订立的以债权为标的的合同在他们之间创设的法律状态，既可以对抗第三人，第三人也可以援用此合同对抗当事人。

494. （A）当事人以此合同对抗第三人

虽然第三人无须履行由此种合同产生的义务，但禁止其故意妨碍合同的履行，即使他并没有对此表示同意。如果第三人明知而故意帮助债务人不履行合同，他就是债务人违反合同义务的同谋人并因此而有过错，应当对此过错承担责任。[1] 如果合同的一方当事人受到的损害可以归咎于第三人，因合同的不履行而受到损害的该当事人可以向第三人请求赔偿。[2] 但是，与当事人不履行合同产生的债务不同，第三人的这种责任不是契约责任（responsabilité contractuelle）而是侵权责任。[3] 因为，第三人的责任的产生并不是因其不履行合同义务——他并不负有履行合同的义务——而是因其违反了不作为义务，这种不作为义务就是：第三人应当尊重因合同产生的各项权利。

我们举几个例子，就可以更好地把握合同对第三人的对抗效力问题。

一项财产的所有权人就该财产向预约相对人作出了一项卖出预

[1]与此相反，当第三人作为中断合同谈判的同谋人时，就不属于这种情况，但如第三人的所作所为是出于损害他人之意图或者伴随有欺诈性手段时，不在此限。参见最高法院商事庭 2003 年 11 月 26 日判决（Bull. civ. IV. N°186. D. 2004. p. 869. A · Dupe-Dallemagne 述评，JCP2004. I. 163. N°18 et s，G · Viney 述评，*Grands arrêts*，t. 2，N° 142）。

[2]最高法院第一民事庭，1999 年 1 月 26 日（Bull. civ. I. N°32. D. 1999. somm. com. p. 263. Delebecque 述评，RTD civ. 1999. 405. Jourdain 述评）；另见最高法院商事庭 1993 年 6 月 8 日判决（Bull. civ. N°228）；最高法院第一民事庭 2000 年 10 月 17 日判决（D. 2000. 952. Billiau et Mouiy 述评，*JCP* 2001. 1. 338，N° 6，Viney 述评）。

[3]最高法院民事庭，1999 年 1 月 26 日（D. 1999，IRp. 64）。

约（promesse de vente），随后他违反这项预约，又将同一财产卖给第三人。该诺约人的责任属于违约责任，而第三人如果明知存在这项出卖预约却仍然购买财产，其责任便是侵权责任。[1]

某个老板通过聘用其竞争对手的雇员挖竞争对手的墙脚，以滥用权利的方式引导该雇员中断与其竞争对手之间已有的劳动合同，成为该雇员中断劳动合同的同谋人。雇员本人承担的责任属于契约性质的责任（违约责任），而老板的责任则为侵权性质。[2]

卖出预约、劳动合同，均不对第三人创设义务，但第三人不能无视这些合同的存在。当第三人与这些合同的一方当事人订立合同，阻碍该当事人履行其此前的合同所产生的义务时，恰恰是无视前一项合同的存在。[3] 不过，需要第三人在订立后一合同的时候明知存在前项合同，才会引起责任，后一合同与前一合同是不能相互兼容的。[4] 不过，第三人（是否）知道存在前项合同，不得推定。[5]

---

[1]最高法院民事庭，1927年11月13日（DP. 929. I. 131）；最高法院民事庭，1948年4月10日（D. 1948. 421. Lenoan 述评）；最高法院民事庭，1958年10月7日（D. 1958. 763）；最高法院第三民事庭，1975年7月8日（Bull. civ. III. N° 249. Gaz. Pal. 1975. 2. 781. Plancqueel 述评）。

[2]最高法院民事庭，1908年5月27日（DP1908. I. 459，S. 1910. 1. 118）；巴黎法院，1927年3月18日（Gaz. Pal. 1927. 2. 804）；最高法院诉状审理庭，1927年6月17日（Gaz. Pal. 1927. 2. 431）。关于第三人共谋违反竞业禁止义务的责任，参见最高法院商事庭1979年3月13日判决（Bull. civ. IV. N° 1000. p. 78. D. 1980. I. Serra 述评）；关于买房人先使用假身份在不动产经纪人的陪同下参观待出卖的不动产，随后又直接与出卖人签订合同，从而剥夺了不动产经纪人获得佣金的权利，参见最高法院全体庭2008年5月9日判决（RTd2008. 1151. Carval 述评）。

[3]胡格内伊：《论第三人同谋违反合同义务的责任》，《第戎大学学位论文》，1910年（Hugueney, *De la responsabilitédu tiers complice de la violation d'une obligation contractuelle*, thèse Dijon. 1910）；H·拉卢：《〈民法典〉第1382条对抗第1165条的规定》（H·Lalou, 1382 contre 1165, DH 1928, chron. p. 69）；B·斯塔尔克：《侵害他人的合同权利而订立的合同》（B·Starck, Des contrats conclus en violation des droits contractuels d'autrui, *JCP* 1954. 1. 1180）；A·Weill，前引文（thèse préc, N°s 231 et s）。

[4]最高法院商事庭，1971年10月11日（Bull. civ. IV. N°237. p. 221. D. 1972. 120）；前引最高法院商事庭1979年3月13日判决。

[5]最高法院商事庭，1963年3月12日（D. 1963. 367. J·Robert 述评）。

在产品经销领域，合同的对抗效力问题具有特别重要的意义。当供货方给予销售商在确定的地域范围内独家经销其产品的经销权时，从该供货商或享有独家经销权的经销商手中购进这些产品的第三人，如果违反这种独家经销条款进行销售，将引起侵权责任，因为，他帮助供货商或者经销商违反他们的义务承诺。但是，当第三人不是从受到独占条款约束的供货商或某一经销商手中进货，而是在明知存在独家批发经销合同的情况下从平行的市场上进货，情况又将如何？对于这一问题，最高法院的判决最初认定的是，在这种情况下，销售相同产品的人将引起侵权责任；[1] 这就是说，最高法院判决的理由是，它认为“独占性合同创设的是一种绝对的法律状态”；后来，最高法院放弃了原先的立场：仅仅是销售属于独占性经销网范围内的产品，这种情况本身并不构成一种有过错的行为(un acte fautif)；[2] 第三人只有在明明知情仍然与“受到独占性条款约束的供货商或经销商”订立合同的情况下，才会引起侵权责任，因为，第三人此时是以自己的所作所为帮助供货商或经销商违反其承担的义务。[3] 在第三人拒绝指明其经销的产品的来源时，推定商品的来源非法。[4]

看来，之所以有上述处理意见，是因为各法院非常关注怎样才

[1]最高法院商事庭，1978年2月21日（Bull. civ. IV. N°73. p. 59. D. 1978. IRp. 425，RTD civ. 1979. 312. J·Hemard 述评）。

[2]最高法院商事庭，1983年2月16日，7月12日（D. 1984. 489. D·Ferrier 述评，Bull. civ. IV. N°69. p. 59，N°207，p. 188）；最高法院商事庭，1989年1月10日（Bull. civ. IV. N°18. p. 11. D. 1989. 337. Ph·M 述评）。

[3]关于选择性销售网的问题，参见最高法院商事庭1989年3月21日判决（D. 1989. 428. A·Benabent 述评）。

[4]最高法院商事庭，1992年10月27日（D. 1992. 505. A·Benabent 述评）；最高法院商事庭，1994年3月15日（Bull. civ. IV. N°108. p. 83）。

能有利于开展或恢复竞争[1]。

495. （B）第三人用当事人之间订立的合同对抗当事人

正如合同当事人可以用其订立的合同所产生的法律状态对抗第三人一样，第三人如果有这方面的利益，同样可以用当事人订立的合同来对抗当事人本身。

——第三人可以援用合同来追究一方当事人责任。实践中有这样的情况：第三人因（当事人）不适当履行合同而受到损失，例如，出卖人交付的（标的）物质量不好，后来致使某一与其并无任何合同关系的人受到伤害。于此情形，没有适当履行义务的该方当事人是否应当对第三人承担责任？第三人，从定义上就不是合同当事人，那么，他就应当从侵权责任的阵地而不是从违约责任的阵地来主张合同当事人的责任。但是，出卖人是否仅仅因为违反了合同义务，就足以构成《民法典》第1382条意义上的（侵权）过错？长期以来，最高法院一直都将这两个概念区分开来。第三人，只有如其证明存在从其本身考虑的侵权过错时，才能获得赔偿。这里的侵权过错是完全不考虑合同，完全独立于合同视角，仅从其自身来考虑的侵权过错，[2] 换句话说，在这种情况下，只有当合同当事人违反了具有总体意义的规则时，才能认定侵权责任，因此，只有当合同当事人有“与合同分开的”过错时，才会被认定应当承担

[1]参见D·Ferrier述评（D. 1989. 491）；同一作者：关于销售网的思考（Mélanges C·Mouly. 1998，t. II，p. 95）；P·茹尔丹：《销售网与在销售网之外进行再销售的第三人的责任》（P·Jourdain，Les réseaux de distribution et la responsabilité du tiers revendant hors réseau，à propos des affaires Leclerc c/parfumerie，D. 1990，chron. p. 43）。

[2]最高法院第一民事庭，1962年10月8日（Bull. civ. I. N°405. p. 349）；最高法院第第一民事庭，1962年11月7日（Bull. civ. I. 465. p. 398. JCP1963. II. 12987. P·Esmein述评）；最高法院商事庭，1997年6月17日（Bull. civ. IV. N°187. p. 164. JCP1998. 144. Viney述评，RTD civ. 1998. 113. P·Jourdain述评）；最高法院第一民事庭，1997年12月16日（JCP1998. I. 144. Viney述评）。

（侵权）责任。后来，法院判例逐步地改变了立场，进而认为合同义务的不履行足以作为依据，以证明存在侵权过错。[1] 这一处理意见最终得到最高法院全体庭 2006 年 10 月 6 日判决的确认。该判决写道："因（合同当事人）违反其合同义务给合同以外的第三人造成某种损害时，第三人可以在侵权责任的基础上主张该当事人违反合同义务。"[2] 这就是说，对于合同以外的第三人而言，合同当事人的一切合同过错（faute contractuelle）都可以成为侵权过错，都具有侵权性质。正因为如此，因电梯发生故障或电梯本身的缺陷而受伤的人，可以以电梯安装公司与建筑物的所有权人之间订

[1]这一处理意见得到最高法院第一民事庭 1998 年 12 月 15 日判决的认定（CCC1999. N° 37. L · Leveneur 述评；Defrénois 1999. 745. D · Mazeaud 述评，RTD civ. 1999. 626. Mestre 述评）；最高法院第一民事庭，2000 年 7 月 18 日（Bull. civ. I. N° 221. JCP2000. II. 10415）；另见：Sargos，CCC 2000，N° 175，Leveneur 述评，JCP 2001. 1. 338 N° 9，Viney 述评，RTD civ. 2001. 146，Jourdain 述评；最高法院第一民事庭，2001 年 2 月 13 日（Bull. civ. I，N° 35，Defrénois 2001. 712，Savaux 述评，CCC. 2001，N° 86，Leveneur 述评，JCP 2002. 11. 10099）；最高法院社会庭，1972 年 3 月 21 日（JCP 1972. 11. 17236. Saint-Jours 述评，RTD civ. 1973. 128，G · Durry 述评）；但这一处理意见受到商事庭的抵制，参见最高法院商事庭 2002 年 10 月 8 日判决（RCA 2003，N° 2，Defrénois 2003，p. 863，E · Savaux 述评，JCP 2003. 1. 152，N° 3）；最高法院商事庭，2005 年 4 月 5 日（RDC 2005，p. 687，D · Mazeaud 述评，CCC 2005，N° 149，Leveneur 述评，RCA 2005，N° 174，Groutel 述评，RTD civ. 2005. 602，Jourdain 述评）。

[2]最高法院全体庭，2006 年 10 月 6 日（DP006. 2825. G · Viney 述评，JCP2006. II. 10181，M · Billiau 述评，1. 115，N° 4，Ph · Stoffel-Munck 述评，RDC2007. 375，Seube et chron. P · Ancel 述评，p. 538，Ph · Delebecque 述评，p. 556，P-Y · Gautier 述评，p. 558，C · Grimaldi 述评，p. 563，Ph · Jacques 述评，p. 569，J-L · Sourioux 述评，p. 583，Ph · Stoffel-Munck 述评，p. 587，G · Wicker 述评，p. 593，R · Wintgen 述评，p. 609，CCC 2007，N° 63，Leveneur 述评，RCA 2006，Etude N° 17，L · Bloch 述评，RTD civ. 2007. 123，P · Jourdain 述评）。此后最高法院多次重申这种处理意见，参见最高法院商事庭 2007 年 3 月 1 日判决，最高法院第一民事庭 2007 年 3 月 27 日判决，最高法院第一民事庭 2007 年 3 月 27 日判决，最高法院第一民事庭 2007 年 5 月 10 日判决，最高法院第一民事庭 2007 年 5 月 15 日判决（RDC 2007. 1137，Carval 述评）；最高法院第三民事庭 2008 年 3 月 27 日判决（RDC 2008. 1152，Carval 述评）；最高法院商事庭 2008 年 10 月 21 日判决，最高法院第三民事庭 2008 年 10 月 22 日判决（JCP2009. 1. 123，N° 6，Stoffel-Munck. 述评）。

立的合同不适当履行（原文为“la mauvaise execution”，很糟糕的履行）为理由，请求损害赔偿；[1] 又例如，汽车销售中心在卖方主导下对车辆的技术检验不到位，由此受到损害的购车人可以向销售中心请求赔偿。[2]

人们通常将最高法院的这种处理意见与合同的对抗效力联系在一起。（如前面第494节所述）因第三人的干预或者参与而导致一方当事人违反合同，致使他方当事人受到损害时，该受到损害的当事人可以对第三人提起责任之诉；反过来，如同此种情况一样，因（当事人之间订立的）合同不履行而受到损失的第三人，也可以对有过错的合同当事人提起责任之诉。[3] 不过，这样的分析有什么正当依据仍然有待讨论：因为，准许第三人主张债务人有契约过错，实际上是准许第三人为其自己的利益要求享有合同的某种利益，然而他本人却不是合同的当事人。换言之，准许第三人主张债务人的契约过错，是在合同的对抗效力的掩护之下，直接损害合同的相对效力原则。[4]

第三人也可以援用（他人之间订立的）合同，但不是为了追究合同当事人的责任，而是为了逃避其可能要承担的某种义务。为了更好地说清这种情况，我们在这里举一个案例：某人担任两家公司

---

[1]最高法院民事庭，1949年6月8日（JCP1949. II. 4778. R·Savatier述评）。

[2]最高法院第二民事庭，2002年3月28日（CCC2002. N°105）。

[3]A·Weill. thèse préc. N°276. p. 495.

[4]M·巴卡什：《合同的相对性与系列合同》，《巴黎二大学位论文》，1996年（M·Bacache，La relativité des conventions et les groupes de contrats，thèse Paris II，éd. 1996，N°88 et s，p. 105 et s.）；J·胡耶：《契约责任与侵权责任，两种责任体系之间的界限划分》，《巴黎二大学位论文》，1978年（J·Huet，Responsabilité contractuelle et délictuelle，essai de délimitation entre les deux ordres de responsabilité，thèse multigr，Paris II，1978，N° 498）；关于有人提出建议限制这一判例的适用范围，参见X·拉德：《关于契约不履行可视同侵权过错的问题》（X·Lagarde，Le manquement contractuel assimilable à une faute délictuelle，JCP 2008. 1. 200）。

的董事长，他作为保证人，为这两家公司提供了银行担保。后来，由于银行之间的收购活动，由该人提供的保证所担保的债权转让给了另一家银行，前一家银行要求保证人进行清偿，保证人对该银行的此项要求提出反驳，他认为，由于已经进行的债权转让，银行不再有资格提出这一诉讼主张。上诉法院驳回了该保证人提出的这一理由，认为保证人不是债权转让合同的当事人，不能主张该合同的利益。保证人向最高法院提起上诉。最高法院审查并撤销了上诉法院的判决。该判决阐述了如下理由："合同外的第三人可以为其利益主张因该合同创设的法律状态作为法律事实。因此，上诉法院的判决违反了《民法典》第 1165 条的规定。"[1] 最高法院的这一判决再清楚不过地表明，第三人，在其有利益时，可以主张和援用其并非当事人的合同来对抗合同的当事人；[2] 不过，法院判决也认为，当事人可以主张第三人所援用的合同无效作为辩护方法（防御方法）。[3]

496. （3）合同，作为证据材料

合同当事人或者第三人都可以援用已订立的合同作为证据材料，以支持自己的诉讼主张，法官也可以运用合同的规定形成内心确信。这样一来，对于第三人而言，合同就构成某种意义上的（证

[1]最高法院商事庭，1991 年 10 月 22 日（Bull. civ. IV. N°302. p. 209；D. 1993. 181. Ghestin 述评，JCP1992. I. 3570. p. 148. Billiau 述评）。

[2]最高法院商事庭，1956 年 1 月 11 日（Bull. civ. III. N°23. p. 28）；最高法院第一民事庭，1960 年 5 月 16 日（Bull. civ. I. N°258. p. 211）；最高法院社会庭，1962 年 5 月 17 日（Bull. civ. N°452. p. 361）。

[3]最高法院第一民事庭，1995 年 2 月 21 日（Bull. civ. I. N° 91. p. 65. CCC1995. N° 81. Leveneur 述评，JCP1995. I. 3867，N° 1，Billiau 述评，RTD civ. 1995. 883，J · Mestre 述评）。

据）“材料库”。[1] 当然，这首先需要第三人知道存在其打算作为证据查找并加以使用的合同。实际上，虽然第三人对于查明某项合同关系有着特别的利益，但是，有利益了解甚至查找某些情况，并不一定等于就有权利了解或查找这些情况，因此，第三人不能认为他为了自己的利益就可以有效地强制合同当事人负担义务向其告知有关合同的情况。[2]

以下是有关第三人可以援用某项合同作为证据材料的例子。在涉及确定某项财产的价值时，第三人可以援用（当事人之间在）买卖或取得该财产时所订立的合同中确定的价金作为证据。

出租人与承租人之间发生争议时，也有同样的情况。法院判决承认，在对承租场所没有制作状态说明书的条件下，推定承租人是在租赁场所处于良好修缮状态下接受该场所的（《民法典》第1731条），但是，承租人却可以援用出租人与前承租人之间订立的租赁合同作为相反证据，用以证明场所状态原本就不太好。正如最高法院在判决中指出的那样：“承租人不能主张从其并非当事人的文书（租赁合同）中归结出利益于自己的法律连锁，而只能从这种文书中汲取可以产生有利于其诉讼的推定的简单情况。”[3] 立法者有时甚至做出规定：个人必须运用第三人之间订立的协议来证明其诉讼

[1]最高法院第一民事庭，1996年1月3日（Bull. civ. I. N°7. p. 5. Defrénois1996. 1022. Delebecque 述评）：合同相对效力原则并不禁止法官从与一方诉讼当事人无关的文书中汲取足以说明其所作判决之依据的评价材料（éléments d'appréciation）；最高法院第三民事庭，1972年3月21日（*Bull. civ.* 111，N° 193，p. 136）；最高法院第一民事庭，2005年5月10日（D. 2006. 1156，A · Guegan-Lecuyer 述评，RTD *civ.* 2005. 596，Mestre et Fages. 述评）。

[2]最高法院第一民事庭，1997年11月13日（Bull. civ. I. N°302. p. 206. Defrénois1998. 333. Delebecque 述评，JCP1998. I. 177. N°10. Virassamey 述评）。

[3]最高法院诉状审理庭，1896年7月27日（DP. 97. I. 327）；最高法院民事庭，1852年1月3日（DP. 53. I. 133. S. 53. I. 347）；最高法院诉状审理庭，1879年2月3日（DP. 79. I. 411）；最高法院商事庭，1972年5月8日（JCP1972. II. 17193. P · L 述评，Defrénois 1972，30917，N° 59，J. -L · Aubert 述评）。

主张，例如，1989 年 7 月 6 日旨在改善租赁关系的法律即是这方面的一个例子。该法第 17 条规定，（租赁合同的当事人）在确定新的租金时，应当参照相邻地段具有可比性的住房通常实行的租金价位，并要求具体说明确定租金时用来作为参照材料的清单。

第三目　处于中间地位的人

497. 内容介绍

合同当事人受合同强制性效力的约束，而第三人仅仅有义务尊重此种强制性效力并且不因此而成为合同的积极主体或被动主体。然而，在合同当事人与第三人之间还有一些处于中间地位的人，例如，无担保债权人、合同当事人的部分概括权利继受人、系列合同的成员。要想确定这些人的准确地位，并不是一件很容易的事情。因为，这些人并没有以自己的意思表示参与创设具有强制性的债的连锁关系，但这似乎并不影响他们紧紧围绕在合同当事人的周围。在此情况下，我们是应当像对待合同当事人一样对待这些人，视他们同样受到合同强制效力的约束，还是应当认为合同对这些人仅仅具有对抗效力？我们在下面来依次讨论这其中的每一类人的地位。

一、无担保债权人

498. 处理原则

这里的无担保债权人是指，不持有任何特别担保，仅仅对债务人的概括财产享有一般担保权利的人（《民法典》第 2284 条与第 2285 条）。[1] 我们有时也将无担保债权人视同全部概括权利继受人，这是因为，无担保债权人与全部概括权利继受人并非没有一定

[1]《民法典》第 2284 条（原第 2092 条）规定："任何人，个人负有债务者，以其现有的和将来的全部动产和不动产履行其承诺的义务。"

第 2285 条（原第 2093 条）："债务人的全部财产是对其债权人的共同担保。"

的相近之处，而这种相近之处就在于：作为他们行使权利之对象的概括财产的数额无论是增加还是减少，都会直接影响到他们的权利本身，也就是说，无担保债权人与全部概括权利继受人的权利都会直接受到债务人概括财产的数额或价值的变动的影响。被继承人或债务人的概括财产越是减少，继承人实际得到的遗产数额也就越少，无担保债权人获得清偿的机会也会越小。不过，除了这些相似点之外，将无担保债权人与全部概括权利继受人加以比较，就会发现两者之间实际上存在着深刻的差别，[1] 这些差别就在于：全部概括权利继受人将取代被继承人，因此受到被继承人订立的全部合同产生的债务的约束；而无担保债权人本人既不会成为这些债务的债权人，也不会成为这些债务的债务人。

实际上，无担保债权人的地位更接近于第三人，而不是接近于全部概括权利继受人：债务人订立的合同，如同对所有的第三人具有对抗效力一样，对无担保债权人同样产生对抗效力，只不过这种对抗效力对于无担保债权人尤为重要。无担保债权人对其债务人的概括财产享有一般的担保权利，债务人订立的所有合同都会对无担保债权人的债权产生影响：如果债务人订立的合同可以为他自己带来利益，那么无担保债权人获得清偿的机会就会因此而增加，相反，如果债务人所订的合同不利，无担保债权人获得清偿的机会就会相应减少。

考虑到这种间接效力的重要性，为了保护无担保债权人享有的这种一般担保权利，《民法典》第 1166 条与第 1167 条为他们设置了以下两项特别诉权。

(1) 代位诉权（action oblique）：有了代位诉权，无担保债权

[1] J·博内卡斯：《论无担保债权人的法律条件》（J·Bonnecase, La condition juridique du créancier chirographaire, *RTD civ.* 1920. 103.）。

人就可以取代漫不经心的、行为懈怠的债务人行使该债务人自己疏于或怠于主张的权利。无担保债权人行使代位诉权时，是以其债务人的名义采取行动，此时，无担保债权人只不过是其债务人的代理人，他并不能因此就成为其债务人的债权的持有人，因此并不违反“无担保债权人不成为其债务人的债权的积极主体”之原则，不过，在特殊情况下，当法律或法院判例准许债权人直接主张其债务人的债权时，则是另一种情形：债权人因此而持有对其债务人的债务人的直接诉权，例如，建筑物的建筑工人对承包人的客户或工程业主所持有的直接诉权即是如此。[1]《民法典》第 1798 条规定：“在房屋建筑与其他承揽工程中受雇佣的泥瓦工、木工及其他工人对工程业主的诉权，仅以在提起诉讼时业主对承揽人所负的债务为限。”受到损害的第三人对造成损害的加害人的保险人的诉权，同样是一种直接诉权（《保险法典》第 124-3 条）。

（2）撤销诉权（action paulienne）：依据撤销诉权，无担保债权人在其债务人欺诈侵害其权利时，可以通过请求宣告债务人实施的行为在其正当权益的限度之内对其不具有对抗效力，从而排除债务人实施的此种侵害行为对无担保债权人产生的不利后果。在企业实行司法重整或者司法清算程序中，有关保护全体债权人利益的法律规定可以阻止或禁止正在实行此种程序的债务人企业实施特定的行为或者禁止其进行特定的清偿，以避免其转移资产或损害债权人的利益。最后，如果债务人订立的合同不诚实，采取阴阳合同的方式隐瞒真实情形，那么，这种合同并不必然对隐瞒者的债权人具有强制力，正如我们在后面的章节中将会看到的那样，法律赋予这些债权人一种足以保护其利益的选择权：债权人可以仅仅承认那份表

[1] 译者认为，这一规则在我国当前的现实生活中很有参照意义，有利于解决工人讨要工资方面经常遇到的困难。

见的合同，也就是说，他可以只承认那份公开的合同，或者相反，他可以举证证明订约人有隐瞒行为而拒绝承认该人所订合同的效力（参见第550节）。

二、特定权利继受人

499. 这一问题的地位

全部概括权利继受人或者部分概括权利继受人承受的是某一个人的概括财产（权利与义务整体）的全部或其中的一部，与这些人不同，特定权利继受人指的是权利人仅向其转移某一项或者某些确定的权利或确定的财产的人。例如，买受人是出卖人的某项特定财产或权利的特定权利继受人；受赠人是赠与人所赠与的某项特定财产或权利的特定继受人；特定财产受遗赠人是遗嘱人的特定权利继受人。

这里的问题是，转让或转移权利的权利人此前订立的（涉及其现在转让的财产或权利的）合同对于特定权利继受人具有什么样的效力[1]：特定权利继受人是否受这种合同所产生的债的约束？或者，这些合同对特定权利继受人是否如同对于第三人那样仅仅具有对抗效力？

[1]勒帕尔诺：《产生"与被转让的财产有关的债"的合同对于特定权利继受人的效力》（Lepargneur，De l'effet à l'égard de l'ayant cause particulier des contrats générateurs d'obligation relatifs au bien transmis，RTD civ. 1924. 481）；迪卡洛德拉梅舍尼：《论特定权利继受人对被继承人的权利与债务所负担的天职》（du Garreau de la Méchenie，la vocation de l'ayant cause particulier aux droits et obligations de son auteur，RTD civ. 1944. 219）；拉博尔德-拉科斯特：《论特定权利继受人的概念》，《波尔多大学学位论文》，1916年（Laborde-Lacoste，La notion d'ayant cause à titre particulier，thèse Bordeaux 1916）；穆尔日翁：《法国法上的契约对特定权利继受人的效力》，《巴黎大学学位论文》，1934年（Mourgeon，Les effets des conventions à l'égard des ayants cause à titre particulier en droit français，thèse Paris 1934）；O·德-哈耶：《论债的关系向特定权利继受人的当然转移》，《巴黎一大学位论文》，2005年（O·Des-hayes，La transmission de plein droit des obligations à l'ayant cause à titre particulier，thèse Paris I，éd. 2005）。

对这一问题的原则性回答是很简单的。由于特定权利继受人不是原权利人所订立的合同的当事人，因此相对于这些合同而言，他是第三人，特定权利继受人并不取代权利转让人的位置而成为债权人或债务人，例如，取得某项不动产的人或者某项不动产的买受人，显然不会对出卖人自己此前在购买该项不动产时为了筹措资金而缔结的借贷合同所产生的无担保债务承担任何义务，这就是说，如同对所有的其他人一样，权利转让人订立的此种合同对特定权利继受人仅仅具有单纯的对抗效力。

但是，当权利转让人订立的合同与其向特定权利继受人转让或转移的权利或财产有着紧密关系时，是否仍然是上述同样的情况呢?

首先，可以肯定的是，由合同产生的法律状态对特定权利继受人具有对抗效力。不过，与其他人相比，对于特定权利继受人而言，这种对抗效力要重要得多。[1] 如果由于权利转让人此前订立的合同产生的后果，变更或限制了后来被其转移的权利，那么，这种合同对于此项权利的继受人的对抗效力就会带来如下后果：权利继受人只能取得已经被原合同变更或限制的权利，例如，原权利人（出卖人）在不动产上设定了役权或抵押权，该不动产的买受人（特定权利继受人）就必须承受该财产上已有的此种负担——由原权利人设定的役权或者抵押权一并转移给买受人，这就是说，买受人或特定权利继受人所取得的是一种受到限制的所有权，当然，保留条件是，原权利人此前已经对其设定的役权或抵押权进行了公示；同样，转让人原已同意的部分减免债务，对债权的受让人同样产生对抗效力，当然，这要以转让人是在债权转让之前同意的减免

[1]杜克洛：《合同的对抗效力，试论一种一般理论》，《雷恩大学学位论文》，1984 年（Duclos, L'opposabilité, essai d'une théorie générale, thèse Rennes, éd. 1984. N° 148. p. 177）。

为前提条件。既然任何人都不能转让超过其自身享有的权利，特定权利继受人也就不可能取得比权利转让人所能享有的权利更多的权利（Nemo plus juri ad alium transferre potest quam ipse habet）。[1]

与此相反，对于权利转让人此前就其转让的财产或权利订立的合同所产生的债，特定权利继受人能否成为此种债的积极主体或被动主体？例如，所有权人与工程承揽人订立合同，约定由后者为其维修房屋，在维修工程尚未完成之前，所有权人就已将此房屋卖出，在此情况下，该房屋的买受人是否可以主张出卖人与承揽人之间订立的维修合同的履行，是否要承担履行该合同的义务？在这里，我们会看到，与权利转让人订立合同的一般情况相比，这项合同遇到的问题有所不同，因为，这项合同仅对房屋所有人具有利益（谁是所有人，谁就对房屋的维修享有利益，由于受让人已经成为所有权人，所以该维修合同仅为现所有权人带来利益），但是，仅凭此一点，我们是否就可以认为特定权利继受人要受到他此前并未参与、并未同意的这一维修合同的约束？

当（此种合同涉及的）所有利益关系人都以明确的意思表示同意向特定权利继受人转移财产转让人原先承担的所有义务及其享有的全部权利时，对这个问题做出回答当然不会有任何困难。既然所有的利益关系人都明确表达了这样的同意意思，那就只需照他们意思办理。这种情况下，利益关系人可以采用各种方式表示同意意思，例如，通过协议同意合同（随财产一并）转让——此为合同的协议转让，或者采用人的替代（substitution personnelle）方式，或者采用为第三人利益缔结契约的方式（参见第 518 节）。前者例

[1]罗朗与博埃耶：《法国法律格言》（Roland et Boyer, Adages du droit Français. 4e éd. N° 259）。

如，财产买受人表明由其自行处理出卖人此前订立的合同；[1] 按照相同的思想，特定权利继受人如果同意，可以享有权利转让人为第三人利益订立契约之利益；还例如，当一项营业资产的买卖合同订有竞业禁止条款时，该项条款不仅利益于买受人，而且还利益于往后从该买受人手中又一次转购该营业资产的（后手）转购人。

但是，如果所有的利益关系人没有作出上述明确的意思表示，特定权利继受人在何种程度上可以享有权利转让人此前订立的合同的利益？在何种程度上承受该合同产生的义务负担？对于这个问题的回答就不是一目了然、显而易见了。按照制定法的规定，随着考虑问题的角度不同——是站在主动角度还是站在被动角度，也就是说，合同为特定权利继受人带来的是权利还是义务——处理结果也就不同。这就是以下两节分别讨论的内容。

500. 特定权利继受人与被转让的财产有关的权利

特定权利继受人，为了使自己受益，可以在何种程度上主张与被转让的财产相关的权利——无论是对物权还是对人权。

一种占有重要地位的理论潮流认为，在“与被转让的财产有关的权利”当中，特定权利继受人可以主张那些作为物的“积极品质”（qualités actives）、“与物同一、具有及物性质”的权利，或者

[1] 最高法院诉状审理庭，1940 年 9 月 3 日（DA1941. 37. JCP1940. II. 1557. E · Becqué 述评）；最高法院第一民事庭，1964 年 2 月 18 日（Bull. civ. I. N°92. p. 68）。最高法院的有些判决认为：这种情况属于“为他人利益订立约款”，另有一些判决则更倾向于认为这种情况属于合同的转让。参见马洛里、埃内斯与斯托菲勒-明克：《债法》，第 764 节（Malaurie，Aynès et Stoffel-Munck，Obligations. N°800）；另见最高法院第一民事庭 1968 年 1 月 23 日判决（Bull. civ. I. N°31. p. 24. D. 1968. 472）；与此相反，仅仅是向买受人披露存在出卖人与第三人之间订立的某项合同，不足以为买受人的利益创设一项要求履行合同的权利，参见最高法院第三民事庭 2006 年 3 月 15 日判决（D. 2007. 1581. PerruchotTrioulet 述评，Defrénois2006. 1229. Libchaber 述评）。

“已经成为物的从权利”的那些权利。[1] 这种意见可以与《民法典》第1615条的规定紧密联系起来。按照第1615条的规定，“交付标的物的义务，包括交付其从物以及原本旨在能够长时间使用该物所需的一切物件”（另见《民法典》第1692条与第2112条的规定），[2] 例如，为不动产的便益而设置的役权，用于担保债权而设立的担保，都为不动产的取得人或买受人或者债权的受让人带来利益。况且，在类似情况下，我们很难将合同的效力与合同的标的这两个概念分割开来。再例如，人们还承认，特定权利继受人可以行使原本属于权利转让人的、与买受之物相关联的各项权利与诉权，即使涉及的是债权而不是物权，特定权利继受人亦可行使这些权利与诉权。由此就引出了这样的结果：在标的物被再次转让的情况下，（后手）转购人可以对物的制作人、物的出卖人行使向其转让权利的转让人所享有的担保诉权；[3] 经常还有这样的情况：法院判决认为，在转让营业资产的情况下，转让人在其资产转让之后受强制放弃任何竞争性行为，因为转让人如果再开展竞争性活动，其出卖的营业资产的价值就会因此而降低，正因为如此，转让人承担的这种竞业禁止义务，不仅对其受让人有效，而且对该受让

[1] Aubry et Rau：t. II. 7ᵉéd. par P · Esmein. § 176. N°69.

[2]《民法典》第1692条：“债权的买卖或让与，包括该债权的从权利，诸如保证、优先权与抵押权。”

《民法典》第2385条：“以上各种优先权债权的受让人可以取代出让人行使与出让人相同的各项权利。”

[3] 最高法院第一民事庭，1979年10月9日（Bull. civ. I. N°241. p. 192. Gaz. Pal. 1980. I. 249. D. 1980. IRp. 222. C · Larroumet 述评，RTD civ. 1980. 354. G · Durry 述评）；最高法院全体庭，1986年2月7日（D. 1986. 293. A · Bénabent 述评，*JCP* 1986. 11. 20616，Ph · Malinvaud 述评，RTD dv. 1986. 605，Ph · Rémy. 述评，*Grands arrêts* t. 2，N°266）；最高法院第一民事庭，2003年1月21日（Bull. civ. I. N° 18. D. 2003. p. 2993. Bazin-Beust 述评，Defrénois2003. p. 172. J · Aubert 述评）。

人后来再转让该营业资产时的（后手）受让人也有效。[1] 从这些情况中我们都可以看到，特定权利继受人之所以可以主张这些对物权或对人权，是因为这些权利属于被转让的财产的从权利。

有人提出，为了特定权利继受人的利益，还应当进一步扩大转让人所订立的、与其转让的财产有关的合同的效力范围。他们援引《民法典》第1122条的规定来支持自己的这种想法："订立契约的人被视为是为本人及其继承人和权利继受人订立契约；但如契约有相反表述或者契约的性质产生相反的意义时，不在此限。"据此，这些学者认为，由于这一法律条文的表述并没有进行任何区分，因此其中"权利继受人"这一概念应当理解为既是指"特定权利继受人"也是指"概括权利继受人"，[2] 不过，现代理论已经排除了对该条文的这种解读。[3] 对于取得的财产与权利之间应当存在的联系，很多学者更倾向于持扩张性解释观念，以回应解读方面的这种不同意见。他们认为：只要是与被转让的财产"不可分离的权利"，就应当与被转让的财产一起转移，也就是说，只要这种权利仅为财产的所有权人提供利益，因此只能由财产所有权人来行使时，那就应当与财产一并转移。这就是所谓"基于物的考虑"(intuitus rei)。[4] 按照这种理论观点，特定权利继受人可以要求工程承揽人履行其与出卖人此前订立的、与其出卖的财产有关的合

---

[1] 最高法院诉状审理庭，1868年5月18日（DP. 69. I. 366. S68. I. 246）；巴黎法院，1900年2月24日（DP1900. 2. 467）；安日法院，1935年7月9日（DH1935. 513）；卢昂法院，1938年1月15日（S1939. 2. 151）；里昂法院，1952年12月18日（D. 1952. 244）；最高法院第一民事庭，1996年12月3日（D. 1997. 151，Chartier et Y · Serra 述评，RTD civ. 1994. 421，Mestre 述评）。

[2] Lepargneur，*op.* rit，p. 499 et s ；A. Weill，*op.* rit，N° 506；Calastreng，*op. cit.* p. 49 et s.

[3] J · Goutal，前引书 . p. 499；A · Weill，前引书，N°506。

[4] Flour，Aubert et savaux N°446。（这就是说，按照这种扩张性解释观念，不再限于向特定权利继受人转移被转让的财产的"从权利"，而是应当转移"与财产不可分离的权利。"从使用的概念即可看到这种解释的扩张性质。——译者注）

同；而如果仅仅按照从权利的标准来看问题，则不能准许特定权利继受人这样做。

然而，法院判例看来并没有走这样的道路。例如，（按照法院的判例）正在出租的不动产的买受人，在没有进行债权转让或者没有实行代位的情况下，不能以（仍然在执行租约的）承租人在（此次）买卖进行之前有违反义务的情况作为依据，请求解除租赁合同；[1] 再例如，一家企业被转让时，取得该企业的人不得要求顾客清偿对该企业出卖人缔结的债务；[2] 同样，不动产的买受人不得要求承租人为不动产转让之前发生的损坏情况支付赔偿金。[3] 不过，同样比较难以把握的是：哪些情况下所涉及的权利属于被转让的财产的从权利，因此应当跟随被转移的财产并与之同命运，哪些情况下所涉及的权利仅仅是与被转让的财产“有关”的权利，属于权利转让人个人的权利。这两种情况区分起来并不容易，即使所涉及的财产已经进入特定权利继受人的概括财产之内。

501. 特定权利继受人与被转让的财产有关的债务

如上所述，当被转移的权利属于特定权利继受人取得之物的从权利时，法律承认这种权利应当随同该物一并转移，但原则上排除

---

[1]最高法院民事庭，1917年5月8日（DP1917. I. 25）；最高法院社会庭，1957年12月20日（D. 1958. 81. R · Lindon 述评），最高法院社会庭，1958年5月16日（D. 1958. 464. RTD civ. 1958. 421. J · Carbonnier 述评）；“关于拒绝买受人以承租人此前违反租约为理由而提出的要求解除租约的诉讼请求”（Choteau. À propos du refus à l'acquéreur de l'action en résiliation du bail pour manquements antérieurs du preneur, D. 1959 chron. p. 271. ）。

[2]最高法院商事庭，1997年5月6日（D. 1997. 588. Billiau et Jamin 述评，Defrénois 1997. 977. D · Mazeaud 述评）。

[3]最高法院第三民事庭，1997年6月18日（CCC1997. N° 178. Leveneur 述评，Defrénois1997. 1008. Delebecque 述评，RTD civ. 1997. 966. Gautier 述评）；最高法院第三民事庭，2002年12月4日（JCP2003. II. 10058. P · Jourdain 述评，Defrénois2003. p. 245. R · Libechaber 述评）。

债务的转移。除特定权利继受人明示或默示同意由其履行权利转让人此前缔结的合同债务之情况外,[1] 最高法院判决认为“继承人或者特定权利继受人并不当然承担权利转让人的个人债务，这一原则甚至适用于由权利转让人所缔结的、与组成被转移的标的物有关的协议或合同，但是，如果这些合同产生的效果是限制或者变更被转移的权利，不在此限”。[2]作为支持这一处理意见的理由，人们一般都是这样认为：权利继受人不能不情愿地成为（他人债务的）债务人。

如前文所述，作为对债务的这种不转移性的唯一限制，那些限制或者变更被转让的权利的协议或合同对特定权利继受人产生效力。这种情况主要是指（由于这些合同或协议使）被转移的财产上负担的物权。特定权利继受人有义务遵守这些在其受领的财产上设定物权的合同。这也是合同的对抗效力原则与“受让人的权利不得大于转让人的权利”之规则所主张或期待的结果（参见第499 节）。

---

[1]最高法院诉状审理庭，1940 年 9 月 3 日（DA. 1941. 37）；最高法院诉状审理庭，1931 年 2 月 17 日（Gaz. pal. 1931. I. 663）；最高法院商事庭，1971 年 2 月 2 日（D. 1971. somm. p. 152）；最高法院第三民事庭，2001 年 4 月 4 日（Defrénois2001. 1034. B · Gelot 述评）。

[2]最高法院民事庭，1918 年 1 月 15 日（DP1918. I. 17），本案中，获得批准特许经营矿山开采的人，并不负有支付由受特许人在集体劳动合同中许诺的每日奖金的义务；最高法院民事庭，1844 年 12 月 8 日（DP. 45. I. 15），本案中，由于一家公司的资产是整体卖出，实体审法官据此判处买受人清偿公司的债务，因为买受人持有公司的资产。这一判决是错误的。第戎法院，1908 年 1 月 15 日（DP1911. 2. 128）：数商人在他们的商店转让之前原本共同决定星期天不营业，这项关于星期天不营业的承诺，对于该营业资产的买受人来说，属于“契约不使第三人得利或者受损”之规则，即使作为营业资产的出卖人的这几位商人并未强制买受人必须这样做；最高法院诉状审理庭，1940 年 9 月 3 日，最高法院第三民事庭，1988 年 11 月 16 日（D. 1989. 157. Ph · Malaurie 述评）：一项财产的特定权利继受人并不当然继承其权利转让人的个人债务，即使这种债务产生于财产的转让之时；最高法院第三民事庭，2004 年 6 月 30 日（D. 2004. IR2766）：由于在土地买卖文书中没有任何条款规定出卖人为该土地排水而缔结的贷款月供也将转移给买受人，因此这项负担不能转移给买受人。

同样，为了将权利转让人就其转移的财产所缔结的义务一并扩张转移给特定权利继受人，人们往往试图这样来看待和分析其理由：要么，将这些义务看成是产生某种役权的义务；[1] 要么是产生某种原始物权的义务；[2] 或者至少是产生某项从物债（une obligation réelle，从物义务），而从物之债的命运应当与其涉及的财产的命运联系起来。[3]

---

[1]格勒诺贝尔法院，1858年5月28日（S. 59. 2. 37）。

[2]E·戈德曼：《关于特定债务转移之研究》，《第戎大学学位论文》，1898年，第385页（Etude sur le transport de dettes à titre particulier, thèse Dijon，1898. P385）。

[3]最高法院第三民事庭，1004年10月13日（D. 2005. p. 934. S·Mary述评）。

（这里的"从物债"或"从物之债"原文为"obligation réelle"，指因物的缘故或者由于物而引起的债（propter rem），是源于债务人仅仅作为某一确定之物的持有人而应当负担的债务或义务，不仅债务人本人应负担此债务，而且该确定之物的所有权人（作为所有权人）亦负担义务。对于从物债而言，只有通过转让该物的或抛弃该物的所有权才能不再负担债务，例如，供役地的所有权人有义务用他自己的费用实施（为役权享有人）行使役权所必要的工程。"从物债"这一概念与"要物合同"（contrat réel）产生的债不是一个概念，也不要与"相对于主债的从债"相混淆，例如，担保是一种从债，但不是"从物债"。这方面的规定，例如，《民法典》：

第656条　但是，共有分界墙的任何共同所有权人如放弃对共有分界墙的权利，只要共有分界墙不再承受其建筑物，即可免除分担原共有分界墙的修缮与重建义务。

第699条　即使为了行使或保有役权，承役地的所有权人按照证书的规定应当负担费用实施必要的工程，该所有权人始终可以通过将其承役地抛弃给享有役权的不动产的所有权人，以免除负担该义务。

第2167条　如持有不动产的第三人不履行以下规定的手续，以清除加在该不动产上的负担，仍应仅仅因登录的效力而作为不动产持有人，以此不动产承担设有抵押权的全部债务；同时享有对原债务人给予的清偿期限与延缓期限。

第2168条　在相同场合，持有不动产的第三人有义务：或者支付可追索的债务的原本与全部利息，无论其上升至何数额，或者放弃设定抵押权的不动产，不带任何保留。

第2172条　任何持有不动产的第三人，在其本人不负债务并且有转让能力时，得抛弃其占有的负担抵押权的不动产。

租赁权虽然是一种债权，但其保护方式，诸如买卖不破租赁、承租人对承租物的优先购买权，也构成从物之债。——译者注）

502. 对制定法的批评意见

上面归结出来的各种处理意见之所以不尽人意，不仅是因为它们带有某种不确定性，而且还因为人们对这一问题进行的剖析性研究并不能突出标明契约活动是权利与义务的一种结合，双务契约更是如此，因此，很难对所提出的问题做出一种并不单一的回答。这样一来，我们就必须看到，法国法在这一问题上之所以有待改进，是因为它没有一般地解决有关合同转让的相当常见的机制问题。

（1）在某些情况下，立法者确实对合同的转让作出了规定，最常见的是有关某项买卖合同的后续问题的规定，这些特别条文的目的是稳定各种不同的法律状态，以及在相应情况下改善特定类型的合同当事人的地位。

例如，按照《民法典》第 1743 条第 1 款的规定：如果出租人出卖其出租物，该物的买受人不得辞退经过公证的或者规定有确定的到期日的原租赁契约的土地承租人、佃农或房屋承租人。[1] 人们由此推断认为，新的所有权人，也就是出租物的买受人，应当承担原出租人（原所有权人）所负担的、与租约有关的各项义务，与此同时，承租人也应当对新的所有权人遵守自己的义务，[2] 但是，有必要注意的是，前所有权人并不因此就可以停止负担义务：承租人仍然可以因出租人应当承担的修缮义务的不履行而对（原）出租人提起诉讼，即使是以

[1]如果买受人知道其买受的财产上订有租约，该租约视为“有确定日期”的租约，关于这个问题，参见最高法院第三民事庭 1969 年 3 月 12 日判决（Bull. civ. III. N°217）；最高法院第三民事庭，1989 年 7 月 20 日（Bull. civ. III. N°167. RTD civ. 1990. 101. Rémy 述评）；最高法院第三民事庭，1999 年 9 月 29 日（CCC2000. N°19. Leneveur 述评）。

[2]Marty et Raynaud. N°267。关于《民法典》第 1743 条的解释，参见 J · Mazeaud，t. II. vol 1；另见达朗：《关于〈民法典〉第 1743 条现今的地位》（JCP1958. I. 1431）。

财产卖出之后发生的义务不履行为依据，亦同。[1] 总之，合同关系本身比此种关系的转移还要复杂一些。我们正是基于这种情况而认为前面所说的制定法的处理意见是不能令人完全满意的。

又例如，尽管劳动合同仅仅产生种种对人义务，这种对人义务与营业资产的所有权并无任何关系，至少按照法律的现有状态是如此。但是，《劳动法典》第 1224-1 条仍然规定，雇主的法律地位如果发生改变，特别是营业资产因继承、买卖、合并、变更，或者用于向公司的出资等原因而发生改变时，正在履行中的所有劳动合同均继续存在，均得到保留，取得该营业资产的新的所有权人必须遵守这些劳动合同，[2] 与此相对应，薪金雇员有义务对新雇主履行他们自己的义务，[3] 这样一来，与前雇主的合同关系是否仍然延续存在，就更加不能确定。还有另一个例子，那就是为了某物投保而订立的保险合同转移给取得该物的买受人的问题。《保险法典》第 121-10 条规定："在被保险人死亡或者受担保之物转让的情况下，保险对继承人或物的取得人当然继续有效，但继承人或者物的取得人应当履行被保险人依据保险合同对保险人应当履行的全部义务，他们也可以随时解除保险合同。"[4]

此外，由一个合同当事人替代另一合同当事人的机制则更

[1]最高法院第三民事庭，1970 年 7 月 9 日（JCP1971. II. 16475. Mourgeon 述评）。

[2]H·西内：《工作岗位的稳定性与企业转移》（H·Sinay, Stabilité de l'emploi et transfert d'entreprise, *JCP* 1961. 1. 1647, Schaeffer 述评，*JCP* 1963. 1. 1753）；最高法院全体庭，1990 年 3 月 16 日（D. 1990. p. 305. Lyon-Caen 述评）。

[3]最高法院社会庭，1971 年 1 月 27 日（Bull. V. N°50. p. 40）；关于竞业禁止义务，参见最高法院社会庭 1974 年 7 月 4 日 2 项判决（Quot juridiques, 27 mai 1975, p. 8, M-H·R 述评）。

[4]关于保险合同，参见《保险法典》第 121-10 条第 1 款。

加明显一些，这种情况真正揭示了合同的转让，例如，买受人将其因待建不动产的买卖产生的权利转让给第三人，就是由受让人当然替代买受人对出卖人的义务。

（2）在没有法律条文规定以及没有既便于权利的转移又不损害正当利益之一般规则的情况下，对于由同一项合同产生的权利与义务的相互对应转移的问题，理论界仍然拿不定主意。有些学者原则上仍然坚持反对义务转移的观点，哪怕是伴随着权利的转移而进行的义务转移；[1] 另一些学者则在一定程度上做出相反的探讨，他们认为，权利的转移，不论其受到何种限制，均应当引起义务的相应转移。[2] 不过，至今为止，仅有为数很少的法院判决承认合同的转移[3]。立法方面对这一问题做出补救可能要以改进情况告知以及当事人的参与方式为基础。

三、系列合同：合同远端当事人

503. 这个问题的定位

当代合同法演变的一个重要标志是，出现了一种新的法律形象：系列合同。所谓系列合同是指，有着相同标的或者本着共同目的，相互之间有一定联系的一组合同（参见第 77 节）。[4]

随之就提出了一个问题——不过，主要是那些有着相同的标的

---

[1]参见 R · Didiere 述评（JCP1955. II. 8548）。

[2]参见 Planiol et Rippert t. VI. par Esmein. N°332. Lepargneur，op. cit. p. 541；Weill. 前引文，N°519；Calastreng，thèse préc，p. 178.

[3]最高法院商事庭，1971 年 2 月 2 日（Bull. civ. IV. N°32. p. 34），本案涉及关于供货合同与依据此种供货合同提供货品的营业资产一起转让的问题；另见凡尔赛法院 1986 年 5 月 21 日判决（关于计算机维护合同的转移）（D. 1987. 266. J · Huet 述评）。

[4]这里的“系列合同”，也称为“合同链”（les chaines des contrats），法语称之为“合同的组合”或“一组合同”——“groupes de contrats”。——译者注

合同会遇到这个问题：通常被称为“合同远端当事人”（contractants extremes）的那些人之间结成的链接关系究竟属于什么性质？也就是说，那些虽然属于同一组合同的当事人成员但相互之间并未交换过任何同意意思的人之间的链接关系到底是什么性质？例如，在就同一标的物先后进行的买卖的链条当中，最初的出卖人与后来的（或者最后的）转购人相互之间就处于远端合同当事人的地位；在工程承揽合同中，业主与工程分包人的地位也是如此：两者之间隔着总承包人或其他承包人。这些处于同一合同链条当中、相互之间隔着一定距离的远端当事人之间到底是第三人之间的关系还是合同当事人之间的关系？

无论是在理论上还是在实践当中，这一问题都有着巨大的挑战性。当合同远端当事人中有某一人抱怨另一人履行给付的情况非常糟糕时，例如，转购人认为最初的出卖人提供的标的物存在瑕疵，业主认为分包人所为之给付存在缺陷，因而相互之间进行诉讼的情况下，除实践上的其他后果之外，对上述问题做出何种回答，将决定这些当事人之间进行的有关责任诉讼的性质：如果将这些人相互视为第三人，那么涉及的责任就是侵权责任，如果将他们视为合同当事人，涉及的责任就是契约责任。

从法学理论的角度来看，对这一问题的处理取决于我们对合同的相对效力原则做何种分析。传统解读认为，所谓合同当事人应当是指“交换同意意思，愿意接受合同约束的人”，这两者应当是完全同一的。按照这样的传统观点，显然会导致我们应当将合同的远端当事人相互看成是合同外的第三人。但是，我们已经谈到（第485节），这种理论分析是与意思自治理论紧密地联系在一起的：凡是没有表示同意意思的人，就不是合同当事人。然而，我们也知道，合同的强制力并不是出自当事人之间的允诺本身，而是来自法律赋予这种允诺的价值，因此，如果确有必要，没有任何障碍阻止法律秩序决定合同的强制性效力也可以扩展至严格意义上的合同当事人以外的其他人。远端当事人可能就属于这种情况。因此，有些学者认为，把远端当事人完全看成第三人并不是一种完全令人满意的想法。[1]

504. 合同远端当事人与特定权利继受人

从根本上来说，我们在这里讨论的问题至少不像表面看来那样是一个全新的问题。因为，这个问题在相当广泛的程度上包含了合同对特定权利继受人的效力问题，而这个问题当然不是一个始于今日的新问题。在涉及特定权利继受人的情况下，往往涉及两项合同：其一是权利人与特定权利继受人之间订立的合同，其二是权利人此前订立的、与其现在转移给特定权利继受人的财产有关的合同，例如，权利人在取得该项财产时订立的买卖合同。我们要问的是，这项合同的利益是否也转移给特定权利继受人（参见第499节）。在前面，我们已经介绍过，法院判例在解决这一问题时，运用的是“从权利”（accessoire）的概念：当权利人此前订立的合同产生的权利是当前的合同所转移之物的从权利时，此种权利将一并转移给特定权利继受人；法院判例在处理一组合同链条内部的远端当事人之间的相互关系时，同样也是运用这种从权利理论。

让我们假定一种情况，而且也是常见的情况：人们可以通过相继订立的但性质相同的合同先后转让同一项财产：买卖——再买卖——再买卖。在这一财产转移链条中，前后几次订立的合同都具有相同的性质，因为它们都是买卖合同。当然，人们也可以通过前后订立性质不同的合同来转让同一项财产，例如，买卖、加工、再买卖。在这一转让链条中，前后3种合同的性质就不相同。在这种情况下，转购产品的人对制作与出卖产品的人享有什么性质的诉讼

[1] Durry, *RTD* dv. 1969. 776.

权利？对于这一问题，法院判例在很长时间里始终承认转购人（再买受人）享有：要么站在合同阵地，要么站在侵权阵地[1]请求损害赔偿的权利。然而，法院判例的这种处理抵触法国法实行的“违约责任与侵权责任不竞合”这样一条规则。因此，最高法院在1979年10月9日[2]以及1986年2月7日[3]作出的判决都放弃了判例长期采用的上述处理意见。在1979年10月9日的判决中，最高法院法院第一民事庭确认了（在由具有相同性质的合同组成的链条当中）“向前后相继的买受人转移的涉及标的物的担保诉讼必然具有的合同性质”；在1986年2月7日的判决中，最高法院全体庭认定：即使在不具有相同性质的合同组成的链条中也应当做相同处理，也就是说，此种诉讼必然为合同性质；而在此之前，最高法院第三民事庭的判决认为在不具有相同性质的合同组成的链条中不应做相同处理，因此全体庭1986年2月7日的判决打消了第三民事庭所持的抗拒态度。[4] 不过，最高法院在这两项判决所运用的理由仍然是传统理由，例如，最高法院全体庭的判决就是以“转购人具有特定权利继受人的资格”为依据，并且明确地肯定转购人享有“属于权利转让人的、与其转让之物相关联的所有权利与诉权”，这样也就赋予了转购人以“唯一属于契约性质的诉权”（排除侵权性质的诉权）。[5] 因此，转购人对最初的出卖人可以主张的合同担

---

[1]最高法院民事庭，1820年1月25日（S. 20. I. 213）。

[2]最高法院第一民事庭，1979年10月9日（Bull. civ. I. N°241. p. 192. D. 1980. C · Larroumet述评，RTD civ. 1980. 354. G · Durry述评）。

[3]最高法院全体庭，1986年2月7日（两项判决）（D. 1986. 293. A · Bénabent述评，JCP1986. II. 20616，Ph · Malinvaud述评，RTD civ. 1986. 605. Ph · Rémy述评，*Grands arrêts*, t 2，N°，266.）。

[4]最高法院第三民事庭，1984年6月19日（D. 1985. 213. Bénabent述评，JCP1985. II. 20387. Ph · Malinvaud述评，RTD civ. 1985. 406. Ph · Rémy述评）。

[5]前引最高法院全体庭1986年2月7日判决；最高法院第一民事庭，1999年5月26日（CCC1999. N°153. Leveneur述评）。

保，也就是“最初的出卖人向（他的）第一个买受人在转移物的所有权时所订立的第一份合同产生的担保”。这就是说，最高法院全体庭的这项判决所做的处理，尽管不是以负有担保义务的最初债务人与转购人之间的直接的合同关系为基础（他们之间并无直接的合同关系），但这仍然不意味着它否定了合同的相对效力原则。[1]

505. 远端当事人不受合同约束的情况

（在上面第 504 节里，我们讨论的是可以引起标的物所有权转移的系列合同）然而，对于不发生物的所有权的任何转移的一组合同，则完全是另一种情况。例如，承揽人与分包人不提供物料、仅提供劳务时，此种分包合同就不涉及任何转移物的所有权问题。在这种情况下，由于不能再适用“权利与诉权随同其从属的物一并转移”这样一种思想，因此，也就不再可能回避合同的相对效力与一组合同之间的关系问题：在此种类型的系列合同中，合同远端当事人究竟应当作为第三人对待，还是作为合同当事人对待？

传统理论分析认为，在此类系列合同或一组合同的内部，远端合同当事人相互之间没有任何（合同）关系，他们互为合同之外的第三人。但是，最高法院第一民事庭 1988 年 6 月 21 日作出了一项重要判决，与传统理论分析一刀两断。该判决认为：“在同一组合同当中，仅仅因为与最初的合同有联系而受到损害的人提出的损害

[1]从本段的阐述可以看到，当远端当事人是特定权利继受人时，他们之间的诉讼必然为合同性质，不论先后订立的合同是同质合同还是非同质合同，均是如此。但是，既然涉及的是特定权利继受人，那么，先后订立的合同应当是转移标的物所有权的系列合同。第 505 节开头即强调：“在不发生物的所有权的任何转移的一组合同中，完全是另一种情况。”虽然法国最高法院第一民事庭在 1988 年 6 月 21 日作出的判决中抛开了法国法的传统理论，但 1991 年 7 月 21 日全体庭又否定了这项判例的意见。——译者注

赔偿请求，有必要依合同责任处理。”[1] 第一民事庭的这项判决认为，虽然《民法典》第1165条规定“契约仅在诸缔约当事人之间发生效力；契约不损害第三人，并且仅在本法典第1121条规定的情形下才能利益于第三人”，但是，这项原则并不妨碍“合同性质的关系也可以在那些没有交换同意意思的人之间业已存在的合同整体的内部得到发展”。实际上，理论界有一部分人士很久以来就一直竭力鼓吹与此相同的见解，[2] 例如，杜里（Durry）先生就曾经指出：“我们之所以肯定地认为合同责任完全有理由实行一种特别制度，是因为我们认为债务人本来就应当预见他自己到底承担的是哪些义务，本来就应当预见自己在没有履行这些义务的情况下将会对其适用什么样的规则。因此，我们不应当容忍那种‘只要利用合同第三人的身份，就可以逃避这样的本来应有的预见义务’，至少当这种合同第三人的身份在相当程度上带有人为的性质时，不能容

---

[1]最高法院第一民事庭，1988年6月21日（D. 1988. 5. C · Larroumet 述评，JCP1988. II. 21125. P · Jourdain 述评，Defrénois1989. 357. J－L · Aubert 述评，RTD civ. 1989. J · Mestre 述评，107，Grands arrêts，t. 2，N°174.）；最高法院第一民事庭，1988年3月8日（JCP 1988 II 21070，P · Jourdain 述评，RTD civ. 1988. 551，Ph · Rémy 述评，741，J · Mestre 述评，Grands arrêts，t 2，N° 173）；此后，还有最高法院第一民事庭1989年10月31日判决（JCP 1990. 11. 21568，Quénaudon 述评）。

[2]B · 特西耶：《论系列合同》，《蒙帕利耶大学学位论文》，1975年（B. Teyssié，Les groupes de contrats，thèse Montpellier，éd. 1975）；J · 内莱：《论子合同》，《巴黎二大学位论文》，1979年（J · Néret，Le sous－ contrat，thèse Paris II，éd. 1979）；J · 胡耶：《论侵权责任与违约责任》，《巴黎二大学位论文》，1978年（J · Huet，Responsabilité délictuelle et responsabilité contractuelle，thèse dactyl. Paris II 1978）；F · 贝尔唐：《论合同对第三人的对抗效力》，《巴黎二大学位论文》，1979年（F · Bertrand，L´opposabilité des contrats aux tiers，thèse dactyl. Paris II 1979）；埃斯帕尼翁：《论法国民法上的侵权责任与违约责任不竞合规则》（Espagnon，La règle du non cumul des responsabilités délictuelle et contractuelle en droit civil français，thèse dactyl. Paris 1，1980）；C · 拉卢梅：《必然为合同性质的诉讼与系列合同整体中的民事责任》（C · Larroumet，L' action de nature nécessairement contractuelle et la responsabilité civile dans les ensembles contractuels，JCP 1988. I. 3357）。

忍发生这种利用第三人的身份来逃避责任的情形。”[1]而当所有的利益关系人都是同一组合同这样的整体的成员时，恰恰就是这种情况。从这里，我们显然可以看出来，最高法院第一民事庭的上述判决直接受到这些学者提出的理论的影响，而且该判决甚至还直接把杜里先生上面的话变成了自己的表述：杜里先生就强调说：“凡是因为与最初的合同有联系而受到损害的人提出的损害赔偿请求，都有服从相同制度的必要性，那就是契约责任制度。”[2]

然而，这一理论创新又一次遇到了第三民事庭的强烈抵制。第三民事庭始终坚守对《民法典》第 1165 条的传统解读，仍然坚持认为合同远端当事人相互之间始终互为第三人。[3] 为了结束这种分歧局面，最高法院全体庭于 1991 年 7 月 21 日作出了一项著名判决，被称为“Besse 判决”。该判决在引述《民法典》第 1165 条关于合同的相对效力的规定之后，明确肯定：在工程分包合同方面，当工程业主抱怨工程分包人履行的给付非常糟糕的情况下，“分包人与工程业主之间没有合同上的约束关系”。[4] 这就是

---

[1] G · Durry. RTD civ. 1980. 355.

[2] G · Durry. RTD civ. 1980. 355.

[3] 最高法院第三民事庭，1988 年 6 月 22 日（JCP1988. II. 21125. P · Jourdain 述评）；最高法院第三民事庭，1989 年 10 月 31 日（JCP1989. IV. p. 422）；最高法院第三民事庭，1989 年 12 月 13 日，最高法院第三民事庭，1990 年 3 月 18 日（D. 1991. 25. J · Kullmann 述评，JCP 1990. 11. 21154，L. Bouilloux-Laffont 述评，Grands arrêts，t. 2，N°175）。

[4] 最高法院全体庭，1991 年 7 月 12 日（D. 1991. 549. J · Ghestin 述评，JCP1991. II. 21743. G · Viney 述评，RJDA 1991. 583，Mounier 述评，Defrénois 1991. 130，J-L · Aubert 述评，CCC 1991 N°200，L · Leveneur 述评，RTD civ. 1991. 750，P · Jourdain 述评，1992. 90，J · Mestre 述评，Grands arrêts，t. 2，N°176）；参见 C · 拉卢梅：《合同的相对性以及对系列合同整体内部提起的诉讼必然具有合同性质的否定》（C · Larroumet，L' effet relatif des contrats et la négation d' une action nécessairement contractuelle dans les ensembles contractuels，JCP 1991. 1. 3531，JCP1991. I. 3531）；C · 加明：《合同相对效力的复归》（Ch · Jamin，Une restauration de l' effet relatif du contrat，D. 1991. 257 et s）；P · 茹尔丹：《1991 年 7 月 12 日最高法院全体庭判决之后合同链条中民事责任的性质》（P · Jourdain，La nature de la responsabilité civile dans （转下页）

说，最高法院（全体庭）在这一问题上同样回到了对第 1165 条的传统解读的立场：在此类同一组合同当中，远端合同当事人之间不存在直接的合同约束关系。[1] 可是，这样一来，学者们又提出了另一个问题：最高法院全体庭的这一判决的意义范围如何？它是唯一否定由第一民事庭 1988 年 6 月 21 日的判决所产生的判例，还是同时也否定那些“以从权利为依据，认定在同一组合同链条内部转购人对最初的出卖人的诉讼属于合同性质”的所有判例？（也就是说，最高法院全体庭 1991 年 7 月 21 日的判决是否同时也否定对本书第 504 节所阐述的问题的处理的见解？）我们看到的是，最高法院的不同法庭在此之后做出的一些判决均指出，全体庭 1991 年 7 月 21 日的判决仅仅是否定根据第一民事庭 1988 年 6 月 21 的判决建立起来的那一部分判例的构建。由此，我们就可以得出一个结论，只要同一组合同或系列合同引起所有权的转移，那么，在转移所有权的同时都将伴随着法律上的从权利的转移，（在此情况下）远端合同当事人相互之间的诉讼原则上为合同性质；[2] 反过来，在同一组合同或同一系列合同的链条中不发生物的所有权转移

（接上页）les chaînes de contrats après l' arrêt d' Assemblée plénière du 12 juill. 1991, D. 1992, chron. p. 149）；Ph · 德勒贝克：《论司法裁判对系列合同的把握》，载《法官与合同的履行》（Ph · Delebecque, L' appréhension judiciaire des groupes de contrats, in Le juge et l' exécution du contrat, 1993, p. 117 et s. ）。

[1] 最高法院第一民事庭，1994 年 2 月 16 日（Defrénois 1994. 798. Delebecque 述评）。

[2] 最高法院第一民事庭，1991 年 10 月 28 日，最高法院第三民事庭，1991 年 10 月 30 日（CCC1992. N°25. Leveneur 述评）；最高法院商事庭，1991 年 12 月 10 日（CCC1992. N°47. Leveneur 述评）；最高法院第一民事庭，1995 年 6 月 7 日（CCC1995. N°159）；最高法院第一民事庭，2000 年 2 月 22 日（CCC2000. N°91. Leveneur 述评）；另见最高法院第三民事庭 2001 年 11 月 28 日判决（JCP 2002. 11. 10037, Menjucq 述评, 1. 186, N° 2, Viney 述评, Defrénois 2002. 255, Libchaber 述评, RTD civ. 2002. 104, Jourdain. 述评）；C · 里桑提-卡里津斯基：《合同链条中的直接诉讼，Besse 判决之后 10 年》（C · Lisanti-Kalizynski, L' action directe dans les chaînes de contrats ? Plus de dix ans après l' arrêt Besse, JCP2003. I. 102）。

的情况下，远端合同当事人之间的诉讼就属于侵权性质；这就是说，凡是在转移所有权的合同链条中，远端合同当事人之间的诉讼均为合同性质，在其他合同链条中，此种诉讼均为侵权性质。[1]

也有人就此提出询问，欧洲共同体法院在解释布鲁塞尔公约第5-1条与第5-3条的规定时采取的立场是否会导致法国最高法院终有一天会重新回到第一民事庭1988年6月21日的上述判例所构建的立场上来。[2] 不过，最高法院已经清楚表明它不打算走上这样的道路。[3]

最高法院之所以回到第1165条的传统解读，看来可以这样来解释其理由：它担心没有完全把握由第一民事庭所作的上述创新的意义范围。因为，在第一民事庭1988年6月21日的判决中所运用的“一组合同”或“系列合同”（groupe de contrats）这一概念本身就涵盖着各种极不相同的现实情况，很难为其提出的处理意见提供一个坚实的框架；此外，关于第一民事庭的这一判决对于责任之诉的性质所产生的影响问题，理论界虽然已经进行了相当全面的研究，但该判例对其他诉讼的影响或冲击效果就仍然有待观察、有待探讨；与此同时，在第一民事庭的上述判决的基础上制定的某些法律规定，由此产生的制定法，即使不能说让人感到惶恐，至少也给人留下一种无法令人满意的印象，因为这些法律规定“极为复杂”、

---

[1] D·迈古伊：《谈谈合同链条中直接诉讼的现状》（D·Mainguy, Mélanges BéguI. N° 2005. p. 449）。

[2] 欧洲共同体法院，1992年6月17日（JCPE1992. 363. P·Jourdain 述评，II. 2. 21297，C·Larroumet 述评，JCP 1993. 1. 3664，G·Viney 述评，D. 1993，somm. com，p. 214，J·Kullmann 述评，Rev. crit. DIP 1992. 726，H·Gaudemet-Talion 述评，RTD civ. 1993. 173，Jourdain 述评，RTD eur. 1992. 708，P·de Vareilles-Sommières 述评）。

[3] 最高法院第一民事庭，1993年1月27日（CCC1993. N°3. Leveneur 述评，p. 1）；最高法院第一民事庭，1993年6月23日（CCC1993. N°190. Leveneur 述评）。

“很不合理”。[1]

不过，以合同链条是否转移所有权作为依据，对不同的系列合同进行区分，也暴露出这种区分方法本身不够明确甚至带有某种人为性质。[2] 更为主要的是，由最高法院全体庭就“Besse 诉讼案”所作的判决产生的判例同样没有对所提出的问题给出一个稳妥而平衡的答案，它同样导致一种令人很不满意的责任制度：（既然最高法院的判决认为，在同一组合同中，远端当事人之间不存在直接的合同关系约束）在实践中，尽管远端合同当事人存在“违反某种合同义务”的情形，有一些基层法院也就往往抛开“侵权过错与违约过错相互独立”的规则，毫不犹豫地将违反某种合同义务的情形推断认定为“存在某种侵权过错”（参见第 495 节）。这样一来，就会导致这样的结果：当同一组合同的成员想要就其受到的损害针对直接的合同当事人以外的某个成员违反合同义务的情形提起赔偿诉讼时，就需要证明作为被告的该债务人违反了合同义务，而不是证明债务人违反了侵权责任方面的“勤勉、审慎之一般义务”；而如果受害人运用合同作为提起诉讼的依据，他又不应当有可能回避或者抛开那些对其诉讼构成障碍的合同条款。然而，（按照 Besse 判决）实际情况恰恰是如此：受害人有可能回避或抛开那些对其诉讼构成障碍的合同条款，因为，既然受害人主张的责任具有侵权责任性质，那么，合同中规定的对合同责任可能进行的调整和限制，也就不能有效地对抗受害人。我们认为，面对这种各有难处的情况，通过以下选择也许可以实现协调处理：要么，受害人虽然是远

[1] P·安塞尔：《最高法院 1988 年关于系列合同中违约责任诉讼的判决，15 年之后》（P·Ancel, Les arrêts de 1988 sur l' action en responsabilité contractuelle dans les groupes de contrats, 15 ans après. Mélanges A·Ponsard, 2003, p. 3 et s, sp. p. 7）。

[2] P·Ancel, art. préc, Mélanges A·Ponsard, p. 21 ; C·Lisanti-Kalczynski, art. préc, JCP2003. I. 102.

端合同当事人，仍然准许他在提起诉讼时主张（债务人的）合同不履行，与此相对应，也就应当承认债务人可以以其合同对抗受害人的这种主张，而如果这样做，就要承认债务人的这种责任属于合同性质；要么，遵守严格的合同相对效力观念，认定债务人不能用其合同对抗受害人，但是，这样一来，受害人也就不能以该合同为依据来确定他所提起的诉讼所针对的是相对当事人的过错，这时唯一应当得到考虑的便只有因“违反勤勉、审慎之一般义务”的侵权过错了。[1] 从这里还是可以看到，导致最高法院第一民事庭1988年6月21日作出的那一个具有创新意义的判决的理由还是存在的。我们希望最高法院在这方面的判例最终能够在相互冲突的利益之间找到一个真正的平衡点。[2]

第二节　涉他合同[3]

506. 本节内容安排

受个人主义（individualiste）指导，《民法典》第1119条规定（参见附目第1203条）：“一般来说，任何人仅得以其本人的名义、为本人订立契约、承诺义务。”不过，法典第1122条紧接着又补充规定：“订立契约的人被视为为其本人及其继承人和权利继受人订立契约；但如契约有相反表述，或者契约的性质产生相反意义

---

[1] P·茹尔丹：《关于最高法院全体庭1991年7月12日判决作出之后合同链条中民事责任的性质问题》（P·Jourdain, La nature de la responsabilité civile dans les chaînes de contrats après l’arrêt de jemblée plénière du 12 juillet 1991, D. 1992. 149）。

[2] M·巴卡什：《论合同的相对性与系列合同》，《巴黎二大学位论文》，1996年（M·Bacache, thése Paris II. éd. 1996）。

[3]“涉他合同”原文为“les contrats pour autrui”，另译“为他人缔结之合同”或“为他人之合同”。本节所指“为他人之合同”包括：代理（la représentation）人订立的合同，“为他人之允诺”（la promesse pour autrui），以及为“他人之约款”（la stupilation pour autrui）。——译者注

时，不在此限。”（参见第488节）

《民法典》第1119条的规定意味着，按照一般规则，在当事人明示规定他们所订的合同产生对第三人享有的某种债权或负担某种债务时，此种意思表示不能产生效果；不过，这一条文本身也包含着下面所阐述的对这项规则的“一种缓和处理”和“几种例外情形”。

“一种缓和处理”是指，只有在当事人是“以其本人的名义”缔结合同时才适用上述原则；因此，人们也可能以某个第三人的名义缔结合同。这种可能的情形就是代理（représentattion）。

“几种例外情形”是指，《民法典》第1120条准许订立一种协议，即：“担保他人为特定行为”的协议（convention de porte-fort，也称为“担保他人为特定给付之契约或协议”）。该条规定：“一人得出面担保第三人为一定行为。”这一规定是赋予“替他人做出的允诺”（promesse pour autrui）以特定的效力。

“例外情形”尤其是指第1121条的规定：“在为第三人利益订立契约是为本人订立契约的条件或者是向他人赠与财产的条件时，亦可为第三人利益订立契约；如果第三人表明愿意享有该契约的利益，订立契约的人不得取消之。”因此，该条规定准许（人们）在特定情况下“为他人（之利益）订立契约或约款”（stipuler pour autrui）。

507. 代理，简短的提示

由于我们在讨论合同的成立时已经对代理的相关内容作了阐释，因此这里仅作简短的提示。

通过代理人订立合同时，实际承担由该合同产生的义务的人，并不是出面作出同意意思表示的人，而是“以其名义、为其利益”订立此项合同的人，换句话说，通过代理人订立合同，承担义务的是被代理人本人而不是代理人。人们普遍承认，代理机制不过是《民法典》第1165条的一种明显的例外情形，因为，在代理机制中，虽然是代理人替代被代理人订立合同，但自该合同订立之始，就已经赋予被代理人以合同当事人的资格。当然，要想做到这一点，代理应当是显名代理。

如果是隐名代理，也就是说，代理人，如行纪人（经纪人）、借名人，虽然是为他人的利益开展活动，但并未向合同相对人披露自己的代理人身份，那么他本身就被认为是缔约当事人，而被代理人、委托人，只有在代理人向他们转移（合同）利益（le bénéfice）时，才取得当事人的资格。

第一目　为他人之允诺

508. 为他人之允诺（la promesse pour autrui）无效

《民法典》第1119条规定："一般来说，任何人仅得以本人的名义、为本人订立契约、承诺义务。"由此产生的结果是：当A向B许诺由C向B提供这样或那样的给付时，C就不受此项允诺的约束。这里适用的仍然是合同的相对效力原则：合同不能产生由他人负担的义务。由于A仅仅是向B许诺由他人（C）来做某事，为某种给付，而A本人并不承担此种义务，他实际上没有任何义务，这样的许诺不能产生任何效力。

509. 担保第三人为特定给付之约款的有效性（validité de la clause de porte fort）

第1120条规定（参见附目第1204条）："但是，一人得出面担保第三人为特定行为（se porter fort）。如果第三人拒绝承诺义务，出面保证第三人为此给付或者允诺让第三人批准（追认）此项承诺的人，应负赔偿损失之责任。”[1] 这就是说，法律准许一方当事人向他的相对当事人作出保证——保证第三人为特定的行为（也有人译为“为他人作保”）。[2]

一当事人向他的相对当事人允诺，保证第三人为特定给付时，并没有因此就让第三人承担义务，该当事人只不过是向他自己的相对当事人作出保证、担保第三人将会承担义务，担保该第三人将会批准或追认他所许诺的行为。因此，是当事人本人向他自己的相对当事人做出此种担保、保证获准第三人承担义务，这就是说，第三人并不受当事人做出的此种允诺的约束。如果第三人拒绝追认或拒绝批准允诺人向其相对当事人所许诺的行为，许诺人就应当向他的相对当事人负赔偿责任，而且，唯有许诺人应负此种赔偿责任。[3]

---

[1]“保证第三人为特定行为之允诺”（法语原文为“promesse de porte-fort”）以及“担保第三人为特定行为”（原文为“se porter fort pour un tier”），其意思是指，一方当事人向自己的相对当事人保证第三人为特定的行为，或者保证第三人批准特定的行为。史尚宽先生在《债法总论》中将其称为“担保第三人为给付之契约”（第611页）。法国法律中许多概念区分很细，这里的“担保第三人为特定行为”与《民法典》第四卷第一编规定的“为担保债务履行而提供的担保”（garantie、surêtés、caution、cautionnement）是完全不同的概念。国内有人将“promesse de porte-fort”简单地译为“担保许诺”，很容易与《民法典》第2288条规定“债的担保”相混淆。担保人向其相对人做出允诺，保证第三人为特定行为或者承担特定义务，此种担保属于第三人负担契约，而《民法典》第2288条规定债的担保是指，“为某项债务作保证的人，在债务人本人不履行债务时，对债务人负履行该债务之责任”。——译者注

[2]J·布朗热：《论保证第三人为特定行为之允诺与涉他人合同》，《卡昂大学学位论文》，1933年（J·. Boulanger, *La promesse de porte-fort et les contrats pour autrui*, thèse Caen, 1933）；维利塞勒：《保证第三人为特定行为之允诺的过时性或现时性》（Vericel, Desuétude ou actualité de la promesse de porte-fort ? D. 1988, chron. 123）。

[3]《民法典》第1157条规定“一项条款有可能作两种解释时，宁取其可以产生某种效果的解释，而舍其不能产生任何效果的解释”。这是要求法官按照可以产生某种效果的意思来解释合同。因此，对于某人做出的许诺来说，假设法官不赋予其效果则该许诺便没有任何意义时，法官可以而且应当赋予该许诺以特定的价值，在这里，也就是可以赋予该许诺具有“担保第三人为特定行为”之许诺的价值（参见最高法院民事庭1928年12月28日判决，S. 1928. I. 273. H·Vialeton 述评，DP1930. I. 73. H·Lalou 述评）。（接下页）

乍一看来，一个人甘冒某种风险，（向他的相对当事人）保证第三人为特定行为，这种举动似乎有些令人费解。然而，实践中往往就有这样的情况：保证第三人为特定行为的人，往往对于实现其允诺的合同有着某种利益，因为，担保第三人为特定给付的人往往与第三人有着某种特别的关系，由于其所处的这种地位，他有利益去说服第三人同意（追认或批准）其向他人做出的允诺。下面举两个例子，就可以更好地理解这种担保的意义。

（1）两人之间正在进行一场诉讼，其中一人（在诉讼期间）去世，为了终止争议，该人的继承人中只有一人出面与对方诉讼当事人达成和解协议，与此同时，该继承人还向对方当事人许诺，他保证其他的继承人都会同意附和他所达成的这项和解协议。

（2）监护人打算出卖一处属于受监护的未成年人的不动产，按照《民法典》第 505 条的规定，[1] 这项买卖需经亲属会议批

（**接上页**）例如，赠与人在分割财产时进行赠与，但仅仅是简单声明自己同意以其女儿的名义接受所进行的分割。上诉法院作出的判决将这项声明解释为“担保第三人为特定行为”之许诺（赠与人担保其女儿将会认可这种分割——赠与），最高法院确认了上诉法院的这一判决。《民法典》第 1119 条禁止“为他人允诺”，因为该条文规定：“一般来说，任何人仅得以本人的名义、为本人承诺义务，订立契约。”这是原则，但法典第 1120 条在该一般规则之外规定：“一人得担保第三人为特定行为。”这样一来，凡是某人向相对人做出允诺，保证第三人为特定行为时，我们就应当推定该人是打算作为“担保第三人为特定行为”的允诺人。不过，《民法典》第 1162 条规定：“契约有疑义的情形，应作不利于订立条款的人而作有利于债务人的解释。”按照这一规定，上述看法就值得商榷了。由于“担保第三人为特定行为”之允诺对于做出这项允诺的人构成一种义务承担，因此，在没有明确条款规定此种许诺的情况下，法官至少应当认定许诺人有承担义务的肯定的意图（否则不能认定存在此种担保）。参见 Marty et Raynaud，N°276；最高法院第三民事庭 1978 年 3 月 7 日判决（D. 1979. IRp. 478）；最高法院商事庭 2001 年 7 月 17 日判决（CCC2001. N°170. Leveneur 述评）。

[1]《民法典》第 505 条：“监护人，非经亲属会议批准，或者在没有设置亲属会议的情况下，非经法官批准，不得以受保护人的名义实施财产处分行为。——为此给予的批准，应当确定各项具体条款，相应情况下，确定财产的价金或者如何制定价金。——如果是按照法院的判决或者经法官批准进行强制拍卖，或者在经法官批准，自愿协商买卖时，不再要求监护人事先申请批准。”

准，而亲属会议只有在进行相应调查的基础上，或者在听取两名有资质的专业人士的意见之后，才能（决定是否）批准这项不动产买卖。为了避免如此缓慢而又非常费钱的手续，监护人通过（与买受人）自愿协商，直接将该财产卖出，同时向买受人允诺，他保证受监护的未成年人在到达成年年龄时会对这项买卖给予追认或批准。

如果在上述第一个例子中的共同共有人（coindivisaires），也就是其他继承人，在第二个例子中的未成年人，（到时）拒绝批准做出上述保证的人所许诺的行为，那么，该保证人所做的许诺就失去效力，而保证人则应当对此承担责任。

但是，需要强调的是，在“担保第三人为特定行为”这一概念中所说的“担保”与“保证合同”（contrat de cautionnement）不是一回事，两者不要混淆；也不要将“担保第三人为特定行为”与仅仅是许诺或答应“尽力而为”（promesse de bon office）混为一谈，因为，（人们在日常生活中往常会就他们托付的事情）答应“尽力而为”，这种允诺仅仅是许诺尽力协助、尽力斡旋、尽力促成某事。当某人答应或许诺他将尽力协助或者尽力促成某事时，仅仅是承诺他会运用自己的权限和能力等一切手段，以获准第三人同意承担某项事务或某种义务，而在担保第三人为特定行为中，做出此种许诺的人所要担保的恰恰是第三人将会承担义务；换句话说，答应尽力协助或尽力促成某事，这种许诺的目的仅仅是履行一项方法性义务（obligation de moyen），而担保第三人为特定行为则是一项必须实现的结果性义务（obligation de résultat），只要没有达到第三人实际实施许诺的行为这项结果，担保人即应承担责任；[1] 至于人们所熟悉的“保证”（le cautionnement）完全是另外一回事：保证人（la caution）承担的义务是在债务人不履行债务时，由其替代债务人履

[1]最高法院第三民事庭，1978年3月7日（Bull. civ. III. N°108. p. 84）。

行受其担保的债务。担保第三人为特定行为则是要让第三人承担特定的义务，但并不意味着该第三人必定同意承担和履行此项义务。[1]

实践中，丝毫不禁止某一个人“担保债务人履行一项已经完全成立的债务”，而不是仅仅担保第三人追认或批准某项目前尚不完善的行为。前一种情况并不是传统意义上的典型的“担保第三人追认特定行为”，而是担保第三人履行某项债务，我们称其为“担保履行之许诺”——（promesse de se porter fort de l'exéctuion），传统意义上的担保第三人追认特定行为则称为“担保追认之许诺”（担保批准之许诺，promesse de se porter fort de la ratification）。《民法典》第1120条的条文表述使用的术语是“fait”（行为），指的是“担保第三人行为或作为”[2]，因此（按照这一条文的用语），准许人们担保第三人履行已经完全成立的某项债务。[3] 如果第三人拒绝承诺此种履行义务，做出这项保证许诺的人，应当对债权人负赔偿之责任。但是，保证第三人履行债务的人，并不像（为债务提供担保的）“保证人”那样在债务人不履行债务的情况下需要替代债务人对受担保的债务负清偿义务，担保履行的许诺人负担的义务属于赔偿性质，他所提供的担保属于赔偿性担保（suretés indemni-

[1]最高法院商事庭，1986年7月22日（RTD civ. 1987. 306. J・Mestre 述评）；Ph・杜皮朔：《论担保法上个人意思表示的力量》，《巴黎二大学位论文》，2003年（Ph・Dupichot, *Le pouvoir des volontés individuelles en droit des sûretés*, thèse Paris II, 2003, p. 326 et s, N° 421 et s.）；最高法院第一民事庭，2005年1月25日（CCC2005. N°81. Leveneur 述评）。

[2]森勒尔与德勒贝克：《担保，不动产公示制度》（Simler et Delebecque, *Les sûretés, la publicité foncière*, N° 334 et s）；最高法院商事庭，2005年12月13日（DF. 2006. 298. JCP2006. II. 10021. Simler 述评，Defrénois 2006. 414. Savaux 述评）。

[3]因为，我们可以这样理解：“行为”不仅包括“追认”、“批准”，而且也可以包括“履行”。这就是说，法国法律中的“担保第三人为特定行为之约款”包括两种情形：担保第三人批准或追认特定行为，担保第三人履行特定债务。——译者注

taires)。不过，我们在本书中只讨论担保第三人追认或批准特定行为的效力，而不讨论“担保履行债务之许诺”的问题。

510. “担保第三人为特定行为之约款”的效力（effets de la clause de porte-fort）

（1）这种约款对于担保许诺人的效力：这一约款强制做出担保允诺的人必须获得第三人批准或追认其许诺的义务，否则，应承担责任。[1] 这样一来，就有可能出现以下两种情况：

第一种情况：第三人不同意承担担保允诺人对其相对方当事人

[1] 担保第三人为特定行为的人是向自己的相对人许诺第三人为特定行为，承诺让第三人实施特定行为（最高法院第三民事庭，1978 年 3 月 7 日）。由于许诺人所做的许诺是在没有事先得到第三人同意的情况下订立的合同，因此，第三人只有在同意承担许诺人所订立的此种义务时，才会因该合同而承担责任（最高法院商事庭，1994 年 1 月 25 日）。配偶一方出卖家庭住房，并向买受人保证他的配偶一定会同意这项买卖行为，如果此后没有参与此项买卖行为的配偶一方不同意追认或批准这项买卖，在此情况下，该项买卖行为整体无效（最高法院第一民事庭，1989 年 10 月 11 日）。妻子为其本人的利益出卖夫妻共有的营业资产，并（向买受人）保证其丈夫一定会批准此项买卖，但是丈夫拒绝在最后文书上签字，上诉法院判处妻子一方向购买人赔偿。这一判决没有受到最高法院的批评。向最高法院提起的上诉指出，妻子一方没有此种权力，但是，上诉法院判决的依据并不是“妻子一方未经丈夫同意不得处分该营业资产”，而是“此项买卖由于未能获得丈夫的同意批准而不能实现”，妻子的责任在于没有履行其作出担保第三人为特定行为的许诺（而不是未经同意处分共同财产）。在没有得到第三人批准的情况下，担保第三人为特定行为的人本人不能解除对其所做许诺的受益人的义务（最高法院第一民事庭，2000 年 4 月 18 日）。在担保人所做的许诺没有得到第三人批准的情况下，在确定担保人应负的损害赔偿数额时，适用《民法典》第 1149 条之规定（受到的损失与丧失的利益）（最高法院社会庭，1957 年 4 月 9 日）。出面作出担保的许诺人没有履行所做的许诺，只能以对其判处损害赔偿实行制裁（最高法院第一民事庭，1975 年 11 月 26 日）。第三人对担保其为特定行为的人所做的许诺给予批准，是一种单方行为，因此，不需要该项担保许诺的受益人参与其中。担保第三人为特定行为的人所做的许诺一旦获得第三人的追认或批准，即产生效果并解除许诺人本人的义务（最高法院第三民事庭，1979 年 3 月 3 日）。第三人对担保其为特定行为的人所订立的合同给予追认、批准，具有追溯效力，其效力追溯至得到批准的行为缔结之日，第三人应履行的义务也追溯至担保人作出许诺之日，因此，《民法典》第 1676 条规定的 2 年期间也应从该日开始计算（最高法院第一民事庭，1964 年 7 月 8 日）。

所许诺的义务。于此情形，由于担保允诺人没有履行或不能兑现其义务，应当对这项许诺的受益人承担责任，[1] 给予损害赔偿。[2] 需要区分的是，如果许诺人仅仅是许诺或答应他将“尽力而为”、“尽力促成”、“尽力撮合”，那么，（受益人）不仅需要证明第三人不同意承担义务，而且要证明许诺人没有尽到审慎的勤勉努力，许诺人才会承担责任。

第二种情况：第三人同意承担义务。由于担保许诺人履行或兑现了自己的义务，因此也就不再有任何责任。此种情况也不同于债务担保的保证人（la caution）的情况。如果第三人在同意承担义务之后又不履行他已承担的义务，担保第三人为特定行为的许诺人（le porte-fort）同样不负责任（因为至第三人同意承担义务之时许诺人的义务即告完成）。不过，保证第三人为特定行为的人不仅可以明示或者默示保证第三人同意承诺义务，而且可以保证第三人履行义务（参见第 509 节）。[3]

（2）这种约款对于第三人的效力：虽然许诺人担保第三人为特定行为，但第三人此时并没有做出任何义务承诺，担保第三人为特定行为的许诺人并不是向自己的相对当事人许诺“他人行为”，而是许诺“自己行为”，只不过他所承担的“自己作为”的义务仅仅是“保证他人会同意其做出的许诺”，只有在第三人不同意承担许诺人希望其承担的义务时，担保第三人为特定行为的许诺人才会承

[1]为此，没有必要证明担保许诺人有过错，只要没有达到其许诺的结果，担保许诺人即应承担责任。参见巴黎法院 1998 年 6 月 19 日判决（Bull. civ. 1998. 1952. RTD civ. 1999. 100. Mestre 述评）。

[2]当然，以此种保证许诺的受益人受到了损失为前提条件。最高法院社会庭，1957 年 12 月 9 日（D. 1957. 355）；最高法院商事庭，1980 年 1 月 14 日（Bull. civ. 1V. N°16. p. 13. JCP1980. IV. p. 122）；最高法院第一民事庭，1964 年 10 月 7 日（Bull. civ. I. N° 1 \ 433. p. 335. RTD civ. 1965. 808. J · Chevalier 述评）。

[3]如果在这种情况下，第三人不履行义务，许诺人仍然要承担责任，因为他不仅仅是担保第三人承担义务，而且还担保第三人履行义务。——译者注

担责任。[1] 因此，这种情况并不违反“任何人都不能用第三人并未同意的合同使该第三人成为债务人”之规则。

第三人虽然有同意承担义务或者拒绝承担义务的自由，但他的这种自由也受到某些限制。首先，在通常情况下，第三人往往都将不得不批准许诺人所做的许诺或保证，因为，做出此种保证许诺的人往往是第三人的亲属，如果后者拒绝许诺人对相对当事人所做的许诺，保证许诺人就要承担责任，面对这种局面，第三人往往都会犹豫，因此很难拒绝同意承担许诺人已经对相对人所许诺或答应的义务。第二，如果第三人是保证许诺人的继承人，他将来会继承保证许诺人的遗产，那么，从法律上看，其享有的自由也不是完全的自由。因为，第三人，作为继承人，虽然原则上有权以此名义对被继承人所做的许诺不予追认、不予批准，但他如果这样做，到头来还是要承受应当由被继承人承担的赔偿义务（所产生的后果）。[2] 此外，还有必要考虑的是，除了因所做的保证许诺所产生的义务之外，保证许诺人还可能负有其他义务，特别是可能负有（对其他债务的）“担保义务”（obligation de garantie），而这种担保义务也会转移给继承人。例如，如果做出保证许诺的人是某项财产的共有人，在其将该共有财产全部卖出时，就会因此而对买受人承担“担保其卖出的财产不受追夺的不可分的债务”。[3]

---

[1]最高法院商事庭，1994 年 1 月 25 日（Bull. civ. IV. N°4. p. 26. D. 1994. somm. com，p. 211. Delebecque 述评）。由此引起的结果主要是：在第三人可能给予批准、进行追认之前的时间里，或者在没有给予批准、追认的情况下，唯有保证许诺人有资格请求解除买卖合同，参见最高法院第三民事庭 1976 年 5 月 25 日判决（Bull. civ. III. N°229. p. 177）。

[2]最高法院诉状审理庭，1879 年 7 月 22 日（S. 80. I. 20）；最高法院诉状审理庭，1935 年 3 月 5 日（S. 1935. I. 150）；最高法院第一民事庭，1975 年 11 月 26 日（D. 1976. 353. G · Larroumet 述评，RTD civ. 1976. 575. G · Cornu 述评，1977. 117）；里昂法院，1980 年 3 月 11 日（D. 1981. 617. Peyrard 述评）。

[3]最高法院民事庭，1859 年 6 月 23 日（DP. 59. I299）；前引最高法院民事庭 1926 年 12 月 28 日判决；波尔多法院，1948 年 2 月 11 日（JCP1948. II. 4092. Hubrecht 述评）；雷恩法院，1950 年 3 月 20 日（S. 1950. 2. 121. G · Lagarde 述评）。

当第三人对保证许诺人所做的许诺明示或默示给以追认或批准时，[1] 最高法院认为，这种追认或批准是一项单方行为，不要求此种许诺的受益人参与其中，[2] 而且追认行为或批准行为的效力追溯至得到批准的行为成立之日，因此，第三人自此行为之日开始即受到义务的约束。[3] 第三人通过追认、批准保证许诺人此前所做的许诺，溯及既往地取代保证许诺人。这样处理，使此前与保证许诺人订立契约的人的权利产生的时间向前推移，从而在法律上确保了在此期间内与该人订立新的契约的人的权利安全，从这一角度来看，这样的处理与合同的相对效力原则仅仅能够“不完善的协调”起来。[4]

第二目　为他人之约款

511. 概述

一方当事人在其订立的合同中，为合同之外的第三人的利益，获准相对当事人承担向该第三人给付某物或者做成某事的义务，第三人在并不成为合同当事人的情况下成为债权人（参见附目第 1205 条），此种情形，即成立“为他人之约款”（la stipulation pour autrui，也译为“为他人利益订立合同条款”）。在合同中主动订立此种约款的人称为订约人（stipulant，也称受约人），合同的相对当事人称为诺约人（promettant，也称允诺人或约定人），第三人则是受

---

[1] 最高法院民事庭，1905 年 10 月 24 日（DP1906. I. 153）；最高法院商事庭，1986 年 7 月 22 日。

[2] 最高法院第三民事庭，1979 年 3 月 7 日（D. 1979. IRp. 395）。

[3] 最高法院民事庭，1896 年 1 月 22 日（DP. 97. I. 476）；最高法院第一民事庭，1957 年 1 月 30 日（D. 1957. 182. RTD civ. 1957. 682。H et L・Mazeaud 述评）；最高法院第一民事庭，1964 年 7 月 8 日（D. 1964. 560）；最高法院第三民事庭，1971 年 12 月 2 日（D. 1972. somm. 86）。

[4] J・Carbonnier，t. 4. N°124.

益人（bénéficiaire）。[1]

例如，投保人在其与保险公司订立的人寿保险合同中订立条款，约定按年缴纳保费，在其死亡情况下，保险公司向其遗孀或子女支付保险金，这些人便是该人寿保险合同的受益人，投保人则是订约人，保险公司是诺约人。投保人订立人寿保险合同，是以其本人的名义，为他人受益订立合同条款；又例如，A 向 B 赠与财产并且在赠与合同中订立条款规定，由 B 向 C 给付终身定期金，[2] A 同样是为他人受益订立合同条款。

乍看起来，订约人似乎是受益第三人的代理人。然而，在这里，订约人却是以他本人的名义订立合同，而不是以受益第三人的代理人的名义订立合同。从这一角度来看，为他人之约款与委托代理之间有着很大区别。更具体地说，为第三人利益订立合同条款的人是由其本人订立合同但却是使他人受益，无须事先得到受益第三人的授权。由此也就提出了一个问题："这样的合同能否产生利益

[1]在法国债法里，"stipulation pour autrui" 属于"涉他契约"之一种。依此合同，一方当事人与相对当事人订立合同或约款规定为第三人的获益，做出给与、作为或者不作为的义务承诺。合同的双方当事人分别称为订约人（stipulant，也称"受约人"，台湾民法称其为"要约人"）与诺约人（promettant，也称"允诺人"或"约定人"，台湾民法称其为债务人），第三人则为受益人（bénéficiaire）。对前项契约或约款，第三人无须表示同意，便成为债权人。人们通常将"la stipulation pour autrui" 这一术语翻译成"为他人利益订立合同"或者"为他人之契约"，严格地说，在法国债法里，"la stipulation pour autrui" 是指"在订立的合同中为他人受益而订立某种条款"，而不是订立合同本身。本章第二节的标题是"contrat pour autrui"，才是"为他人之合同"的真正概念，即"涉他合同"，也就是说，"la stipulation pour autrui" 与"contrat pour autrui" 并不完全等同，因为各自涵盖的层面并不完全重叠，正如本书第 525 节里所说，"订约人与诺约人双方受到一项合同的约束，而为他人利益之约款就订立在这项合同当中"，这也清楚说明，为他人利益之合同与合同中为他人利益订立相关条款，两者还是有差别的。——译者注

[2]每年给付确定数额的款项，直至受益人死亡之日，这种也是一种通过转让某项实物财产，取得固定收入，以财产养老的办法。随着享有年金的债权人的寿命长短，终身年金合同具有一定的射幸性质。——译者注

于他人的效力?”也就是说，享有约定条款之利益的受益人能否取得针对诺约人的诉权，以请求履行为其利益而约定的给付?

《民法典》第1119条规定：“一般来说，任何人仅得以本人的名义、为本人承诺义务，订立契约。”因此，为他人之约款，或者说，为他人利益订立合同条款，原则上，受到法国《民法典》的禁止，法典第1121条仅仅承认在特殊情况下为他人利益订立约款的有效性，[1] 而且该条文对于“为他人之约款”的条件和效力并没有作出十分明确的规定。19世纪期间，为他人之约款在实践中开始占据很重要的地位。这也是法国法逐渐发生演变以及法院判例在这种演变中起到重要作用的一个最为典型的例子。[2]

512. 本节内容划分

在这一节里我们将首先简单地回顾这一问题的历史演变过程，从中可以看到在现代法律中为他人利益订立约款的自由以及这种约款的效力（一）；然后，我们再介绍为他人之约款的机制与效力（二）；最后再介绍与受益第三人人身相关的困难（三）。

---

[1]我们从这里也可以看到“为他人利益订立合同”与“为他人利益订立合同条款”两者之间的区别，如果把代理人特别是行纪人从事的活动认为是一种“为他人利益订立合同”的活动，那么这种活动就不会在原则上受到《民法典》的禁止。——译者注

[2]E·朗贝尔：《论利益于第三人的合同》（E·Lambert, Contrat en faveur des tiers, thèse, thèseParis 1893年）；尚波：《论为他人利益订立合同条款》，《巴黎大学学位论文》，1893年（Champeau, La stipulation pour autrui, thèse Paris 1893年）；G·弗拉特：《为他人利益订立的合同》（G·Flattet, Les contrats pour le compte d'autrui, thèse Paris 1950. N°106）；C·拉卢梅：《论三方个人之间的法律性质的活动》，《波尔多大学学位论文》，1968年（C·Larroumet, Les opérations juridiques à trois personnes, thèse ronéot, thèse ronéot. Bordeuax 1968. N°146）；J·弗朗索瓦：《论给与性质的三角法律活动，为他人利益订立约款和债权委托》，《巴黎二大学位论文》，1994年（J·François, Les opérations juridiques triangulaires attributives, stipulation pour autrui, délégation de créance, thèse dactyl. Paris II, 1994）。

一、历史的演变

513. 罗马法

古罗马法不承认“为他人利益订立约款”，它严格遵循的是合同效力人格化或个人化（personnalité，合同效力的属人性质）的思想：任何人都不能通过不受其支配的人而取得某项权利（per extraneam personam），任何人都不得为他人订立约款（alteri stipulari nemo potest）。[1] 由此产生的结果是，一人订立的合同不能使他人取得诉权，由缔约当事人一方为第三人利益做出的义务承诺完全没有效力，也就是说，缔约当事人为第三人利益做出的承诺不仅不能产生利益于第三人的权利，而且也不能为订立此种条款的人（订约人）设定权利，因为，订约人被视为没有任何利益需要向他人提供给付。

然而，任何人都不得为他人订立约款是一条非常碍事的规则。如果严格实行这一规则，出卖人甚至不能与买受人约定让买受人将价金支付给某个第三人，例如，将价金支付给出卖人的某个债权人或另一人——因为出卖人打算用这笔价金清偿其对自己的债权人所负的债务，或者打算通过这种方法将价金赠与另一人。鉴于这种情况，罗马法在此前时期就对这一规则做出了某些调整：最先是人们的实践，之后是帝国基本法（les constitutions impériales）对此做出的缓和处理，后来则规定了若干例外情形。

一开始，罗马法首先关注的是设置一种有利于“为他人订立约款的”订约人的诉权，以便订约人能够强制诺约人履行利益于受益第三人的义务。为此使用的方法就是“违约金约款”（stipulatio

---

[1] 最初，按照这种观念，甚至排除有关代理的思想；因为那时的人们认为，很难设想可以产生利益于并未出现在合同当中的人的诉权。

poenae，clause pénale）。订约人可以约定，如果诺约人不对第三人履行合同，就需向订约人支付一定数额的款项（poena，违约金）。这样一来，订约人就有了一种强制诺约人履行义务的间接方法，因为诺约人受到支付违约金的威胁。但是，第三人本人仍然没有任何属于自己的权利，没有任何诉权可以准许第三人要求诺约人履行利益于他的义务承诺。

此外，为了便于进行支付，人们在实践中想出了一个办法：在约款中指明诺约人可以：或者向订约人本人进行支付或清偿，或者向指定的第三人进行支付或清偿。这就是所谓“对我承诺，还是对第三人承诺”（spondesne mihi aut titio）？这样，就可以准许第三人受领向其进行的支付或清偿，而不是诉请债务人进行支付或清偿（adjectus solutionis gratia）。不过，这种做法仍然只是一种缓和处理，仍然不构成“禁止为他人订立约款”之规则的例外。

罗马帝国后期，法律在以下两种情况下最终给予了第三人以诉权。这才构成“禁止为他人订立约款”这一规则的真正例外。可以给予第三人诉权的这两种情况分别是：为受益第三人的利益约定的附条件的赠与（donation sub modo），也就是说，当赠与人在向受赠人进行的赠与中附有约定的负担（charge stipulé）时，准许受益第三人对受赠与人请求履行此项约款规定的负担；[1] 随后，法律承认奁产（嫁妆、嫁资，妆奁不属于一般的财产）赠与人可以订立约款规定，（在将来）为了让第三人受益而返还奁产，如将财产转给奁产赠与人的孙子女，这样，第三人就可以获得对（奁产受赠人的）丈夫的诉权。[2] 到后来，这种做法的适用范围扩大至寄托（dépôt）与无偿借用（commodat）之情形：在这些合同当中，可以订立条款规定受

[1]Diocletien（戴克里先）286. et C. J. VIII. 54. De Donat，quae sub modo. c. 3.

[2]Paul. DXXIV. 3. Splut. matr. 45. C. J. I. 14. 7.

寄托人或无偿借用人向第三人返还寄托的或者借用的财产。[1]

514. 法国旧法

法国旧法时期继续维持着“禁止为他人利益订立约款”之规则，原因是，旧法时代的人们认定，订约人没有任何利益履行其为他人利益订立的合同。[2]

但是，由于这一传统规则不仅无法满足法律生活的实践需要，而且还会带来诸多障碍，因此，法国旧法时代的学者们已经主张应当扩大该项规则所包含的例外情形。

于是，罗马法采用的违约金条款方法得到保留。波迪耶（Pothier）曾举过一个例子：“如果你在某个时间之后不将在 Maermann 发现的埋藏物赠送给雅克，你就得向我支付 10 个皮斯托尔（法国古币的名称，约为 10 个利弗尔），作为在我们共同进行的这场交易中我应得的一份额。”[3]

另一方面，人们发展了破产债务分配受领人（第三人受领清偿）及附条件的赠与（adjectus solutionis gratia，et de la donatio sub modo，有负担的赠与）制度，由此，以前那种完全拒绝承认第三人享有受领清偿之诉权的做法被看成纯属钻牛角尖而被排除，并且承

[1]在所有“禁止为他人订立约款”之规则的例外情形当中，第三人均享有一种“扩用诉权”（actio utilis，扩用诉讼），而不是直接诉权；这意味着，与一般原则不同，诉权之所以得到承认，是出于实践用途方面的考虑，不过，扩用诉权与直接诉权有相像之处。

[2]参见波迪耶：《债法》，第 54 节（Pothier，Obligations，N° 54，éd. Bugnet，t. II，p. 32）：作者在阐述法律格言“任何人都不得为他人订立约款”（Alteri stipulari nemo potest）时说过：“这样的约款既不能强制你对第三人承担义务——因为合同只能在缔约当事人之间产生效力，也不能强制你对我承担义务——因为，我为第三人订立的约款对你规定的所为之事，对于我本人来说，没有任何可以用金钱代价来评判的利益。你违反你的许诺，并不引起你对我的任何损害赔偿，因此，你尽可以违反你的许诺，而不会受到任何处罚。”

[3]波迪耶：《债法》，第 70 节。

认第三人有资格受领向其进行的清偿。自 16 世纪开始，第三人对诺约人的诉权便得到了承认。[1]

有一些意大利注释派法学家，其中主要有巴尔托勒（Bartole），将罗马帝国法律承认的、对附条件的赠与所做的特别处理普遍推广开来。第三人得到承认的诉权的依据即是受赠人受领的赠与。这些学者认为，只要为他人订立约款是作为一方当事人向另一方当事人所为之给付或者允诺之给付的从属利益，即使是有偿的给付，均应扩张适用同样的处理。这一制度在 16 世纪得到普遍适用，而且成为法国旧法的既定制度。[2]

自此以后，凡属第三人通过为其受益而订立的约款取得某项权利的情况——这种情况为数很多，均无须其本人亲自参与订立约款，即可唯一基于订约人与诺约人之间订立的合同所产生的效力，直接取得这项权利。在这里，唯一存有争议的问题是，第三人由此取得的权利是否可以被撤销？[3]

最后，只要从当事人之间进行的契约活动中可以找到相当稳固的基础，为他人利益订立约款就会被承认有效。例如，只要是一方当事人向另一方当事人进行赠与或者做出允诺，就被认为其中存在这样的稳固基础。这样一来，法律格言“任何人都不得为他人订立约款”（Alteri stipulari nemo potest，也译为“不论何人均不得为他人为约定”）这样一条规则也就不再有它的实际意义。到此时为止，只有在一种情形下，所订立的约款仍然被认为没有效力：没有任何一方当事人向他方当事人做出任何许诺或者进行任何赠与，孤立状态下为他人利益订立约款没有效力。

---

[1] 莎朗达：《法国法概论》，第 10 卷（Charandas，Répertoire du droit français，Livre X，rép. 46）。

[2] 波迪耶：《债法》，第 71 节（Pothier，Obligations，N° 71 s）。

[3] 波迪耶：《债法》，第 73 节（Pothier，Obligations，N° 73）。

515.《民法典》的规定

法国《民法典》从“任何人都不得为他人订立约款”这一规则出发，在第1119条中明确规定：“一般来说，任何人仅得以本人的名义、为本人订立契约、承诺义务。”不过，与此同时，法典也例外地承认以下两种情况为他人利益订立约款有效。这就是第1121条所做的规定：“在为第三人利益订立契约是为本人订立契约的条件或者是向他人赠与财产的条件时，亦可为第三人利益订立契约；如果第三人表明愿意享有该契约之利益，订立契约的人不得取消之。”从这一条文的文字表述中，我们清楚地看到“为他人利益订立约款有效”的两种例外情形分别是：

（1）当为第三人利益订立约款是为自己订立契约的条件时；

（2）当为第三人利益订立约款是向另一人进行财产赠与的条件时；这就是传统上所说的“附条件的赠与”（donation，sub modo）。[1]

法国经典学说的学者们传统上都主张对第一种情况应当进行限制性解释，将其限制为“订约人是既为自己也为他人同时订立约款”的情况，[2] 例如，出卖人订立条款规定买受人将部分价金支付给他自己，另一部分支付给其他人，或者规定买受人将全部价金直接支付给出卖人的某一债权人，用于偿还出卖人本人的债务。

这种限制性解释导致的结果是，与旧法时代的学者们所持的主张相比，准许适用为他人利益订立约款的范围反而更加受到限制。不过，如果我们考虑一下《民法典》第1973条第1款的规定，就会看到这种限制性解释并不具有强制性。因为该条款规定：“终身

[1]有必要注意的是，这里的“条件”一语使用得并不准确，它实际上指的是“负担”（charges），因此是“有负担的赠与”。

[2]也就是说，也有学者认为，只有同时既为自己也为他人订立约款，为第三人利益订立约款才能有效。——译者注

定期金得为第三人的利益设立，即使设立定期金的代价是由另一人提供”，而且我们可以这样来理解《民法典》第 1121 条中使用的“为自己订约”这一表述，“为自己订约”就是订立那种“与订约人有利益关系的契约”，这两者应作同义语来看待。这样一来，我们就可以认为：只要订立的契约对订约人具有某种利益，为他人利益订立约款均有效。这是一种完全符合实践需要的广义理解，也是法院判例对《民法典》第 1121 条所确认的第一种例外情形作出的解释。

516. 法院判例的扩张解释

出于实践上的必要性，并且在此种必要性的推动下，法院判例对《民法典》第 1121 条表述的两种例外情形作出了扩张解释。这样做的目的主要是确认人寿保险合同的有效性。人寿保险(assurance sur la vie)[1] 主要是对投保人死亡情况的保险：投保人自己缴纳保险费，在投保人死亡时由保险公司向某个或者某些已经指定的或尚待指定的人支付一笔保险金。投保人的角色是订约人，保险人则是诺约人，而在合同中指定的或尚待指定的（第三）人就是受益人。然而，由于人寿保险合同并不属于《民法典》第 1121 条规定的两种例外情形的范围，因此，需由法院判例作出扩张解释将此情形纳入其中。投保人缴纳保费，并不是向保险公司进行赠与，从投保人方面来看，他之所有参加保险，根本就没有向保险公司进行赠与的任何意图，此外，投保人订立保险合同也根本不是

[1] 人寿保险合同是一种为他人利益订立约款的合同，但却不在《民法典》第 1121 条确认的“例外情形”之内，通过司法解释，承认人寿保险合同作为为他人利益订立约款的有效性。人寿保险仅仅是人身保险的一种，是人身保险中最基本的险种。人身保险包括人寿保险、意外伤害保险和健康保险三部分。人寿保险则是以被保险人在一定期间内死亡或生存为给付条件的保险，可分为生存保险、死亡保险和两全保险。通常所称的人寿保险往往是指死亡保险（合同）。——译者注

“为自己订立契约”,因此也不具备上述第 1121 条所表述的两项条件。这是因为只有在投保人死亡的情况下保险公司才会向保险受益人支付保险金；然而，从社会的角度来看，对死亡情况的保险（assurance en cas de décès，死亡保险）却是非常有用的。为此，法院判例通过对《民法典》第 1121 条规定的例外情形作出扩张解释，承认死亡保险合同中为他人受益而订立约款的有效性。因为：

一方面，如果说法律承认在“为他人订立约款”是作为“对诺约人规定的无偿给付的条件”时该约款有效，那么，为什么不能承认这种给付（例如，保险金的给付）也可以是有偿的给付呢?[1] 基于此，各法院都将在无偿给付方面得到确定的规则扩展适用于所有的给付。订约人向诺约人缴纳保险金，就属于这种情况。[2]

另一方面，法律之所以承认订约人在为自己缔结契约的同时为他人利益订立约款的有效性，是因为它认为，在这种情况下订约人在其进行的这种契约活动中有着某种利益。于是，人们也就承认，“只要（订约人）有任何一种利益”，即使仅仅是精神利益，便都可以为第三人利益订立约款，并且这样的条款有效。正因如此，在有负担的赠与的范围内，订约人的道德利益或者精神利益完全可以作为此种约款有效性的依据。最高法院诉状审理庭早在 1888 年 4 月 30 日的判决中就确认：如果订约人有直接的、现时的利益为他人利益订立契约，即使纯粹是精神上的利益，即可在为自

[1]《民法典》条文的文字表述，如同罗马法所做的那样，仅仅明文提及赠与（参见第 513 节），而正如我们看到的那样，法国旧法则承认“从属于任何赠与而为他人利益订立的条款”均有效。看来，《民法典》的制定者并没有切切实实地照搬罗马法的规定。波迪耶，作为倡导者，在这方面也仅仅提到赠与作为例子（《债法》第 71 节与第 72 节）。《民法典》的制定者参照了波迪耶阐述观点，但似乎并没有发现他们引入了相对于旧法来说更多的限制（参见 J · Mazeaud：t. II. par F · Chabas. N°781）。

[2]最高法院民事庭，1850 年 7 月 1 日（DP. 50. I. 222）。

己订立契约的同时为第三人利益订立约款。从《民法典》规定的可以"适用为他人利益订立约款"的另一种情况来看，同样也是如此。对于订立死亡保险合同而言，被保险人就有着明显的道德利益：被保险人订立人寿保险合同，是出于帮助、接济受益人，或者是出于家庭情感，或者是基于认领非婚生子女，因而指定特定的人作为保险受益人，这样做都是基于明显的道德利益。[1]

此外，即使有人认为，除了考虑订约人个人的金钱利益以外就应当拒绝考虑其他利益作为为他人利益缔结约款的依据，但我们仍然可以认为，《民法典》第1121条的条文本身不言而喻地意味着"在为他人利益缔结约款的所有场合，都存在这样的（金钱）利益"，因为该条文在指明"为他人利益缔结约款有效"的那些情况之后，紧接着还规定："如果第三人表明愿意享有该契约之利益，订立契约的人不得取消之。"反过来也就是说，只要受益人没有声明其愿意享有此种约款规定的利益，就可以准许订约人取消原已约定的条款。而订约人取消已订立的约款，就是将此种约款规定的利益收归自己，并且这是所有的保险单都承认的权利，尤其是得到"为第三人利益参加人寿保险"的保险单都确认的（选择）权利；有了这种权利，在有需要时，就足以成立订约人本人的利益；而按照第1121条的规定，只要有了这种利益，"为他人利益缔结约款"就具备了充分的有效性条件。[2] 最后，即使没有任何利益，仍然还有一种可以使他人之约款产生效力的方法：只要为此种约款规定一项违约金条款即可，许诺人在不履行其对第三人的许诺的情况下就应向订约人支付一定的违约金。

总而言之，到如今，"任何人都不得为他人订立约款"（Altcri

[1]最高法院民事庭，1888年7月1日（DP 88.1.77，S.88.1.121，T.C，Grands arrêts，t.2，N° 171）。

[2]Julliot de la Morandiere. t. II. N°977.

stipulari nemo potest）这样一条规则几乎荡然无存，“为他人利益订立约款”的活动事实上始终都是有效的。然而，《民法典》第 1119 条却在继续宣称“为他人利益订立约款”的活动原则上没有效力。这方面多亏了法院判例所作的（扩张）解释，第 1121 条所确认的例外情形的范围已经变得非常广泛，以至于例外变成了规则。因此，第 1119 条宣告的“任何人都不得为他人订立约款”这项原则也就不再构成一项真正的原则，而原则上确认为他人利益订立合同约款的有效性，则更加符合法国制定法的现状。

517 为他人之约款的证据，默示的为他人之约款

合同的双方当事人应当有为他人利益缔结约款的意思。是否存在这种意思，应当按照有关合同解释以及合同证据的规则予以证明。这是一个要由法官自主裁量的事实问题。当双方当事人在所订的合同中明文规定债务人（诺约人）承担利益于第三人的某种义务时，当然可以认定存在为他人利益订立约款的意思，而在这种情况下，做出这样的认定原则上是不会有任何困难的。

但是，合同双方当事人的意思也可能是默示的意思。[1] 如同法院判例主要是为了更好地确保自然人的人身安全（参见第 454 节）而承认在某些特定合同中存在默示的条款（如航空人员运输合同）并由此“增加一方当事人对他方当事人承担的义务”一样，最高法院的很多判决也都承认，在特定情况下存在“默示的为他人利益之约款”。这样做的目的，同样是更好地确保人身安全，由此，也就扩大了某些合同可以为之带来利益的第三人的范围。

例如，法院判例承认，当乘客在乘车途中发生事故时，不仅乘

[1] 最高法院第一民事庭，1989 年 6 月 14 日（Bull. civ. I. N° 243. p. 162. RTD civ. 1990. p. 71. Mestre 述评）。

客本人被视为已经约定“承运人应当对其负担保障安全之义务”，而且：(1) 乘客的继承人可以按照《民法典》第 1122 条的规定继承损害赔偿之债权。这样做，只不过是适用有关继承效力的一般原则而已。(2) 在乘客因（交通）事故死亡的情况下，乘客本人可能负有法定的扶养或救助责任的人也享有他们自己的权利，可以就乘客的死亡给他们造成的物质的或精神的损失请求损害赔偿，这就是说，乘客被视为原已默示为这些人的利益订立了约款。[1] 与此相反，因事故受到损害的间接受害人，由于不具备作为死亡的亲属的继受人的资格，因此不能以“旅行合同”的名义享有默示的为他人之约款的利益。[2] 我们注意到，在铁路运输或有轨车辆运输方面，这种处理仍然保持着它的完全价值，而对于其他机动车辆的人员运输合同，则适用 1985 年 7 月 5 日法律设置的有关责任的特别制度。

518. 实际适用

在当代，为他人利益订立约款，除死亡保险合同以及原来的适用范围（有负担的赠与、向第三人支付部分价金的买卖）之外，其他的适用情况也非常多，[3] 我们仅举其中一些例子：

——物的所有权人缔结的保险合同，不仅是为其本人的利益，而且也是为继其之后取得该物的所有权人的利益，例如，就运

[1] 最高法院民事庭，1932 年 12 月 6 日（DP. 933. 1. 137. Josserand 述评。S. 1934. 181. p. Esmein 述评）；最高法院民事庭，1933 年 5 月 4 日（D. 1933. I. 137，Josserand 述评）；最高法院民事庭，1959 年 1 月 23 日（D. 1959. 281. R · Rodière 述评；S. 1959. 103）。

[2] 最高法院第一民事庭，2003 年 10 月 28 日（D. 2004. p. 233. Ph · Delebecque 述评，CCC2004. N°1. Leveneur 述评；RTD civ. 2004. p. 496. Jourdain 述评）。

[3] M · 郑祖：《为他人利益订立合同条款在当今的适用》，《巴黎一大多学科论文》，1994 年（M · Tchendjou, Les applications contemporaines de la stipulation pour autrui, thèse multigr. Paris I. 1994）。

输期间的商品订立的保险合同就会有利于后面取得保险标的物的所有权人；

——发货人在运输合同中为收货人受益而订立的约款；[1]

——在公共工程招标细则或者公共采购细则中为工人的利益规定的条款；[2]

——信贷机构与保险人（保险公司）订立的保险合同，为防范在本机构订立借贷合同的人死亡、失业、残疾风险而集体投保。与传统的“为他人利益订立条款”的活动相比，这种情况有一定的特殊性。在信贷机构与保险公司之间订有一种框架合同，这种框架合同的宗旨是将借贷人按照向其推荐的模式订立的个人合同都包括在内。[3] 这样，借贷人就享有按照原则性优惠条件事先谈判的合同的利益，保险人则因此掌握着重要的客户资源。为了说明这种保险合同的特殊之处，有人建议将其称为“为他人之合同约款”（stipulation de contrat pour autrui）。[4]

---

[1]最高法院民事庭，1891 年 12 月 1 日（DP. 92. I. 161）；最高法院民事庭，1913 年 1 月 26 日（DP1916. I. 47）；最高法院民事庭，1930 年 11 月 4 日（DH 1931. 4）；最高法院民事庭，1948 年 4 月 12 日（S. 1948. 1. 115）；试比较：关于为他人利益之约款的概念的奇特扩张问题，如在商品运输领域，负担支付运费的受益人实际上他本人就是寄件人或托运人。参见最高法院第一民事庭 1978 年 11 月 21 日判决（D. 1980. 309，C · Carreau 述评，JCP 1980. 11. 19315，P · Rodière 述评，Defrénois 1979. 1176，J-L · Aubert 述评）。

[2]在工程投保活动中，工人对中标人达不到招标细则为他们的利益强制规定的条件时，可以请求行政部门从支付给承包人（中标人）的款项或其缴纳的保证金中扣取资金，对工人给予补偿，参见最高法院民事庭 1908 年 12 月 23 日判决（D909. I88）；最高法院民事庭 1909 年 3 月 3 日判决（S. 1911. I. 369，R · Demogue 述评）；最高法院民事庭 1941 年 6 月 10 日判决（S. 1942. 1. 77）。

[3]最高法院第一民事庭，2008 年 5 月 22 日（DP008. 1954. D · Martin 述评，RDC2008，1135. D · Mazeaud 述评）；该判决认为：参加集体保险合同，尽管是由为他人利益订立约款产生的后果，但这并不影响在保险参加人（也是受益人）与保险人之间仍然创设一种直接的合同关系。这种合同关系具有双务性质。

[4]D · 马尔丹：《论为他人之合同约款》（D · Martin，stipulation de contrat pour autrui，D. 1994. 145）（作者所主张的“stipulation de contrat pour autrui”这一名称法文表述与“stipulation pour autrui”不同。——译者注）

为他人利益订立约款，也是向特定权利继受人转移从属于被转让之物的债务和义务的一种方法（参见第 499 节）。[1]

在夫妻财产制里，以及为穷人、病人设置的基金当中，有关资金的再使用条款往往也被认为是为他人利益订立的约款。

虽然最为常见的情况是，为他人利益订立约款是向受益第三人转移一项债权，不过，通过这种约款，也可以使第三人取得某项物权，例如，赠与人在赠与不动产时，规定为了赠与人的某个子女或其他任何人的利益保留居住权的情况即是如此。享有居住权的受益人基于赠与合同中为他人利益之约款而取得一项物权——居住权。

除以上情况之外，人们还认为医院与“血液中心”（血库）订立的合同同样包含有为他人利益之约款，目的是保证向需要用血的人提供纯洁、安全的用血。[2]

二、为他人之约款的机制与效力

519. 法律宣告的处理意见

《民法典》第 1121 条的规定虽然十分简短，但我们从这一条文中仍然可以看到以下两项规则：

（1）必须有第三人声明愿意享有为其订立之约款的利益。之所以要求第三人接受此种利益，是因为需要遵守以下规则：任何人都不能违心地取得权利。这就是说，第三人可以拒绝享有为其订立的

[1]例如，负担抵押权的不动产的出卖人在买卖合同中规定由买受人本人承担对抵押债权人的债务，即是如此。

[2]最高法院第二民事庭，1954 年 12 月 17 日（D. 1955. 269. R · Rodière 述评，JCP1955. II. 8490. R · Savatier 述评），最高法院第一民事庭，1996 年 11 月 14 日（JCP1996. I3985. N°7. Viney 述评）；巴黎法院，1991 年 11 月 28 日（D. 1992. 885. A · Dorsner-Dolivet 述评），但是，在因出卖之物存在隐蔽瑕疵造成事故，致受害人死亡，受害人的继承人提起诉讼的情况下，法院拒绝承认买卖合同中存在默示的为他人利益订立的条款。参见最高法院民事庭 1954 年 11 月 24 日判决（JCP1995. II. 8565. H · B 述评）。

约款所带来的利益。第三人对利益的接受，一般体现在包含有为其受益而订立的条款的合同当中，或者，也可以通过后来的文书作出表示。[1] 第三人接受为其利益订立的约款不需要履行任何手续。即使为第三人之约款构成订约人对第三人的赠与，人们仍然一致认为，没有必要采用公证文书的形式来表示受益第三人同意接受或承诺，任何“庄严的手续”都没有必要；[2] 主合同是一项有偿合同时，即使其中包含有附带的或者从属的无偿处分事项，（需要实行的）形式规则也不是有关赠与的规则，其实，这一点在《民法典》第1973条中对于为第三人受益而设置的终身定期金的问题就有明确的规定：终身定期金的代价（例如，为设立终身定期金而需要提供某一项不动产）可以由另一人提供（参见《保险法典》第132-9条）。[3]

按照《民法典》第1121条的规定，受益人接受为其利益订立的约款，由此产生的效果是，使其权利进一步得到确定、得到巩固，使订约人的活动最终得到确定，从而阻止订约人行使解除权（droit de révocation）。

（2）直至第三人接受或承诺为其利益订立的约款，订约人均可取消此项约款。

以上就是应当补充的两项规则。那么，受益人承诺为其利益订立的约款到底会产生哪些效果？如果订约人在受益人承诺约款之前就取消该约款又会产生什么样的效果？对于为第三人之约款这样一

[1] 有时，受益人的接受看来还可以先于条款的订立，由受益人提出请求在合同中加进这项条款的情况，更是如此，参见最高法院第一民事庭2000年12月19日判决（D. 2001. 3482. Ardeef述评，Defrénois 2001. 700. Libchaber述评）。

[2] 《民法典》第1973条规定：“终身定期金得为第三人的利益设立，即使设立定期金的代价是由另一人提供。”

[3] 参见《继承和赠与》一书第487节。

种活动而言，《民法典》对于三方利益关系人[1]之间产生的所有法律关系均未作出明文规定，包括订约人与诺约人的关系，诺约人与第三人的关系，订约人与第三人的关系。法典对于此种活动产生的权利与诉权也没有作出任何明确规定。为了弄清这些问题，我们有必要探讨为他人之约款的法律性质与法律机制：应当如何解释第三人可以通过一项其本人并非当事人的合同的效力而取得某项权利？

对于这个问题，学说上提出了几种不同的解释，主张不同的制度，然而这些解释与制度没有一项是完全令人满意的。我们在本书中仅介绍其中几种主要的解释与制度。[2]

520. 要约制度（système de l'offre）

认为为他人之约款是一种要约制度（système de l'offre，即所谓“要约说”），这是一种古典理论。[3] 在旧时的学说

[1]关于原则上第三人（接受或承诺）的声明可以采用任何形式，即使为其利益订立的条款对第三人构成无偿处分，亦同，参见最高法院民事庭 1884 年 3 月 26 日判决（DP. 84. I. 275. S. 86I. 422）；波尔多法院，1897 年 4 月 1 日（DP. 98. 2. 169）。第三人可以通过向许诺人或者缔约人发出通知，作出声明，甚至可以默示，参见最高法院诉状审理庭 1932 年 1 月 19 日判决（D. 1932. 97. S. 1932. I. 329）。对于雇主为其雇员受益，通过从工资中扣取款项而缔结保险合同的情况，雇员对保险利益的接受尤其可以来自该雇员向许诺人提出履行义务承诺的诉讼传唤状，参见最高法院民事庭 1853 年 12 月 27 日判决（DP. 54. I. 361. S. 54. I. 81）以及前引波尔多法院 1897 年 4 月 1 日判决。

[2]此处称“三方利益关系人”（intéressés），而不是合同当事人（parties）。——译者注

[3]本书在表述这一制度时，原文称为“système de l'offre”（要约制度），也有的学者在其著作中称之为“théorie de l'offre”（要约理论）。参见雅克·佛鲁尔、让·奥贝尔：《民法，债编—法律行为》（Jacque Flour, Jean Aubert, droit civil, les obligations, actes juridiques）。法国学者提出的所谓“要约论”（或要约说）与德国学者所持的“承诺说”属于相通见解。不过，出发角度有所不同，合同当事人为共同要约，第三人对之为承诺（史尚宽：《债法总论》，第 617 页）。国内有学者将“要约说”（转下页）

里，以及直至1888年的法院判例中，这种理论也曾占据着主导地位。要约制度说认为，订约人与诺约人首先缔结合同，随后，将为第三人之约款的利益赠献给第三人。[1] 这种代位要约（offre de subrogation）需经受益人做出承诺，表示接受，只有经过承诺的义务才能最终确定、不可取消；第三人对为其利益订立的约款做出承诺，便取代订约人的地位而成为诺约人本人的债权人。

（我们知道）要约，只要尚未得到承诺，均可以被撤回、被取消。将为他人之约款看成是一种要约制度，虽然与要约具有可撤销性这一点是完全吻合的，但是，从实际生活的角度来看，这一观念却会产生令人十分遗憾的后果，因为按照要约的一般规则：

（1）在订约人死亡之后，便不能再对为他人之约款做出承诺。因为，按照有关要约的经典理论，要约人死亡，其所为之要约即告失去效力，然而，在实践中，为他人之约款的情况恰恰不能采纳这样的处理方法，死亡保险合同更是如此，实际上，受益人甚至往往都是在被保险人死后才得知存在后者生前为

（接上页）翻译为“转移说”，从法律概念来看，“转移说”这一表述与法文原文不符。本节最后对转移说的弊端作出了分析。按照 Flour，Aubert 等学者的观点，“要约说”是由德莫隆贝、罗朗所提出，主要是为了掩饰为他人之约款对合同相对效力原则所带来的例外，而维护这一理论的学者将为他人之约款活动在从时间上分解为2个阶段。第一阶段是主合同阶段：订约人对诺约人取得权利，第二阶段，订约人向受益人提出向后者转移其取得的权利（这也许是转移说的来源，也许是一家之言），也就是提出由受益人第三人承诺的要约，这就成立第二项合同，受益第三人这一次成为该合同的当事人，也是受益第三人债权的发生根据。本书第529节里明确指出，就保险合同而言，排除任何“被保险人向受益人进行权利转移”的思想，因为，权利转移思想与当事人的意图以及实践上的需要相抵触；权利转移说与直接权利说也是相抵触的。——译者注

[1]“要约”一词在法语中称为“offre”，本义就是“提供”、“赠献”、“赠送”，但它与民法上的赠与（donation）是不同的概念。因此，这里的所谓“要约说”可以翻译成“赠献说”。——译者注

其利益缔结的保险合同。

(2) 如果受益人在尚未承诺为其利益缔结的约款之前就已死亡，那么，受益人的继承人也就不能做出承诺：因为要约是对受要约人本人的要约，因此，继承人不能继承原本是向他们的被继承人提出的要约。

(3) 最后，受益第三人可能是订约人的权利继受人。在这种情况下，前后实际上有两项协议。于是，约款规定的价值将首先进入订约人的概括财产，然后再转归第三人享有，由此将会产生非常严重的后果，因为，既然约款规定的利益首先进入订约人的概括财产，势必面对的是订约人的全体继承人或债权人的诉权，特别是在订约人死亡时已经没有支付能力或者已宣告破产的情况下，约款规定的利益将归入死者的遗产或者破产人（failli）的整体概括财产（masse du patrimoine，破产财团），于此情形，为他人之约款的受益人也就不得不接受与订约人的所有债权人一起竞合受偿。

521. 无因管理制度（système de la gestion d'affaires）

为了避免要约说存在的、与出于实践之必要性难以吻合的后果，有人提出了另一种见解；为他人之约款属于无因管理。无因管理说尤其得到法学家拉贝的推崇与捍卫。[1] 按照无因管理说这一理论：订约人是在没有受到任何委托的情况下为受益人的利益实施如其受到委托时一个委托代理人本可实施的行为。因此，订约人就是无因管理人。这样一来，受益第三人对于为其利益订立的约款做出承诺实际上就是进行追认。由此引起这样一个主要后果：受益人

[1] Labbé 述评（*S.* 77. 1. 193；S. 88. 2. 49）。（法文的“无因管理”实际意思是“事务管理”。——译者注）

所做出的承诺具有追溯力；受益人被视为直接从诺约人那里取得权利；这等于说他根本就不是订约人的权利继受人。按照法律行为中的代理原则，受益人被追溯视为是由其本人与诺约人缔结合同，受益人的权利追溯产生于合同缔结的同一日。由无因管理理论产生如下结果：在订约人死亡或者破产的情况下，他此前为第三人的利益约定的价值就既不进入其遗产，也不会进入破产财产的范围，而且，受益第三人甚至可以在订约人死亡之后才对缔结的约款进行追认，甚至可以由受益人的继承人给予追认：由此而言，从任何一个角度看，无因管理论都可以满足实践的需要。

然而，将为他人之约款看成是无因管理制度同样是站不住脚的，因为它扭曲了为他人之约款的性质。在为他人利益订立约款这一活动当中，订约人并不认为他在以第三人的名义缔结合同，而是以他本人的名义缔结合同；是订约人采取主动并掌握着主动权，他主张自己就是合同所涉事务的主人。因此，在为他人之约款里，无因管理应当产生的两项正常后果都与之完全对不上号：首先，无因管理的一个正常后果是，管理人可以要求其为他管理事务的人偿还管理费用，而在为他人利益订立约款的活动中恰恰相反，订约人不能向第三人要求偿还所支出的费用，特别是人寿保险的受益第三人，根本无须向被保险人的遗产偿还其生前缴纳的保险费。无因管理的另一个正常后果是，管理人应当继续进行其已经开始的管理活动（《民法典》第 1372 条），而为他人利益缔结约款的订约人恰恰保留着取消此种利益的选择权，因此，在为他人之约款的可撤销性与无因管理原则之间存在着不可克服的二律背反。我们可以看到，上述要约说虽然能够解释为他人之约款的可撤销性，但与受益人所为之承诺的追溯力不能吻合、不相协调，而无因管理论虽然能够解释受益人所为之承诺具有的追溯性，但却与其可撤销性不相吻合、不能协调。

522. 单方允诺制度（système de l'engagement unilatéral de volonté，单方允诺说）

还有一种意见认为，为他人之约款是法国法里为数很少的适用单方允诺的情形之一（参见第51节）。按照这种意见，在为他人之约款中，人们看到的是一种“没有将来的债权人（受益第三人）的意思表示，仅有债务人（诺约人）一方的意思表示”即告成立的债，也就是说，这是一种没有经债权人同意而成立的债权：诺约人对受益人的义务承诺，唯一产生于他对受益第三人承担义务的单方意思，受益第三人对这种意思的承受或接受并不是确定其权利产生的时间，而是进一步巩固一开始他并没有参与其中甚至是在其毫不知情的情况下即属于他的一项债权。因此，第三人对诺约人的直接权利的设定或产生，是（法国法）对单方允诺理论的一种适用。[1]

然而，这种解释同样不具有决定性的说服力。因为，当我们谈到单方允诺时，通常是指债的发生依据只有债务人一方的意思表示，而没有债权人方面的意思表示；然而，在为他人之约款的情况下，诺约人的意思只有在其与订约人之间订立的某项合同紧紧联系在一起时，才能对受益第三人产生具有强制性的约束力。诺约人的意思所依持的正是这项合同，如果没有这样一项合同作为支架或依托，诺约人的意思表示便没有任何力量。这就证明诺约人对于受益第三人的义务承诺并非来自其“孤立的、单独的”意思表示：首先，订约人（往往可能）保留着取消这种义务承诺的权利，订约人也有权将约款规定的利益收归自己享有，或者将此利益转移给其他

[1]有的法国学者也将此称为“权利直接设定理论”（la théorie de la création directe du droit）。按照此说，受益第三人尽管既不是合同当事人也没有代理人参与订立合同，但对诺约人取得直接权利。由于这些学者没有提出能够证明这种机制的理由，现代有一些学者试图对权利直接设定理论进行补充阐释：认为这种直接权利产生于诺约人对受益第三人的单方允诺，而这正是法国法例外地承认单方允诺理论的一个例子（参见第50节及其后“合同与单方允诺”）。——译者注

的受益人。可见，用单方允诺来解释（订约人与诺约人之间）为他人利益订立的约款，显然与《民法典》第 1121 条明文给予订约人的解除权或取消权不相吻合。除这一论据之外，还可以提出另一方面的论据，同样能够证明受益第三人的权利不是来自诺约人的单方意思表示：因为订约人的意思表示对受益第三人的权利同样产生影响。如果诺约人果真是因其单方意思而承诺义务，那又如何解释法律准许他“运用其可以对订约人主张的各种防御方法来对抗受益第三人”？例如，诺约人可以运用无效原因或解除原因来对抗第三人约款的受益人。我们知道，假如被保险人没有缴纳保险费，保险公司就可以以此为抗辩，据以对抗受益第三人主张享有约款规定之利益。由此可见，受益第三人的直接权利并非来源于诺约人的孤立的单方意思表示，而恰恰是产生于订约人的意思与诺约人的意思的合致。

523.“为他人之约款”是《民法典》第 1165 条规定的原则的例外[1]

《民法典》第 1165 条奠定了“合同对第三人不产生效力”之原则，学者们在为他人之约款这一问题上想象出我们在前面提到的各种理论或制度，目的都是想在为他人之约款与《民法典》第 1165 条奠定的这项原则之间作出协调一致的解释。既然如此，我们为何不能像法典的这一条文本身所做的那样，直接承认“为第三人利益订立约款”是该条所确定的原则的一个例外？这样做岂不更加简单？须知，当今时代，我们不能不承认这样一个现实：当事人可以不单纯地为他本人的利益订立契约，在很多情况下，法律也承认为他人利益订立约款的有效性，承认合同当事人可以通过他们的约

[1] 这就是说，关于为他人利益订立约款的法律性质问题，无须钻牛角尖，无须提出各种不同的理论解释，只需将其看成是《民法典》第 1165 条确认的“合同对第三人不产生效力”之原则的例外，即可解决问题。——译者注

定产生利益于第三人的债权。正因为如此，法院判例自 1888 年以来就已经确认，受益第三人的权利直接产生于诺约人承担义务之时刻，而且是产生于诺约人做出此种许诺之事实本身。第三人接受约款产生的利益，无须再通过订约人的参与，就如同是诺约人本人向第三人做出了许诺一样，由此直接产生为受益人带来利益的债权。[1]

过去很长时间里，人们一直认为，不能通过为他人利益之约款附带于某项权利而让第三人负担的某项债务。[2] 但是，最高法院于 1987 年 12 月 8 日作出一项判决认定："为他人利益订立约款，并不排除在受益人承诺为其约定的利益的情况下，也可能需要其承担某种特定的义务。"[3] 换句话说，在为他人利益订立约款的同时可以附带对受益人规定特定的义务，如果这样的义务（债务）得到受益第三人的承诺，那么为他人利益之约款即使同时附有特定的义务，也同样是有效的。不过，在此情况下，受益人的承诺所起的作用有所不同，它有别于在"本义上的为他人利益订立约款"的

---

[1]这一观点得到最高法院民事庭于 1888 年 2 月 6 日、2 月 8 日、2 月 22 日以及 3 月 27 日作出的 4 项判决的确认（DP. 88. I. 193）。这些判例尤其得出以下结论：受益第三人的承诺具有追溯力；约定的价值不属于订约人的概括财产，因此不进入订约人的破产财团，也不进入订约人的遗产；受益第三人甚至可以在订约人死后才做出承诺。关于为他人利益订立之约款的特殊性质，参见 C · 拉卢梅：《论私法上三人之间的法律活动》，《波尔多大学学位论文》，1968 年（C · Larroumet, *Les opérations juridiques à trois personnes en droit privé*, thèse ronéot, Bordeaux, 1968, p. 359）；关于作者提出的区分为他人利益订立约款与责任保险的观点，参见 J · François, thèse préc, N°s 15 et s, p. 20 et s, N°s 101 et s, p. 77 et s.

[2]最高法院第三民事庭，1973 年 4 月 10 日（D. 1974. 21. G · Larroumet 述评）。

[3]最高法院第一民事庭，1987 年 12 月 8 日（Bull. civ. I. N°34. p. 246. D. 1989. somm. com. p. 233. J · L · Aubert 述评，RTD civ. 1988. 532. J · Mestre 述评）；最高法院第一民事庭，1978 年 11 月 21 日。另见 G · 维南德：《关于为第三人利益订立约款附有经受益第三人承诺的义务》（G · Venandet, La stipulation pour autrui avec obligation acceptée par le tiers bénéficiaire, JCP1989. I. 3391）；关于对这种处理意见的批评，参见 J · François, thèse préc, N°s 161 et s, p. 119 et s.

情况下做出的承诺，因为人们习惯上说，受益第三人的承诺仅仅是使此前已经产生的权利成为不可撤销的权利，使之最终得到巩固，然而当为他人利益订立约款附有特定义务时，此种义务的产生本身就必须得到受益人的承诺或接受。这样也可以限制对合同相对性原则的扭曲。

524. 提出的上述原则的后果

现在的问题是，我们要依据法院判例提出的处理意见或者依据有时由法律确认的处理意见，具体说明为他人利益订立约款在三方利益关系人之间确立的是一种什么样的法律关系。

525. （1）订约人与诺约人之间的关系

订约人与诺约人双方受到一项合同的约束，而为他人利益之约款就订立在这项合同当中。具体情况不同，合同也不相同：订约人与诺约人之间订立的可以是赠与合同、买卖合同，也可以是保险合同。随着所订立的合同不同，订约人与诺约人受到不同性质的合同关系的约束。显然，这些合同的效力本身仍然受合同普通法的调整。这里提出的唯一问题是，诺约人不履行其应当对受益第三人承担的给付时，订约人又有哪些权利？

首先，订约人可以因诺约人不履行他们之间的合同规定的条件而请求解除主合同，例如，如果主合同是一项赠与合同，应当适用《民法典》第953条的规定；[1] 如果主合同是一项有偿合同，则适用《民法典》第1184条的规定。[2]

[1]《民法典》第953条：“生前赠与，只能因不履行对赠与规定的条件，受赠人有负义行为，以及赠与人事后有子女出生而撤销。”

[2]《民法典》第1184条：“双务契约中，凡是当事人一方不履行义务承诺的情形，均不言而喻地存在解除条件。这也是合同同时履行抗辩。”

如果订约人在合同中规定了违约金条款，用以担保其做出的利益于第三人的许诺得到履行，那么，在诺约人不履行给付的情况下，订约人通常可以在支付违约金的名义下要求支付约定的款项。

最后，如果订约人宁愿采取此种行动，他也可以强制诺约人履行其应当对受益第三人履行的义务。因为，为他人利益订立约款的有效性本身也意味着订约人对合同的履行始终有着某种利益，至少有着道德利益或精神利益，如果订约人没有任何利益，所订立的合同就没有效力，因此，应当承认订约人享有强制诺约人履行合同的诉讼权利。[1]

526.（2）诺约人与受益第三人的关系

受益第三人取得对诺约人的直接债权。

这项债权唯一因订约人与诺约人的意思合致而产生。受益第三人的承诺并不是他对诺约人取得此种权利的一项条件。[2] 受益人的承诺，唯一的效果是最终巩固由约款所创设的（法律）状态，并由此剥夺订约人解除约款的权利（参见第528节）。

承认受益人对诺约人的这项直接权利，由此产生的结果是，赋予第三人以诉权：一项请求完成为其利益约定的给付的诉权或请求权。与此相反，由于受益第三人不是订约人与诺约人之间订立的那

---

[1]最高法院民事庭，1956年7月12日（D. 1956. 749. Radouant述评，*Grands arrêts*, t. 2, N° 172）；最高法院商事庭，1979年5月14日（D. 1980. 157. Larroumet述评）；最高法院第一民事庭，1989年6月7日（Bull. civ. I. N° 233. p. 155. Defrénois. 1989. p. 1057. Aubert述评，RTD civ. 1990. 73. J · Mestre述评）；最高法院商事庭，1997年4月1日（Defrénois1997. 1438. Bénabent述评）；最高法院商事庭，1999年12月14日（D. 2000. somm. com，361. Delebecque述评，JCP2000. IV. 1219）。

[2]最高法院商事庭，1993年2月23日（Defrénois1993. 1060. Aynes述评，RTD civ. 1994. 99. J · Mestre述评）；比较最高法院第一民事庭1992年6月10日判决（D. 1992. 439. J-L · Aubert述评，JCP1993. II. 22142. J · Maury述评；RTD civ. 1994. 99. J · Mestre述评）。

份主合同的当事人，因此，他不能基于为其利益约定的给付的不履行而请求解除主合同。[1] 正因为如此，当一项赠与附有某种负担时，此种赠与的受益人没有资格为了不履行附加的这种负担而请求解除赠与（合同）。

我们说受益第三人对诺约人享有一种直接权利，是说这种权利的产生无须经过订约人的概括财产就已经落实到受益第三人的头上，因此，这项债权不会受到订约人的债权人的扣押（参见第529节）。不过，我们仍然不能据此就推断认为，受益第三人的权利与订约人和诺约人之间订立的合同没有任何联系。实际上，诺约人之所以要对受益第三人承担义务，恰恰是基于订约人已经对诺约人许诺的给付，并将此作为对应的利益。如果订约人本身不履行其对诺约人承担的义务（例如，被保险人不缴纳保费），那么，诺约人应当可以对受益第三人主张此种事实，因此，诺约人原则上可以以合同无效原因、合同失效原因或者合同解除原因来对抗受益第三人，或者对受益第三人[2] 主张其可以对订约人主张的各种抗辩。[3]

527. （3）受益第三人与订约人之间的关系

我们可以围绕以下3个想法来对受益第三人与订约人之间的关系进行分组归类。第一个想法是，为第三人利益订立约款所给予的

[1] 这同样表明"为他人之契约"与"为他人之约款"两个概念是有区别的。例如，保险合同，投保人（订约人）可以解除指定受益人的条款或者变更受益人，但保险合同仍然存在。——译者注

[2] 最高法院第一民事庭，1994年11月29日（Bull. civ. I. N°353. p. 254. Defrénois1995. p. 1405. Delebecque 述评，*RTD civ.* 1995. 622，J · Mestre 述评）：关于仅仅是在受益第三人对为他人之约款做出承诺之后才具备全部条件的"抵销抗辩"（exception de compensation）。

[3] 当保险人对投保人主张此种抗辩权时，《保险法典》（第L. 112-1条第3款与第L. 112-6条）明确确认对保险人可以适用这种处理意见。

利益是可以取消的；第二个想法是，为第三人利益订立约款所给予的利益具有追溯力；第三个想法是，这种约款可以使受益人实现其获益的利益，而这种利益的取得有时是有偿性质，有时则是无偿性质。

528.（A）订约人的取消权（faculté de révocation，撤销权）

订约人有权取消他为第三人利益订立的约款，有权将此种约款规定的利益转移给其他人，[1] 订约人还有权将此约款规定的利益收归自己享有。这种取消权可以用直接权利理论来解释：既然第三人的权利产生于一项合同，那么该合同的一方当事人当然可以保留取消受益人享有此种权利的权利。[2] 这是完全可以理解的。但是，当受益人已经对为其利益之约款做出承诺时，订约人的这种取消权即告停止。因为，受益人对约款利益的承诺就是确定其权利，使之得到巩固，非经受益人同意，就不能再变更这一权利。[3]

此外，《民法典》第 1166 条规定："债权人得行使其债务人的一切权利与诉权，但专与人身相关联的权利除外。"按照该条的意义，订约人的取消权（撤销权）严格与其本人人身相关联，这首先意味着订约人的债权人不能取代订约人的地位行使这项权利。

那么，法律对订约人的继承人又有些什么规定呢？继承人是否

[1]在人寿保险合同里，只要有订约人肯定的、不含糊的意思表示，且保险人也知道此种意思，那么，被保险人直至死亡之前均可变更受益人的姓名。参见最高法院第一民事庭 1980 年 5 月 13 日判决（JCP1980. II. 19438，RGAT1980，p. 527）；最高法院第一民事庭，1998 年 5 月 6 日，另见《亲属法》（*Droit de la famille*，1997，N° 109）。

[2]取消权属于订约人而不属于诺约人，但是，在合同中也可以订立条款约定：只有经双方当事人同意才能取消为第三人利益订立的条款。不过，在人寿保险合同中从来不会订立这样的条款，而在其他领域则可以看到若干例子。参见格勒诺贝尔法院 1881 年 4 月 6 日判决（DP. 82. 2. 9. *S.* 82. 2. 13）。此外，当诺约人对履行其许诺有着某种利益时，这项条款可以被看成是一项默示条款，参见最高法院诉状审理庭 1877 年 7 月 30 日判决（S. 78. 1. 55）。

[3]关于受益第三人的承诺的形式，参见第 519 节。

可以取消被继承人在其订立的合同中对受益第三人的指定？我们可以想象得到，这一问题对受益第三人会带来很大的危险性，因此，比较恰当的做法应当是，拒绝订约人的继承人（对受益第三人）行使取消权。但是，法院判例却作出了相反意义的宣告，[1]这就使得受益第三人面临着很大风险：其享有的利益可能被取消，特别是在第三人可能由于不知道订约人原来为其利益订立了约款因而没有及时做出承诺的情况下，订约人的继承人很容易主张取消此种约款。不过，在人寿保险方面，法律采取了一条中间道路：在订约人死后，只有在受保险的款项可以求偿之后，并且最早在用诉讼外文书向保险受益人进行催告促其声明是否承诺保险利益之后经过 3 个月，订约人的继承人才能行使取消权（《保险法典》第 132-9 条）。

受益第三人的利益被取消，当然摧毁其享有的权利，并溯及既往地代之以利益于新的受益人的权利，就像在订立合同一开始就是指定后者为受益人一样，或者代之以订约人本人享有的权利，就像合同订立之初订约人就是为其本人订立约款一样。总之，保险人始终是对指定的第三人承担义务，在订约人取消对原受益人的指定并由另一人取代时，保险人即对（新指定的）该另一人承担义务。

529.（B）为第三人之约款的利益归属具有追溯力

为第三人之约款的利益归属具有追溯力，由此可以产生多项后果。例如，人寿保险的受益人可以以其本身的名义受领其可得的保险金，而不是作为被保险人的权利继受人受领这笔款项。在这里，“由被保险人向受益人进行权利转移”的任何思想均予排

[1]最高法院诉状审理庭，1859 年 6 月 22 日（DP. 59. I. 385. S. 61. 1. 151）；最高法院诉状审理庭，1884 年 2 月 27 日（DP. 84. I. 389，S. 86. 1. 422）；都埃法院，1895 年 12 月 10 日（DP. 96. 2. 417. Dupuich 述评）。

除，因为，认为这里存在所谓权利转移的思想与当事人的意图以及实践的需要相抵触。受益人应当视为“始终是保险公司的唯一债权人”，其享有的是对保险公司的直接权利，而不是由被保险人转移而来的权利。这种直接权利直接来自保险合同的效力，尽管受益人不是订立保险合同的当事人。

由此产生以下结果：

——即使在订约人死亡之后，受益人仍然可以对约款做出承诺。这样的处理有其必要性，因为，在很多情况下，受益人往往不知道（投保人生前）以其作为受益人而缔结了某项保险合同，受益人往往直到订约人死亡之后才知此事。

——对诺约人（保险人）的债权始终都不进入订约人（被保险人）的概括财产，不属于该人的概括财产之一部分，因此，此种债权既不能包括在（订约人）实行司法重整或者司法清算程序的范围之内，也不能归入订约人死后留下的遗产。如果被保险人没有支付能力，如果被保险人实行司法重整或者司法清算程序，受益第三人仍然无须担心他将不得不与被保险人的其他债权人竞合受偿，因为受益第三人对保险金所享有的权利是他个人的直接权利，这一直接权利不属于无支付能力的被保险人的概括财产的组成部分。如果受益人直到保险人死后才做出承诺，他仍然无须担心与死者的债权人竞合受偿，因为保险金不归入死者的遗产。这样一来，被保险人的债权人就只能通过撤销之诉（action paulienne，保利安之诉）请求撤销被保险人生前订立的保险合同，但条件是，他要能够证明在订立该保险合同时被保险人有欺诈行为，而且，即使债权人在此种撤销之诉中胜诉，受益人也仅仅有义务向被保险人的债权人返还此前由被保险人缴纳的保费，无须返还保险金（《保险法典》第132-14条）；最后，如果保单的受益人是订约人的继承人，即使其放弃继承，仍然可以受领为其受益而缔结的这份保险利益，[1] 因为保险金不属于死者的遗产（《保险法典》第 132-11 条与第 132-12 条）。[2] 保险人在得到被保险人死亡的通知之后，有义务查找谁是保险受益人。如果找到了受益人，保险人应当向受益人通知为其利益缔结的保险合同（《保险法典》第 132-1 条，2007 年 12 月 17 日法律的条文）。

530. （C）受益第三人取得的利益的性质

受益第三人通过为其利益订立的约款实现其利益的取得。这种利益取得，有时是有偿性质，有时则是无偿性质。受益人取得的利益的性质，取决于订约人与受益第三人之间关系的性质。当然，与前面介绍过的所谓“要约理论”的见解相反，在订约人与受益第三人之间并不存在合同，但他们之间却存在着种种法律关系，这些法律关系取决于订约人为第三人利益订立约款时所追求的目的，例如，订约人主动为第三人利益订立约款，可能是想通过诺约人将来进行的给付来消灭自己此前对受益人的债务；或者，订约人是想让受益第三人无偿地得到一些财产，人寿保险合同就是如此。[3] 在此情况下，为第三人利益订立约款的活动就构成一种间接赠与。这种活动无须遵守对本义上的赠与所要求遵守的形式规则，即使主合

[1]放弃继承主要是可以使继承人避免清偿遗产上负担的债务。

[2]关于可能享有保险利益的受益人在其被指定为受益人并且在做出承诺之前就已死亡的情况下人寿保险的命运问题，参见最高法院第二民事庭 2008 年 01 月 23 日判决以及最高法院第一民事庭 2008 年 11 月 5 日判决（JCP2009. II. 10041. Cannarsa 述评，RCA2009. N°32 et 33，Etude N° 4，par Ph · Pierre，*RCA* 2009，N° 33，*Defrénois* 2009. 657，Libchaber 述评）。

[3]在此情况下，因受益人对诺约人享有直接的权利，订约人仅因此事实而不再负担义务，参见最高法院第一民事庭 1995 年 11 月 14 日判决（Bull. civ. I. N°404. p. 282. D. 1996. 434. Billiau 述评，Defrénois 1996. 750. Delebecque 述评，RTD civ. 1997. 122. Mestre述评）。

同采用的是私署文书，为第三人利益订立约款的活动仍然有效（参见第 519 节）。不过，除某些特殊性之外，这里仍然应当适用有关生前赠与的实体规则。正因为如此，法律规定，合同当事人死亡时向已经确定的受益人支付的保险金或者定期金（rente，年金），无须遵守将（超过应得份额而多取的）财产返还至遗产之内的规则，也无须遵守因损害特留份而应当减少相应的继承人已经受领的财产数额之规则；订约人以缴纳保险费的名义支付的款项，同样如此，但是，如果从订约人本身的能力来看其（生前）缴纳的这些保险费的数额明显过分时，则另当别论（《保险法典》第 132-13 条）。[1]

三、受益第三人的本人资格

531. 问题

为他人利益订立约款，从其定义本身就可看出，必然意味着存在受益第三人。那么，谁可以是受益第三人？受益第三人应当具备什么样的条件？要想对这些问题做出回答，应当区分多种不同情况。

532.（1）为某个生存的确定的人（une personne détérminée et vivante）的利益订立约款

这种情况当然不会引起任何困难。首先，毫无疑问，当受益第三人是某个生存的确定的人时，（合同当事人）为该人受益而订立约款，不要求该人具备行为能力；由于第三人不是合同当事人，无须其为取得权利而作出意思表示；受益第三人是未成年人还是受监护的成年人，均在所不问。这些无行为能力人同样可以依据他人之

[1] 参见：《继承和赠与》，第 892 节与第 999 节。

间订立的合同（或约款）而成为债权人；但是，如果受益人无权利能力，则是另一回事，无权利能力人没有作为权利享有人的资格，其他人可以以此为依据主张所订立的约款无效。如果从受益第三人与订约人的相互关系来看，为受益人订立的约款构成（对财产的）无偿处分，那么，受益第三人应当有受领无偿处分的能力。

533.（2）为不确定的第三人或者未来的第三人的利益订立约款

我们假定，在合同订立时，订约人并没有指定谁是受益人，那么，他就是在“为不确定的第三人受益而订立约款”（stipulation au profit de tiers indéterminé）；订约人也可以事先以“尚未成孕的子女”为受益人而订立约款，那么，他就是在“为未来的人受益订立约款”（stipulation au profit de personne future）。[1] 这是很常见的情况，为他人利益订立约款成为一种预防工具、一种保护工具，可以利用它来利益于“个体尚不明确，甚至尚不存在的人”。

例如，在很多公共服务事业的特许（承包）经营合同中，不言而喻地包含着为“将来的用户”受益而订立的约款。这也是一种为“不确定的人利益订立约款”，因为，在这些合同订立的当时，并不知道哪些人是该服务事业的用户，有许多人是在此后才真正成为用户。机动车驾驶人订立的民事责任保险合同，也是如此。还有，家长订立的人寿保险合同，就是“为其已经出生与尚未出生的子女的利益”订立的合同。订约人订立这种保险合同的目的是在其死后为他的所有子女留下一笔保险利益，即使在该保险合同订立之时有的子女甚至尚未成孕，亦不会影响他们将来的利益。这些情况都属于

[1]只有在订立合同的时候受益人尚未成孕的情况，才属于“为将来的人的利益订立约款”。“Infans conceptus pro nato habetur”，这一规则意味着“为尚在胎中的子女利益订立的约款”有效。

“为将来的人受益而订立约款”。

以上这些情况也提出了一个令人棘手的问题：这些不确定的受益人一旦确定，或者在合同订立时还属于“将来的”受益人，在取得法律生命之后，是否可以享有为其受益而订立的合同所产生的直接权利？因为，人们可以对此提出反对意见说：既然在订立合同的当时这些权利的享有人尚不是某个具体的确定的个人，或者这些权利的持有人还没有法律人格，这就意味着，在一定时期内，这些权利没有已知的或者现存的积极主体或权利主体，而一项权利，作为人与人之间的关系或者作为人与物之间的关系，始终都必须具备一个前提条件：必须有权利主体或者权利持有人。

我们会立即发现，之所以发生上述困难，原因恰恰在于要不要承认受益第三人享有直接权利。如果承认所订立的合同给订约人立即带来或产生权利，而在受益第三人得到确定或者成孕之后，再由订约人将约定的利益转移给该第三人，那么第三人就由此成为订约人的权利继受人：或者作为债权人——例如，上了保险的机动车驾驶人造成事故的受害人的情况，或者作为继承人——例如，作为人寿保险的受益人的尚未出生的子女的情况（参见《民法典》第1122条）。[1] 但是，对于这方面的问题，我们在前面已经作了阐述：只有将受益人看成是诺约人的直接权利继受人，为他人利益订立约款才能发挥它的作用（参见第520节）。

那么，还是让我们来看一看上述障碍是否不可克服，即使受益人在合同订立之当时尚未确定，甚至尚未成孕，是否仍应承认受益人对诺约人取得直接权利。

[1]《民法典》第1122条：“订立契约的人被视为是为本人及其继承人和权利继受人订立契约；但如契约有相反表述，或者契约的性质产生相反意义时，不在此限。”

534. （A）为不确定的人受益订立约款

今天，我们原则上可以肯定，为不确定的人受益而订立约款是有效的，但条件是：虽然在合同订立之时受益人尚未确定，但是到约款实际发生效力时，受益人应当是可以确定的。从这一角度来看问题，订约人与诺约人之间订立的合同就应当包含“将来可以确定谁是受益人的各项要素”，只要合同中包含了这些要素，就已足够。

这样一来，对于上述问题，不同见解之间争论的主题就发生了位移：从“不确定的受益人一旦确定，是否可以享有为其受益而订立的约款所产生的直接权利”变成了受益第三人的这种“可确定性”应当具备哪些条件？随着考虑的因素在何种程度上取决于订约人和诺约人的意思，对这一问题的回答也会有所不同。

（1）如果在某种事件发生之后的某一日受益人应当是可以确定的人时，例如，在保单持有人即是受益人的保险合同中，受益人在保险事项发生之日就是可以确定的人，那么，为他人利益订立的约款当然有效。某物的所有权人，为了预防物的灭失而投保，但该物肯定会多次变更所有权人，而投保的目的恰恰是为了保障前后相继的每一个所有权人都能主张为此而参加的保险利益，因此，当该物在后来的某一所有权人手中灭失时，该人就能够主张此前为此物参加的保险。这就是所谓“以保单持有人为受益人的保险”（pour le compte de qui il appartiendra）。在海商法里，为担保海上运输商品的风险，往往需要参加这类保险，因为这些商品在运输过程中往往要发生多次转卖。以保单持有人为受益人的保险可以强制保险人不仅对运输商品的当前所有权人负有保险义务，而且对发生海难之当时享有商品所有权的人负有保险义务。受益人虽然在订立合同的当时尚不确定，但保险却是有效的。[1]

[1]最高法院民事庭，1888年3月5日（DP. 88. I. 365. I313）。

在人寿保险方面，当被保险人在其缔结的保险合同中仅仅指定其继承人为受益人，但没有作出其他任何具体明确的规定时，也有必要承认与上述相同的处理意见。然而，在过去有一段时间，法院判例认为这是一种“为直到被保险人死亡之时仍然尚未确定的人受益”而缔结的保险；法院判例后来宣告，在这种情况下并没有“有效的为他人利益之约款”，继承人不是依据为其利益订立的约款所产生的、属于其本人的个人权利受领保险金，而是作为继承人从被保险人的遗产中受领保险金。法院判例的这种不同处理引起了很严重的后果，因为（如果按照判例后来的处理）保险金就要进入被保险人的遗产，由此产生的结果只能是，要想得到保险金利益，继承人就必须承认继承或接受继承，否则不能享受利益；另一方面，归入遗产的保险金利益成为一种具有遗产性质的价值，死者的债权人也就可以提起诉讼，请求用保险金来清偿被保险人的生前债务。如果被保险人死亡时就已经没有支付能力，保险金将被其债权人取得，继承人则什么都得不到。[1] 不过，法律后来排除了法院判例的这种处理意见：按照《保险法典》第132-8条第2款的规定，当保险合同条款已经规定保险金归一人或多人（例如继承人）取得时，即使没有指名道姓地指定受益人，按照条款的规定，受益人的范围仍然属于已经充分确定，在保险金或者受担保的定期金成为可要求清偿的款项时，则可以落实到具体的个人，因此这种保险条款应当视为“为确定的受益人”订立的条款。

（2）尽管在原始合同中有种种要素可以用于确定谁是受益人，但是到后来具体指定受益人时仍然取决于订约人与诺约人的意思，这种情况下也引起学者们的不同见解。

---

[1]最高法院第一民事庭，1873年12月15日（DP. 74. I. 113. S. 74. I. 199）；最高法院诉状审理庭，1875年7月15日（DP. 76. I. 235. S. 77. I. 126）。

当订约人保留“往后再指定受益人”的权利时，例如，在人寿保险合同中仅仅规定“受益人在被保险人的遗嘱中另行指定”，这种活动是否有效，学者们曾一度拿不定主意。人们的疑问是：这种保险合同里是否包含“充分的可以用于确定受益人的种种要素”？由此也就引出这样一个问题：受益人是否享有自己的权利？受益人是否仅仅是缔约人的权利继受人？有些学者认为，如果受益人的确定还需要完全听由缔约人单方的任意意思，那么此种合同中也就不存在有效的为他人利益订立的约款，因为，在这种情况下，实际上只有缔约人为其本人缔结合同，否定了为他人利益之约款的事实，由此而来，由合同条款产生的权利就应当归入订约人的概括财产，第三人则只能作为缔约人的权利继受人主张权利。看来，这样的处理有点过分绝对化。因为，这首先是一个事实问题、意图问题：如果订约人打算为其本人取得权利，但可以在随后将此权利转移他人，那么受让人仍然是权利继受人，而如果订约人是想让他人取得权利，他当然可以这样做。

与前段所述情况不同，如果确定谁是受益人完全要取决于“应当由诺约人来作出选择”，例如，赠与人在赠与合同中规定受赠人有“赈济穷人”的负担，那么，只有通过“完全独立于债务人意愿”的方法可以确定谁是这里所指的“受赈济的穷人”时，也就是可以确定受益第三人时，所订立的约款才能有效，例如，合同条款规定受赈济的是“某个市镇行政区的穷人”，就属于“通过完全独立于债务人意愿的方法即可以确定受益第三人”的情形，因为从法律上来说，该行政区的“社会救助办公室”就是条款所指的这些穷人的代理人。[1]

---

[1]最高法院民事庭，1932年6月6日（DH1932.428）；参见：《继承和赠与》，第285、586节。

535. （B）为“将来的人”受益而订立的约款

法国制定法承认无须受益人本人参与，其权利直接产生于（订约人与诺约人之间订立的）合同，为将来的人受益订立的约款有效。然而这种处理也会遇到一种原则性障碍：因为，我们很难理解，既然还不存在受益人，又能存在什么权利呢？如果没有受益人却存在某种权利，那就是一种没有权利人的权利。对于这种反对意见，我们应当这样来回答：在这种情况下，合同将推延至受益人存在之时才能产生效力，而这一点“并没有任何的不可能性”。既然未来之物可以作为合同的标的，那么该合同只不过仅仅是推迟到未来之物存在之日发生效力而已。这就是一个很好的例子（参见第273节）。何况，为将来的人受益而订立约款的情况并不是设想一种没有标的的权利，也不是设想一种没有被动主体的权利。正因为如此，如果是为了“在将来受益的人们组成的人数不限的团体的利益”订立约款（例如，为某一公共服务事业的顾客群体订立约款），随着（陆陆续续地）进入这一团体的人们符合所要求的条件，法院判例始终毫不犹豫地承认为这样的“未来的人”受益订立的此种约款的有效性，例如，在公共服务事业特许经营合同里为全体用户的利益订立的约款，不仅利益于合同订立的当时就已经是用户的那些人们，而且利益于在该合同订立之后才出生的人们，显然，这些后来出生的人的人数是不确定的。

同样，当缔约人订立约款的意图并不是为了让受益人能够无偿地增加一些财富时，同亲可以为了让未来的人受益而订立约款。没有任何法律条文抵触这样的契约活动的有效性，例如，以“保险单持有人”为受益人的保险、民事责任保险，就可以利益于在保险合同订立之当时尚未出生的人。

但是，按照一则很老的法院判例，当订约人订立约款的意图是为了让受益人能够无偿地增加一些财富时，所做的处理则有所不同，因为对于这种情况，《民法典》里有一个条文的明文规定抵触“为将来的人受益”而订立这种约款的有效性，那就是法典第906条的规定：只有在赠与之时已经受胎者才有能力接受生前赠与。[1]过去，法院做出的很多判决都是依据这一条文的规定。因此，这些判决拒绝承认一家之长为其已出生和尚未出生的子女（同样）受益而订立的人寿保险条款的有效性。有的法院判决还补充了这样的理由：尚未出生的子女是“不肯定的人”或者说是“不具有确定性的人”（personne incertaine）。[2]

实践中，法院判例的这种处理意见非常令人遗憾，它妨碍一家之主对自己将来的生活做出预见性安排，因此，保险法后来排除了法院判例的上述处理意见。现在《保险法典》第132-8条第3款有关人寿保险的规定就承认，（可以）指定“缔约人的已经出生或将来出生的子女、被保险人本人或者其他任何人以及被保险人的继承人或者确定的受益人为保险受益人”。

看来，我们完全可以采用类推的方法承认，一般而言，为将来的人受益无偿订立的任何约款都是有效的。过去法院判例的处理所依据的论据非常无力，因为，只要在保险合同中规定了可以用来确定受益人的各项要素，那么保险受益人就不再是不确定的人。至于《民法典》第906条确认的规则，对于赠与合同而言，是完全可以理解的，因为赠与合同必然意味着赠与人与受赠与人的意思的合

[1]《民法典》第906条：“有能力接受生前赠与者，仅需在赠与之时已经受胎即可。——在遗嘱人死亡时已经受胎的胎儿，有按照遗嘱接受遗产的能力。——但是，仅在婴儿出生时为活体者，（所为之）生前赠与或遗嘱始产生效力。”法院判例认为：第906条的规定表述了“无权利主体即不能存在权利”的基本原则。按照这一原则，处分人死亡之日向一个实际上并不存在的基金会进行的遗赠无效（最高法院第一民事庭，1987年7月22日）。参见：《继承和赠与》，第283节。

[2]最高法院民事庭，1877年2月7日（DP. 77. I. 337. I. 393）；最高法院民事庭，1893年3月7日（DP. 94. I. 77. S. 94. I. 161）；雷恩法院，1899年12月5日（DP1903. 2. 377，Dupuich述评，S. 1902. 1. 165）。

致，然而，却没有任何理由将这样的规定千篇一律地适用于（所有的）“为他人利益订立的约款”，因为，为他人订立约款是在缔约人与诺约人之间订立合同；这样，即使受益人尚未出生，也丝毫不妨碍诺约人的义务的产生，只不过其发生实际效力的时间将推迟至受益第三人出生之时（甚至在相应情况下，推迟至受益的胎儿成孕之时）。[1]

536.（3）没有受益第三人

除上述情况外，还有必要考虑一种可能发生的情况：没有受益第三人。订约人在订约时保留指定受益第三人的可能性，但在其死亡时还没有来得及进行指定，或者订约人所指定的人已经不存在，例如，订约人原先指定的受益人在约款订立之后死亡，或者指定的受益人表明意思，不愿承诺为其约定的利益，都会出现没有受益第三人的情况。

在人寿保险方面，立法者在《保险法典》里对这种情况作出了具体规定，其中第132-11条明确指出：“死亡保险合同没有指定保险受益人的，保险金或者受合同担保的年金，作为缔约人的概括财产或遗产之部分处理。”我们认为：为他人之约款的其他情形，也应当准许适用同样的规则，但是，如果缔约人指定了后一顺序的受益人，则不适用这项规则。[2]

---

[1]此外，法院判例还承认，进行赠与并对受赠与人规定某种负担，例如，规定受赠与人要用其受赠的部分财产设立一个机构（当前尚无法律人格），或者甚至为一个尚未设置的机构（更无法律人格）提供资金，附有此种负担的赠与有效。参见最高法院诉状审理庭1874年4月8日判决（DP. 76. I. 225. S. 74. I. 258）；而一个没有法律人格的机构，尤其是尚未设立的机构，是一个“不存在的法人”，从法律的角度来看，与第906条所指的“尚未成孕的子女”的情况相类似。

[2]最高法院第一民事庭，1998年6月9日（Defrénois 1998. 1416. Delebecque 述评）。

第三节 阴阳合同[1]

537. 阴阳合同（simulation）

这里所说的阴阳合同是指合同当事人之间经过商议，一致编造某种谎言（mensonge），用一项表面的合同来掩盖包含当事人真实意思的另一项合同。所谓阴阳合同，实际上存在两份合同，其中一项是公开的但却是虚假的合同，另一项被掩盖的合同才是真实的合

[1]此处的“阴阳合同”原文为“Simulation”，本义是指隐瞒、掩饰、伪装等。史尚宽先生《债法总论》第338页认为德国民法中“simulation”为“虚假之意思表示”。《法国现代合同法》一书第2版第115页称其为“表见行为”，意思反了，是错误的理解。在法国民法里，“simulation”既不是指一般的掩饰，更不是指“表见行为”，确切意义是：合同当事人之间为了某种目的而进行隐瞒，特地起草与制定两项合同或两项文书，其中一项合同否定另一项合同的某些规定或者作出相反的补充规定。第三人仅仅知道那份公开合同，并不了解被隐瞒的文书或其规定，因此，被“隐瞒的合同”（acte simulé）称为秘密合同或秘密文书（un acte secrét），《民法典》第1321条的规定：“私下订立的废除或者变更原契约的秘密附约，仅在缔结此种附约的当事人之间有效，对第三人不具有任何效力。”这里的“秘密附约”（les contre-lettres）也不是指“仅有一项秘密协议”。法国最高法院第一民事庭1953年1月13日的判决指出，“秘密附约”的概念意味着在相同的当事人之间存在两项协议，其中一项协议是公开的协议，另一项则是私下订立的秘密协议，而订立第二项秘密协议的目的恰恰是变更或者取消第一项协议所作的规定。有人将这项秘密协议译为“真意合同”。阴阳合同本身并不无效，订立阴阳合同的行为并不都是为了实行欺诈（参见第555节），但是，如果是通过订立阴阳合同这种手段来达到规避公共秩序性质的法律规定之目的，那么此种合同无效，例如，通过假结婚取得法国国籍，以规避移民法，通过假离婚来谋求某种利益，以及虚假的赠与、隐瞒的赠与等。并不一定要求秘密协议与可公开的协议是同时签订的（最高法院第一民事庭，1970年6月2日）。一方当事人的全部概括权利继受人并不是第三人，因此，受私下订立的秘密协议之规定的约束（最高法院第三民事庭，1979年5月21日）。由于一方当事人并不具有第三人的资格，因此不能援用第1321条之规定（最高法院第一民事庭，1998年11月12日）。如果第三人明知而故意参与隐瞒（例如，虚拟的买卖旨在使出卖人获得银行的贷款），那么，他就不得针对以“借用他人之名”开展活动的人而主张那份援用公开的合同规定（最高法院第三民事庭，1992年7月8日）。私下订立的秘密协议，在其与已经转让的公开协议的效力相抵触时，对债权的善意受让人不产生对抗效力（最高法院民事庭，1944年5月15日）。但是，有利益的第三人有权主张（当事人之间私下订立的）秘密附约（最高法院第一民事庭，1984年6月19日）。——译者注

同，但它是一项秘而不宣的合同（参见附目第 1201 条）。[1]

订立阴阳合同是一项复合性活动，它既涉及合同的成立又涉及合同的效力，因为订立阴阳合同自一开始就意味着它是以实现某种人为的配合掩盖为目的。此外，如果阴阳合同具有欺诈性质，将会遇到合同的效力问题。《民法典》第 1321 条在具体规定秘密附约在双方当事人之间以及对第三人的效力时就考虑到这一点。该条规定："私下订立的废除或者变更原契约的秘密附约，仅在缔结此种附约的当事人之间有效，对第三人不具有任何效力。"所谓"秘密附约"（la contre-lettre）[2] 就是指被掩盖的

---

[1] E·巴尔丹：《论秘密附约》，《巴黎大学学位论文》，1885 年（E·Bartin, *Des contre-lettres*, thèse Paris 1885）；格拉松：《论阴阳合同》，《巴黎大学学位论文》，1897 年 Glasson, De *la simulation*, thèse Paris 1897）；J-D·布雷丹："对法院判例关于被隐瞒的文书的观念的几点看法"（J-D·Bredin, Remarques sur la conception jurisprudentielle de l'acte simulé, *RTD civ.* 1956. 261）；若塞朗：《法律行为中的动机》（Josserand, *Les mobiles dans les actes juridiques*, n°s 192 s）；M·达果：《论私法中的阴阳合同》，《图卢兹大学学位论文》，1907 年（M·Dagot, *La simulation en droit privé*, thèse Toulouse, éd. 1907）；N·吉斯利亚科夫：《罗马法上的阴阳合同》，《巴黎大学学位论文》，1965 年（N·Kisliakoff, *La simulation en droit romain*, thèse Paris 1965）；A·伊姆：《阴阳合同之法律悖论》（A·Him-fray, Du paradoxe juridique de la simulation, Rev. *Administrer*, nov. 1982, p. 11）。

[2] "秘密附约"（les contre-lettres）的概念与"Simulation"虽然术语不同，但实质相同。"秘密附约"这一概念也意味着在相同的当事人之间订立了两项协议，其中一项协议是公开的协议，另一项是私下订立的秘密协议，而订立第二项秘密协议的目的是变更或者取消第一项协议所作的规定（最高法院第一民事庭，1953 年 1 月 13 日）。并不一定要求秘密协议与可公开的协议是同时签订的协议（最高法院第一民事庭，1970 年 6 月 2 日）。一方当事人的全部概括权利继受人并不是第三人，因此受私下订立的秘密协议的规定的约束（最高法院第三民事庭，1979 年 5 月 21 日）。由于一方当事人并不具有第三人的资格，因此不能援用第 1321 条之规定（最高法院第一民事庭，1998 年 11 月 12 日）。如果第三人明知而故意参与订立阴阳合同，隐瞒真实情况（例如，进行虚拟的买卖，旨在让出卖人获得银行的贷款），那么，他就不得针对以"借用他人之名"开展活动的人而主张那份公开的合同规定（最高法院第三民事庭，1992 年 7 月 8 日）。私下订立的秘密协议，在其与已经转让的公开协议的效力相抵触时，对债权的善意受让人不产生对抗效力（最高法院民事庭，1944 年 5 月 15 日）；但是，有利益的第三人有权主张（当事人之间私下订立的）秘密附约（最高法院第一民事庭，1984 年 6 月 19 日）。

文书或被掩盖的合同。[1] 对于第三人而言，“请求公开阴阳合同之诉讼”是一种保护他们所享有的一般担保的方法之一（以防止债务人通过这种手段减少其概括财产）。这就是说，选择在哪一章节探讨阴阳合同问题，带有一定的人为成分，在本书中，出于教学上循序渐进的考虑，有关这方面的研究被放到合同效力的论述当中，因为，这方面的问题具有一定的复杂性，要想很好地理解，要求事先在其他方面掌握一定知识；同样是出于方便教学的考虑，我们在本节里分两部分进行介绍，第一部分是对订立阴阳合同的活动的分析（第一目），然后是对阴阳合同的法律制度的研究（第二目）。

第一目　阴阳合同的解析

538. 内容划分

我们首先介绍阴阳合同的结构，也就是不考虑订立阴阳合同的原因，来解析此种合同所做的安排，然后再探寻订立阴阳合同的目的，也就是达到的最终目标。

一、阴阳合同的结构解析

539. 存在两份合同，文书的二元性

阴阳合同的机制就在于合同当事人就同一标的订立了两份法律文书，两份分开的法律文书同时存在，而那份被隐瞒的、不公开的法律文书与表面的公开的文书所载的内容有所不同。文书的二元性是阴阳合同这种活动的结构固有的特征。[2]

---

[1]玛蒂与雷诺：《债法》（Marty et Raynaud, *Les obligations*, 1.1, N° 306）。

[2]最高法院第一民事庭，1953 年 1 月 13 日（*Bull. civ.* I N° 15, p. 12）；阴阳合同意味着在相同的当事人之间存在两项合同，一项是公开的，另一项是秘密的或不公开的，后者的目的是变更或者取消前者的有关规定。

540. (1) 台面上的文书或者可公开的文书

从订立阴阳合同的活动当中，第三人能够看得到的只有公开的文书或可以公开的文书，而这份公开的文书仅仅是用作挡箭牌或者台面子。公开的文书可以是经公证的文书，也可以是私署文书。凡是法律规定文书必须采取公证形式才能有效或者可以采用私署形式的情况，当事人想要出示一份确认某项活动的文书时，均可订立一项公开的文书，只有这一文书履行了法定的公示手续，也只有这一公开的文书进行了登记。在他人看来，一切似乎都表明，调整缔约当事人相互关系的，就是这份文书，然而这份公开的文书却带有欺骗性，因为，另有一份秘密的文书或者不公开的文书，而且只有这份不公开的文书才真正包含着当事人的真实意思。

541. (2) 秘密的或者不公开的文书

我们也把秘密的或者不公开的文书称为“秘密附约”（la contre-lettre）。这份被隐瞒的文书通常都是书面文书，[1] 而且必定是私署文书。秘密附约包含着并且表达的是当事人的真实意思（有人据此将其译为“真意合同”），但与公开的文书所表达的意思并不相同。这正是其法文名称“la contre-lettre”（字面意思就是“反文书”）的由来。秘密附约有时甚至彻底改变了依据公开的文书而产生的法律状态。由于被隐瞒的文书与公开的文书之间存在的矛盾所产生的各种状况，我们将在随后进行研究，在这里，为了避免发生混淆，我们仅仅是强调，秘密附约并不是事后对公开的文书进行变更或修订。这两份文书不是同一文书的前后衔接。被隐瞒的不公

---

[1] 如果“变更性文书”的存在经公开的或者表见的文书（或表见的行为）所揭示，那就不再是真正阴阳合同，例如，接受委托的人仅仅是立即公开自己是接受他人的指令、为他人利益购买财产，但并不立即公开委托人的姓名，就属于这种情况。艺术品拍卖会上常有这种情形。

开的文书所要更改或者撤销的恰恰是那份公开的文书。自一开始，这两者就是一种精心设计的“组装”，公开的文书，是一种装潢门面的骗人把戏。因此，在大多数情况下，秘密附约与公开的文书两者都是同时订立的，但同时制定两份文书仅仅是为了做表面文章。当然，只要合同当事人一开始就一致同意订立阴阳合同，那么，秘密附约也可以等到后来[1]再另行制作，甚至可以在公开的文书之前[2]就已经制作就绪。[3]

换句话说，阴阳合同是双方当事人共同对第三人说谎，示之以假象，秘密文书才是双方当事人意思的真实协议的藏身之地，然而，当事人却用一项表面的文书让人相信他们表达的是另一种意思。我们从这里可以看到，阴阳合同明显地有别于欺诈，因为，在欺诈情况下，合同一方当事人是采用某种手段或伎俩，欺骗他的相对当事人，而阴阳合同则是合同双方当事人之间达成默契，共同欺骗第三人。

二、阴阳合同的目的解析

542. 直接目的与长远目的

在这一节里，我们将依次探讨阴阳合同的直接目的（近目的），也就是阴阳合同的标的（1），以及此种合同的远目的（2），也就是促使合同当事人这样做的动机（les mobiles）或原因（les motifs）。

---

[1]最高法院民事庭，1949 年 3 月 8 日（JCP 1949. 11. 4973，P・Voirin 述评）：只要后来的文书宣告在第一份文书起草的同时当事人之间订有一份协议，因而在双方当事人的思想上第一份文书从一开始就是不正确地表述真正的法律状态，那么，仍然适用第 1321 条的规定。

[2]最高法院诉状审理庭，1939 年 1 月 10 日（*Gaz. Pal.* 1939. 1. 1480）；最高法院第一民事庭，1970 年 6 月 2 日（*Bull. civ.* I，N°186，p. 150.）。

[3]否则，后面签订的合同便是一项新的合同，并且它终止前一合同，而不是一份秘密附约。参见巴黎法院 1982 年 5 月 19 日判决（JCP 1983. IV. 210）。

543. （1）直接目的（le but immédiat，近目的）：阴阳合同隐瞒的对象

订立阴阳合同是为了进行隐瞒：可以是隐瞒公开合同的一项或数项要素，例如，隐瞒当事人的同意、隐瞒合同的原因、隐瞒合同的标的、隐瞒当事人的身份。在隐瞒当事人的同意的情况下，被隐瞒的文书将影响到那份公开的文书的存在，因为，公开的文书实际上是一种虚拟的契约活动；在隐瞒合同原因的情况下，被隐瞒的那份秘密文书将影响到契约活动的真正的法律性质，因为，公开的文书实际上是一种伪装的契约活动；而如果是为了隐瞒合同的标的，也就是在第三种情况下，被隐瞒的秘密文书所改变的是由那份公开的文书所产生的债的关系的范围，但并不因此而改变债的关系的法律性质；第四种情况，如果订立阴阳合同的目的是隐瞒当事人的身份，被隐瞒的秘密附约就是将公开的文书的效力转移到他人的身上，因为，它改变了当事人的地位，实际上是通过中间人为他人谋取利益。

1）可以是为了隐瞒“当事人的同意本身”而订立阴阳合同。在这种情况下，秘密附约将影响到公开的合同的存在，使公开的合同成为一项虚构的契约活动。例如，公开的合同是一项买卖合同，但双方当事人可以在秘密附约中直接作出与这份公开的合同相反的约定——出卖人仍然是所有权人，买卖本身纯属虚构；又例如，一人可以与他人设立一家虚构的公司，目的是将该虚拟公司作为所谓的出资财产的所有权人，借此转移财产。[1]

---

[1]皮克：《论公司契约中的隐瞒问题》（Pic，la simulation dans les actes de société，DH935. chron. 33）；例如，最高法院商事庭 1953 年 6 月 10 日判决（JCP1954. II. 908. Ba-stian 述评）；最高法院商事庭，1970 年 1 月 19 日（D. 1970. 479. Poulain 述评）；卢昂法院，1973 年 6 月 6 日（Gaz. Pal. 1973. 2. 910. Delaisi 述评，RTD civ. 1974. 166. G · Cornu 述评）。

2）可以是为了隐瞒合同的原因而订立阴阳合同。在这种情况下，公开的合同就是为了掩盖（masquer）合同的真正性质，法国法律将此种情况称为“伪装”（déguisement）。例如，某人表面上伪装将某项财产卖给另一人，但是双方当事人在另外订立的一份秘密附约中约定所谓的买受人分文不付。这就是以买卖作为掩护，进行伪装的赠与（une donation deguisée）。[1]

3）也可以是为了隐瞒契约的标的而订立阴阳合同。在这种情况下，双方当事人确实是打算订立一项法律文书，文书的性质也写在公开的合同之上，但他们之间另外订有一份秘密合同，对公开的合同规定的债的范围进行了变更。最常见的情况是，隐瞒财产买卖价金的准确数额，例如，在公证人前订立的并且提交登记的那份合同约定的价金是很明确的、具体的（例如，400000 欧元），但实际上双方当事人在秘密附约中规定的价金却要高得多（例如，600000 欧元）。采取这种所谓“台下价金”的做法，目的之一可能是偷逃税款。

4）有时，阴阳合同甚至可以被用来隐瞒一方当事人的身份。合同中写明其姓名的人表面上似乎是真正的当事人，实际上秘密附约指明的是另外的人。这种做法是“利用他人的身份，使无能力人得以实施某种法律行为”。[2]利用他人身份，可以征得公开的合同的相对当事人的同意，但相对当事人也有可能毫不知情。人们称这种情况为“借名”或“假名”（prête-nom）。例如，某人为了扩充他自己的地产的面积，想把相邻土地买过来，但又担心如果由他本人出面商谈，对方会抬高价格，于是请第三人以他自己的名义购买

[1]关于其他伪装的赠与的例子，参见《继承和赠与》，第 472 节。

[2]最高法院第一民事庭，2000 年 11 月 28 日（JCP2001. II. 10645. Azzi 述评，Defrénois. 2001. 237. Libchaber 述评。D. 2001. somm. com，p. 1139，Delebecque 述评，RTDciv. 2001. 134，Mestre et Fages 述评）。

这块土地，实际上第三人是为幕后的委托人的利益进行这项买卖，买卖一旦定案，便可将财产转给委托人。

544. （2）远目的（but lointain）：订立阴阳合同的理由（raison）

促使合同当事人订立阴阳合同的动机是多种多样的，极不相同。但是，只有在为了确认阴阳合同是否具有欺诈性质时，法律才会考虑这种动机。实践中，订立阴阳合同的目的往往都是规避法律，或者规避第三人的权利，特别是规避债权人的权利。

订立阴阳合同可能是为了偷逃税款（fraude fiscale，税收舞弊行为）。当事人之所以订立阴阳合同并隐瞒一部分买卖价金，是为了让买受人能够少缴纳财产变动税款或财产转移税款（droit de mutation）以及有可能使出卖人避免缴纳财产增值税；订立阴阳合同的目的也可以是用买卖的形式来掩饰与隐瞒财产的赠与，因为，对财产买卖的征税比例要低于赠与财产的税收比例。

其次，订立阴阳合同是一种民事上的舞弊行为。例如，债务人弄虚作假，假装将可能受到债权人扣押的不动产卖给其同谋人，借此安排自己无支付能力的假象。又例如，在法律规定特定的人没有无偿受领财产的能力的情况下，为了规避这种公共秩序性质的规则，订立阴阳合同，例如，采用伪装的赠与技术，通过财产买卖的形式来掩盖向无能力人赠与财产；或者，通过订立阴阳合同或秘密附约，表面上向有能力人进行赠与，然后再由该人将财产转移给指定的作为真正受益人的无能力人。还例如，在有特留份继承人的情况下，财产处分人想给予某人以更多的、超过其可得份额的财产，也可能订立阴阳合同，表面上不是公开向该人赠与财产，而是假装将其打算赠与的财产卖给受益人。需要注意的是，阴阳合同并不是在所有情况下都具有欺诈性质，因为，通过阴阳合同这种方式而实施的隐瞒行为，也可能有着道德方面或精神方面的中性目的。例如，某人为了用比较便宜的价格购买一块土地，假借他人的名义与出卖方进行此项买卖，或者商人为了不让竞争对手了解其商业状况或市场状况，在与竞争对手订立合同时借用他人的名义，如此等等，这些活动并不具有欺诈性质。又例如，在没有特留份继承人的情况下，财产处分人以买卖的名义掩盖其进行的无偿处分行为或赠与行为，目的是想借此保障自己能够安静度日，不因其财产处分而受到其他亲属的烦扰。甚至还有可能是本着某种值得赞扬的目的而订立阴阳合同，如许多做慈善事情的人往往隐瞒其进行的捐赠，为的是保守其姓名不被公众知悉。

第二目　阴阳合同的法律制度

545. 本节内容安排

理论界部分学者认为，阴阳合同往往是实施欺诈的工具，因此他们主张应当认定被隐瞒的文书或秘密附约原则上一律无效，[1] 只有这样才能保护总体利益，防止舞弊行为。但是，这并不是法国法所采取的立场。法国法实行的原则是：欺诈不得推定。[2] 因此，隐瞒本身不是一种无效原因。[3] 只有欺诈性隐瞒而订立的阴阳合同才会受到制裁。基于此，我们在这一节里，首先研究阴阳合同的普通法（一），然后再介绍在欺诈性阴阳合同情况下适用的特别规则（二）。

[1] J·Carbonnier. t. IV. N°87；Malaurie，Aynès et Stoffel-Munck，*Les obligations*，N° 765.

[2] J·维达勒：《试论欺诈之一般理论》，《图卢兹大学学位论文》，1957 年（J·Vidal，*Essai d'une théorie générale de la fraude*，thèse Toulouse，éd. 1957，p. 437 et s）。

[3] 最高法院民事庭，1806 年 8 月 13 日（S. 1806. 2. 961）；最高法院诉状审理庭，1891 年 11 月 9 日（DP. 92. I. 151.）；最高法院第一民事庭，1975 年 10 月 22 日（Bull. civ. I. N°291. p. 243. D. 1976. IRp. 6）；最高法院第一民事庭，1979 年 7 月 11 日（Bull. civ. N°69. p. 53. D. 1979. p. 320）（隐瞒本身并不是相应的合同无效的原因）。

一、阴阳合同之普通法

546. 处理原则

不言而喻，阴阳合同意味着存在有某种隐瞒与谎言，但这种隐瞒本身属于中性：仅仅是阴阳合同，并不会使有效的东西变为无效，也不能使无效的东西变为有效。这样一来，就会提出一个问题：由于公开的文书与秘密文书两者之间可能全部相互抵触，也可能仅有一部分相互抵触，所以有必要弄清楚两者中哪一文书可以占主导地位。要想回答这一问题，有必要从原则开始探讨。

意思自治，强制要求尊重当事人的真实意思，而在阴阳合同情况下，真实意思却包含在秘密文书当中，因此占主导地位的应当是秘密文书或被隐瞒的那份文书。然而，这只是一种初步的看法，而且与法律安全的要求相抵触。如果认定秘密文书占主导地位，就可能有损法律安全，因为第三人只知道有那份公开的文书（公开的合同），而不知道还存在另一份秘密的文书。

法国制定法是这两个方面的相互矛盾的强制性要求相互调和的产物。《民法典》第 1321 条从两个方面进行了这种调和处理："私下订立的废除或者变更原契约的秘密附约，仅在缔结此种附约的当事人之间有效，对第三人不具有任何效力。"换句话说，在合同当事人的相互关系中，起主导作用的是意思自治原则，而在与第三人的关系中，起主导作用的则是法律安全。我们在下面将按照第 1321 条所进行的区分处理，首先讨论阴阳合同在当事人之间的效力，然后再考虑第三人的地位。

547. （1）秘密附约在当事人之间的效力

《民法典》第 1321 条在规定秘密附约在合同当事人之间可以产生效力时强调指出，在当事人之间，公开的文书与秘密文书之间相互不一致的规定，按照利于秘密附约的方式处理，也就是说，认同该附约的规定，而不认同公开的文书所作的规定。由于秘密附约表达的是当事人的真实意思，因此，秘密附约应当占主导地位，这是完全符合逻辑的。我们从这里也可以看到，这种处理显然表明，秘密附约不会仅仅由于其具有不公开性与秘密性而被认定无效。人们可以秘密地去做他们有权公开做的事情；但是，与此相反，采用订立秘密附约或者阴阳合同的方法，显然也不可能赋予一项文书本来就不具备的有效性。所以，我们说阴阳合同本身属于中性。但是，我们有必要具体弄清订立阴阳合同的此类活动应当具备哪些条件，所订的秘密附约才能在当事人之间产生效力（A），此外，秘密文书，从其定义就可看出，是一种被隐瞒的文书，如果一方当事人提出他只知道并且只认可公开的文书，那么就只有在证明当事人之间确实订有秘密文书的前提条件下，该秘密文书才能在当事人之间产生效力（B）。

548. （A）秘密附约（在当事人之间）的有效性条件

如果一项秘密文书具备法律对法律文书的有效性所规定的实质性条件，那么，该秘密文书（本身）就是一项有效的文书。这里的实质性条件是指：当事人的同意、其缔约能力、合法的标的以及合法的原因。是否具备这些条件，都要按照不公开的文书或秘密文书自身的情况来进行评价。[1] 与此相反，秘密文书应当具备的形式条件则是与公开的文书有关的形式条件，公开的文书是“台面上的

[1]在涉及原因时，有关原因虚假的证据，可以推定原因不存在，法院判决认为，（主张享有）由公开的文书产生的债权的受益人应当证明存在另一种合法的原因。参见最高法院第一民事庭，1988 年 12 月 20 日判决（Bull. civ. I. N° 369. p. 249. D. 1990. 342. J · Marguénaud 述评，Defrénois1989. p. 759. Aubert 述评，RTD civ. 1989. 300. Mestre 述评），换句话说，第 1132 条的规定不能适用，因为这里不是涉及一项没有表明原因的行为，而是一项经确认有虚假原因的行为。

活动”，因此公开的文书应当能够给人以假象，让人以为它就是真正的文书。由此产生的结果是，被隐瞒的秘密文书在一定程度上借用的就是公开的文书的形式。例如，在以买卖的方式进行伪装的赠与时，尽管这项赠与行为没有按照《民法典》第 931 条的要求采用公署文书的形式进行确认，但它仍然有效，因为这里唯一需要遵守的形式是公开的文书应当遵守的形式，也就是买卖文书的形式，而买卖是一种诺成行为，不受强制或者无须采用公证文书的形式。[1]

549.（B）秘密附约的证据

秘密附约的存在需要通过“请求宣告隐瞒之诉”（action en déclaration de simulation）来进行认定。[2]“请求宣告隐瞒之诉”在传统上一直适用 30 年时效，[3] 自 2008 年 6 月 17 日法律以后则适用 5 年时效（《民法典》第 2224 条）。原则上，这一时效期间自被指称属于阴阳合同的文书订立之日起计算，因为，自这一日期，双方当事人就知道可据以提起诉讼的事实。对秘密附约进行认定，就它的存在与它的内容而言，只能遵照有关法律行为之证据的普通法规则。这样一来，我们就应当根据公开的合同是否应当采用书面形式来区分不同的情况：当公开的合同本身是一份书面合同时，按照《民法典》第 1341 条的规定，就不能用书面文字以外的方法作为证据来证明秘密附约的存在及其内容，因为，这里涉及的是要证明一

[1]最高法院第一民事庭，1980 年 5 月 29 日（Bull. civ. I. N° 164. p. 13）：采用有偿行为（文书）来作为掩护进行无偿处分，在其具备借用的文书的制作所要求的形式条件时，此种无偿处分即属有效，至于这种处分行为应当遵守的实质规则或条件，则应当是无偿处分行为本身的规则。参见最高法院第一民事庭 1993 年 10 月 27 日判决（JCP1993. IV. 27. 28. D. 1994. IRp. 14）；早在 1813 年 5 月 31 日最高法院民事庭就作出过相同判决（S. chron，*Grands arrêts*，t. 2，N° 129）。

[2]最高法院第一民事庭，1955 年 5 月 9 日（D. 1955. 467）。

[3]最高法院第一民事庭，1971 年 11 月 9 日（D. 1972. 302）。

项书面文字内容的真假；[1] 或者，如果公开的合同没有采用书面形式，那么就需要按照普通法的规定来提出证据（参见第 151 节）：只要合同涉及的利益的数额超过 1500 欧元，都要求提出书面证据，但是，如果法律另有规定，则可以运用任何方法加以证明（例如，书证之端绪、书面证据之举证不能）。[2] 实践中，阴阳合同涉及的价值始终都高于 1500 欧元，如果涉及的利益很小，当事人也就没有任何理由和必要去采取订立阴阳合同的做法。

550. （2）第三人的地位

按照《民法典》（原）第 1321 条（现第 1201 条）的规定，私下订立的旨在废除或者变更原契约的秘密附约，仅在缔结此种附约的当事人之间有效，对第三人不具有任何效力。从文字表述来看，这一条文似乎仅仅是在简单地重申法典第 1165 条的规定：如同所有的合同或协议一样，秘密附约仅在订约当事人之间具有效

[1] 最高法院诉状审理庭，1899 年 7 月 10 日（DP. 99. I. 368. S. 99. I. 368）；最高法院诉状审理庭，1900 年 1 月 31 日（DP1900。I80. S. 1901. 1. 347）；最高法院诉状审理庭，1953 年 11 月 25 日（Gaz. Pal. 1954. I. 233）；最高法院第三民事庭，1978 年 5 月 3 日（Bull. civ. III. N°86. p. 145. D. 1978. p. 489）；最高法院第一民事庭，1988 年 1 月 18 日（Bull. civ. I. N°28. p. 19）。只要不是对“经过公证人亲自认定”这一事实的真实性提出质疑，而仅仅是认为“文书不是在公证人前制作的文书”或者仅仅是认为文书“是没有经公证人监督而制作的文书”，特别是援用秘密附约，那么，也可以针对公证文书提出有关隐瞒或阴阳合同的证据，而无须运用“提出文书属于伪造之声明”的程序。参见最高法院诉状审理庭 1937 年 12 月 8 日判决（DH1938. 114）；最高法院第一民事庭，1971 年 10 月 20 日（Bull. civ. I. N° 270. p. 228）；最高法院第三民事庭，1972 年 2 月 22 日（Bull. civ. III. N° 120. p. 88）；最高法院第一民事庭，1981 年 3 月 4 日（Bull. civ. I. N° 79. p. 65）；最高法院第一民事庭，2009 年 3 月 11 日（JCP2009. IV. 1627）。

[2] 有些法院判决在这方面也做出了重大的缓和处理。这些判决在阴阳合同的证据方面似乎是承认或者准许可以将公开的合同作为书证之端绪予以援用，参见最高法院诉状审理庭，1935 年 10 月 21 日（S. 1936. 1. 27）；最高法院第一民事庭，1953 年 3 月 24 日（D. 1953. 367）；最高法院第一民事庭，1966 年 6 月 15 日（Bull. civ. I. N°367. p. 283）。

力。然而，实际情况并非如此，因为法院判例的解释是，与第 1165 条的规定相比，第 1321 条的规定更加限制合同对第三人的效力。由此，我们可以从第 1321 条的规定推断认为：秘密附约不仅对第三人没有直接效力，而且对第三人没有间接效力，可见该条的规定并非简单地重申第 1165 条的规定，它与人们对后一条文的通常解释完全不同。换言之，秘密附约不能对抗第三人，对所有第三人都是如此，[1] 也就是说，除当事人之外，对其他任何人都没有效力，概莫能外，其中包括那些视同第三人的人，例如，全部权利概括继受人或部分权利概括继受人。[2] 而我们知道，对于第三人——普通债权人、特定权利继受人——合同的对抗效力具有特别突出的意义，所以，第 1321 条的处理显然对第三人具有极其重要的作用。

这样处理，想要达到的目的显然是保障法律安全。秘密附约，由于它表达了当事人的真实意思，因此在当事人之间是有效的，与此同时，由于第三人仅仅知道那份公开的合同，他们只能相对于公开的合同来作出自己的决定，因此，秘密附约对于第三人不具有对抗效力。不过，对于这一规则的基础，也准许作出某种调整。既然认定秘密附约对第三人不具有对抗效力，目的是保护

[1]在代理情况下，委托人显然是契约活动的当事人，因此由代理人订立的秘密附约对被代理人产生效力。参见最高法院第一民事庭 1983 年 2 月 22 日判决（Bull. civ. I. N° 71. p. 62. JCP1985. II. 20359. P · Verschave 述评）。

[2]全部权利概括继受人或部分权利概括继受人是权利转让人的人格的后继人（continuateur），因此，对于这些人而言，起作用的应当是秘密附约。参见最高法院第三民事庭 1979 年 5 月 21 日判决（Bull. civ. III. N° 112. p. 84. D. 1979. IRp. 472）；但是，如果这些人主张的不是原先属于权利转让人的权利，而是主张属于他们自己的因秘密附约而受到损害的权利，则是另一回事；例如，特留份继承人请求减少“伪装的赠与”的数额，就是这种情况（参见《继承和赠与》第 997 节）。在此情况下，人们认为，第 1321 条意义上的第三人的概念，与第 1165 条的概念相比，可以从更广的意义上来理解，特别是在被继承人“书写的文字”中或者有关的文字记载中没有他的名字的继承人，更是如此。

第三人的利益，那就只有当秘密附约产生不利于第三人的后果时，才能具有此种强制作用；如果与公开的合同相比，秘密附约对第三人有利，甚至更为有利，那么第三人完全可以主张秘密附约的规定（现第1201条最后的“但书”）。这样做，当然需要具备一定的条件，这个条件就是需要通过“请求宣告隐瞒之诉”来证明秘密附约的存在。换言之，在面对阴阳合同的情况下，第三人可以根据自己的利益作出选择：要么，仅限于主张公开的合同（A），要么，如果与公开的合同相比，秘密附约对第三人更加有利，第三人则可以主张秘密附约（B）；不过，相对于秘密附约，（不同的）第三人的利益往往不同，因此，利益相互矛盾的第三人要想作出这样的选择，并非不会遇到困难（C）。

551.（A）秘密文书对第三人没有对抗效力

《民法典》第1321条宣告秘密附约对第三人不具有对抗效力。这看来是再明显不过的事。当事人故意对某人隐瞒一项文书，而该人对此文书一无所知时，怎么可能承认这样的文书对自己产生对抗效力呢？从法律上来看，这种处理的依据是立足于以下两个方面的考虑。一方面，秘密附约没有对抗第三人的效力，是对“表见思想”（idée d'apparence，表见理论）的一种运用，目的是要保护那些被公开的文书造成的假象所欺骗的第三人。这样一来，显然只有善意第三人才能主张以表见的文书为准，[1] 也就是说，对于那些在与当事人打交道的时候本来可以通过任何手段或方法知道存在阴阳合同这种事实的第三人，秘密附约仍然具有对抗效力；另一方面，秘密附约对第三人不具有对抗效力，可以看成是对此种附约的

[1] 最高法院第一民事庭，1848年2月9日（S. 48. I. 481）；最高法院诉状审理庭，1899年3月13日（S. 1900. I72）。

受益人的一种制裁；因此不能准许从秘密附约中获得利益的受益人主张那些被此附约隐瞒的权利。

实践中，秘密附约不能对抗那些“由于信赖公开的合同，对公开的合同所产生的状态寄予期待的人”，例如，特定权利继受人、普通债权人（无担保债权人）。

举个例子：一处不动产的出卖人为了获得更高价金，与该不动产的承租人订立一份公开的租约，其中规定月租金为 5000 欧元，同时他们又订立一份秘密租约，约定的真实租金的数额为 3000 欧元。后来该不动产被卖出，由于买受人属于（这项不动产的）特定财产继受人，他有义务遵守租约，因而他可以要求承租人缴纳那份公开的租赁合同所确定的租金——5000 欧元，承租人则不能以他与原所有权人之间订立的秘密租约（其中规定的租金仅 3000 欧元）来对抗买受人的要求。[1]

又例如，某人与另一人订立一项虚假的不动产买卖合同（实际并无此项买卖），买受人的普通债权人当然依据这项表见的合同或公开的合同认为该不动产属于其债务人的概括财产之一部分，因此可以扣押该不动产，即使在这些人成为债权人的时候，他们的债务人尚未成为该不动产的表见的、公开的所有权人，也做同样处理；而依据秘密附约认为自己才是该不动产的真正所有权人的人，则不能请求追还受到扣押的不动产。在此情况下，表见的或公开的文书之所以对第三人没有对抗效力，便不再是用表见理论来解释，而应当用“制裁的思想”来解释。[2] 不过，需要指出的是，对于经代位途径提起诉讼的债权人，秘密附约仍然具有对抗效力，因为这些

[1]原先为了达到某种目的而订立的秘密租约，现在变成了不利于作为出卖人的同谋人的承租人。因此，秘密附约带有很大的风险，采用阴阳合同购买不动产的情况更是如此。——译者注

[2]参见 Planiol et Rippert，t. VI par Esmein N°337.

债权人此时行使的是他们的债务人的诉讼权利（是取代债务人提起诉讼）。[1]

不论是采用何种形式订立阴阳合同，秘密文书均对第三人没有对抗效力。通过他人作为中间人订立的阴阳合同同样适用这项规则，特别是通过借名的委托代理人订立的阴阳合同。在当事人之间，真正的合同具有强制力，因此，在这种情况下，委托代理人，如同所有的委托代理人应当做的那样，需要向委托人作出报告；但是，在借名人（委托代理人）与第三人的关系中，表见的、外观的或者公开的状态起着主导作用。例如，在第三人眼中，负责购买某项财产的借名人（委托代理人）被看作是所有权的持有人，而如果借名的委托代理人像处分自己的财产一样处分该不动产，委托人就不能用那份被隐瞒的附约来对抗第三人，而只能局限于对借名的委托代理人提起损害赔偿之诉。

但是，在阴阳合同的各方当事人的相互关系中，也就是在不公开的委托人、借名的委托代理人与公开的合同的相对当事人的相互关系中，借名的情况仍然应当遵守有关的特有规则。如果公开的合同的相对当事人并不知道是由借名人参与其中，那么，相对于被隐瞒的合同来说，该相对当事人显然是第三人，仍然可以主张借名订立的协议对其不具有对抗效力，但是，由于这种状况比较特殊，法院判例也将这种处理扩张适用于第三人知道其公开的（表见的）缔约当事人实际上是代理另

[1]最高法院诉状审理庭，1870年5月23日（DP. 71. I. 109）；最高法院民事庭，1914年5月15日（D. 1916. I72）；最高法院第一民事庭，1982年10月12日（Bull. civ. I. N° 284. p. 244. JCP1983. IV. p. 3）。

一人的情况：尽管第三人知道一方当事人是借名，仍然可以仅仅主张那份公开的合同的规定；[1] 与此相反，如果他本人也积极参与了订立阴阳合同，则另当别论。在此情况下，他不能主张用公开的合同来对抗以借名人的资格订立合同的人。[2]

552. 阴阳合同（隐瞒），不动产的公示及占有

在特定情况下，《民法典》第 1321 条的规定与保护第三人利益的其他措施相互重叠。实践中，第 1321 条确认的规则可以与不动产公示手续相互交叉。例如，我们假定，（当事人）先采用公开订立的合同进行一项不动产买卖，随后又订立一项秘密附约取消这项买卖，在此情况下表见的买受人对买卖文书再进行公示，以便在表面上完全取得该不动产的所有权，与此相反，秘密附约不会进行公示。如果表见的买受人同意用其照此虚拟取得的该不动产向他本人的债权人之一设置抵押权，那么，该抵押权人只要对其抵押权进行了公示，之后，他便无须再援用第 1321 条的规定，也无须再主张秘密附约对其不具有对抗效力，而只需要援用有关抵押权公示的规则，就足以有效地避免其抵押权受到仍然是真正所有权人的虚拟出卖人的任何异议。[3] 同样，购得某项有体动产的第三人，作为买

[1]最高法院诉状审理庭，1864 年 1 月 25 日（DP. 64. I. 282. S. 64. 105）；最高法院商事庭，1982 年 4 月 26 日（Bull. civ. IV. N°133. p. 118）；另见尚贝里法院 1984 年 10 月 13 日判决（D. 1986. 233. D・Rambure 述评）。

[2]最高法院第三民事庭，1992 年 7 月 8 日（JCP1993. II. 21982. G. Wiederkehr 述评，*RTD civ.* 1993. 352）。

[3]在不动产买卖中，如果同时公示了公开的合同与秘密的附约，那么在秘密附约本身也进行了公示的情况下，又会发生什么样的问题呢？最高法院认为，在这种情况下，秘密附约对特定财产继受人具有对抗效力，特别是对抵押债权人（抵押权人）具有对抗效力。参见最高法院民事庭 1897 年 5 月 18 日判决（DP. 97. I. 505. Loynes 述评，S. 98. 1. 225，Tissier 述评）；但是，这样的处理受到了人们的批评。批评者认为，公示措施的设置并不是为了清除秘密文书所带有的秘密性瑕疵，如果认为进行了公示的秘密附约就可以产生上述对抗效力，实际上是准许人们运用一种新的欺诈工具，（转下页）

受人，受《民法典》第 2279 条的规定保护时，也不需要再援用第 1321 条的规定。[1]

553. （B）第三人主张秘密附约的权利

如果秘密附约比公开的合同对第三人更为有利，那么，第三人可以主张秘密附约。我们知道，《民法典》第 1321 条规定的目的恰恰是要保护第三人。按照这一精神，我们可以运用对立推理方法，从该条文字表述中推导认定上述处理确实有其依据：第 1321 条虽然提出了“秘密附约对第三人没有效力”的规则，但它丝毫没有规定秘密附约不能产生“有利于第三人的效力”。这一条文所表达的规则自然不能反过来被用于对付它本想给予保护的第三人。再说，第三人可以主张依据秘密附约而产生的与公开的合同相比对其更为有利的效力，是完全符合逻辑的。因为，只要第三人不考虑第 1321 条为其提供的保护，那么，依据《民法典》第 1134 条赋予其有效性的，表达了当事人之间订立的协议的真正现实的秘密附约就应占主导地位，这也是完全正常的事情。

还是让我们利用前面略加补充的例子来作说明。当事人通过订立秘密附约提高此前转让的不动产的租赁合同中规定的租金数额，该不动产的买受人，作为转让人或出卖人的特定财产继受人，可以主张该秘密附约的规定；[2] 同样，在当事人通过秘密附

（接上页）因为这种情况下公开的文书仍然存在。这样有可能诱导第三人发生误解（Tissie. Planiol et Rippert par Esmein）；不过，在我们看来，这种批评意见是站不住脚的：进行了公示的秘密附约之所以对第三人具有对抗效力，是因为第三人知道这项附约，而正是由于第三人知道存在秘密附约，也就没有理由再适用第 1321 条的规定。但是，如果进行秘密附约公示的目的恰恰是进行欺诈，以损害第三人的利益，这种公示仍然不能产生效力。参见最高法院民事庭 1949 年 5 月 10 日判决（D. 1949. 277. Lenoan 述评。S. 1949. I. 189. H · Bulté 述评，JCP1949. II. 4972. E · Becqué 述评）。

[1] 参见《法国财产法》，第 425 节，中国法制出版社 2006 年版，罗结珍译。

[2] 最高法院民事庭，1946 年 2 月 25 日（D. 1946. 254）。

约进行虚假买卖的情况下，这项虚假买卖的出卖人的普通债权人也可以主张该秘密附约，因为，按照秘密附约，这项财产仍然在他们的债务人的概括财产之内，普通债权人当然可以对该财产实行扣押。再举另一个例子：在借名的情况下，第三人可以主张那份不公开的合同或文书。[1] 因此，订立合同的第三人可以主张自己与借名人之间没有债务约束，并主张自己只是与隐藏在借名人后面的人之间存在有债的关系约束。[2]

第三人如果打算援用秘密附约的规定，则应当提起“请求宣告隐瞒之诉”，并举证证明秘密附约的存在。[3] 对于第三人来说，阴阳合同是一种“不可能要求提出书面文字证据来加以证明的事实”，因为，阴阳合同本身是双方当事人在第三人不知情的情况下订立的合同，所以，对于这一不公开的合同，可以以任何方法证明之，[4] 即使公开的合同得到书面文字的确认，仍然可以用任何方法证明秘密合同的存在。《民法典》第1134条关于禁止用证人证言来证明文书内容的规定与（秘密附约所涉及的）第三人无关。过

[1]最高法院第一民事庭，1984年6月19日（Bull. civ. I. N°205. p. 172. D. 1985. IRp. 66）；巴黎法院，1990年7月11日（D. 1991. 33. C · Larroumet 述评）。

[2]还例如，由于公证人在其制作的文书中有利益，于是在文书中借他人之名来替代自己制作该文书。这是一种受到的禁止的行为，相应情况下，第三人如果有利益，就可以主张秘密文书并请求撤销所订的合同。

[3]最高法院第一民事庭，1979年11月7日（D. 1980. IRp. 268. Ghestin 述评）；凡尔赛法院，1992年4月23日（D. 1992. somm. com，p. 400. Delebecque 述评）；最高法院第三民事庭，2003年6月4日（JCP2004. II. 10136. Dagot 述评）。

[4]最高法院诉状审理庭，1902年11月12日（S. 1905. I. 14）；最高法院诉状审理庭，1935年6月7日（DH1935. 131）；最高法院诉状审理庭，1937年12月8日（DH 1938. 114）；最高法院商事庭，1977年3月21日（*Bull. civ.* IV. N°90，p. 77）；最高法院商事庭，1980年6月30日（Bull. *civ.* IV. N° 279，p. 226）；最高法院第一民事庭，1981年3月4日（*Bull civ.* I. N° 79，p. 65，*JCP* 1981. 1V，p. 181）；最高法院商事庭，1987年6月30日（*Bull civ.* IV，N° 168，p. 126）；巴黎法院，1990年7月11日（D. 1991. p. 33. Larroumet 述评）。第三人通过行使代位权、提起代位诉讼时，并不享有证据自由，参见最高法院民事庭1914年5月15日判决（DP 1916. 1. 72）。

去，“请求宣告隐瞒之诉”适用30年时效，期间自被隐瞒的文书订立之日起计算；[1] 自2008年6月7日法律以后，则适用5年时效。时效期间，对于第三人，也不再是自被隐瞒的文书订立之日开始计算，而是自第三人知道或者应当知道阴阳合同存在之日起计算。

554. （C）第三人之间的冲突

我们从前面的阐述可以看到，秘密附约没有对抗第三人的效力，但是，与主张公开的合同相比，第三人有利益主张秘密附约时，则可以援用秘密附约的规定。显然，如果第三人有多人，其中一人不承认秘密附约，另一人却愿意享有秘密附约对其更为有利的约定，那么，这种选择权利就可能在多个第三人之间引起冲突。例如，债务人在发生无支付能力之后，（通过订立公开的合同与秘密附约）将一项财产虚假卖给另一人，而该人有很多债权人，在此情况下，如果表见的出卖人的债权人主张秘密附约，而公开的买受人的债权人却仅承认公开的合同，债权人双方之间显然就发生了冲突。

在过去很长时间里，关于如何处理这个问题，始终存在不同意见。最高法院后来作出了一项具有原则价值的判决，看来最终确定了判例在这方面的处理意见：在第三人相互之间发生冲突的情况下，应当优先考虑那些主张公开的合同的第三人的请求。[2] 这样处理的依据是《民法典》第1321条的条文表述及其精神实质。该

---

[1]不过，时效期间的起始点可以向后推延。请求宣告隐瞒之诉讼受其相随的本诉请求的左右。关于为了减少伪装的赠与的数额而提起请求宣告隐瞒之诉讼，参见最高法院第一民事庭1987年11月24日判决（JCP1989. II. 21214. Testa 述评，RTD civ. 1989. 803. Patarin 述评）；最高法院第一民事庭，1994年3月23日（Bull. civ. I. N°13. p. 84. RTD civ. 1994. 920. Patarin 述评）。

[2]最高法院民事庭，1939年4月25日（DP1940. I. 12. G·L述评，*Grands arrêts*，t 2，N°169）。

条文的规定说的是，秘密附约不得产生对抗第三人的效力，也就是说，秘密附约不得损害第三人的利益，而不是说第三人必然应当享有秘密附约的利益。当第三人中有的人可以利用（对他们更为有利的）秘密附约来对抗其他第三人时，那就意味着，该秘密附约已经损害到其他第三人的利益，所以应当优先考虑主张公开合同的第三人的请求。除此之外，最高法院还认为，在第三人的心目中，相对于秘密的合同而言，公开的合同应当占据优先地位，这样可以保障法律安全。最高法院保护的是那些“受到表见的情形损害的人”。

不过，我们还应当弄清一个问题：当第三人请求获得这种保护时，他对当事人之间所订立的合同发生的误解属于什么性质。最高法院在 1939 年 4 月 25 日作出的判决中提出了应当参照“表见情形的不可克服的力量”这样一个概念，看来是想通过这一概念，认定对第三人的保护需要以其存在不可克服的误解为条件，后来，最高法院则明确认为，只要第三人是善意的，即可获得保护。[1]

二、带有欺诈性质的阴阳合同

555. “欺诈者，诸事皆毁”（fraus omnia corrumpit）[2]

当阴阳合同具有欺诈性质时，法律就是要尽力让这种诡计与花招不产生任何效力，以树立受到此种欺诈手段规避的法律的权威。为了恢复法律的权威，运用的方法是，有时认定阴阳合同无对抗效力，[3] 有时认定订立的阴阳合同全部或一部无效。因为，如果促

[1]最高法院第一民事庭，1983 年 2 月 21 日（JCP1985. II. 20359. Verschave 述评）。

[2]《学说汇编》，49. 14. 4。“欺诈毁灭一切”（fraus omnia corrumpit）是罗马法的一条著名法谚。欺诈，本义上指意思表示不真实，通过隐瞒真相的方式，使相对当事人基于错误的判断而作出意思表示，它是对契约自由的扭曲。欺诈是一种违反诚实信用的行为，基于欺诈获得的利益属非法利益。——译者注

[3]关于“请求宣告隐瞒之诉”与撤销之诉的关系（Ghestin. Jamin et Billiau. N°819；J · Mestre 述评，（RTD civ. 1985. 370）。

使当事人订立阴阳合同的决定性原因就是为了进行欺诈，那么所订立的合同就因原因非法而无效。正因为如此，许多法律条文都明文规定，在特定情况下，所订合同因原因非法而无效。

556. 税法

在税收方面，《民法典》第1321-1条（《税收总法典》原第1840条）规定："任何秘密附约，以增加在转让司法助理事务所的合同中约定的价金为目的，以及以隐瞒以下合同中约定的价金为目的，一律无效且不产生任何效力，这些合同是：不动产买卖、营业资产转让、顾客群体的转让或者租约权的转让、对不动产整体或者部分作出的租赁预约、包含有不动产、营业资产或顾客群体在内的互易或分割。"

《民法典》第1321-1条规定的出现并得到确定，前后也经历了一段漫长时间。

在《民法典》制定之前，（法兰西共和历）共和七年霜月22日法律第40条就曾作出规定，宣告任何以隐瞒应纳税数额为目的的秘密附约均无效。但是，这一条文后来被认为已经由《民法典》第1321条废止。在此之后，法院判例认为，"以增加在转让司法助理事务所的合同中约定的价金为目的"的秘密附约无效，因为，1816年4月27日法律规定行政部门对转让司法助理事务所的合同有监督权，[1] 而如果在此种转让活动中订立上述秘密附约，势必造成行政部门无法实行这方面的监

[1]我们在这里需要提示的是，司法助理人员事务所的持有人——公证人、上诉法院诉讼代理人、司法执达员——有权推荐继任人人选供政府（司法部）任命，因此，可以以推荐权的名义要求被推荐人支付一笔金钱款项。这种制度是法国旧时代"买官鬻爵"制度的残留。——译者注

督，这种附约也就没有得到政府的准许，故被认定为无效。[1] 1912年2月27日法律确认了法院判例的处理意见，而且将这种处理意见扩张适用于一系列的有偿行为（文书），例如，不动产的买卖、营业资产的转让或者顾客群体的转让、不动产租约权的转让以及不动产的租赁预约，包含有不动产财产在内的财产分割。这些规定首先在1965年被归入《税收总法典》第1840条，2005年12月7日法律又将其归入《民法典》第1321-1条。

就上述活动订立的文书中对价金或价金余额的任何隐瞒，均会受到以下制裁：税收方面的制裁，采用的形式是罚款；[2] 民事性质的制裁：认定秘密附约无效，此种无效具有公共秩序性质（因此是一项必须宣告的制裁措施）。[3] 但法律规定，仅有秘密附约无效，也就是说，仅有买受人对公开的合同中没有写明的价金之部分

---

[1] 最高法院民事庭，1844年7月30日（S. 44. I. 528）：实际上，行政部门应当监督司法助理人员事务所的受让人是否负担义务向转让人支付过高价金。为了确认是否存在这样的问题，就需要查明该事务所在此次转让之前的若干年里所得到的收益情况。如果要求支付的转让价格过高，司法部将要求转让人降低转让价格。1912年2月27日这样做具有公共秩序性质的利益，因为，行政部门可以担心事务所的受让人为了收回过高的转让费用而将成本转嫁到顾客身上。

[2] 在有公证人参与的情况下，如公证人弄虚作假，明知而故意确认文书“没有经任何秘密附约进行变更”，但实际上却存在通过这样的秘密附约所进行的变更，而且通过这种手段提高了价金的数额，那么，公证人本身就会受到刑事制裁。关于这一问题，参见R·舒兹：《公证人与刑法》（R·Schutz, le notaire et la loi pénale, Defrénois 1994. p. 273. p. 284）。

[3] 最高法院民事庭，1928年7月25日（S. 1928. I. 351）；最高法院民事庭，1934年7月23日（DH1934. 505. Gaz. *Pal.* 1934. 2. 488）；最高法院民事庭，1940年11月12日（Gaz. Pal. 1941. I. 39）；最高法院商事庭，1994年1月18日（D. 1996. 233. Orsini 述评）：买受人甚至可以在放弃主张无效之后再主张此种无效，而这样做不会被认定有任何过错。参见前引最高法院第一民事庭1934年7月23日判决。

的清偿义务无效，而财产转让本身并不会受到任何影响。[1] 这样做的目的是希望激励买受人揭露秘密附约，因为买受人完全可以拒绝履行秘密附约，或者，如果出卖人在此之前就已经要求买受人支付了超过那份公开的合同所规定的价金的数额，那么，买受人可以请求返还其已经多支付的款项，[2] 同时还能保留由公开的合同所规定的利益。《民法典》第 1235 条规定："任何清偿均以有债务为前提；不欠债务而进行的清偿，得请求返还。但对已经自愿清偿的自然债务，不得请求返还。"该条第 2 款的规定不适用秘密附约，因为，适用这一条款的前提条件是，所进行的清偿仅涉及私人利益，而为了逃税所订立的秘密附约涉及公共利益，[3] 因此也不能用"双方原因不道德时，停止返还"这样一个法律格言来实行对抗：只有违反道德或者不道德的协议，才适用这一规则。

不过，也有人认为，对于这种情况，整个活动（包括公开的合同和秘密附约）都应当以无效论处，因为公开的合同与秘密附约之间存在着不可分割的联系，秘密附约是促使订立公开的合同的决定性原因，秘密附约无效，公开的合同就没有原因。这样处理，虽然能够更好地反映双方当事人的意思，但并不符合立法者的意图。立法者是希望用其产生一种威慑，因此认定公开的合同仍然有效（参见第 420 节）。在这一问题上，法院判例一开始也存在不同的

[1] 为了使秘密附约能够得到履行而订立的协议并不无效，例如，为了让买受人能够支付被隐瞒的那一部分价金而订立的提供贷款的合同并不无效，参见最高法院商事庭 1964 年 3 月 3 日判决（Gaz. Pal. 1964. 2. 213）；与此相反，为支付被隐瞒的价金之部分而签发的汇票无效，参见最高法院第三民事庭 1985 年 6 月 25 日判决（Bull. civ. III. N° 103. p. 78. D. 1986. 212. E · Agostini 述评）。

[2] 最高法院民事庭，1846 年 1 月 5 日（DP. 46. I. 14）；最高法院民事庭，1929 年 7 月 10 日（DH1929. 142）；最高法院民事庭，1936 年 8 月 1 日（Gaz. Pal. 1936. 2. 847）；最高法院诉状审理庭，1942 年 4 月 29 日（S. 1942. I. 42）；图卢兹法院，1946 年 12 月 12 日（*JCP* 1947. 11. 3573，Toujas. 述评）。

[3] 前引最高法院民事庭 1844 年 7 月 30 日判决。

处理意见，[1] 但最终还是一致认为《民法典》第 1321-1 条规定的无效“仅适用于秘密附约，不损害公开的合同的有效性”。[2]

但是，我们不能因此就对第 1321-1 条规定的这种无效的实际效果抱太多的幻想。因为，出卖人为了规避其可能遇到的困难，完全有可能自买卖之时就要求买受人用现金支付价金中被隐瞒的那一部分款项——当然不会出具收据或发票。这样一来，即使买受人后来只打算支付公开合同中约定的价金，对出卖人也毫无影响，因为买受人已经没有任何其他需要清偿的款项，而他却无法证明自己此前已经进行的支付，因为是用现金支付而且没有收据。

当然，如果被隐瞒的那一部分价金的数额非常大，双方当事人更有可能冒很大风险。因为，在这种情况下，一方面，出卖人有可能唯一以公开的价金数额为依据，以其受到超过 7/12 的价金损失为理由，提出因显失公平、解除不动产买卖之诉讼，尽管买受人这时已经支付了被隐瞒的那一部分价金。[3] 在此类诉讼案中，由于秘密附约无效，最高法院将拒绝买受人援用该秘密附约，买受人无法请求确认其已经支付了被隐瞒的那部分款项，再加上没有收

[1]认为两项合同全部无效的判决有：最高法院第三民事庭，1974 年 10 月 28 日（JCP1976. II. 18401）；最高法院第一民事庭，1981 年 1 月 13 日（Bull. civ. I. N° 10. p. 7. *JCP* 1981. IU9537. Gulphe 述评）；认为只有秘密附约无效的判决，如最高法院商事庭 1973 年 2 月 26 日判决（Bull. civ. IV. N°99. p. 84）；最高法院商事庭，1975 年 12 月 22 日（Bull. civ. IV. N°316. p. 263）；最高法院商事庭，1979 年 5 月 8 日（D. 1980. 283. Ghestin 述评，JCP1979. II. 19192，A・S 述评）。

[2]最高法院混合庭，1981 年 6 月 12 日（Bull. civ. N° 5. p. 7D. 1981. 413. Cabannes 述评，*Grands arrets*，t. 2，N° 170）；最高法院商事庭，1994 年 1 月 18 日（*Bull. civ.* IV，N°29，p. 23，*Defrénois* 1994. 808，Delebecque 述评）；在与外汇管制相近的领域，最高法院却认为：当这种活动的目的是规避调整这一领域活动的具有公共秩序性质的规则时，即可宣告活动全部无效。参见最高法院第一民事庭，1975 年 2 月 22 日（*JCP* 1976. 11. 18401，Ph・Simler 述评，JDI 1976. 105，B・Audit 述评，*Rev. crit. DIP* 1975. 633，Drakidès 述评）。

[3]恰恰是因为被隐瞒的那一部分价金的数额巨大，公开的价金就可能很少，如果不良出卖人再提出显失公平之诉，买受人将会蒙受重大的损失。——译者注

据，很难认定存在显失公平之事实；[1] 另一方面，税务部门还保留有先购权，它可以在公开的价金的基础上加价 1/10，从而可以按照较低的价格，直接从出卖人手中取得作为买卖标的的不动产。[2]

557. 民法

在民法方面，也有一些条文规定，当订立公开的合同与秘密附约的目的是规避特定的法律强制性规则时，此种活动整体无效。例如，《民法典》第 911 条第 1 款关于通过中介人向无受领能力的人所为之赠与的规定就是如此："为了使无能力接受无偿处分的人受益而进行的任何无偿财产处分，不论是以有偿契约的形式为掩护还是以作为中间人的自然人或法人名义而为，均无效。"[3]

不过，有些时候，虽然需要恢复被阴阳合同规避的法律的权威，但并无必要宣告订立秘密附约的活动无效，例如，当订立阴阳合同的当事人原本是希望借此规避有关特留份的规则时，就属于这种情况。进行无偿处分的人，为了向他的某一个有继承权的人或者第三人处分超过其可以处分的数额的财产，用有偿行为（文书）作

[1]最高法院诉状审理庭，1930 年 12 月 10 日（DH1931. 17. S. 1931. I. 103）。

[2]在行政部门通过行使先购权按照低于不动产的价值 7/12 的价格取得该不动产时，出卖人将会竭力利用显失公平之规则来对抗国家的这种先购权。原则上，行政部门并不能回避出卖人以显失公平为理由提出的撤销之诉。参见最高法院商事庭 1952 年 6 月 15 日判决（JCP1952. II. 7114）；但是，如果认定出卖人提起撤销之诉的目的是避免其承担在税收方面的后果，其诉讼请求将被拒绝，参见最高法院商事庭 1950 年 7 月 18 日两项判决（JCP1950. II. 5753），1952 年 1 月 15 日判决（JCP 1952. 11. 7114，2e esp.）；斯塔尔克：《登记先购权与因显是公平取消合同之诉讼》（Starck，Droit de préemption de l'enregistrement et action en rescision pour lésion，*Rép. gén. notariat*，1951，p. 121 et s）；关于制裁问题，参见科兹昂：《罪与罚：关于对不动产以及营业资产买卖中的台下交易的税务制裁》（Cozian，Crime et châtiment：fulminations fiscales contre les dessous-de-table en cas de vente d'immeuble et de fonds de commerce，*Defrénois* 1994，p. 1426）。

[3]《继承和赠与》，第 307 节。

掩护，进行伪装的赠与，对此情形，比较合适的制裁并不是“伪装的赠与无效”，而是恢复该法律行为的真正定性，将用于掩盖伪装的赠与的此种有偿行为重新认定为真正的赠与行为；如果已进行的此种赠与的数额侵害到某个继承人的特留份时，只需要将超过的数额计入无偿处分人有权处分的财产数额之内，并从中扣除其已经赠与的财产数额。[1]

除此之外，如果订立阴阳合同的目的是欺诈损害债权人的权利，对于这种虚假的行为，同样适用上述处理。在这种情况下，只需承认债权人有权主张那份被隐瞒的文书（秘密附约），就足以维护他们的权利，而如果宣告整个订约活动无效，反而会造成牺牲第三人权利之弊端，例如，有可能牺牲此种行为的表见受益人的普通债权人或特定财产继受人的权利，因为这些人只主张那份公开的文书所规定的利益，而这些人应当受到保护。正因为如此，本书中有关适用阴阳合同之普通法规则的情况被放在普通法一起研究（参见第 553 节）。

阴阳合同具有欺诈性质时，将会受到不同的制裁：阴阳合同具有的欺诈性质，引起一个始终都不会改变的效果，那就是证据自由。不论公开的文书采用何种形式，对于欺诈与秘密附约，始终可以用任何方法提出证据，予以证明。[2] 法院判例甚至承认，在涉

---

[1]《继承和赠与》，第 470 节。如果在赠与人死亡之后受赠与人仍然隐瞒赠与，有可能被认定为隐瞒遗产罪（参见《继承和赠与》第 919 节），这样，他将丧失保留受赠与的财产的权利，而无须查明这些财产是否超过处分人有权处分的数额。最高法院第一民事庭，1974 年 5 月 30 日（D. 1974. p. 1. A · B 述评，JCP 1975. 11. 17921，Thuillier 述评，*RTDciv.* 1974. 439，R · Savatier 述评）。

[2]最高法院诉状审理庭，1933 年 5 月 16 日（DH1933. 346. S. 1934. I. 294）；最高法院第一民事庭，1968 年 11 月 13 日（Bull. civ. I. N° 275. p. 209）；最高法院第一民事庭，1971 年 1 月 14 日（JCP1971. IV. p. 45）；最高法院第三民事庭，1978 年 5 月 3 日（Bull. civ. III. N°186. p. 145）；最高法院第一民事庭，1980 年 7 月 21 日（Bull. civ. I. N°232. p. 186）。

及证明一份公证文书具有阴阳合同的性质时，同样适用证据自由之规则。[1]

为了便于适用《民法典》规定的特定制裁措施，立法者提出了“对阴阳合同的法律推定”（présomption légale de simulation）规则，例如，在赠与方面，《民法典》第 911 条关于中间人的法律推定：“无能力人的父母、子女、直系卑血亲以及配偶，推定为中间人，有相反证据时除外。”法典第 918 条对特定活动的无偿性质的推定：“财产处分人向直系的有继承权的人之一让与财产，同时约定由该继承人向财产处分人负担终身定期金或利息较高的终身年金或者处分人保留用益权时，此种让与财产按完全所有权计算的价值，计入处分人可处分的财产部分；并且在此种财产的价值超过其可处分的财产的数额时，对超过的部分应当进行扣减。此项计入与扣减只能由原先对转让没有表示同意的直系继承人提出请求。”[2]

[1]最高法院诉状审理庭，1990 年 5 月 30 日（S. 1901. I. 27）。
[2]《继承和赠与》，第 310 节、第 918 节。

第四章　违反合同义务

558. 问题。内容划分

合同具有强制力，[1] 除不可抗力原因导致合同无法履行的情况之外，不履行合同通常都会招致某种制裁。[2]

《民法典》第 1146 条规定："损害赔偿，仅在债务人受到履行债务之催告时发生。"如果债务人不自动履行债务，而债权人想要通过任何一种方式获得满意的结果时，一般都应当向债务人进行催告，催促债务人履行债务；大多数情况下，在判处债务人给予损害赔偿之前，均应当进行此项催告（参见附目第 1231 条）。

如果债务人不自动履行债务，或者，在催告债务人履行合同之后，正常情况下，债权人都享有向法院提起诉讼的权利，请求强制债务人履行合同。契约之债的强制履行类似于其他所有债务的强制履行，这方面的问题放在债的效力通则中进行研究；在这里仅仅指

---

[1] 安娜-索菲·杜帕雷-达勒玛涅：《论债的关系的强制力，债的概念探讨》，《巴黎一大学位论文》，2004 年（Anne-Sophie Dupré-Dallemagne, La force contraignante du rapport d'obligation, Recherche sur la notion d'obligation, thèse Paris I, éd. 2004）。

[2] F·卢维耶尔：《合同的内容，试论合同不履行的概念》，《埃克斯-马赛第三大学学位论文》（F·Rouvière, Le contenu du contrat: Essai sur la notion d'inexécution, thèse Aix-Marseille III, éd, spéc. N°ˢ 233 s, p. 197 s）；Y-M·莱提耶：《对合同不履行的制裁之比较研究》，《巴黎一大学位论文》，2004 年（Y-M·Laithier, Étude comparative des sanctions de l'inexécution du contrat, thèse Paris I, éd. 2004）；R·罗朗：《合同责任或者对合同损害的责任》（R·Rolland, Responsabilité contractuelle ou responsabilité à dommages contractuels, RRJ 2004-4, p. 2199）。

出，最高法院最近非常明确地重申了契约之债的强制履行原则。[1]

不过，我们知道，债权人并非始终都能获准强制履行，这或者是因为在涉及作为之债时，按照《民法典》第 1142 条的规定，一般而言，禁止强制债务人履行此种债务（参见第 594 节），或者是因为合同已经确定无法履行，例如，交付运输的物在途中灭失，原先约定参加演出的某个演员无法登台。在所有的无法强制履行合同的可能情况下，债权人只能通过等值方式来满足其债权：契约之债转为损害赔偿，以赔偿因债务人不履行合同给债权人造成的损失，因为债务人的责任已告发生。合同责任是我们在下面第一节研究的内容。

除此之外，合同不履行还包含特定的特别效果，涉及双务合同时，更是如此。由于双务合同产生的、双方当事人负担的债务具有相互性和依存性，一方当事人不履行债务对他方当事人的债务会产生影响。我们将在第二节里专门研究双务合同不履行产生的特别效果。

第一节　合同责任

559.

我们在“合同责任”（responsabilité contractuelle）这一标题下研究的内容是《民法典》第三卷第三编“债的效力”一章规定的内容，具体地说，是该章中“因债的不履行引起的损害赔偿”一节所规定的内容。[2]《民法典》的这一章节的安排表明，法典的制

---

[1]最高法院第一民事庭，2007 年 1 月 16 日（JCP2007. I. 161. N°6. Mekki 述评）：一方当事人丝毫没有履行其合同义务，在此种履行有可能的情况下，相对当事人有强制其履行选择权。

[2]这里所讨论的内容就是“违约责任”，但法国法律使用的术语直译是“契约责任”或“合同责任”，因此，本书译文按照法文表述，较少使用“违约责任”一词。——译者注

定者是将合同不履行情况下债权人对其受到的损害所享有的请求赔偿的权利作为债的效力来考虑的。按照这种观念，除有欺诈情形之外，债务人有义务让债权人获得他对合同所期待的等值利益，而不是赔偿其没有任何理由给债权人造成的损害，因为，当事人原来对合同效力给予的期待并不是赔偿，而是履行合同。

那么，只要一人对另一人按照合同的规定承担约定的债务，我们是否都可以从中推断认为，在该人不履行其义务承诺的情况下，这种“不履行在先”之事实，对于评价该人相对于他方当事人甚至相对于第三人的行为表现，不会产生任何影响呢？理智告诉我们，对于这一问题应当做出否定回答。

然而，之所以有必要提出这样的询问，是因为仅仅区分侵权责任和契约责任，并且用与这种区分相关联的各种后果来进行解释并不是很有说服力。当然，如果抛开这些尚未真正得到证明的效果不谈，区别侵权责任与契约责任看来还是比较符合事物现实的，至少符合这些术语所表达的现实。自 19 世纪开始，经过一个发展演变的过程——对于这一过程，人们已经做了非常权威的研究与回顾——逐步形成了一个习惯：不再从等值履行的角度来探讨问题，而是从合同责任的角度来进行探讨。[1] 然而，这种发展演变已经造成了对合同制度的扭曲，有学者尤其抱怨这样的探讨将合同不履行的后果阐释得支离破碎，然而它在总体上却指导着法国法学理论，因此这些学者要求法国法学理论仿效不成文法（common

[1] Ph·雷米：《合同责任，一个错误概念的历史》（Ph · Rémy, La “responsabilité contractuelle”, histoire d'un faux concept, RTD civ. 1997. 323 s）；波利纳雷米-科尔莱：《履行与赔偿：两个概念?》（Pauline Rémy-Corlay, Exécution et réparation: deux concepts? Rev. contrats 2005/1, 13 s）。

law，普通法）法学家的榜样。[1] 如果仅仅是涉及阐释上的改变，那么这种改变并不会有多大程度上的意义，但是，我们必须承认，抛开这种比较法上的影响不说，[2] 在合同之债与侵权责任之间仍然存在着基本的深刻的差别。此外，我们从这一角度又会再次对“损害赔偿”（dommages-intérêts）这一奇怪的术语或表述[3]提出疑问。

无论如何，看来都不可能有正当理由继续通过“合同责任与侵权责任不竞合”这样一个原则来维持责任之间的区分，因为，那样

---

[1]D·塔利翁：《合同之不履行，关于另一种介绍》（D·Talion，L'inexécution du contrat：pour une autre présentation，RTD civ 1994. 223 s）；《科尔钕论文集》：《为什么要谈合同过错?》（pourquoi parler de faute contractuelle? Mélanges Cornu. 1994. p. 429）。参见里迪-莱斯：《法官与损失，法国法与英国法之比较研究》，《巴黎一大学位论文》，2002 年（Lydie Reiss，Le Juge et le préjudice，Étude comparée des droits français et anglais，thèse Panthéon-Sorbonne Paris I，2002.）。

[2]P·茹尔丹：《关于合同责任概念的反思，责任的形态改变》（P·Jourdain，Réflexions sur la notion de responsabilité contractuelle，Les métamorphoses de la responsabilité，PUF，1998，p. 65）；L·勒图尔密：《合同当事人的侵权责任》（L·Leturmy，La responsabilité délictuelle du contractant，RTD civ. 1998. 839）；E·萨沃：《合同责任的终结》（E·Savaux，La fin de responsabilité contractuelle ? RTD civ. 1999. I）；萨瓦大学研讨会论文：《侵权责任与合同责任：二元还是一元?》（Responsabilité délictuelle et responsabilité contractuelle：dualité ou unité?，Colloque Univ. Savoie，2000. RTD CIV. A. juI. N°2001. p. 20）；P·格罗瑟：《合同不履行的补救，分类简论》，《巴黎一大学位论文》，2000 年（P·Grosser，Les remèdes à l'inexécution du contrat：essai de classification，thèse Paris I，2000）；Ph·雷米：《对合同不履行情况下解除合同与损害赔偿之竞合的观察》（Ph·Rémy，Observations sur le cumul de la résolution et des dommages-intérêts en cas d'inexécution du contrat，Mélanges Couvrat. 2001. p. 121）；G·维内伊：《受到质疑的合同责任》（G·Viney，La responsabilité contractuelle en question，Mélanges Ghestin，2001，p. 920）；C·拉卢梅：《关于合同责任 》（C·Larroumet，Pour la responsabilité contractuelle，Mélanges Catala，2001，p. 543.）；Ph·勒图尔诺：《合同责任法》（Ph·Le Tourneau，Droit de la responsabilité et des contrats，Dalloz Action，7e éd. 2008/2009，N°N 802 s）。

[3]法国法律中的损害赔偿——“dommages-intérêts”是由两个词组合而成，其中“dommages”一词的意思是损害，而“intérêts”一词的本义是“利益”或“利息”，将这两个词组合在一起，用指“对损害的赔偿”，所以作者认为这个术语的构成确实有些奇特。——译者注

做是因果颠倒：合同责任与侵权责任之所以不竞合，是因为它们有区别，是因为它们各自引起的后果不同，而它们之所以不同，是因为它们不能竞合。这样一来，除了两种责任的某些后果相互有一致之处，我们应当承认，在合同当事人之间的关系安排自然应当得到考虑。如果有必要进一步深入探讨，则应当探讨一个非常具体的问题，那就是：一方当事人不履行合同义务对第三人有何效力？

为此，我们在这一节里依次研究的是：损害事实（第一目），赔偿损害（第二目），有关责任的条款（第三目）。

第一目　损害事实

560. 应当具备的条件

赔偿权利（droit à réparation）取决于是否具备以下 3 个条件：损害（一）、合同过错（二）、过错与损害之间的因果关系（三）。

一、损害

561. 损害的存在

一方面是债的履行——自愿履行或强制履行，另一方面是对债的不履行引起的损害赔偿——无论是债的一部不履行还是全部不履行，也无论是暂时不履行或最终不履行，只要引起了某种损害或损失，就应当给予赔偿。[1]《民法典》第 1142 条规定：“一切作为之债或不作为之债，在债务人不履行的情况下，均引起损害赔偿。”最高法院经过一段多少有些犹豫不定的时期之后明确做出宣告，认

[1] 最高法院第三民事庭，1997 年 11 月 13 日（Bull. civ. III. N°202. RTD civ. 1998. 124. P · Jourdain 述评，696. P · Gautier 述评）；最高法院第三民事庭，2002 年 1 月 30 日（Bull. civ. III. N° 17. RTD civ. 2002. 816. Jourdain 述评，P-Y · Gautier 述评，JPC 2002. 1. 186，G · Viney 述评）。

定（仅仅是）合同之债的不履行不足以奠定给予赔偿的基础。[1]

没有损害，就没有赔偿。[2] 然而，现实情况却没有如此简单。首先，当法官受到召唤自由裁量损失的范围与大小时，我们不能完全排除受诉法官方面会“默示考虑”造成损害的当事人或大或小的有过错的行为表现——至少原则上是如此。此外，而且主要是在损害与损害事实两个概念的交汇点，还需要考虑那些摸不着的因素，这种考虑将会冲淡对损失的具体评判，即使不会真正排除对（进行赔偿应当有）损失这样的要求。[3]

这种困难尤其表现在不履行不作为之债的问题上。如果债务人不应作为却作为，做了其不应做之事，就会仅凭其违反此种不作为之事实而受制裁，且无须事先对其进行催告。《民法典》第 1145 条

---

[1]（仅仅是债的不履行，不一定就要赔偿，还必须存在损害。没有损害，就没有赔偿；然而，即使存在损害，是否给以赔偿，还可能要考虑其他因素；在涉及不作为之债时，是否也要求必须有损害才给予赔偿？——译者注）

作为之债或不作为之债的不履行，即引起损害赔偿，这是原则，即使此种不履行并无过错，亦在所不问（最高法院商事庭，1992 年 6 月 30 日）。按照有关作为之债的第 1142 条的规定，作为之债的债务人可以免于强制履行，因此，法官完全有理由依职权判决债务人用金钱赔偿来替代原告仅请求的实物履行（最高法院第一民事庭，1965 年 6 月 30 日）。在已经不可能实物履行债务的情况下，完全可以判处出卖人向购买人支付相当于出卖物价值的赔偿金，用金钱来履行交付（出卖物的）义务（最高法院商事庭，1993 年 10 月 5 日）。最高法院社会庭，2002 年 12 月 4 日（Bull. civ. V. N° 368. RDC2003. 54. PH · Stoffel-Munck 述评，RTD civ. 2003. 711. P · Jourdain 述评）；最高法院第一民事庭，2003 年 7 月 9 日（RTD civ. 2003. 709. Mestre et B · Fages 述评，JCP 2003. 1. 163，N° 4，G · Viney 述评）；最高法院第三民事庭，2003 年 12 月 3 日（JCP2003. I. 163. N°2. G · Viney 述评，RDC 2004. 2. 280. D · Mazeaud 述评，RTD civ. 2004，295，P · Jourdain 述评，CCC 2004，38，L · Leveneur 述评）；最高法院第二民事庭，2008 年 9 月 11 日（RDC2009. 77. O · Deshayes 述评）；（关于不作为之债的不履行），最高法院第一民事庭 2005 年 5 月 10 日判决（Defrénois2005. 1247. J · Aubert 述评）。

[2]关于返还部分买卖价金的问题，参见最高法院第一民事庭 2006 年 11 月 6 日判决（JCP2006. IV. 3351. 2007. I. 115. N°1. PH · Stoffel-Munck 述评）。

[3]这就是说，虽然“没有损害，就没有赔偿”是一项规则，但法官会默示考虑当事人有过错的行为表现，还有可能会考虑其他因素。——译者注

规定："如债务是不作为之债，仅凭有违反不作为之义务的事实，违反义务的人即应负损害赔偿责任。"[1] 但是，并不能仅凭这一条文的文字表述就认定"无须要求存在因不履行不作为义务而引起的损失"。最高法院的判决确认的是，《民法典》第1145条虽然免除催告，但并不免除请求赔偿的人需证明其受到了损失之原则，以及并不免除其需要证明受到损失的数额，[2] 然而，对于"不履行竞业禁止义务"的情况，最高法院援引第1145条的规定，确实非常明确地肯定："如果是不作为之债，违反义务的人仅因其违反义务之事实即应负损害赔偿之责任。"[3] 这一表述方式也丝毫没有解决一个不可回避的问题，那就是确定损害赔偿的数额——实践中，这是一个回避不了的问题。从法院判例的状况来看，我们只能认为，最高法院所做的处理跟竞争与损害的关系的特殊性不无关系。按照竞争法，只要不履行竞业禁止义务，都会引起损害赔偿，不管这种损害是合法还是非法。

562. 损害的性质，参照侵权责任方面的规定

在合同方面，如何确定可赔偿的损害，大部分规则都与侵权责任方面的规则相同。因此，我们只需要参照这些规则即可。过去，对于是否承认精神损害的问题，学术界曾出现过相互对立的意见，现在这方面的歧见已经消失，而且法律条文也没有作出任何区

[1] 有的上诉法院判决认为，在租约规定承租人负有不作为义务的情况下，如果以承租人违反此种义务为理由而解除租约时，则应当事先进行催告。这一判决被最高法院撤销（最高法院第三民事庭，1968年5月22日）。

[2] 最高法院第一民事庭，2002年2月26日（Bull. civ. I. N° 68. PH · Stoffel-Munck 述评，RTD civ. 2002. 809. Mestre et Fages 述评）。

[3] 最高法院第一民事庭，2007年5月31日（Bull. civ. I. N°212. D. 2007. 2784，C. Lisanti 述评，JCP2007. I. 185. PH · Stoffel-Munck 述评，RTD civ. 2007. 776. P · Jourdain 述评），另见：最高法院第一民事庭，2005年5月10日（Bull. civ. 2005. I. N° 201. JCP2006. I. 111. N°5. PH · Stoffel-Munck 述评，RTD civ. 2005. 600. P · Jourdain 述评）。

分规定。按照《民法典》第 1149 条的规定（参见附目第 1231-2 条）："应当给予债权人的损害赔偿，一般为其受到的损失和丧失的可得利益。"这一条文的内容是相当宽阔的，完全可以囊括精神损害与物质损害，不过，我们也应当看到，在合同方面也存在某些特殊问题。

563. 排除不能预见的损害

按照《民法典》第 1150 条的规定（参见附目第 1231-3 条）："债务之不履行完全不是因债务人有欺诈时，债务人仅对在订立契约时所预见的或者可预见的损害与利益负赔偿责任。"[1]

不要混淆"情势变更"（imprévision，未能或不能预见）与"未能或不能预见的损害"（dommage imprévisible）这两个概念。我们要再次提醒注意的是，债务人不能因为自己未能预见到的这样或那样的事件致使其应当进行的给付需要付出更大代价就指望免负责任，因为，情势变更理论并未得到（法国）民法的确认（参见第 466 节）。但是，我们在这里讨论的问题根本不是债务人如何摆脱其责任的问题，而是讨论如何衡量债务人的责任范围的问题。《民法典》第 1150 条的规定不是情势变更理论的一种适用（参见第 465 节及附目第 1195 条），该条文的规定仅仅是为了让订立合同的人能够衡量和评判自己可能应负的责任的范围或大小，以便其明白自己

---

[1]伊莎贝尔-苏洛：《论合同损害的可预见性》，《巴黎二大学位论文》，1979 年（Isabelle Souleau, *La prévisibilité du dommage contractuel*, thèse ronéot. Paris II, 1979）：作者特别阐述了这样的观点：《民法典》第 1150 条提出的规则并不是合同责任的一种特殊之点，而是合同正义的一种正常后果，实体法官没有必要去查明（所涉及的损害）是否属于可预见的损害。参见最高法院第一民事庭 1999 年 7 月 15 日判决："法官没有义务依职权查明当事人请求赔偿的损害是否是可预见的损害"（Bull. civ. I. N° 242. D. aff. 1999. 1239. RTD civ. 1999. 843. P · Jourdain 述评）。（这里的"精神损害"原文为"dommage moral"，也有学者将其称为"无形损害"。——译者注）

是否应当接受所订的合同对其可能包含的射幸性质。合同所包含的这种射幸性质可能源于外部情势，也可能源于合同当事人本人或其下属的疏忽大意、缺乏精明、缺乏审慎所造成的差错，而对于这种差错当事人应当承担责任。债务人应当能够评估其所订的合同可能带来的风险，如果风险过大，他就会对订立该合同有所犹豫，或者要求（相对当事人）增加代价，为此缔结保险，以防范风险，或者宁愿自己承担保险责任，但相应地向对方当事人增收款项。

以上这些考虑也说明，在最终认定债务人没有欺诈行为，仅仅是因其疏忽大意或缺乏谨慎而应当承担责任的情况下，在宣告由债务人负担的损害赔偿当中，人们就仅考虑在订立合同的当时可能预见到的那些事项。[1]

564. 所谓（损害的）可预见性，究竟是指什么?

某种损失是否属于债务人在订立合同时所预见或可预见的损失，这是一个事实问题。法院在依法说明其判决的理由时，应当认定考虑对其给予损害赔偿的那些损害就是当事人在订约时所预见的或者可预见的损害。[2]

此外，“已经预见的损害”（dommage prévu）是一个法律概念，而且是最高法院已经作出定义的概念。法官在说明经其自主认定的事实的特征时，应当参照最高法院对这一概念所作的定义。不

[1] 对损害赔偿的法定限制：应当是可预见的损害。凡是当事人在订立合同之当时就可以正常预见的损害，都属于第1150条意义上的“可预见的损害”（最高法院第一民事庭，1989年1月25日）。第1150条关于限制债务人责任的规定，仅涉及对构成损害之要素的预见性或可预见性，而不涉及用以赔偿损失的货币的价值（等值）（最高法院商事庭，1965年3月4日）。

[2] 最高法院民事庭，1913年7月9日（DP1913. I. 35. S. 1913. I. 460），本案涉及的是：由于火车晚点，一乘客因此错过了参加现场投标的机会，实体法官判处铁路公司赔偿该乘客因一笔生意被耽误而受到的损失，但最高法院撤销了这一判决，理由是，铁路公司不可能预见到乘客因迟到而耽搁了参加投标的机会这样一种极为特别的损失。

过，这里仍然有一个问题：债权人享有获得赔偿权利的情况下，我们所说的债务人“应当预见”或“可以预见”的到底是指他应当预见“损害的原因”（也就是“损害的性质”）还是指其应当预见“损害的大小”（quotité du dommage，chiffre du dommage，损害的数额）？例如，托运人用一个箱子寄送价值很高的珠宝首饰或艺术品，事先又没有作出任何特别的说明，同意运送这个箱子的承运人通常会知道在运输途中有可能发生哪些类型的损害，诸如，箱子外部破损，内部物件被压碎，箱子完全灭失或丢失，但是，他并不知道也不能预见到某个箱子内所装物品的价值超过其通常运送的物品的价值。承运人是否可以拒绝支付相当于这些珠宝首饰或艺术品价值的损害赔偿？或者，我们是否可以这样来回答承运人：这类损害是他完全可以预见的损害，鉴于他的职业资质，可以要求他预见到可能发生的这种损害？

总的来说，最高法院很早以前作出的一项判决仅仅是要求当事人预见发生损害的原因，而不是预见损害的大小。过去，人们按照这一指导方向，认为《民法典》第 1150 条的规定是对第 1149 条所定的基本原则的一个例外。第 1149 条规定：“应当给予债权人的损害赔偿，一般为其受到的损失和丧失的可得利益，但以下所指例外和限制除外。”这就是说，给予的损害赔偿应当是赔偿债权人受到的整个损失（toute la perte）。不过，对于所有的例外情形，都应当作严格解释。因此，对第 1150 条的规定应当严格解释，应当能够为第 1149 条留出最宽广的适用范围；而我们如果认为第 1150 条的规定仅仅是指“对损害原因的预见”，那么，这种解释正是为第 1149 条留出了很广阔的适用范围。[1]

---

[1]波城法院，1903 年 8 月 11 日（DP1904. 2. 302）；巴黎法院，1910 年 12 月 22 日（Gaz. Pal. 1911. I. 606）。

但是，现在随着情况的变化，法院判例更倾向于认定相反的处理意见，也就是说，最高法院现在更倾向于认为，所谓“可预见的损害”（dommage prévisible），（不仅是指预见损害的原因，而且）应当考虑的是损害的大小。[1] 这种解释更为可取，因为它符合指导《民法典》第1150条之规定的基本思想：应当让缔结合同债务的人知道，如果他在履行合同当中给债权人造成损害可能会面临什么样的情况，很显然，仅仅是预见他有可能会造成什么类型的损害，根本不足以让他对自己可能应当支付的损害赔偿的数额形成一个明确的认识。因此，应当让债务人知道作为合同标的之物的价值。不过，在这方面，法院判例对所谓“可预见性”有时也采取一种有利于债务人的观念。[2]

最近，在旅客承运合同延迟履行的情况下，这个问题又重新引起了人们的关注。由于正班交通工具晚点，导致乘客无法实现其原先安排的计划或项目时，乘客因此受到了损害，他能否请求赔偿？例如，当乘客因其搭乘的交通工具晚点，无法赶上原本转乘的航班或车次时，导致他耽误了假期或者甚至耽误了所从事的职业活动时，就属于这种情况。乘客受到的损失，对于承运人而言，是否属于可预见的损失？在过去，最高法院的判决认定的是，铁路旅客承

---

[1]最高法院民事庭，1932年8月3日（DH1932. 572. S. 1932. I. 351）；最高法院第三民事庭，1944年7月31日（DC1944. 96. A · C 述评）；最高法院第三民事庭，1947年12月2日（Gaz. Pal. 1948. I. 84）；最高法院第一民事庭，1998年6月3日（Bull. civ. I. N°199. JCP1999. II. 10010，N · 泽佩斯基述评）。有些法律条文也采取了相同的态度。例如，关于旅馆经营者的责任的问题，《民法典》第1953条第3款规定：“其他所有场合，应当给予旅行者的损害赔偿，以其所住客房日租房价的100倍为限，任何约定的较低限额均予排除；但是，如旅行者证明受到的损失是由其留住的旅馆或饭店的经营人的过错引起，或者是由经营人的佣人或职员的过错引起，前述限额不予适用。”参见卢昂法院1994年1月13日判决（JCP1995. II. 22487. R · 德格诺东述评，参见本书第616节）。

[2]最高法院第一民事庭，1982年5月11日（Gaz. Pal. 1982. 2. 612. F · Chabas 述评，RTD civ. 1983. 145. G · Durry 述评）；前引最高法院第一民事庭1998年6月3日判决。

运人正常情况下不可能预见到乘客此次旅行的目的，也不能预见车次晚点对某些乘客产生的特别后果。最高法院坚持其作出的这种分析，并据此认为，除了在合同订立时特别指明的情形之外，承运人不能预见乘客所乘坐的交通工具晚点对每一位乘客所产生的后果，当乘坐火车旅行的旅客所乘坐的车次到达的车站仅仅是中转车站而不是该旅客的最终目的地的情况下，承运人尤其无法预见由此产生的连锁性关联后果。

565. 债务人的欺诈

按照《民法典》第 1150 条的规定，债务人方面如果有欺诈行为，那他就不仅要对（订立合同时）可预见的损害承担责任，而且要对没有预见的损害承担责任，因为第 1134 条第 3 款规定合同应当善意履行。债务人应当赔偿由其故意造成的全部损害，即使他在订立合同之日并未预见到这种损害的范围。之所以这样做，为的是要对债务人的恶意实行制裁。有时，也有人对这种结果作出另一番解释，他们认为，在债务人有欺诈行为的情况下，由于欺诈行为是故意的行为，他应当承担的责任属于侵权责任，而侵权责任不适用第 1150 条所规定的赔偿限制。但是，（一方面）这种解释抵触法国法所实行的"合同责任与侵权责任不竞合"之原则；（另一方面）按照这种分析，我们不明白为什么在"非欺诈性过错"（faute non dolosive）的情况下就不存在侵权责任，要知道，《民法典》第 1383 条还规定有准侵权行为，其中就不存在欺诈性过错，因为准侵权行为恰恰是因疏忽大意——非故意过错——引起的侵权行为，当然是没有欺诈性过错的侵权行为。

在这里，法院判例原则上将"重大过失"（faute lourde）视同欺诈,[1] 但应当承认的是，当恶意债务人并无重大过失时，更难有证明责任加重的理由。

二、合同过错

566. 合同过错（faute contractuelle）[2] 的定义

受害人受到的损害应当用合同责任的尺度来评判，这意味着要求同时具备以下条件：（1）存在合同债务（存在契约之债）；（2）合同债务没有履行；（3）有过错的不履行。

（1）存在合同义务

567. 各种各样的合同义务

合同强制债务人向债权人履行某种给付，而如果没有任何合同，债务人就不会负担此种给付。订立合同，目的不是对每一个人从社会生活的角度都应当负担的一般义务作出重复规定，订立合同的目的不是要重述人们应负的一般社会义务，一般的社会义务属于社会规范与法律规范的范畴而不是由个别合同来加以规定。合同体现的是一个人“在通常的社会生活义务之外负担更多的义务”。正因为如此，人们有时也将由合同产生的义务称为“最具契约性质”的义务——相对于“社会契约”而言——最具契约性质。[3]

---

[1]这里所谓“重大过失”（faute lourde，重过失）是指，债务人不履行其原本经其同意的约定的债务，构成一种“类似于欺诈的特别严重的行为”（最高法院商事庭，1990年4月3日）。最高法院民事庭，1932年6月29日（DP1933. I. 49. L. Josserand 述评）；最高法院诉状审理庭，1932年10月24日（DP1932. I. 176）；最高法院民事庭，1948年6月29日（JCP1949. II. 4660. R · Rodière 述评）。

[2]这里的合同过错，也与合同责任一样，应属违约过错，而不包括缔约过错。——译者注

[3]M · 巴卡什：《论合同的相对性与系列合同》，《巴黎二大学位论文》，1996年（M · Bacache, La relativité des conventions et les groupes de contrats, thèse Paris II, éd. 1996, N°s 55 et s）；J · 胡耶：《合同责任与侵权责任，简论两种性质的责任界限的划分》，《巴黎二大学位论文》，1978年（J · Huet, Responsabilité contractuelle et délictuelle: Essai de délimitation entre les deux ordres de responsabilité, thèse multigr. Paris II, 1978, p. 637, N° 672.）。

我们在前面已经研究过合同当事人如何确定他们缔结的合同之债的内容——给付之债、作为之债、不作为之债、实物债与货币债(参见第267节)；我们也知道，在当事人订立的合同中没有规定或者规定不明确的情况下法院如何运用其裁量权力对当事人缔结的债作出解释，或者如何运用这种裁量权来扩大或者缩小此种债的范围。法院在对合同作出解释时，往往毫不犹豫地认定，与当事人缔结的债相联系，还存在其他具有合同性质的义务，例如，“情况说明或信息告知义务”、“咨询建议义务”（参见第453节）；而合同责任所追求的目的主要是赔偿债权人因债务人不履行债务而受到的损害。

但是，由于合同创设的是一种新的状态，因此也存在当事人可能造成他人人身损害的机会，例如，旅店的客人在店内活动时有可能摔倒；购买某种物品的人，除了所购物品无法适应预定的用途之外，还有可能因物件本身存在瑕疵而造成身体伤害。在这种情况下，所发生的损害并不完全等同于没有契约的情况，并不完全等同于本义上的“缺乏典型的契约性质”的侵权行为。显然，每一个人都要避免给他人造成损害，不管他们之间是否有合同关系的约束。于是，我们就可以设想这类损害的受害人可以从侵权责任的阵地去寻求获得赔偿，而侵权责任所追求的目的是赔偿“因违反在所有的人相互之间都存在的一般义务”而造成的损失。但是，法院判例认为对这种损害的赔偿也适用合同制度。出于这样的考虑，法院判例有时对合同进行了深入的发掘，将某些特定的义务也纳入了合同制度的范畴。判例从特定合同的中发现存在债务人应当负担的安全义务就属于这种情况：即使合同的文字中没有对此类义务作出任何表述，违反安全义务也可以按合同责任处理。[1]

568. 安全义务

在20世纪，劳动事故（accidents du travail，工伤事故）逐渐增多，一个时期以来，仅凭《民法典》有关“契约外责任”（responsabilté extra-contractuelle，非合同责任）的规定，看来并不能使受害人获得令人满意的赔偿。鉴于此种情况，人们提议扩大合同责任（responsabilité contractuelle）规则的适用天地，使之具有更广泛的保护作用，因此，人们承认劳动合同产生一种应当由雇主承担的保障雇员人身安全的义务。但是，这种建议意见并未得到采纳。[2] 于是，我们后来看到的是，法律是从另一角度来确保对受害人的保护。

但是，上述思想却在其他领域——如运输合同领域——产生了重要影响。最高法院判决认为，负责人员交通运输业务的承运人负有“将乘客安全送达目的地”的义务；[3] 不过，法院判例随后又进一步明确，只有“自乘客开始登上车辆（开始登上交通工具）至其下车完毕”这一段时间内，承运人才负有此种安全义务（参见

[1]关于安全义务，参见 Gaz. Pal. 1997 年专号（2. 1176. J-L · Halperin，Ph · Delebecque，G · Paisant，P · Jourdain，D · Mazeaud，G · Viney）的文章。D · 马佐：《论安全义务的制度》（D · Mazeaud，Le régime de l'obligation de sécurité，Gaz. Pal. 1997. 2，doctr. 1201）；C · 布洛什：《论安全方面的契约义务》，《埃克斯-马赛第三大学学位论文》，2002 年（C · Bloch，L'obligation contractuelle de sécurité，thèse Aix-en-Provence，éd. 2002）。

[2]关于将安全义务作为契约义务加以探讨的判决，参见最高法院社会庭 1984 年 10 月 14 日判决（D. 1985. IR442. Lyon-Caen 述评）；最高法院商事庭 1994 年 10 月 11 日判决（Bull. civ. IV. N° 269. D. 1995. 440. C · Radé 述评，RTD civ. 1995. 890. J · Jourdain 述评，JCP1995. I. 3893. N°19。G · Veney 述评）。

[3]最高法院民事庭，1991 年 11 月 21 日（DP1913. I. 249. Sarrut 述评，*S.* 1912. 1. 73，C · Lyon-Caen 述评，*Grands arrêts*，t. 2，N°276）；最高法院诉状审理庭，1929 年 8 月 1 日（DP1930. I. 25. L · Josserand 述评）；最高法院民事庭，1949 年 12 月 21 日（D. 1950. 242）；最高法院民事庭，1969 年 11 月 2 日（D. 1970. somm. 35）。

第590节）。

上述尝试是建立在将（人们应当负担的）一般义务纳入合同义务的基础之上，这样做可能有点武断。[1] 因此，在如何划定这种义务的适用范围方面，也遇到了一些非常棘手的问题。总的来说，我们应当强调指出的是，某一个人进入多少依附于债务人的权威管辖或控制的场所或范围之内，这种情况或这一事实并不能作为一项裁量标准，并（不能）用这种标准来判断是否存在应当由债务人承担的合同性质的安全义务。因此，顾客在商店内发生事故的案件中，法院判例就往往排除商店在买卖合同方面负有的安全义务。[2] 但是，排除合同性质的安全义务，并不妨碍顾客从侵权责任或准侵权责任的角度就其受到的损失请求赔偿。[3] 虽然说买卖合同（本身）不包含保护商店内的顾客的合同性质的安全义务，但买卖合同却可以产生一种与商店卖出的产品相关联的安全义务，而且这种安全义务有别于《民法典》第1641条规定的对标的物的“隐

[1] B·贝卢格：《从对合同的探究到一般理论》，《巴黎十一大学位论文》，2008年（R·Blough, Le *forçage*, *du contrat à la thèse générale*, thèse Paris XI, 2008）。

[2] 最高法院第一民事庭，1961年11月7日（D.1962.146.P·Esmein述评）；最高法院第二民事庭，1964年1月19日（D.1965.93.P·Esmein述评；JCP1965.II.14022.R·Rodière述评）；最高法院第二民事庭，1966年5月11日（D.1966.735.P·Azard述评）。

[3] 最高法院第二民事庭，1979年2月14日（Bull. civ. II. N°51. p.37）：顾客因地上有某种碎片而滑倒；最高法院第二民事庭，1968年3月20日（Bull. civ. II. N°91. p.61）：顾客因撞到一板凳上受伤；最高法院第二民事庭，1978年5月24日（JCP1979.II.19237.N·Dejean de la Batie述评），顾客在商店内踩在食品屑上摔倒；最高法院第二民事庭，1984年5月16日（Bull. civ. II. N°86. p.61. J·Huet述评），顾客在交款台前因玻璃破碎而受伤。但是，在一家自动洗衣企业内发生的事故，法院判决承认债务人负有安全义务，参见最高法院第一民事庭1976年11月16日判决（Bull. civ. I. N°350. p.277. RTD civ. 1977.323. G·Durry述评）。相同方向的判决，例如，最高法院第一民事庭1972年12月6日就医药分析实验室作出的判决（*Bull. civ.* I, N°277, p.245, D.1973, somm.31, *RTD civ.* 1973.783, G·Durry述评）。

蔽瑕疵担保义务”。[1]与此同时，买卖合同还创设了应当由职业出卖人以及受承揽合同约束的人负担的“情况告知义务”（参见第455节、第569节与第591节），例如，受承揽合同约束的修车场的经营者就对顾客负有告知义务（关于因有缺陷的产品引起的责任）。

法院判例也承认在其他许多合同中同样存在安全义务。这样做的目的是改善受害人的地位。我们在本书中讨论这种安全义务是属于方法性义务还是结果性义务时将会涉及这些合同（参见第590节）。此外，我们还注意到，在最近的一些法院判例中，安全义务有所“退潮”，而侵权责任或准侵权责任则相应地得到扩张。[2]随着“客观责任”（制度）（responsabiolité objective）的发展，侵权责任或准侵权责任也相应得到扩张，这样的扩张对于受害人更为有利。这种情况有多种表现：或者表现为人员运输承运人应当承担安

[1]最高法院第一民事庭，1990年12月11日（Bull. civ. I. N°289. p. 203）；最高法院第一民事庭，1991年1月22日（Bull. civ. I. N°30. p. 18. RTD civ. 1991. 539. P・Jourdain述评）；最高法院第一民事庭，1991年6月11日（Bull. civ. I. N°201. p. 132. D. 1993, somm. com. 24，O・Toumafond述评，JCP 1993. 1. 3572，G・Viney述评，*RTD civ.* 1992. 114，P・Jourdain述评，*Grands arrêts*, t. 2，N°265）；最高法院第一民事庭，1993年1月27日（Bull. civ. I. N° 44 RCA 1993，N° 130，H・Groutel述评，RTD civ. 1993. 592，P・Jourdain述评）；最高法院第一民事庭，1996年10月15日（*Bull. civ.* I，N° 354，p. 248，D. *Affaires* 1996，p. 1288，*RCA* 1997，N° 28，D. 1997，somm. com. 287，P・Jourdain述评，*JCP* 1997. 1. 4025，N° 13，chron. G・Viney述评）；最高法院第一民事庭，1998年3月3日（*Bull. civ.* I，N° 95，p. 63，*JCP* 1998. 11. 10049，P・Sargos述评，RTD *civ.* 1998. 683，P・Jourdain述评，D. 1999. 36，Geneviève Pignarre et Ph・Brun. 述评），另见：《论安全义务的产生》（La naissance de l'obligation de sécurité，Gaz. *Pal.* 1997. 2，doctr. 1176 s.）；D・迈格：《在买卖中安全义务的未来》（D・Mainguy，L'avenir de l'obligation de sécurité dans la vente，*Dr. et patrimoine*，déc. 1998，p. 68 s）。

[2]例如，最高法院第二民事庭，1990年7月4日（Bull. civ. II. N°165. p. 83. *JCP* 1990. IV. 236，顾客在理发室内摔倒）；此前，最高法院第一民事庭1967年10月4日判决（D. 1967. 652，RTD *civ.* 1968. 163，G・. Durry述评）；最高法院第二民事庭，1990年1月10日（RCA1990. N°102. RTD civ. 1990. 481. P・Jourdain述评），在一家医疗中心发生的事故；凡尔赛法院，1988年2月26日（D. 1988，IR 103），在加油站发生的事故。

全义务的时间段有所缩短，或者表现为过去承认的合同义务中有安全义务的情况，现在被排除在外（转向认定侵权责任）；[1] 此外还表现在：出现一种超越侵权责任与合同责任之区分的特别制度（如公路交通事故，因有缺陷的产品引起的责任）。

无论是何种情况，如果说在合同义务中存在安全义务，都要求“损害事实与履行合同”两者之间有着必要的联系[2]，例如，如果某一顾客在护士工作的场所内因打蜡的地板过于平滑而摔倒，该顾客将被视为“并非接受医疗性质的护理仅仅是前来走访护士站的第三人”[3]。

569. 告知义务或咨询建议义务

人们强调，订立合同应当本着诚信精神甚至合作精神，并据此指出，法院判例，在主张告知义务与保护消费者的整个立法思潮之外，进一步强化了合同订立阶段的情况告知与信息告知义务的重要性（参见第257节）。由于此时合同尚未成立，在其订立阶段引起的责任属于侵权性质或者准侵权性质。但是，在合同履行过程中也可能仍然存在告知义务或者咨询建议义务。

当咨询建议义务与承担的债务有着特别紧密联系时，例如，公证人、律师提出咨询建议的义务、高端技术设备的供应厂商对合同当事人进行技术培训的义务，就与他们所承担的债务有着特别紧密

---

[1]关于安全义务的分析与批判，参见：Y·朗贝尔-凡维尔：《论安全义务的依据与制度》（Y·Lambert-Faivre, Fondement et régime de l'obligation de sécurité, D. 1994, chron. 81 et s, Ph·Rémy 述评, art. préc, RTD *civ.* 1997. 339 s）。

[2]最高法院第一民事庭，1981 年 4 月 28 日（Bull. civ. I. N° 137. p. 114. D. 1981. IR438. RTD civ. 144. G·Durry 述评）。

[3]试比较承揽合同中业主与承揽人承担的安全义务，参见最高法院第一民事庭 1992 年 4 月 13 日判决（RCA1992. comm. 261）；最高法院第一民事庭，1992 年 5 月 26 日（RCA 1992, comm. 261），最高法院第一民事庭，1992 年 5 月 26 日（JCP1992. IV. 2145. RTD civ. 1992. 766. P·Jourdain 述评）。

的联系，因此在这类合同的履行过程中尤其存在告知义务或者咨询建议义务。

（2）合同之债的不履行

570. 各种各样的不履行

从广义上理解，合同之债的不履行（inexécution），作为引起损害的原因，可以作以下两种重要区分：

1）第一种区分：债的欠缺履行与迟延履行（retard dans l'exécution）。债的欠缺履行与迟延履行都是由《民法典》第1147条作出的规定，“凡债务人不能证明其不履行债务是由于不能归咎于其本人的外来原因时，即使其本人方面并无任何恶意，如有必要，均因债务不履行或者迟延履行而被判支付损害赔偿”（参见第571节）。合同之债的欠缺履行（le défaut d'exécution）[1]，无论是全部欠缺履行还是一部欠缺履行，都是最终违反合同义务的表现或标志，将引起（当事人）给予补偿性损害赔偿（dommages-intérêts compensatoires）。这种补偿性损害赔偿，除涉及违反主要义务之外，如有必要，还可能涉及因为期待主债务的实现而损失的时间；与此相反，假定债务人虽然履行了他负担的债务但却是迟延履行，如果由此引起了某种损害，仅仅是债的迟延履行同样会引起延迟性损害赔偿（dommages-interets moratoire），但是，债权人应当提出证据，证明自己受到了损害，例如，债权人可以援引因债务人延迟提供其许诺的给付，给他的企业的运作造成了扰乱；不过，如果涉及的是一笔金钱债权，则没有必要要求债权人提出其受到了损害

[1]本书所说的“合同之债的欠缺履行”原文为“défaut d'exécution”，与之相对应，为“延迟履行”（retard dans l'exécution）；债的瑕疵履行（exécution défectueuse）作为债的不履行对待，因此，欠缺履行包括：债的全部不履行、一部不履行与瑕疵履行。——译者注

的证据，也就是说，债权人在就金钱之债请求给予迟延性损害赔偿时，无须证明其受到了任何损害。《民法典》第 1153 条规定："仅仅是支付一定款项的债务，因其迟延履行而引起的损害赔偿，在任何情况下，都只能判令支付按照法定利率计算的利息，但有关商事与保证之特别规则除外。——无须债权人证明其受到任何损失，此种损害赔偿均应支付。"因为，法律始终认为，迟延履行金钱之债始终都会造成损失，始终都存在损失；如果此种债务得到清偿，债权人就可以——至少法律是这样认为的——将其收到的款项投入使用、获得利息。我们从第 1153 条的条文可以看到（参见第 602 节），法律本身就明确规定了这方面的损害赔偿数额（参见附目第 1231-6 条）。

2）第二种区分是，债的"全部不履行"（inexécution totale）和"一部不履行"（inexécution partielle）。这种区分方法与上面所说的区分方法并不完全重叠，正因为如此，债的欠缺履行可以仅仅是部分欠缺履行，而迟延履行也可以是整个债务的迟延履行。根据具体情况，债是全部不履行还是部分不履行，损害赔偿的数额显然不同；此外，在合同之债（仅仅是）部分不履行的情况下，如果已经履行的部分仍然保留存在着相对当事人承担义务的充分原因，则排除解除合同，因为在此情况下，处以损害赔偿就足以解决问题（参见第 650 节）。

在本书中，合同之债的不适当履行或瑕疵履行（inexécution défectueuse）作为债的不履行（全部不履行或者部分不履行）来对待。

（3）有过失的不履行债务

571. 旧法时代三类过失的区分

债务人如果不按照合同的规定履行其债务，在何种条件下应当对债权人承担责任？

在旧法时代，人们采用对有过错的行为进行区分的方式来处理债务人应当履行的债务与其不履行债务两者之间的关系，也就是通过区分欺诈（dol）与3种类型的过失（faute）来处理这一问题。[1] 欺诈（dol）意味着债务人为恶意的故意过错（faute intentionnelle），[2] 而3种类型的过失均属于非故意的过错（faute non intentionnelle），它们是：重过失或重大过失（faute lourde）、轻过失（culpa levis，faute légère）、极轻过失或特轻过失（culpa levissima，faute très légère）。将非故意过错或过失分为3类，这种考虑是与“没有得到履行或者履行得很不好的债务”的最终目的相联系的。重过失或重大过失是严重（grave）到相当于欺诈的过失，不论债务人负担的是何种债务，均引起任何债务人的责任，这就是拉丁语格言

---

[1]法国法律中的“faute”一词有“过错”与“过失”两种不同的中文翻译，一般认为它包括故意和过失，不过，法语在表述“故意”与“过失”时，也常常使用“faute intentionnelle”（故意的过错）与“faute non intentionnelle”（非故意的过错），本节表述即是如此。

法国《民法典》第1382条是关于侵权行为的规定：“人的任何行为给他人造成损害时，因其过错致该行为发生之人有义务赔偿损害。”（tout fait quelconque de l'homme, qui cause à autrui un dommage, oblige celui par la faute du quel il est arrivée à le reparer）。第1383条的条文则是关于准侵权行为的规定：“任何人不仅对其行为造成的损害负赔偿责任，而且对因其懈怠或疏忽大意造成的损害负赔偿责任。”这一条文中使用了两个不同的术语“imprudence”（疏忽大意）或“négligence”（懈怠），指的是非故意的过错或过失，这样来看，第1382条中的“faute”则是指“故意”。

“dol”（欺诈）并非一般的故意过错，而是包含债务人方面恶意的故意过错。旧法时期，重过失或重大过失虽然相当于欺诈，但重大过失仍然属于非故意的过失，法国现代法律更是如此。本书第575节中阐述了重大过失（faute lourde）与欺诈（dol）两个概念的差别。——译者注

[2]在这里，如果将“faute intentionnelle”译为“故意的过失”，故意与过失连在一起，在中文里似乎不太协调，只有“非故意过错”译为“过失”才比较恰当。——译者注

“culpa lata dolo aequiparatur”所说的“重大过失等同于欺诈”。[1] 当合同是为双方当事人的利益而订立时（例如，收费寄托），债务人对轻过失应当承担责任；只有如合同是为债务人的独家利益而订立时（例如，使用借贷、借用），债务人才对特轻过失承担责任。这种将过失逐级分为3类的理论，首先是让·多玛（Jean Domat）作出的阐释，波迪耶（Pothier）则将其系统化。[2] 但是，这一理论在18世纪遭到了巴黎高等法院检察官勒布安（Le Brun）的猛烈抨击，因为，这种理论构建虽然很诱人，却导致法官负担的任务变得更加复杂化。这种过失类型的区分，多少带有人为性质。在理论界，人们还批评旧法时代对过失的这种区分混淆了“债的内容”与“确定在债务人不履行债务情况下从什么界限开始就应当承担责任”的问题：债的内容首先取决于缔约当事人的意思，当事人的意思也决定着他所允诺的应当尽到的勤勉努力的程度。

572. 《民法典》的制定者抛弃了旧法时代的区分3类过失的理论[3]

在《民法典》里，第1137条安排在有关给付之债一节，该条第1款规定：“负责注意保管某物的债，使负担此种债务的人对物

[1] 欺诈（dol）是指包含债务人方面恶意的故意过错（faute intentionnelle）。国内出版的书籍通常将拉丁语格言“culpa lata dolo aequiparatur”译为“重大过失等同于故意”。译者认为应当直接译为“重大过失等同于欺诈”。即使是重大过失，仍然是非故意的过失。——译者注

[2] Traité des obligations, éd. Bugnet, t. II, p. 497.

[3] 国内有些文章并没有注意到法国新、旧法律概念的演变与差别，仍然介绍说：大陆法通常将过错分为3级，即重过失、抽象轻过失和具体轻过失。这种解释是不准确的。此外，本书中并未涉及“抽象轻过失”、“具体轻过失”的概念，而是“特轻的过失”或者“极轻的过失”。——译者注

的保管应尽善良家父[1]之悉心照应义务，不论契约是仅以当事人一方的利益为目的，还是以诸当事人的共同利益为目的。”这一条文中明确规定“债务人对其应当交付之物的保管应当尽到善良家父之悉心照应义务，不论契约是仅以当事人一方的利益为目的，还是以诸当事人的共同利益为目的”，它通过这样的表述表明法国《民法典》的制定者有意与旧法时代人们极为看重的“过失三分法”（division tripartite des fautes）拉开自己的距离。第 1137 条第 2 款规定：“此种债务，相对于特定的契约，范围各有不同；此种债务在这方面的效力依各有关编章之规定。”当人们读到这一条文时有可能会认为，所谓法国民法已经抛弃了“过错分为三个不同层级”的理论纯属学理上的观点。然而，在我们看来，实际上完全不是那么一回事，因为，正如该第 2 款所指出的那样，这一条款的规定只不过是指出债务人负担的债务的范围各不相同而已，而不是区分不同类型或不同层级的过失，换句话说，债务人对“抽象意义上的一切过失”（toute culpa in abstracto）[2] 都要承担责任。一切过失都会引起责任，但债的内容则是可变的。虽然说《民法典》切断了债务的用益与应当考虑的过失的界限问题两者之间的联系，但仍然不会因此而影响合同的实质和对债务人应当负担的债务的范围。《民法典》

[1]原文表述为“bon père de famille”，字面意思是“一个好的家长”、“一个善良家长”，也就是说，一个承担契约义务的人应当以一个“合格的一家之主”的态度，审慎、认真地对待和履行自己的义务。“善良家父”虽然具有比喻色彩，但自罗马法以来就是一个特定的民法概念，它不是亲属法上的概念。这一比喻的目的是强调人们在社会生活中应当有一个一般行为的参照标准。——译者注

[2]也有人将“culpa in abstracto”直接翻译为“抽象过失”。如果“按照一个普通人依一般的交易观念所应尽的注意”这样的标准来衡量，或按照“一个善良家父”应有的谨慎与注意这样的标准衡量，债务人尽到了注意义务，就可以认为他没有过失，而如果债务人没有尽到谨慎注意义务，则存在“抽象评价的过失”。这种抽象评价的过失，就是按照“善良家父”这个单一的标准来进行评价，如果认为债务人没有达到这一评价标准，没有尽到一个善良家父之一般义务，就应当承担责任。——译者注

中有许多条文都体现了这样的思想，例如，其中第 1927 条规定：“受寄托人在保管寄托物时，应如同保管属于自己之物一样给予注意。”第 1928 条则明确规定：“下列情形，前条之规定适用时应更加严格：1. 如受寄托人主动提议接受寄托；2. 如约定受寄托人因保管寄托物而得到报酬；3. 如寄托完全是为受寄托人的利益而成立；4. 如有明文规定，受寄托人对其一切过失均应承担责任。”又例如，第 1882 条关于借用的规定：“借用物因意外事故灭失时，如借用人是使用其本人之物则可以保证该物不会灭失，或者当借用人遇到意外事故，在其借用之物与本人之物两者间仅能保全一物时，借用人宁选保全自己之物，于此情形，应对借用物的灭失负赔偿责任。”再例如，第 1992 条关于委托的规定：“受委托人不仅应对其欺诈行为承担责任，而且应对其在管理中的过错（过失）负责。但是，涉及过错（过失）引起的责任时，无偿委托的受委托人的责任，轻于收受薪金的受委托人的责任。”

我们可以看到，上述这些条文实际上都不是参照旧法时代的区分 3 类过失的经典理论，其中没有一项条文规定“只有当债务人有重大过失时才承担责任”，也没有说“即使债务人仅仅有极轻过失，也要承担责任”。诚然，《民法典》第 1928 条具体规定，在不同的情况下，特别是在受寄托人获得报酬的情况下，在适用第 1127 条关于受寄托人的义务的规定时要更为严格；法典第 1992 条第 2 款也同样规定：“涉及有关过错的责任时，无偿委托的受委托人（代理人）的责任，轻于收受薪金的受委托人（代理人）的责任。”（这似乎体现了区分过失程度的思想）。不过，我们也可以认为，第 1928 条使用“更为严格”一词可能是旧法时代关于“区分不同层级的过错”所留下的影响，但是，第 1992 条第 2 款的条文就没有对此作出明文表述。这两个条文仍然只是对债务人应当负担的债务范围的规定。除此之外，我们还看到，《民法典》里另一些条文在确定债务人所负的义务的范围时，就将这个问题放在它的真正位置之上。例如，第 1882 条对借用物因意外事故灭失时借用人的义务范围的规定；尤其是前面提到的第 1927 条的规定：“受寄托人在保管寄托物时，应如同保管属于自己之物一样给予注意。”这些条文的规定与第 1137 条第 2 款的规定的实际意义是相同的，它们都只是表明债务人负担的债务的范围各不相同，而不是区分过失的不同层级。

综上所述，（现代法国合同法主张的是）一切过失均引起合同责任，但债务的内容却因债而异。《民法典》第 1137 条第 1 款的（真正意思是说，除合同另有条款约定之外，以及调整合同的法律有相反规定之外，物的保管之债的内容），广而言之，债务人应当尽到的“审慎”与“认真”义务是指：债务人允诺其如同一个善良家父那样行为处事，允诺其像一个善良家父那样表现出“审慎”与“认真”的态度。因此，对于这类债务，只有一个“单一的参照类型”，而不存在 3 种不同程度的合同过失。[1]

572-1. 区分

由此看来，从否定的角度来说，《民法典》第 1137 条的规定标志着法国法抛弃了旧法时代“过错三分法”（division tripartite des fautes）；但是，这并不等于说，随着时间的推移，法国法律就完全没有引入关于对过错的某些更为细致的区分。实际上，我们还看到，除了欺诈与重大过失之外，法国法律中还出现了我们在第 573 节中所介绍的其他“有名称”的过失（的概念）。从肯定的角度来说，第 1137 条规定的真正意思是，除合同有相反规定以及调整合

[1]关于 19 世纪期间流行一时的各种解释，参见 A · 德斯莱尤：《注释学派与〈民法典〉第 1137 条的学理解释》（A · Desrayoud, École de l’ exégèse et interprétations doctrinales de l’ article 1137 du Code civil, *RTD civ.* 1993. 535 s）。

同的法律有相反规定之外，债务人负有的勤勉谨慎义务的内容就是要求他按照对一个善良家父的要求，来对待自己负担的义务或债务，也就是说，要比照一个善良家长的样子，表现出谨慎勤勉的态度。在这里，“善良家父”[1] 这一表述并不是取其家庭道德楷模上的意义，而是取其“模范债务人”的意义。这在一定程度上，它就是“普通过失的（唯一）参照标准”。

我们知道，在《民法典》里还有另一个条文，那就是第1147条，这同样是一个非常重要的条文。该条规定：“凡债务人不能证明其不履行债务是由于不能归咎于他本人的外来原因时，即使其本人方面并无任何恶意，如有必要，均因债务不履行或者迟延履行而被判支付损害赔偿。”这一条文的表述中仅仅提到的是（债的）“不履行”（inexecution），而没有提及“过错”（faute）。按照这一条的规定，只需要存在“债的不履行”，债务人即应承担责任。在这里，过错这一概念似乎与合同责任没有关系，似乎无须考虑债务人是否有过错，至少在表面上是如此。如果我们局限于第1147条的文字表述来看待问题，这一条的规定似乎与第1137条的规定两

[1]为了确定合同债的不履行是否属于有过错的不履行（inexecution fautive），在评判债务人的行为表现时，应当采用单一的参照典范。这个单一的参照典范，就是“善良家父”的模式。《民法典》里，除第1137条第1款的规定之外，还有许多条文也都是用“善良家父”来作为“参照典范”，例如，第1728条规定：“承租人负有两项主要义务：1. 以善良家父的注意并且按照租赁契约规定的目的使用出租物，或者在没有协议约定的情况下，按照具体情形推定的目的使用出租物；2. 按照约定的期限支付租金。”第1806条：“承租人应对保全其承租的畜群给予善良家父之注意。”《民法典》第1880条：“借用人应以善良家父之注意，负责任地照管并保护其借用之物。借用人只能按照借用之物的性质或契约确定的用途使用借用物。违反此种规定时，如有必要，应负损害赔偿责任。”为了确定合同债的不履行是否属于有过错的不履行（inexecution fautive），在法国，也有人为了区分行为人过失的不同程度，提出了诸如“杰出的家父”（excellent père de famille）、“不太谨慎的家父”（pere de famille peu diligent）等更细的区分类型。这样的细分是很难把握的。因此，如同侵权行为与准侵权行为方面一样，在运用参照典范的问题上，不适于再作进一步的更细区分。——译者注

者之间存在着某种矛盾。

不过，人们很快明白了《民法典》的制定者通过这两个条文分别确定的是两类不同的债——方法之债与结果之债。法院判例与学理方面站在证据的阵地上，很好地解决了两个条文表面上的矛盾，从而将两个条文的规定很好地协调起来：仅仅是债务不履行，并不足以引起债务人的责任，必须有（某种）合同过错（faute contractulle），才可能引起责任，只不过需要区分的是：在第1137条所指情况下，对过错应当提出证据，过错应当得到证明，而在第1147条所指的情况下，债务人的过错为推定的过错。因此，法国《民法典》第1137条与第1147条两个条文结合起来，便是区分方法之债与结果之债的依据与支柱。

573.（1）各种有名称的过失的更细区分

《民法典》的制定者在放弃旧法时代区分“非故意过错”的不同类型或层级的同时（参见第571节）对过错并没有局限于单一的视角，他们保留了“dol”这一过错类型。《民法典》诞生之后，法国法律中又出现了不少“有名称”的过错，使过错这一概念变得很复杂。今天，我们不仅看到，法国民法里既有“欺诈”与重大过失这样两个概念，而且还要考虑“严重过错”这样的概念，例如，我们常常说到的“薪金雇员的严重过错”，此外，还有“不可原谅的过错”，例如，在交通运输方面就往往使用这一过错概念；再就是“个人的过错”（或本人的过错）、“典型的过错”以及“唯利是图的过错”等。[1]

有关这方面的问题，我们将在讨论侵权责任问题时作进一步的

[1] L·西舍尔：《论责任法上的过失的严重程度》，《巴黎一大学位论文》，2011年（L·Sichel, la gravité de la faute en droit de responsbilité civile, thèse Paris I éd. 2011）。

阐述，不过在这里还是要探讨一下对过错进行如此细分的原因。之所以出现这种倾向，也许是因为法律必须不断地适应事实，才能对层出不穷的各种各样的过错行为实行有效的制裁。剩下的问题就是，这些往往非常相近的过错类型的同时存在，难道就不需要进行某种有序的归类吗？

574. 欺诈的影响（incidence du dol）

即使在旧法时期将过失划分为不同层级的理论已经受到一些人的异议的时候，合同责任方面有关欺诈与过失的区分也没有受到过质疑：欺诈属于故意的过错（faute intentionnelle），而过失（faute）则不是故意，它属于非故意的性质。虽然说《民法典》的制定者排除考虑“促使合同当事人订立合同的利益”与“引起他们责任的行为表现”两者之间的相互对应关系，其中包括存在欺诈的情况下的这种对应关系，但是，他们并没有因此而稍微减轻由欺诈引起的各种相关后果。

毫无疑问，《民法典》将欺诈（dol）与“非故意过失”（faute non intentionnelle）区分开来，或者说，将欺诈（dol）与普通过错（faute simple）区分开来，例如，第1150条规定：“债务之不履行完全不是因债务人有欺诈时，债务人仅对在订立契约时所预见或可预见的损害与利益负赔偿责任。”这一条文的表述就对欺诈（dol）与普通过失（faute simple）作出了区分（参见第565节）。但是，不要将合同履行中的欺诈与合同成立时的欺诈混为一谈，特别是当合同成立时的欺诈引起一方当事人的同意瑕疵时，两者更不能混淆（参见第228节）。合同履行中的欺诈是指债务人拒绝履行其债务的任何故意的与非法的行为（tout acte intentionnel et illicite），是债务人明知自己负有债务而故意不履行债务（inexécution intentionnelle）；合同履行中的欺诈，也是指任何旨在让他人以为（标的）物已经因偶然事件灭失的行为。[1] 债务人故意不履行其债务时，即使此种拒绝行为并不是抱着损害他人利益的故意，并不是受到这种故意所驱使，[2] 仍然构成“欺诈性过错”（faute dolosive），只要债务人肯定知道自己的行为（action，作为）或不行为（inaction，不作为）会（给债权人）造成损害，即告足够，但是，债务人肯定知道这种情况，这一点则是据以认定欺诈性过错所必要的。[3]

欺诈，需要得到具体认定，因为，虽然善意始终得为推定，但是，主张他人为恶意时，则应当证明之，并且只有“与被称有恶意的人的认识本身联系起来”，才能证明恶意的存在。

欺诈性过错引起的后果是，有欺诈性过错的债务人不得主张免责条款的规定（参见第615节），[4] 也不得主张限制责任条款的规定（参见第619节）。[5] 这就是欺诈引起的后果之一。

575. 重大过失的概念

按照（旧法时代的）3类过失划分层级的理论，在推定当事人

---

[1] G·布里耶：《论故意过错》（关于职业民事责任保险）（G·Briere de l' isle, la faute intentionnelle, 1973. 259），《论欺诈性过错，一种分类企图》（la faute dolosive, tentative de clssification, D. 1980. chron. 133）；D·内古岩：《合同过错研究：欺诈性过错在过错系列中的位置》（D·Nguyen thanh-Bourgeai, contribution à l' étude de la faute contractuelle, RTD civ. 1974. 414）；G·维内：《关于故意过错、不可原谅的过错与重大过失之区分的几点看法》（G·Viney, remarques sur la distinction entre faute intentionnelle, faute inexcusable et faute lourde, D. 1975. chron. 263）。

[2] 最高法院第一民事庭，1969年2月4日（Gaz Pal. 1969. I. 204）；（关于公证人）最高法院第一民事庭，1973年10月24日（D. 1974. 90. J·Ghestin述评）。

[3] 关于《保险法典》第113-1条在责任险方面的适用，参见最高法院第一民事庭1975年10月8日判决（Bull, civ I, N°262, p. 221, RTD civ. 1976. 361, G·Durry述评）；最高法院第一民事庭，1975年10月15日（D. 1976. 149. J·Aubert述评）；最高法院第一民事庭，1975年10月22日（D. 1976. 151. J·Mazeaud述评）。

[4] 最高法院商事庭，1959年6月15日（D. 1960. 97. R·Rodière述评）；最高法院商事庭，1980年6月25日（JCP1980. IV. 338. RTD civ. 1981. 165. G·Durry述评）。

[5] 最高法院第一民事庭，1982年11月24日（D. 1983. 384. G·Larroumet述评）。

订立合同的利益与其应负的责任界限之间建立起一种相互的对应关系。法国现代法律虽然抛弃了这种划分过失层级的理论，但并没有随之放弃考虑合同履行中的欺诈行为（参见第 574 节），与此相同，重大过失（faute lourde）这一概念也没有被排除出现代法国制定法。[1]

由于重大过失这一概念需要接受最高法院的监督，[2] 因此应当将这一概念与其他的概念区分开来。不过，由于立法者以一种不确定的甚至毫无用处的方式不断增加其他类型的过失概念，使得这种区分更加不容易，例如，立法者在运用重大过失（faute lourde）这一概念的同时还使用了“严重过失”或者“严重过错”（faute grave）[3] 这样一个概念（不过，我们可以认为重大过失（faute lourde）与严重过失是同义语；[4] 但是，重大过失与欺诈、不可原谅的过错（faute inexcusable）以及一般过错（faute ordinaire，普通

[1] R·罗布洛：《法国私法中的重大过失》（R·Roblo，de la faute lourde en droit privé français，RTD civ. 1943. I）；R·朗布-梅尔林：《论欺诈与重大过失》（R·Jambu-Merlin，Dol et faute lourde，D. 1955. chron. I. 49）；A·咖弗里昂：《论重大过失与不可原谅的过错》，《巴黎二大学位论文》，1977 年（A·Ghafourian：faute lourde et faute inexcusable，thèse ParisII. 1977）。

[2] 最高法院民事庭，1932 年 6 月 29 日（DP1933. I. 49）；最高法院民事庭，1945 年 1 月 8 日（Gaz. Pal. 1945. I. 100）。

[3] 重大过失（faute lourde）与严重过失（faute grave）中的“grave”和“lourde”两个词汇虽然词义多少有些差别，但两者都有“严重的”、“重大的”、“沉重的”等意思，在用它们来形容“过错”或“过失”时，基本上是同义词。本书也对此作了解释。在译者翻译的《法国民法典》译本中，包括 2004 年法律出版社出版的附有法院判例解释的《法国民法典》和 2010 年 6 月北京大学出版社出版的版本，都将“重大过失”译为“严重过错”，例如，两书的第 883 页与第 307 页。叶名怡先生对这一概念的翻译提出了异议，认为应当将其译为“重大过失”。其实，从法国法术语的意义来看，这里并不是对错问题，而是如何理解“faute”（过错）一词的意义。我国法学界对“过错”与“过失”常常不加区分，其次还有一个约定俗成的问题。——译者注

[4] 最高法院混合庭，1961 年 4 月 26 日（JCP1961. II. 12205. P·Ouriliac et M·de Juglart 述评）。

过错）这3个概念之间却有必要进行一番对比。[1]

（1）在各种有名称的过失中间，尤其值得提出的是“严重过失”或“严重过错”（参见《农村法典》第415-3条）。对严重过错的概念进行分析时出现的困难，充分表明徘徊在主观观念与客观后果之间对某个概念进行定义确实是很困难的。主观观念考虑的是过错或过失在行为人意识中的严重程度，而客观后果则是基于考虑可以预见的后果的幅度。这也表明列出一系列的“有名称”的过错或过失的概念并不必然对有关因果关系的研究带来多少方便。

（2）重大过失（faute lourde）与欺诈（dol）是两个对立的概念。重大过失仍然属于非故意过失。这样区分是合乎理性的：欺诈意味着有恶意，而重大过失，不论它多么重大，都不意味着有任何的恶意。当然，我们也不要过分夸大其词，不要认为构成欺诈的前提条件必须在履行合同时故意谋求损害他人的利益：只要债务人知道其行为可能会损害他人利益而仍然实施其行为，就构成欺诈（参见第574节）。[2]

这就是说，欺诈意味着行为人至少是知道他自己的所作所为将会给他人造成损害，这种情况就足以构成恶意，而重大过失则是一种误解（erreur），一种不可原谅的重大疏忽，但行为人并没有损害（他人利益）的故意或意图，甚至没有认识到他自己的行为将会给债权人带来的损害，行为人仍然属于善意。善意与恶意，是欺诈与重大过失这两个概念的基本差别。

（3）由于立法者在重大过失（faute lourde）与欺诈（dol）两个概念中间还增添了一个“不可原谅的过失”（faute inexcusable）

---

[1] G · Viney, chron. Préc, G · Brière de l' Isle, chron. préc.

[2] 最高法院第一民事庭，1969年2月4日（D. 1969. 601. J · Mazeaud 述评，JCP1969. II. 16030. R · Prieur 述评）。

的概念，这几个概念相互区分起来就更加困难了。不过，不可原谅的过失这一概念主要用在劳动事故（工伤事故）、交通事故以及商品运输方面。与重大过失相比，不可原谅的过失所表明的是行为人存在更为严重的违反义务的情形，但它同样是非故意的过失，它与重大过失的区别就在于其具有特别的严重性（gravité exceptionnelle）。不可原谅的过失，虽然其中没有故意因素，但却意味着行为人对自己的行为可能引起的危险有着某种意识——而且这种意识是行为人本应有的意识。[1] 正是基于这一点，法院判例对于不可原谅的过失问题采取的是具体个案具体评价（in concreto）的方法。[2] 能够据以区分不可原谅的过失与重大过失的，正是看行为人是否有这种意识。

（4）最后，还有必要确定重大过失与一般过失（faute ordinaire）的区分标准。人们传统上都是用“过失巨大”（énormité de la faute）来形容重大过失，它指的是一种表明债务人无能力完成其负担的任务的极为明显的过错（faute grossière）；[3] 为了说明重大过失的特点，人们有时也会考虑某种行为所暴露出来的债务人方面的愚

[1]最高法院混合庭，1941年7月15日（DC941. 117. A · Rouast 述评）；另见巴黎法院1973年5月26日判决（D. 1974. 48，J · Cabannes 述评）（航行方面的严重差错）；E · 杜阿尔：《社会保险制度里的不可原谅的过错》（E · Douard，La faute inexcusable dans le régime de la sécurité sociale，1961）；G · 布里耶德利斯勒：《论不可原谅的过错（总结与展望）》（G · Brière de l' Isle，La faute inexcusable，（Bilan et perspectives），（D. 1970，chron. 73 s. G · Viney，chron. Préc.）。

[2]最高法院商事庭，2006年3月21日（JCP2006. II. 10090. Mekki 述评，RTD civ. 2006. 569，P · Jourdain 述评）（航空运输方面的案例）。一开始，最高法院判例倾向于对不可原谅的过错进行抽象评价，参见最高法院混合庭1941年7月15日判决（关于工伤事故）；最高法院第一民事庭，1968年6月24日（D. 1968. 745，P · Chauveau 述评，JCP 1969. 11. 15704，M · Dejuglart et E · du Pontavice 述评）（航空运输方面的案例）。

[3]最高法院商事庭，1988年5月3日（Bull. civ. IV. N°150. p. 104）；最高法院商事庭，1990年4月3日（Bull. civ. IV. N°108. p. 71）；最高法院全体庭，1998年6月30日（JCP1998. II. 10146. Delebecque 述评，CCC1998. N°143. L · Leveneur 述评）。

蠢。[1] 重大过失是债务人的某种行为存在极大缺陷的表现。

在法国制定法里，包括法律与判例方面，出现了一种动向。这种动向就是：与过去相比，重大过失的存在更加容易得到承认，重大过失在责任方面引起的后果也更加容易得到承认，特别是更加容易承认专业人员的重大过失及其产生的后果。[2] 除此之外，在认定是否存在重大过失时，还会考虑其他因素，例如，债务人是否有重复发生违反义务的行为，[3] 当涉及的利益必须得到特别保护时——例如，保护人身安全，需要保护的财产价值较高，在对这样的利益或者对缔结的债务的重要性进行分析的基础上，也确立了相同的倾向：在存在这些因素时，同样比较容易认定（债务人方面）存在重大过失以及这种重大过失引起的责任后果。[4]

在过去很长时间里，重大过失这一概念始终处于不确定性状态，各法院在认定是否构成重大过失时，既会考虑与债务人的行为表现相联系的主观情况，[5] 也会考虑各种客观情况——这也证明，正是由于这些概念存在某种混淆不清的状况，也使得这种不确定性状态将继续存在下去——而这些情况应当还包括考虑债务人方

[1]最高法院诉状审理庭，1928 年 4 月 24 日（S. 1928. I. 258）。

[2]L·若塞朗：《重大过失在职业的标志下的复兴》（L·Josserand, La renaissance de la faute lourde sous le signe de la profession, DH 1939, chron. 29）；最高法院第一民事庭，1978 年 11 月 22 日（JCP1979. II. 19139. G·Viney 述评）；最高法院商事庭，1979 年 1 月 4 日（D. 1979. IR357. M·Vasseur 述评）。

[3]最高法院民事庭，1932 年 6 月 29 日（S. 1932. I. 351）；最高法院诉状审理庭，1933 年 4 月 4 日（S. 1933. I. 188）。

[4]最高法院民事庭，1932 年 1 月 11 日（DH1932. 131）；Roblot, op. cit, N°s 22 s; Marty et Raynaud, t. II, 1er vol, N°413）；另见最高法院混合庭 2005 年 4 月 22 日判决，参见本书第 619 节注。

[5]最高法院商事庭，1988 年 1 月 5 日（Bull. civ. IV. N°8. p. 6）；最高法院商事庭，1989 年 10 月 3 日（Bull. civ. IV. N°246. p. 165, D. T990. 81, concl. M·Jéol 述评）；最高法院商事庭，1990 年 4 月 3 日（Bull. civ. IV. N°108. p. 71）。

面是否违反由于合同本身的性质而产生的某些特定的基本义务。[1]不过，法院判例最近主要还是从主观观念的角度归纳出了一个有关重大过失的定义：（在现代法国法里）所谓重大过失是指，债务人方面存在接近于欺诈的特别严重的懈怠（négligence）或漫不经心，表明能够决定自己行为的债务人缺乏完成其承诺的任务的能力。[2]

576. 重大过失的后果

对于重大过失产生的后果，可以采用以下两种方式进行处理：在考虑是否存在重大过失时，要么，朝着有利于损害行为人的方向，提高责任的门槛；要么，朝着不利于损害行为人的方向，将重大过失视同欺诈。

有一段时间，采用的是第一种方式，就是提高责任门槛。提高责任门槛的目的主要是，借以避免过分轻而易举地认定职业人的责任，从而增加追究行为人责任的难度。[3]

然而，人们更倾向于在存在重大过失的情况下，应当加重行为

---

[1]最高法院第一民事庭，1988 年 1 月 15 日（D. 1989. 349. RTD civ. 1990. 666. P · Jourdain 述评，（银行经营者的重大过失）；最高法院商事庭，1999 年 5 月 9 日（Bull. civ. IV. N°142. p. 95. RTD civ. 1990. 666. P · Jourdain 述评）（年度电话簿出版人的重大过失）；最高法院第一民事庭，1997 年 12 月 2 日（Defrénois1998. 342. D · Mazeaud 述评，JCP1998. I. 144. N°10，G · Viney 述评），（关于视频监控设备公司的重大过错。参见本书第 610 节）。

[2]关于运输方面的判例，参见最高法院混合庭 2005 年 4 月 22 日判决（D. 2005. 1864. Tosi 述评，JCP2005. II0066. G · Loiseau，述评，CCC 2005，N° 150，Leveneur 述评，*RDC* 2005. 673 ，D · Mazeaud 述评）；最高法院商事庭，2005 年 6 月 28 日（JCP2005. II. 10150. I. III. N°14，Stoffel-Munck 述评，CCC 2005，N°201，Leveneur 述评，参见本书第 609 节，关于限制责任条款）。

[3]最高法院混合庭，1874 年 8 月 4 日（DP1875. I. 478）；最高法院诉状审理庭，1901 年 6 月 8 日（关于律师责任的判决）（DP1903. I. 344）；最高法院民事庭，1888 年 12 月 24 日（DP1889. I. 165）（关于公证人责任的判决）。

人的责任后果。这方面最典型的例子是《劳动法典》第 2511-1 条第 1 款的规定："除劳动者方面有可归咎的重大过失外，罢工权的行使不得作为中断劳动合同的正当理由。"——尽管这是一项主要与中断合同关系有关的规定。

因此，更为普遍的情况是，人们都是运用一个古老的法律格言："重大过失等同于欺诈"（culpa lata dolo aequiparatur），从而将重大过失的后果视同欺诈的后果。为了支撑这一原则，有人提出以下见解：实施欺诈的行为人，也就是有故意过错的行为人，往往很容易装出一副自己只不过是做出了某种愚蠢举动，以此来掩盖他实际上的故意过错，[1] 从而逃避其行为或者不行为所引起的后果，而如果我们运用"重过失等同于欺诈"这样一个原则，就截断了行为人采取这种掩饰手段的可能性，行为人也就无法轻而易举地通过这种方法来逃避重大过失所产生的后果：既然只要行为人有重大过失，均推定此种过错为故意过错，重大过失等同于欺诈。那么，换句话说，凡是有重大过失的行为人均被推定其实施了欺诈行为，由此一来，有重大过失的行为人只有证明自己没有故意过错，才能不承担责任。

然而，按照《民法典》的规定，欺诈不得推定，应当提出证据证明，而善意始终得推定之，认为他人系恶意者，应负举证责任（《民法典》第 2274 条就不动产的取得时效作出的规定）。我们显然可以看到，上述"凡是有重大过失的行为人均被推定实施了欺诈行为"的论断与《民法典》规定的"欺诈不得推定"、"善意得为推定"之原则是相抵触的，也就是说，这一论断与"对于债权人而言，有必要证明债务人系恶意行为"之原则相抵触；况且，也只有

[1]L·马佐：《故意过错视同欺诈》（L·Mazeaud，L' assimilation de la faute lourde au dol，DH1933. chron. 44）。

在准许有重大过失的行为人能够通过证明自己没有损害之故意，或者能够证明自己并不知道其有瑕疵的行为可能引起的损害，从而有可能推翻此种推定的条件，才能容忍关于有重大过失的行为人属于欺诈的推定。[1] 然而，"在与欺诈相关联的后果就是与重大过失相关联的后果"的情况下，特别是在涉及与免责条款或者限制责任条款的意义相关的后果的情况下，不准许这样做（参见第614节与第618节）。[2]

除上述后果之外，过去的法院判例曾经认定，只有在投保人的过失仅仅属于轻过失的情况下，保险合同才能给予保险赔付，[3] 后来，立法者进行了干预，现在《保险法典》第113-1条第2款规定，只有投保人方面有故意过失或者欺诈性过失的情况下，才禁止给予保险赔付。[4]

由此可见，我们应当抛弃将"重大过失等同于欺诈"这一格言作为原则；当立法者甚至法院判例出于谨慎而赋予重大过失与欺诈以相同的后果时，重大过失相当于欺诈这一格言最多只能作为一种指导——尽管这样做仍将例外地导致损害"善意得为推定"的自由规则。

---

[1]也就是说，关于有重大过失的行为人被推定为欺诈的推定，最多只能是一种准许用相反证据予以推翻的、可反驳的推定，否则就更不准许对恶意的推定。——译者注

[2]但是，有欺诈性过错的债务人不能提出相反证据推翻这种推定；有欺诈性过错的债务人不得主张免责条款，也不得主张限制责任条款。——译者注

[3]最高法院民事庭，1876年3月15日（DP 1876. 1. 449, *S.* 1876. 1. 337, J-E · Labbé述评）。

[4]J · 盖斯坦：《公证人在履行合同义务中的故意过错（过失）与责任保险》（J · Ghestin, La faute intentionnelle du notaire dans l'exécution de ses obligations contractuelles et l'assurance de responsabilité, D. 1974, chron. 31）；最高法院第一民事庭，1973年10月24日（1973, D. 1974. 90, J · Ghestin述评）。（也就是说，即使投保人有轻过失，仍然可获得保险赔付）。

577. (2) 区分方法之债与结果之债，此种区分的由来

我们在前面多次提到区分方法之债与结果之债[1]的问题。在涉及债务人过错的证据时，有关方法之债与结果之债的区分主导着合同责任制度（参见第 454 节）。《民法典》第 1137 条与第 1147 条的规定是这一区分的基础依据，方法之债与结果之债是在这两个表面上看来相互矛盾的条文的综合基础上做出的安排。《民法典》第 1137 条的条文是："负责注意保管某物之债，使负担此种债务的人对物的保管应尽善良家父之悉心照应，不论契约是仅以当事人一方之利益为目的，还是以诸当事人之共同利益为目的。——此种债务，相对于特定的契约，范围各有不同；此种债务在这方面的效力依各有关篇章之规定。"根据这一条文的规定，我们可以认为，债权人不仅应当证明债务人没有履行债务，而且要证明债务人之所以没有履行其债务，是因为他没有以一个善良家父的态度勤勉审慎地行为处事；而法典第 1147 条则规定："凡债务人不能证明其不履行债务是由于不能归咎于他本人的外来原因时，即使其本人方面并无任何恶意，如有必要，均因债务不履行或者迟延履行而被判支付损害赔偿。"这一条文的规定仅仅是要求没有得到满足的债权人举证证明债务之不履行即告足够，债务人方面则应当从证据阵地上证明外来原因（关于外来原因，参见第 584 节）的存在，正是由这种外

[1]法国法学理论将契约之债（obligation contractuelle）分为"方法之债"（obligation de moyen）与"结果之债"（obligation de résultat）。所谓"结果之债"是指债务人向债权人承担的是保证债权人获得某种确定结果的债务。例如，航空承运人对旅客所承担的是安全地将旅客送达目的地的结果性义务，不达到此种确定的结果即应当承担责任；而所谓"方法之债"则是指债务人并不承担一定达到某种确定结果的义务，但是他应当运用一切必要的方法、手段与技艺，尽其所能来履行契约，尽到"勤勉"与"审慎"义务。例如，医生治病，教师教学生，如果有契约，也不一定能保证疾病痊愈，学生百分之百优秀。通常认为，本法典第 1137 条规定的是一种"方法之债"，而第 1147 条规定的则是"结果之债"。"结果之债"与推定过错和严格责任有关。也有人将"方法之债"译为"手段之债"。——译者注

来原因导致其债务不履行，只有这样才有可能不承担责任。

在过去很长时间里，这两个条文的规定相互不协调，曾经引起过令人尴尬的局面。占主导地位的倾向是，应当主张优先考虑第1147条的规定。该条的规定对债务人比较严厉，原因不仅在于它在《民法典》中所处的位置，而且也因为法院判例当时还没有明显扩大合同义务的范围，尤其是还没有明确承认在很多情况下合同之债里实际上存在安全义务（参见第568节）。

这样来解释这两个条文相互不协调的原因可能还不够。(后来)德莫格（Demogue）[1] 经过研究，揭示出有关“合同过错的证据”与“按照债的目标来进行的区分”两者之间存在着紧密联系，也就是说，合同过错的证据与区分方法之债和结果之债有着紧密的联系(参见第6节)。[2] 这里的基本思想就在于，要“查明债务人允诺的是什么”，“债权人可以合理期待的是什么”。我们知道，有时，债务人承担的义务是要让债权人获得某种明确而具体的结果，例如，供货合同，供货人承担的义务是在确定的日期提交某种具体的货品，而购买人则承担支付价金的义务；又例如，按照交通

---

[1]德莫格：《债法概论》，第1237节（Demogue，Traité des obligations，t. v. N °1237）。

[2]P·埃斯迈：《对债的新分类方法的几点看法》（P·Esmein，Remarques sur de nouvelles classifications d'obligations，Études Capitant，. p. 235）；P·埃斯迈：《论合同之债与合同责任》（P · Esmein，Obligation et responsabilité contractuelles，Études Ripert，t. II，p. 101）；R·洛迪耶：《一个受到威胁的概念，合同中的普通过错》（R·Rodière，Une notion menacée，la faute ordinaire dans les contrats，RTD civ. 1954. 201）；弗罗萨尔：《论方法之债与结果之债的区分》，《里昂大学学位论文》，1965年（Frossard，La distinction des obligations de moyens et des obligations de résultat，thèse Lyon. 1965）；Ph·布鲁恩：《论民事责任法里的推定》，《格勒诺贝尔大学学位论文》，1993年（Ph·Brun，Les présomptions dans le droit de la responsabilité civile，thèse ronéot.. Grenoble II. 1993. p. 220）；J·贝利桑：《也谈对方法之债与结果之债区分的分析，关于责任体系的演变》，《蒙帕利耶大学学位论文》，2001年（J·Bellissent，Contribution à l'analyse de la distinction des obligations de moyens et des obligations de résultat，À propos de l'évolution des ordres de responsabilité，thèse Montpellier，éd. 2001）。

运输合同，承运人的义务是应当（安全地）将运送的货物或旅行者送达目的地，也就是说，在这些合同中，债权人与债务人允诺和期待的都是确定的具体的结果；有时则相反，债务人仅仅是承诺运用一切适当的手段或方法履行其待要完成的任务，使债权人可能获得他所期待的结果，但是债务人无论如何不能确保实现这样的结果，例如，医生无法允诺自己一定能治好病人的疾病，而只能承诺按照其实施治疗时已经取得的科学知识对病人给以细致认真的治疗和关注。

这样一来，德莫格所作的解释就很好地将第 1137 条与第 1147 条的规定相互协调起来，必然会获得巨大成功。（按照这种解释）在涉及方法之债时，应当由债权人证明债务人没有尽到他承担的“债的目标所必然要求其应当尽到的勤勉与谨慎之责”，换句话说，在此情况下，不存在合同过错（faute contractuelle，违约过错）的推定；如果是相反情况，在涉及结果之债时，只要债务人没有履行其承诺的义务，没有达到具体的结果，债务人即有过错（推定债务人有过错），由于义务不履行，债务人只有证明自己是由于外部原因妨碍其履行时，才能推翻对过错的推定。

578.（A）区分方法之债与结果之债的意义

德莫格率先提出的见解，由于很协调地解释了《民法典》第 1137 条与第 1147 条的规定，得到很多学者的赞赏，而且经常得到法院的实际运用。在负担合同过错的举证责任这块阵地上，法院即使不是唯一采用这一理论，至少也是主要采用这一理论。因此，在涉及免除举证责任的过程时，就可以看出区分方法之债与结果之债的意义所在。

579. 方法之债与应当由债权人提出债务人有过错的证据

当债务人负担的是一种方法之债时，债权人仅仅证明债的不履行仍然不足以认定债务人应当承担其责任，他还需要证明此种不履行是由于债务人违反其义务所致，也就是说，参照善良家父所提供的行为典范，债务人没有像一个善良家父那样对待自己许诺承担的义务。这一表述出现在第 1137 条的文字当中，它虽然是针对物的保管合同（例如，买卖合同、租赁合同、借贷合同等）中的谨慎注意义务作出的规定，但实际上并非仅限适用于这类义务或合同；假定是医生为他人治病或者是代理人为他人代理事务的情况，也没有理由不采取与物的照管义务相同的处理意见。

那么，到底什么才是人们在评价债务人的行为表现时所参照的"善良家父"呢？（我们应当承认）善良家父这一表述也可能会存在含糊不清之处，因为，这里的所谓善良家父并不是指家庭道德方面的楷模，而是指一个人按照正常的要求，能够做到办事细致周到、勤勉慎行、尽职尽责（这是一种通常标准，而不是特殊的高标准——译者注）。因此，如果认定债务人有疏忽大意或者没有尽到勤勉谨慎之责，而在相同条件下如果是一个达到了善良家父之标准要求的合同当事人，就不会像债务人那样行为处事（第 571 节），那么债务人就被认为有过错。如此一来，就需要从有关过错的证据的阵地上来解决问题的症结：债务人只有证明自己之所以没有履行义务是由于存在外部原因或者是因受害人方面的过错所造成时，才能免负责任。

显然，对于债务人过错的评价，可以比较严厉，也可以不太严厉。因为，只需要稍微改变一下参照榜样，就可以提高对债务人的要求，随之也就加大了债务人应当承担的责任的严格程度，并由此扩大了其责任的范围。比如，法院尤其可以运用这种方法来加重特定的职业人的责任——对于参加了职业责任保险的情况更是如此——不论是强制保险还是非强制保险。有人将这种情形称为“强化的方法之债”或者“加重的方法之债”（obligations de moyen renforcées ou aggravées）。我们如果在此方向上继续向前行，有时也会不知不觉地走进了合同责任的另一个侧面，特别是在债务人虽然自称其“不知道”而法律认为其“不可能不知道”或“应当知道”的那种情况下，我们就差不多走到了这个问题的分水岭：向另一面望去，便是人们通常所说的结果之债。

580. 结果之债，应当由债务人提出其免负责任的证据

从现实情况来看，并非仅有一个类型的结果之债，因此，结果之债的内容尤其丰富。

实际上，在很多情况下，要由债权人举证证明债务的不履行，而债务人只需证明其没有过错，并参照善良家父的模式或榜样，证明其所作所为完全符合一个谨慎勤勉的债务人在正常情况下可以或者应当达到的标准要求，就可以免负责任。例如，《民法典》第 1732 条规定：“承租人对承租期间出租物发生的损坏或灭失应负赔偿责任；但如其证明此种损坏或灭失非因其过错造成时，不在此限。”（参见第 589 节）[1] 有人将这种情况称为“减轻的结果之债”（obligations de résultat allégées），与之相反，则是“加重的结果之债”（obligations de résultat aggravées），特别是由合同条款的规定而引起的债，例如，《民法典》第 1772 条与第 1173 条有关租赁

[1] 参见 G · Durry 述评（*RTD civ.* 1973. 363）；最高法院第一民事庭，1954 年 3 月 1 日（JCP1954. II8083. P · Esmein 述评）；最高法院第一民事庭，1960 年 3 月 15 日（D. 1960. somm. 102）。有些情况下，合同也可能朝着利于债务人的方向就可以免除债务人责任的不可抗力的情形作出具体的规定。参加巴黎法院 1990 年 2 月 28 日判决（Gaz. Pal. 1990. 2. somm. 461. RTD civ. 1. 1990. 669. P · Jourdain 述评）。

合同的规定，[1] 即属于加重的结果之债：债务人只有证明发生了某种不可抗力情形才能免负其责。不过，我们也可以认为，此种情况属于“担保之债”（obligation de garantie）。[2]

至于典型的结果之债——按照上面所作的说明，也就是既不减轻也不加重的结果之债——我们需要记住的是：债权人仅仅需要证明债务人的债务不履行，债的不履行即意味着债务人方面有合同过错，所以人们说，只要有债的不履行，即可以推定存在合同过错，债务人实际上不能仅仅提出相反证据证明其没有过错而免负责任。最高法院甚至认定：结果之债意味着既推定过错的存在，又推定（债务人）已为的给付与造成的损害之间存在因果关系。[3] 在这种情况下，债务人只有在肯定地具体地证明存在不能归咎于他的外来原因时，才能免负其责。

581. 偶然事件或不可抗力

《民法典》第 1148 条在解释第 1147 条时规定：“如债务人是因不可抗力或偶然事件不能履行其负担的给付或作为之债务或者违约实施其受到禁止的行为，不引起任何损害赔偿。”

有人试图从这一条文的规定推断出，在偶然事件（cas fortuit）

---

[1]《民法典》第 1772 条：“按照租约条款的明文规定，承租人得对意外事故承担责任。”

第 1773 条：“此项条款仅指平常的意外事故，如冰雹、雷击、霜打或落果。——此项条款不涉及特别的意外事故，如战争的破坏或者水灾，致使乡村受到非一般的灾害，但如规定承租人对已预见或未预见的所有意外事故均应负担责任，不在此限。”

[2]B·格罗斯：《论法国法中的担保之债的概念》，《南锡大学学位论文》，1964 年（B·Gross, *La notion d'obligation de garantie dans le droit des contrats*, thèse Nancy, éd. 1964）。

[3]最高法院第一民事庭，1988 年 2 月 16 日（Bull. civ. I. N° 42. p. 27. RTD civ. 1988. 767. P·Jourdain 述评）；最高法院第一民事庭，1994 年 2 月 2 日（D. 1994. IR55. JCP1994. IV. 892）；最高法院第一民事庭，1997 年 10 月 21 日（DF. 1998. 271. Ph·Brun 述评，*JCP* 1998. 11. 10103，Varet 述评）。

与不可抗力（force majeure）两者之间存在的差别与区分。他们认为，偶然事件是指，与债务人的活动或企业相关的内部事件，例如，发生火灾、设备损坏、车辆出轨等，而不可抗力则是指来自外部的事件，例如，发生洪水、遭到雷击、遇到台风，等等。这种看法符合法律的某些条文的规定，其中包括《民法典》第1172条与第1773条的规定，因为这些条文中考虑的偶然事件与不可抗力之间确实多少有些差别。

但是，我们认为，《民法典》的制定者在使用这两个术语或表述时通常是不加区分的，例如，法典第1148条、第1302条、第1722条、第1733条、第1769条、第1882条、第1929条、第1934条等条文都是如此，而且，从总体上说，法院判例也不承认在偶然事件与不可抗力之间还需要加以区分。[1] 不过，虽然偶然事件与不可抗力这两个术语被看成是同义语，有人提出的区分内部原因与外部原因并不能用来区别什么是偶然事件，什么是不可抗力，但是，当我们想要具体弄清哪些事实条件可以作为免责条件时，将偶然事件与不可抗力区分开来却可以带来很大帮助，因而也具有很大意义或作用。

582. 偶然事件或不可抗力的条件

债务人要想免负责任，必须具备多项条件。

（1）我们也许可以这样说：债务人要想免负责任，首先必须具

---

[1] J·拉杜昂：《论偶然事件与不可抗力》，《巴黎大学学位论文》，1919年（J·Radouant, Du cas fortuit et de la force majeure, thèse Paris, 1919）；L·若瑟朗："论不可抗力与偶然事件"（L·Josserand, Force majeure et cas fortuit, DH1934. chron. 25）；A·图纳：《不可抗力与合同方面没有过错》（A·Tune, Force majeure et absence de faute en matière contractuelle, RTDciv. v. 1935. 19）；P·H·安托马特伊：《也谈不可抗力之研究》，《蒙帕利耶大学学位论文》，1919年（P·H·Antonmattéi, Contribution àl'étude de là force majeure, thèse Montpellier. éd. 1992）。

备的条件是，债的不履行应当是由具有外部起因的某种事件所造成。从这个意义来说，人们都认为，如果债务人为履行合同所使用的物本身就存在瑕疵，则不能免除其责任。[1] 这种情况下，人们往往会说这是“因物引起的合同责任”。[2] 法院判例非常强调这种责任的重要性。例如，私立教学机构对交给学生使用的电脑造成的损害，应当承担责任，当然这并不妨碍这些物件的制造商对此类教学机构受到的判决处罚负保证责任。[3] 法院判决还认定，提供血液的机构（血库）对于其提供的医用血液的内在瑕疵，即使是不能发现的瑕疵，也不能构成与该机构无关的外来原因。[4]

我们注意到，（法院判决认定）债务人处于失业状态被作为他未能清偿债务的正当理由，但是，这到底是外部原因还是内部原因？就不是很明确了。[5] 同样，债务人患病，因而无力清偿债

[1]最高法院民事庭，1934年3月26日（DH1934. 266）；最高法院民事庭，1936年3月3日（DP1936. I. 81）；最高法院民事庭，1946年7月2日（D. 1946. 392）；最高法院第三民事庭，1972年10月10日（D. 1973. 378. J·M述评，RTD civ. 1974. 161. G·Durry述评，关于下水管道因使用过的废水中的微生物造成的腐蚀，免除工程承包人的责任问题）；最高法院第一民事庭，1988年7月19日（Bull. civ. I. N° 249. p. 173. JCP1988. IV. 348. RTD civ. 1989. 96）；但需要查明外来原因的起因，参见最高法院第一民事庭，1960年11月29日（D. 1961. 75）；最高法院第一民事庭，1967年10月3日（JCP1968. II. 15365. P·Durand述评）。

[2]F·勒杜克：《因物引起的合同责任的特殊性》（F·Leduc，La spécificité de la responsabilité contractuelle du fait des choses，D. 1996. chron. 164）。

[3]最高法院第一民事庭，1995年1月17日（D. 1995. 350. P·Jourdain述评，JCP1996. I. 3944 G·Viney述评，RTD civ. 1995. 634，P·Jourdain述评）。

[4]最高法院第一民事庭，1995年4月12日（JCP1995. II. 22467. P·Jourdain述评，CCC1995. chron. 9. L·Leveneur述评）。更为特殊的情况是涉及艾滋病的问题。

[5]最高法院第三民事庭，1972年4月19日（D. 1973. 205. H·Souleau述评，RTD civ. 1973. 581. G·Durry述评）；最高法院第三民事庭，1975年4月10日（Bull. civ. III. N° 115. p. 87. RTD civ. 1976. 151. G·Durry述评）。

务，这又是内部原因还是外部原因呢？[1]

（2）其次，应当是不可预见的事件，债务人才能免负责任。因为，如果是在合同订立时就可以预见的事件，双方当事人就会在他们订立的合同当中加以考虑。[2] 对于事件的不可预见性这一条件，应当作出合乎理性的理解，因为几乎所有的事件都是可以预见的，包括战争、地震之类的最为严重的灾难。所以，当我们在评判事件是否具有不可预见性这一条件时，需要关注其他一些辅助标准，如事件发生的不正常性、突发性、罕见性。在这里，还应当将一个老练的、深思熟虑的人本来应当预见到的事实与其他不可预见的事实区分开来。[3]

如果我们置身于订立合同的当时，并且按照当时的情况来考虑问题，就很容易理解为什么在要求事件具有不可抗拒性（irrésistibilité）的同时，还要求事件具有不可预见性（imprévisibilité）：因为，如果是在订立合同的当时就可以预见到的事件，债务人就不能主张以不可抗拒的事件为依据来作为免负责任的理由。既然是在订立合同时就可以预见到的事件，而债务人却仍然订立合同，那么，这或者是由于他错误地做出了承诺，或者是由于他完全是自愿地承担额外风

---

[1] 最高法院第一民事庭，1998 年 2 月 10 日（CCC1998. N° 70. L · Leveneur 述评，Defrénois1998. 1051. D · Mazeaud 述评，JCP1998. II. 10124. G · Paisant 述评，I. 185. N° 16. G · Viney 述评）；与此相反，参见最高法院第一民事庭 2001 年 10 月 2 日判决（CCC2002. N° 24. L · Leveneur 述评）；最高法院全体庭，2006 年 2 月 14 日（CCC2006. N°152），关于这个问题，参见 D · 诺格罗：《论疾病对法律行为的影响》，《巴黎二大学位论文》，2000 年（D · Noguéro, L'incidence de la maladie sur l'acte juridique, thèse Paris II, 2000, N° 542 et s）。

[2] 最高法院民事庭，1963 年 11 月 26 日（JCP1964. II. 13518）；最高法院商事庭，1982 年 3 月 15 日（Bull. civ. IV. N°102. p. 90）。

[3] 最高法院民事庭，1918 年 1 月 21 日（D. 1918. I. 9）；最高法院民事庭，1966 年 3 月 7 日（JCP1966. II. 14878. J · Mazeaud 述评，*Gaz. Pal.* 1966. 1. 409）；关于最高法院对认定不可预见性实行的监督，参见最高法院民事庭 1957 年 2 月 5 日判决（D. 1957. 178）。

险。不过，如果事件虽然一开始不能预见但在合同履行的过程中变得可以预见时，似乎可以不再强调上述不可抗拒性与不可预见性这样的双重要求。有些学者倾向于认为，在这种情况下，事件虽然变得可以预见，但仍然不能阻止其发生后果时，仅需要符合不可抗拒性这一项要求，即可构成不可抗力，不过，需以债务人采取了一切必要的措施来避免事件发生为保留条件，否则仍不能免负责任。[1]换句话说，虽然不可抗力通常应当具备双重特征——不可预见性及不可克服性，但是，即使事件已经是可以预见的，只要它仍然具有不可抗拒性，而且如果债务人为了防止事件的实际发生，或者为了克服其后果，采取了一切必要的措施，那么，仅因事件具有不可抗拒性，也就足以构成不可抗力。更确切地说，这种情况下，体现不可抗力之特征的，更多是事件的不可避免性（inévitabilité）。[2] 但是，如同在侵权行为方面一样，最高法院仍然坚持认为，不可抗力需具备两项要求：不可预见性、不可抗拒性。[3]

（3）第三，债务人受到阻碍、不能履行其债务。《民法典》第

---

[1]最高法院第一民事庭，1966年3月7日，最高法院第一民事庭，1994年3月9日（Bull. civ. I. N° 91. JCP1994. I. 3773. N° 6. G · Viney 述评，RTD civ. 1994. 871. P · Jourdain 述评）；最高法院商事庭，1997年10月1日（Bull. civ. N° 240. p. 209. JCP1998. I. 144，N°13. G · Viney 述评，D. 1998. somm. com，p. 1999. Ph · Delebecque 述评，CCC1998. N° 5. Leveneur 述评，RTD civ. 1998. 121. P · Jourdain 述评，持枪威胁，对运输的商品进行抢劫）；最高法院商事庭，1999年3月16日（CCC1999. N° 86. Leveneur 述评），由于发生海湾战争，航空运输被封锁，这种状况尽管是可以预见的，但只要其具备不可抗拒性，而且债务人已经尽其一切努力，那么，仍然构成不可抗力。

[2]P · Jourdain（RTD civ. 1998. I. 122. 2001. 373）；最高法院第二民事庭，2003年1月23日（D. 2003，2465，Valérie Depadt-Sebag 述评）。

[3]最高法院全体庭，2006年4月14日（D. 2006. 1577. P · Jourdain 述评，1566 chron. D · Noguéro 述评，*JCP* 2006. 11. 10087，Grosser 述评，CCC 2006，N°152，Leveneur 述评，*RDC* 2006. 1207，Viney 述评，*Defrénois* 2006. 1212，Savaux 述评，RTD civ. 2006. 776，Jourdain 述评）；最高法院第一民事庭，2008年10月30日（D. 2008. 2935. JCP2008. II. 10198. Grosser 述评，2009. 1. 123，N° 10，Stoffel-Munck 述评，CCC 2009，N°3，Leveneur 述评，*Defrénois* 2009. 824，Dagome-Labbé 述评）。

1148 条的条文表述得非常清楚：“如债务人是因不可抗力或偶然事件不能履行其负担的给付或作为之债务，或者违约实施其受到禁止的行为，不引起任何损害赔偿。”[1] 这是一项至关重要的条件，它能够真正解释债务人免负责任的理由。

我们可以从两个侧面来定义债务人受到的阻碍：主动层面，债务人不可能履行债务，如同法律格言所说，“任何人都不负不可能之义务”（à l'impossible，nul n'est tenu）；否定层面，这并不是阻碍履行的唯一困难，而是增大了困难。

债务人不能履行债务，可以是精神方面的不能履行，也可以是物质方面的不能履行。但不可能履行，应当是受到了绝对的阻碍（empêchement absolu）（而不仅仅是受到相对的障碍）。[2] 这就意味着，不能“根据债务人个人的力量”来评判其是否不能履行债务，也就是说，要排除所谓的具体评判（in concreto）；那么，我们应当参照什么样的模式或典范来抽象地（in abstracto）评价债务人的行为表现呢？总的来说，人们同样都承认，在这里仍然应当运用善良家父这样一个参照榜样来评判债务人的行为，也就是说，按照一个勤勉而谨慎的人的标准来评价债务人的行为，而不是按照一个最强势的、最勤勉的、最谨慎的人的最高标准来要求债务人。这就是所谓“抽象的评价”（in abstracto）。因此，履行的不可能性主要取决于涉案事实的具体情节。[3] 对这种具体情节的认定属于事实

---

[1]也有人说，发生的事件应当导致缔结的债务绝对不能履行，才能免于履行。参见最高法院社会庭 1954 年 2 月 25 日判决（Bull. civ. N° 107. p. 105）；关于法院判例的严厉性，参见最高法院第二民事庭 1954 年 3 月 4 日判决（JCP1954. II. 8122. R · Rodière 述评）（由于一场暴风雪使协和广场的地铁通道在积雪融化后不能通行，此种情况并不能构成绝对的阻碍）；另见最高法院第三民事庭 1977 年 5 月 3 日判决（Bull. civ. III. N°303. p. 160. RTD civ. 1977. 777. G · Durry 述评）；最高法院第二民事庭，2003 年 1 月23 日。

[2]最高法院民事庭，1929 年 6 月 3 日（S. 1929. I. 365）。

[3]最高法院民事庭，1872 年 5 月 14 日（S. 1873. I. 224）。

审法官的自主评判权力。[1]

不过，法院判例往往表现得很严厉。有人从这些严厉的法院判例推断认为：在涉及以种类物（choses de genre，genera non pereunt）为标的的债务时，也就是说，只要债务人能够交付原应交付之物以外的相同种类的物即可解除债务负担时，在这样的情况下，原则上都不能主张不可抗力（因为合同仍可得到履行）。有的学者甚至从法院通常就涉及种类物的债务所作的判决中推断认为，这里存在一种特殊类型的结果之债，即所谓“绝对的结果之债”（les obligations de résultat absolue），而这种绝对的结果之债甚至引起债务人即使在发生不可抗力情况下也要承担履行责任（因为，他始终可以用相同种类的物来履行债务）。然而，这种看法，从免责的原因层面滑向了债的性质层面，因此与事实情况相抵触：（所谓涉及种类物的债，不能主张不可抗力）这一规则并不是一项普遍规则。如果涉及种类物的债确实不可能履行，由于不可抗力原因，同样是可以引起债务人免负履行责任的——尽管这样的免责情况较为少见。[2]

法院判例并不会将那些“仅仅是使债务的履行变得更加困难的事实，或者仅仅是使债务人需要付出更大代价才能履行债务的事实”都一概认定为不可抗力情形。最高法院认定，不可抗力情形是指，致使债务不可能履行的各种事件，而不是指仅仅需要债务人付出更大代价才能履行债务的那些事件（最高法院民事庭，1915 年 8 月 4 日）。所谓使债务的履行变得更加困难，例如，在战争时期，特别是世界性热战时期，财产关系被完全打乱

[1] B · Starck，H · Roland et L · Boyer，Obligations，N°1394.

[2] 最高法院诉状审理庭，1925 年 6 月 24 日（DH. 1925. 486）；最高法院第一民事庭，1954 年 12 月 22 日（D. 1955. 252）；最高法院社会庭，1957 年 10 月 28 日（D. 1958. somm. 88）；最高法院第三民事庭，1972 年 4 月 19 日（D. 1973. 205. Souleau 述评，RTD civ. 1973. 581. G · Durry 述评）。

（人力、财力方面的战争总动员、货物、商品流通的限制，等等），如果这种状况仅仅是导致合同履行更加困难，其本身仍然不构成偶然事件或不可抗力。[1] 但是，也有一些特定事件，例如，工厂遭到轰炸、被摧毁、民众撤离、疏散，则可以具有不可抗力性质。至于"致使债务人履行债务时需要付出更大的代价"的情况——这当然也是一种履行困难的加大——法院判例并不会将其认定为不可抗力事件，即使债务人可能因履行债务而面临倒闭的危险，只要他实际上有可能履行，就不能认为自己遇到了不可抗力事件。[2] 对于法国法院判例来说，合同的稳定性是一项根本原则。

583. 偶然事件或不可抗力的后果

除陆路机动车辆发生交通事故方面的特殊处理之外，偶然事件或不可抗力可以使债务人免负责任，债的关系因此而消灭，[3] 债权人不能以合同不履行为由而获得损害赔偿（《民法典》第1148条）。[4]

但是，下列情况另当别论：

---

[1] 最高法院民事庭，1915年8月4日（DP1916. I. 22. S. 1916. I. 17. A·Wahl 述评）；最高法院民事庭，1922年5月16日（DP1922. I. 130）；奥尔良法院，1942年7月20日（DC1943. 17. A·Tunc 述评）；最高法院第一民事庭，1998年12月8日（D. affaires. 1999. 167. CCC1999. N°36. Leveneur 述评）。

[2] 最高法院民事庭，1925年11月17日（DH1925. 35）；最高法院民事庭，1927年12月5日（DH1928. 84）；最高法院诉状审理庭，1937年12月27日（S. 1938. I. 52）；即使认定确实发生了自然灾害，也不必然意味着存在不可抗力，参见最高法院第三民事庭1993年3月24日判决（RTD civ. 1993. 594. P·Jourdain 述评）。

[3] 如果是双务合同，一方当事人不能履行其承担的债务，在一定条件下，将引起相对方当事人的债务消失，参见本书第642节（因合同不履行而解除合同）。

[4] 最高法院民事庭，1941年1月14日（DA1941. 66）。

（1）债务人按照合同的约定对不可抗力或偶然事件也要承担责任时，[1] 或者在法律强制[2]其（在此种情况下）承担责任时。

如果在合同中订立了此种条款，这种条款是有效的。例如，《民法典》第 1302 条第 2 款规定：“债务人虽然受到清偿催告但并未约定其应对偶然事故负担责任时，在标的物即使已经交付给债权人仍不能免于毁坏的情况下，债的关系亦消灭。”又例如，第 1772 条规定：“按照租约条款的明文规定，承租人得对意外事故承担责任。”以及第 1773 条：“此项条款仅指平常的意外事故，如冰雹、雷击、霜打或（果树）落果。——此项条款不涉及特别的意外事故，例如战争的破坏或者水灾，致使乡村受到非一般的灾害，但如规定承租人对已预见或未预见的所有意外事故均应负担责任，不在此限。”

占主导地位的观点认为上述各种情况，也是合同责任与侵权责任的差别之所在。不过，对意外事件或不可抗力的后果承担责任的条款应当是明文订立的条款。

（2）当债务人（此前）已经受到履行催告时；例如，《民法

[1]这种条款是有效的条款（参见《民法典》第 1302 条第 2 款，第 1772 条、第 773 条）。按照占主导地位的意见，这也是合同责任与侵权责任的一种差别。但是，关于免除不可抗力后果的条款应当是在合同中明文订立的条款（参见最高法院第三民事庭 2006 年 10 月 31 日判决，JCP 2007. 1. 115，Stoffel-Munck 述评），此外，有必要补充的是，在消费合同中，这种条款有可能成为滥用权利条款；与此相反，也有这样的情况，所订立的协议将并不具备不可抗力客观条件的某种事件也视同不可抗力情形，以此来减轻债务人可能承担的责任。参见最高法院商事庭 1981 年 7 月 8 日判决（Bull. civ. IV，N° 312，p. 247，RTD civ. 1982. 426，G · Durry）；不过，仍然必须保留执行有关滥用权利条款的规则（参见第 319 节）。

[2]例如，在使用借贷方面，如果借贷人将借用之物用于其他用途或者使用的时间超过约定的借用时间，或者听任借用之物因偶然事件被毁损，而如果他是使用自己的物是则有可能将其保管、保存下来，于此情形，应当由借用人承担因偶然事变而产生的后果。相反情况，参见 A · 塞里欧：《论承运人的过错》（A · Seriaux，la faute du transporteur，thèse. Aix. éd. 1984. N°15）；最高法院商事庭，1981 年 1 月 27 日（D. 1982. 110. A · Seriaux 述评，RTD civ. 1982. 425. G · Durry 述评）。

典》第 1138 条第 2 款规定："交付标的物之债，自应当交付该物之时起，债权人即成为物的所有人并由其承担物之风险，即使尚未进行物的移交，亦同；但是，债务人如已受到移交催告，不在此限；在此场合，仍由债务人负担风险。"第 1302 条规定："债的标的是确定的特定物，在其灭失、不能再用于交易或者绝对不知下落时，如其是在债务人受到清偿催告之前被毁坏或灭失且债务人于其中并无过错的，债的关系消灭。债务人虽然受到清偿催告但并未约定其应对偶然事故负担责任时，在标的物即使已经交付债权人仍不能免于毁坏的情况下，债的关系亦消灭。"[1]

（3）如果债务人仅仅是不能履行某些义务，在此类部分履行不能的情况下，债务人只能在其不能履行的限度内免负履行之责，（能够履行的）其他义务仍应履行。不过，在这种情况下，有必要查明那些仍然可以履行的债务对于债权人是否具有足够的利益，合同当事人是否有意图仍然保留他们之间订立的合同。[2]

（4）如果某种事件仅仅是导致债务暂时不能履行，那么，这种事件原则上不构成可以最终免除债务人履行债务的不可抗力情形。[3] 障碍一旦消失，一度暂停履行的合同（参见第 630 节）即可恢复其履行，不过，这里的前提条件是，履行合同仍然有利益，并且符合双方当事人的意图。

（5）如果发生的事件虽然具有外来原因的层面，但与债务人的

[1] 如果债务人在合同不能履行之前就已经受到履行催告，那么他仍需对不可抗力承担责任。参见最高法院诉状审理庭 1872 年 11 月 19 日判决（DP 1873. 1. 215）；最高法院诉状审理庭，1882 年 7 月 4 日（DP 1882. 1. 353）。

[2] 最高法院诉状审理庭，1909 年 7 月 26 日（DP 1911. 1. 55）。

[3] 最高法院第三民事庭，2006 年 2 月 22 日（JCP2007. I. 115. Seube 述评，*RTD civ.* 2006. 764，Mestre et Fages 述评）：不可抗力，仅仅在其妨碍债务人对其承担的义务进行给付或者作为的时间之内，免除债务人的义务，参见最高法院诉状审理庭 1921 年 11 月 15 日判决（DP 1922. 1. 14），最高法院民事庭 1923 年 6 月 19 日判决（*DP* 1923. 1. 94）；巴黎法院 1927 年 3 月 3 日判决（DH 1927. 293）。

某种过错有关联时——即使是非故意的过错，债务人仍然不能免于履行债务。用我们在前面指出的偶然事件或不可抗力的条件就很容易对此作出解释：[1] 虽然是外来事件但却是由债务人所造成、所引起，就不能以此种事件作为依据免除债务人的责任；[2] 在这种情况下，对于债务人来说，已不再是外来事件：如果债务人方面没有过错，本来可以防止此种事件的发生。

584. 第三人的行为或者受害人的行为

由于第三人的行为或者由于第三人的原因，或者是由于受害人本身的原因，造成债的不履行时，债务人也可免于履行债务。

（1）债务人要想以第三人的行为为理由而免于履行债务，该第三人的行为（对于债务人来说）应当具有不可抗力的性质（参见第582节）。[3] 显然，第三人不能是债务人的法定代理人或意定（约定）代理人，也不能是负责为债务人履行合同或者帮助债务人履行合同的职员（参见《民法典》第1735条、第1782条、第1797条、第1953条、第1994条、第1998条，并参见本书第585节关于因他人行为引起的契约责任）。如同（在侵权行为方面）“因物引起的责任”一样，如果第三人的行为并不具有不可抗力性质，那就不能作为债务人免于全部或一部履行其债务的原因。

（造成债务不履行的）外来原因也可以是多数第三人的行为。[4]

---

[1]最高法院民事庭，1937年2月1日（DP 1937. 1. 41，R. Roger述评）。

[2]最高法院社会庭，1954年12月30日（D. 1955，somm. 77）；最高法院社会庭，1955年11月10日（D. 1956，somm. 101）。

[3]最高法院第一民事庭，1940年2月21日（JCP1940. II. 1556. A · Besson述评）；最高法院第一民事庭，1946年1月21日（D. 1946. 131）；最高法院商事庭，1954年10月26日（D. 1954. 213. R · Radouant述评）。

[4]关于卡车司机遭到持枪侵害或攻击的情况并不免除司机的责任的判决，参见最高法院商事庭1988年1月5日判决（Bull. civ. IV. N°246. RTD civ. 1990. 489. P · Jourdain述评）；另比较最高法院商事庭2001年5月29日判决（RCA2001. N°271）。

在这一问题上，法院判例经过一段犹豫不决之后，最后确定的导向是：当债务人无法阻止罢工时，罢工可以使债务人免负履行债务之责。[1] 不过，人们通常认为，在罢工问题上，不可抗力的不能预见性条件是很重要的（参见第582节）。[2]

在第三人的行为构成不可抗力的问题上，行政上的强力行为（le fait du prince）占有特别的位置。这里的所谓行政“强力行为”最早是行政法上归纳出来的一个概念，但它在私法上也并不陌生。[3] 不过，要想以受到强力行为的障碍作为免除债务人履行债务的理由，仍然有必要要求此种行为具有不可预见性和不可抗拒性。因为，行政机关之所以进行干预，可能是基于相当全面的总体情况（例如，战争状态，参见第583节）。法院曾作出判决认定，由于瓜德罗普地区火山爆发造成的风险，行政机关发出疏散、撤离当地居民的命令，并将某一诊所迁移另地，这样的命令就具有不可抗拒性质；[4] 另一些情况下，行政机关的行为，也可以更为

[1]最高法院混合庭，1983年2月4日（Bull. civ. N°1. N°2. RTD civ. 1983. 549. G · Durry述评）。

[2]最高法院第一民事庭，1993年10月6日（JCP1993. II. 22154. P · Waquet述评，1994. I. 3773N°37. G · Viney述评，CCC1994. N°3. L · Leveneur述评，RTD civ. 1994. 873. P · Jourdain述评）；最高法院第一民事庭，1995年1月24日（Bull. civ. I. N°54. JCP1995. I. 3893. G · Viney述评，N° 1, et IV, 745）；关于约定对罢工风险承担责任的问题，参见巴黎法院1970年2月13日判决（JCP1971. II. 16791. M · de Juglart et E · du Pontavice述评）；安尼布兹热：《论劳动法里不可抗力的演变》（Annie Bouziges, L'évolution de la force majeure en droit du travail, Mélanges J · Savatier, 1992, p. 79 s.）。

[3]法尼 · 卢森堡：《行政强力行为，公法与私法的趋同》（Fanny Luxembourg, Le fait du prince; convergence du droit privé et du droit public, JCP2008, 1, 119.）。（这里的“强力行为”，直接翻译是“君主的行为”或“专断行为”——译者注）

[4]最高法院社会庭，1980年11月19日（Bull. civ. V. N°834）；另见最高法院社会庭1974年5月8日判决（Bull. civ. V. N°282）；参见：P · 格雷隆：《论实行封锁情况下合同的命运》（P · Grelon et Th. Dal Farral, Le sort des contrats en cas d'embargo, CCC 1994, chron. 2）。

特别地被看成是不可抗力。[1]

（2）关于因受害人（作为债权人的一方合同当事人）本身的行为免除债务人履行债务的问题，我们有必要区分的是全部免除还是部分免除。受害人本身的行为，不论是否有过错，如其具有不可抗力性质，并且是造成损害的排他性原因或唯一原因，则可以全部免除债务人履行债务。[2]

在受害人虽然有过错但并非完全是因其行为造成债的不履行的情况下，原则上，可以部分免除债务人履行债务。[3] 不过，对于这种看法，还是应当从以下两个方面做些调整：一方面，有些学者认为，要想部分免除债务人履行债务，有必要要求受害人方面的过错比较严重；[4] 另一方面，在一些更为特别的情况下，即使受害人方面存在无可争辩的违法行为，最高法院仍不予考虑，例如，最高法院就曾作出判决认为，在受害人是一个没有足够辨别能力的孩童的情况下，[5] 即使其行为毫无疑问属于违法行为，但仍然不能免除债务人履行自己债务的责任。然而，从因果关系的角度，最高

[1]例如，最高法院社会庭 1978 年 7 月 4 日判决（Bull. civ. 1978. N°545. D. 1980. 30. G · Lyon-Caen 述评，关于拒绝延长外国人的工作许可证的问题）；最高法院社会庭，2002 年 5 月 7 日（Bull. civ. 2002. V. N°143. D. 1994. 306. Vacarie 述评，关于撤销认可证书的问题）。

[2]最高法院社会庭，1974 年 5 月 21 日（Bull. civ. V. N°318）。

[3]最高法院第二民事庭，1976 年 2 月 11 日（D. 1976. 609. Ch · Larroumet 述评）；最高法院第二民事庭，1992 年 12 月 9 日（Bull. civ. II. N°305）：其中包括受害人应对其负责的人（例如，子女、雇员、职工）的过错，参见最高法院第二民事庭 1981 年 3 月 4 日判决（D. 1981. IR321. Ch · Larroumet 述评）；最高法院商事庭，1994 年 6 月 7 日（Bull. civ. IV. N°205. RTD civ. 1995. p. 127. P · Jourdain 述评）。

[4]马洛里，埃内斯与斯托菲勒：《债法》，第 958 节（Malaurie. Aynes et Stoffel-Munck, *Les obligations*, N° 958）。

[5]最高法院刑事庭，2005 年 6 月 14 日（RCA2005. 最高法院商事庭，N°275. JCP2006. I. 111. G · Viney 述评）。

法院的这种处理却是存在争议的。[1] 因为，这里涉及如何评价受害人的行为表现，而不是如何评价造成损害的行为人的行为。我们（从最高法院的判例中）实际上又看到了对过错的主观考虑问题。

在适用上述各项规则的问题上，我们确实应当看到最高法院对法国全国铁路公司（SNCF）表现得尤其严厉，似乎认为它有权力决定由大法官来创设一种新的特别责任判例。由于最高法院在相关判例中对不可抗力概念作了特别狭窄的解释，大多数情况下，法国全国铁路公司不能享有（因不可抗力而）全部免除其责任之利益，[2] 即使受害人本身的行为十分危险，铁路公司也不能全部免负责任。[3] 不过，我们应当承认，这种过分优待受害人的愿望已经超出了民事责任的传统视野的界限。[4] 这是为了众所周知的需要，有点专挑全国铁路公司毛病的味道，不乏专门找茬之嫌。[5] 然而，最高法院恰恰就是这样一步一步地走来，终于采取了与 1985

---

[1]米海依尔·巴卡什-吉贝里：《论合同外的民事责任》(Mireille Bacache-Gibeili, La responsabilité civile extracontractuelle, N° 437)。

[2]最高法院混合庭，2008 年 11 月 28 日（D. 2009. 461. G · Viney 述评，JCP2009. II. 10011. P · Grosser 述评，I. 123, n° 12, Stoffel-Munck 述评，RCA 2009, comm. 4, Sophie Hocquet-Berg 述评）（受害人的过错）；关于受害人本身的行为，参见最高法院第二民事庭 1970 年 5 月 11 日判决（JCP1971. II. 16590）；最高法院第二民事庭，1973 年 2 月 1 日（JCP1974. II. 17810. N · Dejean de la Batie 述评）；关于第三人的行为，参见最高法院第一民事庭 2006 年 11 月 21 日判决（CCC2007. N°89. L · Leveneur 述评）。

[3]最高法院第二民事庭，2003 年 1 月 23 日（Bull. civ. 2003. II. N°18. RCA. 203. comm. 96. RTD civ. 2003. 301. P · Jourdain 述评，行人在铁路交叉路口撞红灯）；最高法院第二民事庭，2006 年 12 月 21 日（RCA. 2007. comm. 46，火车已经开动，乘客仍然强行登车）；特别是最高法院第二民事庭 2006 年 7 月 13 日判决（Bull. civ. II. N°216. RCA. 2006. comm. 258，火车已开动仍然强行上车并打开锁住的车厢自动门）；最高法院混合庭，2008 年 11 月 28 日（在高速前进的火车车门踏板上做危险动作）。

[4]关于不可预见性的不现实的视野（Sur la vision irréaliste du caractère d'imprévisibilité, Ph · Stoffel-Munck. JCPO2007. II. 115. N°8）。

[5]最高法院第一民事庭，2000 年 12 月 12 日（Bull. civ. II. 2000. N° 323. D. 2001. 1650. Paulin 述评，RCA. 2001. comm. 72）；最高法院第一民事庭，2006 年 11 月 21 日（Bull. civ. I. N°511. RCA. 2007. comm. 43）。

年7月5日法律的规定极为相近的处理意见：只有在受害人有故意过错、自己追求损害发生的情况下，才能免除法国全国铁路公司的责任。这几乎是要求只有当受害人有类似于寻求自杀的行为时，才能免除铁路公司的责任。[1]

当受害人的过错不具有不可抗力性质时，部分免除债务人责任的情况又如何呢？这方面，法院判决同样对法国全国铁路公司不利。最高法院认为，铁路公司不能主张部分免除责任，受害人的过错始终只能引起全部免除履行之责[2]（也就是说，要么全免，要么不免，不存在部分免责问题）。

585. 因他人的行为引起的合同责任

第三人这一概念具有相对性，甚至可以说是一个随着具体情况不同而多有变化的概念。假定订立的合同默示或者明示准许，那么，凡是债务人为履行债务而（需要）借助于他人的情况，就合同责任而言，都可以看到我们在前面就合同对第三人的效力所作的阐释。在这里，按照法律界人士熟知的学术探讨，我们要对第三人加以区分。

首先，应当将那些通过自发的参与行为妨碍合同当事人履行义务的第三人排除在外。过去，（在谈到这样的第三人时）往往以乘客相互打架、发生侵害行为作为（妨碍了合同当事人履行义务的）

---

[1]最高法院全体庭，2006年4月14日（Bull. civ. 2006. N°6. D. 2006. 1131. Gall-meister 述评，1577. P · Jourdain 述评，RCA. 2006，étude 19，par L · Bloch，RTD civ. 2006，775，P · Jourdain.）。

[2]最高法院第一民事庭，2008年3月13日（Bull. civ. I. N° 76. RCA. 2008. étude N° 6. Hocquet-Berg 述评，comm. 159. F · Léduc 述评；D. 2008. 1582. G · Viney 述评，PH · Brun 述评，RTD civ. 2008. 312. P · Jourdain 述评，JCP2008. II. 10085. P · Grosser 述评）。

例子，现在这样的例子已经不再有效了，[1] 因为，（法律与法院判例认定）这类事件不构成外来原因。无论如何，这一问题仅能作为“因本人的行为引起的（侵权）责任”来对待，而我们在这里讨论的是“因他人的行为引起的合同责任”。

必须是债务人在履行合同时自愿地将第三人牵涉进履行行为，才会提出“因他人的行为引起的违约责任”的问题，例如，债务人委派他的职员去履行合同，或者将合同委托给代理人或辅助人员去履行，或者债务人依靠并指望某个独立的合作人参与或协助履行合同。[2] 实践中，这些都是常见的做法。[3] 尽管委派职员履行合同的情况与“委派人对于其职员的行为应当承担责任”的情况非常相似，但是，前一种情况却不能从《民法典》第 1384 条第 5 款（关于工作人员、职员侵权行为）的规定中寻找答案。如果在这里运用该条的规定，那就违反了“违约责任与侵权责任不竞合”之规则。这里涉及的是合同责任，而不是侵权责任。[4]

---

[1]前引最高法院第一民事庭 2002 年 7 月 3 日判决。

[2]例如，自由职业者相互之间给以协助的情况，参见最高法院第一民事庭 1983 年 7 月 18 日判决（Bull. civ. I. N°209. D. 1984. 149. J · Penneau 述评）；不过，还应当是债务人自己选择的合作人，参见最高法院第一民事庭 1988 年 7 月 20 日判决（Bull. civ. I. N° 258. RTD civ. 1989. 35. P · Jourdain 述评）；关于转包或者转加工方面的问题，参见最高法院第三民事庭 1999 年 6 月 29 日判决（Bull. civ. III. N°148）。

[3]E · 贝格：《在合同方面因他人的行为引起的责任》（E · Becqué, De la responsabilité du fait d'autrui en matière contractuelle, RTD civ. 1914. 251）；R · 洛迪耶：《存在因他人的行为引起的合同责任吗?》（R · Rodière, Y a-t-il une responsabilité contractuelle du fait d'autrui ? D. 1952, chron. 79）；D · 雷布：《论因他人的行为引起的合同责任及其独立性特征》（D · Rebut, De la responsabilité contractuelle du fait d'autrui et de son caractère autonome, RRJ. 1996. 2. p. 409）。

[4]因此，人们承认，委派人对其雇用的职员的行为引起的侵权责任与因他人的行为引起的合同责任之间存在着适用范围上的差别，因为，与雇用的职员的行为引起的侵权责任相比，需要从更广的范围来理解因第三人的行为引起的合同责任。由于法院判例在侵权行为方面有关职员的责任在逐渐消退，两种责任之间的差别正是由判例的这种演变所引起，不过，我们仍然有必要认为，法院判例迟早会将这样的处理运用到合同责任方面。

面对这种状况，人们的第一反应可能是：这里适用的原则仍然应当是个人责任原则，只有在法律有规定的情况下，才可能存在因他人的行为引起的合同责任。[1] 除了法律有规定的这种情况之外，只有如债务人（原本）承诺亲自履行债务（但实际上却是借助第三人来履行义务），或者如其在选择履行人方面有过错时，才会引起其责任。然而，这样的分析有很大限制性，因此理所当然地没有得到人们的采纳。因为在今天，个人责任观念已经在相当广泛的层面上被突破，而在以个人责任（本人责任）为主导的观念的基础上对这一问题进行分析，将会导致一种令人诧异的结果：委托他人履行债务的债务人受到的对待，要好于由其本人履行债务的债务人。

不仅理论界排斥上述“否定因他人行为引起的合同责任”的立场，[2] 而且法院判例也排除这种立场。正因为如此，法院判例认为，债务人的某个薪金雇员的过错，虽然是来自合同之外的他人的过错，但却不属于外来过错，[3] 因此，对于作为该薪金雇员之雇主的债务人，雇员的过错不能构成可以免除其责任的外来原因。对于债务人为了履行（合同）债务而雇佣的人，债务人应当承担责任；又例如，法院判例认定，旅行社不仅应当对其在选择或监督服

[1]参见 R · Rodière 前引文。例如，《民法典》第 1735 条关于农场的租赁；第 1782 条关于运输合同，第 1797 条关于承揽合同，第 1831-1 条关于不动产开发合同，第 1953 条关于旅馆责任的合同，第 1994 条关于委托（委任）合同这都是有法律规定的情况。

[2]G · 维尼：《存在因他人的行为引起的合同责任吗?》（G · Viney，Existe-t-il uneresponsabilité contractuelle du fait d’autrui? In colloque Univ. Maine. juin. 2000. RCAnov. 2000. p. 31）。

[3]最高法院第一民事庭，1967 年 10 月 3 日（JCP1968. II. 15365. F · Durand 述评，RTD civ. 1968. 383. G · Durry 述评，火车出轨，法国全国铁路公司的责任）；最高法院第一民事庭，1989 年 1 月 18 日（Bull. civ. I. N° 32. p. 21. D. 1989. IR34. JCP1989. IV. 104. RTD civ. 1989. 330. P · Jourdain 述评，由于职员的故意行为，由负责看管与看护业务的企业承担责任）。

务提供者方面的过错承担责任，而且还要对这些服务提供者各自提供的非常糟糕的服务承担责任。[1]

如果我们想真正弄清楚债务人在上述类似情况下可能要承担责任的条件，看来仍需按照方法之债与结果之债的不同性质来进行区分。如果涉及的是结果之债，就丝毫无须证明履行人方面有过错，只要没有实现允诺的结果，（债务人）就应当承担责任；而如果涉及的是方法之债，则必须证明履行人方面有过错。[2]

从这里我们可以发现，因他人的行为引起的合同责任存在着很大的含糊不清之处。这种责任的根据在于债权人与债务人之间存在法律关系，债务人承诺了义务但却没有履行义务，[3] 但是这种责任却是在第三人参与下发生的责任。这就需要我们通过评价第三人的行为表现，确定债务人是否应当承担责任。由此，也就会提出一个疑问：第三人是否需要有如同债务人的职员或替代人一样的行为才可能引起其责任？[4]

586（B）区分的标准

我们从以上所作的区分中可以看到，当债务人负担的是方法之债时，其责任负担要比结果之债轻松得多。

要想区分债务人负担的是方法之债还是结果之债，往往都是以

---

[1]参见 P · Jourdain 述评（RTD civ. 1989. 753）；H · Groutel 述评（RCA. 1989. comm. 266）；安尼克 · 巴德欧：《旅行社组织团体旅行的责任，朝着因他人的行为引起的合同责任的方向演变》（Annick Batteur, De la responsabilité des agences de voyages organisés, Vers un cas de responsabilité contractuelle du fait d'autrui JCP E 1992. 1. 131），参见法国《旅游法典》第 211-17 条。

[2]G · Viney. chron. préc（RCA. nov. 2000. p. 34）。

[3]参见 G · Durry：《综合报告》（RCA. nov. 2000. p. 63）。

[4]最高法院第三民事庭，1978 年 1 月 5 日（JCP1978. IV. 78）；最高法院第一民事庭，1983 年 7 月 18 日（Bull. civ. I. N° 209）；最高法院商事庭，1983 年 11 月 30 日（D. 1984. IR308）；最高法院第一民事庭，1984 年 10 月 9 日（Bull. civ. I. N°251）。

缔结的合同之债为当事人可能带来的损益机率的大小（aléa）作为参照标准。[1] 如果合同之债能否实现本身就带有很强的损益机率，那么，这样的债就是方法之债，相反情况下，则是结果之债。这一区分标准也许比较模糊，然而，在区分实定契约与射幸契约时，我们运用的就是这一标准（参见第69节）。既然如此，为什么不能把它也运用到其他领域，特别是在这里，为什么不能把它运用在合同责任领域?

不过，仍然存在一个问题：由于债的缔结和履行的具体情况不同，会在何种程度上导致需要对这一标准作出细微的区分？正因为如此，有些学者立即从其原则本身就对这种区分标准提出了异议。[2] 虽然说这种异议并非学者们的普遍意见，但至少在法国学术界，人们一致承认，将债所具有的射幸程度作为区分方法之债与结果之债的标准，进行两个方面的细微区分确有其必要性。

首先，如果我们试图解开法院判例的导向思路，就应当承认，在考虑射幸程度这项标准当中，至少还可以增加其他3个方面与这一标准多少有些关联的考虑：第一个方面可以增加的考虑是，如果债权人方面在债务人应当履行的给付当中也有一定的主动性作用，那就完全可以认为这是一种方法之债，当给付的履行在一定程度上也需要债权人参与时，更是如此；可以增加的第二个方面的考虑是，不能完全

---

[1] A·滕克：《论结果之债与“勤勉之债”的区分》（A · Tunc, La distinction des obligations de résultat et des obligations de diligence, JCP1945. I. 449）；G · Marton：“论结果之债与方法之债”（G · Marton, Obligations de résultat et obligations de moyens, RTD civ. 1935. 499）。（关于方法之债，法语通常表述为“obligation de moyen”，但学者有时也采用其他术语，例如，此处的“obligation de diligence”，其实际意义是说，需要债务人勤勉谨慎地、认真细致地、尽心尽责地履行义务。——译者注）

[2] P·埃斯迈：《关于债的新的分类的几点看法》（P · Esmein, Remarques sur de nouvelles classifications d'obligations, Études Capitant, p. 235）；J · 贝里森：《关于方法之债与结果之债的区分分析》，《蒙帕利耶大学学位论文》，2001年（J · Belissent, Contribution à l'analyse de la distinction des obligations de moyens et des obligations de résultat, thèse Montpellier, éd. 2001）。

不考虑当事人的意思，因为当事人的意思完全或者约定可以将方法之债提升为结果之债，反之亦然，可以将结果之债变成方法之债；第三个应当考虑的是，现在，越来越体现出来某种司法政策，在最高法院的惠遇之下——是否应当说是一种共谋？——这种判例政策引导着各个法院在这一领域津津乐道于培植纯粹的印象主义。

按照制定法的现状，我们今天应当承认，确实有很多处于两者之间的中间状态，方法之债与结果之债的分界限已经丧失了它的清晰度。就这一点而言，足以使法国法的模式失去了它在比较法方面原可产生的吸引力。

587.（C）区分方法之债与结果之债的具体运用

由于不同的合同可以包含各种不同的债，并且考虑到合同之债的持续时间各不相同，因此不可能认为在具体运用方法之债与结果之债的区分标准时可以不做出相应的区别与调整。

588. 对于给付之债或不作为之债，区分方法之债与结果之债的运用

对于给付之债或不作为之债而言，方法之债与结果之债的区分，在具体运用时不会发生任何困难。

给与之债，也就是转移某种物权，尤其是转移所有权的债，是一种结果之债：出卖人承诺的是一种确定的结果。如果出卖人仅仅是向相对当事人提出他有成为所有权人的可能性，那就不会有任何人愿意与出卖人订立合同、进行交易。此外，我们知道，转移所有权（或者转移其他任何一种物权）原则上都是瞬时完成的，只要双方当事人交换同意意思，所有权即告转移（《民法典》第1138条第1款）。这样一来，只要出卖人已经同意，不论其在交付标的物方面何等懈怠，或者甚至有何恶意，均不影响买受人已经肯定地成为

标的物的所有权人。

同样，不作为之债始终都是结果之债。所谓不作为之债，就是指禁止债务人为某种明确具体的行为，例如，禁止开展竞争性活动（竞业禁止义务），债务人承诺（在其土地上）不进行建筑，不从事特定的活动，不实施特定的行为，等等，都属于不作为之债；不作为之债不是仅仅承诺“尽量避免”不为特定的行为，而是必须不作为。如果有某一位转让营业资产的人明确地说他只是尽量避免与买受人开展竞争活动，岂不荒唐？因此，出卖人必须保证自己不与买受人开展竞争，他承诺的是一种确定的结果。

作为对这种处理意见的支持，我们可以援用《民法典》第1145条的规定。最高法院最终也是在这一方向上作出认定：违反某项不作为之债的人，仅因此种违反义务的事实，即应负损害赔偿之责，无须债权人证明其受到的损失。

589. 对于作为之债，方法之债与结果之债的区分运用

只有在涉及作为之债时，如何具体区分方法之债与结果之债，才会遇到实实在在的困难。就作为之债而言，我们首先要弄清楚债务人承诺的义务的准确内容。在作为之债中，债务人为了提供其允诺的给付，应当努力从事特定的活动，但他承诺的作为到底是什么？我们完全可以想象得到，这里有各种各样的具体情况，因此必然需要做出与之相对应的各不相同的处理。我们不可能要求医生在给病人治病时必须做到病人治愈，不可能像对待承运人或出卖人那样要求医生必然而且肯定治好患者的疾病，如未达到这种结果就要承担责任。总的来说，如果同一份产生作为之债的合同，时而产生的是方法之债，时而产生的是结果之债，区分起来就更加棘手、更加困难。对于这种情况，只能根据不同的合同、不同的性质以及合同条款的具体规定，做出不同的判断和处理。

在涉及财产问题时，作为之债可以表现得非常直接，例如，在买卖方面，出卖之物的交付义务就不同于所有权的转移（参见第6节），不过这两者是非常接近的，出卖人应当交付符合双方当事人约定要求的物，也就是应当交付适用于特定用途之物，从物的交付角度来看，出卖人负担的是一种结果之债；[1] 此外，人们还认为，出卖人还负有与其出卖之物相关的安全义务，这种安全义务同样是一种结果之债。[2]

保管之债（obligation de conservation）与交付之债（obligation de délivrance），尤其是物的返还之债（obligation de restitution d'ure chose），它们是结果之债还是方法之债，区分起来困难更大，至少在抽象地进行区分时是如此。如同我们在前面所说，当出卖人在交付之前负有保管出卖物的义务时，就很难区分他承担的到底是一种结果之债还是方法之债；例如，承租人、受寄托人、（使用借贷的）借贷人，他们在合同终止时均负有物的返还义务，这显然也意味着他们在持有该物的整个期间均负有对物的保管义务。

当上述之人返还的物处于非常糟糕的状态时，他们负担的义务具有双重性（保管与返还）。这种双重性会在有关合同过错的证据问题上造成困难。既然他们负担的债务具有双重性，人们自然要问，这到底是一种方法之债还是结果之债？对于这个问题，回答比

---

[1]盖斯坦：《论买卖标的物符合要求与担保》（Ghestin，Conformité et garantie dans la vente，Économica，1983，N°s 207 s）；关于供电合同，参见安日大审法院1986年3月11日判决（JCP1987. II. 20789. J-P · Gridel 述评）；都埃法院，1989年3月17日（JCP1989. II. 21386. Sachs 述评）；此外，出卖人应当交付没有瑕疵的物，参见J·胡耶：《出卖人的责任与隐蔽瑕疵担保》1987年（J · Huet，Responsabilité du vendeur et garantie contre les vices cachés，1987）。

[2]最高法院第一民事庭，1991年6月11日（Bull. civ. I. N°201. 132. JCP1992. I. 3578. G · Vigny 述评，CCC1991. N° 219. L · Leveneur 述评，RTD civ. 1992. 114. P · Jourdain 述评，Grands arrêts，t. 2，N° 265）；最高法院第一民事庭，1984年5月16日（Bull. civ. I. N°165. p. 140. D. 1985. 485. J · Huet 述评）。

较困难。之所以困难，是因为人们一般认为交付之债或者物的返还之债属于结果之债，相反，物的保管义务则属于方法之债。如果合同原来有约定“按照当初交付时物的原有状态进行返还”，或者约定“按照物在返还之日的良好状态进行返还”，区分起来也许要容易一些：前一种情况属于结果之债，后一种情况属于方法之债。此外，《民法典》第 1137 条，作为区分方法之债的支撑依据的法律条文（参见第 571 节），涉及的正是物的保管人对物的保管应当尽到悉心照管义务。

不过，我们还不能不注意到，基于法律条文的规定，或者基于事实原因，对于具体情况的处理，还需要有更加明细的差别对待。例如，在不动产租赁方面，承租人虽然有义务返还其承租的财产，但是，按照《民法典》第 1730 条的规定，“出租人与承租人之间如已作成出租场所的状态说明书，承租人应当按照他在开始接受租赁时该出租物的原状将该物返还出租人，但如因年久破败或者不可抗力之原因致使出租物灭失或毁坏者，不在此限”，这就是说，就物的保管而言，承租人负担的是一种“在要求上有所缓和的结果之债”，因为承租人对承租期间出租物发生的损坏或灭失应负赔偿责任；但如其证明此种损坏或灭失非因其过错造成时，不在此限（第 1732 条）。我们从这两个法律条文的规定可以看到，债务人不一定要提出是由于外来原因引起债的不履行的证据，也可免负责任。[1] 又例如，《民法典》第 1933 条的规定：“受寄托人仅需按照寄托物在应当返还时所处状态返还之。非因受寄托人的过错而发生的

[1] 关于火灾问题，见《民法典》第 1733 条的规定。第 1732 条关于不动产的规定扩张适用于动产租赁，参见最高法院第一民事庭 1968 年 7 月 22 日判决（D. 1969. 622）；但是，银行对于租用其保险柜的人所负的义务属于结果性义务，参见最高法院第一民事庭 1989 年 3 月 29 日判决（Bull. civ. I. N° 142. p. 94. D. 1989. IR130. RTD civ. 1989. 560. P · Jourdain 述评）。

损坏，由寄托人负担损失。”这就是说，就返还寄托之物而言，受寄托人原则上负有一种结果性义务，而法院判例则倾向于对此种义务的严格程度予以缓和处理；[1] 就寄托物的保管而言，受寄托人负担的是一种方法性义务，但却是一种强化的方法性义务，[2] 因为，《民法典》第 1927 条规定：“受寄托人在保管寄托物时，应如同保管属于自己的物一样给予注意。”第 1928 条则规定：“下列情形，前条之规定适用时应更加严格：1. 如受寄托人主动提议接受寄托；2. 如约定受寄托人因保管寄托物而得到报酬；3. 如寄托完全是为受寄托人的利益而成立；4. 如有明文规定，受寄托人对其一切过失均应承担责任。”[3] 这样一来，我们就完全可以理解为什么连最高法院自己都被绕来绕去给弄糊涂了：有时，本来是“物的保管义务”，最高法院却将其说成是“物的返还义务”。[4] 至于使用借

---

[1]巴黎法院，1986 年 4 月 16 日（Gaz. Pal. 1986. 2. somm. 359）。

[2]最高法院第一民事庭，2002 年 1 月 29 日（RCA2002. N°174）。这一判决认定受寄托人应负举证责任，证明其与寄托物的损坏无关，参见最高法院第一民事庭 1984 年 5 月 28 日判决（Bull. civ. I. N° 173. p. 147）；最高法院第一民事庭，1981 年 6 月 24 日（Bull. civ. I. N°232. p. 189. RTD civ. 1982. 430. P · Rémy 述评）；最高法院第一民事庭，2006 年 2 月 7 日（CCC2006. N° 101. Leveneur 述评）；最高法院第一民事庭，2008 年 5 月 22 日（DF. 2008. 1550. RDC. 2008. 1271. Puig 述评，Defrénois 2008. Libchaber 述评）。

[3]按照《民法典》第 1927 条、第 1928 条与第 1933 条之规定，受寄托人仅负有方法性义务，在寄托之物受到损坏的情况下，只有其提出证据证明自己没有过错，造成的损害与其无关时，才能免除责任（最高法院第一民事庭，1997 年 10 月 7 日）。受寄托人应当负举证责任证明其与接受寄托之物的损坏无关，或者证明其对物的保管尽到了如同保管其本人之物时相同的注意，或者证明是因为发生了不可抗力事故才造成了损害（最高法院第一民事庭，1997 年 10 月 7 日）。寄托物的所有权人尽管现时不占有寄托物，仍然可以对寄托物进行投保，暂时持有寄托物的人也可以为寄托物投保，但这种投保不能纳入强制暂时持有人（受寄托人）履行的义务之内，因此，即使其不为寄托物投保，也不会引起责任（最高法院民事庭，1866 年 8 月 1 日）。债务人对没有卖出的商品所负担的、与寄托义务相关联的保管和归还义务，在商品灭失的情况下，如果能够证明此种灭失造成损失不能归咎其过错，则可免除一切责任。只要法官认定商品因其受到损坏而无法卖出，即使受寄托人没有就返还商品的风险投保，也不构成过错（最高法院第一民事庭，1991 年 1 月 22 日）。

[4]最高法院商事庭，1988 年 11 月 22 日（Bull. civ. IV. N° 316. p. 212. Gaz. Pal. 1989. RTD civ. 1989. 328. P · Jourdain 述评）。

贷中的借贷人，他对借用之物的保管义务是一种方法之债，而对于返还借用之物，则负有结果性义务。《民法典》第1880条规定："借用人应以善良家父之注意，负责任地照管并保护其借用之物。——借用人只能按照借用之物的性质或契约确定的用途使用借用物。违反此种规定时，如有必要，应负损害赔偿责任。"[1]

当合同是以提供服务为标的时，具体情况处理起来就会有更多的差别。例如，在委托代理人的责任问题上，有一种区分就占据重要地位：如果委托代理人的义务全部不履行，则推定其有过错，他只有提出是由外来原因造成义务不履行的证据，才能免负责任；[2]但是，如果委托代理人仅仅是将代理任务履行得非常糟糕（mauvaise exécution，代理义务的不适当履行），那么，委托人就需要证明受委托人方面存在"一个谨慎勤勉的代理人所不应有的过错"，[3] "但是，涉及过错引起的责任时，无偿委托的受委托人（代理人）的责任轻于收受薪金的受委托人（代理人）的责任"。（《民法典》第1992条第2款）。

在承揽合同方面，具体情况不同，相互之间同样存在着很大差别，尤其要考虑到不同领域有着专门的制度，例如，不动产的开发就需遵守特别的制度。不过，我们仍然可以一般地认为，承揽合同

---

[1]最高法院第一民事庭，1960年7月5日（D. 1960. 709）；最高法院第一民事庭，1985年4月29日（Bull. civ. I. N°133. p. 124）；另见最高法院商事庭1977年7月5日判决（D. 1978. IR43）；最高法院第一民事庭，1995年10月10日（D. 1996. somm. 118. JCP1995. IV. 2508）。

[2]最高法院社会庭，1945年11月30日（D. 1946. 155）。

[3]最高法院第一民事庭，1964年6月24日（Gaz. Pal. 1964. 2. 200）最高法院商事庭，1982年12月13日（Bull. civ. IV，n° 413，p. S46）；最高法院第一民事庭，1985年7月9日（D. 1986. 116）；最高法院第一民事庭，1989年1月18日（Bull. civ. I，n° 26，p. 18，D. 1989. 302，C · Larroumet 述评，JCP 1989. IV. 102，RTD civ. 1989. 558，obs. P · Jourdain 述评）；关于对委托代理人的任务的更为一般的影响，参见P · 培特勒：《论委托代理人的义务》，《蒙帕利耶大学学位论文》，1988年（P · Pétel，Les obligations du mandataire，thèse Montpellier，éd. 1988，N°10）。

使承揽人负担的是一种结果之债。[1]

590. 区分方法之债与结果之债在安全义务方面的运用

我们可以认为，当顾客在某个技术人员的照管之下，已经登上了有技术人员操作的交通工具或机械设备时，在顾客本身不需要采取任何主动行动或者也不需要进行任何合作、配合的情况下，尤其要承认债务人负担的义务是结果性义务。

---

[1]最高法院第三民事庭，1986 年 3 月 19 日（RTD civ. 1987. 115. Ph · Rémy 述评，RD imm. 1986. 368. P · Malinvaud 述评）；与最高法院第三民事庭 1995 年 12 月 13 日判决相比较（Defrénois1996. I. 400. PH · Dubois 述评）：在任何情况下，（一方当事人）提供完全完工担保，并不排除适用普通法上的因得到证明的过错而承担合同责任，参见最高法院第三民事庭 1995 年 3 月 22 日判决（D. 1995. IR102. JCP1995. II. 22416. Joelle Fossereau 述评）；另见最高法院商事庭 1985 年 6 月 11 日就一起关于安装防盗保护系统的诉讼案作出的判决（Bull. civ. IV. N° 188. p. 157. JCP1985IV. 296）。关于修理人员，特别是机动车修理人的问题，参见最高法院第一民事庭 1988 年 2 月 16 日判决（Bull. civ. I，N° 42，p. 27，RTD civ. 1988. 767，P · Jourdain 述评）；最高法院第一民事庭，1988 年 7 月 19 日 Bull. civ. I，N°245，p. 170）；最高法院第一民事庭，1997 年 10 月 21 日（JCP 1997. IV. 2395，RCA 1997，N° 354）；最高法院第一民事庭，1998 年 12 月 8 日（D. 1999，IR 35）；在方法之债方面，参见最高法院第一民事庭 1971 年 5 月 11 日判决（Bull. civ. I，N° 155，p. 139，D. 1971. 477）；或者，强化的方法之债，参见最高法院商事庭 1985 年 3 月 20 日判决（Bull. civ. IV，N° 105，p. 91，RTD civ. 1986. 362，J. Huet 述评）；或者，在减轻的结果之债方面，参见最高法院第一民事庭 1994 年 2 月 2 日判决（CCC1994. N°70. L · Leveneur 述评，试比较 P · Jourdain 述评，RTD civ. 1993. 828. 1994. 613）；随后，最高法院的判决又重新表现得更加严厉，干脆认为汽车修理场负“当然责任”，参见最高法院第一民事庭 1995 年 3 月 14 日判决（CCC 1995，N°94，G · Raymond 述评，RTD civ. 1995. 635，P · Jourdain 述评）；关于洗衣店的问题，根据损失是在洗衣过程中发生还是交付的衣服丢失之不同情况，处理结果也不同。在洗衣过程中发生损坏衣物的情况下，洗衣店负有减轻的结果性义务，而不是强化的结果性义务，但洗衣店的责任为推定责任，如果证明自己无过错，可以免除责任。参见最高法院第一民事庭 1993 年 12 月 20 日判决（Bull. civ. I，N° 376，D. 1994，IR 28，JCP 1994. IV. 525，CCC 1994，N° 34，G · Raymond 述评，RTD civ. 1994. 611，P · Jourdain 述评）；在财产丢失情况下，洗衣店作为受寄托人，如果不能返还衣服，则应承担责任，能够证明衣服的丢失是由于外来原因引起的除外。参见凡尔赛法院 1983 年 10 月 28 日判决（Gaz. Pal. 1984. 2，somm. 354，另见 P · Jourdain 述评，RTD civ. 1994. 611 s.）。

人员交通运输合同即是如此。[1] 一开始，最高法院认为，“自乘客身处车站范围之内至其离开车站”，[2] 承运人都负有结果性安全义务。这样的处理，受到理论界的批评。最高法院接受了学者们提出的正确批评意见，在后来的判决中认定：与（人员）交通运输相关联的结果性安全义务“仅存在于运输持续的时间之内”，也就是说，承运人对乘客负有的结果性安全义务仅存在于“自乘客登上车辆（交通工具）至其完成下车之时间段之内”。[3] 由此，我们就会想到，乘客“在上车之前或者在本义上的运输活动结束之后”，也就是说，乘客在即将登上车辆（交通工具）之前或者已经离开车辆之后，涉及其安全的问题便只能按照侵权行为的规则来处理，其中包括《民法典》第1384条第1款所定的规则，而不是按照契约责任来处理。不过，最高法院还认为，由于合同已经缔结而且没有完全履行，承运人在开始运输之前与运输完成之后的一段时间内仍然负有安全义务，但这种安全义务的意义要小得多，因为它涉及的仅仅是承运人应当尽到“勤勉谨慎之一般义务”，也就是

[1] 当然要求当事人之间存在承运合同，看来，这项要求是为了排除承运人对“处于不符合规定状态的乘客”发生事故的情况下的责任（例如，乘客没有购票或者逃票违规搭乘交通工具）。参见最高法院第一民事庭1978年12月12日就这方面的问题作出的判决（Bull. civ. I. N°386. p. 301）；巴黎大审法院，1982年5月5日（Gaz. Pal. 1982. I. somm. 188. RTD civ. 1982. 604. G·Durry 述评）；不过，在一起案件中，实体审法官做出判决拒绝一位没有火车票的乘客提出的赔偿请求，但最高法院撤销了该判决，认为：只要没有证明确认该乘客请求赔偿的利益具有非正当性，就没有理由证明可以拒绝此种赔偿请求。参见最高法院第二民事庭1992年2月2日判决（JCP1993. II. 22170. G·Casile-Hugues 述评，RCA1992. somm. 165，H·G 述评）。关于法国全国铁路公司的火车正点运行的问题，相对于安全义务来说，则是一个次要问题，参见巴黎法院第一法庭（B）1996年10月4日判决（JCP1997. II. 22811. G·Paisant et Ph·Brun 述评）；另见巴黎法院第一法庭（B）1994年3月31日判决（D. 1994，IR 134，Bull. Transp. 1995，p. 105）。

[2] 最高法院第一民事庭，1961年5月17日（JCP1961. II. 12217. RTD civ. 1961. 689. A·Tunc 述评）。

[3] 最高法院第一民事庭，1969年7月1日（D. 1969. 640. G·C·M 述评，JCP1969. II. 16091. R·Lindon 述评，M·B. et A·R 述评，RTD civ. 1970. 184，G·Durry 述评）。

说，在这样一段时间里，承运人负担的仅仅是一种方法性义务。[1]这样区分产生的后果是，在“因物引起事故”的情况下，例如，因车厢的原因发生事故的情况下，乘客（从合同角度）受到的对待不如在侵权行为范畴内受到的对待，因为在这种情况下，需要由乘客来证明承运人有过错。[2]不过，自那以后，这种制度上的不一致性也已经消除，因为最高法院的判决发生了转向，认为承运人应当负担的安全义务只有在“承运合同履行期间”才存在，也就是说，承运人负有的安全义务仅存在于自乘客“开始登车至其完成下车”这一时间段内。在这一时间段内，承运人的责任适用严格责任规则，例如，即使受害人有非常危险的行为、动作，在车厢的关闭设备或设置并不稳妥的情况下，法国全国铁路公司也有可能不能免除自己的责任；不过，如果是由于另一乘客实施侵害行为，在这种情况下，只要这种侵害对于铁路公司来说是无法预见的，以及在履行承运合同时是无法避免的，仍然可以排除承运人的责任。

在本义的运输时间之外，承运人对乘客的责任适用侵权责任规则。[3]但是，对于旅客交通运输而言，还需要重申以下两方面的

---

[1]最高法院第一民事庭，1970年7月21日（D. 1970. 767. R · Abadir 述评。JCP1970. II. 164888. RTD civ. 1971. 163. G · Durry 述评）。

[2]在本案中，乘客在上车时发生拥挤，承运人方面被认定有过错（参见最高法院第一民事庭1970年7月21日判决），但是，在我们看来，确实可以严重怀疑这种情况下承运人存在过错。这样做无助于明确地处理这方面的问题。试比较最高法院第一民事庭1971年2月23日判决（JCP1971. IV. 88）。

[3]最高法院第一民事庭，1989年3月7日（Bull. civ. I. N° 118. p. 77. Gaz. Pal. 1992. 2. 632. G · Paire 述评，D. 1991. P · Malaurie 述评，RTD civ. 1989. 548. P · Jourdain 述评，RCA 1989，N°200，chron. 16）；另见科利纳·马斯卡拉：《车站上发生的事故：安全义务的出轨》（Corinne Mascala，Accidents de gare：le déraillement de l'obligation de sécurité，D. 1991，chron. 80）。即使在1985年7月5日关于交通事故受害人赔偿的法律实施之后，法院的这一判决仍然很重要，因为该法律不适用于铁路或者在其自有轨道上运行的车辆造成的事故；参见罗瑟里内·内拉克-克洛瓦歇：《关于人员运输承运人责任的独白》（Roselyne Nérac-Croisier，Soliloque sur la responsabilité du transporteur de personnes，D. 1995，chron. 35 s）。

问题：一方面，只要乘客不在本义上的运输所涉及的范围之内，也就是说，从乘客走上交通工具到走出交通工具这一段时间之外，应当适用侵权责任规则；另一方面，作为方法性义务考虑的某种安全义务向侵权责任的过渡，有助于改善受害人的地位。

就其他方式的人员运动，我们可以参照在人员交通运输合同方面所认定的处理意见，[1] 但是，在这些场合，并非不可能考虑“债权人本身在此种运动过程中或多或少地保有的操作自由以及在合同履行过程中可以正常期待的债权人给予的合作或配合”，例如，碰碰车场的经营者，对于使用者坐入车内直至其离开车场这一段时间，应当负结果性义务，而在此之前或者其后，则仅负方法性义务。[2] 尽管法院在这方面的判例有些变化不定，但我们仍然可以看到，在登上牵引机械设施的问题上，判例也采取了区分不同情况的处理意见：经营者如果使用上下升降缆车或者上山电力缆车运送人员，应当承担与运输合同相关的结果性义务。与此同时，最高法院认定的处理意见是，由于滑雪者在借助上山牵引设备时是站在滑雪板上被牵拉上山的，因此滑雪者本身有义务给以配合，特别是在起点或到达时更应当主动配合，而且这是一种积极的参与，因此，登山时地面上下牵引缆车的经营者应当承担的安全义务仅仅属

[1]关于在乘客登机时发生的事故，参见最高法院第一民事庭 1999 年 7 月 5 日判决（D. Affaires. 1999. 1239. J · F 述评，RTD civ. 1999. 845. P · Jourdain 述评）。

[2]最高法院第一民事庭，1968 年 10 月 30 日（D. 1969. 650. G · C · M 述评，RTD civ. 1969. 343. G · Durry 述评）；关于在顾客上车之前承运人负担的是方法性义务，参见最高法院第一民事庭 1969 年 4 月 28 日判决（D. 1969. 650. G · C · M 述评，JCP1970. II. 16166. A · Rabut 述评，RTD civ. 1970. 186. G · Durry 述评）；最高法院第一民事庭,1973 年 4 月 3 日（D. 1974. somm. 91）；最高法院第一民事庭，1975 年 2 月 12 日（D. 1975. 212. P · Le Tourneau 述评）；关于在行车途中承运人应当负担的结果性义务以及受害人本身的过错的影响，参见巴黎法院 1976 年 4 月 8 日判决（Gaz. Pal. 1976. 2. somm. 323）；最高法院第一民事庭，1972 年 11 月 2 日（D. 1972. 723. G · C · M 述评，RTD civ. 1973. 362. G · Durry 述评）；关于在运输之后承运人负有的方法性义务，参见 1985 年 7 月 5 日法律在这方面的排除性规定。

于方法性义务；[1] 升降缆车的车厢，由于是一种密闭的设备，在其出发与到达时，经营者应负的是方法性义务，而在上升途中则应对乘客负结果性安全义务。[2] 在合同义务履行过程中乘客自己（债权人）是否保留着很大成分的主动性这一事实，可以用于解释为什么大多数安全义务都被视为方法性义务的原因。例如，法院判例就那些“并非没有危险的娱乐活动”[3] 或者就旅行社的经营者的责任[4]作出的判决通常都是如此。不过，特别是在最高法院最近的一些判例中，我们也可以看到一种越来越严厉的倾向，其表现

[1]最高法院第一民事庭，1992 年 11 月 4 日（JCP1993. II. 22058. P · Sarraz-Bournet 述评，D. 1994. 45. Ph · Brun 述评）；参见 P · Jourdain：《安全义务，最近的几项判决》（Gaz. Pal. 1993. 2. 1171）。

[2]最高法院第一民事庭，1986 年 3 月 11 日（Bull. civ. I. N° 65. Gaz. Pal. 1986. 2. Pan. jur. 333，F · Chabas 述评，JCP1986. IV. 146，RTD civ. 1986. 767. J · Huet 述评）；最高法院第一民事庭，1998 年 3 月 10 日（D. 1998. 505. J · Mouly 述评）；另见最高法院第一民事庭 1995 年 7 月 4 日判决（D. 1995. IR222. JCP1995. IV. 2191. 1996. II. 22620. G · Paisant et Ph. Brun. 述评）；关于乘客本人由于没有遵守自动控制座椅的使用规则而受到伤害，被认定没有证明经营者的过错的案例，参见最高法院第二民事庭 1994 年 11 月 2 日（D. 1996. somm. com. 28. J · Mouly 述评）；另见最高法院第一民事庭 1993 年 11 月 17 日判决（RTD civ. 1994. 115. P · Jourdain 述评）。

[3]最高法院第一民事庭，1959 年 1 月 5 日（D. 1959. 106）；最高法院第一民事庭，1966 年 2 月 7 日（D. 1966. 265）；关于骑马、骑驴等运动的案例，参见最高法院第一民事庭，1968 年 1 月 9 日判决（JCP1968. II. 15405）；最高法院第一民事庭，1970 年 3 月 16 日（D. 1970. 421. R · Rodière 述评）；关于滑雪道经营者责任的案例，参见最高法院第一民事庭 1993 年 3 月 17 日判决（D. 1993. IR103）；关于动物园经营者责任的案例，参见最高法院第一民事庭 1994 年 3 月 30 日判决（D. 1994. IR104. JCP1994. IV. 1488）；关于马术教练课程的案例，参见最高法院第一民事庭 2000 年 11 月 28 日判决（JCP2002. I. 100010. C · Lievremont 述评）。

[4]最高法院民事庭，1956 年 11 月 13 日（JCP1957. II. 9799. R · Rodière 述评）；最高法院第一民事庭，1983 年 2 月 23 日（D. 1983. 481. P · Covrat 述评，JCP1983. II. 19967）；最高法院第一民事庭，1991 年 1 月 29 日（Bull. civ. I. N°40. p. 24）；最高法院第一民事庭，2005 年 11 月 2 日（Bull. civ. I. N°401. JCP2006. II. 10018. M · Poumarède 述评）；最高法院第一民事庭，2005 年 12 月 13 日（Bull. civ. I. N°504. RTD civ. 2006. 329. P · Jourdain 述评）。

为：要么承认债务人负担的是结果性义务，[1] 要么承认债务人负担的是“强化的方法性义务”，[2] 这种严厉倾向甚至表现出“完全超越结果之债与方法之债的（传统）区分”。[3]

法院判例也把旅馆经营者或者餐馆经营者负担的安全义务视为一种方法性义务。[4]这种处理与评价债务人的行为是否有过错时对

[1]关于儿童游乐园的责任，参见最高法院第一民事庭 1986 年 2 月 18 日判决 (Bull. civ. I. N°32. p. 28. RTD civ. 1986. N° 770. J · Huet 述评)；关于水上游乐园的责任，参见最高法院第一民事庭 1991 年 10 月 28 日判决（Bull. civ. I. N° 289. p. 190. D. 1992. somm. com. 271. E · Forti 述评，RTD civ. 1992. 397. P · Jourdain 述评）；关于滑雪道经营者责任，参见最高法院第一民事庭 1993 年 3 月 17 日判决（JCP1993. IV. 1317. D. 1995. somm. com. 66. J · Mouly 述评）；关于斜坡滑雪经营者的责任，参见最高法院第一民事庭 1997 年 10 月 2 日判决（JCP 1998. 11. 10103，Varet 述评，D. 1998，somm. com. p. 199，obs. P · Jourdain 述评，Gaz. Pal. 1999. 1. 236，J · Mouly 述评）；关于组织海上潜水活动俱乐部的责任，参见最高法院第一民事庭 1997 年 7 月 1 日判决（D. 1998. somm. com. p. 199. P · Jourdain 述评。RTD civ. 1998. 117. P · Jourdain 述评）；有关家用电器的安全问题，参见 2008 年 2 月 13 日关于在野外集会和休闲、游乐定点区域内使用与安置家用电器的法律。

[2]最高法院第一民事庭，1986 年 3 月 11 日（Bull. civ. I. N° 64. p. 61. RTD civ. 1986. 768. J · Huet 述评）；关于危险体育活动发起者与组织者的责任，参见最高法院第一民事庭，2001 年 10 月 16 日（Bull. civ. I. N°260. D. 2001. IR3252. CCC2002. N°21. L · Leveneur 述评，RTD civ. 2002. 107. P · Jourdain 述评）。

[3]最高法院第一民事庭，1995 年 7 月 4 日（JCP1996. II. 22620. G · Paisant et Ph · Brun 述评）；另见最高法院第一民事庭 1995 年 3 月 14 日判决（Bull. civ. I. N° 129. D. 1995. IR. 90. JCP19955. I. 3944. G · Viney 述评）；最高法院第二民事庭，1995 年 12 月 18 日（关于组织野外自助游的协会的责任，D. 1996. IR35. JCP1996. IV. 380）。另见 J · 贝利森：《也谈方法之债与结果之债的区分，关于民事责任体系的演变》，《蒙帕利耶大学学位论文》，2001 年（J · Bellissent, Contribution à l'analyse de la distinction des obligations de moyens et des obligations de résultat. À propos de l'évolution des ordres de responsabilité civile, thèse Montpellier, éd. 2001）。

[4]最高法院民事庭，1946 年 5 月 6 日（JCP1946. II. 3236. R · Rodière 述评）；最高法院第一民事庭，1966 年 2 月 7 日（DP. 966. 314）；最高法院第一民事庭，1970 年 3 月 9 日 (Bull. civ. I. N° 87. p. 71)；最高法院第一民事庭，1973 年 5 月 22 日（JCP1973. IV. 220)；最高法院的一民事庭，1991 年 5 月 22 日 (Bull. civ. I. N° 163. 108. RTD civ. 1991. 757. P · Jourdain 述评)。就提供给顾客消费的食品存在的瑕疵而言，餐馆经营者应当承担结果性义务，参见普瓦蒂耶法院 1970 年 12 月 16 日判决（Gaz. Pal. 1971. I. 264. JCP1972. II. 17127. G · Mémeteau 述评，RTD civ. 1971. 665. G · Durry 述评，670. G · Cornu 述评）。

债务人的严格要求并行不悖，并且意味着在此类案件中方法性义务已经成为一种被强化的义务。[1] 在从事节目表演的企业[2]或者从事治疗活动、照管活动的企业所承担的义务的更加广泛的范围内，同样包含有安全方面的方法性义务，或者，如果再进一步扩大范围，我们甚至可以说，债务人负担的主要义务的履行凡是牵涉提供住宿[3]或者接待活动[4]的，均包含有安全方面的方法性义务。不过，我们同样从中看到一种对债务人来说更加严厉的倾向，这种倾向虽然还没有表现为“用结果性义务来替代方法性义务”，而是更倾向于认定（履行合同时的）侵权责任或准侵权责任，因为认定

[1]最高法院第一民事庭，1981年6月2日（Bull. civ. I. N°189. p. 155）；最高法院第一民事庭，1983年7月19日（Bull. civ. I. N°211. p. 188. RTD civ. 1984. 729. J · Huet 述评）；另见最高法院第一民事庭1995年3月14日判决。

[2]最高法院第一民事庭，1975年2月11日（Bull. civ. I. N°59. p. 54. D. 1975. 533. P · Le Tourneau 述评）；最高法院第一民事庭，1986年6月10日（Bull. civ. I. N°164. p. 165）；对于组织体育表演的企业，也适用相同的处理意见，参见最高法院第一民事庭1975年11月18日判决（Bull. civ. I. N°336. p. 277）；最高法院第一民事庭，1989年11月29日（Bull. civ. I. N° 371. p. 349. JCP1990. IV. 32）；里昂法院，1988年12月16日（JCP1990. II. 21510. P · Collomb 述评）。

[3]由助产士照管儿童的案例，参见最高法院第一民事庭1997年11月18日判决（JCP1998. I. 144. N°9. G. Viney 述评。DI. N°998. somm. com，p. 197. Ph · Delebecque 述评。RTD civ. 1998. 119. P · Jourdain 述评）；另见最高法院第一民事庭1982年1月13日判决（Bull. civ. I. N°24. p. 20. D. 1982. IRp. 363. C · Larroumet 述评）。

[4]关于体育或休闲度假村或度假中心的责任，参见最高法院第一民事庭1968年5月13日判决（JCP1968. II. 155524）；最高法院第一民事庭，1981年2月18日（GazPal. 1981. 2. pan. 174. F · Chabas 述评）；最高法院第一民事庭，1982年1月27日（Bull. civ. I. N°47. p. 41）；最高法院第一民事庭，1983年2月1日（JCP1984. II. 20129. F · Chabas 述评）；最高法院第一民事庭，1988年7月19日（Bull. civ. I. N° 251. p. 174。JCP1988. IV. 349）；关于游泳池经营者的责任，参见最高法院第一民事庭，1971年10月20日（Bull. civ. I. N° 269. p. 277。RTD civ. 1972. 608. G · Durry 述评）；最高法院第一民事庭，1983年3月2日（Bull. civ. I. N°85. p. 75. JCP1983. IV. 158）；关于自动洗衣设备，参见最高法院第一民事庭，1976年11月16日判决（Bull. civ. I. N°350. p. 277）；关于组织实习的企业的责任，参见最高法院第一民事庭，1984年11月7日判决（Bull. civ. I. N° 297. p. 253. RTD civ. 1986. 357. J · Huet 述评，Bull. civ. I. N°47. p. 41）。

履行合同时的侵权责任或准侵权责任，最终产生的结果是对受害人更能起到保护的作用。

591. 方法之债与结果之债的区分在告知义务或咨询建议义务方面的适用

告知义务或者提供咨询建议义务（参见第 258 节、第 455 节与第 569 节）属于智力方面的活动，往往带有某种不确定性，因此，就这种义务而言，方法之债的性质占据主导地位。[1]

（1）有时，债务人在提供或多或少具有高科技技术性能的各种设备时，均负有告知义务或咨询建议义务，因此，应当按照其在进行施工或者提供协助的具体情况来评价债务人的行为。在这方面，我们注意到一种明显的倾向，而这种倾向主要表现为，对于职业人（专业人士）的要求要严厉得多，[2] 甚至承认他们所负担的告知义务或咨询建议义务属于结果性义务，[3] 在医疗义务方面，也正在出现与此相类似的变化；即使在债务人并不提供设备的情况下，同样表现出类似的倾向。

---

[1] 关于专业人士在与非专业人士的关系中承担的义务的性质，参见最高法院的一民事庭 1993 年 6 月 16 日判决（CCC1993. p. 5. Leveneur 述评）。

[2] 最高法院商事庭，1985 年 12 月 3 日（Bull. civ. IV. N° 284. p. 212. RTD civ. 1986. 372. Ph · Rémy 述评，765. J · Huet 述评）；最高法院第一民事庭，1998 年 4 月 7 日（JCP1998. IV. 2290），其中包括在告知义务的债权人所购买的是一种新的产品时，他对这种新产品的性能或复杂性或者其具有的危险性并不像债务人那样了解的情况。此外，关于农业经营者购买种子的问题，参见最高法院第一民事庭 1994 年 5 月 4 日判决（D. 1994. somm. 236）。

[3] 最高法院第一民事庭，1985 年 1 月 8 日（Bull. civ. I. N° 12. p. 12. RTD civ. 1986. 138. J · Huet 述评）；另见关于技术转让合同的问题，参见最高法院商事庭 1984 年 12 月 12 日判决（Bull. civ. IV. N° 346. p. 281. RTD civ. 1986. 141. J · Huet 述评）；关于报警器的供应商的责任，参见最高法院商事庭 1993 年 5 月 25 日判决（D. 1994. somm. 10）。

（2）通常情况下，负有提供情况、提供咨询的人，[1] 在企业组织方面提供协助的顾问、银行企业或者财务会计方面提供咨询的人，[2] 负担的也是方法性义务；公证人对于其应当向顾客提供的咨询建议，以及广而言之，应当向某项文书的各方当事人[3]进行的告知和提供的其他咨询意见，方法性义务同样占据主导地位（参见第456节、第569节）。公证人有义务向自己的顾客提供必要的情况说明，让其顾客或文书的当事人能够懂得相关问题的法律状态，使他们做到清楚明白地处理问题。不过，我们也看到，法院判例在这方面对职业人的要求越来越严厉，[4] 正在根

---

[1]关于问讯处的责任，参见最高法院商事庭1974年1月30日判决（D. 1974. 428. R · Tendler述评），该判决撤销里昂法院1971年10月27日的判决（JCP1972. II. 17012. R · Savatier述评，D. 1972. 327. R · Tendler述评）；最高法院商事庭，1978年3月4日（D. 1978. 549. R · Tendler述评）；关于银行的责任，参见最高法院商事庭1983年11月24日判决（Bull. civ. IV. N°322. p. 279. RTD civ. 1984. 517. J · Huet述评）；关于银行在发放高额信贷的情况下有提醒贷款人注意风险的义务，参见最高法院混合庭2007年6月29日判决（D. 2007. 2081，S. Piedeliévre述评，JCP 2007. 1110146，A. Gourio述评，RTD civ. 2007. 779，Jourdain述评）；最高法院第一民事庭，2008年9月18日（2008，8. 2343）。

[2]M · F · 密阿隆：《也谈对咨询合同的法律研究》（M · F · Mialon，Contribution à l'étude juridique d'un contrat de conseil，RTD civ. 1973. 5）；关于企业管理与组织方面提供咨询建议的方法性义务，参见巴黎法院1989年3月30日判决（D. 1989. IR146）；巴黎法院，1990年1月23日（D. 1990. IR50）；关于招聘人员的咨询建议义务，参见巴黎法院1990年1月11日判决（D. 1990. IR54）；巴黎法院，1990年3月22日（D. 1990. IR. 87.）；巴黎法院，1990年10月18日（D. 1990，IR 284）。

[3]最高法院第一民事庭，2007年5月15日（Defrénois2007. 1464. R · Libechaber述评）；另见关于律师的案例，最高法院第一民事庭2008年11月27日判决（D. 2009. 19）。

[4]关于对申报人的身份的核查监督，参见最高法院第一民事庭1979年2月6日判决（Bull. civ. I. N°45. p. 39. Defrénois1980. 1386. L · Aubert述评）；关于对订立的契约的实际效力与法律效力的监督，参见最高法院第一民事庭1981年6月16日判决（Bull. civ. I. N°218. p. 179；Defrénois1982. 1999. L · Aubert述评）；关于查找财产所有权的来源，参见最高法院第一民事庭以1983年5月3日判决（D. 1983. 558. L · Aubert述评，JCP 1984. 11. 20200，M. Dagot述评）；关于律师应负的方法性义务，参见最高法院第一民事庭1985年10月15日判决（Bull. civ. I. N° 257. p. 230. RTD CIV. 1986. 759. J · Huet述评）；参见Martin Bourry d'Antin：《律师是否应当证明自己（转下页）

据具体情况，[1] 逐步朝着举证责任倒置的方向演变。[2] 提供咨询建议的义务由一种相对性义务（devoir relatif）正在逐步变成一种绝对义务（devoir absolu），不论顾客本身的能力如何，也不论他是否已经得到其他第三人提供的协助，例如，已经向其他的人进行过咨询，[3] 公证人仍然不能以此为理由免负提供咨询建议之义务。不过，如果顾客本身确实知道某些情况而遗漏说明或者（故意）不如实说明，则可以对公证人提供咨询建议之义务有所限制。[4] 所有这一切，更为广泛地说，按照有关责任的普通法，就如同受害人方

（接上页）提供了很好的建议意见》，（Gaz. Pal. 1997. 2，doctr. 1477）；关于会计师应负的方法性义务，参见最高法院商事庭 1987 年 6 月 2 日判决（D. 1987. 500，A. Viandier 述评）；关于保险经纪人应负的方法性义务，参见最高法院第一民事庭 1984 年 11 月 6 日判决（Bull. civ. I，n° 291，p. 249，RTD civ. 1986. 761，J. Huet 述评）；关于不动产经经纪人所负的方法性义务，参见最高法院第一民事庭 2000 年 12 月 20 日判决（Bull. civ. I，n° 335）；关于保险人所负的方法性义务，参见最高法院第一民事庭 2001 年 1 月 30 日判决（Bull. civ. I，VUA 述评），等等。

[1] 关于（律师、公证人等）自由职业者提供咨询建议的义务，参见最高法院第一民事庭 1997 年 2 月 25 日判决（Bull. civ. I. N° 75. D。1997. somm. com. 319. JCP1997. IV. 881. G·Viney 述评，(RTD CIV. 1997. 434)。

[2] 最高法院第一民事庭，1990 年 2 月 7 日（Bull. civ. I. N°37. p. 28. D. 1990. IR53）；最高法院第一民事庭，1991 年 7 月 2 日（Bull. civ. I. N°228. D. 1991. IR219）。

[3] 最高法院第一民事庭，1995 年 7 月 10 日（Bull. civ. I. N° 312. p. 217. D. 1995. IR195. Defrénois1995. p. 1413. L·Aubert 述评）；最高法院第一民事庭，1995 年 12 月 12 日（Bull. civ. I. N°459. p. 320）；最高法院第一民事庭，1996 年 3 月 19 日（RCA1996. N°325）；最高法院第一民事庭，1996 年 11 月 22 日（Bull. civ. I. N° 419. p. 292. D. 1997）：这种情况也适用于律师应负的提供咨询建议的义务，参见最高法院第一民事庭 1997 年 4 月 29 日判决（Bull. civ. I. N° 132. JCP1997. II. 22948. R·Martin 述评；4025. N°11. chron. G·Viney 述评；CCC997. N°111. L·Lveveneur 述评，D. Affaires1997. p. 729. RCA1997. chron. 19. H·Groutel 述评）；最高法院第一民事庭，2001 年 2 月 27 日（RCA 2001，N° 150）；关于自认，参见最高法院第一民事庭 1997 年 6 月 24 日判决（Bull. civ. I，N° 214，p. 142，JCP 1997. 11. 22970，E·du Rusquec 述评，CCC 1997，comm. 162，Leveneur 述评，D. Aff. 1997，p. 957，RCA 1997，N° 339，D. 1998，somm. com. 198，P·Jourdain 述评）。

[4] 最高法院第一民事庭，1996 年 5 月 9 日（Bull. civ. I. N° 194. p. 136. Defrénois1996. p. 1029. L·Aubert 述评）；最高法院第一民事庭，1996 年 11 月 26 日（Bull. civ. I. N° 423. p. 294）。

面有某种过错的情况一样进行处理。[1]职业人责任的加重还表现在证据领域，由于职业人负有告知义务，因此应当由其举证证明自己履行了此种义务，当然，可以通过任何方式进行这方面的举证。[2]

三、因果关系

592. 排除间接损害[3]

不论责任的性质如何——是侵权责任还是合同责任——都强制要求过错与损害之间存在因果关系。[4] 就合同责任而言，要求过错与损害之间存在充分的因果关系是由《民法典》第1151条作出的规定（与第1147条的规定相比较）："即使契约不履行是由债务人的欺诈引起，对债权人受到的损失与丧失的可得利益应当给予的

---

[1]最高法院第一民事庭，1996年1月30日（Defrénois1996. p. 361. N° 22. L · Aubert 述评）；最高法院第三民事庭，2001年11月21日（JCP2002. 1266. P · Kuhn 述评）。

[2]关于公证人提出证明自己已经履行了咨询建议义务的证据的条件，参见最高法院第一民事庭1998年2月3日判决（D. Affaires1998. 413. RTD CIV. 1998. 381. P · Jourdain 述评）；最高法院第一民事庭，2004年7月6日（JCP2005. 1072）；关于律师负有的咨询建议义务，参见最高法院第一民事庭2001年2月27日判决（RCA2001. N°151）。

[3]法国《民法典》第1149条规定，应当给予债权人的损害赔偿，一般为其受到的损失和丧失的可得利益；第1150条规定："债务之不履行完全不是因债务人有欺诈时，债务人仅对在订立契约时所预见或可预见的损害与利益负赔偿责任。"第1151条还进一步规定："即使契约不履行是由债务人的欺诈引起，对债权人受到的损失与丧失的可得利益应当给予的损害赔偿，仍然仅以因契约不履行而立即发生的直接结果（suite immédiate et directe）为限。"本书作者在这里也明确指出"排除间接损害"（的赔偿）。这是法国民法关于损害赔偿的基本原则。《法国现代合同法》一书第2版第349页认为："合同损害赔偿既包括直接损失，也包括间接损失，亦称可得利益损失。"这一介绍与以上3个条文所确认的原则不符，而这些条文的规定是相互关联的。不能把第1149条所说的"丧失的可得利益"理解为"受到的间接损失"。《德国民法典》第252条对"所失利益"有如下规定："赔偿之损害，包含所失利益。依事物的通常运行，或者根据特别情形，尤其是根据所做准备及预先已采取的措施，有极大的可能性预期得到的利益，视为所失利益。"除本书第592节之外，第594节、第598节等都作了阐释。——译者注

[4]最高法院商事庭，1976年3月15日（JCP1977. II. 8632. J · Ghestin 述评）；最高法院第一民事庭，1982年11月17日（JCP1983. II. 20056. M · Saluden 述评）。

损害赔偿，仍然仅以因契约不履行而立即发生的直接结果（suite immédiate et directe）为限。”我们从侵权责任方面也可以看到这项规则，尽管《民法典》在侵权行为方面并没有一个类似的条文确定这项规则。

这项规则的提出是基于这样一个根本思想：债务人的过错，也就是债务人不履行其债务，与相对当事人所受到的并且可以要求赔偿的损害之间存在着因果关系。但是，我们知道，一种事件的发生往往并非只有一种原因，一个事件可以与多种原因紧密相关。基于此种实际情况，我们可以采取两种不同的制度。

其一是“条件相当制度”（le système de l'équivalent des conditions，条件相当说）。其意思是说，就效果的产生而言，所有的原因都应当视为是“相当的”，这样一来，只要（某一种条件）通过任何一种联系能够将损害与债务人的过错联系起来，便可以宣告债务人应负责任。

其二是“适当原因或诱发原因制度”（le système de la cause adéquate ou cause générique）。[1] 按照这种制度，对于引发某种事件的各种原因应当进行区分：其中一些原因起着主导作用，如果没有这些原因，可以肯定显然不会发生（损害）效果，而另一些则是次要原因，即便没有这些原因，仍然可能发生或造成相同的效果。因此，只有当债务的不履行确实是产生损害的原因时，债务人才承担责任。

《民法典》第1151条使用了“因契约不履行而立即发生的直接结果”（suite immédiate et directe）这样的表述，看来是非常清楚地确认了上述第二种制度或第二种理论。这也是法院判例一般采取的

---

[1]“条件相当说”与“适当原因说”属于“相当因果关系理论”的范畴。在此两说中，法国《民法典》采用的是第二种理论。——译者注

立场。债务人应当赔偿损害，应当赔偿“如果没有他的过错，就不会立即‘实现’的全部损害”;[1] 与此相反，对于在正常情况下即使没有债务人的过错仍然有可能发生的所有间接后果，债务人不负赔偿之责，换句话说，适当原因制度引导着人们将“那些从事实出发，客观上可以预见的任何损害”均视为直接损失，法官因此需要考虑这种后果所具有的可能性的程度。

波迪耶曾举例说——这已成为一个经典例子：如果一个商人卖出一头生病的牲口，他不仅要偿还其已经受领的买卖这头牲口的价金，而且还要对买受人赔偿因该牲口所患的疾病的传染而死亡的其他牲口的价金；与此相反，买受人却不能认为，由于他的牲口死亡，土地无法耕种，没有收成并因此导致其财产受到（他自己的债权人的）扣押而请求损害赔偿，因为，还有其他很多事件同样有可能妨碍买受人进行耕种或者导致其收入减少。

这个例子恰到好处地表明：我们不能在后果这一链条上走得太远，因为，让一个人承担其行为的间接后果是不合逻辑的，也是不公正的。这样一来，就会提出一个问题：直接的结果直接到哪里才是一个尽头？间接的结果又从何处开始？对这个问题的回答，最大程度上取决于法官对个案具体认定的意见。[2] 最高法院一般认

[1] 最高法院民事庭，1953年11月9日（D. 1954. 5）；最高法院民事庭，1963年3月5日（JCP1965. II. 13148）。

[2] 作为例子，还可参见以下判决：最高法院民事庭，1897年3月3日（DP1898. 1. 118. S1897. I. 411）；最高法院诉状审理庭，1915年5月18日（S. 1917. I. 38）；最高法院民事庭，1922年5月16日（S. 1922. I. 358）；巴黎法院，1949年12月19日（D. 1950. somm. 52）；里昂法院，1950年11月13日（D. 1951. 99）；最高法院第一民事庭，1969年6月16日（Bull. civ. I. N°230. p. 184）；最高法院商事庭，1969年6月30日（Bull. civ. IV. N°249. p. 235）；关于这两个判决，其中第一项判决也涉及侵权责任，参见G · Durry述评（RTD civ. 1970. 356）；关于自愿中止妊娠的问题，参见最高法院第一民事庭1991年7月16日判决（JCP1991. II. 21947. A · Doresner-Dolivet述评）；蒙帕里耶大审法院，1989年12月15日（JCP1990. II. 21556. P · Gridel述评）。

为，对这个问题做出回答，属于实体审法官的自由裁量权力。[1] 有一个时期，最高法院还认为，机动车修理人承担的结果性义务既产生对其过错的推定，也产生对过错与损害之间的因果关系的推定。[2] 这样做是对结果之债这一概念过于随意的解释。最高法院的判例现在则更为正统地确认：机动车修理人应当承担的当然责任仅扩张至因违反结果性义务而造成的损害，这样也就排除了上述“双推定”的处理方式。[3] 最后，我们还看到，在医疗责任方面，就承认因果关系而言，已经出现一种扩张性倾向，这样有助于强调疾病治疗所具有的射幸成分的特殊性。

第二目 损害的赔偿

593. 本节讨论的问题

这一节讨论的问题是，采取什么方法进行赔偿？如果是通过给予“损害赔偿”（dommages-intérêts）的形式，应当如何评估损害？

一、赔偿方法

594. 实物赔偿（réparation en nature，现实的赔偿）的范围

当合同之债仍然可以实物履行（现实履行）时，债务人自然可以被判实物履行（现实履行）债务，债权人也就可以请求并获得实物履行（现实履行）。这是很正常的。例如，受寄托人仍然占有寄托物但拒绝将其返还给寄托人时，就完全可以判处其进行实物返还

[1]最高法院民事庭，1880年1月20日（DP1880. I. 382）；最高法院诉状审理庭，1911年11月27日（DP1913. I. 111）。

[2]例如，最高法院第一民事庭1988年2月16日判决（Bull. civ. I. N°42）；最高法院第一民事庭，1994年2月2日（Bull. civ. I. N°41. RTD civ. 1994. 613. P·Jourdain述评）；最高法院第一民事庭，1997年10月21日（Bull. civ. I. N°279）；最高法院第一民事庭，1998年12月8日（Bull. civ. I. N°343）。

[3]最高法院第一民事庭，2008年3月28日（RTD civ. 2008. 757. Carval述评）。

（而不是代物返还），只不过在这种情况下通过强制来履行这种债务有可能会引发困难，但人们一致认为，为了克服这种困难，没有必要唯一从合同之债的角度来看待问题，因为这样的问题可以按照更为一般的方式来解决。

尽管有时很不容易区分两种情况，但我们在这里还是假定已经不再有可能实现实物履行或现实履行并且已经出现了不履行的情况，[1] 那么，涉及的问题就是，在何种程度上可以用实物来赔偿债的不履行，而不仅仅是通过损害赔偿的形式来进行赔偿。不论没有得到履行的是什么样的债务，除了用金钱进行清偿之外，法官是否可以强制债务人给付他物？

只有在没有得到履行的债不是以金钱为标的情况下，上述问题才会真正显得比较突出，因为，如果债权人原本就没有希望获得金钱之外的其他给付，那么只要用金钱进行赔偿，债权人在第一时间就可得到满足。然而，也有学者认为，原则上，对损害的赔偿，只能通过给予“损害赔偿”来进行，[2] 因此，法官不可能强制债务

---

[1]在有可能实物履行的情况下，债权人原则上应当尽量追求获得实物履行。参见最高法院民事庭 1924 年 1 月 19 日判决（DH. 1926. 115）；债务人方面也不能自由地提出用损害赔偿来替代履行合同规定的债务。如果有可能实物履行合同，更不必比说，受理履行合同之诉讼的法院不得用判处损害赔偿来取代实物履行或现实的履行，但是，最高法院倾向于为实体法官保留选择履行方式的“原则性自由”（Viney et Jourdain, Les effets de la responsabilité, N°39），但是，最高法院有时也会对那些强制赔偿的判决进行审查监督（撤销这样的判决），或者在采取赔偿措施看来不适当时，赞同那些拒绝给予赔偿的判决。参见最高法院第三民事庭 2005 年 9 月 28 日判决（CCC 2006, n°4, Leveneur 述评）。关于履行与实物赔偿的区分，参见 M-E · 卢茹：《试论赔偿的概念》，《图卢兹大学学位论文》，1974 年（M-E · Roujou de Boubée, Essai sur la notion de réparation, thèse Toulouse, éd. 1974, spéc. p. 139 s）。

[2]吕西安 · 里佩尔：《侵权责任方面的损失赔偿》，《巴黎大学学位论文》，1933 年（Lucienne Ripert, La réparation du préjudice dans la responsabilité délictuelle, thèse Paris. 1933. N°12）；J-H 罗贝尔：《论法国私法上由大法官裁判决定的制裁》，《巴黎大学学位论文》，1973 年（J-H · Robert, Les sanctions prétoriennes en droit privé français, thèse ronéot. Péris, 1973, spéc. p. 377 s）；与此相反的方向，参见：Marty et G · Raynaud, t. II, 1er vol., n° 511.

人用（另外的）实物进行赔偿（代物赔偿），例如，在寄托物丢失（灭失）引起受寄托人不能履行其返还寄托物的义务时，法官不可能强制受寄托人向寄托人提供与寄托物相类似之物作为赔偿；[1] 不过，我们也许可以考虑双方当事人之间达成的和解协议，或者，可以考虑债务人主动提出提供实物赔偿的情况。但是，除这些情况之外，以及在没有立法规定的情况下，很难强制要求债务人（用他物来）进行实物赔偿，从《民法典》第 1142 条的规定来看更是如此，因为该条规定："一切作为之债或不作为之债，在债务人不履行的情况下，均引起损害赔偿。"

虽然说上述看法过去曾得到法院判例的欢迎[2]——不过，这种看法也仅限于合同责任（关于侵权责任方面的情况另当别论），但是，我们却不能由此就推断认为，（在法国法里）排斥实物赔偿具有绝对性。需知，《民法典》中还有其他一些条文就是对第 1142 条的例外规定，例如，第 1143 条："但是，债权人有权请求废除违反义务承诺已为之事务，并可请求允许由债务人负担费用废除之；如有必要，债权人仍可请求损害赔偿。"[3] 紧接其后的第

---

[1] 作为之债或不作为之债的不履行，即引起损害赔偿，这是原则，即使此种不履行并无过错，亦在所不同（最高法院商事庭，1992 年 6 月 30 日）。按照第 1142 条有关作为之债的规定，作为之债的债务人可以免于强制履行，因此，法官完全有理由依职权判决（债务人用）金钱赔偿，以替代原告仅请求的实物履行（最高法院第一民事庭，1965 年 6 月 30 日）。在不可能用实物履行债务的情况下，完全可以判处出卖人向购买人支付相当于出卖物价值的赔偿金，用金钱履行交付（出卖物的）义务（最高法院商事庭，1993 年 10 月 5 日）。参见第 1145 条。

[2] 最高法院民事庭，1888 年 7 月 19 日（DP1889. I. 156）；最高法院民事庭，1924 年 6 月 4 日（DP1927. I. 136. S. 1925. I. 27. L·Hugueney 述评）。

[3] 最高法院民事庭，1922 年 7 月 25 日（S. 1923. I. 111）。有人曾认为，是否运用实物赔偿取决于法官自由的裁量，如果实物赔偿与造成的损害不成比例，法官有宁愿选择损害赔偿的自由。参见最高法院第一民事庭，1960 年 5 月 24 日判决（Bull. civ. I. N°283. p. 231）；最高法院第三民事庭，1970 年 10 月 8 日（Bull. civ. III. N°501. p. 336）；但是，从义务的意义来看，关于命令拆除违反建筑规章的禁止性规定而进行的建筑，参见最高法院第一民事庭 1965 年 3 月 1 日判决（D. 1965. 560）；最高（转下页）

1144 条也体现了相同的思想："在债务人不履行债务的情况下，债权人也可请求允许其自行让人履行之，费用由债务人负担。债务人得受判处预先支付此种履行所必要的款项。"[1]

除了上述这些明文规定的例外，排除（用其他）实物赔偿这一原则本身就曾多次受到人们的严重质疑。排除（用其他）实物赔偿的方法不言自明是基于这样一种想法：受害人（债权人）只要有了钱，终究能够获得他所想要的东西。然而，在物质短缺以及规范价格的情况下，[2] 这种方法必然很成问题，因而必然受到质疑。考虑到这些情况，法院在判决中也经常命令通过提供某一等值之物来进行实物赔偿（代物赔偿）。[3]

事实上，赔偿方式的选择，取决于所选择的方式是否适宜于满

（接上页）法院第一民事庭，1967 年 2 月 6 日（D. 1967. somm. 61）；另见最高法院第三民事庭 1977 年 4 月 19 日判决（D. 1977. 487. E · Frank 述评）；最高法院第三民事庭，1978 年 2 月 15 日（JCP1978. IV. 126）；最高法院第三民事庭，1981 年 2 月 18 日（Bull. civ. III. N°38. p. 28）；关于法院判例朝着有利于受到不动产损失的受害人的方向承认其有权请求拆除给其造成损害的工程建筑物，以进行实物赔偿的问题，参见最高法院第一民事庭 1997 年 5 月 22 日判决（JCP1997. I. 4070. N°26. G · Viney 述评）。建筑不动产共同所有人（不动产区分所有权人）可以依据第 1143 条的规定要求拆除违反规定进行的建筑，无须证明其受到了损失（最高法院第三民事庭，2000 年 6 月 21 日）。依据第 1143 条的规定，区分所有权人有权要求拆毁违反"招标细则"规定的义务而进行的建筑，只要违反招标细则这一事实得到确认，是否存在损害以及损害大小如何，均在所不问；不得援用任何"无法拆除"之理由作为借口（最高法院第三民事庭，1981 年 5 月 19 日）。（适用第 1143 条之规定）并不要求存在损害。（实体审判决）以原告没有受到任何损失为理由而驳回原告的诉讼请求，违反了第 1143 条的规定（最高法院第三民事庭，1997 年 11 月 13 日）。

[1] 最高法院民事庭，1900 年 12 月 31 日（DP1901. I. 134）。在债务人不履行债务的情况下，债权人让他人履行该债务并由债务人负担费用时，这样做的条件是，应当得到法院准许（最高法院社会庭，1953 年 6 月 5 日）。

[2] A · 滕克：《在规范价格与进行供需调配的经济状态下，如何赔偿因某项财产灭失所引起的损失?》（A · Tune, Comment réparer dans une économie de taxation et de rationnement le prsjrfdice résultant de la perte d'un bien ? D. 1946. chron. 57）。

[3] 最高法院诉状审理庭，1947 年 3 月 4 日（JCP1947. II. 4612. Frejaville 述评）。参见卡尔波尼耶述评（JCP1945. II. 2795）。

足所追求的目的。只要债权人提出了此种请求，那么法官就有权力命令采取某种实物赔偿的措施，相反情况下，如果债务人本身就提议进行实物赔偿，法官则可以强制债权人接受这种赔偿。

595. 等值赔偿：损害赔偿

就赔偿债权人受到的损害来说，除原本就是金钱之债因而允诺给付一笔金钱之外，（如果仅限于）用金钱向债权人支付赔偿金也不是一种非常令人满意的做法，[1] 因为，支付的赔偿金（indemnité）——在法国法律上称为“dommges-interets”（损害赔偿），与债务人允诺的给付并不同质。金钱只是商品价值的一种尺度，虽然在正常时期，金钱所具有的交换价值可以为受害人提供满足其权利的手段，而且可以按照自己的愿望自由决定如何使用向其支付的赔偿金，这样，给予受害人的赔偿金就不仅可以用于赔偿其受到的损害或者替代已经灭失的财产，而且可以被用于其他目的，然而，在物质短缺或者非正常时期，有钱不一定能买到东西，或者，同样数额的金钱不一定能买到同等的东西。[2]

（在给予损害赔偿的情况下）法官可以自由地确定赋予金钱赔偿最为恰当的形式：例如，一次性赔偿一笔总数额，或者支付终身定期金，或者支付本金加利息。

---

[1]关于等值赔偿而不是用金钱赔偿的问题，参见 E · Roujou de Boubée 论文（thèse préc. p. 139）；关于部分用实物赔偿（部分用现物赔偿），部分用等值赔偿的可能性，参见最高法院第三民事庭 1976 年 1 月 6 日判决（D. 1976. IR95）。按照这些学者的观点，显然“等值赔偿”（réparation en équivalent）不完全等同于“金钱赔偿”（en argent）。——译者注

[2]C · 咖卢：《论私法上的赔偿金的概念》，《埃克斯马赛第三大学学位论文》（C · Gallou, La notion d'indemnité en droit privé, thèse Aix. éd. 2007）。

二、对损害赔偿的评估

596. 区分不同的情况

从损害赔偿的评估机制的角度来看，不能不考虑没有得到履行的债的标的。虽然说评估损害赔偿的机制一般都是受到全额赔偿原则的引导，但是，对于以金钱为标的的债的不履行，评估损害赔偿适用一种特殊制度，其中体现的是一揽子评估思想。

597. （1）对损害的全额赔偿

法官裁判给予损害赔偿的数额应当能够覆盖债权人受到的全部可予赔偿的损失（l'intégralité du préjudice réparable），但不得超过可予赔偿的损失的数额。这是一项根本规则，既适用于合同责任，也适用于侵权责任，[1] 尽管在合同领域，不能预见的损失（le préjudice imprévisible）被排除在可予赔偿的损失之外（参见第 563 节）。

从全额赔偿损失这样一条原则，引出以下 3 项主要后果，我们将在债法有关侵权行为的书籍中进行深入的介绍，因为这 3 项后果是合同责任与侵权责任所共有的。

损害赔偿的数额应当：

1）既包括物质损失的赔偿也包括精神损失的赔偿。

2）就物质损失而言，按照《民法典》第 1149 条确定的基本规则：应当给予债权人的损害赔偿，（一般）既包括其已受到的损失（法语为："perte subie"，拉丁语为"damnum emergens"，已显现的损害），也包括其丧失的可得利益（gain manque. lucrum cessans，实

[1] 最高法院民事庭，1877 年 7 月 30 日（DP1878. I. 24）；最高法院民事庭，1948 年 2 月 16 日（S. 1949. I. 69）；最高法院民事庭，1963 年 11 月 9 日（D. 1954. 5）；最高法院民事庭，1957 年 1 月 15 日（D. 1957. 161）。

减获利）。[1] 让我们来举例说明：（由于出卖人不履行合同）购买人没有获得其订购的商品，于是不得不从其他人手中以更高的价格购买相同的商品，于此情形，他有权请求（原出卖人）偿还其（按照更高价格购买商品时）不得不支付的额外价金，并且有权请求因其未能进行的再销售而损失的利润。[2] 又例如，一位演员承诺参加一场演出但未能履约，这场演出的承揽人因其已向公众宣告的演出未能进行而受到损失，一方面可以要求该演员支付为安排演出所支付的费用（广告费、演出场所的租用费，等等），另一方面还可以要求其支付“如果演出正常进行，本可获得的利润”。

3）既包括现时的损失（préjudice actuellle）又包括将来的损失（préjudice future），但以法院作出判决之日已经肯定发生的损失为限，没有必要考虑那些“纯属可能的损失”（préjudice purement éventuellle）。[3]

在债务人与债权人对于债的不履行各自均有过错的情况下，双方均应承担相应的责任，这样也就会相应地降低债务人所给予的赔偿金数额。[4]

598. 事实审法官的权力

最高法院很早以来就认定，不论是由实体审法官认定的损失事项的存在，还是法官对这些损失事项作出金钱性质的评价，赔偿金的确

[1]最高法院商事庭，1951年11月5日（D. 1952. 3）。（这两个拉丁语表述通常译为“实际发生的损害”和“所失可得利益”或“实减可获利益”。本节2）项中的法语附注“perte subie”（已受到的损失）似乎非常清楚地表明它是指已经实际发生的损失。——译者注）

[2]最高法院民事庭，1893年1月3日（DP1893. I. 223）；最高法院民事庭，1905年11月21日（DP1908. 5. 42）；最高法院社会庭，1957年4月9日（D. 1957. 335）。

[3]最高法院第一民事庭，1998年6月16日（JCP1998. IV. 2808）。

[4]巴黎法院，1926年6月3日（DH. 1926. 368）；最高法院诉状审理庭，1929年4月12日（S. 1929. 1. 232）。

定不属于最高法院的监督范围（不是法律问题，而是事实问题）。[1]

最高法院仅仅审查实体审法官是否考虑了第1149条所规定的应当考虑的两种损失事项，是否考虑了第1150条与第1151条规定的两项限制。[2]

---

[1]最高法院民事庭，1853年6月29日（DP1854. I. 188）；最高法院民事庭，1922年5月16日（S. 1922. I. 358）；最高法院诉状审理庭，1928年6月25日（S. 1928. I. 351）；最高法院民事庭，1943年1月18日（DC. 1943. 45）。

[2]前引最高法院民事庭，1893年1月3日、1922年5月16日判决。实体审法官的判决被推定符合法律的规定。只有在从实体审法官所作判决的主文或理由来看认为其没有遵守法律的规定时，才会受到最高法院的审查，只能以事实审法官所作的判决“违反法律”作为向最高法院提起上诉的理由。参见最高法院诉状审理庭1926年6月26日判决（DH. 1926. 420）。

此处关于两种损失事项或损失的两个组成部分是指第1149条规定的“应当给予债权人的损害赔偿，一般为其受到的损失和丧失的可得利益”；对损害赔偿规定的两项限制是，第1150条：“债务之不履行完全不是因债务人有欺诈时，债务人仅对在订立契约时所预见或可预见的损害与利益负赔偿责任。”第1151条：“即使契约不履行是由债务人的欺诈引起，对债权人受到的损失与丧失的可得利益应当给予的损害赔偿，仍然仅以因契约不履行而立即发生的直接结果（suite immédiate et directe）为限。”

关于对损害赔偿的两项法定限制：可预见的损害。凡是当事人在订立合同之当时就可以正常预见的损害，即属于第1150条意义上的“可预见的损害”（最高法院第一民事庭，1989年1月25日）；不过，第1150条关于限制债务人责任的规定仅涉及对构成损害的因素或组成部分的预见性或者可预见性，而不涉及用以赔偿损失的货币的价值（等值）（最高法院商事庭，1965年3月4日）。法官没有义务依职权去查明当事人请求赔偿的损害是不是可以预见的损害，而应当由当事人提出请求（最高法院第一民事庭，1999年7月15日）。关于限制责任或免除责任条款的有效性，原则：没有任何一项法律规定一般地禁止在“附合性合同”中订立限制责任或免除责任条款（最高法院第一民事庭，1982年1月19日）。同一专业的两个行业人员之间进行的买卖，如果合同中订有“不担保（出卖物）隐蔽瑕疵条款”，不得主张出卖人（在这方面）的担保（责任）（最高法院第三民事庭，1978年10月30日）。在债务人不履行根本性义务（主要义务）的情况下，上诉法院仍然适用“限制责任条款”，违反了第1131条的规定（最高法院商事庭，1996年10月22日）。按照一般规则，仅在债务人有欺诈或者有重大过失的情况下，才能排除（适用）限制责任条款（最高法院第一民事庭，1993年2月24日）。所谓重大过失是指，债务人不能履行其同意的约定债务属于与欺诈相近似的特别严重的行为（最高法院商事庭，1990年4月3日）。由债务人的职员实施盗窃行为的情况下，债务人不得援用合同中为其利益规定的限制赔偿数额的条款（最高法院商事庭，1981年11月17日）。重大过失视同欺诈。有重大过失的当事人，不得援用限制责任条款，据以限制对其造成的在订立合同之时所预见或可预见的损害的赔偿责任（最高法院诉状审理庭，1932年10月24日）。

法官认定的赔偿金数额应当尽可能地准确体现债权人受到的实际损失（le dommage réel subi），而且不能超过实际损失。凡是超过实际损失的赔偿金，超过的部分构成债权人的非法获利。在这里特别要注意的是，债务人过错的严重程度对赔偿金的数额不应当有任何影响（不得根据债务人的过错程度来确定赔偿金数额的高低）。[1]

应当由原告举证证明其受到的各项损失，法官判决给予的赔偿金数额不得超过原告向法庭所作的陈述中可能已经确定的损失数额，否则，法官就是超越当事人的诉讼请求进行裁判（statuer ultra petita）。

599. 以什么时刻为基准来评价损害赔偿的数额

法院应当根据哪一时刻的情况来评价赔偿金的数额？是站在合同原本应当履行之日还是站在合同没有履行之日，也就是说，是按照损失实现之日还是按照债务人受到终局处罚判决之日的情况来确定赔偿数额？在这个问题上如何作出选择，可能有些犹豫不定，然而，选择评价损害的时间点却是非常重要的。我们知道，旨在确定损害赔偿数额的诉讼有可能延续很长时间，即使法律上努力加快程序的进展，仍然不能完全避免诉讼期间冗长的问题，而在此期间有可能已经发生许多新的事实，特别是考虑到货币的浮动，足以从量的方面改变损害的数额，[2] 甚至会因此改变赔偿的适当性。

---

[1] 我们在这里再一次提醒，按照《民法典》第 1150 条的规定，债务人有欺诈行为时，就不准许法官适用该条就“不可预见的损失”所作的减免责任的规定。

[2] G·皮埃尔-弗朗索瓦：《民法中的时值债务的概念》（G·Pierre-François, La notion de dette de valeur en droit civil. Essai d'une théorie, thèse Paris, éd. 1975, N° 83 s）；尚塔勒·布鲁诺：《货币债与实物债的区分，简论债的标的确定》，《巴黎二大学位论文》，1984 年（Chantal Bruneau, La distinction entre les obligations monétaires et les obligations en nature. Essai de détermination de l'objet, thèse ronéot, Paris II, 1984）。

经过一番犹豫之后，[1] 法院判例终于确定：应当按照法院作出终局判决之日的情况[2]来评判赔偿金的数额。在此之前，在侵权责任的赔偿问题上就已经确认了这种处理意见。我们应当举双手赞成法院判例采取的立场。

但是，不要将“受到的损害”与（损害本身的）“价值”混为一谈。在确定损害赔偿的数额时，我们考虑的损害是合同不履行之日受到的损害，但是，这种损害的价值在此之后可能已经发生变化。例如，（在买卖合同不履行的情况下）债权人想要取得某种替代物，以替代合同规定的本应向其交付之物时，我们就应当根据法院作出判决之日的情况来评判，因为债权人的权利得到确定的时间是在判决作出之日，如果我们仍然仅给予债权人在合同本应履行之日的价值，由于在判决作出之前物的价格可能已经上涨，债权人要想取得相同之物，就不得不支付更高的价金。正因为如此，按照全额赔偿原则，就要求我们在法院作出终局判决之日[3]来评价债权人受到的损失的价值。

---

[1]最高法院民事庭，1928年6月27日（Gaz. Pal. 1928. 2. 250）；埃克斯法院，1949年6月27日（S. 1949. 2. 167）。

[2]最高法院民事庭，1948年2月16日（S. 1949. I. 69. Jambu-Merlin述评）；最高法院社会庭，1953年11月19日（D. 1954. 361. R·Savatier述评）；最高法院商事庭，1954年2月16日（D. 1954. 534. R·Rodiere述评；JCP1954. II8062），但这并不排除在法院做出判决之日按照某种指数对赔偿数额进行调整，参见最高法院商事庭1993年11月2日判决（D. 1994. somm. com. 212. Ph·Delebecque述评）；最高法院第三民事庭，1993年6月16日（Bull. civ. III. N°85. RD. imm. 1994. 503. Malinvaud et B·Boubli述评，RTD civ. 1994. 118. P·Jourdain述评）；P·茹尔丹：《论不动产损害的赔偿与受害人的得利》（P·Jourdain, La réparation des dommages immobiliers et l'enrichissement de la victime, RD imm. 1995. 51 s.）。

[3]H·L et J·Mazeaud. t. II. vol I. par F·Chabas N°625，Marty et Raynaud. t. II. 1ervol. N°515. J·Carbonnier. t. 4. N°169 et N°174。法院判例一般都拒绝将原定的价格降低为新价格，参见最高法院混合庭1975年4月25日判决（Gaz Pal. 1975. 2. 510）；M·吉塔尔：《关于合同诉讼中的赔偿损害》（M·Guittard, La réparation du dommage en matière contractuelle, Gaz. Pal. 1978. 1, doctr. 10）。

从这一原则出发，法官必须考虑损害自其发生以后所出现的变动——无论是损害的内在变化，还是因货币浮动，用货币表示的价值发生的变动。[1] 按照法院判决之日的情况评价损害（价值），是全额赔偿原则的简单体现，但这种价值评价仅仅具有相对的意义，在以下两种情况下，应当排除采用这种评价方法。

首先，可能有这样的情况，债权人在不等法院作出判决就已经替换了“有瑕疵的给付”或“不适当的给付”，或者将（债务人交付的）“处于不好状态的标的物修复完好”。于此情形，债务人虽然应当赔偿整个损失，但他仅仅是赔偿损失；如果我们在这里仍然按照法院作出判决之日的情况来确定损害赔偿的数额，在价格上涨的情况下，就有可能为债权人带来没有任何正当根据的利益。正因为如此，法官在此认可的，应当是债权人实际支出的款项数额，[2] 而且很显然这种实际支出的款项还应当以正常的价格为前提条件。类似此种情况，债权人的态度等于是用其已经支出的金钱的债权来替代一项赔偿债权，以实现赔偿，当然，应该确定的是涉及赔偿问题，也就是债权人是通过这样或那样的方式为自己获得与债务人向其允诺的相类似的给付；否则，如果在法院作出判决之前没有这种赔偿，那么仍然应当考虑的是判决作出的日期，用以评价赔偿数额。

其次，我们还应当注意，虽然说债权人并无义务一定要像上面所说的那样在法院作出判决之前就采取弥补行动，[3] 尤其是在其不掌握可支配的钱款的情况下更不能对其强制做出如此要求，但

[1]最高法院社会庭，1953年11月19日；最高法院商事庭，1954年2月16日，最高法院商事庭1955年6月24日（D. 1956. somm. 12）；最高法院刑事庭，1960年12月26日（S. 1961. I. 137. R · Meurisse 述评）。

[2]最高法院民事庭，1953年3月24日（D. 1953. 354）（关于侵权行为的损害赔偿）。

[3]最高法院民事庭，1950年3月10日（D. 1950. 465）（关于侵权行为的损害赔偿）。

是，如果债权人错误地推迟提出赔偿请求，或者错误地拒绝债务人的合理提议，则将受到责备，这种情况下，也可以引起“放弃按照判决做出之日的情况来确定赔偿数额”。[1] 不过，（法律上）并不存在一种“应当由债权人负担的尽量减少损害的义务”（但不应当故意加重损失）。

600.（2）在不履行以金钱为标的的债的情况下如何确定损害赔偿数额

如果没有履行的债是以金钱为标的的债，原则上，只有迟延性损害赔偿（dommages-intérêts moratoitres），而不存在补偿性损害赔偿（dommages-intérêts compensatoires）。[2] 补偿性损害赔偿是对债权人因债的不履行给其造成的损失的一种补偿，而这种补偿方式就是将债权人的权利转换为一种钱款债权，并且可以就债务人的财产行使求偿权；但是，如果债权人的权利原本就是以一笔钱款为标的，自然谈不上将这一笔钱款转换为另一笔钱款。相同数额的钱款都是等值的。我们假定债务人欠债 1000 欧元不予偿还，由此给债权人造成的损失仍然等于 1000 欧元。于此情形，必定只能有以下两种情况：要么，债务人有支付能力，债权人为获得清偿，可以扣押债务人的财产；在债务人已经受到（清偿）催告的情况下，他就应当支付延迟性损害赔偿；要么，债务人没有支付能力，在这种情

[1] 最高法院民事庭，1955 年 12 月 7 日（Bull. civ. I. N° 433. p. 347）；最高法院社会庭，1975 年 3 月 1 日（Bull. civ. IV. N°259. p. 183）。

[2] 蒙特尔：《关于赔偿因不履行金钱之债而产生的损害的几点看法》（Montel, Considérations sur la réparation du dommage dérivant de l'inexécution d'une obligation de somme d'argent, RTD civ. 1932. 1017）；巴利斯（Balis）：《迟延履行金钱之债而应当给予的损害赔偿》（Balis, Dommages-intérêts dus pour retard dans l'exécution d'une obligation de somme d'argent, Rev. crit. leg et jurispr. 1934. 5）；G·苏希：《金钱之债的法律特殊性》（G·Sousi, La spécificité juridique de l'obligation de somme d'argent, RTD civ. 1982. 514 s, spéc. p. 535 s）。

况下，再去判处他支付 1000 欧元的损害赔偿又能起到什么作用呢？因此，这时就谈不上补偿性损害赔偿，只能是迟延性损害赔偿。

在不履行金钱之债的情况下，损害赔偿具有特殊性，这种特殊性体现在：1）赔偿数额的确定方式；2）债务人应当支付的利息是否计算复利。

601. 对于不支付应付的款项，如何确定损害赔偿，《民法典》第 1153 条的规定

《民法典》第 1153 条对于不支付欠款的情形下如何确定损害赔偿的数额问题作出了统一规定，而且该条免除债权人的举证责任。

602. 按照法定利率一揽子计算利息

第 1153 条第 1 款规定："仅仅是支付一定款项的债，因其迟延履行而引起的损害赔偿，在任何情况下，都只能判令支付按照法定利率计算的利息，但有关商事与保证之特别规则除外。"（1975 年 7 月 11 日第 75-619 号法律的条文）;[1] 该条第 2 款还明确规定："无须债权人证明其受到任何损失，此种损害赔偿均应予支付。"[2] 人们通常说，作为损害赔偿，按照法定利率一揽子计算利息的理由在于：债权人如果获得了支付的钱款，这些款项的用途也会各不相同，因此，债务人没有支付欠款，给不同的债权人造成的损害也就各不相同。为了避免实际审查起来过于复杂，同时避免可能因此引起的争议，承认一项统一的规则，并且将欠款的利息作为

[1]最高法院第三民事庭，1978 年 1 月 31 日（D. 1978. IR393）。

[2]没有必要区分法官给以的赔偿金是属侵权性质还是合同性质的赔偿金，参见最高法院商事庭 1988 年 11 月 8 日判决（Bull. civ. IV. N°301. p. 203. JCP1989. IV. 13）。

对债权人的赔偿损害，这样做最为简单。[1]

不过，这里还应当具备一个条件：法定的利率，必须定得符合实际，[2] 能够满足债权人的利益。在整个19世纪期间，根据1803年9月3日法律的规定，民事案件方面，法定利率为5%，商事方面为6%；到20世纪初，由1900年的法律规定将民事方面的损害赔偿的法定利率为4%，商事方面为5%，1918年4月18日法律又将其分别恢复为5%与6%，而1935年8月8日的法律性法令再次将其变为4%与5%。[3] 不过，久而久之，人们也不得不承认，这样确定的法定利率与货币的浮动并不协调，与人们在实践中约定的利率也没有很好地充分衔接起来，实际上，债务人即使按照17%、18%或19%的利率进行借贷，也比清偿其对债权人的债务更加合算。有鉴于此，实践中的具体做法终于表现出了很大的灵活性：按照现行的《货币与金融法典》第313-2条的规定：无论是在民事领域还是商事领域，法定利率由行政令确定，适用期限为1年，[4] 因此，法定利率"对于相应年度，等于最近12个月收益率的算术平均值并按照13个星期确定的利率进行调整"。[5]

603. 计算法定利息的起始时间

（1）按照《民法典》原来的规定，仅自债权人向法院提出起诉传唤状，对债务人进行传唤之日开始计算法定利息。1900年4月

---

[1] 因延迟清偿债务而引起的损害，只能通过给以迟延性利息进行补偿，有特别约定的除外；法官不得对债权附加与经济指数相联系的变动调整系数。

[2] 需要注意的是，这里的法定利率不是指银行存款利率或贷款利率。——译者注

[3] 民事方面与商事方面实行的利率的差别虽然较小，但这种区分主要是基于这样一个事实：在商事方面，债权人通常会将他收到的资金投入使用，因此其受到的损失往往要大一些。

[4] 按照这种表述，这项规则也涉及合同外责任，因为，合同外责任情况下，金钱之债的数额通常仅在有罪判决作出之后确定，所以这一原则在判决之后，才能产生效果。

[5] 例如，2009年2月9日法令将2009年的法定利率确定为3.79%。

7日法律取消了这一要求，因为它不太有道理。该法同时规定：法定利率自债务人受到催告之日，也就是受到支付催告之日开始计算，[1] 但法律规定当然计算利息的情形除外（第1153条第3款），例如，受委托人（代理人）对其个人挪用的款项，应自款项被挪用之日起支付利息（《民法典》第1996条）。债务人接到催告通知书（une sommation）或其他相类似的文书，例如，书信的用语表达的意思足以产生充分的催促效果时，即成立对债务人的催告，或者如契约写明，无须任何文书，只要债务到期，债务人即属受到催告，依契约的效力成立对债务人的催告，也就是说，与催告书相类似的文书，亦可作为计算利息的起始时间点（《民法典》第1139条）。

（2）为了制止故意拖延支付的行为，《货币与金融法典》第313-3条规定："在法院判决作出金钱处罚的情况下，自法院判决取得执行力之日起2个月期限经过，法定利息的利率提高5个百分点，具有先予执行力的判决亦同；但是，执行法官得应债务人或债权人的请求以及考虑债务人的状况，免去提高利率，或者减少利息的数额。"

传统上，人们都承认，不论是在合同方面还是在侵权行为方

[1]最高法院第三民事庭，1973年2月14日（Bull. civ. II. N°131. p. 93）；最高法院社会庭，1973年3月29日（Bull. civ. V. N°207. p. 188）；最高法院第一民事庭，1974年4月2日（D. 1974. 473. P · Malaurie述评）；最高法院第一民事庭，1982年5月4日（Bull. civ. I. N° 154. p. 137. D. 1982. IR353. JCP1982. IV. 247）；最高法院社会庭，1982年5月4日（Bull. civ. I. N°292. p. 218）；合同一方当事人可以被判处自相对当事人提出合同无效之诉起计算的由该方当事人付出的费用的利息。参见最高法院第一民事庭1976年4月27日判决（JCP1977. II. 8635. J · H述评）。法官判决减少应付款项的数额，这种情况下，并不妨碍债务人应当自其受到催告之日起支付欠款利息的规则。最高法院第一民事庭1981年5月13日判决（Bull. civ. I，n° 164，p. 133，JCP 1981. IV. 267，mandat）；参见最高法院第三民事庭1983年2月16日判决（D. 1983. IR220，entreprise）；参见本书第627节。

面，与法院判处的赔偿金有关的滞纳利息都仅自赔偿性债权得到法院裁判确定之日开始计算；[1] 1985 年 7 月 5 日关于交通事故的法律编入《民法典》第 1153-1 条第 1 款，确认了以下原则："在任何诉讼中，判处支付赔偿金，均引起按照法定利率计算利息，即使并未提出此项请求或者判决并无此项特别规定，亦同。除法律有相反规定之外，利息自判决宣告起开始计算，法官另有决定时，不在此限。"[2] 这一条文中所使用的是"在任何诉讼中"这样的表述，但与有些意见相反，《民法典》第 1153-1 条依然适用于在法官进行审理裁判之时就已经确定数额的到期金钱款项债权（这种债权虽然并不"在任何诉讼中"），即使涉及的是赔偿性质的债权。[3]

---

[1]最高法院第三民事庭，1975 年 6 月 17 日（Bull. civ. III. N°203. p. 156）；最高法院第三民事庭，1975 年 7 月 17 日（Bull. civ. III. N°261. p. 197）；Y·罗宾：《关于有罪判决做出之后计算法定利率的起始日期》（Y·Lobin, Le point de départ des intérêts légaux après une décision de condamnation, D. 1978. chron. 13）。

[2]按照《民法典》第 1153-1 条（1985 年 7 月 5 日第 85-677 号法律的条文）："在上诉法院法官完全确认一审法院给予损害赔偿金的原判决的情况下，赔偿金当然按照法定利率计算利息，但仅自一审法院判决作出之日产生利息。在其他情况下，由上诉法院判决给予的赔偿金，自上诉法院判决作出之日产生利息。"上诉法院法官始终可以不按照该条第 2 款的规定处理。判决判处的赔偿金始终按照法定利率计算利息，即使当事人并未提出此项请求；因此，我们完全可以认为，应当由法官自由裁量确定计算法定利率的起始日期，而无须要求各方当事人就这样问题作出解释，参见最高法院第二民事庭 1990 年 6 月 20 日判决（Bull. civ. II. N°7. p. 15. JCP1992. II. 21898）；另见最高法院第一民事庭 1989 年 5 月 18 日判决（Bull civ. I, n° 204, p. 136; Civ. 2e, 21 nov. 1989, Bull. civ. II, n° 294, p. 198）；如果法官决定自判决之前的某一日期开始计算损害赔偿数额，并无必要要求其说明理由，参见最高法院全体庭 1992 年 7 月 3 日裁决（Bull. civ. n" 7, p. 15, JCP 1992. 11. 21898, concl. D-H·Dontenwille 述评，A·Perdriau 述评），这种损害赔偿为延迟性损害赔偿，参见最高法院第一民事庭 1998 年 4 月 28 日判决（Bull. civ. I, n° 152, p. 100, Defrénois 1998. 1049, obs. J-L·Aubert 述评）。

[3]债权：社会保险机构的债权，参见最高法院第二民事庭 1989 年 1 月 25 日判决（Bull. civ. II. N°23. 11）；损害保险人的债权，最高法院第 民事庭 1989 年 6 月 21 日判决（Bull. civ. I. N°250. p. 166）；赔偿金：经和解达成的赔偿金的数额，参见最高法院第三民事庭 1989 年 11 月 22 日判决（Gaz. Pal. 1990. I. 12）；关于集体劳动协议确定的竞业禁止方面的赔偿金，最高法院社会庭 1988 年 7 月 19 日判决（JCP19888. IV. 348）；关于不当受领的款项的利息也是如此，参见最高法院第三民事庭（转下页）

604. 债权人可以获得补充赔偿金的情况

原则上，债权人可以请求的赔偿金数额不得超过由债务款项所产生的法定利息，即使他认为自己受到的损失实际超过这个数目，亦是如此；不过，对于这一原则，法律也规定了以下两种例外处理：

（1）首先是《民法典》第 1153 条第 1 款宣告的一项例外规定："但有关商事与保证的特别规则除外。"

——在商事方面，这一例外规定涉及的是汇票没有获得承兑的情况。《商法典》第 L511-62 条规定："任何有追索权的人，为了获得清偿，可以向保证人之一开出一张可以在该保证人住所地付款的见票即付的新汇票，此种新汇票称为'转汇票'（retraite，也译为'反汇票'），另有约定的除外。转汇票的金额，除（《商法典》）第 L511-45 条及第 L511-46 条指明的数额以外，[1] 还包含经纪费与印花税。如转汇票是由持票人开出，其金额根据原汇票付款地汇往（前手）保证人住所地的见票即付汇票的汇率确定；如汇票是经由背书人开出，其金额根据转汇票出票人自其住所汇至（前手）保证人住所地的见票即付汇票的汇率确定。"[2]

（接上页）1987 年 2 月 18 日判决（Bull. civ. III. N°27. p. 16）；但是，因不当得利而产生的债权仅自期得到法院确认之日期产生迟延利息，参见最高法院商事庭 1987 年 1 月 6 日判决（Bull. civ. III. N°6. p. 4. RTD civ. 1987. 754. J · Mstre 述评）；另见最高法院第一民事庭 1983 年 11 月 16 日判决（Bull. civ. I. N°275. p. 247）。

[1]《商法典》第 L511-45 条：一、持票人得向受到其追索的人要求支付：1. 未获承兑或未获付款的汇票的金额，如约定利息，应支付利息；2. 自到期日起按法定利率计算的利息；3. 作成拒绝证书以及进行通知的费用及其他费用。二、如果是在到期日之前行使追索权，应从汇票金额上扣除提前贴现的利息。应扣除的利息按照持票人行使追索权之日其住所地的（法兰西银行利率）确定的贴现利率计算。

《商法典》第 L511-46 条：已经清偿汇票金额的人得向其保证人要求支付：1. 其所支付的全部款项；2. 自该款项支付之日起按法定利率计算的利息；3. 所负担的费用。

[2]法官应当确认在迟延之外还存在其他损失，参见最高法院民事庭 1989 年 6 月 21 日判决（Bull. civ. I. N°251. p. 167）；最高法院民事庭，1990 年 5 月 9 日（D. 1990. IR135）。参见第 1056 页。

——在竞争法方面也有一些特别规定，例如，按照《商法典》第L441-6条第1款："任何生产者、服务提供者、批发商或进口商，应当作为一项职业行为向提出要求的任何产品购买人或任何要求提供服务的人传达其制定的'一般销售条件'。'一般销售条件'构成商业交易（谈判）的基础。'一般销售条件'包括以下内容：——买卖的条件；——单价表；——（有关）减价（的事项）；——款项结算条件。"该条第3款（2001年5月15日第2001-420号法律的条文）则明确要求："结算条件必须具体写明其执行条件，以及在发票写明的日期之后才进行结算的情况下，自该日之后对延迟结算可以要求的罚款的利率。除有相反约定之外，罚款的利率应等于欧洲中央银行对最新融资业务适用的利率增加（2008年8月4日第2008-776号法律第21-1条第3项）'10个百分点'（原规定为7个百分点），并且如有相反约定，由此确定的罚款的利率仍不得将其定至低于3倍（原规定为1倍半）的法定利率。无须进行任何提示，延迟结算的处罚款项均为到期款项。"

——在民事方面则有以下两项例外规定。其一是，《民法典》第2305条："不论在提供保证时主债务人是否知悉，已经进行清偿的保证人对主债务人有求偿权。此种求偿权既对原本发生，也对利息和费用发生；但是，保证人仅对其在向债务人告知受到清偿要求之后发生的费用有求偿权。如有必要，保证人对损害赔偿也有求偿权。"这一规则源于这样一个想法：保证人为主债务人提供了无偿服务。有关保证的各项规则正是受到这一思想的指导。

此外，还有《民法典》第1843-3条第6款的规定就公司方面的情况提出了同样类型的规则："应当用一定数额的钱款向公司出资的股东，如果不缴纳其出资款，无须公司提出请求，依法当然成为负担该款项所产生的利息的债务人。该项利息自前述款项应当支付之日起计算。"同时该第6款最后还特别强调："且不影响在必要时支付更高数额的损害赔偿。”

（2）第2项例外规定表现在《民法典》第1153条第4款（参见附目第1231-6条第3款）：“债务人因其恶意在迟延履行债务之外造成债权人损失时，债权人得在其债权的迟延利息之外获得损害赔偿。”这种在迟延利息之外获得的损害赔偿应当足以补偿因债务延迟履行给债权人造成的损失。有人据此认为，这种补充赔偿也具有补偿性质。但是，要想具体说明哪些是在延迟利息之外造成的损失，同样是非常困难的，[1] 而且法律条文要求在这种情况下债务人方面有恶意，但这并不意味着他有损害债权人利益之故意，而是至少要求债务人方面认识到他会给债权人造成某种特别的损害。在这种情况下，能否将重大过失或者不可原谅的过失视同恶意，人们还是拿不定主意（参见第576节）。

605. 由当事人协议确定利息

不要混淆在当事人没有任何约定的情况下由法律确定的法定利息与当事人通过合同本身的约定所确定的利息。[2] 尽管《民法典》对于合同约定的利息的利率没有作出规范，但前面引述的1807年9月3日法律将其限制在法定利率的数额之内。这样做是为了防止高利贷。

1886年1月12日法律在商事方面确立了约定利率的自由，随

[1]最高法院民事庭，1903年6月16日（DP1903. I. 407. S. 1905. I. 206）；最高法院民事庭，1942年7月24日（DC1944. 3.）；最高法院商事庭，1952年11月19日（S. 1953. I. 115）；另见最高法院第一民事庭1970年1月9日判决（JCP1971. II. 16920）；最高法院商事庭1980年10月7日判决（Bull. civ. IV. N°235. p. 261）；最高法院商事庭，1981年6月15日（Bull. civ. IV. N°271. p. 215）。

[2]（如果已经）约定债务到期之后应当支付利息，此种利息用于弥补迟延履行造成的损失，因此不能再与迟延性法定利息兼得，参见最高法院第一民事庭1975年11月25日判决（JCP1976. II. 18328. H·T述评）。

后 1918 年 4 月 18 日法律又确立了在民事方面的约定利率的自由，之后又有其他一些法律对这方面的制定法进行了修改。由此也就产生了现在的做法：用可变动的模式来替代过去的固定不变的限制。现行的《消费法典》第 313-3 条第 1 款规定：“任何约定贷款，在给以贷款时采取的实际总利率超出上一季度信贷机构对具有类似风险的相同性质的交易所实行的平均利率三分之一以上时，即构成高利贷；何为具有类似风险的相同性质的交易，由行政机关在征询全国信贷事务咨询委员会的意见之后作出定义；此外，在分期付款销售时给予的信贷，按照本节之规定视同为约定的贷款，在其符合相同目的的贷款的相同条件时视为高利贷。”（第 313-3 条第 2 款）。

606.（3）债务人应付的利息产生的利息，复利制度

（举一个例子）债务人借贷一笔为期 10 年的款项，约定利息的年利率为 6%，每 3 个月为一个支付期，双方当事人可以在订立借贷合同时事先就约定：利息的每一支付期限到期时，无须进行催告，应付但未能按期支付的利息本身均按照 6% 的利率产生利息。我们将实践中这种“利息本金化”（capitalisation，将利息转为本金）的做法称为“计算复利”（anatocisme，复利制）。实行复利制产生的结果是，利息数额迅速增长。在上面所举的例子中，如果债务人 10 年之内没有支付利息，由于所欠利息都转为本金，他最终需要支付的债款总额差不多会达到借款数额的 1 倍。

由此可见，计算复利，或者通俗地说，“利滚利”，对于债务人来说，存在非常高的风险，尤其是考虑到在急需用钱而进行借贷的情况下，债务人有可能答应贷与人提出的任何要求，因为贷与人对合同说了算，而且，当债务人看到自己可以不受强制按期支付利息这样一种优惠待遇时，更容易答应贷与人提出的任何条件，这就更

加增大了风险，因为，债务人只是考虑到他（当前）需要资本，却没有想到由于未付的利息全部转为本金，这种添附日积月累，有可能导致其不得不支付数额极高的款项。

正因为如此，法国《民法典》虽然没有像过去那样绝对禁止计算复利，但却规定了旨在保护债务人的种种限制性措施。

607. 普通法制度（普通法规定的限制措施）

为了保护债务人不受复利制度的损害，《民法典》第1154条作出了如下规定："向法院提出请求，或者依据特别约定，本金产生的利息到期未付的，可以产生复利，但计算复利的利息仅以诉讼请求或契约中所指的至少已满1年的利息为限。"这一条文包含以下4项规定：

（1）并不当然发生将利息转为本金、计算复利的问题，原则上，计算复利要以当事人之间有专门的约定为条件。

（2）依据特别约定，本金产生的利息到期未付的，可以产生复利，但计算复利的利息仅以诉讼请求或者契约中所指的至少已满1年的利息为限。这一条文提及的是"到期的利息"，因此，我们完全可以认为，只有在债务人当年不支付的利息到期之时，有关计算复利的协议才能有效。换句话说，第1154条禁止提前在合同中就尚未到期的年利息订立计算复利的条款，因此，应当在每一年利息到期时续订这项条款，这样做，债务人每年都能知道自己根据订立的专门协议所负担的债务在日渐增加。[1] 不过，最高法院却对"到期的利息"这一表述的意思作出了与上述看法不同的解释。最高法院认为，第1154条的条文并不禁止在合同中约定计算复利的

[1]参见南锡法院1880年12月16日判决（DP1880. 2. 140）；巴黎法院1905年5月4日判决（DP1905. 2. 463. S. 1905. 2. 280）。

条款，它只不过是明确了这样一个问题：只有已经到期的利息才能转为本金，才能计算复利。这本来是显而易见的事实。最高法院的这一解释[1]使第1154条的规定失去了本来就有的效果。[2]

（3）只有到期至少已有1年的利息，才能开始将利息转入本金、计算复利，因此不可能在合同中订立条款规定每个季度或者每半年一次将利息转为本金。

（4）最后，在没有订立计算复利的协议的情况下，简单的支付催告通知不足以使利息产生利息，而是应当向法院提出请求，[3]但是，这一请求可以在当年尚未经过之前提出，也就是说，可以采取预防的方式提出计算复利的请求。[4]

608. 例外情形

《民法典》第1154条所表述的规则也有多项例外：

（1）第一项例外涉及的是往来账户。所谓往来账户是指两个人之间，特别是银行与其顾客之间，基于日常的商务或业务往来关系而订立的协议，通过该协议双方约定在单一的账号上将相互之间清偿的所有债权分别计入该账号的贷方与借方。法院在这方面的判例已经非常确定，承认在每一次确定账号上的贷方与借方的余额时——通常是每3个月或者半年结算一次——转接的余额均立即当然产生利息，即使双方当事人之间并未就这一点订立任何协议，亦

[1]最高法院诉状审理庭，1859年8月10日（DP1859. I. 141. S. 1860. I. 456）；最高法院民事庭，1913年7月15日（DP1917. I. 50）；最高法院民事庭，1938年10月19日（DH1938. 561）；巴黎法院，1941年1月11日（DC1941. 47. Lalou述评）；最高法院社会庭，1943年7月15日（JCP1943. II. 2443. G · Gabolde述评）。

[2]“到期利息”这一表述确实意味着或者至少可以意味着：如果约定利息可以“最后支付”，那么，就不可能发生利息本金化的问题。

[3]最高法院民事庭，1900年5月2日（DP1900. I. 363）。

[4]最高法院第二民事庭，1991年7月3日（Bull. civ. II. N°208. p. 110）；另见最高法院第一民事庭1978年1月25日判决（JCP1978. II. 18821）。

无影响，尽管这项余额都是来自交付的资金与资金的利息，[1] 但是，当往来账号最终关闭时，则只能按照第 1154 条规定的条件将余额的利息转为本金、计算复利。[2]

（2）《民法典》第 1155 条规定："但是，已经到期的应收款项，如地租、房租、永久定期金或终身定期金的分期应付款项，自提出请求或者约定之日起产生利息。——返还孳息以及第三人代债务人向债权人支付的利息，适用相同规则。"按照这一规定，有关计算复利的规则仅涉及"以可以追偿的到期本金为标的的债权"，例如，贷出款项的利息或者定期金的本金产生的利息，而不适用于"尚未到期"或者"不能构成本金"的钱款的利息，前者如永久定期金或终身定期金的分期应付款项，后者如地租、房租、孳息的返还以及第三人代为债务人向债权人支付的利息。由于在这些情况下债务人不受强制清偿本金，所以计算复利对他们来说并不会带来与上面同样的风险。

由于最高法院对第 1154 条所作的解释，也导致第 1155 条失去了很大一部分用处。因为，既然准许事先订立"利滚利协议"（la convention sur les intérêts des intérêts），那么，第 1155 条的效果就仅仅是准许在其规定的情况下可以在更短的到期期限内将利息转为本金，而无须等待 1 年期满。

无论如何，对于第 1155 条所提及的各种收入，仍然存在订立

[1]最高法院民事庭，1850 年 3 月 14 日（DP1850. I. 157. S. 1850. I. 441）；最高法院民事庭，1931 年 7 月 21 日（DP1932. I. 49. J · Hemet 述评）；最高法院民事庭，1991 年 5 月 22 日（D. 1991. 428. C · Gavalda 述评；JCP1991. II. 190. J · Stoufflet 述评；RTD civ. 1991. 736. J · Mestre 述评）；这一例外规则仅涉及银行具有往来账户性质的账号，参见 Th · 里维尔-朗热：《法国法律中的往来账户》（M-Th · Rives-Lange, Le compte courant en droit français, thèse Montpellier, éd. 1969, n° 336），作者认为，《民法典》第 1154 条的规定仅涉及由本金产生的已经到期的利息，而往来账户上的款项不应视为本金。

[2]最高法院民事庭，1928 年 7 月 30 日（DP1930. I. 24）。

专门协议或者向法院提出请求的必要性，对此，条文表述得非常清楚："自提出请求或者约定之日起产生利息。"因此，不能仅仅因为对给付本身提出要求就当然计算复利，[1] 但委托代理人以及无因管理人所为的给付属于例外，这些人可以主张《民法典》第 2001 条的规定："受委托人（代理人）垫付的款项的利息，自此种垫付得到确认之日起，由委托人负担。"

第三目 与合同责任有关的条款

609. 区分：与义务有关的条款（与债有关的条款），与责任有关的条款

合同当事人可以通过协议约定，变更合同责任的制度。责任制度的此种变更，可以是直接的变更，也可以是间接的变更。[2]

当责任制度的变更是由于债务人负担的债的内容或义务的内容的变更而引起的后果时，属于责任制度的间接变更。实际上，在合同当事人可以按照自己的意愿自由安排他们的合同或协议的程度时，相对于通常规则而言，当事人原则上都可以或多或少地对各自承诺的义务范围与强度进行某种界定，例如：

——有时，合同当事人是朝着扩大义务范围的方向，变更在通常情况下与其所订立的合同相关的义务。在契约自由的框架下，扩大合同义务（界限）的这种可能性既符合逻辑，也是很自然的事情。例如，按照《民法典》第 1720 条第 2 款的规定："在租约期间，出租人应对出租物进行一切可能已属必要的修缮，但应当由承

---

[1]最高法院诉状审理庭，1896 年 12 月 28 日（DP1897. I. 352. S. 1897. I. 307）；最高法院诉状审理庭，1897 年 6 月 2 日（DP1897. I. 416. S. 1900. I. 75）。

[2]P · 杜朗：《论免责协议》（P · Durand, Des conventions d'irresponsabilite, thèse Paris. 1931）；参见罗比诺：《论现代法院判例中有关免责协议的问题》（Robino, Les conventions d'irresponsabilité dans la jurisprudence contemporaine, RTD civ. 1951. I. S）。

租人负担的修缮除外。”通常情况下，承租人仅负有“租赁性修缮”义务，不过，按照租约的普通法，经双方当事人约定，原则上也可以在租约中规定由承租人负担承租物的各种修缮义务，也就是说，与通常的租约一般规则相比，当事人可以自由地约定扩大承租人的义务范围与强度。[1]

——有时，合同当事人是朝着减少或减轻义务负担的方向变更通常情况下本应承担的义务。[2] 这种做法有时会出现比较严重的困难。过去，这类条款的有效性既是基于契约自由原则，也是基于这样一个事实：当事人既然可以不承诺任何义务，当然可以通过这样或那样的规定来排除这样或那样的补充其意思的条款，仅仅是有节制地承诺某些义务。例如，某人在出卖财产时可以明确规定这项买卖不涉及该财产的各项添附权利。[3] 不过，需要指出的是，今天，出于保护特定类型的合同当事人的愿望，特别是为了保护非职业人和消费者（参见第 37 节与第 319 节），各种特别立法往往对契约自由进行了这样那样的限制；甚至在确定债的内容方面，对当事

[1]最高法院民事庭，1945 年 5 月 28 日（D. 1945. 331）；最高法院商事庭，1964 年 4 月 9 日（Bull. civ. III. N°167. p. 143）。

[2]P・德勒贝克：《论合同中订立的减轻义务的条款》，《马赛第三大学学位论文》，1981 年（P・Delebecque, Les clauses allégeant les obligations dans les contrats, thèse ronéot. Aix-marseilleIII. 1981）：《责任条款》，载《职业人之间订立的合同中的主要条款》，Aix-en-provence 研讨会文集，1990 年（Les clauses de responsabilité, in Les principales clauses des contrats conclus entre professionnels,）；另见《限责条款与免责条款在欧洲》（1990 年 12 月 13 日研讨会文件，LGDJ 出版社，1991 年，Les clauses limitatives ou exonératoires de responsabilité en Europe），关于特定的合同当事人应当承担的担保义务的条款的有效性的范围（例如，关于出卖人、出租人应负的担保），参见P・马林沃：《关于在买卖合同中限制隐蔽瑕疵担保条款的有效性的赞成与反对意见》（P・Malinveaud, Pour ou contre la validité des clauses limitatives de la garantie des vices cachés dans la vente, JCP1975. I. 2690）；关于同一专业的职业人之间涉及担保问题的协议的有效性问题，参见最高法院商事庭 1985 年 12 月 3 日判决（Bull. civ. IV. N° 287. p. 244. RTD civ. 1986. 775）。

[3]最高法院诉状审理庭，1933 年 4 月 3 日（Gaz. Pal. 1933. I. 1029）。

人的意思自由也同样进行了限制（参见第327节）。

610. 损及合同主要义务的条款

无论如何，当事人削减其负担的义务达到一定程度时，都有可能触及合同的实质或根本要素。人们也将合同的“根本要素”（essence du contrat）称为根本义务（obligation essentielle）或基本义务（obligation fondamentale）。[1] 在契约自由制度下，个人意思可以自由地发挥其影响，影响到对合同性质的认定，[2] 然而，在当事人如此地削减其承担的合同义务达到一定程度时，往往有可能导致合同的性质需要重新认定。因为，按照一项受逻辑和理智主导的不成文规则：当事人“所为重于所言”，尽管其所言也属于其所为的一部分。按照20世纪奉行的自由主义观念，起源于拜占庭法律的所谓偶素（accidentalia,）、常素（naturalia，éléments naturels）与要素（essentialia）三者之间的区分至今仍然保持着它的用途：合同当事人之间约定的事项可以损及合同的常素而不至于损及该合同的深层；与此相反，如果（义务负担的减少已经）触及合同的根本要素或者合同的根本条件或本质，那么该合同就有可能不再是原来意义上的合同，而成了另一项合同，即便是无名合同，也是如此（参见第61节）；从这样的视角来看问题，合同当事人会遇到一个不可逾越的障碍：他们不可能同时既承担义务又不承担义务，否则，就是违反善意原则。合同当事人也不能在合同中引入“听凭一方当事人任意减少义务负担”的过分规定，否则就会与“契约应当遵守”

[1] Ph · Jestaz：《义务与制裁，有关基本义务的探讨》（Ph · Jestaz，l'obligation et la sanction：à la recherche de l'obligation fondamentale，Mélanges Raynaud 1985. p. 273）。

[2] 这丝毫不意味着合同的性质认定就没有任何用处（不是当事人说了算）。参见F · 泰雷：《个人意思对合同定性的影响》（F · Terré，L' lence de la volonté individuelle sur les qualifications，thèse paris. 1955. éd. 1957. 212. p. 198）。

（pacta sunt servanda）之原则背道而驰（参见《民法典》第 1174 条）。[1]

随着契约自由观念的后退，以及随着各种强制性规定或规章的数量越来越多，上述问题的现状已经改变了。在这样的背景下，有许多可能被一些人作为摆脱这些规章束缚之手段的合同条款，往往得不到法院的采信与支持，而是受到提防，甚至会受到严厉的对待。法院采取这种政策的目的是制止各种各样的规避强制性规章或规定的行为，也是制止合同当事人采取各种值得人们警惕的所谓“灵活手腕”，将那些根本不是无名合同或者仅仅表面上看似无名合同的合同称之为无名合同（参见第 61 节），从而规避对有名合同的相应的明确要求。为了让合同当事人遵守相应的强制性规章，法院采取的另一项防备方法是：即使当事人所定的合同名称或性质应当或已经得到维持，不论什么样的合同条款，只要它违反合同的某项根本义务，即构成重大过失，并可据以认定相应的条款完全不具有效力，因为，重大过失往往被视同欺诈，而欺诈行为，被排除在《民法典》第 1150 条确定的赔偿规则之外。该条规定：“债务之不履行完全不是因债务人有欺诈时，债务人仅对在订立契约时所预见或可预见的损害与利益负赔偿责任。”反之，也就是说，当债务人有欺诈情形而不履行债务时，就不适用这项有关赔偿责任范围的规定。[2]

采取这样的做法多少有些新奇，因为，从逻辑上说，首先确定

---

[1] S·戈德曼：《论视为不曾订立的条款》，《巴黎二大学位论文》，2006 年（S·Gaudement，La clause réputée non écrite，thèse Paris II. éd. 2006）。

[2] 最高法院商事庭，1988 年 11 月 15 日（Bull. civ. N°312）；最高法院商事庭，1990 年 5 月 9 日（Bull. civ. IV. N°142. JCP1990. IV. 259）；最高法院商事庭，1991 年 5 月 28 日（Bull. civ. IV. N°193）；最高法院商事庭，1992 年 12 月 15 日（Bull. civ. IV. N°420）；最高法院第一民事庭，1997 年 12 月 2 日（D. 1998. somm. com. p. 200. D·Mazeaud 述评，Defrénois1998. 342. D·Mazeaud 述评，JCP1998. I. 144. N°10. G·Viney 述评）。

的是债的内容，如何评价债务人的行为表现则在其后，而上述做法却是“从某项义务是否具有根本性质”来推导是否存在重大过失——在这里就明确排除考虑合同的内容。[1] 不过，最高法院不久前在就一处地下停车场的经营者的责任问题作出的判决中没有再运用“重大过失”这一概念作为解释上的通道。该判决指出：尽管停车场使用的出入卡上写明“使用本卡有权在车场内停车”，但这种出入卡完全不构成对车辆及其附带物和车内存放之物的寄托权与照管权的凭据，然而，就车辆内放置的财物而言，停车场的经营者违反了“使用者平静地使用车位，以便其能够将车辆停留在该位置”这样一项根本义务，因此从合同上来说，经营者对停放的车内留存的财物应当承担责任。[2]

我们在前面提到的著名的法国邮政速递子公司（Chronopost）诉讼案的判决中，最高法院也是运用“根本义务”作为参照标准来排除合同中规定的一项条款，这项被排除的条款并不是一项有关债的条款，而是一项限制责任条款。Chronopost 作为一家专业快递公司，应当担保快件投递迅速便捷、有效无误。一家公司为了参与一个项目竞标，将装有标书的函件交给该快递公司投送，快递公司承诺在确定的期限内将标书送达招标人，但它对可能的延误责任进行了限制，将赔偿数额限制为快件的收费数额。最高法院的判决认定，快递公司“违反了快递合同的根本义务”，而由其规定的“限

---

[1] 尤其是最高法院第一民事庭 1988 年 11 月 15 日判决（Bull. civ. I. N°318）Ph · Delebecque 前引论文。

[2] 最高法院第一民事庭，1994 年 2 月 23 日（Bull. civ. I. N°76. D. 1994. 214. N · Dion 述评，RTD civ. 1994. 616. P · Jourdain 述评，CCC1994. N°82. G · Raymond 述评；N°94. L · leveneur 述评，JCP1994. I. 3809. N°15. G · viney 述评）；在一起法国全国铁路公司旅客运输诉讼案件中，法院认定旅客手提行李不在运输合同规定的范围之内，参见最高法院第二民事庭 1994 年 4 月 29 日判决（Bull. civ. II. N° 122，RTD CIV. 1994. 869. RCA1994. N°269）。

制责任条款与公司的义务承诺范围相互抵触，该限制责任条款应当被视为不曾订立”。[1] 这一判决依据的是《民法典》第1131条的规定,[2] 但它是对原因概念的革新运用，因为，在该判决中，原因成为一种监督工具，被用来监督合同（的相应规定）是否协调一致，并据以排除那些抵触合同经济的条款的效力与作用（参见第342节）。我们将在讨论限制责任条款时深入阐述这一问题。

611. 有关责任条款的使用频率及其多样性

只要不再是按照债的标的来确定债的内容，也就是说，在双方当事人确定了各自应当进行的给付以后，合同中如果订有条款对债的性质或范围作出调整性规定时，特别是对损害赔偿的确定作出调整性规定时，那就是不知不觉地从“有关合同内容的条款”的范围进入了“有关责任条款”的范围。[3]

有关责任的条款主要有以下3种类型：

（1）其一，有些条款是扩大责任条款。扩大责任条款的有效性普遍得到（法院的）承认。这样一来，合同当事人当然可以用结果之债来取代通常情况下属于方法之债，例如，合同中订立条款规定债务人对所有的偶然事件或者某些偶然事件也应当承担责任。《民法典》第1772条与第1773条就提供了这类条款的例子：按照租约

[1]最高法院第一民事庭，1996年10月22日（D. 1997. 121. A · Seriaux 述评，somm. com，p. 175. P · Delebecque 述评；C · Larroumet. p. 145. CCC1997. comm. 24. L · leveneur 述评，JCP1997. I. 4002. N° 1. M · Fabre-Magnan 述评。Defrénois1997. 333. D · Mazeaud 述评)；另见最高法院第一民事庭2004年6月22日判决（RDC2005. 270. D · Mazeaud 述评)。

[2]《民法典》第1131条：“无原因之债，或者基于错误原因或不法原因之债，不发生任何效力。”

[3]J · Mestre 述评（RTD civ. 1992. 95)；Terré et Lequette，t. 2. N°166-167.

条款的明文规定，承租人得对意外事故承担责任（第 1772 条）。[1] 由于这些条文的规定非常明确，无须我们多加赘述。

（2）其二，最常见的情况是，合同中订立的是减少甚至取消债务人责任的条款，前者为限制责任条款（clause limitatives de responsabilité，限责条款），后者为免除责任条款（clause de non responsabilité，免责条款）。举例来说，有些学者倾向于将以下条款看成是减少责任条款：出卖人在其有此权利时，订立条款规定减少其应当承担的担保（责任），包括减少对买受人取得的“财产不受追夺之担保”，减少“对标的物隐蔽瑕疵的担保”。[2] 我们从运输合同中也经常看到对承运人的赔偿责任规定有最高限额的条款，就属于前述类型的条款。在债务人面对的损失风险或者损害风险可能很高的情况下，这类条款的作用（对于债务人或者双方当事人而言）当然是不用怀疑的，债务人，特别是承运人，可以依据此类条款全部或部分免除其可能应当承担的责任，从而可以缴纳数额较低的保险费用，相对当事人（乘客或货物托运人）也可以少支付一定的运费，从而可以降低票价或运费，使之更能承受国际运输领域的竞争压力。

但是，如果在有关合同责任的条款方面完全放任自由，也会导

---

[1]《民法典》第 1773 条：此项条款仅指平常的意外事故，例如，冰雹、雷击、霜打或果树发生的落果情形。——此项条款不涉及特别的意外事故，例如，战争的破坏或者水灾，致使乡村受到非一般的灾害，但如规定承租人对已预见或未预见的所有意外事故均应负担责任，不在此限。

[2]B · 斯塔克：《关于免责条款与限责条款的法律制度几点看法》（B · Starck, Observations sur le régime juridique des clauses de non-responsabilité ou limitatives de responsabilité, D. 1974, chron. 157. N°16）。

《民法典》第 1627 条：“当事人得以特别协议约定增加出卖人负担的此项法律义务或者减少其效果；当事人甚至可以约定出卖人不负任何担保义务。”

第 1643 条：“即使出卖人并不知晓出卖物存在隐蔽瑕疵，仍应负担保责任，但如有条款规定在此情况下出卖人不负任何责任，不在此限。”

致各种滥用权利的行为。我们知道，善意乃是合同关系的基础，[1] 对于善意来说，这类有关责任的条款则是一种威胁。如果是在附合契约当中订立的这类有关责任的条款，例如，在承运合同中订立的这种条款，就有可能是由承运人按照苛刻的条件强加给顾客的条款，因为承运人对合同享有完全主导权。此外，如果普遍推行这类条款，完全有可能使债务人在履行债务时更加漫不经心。正因为如此，法院判例在承认这类条款的有效性的同时，也没有忘记对这些条款进行种种限制，而且在特定情况下法律或者法官还必须进行干预，[2] 在涉及保护消费者的问题上更是如此（参见第 616 节）。

（3）其三，根据不同情况，按照《民法典》的有关条文的规定订立的违约金条款（第 1152 条、第 1126 条与第 1233 条）。在合同中订立违约金条款（clause pénale），是通过事先确定一揽子损害赔偿数额，以便减少或增加这种赔偿数额。违约金条款与免责条款不同，它不会触及损害赔偿权利之原则；违约金条款与限制责任条款也不同，它并不必然导致减少通常情况下应当给予的赔偿金。

一、免责条款

612. 概述

免责条款是指合同中规定债务人在债务全部不履行、部分不履行、迟延履行或瑕疵履行的情况下，不承担责任以及不负担损害赔偿的条款（clause de non-responsabilité，原文也称为“不负责任条款”）。

我们知道，（按照法国法律）限制责任条款或者违约金条款的

[1] 此外，应当看到，在相同的思想指导下，在对债权人接受条款实行监督方面，也需要注意这种情况。应当由主张这种条款的当事人提出债权人已接受该条款的证据，参见最高法院第一民事庭 1967 年 7 月 4 日（Gaz. Pal，1967. 2. 133）；最高法院商事庭，1985 年 12 月 3 日（Bull. civ. IV. 年 89. p。246. RTD civ. 1987. 56. J · Huet 述评）。

[2] 有时，也不一定进行干预。关于 1969 年在海上拖船方面的法律规定的补充性质，参见最高法院商事庭 1996 年 1 月 3 日判决（D. 1996. 197. PH · Delebecque 述评）。

有效性从来没有受到过质疑，然而，由于《民法典》对免责条款没有作出任何规定，这种条款的有效性问题就曾发生过严重争议。法院判例原则上承认免责条款有效，但基于不同原因需要撤销此种条款的特定情况除外。不过，长期以来，法院判例对于“免责条款原则上有效”这项规则的意义和范围也做出了各种缓和处理，使之受到限制。一开始，法院判例是认为免责条款并不最终免除债务人的责任，它只不过是产生举证责任倒置的效果，最后，法律对某些特殊合同进行了明确干预，因为在这些合同中订立免责条款是否有效的问题显得尤为突出。

613. 免责条款原则上有效[1]

在免责条款问题上，法院判例将合同责任与侵权责任区分开来。判例认为，依据《民法典》第1382条的规定，侵权责任订立的免责条款违反公共秩序；[2] 与此相反，涉及合同责任时，免责条款是有效的。[3]

---

[1]关于限制责任或免除责任条款的有效性问题，原则是，没有任何一项法律规定一般地禁止在附合性合同中订立限制责任或免除责任条款（最高法院第一民事庭，1982年1月19日）；同一专业的两个行业人员之间进行买卖时，如果合同中订有“不担保（出卖物）隐蔽瑕疵条款”，不得主张出卖人在这方面的担保责任（最高法院第三民事庭，1978年10月30日）；在债务人不履行根本性义务（主要义务）的情况下，上诉法院仍然适用限制责任条款，违反了第1131条之规定（最高法院商事庭，1996年10月22日）；按照一般规则，只有在债务人有欺诈或者有重大过失的情况下，才能排除（适用）限制责任条款（最高法院第一民事庭，1993年2月24日）；由债务人的职员实施盗窃行为的情况下，债务人不得援用合同中为其利益规定的限制赔偿数额的条款（最高法院商事庭，1981年11月17日）；重大过失视同欺诈。有重大过失的当事人，不得主张限制责任条款，据以限制对其造成的在订立合同之时所预见或可预见的损害的赔偿责任（最高法院诉状审理庭，1932年10月24日）。

[2]最高法院第二民事庭，1955年2月17日（D. 1956. 17. P·Esmein述评，JCP1955. II. 8951. R·Rodiere述评）。

[3]最高法院民事庭，1874年1月24日（DP1876. I. 133）；最高法院民事庭，1874年2月4日（DP1874. I. 305）；最高法院诉状审理庭，1923年5月15日（S. 1924. I. 81. H·Rousseau述评）；最高法院民事庭，1930年5月12日（DH1930. 345）。

（对于法院判例所持的这种立场）有人提出反对意见认为，不论是合同领域还是侵权行为领域，免责条款带来的后果都是对那些行为不谨慎、不认真的债务人的一种鼓励，是对过错行为的一种鼓励，因为（承认免责条款）的债务人心里明白，即使他有过错，也无须或不会承担后果。[1]

不过，我们也可以提出以下论据来为免责条款的有效性进行辩护。

（1）当一项合同在债务人依据普通法承担的义务之上又增加额外的义务时，既然当事人的意思表示使这种额外义务得以产生，那么，按照他们的意思自由地确定该义务的效力，自然也是正当的。

（2）免负责任条款有利于商业发展，通常来说（由于债务人在合同中订有免责条款），债权人支付的对价也会相对少一些。

（3）最后，法律本身就准许而且鼓励人们参加责任保险。承担债务的人可以向保险公司投保，以预防可能因其过错产生的后果（故意过错除外）；保险公司承诺如果被保险人被判处支付损害赔偿，由其来负责支付被判处的赔偿款项。不过，（有人认为）这样的保险合同，完全与免责条款一样，同样有可能产生相反效果：鼓励被保险人在履行合同时不去尽其本应尽到的勤勉、谨慎义务。当然，（我们认为）法律之所以赋予免责条款以效力，是因为它并不担心这类条款会带来有些人所担心的那种效果（可能在实践中有些人会认为“反正有保险”而对责任采取无所谓的放任态度）。

上述最后一个论据并不是很有说服力。我们认为，免责条款与

---

[1]此外，一开始，法院判例对这种条款持反对与抵制态度，并且认定其无效，这样做的目的主要是不鼓励人们形成一种疏忽大意的惯性，参见最高法院民事庭 1859 年 1 月 26 日判决（DP1859. I. 66）；最高法院民事庭，1872 年 8 月 13 日（DP1872. I. 228）；不过，最高法院第三民事庭 1971 年 5 月 7 日判决就特别作出判决（JCP1972. II. 16992. G · Liet-Veaux 述评）：涉及建筑师或者承揽人免负责任的条款，应当视为不曾订立。

责任保险（合同）之间存在着很多差别：（1）在责任保险中，受到损失的人并不始终都能得到赔偿，而免责条款的作用恰恰是使受害人得不到赔偿；与免责条款相反，法律给予受害人对其债务人的保险人享有的直接诉权，受害人因此有了两个债务人，而不仅仅是一个债务人，由此可以更有保障；（2）由于免责条款产生的结果仅仅是将债务人的概括财产可能受到损失的风险转移到由债权人的概括财产来承担，社会秩序并不会从此种转移中获得多少好处，责任保险则不同，它是让保险公司来承担发生的损害，而保险公司实际上管理的是一种"由被保险人组成的合作社"，通过投保人缴纳保费，将风险转由大量的投保人的概括财产来分散承担，因此，责任保险对社会来说，可以带来巨大的好处。

尽管如此，由于有些人将上述两种合同拉扯到一起，法院判例还是受到了一定的影响。

614. 免责条款的意义

既然免责条款有效，[1] 那么，在债务人不履行债务，给债权人造成损害的情况下，就可以免除债务人赔偿损害的义务。然而，这并不是法院判例一开始就认定的处理意见（参见第 612 节）。

实际上，法院判例在过去很长时间里一直认为"免责条款并不最终免除债务人的义务"，它仅仅是产生举证责任倒置的效果。[2] 原则上，当债务人不履行债务时，推定其有过错；债务人要想免负责任，就应当证明债务不履行是由于不能归咎于他的外来原因所造成的，而免责条款所免除的，仅仅是债务人负此举证责任之必要：债务人，在不履行债务的情况下，不再被推定为有过错，但如果债

[1] 关于海上巡游的免责条款问题，参见最高法院第一民事庭 1989 年 6 月 28 日判决（Bull. civ. I. N°265. p. 165）。

[2] 最高法院民事庭，1915 年 11 月 9 日（DP1921. I. 23. Grands arrêts. t. 2. N°166）。

权人证明债务不履行是由于债务人有过错造成时，债务人仍然要承担责任。对于法院判例这样的处理结果，有一些人解释说，当事人所订的合同可以免除债务人的合同责任，但是，如果债权人证明债务人有过错，则可以援用《民法典》第 1382 条的规定主张债务人的侵权责任，而这方面属于公共秩序性质的事项，对此种事项，当事人之间订立的协议不能发挥作用、不能产生效果。

上述解释等于承认合同责任与侵权责任可能的竞合，然而，法院判例排除这种责任竞合的可能性。这样做是完全正确的。此外，上述分析也很难与合同责任制度和侵权责任制度相吻合。因为，从合同责任的角度来看，上述分析将导致与方法之债有关的条款在大多数情况下均失去效力，就方法之债而言，原则上，债务人的责任无论如何都要以证明其有过错为前提条件（参见第 580 节）；而从侵权责任角度来看，上述分析所依据的则是一种错误认识：以为侵权责任必然要以证明损害行为人有过错为前提条件，而侵权责任法并不认同这样的分析，因为侵权责任法部分抵触这种分析。

尽管上述分析所依据的基础存在很大的缺陷，但并不必然导致在法律上要完全抛弃上述传统的处理意见。[1] 不过，除了我们在上面介绍的对传统处理意见的批评之外，还有其他方面一些批评意见，例如，经济方面的批评意见。有一些人从经济角度提出的批评意见认为，传统的法院判例使那些可以降低一般费用的合同条款不能发挥效益，也就无法降低所提供的给付的价格，使那些有利于在困难的任务中发挥人的积极性与主观能动性的条款不能发挥应有的作用。

在听取上述种种批评意见的基础上，法院判例也调整了立场，认为免责条款产生的效力并不仅仅是举证责任的倒置，而是免

---

[1] B · Starck：chron. préc. N°32.

除对债务人过错的认定——即使此种过错得到证明——至少在涉及轻过失时是如此。[1]

615. 免责条款有效性的例外

（1）免责条款有效性的第一种例外是，人们不能事先（通过订立这种免责条款）规定对欺诈行为也免负责任，也就是说，不能事先就故意过错（faute intentionnelle）订立免责条款；一般来说，重大过失（faute lourde）视同为故意过错。[2]

如上所说，有一些人在解释上述处理意见的理由时，往往是运用这样一种思想：欺诈是一种民事侵权行为（délit civil，民事违法行为），因此可以适用《民法典》第1382条的规定，而这一条文关于侵权行为的规定具有公共秩序性质，因此不能通过订立协议条款来排除其适用。然而，（我们认为）最好还是站在合同的阵地上来分析这个问题。因为，即使不运用第1382条的规定，从合同不履行的角度来看，我们同样可以说，一方当事人订立的，打算免除欺诈或重大过失之后果的条款同样是抵触公共秩序的。从根本上来

[1]最高法院社会庭，1948年8月3日（D. 1950. 536）；最高法院社会庭，1949年7月15日（S. 1950. I. 19. JCP1949. II. 5181）；最高法院商事庭，1955年7月6日（Gaz. Pal. 1955. 2. 253）；最高法院商事庭，1959年6月15日（D. 1960. 97. R · Rodiere述评，Grands arrêts. t. 2. N°167）；最高法院第一民事庭，1984年12月2日（Bull. civ. I. N° 335. p. 285. RTD civ. 1986. 772. J · Huet述评）。

[2]（这就是说，欺诈即是故意过错，重大过失视同欺诈。"故意过错"法文原文为"faute intentionnelle"，译者认为这一术语不应译为"故意过失"，故意与过失似乎不能兼容。有重大过失或者故意过错的当事人不能受到免责条款的保护。现在的法院判例还扩大了重大过失这一概念的涵盖内容。——译者注）最高法院民事庭，1948年6月29日（JCP1949. II 46660）；最高法院商事庭，1952年6月7日（D. 1952. 651）；最高法院商事庭，1959年6月15日（前引）；最高法院民事庭，1969年2月4日（D. 1969. 601. J · Mazeaud述评）；最高法院全体庭，1998年6月30日（JCP1998. II. 10146. P · Delebecque述评，CCC1998. N° 143. L · leveneur述评，RTD civ. 1999. 119. P · Jourdain述评）；最高法院商事庭，2001年4月3日（Bull. civ. IV. N° 70. JCP2001. I. 354. N° 11. Labarthe述评）。

说，如果准许订立条款免除当事人对其欺诈行为承担后果，等于是为这样的当事人保留了可以实施恶意行为的条件；如果对故意过错仍然适用免责条款，等于为故意过错的一方当事人保留了可以任意履行合同或者任意不履行合同的权利。这样的免责条款也就非常接近于（合同的）“纯粹听凭一方当事人意志的任意性条件”，[1]而这种听凭一方当事人的意志规定的任意性条件（condition potestative）受到《民法典》第 1174 条的明文禁止。该条规定：“凡是按照负担债务的一方当事人的任意条件缔结的债，一律无效。”此种无效具有公共秩序性质（最高法院社会庭，1996 年 7 月 9 日）。[2]

法院判例在将“重大过失视同欺诈”时，同样是基于公共秩序性质的考虑。将重大过失视同欺诈，可以避免享有免责条款利益的一方当事人对债的履行缺乏最起码的谨慎从事的态度。从这样的视野出发，法院将“那些表明债务人根本无能力完成其约定的合同任务、近似于欺诈的极为严重的行为”均认定为重大过失。[3] 所谓重大过失，是指债务人对合同之债的履行本来毫无能力，却采取漫不经心、毫无责任心的态度。这就是有关重大过失的主观观念。法官们在评判债务人的行为是否构成重大过失时，将主要考虑债务人

---

[1]如果缔结的合同“取决于缔约当事人任何一方意愿的条件”，在其是听从债务人规定的任意条件时，等于债务人“没有承担任何义务”，例如，债务人说“当我愿意时，我再（将某物）卖出”，就是一种“完全取决于债务人意愿，听由其便”的条件。此种条件无效。与此相近的情况：依据某种事件的任意性条件。例如，当我停止从事这一活动时，我就将（某资产）卖出。又例如，在借贷合同中订立条件规定，只有在借贷人卖出套房之日才引起偿还借贷，这一条件完全是取决于借贷人意愿的条件，照此条件缔结的债无效，借贷的资金应予返还，参见巴黎法院 1974 年 3 月 15 日判决。——译者注

[2]B·斯塔克：《关于免责条款与限制责任条款的法律制度的几点看法》（B·Starck, Observations sur le régime juridique des clauses de non-responsabilité ou limita-tivp. de responsabilité, D. 1974. 157. N°30）。

[3]最高法院商事庭，1990 年 4 月 3 日（Bull. civ. IV. N°108）；另见最高法院第三民事庭 2009 年 1 月 21 日判决（CCC2009. N°94. L·Leveneur 述评）。

从事的活动是否具有专业性质，不履行义务的行为是否具有多次的反复性以及发生损害的可能性。我们注意到，法院判例本着同样的考虑，认定在债务人的职员有欺诈性过失（faute dolosive）或者重大过失的情况下债务人同样不能主张利用免责条款来免除自己的责任。[1]

法院判例还根据没有得到履行的债务的分量或重要性，而不根据债务不履行的严重性来判断与认定债务人的过错是否构成重大过失，从而扩张了重大过失的概念。法院判例认为：只要违反合同的某项根本义务（une obligation essentielle，主要义务）[2] 或者违反合同的某项主要条件，即属于有重大过失。[3] 这种情况下，法院在评价是否构成重大过失时，就不再是考虑“要求债务人应当做到的与其实际已经遵守或做到的”两者之间的差距如何，也就是说，不再是考虑合同不履行的严重性（因为两者之间的差距越大，不履行的情况就越严重），而是注重于考虑“债的不履行是否涉及合同的某项基本义务”（une obligation fondamentale）这样的事实。如果债务人是没有履行合同规定的某项基本义务，那么合同实质就被掏空了，对于债权人来说，这样的合同也就不再有任何意义，不再有任何利益。按照这样的分析，债务人即使仅仅有不太严重的疏忽大意或者不太严重的不谨慎，在此情况之下也有可能被认

[1]最高法院第一民事庭，1981 年 3 月 31 日（Bull. civ. I. N° 112. p. 95. RTD civ. 1981. 859. G · Durry 述评）。正因为如此，人们通常认为，债务人应当对自己的履行合同的辅助人承担责任，如同是其本人实施的履行行为一样。参见最高法院民事庭 1911 年 11 月 27 日判决（DP1913. I. 111. S. 1915. I. 113. L · Hugueney 述评）；最高法院诉状审理庭，1933 年 3 月 21 日（DP1933. I. 190）；最高法院第一民事庭，1961 年 1 月 5 日（D. 1961. 341. JCP1961. II. 11979. RTD CIV. 1961. 487. A · Tunc 述评）。

[2]最高法院第一民事庭，1984 年 1 月 18 日（JCP1985. II. 20372. J · Mouly 述评，RTD civ. 1984. J · Huet 述评）；最高法院第一民事庭，1988 年 11 月 15 日（D. 1989. 348. Delebecque 述评，RTD CIV. 1990. 666. P · Jourdain 述评）。

[3]最高法院第一民事庭，1978 年 11 月 22 日（JCP1979. II. 19139）。

定为存在重大过失。这时，我们面对的就是有关重大过失的客观观念——从客观实际的角度上来认定债务人方面是否构成重大过失。

与传统上从主观观念来判断债的不履行是否构成重大过失相比，客观理解的重大过错的客观观念的出现，导致法国法在更深层次上重新审视有关责任的条款的制度。实践中，债权人经常抱怨，由于合同中订立的免责条款，使其订立的合同形同虚设，使其合同丧失了任何用益，因为合同中的免责条款与合同规定的债务人的根本义务相抵触；而关于重大过错的客观观念，正是建立在债权人的这种合理期待的基础之上，它实际上导致的结果是，只要有争议的免责条款涉及合同的根本义务或主要义务，这种条款的有效性都将受到质疑。随后，法院判例通过我们在前面提到的著名的“Chronopost 判决”，直接确认了这一结果（参见第 610 节）：合同中订立的有关责任的条款，如果抵触合同的根本义务，就是损害合同经济的协调性，使合同相对当事人的义务承诺丧失了原因，因此，这样的条款应当视为不曾订立。

不过，由此也引起了按照客观观念理解的重大过失的概念的活力有所减弱：因为，按照上述解释，在债务人违反合同根本义务的情况下，运用债的原因也可以解释免责条款视为不曾订立的理由，要么，在债务人没有违反根本义务的情况下，那也就不具备按照客观意义理解的重大过失的构成要件。无论这两种情况中的哪一种情况，似乎都没有必要再运用重大过失这一概念。所以我们说上述解释导致重大过失这一概念丧失了活力作用。这样一来，应当区分的就是以下两种状况：要么，当免责条款涉及不履行根本义务时，从原因的角度就可以认定这类条款“视为不曾订立”；要么，当免责条款仅仅涉及次要义务时，这类条款仍然有效，但是，在证明债务人的行为构成欺诈或者构成主观意义上的重大过失时，免责条款都将被排除。

（2）如果免责条款免除的是对人的身体造成损害的责任，这种条款是否有效?（生活中）有许多特定的合同都与人身有关，例如，医疗合同、旅客交通运输合同、旅馆合同、竞技和节目表演合同等，都是如此。对于其中的很多合同，法院判例都承认债务人负有“关注并保障当事人人身安全”的义务，不过，随着具体情况不同，债务人负担的这种安全义务的严格程度或多或少有所不同：有时，安全义务属于结果性义务，有时则是方法性义务（参见第590节）。由于人身问题是涉及公共秩序性质的事项，所以，也有些人认为，当事人之间订立的协议既不能排除这一类具有公共秩序性质的次要义务，也不能排除债务人在不履行这一类次要义务时应当承担的责任。例如，法院判决认为，医生不能有效地与顾客约定他对自己诊断错误或医疗活动中的过失不承担责任；野外竞技活动的组织者也不能有效地订立条款约定其对发生的事故不负责任。[1] 不过，我们也不能不注意到，学者们在这一问题上的意见存在分歧。有一些人强调，这样的合同并非以人身为标的，而唯一是以“赔偿人身受到的损失”为标的（也就是说，这些人认为，即使是涉及对人的身体造成的损害，免责条款也可以有效——译者注）。[2]

616. 特别法（的规定）

按照有些法律的规定，在特殊情况下，免责条款完全无效。这

---

[1]图卢兹法院，1934年10月23日（DP1935. 2. 49. L · Mazeaud述评）；巴黎法院，1954年3月25日（D. 1954. 295. JCP1954. II. 8094. R · Rodiere述评）。

[2]关于这个问题，参见P · 埃斯迈：《关于在对人身造成伤害的情况下免负责任协议的思考》（P · Esmein, Méditation sur les conventions d'irresponsabilité en cas de dommage causé à la personne, Mélanges R · Savatier。1965. 271）；D · 马佐：《法国法与比利时法律中限制赔偿数额的条款，趋同与差异》（D · Mazeaud, Les clauses limitatives de réparation, in Les obligations en droit français et en droit belge, Convergences et divergences, p. 155. 168）。

些特别法律之所以作出这样的规定，主要是出于保护特定类型的合同当事人的强烈愿望。这方面的大量规定涉及的是运输合同，但不仅仅是运输合同。

（1）有许多法律规定是与商品运输（货物运输）有关的规定。例如，《商法典》第 133-1 条第 1 款规定，禁止在陆路货物运输合同中订立免责条款；[1] 在国内与国际货物航空运输方面，《运输法典》第 6421-3 条禁止订立免责条款。这方面优先参照的是 1929 年 10 月 12 日“华沙公约”确定的规则。该公约第 23 条禁止通过订立协议将承运人的责任限制到低于公约规定的限额；此外，还有海上货物运输方面（1966 年 6 月 18 日法律）的规定，现在归入《运输法典》第 5422-15 条：凡是直接或间接“以免除承运人承担本法典第 5422-12 条规定的责任，或者将承运人的责任限制到低于本法典第 5422-13 条所定界限为目的或效果”的条款，一律无效。

同样，有许多法律规定旅客承运合同中订立的免责条款无效。立法者在对这类合同的责任进行限制时都明确规定，凡是将承运人的责任限制到低于法律条文规定的限额的条款一律无效，例如，在国内、国际所有的航空旅客运输合同中订立的这类限制责任条款，[2] 均以无效论处。

---

[1]最高法院商事庭，1968 年 4 月 3 日（JCP1968. II5575. R · Rodiere 述评）。尽管这一条文规定“承运人排除其对交付其运输的货物的损失或损坏的责任的条款”无效，但法院判例却仅仅是禁止“完全免除承运人责任的条款”，相反，判例承认限制责任条款的有效性。不过，由这种条款所确定的限制责任不能导致给予的赔偿数额低得微不足道，如果属于这种情况，这种条款仍然如同全部免除责任条款一样，以无效论处。《商法典》第 133-1 条：“承运人对交付运输的货物的损失负担保责任，但不可抗力情形除外。—— 承运人对海损负担保责任，但因物本身的瑕疵或不可抗力之情形除外。——（1905 年 3 月 17 日法律）在货运单、价格表或其他任何文书中订入与上述规定相抵触的条款，一律无效。”参见最高法院上述庭 1950 年 11 月 21 日判决（*Gaz. Pal* 1951 1 69 · 4 mai 190, Gaz. *Pal*. 1959. 2. 191）。

[2]《民用航空法典》第 322-3 条。

（2）在其他类型的合同中，同样排除免责条款：例如，《劳动法典》第1231-4条禁止在劳动合同中订立条款规定在中断合同关系的情况下（劳动者）放弃请求损害赔偿的权利；又例如，《民法典》第1953条第2款与第3款禁止订立条款规定旅馆与饭店经营者对住店客人的财物被盗与毁损免负责任；[1] 在国内、国际海上旅客承运合同中如果订有这样的条款，均以无效论处。[2]

（3）还有一些法律条文不仅禁止免责条款，而且禁止限制责任条款。我们在这里举两个非常重要的例子。

第一个例子是，禁止订立旨在排除或限制因有缺陷的产品引起责任的条款（《民法典》第1386-15条，1998年5月19日法律条文）。

第二个例子是，2009年3月18日法令在有关滥用权利条款的"黑名单"里写入了这样的条款：禁止在职业人与非职业人或消费者之间订立的合同中规定在职业人不履行其任何一项义务的情况下，以取消或者减少非职业人与消费者的损害赔偿权为目的的条款或者产生此种效果的条款（《消费法典》第R132-1条第6项）；因此，在消费合同中订立的免责条款不可反驳地被推定为滥用权利条款，因此视为不曾订立（参见第326节）。

二、限制责任条款

617. 限制责任条款的目的与有效性

限制责任条款是指，在一方当事人的过错得到认定的情况下按

---

[1]《民法典》第1953条：（1973年12月24日第73-1141号法律）如果此种物品被偷盗或者有损失，无论是由旅馆或饭店的佣人或职员所为，还是由出入旅馆或饭店的其他人所为，旅馆或饭店经营人均应承担责任。——寄托至旅馆或饭店经营人手中的任何性质的物件被偷盗或受到毁损之情形，或者旅馆与饭店经营人无正当理由拒绝接受此种物品寄存时，前述责任为无限责任，任何相反条款均无效。

[2]J-P·杜马：《1973年12月24日关于旅馆经营者责任的法律》（J-P·Dumas, La loi du 24 décembre 1973 relative à la responsabilité des hôteliers, D. 1994. chron. 104）。

照其规定的条件确定最高赔偿数额的条款，例如，在运输合同中订立条款专门规定在托运的包裹、行李丢失的情况下，承运人仅支付确定的最高数额的赔偿款项。[1] 这就是说，免责条款是全部免除未履行义务的债务人的责任，而限责条款则仅仅是限制最高赔偿数额。由此，我们也就可以明白，与免责条款相比，制定法为什么有时会比较青睐限制责任条款，因为限制责任条款可以在当事人之间实现权责平衡、分担合同风险，可以成为管控责任的工具，而免责条款却有可能使债务人感觉到自己没有什么责任，导致其产生无责任感，免责条款产生的后果甚至可能是对债务人抱有的不谨慎和玩忽职守的态度的一种鼓励。

我们可以列举以下两个明显的事实情况。

首先，我们发现，人们在相当长的时间里对于免责条款的有效性都持反对意见——不承认这种条款有效，但是，涉及限制责任条款时，人们很早就没有什么反对意见。[2]

其次，我们还看到，（法律）在责任条款方面的许多特别规定往往都只是禁止免责条款，而并不禁止限制责任条款（参见第 616 节）。不过，我们还是要防止有人采取迂回的办法，将赔偿金的数额规定得过低，甚至将这种数额定得低到近似于免责的程度。这种做法显然是假借限制责任条款的名义来规避对免责条款的禁止性规定。有鉴于此，法院判例要求，即使是限制责任条款，也不得规定

---

[1] H · 比唐：《关于电子商务合同中的限制责任条款》（H · Bitan, Les clauses limitatives de responsabilité dans les contrats informatiques, COE 2004, chron. 2）。

[2] 我们注意到，在法院判例仅仅是将免责条款的效力限制为举证责任倒置的那个时期，也始终没有将这种处理意见运用到限制责任条款。法院判例始终承认这些条款原则上可以免除责任人对超过约定限额的损害之部分的责任，即使债务人的过错得到认定，也是如此，但是，仍需以这种过错不是重大过错（重大过失）或者欺诈性过错为前提条件。例如，巴黎法院 1993 年 6 月 3 日判决（D. 1994. 255. B · M 述评）；巴黎法院 1996 年 1 月 11 日判决（D. 1996. IR76（关于货物运输））。

过低的赔偿限额，不得采用限制责任的手段导致可能给予的损害赔偿失去任何实际的意义。[1]

不过，免责条款与限责条款两者在法律制度上的这种差别也常常被排除而不会得到考虑。法院判例常常以契约自由原则的名义认定两类条款均有效（参见第614节）；与此相反，有一些特别规定则是既禁止免责条款也禁止限制责任条款（参见第616节）。在这方面，我们尤其有必要用有关消费合同的特别规定作为例子，因为这方面的规定具有很重要的地位。我们看到，如果在职业人与非职业人或消费者之间订立的合同中有条款规定，在职业人不履行任何一项义务的情况下均“取消”或“减少”非职业人和消费者享有的损害赔偿权利，或者产生此种效果时（《消费法典》第R132-1条第6项），那么，这种条款都被不可反驳地推定为滥用权利条款，并且被视为不曾订立（在此情况下，两类条款就没有什么差别。参见第326节）。不过，我们需要探讨的是，这样处理到底有什么正当依据？因为，如同许多免责条款都被归入了滥用权利条款的黑名单一样，也有大量的限制责任条款被归入了“灰名单”。这些上了“灰名单”的限制责任条款也被推定为滥用权利条款：只有当职业人证明从其所订合同的经济来看其中规定的限制责任条款并不属于滥用权利性质时，才能推翻这种推定。

从法院判例对欺诈与重大过失的效果作出的认定来看，免责条

---

[1]最高法院民事庭，1924年4月14日（DH1924.293）；最高法院民事庭，1948年2月23日（前引）；最高法院民事庭，1952年6月7日（D.1952.113）；但是，在涉及陆路运输时，免责条款无效；对于那些规定微不足道的赔偿数额的条款，也做相同处理。最高法院承认，赔偿数额与丢失的包裹的价值没有共同的衡量尺度，但按照人们通常可以预计的那样，规定赔偿金的条款有效，因为寄件人可以在限制责任条款与按照“申报的价值”发货两者之间作出选择。参见最高法院商事庭1951年7月4日判决（Bull，1951.559）；不过，应当由主张限制责任条款的当事人提出证据证明相对事人知道这种条款，并且接受条款的规定，参见最高法院商事庭1983年1月24日判决（Gaz. pal. 1984. I. pan. 57. E・C述评）。

款与限制责任条款受到的对待也是相类似的，两者也没有多大差别。在债务人或者债务人的职员有欺诈行为的情况下，[1] 也就是说，当债务人或其职员有故意过错以及有主观观念意义上的重大过失时，无论是免责条款还是限制责任条款，一律不能适用，一律不能产生效力（参见第615节、第619节）。[2] 只要债务人或其职员有重大过失，就不能主张限制自己的责任，因为重大过失实际上是一种表明债务人本来无能力履行合同义务（却订立合同）、近似于欺诈的极其严重的懈怠。对债务人或其职员有欺诈行为或者重大过失的情况，免责条款与限制责任条款受到同等的对待。这样处理看来有其正当理由：因为在这种情况下，将不能适用免责条款的那些理由或论据运用到限制责任条款方面，也同样说得通（第615节）。

与上述情况相反，值得探讨的倒是，在触及合同的根本义务的情况下，法院判例将免责条款与限制责任条款同等对待，这样做是否具有合理性？

618. 根本义务与限制责任条款

（我们在前面第342节中介绍过“Chronopost诉讼案”的判决）在司法官们为了排除适用限制责任条款而动用的各种理由当中，没有一个理由像“Chronopost快递公司诉讼案”的判例那样引发如此

[1]最高法院第一民事庭，1969年2月4日（D.1969.601.Mazeaud述评）；最高法院民事庭，1975年10月22日（D.1976.151.J·Mazeaud述评，RTD civ.1976.352.G·Durry述评）；最高法院商事庭，2008年3月4日（JCP2008.II.10079.L·Guignard述评。RTD civ.2008.490.P·Jourdain述评）。

[2]最高法院民事庭，1936年3月16日（S.1936.I.205）；最高法院商事庭，1950年6月12日（Gaz.Pal，1950.195）；最高法院民事庭，1952年6月7日（D.1952.651）。

大的争议。最高法院商事庭在"Chronopost 案"的判决中认定,[1] 按照《民法典》第 1131 条的规定,抵触合同根本义务的限制责任条款应当视为不曾订立(也就是说,应当排除这种条款的效力)。因此,按照这一判例,原合同中关于将迟延送达邮件引起的损失限制为投递费的条款不能产生任何效力。商事庭关于"Chronopost 一案"的判决在法律界引起了一场激烈的争论。争论之所以非常激烈,原因似乎主要不是该判决所做的处理本身,而是该判决运用了债的原因理论作为其认定的处理意见的基础依据。而传统的原因理论将债的原因理解为"对某种实际的对待给付之要求(l'exigence d'une contrepartie réelle)",有些学者以这种传统的原因理论观念作为支撑点,对"Chronopost 诉讼案"的判决提出批评,他们认为,在该案中,既然邮件已经送到,那么对待给付就已经确实存在,尽管送达的时间有所迟延。[2] 另一些学者则相反,他们从有关原因的现代理论出发,赞成最高法院商事庭对"Chronopost 诉讼案"所作的判决。因为,在现代原因理论中,原因被提升为一种监督合同的协调性的工具,它可以使那些抵触合同经济的条款失去效力。[3]

尽管学者们对"Chronopost 判决"提出了种种批评,但最高法院仍然非常明确地确认了这一判例的处理意见。在此后作出的多项判决中,最高法院以《民法典》第 1131 条的规定为依据,排除合

[1]最高法院第一民事庭,1996 年 10 月 22 日(D. 1997. 121. A · Seriaux 述评,somm. com. p. 175. P · Delebecque 述评;C · Larroumet 述评,p. 145. JCP1997. II. 22881. D · Cohen 述评,I. 4002. N° 1. M · Fabre-Magnan 述评。Iu025. N° 177. G · Viney 述评,CCC1997. N°24. L · Leveneur 述评,Defrénois 1997. 333,D · Mazeaud 述评,RTD civ. 1997. 418,Mestre 述评,Grands arrêts,t. 2,n° 157.)。

[2]A · Seriaux(前引述评);D · Cohen(前引述评)。

[3]D · Mazeaud(前引述评)。(邮件虽然送达,但因迟到而给一方当事人造成了损失,因此,抵触当事人所追求的合同经济。——译者注)

同中订立的限制赔偿数额的条款，理由是“从可以归咎于债务人的行为来看，债务人违反了合同的根本义务，而违反合同根本义务足以使限制责任条款不能得到适用”。[1] 换句话说，与“Chronopost快递公司案”的第1项判决相比，（最高法院的）司法官们走得更远，他们认为，只要是在违反某项根本义务的情形下援用限制责任条款，那么，均应排除适用任何限责条款的主张。这样一来，司法官们就是在法律并未赋予其权力的情况下，赋予自己以权力，借以排除经当事人自由同意的条款，并且在合同当事人之间并不存在任何结构失衡的情况下，打乱他们所希望或者愿意的合同经济的平衡。诚然，（我们认为）如果涉及的是与合同所规定的根本义务有关的免责条款，法院判例的这种处理意见也许还是有其道理的，因为，如果不这样处理，免责条款就成为“纯粹的听凭一方当事人意志的任意性条款”；可是，与此相反，当涉及的是构成合同经济的根本部件的限制责任条款时，就很难说这种判例处理也是显而易见的，很难说它能够站得住脚。正如有人指出的那样，在很多领域，尤其是在运输领域，分担合同不履行所带来的风险，对于承运人推出的收费标准是有着重大影响的，[2] 法国邮政速递子公司（Chronopost）自1996年受到判决处罚之后修改了它提出的合同要

---

[1]最高法院商事庭，2007年2月13日（Bull. civ. I. N°43. JCP2007. II. 10163. M·Serinet述评，I. 185. N°10. Stoffel-Munck述评。RDC2007. 707. D·Mazeaud述评，746. S·Caval述评，Defrénois2007. 1042. R·Libchaber述评，RTD civ. 2007. 567. B·Fages述评）。最高法院商事庭，2007年6月5日（D. 1007. 1720. JCP2007. II. 10145，D·Houtcieff述评，RDC 2007. 1121，D·Mazeaud述评，RTD riv. 2007. 567，Fages述评）；另见最高法院商事庭2006年5月30日判决（Bull. civ. IV，n° 132，D. 2006. 2288，D·Mazeaud述评，RDC 2006. 1075，Y-M·Laithier述评，1225，S·Carval述评）；比较最高法院第一民事庭2004年6月2日判决（RDC2005. 270，D. Mazeaud述评）（关于人员航空交通运输）；最高法院商事庭，2001年7月17日（JCP 2001. 1. 148，n° 17，G. Loiseau述评）。

[2]F·舍内德：《论私法中的减轻责任》，《巴黎二大学位论文》，2007年（F·Chenéde，Les commutations en droit privé，thèse ParisII. éd. 2007. N°270. p. 274）。

约，即是一个最好的证明：既然限制责任条款不能起到应有的限责效果，那就只好提高收费标准等要约条件。[1] 后来，最高法院在“Faurecia 案”的一项判决中考虑了学者们提出的这些反对意见。随后作出的判决，就与那些“机械地将与不履行合同根本义务有关的任何限制赔偿条款一律视为不曾订立”的判例不同，并且重新与“Chronopost 案”的第 1 项判决的精神联系起来，认定只有那些与债务人缔结的根本义务的意义相抵触的限制赔偿责任条款才视为不曾订立，这就是说，法院在受理这类案件时，还是应当具体个案具体分析，查明其中涉及的限制责任条款是否掏空了合同规定的根本义务的本质（如果限制责任条款掏空了合同根本义务的本质，这种限制责任条款就会被视为不曾订立）。在一起诉讼案中，最高法院就认为所订条款并不抵触根本义务，因为该限制责任条款使当事人获得了 49%的责任减免，而没有将其责任限制到微不足道的程度。

619. 限制责任条款在其触及合同根本义务的情况下的效力

最高法院在就法国邮政速递子公司（Chronopost）诉讼案作出的第 1 项判决中认定，限制责任条款如果触及合同的某项根本利益，应当视为不曾订立。乍一看来，这项判决可能会令人感到惊讶：既然条款损及一方当事人的根本利益，撤销整个合同难道不是更为恰当的处理吗？否则，法官就应当选择照字照句地遵从合同条款所表达的当事人的意思，赋予限制责任条款以效力，哪怕因此要

[1] 该公司修改了它的“一般投递条件”，其中包括通过追加收费标准的方式专门为包含有招标文件的邮件提供特别服务，同时规定在延迟送达收件人的情况下，一次性统一赔偿总额为 7500 欧元。

对合同的性质作出重新认定。[1]

可是，最高法院既不是重新认定合同的性质，也不是撤销整个合同，而是宁愿在这两者之外选择了将触及某项根本义务的限制责任条款“视为不曾订立”，也就是将有争议的条款排除出合同，而合同的其他部分仍然得到保留。但是，将限制责任条款“视为不曾订立”，将其排除出合同，这样做并不足以解决所有问题，因为，在限制责任条款被视为不曾订立之后，仍然剩下一个需要解决的问题，那就是：法官将按照什么数额来确定可予赔偿的损失？我们知道，合同没有规定的，应当适用相应法律的规定作为补充。当限制责任条款被视为不曾订立之后，也就是说，当这种条款被排除出合同之后，就等于合同没有规定，于是就应当适用法律有关责任问题的相关规定，（这种情况下）也就是应当适用与特定类型的合同有关的特别法的规定，或者，在没有此种特别法的专门规定的情况下，则应当适用合同普通法的规定。[2]（后来）最高法院就“Chronopost 诉讼案”作出了一项新的判决，其中就明确认定，在有争议的限制责任条款被视为不曾订立，从而被排除出合同以后，为了确定对发件人所受损失的赔偿数额，应当适用有关运输的特别法，而这方面的特别法是将法定的最高赔偿额确定为运输的价格，但是在承运人有欺诈或者有重大过失的情况下，则排除适用这一最高赔偿

[1]F·泰雷：《论当事人的个人意思对认定合同性质的影响》，《巴黎一大学位论文》，1957 年（F·Terré, L’influence de la volonté’ individuelle sur les qualifications, thèse ParisI. éd. 1957. N°224. p. 209）；J·罗什菲尔德：《论原因与合同的类型》，《巴黎一大学位论文》，1999 年（J·Rochfeld, Cause et type de contrat, thèse Paris I. éd. 1999. N°169. p. 167）；E·安塞尔：《论体现合同义务之典型特征的给付》，《巴黎一大学位论文》，2000 年（E·Ancel, La prestation caractéristique du contrat, thèse Paris I. 2000. N°275）；C·格里马尔迪：《论涉及合同根本义务的条款》（C·Grimaldi, La clause portant sur une obligation essentielle, RDC2008. 1095）。

[2]关于这一机制，参见 S·戈德梅：《论视为不曾订立的条款》，《巴黎二大学位论文》，2006 年（S·Gaudemet, La clause reéputée non écrite, thèse Paris II, Éd. 2006. N°530. p. 270）。

限额。[1]（既然限制责任条款视为不曾订立，而在承运人有欺诈或者重大过失的情况下又排除适用最高赔偿限额）这样一来，又出现了一个问题：如何理解“重大过失”？它唯一是指“按照主观观念理解的重大过失”还是也指“按照客观观念理解的重大过失”？我们知道，主观观念上的重大过失被理解为“表明债务人根本无能力完成其合同任务，近似于欺诈的极为严重的过失或懈怠行为”，而“客观观念理解的重大过失”则是指“违反某项根本义务”（参见第615节）。这样岂不是可能使法定的最高赔偿限额完全失去其实际作用？由于最高法院商事庭内部存在不同意见，还是要通过最高法院组成混合庭来就这一问题作出裁决，确定立场。由此就产生了2005年4月22日的两项判决，这两项判决得出的结论是，违反根本义务不足以构成“可以排除定式合同中订立的限制责任条款的重大过失”。[2] 这一处理意见最终在“Faurecia案”的第2项判决中得到确认：不能（仅仅）因为有违反某项合同义务的情形，即产生重大过失，哪怕这种义务是根本性义务或者主要义务，重大过失应当从债务人的行为表现的严重程度来推断认定。

我们同样知道，在没有特别规定的情况下，应当适用的是合同普通法，也就是应当适用《民法典》第1150条的规定：“债务之不履行完全不是因债务人有欺诈时，债务人仅对在订立契约时所预见或可预见的损害与利益负赔偿责任。”第1151条规定：“即使契约不履行是由债务人的欺诈引起，对债权人受到的损失与丧失的可得利益应当给予的损害赔偿，仍然仅以因契约不履行而立即发生的直

[1]最高法院商事庭，2002年7月9日（D. 2003. 457. D · Mazeaud述评，CCC2003. N° 2. Leveneur述评）。

[2]最高法院混合庭，2005年4月22日（D. 2005. 1864. P · Tosi述评，JCP2005. II. 10066. G · Loiseau述评，I. 149. N° 3. G · Viney述评，CCC2005. N° 150. Leveneur述评，RCA2005. N° 175. S · Hocquet-Berg述评，RDC2005. 651. D · Mazeaud述评，753. Delebecque述评，RTD civ. 2005. 604. P · Jourdain述评）。

接结果（suite immédiate et directe）为限”（参见附目第1231-3条与第1231-4条）。[1] 这就是说，（在没有特别规定的情况下）只有在合同成立时可预见的损失才会得到赔偿，但有欺诈或者有“按照主观观念理解的重大过失”的情况时除外。于此一来，我们发现最高法院关于“Chronopost案”的判决似乎很快走入了一个死胡同：按照法国法，在合同责任领域，只有可预见的损失才是可以给予赔偿的损失（参见第563节），而这种预见可以通过当事人自己订立的确定赔偿限额的条款来体现，确定最高赔偿限额条款有助于明确规定契约活动的经济范畴。在当事人没有订立这种赔偿限额条款的情况下，则由法官来确定什么是可以预见的损害，而这样做并非没有困难。在存在违反根本义务的情况下，限制赔偿数额的条款应当视为不曾订立，而这时就立即要用第1150条有关可预见的损害这项要求来替换、填补被视为不曾订立的条款，这项要求只有通过证明存在欺诈或者存在按照主观观念理解的重大过失才能排除。这两者之间是否能够相互协调？相反，如果在不履行某项根本义务的情况下，不是仅凭此事由即排除赔偿限额条款，难道不是更为可取？当然，条款规定的数额与订立合同时可预见的损失相比微不足道的情况除外。[2]

620. 限制责任条款对债权人的继承人与亲属的对抗效力

此外，限制责任条款，也如同免责条款，在其有效的程度之

---

[1]最高法院民事庭，1913年7月9日（DP1915. I. 35. S. 1913. I. 460），由于火车晚点，一乘客误了参加投标的机会。本案实体法官判处铁路公司赔偿因招标贻误而给该旅客造成的损失。最高法院撤销了这样判决，因为铁路公司不可能预见到该旅客因延误投保而受到的这一特别损失。

[2]M·Laithier（RDC2006. 1079）；另见最高法院商事庭2007年12月18日判决（D. 2008. 154. JCP2008. I. 125. N°13. Stoffel-Munck述评，RDC 2008. 262，Th·Génicon述评，287，G·Viney述评）。

内，不仅对同意订立此种条款的当事人有约束力，而且对以继承人的资格进行诉讼的该当事人的继承人有约束力，也就是说，对于因继承所产生的转移效果而取得并行使受害人诉权的人同样有约束力。

当合同当事人的亲属以他们自身的名义而不是以“转手的方式”请求赔偿因合同当事人死亡给他们带来的损失时，在此前的承运合同中订立的有关承运人责任的条款，在该合同所包含的利益于第三人的约定的限度之内（参见第 516 节），同样对这些亲属具有对抗效力；不过，死亡的当事人的亲属也可以自由地放弃享有这些条款约定的利益，在这种情况下，他们可以对承运人主张有关侵权责任的规则，这样就可以不受合同中订立的限制责任条款的约束。这样的处理得到法院判例的确认，无论是航空运输[1]还是海上交通运输[2]都是如此。不过，《民用航空法典》第 322-3 条准许航空旅客承运人援用法定的或约定的责任限制，“不论对其提起诉讼的人是何人”，也“不论这些人是以何种名义提起诉讼”，均无影响；在国内与国际海上旅客运输方面，也采取相同的处理意见（参见 1966 年 6 月 18 日法律第 42 条）。

三、违约金条款

621. 违约金条款定义，[3] 有效性

《民法典》第 1226 条规定（参见附目第 1231-5 条）：“违约金条款是指一方当事人为确保契约的履行，承诺在不履行契约的情况

[1] 最高法院第二民事庭，1959 年 1 月 23 日（D. 1959. 281. R · Rodiere 述评，S. 1959. 103. Grands arrêts. t. 2. N°279）。

[2] 最高法院第二民事庭，1959 年 1 月 23 日（D. 1959. 101. R · Savatier 述评，JCP1959. II002. M · de Juglart 述评）。

[3] 第 1152 条并没有规定违约金条款的有效性要接受法官审查。这是一项总的规则（最高法院第二民事庭，1993 年 4 月 5 日）。

下支付违约金的条款。”[1] 因此，违约金条款是合同当事人在他们订立的合同中事先就合同迟延履行或者不履行的情况规定的、评估损害赔偿数额的条款。[2]

我们在很多合同中都可以看到违约金条款，例如，工程承揽合同规定在工程延期情况下应支付违约金条款：工程承揽人承担义务建筑一处楼房，双方当事人在承揽合同中约定，如果工程不能按照

[1]法国合同法所称的“违约金”原文称为“peine”，意思为“处罚”，刑法上为“刑罚”；违约金条款原文称为“clause pénale”。一般情况下，将这两个术语分别译为“处罚”，“处罚条款”或者“罚则”，并无不妥，但是，在合同法里则应当称其为“违约金”。法国《民法典》第1226条是有关违约金和违约金条款概念的规定：“违约金条款是指一方当事人为确保契约的履行，承诺在不履行契约的情况下支持违约金的条款。”不过，这一条文的原文并没有明确规定“违约金”就是“支付一笔金钱”，而是运用了一个笼统的表述——“s‘engage à quelque chose”（承诺某种事情，某种事务），然而，这并不影响其实际意义（评论认为：新的第1231-5条的规定更为明确）。违约金条款是一种具有威胁性的处罚条款：当事人承诺在不履行主债务的情况下，需要向对方当事人支付一笔确定数额的款项，作为损害赔偿，通常情况，该数额往往高于实际损失。按照《民法典》第1152条的规定，除认定违约金数额明显过分之外，法官原则上既不得降低也不得提高当事人自己约定的违约金数额。主债务无效，违约金条款随之无效。违约金条款无效，不引起主债务无效（第1227条）。契约本身无效，引起其中订立的违约金条款无效。此种无效的效果不得受契约撤销之前已“接受违约金支付原则”的限制（最高法院商事庭，1983年7月20日）。对于受到履行债务催告的债务人，债权人也可以不请求支付违约金，而是提起请求履行主债务（obligation principale）之诉讼（第1228条）。在合同中即使规定了“不履行的情况下支付违约金”的条款，并不当然意味着债权人就放弃请求解除合同（的权利）（最高法院第三民事庭，1978年2月22日）。——译者注

[2]C·马鲁阿尼：《论违约金条款》，《巴黎大学学位论文》，1935年（C·Maruani，La clause pénale，thèse Paris. 1935）；D·马佐：《论违约金条款的概念》，《巴黎十二大学位论文》，1992年（D·Mazeaud，La notion de clause pénale，thèse Paris XII. éd. 1992）；A·潘托-蒙泰洛：《论欧洲法律中的违约金条款》（A·Pinto Monteiro，La clause pénale en Europe，Mélanges Ghestin. 2001. p. 719）。在合同中规定，在中断教学合同的情况下仍然应当缴纳入学费用的条款是一种违约金条款，参见最高法院第一民事庭1995年10月10日判决（Bull. civ. I. N° 347. JCP1996. II. 22580. G · Paisant 述评。D. 1996. somm. com，116. Ph·Delebecque 述评）；就已经发生的损失订立的条款以及在损害赔偿数额尚待确定的情况下以预付款的名义支付款项的条款，不属于违约金条款。参见最高法院商事庭1994年4月5日判决（D. 1994，IR 122，JCP 1995. 11. 22384，Y·Dagome-Labbé 述评）。

约定的工期完工，承揽人应当按照延期的时间每天支付确定数额的违约金；在剧场经理与参加演出的演员团体之间订立的演出协议以及诸如信贷租赁等合同中，也可以订立违约金条款。

法国《民法典》原则上承认违约金条款的有效性。首先是第1152条对此种条款进行了规范："契约规定不履行契约的人应支付一定数额的款项作为损害赔偿时，给予他方当事人的款项数额不得高于也不得低于这项约定数额。""但是，如果约定的数额明显过高或过低时，法官可以减少甚至依职权减少或者增加此种违约金的数额，任何相反之条款规定均视为未予订立。"随后，《民法典》对于"附违约金条款的债"还规定了专门的一节（第1226条至第1233条）。

不过，我们应当指出的是，法律在特定情况下也禁止在合同中订立违约金条款，例如，《劳动法典》第1331-2条就明确规定禁止在劳动合同中规定罚款或者其他金钱性质的制裁，任何相反的规定或约定条款都视为不曾订立。[1]

为了保护特定类型的合同当事人免受过分严厉的违约金条款的约束或损害，例如，为了保护从事建筑活动或者信贷活动中的合同当事人，基于此种必要性，有些法律条文对一揽子违约金的最高数额进行了限制（关于消费合同中的违约金条款，参见第628节）。

---

[1] G·Paisant：《在租赁合同与劳动合同中订立的违约金条款仍然合法吗?》（G·Paisant, Les clauses pénales sont-elles encore licites dans les contrats de bail et de travail ? JCP1985. I. 3238）；《劳动法典》第7313-16条禁止事先规定对商务代表的顾客群体给以一揽子补偿的任何条款。1971年7月3日法律在《民法典》中增加了第900-1条对赠与或遗赠的财产不得转让的条款进行了规范："规定赠与或遗赠的财产不得转让的条款，仅在其属于临时性质并且有重大的合法利益证明其属于必要时，始为有效；即使在此种情况下，如经证明据以订立不得转让条款的原因已经消失，或者有更为重要的利益有此要求，受赠与人或受遗赠人得经法院裁判允许处分其受赠与或受遗赠的财产。"按照这一观念，《民法典》第900-8条（1984年7月4日第84-562号法律）又规定："财产处分人订立的任何条款规定如对财产不得转让条款提出异议或者如提出转让财产的批准请求，便剥夺提出此种异议或请求的人受赠的财产，此种条款视同未予订立。"

622. 订立违约金条款的好处与弊端

在合同中订立违约金条款，可以提前确定不履行合同的债务人应当支付的赔偿金数额，从这一点来看，违约金条款有以下优点：

（1）订立违约金条款可以避免当事人事后在涉及损害的大小问题上发生争议，因而可以从源头上卡断引发诉讼的根源。

（2）订立违约金条款可以避免债权人在确定损害赔偿数额时遇到困难，避免拖延和耽搁时间，因为，在合同中订有违约金条款的情况下，债权人无须证明损害的实际发生。

（3）如果违约金条款规定的赔偿数额不太高，在实际损害的数额稍高的情况下（但不得规定微不足道的违约金数额，参见第 627 节），债务人还有可能因此而减轻自己负担的责任。

（4）反过来，如果各方当事人订立条款规定，在合同不履行的情况下将支付较高的处罚款项（参见第 627 节），那么，订立违约金条款还有可能赋予合同（或协议）以更大的强制力，促使债务人有更大的利益履行其承担的合同义务，因为他非常清楚如果不按照规定履行义务，反而将要负担更重的义务。这方面，违约金条款起到了和逾期罚款（astreinte）相同的作用，只不过违约金是由合同双方当事人事先作出的约定，而不是由法院判决作出的规定。正是从这一角度，违约金条款有时也被某些集体组织用来作为强制其成员遵守本组织各项决定的手段。[1]

（5）违约金条款有时也运用在无偿处分行为当中，并带有真正的处罚威慑的性质，例如，在赠与合同或者遗嘱中有时就订有此种条款，目的是确保处分人的意愿能够得到切实执行。处分人在进行无偿处分的文书中规定，如果受益人不履行某项负担，就要受到违约处

[1] 最高法院民事庭，1940 年 5 月 23 日（S. 1940. I. 80）；最高法院民事庭，1944 年 6 月 27 日（S. 1944. I. 143）。

罚。这样的条款原则上有效。[1] 但是，规定这种条款的目的不得是试图保障实施“那些违反强制性规定的处分行为”。[2]

虽然说违约金条款有上述种种优点，这是毫无疑问的，但它也带有一定的危险性。首先，订立违约金条款不得损害那些具有强制性的规则，例如，不得损害有关高利贷以及[3]劳动法上确定的强制性规则。[4] 此外，如果违约金的数额定得太高或者太低，同样会造成某种弊端，特别是最近20来年，人们已经在不断提醒要注意这些弊端的存在，而这些弊端总是与违约金的某一特征有着紧密的联系。

623. 违约金条款的特征

违约金有以下两个特征：第一，违约金相当于损害赔偿；第二，违约金包含的是一揽子确定的赔偿数额。[5]

624. （1）违约金相当于损害赔偿

《民法典》第1229条第1款规定：“违约金是对债权人因主债

---

[1]参见《继承和赠与》一书第359节与第1070节。

[2]最高法院第一民事庭，1970年3月10日（D. 1970. 584. A. B. 述评。Defrénois 1971. 1. 229）。

[3]敦刻尔克商事法院，1963年1月25日（D. 1963. somm. 76）；塞纳商事法院1967年10月24日（JCP1968. II. 15450. H·B述评）；另见最高法院第一民事庭，1967年10月10日判决（JCP1968. II. 15450. H·B述评）。违约金条款确定不履行义务的债务人应当给付的损害赔偿数额，仅仅是作为对这种义务不履行行为的一种制裁而发挥作用，因此，对于违约金条款，并不适用有关禁止与制裁高利贷的法律条文的相关规定，参见最高法院商事庭1977年2月22日判决（D. 1977. IR244. Bull. civ. IV. N°58. p. 51）。

[4]最高法院民事庭，1923年7月12日（DP1926. I. 229）；最高法院商事庭，1950年1月3日（D. 1950. 225）。

[5]最高法院第一民事庭，1995年10月10日（D. 1996. 486. Fillion-Dufouleur 述评，JCP1996. 1122580，G·Paisant 述评，I. 3914. N°9）；最高法院第三民事庭，2008年5月21日（RDC2008. 1158. S·Borghetti 述评，1257. B·Seube 述评）。

务未履行而受到的损害赔偿的补偿（compensation）。”

订立违约金条款，等于是用当事人事先约定评估的损害赔偿来取代（发生争议之后）由法院裁判的损害赔偿。[1] 既然当事人事先已经对赔偿金作了评估约定，法院也就没有必要再进行此种评估了。由当事人对损害赔偿作出评估，并不改变赔偿的法律性质（第1229条第1款）。

由此引出以下各项后果：

1）到了实际执行违约金条款的时候，也就意味着存在债务人不履行义务的事实，意味着存在某种违法不履行合同义务的事实。[2] 从这一点上看，应当将违约金条款与废约条款（参见第481节）区分开来，[3] 还应当将违约金条款与“因（订有预约）财产暂时不能使用而给予补偿金的条款”（参见第192节）[4]区分

[1]从《民法典》第1229条第1款有关违约金的性质的规定来看，法国合同法中的违约金具有补偿性质，为损害赔偿数额之预定，可以替代损害赔偿。它相当于损害赔偿，但并不等于损害赔偿本身。这就是补偿性违约金。第1229条第2款规定：“不得同时请求履行主债务和违约金，但是，就单纯的迟延履行而规定的违约金，不在此限。”对单纯延迟履行规定的违约金具有惩罚性质。最高法院第三民事庭1994年1月12日的判决认为：违约金条款是对违反义务的一方当事人约定的制裁，只要债务不履行，违约金条款即予适用。最高法院第一民事庭1960年2月10日判决认为：不仅对主债务不履行可以通过违约金条款以示制裁，对于其他任何违约行为，均可如此。由此可以肯定，违约金具有处罚性质。——译者注

[2]D・Mazeaud，前引书，P. 185.

[3]最高法院第三民事庭，1991年1月9日（Bull. civ. III. N°19. 1. 2. D. 1991. 481. G・Paisant述评）；最高法院商事庭，1996年4月2日（D. 1996. IR114. somm. 329. D・Mazeaud述评）；最高法院商事庭，1997年10月14日（Defrénois1998. 328. D・Mazeaud述评）；最高法院第三民事庭，2003年6月3日（RDC 2004，930，D. Mazeaud述评）；L・博埃耶：《论废约条款》（L・Boyer，La clause de dédit，*Mélanges Raynaud*，1985，p. 41 s）。

[4]最高法院第三民事庭，1984年12月5日（Bull. civ. III. N°208. p. 162. D. 1985. 544. J・Bénac-Schmidt述评，JCP1986. II. 20555. G・Paisant述评，RTD civ. 1985. 372. J・Mestre述评，592. PH・Remy述评，Defrénois1986. 126. M・Olivier述评）；另见最高法院第三民事庭1990年3月28日判决（Bull. civ. III. N°86. p. 46）；最高法院第三民事庭2002年4月30日（Bull. civ. III. N°90. p. 79）。

开来，或者，应当将其与“准许借贷人提前偿还贷款”的条款区分开来。[1] 不过，自1975年7月9日法律进行改革以后，条款的名称已经显得无关大局（参见第627节）。可以以《民法典》第1152条的规定为依据对违约金条款进行变更。[2]

2）违约金条款不言而喻地意味着存在“相当于损害赔偿的赔偿金”，因此，（在劳动合同中订立的）“保证工作岗位条款”，如果其中没有关于赔偿金的规定，那就不是一项违约金条款。[3]

3）债务人只有在其有可能被判处损害赔偿的情况下，才有义务承受违约金条款的效力，也就是说，债务人只有在受到履行合同催告，[4] 并且合同不履行的原因应当归咎于他时（《民法典》第

[1]最高法院第一民事庭，1993年11月24日（Defrénois1994. 800. D・Mazeaud（RTD civ. 1994. 857. J・Mestre 述评）。

[2]在因财产暂时不能使用而给予的补偿金方面，排除这种权力。参见最高法院第三民事庭1987年6月24日判决（Gaz. Pal. 1987. 2. pan. 224），但条件是这种定性应当是准确的，参见最高法院第三民事庭2008年9月24日判决（D. 2008. 2497. G・Forest 述评，RTD civ. 2008. 675. B・Fages 述评）；或者关于废约条款，参见最高法院第三民事庭1991年1月9日判决（D. 1991. 481）；最高法院商事庭，1997年10月14日（Defrénois1998. 328. D・Mazeaud 述评）；另见最高法院第一民事庭2001年3月6日判决（JCP2002. II. 10067. Y・Dagorne-Labbé 述评）；关于滥用权利条款的问题，参见巴黎法院1991年9月20日判决（JCP1992. II. 21866. Anne・Sinay-Cytermann 述评）；关于在限制责任条款方面可能行使这项权力的问题，参见 Ph・马林沃：《关于〈民法典〉第1152条适用于限制责任条款的问题》（Ph・Malinvaud, De l'application de l'article 1152 du Code civil aux clauses limitatives de responsabilité, Mélanges F・Terré. 1999. p. 689）。

[3]最高法院社会庭，2008年3月4日（JCP2008. II. 10095. J・Mouly 述评，RDC2008. 1158. S・Borghetti 述评）。

[4]但是，关于因双方当事人的默示协议而产生的免除催告的问题，特别是在存在违约金条款的情况下免除催告的问题，参见最高法院社会庭1953年7月3日判决（D. 1954. 615）；最高法院第三民事庭1969年3月7日判决（JCP1970. II. 16461. R・Prieur 述评）；最高法院第三民事庭，1971年1月22日（JCP1971. IV. 49）；最高法院商事庭，1978年11月28日（D. 1979. IR131）；最高法院第三民事庭，1999年6月9日（CCC1999. N°154. Leveneur 述评）。

1230 条)，[1] 才会承受有关违约金条款规定的后果，只有在此情况下才会将违约金条款实际付于执行。因此，如果债务人是因“履行不能”（impossibilité d’exécution)，例如，由于不可抗力导致合同不能履行因而不再负担债务时，违约金条款就不能付诸执行；与此相反，债权人不受强制证明合同不履行给其造成了损失，因为订立违约金条款本身就意味着对这种损失已经事先在合同中作出了推定和评估。[2]

4）对于已经受到催告的债务人，债权人不会因为订有违约金条款而受到限制，不受强制只能主张适用该条款。《民法典》第 1228 条规定：“对于受到履行债务之催告的债务人，债权人可以不请求给付约定的违约金，而是提起请求履行主债务（obligation principale）之诉讼。”因此，如果债权人愿意，他仍然可以追求实物之债的履行（现实的履行)，要求债务人尽各种可能的手段履行实物债务；如果是双务合同，债权人也可以基于债务人不履行债务之原因，请求解除合同（参见第 642 节)。[3]

还有必要指出的是，按照《民法典》第 1229 条第 2 款的规定，[4] 除了“就单纯的迟延履行规定的违约金”之外，债权人不得同时请求履行主债务和违约金，也就是说，债权人不能一方面要

[1] 第 1230 条：不论主债务是否规定有其应当得到履行的期限，仅在承担交付、受领或者作为之义务的人因迟延履行而受到催告（en demeure）时，始应支付违约金。

[2] 最高法院第三民事庭，1994 年 1 月 3 日（Defrénois1994. 804. D · Mazeaud 述评，RTD civ. 1994. 605. J · Mestre 述评)；最高法院第三民事庭，2006 年 12 月 20 日（JCP2007. II. 10024. D · Bakouche 述评)。

[3] 最高法院第三民事庭，1978 年 2 月 22 日（Bull. civ. III. N°99. p. 77)。关于自 1975 年 7 月 9 日法律之后违约金条款与解除条款之间的区别（参见第 627 节)；另见最高法院第三民事庭 1989 年 7 月 20 日判决（Bull. civ. III. N°172. p. 93)。

[4] 关于在工程延期完工的情况下要求支付罚款同时请求因工程质量不好而给予损害赔偿的可能性，参见最高法院第一民事庭 1958 年 5 月 31 日判决（Bull. civ. I. N°277. p. 220)；最高法院第三民事庭 1969 年 3 月 7 日判决；另见图卢兹法院 1975 年 1 月 28 日判决（JCP1975. II8160. Y · Guyon 述评)。

求债务人履行其在合同中允诺的给付，同时又要求债务人支付违约金。我们知道，在某种程度上，违约金是因合同不履行而给予的损害赔偿，它与履行合同本身是对立的，两者互为对立面。债权人显然不能既获得合同的履行又获得合同的不履行。有些学者正是从这一规则中找到了论据，反对合同中规定极为严厉的违约金条款，尤其是阻止在信贷租赁合同中订立这样的条款强制有过错的债务人“缴纳尚未到期的全部租金”或缴纳几乎等于全部租金的款项，因为，在信贷租赁合同的情况下，即使解除合同，到头来还是伴随着履行合同，因为是由承租人支付租赁设备的价金或者应当支付价金。[1] 最高法院运用法律上非常有说服力的论据，排除了这些学者所持的反对意见：不论违约金的数额如何，均不违反第1228条以及第1184条第2款[2]规定的选择规则：“对于受到履行催告的债务人，债权人可以不请求给付约定的违约金，而是提起请求履行主债务（obligation principale）之诉讼。”因此，在这里并不存在解除合同与履行合同的竞合问题，而只存在解除合同与损害赔偿之间的竞合，但后一种竞合情形是法律所准许的[3]，即使这些损害赔偿是由当事人在订立的协议中事先确定的。[4]

---

[1] B·Boccara述评（JCP1970. II6155. 1971. II6181）；关于相同意义的判决，参见巴黎法院1970年6月27日判决（JCP1970. II6576. B·. Boubli述评）。

[2]《民法典》第1184条：“双务契约中，凡是当事人一方不履行义务承诺的情形，均不言而喻地存在解除条件。——但是，在此情况下，契约并不当然解除，一方当事人在他方当事人根本没有履行对其承诺的义务时，可以选择：或者，在契约仍有可能履行时，强制他方当事人履行之，或者，请求解除契约并请求损害赔偿。——解除契约，应向法院提出请求，法院得视情形给予被告一个期限。”

[3] 即使在合同中规定在合同不履行情况下支付违约金的条款，这并不当然意味着债权人放弃请求解除合同的权利（最高法院第三民事庭，1978年2月22日）。

[4] 最高法院商事庭，1972年7月4日（D. 1972. 732. P·Malaurie述评）；最高法院商事庭，1974年4月30日（Bull. civ. N°138. p. 110）；最高法院商事庭，1974年10月21日（Bull. civ. IV. N°225. p. 207）。

625. （2）违约金条款包含着“一揽子确定的赔偿数额”

当事人在合同中订立违约金条款，就是为了“最终确定在合同不履行或迟延履行的情况下应当给付的损害赔偿数额”，因此，法官不得给予债权人高于或低于这一（约定）数额的款项。[1]

按照传统分析（关于 1975 年进行的改革，参见第 627 节），法官不得给予债权人高于违约金条款规定的数额。从这一意义上来说，违约金条款与限制责任条款是非常相像的——限制责任条款的有效性原则上已经得到承认（参见第 618 节）——限制责任条款也是确定可以向债务人请求的损害赔偿的最高数额，并以此来限制债务人的责任，例如，当事人在合同中订立条款规定，即使造成的损害数额很高，可以请求的损害赔偿数额均不得高于特定的数额，这就是限制责任条款；而订立有违约金条款，也是同样的情况。正因为如此，在制定法对限制责任条款的有效性本身就有所限制的那些情况下，也就不能通过订立违约金条款的途径来规避这种限制（不能用订立违约金条款来替代或掩盖实际上的限制责任条款）。这是很正常的。由此，我们也就会理解，在没有欺诈的情况下，限制责任条款所适用的规则也扩张适用于违约金条款。[2]

对于这种扩张的意义范围，法院判例也曾有过某种犹豫不决的情况。如果说人们一致承认，债务人在有欺诈行为的情况下不得主

[1]但是，当违约金条款是为了赔偿因某项具体的义务不履行而引起的损失时，如果除此项具体义务之外还有其他义务不履行，可以给予补充的赔偿金。参见最高法院商事庭 1997 年 5 月 20 日判决（JCP1998. II. 10125. F · Kamdem 述评）。

[2]涉及在职业人与非职业人或消费者之间订立的合同中所规定的违约金条款时，这种扩张是没有任何疑问的，参见第 616 节与第 628 节。

张违约金条款,[1] 即使条款本身对他有利。这种处理意见可以与《民法典》第 1150 条的一般规定更好地联系起来。[2] 因为按照《民法典》第 1150 条的规定重大过失视同欺诈（参见第 565 节）。实际上，我们从法院判例所采取的相当一般的表述中也可以推断认为，在债务人有欺诈行为或者重大过失的情况下，均排除适用违约金条款,[3] 当然，这要以债权人受到的损失超过违约金条款规定的最高数额为前提条件，如果受到的损失低于违约金条款规定的最高数额，那么，债权人显然会坚持主张违约金条款规定的赔偿数额。这样做足以赋予违约金条款以威慑性质。正是在这一点上，体现了违约金条款与限制责任条款之间的差别。除了有欺诈或重大过失的情况外，只有如债务人认为对其有某种利益时，限制责任条款才会原则上得到适用，当然，由于违约金条款规定的数额是一揽子确定的数额，相应情况下（特别是当实际损害的数额低于违约金的数额时），也可以利益于债权人，而不仅仅是利益于债务人。[4]

---

[1]最高法院第一民事庭，1969 年 2 月 4 日（D. 1969. 601J · Mazeaud 述评，JCP1969. II. 16030. R · Prieur 述评，RTD civ. 1969. 798. G · Durry 述评）；这一判决明确了所谓欺诈性过错（faute dolosive）的概念，并认为当债务人故意拒绝履行其合同义务时，即使这种拒绝并非出自损害相对当事人利益之意图，亦构成欺诈性过错。参见最高法院第一民事庭 1975 年 10 月 22 日判决（D. 1976. 151. J · Mazeaud 述评）。（如果由于债务人有欺诈行为，给相对当事人造成的损失超过违约金条款规定的数额，不准许其主张此种条款规定的限额作为损害赔偿的最高数额。——译者注）

[2]参见最高法院第一民事庭 1969 年 2 月 4 日判决（G · Durry 述评，p. 799）；《民法典》第 1150 条规定：“债务之不履行完全不是因债务人有欺诈时，债务人仅对在订立契约时所预见或可预见的损害与利益负赔偿责任。”最高法院在这里是从相反方向进行论证。

[3]最高法院民事庭，1876 年 3 月 15 日（DP1876. I. 449）；另见最高法院民事庭 1948 年 6 月 19 日判决（JCP1949. II. 4660. R · Rodiere 述评）。

[4]至少在制定法上是采取相同的意义，参见 Ph · Malaurie 述评（Mélanges Terré. 1999. p. 689）。

626. 违约金条款面临的危机

在合同中订有限制责任条款的情况下，如果债权人受到的损失低于此种条款限制的最高数额，债权人仍然只能获得与其受到的实际损失相等的赔偿金；与此相反，由于违约金条款规定的是事先一揽子确定的数额，不论实际发生的损失如何，原则上都要按照此种条款的规定支付赔偿金，债务人不得以实际损失低于违约金条款确定的数额为借口，拒不按照条款规定的数额支付赔偿金。这样的结果也许有些过分，终于引发了违约金条款的所谓“危机”，也引起了立法者的干预。

按照《民法典》1804 年的规定，原则上，违约金条款一揽子确定的赔偿数额不仅仅非常严格地约束债务人，对法官也同样具有强制性约束力，法官对违约金条款规定的数额没有进行调节的任何权力，[1] 或者说，法官没有（对债务人）给予特殊优待的任何权力（试比较《民法典》第 1184 条第 3 款、第 1244 条第 2 款），而在法国旧法时期，法院如果认为条款所规定的违约金数额过分，还是可以减少其数额的。但《民法典》的制定者却作出了不同的规定（第 1152 条），这样做也许是为了减少或避免诉讼。法院判例往往都是严格适用《民法典》所规定的这一原则。[2]

然而，实践中，强制债务人接受的违约金条款有时确实过于严厉，特别是信贷租赁合同（leasing，renting）中订立的这类条款，它往往规定只要有一次到期应付的租金没有支付，债权人除了可以解除合同之外，还可以要求支付尚未到期的全部租金或者近乎

[1]C·布鲁内：《论法国民法中法官的调节权力》（C·Brunet，Le pouvoir modérateur du juge en droit civil français，thèse，Paris. 1973）。

[2]最高法院民事庭，1866 年 2 月 14 日（DP1866. I. 84. S. 1866. I. 194. Grands arrêts. t. 2. 168）；另见最高法院民事庭 1937 年 6 月 1 日判决（S. 1937. I. 192）；最高法院民事庭，1940 年 5 月 23 日（DH1940. 161. S. 1940. I. 80）；都埃法院，1954 年 2 月 25 日（D. 1954. 579）；最高法院商事庭，1967 年 11 月 2 日（Bull. civ. III. N°351. p. 333. RTD civ. 1969. 116. J·Chevallier 述评）。

全部的租金。[1] 这更是一种不折不扣的苛刻条款。这些过分苛刻的条款也遭致人们的群起攻击。[2]

要想防止订立过分的违约金条款，可以设想的第一个路子是：当违约金条款过于苛刻时，准许法院将其撤销。这一条路子是受到比利时法律的启发而归结出来的处理意见，在比利时法律中有一些与法国法的规定相类似的条文，准许比利时法院运用“原因非法”或“公共秩序”的概念撤销那些过于苛刻的违约金条款[3]。然而，法国法院判例并没有走上这条道路。[4] 尽管法国基层法院已经在这方面表现出某种倾向，但法院判例却没有运用“没有原因”、“滥用权利”、“规避法律”或者“显失公平”等概念来撤销那些比例过分失衡的违约金条款。[5]

在我们看来，与撤销或者完全消灭过分苛刻的违约金条款相比较，制定法更需作出规定的是：法院可以减少或者下调此种条款规定的损害赔偿数额。法国制定法应当仿效有些外国法的做法，[6]（在违约金问题上）承认法官享有一种“调节权力”（参见附目第1231-5 条第 2 款）。[7]

---

[1]“le renting” 是指动产设备的租赁，并由出租人负担设备的维修。

[2]G・科尔钕：《关于在信贷租赁合同中部分不履行情况下约定的处罚极重的问题》（G・Cornu，RTD civ. 1971. 167）。

[3]关于非法原因，参见布鲁塞尔法院 1963 年 5 月 15 日判决（RTD civ. 1964. 406. E・Vieujean 述评）；关于违反公共秩序的问题，参见比利时最高法院 1970 年 4 月 17 日判决；另见布鲁塞尔法院 1971 年 4 月 1 日判决（Ibid. 1971. 147，Malaurie 述评，D. 1972. 733）

[4]有人可能会问，在今天，如果考虑到法院判例在滥用权利条款问题上的变化，是否可能是另一种情况（参见本书第 327 节）。

[5]G・Cornu（前引书）（RTD civ. 1971. I. 170）。此外，在没有法律条文规定的情况下，很难以合同中订立的条款过于苛刻作为依据来进行裁判。参见 Bergerac 大审法院 1969 年 3 月 26 日判决（Gaz. Pal. 1969. 2. 67）；最高法院第一民事庭 1971 年 6 月 5 日判决以欺诈性原因撤销了合同中订立的违约金条款（Bull. civ. I. N°182. p. 152）。

[6]P・Malaurie 述评（D. 1972. 585）。

[7]《法官对违约金条款的监督》（E・Alfandari，le contrôle des clauses pénale par le juge，JCP1971. I. 2395）。

法国《民法典》此前也没有完全排斥这条道路。法典第 1231 条的最早条文就规定，“在合同的主要义务承诺（engagement）已部分履行时”，法官享有变更违约金的权力。法官可以视合同已经履行的部分给债权人带来的利益（大小），依职权相应减少（实际支付的）违约金的数额，“且不影响适用第 1152 条的规定。任何相反条款均视为未予订立”。看来，在信贷租赁方面，当（租赁设备的）用户自第一次支付租金之后在或长或短的时间里没有支付到期的租金时，正好就是第 1231 条所指的“义务承诺已部分履行”的情况。[1] 不过，这并不能阻止当事人订立条款约定对他们的债务约定具有不可分性，从而事先排除适用第 1231 条的规定，[2] 因为，法院判例并没有承认第 1231 条的规定具有强制性。[3] 此外，要想排除适用第 1231 条的规定，其实也不一定有必要要求在合同中约定条款规定债具有不可分性质，合同当事人只需要就债的部分不履行对违约金数额产生的后果作出规定，就足以解决这个问题。[4]

627. 由法官减少或者增加违约金的数额

1975 年 7 月 9 日第 75-597 号法律实现了具有强制力的改革。[5]

---

[1]最高法院商事庭，1972 年 7 月 10 日（D. 1972. 728. Malaurie 述评）。

[2]P · Malaurie 述评（D. 1972. 729）。

[3]最高法院民事庭，1860 年 6 月 4 日（DP1860. I. 257）；最高法院商事庭，1969 年 11 月 13 日（JCP1970. II6376. B · Boccara 述评）。

[4]最高法院商事庭，1972 年 7 月 10 日（D. 1972. 728. P · Malaurie 述评，RTD civ. 1973. 367. G · Cornu 述评）。

[5]博斯卡拉：《论违约金条款的改革，司法干预的条件与限制》（Boccara，La réforme de la clause pénale：conditions et limites de l’intervention judiciaire，JCP1975. I. 2742）；P · 马洛里：《违约金的司法调整》（P · Malaurie，La révision judiciaire de la clause pénale，Defrénois1976. 533）；F · 莎巴斯：《论违约金条款的改革》（F · Chabas，la réforme de la clause pénale，D. 1976. chron. 229）；P · 内克图：

（1）首先，《民法典》第 1152 条第 1 款明确规定：“契约规定不履行契约的人应当支付一定数额的款项作为损害赔偿时，给予他方当事人的款项数额不得高于也不得低于这一规定数额。”1985 年 10 月 11 日第 85-1097 号法律的条文在该条第 2 款增加了以下规定：“但是，在原来约定的数额明显过高或过低时，法官可以甚至依职权减少或增加此种违约金的数额，任何相反条款规定均视为不曾订立。”

按照上述规定，法官不仅有减少违约金数额的权力，而且有增加违约金数额的权力。[1]

法官行使这种权力的前提条件是，在其作出判决之日，[2] 当事人约定的违约金存在“明显过高”[3] 或者“明显过低”的特征。[4] 虽然说，法官如果是拒绝变更违约金条款规定的此种数额，没有必要特别说明其作出拒绝决定的理由，[5] 但是，如果他

---

[1]由法官对违约金条款的司法调整并不会使该条款丧失“一揽子赔偿”的性质，参见巴黎 1975 年 10 月 24 日判决（D. 1976. somm. 25）；因此，由法官确定了数额的款项按照法定利率计算利息，该利息应当自支付催告通知书之日起计算。参见最高法院商事庭 1979 年 2 月 12 日判决（D. 1979, IR 198）。

[2]最高法院第一民事庭，1980 年 3 月 19 日（Bull. civ. I. N° 95. p. 79. JCP1980. IV. 213. RTD civ. 1981. 154. F · Chabas 述评；Defrénois1980. I. 1475. L · Aubert 述评）；最高法院商事庭，1990 年 3 月 27 日（Bull. civ. N° 90。p. 60. D. 1990. 390，E · S · de la Mamierre 述评，RTD civ. 1990. 665，J · Mestre 述评）。

[3]巴黎法院，1977 年 1 月 5 日（D. 1977. 262. M · Vasseur 述评）：关于并不明显过分的违约金数额；参见巴黎法院 1977 年 11 月 15 日判决（Gaz. Pal. 1978. I. 97）：关于明显过分的违约金数额；最高法院商事庭，1997 年 2 月 11 日（CCC1997. N° 75. Leveneur 述评，Defrénois1999. 740，Ph. Delebecque 述评，RTD civ. 1997. 654，Mestre 述评）；最高法院第一民事庭，1998 年 3 月 10 日（JCP 1998. IV. 1978）：关于数额明显过分的标准。

[4]最高法院社会庭，1996 年 6 月 5 日（RJDA1997. N° 322. Defrénois1997. 737. D · Mazeaud 述评）。

[5]最高法院第三民事庭，1978 年 7 月 17 日（D. 1979. IR151. D · Landraud 述评）；最高法院第三民事庭，1978 年 12 月 6 日（D. 1979. IR198. Bull. civ. III. N° 294. p. 226）；最高法院第三民事庭，1979 年 1 月 17 日（JCP1979. IV. 98）；最高法院第一民事庭，1982 年 2 月 23 日（Bull. civ. I. N° 85. p. 74. JCP1982. IV. 168. RTD civ. 1982. 603，F · Chabas 述评）；最高法院商事庭，1991 年 2 月 26 日（Bull，civ. IV，N° 91，p. 61）；最高法院第一民事庭，2001 年 7 月 12 日（JCP2002. éd. E. 459，leveneur 述评）。

是要减少或者增加当事人原来约定的违约金数额，则必须具体说明从什么角度看原来规定的此种数额明显过高或者明显过低的理由。[1]

在这里，法官可以进行操作的幅度范围显然就限制在（合同中原已约定的）违约金与损害两者之间。法官在决定运用自己的裁量权力时，并不受强制必须将“违约金数额与损害数额”完全拉平对齐[2]——如果强制法官这样做，也就等于完全抽走了违约金条款的全部意义；如果法官是提高原条款约定的违约金的明显微不足道的数额，也不能将此数额提高到超过受到的（实际）损失的数额；如果法官是减少原来约定的明显过高的违约金数额，则不得将其减少到低于实际损失的数额，[3] 但是，当法官认定“不存在损失”时，则准许其尽量地完全免除一方当事人因合同中规定的违约金条款所带来的重负压力。[4]

---

[1]最高法院第三民事庭，1978 年 4 月 26 日（D. 1978. 349）；最高法院第三民事庭，1979 年 1 月 17 日（前引）；最高法院第三民事庭，1980 年 7 月 1 日（JCP1980. IV. 351）；最高法院商事庭，2001 年 7 月 10 日（CCC2001. N°168. JCP2002. éd. E. 459. Leveneur 述评）：最高法院判决认为，上诉法院为了将违约金的数额减少 2/3，但只是宣告原定数额有点高，却没有查明从什么方面来看原来规定的违约金数额明显过高，因此上诉法院的这一判决没有法律依据。参见最高法院混合庭 1978 年 1 月 20 日判决（D. 1978. IR229. Vasseur 述评，RTD civ. 1978. 377. 672. G · Cornu 述评）；另见 M · 萨卢登：《最高法院对于基层法官在违约金条款方面实行监督的范围》（M · Saluden：Gaz. Pal. 1984. I. 262）。

[2]最高法院商事庭，1979 年 1 月 23 日（JCP1979. IV. 106）。

[3]最高法院第一民事庭，1978 年 7 月 24 日（D. 1979. IR151. D · Landraud 述评，RTD civ. 1979. 150. G · Cornu 述评）；最高法院商事庭，1980 年 6 月 9 日（Bull. civ. IV. N° 245. p. 198）；最高法院商事庭，1982 年 2 月 3 日（D. 1982. IR240. JCP1982. IV. 139）：（法院）只有在明确认定不存在损失的条件下，才能完全免除一方当事人负担由违约金条款所规定的负担，参见最高法院商事庭 1980 年 4 月 28 日判决（Bull. civ. IV. N° 167. p. 132. Gaz. Pal. 1980. 2. pan. 430. Defrénois1980. I. 1477. J · Aubert 述评）。

[4]最高法院商事庭，1980 年 4 月 28 日（前引）；最高法院商事庭，1991 年 7 月 16 日（D. 1992. 365. D · Mazeaud 述评）；另见最高法院第三民事庭，1991 年 1 月 9 日（D. 1991. 481. G · Paisant 述评）。

虽然说我们以上研究的规则具有强制性，但是，从第 1152 条第 2 款规定的“任何相反条款均视为不曾订立”的文字表述来看，在这里实际上只有合同中订立的取消法官上述权力的条款，甚至只有违约金条款，才会被视为不曾订立，（合同的其他条款甚至）整个合同的效力不会因此受到影响。

（2）不仅在债务全部不履行的情况下法官可以行使其享有的调节权力，而且在债的部分不履行情况下也可以行使这一权力。法官的这一权力受到《民法典》第 1231 条的引导：在承诺的义务（engagement）已部分履行时，法官可以根据（1985 年 10 月 11 日第 85-1097 号法律）此种部分履行已经给债权人带来的利益，依职权相应地减少原先约定的违约金，且不影响适用第 1152 条的规定，任何相反条款均视为未予订立。

立法者虽然在第 1231 条的最后特别明确强调“任何相反条款均视为未予订立”——这样做的目的是想借此终止以前的法院判例所存在的弊端，但这一目的并未完全达到：正如人们原来所担心的那样，法院判例仍然认为“如果各方当事人此前就已规定按照债的部分履行给债权人带来利益的比例，相应减少违约金数额，那么，法官也就不得再适用第 1231 条的规定”。[1]

628. 违约金条款与滥用权利条款

消费法的发展引起了违约金条款的地位出现了重大后退，甚至受到排斥。在 1978 年 1 月 10 日法律规定的制度下，违约金条款受到排斥的可能性还是有限的，因为该法第 35 条只是规定由行政机

[1]最高法院商事庭，1980 年 7 月 21 日（Bull. civ. IV. N° 309. p. 250. D. 1981. 335. F · Chabas 述评，JCP1982. II9778. B · Boccara 述评。RTD civ. 981. 399. F · Chabas 述评，Defrénois1981. 861. J · Aubert 述评）；最高法院商事庭，1991 年 11 月 19 日（D. 1993. 56. G · Paisant 述评）。

关“宣告某项确定的条款为滥用权利条款”，实际上只有当违约金条款确定的赔偿数额低于损失的实际价值时，才能按照 1978 年 6 月 24 日法令第 2 条的规定宣告该条款“视为不曾订立”（参见第 326 节）。但是，最高法院在 1991 年 5 月 14 日作出的判决前进了一步，该判决承认，即使没有任何行政机关的行政法规针对某一条款作出任何规定，法官也有权力宣告某项条款具有上述第 35 条意义上的滥用权利性质。最高法院这一判决为这方面的新发展打开了一条道路。[1] 在有些学者看来，仅仅有《民法典》第 1152 条规定的可以降低“明显过分的赔偿金数额”，仍然不足以遏制（合同中存在的）滥用权利行为，因此他们希望司法官能够毫不犹豫地将那些过分的违约金条款认定为“不曾订立”；[2] 与此相反，另有一些学者则认为，这样做势必导致问题的复杂化，因为，“以违约金条款具有滥用权利性质为理由而将其视为不曾订立”，并不意味着债务没有得到履行的债权人就被剥夺了对其所受的损失请求赔偿的权利，也就是说，如果违约金的数额已经降低到实际损失的数额，债权人仍然可以获得按照违约金条款的规定应当给予他的损害赔偿数额。[3]“消费法改革委员会”则建议，如果合同条款只是规定当消费者不履行义务时应当给予确定数额的赔偿金，而不同时规定职业

---

[1]最高法院第一民事庭，1991 年 5 月 14 日（D. 1991. 449. J · Ghestin 述评，JCP991。II21763. G · Paisant 述评，Grands arrêts）。

[2]安娜 · 思乃-西特尔芒：《法国与欧洲格式合同中的滥用权利条款：违约金条款与滥用权利条款，趋向相互接近》（Anne Sinay-Cytermann, Clauses pénales et clauses abusives: vers un rapprochement, in Les clauses abusives dans les contrats types en France et en Europe, LGDJ. 1991. p. 167）；《对消费者的保护还是超级保护?》（JCP1994. I. 3804. N° 9），按照作者的看法，运用滥用权利条款确有其好处，可以彻底解决因违约金条款、废约条款以及提前解除合同条款之间的区分所引发的如何进行性质认定问题。只有滥用权利条款可以使法官运用其调节权力。

[3]J · Kullmann 述评（D. 1992. somm. com. 269）；D · Mazeaud 述评（Gaz. Pal. 1993. 1. 211）。

人不履行义务时也应当支付的赔偿金数额，那么，这样的条款就应当纳入“被推定为滥用权利条款的灰名单”。[1] 至于法院判例，它走的路子是：实行监督。[2]

2009 年 3 月 18 日的法令颁布之后，[3] 这方面的情况发生了明显的新变化。该法令将那些“对不履行义务的非职业人或消费者强制规定数额明显不成比例的赔偿金条款”列入了“滥用权利条款的灰名单”（《消费法典》第 R132-2 条第 3 项），因此，在消费合同中这类违约金条款被推定为滥用权利条款，职业人能够提出相反证据的除外。在这里，我们不禁再一次提出疑问：是否真的有必要打乱债法的传统机制？而这种机制，如果合理地理解，本来是可以确保对债务人的保护的。不论如何，值得我们担心的是，违约金条款今后有可能被局限于用在职业人相互间的关系当中，或者有可能被局限于用在个人之间的关系当中。

第二节　双务合同不履行适用的特别规则

629. 概述

要想很好地理解双务合同不履行的情况下所适用的特别规则，我们应当记住的是，这类合同产生的是当事人双方相互的义

[1] J·加莱-奥洛瓦：《关于新的消费发的建议》（法国文献出版社，1985 年 4 月，第 56 至第 61 页）（J·Calai-AuloyPropositions pour un nouveau droit de la consommation, La Documentation française, avril 1985, p. 56 à 61）。

[2] 巴黎法院，1991 年 9 月 20 日（JCP1991. II. 21866. Anne Sinay - Cytermann 述评，D. 1992. soom. com. 268. J·Kullmann 述评，Gaz. pal. 1993. I. 211. D·Mazeaud 述评）；最高法院第　民事庭，1994 年 1 月 6 日（JCP1994. II. 22237. G·Paisant 述评。D. 1994. somm. com. p. 209. Ph·Delebecque 述评，CCC994. N°58. G·Raymond 述评）。

[3] G·佩桑：《1995 年 2 月 1 日法律之后的违约金条款与滥用权利条款》（G·Paisant, Clauses pénales et clauses abusives après la loi n° 95-96 du 1er février 1995, D. 1995. chron. 223）。

务，而且双方的义务是相互依存的。

由此，我们可以推导出以下 3 个非常重要的后果：

（1）各方当事人的义务应当同时履行，协议中有相反条款约定或者协议本身具有特别性质时除外。只要一方当事人不履行其负担的义务，相对当事人便可以中止履行自己的义务。这就是所谓“同时履行抗辩（权）”（exception d’inexécution）[1]（第 1 节）。

（2）如果一方当事人不履行其义务，相对当事人可以向法院提出请求解除合同，甚至在一方当事人严重违反其义务的情况下，受到法官事后监督，相对当事人可以自行解除合同。这就是“因合同不履行而解除合同”（résolution pour inexécution）。

（3）如果是由于与一方当事人的意志无关的事件妨碍了合同的履行，相对当事人也因此解除其义务。这就是“风险理论”（la théorie des risques）。

第一目　同时履行抗辩（权）

630. 定义

原则上，合同双方当事人各自允诺的给付应当逐一同时履行，例如，买受人在取得物的交付的同时应当支付价金，每一个互易人甚至应当同时交付他们之间进行互易的物。如果一方当事人要求相对当事人履行应当向其履行的给付，却不肯相应地履行自己应为之给付，相对当事人可以依据同时履行抗辩权，拒绝履行自己负担的给付（参见附目第 1219 条）。在拉丁语里，同时履行抗辩权也称为“exceptio non adimplet contractus”（法文为“exception du

---

[1]“同时履行抗辩权”，又称为“不履行抗辩权”，这一概念的法文原文为“exception d’inexécution”，直接翻译应为“不履行抗辩”，也有人译为“履行抗辩”。——译者注

contrat inexécuté”，字面翻译为“未履行合同之抗辩”）[1]。换句话说，所谓同时履行抗辩权，是双务合同的每一方当事人均享有的权利——“只要当事人没有获得应当向其所为之给付，即可拒绝履行其应为之给付”（参见附目第1219条及第1220条）。

同时履行抗辩权的制度具有以下几个特征：

首先，它是一种具有私人正义（justice privée）性质的途径或手段。主张同时履行抗辩权的人是凭自己的主导权而实施行为，无须法官事先作出判决。但是，每一方合同当事人均不会受到相对当事人的专断摆布，因为，每一方当事人均可请求法官认定针对其提出的同时履行抗辩不具备应当具备的条件，认定相对当事人是错误地行使此种抗辩权，并可据此请求损害赔偿。简言之，行使同时履行抗辩权虽然无须法官准许，但是，法官可以监督此种抗辩权的行使是否符合规则。

同时履行抗辩所引起的不是债的消失，而仅仅是推迟债的履行。行使同时履行抗辩权，并不摧毁所订的合同，只是暂停或中止履行合同。合同当事人行使同时履行抗辩权，期待的是自我保护，不因自己单方履行义务而自陷于极为不利的境地，同时也可以借此向相对当事人施加压力，推动其履行他应当履行的义务。不过，由同时履行抗辩权的作用所引起的局面仅仅是一种暂时的局面：要么，运用同时履行抗辩这种施压方法产生了效果，每一方当

[1] R·卡辛：《双务合同关系中因不履行而产生的抗辩》，《巴黎大学学位论文》，1914年（R·Cassin, De l'exception tirée de l'inexécution dans les rapports synallagmatiques, thèse Paris. 1914）；R·萨莱耶：《论拒绝支付抗辩或合同不履行抗辩》（1892年与1893年商法年鉴）（R·Saleille Exception de refus de paiement ou exception non adimpleti contractas, Ann. dr. com. 1892 et 1893）；F·皮乐布：《合同不履行抗辩之研究》，《巴黎大学学位论文》，1914年（F·Pilebout, Recherches sur l'exception d'inexécution, thèse Paris. éd. 1971）；C·马乐克：《论合同不履行抗辩》，《巴黎一大学位论文》，1999年（C·Maleck, L'exception d'inexécution, thèse Paris I. éd. 1999）。

事人最终都履行了各自的义务，要么，看来合同仍然最终得不到履行，那就需要通过“因义务不履行而解除合同”这样一种途径，以期最后解开局面（参见第642节）。

但是，不要混淆“同时履行抗辩”与其他暂时中止履行合同的原因。因为还有很多法律条文规定：遇到障碍、不能正常履行债务的债务人可以获得法官给予的履行宽限期，这就是说，他们也可以获准暂时推迟履行债务（参见附目第1226条第1款），例如，《民法典》第1184条第3款就规定：“解除契约，应向法院提出请求，法院得视情形[1]给予被告一个期限。”[2] 于此情形，合同也会暂时停止或者中止履行，但不是因行使同时履行抗辩权而暂停履行；与同时履行抗辩权不同，在这种情况下，履行的暂时停止对债权人并不是一种保证，而是体现对债务人的一种利益宽待。

631. 同时履行抗辩权（exceptio non adimplet contractus）的起源

（应当注意的是）尽管同时履行抗辩权这一术语最初使用的是拉丁语，其表述为“exceptio non adimplet contractus”，但它并不是源于罗马法条文的规定。罗马法准许受到“履行传唤”的被告针对不主动履行其应为之给付的原告行使欺诈抗辩权，提出欺诈抗辩

[1]例如，《民法典》第1655条有关可能给予受到解除买卖合同之诉讼请求的不动产买受人的期限，《民法典》第1900有关借贷方面给予的期限，此外，还有《消费法典》第311-21条与第312-19条的规定，这两个条文分别就消费借贷与不动产信贷作出了规定：在对主合同的履行发生争议的情况下，法院可以中止新的合同的履行，直至争议解决。在这种情况下，我们面对的便是由相互有依存关系的不同合同产生的义务。

[2]第1184条：“双务契约中，凡是当事人一方不履行义务承诺的情形，均不言而喻地存在解除条件。——但是，在此情况下，契约并不当然解除，一方当事人在他方当事人根本没有履行对其承诺的义务时，可以选择：或者，在契约仍有可能履行时，强制他方当事人履行之，或者，请求解除契约并请求损害赔偿。——解除契约，应向法院提出请求，法院得视情形给予被告一个期限。”

(exception de dol，也译为“恶意抗辩”)。当然，这并不是欺诈抗辩权的一种专门运用，因为（在罗马法里）欺诈抗辩权的适用范围非常广泛，而不仅仅限于双务合同。

“exceptio non adimplet contractus”是由教会法学家（les canonistes，教规学者）以及后注释派法学家（les poste-glossateurs）所创设的概念表述。道德方面的考虑启迪并引导着教会法学家，在他们看来，合同领域完全有理由适用这样一条原则，“对不守约者，无须向其履约”(non servanti fidem non est fides servanda，A qui ne garde pas la foI. foi n'est plus due)。[1] 一方当事人如果不向相对当事人交付其作为交换而允诺的给付，那么，他就不能主张享有合同利益；后注释派法学家将此种方法设计为一种由欺诈抗辩衍生而来的独立的程序上的抗辩：在一方当事人提起履行之诉时，只要他没有主动履行自己应为之给付，主张这种独立的程序性抗辩的相对当事人，虽然不能据此最终摆脱自己的义务承诺，但却可以阻止前者提起的履行之诉。后来，让·多玛与波迪耶[2]则将这项抗辩普遍运用到双务合同当中。

632. 同时履行抗辩权在《民法典》中的运用

同时履行抗辩权，既是一种确定的正义的标志，又是一种多少有点老化陈旧的方法。在法国《民法典》中并未一般地采用一项原则的形式来确认这种抗辩权，法典仅仅确认了对特定的合同适用同时履行抗辩权。例如，第1612条就买卖合同作出如下规定：“如买

---

[1] H · Roland et L · Boyer：《法国法律谚语》，第4版，第272节（*Adages du droit français*，4' éd.，N° 272）。

[2] J · 多玛：《民事法律论》，第3卷第1编第3节（J · Domat，lois civiles，Livre 1，tit. I，sect. 3，N° 2）；波迪耶：《论买卖》，第279节与第327节（Pothier，De la vente，N°s 279 et 327.）。

受人不支付价金，且出卖人并未同意给予其支付宽限期时，出卖人无义务交付标的物。”第 1653 条规定：“受到抵押权诉讼或者财产追还诉讼扰乱或者此种扰乱之威胁的买受人，可以暂行中止支付价金，直至出卖人排除此种扰乱。”[1] 还例如，第 1704 条规定：“互易人一方收取他方向其交付的互易物之后，如证明他方缔约人并非物之所有人，该互易人一方不受强制交付其允诺用于互易之物，而仅应返还其已收受之物。”第 1948 条则规定：“受寄托人得留置寄托物，直至寄托人因寄托而产生的债务全部清偿。”这些条文的规定都是同时履行抗辩权对特定合同的适用。

因此，还是要由法院判例根据《民法典》中上述几个分散的条文规定来具体确定同时履行抗辩权的条件以及行使这种抗辩权的效果。

《德国民法典》第 320 条第 1 款明确规定了不履行抗辩权：“（1）基于双务合同而负担义务的人可以拒绝履行其应当履行的给付，直至对待给付履行为止，但其有义务先履行给付的除外。给付须向 2 人以上履行的，可以向各人拒绝履行其应得的给付之部分，直至全部对待给付被履行为止。（2）给付以由一方部分履行的，再根据情况，特别是由于为履行的那部分给付较细微，拒绝履行对待给付会违反诚实信用原则的限度内，不得拒绝履行对待给付。”[2] 在德国法里，被称为“erfülung zug um zug”，译为法文是“exécution trait pour trait”（逐一相对地履行）。这一规则明显体现了“应当主导合同履行的善意原则”（principe de la bonne foi）。

---

[1]《民法典》第 1653 条：“如买受人因第三人基于抵押权或追还财产之请求权提起的诉讼而受到妨害，或者买受人仅仅是有正当理由担心受到上述诉讼的妨害，也可以暂停支付价金，直至出卖人排除此种妨害为止；但如出卖人愿意提供担保，或者原已订立条款规定即使买受人受到妨害仍应支付价金，不在此限。”

[2]《德国民法典》，法律出版社，2006 年，陈卫佐译。

《瑞士债法典》有类似规定。

一、行使同时履行抗辩权的条件

633. 内容安排

在这方面，人们传统上都是将这种抗辩权应当具备的条件区分为实质条件（1）与实施条件（行使条件）（2）。就实质条件而言，有些条件与未得到履行的债务的性质有关（A），另一些条件则与这些债务的不履行有关（B）。

（1）行使同时抗辩权的实质条件

634. （A）没有得到履行的义务的性质

在过去很长时间里，法院判例对于《民法典》条文有规定的情况之外是否扩张适用同时履行抗辩权，一直犹豫不定，因为，法院判例认为，在没有法律条文规定的情况下，不可能准许合同当事人自寻正义。[1] 后来，到20世纪，法院判例放弃了这一立场，将同时履行抗辩权普遍化，将其适用于所有的双务合同[2]，不过，仍然要求这种双务关系产生的是应当同时履行的债务。

---

[1] J·贝甘：《关于法国法律中“任何人都不得自寻正义”之格言的报告》（J·Beguin, Rapport sur l'adage “Nul ne peut se faire justice à soi-même” en droit français, Travaux. Ass. H·Capitant 研究报告）（t. XVIII. 1966. p. 41. 52.）；另见最高法院诉状审理庭 1897 年 12 月 1 日判决（S. 99. I. 174）。

[2] 例如，在物的租赁方面即是如此，最高法院社会庭，1956 年 5 月 31 日（Bull. civ. IV. N° 503. p. 371）；由于租赁合同是一种双务合同，由其产生的相互义务之间具有依存性，一方当事人不履行其义务时，相对当事人可以不履行自己的义务，因此，只要出租人拒绝对出租场所的状态进行必要的维修，承租人就可以有依据拒绝缴纳租金；按照相同方向，参见最高法院民事庭 1889 年 2 月 11 日判决（DP. 90. I. 121）；最高法院社会庭，1959 年 4 月 10 日（D. 1960. 61）；最高法院第一民事庭，1961 年 12 月 27 日（Bull. civ. I. N°630. p. 499）；另见最高法院社会庭 1959 年 3 月 12 日判决（D. 1960. 8）；最高法院商事庭，1962 年 12 月 19 日（Bull. civ. III. N°523. p. 431）；关于委托合同，参见最高法院商事庭 1981 年 6 月 16 日判决（JCP1981. IV. 318）。

635. (a)（应当是）相互依存的义务

同时履行抗辩权首选的适用领域是双务合同。适用范围的这种契合与一致性，是很容易理解的：如果涉及的是履行由一项单务合同产生的义务，当然很难设想可以适用同时履行抗辩，因为，从单务合同的定义本身就可以看出，这种合同只能产生由一方当事人负担的义务；与此相反，涉及双务合同的履行时，同时履行抗辩权则很容易得到解释，双务合同的特征恰恰就在于其产生的由双方当事人各自负担的义务具有相互性，并且具有相互依存性。[1] 从这一角度出发，法院判例将同时履行抗辩权与（债的）原因这一概念联系起来。最高法院民事庭 1941 年 12 月 30 日的判决认定："双务合同中，每一缔约当事人的债务的原因即在其考虑的应由相对当事人实际履行的债务之中。任何一方当事人不履行其义务承诺，或者承诺无效，或者其所做承诺不能实现时，均意味着债无原因。" 最高法院诉状审理庭 1938 年 5 月 17 日的判决也认定："双务合同，在一方当事人不履行债务时，赋予对方当事人不履行其债务的权利，由双务合同产生的双方当事人的相互债务具有的相互依存性质，从根本上来说，其前提条件是因这种债务是由同一合同产生。"[2] 这样一来，原因就是指相对当事人的债的履行，而不是相对当事人的债务本身（参见第 353 节）。

运用合同原因理论，对于解释在不履行双务合同的情况下同时履行抗辩权的作用显然是非常管用的，但是，在这里运用合同原因理论，并不是将履行抗辩权限制适用于不履行双务合同的情形。因为，法院判例实际上将原因理论的适用范围扩张至所有的双务关

---

[1] 还要求是两项对人之债，因此，在一项规定"不得进行建筑的役权"以某项对人之债作为对待给付的合同框架内，不履行抗辩不能起作用。参见最高法院第三民事庭 1998 年 1 月 21 日判决（D. 1999. 571. Mallet-Bricout 述评）。

[2] 最高法院民事庭，1920 年 5 月 5 日（DP1926. I. 37）；最高法院诉状审理庭，1938 年 5 月 17 日（DH. 1938. 419）。

系，其中包括那些并非直接产生于某项合同的双务关系，例如，因双务合同无效或者被解除之后，当事人相互之间应当进行的返还，也适用同时履行抗辩权。[1]

与此相反，虽然两个人互为债权人与债务人，但他们之间的债并不具有相互依存性时，[2] 在此两人之间则不能适用同时履行抗辩。例如，如果出租人因其向承租人进行借贷，而这项借贷与租约本身毫无关系时，出租人虽然由此而成为承租人的债务人，但承租人却不能以其借贷的款项没有得到偿还而停止缴纳租金。[3]

说到底，要想准确地划分同时履行抗辩权与其他相近的概念，并不总是一件容易的事，当我们面对的是由某项不完全的双务合同产生的债或者由准合同产生的债时，更是如此。当受寄托人或者无因管理人[4]为了保管受寄托之物或受管理之物而投入了费用时，当然可以留置寄托人所寄托之物或由其保管之物，直至寄托或管理费用得到偿还，然而，这种情况到底属于同时履行抗辩权还是属于留置权？就有待进一步讨论了。

---

[1]最高法院民事庭，1928年12月17日（DH1929. 52）。

[2]例如，由分开的不同协议所产生的债，即使是在相同的当事人之间订立的这些协议，参见最高法院诉状审理庭1938年5月14日判决（DH. 1938. 419）；最高法院商事庭，1973年11月26日（Bull. civ. IV. N° 340. p. 303. Defrénois1975. 388. J · Aubert 述评）；另见最高法院商事庭2005年7月12日判决（JCP2005. I. 2311. N° 19. Constantin 述评，Defrénois2006. 610. Libchaber 述评）：如果一方当事人没有履行其合同义务，即使是由分开的不同合同产生的义务，只要后一合同的履行与前一合同的履行有联系，那么相对当事人也就有正当理由不履行自己的合同义务。关于不履行抗辩适用于相互有依存关系的一系列的合同产生的义务问题，参见S · 布洛斯：《论合同之间的相互依存性》，《巴黎二大学位论文》，2001年（S · Bros, L'interdépendance contractuelle, thèse Paris II. 2001. N°614）。

[3]卢昂法院，1854年2月1日（S. 56. 2. 398）；但是，在双方当事人的债务数额已经确定、已经到期、可以追偿时，属于“具备法定的抵销条件”。参见最高法院第三民事庭1998年7月1日判决（D. 1979. somm. com. p. 117. L · Aynes 述评）。

[4]最高法院民事庭，1868年12月8日（DP. 69. I. 76）；最高法院民事庭，1904年1月15日（DP1904. I. 601. Guénée 述评，S. 1910. I. 142）。

636. 同时履行抗辩权与留置权（的区别）

受到19世纪某些学理分析或理论见解的指导，法院判例在过去有一段时间里甚至并不使用“同时履行抗辩”这一表述，而是将这方面所做的处理，甚至将《民法典》的一些条文所作的规定，统统与留置权的机制联系起来，[1] 因为债权人依据留置权可以拒绝返还属于债务人的物，直至其债权得到清偿。但是，最高法院最近作出的一些判决则直接运用了“同时履行抗辩权”的概念。[2]

法院判例的这种演变也引起人们对如何区分同时履行抗辩与留置权的探讨。同时履行抗辩与留置权两者的机制都是某种私人正义的体现，两者都准许一个人至少可以暂时保留（不履行）其应当进行的给付，以保障其应当获得的给付，从这个意义来说，同时履行抗辩权与留置权确实有着某种紧密的相似关系。

正因为如此，要想在同时履行抗辩权与留置权之间划出一条明显的分界限，并不是一件容易的事。不过，有些学者经过深入的理论分析，提出了他们的看法，认为[3]同时履行抗辩权是建立在由同一双务关系产生的义务之间所存在的相互依存性约束（lien d’interdépendance）的基础之上，而留置权则是来自“债权与物的留置”两者之间存在的关联性约束（lien de connexité）。[4]

---

[1]例如，最高法院民事庭1934年12月5日判决（S. 1934. I. 1934. l. 46）。

[2]例如，最高法院社会庭1945年1月12日判决（Gaz. Pal. 1945. I. 88）；最高法院民事庭，1866年1月17日（DP66. I. 76）。

[3]参见洛迪耶述评（Rodière，D. 1965. 58. 78.）；N·卡塔拉：《论留置权的法律性质》（N·Catala，De la nature juridique du droit de rétention，RTD civ. 1967. p. 9. p. 15）；J·芒德-加普：《论留置权的狭义概念》（J·Mande-DJapou，La notion étroite du droit de rétention，JCP1976. I. 2760）；咖贝-萨巴提耶：《关联性在债法演变中的作用》（Gabet-Sabatier，Le rôle de la connexité dans l’évolution du droit des obligations，RTD civ. 1980. p. 39. et 40）。

[4]《担保，不动产公告》，N°580；A·埃内斯：《论留置权》，《巴黎二大学位论文》（A·Aynes，Le droit de rétention，thèse Paris II. éd. 2005. N°194. p. 153）。

如果一方当事人打算中止履行的义务不是以某种物的返还为标的，那么，运用上述区分标准是不会有任何困难的，例如，委托代理人为了完成委托事务而投入了费用，只要这些费用没有得到偿还，他就可以拒绝向委托人汇报其执行的任务，于此情形，显然只能运用同时履行抗辩权；与此相反，如果被中止履行的义务是转移某物或返还某物，是行使留置权还是行使同时履行抗辩权，选择起来就不那么容易。因为，如果我们承认在双务合同中，即使是在不完全的双务合同中，双方当事人各自承担的义务之间存在着相互依存关系，那么，留置权与同时履行抗辩权这两个概念各自的适用范围就在相当广泛的程度上发生重叠。人们一般认为，价金没有获得清偿的出卖人可以依此原因，拒绝交付其出卖之物，在这种情况下，他是在行使同时履行抗辩权，而不是行使留置权；反过来，人们一般也倾向于认为，如果他人之物的持有人为了保管或改进该物而投入了费用，只要这些费用没有获得偿还，即可拒绝放弃对其保管之物的持有，在这种情况下，持有人行使的便是留置权，而不是同时履行抗辩权，或者，持有人因其持有之物而受到了损害时，[1]他就此请求赔偿而拒绝返还该物的情况，同样属于行使留置权。

637.（b）（应当是有待）同时履行的债务

要想运用同时履行抗辩权，不仅要求双方当事人承担的是相互义务，并且是相互有依存性的义务，而且还要求这些义务是应当逐一相对的同时履行的义务，例如，用现金支付的现货买卖，买受人在出卖人向其交付（标的）物（现货）之时刻即应支付价金，如果一方不履行其义务，他方即可以暂停履行自己的义务（此谓“一手交钱，一手交货”）。

---

[1]关于这一问题，参见 G · Cornu 述评（RTD civ. 1973. 789）。

这种履行之同时性要求，可以用来解释为什么在一方当事人原已同意给予相对当事人以一定的履行债务的期限时，即应排除同时履行抗辩权，例如，在赊账销售中就不能行使同时履行抗辩权：出卖人不得借口买受人尚未支付价金而拒绝交付买卖之物，因为买受人（暂时）无须支付现款。同时履行抗辩体现了一方当事人在一定程度上不信任相对当事人的本能反应，因此，在一方当事人通过合同条款同意给予相对当事人以信贷时，同样排除同时履行抗辩权，这是完全符合逻辑的，须知，在法语中，“信贷”（crédit）一词本身就有“信任”（confiance）之意。

本着同样的思想，按照有些习惯做法，也可以强制一方当事人率先履行其义务，这样也就取消了该方当事人享有的同时履行抗辩权。例如，旅馆经营者只有在住店客人离店时或者在住店一段时间之后才会向客人提交账单，与之结账；餐馆也是如此，通常都是在用餐消费结束之后才会买单付款。

不过，有些法院判决也承认，即使主张同时履行抗辩权的人的债权本身还不是数额确定，可以要求清偿的到期债权，[1] 仍然可以行使此种抗辩权。

更加广泛地说，当附期限的债的履行存在某种疑问（不能肯定得到履行）时，此种债务的债权人可以通过民事诉讼规则，或者准确地说，可以依据特别紧急审理程序的有关条文规定，获准暂时停止履行自己负担的义务，这种情况下，也就等于提前承认其享有同时履行抗辩权。[2]

---

[1]最高法院商事庭 1993 年 2 月 2 日判决（RTD civ. 1993. 819. J · Mestre 述评），该判决准许公司股份的受让人暂停支付其受让取得的股份的价金，因为该受让人可能有依据主张对其有利的约定的担保条款。这一判例等于是对同时履行抗辩所具有的中止效力增加了一种可以提前发挥作用的力量。

[2]关于这一问题，参见 A · 皮纳：《因存在不履行的风险而提出的抗辩》（A · Pinna, L'exception pour risque d'inexécution, RTD civ. 2003. p. 31）。

638.（B）债的不履行

要想有效地主张同时履行抗辩权，必须有与此相关联的、相对应的债的不履行。

至于是何种原因引起债的不履行，不在考虑之列：可能是由于债务人有过错造成债的不履行，也可能是因为发生不可抗力事件，阻止了债的履行，[1] 因而可以暂时中止履行债务。

同样，债是全部不履行还是仅仅部分不履行，亦在所不问。债的部分履行，不是法律意义上所说的履行。不过，还应当要求债权人所声称的不履行不是由于可以归咎于其本人的原因所引起，[2] 或者，债权人也不能以相对当事人有微不足道的不履行事由为借口[3]即中止履行自己的给付。这是合同善意所要求的。同时履行抗辩虽然是一种施加压力的手段，但不能将其变成一种要挟手段或讹诈手段。当事人的要求也不能与其受到的损害不成比例，这就如同刑法方面一样，正当防卫应当与受到的攻击（情节）相适应。正因为如此，当承租人抱怨因（出租人）没有履行修缮义务而致使其不能使用承租的场所时，法院判例往往拒绝承租人所主张的不缴纳

[1]参见J·Carbonnier述评（RTD civ. 1957. 327）；最高法院第一民事庭，1981年2月24日（Bull. civ. I. N°65. p. 53. D. 1982. 479. D·Martin述评，JCP1981. IV. 165）。

[2]最高法院第三民事庭，1970年3月5日（Bull. civ. III. N°173. p. 129）。

[3]最高法院社会庭，1945年1月12日（前引判决）；最高法院社会庭，1954年10月21日（JCP1955. II. 8563. Ourliac et de Juglart述评，RTD civ. 1957. 143. J·Carbonnier述评）；最高法院第一民事庭，1963年10月23日（D. 1964. 33，Voirin述评，JCP1964. II. 13485. J·Mazeaud述评）；最高法院商事庭，1979年1月30日（D. 1979. IRp. 317）；关于实体审法官的裁量权力，参见最高法院第一民事庭1961年12月27日判决（Bull. civ. I. N°630. p. 499）；最高法院第一民事庭，1974年3月15日（JCP1974. II. 17707. Voulet述评）。

租金的请求。[1] 当同时履行抗辩权的行使足以危害到相对当事人的企业的正常运作时，[2] 或者甚至危及相对当事人的人身安全时，法院判例也排除运用这种抗辩权。[3]

（2）同时履行抗辩权的行使条件

639. 行使同时履行抗辩权无须通过司法途径

行使同时履行抗辩权，作为在任何诉讼之外运作的一种私人正义途径，原则上，既不需要向法院提起诉讼，甚至也不需要向不履行债务的当事人进行催告。[4] 在相对当事人要求履行其债权时，行使同时履行抗辩权的人只需以此抗辩相对抗，即告足够。在这一点上，同时履行抗辩有别于解除合同，后者原则上属于司法性

[1]最高法院民事庭，1927年12月21日（DH1928. 82）；最高法院社会庭，1955年7月7日（D. 1957. I. Savatier述评，RTD civ. 1957. 143. J · Carbonnier述评）；最高法院第一民事庭，1961年5月26日（Bull. civ. I. N°264. p. 209）；最高法院社会庭，1964年3月6日（Bull. civ. IV. N° 215. p. 174）；最高法院第三民事庭，1973年11月21日（Bull. civ. III. N°593. p. 432）；与此相反，当不动产承租人无法使用其承租的场所时，则没有义务缴纳租金，参见最高法院第三民事庭1987年12月21日判决（Bull. civ. III. N. 212. p. 125. RTD civ. 1988. 371. PH · Remy述评），或者，如果场所的状况不好，致使承租人不能按照租约的约定从事经营时，也无义务缴纳租金，参见最高法院民事庭1993年12月15日判决（D. 1994. 462. M · Storck述评）；如果承租人不缴纳租金，出租人可以拒绝对出租物进行维护，因为缴纳租金是承租人的主要义务，参见最高法院民事庭1951年3月26日判决（Gaz. Pal. 1952. I. 72. RTD civ. 1952. 241. J · Carbonnier述评）；巴黎法院，1980年6月27日（D. 1981. IRp. 102）；按照相同思想，一家大饭店的经理虽然对债务的原则没有争议，但却因22法郎的电费发生争议，供电公司以此为借口，中止向该饭店供电。这一做法很不适当。参见最高法院诉状审理庭1897年12月1日判决（DP1898. I. 289. Planiol述评）。

[2]图卢兹法院，1985年10月30日（RTD civ. 986. 591. J · Mestre述评）；另见最高法院第一民事庭1995年7月18日判决（Bull. civ. I. N°322. p. 225. RTD CIV. 1996. 592. J · Mestre述评）。

[3]最高法院第一民事庭，1985年10月9日（RTD civ. 1986. 592. J · Mestre述评）。

[4]最高法院商事庭，1970年1月27日（JCP1970. II16554. A · Huet述评，RTD civ. 1971. 136. Y · Loussouarn述评）；最高法院商事庭，1979年12月10日（Bull. civ. IV. N°327. p. 258. JCP1980. IV. p. 81）；另见最高法院第三民事庭1992年5月26日判决（Bull. civ. III. N°176. p. 107. RTD civ. 1993. 377. Gautier述评）。

质。《民法典》第1612条规定："如买受人不支付价金，且出卖人并未同意给予其支付宽限期时，出卖人无义务交付标的物。"第1653条也规定："如买受人因第三人基于抵押权或追还财产之请求权提起的诉讼而受到妨害，或者买受人仅仅是有正当理由担心受到上述诉讼的妨害，也可以暂停支付价金，直至出卖人排除此种妨害为止；但如出卖人愿意提供担保，或者原已订立条款规定即使买受人受到妨害仍应支付价金，不在此限。"（参见第652节）。

不过，谨慎起见，行使同时履行抗辩权的当事人也可以首先向法院提起诉讼，[1] 相对当事人自然可以向法官提出请求认定不具备同时履行抗辩权的条件，认定当事人以同时履行抗辩权相对抗是错误的。在此情况下，行使同时履行抗辩权的人应当负举证责任，证明相对当事人不履行义务。[2] 不能提出此种证据的同时履行抗辩人可能被判处赔偿由其实施的抗辩行为给相对当事人造成的损失。

有时，有些特别法律还规定，当事人在行使同时履行抗辩权之前应当进行催告，在保险方面即是如此，《保险法典》第113-3条规定："在被保险人不缴纳保费的情况下，只有在向被保险人进行催告之后经过30日才能中止担保（保险）。"

二、同时履行抗辩权的效果

(1) 同时履行抗辩权在当事人之间的效果

640. 中止债的履行

行使同时履行抗辩权的人，如果他所主张的此项抗辩权具备法律要求的各项条件，即可中止履行其负担的给付义务，就如同其享

[1]最高法院社会庭，1959年4月10日（D. 1960. 61）。
[2]最高法院第一民事庭，1990年12月18日（Bull. civ. I. N°96. p. 207）。

有（合同中）规定的期限可以给其带来的利益一样，[1] 但合同本身仍然存在：[2] 双方当事人只有在合同解除之后才能解除债务。[3] 这种局面所引起的后果既与同时履行抗辩权的强制性有关，又与其产生的保证作用有关。

（1）从同时履行抗辩权的强制作用来考虑，我们需要注意以下两点：

首先，从否定角度来看，主张同时履行抗辩权的人可以阻止针对其采取的任何履行措施，即使其债务已经到期，仍然可以阻止并中止债务的履行；但是，这种状态是一种短暂即逝的状态。只要债务人方面开始履行债务，同时履行抗辩权对债权人的保护也就随之烟消云散。[4] 可见，同时履行抗辩权带有某种不确定性，这也会对债权人造成障碍。为了排除这种不确定性所造成的障碍，法律承认债权人有权请求解除合同，甚至承认其在相对当事人严重违反义务的情况下有权自行宣告解除合同（参见第 660 节）。

从肯定的角度来说，恰到好处地运用同时履行抗辩权的人，将其作为一项能够对债务人产生威慑力的措施，可据此向相对当事人

---

[1] 关于合同中止履行问题，参见 R·萨朗特：《简论合同的中止履行》，《巴黎大学学位论文》，1929 年（R · Sarrante, De la suspension de l'exécution des contrats, thèse Paris. 1929）；勒布雷：《论合同的中止与解除》（Lebret, Suspension et résolution des contrats, Rev. crit. leg et jur, 1924. 581）；阿尔兹：《论连续履行的合同的中止履行》（Artz, La suspension du contrat à exécution successive, D. 1979. chron. p. 5）；亚马古施：《欧盟成员国里劳动合同中止的理论及其实际运用》（yamaguchi, La théorie de la suspension du contrat du travail et ses applications pratiques dans le droit des pays membres de la communauté européenne, thèse 1963）；在合同暂时中止履行的期间，每一方当事人均对相对当事人负有诚信义务。关于劳动合同的中止履行，参见最高法院社会庭 2001 年 2 月 6 日判决（JCP2001. II. I0576）；最高法院社会庭，2001 年 5 月 10 日（Bull. civ. V. N° 159. RTD CIV. 2001. 880. Mestre et Fages 述评）。

[2] 最高法院商事庭，1973 年 1 月 15 日（Bull. civ. IV. N°24. p. 18. D. 1973. 473）。

[3] 最高法院商事庭，1992 年 12 月 1 日（RTD civ. 1993. 578. J · Mestre 述评）。

[4] 奥尔良法院，1975 年 10 月 23 日（JCP1977. II. 18653. Ph · Le Tourneau 述评）。

施加压力，迫使债务人履行合同。[1]

（2）从同时履行抗辩权产生的保证作用来看，此种抗辩权也是不容忽视的，当债权没有得到满足的债权人应当进行的给付是交付某物时，更是如此，例如，价金没有得到清偿的出卖人可以留置其卖出之物，直至价金全额偿付为止。

（2）同时履行抗辩权对第三人的效果

641. 同时履行抗辩权的对抗效力

同时履行抗辩权可以对抗所有（以合同为依据）主张履行合同的人，但仅能对抗这样的人。

在第三人的请求必然是以合同为依据时，同样可以对第三人主张同时履行抗辩权。例如，第三人如果取代债务人行使代位诉权，提起代位诉讼，那么，他就会像债务人本人一样，可能受到同时履行抗辩权的对抗；对于不履行义务的合同当事人的无担保债权人或普通债权人，同时履行抗辩权也具有对抗效力，例如，当普通债权人主张一般担保权——债务人的概括财产是对其债权人的一般担保——并打算在债务人的合同相对当事人手中扣押其因合同而持有的某项财产时，该相对当事人就可以以其债权获得清偿作为前提条件返还当前其持有之物。

与此相反，当第三人主张的特定权利与合同绝对无关时，同时履行抗辩权不产生对抗效力。[2]

第二目 因不履行而解除合同

642. 概述

双务合同的一方当事人不履行其债务，相对当事人可以选择：

[1] F·Pillebout（前引书），p. 224.

[2] 参见最高法院民事庭，1877年1月29日判决（DP77. I. 280. S. 77. I. 250）。

或者请求强制履行合同，或者请求解除（la résolution）合同，并且还可以对因合同的不履行给其造成的损失请求损害赔偿。

解除合同是一种严重的措施，因为它将溯及既往地消灭合同。解除合同原则上具有诉讼性质：法官需要根据合同不履行的程度或范围，审查是否有理由宣告解除合同。但是，经诉讼途径解除合同，是一种既耗费时间又耗费金钱的做法，因此，法律、法院判例，或者当事人之间的协议，有时也排除法官的这种事先干预。我们在下面首先来研究经司法途径解除合同——经诉讼解除合同（一），然后再介绍《民法典》第 1184 条规定的制度的例外（二）。

一、普通法：司法解除合同

643. 内容安排

《民法典》并未采用一般原则的形式对同时履行抗辩权进行规范（参见第 632 节），与此不同，对司法解除合同则确定了原则，并作出了一般规定。[1] 第 1184 条规定："双务契约中，凡是当事人一方不履行义务承诺的情形，均不言而喻地存在解除条件。"（第 1 款）。"但是，在此情况下，契约并不当然解除，一方当事人在相对当事人根本没有履行对其承诺的义务时，可以选择：或者，在契约仍有可能履行时，强制他方当事人履行之，或者，请求

[1] 皮卡尔与普鲁多梅：《简论因债的不履行经司法解除合同》（Picard et Prud'homme, La résolution judiciaire des contrats pour inexécution des obligations, RTD CIV. 1912. 61）；R · 卡辛：《因不履行而司法解除合同》（R · Cassin, La résolution judiciaire pour inexécution, Ass. H · Capitant. 1938. p. 64）；关于因（债的）不履行经司法解除合同的思考（Réflexions sur la résolution judiciaire pour inexécution, RTD civ. 1945. 159）；勒佩利耶：《因不履行（债的）经司法解除合同》（Lepelier, La résolution judiciaire des contrats pour inexécution, thèse Caen. 1934）；D · 塔里容：《因双方当事人都有错而解除合同》（D · Tallon, La résolution du contrat aux torts réciproques, Mélanges Freyria. p. 232）；Th · 热尼孔：《论因债的不履行而解除合同》，《巴黎二大学位论文》，2007 年（Th · Genicon, La résolution du contrat pour inexécution, thèse Paris II, éd. 2007）。

解除契约并请求损害赔偿。”（第 2 款）。“解除契约，应向法院提出请求，法院得视情形给予被告一个期限。”（第 3 款）。

我们在下面首先要回顾一下解除权的起源，然后再分别研究解除合同的条件（A）与效果（B）。

644. 解除权（droit de résolution）的起源[1]

在罗马法里，诺成合同并不存在因其不履行而请求解除合同的权利，而买卖就是典型的诺成合同。由此带来的结果是，出卖人，只要同意让与买受人一个（清偿）期限，便不能要求买受人返还他已出卖之物，出卖人方面有可能因此而陷入无支付能力的困境。为了避免这种风险，罗马人在实践中想出一个办法：在买卖文书中写入一项被称为“lex commissoria”的条款（如不履行就取消合同的约款），法文称其为“pacte commissoire”。在买卖文书写入这种条款，也就赋予出卖人以权利：在约定期限已到，买受人仍然不支付价金的情况下解除合同。这虽然是合同的解除（résolution），但它来自当事人的协议约定的解除（而不是司法解除）。

法国《民法典》第 1184 条第 1 款规定：“双务契约中，凡是当事人一方不履行义务承诺的情形，均不言而喻地存在解除条件。”这一条文的文字表述也证明《民法典》的制定者们受到了罗马人实践做法的启示与引导，当然，罗马人的这种做法在法国旧法时代就一直得到维持；不过，法国《民法典》的制定者将第 1184 条所确认的请求司法解除合同的权利看成是一

[1] G·博埃耶：《关于解除合同的历史探源》，《图卢兹大学学位论文》，1924 年（G·Boyer, *Recherches historiques sur la résolution des contrats*, thèse Toulouse. 1924）。

种默示的“如不履行就取消合同之约款”。这实际上是搞错了司法解除合同之请求权的真正起源，因为，在请求经司法途径解除合同的权利与“lex commissoria[1]”约款（如不履行就取消合同之约款）这两类规则之间存在着明显的差别。例如，在所有的双务合同中都存在解除合同的权利，任何一方当事人都可以主张这项权利，而“lex commissoria”约款（如不履行就取消合同之约款）则仅仅是在买卖合同中订立的条款；此外，“lex commissoria”约款可以（不经司法途径而）当然发挥效力，但是按照法国《民法典》第1148条的规定，是否有必要宣告解除合同，要由法院（司法）来裁判决定。

实际上，（法国法里的）双务合同的司法解除（résolution judiciaire），这种实践并不是源于罗马法而是源于教会法。教会法学者们阐明了将双务合同产生的相互义务连接在一起的链锁，并且从中推导出一条规则：不信守其允诺的合同当事人，丧失要求相对当事人兑现向其所做允诺的权利。“对不守约者，无须向其履约”（frangenti fidem non est fides servanda，A celui qui rompt la foi，la foi n’est plus due）（参见第631节）。[2]教会法学者从这一规则中得出的结论是：一方当事人，不能获得相对当事人履行给付的，不仅有权不履行自己应当进行的给付（exceptio non adimpleti contractus，不履行抗辩），而且还可以请求解除合同。只不过，要想获准解除合同，当事人应当通过法院，因为只有法院才能为该方当事人解除其负担的义务；

[1]“lex commissoria”，国内书籍一般都简称其为“解约条款”（如，黄风编著：《罗马法词典》），但是，这类条款并非一般的解约条款，而是指在特定合同中订立的一种带有威胁性质的条款，也就是说，对当事人事先给以警告：“如不按照合同的规定履行义务，就取消合同或契约。”也有人将这种条款称为“失权约款”。——译者注

[2]H·罗朗与博埃耶：《法国法律格言》，第4版，第146节（H·Roland et L·Boyer，*Adages du droit français*，4e éd.，n° 146）。

而且法官享有广泛的裁判权力，不仅可以考虑双方当事人的意思，而且可以考虑他们的道德以及所处的具体经济形势。这样，法官就可以根据具体情况，或者宣告解除合同，或者驳回解除合同的请求，如果法官驳回解除合同的请求，有时还可以规定履行合同的期限；如果法官宣告解除合同，也可以增加补充的制裁，也就是增加教会法规定的处罚。按照教会法学者的理解，解除合同首先是一种制裁，而对有过错的合同当事人首选的制裁，就是要让他丧失享有其订立的合同（本可带来）的利益：这是一种因“不信守既出之誓言”而受到的制裁，随后，这种制裁被扩张到违反没有誓言的允诺，它所依据的思想是：违反诺言者，原来是说谎。这是一种罪过（un péché）（参见第130节）。

合同解除制度慢慢地从教会法进入世俗法（droit civil，民法）。然而，由于受到了罗马法学者的抵制，世俗法转用这种制度却经历了相当漫长的时间。罗马法学家尤其主张对于买卖（合同）应当继续维持罗马法的已经“非常明确的处理”：（按照罗马法）只有在合同中订立了“lex commissoria”的情况下，才能为出卖人的利益解除合同。我们知道，成文法国家的学者们对罗马法传统表现得特别忠诚。

在习惯法国家里，对待这一问题并不如此严格。到了16世纪，在杜穆兰（Dumoulin）的影响下，习惯法国家就已经承认如同教会法所构建的那种解除合同的理论；法院按照习惯法作出的判决也是遵循这种理论。[1]

---

[1]解除合同的民事处罚性质已经有所减弱。人们将解除合同更多看成是一种有利于“抱怨合同不履行”的债权人的防御手段，而较少将其看成是对不履行合同的当事人的一种处罚，但是，（解除合同中所包含的）制裁思想并没有完全消失。罗马法学者始终认为法官享有广泛的裁量权力：特别是法官可以宣告解除合同并且对不履行义务的债务人宣告补充的损害赔偿。

在17世纪，让·多玛一般地阐述了“只要相互义务没有履行即可解除合同”的原则。他肯定地认为：买卖合同也同样是如此。对于买卖而言，没有必要要求具备某种解除条件才能解除合同；他还补充说：因为，双方当事人想要的是，只有每一方都履行自己的义务的情况下合同才能存在。在这里，已经清楚地揭示出有关原因的思想。

18世纪期间，这一传统得到了保持，波迪耶接受了这一传统。他认为，与罗马法有所不同，在法国法里，买卖合同的解除既利于买受人也利于出卖人。为了说明解除合同的理由，波迪耶并没有说（双务合同中存在）“不言而喻的解除条件”，而是直接将合同的解除与当事人的意思紧紧联系在一起：“当一个人所做的允诺达到这样的程度：如果没有这种允诺，他人就不会与其订立合同时，那么，出卖人或者买受人不履行其允诺的义务，即引起合同的解除。”我们同样可以看到，这里更加清楚地揭示了原因论的思想：原因被作为解除合同的依据。

那么，始终紧紧遵循波迪耶学说的法国《民法典》的制定者们又怎么会在其后将合同的解除与解除条件联系起来并且在法典中作出了“双务契约中，凡是当事人一方不履行义务承诺的情形，均不言而喻地存在解除条件”这样的规定呢？简单地说，是因为波迪耶改变了有关解除条件的章节中所阐述的合同解除理论，他说，鉴于法官可以依职权宣告解除合同，因此，无须在合同中写入解除条件。《民法典》的制定者（在制定上述条文时）不是说“无须写入解除条件”，而是将其表述为“双务合同中不言而喻地存在解除条件”。这两者实际上是完全不同的。

总而言之，尽管《民法典》第1184条提到的是“在双务合同中不言而喻地存在解除条件”，但是，没有获得给付的一方当事人解除合同请求权的依据却在“将双务合同创设的双方义务连接起来的链锁”当中。

（1）司法解除合同的条件

645. 内容安排

在这里，我们依然按照通常都会涉及的内容来进行安排与讨论，所以依次探讨的问题是，因合同不履行经司法解除合同的实质条件（A）与实施条件（B）。对于司法解除合同要求具备的实质条件，我们首先研究的是与没有得到履行的合同（本身）有关的条件（a），然后再研究与合同的不履行有关的条件（b）。

646. （A）司法解除（合同）的实质条件。（a）与没有得到履行的合同有关的条件

如果我们拘泥于《民法典》第 1184 条的文字表述，（似乎）司法解除合同仅仅适用于双务合同。虽然说双务合同是司法解除制度的首选适用范围，但这两个概念并非完全吻合一致，因为，也有一些双务合同是不能解除的合同，同时也有一些合同可以经司法解除，但它们并不是双务合同。[1]

647. 司法解除适用于双务合同

双务合同之所以适用司法解除，源于解除权的依据就在于（债

---

[1]拉里波-特尔浑尔：《解除之诉的适用范围，关于双务合同的探讨》，《波城大学学位论文》，1988 年（Larribau-Temeyre，Le domaine de l’action résolutoire：Recherches sur le contrat synallagma tique，thèse ronéot. Pau. 1988）；Th · 热尼孔：《合同因不履行而解除》，《巴黎二大学位论文》，2007 年（Th · Genicon，La résolution du contrat pour inexécution，thèse Paris II. éd. 2007. p. 193. N°259）。

的）原因这一概念当中，虽然这不是它的唯一依据，但却是主要依据。

只要一方当事人不履行其义务，给予相对当事人解除其义务的权利，当然是正确的做法。因为，如果强制履行合同，必然要多费周折，不仅过程漫长，而且需要付出很高的费用，况且，并非任何情况下都可以强制当事人履行合同。这样一来，原告只能满足于请求损害赔偿，但他自己却仍需履行原已承担的义务。这显然不是原告原本期待的结果。从这里，我们可以看到，解除合同请求权产生于这样一个想法：合同当事人当初之所以承诺义务，是为了获得他方当事人对其允诺的给付作为回应。在一方当事人不履行允诺的给付的情况下，相对当事人的债务便成了没有原因之债。[1]

648. 司法解除合同对有偿性单务合同的扩张适用

当借贷人不支付约定的利息时，当受质人没有尽到注意保管质押物之义务时（《民法典》第 2080 条），贷与人或者设质人可以请

[1]最高法院民事庭，1891 年 4 月 14 日（DP91. I. 329. Planiol 述评，S. 94. I. 391. Grands arrêts. t. 2. N°179）；最高法院民事庭，1920 年 5 月 5 日（S. 1922. I. 298）；最高法院民事庭，1941 年 12 月 30 日（DH1924. 98）；卡比唐：《原因论》（Capitant，De la cause，N°147；R·Savatier 述评，D. 1950. 566）；维克尔：《法律的拟制，关于法律行为的分析思考》，《佩尔比尼扬大学学位论文》，1997 年（Wicker，Les fictions juridiques，contribution à l'analyse de l'acte juridique，thèse Perpignan. éd. 1997. N° 305. p. 285）。也有人提出了其他的解释，例如，运用“等值”概念：在双务合同里，基于作为期待的等值的某项原因之必要性，这一要求就表现在合同成立之时；在合同履行过程中，这种等值要求则是通过不履行抗辩以及解除合同来体现的。参见穆里：《论等值概念的作用》，《图卢兹大学学位论文》，1920 年（Maury，Essai sur le rôle de la notion d'équivalence，thèse Toulouse1920）；还有人提出另一种看法，他们认为：解除合同是对恶意的一种制裁（参见 Josserand：t. 2. N°379）；也有人提出，在解除权里体现了对责任概念的运用，法官有权命令采取有利于阻止损害发生或者防止损害扩大的措施（例如，命令拆除已实施的工程）：没有得到履行的义务的债权人，如其没有解除自己的义务，则将受到损害，法官为了防止发生这种损害，可以判决解除整个合同。参见 J·Carbonnier（t. 4. N°186）。

求解除借贷合同或质押合同。这样的处理曾受到一些人的质疑，质疑的理由是，这些合同并非双务合同。然而，法院判例却毫不犹豫地将《民法典》第 1184 条的规定适用于这些合同。[1] 此外，这样的处理也得到《民法典》第 2344 条第 1 款与第 1912 条的确认。前一条文规定："设置转移占有的有体动产质权时，如债权人或者约定的第三人不履行保管质押物的义务，设质人可以要求返还出质物，且不影响请求损害赔偿。"后一条文则规定："下列情形，永久定期金的债权人可以请求债务人偿还用于设立定期金的原本：1. 如债务人已有两年不履行义务；2. 如其没有向贷与人提供契约规定的担保。"

不过，也有学者认为，《民法典》第 1912 条以及该法典原第 2082 条（现第 2344 条）的规定并不是对第 1184 条的适用，因此，没有必要承认司法解除制度同样适用于其他单务合同。因为，这两项条文应当是关于期限到期的特别规定，不能将它们与第 1184 条联系在一起，与它们有联系的应当是第 1188 条，而第 1188 条的规定是："债务人以其所为，减少依据契约向债权人提供的担保，不得再要求享有期限之利益。"也就是说，当债务人因其特定行为而有过错时，即可宣告合同原定的期限已经到期（因而应当进行清偿或给付）。[2]

对于上述这种反对意见，我们可以做如下反驳：上述两项条文给予债权人的是一种选择权，而这种选择权受到第 1184 条规定的选择权的指导，它与期限到期的概念并不匹配，并不吻合。[3] 再说，如

---

[1] 巴黎法院，1893 年 6 月 29 日（DP94. 2. 437）；塞纳民事法院，1928 年 10 月 17 日（DP1929. 2. 141）。

[2] Baudry-Lacantinerie et Barde，t. II. N°904.

[3] 奥菲勒：《论合同义务的提前履行》，《图尔大学学位论文》，1993 年（Ophèle，L'exécution anticipée d'une obligation contractuelle，thèse multigr，Tour. 1993. N°55. p. 51）。

果涉及的是永久定期金合同，又怎么可能运用期限到期的概念呢？因为，永久定期金合同并不包含偿还用于设立此种定期金的原本的问题。

649. 特定的双务合同不适用司法解除

作为例外，第1184条的规定不适用于某些双务合同。其中有：

（1）首先，这一条文的规定不适用于特定的射幸合同：尽管射幸合同涉及的这一或那一给付或多或少具有射幸性质或赌博性质，但它们仍然可以视为双务合同；不过，恰恰是由于射幸合同所存在的赌博性质，因此也就打乱了正常的解除机制，在很多情况下，法律都排除对射幸合同适用第1184条的规定。

在保险合同方面，制定法运用的是“丧失权利”制度来取代“解除合同”；[1] 在终身定期金方面，《民法典》第1978条规定：“终身定期金的受益人不得仅仅因为定期金的若干次分期应付款项到期时未予支付，就请求偿付本金或者收回其让与的土地。终身定期金的受益人仅享有扣押并出卖定期金债务人的财产的权利，以及仅有权请求法院裁定或者同意其从出卖的财产所得中提取足够的款项，用以支付定期金的已到期的应付数额。”《民法典》的制定者认为，即便是当事人中断（这类）合同，也不可能恢复到如同没有订立合同时一样的状态。

由于（人寿保险、终身定期金）这类合同与“（一方当事）人的寿命[2]长短的不确定性”联系在一起，而在制定《民法典》的

[1]被保险人不缴纳保费，保险人只有在进行催告经过30天仍然没有结果的情况下，才能中止保险合同。在这一期限之后再经过10日，保险人有权解除保险合同，或者向法院提出继续履行合同之诉讼。参见《保险法典》第113-3条。

[2]债权人显然不能要求返还其缴纳的本金的全额。在经过多年之后赎回定期金的比率不同于定期金设立时的比率。如果是等额定期金，债权人年龄越小，所必要的本金数额显然就越高。但是，这并不是一个不可克服的困难，通过保险公司的确定的收费标准，就可以确定债务人在解除合同的情况下，应当有义务偿还的款项的数额。

那个时代，人们还很难把握这种合同机制，因此产生于那个时代的种种理由，如今并不具有同样的说服力。正因为如此，法院判例对上述规则的适用范围进行了限制，赋予这些规则以例外性，[1] 而不是赋予其强制性。[2] 法院判例就没有将第 1978 条的规定扩张适用于一种与定期金合同相近似的射幸合同——“食宿租约”（le bail à nourriture），[3] 由此也可以看到上述规则的例外性质；此外，人们在实践中几乎总是排除适用第 1978 条的规定，这就表明该条所定的规则不具有强制性。负责起草与制定定期金合同的实际工作人员（例如，公证人）几乎毫无例外地都会在合同中写入因不支付定期金的到期款项而解除合同的条款。[4]

（2）转让司法助理事务所的合同。转让司法助理事务所的合同，不能适用第 1184 条的规定，之所以如此，障碍来自公共权力机关要参与这项综合性转让活动：司法助理事务所的转让，在一定程度上，是一项必须有 3 方当事人参与的活动，而且我们认为，将这种活动称为“司法助理事务所的转让”并不

[1]最高法院第一民事庭，1960 年 2 月 8 日（D. 1960. 417）。

[2]最高法院民事庭，1856 年 12 月 2 日（DP. 56. I. 443）；最高法院民事庭，1913 年 6 月 24 日（DP1917. I. 38）。

[3]所谓“食宿租约”（le bail à nourriture），是指，一人将其全部或某一部分财产抛弃给另一人，作为回报，由后者承诺义务，在前者生命期间向其提供住处与衣食。如果债务人不履行此种义务或者不适当履行义务，可以按照《民法典》第 1184 条的规定解除合同，债务人则应当返还其受领的财产，但因此也随之免除对债权人给予食宿的义务。（应当强调的是，这是一种“租约”，实际上就是以提供生活费的方式作为租金。——译者注）参见最高法院民事庭 1950 年 11 月 27 日判决（Gaz. Pal. 1951. I. 132. Bull. civ. I. N°237）：实体审法官拒绝宣告解除合同，因为，在本案中，部分不履行的情况并不是很严重，不足以作为解除合同的理由，而是可以通过损害赔偿给以补偿。最高法院驳回上诉，同样是考虑到实体审法官对此有自由裁量权力。

[4]D・阿尔里克：《论终身定期金合同的解除》（D・Arlic，La résolution du contrat de rente viagère，RTD civ. 1997. 855）。

正确：因为，司法助理事务所或司法助理人员的任职资质的转让，是一种任职资格或者职位的买卖，有点像法国旧时代的买官鬻爵制度，这种旧制度在法国大革命时期虽然被废除，但至今仍然存有某些残迹。某些事务所或某些任职资格的财产化就是这种残迹的表现。因此，准确地说，司法助理事务所的转让，就是转让人向其继任人转让“推荐继任人，提请公共权力机关认可”的权利。尽管转让人有权推荐继任人并得到一定数额的转让价金，但需经公共权力机关（司法部长）任命事务所的新的持有人并赋予其任职资格；司法法院没有权力撤销掌玺官、司法部长做出的任命新的司法助理人员的决定。人们据此得出结论认为，转让人没有获得转让费用的清偿时，只能就债务人的财产请求实施强制执行（而不能解除转让合同），或者只能等待受让人再将事务所转让他人时借此机会在新的受让人手中实施归属扣押（支付扣押）。这种做法确实可以补救上述风险。

（3）财产分割活动。由于没有任何法律条文规定财产分割不能撤销或解除，因此，人们可能会认为，当某一共同分割人不将其超过应得的份额而多取得的财产之部分支付至待分割的财产总额之内，或者，在为了某一继承人的利益宣告进行公开竞价拍卖而该共同分割人不支付竞价费用时，就有必要解除财产分割；但是，法院判例与理论界都认为，财产分割应当排除适用司法解除这样的途径，[1] 文书中订有特别条款的情况下除外。这种意见所依据的理由是，财产分割涉及多方利益，特别是涉及家庭利益，经司法途径

[1]最高法院民事庭，1833年5月14日（Dalloz. jur. gen.）；蒙帕利耶法院，1951年5月23日（JCP1951. IV. 165）。

解除财产分割，将会引起很大混乱。[1] 基于这一原因，在财产分割方面同样排除撤销之诉（action paulienne）。

650.（b）合同不履行

虽然说不一定要求债权人受到了损失才能解除合同，[2] 但必须要求有合同不履行的情形。只要具备合同不履行这一项条件，就足以作为解除合同的理由；[3] 而且既不要求合同之不履行必须是过错不履行，也不要求是全部不履行。

（1）首先，解除合同不要求债务人是过错不履行合同。在不是由于一方当事人有过错，而是因为偶然事件或者不可抗力引起合同不履行的情况下，相对当事人同样可以解除自己负担的义务。我们在研究风险理论时将会看到这种情况（参见第 668 节）。不过，这里会提出一个问题：相对当事人是可以当然解除合同还是应当向法院请求解除合同？法院判例认定的是，不论合同不履行是因偶然事件或不可抗力引起还是因可以归咎于作为被告的合同当事人的原因，也不论是合同全部不履行还是一部不履行，都有必要经司法途径解除合同（résolution judiciaire）（而不是当然解除合同）。[4]

法院判例认定的这一处理意见，受到理论界的普遍批评。学者

[1]关于在财产分割方面准许的制裁，参见《继承和赠与》，第 958 节。

[2]最高法院第三民事庭，1971 年 2 月 5 日（Bull. civ. III. N°90. p. 65）。

[3]参见最高法院第三民事庭 1987 年 4 月 29 日判决（RTD civ. 1988. 536. Mestre 述评），该判决认为，当合同双方当事人严重不和，致使他们之间的正常合同关系根本无法继续下去时，即使是在没有不履行义务的条件下，也可以解除合同。

[4]最高法院民事庭，1891 年 4 月 14 日（Grands arrêts. t. 2. N° 179）；最高法院民事庭，1918 年 4 月 11 日（DP1921. I. 224）；最高法院第一民事庭，1976 年 2 月 4 日（Bull. civ. I. 53. p. 43）；最高法院民事庭，1982 年 6 月 2 日（Bull. civ. I. N°205. p. 178. RTD civ. 1983. 340. F · Chabas 述评）；埃克斯法院，1991 年 10 月 15 日（RTD civ. 1993. 119. J · Mestre 述评）；与此相比较，参见最高法院商事庭 1982 年 4 月 28 日判决（Bull. civ. IV. N°145. p. 128. RTD civ. 1983. 340. F · Chabas 述评）。

们认为，最高法院在这里混淆了（合同的）司法解除与风险理论。[1] 不过，有必要强调指出的是，最高法院的这一判例解释并不抵触《民法典》第 1184 条的规定。

第 1184 条第 1 款的条文表述是："双务契约中，凡是当事人一方不履行义务承诺的情形，均不言而喻地存在解除条件。"这一条文指明的是"不履行义务承诺的合同当事人"，其中只要求了"不履行义务"一项条件；虽然该条第 2 款准许债权人可以在要求履行合同与"解除合同并请求损害赔偿"两者之间进行选择，[2] 但这是只有在（一方当事人）过错不履行的情况下才能设想的情况；除另有规定之外（例如，第 1722 条），[3] 这并不必然意味着在发生某种偶然事件的情况下就当然解除合同。而且我们还可以想到，法院还可以按照第 1184 条第 3 款的规定：在暂时不能履行的情况下，"视情形给予被告一个期限"。

此外，我们应当承认法院的上述判例还具有灵活性优点：（不是当然解除合同，而是要）诉诸法院，可以核实是否存在偶然事件或者不可抗力情形，可以对部分不履行的影响作出评价。

（2）不一定要求是（债务）全部不履行。仅仅是债的一部不履行，也可以请求解除合同。我们尤其可以设想的是，在一方当事人所为的给付不符合规定（défectueuse，有瑕疵的给付）的情况下，或者债务人负担多项义务但仅仅履行了其中某项或某些义务的

---

[1] J·Carbonnier（t. 4. N° 191）；Mazeaud et Chabas（N° 1100）；Marty et Raynaud（N° 329）。Th·Genicon：《论因义务的不履行而解除合同》（*La résolution du contrat pour inexécution*，N°128 et s.，p. 92 et s.）。

[2] 第 1184 条第 2 款的条文为："但是，在此情况下，契约并不当然解除，一方当事人在他方当事人根本没有履行对其承诺的义务时，可以选择：或者，在契约仍有可能履行时，强制他方当事人履行之，或者，请求解除契约并请求损害赔偿。"

[3]《民法典》第 1722 条："租赁期间，如出租物因意外事故全部被毁，租约当然解除；如出租物仅部分被毁，承租人得视情况，或者请求减少租金，或者请求解除租约。此两种情形，均不发生任何赔偿责任。"

情况下——不论是主要义务还是次要义务，债权人显然都可以强制债务人按合同的约定履行其（全部）义务；如果债权人达不到这样的目的，相应情况下，他显然可以请求获得损害赔偿。但是，债权人是否还可以主动要求解除合同？从《民法典》第 1184 条第 1 款的文字表述来看，对于这一问题可以做出肯定回答，因为这一条款仅仅写明了“当事人一方没有履行义务承诺”这一项条件。这一表述很宽泛，看来它既包括债的全部不履行，[1] 也包括债的一部不履行；但是，我们也不能过分绝对地看待这样的意见，因为，与违反合同所产生的后果相比，溯及既往地消灭合同有可能引起完全不成比例的后果，甚至更为严重的后果。这就是说，如果面对这种情形，由法官出面进行干预还是非常有好处的。

651. （B）请求法院解除合同的条件：作出一项司法裁决

解除合同应诉诸法官，虽然是作为一项具有强制性的原则，但有时也可以排除诉诸法官，排除通过司法途径解除合同。

解除合同的司法性质是来自《民法典》第 1184 条作出的明文规定：合同并不当然解除，“解除合同，应当向法院提出请求”。

但是，按照第 1184 条第 2 款的表述，只有“没有获得给付的一方当事人”才能向法院提起解除合同之诉，因此，自己没有履行合同义务的当事人不能提起解除合同的诉讼，[2] 但如该方当事人

[1]参见最高法院第一民事庭，1950 年 11 月 27 日（D. 1951. somm. 24）；最高法院商事庭，1996 年 7 月 2 日（droit de patrimoine，1996 年 10 月号，p. 77. Chauvel 述评；Defrénois1996. 1364. D · Mazeaud 述评，JCP1996. I. 3983. N° 14. Jamin 述评）：只要部分不履行涉及对订立合同起着决定性作用的义务，那么，法官可以在义务部分不履行情况下宣告解除合同。

[2]最高法院诉状审理庭，1932 年 2 月 22 日（DH. 1923. 203）；最高法院商事庭，1982 年 4 月 28 日（Bull. civ. IV. N°144. p. 127. JCP1982. IV. 240）。

同样指责相对当事人不履行合同，不在此限。[1] 不过，法院判例还是明显扩大了“可以请求解除合同的人”（请求权人）的范围，它不仅承认代位权人[2]以及行使代位权的债权人可以请求解除合同，[3] 而且承认在连续买卖的情况下的转购人[4]与保证人[5]以及出面担保第三人为特定行为但该项担保允诺没有得到第三人批准的担保人，[6] 也有向法院请求解除合同的权利；在为他人利益订立约款的情况下，诺约人不履行其义务时，却只有订约人才能向法院请求解除所订合同（参见第 525 节与第 526 节）。

原告在提起诉讼之前无须向债务人提出履行合同的催告。[7]

---

[1]最高法院第三民事庭，1976 年 5 月 25 日（Bull. civ. III. N°229. p. 177. Defrénois1977. 397. J · Aubert 述评）；关于因双方当事人均有错而解除合同的问题，参见最高法院第三民事庭 1982 年 6 月 22 日判决（Gaz. Pal. 1983. I. Pau. Jur. 6. A · P 述评）；最高法院第三民事庭，1984 年 2 月 21 日（Bull. civ. III. N°43. p. 33. JCP1984. IV. 134）；关于法官应当注意提出诉讼请求的诸合同当事人行为的相互吻合性问题，参见 Mestre 述评（RTD civ. 1999. 838）。

[2]最高法院民事庭，1963 年 12 月 11 日（D. 1963. 316. P · Voirin 述评）；最高法院民事庭，1965 年 2 月 1 日（JCP1965. II4187. J · A 述评）。

[3]最高法院第三民事庭，1985 年 11 月 14 日（Bull. civ. III. N°145. p. 109. D. 1986. 386. L · Aubert 述评，RTD civ. 1986. 599. J · Mestre 述评）。

[4]最高法院商事庭，1982 年 5 月 17 日（Bull. civ. IV. N°182. p. 162. RTD civ. 1983. 134. G · Durry 述评）。

[5]最高法院第一民事庭，1988 年 5 月 17 日（Bull. civ. I. N°386. p. 249. D. 1989. 166. L · Aynes 述评，RTD civ. 1989. 538. J · Mestre 述评），保证人可以诉请解除由其担保履行的合同，这样可以解除其担保义务。

[6]最高法院第三民事庭，1988 年 12 月 20 日（Bull. civ. I. N°229. p. 177）。

[7]最高法院民事庭，1904 年 3 月 28 日（DP1904. I. 315）；最高法院商事庭，1972 年 2 月 28 日（D. 1972. somm. com. p. 140. RTD civ. 1972. 775. Y · Loussouarn 述评）；最高法院第三民事庭，1977 年 3 月 2 日（Bull. civ. III. N°105. p. 82）；最高法院第三民事庭，1992 年 6 月 11 日（CCC1992. N°219. Leveneur 述评）；最高法院混合庭，2007 年 7 月 6 日（JCP2007. II. I0175. Mekki 述评，CCC2007. N°295. Leveneur 述评，RCA2007. N°300）：由于已经认定合同不履行，债权人有权不进行任何催告，即请求补偿性损害赔偿；与此相反，当合同规定各方当事人应当试行通过调解解决争议时，不遵守这一条款的规定，将导致解除合同之诉讼请求不予受理。参见最高法院第一民事庭，2009 年 4 月 8 日（JCP2009. IV. 1825）。

只要向法院提出解除合同的传唤状，就足以警告不履行合同的债务人。

在合同可能已经终止的情况下，也不再有可能请求解除合同。[1]

《民法典》的条文之所以赋予解除合同以司法性质，目的是要尽量避免因合同的自动消灭而必然产生的种种弊端。因此，法国制定法在这方面表现出很大的灵活性，无论是站在债权人、债务人方面还是站在法官方面来看，均可看出这种灵活性。这种灵活性表现为：

（a）按照《民法典》第1184条第2款的规定，债权人可以选择："或者，在契约仍有可能履行时，[2] 强制他方当事人履行之，或者，请求解除契约并请求损害赔偿。"但是，这两种供选择的方式不能竞合使用；也就是说，不能既请求解除合同又请求履行合同中包含的义务。[3] 长期以来，法院判例还认为，按照上述规定作出的选择并不具有不可逆转的性质。即使债权人已经发动诉讼（déclanchement de l' instance），只要对其提出的本诉请求作出的判决尚未取得既判力，债权人均可变更其作出的选择。[4] 例如，债权人在要求强制履行合同之后，仍然可以请求解除合同，即使是在

[1]最高法院第三民事庭，2010年5月19日（D. 2010. 1757. Deshayes述评）。

[2]最高法院第一民事庭，1982年2月17日（Bull. civ. I. N°77. p. 66. RTD civ. 1983. 132. F · Chabas述评）；最高法院第一民事庭，2003年7月9日（JCP2004. I. 163. N°4. G · Viney述评）；最高法院第三民事庭，2009年3月25日（D. 2009. 1020）。

[3]最高法院第三民事庭，1989年6月7日（RTDciv. 1990. 473. Mestre述评）；最高法院第一民事庭，2005年7月5日（RDC2006. 321. Mazeaud述评）。

[4]最高法院第三民事庭，2009年3月25日（D. 2010. 233. Amrani－Mekki述评，RDC2009. 1004. Genicon述评，defrenois2009，2319. Savaux述评）；最高法院第三民事庭，1954年5月17日（Gaz. Pal. 1954. 2. 83）；最高法院第三民事庭，1983年3月22日（Bull. civ. III. N°84. p. 67. Defrénois1984. p. 296. L · Aubert述评）。

诉讼当中，亦是如此。[1] 今天的法院判例所认定的是相反的处理意见。[2]

(b) 债务人可以就合同的履行提出其提议，以避免合同被解除。[3] 债务人可以在诉讼进行过程中作出此种选择；甚至在法院作出解除合同的判决之后仍可作出此种选择。债务人提出履行债务的提议，法院可以根据情况进行改判，合同也有可能得到维持。[4] 虽然说这种处理可以符合程序规则——与过去相比，今天可能更是如此——但我们仍然应当注意的是，需要避免债务人抱着自己的目的而提出此种履行提议（例如，拖延时间而提出某项提议）。因此，法官有自由裁量权力。如果法官认为债务人的履行提议提出的时间过迟，仍然可以宣告解除合同。[5]

652. 法官权力的范围

受理"宣告解除合同之诉"（不是"确认合同解除"）的法官本身享有相当广泛的评判权力。这既是实行司法监督的必要，甚至是对合同解除机制的范围加以限制的必要，同时也便于将程序上的各

---

[1] 最高法院商事庭，1953 年 10 月 27 日（D. 1953. 20. H · L 述评）；最高法院社会庭，1954 年 6 月 25 日（D. 1954. somm. 73）；巴黎法院，1968 年 12 月 20 日（D. 1969. somm. 33）。

[2] 最高法院第三民事庭，2010 年 1 月 20 日（RDC2010. 825. Genicon 述评）；最高法院第二民事庭，2011 年 9 月 8 日（RTDciv. 2011. 762. Fages 述评），最高法院第二民事庭。1953 年 10 月 27 日（D. 1953. 20. H · L 述评）；最高法院社会庭，1954 年 6 月 25 日（D. 1954. somm. 73）。

[3] 最高法院第一民事庭，1954 年 5 月 17 日（Gaz. Pal. 1954. 2. 83）；最高法院第三民事庭，1983 年 3 月 22 日（Bull. civ. III. N° 84. p. 67. Defrénois1984. p. 296. L · Aubert 述评）。

[4] 最高法院民事庭，1911 年 3 月 27 日（DP1915. I97. Cézar-Bru 述评）；最高法院民事庭，1932 年 1 月 6 日（DH. 1932. 114）。

[5] 最高法院民事庭，1949 年 11 月 30 日（JCP1952. II. 6802. Rech 述评。Gaz. Pal. 1950. I. 38. RTD civ. 1956. 183. H et L · Mazeaud 述评）。

种可能性保留给双方当事人。

首先，法院要审查是否具备与“合同不履行”有关的各项条件，也就是说，要审查债务人违反义务的情形是否严重到有解除合同的足够理由。这是再自然不过的事。为此，法官应当考虑直至其作出判决之日已经发生的、引起本案诉讼的所有情节。[1] 如果是合同全部不履行，法官进行的审查监督相对比较容易；与此不同，如果仅仅是合同一部不履行或延迟履行，法官的职权反而有所增加，因为，在这种情况下，法官需要评判在其受理的诉讼中涉及的“债务没有得到履行的部分”、“次要义务的不履行”或者“义务的延迟履行”[2] 是否可以构成解除合同的正当理由。[3] 一般而言，当法官认定合同关系遭到破坏的情形已经达到如果原告事先有此估计就不会缔结合同的严重程度时，那就可以宣告合同解除，[4] 换句话说，法官应当确认没有得到履行的给付确实构成原告此前缔结的债的原因，才宣告解除合同。[5]

---

[1]最高法院第三民事庭，1983 年 3 月 22 日，最高法院第三民事庭，1993 年 5 月 5 日（CCC1993. N°173. L · Leveneur 述评。RTD CIV. 1994。353. J · Mestre 述评）；另见最高法院第三民事庭 1995 年 12 月 6 日判决（Bull. civ. III. N° 250. p. 169. Defrénois1996, 813. Benabent 述评），该判决认为，在农村租约方面，出租人所主张的承租人违反义务的情形应当按照他提出解除租约的请求之日的状况来进行评判。

[2]最高法院第一民事庭，1995 年 1 月 4 日（Bull. civ. I. N° 14. p. 10. Defrénois1995. I. 1408，D · Mazeaud 述评）。

[3]例如，最高法院第一民事庭 1981 年 10 月 27 日判决（Bull. civ. I. N° 315. JCP1982. IV. 27. RTD civ. 1982. 616. Ph · Rēmy 述评）（关于情况告知义务）；最高法院商事庭，2009 年 2 月 3 日（JCP2009. I. 138. N°29. Grosser 述评）（关于信息告知与建议义务）；最高法院商事庭，1990 年 12 月 11 日（Bull. civ. IV. N° 316. p. 218. RTD civ. 1991. I. 526. J · Mestre 述评）；最高法院商事庭，1994 年 10 月 25 日（CCC1995. N° 3. L · leveneur 述评）；最高法院商事庭，1995 年 4 月 11 日（CCC1995. N°125. L · leveneur 述评）（在信息系统投入使用方面没有给以协助）；巴黎法院，1991 年 1 月 21 日（CCC1991. N°77. L · Leveneur 述评）。

[4]关于按照判决作出时情况评判义务不履行的严重性，参见最高法院第三民事庭 1983 年 3 月 22 日判决，最高法院第三民事庭 1993 年 5 月 5 日判决。

[5]最高法院民事庭，1962 年 10 月 31 日判决（D. 1963. 363）。

实践中，法官还将考虑经济方面的情势，据以判断是否适于解除合同；尽管司法解除合同并不需要以有证据证明债务人的恶意为前提条件，但法官仍然会考虑债务人方面的过失或过错的大小。[1]

法官自由裁量是否有必要宣告解除合同，如其拒绝作此宣告，也可以采取其他的措施。[2] 从《民法典》第 1184 条第 3 款的规定来看，法官可以同意给予被告一个履行合同的宽限期（un délai de grâce），这一规定看来仅仅是给予法官推迟解除合同的权力，但法院判例根据《民法典》的其他条文的规定（例如，第 1636 条、第 1638 条、第 1729 条），以及根据“可多为者，自可少为”的思想，非常正确地扩张了法官可能做出的不同处理的幅度。这些条文规定：在“径直驳回解除合同的请求”与“宣告整个合同全部解除并在有必要时附加损害赔偿”这两种选择之间，也为某些中间性措施保留了一席之地，尤其是在合同一部不履行的情况下，法官可以运用这些中间性措施：例如，法官可以给予被告一个宽限期（un délai de grace）（《民法典》第 1244-1 条），[3] 只有在给予的宽限期终结之前被告仍然不履行义务的情况下，才会解除合同；[4] 法官

---

[1] 最高法院诉状审理庭，1928 年 11 月 13 日（DH. 1928. 589）；最高法院诉状审理庭，1930 年 7 月 7 日（S. 1931. I. 19）；最高法院诉状审理庭，1934 年 12 月 18 日（Gaz. Pal. 1935. I. 271）。

[2] 最高法院民事庭，1950 年 2 月 27 日（Bull. civ. N° 237. p. 182. Gaz. Pal. 1951. I. 132）；最高法院民事庭，1963 年 2 月 13 日（D. 1963. 316）；最高法院第一民事庭，1974 年 3 月 5 日（Bull. civ. I. N°70. p. 59. JCP1974. IV. 144）。

[3] 最高法院第一民事庭，1984 年 12 月 19 日（Bull. civ. I. N° 343. p. 291. RTD civ. 1986. 107. Mestre 述评）。

[4] 不过，实际上，为了防止在宽限期到期之后仍然不履行合同，法院往往可能提前宣告解除合同，这样做，可以避免债权人因需要提起新的诉讼而耽搁很长时间并且要花费很多费用。参见《民法典》第 1655 条关于买卖的规定：“如不动产的出卖人有丧失出卖物及价金的危险，法官应随即宣告解除不动产买卖；如危险并不存在，法官得视具体情形，给予不动产买受人相应的延期支付期限；如期限经过之后，买受人仍未支付价金，即宣告解除买卖。”

还可以在驳回解除合同的请求的同时给予原告以若干损害赔偿；[1]最后，法官还可以宣告减少一方当事人负担的给付，宣告部分解除合同，例如，降低劣质商品的买受人负担的给付或者减少有瑕疵、有缺陷的不动产的承租人负担的给付。与前两种处理相比，最后一种处理似乎更加简便。[2]

不过，也有人反对最后一种处理意见，认为这是一种不折不扣的司法变更合同。但是，当合同部分履行已经给一方当事人带来了实实在在的满意结果时，按照善意原则，就应当阻止该当事人再要求全部解除合同。例如，与合同整体相比，[3] 没有履行的部分仅仅是附带性质的部分，或者，当涉及的给付是在食品市场或商品[4]市场上的可分性给付时，合同既然已经部分履行，就应当阻止当事人再要求全部解除合同。商法在对待买卖的问题上表现得更

[1]最高法院诉状审理庭，1872 年 6 月 5 日（DP. 73. I. 27. s. 73. I. 156）；最高法院民事庭，1920 年 5 月 5 日（S. 1921. I. 298）；（前引）最高法院民事庭 1949 年 11 月 3 日判决；（前引）最高法院民事庭 1950 年 11 月 27 日判决；最高法院民事庭，1956 年 12 月 8 日（Gaz. Pal. 1956. I. 250）；当原告仅仅是请求解除合同而没有提出其他请求时，法官也可以仅仅给以损害赔偿（而不宣告解除合同），参见最高法院第一民事庭 1950 年 11 月 27 日判决。有学者认为这样处理有其正当理由，因为，这样做的依据就在于解除合同之诉是一种责任之诉，因此，法官判决给予损害赔偿而不是宣告解除合同时，只不过是在其权限范围之内选择这一赔偿方式而不选择另一种赔偿方式而已（H · L. et J · Mazeaud, t. II, 1er vol, par F. Chabas, N° 1094）。

[2]最高法院民事庭，1894 年 3 月 15 日（DP1894. I. 508. S. 1897. I. 74）；最高法院民事庭，1924 年 4 月 1 日（s. 1925. I. 37）；最高法院社会庭，1951 年 4 月 6 日（D. 19511. 505）。关于实体法官在双方当事人各自均有过错的情况下确定赔偿数额方面的自由裁量权力，参见前引最高法院第一民事庭 1950 年 11 月 27 日判决。另见最高法院商事庭 1984 年 3 月 6 日判决（JCP1984. IV. 152）；关于这个问题，参见M · 塞里内：《关于在买卖合同中对误解、隐蔽瑕疵与交付义务的制裁的比较制度研究》，《巴黎一大学位论文》，1996 年（M · Serinet, Les régimes comparés des sanctions de l'erreur, des vices cachés et de l'obligation de délivrance et dans la vente, thèse ParisI. 1996. N°362. p. 393）。

[3]最高法院诉状审理庭，1872 年 3 月 4 日（S. 72. I. 431）；贝藏松法院，1928 年 2 月 8 日（Gaz. Pal. 1928. 2. 32）。

[4]最高法院诉状审理庭，1927 年 12 月 21 日（DH. 1928. 82）。

为现实，在这方面更少采取全部否定（合同）的态度，并确认了“合同的修订机制”（le mécanisme de la réfaction）。按照这一机制，法官在特定条件下可以裁决修订合同、变更价金的数额。[1]（我们认为）扩大这种机制的适用领域也许并不抵触这样一种思想——对法官的角色应当持一种更有活力的视野，经济方面尤其应当如此。[2]

（2）解除合同的效果

653. 原则：溯及既往地消灭合同

合同，只要没有被宣告解除，均保持其强制性，不过，也有唯一的保留情况：在一方当事人提出同时履行抗辩的情况下，合同可以暂时中止履行。人们在传统上认为，合同一经宣告解除，解除的方式就犹如合同附有明示的解除条件一样：被解除的合同视为自始就未订立，也就是说，合同被溯及既往地消灭，不过，在合同当事人之间以及对于第三人适用这一原则时，也会有若干缓和处理。但是，最近有些学者提出，与其像传统上那样总是从原则与缓和处理这样两个角度来进行阐释，还不如重新明确解除合同的效果的范围。解除合同的效果的功能就在于：阻止实现当事人原先所期待的经济活动，但这并不妨碍合同的特定条款发挥作用。[3]

---

[1]里佩尔与罗布洛：《商法》（Ripert et Roblot，Droit commercial，t. 2. 15éd）. Delebecque et M · Germain，N°2537）。

[2]参见《法官在面对经济问题时的角色》（Le rôle du juge en présence des problèmes économiques，Ass. H · Capitant. t. XXII，1970. éd. 1975）；Y · M · Serinet（前引文），N°358. p. 385。

[3]Th · 热尼孔：《因不履行义务而解除合同》（Th · Genicon，La résolution du contrat pour inexécution，N°768. p. 551），作者将解除合同看成是一种从法律上准许实际取消经济活动的机制，以纠正不履行义务的行为。

654. （A）解除合同在当事人之间的效果

被解除的合同对于将来[1]不再有任何效力；债权人如果没有履行自己的义务，也不会再受到约束；因提出同时履行抗辩引起的暂时等待的局面，由此也得到巩固而成为最终定局。因此，法官不得（一方面）宣告解除合同，（另一方面）又判处其中一方当事人向相对当事人支付仍然拖欠的、尚未到期的合同给付。[2] 不过，与合同的终止有关的各项条款，相对于合同的根本义务而言，则具有相对的独立性，这样的条款看来仍应保持它们对将来的效力。我们从这一事实也可以看出，合同的解除有别于合同的无效，因为，合同的解除所消灭的是一项有效缔结的合同，所以，没有任何理由去阻止适用在此种合同中依法订立的、用来调整合同终止之后果的那些条款。[3] 不过，法院判例在这方面却表现出一定的保留态度。判例虽然承认合同的解除不妨碍合同中原先订立的协议管辖条款，[4] 虽然承认合同的解除不妨碍适用合同中原有的违约金条款，[5] 但它却排除竞业禁止条款的效力。[6] 与此相反，在

---

[1]最高法院诉状审理庭，1935年2月5日（S. 1935. I. 147）。

[2]最高法院第一民事庭，2005年7月5日（D. 2005. 2176）。

[3]关于能够得到保留的条款的问题，参见Th·热尼孔：《因不履行义务而解除合同》（Th·Genicon La résolution du contrat pour inexécution, N°769. p. 551）。

[4]最高法院第一民事庭，1978年1月11日（Bull. civ. II. N°13. p. 11）。

[5]Malaurie, Aynes et Stoffel-Munck, N°880 et 989.

[6]最高法院第一民事庭，1989年11月29日（Bull. civ. I. N° 245. p. 365. RTD civ. 1990. 474. Mestre述评）；最高法院第一民事庭，1996年3月6日（Bull. civ. I. N° 118. Defrénois1996. 1025. Delebecque述评，RTD civ. 1996. 207. Mestre述评）；关于这个问题，参见波林：《论解除条款》，《图卢兹大学学位论文》，1996年（Paulin, La clause résolutoire, thèse Toulouse, éd. 1996, N° 98, p. 105. thèse Toulouse. éd. 1996. N° 98. p. 105）；D·胡歇尔：《论合同方面的一致性原则》，《巴黎十　大学位论文》，2001年（D·Houtcier, Le principe de cohérence en matière contractuelle, thèse Paris XI, éd. 2001, thèse ParisXI. éd. 2001. N°1375）。这些分析都赞成法院判例的意见。参见G布朗-茹旺：《论合同的后事》，《巴黎二大学位论文》，2003年（G·Blanc-Jouvan, L'après-contrat, thèse Paris II, éd. 2003, N° 56 et s., p. 68 et s）。

司法解除合同的情况下，则不能适用约定的（解除）条款，法院解除合同与单方面提前解除合同的条款不能一起发挥作用。

合同的解除溯及既往地消灭合同，[1] 也就是说，双方当事人均回到合同订立之前的原状（retour au statu quo ante），[2] 这就意味着，不存在当事人一方财产减少而另一方获得利益的情况。如果由合同产生的债已经全部履行或者已经部分履行，每一方当事人均应返还其受领的给付。[3] 这里适用的规则，与合同无效所适用的规则是相同的（参见第 424 节）。不过，因合同被解除而引起的返还仅涉及（当前）仍然存在的物；如果受领之物已经被消费，或者从物质上或法律上已经不可能返还时，特别是在物已经转由第三人持有而不能追还，因而无法实物返还时，则按照物的价值进行返还。这里所说的价值，是指已经消费之物的价值或者已受领的（转让价金）款项，但可能增加孳息或利息。[4] 在这里，排除采用“时值债务技术”（la technique de la dette de valeur），获准解除合同

---

[1]关于对这一规则的批评意见，参见 Libechaber，Defrénois2008. 2499；关于对这一问题的新的见解，参见热尼孔：《因不履行义务而解除合同》（Th · Genicon，La résolution du contrat pour inexécution，N° 813. p. 579）；另见 C · 里加勒：《论合同的部分解除》，《里尔二大学位论文》，2001 年（C · Rigale，La résolution partielle du contrat，thèse Lille II. 2001）。

[2]最高法院第三民事庭，2005 年 1 月 29 日（D. 2005. 3003，Rakotovahiny 述评，JCP2005. II，JCP2005. II. 10149. Dagorne-Labbé 述评）：“买卖的解除即引起买卖合同溯及既往地被消灭，并将事务恢复至原先的状态。”

[3]最高法院第三民事庭，2003 年 1 月 29 日（JCP2003. II. 3003. II. 10116. Y · M · Serinet 述评，RTD CIV. 2003. p. 501. Mestre et Fages 述评）：当事人之间进行（物或价值的）返还，是消灭合同的判决所产生的直接的、必然的效果，即使当事人没有提出请求，法院也可以命令返还。但是，对于在订立合同时缴纳的定金而言，则是另一回事。定金仍然由出卖人所取得（参见《民法典》第 1590 条的规定）。另见最高法院商事庭 1982 年 10 月 12 日判决（Bull. civ. IV. N° 309. JCP1984. II. 20116. Signoret 述评，Defrénois1983. I786. L · Aubert 述评）。

[4]最高法院诉状审理庭，1936 年 12 月 23 日（Gaz. Pal. 1937. I. 378）；最高法院第三民事庭，1992 年 7 月 22 日（Bull. civ. III. N° 263. p. 161. Defrénois1993. p. 732. L · Aubert 述评，JCP1992. I. 3632. N°2. Virassmy 述评）。

的人不得主张收回相对当事人在合同存在期间使用其支付的款项而实现的利润。[1]

合同的解除所产生的这种溯及既往的效果还引起对孳息与费用的相关账目的结算。当事人出卖之物可以产生孳息时，相对当事人受领了此种孳息的，应当用于抵偿价金的利息；如果买卖价金已经支付，而买受人虽然一度持有买受之物并未获得任何利益，[2] 其支付的价金所产生的利息仍然应当给予买受人。买受人应当返还买受物的，如果他在持有该物期间使用该物，由此造成的损耗，则应当给予补偿金。[3] 至于物的维护费用，包括买受人对不动产进行维修、进行改善以及在其上进行的建筑引起的费用，按照解除买卖、追还财产时的情况进行结算。[4]

合同的解除也可能牵涉与被解除的合同有紧密联系的其他合同。由于被解除的合同被视为从来就不存在，那些以该合同为原因

---

[1]最高法院第一民事庭，1998 年 4 月 7 日（RTD civ. 1998. 90. J · Mestre 述评）。

[2]最高法院第三民事庭，1981 年 6 月 2 日（Bull. civ. III. N°108. p. 79. JCP1981）；另见最高法院民事庭 1944 年 2 月 7 日判决（DA1944. 58）：该判决做出了相反处理，其依据是，出卖人被剥夺了使用卖出的土地的机会以及未能取得利息，此外，还因部分价金仍然没有支付。

[3]最高法院第一民事庭，2000 年 7 月 6 日（CCC2000. N° 176，Leveneur 述评）；最高法院第一民事庭，2006 年 3 月 21 日（CCC2006. N° 130. Leveneur 述评）；凡尔赛法院，2001 年 2 月 2 日（D. 2002. somm. com. p. 1006. Pignarre 述评），但是，这不是为了抵销买受人在使用买受物期间所获得的利益；最高法院第一民事庭，2003 年 3 月 11 日（Bull. civ. I. N° 74. RDC2004. p. 265. PH · Stoffel-Munck 述评，RTD civ. 2003. p. 501. J · Mestre et Fages 述评）。

[4]参见《法国财产法》，第 527 节，中国法制出版社，罗结珍译。A · 布兹热：《论合同撤销或者解除之后的返还》，《普瓦提耶大学学位论文》，1982 年（A · Bouziges，Les restitutions après annulation ou résolution d'un contrat，thèse ronéot. Poitier 1982. t. I. p. 126）；M · 马洛里：《论民法上的返还》，《巴黎二大学位论文》，1991 年（M · Malaurie，Les restitutions en droit civil，thèse Paris II. éd. 1991）；C · 格勒弗奇-梯比耶尔热：《论无效、返还与责任》，《巴黎一大学位论文》，1992 年（C · Guelfucci-Thibierge，Nullité，restitution et responsabilité，thèse Paris I. éd. 1992. p. 459. N°802）。

而订立的其他合同将面临相同的命运（参见第341节），[1] 这些合同有时是在相同的当事人之间订立的合同，有时则是在不同的当事人之间订立的合同。[2]

655. 连续履行的合同的解除（résiliation）

关于连续履行的合同的解除，其意义范围传统上就是一个存在很大争论的问题。[3]

长期以来，人们从法院判例中发现两种多少有些差异的倾向。第一种分析意见认为，由于连续履行的合同有其特殊性，因此，这类合同的解除不能产生法律关系溯及既往地消灭时通常都会产生的那种效果；连续履行的合同的解除，从本义上来说，并不是"résolu"（溯及既往的解除），而是仅对将来产生效果的"résilié"（废止或取消合同，无溯及力的解除合同）。无溯及力的解除合同（résiliation），[4]

---

[1] Ph·莱涅：《在商务合同关系终止时系列合同中因不履行而进行的返还》（Ph·Reigne, La résolution pour inexécution au sein des groupes de contrats, in La cessation des relations contractuelles d'affaires, 1997. p. 151）；S·布洛斯：《论合同的相互依存关系》（S·Bros, L'interdépendance contractuelle, thèse Paris II, 2001. N°645）。

[2] 最高法院商事庭，1995年4月4日（CCC1995. N°105. L·Leveneur 述评）；埃克斯法院，1998年2月13日（JCP1998. II. 10213. Renault-Brahinsky 述评）；最高法院商事庭，1999年6月15日（CCC1999. N°173. Leveneur 述评）；最高法院商事庭，2000年2月20日（Bull. civ. IV. N°29）。

[3] 关于这一问题的新的看法，参见Th·热尼孔：《因不履行而解除合同》，第850节（Th·Genicon, *La résolution pour inexécution*, N°850 et s. , p. 606 et s）。作者提出，应当区分持续用途的合同与总体用途的合同，前者可以任何时候解除而且不具有溯及力，至于后者，只要合同没有履行至其规定的期限，那么，解除合同就始终必然具有溯及力。

[4] 由于法语词汇有时区分得很细，法国法律在这一问题上分别使用了两个特定的概念，需要注意区分。也有人将其译为"合同终止"，但与合同履行终止相混淆。——译者注

最高法院诉状审理庭，1839年5月18日（DP1839. I. 230）；最高法院民事庭，1938年3月2日（DP 1938. 1. 89, Besson 述评）；最高法院社会庭，1957年2月23日（D. 1957. 466）（关于劳动合同）；最高法院商事庭，1972年1月3日（Bull. civ. IV. N°1. p. 1）（关于信贷租赁合同）；关于这个问题，参见Th·热尼孔：《因不履行而解除合同》（Th·Genicon *La résolution du contrat pour inexécution*, n°29 et s. , p. 21 et s）。

是自债务人停止履行义务之日[1]或者自向法院提出请求之日，[2]或者自法院宣告废止或取消合同的判决作出之日，才开始解除合同关系；[3] 第二种分析意见认为，连续履行的合同的解除同样引起合同溯及既往地被消灭，合同的消失甚至对过去也产生效果，[4]唯一有保留的是，只有那些实际上不可能追溯消灭的合同除外。

第一种处理意见看来更为可取。连续履行的合同的消灭，并不是建立在影响合同成立的瑕疵的基础之上，而是建立在某种履行事件的基础之上。显然，没有任何理由用后来才发生的违反义务的情形作为借口，将此前平静履行合同的期间也包括其中，从而一并否定整个合同。[5] 但是，当合同构成一个不可分的整体，如其消灭仅仅对将来产生效力反而有可能产生不公正的结果时，[6] 情况应

[1]最高法院第三民事庭，1975 年 1 月 28 日（Bull. civ. III. N°33. p. 25）；最高法院商事庭，1992 年 1 月 23 日（JCP1992. IV. 827）（关于租赁经营合同）。

[2]最高法院商事庭，1993 年 10 月 12 日（CCC1994. N°5. Leveneur 述评）。

[3]最高法院第三民事庭，1983 年 5 月 26 日（Bull. civ. III. N° 124. p. 97. RTD civ. 1984. 118. Remy 述评）（关于农场租约）；最高法院第三民事庭，1984 年 11 月 20 日（Bull. civ. III. N°193. p. 150）；最高法院第三民事庭，1998 年 5 月 13 日（CCC1998. N° 113. leveneur 述评）（关于商业租约）；另见 J · 盖斯坦：《关于连续履行合同的解除的追溯效果》（J · Ghestin，L'effet rétroactif de la résolution des contrats à exécution successive，Mélanges Raynaud. 1985. p. 203）。

[4]最高法院民事庭，1898 年 5 月 4 日（DP1898. I. 457. Planiol 述评）；最高法院民事庭，1932 年 2 月 16 日（S. 1932. I. 163）；最高法院第一民事庭，1971 年 4 月 28 日（D. 1971. 608）；最高法院商事庭，1982 年 10 月 12 日（JCP1984. II20166. Signoret 述评）；最高法院第一民事庭，1995 年 6 月 7 日（Bull. civ. I. N°244. p. 171. RTD civ. 1996908. Mestre 述评）。

[5]最高法院民事庭，1898 年 5 月 4 日（DP1898. I. 457. Planiol 述评）；最高法院民事庭，1932 年 2 月 16 日（S. 1932. I. 163）；最高法院第一民事庭，1971 年 4 月 28 日（D. 1971. 608）；最高法院商事庭，1982 年 10 月 12 日（JCP1984. II. 20166. Signoret 述评）；最高法院第一民事庭，1995 年 6 月 7 日（Bull. civ. I. N° 244. p. 171. RTD civ. 1996. 908. Mestre 述评）。

[6]最高法院第三民事庭，2003 年 4 月 30 日（JCP2004. II. 10031. C · Jamin 述评）：虽然说在连续履行的双务合同方面，司法解除合同对于该合同符合规定的已经履行的时间不起作用，但是，在因合同一开始就没有履行或者没有完全履行的情况下，司法解除合同则引起合同的溯及既往地消灭，参见最高法院第三民事庭 2008 年 10 月 1 日判决（Defrénois2008. 2499. Libchaber 述评）。

当有所不同，应当做不同的处理。最高法院就涉及分期履行的合同（参见第 70 节）所作的判决已经非常明确地提出了这种规则。最高法院的判决认为：“对于分期履行的合同，视双方当事人原本打算订立的是一份不可分的协议还是打算订立一种可以将其区分为一个系列的合同之不同情形，在因部分不履行之原因而解除合同时，也应当区分不同情形；或者消灭整个合同，或者仅消灭该合同的特定部分。”[1] 换句话说，如果合同本身就是可以区分为不同的部分而相继履行的合同，那么，此种连续履行的合同的解除并不使当事人已经履行的那些部分随之消失；如果当事人原本订立的是一份不可分的协议（合同），那么，此种连续履行的合同的解除就将溯及既往地引起整个合同全部消灭。第一种分析意见具体实施起来也不会发生任何困难：合同的消失，仅对将来发生效果，双方当事人无须进行任何返还。与此相反，当合同包含某项作为义务，而这一作为义务已经在特定时间里履行完毕时，情况就不同了，因为，已经进行的那一部分给付是不可能实物返还的，那么，要想“将事情恢复到就像此前根本不存在合同一样的原状”，又该如何办到呢？看来，回答应当是：需要对这种给付的价值作出评估，但不是按照合同本身的规定来进行此项评估，而是按照有关“物的转换得利之诉”（actio in rem verso）的规则来进行评估，并据此认定获得这些给付利益的一方合同当事人有义务向已为给付的一方当事人支付相

[1]最高法院第一民事庭，1983 年 11 月 3 日（Bull. civ. I. N° 252. p. 227. Defrénois1984. 1014. L · Aubert 述评，RTD civ. 1985. 166. J · Mestre 述评）；最高法院第一民事庭，1987 年 1 月 13 日（Bull. civ. I. N° 11. p. 8. JCP1987. II. 20860. Goubeaux 述评）；巴黎法院，1991 年 1 月 24 日（CCC1991. 4. N°77. Leveneur 述评，RTD civ. 1991. I. 527. Mestre 述评）；另见 B · 索贝：《论不可分性与法律行为》，《埃克斯马赛第三大学学位论文》，1999 年（B · Seube, *L'indivisibilité et les actes juridiques*, thèse Aix, 1999. N°349. p. 379）。

应的款项。[1]

然而，这并不是法院判例所选择的道路。最高法院在多项判决中完全不考虑合同已经部分履行之事实，[2] 对这一困难问题做出了最简单的回答——即使不能说它是过分简单化的回答。最高法院的简单回答是：合同溯及既往的消灭意味着要返还已经支付的钱款，而不是对已经提供的服务进行补偿或者给予赔偿（indemnisation）。我们认为，最高法院的这种处理并不正确，它直接抵触在解除合同方面所确定的规则："将事情恢复至如同此前并不存在合同时的原状。"不过，如果从一方当事人部分不履行合同的严重性来看，拒绝对其已经提供的服务给以补偿金就相当于用其替代损害赔偿时，那么，出于为了缩短司法程序的考虑，最高法院的上述处理意见也是可以理解的。[3]

从目前情况来看，法院判例还仅仅是将协议的不可分性这项标准运用于分期履行（分段履行，exécution ēchelonnée）的合同的解除，而将连续履行（exécution successive）的合同排除在外。就其适用范围而言，仍然存在不明确之处。有些学者赞成将这一标准普遍化，[4] 不过，到最后结算时还是应当考虑已经提供的服务的价值。

656. （B）解除合同对第三人的效果

解除合同不仅消灭双方当事人之间因合同产生的权利，而且消灭当事人的权利继受人由此获得的权利：转移权利的人的权利被解除，权利继受人的权利亦随之解除（resoluto jure dantis resolvitur jus

---

[1]例如，在解除租约的情况下，承租人不应当因其使用了租赁场所而缴纳租金，但却应当支付由法官公正确定的占用场所的补偿金。

[2]最高法院第一民事庭，1983 年 11 月 3 日（前引）；最高法院第 民事庭，1987 年 1 月 13 日；巴黎法院，1991 年 1 月 24 日。

[3]例如，最高法院商事庭，1990 年 12 月 11 日（Bull. civ. IV. N° 316. p. 218. RTD civ. 1991. 526. J · Mestre 述评）。

[4]J · Mestre 述评（RTD civ. 1985. 168）；G · Goubeaux（前引文）。

accipientis)。[1] 显然，这一原则的适用给第三人带来风险和不安全，对此，立法者已经尽力减轻其弊端。

(a) 在不动产买卖方面，“物的担保法”为第三人提供了特别的保护。为了保证价金得到支付，法律规定出卖人享有一种特别优先权，这就是《民法典》第2374条第1款的规定：“出卖人就价金的支付，对其出卖的不动产享有优先权。——在连续多次买卖的价金全部或一部未得到支付时，第一次的出卖人先于第二次的出卖人受偿，第二次的出卖人先于第三次的出卖人受偿，依此类推。”(2006年3月23日法令条文，《民法典》原第2108条)。但是，出卖人要想以此种优先权对抗第三人，必须（事先）进行了优先权登记。不过，《民法典》第2379条第2款将两种担保联系起来。按照这一条款的规定：如果出卖人在自买卖之日起2个月期限内没有进行优先权登记，便不得行使第1654条规定的解除买卖之诉权而损害基于财产取得人的原因已经对不动产取得权利并且进行了公示的第三人的利益。[2] 此外，解除合同的请求与宣告合同解除的判决都应当进行公示（1955年1月4日法令第28-4条）。

---

[1] 比较第431节关于被认定无效的连续履行的合同中实行追溯效力的问题——关于公司解散的问题应遵守《民法典》第1844-8条所定的特别规则：(1978年1月4日第78-9号法律）公司解散导致公司清算，但第1844-4条（1988年1月5日第88-15号法律）“以及第1844-5条第3款规定的情况不在此限”。公司解散仅在其进行公告之后始对第三人产生效力。

[2] 此外，有关请求解除营业资产买卖的诉讼也有类似的条文规定，其中：

《商法典》第L141-8条规定：“营业资产的出卖人行使解除诉权时，应当按照对该营业资产登记了权利的债权人在登记时选定的住所向他们进行通知；只有自通知起经过1个月，法院才能作出判决。”第L141-9条：“营业资产的出卖人，即使在买卖之当时就已约定如买受人在约定期限内没有支付价金买卖当然解除，或者在出卖人经买受人同意自愿解除买卖时，亦应当向就该营业资产登记了担保权利的债权人登记时选定的住所通知合同规定的或经买受人同意的解除买卖。只有自此项通知起经过1个月，买卖的解除才能最终确定。”

（b）在动产方面，善意转购人受到《民法典》第 2276 条的保护："在动产方面，占有即等于所有权证书。"

（c）至于合同的解除对第三人的追溯效力，也准许进行某种缓和处理。一个非常确定的传统是：权利被解除的人对标的物进行的管理行为将得到保留。[1] 这种缓和处理减轻了因合同解除而产生的弊端。尽管如此，解除合同往往还是会引起经济方面的严重扰乱。从这一点上，我们也就完全理解"赋予法官根据具体情况决定是否宣告解除合同的广泛权力"确实有着很大的好处。

二、例外

657. 内容安排

"任何人都不得自为司法"。这一原则是拒绝"私人司法"（私人正义）的具体体现。然而，强制规定必须经过法官才能宣告解除合同，也会带有某种弊端。除了费用负担之外，抱怨相对当事人不履行义务的一方当事人，由于必须等待司法干预，势必使其在法院尚未作出判决之前不能享有行动上的自由，这样，对其生产、经营活动与商务活动都会带来障碍。正因为如此，双方当事人有时也会在合同中约定某种解除条款（3），规定在不履行合同义务的情况下，当然解除所涉及的合同；出于更加简化程序与快捷之目的，法律（1）以及最近的法院判例（2）也都承认，在特定情况下，没

[1]《民法典》第 1673 条：出卖人运用买回条款时，除应当偿还原价的本金外，还应偿还买卖的费用以及正当开支，必要的修整费用与土地的增加价值，但仅以此增加部分为限。出卖人仅在完全履行上述义务之后，始得占有买回物。还有其他一些特别条文限制在企业司法重正或者司法清算范围内解除合同诉讼或者解除条件的作用，特别是关于停止个人追偿债务以及动产财产出卖人权利的问题上更是如此，参见《商法典》第 621-40 条与第 621-118 条。

有得到履行的债务的债权人，无须诉诸法官，即可解除合同义务。

(1) 法律的规定

658. 通过单方声明解除合同

我们在前面已经谈到，在当事人之间意见不合（dissentiment mutuel，mutuus dissenus）达到某种程度，已经影响到事务无法正常运作时，他们可以解除合同。作为这一原则的例外（参见第476节），法律还准许，无须考虑双方合同当事人的行为表现（参见第479节），可以依单方的意思表示解除某些必须以双方的信任关系为基础的没有确定期限的合同（非定期合同）或有确定期限的合同（定期合同）。

我们在本节中考虑的是另一种情况。《民法典》第1184条规定需要法官干预，才能宣告解除合同，作为这一规定的例外，立法者提出：抱怨相对当事人不履行合同义务的一方当事人，可以依其单方的意思表示解除合同。上面一段中所说的（双方当事人之间严重不和，无法继续合作的）情况原则上与合同的履行争议没有任何关系，而我们在这里讨论的情况则是由不履行合同的当事人的行为所产生的后果。[1] 不过，只有对于那些迫切需要做出特别迅速处理的情况，立法者才会决定无须考虑关于要求法官进行干预的规定，即可解除合同。关于这方面的问题，我们在这里仅仅举几个例子，当然谈不上完整与全面。

最典型的例子是《民法典》第1657条的规定："在买卖食品或动产物品方面，买受人在约定的期限届满仍未提取其买受

[1] 对于第一种情况下导致一方当事人单方中断合同的理由，法官实行监督的情形越来越多（参见第479节），有可能在一定期间内使两种可能的情形越来越接近。

之物时，为了出卖人的利益，可以不经催告，当然解除买卖。”[1] 法律作出这项规定的理由是，通常情况下，这类买卖的数额都不太大，可以简化处理，同时，这样做也可以防止在诉讼期间卖出之物发生变质、变坏的情况。法律准许出卖人解除其义务，以便其能够及时地为自己的产品寻找新的购买人。

第二个例子是《保险法典》第113-3条，该条规定准许保险人在被保险人不缴纳保费的情况下无须经过法院裁判即可解除保险合同，不过，这里没有取消事先催告，而且保险人本身还应当遵守特定的期限（参见第639节），也就是说，保险合同的解除仍然需要遵守各种形式手续，只不过保险人可免于诉诸法院而已。

另一个例子是《消费法典》第114-1条的规定：“在任何向消费者销售动产或者提供服务的合同中，当产品的交付或者服务的提供不是立即履行并且约定的价金超过规章确定的限度时，经营者应当指明其承诺交付与履行服务的限定日期。”（第1款）；“在非因不可抗力原因延迟交付与延迟提供服务超过7天的情况下，消费者可以通过挂号信并要求回执通知解除动产买卖合同或服务提供合同。”（第2款）。

还有其他一些情况，法律也规定一方当事人可以在任何时候单方解除合同，具有合作关系的合同即是如此，例如，委托合同、公司契约、不确定期限的劳动力租赁合同等。在这些情况下，往往准许以任何原因单方废除合同，当然更不用说，在一方当事人不履行合同的情况下准许相对当事人单方废除合同了。

---

[1]这里要求具备的条件当然是：买受人有可能提取购买的货品（而没有前来提货）。参见最高法院第一民事庭2000年10月24日判决（CCC2001. N°5. Leveneur 述评）。

不过，单方废止合同的权利，不论运用起来有多么自由，都不能滥用这种权利。在滥用单方废约权利的情况下，或者如果不遵守约定的期限或习惯上形成的期限，同样会引起损害赔偿（参见第479节）。

659. 替代履行的选择权利，由债权人决定的可能性

《民法典》第1144条规定：在债务人不履行债务的情况下，债权人也可以请求允许其自行让人履行之，费用由债务人负担。这就是说，债务没有得到履行的债权人可以从其相对当事人的竞争对手那里获得债务人应当交付而没有交付的相同商品，如果有差价，由不履行义务的债务人承担（1991年7月9日第91-650号法律第82条原来还规定："债务人得受判处预先支付因此种履行所必要的款项。"）。不过，债权人在运用第1144条为其规定的权利时，原则上以获得法官批准为条件。[1] 因此，这项权利并不属于对第1184条规定的法定例外；但是，商事方面则是另一回事，根据商业习惯，债权人可以在向不履行义务的债务人进行简单的催告通知仍然没有结果之后，运用其选择权利，从替代人那里获得相同的给付。对于货物被拒收的情况，也适用这种习惯做法：买受人可以拒收相对当事人交付的不符合约定（的品质、规格等条件）的货物。[2]

---

[1]在债务人不履行债务的情况下，债权人让他人履行该债务并由债务人负担费用时，这样做的前提条件是，应当得到法院准许（最高法院社会庭，1953年6月5日）。关于这一规则的变化，参见G·拉尔多：《为有效率的合同法辩护》（G·Lardeux, Plaidoyer pour un droit contractuel efficace, D. 2006. 1406）。

[2]里佩尔与罗布洛：《商法概论》，第2卷（Ripert et Roblot, Traité de droit commercial, t. 2）；Delebecque et Germain, N°2737节。Y-M·莱提耶：《对合同不履行的制裁的比较研究》，《巴黎一大学位论文》，2004年（Y-M·Laitier, Étude comparative des sanctions de l'inexécution du contrat, thèse Paris I. 2004. N°189. p. 268）。

（2）法院判例

660. 由债权人承担风险解除合同

《民法典》第 1184 条规定，契约并不当然解除，一方当事人在相对当事人根本没有履行对其承诺的义务时可以选择：或者，在契约仍有可能履行时，强制相对当事人履行之，或者，请求解除契约并请求损害赔偿。“解除契约，应当向法院提出请求”，法院得视情形给予被告一个期限。尽管有这些原则，但法院判例很早就承认：只要一方当事人有利益迫切要求解除合同，可以在没有法官干预以及在没有法律规定或者没有约定条款准许的情况下，单方中断合同。

例如，法院就曾作出判决承认，在合同关系不言而喻地要求双方当事人相互之间有特别的默契，甚至要求相互特别信任的情况下，如果一方当事人有特别严重的过错（faute grave，严重过失），相对当事人可以不等待法院判决，率先采取行动，终止履行合同。在这里，一方当事人有特别严重的过错，即使不能作为解除合同的理由，至少也可以解释相对当事人之所以据以此解除合同的原因；[1] 同样，法院判决也承认，在一方当事人面临直接风险的情况下，如果继续维持并履行合同，有可能给其造成不可弥补的损失时，该当事人可以如上所述，单方终止履行合同。[2]

最高法院随后提出了一项不按照第 1184 条的原则进行处理的

[1]最高法院民事庭，1896 年 2 月 26 日（S. 97. I. 187）；最高法院民事庭，1936 年 4 月 25 日（DH. 1936. 331）；最高法院社会庭，1991 年 10 月 22 日（D. 19923. 189. Karaquillo 述评）。

[2]塞纳民事法院，1897 年 7 月 31 日（S. 98. 2. 85）（关于驱逐一名扰乱表演场所秩序的观众）；最高法院民事庭，1941 年 1 月 28 日（S. 1941. I. 60）；巴黎法院，1982 年 10 月 14 日（D. 1983. IRp494. J · Penneau 述评）（诊所禁止一病人入内就诊，原因是该病人的精神状态威胁到诊所的安全）。

例外规则，这一例外规则不仅囊括了上述特别情形，而且超越了这些特别情形，因此，这一例外规则的适用范围得到明显扩张。这项例外规则就是：一方当事人的行为的严重性可以证明相对当事人有自担风险、单方终止合同的正当理由，[1] 不论是定期合同还是不定期合同，均是如此。[2] 换句话说，只要一方当事人严重违反合同对其规定的义务，他方当事人便可以采取主动，单方解除合同，不论是瞬时履行的合同还是连续履行的合同均可解除，而且对于连续履行的合同，不论其是定期合同还是不定期合同，均在可以解除之列；[3] 不过，单方面主动解除合同的当事人需要承担风险，因为相对当事人可以请求法官对单方解除合同是否符合规定实行事后监督。看来，在单方解除连续履行的合同的情况下，合同关系仅自合同不履行之日才算中断，否则，我们就很难理解，原本是

[1]最高法院第一民事庭，1998年10月13日（Bull. civ. I. N°300. D. 1999. 198. C · Jamin述评，somm. com. p. 115. Delebecque 述评，JCP1999. II. 10133. Rze-pecki 述评，Defrénois1999. 374. D · Mazeaud述评，RTD civ. Mestre述评，Grands arrêts. t. 2. N°180）；最高法院第一民事庭，1987年4月28日（D. N°988. 1. Delebecque述评）；另见最高法院商事庭1991年3月5日判决（CCC1991. N°162. Leveneur述评）；最高法院商事庭，1992年12月1日（RTDciv. 1993. 518. Mestre述评）。

[2]最高法院第一民事庭，2001年2月20日（Bull. civ. I. N°40. D. 2001. 1568. Jamin述评，somm. com. p. 3239. D · Mazeaud述评，Defrénois2001. 705. Savaux述评，RTD civ. 2001. 36. Mestre et Fages述评）；最高法院第一民事庭，2003年10月28日（JCP2004. II. 10108. C · Lachierze述评，CCC2004. N°4. Leveneur述评，Defrénois2004. p. 378. R · Libchaber述评，RDC2004. p. 273. L · Aynes et Mazeaud述评，RTD civ. 2004. 89. J · Mestre et Fages述评）；另见最高法院商事庭2007年3月13日判决（JCP2007. I. 161. N°12. Grosser述评）；最高法院商事庭，2008年11月5日（RTD civ. 2009. 119. Fages述评）；最高法院商事庭在过去非常重视合同解除的司法性质，参见最高法院商事庭1996年7月9日判决（RJDA 1996. N°1438），后来，在一起双方当事人明文订有解除条款的合同争议案件中也采取了与第一民事庭相同的立场，因为，该合同中订立的这项解除条款明确规定，在遵守由债权人承担风险、单方解除合同的明确规定的情况下，可以避开经过司法途径解除合同的方法，参见最高法院商事庭2009年2月10日判决（CCC2009. N°123，Leveneur述评）。

[3]S · 安拉尼-梅基：《论不定期合同的单方解除》（S · Amrani-Mekki，La résiliation unilatérale des contrats à durée indéterminée，Defrénois2003. p. 369）。

一项有效订立的合同，在已经符合规定地履行了一段时间之后，为何仅凭一方当事人的单方意思表示就能一笔勾销。

最高法院这一新的判例是希望让一方当事人能够尽快地锁闭那些已经遭到严重违反、完全失去经济活力的合同关系，使他们能够尽快地另行订立新的合同，这对于继续进行经济活动来说是完全必要的，也是不可缺少的。在经济富足的条件下，给予失望的一方合同当事人重新获得自由的手段，当然是一件好事，因为，尽管原订的合同已经被解除，但当事人很容易找到能够满足其愿望的新的缔约人。[1] 不过，我们也不能过分夸大这种认识和考虑在实践中的实际作用。在经济领域，合同具有价值，应当尽量避免随随便便地就让这种价值消失；今天，在涉及合同成立的问题时，我们优先考虑的是应当如何有利于合同继续生存下去。再说，如果准许以经济效率为借口，在一方当事人稍有履行不到位的情形时，就可以利用它来单方解除自己承担的义务，势必使相对当事人陷入困境，这样的结果恐怕也是非常令人遗憾的事情。有鉴于此，（对于单方解除合同是否具有正当性）应当由法官来进行事后监督，这是很有必要的。

661. 法官事后进行的监督

为了避免出现每一方当事人均成为评价相对当事人行为表现的唯一“法官”的局面，为了避免依法成立的合同陷入听由当事人任意处置、任其消失的境地，最为重要的是，不能让法官事后进行监督仅仅停留在文字上而纯粹流于形式。[2] 如我们在上面第 660 节中所说，如果一方当事人有特别严重的过错，相对当事人可以不等

---

[1] C · 加明：《论单方主义与债法：合同不履行的单方制裁》（C · Jamin，Les sanctions unilatérales de l'inexécution du contrat，in *L'unilatéralisme et le droit des obligations*，1999，p. 71 et s.，sp. p. 76）。

[2] 关于由紧急审理法官裁判维持“不符合规定地解除的合同”的可能性，参见最高法院第一民事庭 2001 年 5 月 29 日判决（RTD civ. 2001. 590. J · Mestre et B · Fages 述评）；埃克斯法院，2004 年 1 月 22 日（RTD civ. 2004. p. 731. J · Mestre et B · Fages 述评）。

待法院判决，率先采取行动，终止履行合同。这就涉及对过错如何评价。要求只有在当事人的行为表现有严重过错的情况下才能单方终止履行合同，这样的表述似乎意味着只有存在“特别典型的违反义务的行为”,[1] 并且严重危害到债权人的利益时,[2] 才能单方解除合同。按照这样的观念来理解，在一方当事人违反合同的根本义务或者违反合同义务是源于其故意过错时,[3] 看来就似乎有必要单方面解除合同。不过，仔细想一下，我们就很难看出，在一方当事人违反合同的根本义务或者有故意过错违反合同义务的情况下，如果经司法途径，法官同样会宣告解除合同，那么，在这样的情况下，法官为什么还要对一方当事人单方解除合同进行监督，甚至对其实行制裁（也就是说，实际上，在这样的情况下，即使法官进行事后监督，也不会制裁单方解除合同的当事人）。[4] 因此，在两种情况下，对于不履行合同的当事人的行为的严重程度看来应当按照同一方式来进行评判。[5] 只不过，在没有提出解除合同的传

---

[1]L·Leveneur 述评（CCC2004. N°4. Lachiez 述评；JCP2003. 317）。

[2]都埃法院，1999 年 7 月 6 日（JCP1999. I. 191. N°14. Jamin 述评），认为在（仅仅危害到债权人利益的）这种情况下，并不存在真正可以作为单方解除合同之理由的严重违反合同的事实；南锡法院 2000 年 11 月 20 日判决（JCP002. IV. 1189），该判决要求除了存在严重的违反合同义务的情况之外，还要求有证明宣告解除合同之正当理由的紧急情况。

[3]S·安拉尼-明克：《论定期合同的单方解除》（S · Amrani-Munkki，la résiliation unilatérale des contrats à durée déterminée，Defrénois2003. 383）。

[4]E·Savaux（Defrénois2001. 706. D·Mazeaud 述评，RDC2004. 279）；另见 R·Libchaber 述评，作者认为：所谓（违反合同义务的）“严重性”应当理解为“存在重大损害之威胁”，而在这种威胁之上，至少对于定期合同而言，还应加上当事人对（可能发生的）紧急情况的担心（Defrénois 2003. p. 382）；关于单方解除合同应当说明理由的问题，参见 S·Amrani-Mekki 前引文（Defrénois2003. p. 394. Mazeaud. RDC2004. 278）；另见 M·法布尔-马尼昂：《合同法上有关说明理由的义务》（M · Fabre-Magnan，l'obligation de motivation en droit des contrats，Mélanges Ghestin. 2001. p. 301）。

[5]法院判例看来正在朝着这一方向。在最近的一些判决中，法院运用的不再是（当事人）“行为的严重性”，而是使用“违反义务的严重性”的概念，而后一概念是一个用来作为司法解除合同的依据的传统概念。参见最高法院第一民事庭 2007 年 3 月 13 日判决（JCP2003. I. N°61. N°12. P·Grosser 述评）。

唤状的情况下（也就是在不经法院解除合同的情况下），不满意的债权人看来只有在向债务人进行履行催告之后才能解除合同，因为向法院提出传唤状相当于履行催告，而一方当事人自行解除合同的情况下，事先并没有发出此种传唤状，所以还是要求该当事人应当向债务人进行催告通知。

在对《民法典》第 1184 条所定的规则作出例外规定的掩盖之下，实际上是为不满意的债务人设置了一种不折不扣的选择权；只要一方当事人认为相对当事人违反合同的行为足够严重，因而有理由解除合同时，他就可以：要么，向法官提出解除合同的请求，要么，自行宣告解除合同，但自行宣告解除合同需自行承担风险。一方当事人违反义务的行为越严重，选择第二种做法所面临的风险也就会越少。

当法官认为没有解除合同的正当理由时，解除合同的一方当事人就要承担责任。在这种情况下，比较可取的做法应当是，法官不仅可以判处损害赔偿，用以补偿相对当事人受到的损失，而且有可能继续保留被滥行解除的合同；[1] 如果采取相反做法，则有可能否定法国法律传统上设计的合同的强制力原则。不过，随着这种演变，在很多情况下，法官的作用已经不再是立法者所希望的那种角色了。按照《民法典》第 1184 条的规定，只有法官才能宣告解除合同，而现在法官的作用实际上越来越缩小，缩小到仅仅在事后对

[1] D · Mazeaud（D. 2001. somm. com. p. 3240）；S · Amrani-Mekki（前引文，Defrénois2003. p. 390）；在实践中，如果自合同中断至法官作出判决之日，两者之间经过的时间比较长，在此情况下，很难改变已经由此创设的状态，因为，在合同中断之后，当事人可能已经与第三人重新订立了合同，这样也就导致已经被解除的合同丧失了任何意义，参见斯托菲勒-明克：《论法官对单方解除合同的事后监督》（Stoffel-Munck，Le contrôle a posteriori de la résiliation unilatérale，Droit et patrimoine mai 2004，n°126，p. 70 et s.，sp. p. 75）；为了避免上述情况发生，有人提出应当向紧急审理法官提出请求，以便（及时）命令暂时维持和保留合同，参见 S. Amrani-Mekki 前引文（Defrénois2003. 390，Th · Genicon，thèse préc.，n°621，p. 444）。

当事人的态度实行某种监督。

法国法院判例所认定的这种制度终于与某国外的某些立法一致起来了：例如，《德国民法典》第324条、第325条的规定，[1] 还例如，《国际统一私法协会国际商事合同通则》的规定（7.3.1）。[2] 此外，1980年4月1日在维也纳签订的“联合国国际货物销售公约”也承认单方解除合同。[3] 法官

---

[1]《德国民法典》第324条：“因违反第241条第2款规定的义务而解除合同：在双务合同情况下，债务人违反第241条第2款的规定的义务，且文字合同对于债权人是不再能够合理地期待的，债权人可以解除合同。”

《德国民法典》第325条：“损害赔偿与解除合同：在双务合同情况下请求损害赔偿的权利，不因合同的解除而被排除。”（陈卫佐译：《德国民法典》）

[2]《国际统一私法协会国际商事合同通则》（7.3.1）：（终止合同的权利）（1）合同一方当事人可以终止合同，如另一方当事人未履行其合同义务构成合同的根本不履行；（2）在确定不履行义务是否构成根本不履行时，应当考虑以下情况：（a）不履行是否实质性剥夺了受到损害的一方当事人根据合同有权期待的利益，但如相对当事人并未预见也不可能合理预见此种结果的除外；（b）对未履行义务的严格遵守是否为合同项下的实质内容；（c）不履行合同是有意所致还是疏忽所致；（d）不履行合同是否使受损害的一方当事人相信他不能信赖相对当事人的未来履行；（e）若终止合同不履行方当事人是否会因自己准备或者已经履行而蒙受不相称的损失。（3）在延迟履行的情况下，只要一方当事人未在第7.1.5条损允许的额外期限届满前履行合同，受损害方当事人亦可终止合同。

[3]《联合国国际货物销售公约》第49条规定：（1）买方在以下情况下，可以宣告解除合同：（A）卖方不履行其在合同或本公约所规定的任何义务，等于根本违反合同；或者（B）如果发生不交货的情形，卖方不在买方按照第47条第（1）款规定的额外时间内交付货物，或者卖方声明将不在规定的时间内交付货物。（2）但是，如果卖方已交付货物，买方即丧失解除合同的权利，但以下情形除外：（A）对于延迟交货，他在知道交货后一段合理时间内这样做，或者，（B）对于以及交货以外的任何违反合同事情，（a）他在已知道或者应当知道这种违反合同后的一段时间内这样做。

第64条：（A）卖方在以下情况下可以宣告解除合同：（a）买方不履行其在合同或本公约中规定的任何义务，等于根本违反合同，或者（b）买方不在卖方按照第63条第（1）款规定的额外时间内支付价款的义务或者收取货物，或者买方声明将不在规定的时间内这样做。（B）但是，如果买方已经支付价款，卖方即丧失解除合同的权利，但以下情形除外：（a）对于买方延迟履行义务，他在知道买方履行义务前这样做，或者，（b）他在已知道或者应当知道这种违反合同后的一段时间内这样做。

无须宣告解除合同，而是要对合同当事人的态度实行监督。鉴于这种情况，有学者认为应当修改法国《民法典》第1184条的规定，以便在司法诉讼请求与单方声明解除合同两者之间开放另一种选择，[1] 不过，这已经是法国制定法目前的状况，尽管第1184条（仍然保留）的文字表述并没有反映出这种状况。

(3) 协议解除合同

662. 解除条款（les clauses résolutoires）

如果双方当事人在合同中订立一项条款规定，在合同不履行的情况下即解除合同，这种做法可以更鲜明地表现当事人赞成合同解除的意愿，也使解除合同或多或少带有自动性质，而不具有司法性质。

法院判例很早就承认由双方当事人订立的这种“当然解除条款”的有效性，在法国法里，这种条款也被称为“pacte commssoire exprès”（如不履行即解除合同之明文简约）。[2] 依据这种条款，在违反合同诚信的情况下，合同当然解除。[3] 法官的作用也因此大大缩小：因为在这里不再需要法官审查违反合同的程度是否严重到有理由宣告解除合同，[4] 最多只是需要在当事人之间存在争议的情况

---

[1]D·塔隆：《〈民法典〉第1184条，一个有待更新的条文?》（D·Tallon，L'article 1184 du Code civil，un texte à rénover? D·Tallon：Clés pour le siècle. 2000. p. 253）。

[2]波林：《论解除条款》，《图卢兹一大学学位论文》，1996年（Paulin，la clause résolutoire，thèse Toulouse I. éd. 1996）；J·博里康：《关于合同中明文订立的解除条款》（J·Borricand，la clause résolutoire expresse dans les contrats，RTD civ. 1975. 433）；B·特希耶：《论合同的解除条款与取消条款》（B·Teyssie，les clauses résolution et de résiliation，Cahier de droit de l'entreprise. 1975. I. 13）。

[3]最高法院民事庭，1860年7月2日（DP1860. I. 284）。

[4]最高法院商事庭，2004年12月14日（CCC2005. N°61. L·Leveneur 述评）。

下[1]由法官在认定具备条款所规定的各项条件时，确认合同已经自动解除。不过，应当由没有得到履行的债务的债权人提出解除合同，[2] 而不是由债务人方面提出主张，合同才能解除，因为，债权人既有在解除合同与强制履行合同两者之间作出选择的权利，[3] 又有在司法解除合同与约定解除合同（协议解除合同）两者之间作出选择的权利。[4]

合同中订立解除条款的好处是显而易见的，它或多或少可以避免司法干预所固有的那些弊端：需要花费很多金钱，需要等待或长

---

[1]例如，受到解除合同之要求的一方当事人可以主张没有必要宣告解除合同，因为他认为，合同之所以不履行源于债权人拒绝他此前已经向其提出的履行提议。

[2]最高法院民事庭，1936年7月8日（DH1936.554）；但是，只要债务人是善意，合同中虽然订立有解除条款，但它并不取消债务人提出同时履行抗辩的权利；当债务人以此为依据拒绝暂时履行义务时，合同并不宣告解除。参见最高法院诉状审理庭1883年1月3日判决（DP83.I.45.S.84.I.432）；最高法院诉状审理庭，1928年6月11日（Gaz. Pal. 1928.2.477）；最高法院第一民事庭，1965年7月19日（Bull. civ. I. N°489. p. 367）；最高法院第三民事庭，1990年11月21日（Bull. civ. III. N°238. p. 136）；关于这一问题，参见前引Paulin，thèse. N°79. p. 84。

[3]最高法院商事庭，1953年1月26日（Bull. civ. II. N°38. p. 28）；同样，债权人也没有放弃请求损害赔偿。受领人在提出支付催告令或者提出传唤状之后受领款项，也不意味着他有“放弃条件已经成就的解除条款之利益的”意思表示，参见最高法院第三民事庭1978年2月22日判决（Bull. civ. III. N°99. p. 77. D. 1978. IRp. 402）。

[4]最高法院商事庭，1954年6月29日（Bull. civ. III. N°235. p. 176）；最高法院第一民事庭，1971年3月23日（Bull. civ. I. N°97. p. 79）；最高法院商事庭，1984年3月7日（Bull. civ. N° 93. p. 78. JCP1985. II. 20407. Delebecque 述评，RTD civ. 1985. 164. J · Mestre 述评）。在债权人向债务人催告履行债务，并且在进行催告的同时还援用了解除条款的情况下已经获得满足其要求时，这种选择权利对于将来而不是对过去仍然存在。参见最高法院第三民事庭1994年5月4日判决（JCP1995. II22380. 参见 Boccara 批评性评论，RTD civ. 1995. 367，另见 J · Mestre 赞成性评论）；在买受人以“产品（商品）与订货不符”为理由请求法院解除合同，而出卖人主张因买受人不支付款项而应当适用约定的解除合同时，如果两者之间发生冲突，得到优先考虑的是司法裁判解除合同，因为法院裁判解除合同引起合同自其订立之日即告解除，并且引起约定的解除条款与被解除的合同一起消失。参见最高法院第三民事庭1999年11月24日判决（JCP1999. IV. 1058）；关于解除条款与由债权人承担风险单方解除合同这两者之间的衔接问题，参见最高法院商事庭2004年2月4日判决（JCP2004. I. 149. N° 5. J · Rochfeld 述评，RTD civ. 2004. p. 731. J · Mestre et B · Fages 述评）。

或短的时间，而且（对于当事人而言）诉讼的结果如何往往带有很大的不确定性。不过，（事先在合同中订立）解除条款也会有不小的风险。在经济领域如果过于青睐废除合同，过于对此种权利给以厚待，并不是一种值得称道之举，商务领域更是如此（当然不仅仅是商务领域）；再说，如果合同可以很方便地被解除，同样会给第三人带来很多弊端；最后，值得人们担心的是，在合同当事人的关系中，占据主导地位的一方当事人有可能借机强制相对当事人同意并接受在合同中规定某种自动制裁的条款，而这种所谓自动制裁与“能够得到认定的违反合同的实际情况”两者之间有可能完全不成比例。

基于以上情况，理论界占主导地位的意见是希望仿照 1975 年 7 月 9 日关于违约金条款的法律规定（参见第 627 节），[1] 承认法官（在解除条款问题上也）享有一种调节权力。不过，到目前为止，立法者在这方面还只是零散地进行了一些干预；至于法院判例方面，在对解除条款进行解释的名义下通过审查当事人是否善意运用解除条款，也行使着一定的评判或裁量权力。

663. 立法条文的规定

立法者在合同领域的不同层面都进行了零散的干预。这种干预或者是为了禁止订立解除条款，或者是为了或多或少地缩小合同中订立的解除条款的适用范围；这些干预还表明，在这方面立法上存在着某种排除适用合同普通法的情形。例如：

（1）在保险领域，法律就针对保险公司在保单中订立的“当

[1]比戈：《解除条款与道义规则》（Picod, La clause résolutoire et la règle morale, JCP 1990. 1. 3447）；F·奥斯曼：《论法官在实施当然解除条款时的调节权力》（F·Osman, Le potiyoir modérateur du juge dans la mise en œuvre de la clause résolutoire de plein droit, Defrénois1993. 65）。

然解除条款”的情况规定了对被保险人的保护；此外，法律还安排了一种简化的解除保险合同的制度：在投保人不按期缴纳保费的情况下，保险人可以解除保险合同，但同时规定解除保险合同需要遵守的形式条件与期限条件。

（2）在租赁方面，不同的租赁合同，有关解除合同的条件各不相同，要求的严格程度也有所不同。

就农事租赁合同而言，《农村法典》第411-31条规定禁止订立解除条款，因此，出租人必须诉请法官而且只有在（法律）确定的情况下才能获准解除农事租赁合同。

在有关住房租约与商业租约的立法范围内，针对租约中订立的因承租人不履行义务而解除租约的条款，有很多细致而严格的规定（例如，1948年9月1日法律第80条，1953年9月30日法令第25条，1989年7月6日法律第24条）。

（3）在不动产建筑方面，也有许多法律条文同样加强了消费者的地位，例如，不论有何相反条款，不动产推销合同中规定的当然解除条款，只要涉及《建筑与住宅法典》第261-10条、第261-11条与第261-12条有关买受人或者工程业主负担的付款与存缴款项的义务，只有在进行催告后1个月仍无结果时，才能产生效力；而且在此1个月期间，还可以按照《民法典》第1244-1条的规定请求给予付款宽限（另见《建筑与住宅法典》第261-13条有关待建不动产的规定。第222-4条关于不动产开发合同的规定）。

664. 法院判例的处理

在合同中订立解除条款，等于抽掉了法官评判解除合同的适当性的权力，因此也会带来一定的风险，也就是说，订立解除条款并不全都会带来好处。基于这种认识，法院一直运用“善意”这一概念来对解除条款作出严格解释，对于依据此种条款解除合同的做法，尽量实行一定的监督；法院还可以做得更加干脆一些，直接运用“滥用权利条款”理论，将某些解除条款“视为不曾订立”。

（1）解除条款应当严格解释。解除条款的严格解释有多种体现方式，例如：

如果合同当事人仅仅是订立条款规定合同不履行就解除合同，这样的条款就被认为只不过是对法律赋予的“请求解除合同的权利”的简单重申而并非自行解除合同。因此，在此情况下，当事人仍然需要诉诸法院，向法院提出（解除合同的）请求，法官仍然享有《民法典》第1184条规定的权力。[1]

要想不经过法官干预而当然解除合同，要求在订立的解除条款中对此有明确规定，[2] 并且解除合同应当是为了制裁“违反合同某项明文约款的行为”。[3] 此外，即使所订的条款运用了“当然解除”这样的表述，仍然不能免除债权人向不履行义务的债务人进行催告，以提醒债务人注意合同中订有此种解除条款，指出债务人没有履行哪些义务，与此同时，催告书中还要告知债务人应在多长

[1]最高法院诉状审理庭，1937年5月3日（DH1937. 364. S. 1937. I. 371）；最高法院第三民事庭，1994年10月12日（JCP1994. I. 3828. N°13. Jamin 述评）；最高法院第三民事庭，1999年2月24日（CCC1999. N°85. L · leveneur 述评）。

[2]最高法院第一民事庭，1986年11月25日（Bull. civ. I. N° 279. p. 267. RTD civ. 1987. 313. J · Mestre 述评）；最高法院第三民事庭，1988年12月7日（Bull. civ. III. N° 176. p. 96）。

[3]最高法院第三民事庭，1985年1月8日（Bull. civ. III. N°6. p. 5）；最高法院第三民事庭，1988年5月18日（Bull. civ. III. N°94. p. 53）；另见最高法院第一民事庭1993年5月17日判决（D. 1994. p. 483. Paulin 述评）：该判决在法官的自由裁量权的名义下承认如果涉案合同中仅仅使用了“解除”（résilier）一词而没有附加其他修饰语时，则意味着（可以）“当然解除”合同。

期限内履行债务。[1] 不过，进行催告这项要求并未出现在解除合同的普通法的制度里，因为，普通法里，一方当事人提出传唤状（起诉状）就等于进行催告（参见第652节），但是，在当然解除合同的情况下，由于当事人无需向法院提出请求，有关进行催告的要求也就变得更加突出。只有在双方当事人原已订立条款规定到期之日不履行义务时不经事先催告即当然解除合同的情况下，才没有必要进行催告。[2]

最常见的情况是，解除条款往往会规定，只有在经过合同中表述的某种程序之后，才解除合同。有一段时间，法院判例认为，债权人可以对合同中规定的此种形式手续不予理睬，而今天似乎是将遵守合同中约定的这些手续作为解除合同符合规定的一种条件。[3]

（2）善意。按照最高法院表述的意见，虽然说合同中订立的解

---

[1]最高法院第三民事庭，1968年11月28日（Bull. civ. III. N°498. p. 382）；最高法院第三民事庭，1975年10月1日（Bull. civ. III. N°268. p. 204）；最高法院第三民事庭，1976年11月24日（Bull. civ. III. N°424. p. 323. RTD civ. 1977. 341. G · Cornu 述评）；最高法院第三民事庭，1977年10月11日（Bull. civ. III. N°331. p. 251）；最高法院第三民事庭，1989年10月31日（Bull. civ. III. N°200. p. 110）；最高法院商事庭，1992年3月17日（Bull. civ. IV. N°122. p. 88. JCP1992. I. 3608. Virassamy 述评）；最高法院第一民事庭，2004年2月3日（CCC2004. N°55. L · Leveneur 述评）；最高法院要求，在发出的催告通知书中应当提醒（重申）合同中订立的解除条款，参见最高法院第三民事庭1986年6月11日判决（Bull. civ. III. N°200. p. 110），即使解除条款所包含的用语并无此项要求，参见最高法院第三民事庭1982年2月22日判决（RTD civ. 1982. 236. J · Mestre 述评）；催告通知应当按照解除条款所规定的形式，参见最高法院第一民事庭1994年6月15日判决（JCP1995. I. 3828. N°11. Jamin 述评）。

[2]最高法院第三民事庭，1977年6月29日（Bull. civ. III. N°293. p. 223）。

[3]最高法院第一民事庭，1956年3月14日（Bull. civ. I. N°133. p. 107）；最高法院商事庭，1963年1月7日（Bull. civ. III. N°16. p. 14）；最高法院第三民事庭，1983年1月25日（Bull. civ. III. N°21. p. 16. RTD civ. 1985. 163. J · Mestre 述评）；最高法院第三民事庭，1987年5月27日（Bull. civ. III. N°108. p. 63）；最高法院第三民事庭，1992年7月17日（D. 1992. somm. 最高法院商事庭，399. L · Aubert 述评）；最高法院第一民事庭，1999年2月16日（D. 1999. IR75. JCP1999. IV. 1661）；最高法院第一民事庭，2006年2月7日（D. 2006. 1796. A · Penneau 述评）。

除条款对法官也有约束力，但这项条款的运用，仍然需按照《民法典》第 1134 条的规定，以符合“善意要求”为前提条件，[1] 换言之，如果债权人是恶意运用解除条款，如果债权人是不怀好意地运用解除条款的规定，那么实体审法官可以拒绝确认债权人所主张的解除合同，例如，债权人虽然向债务人进行催告，但提出的条件致使债务人根本无法对违反合同的事实进行任何补救或挽回，或者债权人在很长的时间里怠于要求清偿债权却突然主张利用解除条款来要求解除合同，[2] 在这些情况下，实体审法官可以认定债权人方面有恶意，并拒绝确认其运用解除条款而解除合同。有些法院判决甚至在这里提到债务人的善意——这样的认定当然存有很大争议。[3]

---

[1]例如，最高法院作出多项判决支持实体审法官所作的判决，认为在运用解除条款中所规定的有关履行债务的催告通知时，如果出租人缺乏善意，故意在暑假期间才发出此项催告通知，那么这种催告通知视为不产生效果，参见最高法院第三民事庭 1973 年 10 月 16 日判决（Bull. civ. III. N°529. p. 386）；最高法院第三民事庭 1976 年 6 月 29 日与 12 月 15 日判决（RTD civ. 1977. 340. G · Cornu 述评，Bull. civ. N°465. p. 354）；另见前引最法院第三民事庭 1983 年 1 月 25 日判决（该判决运用的是“公平”的概念）。

[2]最高法院商事庭，1963 年 1 月 7 日（Bull. civ. III. N° 16. p. 14）；最高法院第三民事庭，1987 年 4 月 8 日（Bull. civ. III. N° 88. p. 53. JCP1988. II. 21037. Picod 述评）；另见最高法院第一民事庭，1995 年 1 月 31 日判决（D. 1995. 389. Jamin 述评）；最高法院第一民事庭，1997 年 4 月 16 日（RTDCciv. 1996. 900. Mestre 述评）；最高法院第一民事庭，1999 年 2 月 16 日（Bull. civ. I. N° 52. p. 34. D. 2000. somm. com. p. 360. D · Mazeaud 述评，Defrénois2000. 248. D · Mazeaud 述评）；关于以协调原则为基础作出的解释，参见 D · 胡切夫：《论合同方面的协调原则》，《巴黎十一大学位论文》，2001 年（D · Houtcieff, Le principe de cohérence en matière contractuelle, thèse Paris XI, éd. 2001, N°s 814 et s）。

[3]最高法院第三民事庭，1988 年 4 月 13 日（Bull. civ. III. N°68. p. 39. D. 1989. 334. L · Aubert 述评，Defrénois1989. p. 356. L · Aubert 述评）；另见最高法院第三民事庭 1993 年 3 月 10 日判决（D. 1993. 357. Bihr 述评，CCC1994. N° 149. JCP1993. I. 3725. N° 15. Jamin 述评，Defrénois1994. 347. Delebecque 述评，RTD civ. 1994. 100. L · Aubert 述评，CCC2003. N° 174. L · Leveneur 述评，RDC2004. p. 644. D · Mazeaud 述评，RTD civ. 2003. p. 707. J · Mestre et B · Fages 述评），认为仅仅是确认债务人为善意仍然不能使解除条款丧失作用。关于这个问题，参见 J · Mestre 述评（RTD civ. 1988. 121，前引 F · Osman 述评，p. 76）。

就此而言，法官的调节权力也就到此为止，因为，在没有法律条文规定的情况下，对于在作为解除合同之理由的违反义务（的实际状况）与合同解除两者之间是否相适应，法官不会进行监督。[1]

不过，仍然有一个悬而未决的问题。由1991年7月9日第91-650号法律第83条编纂产生的《民法典》第1244-1条规定："法官考虑到债务人的状况以及债权人的需要，得判令暂缓或分期清偿所欠款项，期间以2年为限。"由同一法律作出规定并归入《民法典》第1244-3条的条文明确宣告"违反第1244-1条与第1244-2条之规定的任何约定条款，均视为未予订立"，这就是说，有关宽限期的规定具有公共执行性质，那么，法官是否可以据此暂时中止解除条款的效力，并给予不履行义务的债务人以宽限期呢?[2] 理论界对这一问题的看法也有分歧。[3] 看来，占据上风的意见应当是否定意见。因为，《民法典》第1244-1条所指的宽限期只能由判处债务人履行其义务的判决给予，而催告通知并不能作为强制执行之诉讼来对待，当法官受理请求适用解除条款的诉讼时，目的是命令解除合同，而不是命令履行债务。

（3）滥用权利条款。解除条款并未被列入《消费法典》第R132-1条与第R132-2条所指的滥用权利条款的"黑名单"与"灰名单"，充其量只是在该法典实施条例第R132-2条中规定："只要

---

[1]最高法院第三民事庭，1992年2月5日（RJDA 1992，p.249 N° 317，RTD civ. 1992. 763，Mestre述评）；另见最高法院第三民事庭1989年6月20日判决（Bull. civ. III，N° 172，p.93），该判决宣告不适用《民法典》第1152的规定。

[2]在此之前，法院判例认为法官没有这种权力，参见最高法院民事庭1919年3月10日判决（S. 1920. I. 105）；最高法院第三民事庭，1986年6月4日（RTD civ. 1987. 318. J·Mestre述评）；最高法院商事庭，1991年12月17日（CCC1992. N°23. L·Leveneur述评）。

[3]关于主张承认法官可以这样做的观点，参见Bénabent. N°292；G·Paisant：《1991年7月9日关于民事诉讼的法律对宽限期的改革》（G·Paisant，La réforme du délai de grâce par la loi du 9 juill. 1991 relative aux procédures civiles，CCC déc. 1991，p.4）；持反对意见的：参见J·Mestre，RTD civ. 1992. 764. RTD civ. 1994. 100，F·Osman，art. préc. Defrénois 1993，p.80，note 77；Paulin，thèse préc. N° 198，p.211.

解除条款的目的或其产生的效果是对非职业人或消费者规定的解除合同的条件要比对职业人规定的条件更为严格，即推定这种条款属于滥用权利条款，但如职业人能够提出相反证据，不在此限。”“滥用权利条款委员会”在其提出的建议中认为，解除条款不会仅仅因它是普通法的例外而构成滥用权利条款，只有当解除条款所规定的适用条件可以让职业人以非职业人或消费者有最轻微的违反合同的行为作为借口即可中断合同时，才会成为滥用权利条款。[1]

665. 解除合同请求权的放弃

有时，当事人在合同中订立条款，目的并不是规定（在不履行义务的情况下可以）“当然解除合同”，而是恰恰相反，订立的条款目的是为了取消双方当事人请求解除合同的可能性。那么，双方当事人是否可以提前放弃请求解除合同的权利呢？人们在这个问题上的看法同样存在分歧。一般认为，应当禁止当事人订立此种放弃解除合同请求权的条款，因为，《民法典》第1184条的规定与法官关注和监督当事人相互之间应当抱有善意的权力是紧密联系在一起的，因此不能提前放弃解除合同的请求权，不论是明示放弃还是默示放弃，均不能准许；[2] 尤其要强调的是，（即使一方当事人）事先曾经要求强制履行合同，也不等于他已经放弃此后请求解除合同。[3] 然而，相反意见似乎更为可取。相反意见认为：解除合同丝毫不具有公共秩序性质，因此应当准许当事人约定他们仅限于提起合同履行之诉，而不请求解除合同，这就是说，应当准许当事人

[1] Paulin，thèse，N°56. p. 59. S. Payet，thèse，N°149；另见最高法院第一民事庭2007年11月8日判决（JCP2008. I. 104. N°12. Grosser述评）。

[2] 最高法院诉状审理庭，1903年3月9日（DP1904. I. 89）；参见Mazeaud et Chabas，N°1104，Benabent，N°289.

[3] 最高法院商事庭，1953年10月27日（D. 1944. 201）：即使合同中订立违约金条款，也不当然意味着债权人放弃诉请解除合同，参见最高法院第三民事庭1978年2月22日判决（Bull. civ. III. N°99. p. 77）。

事先约定放弃请求解除合同（的权利）。[1] 而且，法院也作出过这样的判决，认为只要双方当事人作出毫不含糊的明确约定，就可以放弃《民法典》第 1184 条规定的利益。[2]。

不过，《消费法典》实施条例第 R132-1 条就职业人与消费者之间的关系作出了以下规定，“在职业人不履行财产交付义务或者不履行提供服务的义务的情况下，禁止非职业人或消费者享有解除或取消合同之请求权的条款”，推定为滥用权利条款。

第三目 风险理论

666. 这一问题的地位

当一项合同义务因不可抗力的障碍不能再履行时，原则上，该合同规定的义务将因此而消失，债务人因履行不能而解除义务。

如果涉及的是由单务合同产生的义务，问题相对比较简单，因为，在单务合同里，仅有一方当事人承担义务，在不可抗力情况下，此种义务必然消失。例如，寄托物因不可抗力之原因而灭失时，受寄托人不再负返还义务（与《民法典》第 1933 条相比较）；[3] 如果是由双务合同产生的义务，因不可抗力而导致合同履行不能时，问题就变

---

[1] 最高法院诉状审理庭，1931 年 3 月 24 日（JCP1931. II. 784. RTD civ. 1931. 889. Demogue 述评）。

[2] 最高法院商事庭，1984 年 3 月 7 日（RTD civ. IV. N°93. p. 78. JCP1985. II. 20407. Delebecque 述评，RTD civ. 1985. 164. J · Mestre 述评）。例如，商人没有任何保留地接受交付的货物，即意味着他放弃这种利益。参见最高法院商事庭 1980 年 2 月 12 日判决（Bull. civ. IV. N°80. p. 61. D. 1981. 278. Aubertin 述评）。

[3]《民法典》第 1933 条：“受寄托人仅需按照寄托物在应当返还时所处状态返还之。非因受寄托人的过错而发生的损坏，由寄托人负担损失。”

第 1934 条：“因不可抗力而丧失寄托物的受寄托人，如得到寄托物的价值或任何替代物作为补偿，应当返还其受领之物，以替代返还其收受寄托的原物。”（所谓“风险理论”原文为“la théorie des risques”。虽然“risque”一词有“危险”、“风险”等意思，但将其翻译为“风险”似乎更为恰当，例如，分担风险、风险自负等，本书不将其译为“危险理论”。——译者注）

得复杂了：既然一方当事人因不可抗力原因不能履行义务，相对当事人尽管明知自己已经不可能获得原本期待的对待给付，是否仍然应当履行自己的义务，或者相反，相对当事人是否可以据此解除自己的义务？我们假定一种情况：一处用于出租的不动产因不可抗力被毁，出租人不再有义务为承租人提供其出租场所的使用权，在此情况下，承租人是否也因此不再负有缴纳租金的义务？或者，与此相反，出租人的义务的解除对承租人负担的义务是否不产生任何影响，承租人仍然应当缴纳原租约规定的、尚未经过的时间的租金？我们还可以举另一个例子：旅行社组织海上巡游，但由于临出发时发生不可抗力情形，无法实现此次旅游消遣活动，例如，发生流行性传染病、大规模罢工、发生战争，旅行社因履行不能而解除其义务，旅客承担的义务又当如何处理？他们是否仍然需要支付约定的费用？假定旅客此前就已经缴纳了费用，是否可以请求退还？

这些情况都属于风险问题，也就是说，风险问题牵涉的是：要知道双方当事人中究竟哪一方最终要承担因合同履行不能而产生的损害后果。如果认定已经不能再继续履行义务的人是债务人，那么承担损害后果的就是不能履行给付的债务人，例如，出租人、旅行社，这时，承受风险的便是出租人或者旅行社，因为出租人失去了他的不动产，而他在此前已经毫无收益地承担了该不动产的维修、保养或者改善，但却不能再收回租金；旅行社也将承受相同的风险，因为旅行社已经为海上巡游的组织与安排付出了费用，但却无法要求或者保留旅客已经缴纳的费用；如果我们强制债权人继续履行他的义务——尽管在这种情况下，他们不可能得到任何作为对应交换的服务——那么，风险就是由已经不能兑现的给付的债权人承担。

这一问题呼唤着两种处理意见：其一是一般处理意见，其二是长期以来被视为例外的处理意见，而这种例外是对包含有转移确定的有体物所有权的合同所特有的处理意见。不过，实际上，我们可以将后一种处理意见与一般的处理意见紧密联系在一起。

667. （1）一般处理意见。双方当事人义务的关联性原则

一方当事人因不可抗力妨碍其履行给付时，不仅该当事人免除履行义务，相对当事人也由此解除义务。这种处理意见受到原因概念或原因理论的主导：双务合同中，双方当事人各自承担的义务构成他们相互承担义务的原因，因偶然事件造成债的履行不能，从而致使一方当事人的债的原因消失时，相对当事人的债亦因缺乏原因而消失。[1] 因此，风险由已经不能履行给付的债务人承担，此即所谓“物的风险由债务人承担”（res perit debitori）的规则；再说，如果相对当事人并未受领为其利益而约定的给付，却仍然要履行自己的给付，那就很不公平了。

《民法典》并没有就这一问题宣告这项一般原则，但规定了许多具体适用条文，例如，第1722条规定，按照租约普通法，租赁期间，如出租物因意外事故全部被毁，租约当然解除；对于将来而言，出租人与承租人的义务均告消灭；如果出租物仅部分被毁，视具体情况，承租人可以选择：或者请求减少租金，或者请求解除租约。于此两种情形，均不发生任何赔偿责任。同样，第1790条规定，工人承担义务利用客户提供的材料制作物件时，如在工作物验收之前，并且在业主未得到催告对工作物进行检查验收时，该物灭失，无论承揽人是否有过错，均不得请求任何工资；但如物的灭失是由于材料的性质所致，不在此限；此外，还有公司法方面的规定：如果某一股东允诺用于向公司出资的物在尚未实际交付公司之

[1]关于对这种观念的批评意见，参见Th·热尼孔：《因不履行而解除合同》（Th. Genicon, La résolution du contrat pour inexécution, N°127 et s., p. 91 et s）。

前因不可抗力而灭失，该股东因履行不能而解除此项出资义务。不过，这里还有一个司法解散公司的正当理由：按照《民法典》第1844-7条第5项的规定：应一名股东有正当理由的请求，法院可以宣告公司提前解散。以上几个条文涉及的是不同的合同，因此仅仅是双务合同中双方义务同时消失这项一般原则的运用，但它本身不是由《民法典》宣告一般规则。[1]

668. 风险理论的实际运用

风险理论的机制有别于因过错不履行义务而经司法途径解除合同的机制。在后一种机制里，合同的解除由法官作出宣告，它是对因其过错不履行合同的当事人的制裁；与此相反，因不可抗力或偶然事件致使合同履行不能时，并不足以排除司法解除合同的机制，但这种情况所具有的特殊性也更加决定着法官将要遵循的道路。

在因债务人有过错不履行义务的情况下，向债权人提供的选择——债权人可以请求履行合同或者解除合同，在风险理论中则是无法设想的。因不可抗力原因造成的债的不履行更为直接地奠定了解除相互对应的义务的依据。这里也谈不上再给予债务人以宽限期的问题，因为，谁都知道，在此情况下合同已经不可能再继续履行（再给予宽限期已经没有意义），此外，也谈不上给以损害赔偿的问

[1]例如，在解除葡萄园租赁合同的情况下，承租人因不可抗力可以不再履行其义务，参见最高法院民事庭1891年4月14日判决（DP91. I. 329. Planiol述评，Grands arrêts，t. 2 n° 179.）；另见最高法院民事庭1907年3月13日以及6月4日判决（DP1907. I. 281. Planiol述评，S. 1907. 1. 321，Chavegrin述评）；自从1901年7月1日法律解散若干修道会组织之后，在入会时作为日常生活饮食费用而投入一定财产的修女们曾针对修会的清算人提起返还这些财产的请求，她们的理由是，由于宣告解散修会的法律构成不可抗力，因此她们不能再享有相应的对待给付。最高法院以不可抗力和风险理论为基础依据，承认并支持了修女们提出的返还财产的诉讼请求，这样处理有其正当理由。

题，因为债务人因不可抗力已解除履行义务；[1] 总而言之，虽然说法院仍然可以应当事人的请求就合同是否消灭的问题进行审理，作出裁判，但却很少有机会运用像其受理（司法）解除合同之诉时在原则上所享有的那些权力（参见第651节）。[2]

但是，合同各方当事人可以订立一项条款，规定合同的风险不是由没有履行的义务的债务人承担，而是由债权人承担。[3]

669.（2）关于包含转移特定有体物所有权的合同的例外情形，《民法典》第1138条的规定：物的灭失风险由所有权人承担（res perit domino）

“双方当事人义务同时消灭”，这是由双方当事人的义务具有相互依存性所产生的后果。如果将这样一个一般规则适用于特定有体物的买卖，那么，物的灭失风险就是由出卖人承担：买卖之物在尚未交付之前灭失时，买卖合同将被解除，买受人无须支付价金。然而，法国法在传统上一直排除这样的处理意见，并且确定风险要由买受人承担：如果卖出之物在合同成立之后至物的交付之间的一段时间里因偶然事件灭失，尽管买受人已经无法要求交付其购买之物，但仍然负有支付价金的义务。

---

[1]最高法院商事庭，1992年6月30日（Bull. civ. N°258. p. 179. D. 1994. 454. Benabent 述评）。

[2]法律条文提醒人们注意，合同部分不履行对法官在评判适用第1184条的问题上的权力会产生影响：由于损害具有部分性质，（反而）可以引起法官作用的增大，例如，《民法典》第1722条规定：“租赁期间，如出租物因意外事故全部被毁，租约当然解除；如出租物仅部分被毁，承租人可以视具体情况，或者请求减少租金，或者请求解除租约。此两种情形，均不发生任何赔偿责任。”可见，在出租物仅部分被毁的情况下，法官必然需要进行具体评价，作出判断。

[3]如果在长期租赁合同中订立条款规定，在租赁期间即使租赁物因不可抗力而灭失且承租人方面没有可归咎的任何过错，仍应承担物灭失之全部风险，这类条款被认定为滥用权利条款（最高法院第一民事庭，1994年12月，somm. com. p. 209. Ph · Delebecque 述评）。

> 早在罗马法时期，就已经承认这一规则："卖出之物的风险由买受人承担。"（periculum rei venditae pesait sur l'acheteur）。人们通常都是以这样的理由来解释这一规则：假使卖出之物自买卖成交之后（尚未交付之前）增加了价值，出卖人并不能据此要求买受人增加价金，那么，买受人既然有获得好处的机遇，由其承受可能发生坏事的机率，看来也就是很公道的了。然而，这种解释并不具有决定性意义，因为，不能把单纯的获得增值的机遇与买受物的完全灭失放在一个天平上，两者并不能等量齐观。然而，不论有何不同见解，人们随后仍然将相同的规则适用于互易。[1]

法国《民法典》对买卖与互易均保留了"卖出之物的风险由买受人承担"这项规则，甚至凡是转移特定有体物所有权的债，均扩张适用这项规则，尤其是适用于有负担的赠与。[2] 法典第1138条规定："交付标的物之债，一经缔结契约的诸当事人同意，即告完全成立。——交付标的物之债，自应当交付该物之时起，债权人即成为物的所有人并由其承担物的风险，即使尚未进行物的移交，亦同；但是，债务人如果已经受到移交催告，不在此限；在此场合，仍由债务人负担风险。"[3] 这一条文中所说的"成为物的

[1]不只是适用于特定的有体物的买卖，第669节的标题是"包含转移特定有体物所有权"的合同，所以，包括买卖、互易、赠与。——译者注

[2]例如，A将一宗不动产赠与B，并规定B应当向C提供终身定期金（终身养老金）。如果该不动产在B接受赠与之后因不可抗力原因被毁，那么，B仍然应当支付（约定的）定期金。

[3]关于转移所有权与风险的规定，在不同的特定契约中各有不同。画家与某人订立一项按照确定的价金为该人有偿画像的契约，就是一种具有特别性质的契约。依据这种契约，只有在画家将其作品交给定画人手中并得到定画人的认可时，画像作品的所有权才最终为定画人所取得，直至这一时刻，画家仍然是其作品的所有权人，但是，他却不能因此而为其本人留置该画像，也不能为第三人的利益按照画像的状态对画像进行处分，画家按照模特的形象绘出的作品，其权利是一种"有条件地赋予的权利"，也就是仅仅为完全履行契约而给予他的权利。如果画家不遵守这种义务，应负损害赔偿之责任（最高司法法院民事庭，1990年3月4日）。

所有权人的债权人”就是买受人。

我们可以看到，这一传统规则似乎打断了双务合同中债务人与债权人之间的义务所具有的相互依存关系：债权人（买受人）的义务依然存在时，债务人（出卖人）的义务却已经停止存在。那么，在今天看来，作为双务合同普通法之例外的这一传统规则的依据又是什么？

今天，人们已经将罗马人曾经运用过的那些理由放到了一边，对这一传统规则改用了另一种解释：承担风险乃是由转移所有权产生的一种后果。买受人之所以要承担（买受）物的风险，是因为按照法国法的原则，（在买卖方面）当事人交换同意意思即产生转移所有权的效果，而正是由于合同的效力本身，买受人已经成为其买受之物的所有权人，即使他此时也许还没有受领应当向其交付的物。因此，买受人并不是以债权人的身份承担物的风险，而是以所有权人的身份承担此种风险。物的风险由所有权人承担，就是这一传统规则的基本依据。看来，这正是《民法典》的制定者所持的观念。他们在第 1138 条里用同一句话就将风险问题与转移所有权问题汇集在一起。这也充分证明，在法典的制定者看来，风险与转移所有权这两个问题相互之间有着紧密的联系：买受人成为所有权人之时刻，风险也随之转移，[1] 看来，这种分析最符合理性。“物的风险由债权人承担”（res perit créditori）这一表述将“那些包含着转移特定的有体物所有权的双务合同”拉到“两项相互之间没有任何联系的单方约款交汇与重叠起来”的状态，并且不去考虑“原因”在其中所担当的角色或作用。仅仅是在合同订立时存在原

[1] 按照相同的意思，我们可以从《商法典》第 132-7 条的规定中得到相同的论据。该条规定：“如无相反约定，（已经）从出卖人或托运人仓库发出的商品，由其所有人承担运输风险与损失；但所有人对负责运输的行纪商和承运人有求偿权。”这一条文同样是将风险负担与所有权的转移联系在一起。

因，这并不足够，原因同样对合同的履行起着主导性作用。依此而论，在这方面并不存在“物的风险由债务人承担”（res perit debitori）这一规则的所谓例外：物的灭失发生在合同产生主要效力之后，也就是说，物的灭失发生在所有权转移之后，而此时一方当事人已经履行了自己的主要义务。这样，我们也就明白，尽管物已灭失，他方当事人的义务为何仍然存在的原因。虽然由同一份合同产生的义务始终都是相互依存的，但是，在义务履行之后，就不再继续存在这种相互依存性。

670. “物的风险由所有权人承担”这一规则的适用

按照物的风险由所有权人承担这项规则，在买卖之场合，只要出卖人仍然是其出卖之物的所有权人，那么，就应当由该债务人承担物的风险，也就是说，仍然应由出卖人承担风险（因为他是所有权人），以下情况尤其如此：

（1）在买卖种类物的情况下，当标的物的个别化或者特定化只有在稍晚些时候才能进行时。[1]

（2）在特定的有体物的买卖中，如果双方当事人决定买受人只有在付清全额价款之后或者只有在物的交付之日才能成为物的所有

[1]（在种类物的买卖中）由于卖出之物尚未个别化，在没有立即转移所有权的情况下，风险仍然由出卖人承担，由此产生的结果是，出卖人，如果由于不可抗力之原因而解除其承担的义务——对于种类物的买卖来说，这种情况相当少见，但也并非完全没有——则不能向买受人要求对应的给付；但是，我们假定，一商人预约出卖特定年份的、确定的酒窖所窖藏的红酒，如果在其预约允诺卖出的红酒尚未个别化之前酒窖仓库因发生火灾被焚毁，只要出卖人没有交付符合其预约的商品，由于所有权尚未转移，出卖人就没有主张价金的权利；还有另一种可能，虽然酒的种类没有限定，但特定年份的特定窖藏的红酒已经卖完，出卖人不能再提供该品种的红酒，在这种情况下，由于没有发生所有权转移，“物之风险由所有权人承担”（res perit domino）这项规则也与“物之风险由债务人承担风险”（res perit debitori）的规则发生吻合。

权人时。[1] 当买卖合同中订立有保留所有权条款时，也是这种情况：按照保留所有权条款，所有权连同风险都暂时中止转移，直至价金全额支付。[2]

反过来，只要标的物已经个别化，即使其尚未交付或者尚未完成转移所有权的手续，物的风险均转由买受人承担，[3] 例如，隔地买卖某一项已经个别化的动产的情况即是如此。如果标的物在运输途中灭失，买受人仍有义务支付价金，因为这时风险已经转由买受人承担。[4]

671. 关于附期限或附条件的买卖中的风险问题

（1）当出卖人享有“交付期限”之利益时，买受人原则上并不能仅仅因为双方当事人有此协议而推迟成为所有权人；因此，作为所有权人的买受人应当按照《民法典》第 1138 条的规定承担标的物的风险；只有就所有权的转移规定的期限才能改变风险的影响，这就是说仅仅是规定了交付期限，对风险的负担不会产生影响（参见第 670 节）。

（2）《民法典》第 1182 条对附中止条件的买卖的风险问题作出了规定。对此，让我们假定这样的例子：我于 2 月 1 日在巴黎买一处套房，但以我在 10 月 10 日之前被任命到巴黎任职为（中止）条件。不幸得很，这处房子在 7 月 1 日被火烧毁，7 月 15 日，我的任职条件成就。按照《民法典》第 1182 条的规定，债务人应当承

---

[1]最高法院第一民事庭，1995 年 7 月 4 日（Bull. civ. I. N° 305. p. 213. D. aff. 1995. N° 1. p. 16）。

[2]最高法院商事庭，1979 年 11 月 20 日（JCP1981. II. 19615. Ghestin 述评，D. 1980. IRp. 571，Audit 述评）；尤其参见梅茨法院 1980 年 10 月 29 日判决（D. 1981. 138，Guyon 述评，JCP 1981. 11. 19615）。

[3]最高法院第一民事庭，1995 年 10 月 10 日（D. 1995. p. 246，本案涉及的是船舶买卖）。

[4]最高法院第一民事庭，1991 年 11 月 19 日（Bull. civ. I. N°325. p. 211. JCP1992. IV. 275）。

担风险，也就是说，出卖人应当承担风险。在这里，适用的规则与不附任何条件的买卖所适用的规则正好相反，之所以如此，恰恰是因为这项买卖附有中止条件，只要中止条件尚未成就，标的物就仍然是由出卖人享有所有权的财产。如果在此种条件仍然有效期间，标的物因偶然事件灭失，风险应由所有权人承担，在这里也就是应当由出卖人承担：即使中止条件在此之后仍然成就，出卖人也不得要求买受人支付价金，因为，在中止条件成就之时，标的物就已经灭失（如上所说，7 月 1 日和 7 月 15 日），合同已不可能再成立，买卖因没有标的而不可能实现。在这种情况下，不能以中止条件的追溯力相对抗，因为，要想中止条件具有追溯力，首先应当是此种条件能够产生效力，然而，当买卖的根本要素之一，也就是出卖人进行买卖的标的物已经灭失的时候，中止条件已经不能再产生效力。[1]

（3）当标的物是按照解除条件进行转让时，如果在解除条件有效期间标的物因偶然事件而灭失，应当由谁来承担风险？例如，我

---

[1]也可能出现这样的情况：在条件有效期间，标的物并未全部灭失而仅仅是部分灭失或者仅仅有所损坏。《民法典》第 1182 条规定："债务是按照停止条件缔结时，作为契约客体的物仍然由仅在条件成就时始有义务给付该物的债务人承担风险。——如债务人并无过错但物已完全灭失时，债的关系随之消灭。——如债务人并无过错但物已受到损坏，债权人可以选择：或者解除债的关系，或者要求按物所处状态交付之，但不降低价金。——如因债务人有过错致其物受到损坏，债权人有权：或者解除债的关系，或者要求按物所处状况交付，并可请求损害赔偿。"按照这一条文第 3 款的规定，在此情况下，债权人可以请求解除合同，但如其决定受领标的物，则应当按照约定的条件成就之时物所处的现状受领该物但不能要求减少价金。法律的这项规定在实践中导致的结果是，将物的一部灭失或者一部损坏的风险转由债务人承担，在这里也就是转给出卖人承担，因为只要标的物受到的损坏达到某种重要的程度，债权人，也就是买受人，与其选择受领标的物但需全额支付价金，还不如干脆选择解除合同。《民法典》的这一与传统相抵触的规定受到了普遍的批评：本应像旧时的法律一样，在标的物仅仅是有所损坏或者部分灭失的情况下拒绝承认债权人的解除权，却规定，如同按照中止条件进行买卖的买受人，如果在中止条件期间标的物的价值有所增加，那么他就获得价值增加的利益，既然如此，他也就应当相应地承受在此期间可能发生的损坏或者可能因偶然原因造成的灭失。

于2月1日在里昂购买一处套房，并且约定如果我调离该市，那么买卖合同就将解除。不幸得很，7月1日这处房子被火焚毁，我在7月15日才被调离，因此解除条件成就。按照第1182条的规定，应当认定由买受人承担风险，也就是说，如果解除条件是在标的物因偶然事件灭失之后才成就或实现，买受人（也就是这里所说的“我”）无权要求返还其支付的价金，因为标的物的所有权已经不可能再返回到出卖人（转让人）。这里适用的仍然是风险由所有权人承担之规则：只要解除条件尚未成就，以解除条件进行的买卖就被视为没有任何条件的买卖，买受人自然是标的物的所有权人，因此风险也应由买受人承担。

672. 所有权人承担风险之规则的例外

如果物的所有权人向负有交付该标的物之义务的人进行了催告，这项催告通知就将风险转移到负有交付义务的债务人头上（《民法典》第1138条第2款）。

在实践中，特别是在国际货物买卖实践中，双方当事人往往将风险的转移与对物的“物理掌控”（maitrise physique，实际掌握）联系在一起，[1] 而不是将其与所有权的转移联系在一起。因此，合同中经常订立条款规定：在为出卖人的利益保留所有权的情况下，风险仍然立即转由买受人承担。1980年4月11日在维也纳签订的《联合国国际货物买卖公约》就规定，只要货物已经明确鉴别，风险自货物交付承运时转移至买方承担（第67条）。

在法国国内法上，“滥用权利条款委员会”在1981年就职业人与消费者之间的关系问题提出的建议中表示：在隔地买卖情况下，风险应由主动负责运交货物的人承担，而主动承担运交货物的

[1]例如，最高法院第一民事庭1993年7月7日判决（D. 1993. IR208）。

一方通常都是出卖人，这也就等于在实践中推翻了上述规则。

也有些学者认为，风险理论过于机械，因此建议要以“合同当事人之间的协作关系为基础”对风险理论进行更新。与其是寄希望于一种抽象的表述来确定风险的承担，还不如通过查找哪一方当事人受到的风险影响最小，依此来确定风险的负担。这样的当事人，在不同情况下，要么是债权人，要么是债务人。《劳动法典》第 5424-6 条强制规定建筑企业在因天气原因而停工的情况下应对薪金雇员给以补偿，类似条文的规定就被视为是上述思想的运用。

附　　目

第三编[1]　债的发生根据[2]

（2016年2月10日第2016-131号法令，自2016年10月1日起实施）

第1100条　债产生于法律行为、法律事实或法律唯有之权威（l'autorité seule de la loi）。

债可以产生于自愿履行或允诺履行对他人的某种道德义务。[3]

第1100-1条　法律行为是旨在产生法律效力的意思表示。法律行为可以是双方合意的，或者是单方的。

作为理所当然，法律行为的有效性与效力，适用调整合同的规则。

第1100-2条　法律事实是指法律赋予其法定效力的行为（agissements）或事件（événements）。

由法律事实产生的债，视情况，分别受有关非合同责任[4]副编或者债的其他发生根据副编的规定调整。

---

[1]自1804年以来，法国《民法典》"第三卷取得财产的各种方式"中的第三编"契约或合意之债的一般规定"以及"第四编非因契约而发生的债"的条文被认为是该法典中最稳定的部分，200多年来少有修改。2016年2月10日关于改革合同法、债的一般制度及债的证据的第2016-131号授权法令（ordonnance）对这一部分条件进行了全面改革（第1100条至第1386-1条）。本附目仅收入了合同法部分的修改条文。——译者注

[2]"债的发生根据"原文为"les sources d'obligations"，也译为"债的渊源"。——译者注

[3]原文为"un devoir de conscience"，其中"conscience"一词有意识、觉悟、道德心、信仰等意思，也译为"良心义务"，多指自然之债。——译者注

[4]"非契约责任"原文表述为"responsabilité extracontractuellle"，也译为"契约外责任"，是近年来法国学者广泛使用的概念，通常用来统称侵权责任和准侵权责任。——译者注

第一副编　契约

第一章　编首规定

第1101条　契约是两人或数人之间旨在创设、变更、转移或者消灭债的合意（accord de volontés）。[1]

第1102条　任何人均有在法律确定的界限内，订立合同、不订立合同、选择与之缔约的相对当事人、确定合同内容与形式的自由。

契约自由不得违反涉及公共秩序的规则。

第1103条　依法成立的契约对缔结契约的人具有相当于法律的效力。

第1104条　合同应本着善意（bonne foi）[2]谈判、订立和履行。

此项规定具有公共秩序性质。

第1105条　契约，无论有无名称，[3]均受本副编所定之一般规则约束。

特定合同的特别规则，在每一种合同各自特有的规定中确定。

除适用这些特别规则外，适用一般规则。

第1106条　诸当事人相互负担债务时，此种合同为双务（syn-

[1]第1101条原条文的表述为："契约是一人或数人据以对另一人或另数人负担给付、作为或不作为之债务的协议（convention）。其中用语为"convention"一词的意思是"协议"、"协定"、"公约"等，也有人将其译为"合意"，第1101条的新条文使用的术语为"un accord de volontés"，其意思是"经各方意思达成的协议"或者"各方意思的一致"，更接近于"合意"。——译者注

[2]此处原文为"bonne foi"，通常译为"善意"，也有人译为"诚信"，需要区分的是，法国法律中还有"mauvaise foi"（恶意），"loyauté"（诚信）、"sincérité"（诚实）与"déloyauté"（不诚信）等术语。——译者注

[3]即所谓"有名契约"与"无名契约"，是指法律，尤其是《民法典》规定有名称或者没有规定名称的契约。——译者注

allagmatique）合同。

一人或数人对另一人或数人负担债务，后者不负有相对应的义务时，此种合同为单务（unilatéral）。

一人或数人对另一人或数人负担债务，后者不负担相互对应的义务时，此种契约为单务（unilatéral）契约。

第 1107 条　每一当事人，依其给他方当事人带来利益的对待给付，均从他方当事人获得利益时，此种合同为有偿合同。

一方当事人为另一方当事人带来利益，既不期待、也不受领对待给付时，此种合同为无偿合同。

第 1108 条　每一当事人承诺给予他方当事人的利益视为与从他方获得的利益大体等值时，此种合同为实定（commutatif）合同。[1]

对于合同是带来利益还是损失，所有当事人均接受合同的效力依赖于某种不确定的事件时，此种合同为射幸合同。

第 1109 条　不论表示同意的方式如何，仅需交换同意意思即告成立的合同为诺成合同（consensuel）。[2]

合同的有效性以遵守法律确定的形式为条件的，为要式合同（contrat solennel）。

合同的成立以物的交付为条件的，为要物合同（contrat réel）。

第 1110 条　自愿协商订立的合同（le contrat de gré à gré）是各项约款经双方当事人自由谈判订立的合同。

附合合同（le contratd'adhésion）是不经谈判，由一方当事人事

---

[1] 原文为“contrat commutatif”，与射幸契约相对应，译为“实定契约”，由于合同双方当事人所得利益大体等值，也译为“等价契约”。——译者注

[2] 诺成契约（contrat consensuel），不仅是与要式契约相对应的概念，更是与要物契约（contrat réel，实践合同）相对应的概念。有人将其译为“意定契约”，有待商榷，契约均为意定。——译者注

先确定一般条件的合同。

第 1111 条 框架合同（contrat-cadre）是诸当事人就将来的合同关系的总体性事项作出约定的协议；实施合同[1]具体规定框架合同的履行方式。

第 1111-1 条 瞬时履行的合同是指由其产生的债可以一次给付即履行完毕的合同。[2]

连续履行的合同是指由其产生的债至少有一部分在时间上需要分数次履行的合同。

第二章 契约的成立

第一节 契约的订立[3]

第一目 谈判[4]

第 1112 条 合同订立之前谈判的提议、谈判的进行和中断均是自由的，但必须符合善意要求。

在谈判中有过错的情况下，赔偿由此引起的损失时，不得以补偿丧失对并未订立的合同所期待的利益为目的。

第 1112-1 条 一方当事人知道某些情况信息，且这些情况的重要性对于另一方当事人的同意起着决定作用的，只要另一方不了解此种情况信息属于合情合理，或者是对相对当事人合理地寄予信任，了解此种情况信息的人应当进行告知。

---

[1]实施合同（contrat d'application），也译为“执行合同”或“适用合同”。——译者注

[2]原文为“contrat à exécution instantanée”，这一术语不是指“必须立即履行的合同”，而是指“仅需一次履行，即可在此瞬间履行完毕的合同”，与分多次或分期履行的合同以及履行时间延续的合同（contrat à exécution successive）相对应。关于合同延续的时间长短，参见第 1210 条至第 1215 条。——译者注

[3]契约的成立与订立，原文分别表述为“formation”与“conclusion”，后者也译为“缔结”。——译者注

[4]原文为“négociation”，似与“pourparler”（磋商）有细微差别。债法改革后的条文就合同的订立作出了若干新的规定，例如，合同的谈判、要约与承诺、优先订约简约，在此之前没有类似条文。——译者注

但是，此项信息告知义务不涉及对给付价值的评估。

与合同的内容或各方当事人的资质有直接的必然联系的情况信息，具有起决定性作用的重要性。

主张应当向其告知某项情况信息的人，应当证明另一方当事人本应向其提供此项情况信息，另一方当事人则须证明其已经提供了此种情况信息。

各方当事人既不得限制、也不得排除此种义务。

违反此种信息告知义务，除负有义务的人应当承担的责任之外，可以引起按照第 1130 条及随后条文规定的条件撤销合同（l'annulation du contrat）。

第 1112-2 条　未经准许，使用或泄露在合同谈判时获得的具有保密性质的情况信息的人，依普通法规定的条件承担责任。

第二目　要约与承诺

第 1113 条　各方当事人表明义务承诺之意思的要约与承诺的合致，[1] 契约成立。

此种意思，可以产生于当事人的某种声明或者没有歧义的行为。

第 1114 条　向特定的或不特定的人发出的要约，应当包含考虑订立的合同的各项实质性[2]要素并且表明要约人在要约得到承诺的情况下受其约束的意思，非如此，则仅为进行谈判的邀请。

第 1115 条　要约，只要尚未到达受要约人（destinataire），均得自由撤回（rétractée）。

---

[1]此处原文为“la rencontre”，意为“相会”或“相合”，应指要约与承诺相互吻合、相互一致，只有要约与承诺的“意思表示一致”或“合致”，合同才能成立，仅仅是“相会”并不足够。——译者注

[2]此处原用语为“essentiel”，有“根本的”、“本质的”、“主要的”、“最重要的”等意思。——译者注

第 1116 条 在要约人[1]确定的期限经过之前，或者，没有确定期限的，在合理的期限经过之前，要约不得撤回。

违反前项禁止性规定撤回要约，阻止合同的订立。

违反前项禁止性规定撤回要约，引起行为人按照普通法规定的条件承担非合同责任，但不强制其补偿受要约人丧失的合同期待的利益（avantage）。

第 1117 条 要约人确定的期限经过，或者没有规定期限的，在合理的期限经过时，要约失效。

要约人发生无能力或者死亡的，要约亦随之失效。

第 1118 条 承诺是受要约人（auteur）按照要约的表述事项同意接受其约束的意思表示（manifestation de volonté）。

尚未到达要约人（offrant）的承诺，在其到达要约人之前可自由撤回。

与要约不相吻合的承诺不产生效力，但构成一项新的要约。

第 1119 条 一方当事人主张的一般交易条件,[2] 只有另一方当事人知道并且接受的，才对该另一方产生效力。

每一方当事人各自提出的一般交易条件不一致的，相互不一致的所有条款均不生效力。

一般交易条件与特别交易条件不一致的，特别条件优先于一般条件。

第 1120 条 缄默不具有承诺的效力，但依照法律、习惯、商务关系或者特别情节可作此解释的除外。

---

[1]此处原用语为“auteur”，并未使用第 1118 条第 2 款所使用的“offrant”一词。前者也译为“发出要约的人”。——译者注

[2]此处的“一般条件”（conditions générales），通常指生产商、销售商在相关文件或材料上写明的销售条件或交易条件，但不一定是本行业的通用条件。——译者注

第 1121 条　承诺一经到达要约人，合同即告成立；[1] 承诺到达地视为合同缔结地。

第 1122 条　法律或者合同可以规定一个思考期限，在该期限经过之前受要约人不得表示承诺，或者可以规定一个撤回期限，在此期限内，享有利益的人可以撤回其同意。

第三目　优先订约简约和单方预约

第 1123 条　优先订约简约（le pacte de préférence）[2] 是指当事人一方承诺只要其决定缔结契约，便优先提议与受益人进行洽谈（traiter）的合同。

在诺约人违反优先订约简约（与第三人）缔结合同的情况下，该简约的受益人可以对其受到的损失获得赔偿。如果第三人明知存在此种简约以及受益人有主张该简约的意图，优先订约简约的受益人也可以对已经订立的合同提起无效之诉，或者请求法官判决由其取代已经缔约的第三人的地位。

第三人可以通过书面方式请求优先订约简约的受益人在确定的期限内确认简约的存在并询问受益人是否打算主张该项简约。第三

[1] 在此前，法院判决认为：关于合同成立的日期与地点，法官对当事人的意思表示有自由裁量权（最高法院第一民事庭，1960 年 12 月 21 日）；如果没有相反约定，合同完全成立的时间不是要约人接到受要约人对要约做出承诺的通知的时间，而是受要约人发出其承诺（的通知）的时间（最高法院商事庭，1981 年 1 月 7 日）。修改后的第 1121 条则明确规定：合同自承诺到达要约人时成立，从“发信主义”转为“受信主义”。——译者注

[2] 原文为“pacte de préférence ”，直接翻译为“优先简约”，也称为“首选缔约当事人的协议”，其中“pacte”一词通常译为“简约”，指当事人承诺只要其决定订立契约，一定优先考虑并选择某人作为相对当事人，商谈交易、缔结契约。它是一项“给予缔约优先权”的契约，但不等于后来可能正式订立的契约（本约）。当事人仅仅是承诺优先与某人洽谈交易，并不意味着必然会订立正式契约，但正式契约（本约）是在优先订约简约的基础上订立。“pacte de préférence ”这一术语有其特指意义，不能与“优先权”条款相混淆，例如，股份公司的股东对公司增资时发行的股票享有的优先认购权称为“droit de préférence”。——译者注

人确定的这一询问期间应当合理。

前项文书应写明，优先订约简约的受益人在确定的期限内未予答复的，不能再请求在第三人缔结的合同取代该第三人，或者主张所订合同无效。

第1124条 单方预约（promesse unilatérale）[1] 是一项合同，一方当事人作为诺约人同意给予作为受益人的另一方当事人缔结某项合同的选择权，拟订合同的主要要素已经确定，受益人一经同意，合同即告成立。

在为受益人保留作出选择决定的时间里撤销（révocation）单方预约，不妨碍允诺的合同的成立。

违反单方预约而与知道存在该预约的第三人订立的合同无效。

---

[1]在法国法律术语里，“预约”统称为“les avant-contrats”，字面意思是“合同之前的合同”，与“l’après-contrat”相对应，后者也译为“后合同”。预约也称为“contrat préparatoire”（预备性合同），拉丁语为“pactum prae paratorium ”或“ pactum de contrahendo”。

按照债法改革后的规定（第1123条与第1124条），“les avant-contrats”（预约）分为两种：“La promesse de contrat”（合同预约）和“Le pacte de préférence”（优先订约简约），而“prommesse de contrat”又包括单方的预约（La promesse unilatérale de contrat）和双方的预约（La promesse synallagmatique de contrat ）。单方预约的效力强于“优先订约简约”，双方的预约相当于本约或本合同。

应当注意的是，法国法学著作中“promesse”一词与另一个术语“engagemnet unilateral de volonté”是两个含义并不相同的概念，后者用指“单方允诺”（或单方承诺），直接翻译是“单方的义务承诺的意思表示”。本书认为单方允诺是一个来自德国法的概念，但法文表述有所不同，而且对于法国法是否应当承认“单方允诺”。持反对意见的学者认为，法国法律现有的概念已经足够表达相同的法律现象，无须再引进“engagemnet unilateral de volonté”（单方允诺）这样一个表述。在改革后的债法条文中没有使用类似的术语。

1804年的《民法典》没有使用“预约”这一概念。除前述之外，实践中，随着合同标的或者适用的法律不同，还常常使用其他概念，例如，“contrat de réservation”（预订合同或预售合同），还有“contrat préliminaire”（先期合同），尤其是在不动产买卖 、待建不动产或期房买卖方面往往使用后一名称，此外，在不动产方面使用的预约还称为“promesse de vente ”、“Offre d’achat ”、“compromis de vente”等。——译者注

第四目　通过电子途径订立的合同的专门规定

第 1125 条　可以利用电子途径提交各项约款或者提供有关财产或服务的各种信息。

第 1126 条　如收件人同意使用电子邮件，为订立合同所要求提供的信息，或者在履行合同过程中向其提供的信息，可以通过此种方法传送。

第 1127 条　从事职业活动的人只要告知其电子通信地址，可以通过电子邮件发送向其提供的信息。

如果这些信息必须载于格式性表格，该表格经电子邮件提交给应作填写之人。

第 1127-1 条　任何人，以从事职业的名义通过电子途径提议财产供货或服务性给付的，由其提交采用的全部约款均应能予以保存和复制。

只要由要约人所为仍然可以从电子途径接收其发出的要约，要约人均受义务约束。

此外，要约应写明以下事项：

1. 通过电子途径订立合同应当遵循的操作步骤；

2. 能够让受要约人在合同订立之前识别其在获取数据资料时可能发生的错误以及进行更正的技术手段；

3. 为订立合同而提议使用的语言；使用多种语言的，其中必须有法语；

4. 相应情况下，要约人所定的合同归档转存的方式以及进入归档转存合同的条件；

5. 通过电子途径查询要约人在相应情况下自律遵守的行业规则与商业规则。

第 1127-2 条　只有受要约人在确认其订货并表示最终承诺之前有可能审核其订货的细节和价金总额以及对可能出现的错误加以

更正时，合同才能有效订立。

要约人应当在合理的期限内通过电子途径确认已收到向其发出的订单。

订货、对要约承诺的确认以及收单，在双方收件人均可进入相关邮件时，均视为已经收悉。

第1127-3条 对于唯一通过交换电子邮件方式订立的财产供货合同或服务性给付合同，第1127-1条第1项至第5项以及第1127-2条第1款与第2款所指的义务可做出例外处理。

此外，从事职业的人相互间订立的合同，可以做出与第1127-1条第1项至第5项及第1127-2条不同的规定。

第1127-4条 与合同的订立或履行有关的普通信件可以经电子邮件发送。

在采用电子手段符合最高行政法院提出资政意见后颁布的法令确定的条件时，发送电子邮件所加的日期由电子方法产生，其有效性得到推定，有相反证据时除外。

第1127-5条 与订立或履行合同有关的挂号信可以经电子邮件发送，但应符合以下条件：邮件所采用的传送手段可以鉴别第三人的身份，能够指明谁是发送人，担保收件人的身份并且确定信件是否已传送至收件人。

挂号信的内容，由发送人选择，可以由第三人打印在纸张上发送给收件人，或者通过电子途径发送。在后一种情况下，如果收件人不是从事职业的人，应当由其此前提出通过这种手段发送信件的要求，或者在此前的交换往来过程中已经接受这种做法。

发信或收信所加的日期均是产生于电子途径时，如果此种方法符合最高行政法院提出资政意见后颁布的法令确定的条件，其可行性得到推定，有相反证据时除外。

收信人可以经电子途径或者通过其他任何可以保存信件的手段

发出其已接收信件的通知。

最高行政法院提出资政意见后颁布的法令确定本条的适用条件。

第 1127-6 条　除第 1125 条与第 1126 条规定的情况之外，采用电子形式提交某项文书，在收件人能够知道该文书并已签收时，即为实际送交。

如有规定应当向收件人宣读文书，按照第 1 款规定的条件将电子文字传送至收件人即等于进行了宣读。

第二节　契约的有效性

第 1128 条　以下所列为合同有效性所必要：[1]

1. 各当事人的同意；

2. 各当事人的缔约能力；

3. 合法与肯定的内容。

第一目　同意

一、同意的存在

第 1129 条　按照第 414-1 条的规定，为了能够有效地同意订立合同，应当精神健全。

二、同意的瑕疵

第 1130 条　如果没有错误、欺诈和胁迫，当事人中一方就不会同意缔结合同或者可能按照根本不同的条件缔结合同，于此情

[1]《民法典》原第 1108 条规定："契约的有效性应具备 4 项根本条件：

1. 负担债务的当事人的同意；2. 其订立契约的能力；3. 构成义务承诺之内容的确定标的；4. 债的合法原因。

新条文没有明文提及"债的原因"或者合同的原因。法国债法中的"原因"原文为"cause"，是法国法特有的概念，由于它既用于表示契约的原因，也用于表示债的原因，与英美法中的"consideration"（约因或对价）有所不同，法国法律在表示对价时通常是用"contreprtie"一词，译为"对价"或"对待给付"。本书详细介绍了法国学者对债的"原因"持有不同的意见，而且存在很激烈的争论，即所谓"原因论者"与"反原因论者"之间的论战。债法改革后的条文文字表述上没有出现"原因"这一概念，但并不等于这方面的思想已经完全从法国法律中消失。——译者注

形，错误，欺诈与胁迫造成同意瑕疵。

错误、欺诈与胁迫是否具有决定性质，依据当事人以及作出同意表示的具体情节判断。

第 1131 条 同意瑕疵是合同相对无效的一种原因。

第 1132 条 法律上或事实上的错误，在其涉及应为之给付的根本品质或者相对当事人的根本资质[1]时，构成合同无效的原因，但不可原谅的错误除外。

第 1133 条 给付的根本品质是指双方当事人据以考虑订立合同的明示或默示约定的品质。

错误（erreur，误解），不论涉及一方或另一方当事人的给付，均构成合同无效之原因。

对给付的某种品质同意承受其射幸性质的，排除主张与该品质相关的错误。

---

[1] 第 1132 条中的“给付的根本品质”与“当事人的根本资质”，原文均为“les qualités essentielles”（也译为“根本品质”或“主要品质”）。《民法典》原 1110 条规定：“错误，仅在其涉及作为契约之标的物的实质（substance）本身时，始构成契约无效的原因。”所谓对“契约标的物的实质”发生错误，不仅仅是指对“组成契约标的物的材料、物质”本身发生的错误，而且更一般地指与当事人订立契约时所考虑的标的物的主要质量有关的一切（例如，标的物的真实性、来源、用途等）。新的条文没有使用“有关实质的错误”。

也有人将“对标的物实质或本质的误解”称为“无效性误解”。“对物或标的物的实质或本质的误解”，法文原文分别为“erreur sur la substance”，“erreur sur la substance de la chose ou de l’objet”，其中“la substance”一词有物质、质料，材料、实体、要旨等意思，因此这一术语也就有了各种各样的翻译，如“特性错误（Eigenschaftsirrtum）”、“性质错误”、“本质错误”、“本质性的错误（l’ errore essenziale）”、“本质（动机）错误”。在中文里，“实质”一词泛指事物的本质，而“本质”一词则是指本来的品质或质地，也指事物的根本性质，与现象相对应，这就是说，实质与本质两者并无根本性差别。对标的物的“本质”（substance）的错误，不仅仅是指对“组成标的物的材料、物质”本身的错误，而且一般地指与契约订立之时当事人所考虑的标的物的主要质量有关的一切事项，例如，标的物的真实性、来源、用途等。法国学者将“标的物的本质”（substance）解释为给付或物的“根本品质”、“主要品质”（les qualités essentielles），债法改革后，第 1132 条采用了这种表述，没有再使用“substance”一词。——译者注

第 1134 条　只有订立的合同系基于人的考虑时，对合同相对当事人的根本资质的误解，始构成无效的原因。

第 1135 条　与应为的给付或相对当事人的根本资质无关的纯粹动机错误，不是一种合同无效原因，但各方当事人明示将此作为其同意的决定性因素时，不在此限。

但是，无偿处分的动机错误，在行为人无此错误就不会进行处分的情况下，构成无效的原因。

第 1136 条　一方当事人仅仅是对价值作出了不准确的经济评价，并未搞错给付的根本品质（qualité essentielle）时，有关价值的错误不构成无效的原因。

第 1137 条　欺诈是指缔结合同的一方当事人为了取得他方当事人的同意，采取种种操作手段或者谎言的事实。

合同当事人故意隐瞒某种明知对他方当事人具有决定性作用的情况信息的，也构成欺诈。

第 1138 条　缔约当事人一方的代理人、无因管理人、职员或者担保其为特定行为的担保人的行为，也可以构成欺诈。

第 1139 条　因受到欺诈引发的错误始终是可以原谅的；此种错误即使涉及给付的价值或者单纯的订约动机，亦构成合同无效之原因。

第 1140 条　一方当事人在导致其担心自己或其亲属的人身、财产面临重大损失的某种强制压力下做出义务承诺时，存在胁迫。

第 1141 条　以诉诸法律相威胁（menace de voie de droit），不构成胁迫，但是，当法律途径被转移了目的或者威胁诉诸法律是为了获得明显过分的利益时，不在此限。

第 1142 条　缔约的一方当事人或者第三人实施胁迫，构成合同无效之原因。

第 1143 条　一方当事人滥用合同相对当事人所处的依附地位，获得该人在没有受到此种强制的情况下便不会缔结的义务承诺，从中获取明显过分的利益时，亦存在胁迫。

第 1144 条 在错误或者欺诈情况下，无效之诉的期间仅自发现错误或欺诈之日起计算；在胁迫情况下，该期间仅自胁迫停止之日起计算。

第二目 能力与代理

一、能力

第 1145 条 任何自然人均可缔结合同，法律规定无能力的情形除外。

法人的能力，遵照各自适用的规则，限于为实现其章程规定的宗旨所必要的行为及其附属行为。

第 1146 条 下列之人在法律明确规定的范围内无能力：

1. 尚未解除监护的未成年人；
2. 第 425 条意义上的受保护的成年人。

第 1147 条 无缔约能力是合同相对无效的原因。

第 1148 条 只要是按照正常条件订立合同，任何无缔约能力的人均可单独完成法律和习惯准许的日常行为。

第 1149 条 未成年人完成的日常行为得因单纯的显失公平而撤销；[1] 显失公平是由于无法预见的事件造成时，不导致合同无效。

---

[1]法国《民法典》原第 1118 条规定：“因显失公平，致使一方当事人遭受损失之事实，如同本编第五章第七节所规定，仅对某些契约或者仅对某些人，始构成取消契约的原因。”其中此处原用语“lésion”是一个有特定意义的术语，总的来说，有“受到损害”之意，指契约的一方当事人或者财产分割中的一方当事人因对方给付不对等或者分割的财产份额价值差异甚大而受到损害。按照法国法的观念，这种损害是解除相对无效行为（契约）的原因。这一概念有严格的特定适用范围。涉及成年人之间订立的契约，只有法律特别规定的情形与条件下，才能依此原因解除之。例如，本法典第 1674 条关于在不动产买卖中出卖人损失超过不动产价款的 7/12 时，第 887 条关于共同继承人在分割遗产继承分的数额短少超过 1/4 时，第 1305 条对各种契约所规定的有利于未成年人的情形，正因为如此，本条条文中特别强调“lēsion”，“仅对某些契约或仅对某些人”构成取消契约之原因。修改后的规定有所不同，参见本条与第 1149 条关于未成年人订立的合同。——译者注

未成年人简单声称其已经成年，并不妨碍撤销其订立的合同。

未成年人不得逃避其在从事职业时做出的义务承诺。

第1150条　受保护的成年人完成的行为受本法典第435条、第465条与第494-9条调整，但不影响适用第1148条、第1151条及第1352-4条的规定。

第1151条　有缔约能力的当事人证明其缔结的合同有益于受保护的人且不存在显失公平之情形，或者证明合同已经为受保护的人带来利益的，可以阻止针对其提出的合同无效之诉。

有缔约能力的当事人也可主张已经成为或重新成为有能力人的相对当事人对合同做出的追认，以对抗无效之诉。

第1152条　合同无效之诉的时效期间：

1. 对于未成年人所为之行为，自其成年或者解除监护之日起计算；

2. 对于受保护的成年人所为之行为，自其知道自己已处于可以有效地重新订立合同之日起计算；

3. 对于受监护的或者财产受管理的人的继承人，或者对需经家庭授权的人，如此前时效期间尚未开始计算，则自其死亡之日起计算。

二、代理[1]

第1153条　法定代理人、司法代理人或者意定代理人[2]仅在赋予其权力[3]的范围内有依据从事活动。

---

[1]此处规定的“代理”原文为“représentation”，其意思为“代表”、“代理”，与另一术语“mandat”有所不同，后者也译为“委任或委托代理”。——译者注

[2]也就是说，代理分为法定代理、司法指定的代理以及当事人约定的代理，法文表述分别为：représentation légale、judiciaire et conventionnelle。

[3]此处原用语是“pouvoir”，是“权力”或“权限”，而不是“权利”（droit），代理人本身并不享有“代理他人的权利”，而是由法律、司法或者契约赋予其“代表他人从事活动、实施行为的权力”。从这一意义来看，所谓“代理权”的笼统表述并不准确。法文的“代理人权力”（pouvoir de représentant）与“droit de représentation”是两个不同的概念，后者是指“作品”、“节目”的“上演权”，属于知识产权的范畴。——译者注

第 1154 条 代理人在其权利范围内以被代理人的名义、为被代理人利益开展活动时，唯一由被代理人承担由此缔结的义务。

代理人声明是为他人利益开展活动但以自己的名义缔结合同的，唯一由其对合同相对当事人承担义务。

第 1155 条 用一般表述对代理人的权利作出规定时，代理人的权利仅包括保全行为与管理行为。

对代理人的权利作出特别确定时，代理人仅能完成其得到授权的行为以及与此种行为相关的辅助行为。

第 1156 条 代理人无权代理或者越权实施的行为，不能对抗被代理人，但是，如果缔结合同的第三人合理相信代理人的权利的现实性，特别是基于被代理人的行为表现或其所作的声明可以合理相信代理人的权利的情形除外。

缔结合同的第三人不知道行为是由无权代理人所实施或者是代理人越权实施，可以主张实施的行为无效。

被代理人已经批准所实施的行为的，既不得再主张行为无对抗效力，也不得再主张行为无效。

第 1157 条 代理人擅自将其得到的授权另作他用、损害被代理人利益的，如果第三人知道或者不可能不知道代理人是挪用授权，被代理人可以主张所实施的行为无效。

第 1158 条 第三人在打算缔结合同时对意定代理人的权利范围存有疑问的，可以通过书面方式要求被代理人在确定的合理期限内确认代理人得到缔结合同的授权。

文书应当写明如在此期限内没有做出答复，即视代理人得到了此种缔结合同的授权。

第 1159 条 设置法定代理或司法代理的，在此期间，停止被代理人行使转移给代理人的各项权利。

意定代理仍然保留被代理人行使其权利。

第 1160 条　代理人发生无能力情形或者受禁止代理时，其权利即告停止。

第 1161 条　代理人不得为合同双方当事人的利益开展活动，也不得为自己的利益与被代理人缔结合同。

于前述情形，实施的行为无效，但法律准许或者被代理人给予批准或追认的除外。

第三目　合同的内容

第 1162 条　合同的约款及目的均不得违反公共秩序，不论所有的当事人是否都知道此种目的。

第 1163 条　债得以现时的或者将来的给付为标的（objet）。

给付应当是可能的、确定的或者是可以确定的。

无须当事人达成新的合意，从合同或者参照习惯或当事人先前的关系可以推断的给付，是可以确定的给付。

第 1164 条　在框架合同中，可以约定价金由一方当事人单方确定，但是在发生争议的情况下，该方当事人应当说明其确定价金的理由。

对于确定价金时滥用权利的情形，法官可以受理旨在获得损害赔偿以及相应情况下受理请求解除合同之诉讼。

第 1165 条　在提供服务性给付的合同中，如果在合同履行之前双方当事人达不成协议，价金可以由债权人确定，但在发生争议的情况下，债权人应当说明其确定价金的理由。对于确定价金时滥用权利的情形，法官可以受理请求损害赔偿之诉讼。

第 1166 条　在给付的品质没有或者不能依据合同确定时，债务人应当按照给付的性质、习惯以及对待给付的数额，提供符合诸当事人期待之品质的给付。

第 1167 条　如果价金或者合同的任何其他要素需要参照某个指数，而该指数不存在或者已不再存在或者不能获得时，以最相接近的指标取代之。

第 1168 条 双务合同中规定的给付不对等不是合同无效的原因，法律另有规定的除外。

第 1169 条 有偿合同成立时，为利益于义务承诺人约定的对待给付虚幻不实或者微不足道的，合同无效。

第 1170 条 使债务人的根本义务丧失其实质的任何条款，均视为未予订立。

第 1171 条 在附合合同中，造成各方当事人的权利和义务典型失衡（un déséquilibre caractéristique）[1] 的任何条款均视为未予订立。

评判权利与义务是否典型失衡，既不是评价合同的主要标的，也不是评价价金与给付是否相互对应。

第三节 合同的形式

第一目 一般规定

第 1172 条 合同原则上为诺成性质。

作为例外，要式合同的有效性以遵守法律确定的形式为条

[1]“典型失衡”法语原文为“un déséquilibre caractéristique”，其中“caractéristique”一词的意思是“有特征的”、“有意义的”、“能够体现事物性质或特点的”。1980 年关于国际货物买卖的《罗马公约》（法文本）中使用了一个特定表述——“prestation caractéristique”，国内有的书籍将这一表述译为“特征履行”或“特定履行”，例如：“合同特定履行的当事人在订立合同时，其惯常居所地的国家，或者当事人是法人组织或非法人组织时，其管理中心所在地的国家，应推定为与该合同有最密切联系的国家。”本人认为，“特征履行”、“特定履行”表述不够明确。合同的履行，往往有多项履行行为，其中“最能体现给付特征”的履行行为才是确定其适用法律的依据。以服装来料加工合同为例，外方在其国外采购面料运至中国，由中国工厂加工制作，再将成品运出以及最后进行结算，这些活动都是履行合同所规定的给付行为，但只有服装生产厂的加工制作活动才是“最能体现履行合同之特征”的给付，是“本合同各项给付中最具典型意义的给付”。法国《民法典》第 1171 条使用的“典型失衡”（un déséquilibre caractéristique）概念中的“caractéristique”似取其相同意义，也有人将其译为“过度失衡”。——译者注

件，未遵守此种形式的合同无效，但可以进行补正的除外。

此外，法律规定特定合同的成立以物的交付为条件。

第1173条　为确立证据或对抗效力之目的而要求的形式，对合同的有效性不产生影响。

第二目　经电子途径订立的合同的特别规定

第1174条　合同的有效性要求有书面文字的，可以按照第1366条与第1367条规定的条件采用电子形式制作与保存；要求采用公署文书（acte authentique）[1]的，依第1369条第2款之规定。

第1175条　以下情形得不依前条之规定：

1. 有关亲属法和继承法的私署文书；

2. 有关民事与商事性质的人保与物保的私署文书，但当事人为其职业需要订立此种文书的除外。

第1176条　纸质书面文本应当遵守可读性或表述形式之特别条件；电子版文本应满足类似要求。

采用可以接触表格并且经相同途径发送的电子手段，得满足可下载的表格的要求。

第1177条　如果收件人可以打印文本，通过电子途径发送即属满足提交多份文本的要求。

第四节　制裁

第一目　无效

第1178条　不具备对其有效性所要求之条件的合同无效。无效应当由法官作出宣告，但各当事人以一项共同协议认定的无效不在此限。

被撤销的合同视其自始不存在。

[1]与私署文书相对应，通指由公务助理人员制作的文书，其中包括公证人制作的公证书（acte notarié，经公证的文书）。——译者注

已经履行的给付按照第1352条至第1352-9条规定的条件进行返还。

独立于合同的撤销，受到损害的当事人可以按照合同外责任（非合同责任）之普通法请求赔偿受到的损害。

第1179条 合同违反以保护公共利益为目的的规则时，绝对无效。

合同违反以保护私人利益为唯一目的的规则时，相对无效。[1]

第1180条 证明有利益的任何人[2]以及检察院均可提出合同绝对无效之诉。

绝对无效不得通过对合同的确认[3]而不予追究。

第1181条 合同的相对无效只能由法律欲加保护的当事人提出请求。

相对无效得通过对合同给予确认而不再追究。

如有多人享有主张相对无效之诉权，其中一人所为之抛弃主张，不阻止其他人提起诉讼。

第1182条 确认是指本可主张合同无效的人放弃此种主张的行为。确认函写明债的标的及影响合同的瑕疵。

只有在合同订立之后才能给予确认。

明知存在合同无效之原因但自愿履行的，产生确认之效力；受胁迫订立的合同，仅在胁迫停止之后才能进行确认。

确认意味着放弃本可提出的诉讼理由和抗辩，但不得损及第三人的权利。

---

[1]本条文明确规定了区分相对无效与绝对无效的标准。——译者注

[2]只有合同当事人才能主张合同的相对无效，而任何利益关系人均可主张合同的绝对无效。——译者注

[3]这里的“确认”或“追认”（confirmation）不是法院认定或确认合同无效，而是指本可主张合同无效的人放弃此种主张的行为。——译者注

第 1183 条　一方当事人可以通过书面形式要求可以主张合同无效的当事人：或者对合同作出确认，或者在 6 个月期限内提起无效之诉，否则丧失权利，但无效原因应已停止。

前述文书写明，如在 6 个月期限经过没有提起无效之诉，视合同得到确认。

第 1184 条　无效原因仅仅影响到合同的一项或数项条款时，只有当该条款或这些条款构成合同双方当事人或者其中一方当事人义务承诺的决定性因素时，才引起整个合同无效。

法律视某项条款为不曾订立或者从条款违反的规则的目的考虑，要求维持合同时，合同仍予保留。

第 1185 条　与没有得到任何履行的合同相关联的无效抗辩，不受时效约束。

第二目　失效[1]

第 1186 条　有效成立的合同如有一项根本要素消失，合同失效。

如果履行数项合同是实现同一项目活动所必要，当其中一项合同消失引起其他合同无法履行并且消失的合同的履行是一方当事人同意缔约的决定性条件时，各项合同均告失效。

但是，只有如针对其提出合同失效主张的缔约当事人在作出同意表示时就知道存在这一整体项目活动时，始发生合同失效。

第 1187 条　合同失效终止合同。

合同失效可以引起按照第 1352-2 条至第 1352-9 条规定的条件进行返还。

第三章　合同的解释

第 1188 条　合同按照诸缔约当事人的共同意图（commune intention）进行解释，而不应拘泥于用语的字面意思。

[1]法国合同法的特定制度，称为“caducité”。——译者注

在不能揭示当事人的这种共同意图时，合同按照一个有理性的人处于相同状况下可能赋予的意思进行解释。

第 1189 条 合同的全部条款，赋予每项条款遵从合同协调性所产生的意义，互为解释。

按照各当事人的共同意图，为实施同一项目而订立的多项合同，根据该整体项目活动进行解释。

第 1190 条 协商一致订立的合同存有疑义的情形，作不利于债权人和有利于债务人的解释。附合合同，对于提出合同文本的人，作不利解释。

第 1191 条 一项条款可能作两种解释时，宁取其可以产生某种效果而舍其不能产生任何效果的解释。

第 1192 条 清晰且明确的条款无须解释，否则以曲解条款的本质论处。

第四章 合同的效力

第一节 合同在当事人之间的效力

第一目 合同的强制力

第 1193 条 只有当事人相互同意或者依法律准许的原因，才能变更或者撤销合同。

第 1194 条 合同不仅对其中表述的事项有强制力，而且对依据公平、习惯或者法律赋予其所有的后续结果有强制力。

第 1195 条 如果在合同订立时无法预见的情势变更致使并未同意接受承担此种风险的一方当事人履行合同需要付出过分代价时，该当事人可以请求相对当事人就合同重新进行协商。在协商期间，当事人继续履行其债务。

相对当事人拒绝重新协商或者协商失败的情况下，诸当事人可以约定，至确定的日期并且按照确定的条件解除合同，或者达成一致协议，请求法官对合同进行适应调整；当事人在合理期限内达不成一致意见的情况下，法官可以应一方当事人的请求并依其确定的条件，至确定日期变更或者终止合同。

第二目　转移权利的效力

第 1196 条　以让渡所有权或者转让某项权利为标的的合同，于其订立之时，即告发生权利转移。[1]

依当事人的意思、物的性质或者法律的效力，得延后权利的转移。

所有权的转移引起物的风险随之转移，但是，负交付义务的债务人，自按照第 1344-2 条的规定受到催告起，恢复负担物之风险，第 1351-1 条所定规则保留执行。

第 1197 条　物的交付义务当然包含物的保管义务，至物的交付为止，应当对物的保管给予一个理性之人的悉心关照。

第 1198 条　两人前后对同一有体动产取得的权利出于同一人时，最先对该动产实行占有的人取得优先地位，即使其取得权利时间在后，但以其是善意为条件。

先后取得同一不动产的两人权利出于同一人时，最先在不动产登记档案上公示其取得该不动产的公署文书的人取得优先地位，即使其取得权利时间在后，但以其是善意为条件。

第二节　合同对于第三人的效力

第一目　一般规定

第 1199 条　合同仅在缔约当事人之间创设义务。

第三人既不得请求履行合同，也不受强制履行合同，但本节以及第 4 卷第 3 章的规定不在此限。

第 1200 条　第三人应当尊重合同所创设的法律状态。

为了提出某种事实证据，第三人尤其可以主张此种法律状态。

第 1201 条　当事人之间订立一份表见的合同隐瞒另一项不公

---

[1]关于“所有权转移的即时性”原则，参见罗结珍译：《法国财产法》，中国法制出版社 2008 年版，第 479 页。——译者注

开的合同时，[1] 这项称为秘密附约[2]的不公开的合同在当事人之间产生效力，对第三人没有对抗效力，但第三人得主张该合同。

第 1202 条 在转让司法助理职位时以提高转让价金为目的而订立的秘密附约一律无效。

就不动产买卖、营业资产或者顾客群体的转让、租约权的转让订立的、以隐瞒部分价金为目的的任何合同，或者隐瞒全部或部分不动产租约预约利益，以及隐瞒包含有不动产、营业资产或顾客群体在内的交换或分割之全部或一部余额的任何合同一律无效。

第二目 担保他人为特定行为与利他约款

第 1203 条 任何人仅得以本人之名、为本人承诺义务。

第 1204 条 可以作为担保人允诺第三人为特定行为。

如果第三人完成诺约人所允诺的行为，诺约人即告履行了所有义务；相反情况下，诺约人得受判赔偿损害。

担保的目的是让第三人批准某项义务承诺时，此种义务承诺的有效性追溯至担保做出之日。

第 1205 条 可以订立利益于他人之约款。

当事人可以让相对当事人完成利益于第三人的给付，前者称为订约人，后者为诺约人第三人是受益人；受益人可以是将来的人，但应当是具体指定或者到允诺付诸执行时可以确定的人。

第 1206 条 自约款订立之日，受益人对诺约人享有主张给付的直接权利。

但是，只要受益人尚未对约款作出承认，订约人可以自由撤销约款。

承认到达订约人或者诺约人时，所订约款即不得撤销。

第 1207 条 利他约款只能由订约人撤销，或者，在订约人死

---

[1]即订立所谓阴阳合同的行为，法文称为“simulation”，本意为“隐瞒”。——译者注

[2]原文为“contre-lettre”，仅指被隐瞒的那份不公开的合同，而不是同时指那份公开的表见合同。——译者注

后，只能由其继承人撤销。继承人只有在催告受益人承认约款起 3 个月期限届满才能撤销约款。

如果撤销约款的同时没有指定新的受益人，视具体情形，撤销约款利益于订约人或其继承人。

撤销约款，自受益第三人或者诺约人知悉时产生效力。

如果是用遗嘱撤销约款，自遗嘱人死亡时产生效力。

最初指定的第三人被视为从未享有为其受益而订定的约款利益。

第 1208 条　承诺可以由受益人做出，或者，在受益人死后，由其继承人做出。对约款的承诺得为明示，或为默示，在订约人或者诺约人死后仍可做出承诺。

第 1209 条　订约人本人可以要求诺约人履行其对受益人的义务承诺。

第三节　合同的存续期限

第 1210 条　禁止永久性义务承诺。

每一方当事人均可按照对不定期合同规定的条件终止永久性义务承诺。

第 1211 条　每一方当事人均可随时终止无确定期限的合同，但应当遵守合同约定的预先通知期限，或者，没有此项约定的，应当遵守合理的通知期限。

第 1212 条　确定期限的合同，每一方当事人均应履行至合同到期。

任何人均不得强求续订合同。

第 1213 条　如果在合同到期之前诸当事人均表示意愿，合同可以延展期限；合同展期（prorogation）不得损害第三人的权利。

第 1214 条　定期合同得依法律的效力或者各方当事人的合意予以续订（renouvellement）。

合同续订产生的一项内容与前合同一致但不确定期限的新

合同。

第 1215 条 在有确定期限的合同到期日经过之后，诸当事人继续履行其义务的，属于合同的默示续期（reconduction）；合同默示续期产生与合同的续订相同的效力。

第四节 合同的转让

第 1216 条 合同一方当事人，经其相对当事人同意，可以将其当事人的资格转让[1]给第三人，前者称为转让人（cédant），第三人为受让人（cessionnaire），相对当事人为转让承受人（cédé，被转让人）。[2]

承受人可以事先表示同意合同的转让，特别是在将来转让人与承受人之间订立的合同，承受人可以事先同意转让，在此情况下，当转让人与受让人之间订立的合同通知承受人或者承受人知悉此事由时，转让即对承受人产生效力。

合同转让应以书面文字为见证，否则无效。

第 1216-1 条 如承受人明示同意，转让人对将来的义务负担因合同转让而解除。

如承受人没有明示同意，转让人对合同的履行负连带义务，另有条款约定的除外。

第 1216-2 条 受让人得对承受人主张与债务相关联的所有抗辩，诸如无效、同时履行抗辩、合同的解除以及有关联的债务的抵销。受让人不得主张属于转让人的人身性质的抗辩。

承受人可以对受让人主张其原可对转让人主张的所有抗辩。

第 1216-3 条 如果承受人并未同意转让人解除其义务，此前已同意设置的担保继续存在；相反情况下，由第三人提供的担保只

[1]第 1216 条对合同转让的性质作出明确认定：合同转让是合同主体的变更，由此，不难理解本法典同时规定了“债权的让与”和“债务的转让”（债务的转移）。——译者注

[2]合同转让所涉及的 3 方当事人均有特定的名称，不是简单称为新、旧债权人、债务人与受让人。——译者注

有经其同意才能继续存在。

如果转让人已解除义务，其连带共同债务人仍继续负担义务，但应减去转让人原先在债务中负担的债额。

第五节　合同的不履行

第 1217 条　一方当事人不履行或者不完善履行[1]其对他方当事人的债务时，他方当事人可以：

——拒绝履行或者中止履行自己的债务；

——诉请强制债的现实履行；

——要求降低价金；

——主动提出解除合同；

——请求赔偿合同不履行之后果；

以上救济途径相互不发生冲突的，得竞合运用之；在运用这些救济手段的同时始终可以另加请求损害赔偿。

第 1218 条　在合同领域，非债务人所能掌控，在订立合同时不能合理预见，采取适当措施仍然不能避免其后果，阻碍债务人履行其债务的事件，构成不可抗力。

如果仅为暂时性障碍，债的履行得予中止，但由此引起的迟延履行证明有解除合同之理由的，不在此限；如果是终成定局性质的履行障碍，合同当然解除，各方当事人按照第 1351 条与第 1351-1 条规定的条件不再负担债务。

第一目　不履行抗辩[2]

第 1219 条　如果一方当事人不履行自己的义务，并且不履行情形足够严重时，相对当事人得拒绝履行自己义务，即使其债务已

---

[1]原文为“imparfaitement”，意为“不完善”、“不完满”、“不完全”，似应包括“不完全履行”及“瑕疵履行”。——译者注

[2]“不履行抗辩”是原文“exception d'inexécution”的直接翻译。第 1219 条的条文对“不履行”附加了“并且不履行情形足够严重”的表述。本法典使用的“不履行抗辩”与“先履行抗辩”、“同时履行抗辩”等概念似有细微差别。——译者注

届清偿期限，亦可拒绝履行之。

第 1220 条 只要一方当事人到期不会履行债务业已明显，且不履行的后果对他方当事人足够严重时，他方当事人可以中止履行其债务。中止履行债务，应当及时通知对方。

第二目 强制的现实履行

第 1221 条 某项债务的债权人可以在进行催告之后诉请现实履行（exécution en nature）[1] 该债务，但已不可能现实履行，或其对债务人的代价与其对债权人的利益两者之间明显不成比例的除外。

第 1222 条 债权人在进行催告之后也可以在合理期限内以合理的代价，由其本人请他人履行债务，或者经法官批准让人毁弃违反义务所为之事项；债权人可以要求债务人偿还由此产生的费用。

债权人也可以向法院请求让债务人垫付此种履行或毁弃所必要的款项。

第三目 降低价金

第 1223 条 债权人可以在向债务人发出催告通知之后接受有瑕疵的履行，并且要求按比例相应降低价金。

如果价金尚未支付，债权人应当尽快通知其要求降价的决定。

第四目 合同的解除[2]

第 1224 条 适用解除条款（clause résolutoire），或者不履行合

---

[1]"exécution en nature" 是指原物履行或者现物履行，而不是代物履行。——译者注

[2]法国《民法典》原第 1184 条规定："解除合同，应向法院提出请求，法院得视情形给予被告一个期限。""résolution"（解除）一词既指"消灭合同之诉权"，也指由此种诉讼产生的结果，其狭义特指：原则上具有溯及力地消灭双务合同。按照本目的规定，解除合同分别为：适用合同中规定的解除条款，一方当事人自担风险通知解除合同，向法院提起解除合同之诉讼。法国民法术语上则区分"有溯及力的消灭合同"（résolution）和"无追溯力的解除合同"（résiliation）。参见第 1229 条第 3 款。——译者注

同的情形足够严重时，由债权人向债务人发出通知或者经法院作出判决，引起合同的解除。

第 1225 条　解除条款具体规定不履行哪些义务将引起合同的解除（résolution）。

如果没有约定只要有合同不履行之事实即引起解除合同，解除合同需以事先催告无果为条件。催告通知，只有如其明文提及解除条款的，才能产生效力。

第 1226 条　债权人可以自行承担风险发出通知解除合同。除紧急情况外，债权人应当事先向不履行债务的债务人进行催告，促其在合理期限内履行债务。

催告通知书应当明文指出如债务人不履行债务，债权人有权解除合同。

如果合同仍未得到履行，债权人通知债务人解除合同及其解除合同的理由。

债务人得随时对合同的解除向法官提出异议，于此情形，债权人应当证明不履行合同之情形的严重性。

第 1227 条　任何情况下均可向法院提出解除合同的请求。

第 1228 条　法官可以根据具体情节确认或者宣告解除合同，或者命令履行合同，但法官可能给予债务人一个期限，或者仅判处损害赔偿。

第 1229 条　合同解除（résolution），该合同终止。

视具体情形，合同解除，或者按照解除条款规定的条件，或者在债务人接收债权人的通知之日或者于法官确定的日期产生效力；不属此类情况的，自发出起诉传唤状（assignation）之日产生效力。

如果各当事人已经互为之给付仅在被解除的合同完全得到履行的情况下才有其用益时，各方当事人均应返还互为之全部给付；但是，如果互为之给付随着当事人的履行已得其用益，那么，对于尚未获得对待给付的最后一次给付之前的时期已经完成的给付，无须返还。于此情形，合同的解除称为“résiliation”。[1]

返还，按照第 1352 条至第 1352-9 条规定的条件进行。

第 1230 条 解除合同不影响有关解决争议的条款，也不影响即使在解除合同情况下仍然可以产生效力的（相关）条款，例如，保守秘密条款、竞业禁止条款。

第五目 因合同不履行引起的损害的赔偿

第 1231 条 债务人只有事先受到在合理期限内自行履行合同之催告，[2] 始负损害赔偿之责，但合同不履行已成终局的除外。

第 1231-1 条 债务人如不能证明因不可抗力阻碍其履行债务，有必要时，得因债的不履行或者迟延履行被判支付损害赔偿。

第 1231-2 条 应当给予债权人的损害赔偿通常为其受到的损失和丧失的可得利益，但下列例外与限制不在此限。[3]

第 1231-3 条 债务人仅对订立合同时已经预见或者可以预见的损害负赔偿义务，但如债的不履行系因其重大过错或欺诈性过错所致，不在此限。

第 1231-4 条 即使合同不履行系由债务人的重大过错或者欺诈性过错所致，损害赔偿仍然仅包括由此种不履行引起的即近的与直接的后果（suite immédiate et directe）。[4]

第 1231-5 条 合同中有条款规定不履行合同的人应支付确定

---

[1] 意为“无追溯力的解除合同”，或称“履行截止”，通常用指解除连续履行的合同。——译者注。

[2] 这就是说，即使进行催告，仍需留出一个合理期限，以便债务人履行债务。——译者注

[3] 本条原则性规定对债权人受到的损失并未加“直接的”或“现实的”等限定词语，但在第 1231-3 条与第 1231-4 条则作了具体表述。——译者注

[4] 第 1231-4 条的条文在这里使用了“immédiate et directe”两个词汇，虽然两者都有“直接的”意思，但表述的意思并不完全相同，显然不能仅仅译为“直接的”。——译者注

数额的款项（une certaine somme）作为损害赔偿的，其给付他方当事人的款项既不得高于也不得低于该此数额。

但是，如果约定的数额明显过分或者微不足道，法官可以，甚至依职权，降低或增加其数额。

承担的义务已经部分履行的，法官可以，甚至依职权，按照此种部分履行给债权人带来利益的比例相应减少违约金的数额，但不影响适用前款之规定。

抵触前两款规定的任何约款均视为未予订立。

债务人仅在受到催告时，始应承受违约金，合同不履行已成定局的，不在此限。

第 1231-6 条　因迟延清偿一笔金钱之债引起的损害赔偿，均为自履行催告起按照法定利率计算的利息。

无须债权人证明受到任何损失，均应支付此种损害赔偿。

迟延清偿的债务人在迟延清偿之外恶意造成某种损失的，债权人可以获得与迟延利息分开的损害赔偿。

第 1231-7 条　在所有诉讼中判处的赔偿金，均按照法定利率计算利息，即使诉讼当事人没有提出请求或者判决没有专门规定，亦同。除法律另有规定外，利息自判决宣告之日计算，法官另有决定的，不在此限。

在上诉审法官完全确认一审法官给予赔偿金的判决的情况下，自一审法院判决作出起当然按照法定利率计算赔偿金的利息；其他情况下，由上诉审裁判给予的赔偿金，自上诉审判决作出起计算利息。上诉审法官始终可以作出不同于本条规定的判决。

图书在版编目（CIP）数据

法国债法. 契约篇 /（法）弗朗索瓦·泰雷等著；罗结珍译. —北京：中国法制出版社，2018. 5
（外国法学名著）
ISBN 978-7-5093-8615-6

Ⅰ. ①法… Ⅱ. ①弗… ②罗… Ⅲ. ①债权法—研究—法国②契约—研究—法国 Ⅳ. ①D956. 533

中国版本图书馆 CIP 数据核字（2018）第 101751 号
著作权登记号 图字：01-2001-1064 号

责任编辑 欧 丹　　封面设计 蒋 怡

法国债法：契约篇
FAGUO ZHAIFA：QIYUEPIAN

作者/弗朗索瓦·泰雷等
译者/罗结珍
经销/新华书店
印刷/三河市紫恒印装有限公司
开本/880 毫米×1230 毫米 32 开　　印张/42. 25 字数/1058 千
版次/2018 年 6 月第 1 版　　2018 年 6 月第 1 次印刷

中国法制出版社出版
书号 ISBN 978-7-5093-8615-6　　定价：128. 00 元

北京西单横二条 2 号
邮政编码 100031　　传真：010-66031119
网址：http：//www. zgfzs. com　　**编辑部电话：010-66066621**
市场营销部电话：010-66033393　　**邮购部电话：010-66033288**
（如有印装质量问题，请与本社印务部联系调换。电话：**010-66032926**）